三国志通俗演义

罗贯中 著
沈伯俊 校注

上

中国古典文学名著
现存最早三国版本
权威专家精心校注

文汇出版社

桃园结义

三英战吕布

煮酒论英雄

三顾茅庐

舌战群儒

过江招亲

单刀赴会

空城计

前言

沈伯俊

在中国小说史上,古典名著《三国演义》拥有六个第一:(1)它问世已经六百多年,是学界公认的我国第一部成熟的长篇小说;(2)它总共写了一千二百多个人物,其中有名有姓的大约一千余人,这在所有古典小说中位居第一;(3)根据它改编的文艺作品门类之广,数量之多,在所有古典小说中肯定第一;(4)与它有关的名胜古迹分布于全国二十多个省、市、自治区,总数多达数百处,其他作品简直无法望其项背,这又是第一;(5)与它有关的传说故事数量之多,流传之广,在古典文学名著中同样是第一;(6)论对中华民族的精神生活和民族性格的影响之广泛与深远,它无疑也是第一。它不仅在我国家喻户晓,而且在亚洲各国和其他地区广泛传播,在世界文学名著之林中也占有重要的地位。

由于《三国演义》深受社会各阶层的广泛欢迎,其传世版本数量之多,远远超过其他古代小说。不过,自清代康熙初期以来的三百多年间,流传最广,最为人熟知的版本,乃是毛纶、毛宗岗父子评改的《四大奇书第一种》(通称"毛本《三国》")。其实,在现存的大约三十种明代版本中,有几种非常值得重视;其中,历来最受关注的便是现存最早的版本——嘉靖壬午(嘉靖元年,1522)刊本《三国志通俗演义》。

一

长期以来,学术界习惯于把嘉靖壬午本《三国志通俗演义》简称为"嘉靖本"。然而,今存的嘉靖年间刻本还有一种嘉靖二十七年(1548)建阳叶逢春刊本《三国志传》(简称"叶逢春本"),也可称为"嘉靖本"。为了更加严谨准确,便于区分,前者宜简称为"嘉靖壬午本"或"嘉靖元年本"。

嘉靖壬午本正文卷首题署为:"晋平阳侯陈寿史传,后学罗本贯中编次。"这里的"晋平阳侯"并非陈寿的封爵,而是漏了一个字,当作"晋平阳侯相",即平阳侯国的相(相当于县令)。这一题署,反映了《三国演义》作者罗贯中或传抄刊刻者对史书《三国志》作者陈寿的敬重和在"崇

前言

史"心理下抬高小说地位的愿望,并非说罗贯中真的就是直接依据史书《三国志》来"编次"小说《三国演义》。我曾经撰文指出:

> 对《三国演义》成书有直接影响的史书,主要有《三国志》(包括裴松之注)、《后汉书》、《资治通鉴》、《通鉴纲目》……在这些史书中,《三国志》(包括裴注)乃是《三国演义》最重要的史料来源。
>
> 尽管《三国志》(包括裴注)为《三国演义》提供了最基本的史料,但作为一部纪传体的史书,它以人物传记为主,重在记叙各种有代表性的人物的生平业绩,而表现历史的总体面貌和各个局部的互动关系则非其所长,同一事件往往分散记于多篇纪传中,其前因后果往往不够明晰,有时甚至互相抵牾。因此,它没有也不可能为小说《三国演义》提供一个比较完整的叙事框架。承担这一任务的,主要是编年体史书《资治通鉴》。
>
> 《三国演义》固然以史书《三国志》为主要的史料来源,但同时也大量承袭了民间三国故事和三国戏的内容;就褒贬倾向、主线设置、叙事时空处理等方面而言,后者的影响可能更大……综观整部小说,是在史传文学与通俗文艺这两大系统长期互相影响、互相渗透的双向建构的基础上,通过作家天才的创造,才成就了这部煌煌巨著。
>
> 可以说,《三国演义》站在特定的历史高度,博采传统文化的多种养分,融会宋元以来的社会心理和道德观念,"演"的是中华民族精神、中华民族文化之"义",而不仅仅是史书《三国志》之"义"①。

一九二九年,著名的前辈学者郑振铎先生发表《三国志演义的演化》一文②,认为:"这一部嘉靖壬午本的《三国志通俗演义》也许

---

① 沈伯俊:《〈三国志〉与〈三国演义〉关系三论》,载《福州大学学报》2003年第3期。
② 原载《小说月报》二十卷十号,先后收入郑氏论文集《中国文学研究》(作家出版社1957年出版)、《郑振铎文集》第五卷(人民文学出版社1988年出版)。

竟是罗氏此书的第一个刻本吧。""这许多（明代）刊本必定是都出于一个来源，都是以嘉靖本为底本的。其与嘉靖本大不同的地方，大都仅在表面上及不关紧要处，而不在正文。"此说影响很大，成为此后数十年的主流观点，以致形成这样几点普遍的认识：（1）嘉靖壬午本《三国志通俗演义》是最接近罗贯中原作的版本，或者就是罗氏原作；（2）《三国演义》只有由嘉靖壬午本派生的一个版本系统；（3）在众多的《三国》版本中，最值得重视的只有嘉靖壬午本（一些人径直称之为"罗本"）和毛本《三国》两种。

从二十世纪六十年代起，日本著名学者小川环树博士、澳大利亚著名华裔学者柳存仁教授等先后对《三国》版本源流问题提出了重要的新见。八十年代以来，特别是一九八七年一月中国《三国演义》学会在昆明举行首届《三国演义》版本研讨会以来，中国学者对《三国》版本的整理和研究付出了很大的努力；国外一些学者也作了比较深入的研究。经过多年的努力，人们对《三国演义》版本的研究取得了明显的进展。对于嘉靖壬午本，形成了两种观点：一种观点坚持认为它是反映了《三国演义》原本面貌，或更接近原作面貌的版本；另一种观点则认为，尽管嘉靖壬午本是现存最早的《三国》版本，却是一个经过较多润饰和加工的整理本，它并非其他明代版本的来源，它与主要面向下层读者的《三国志传》乃是由罗贯中原作演变出来的并列的分支。这两种观点，目前仍在深入探讨之中①。

尽管认识有所不同，但有一点是肯定的：嘉靖壬午本《三国志通俗演义》是最值得重视的一种明代《三国》版本。

二

嘉靖壬午本《三国志通俗演义》全书二十四卷，每卷十段，共计二

---

① 参见拙作《〈三国演义〉版本研究的新进展》，载《社会科学研究》2004年第5期。

前言

百四十段。这里所说的"段",以往学术界习称为"则";本书则依鲁迅《中国小说史略》之例,称为"回"。全书二百四十回,每两回相当于毛本《三国演义》的一回。

与人们熟悉的毛本相比,嘉靖壬午本《三国志通俗演义》具有非常突出的特色。

(一)为研究《三国演义》的成书年代提供了重要依据。

长期以来,人们习称《三国演义》"成书于元末明初"。但"元末明初"毕竟是一个笼统的时限,是在资料不足的情况下给出的一个模糊的时间定位;"元末"至少可以包含二三十年,"明初"也长达数十年,将二者合在一起,实在是一种不得已的做法;而《演义》的具体成书年代,则是一个至今尚未完全解决的"世纪课题"。二十世纪八十年代以来,多位学者在探讨这一问题时,都不约而同地从嘉靖壬午本中寻找"内证"。概括言之,这主要包括:(1)书中保留的若干元代语汇,在一定程度上体现了作品的时代特色。(2)书中共引用330余首诗来品评人物,收束情节,这与宋元间的平话是很近似的。书中所引诗词,不署姓名的泛称,多用"后人"、"史官","唐贤"一词用了一次,"宋贤"一词用过十多次,却不见"元贤"一类字眼。这可以视为元人的口吻,表明作者为元人。(3)书中小字注所提到的"今地名",也可作为判断《演义》成书年代的依据。尽管学者们对嘉靖壬午本是否最接近罗贯中原作的版本,书中小字注是否都出自作者本人之手,还持有不同意见,对这些内证的诠释也有所不同,但它们毕竟具有不可忽视的价值①。

(二)较好地保存了罗贯中本人的思想倾向。

众所周知,《三国演义》具有"尊刘贬曹"的倾向,有人还把这称为"封建正统思想"。事实上,"尊刘贬曹"的思想倾向,早在宋代就已成为有关三国的各种文艺作品的基调,罗贯中只是顺应广大民众的意愿,继承了这种倾向。它主要反映了广大民众按照"抚我则

---

① 参见拙作《世纪课题:关于〈三国演义〉的成书年代》,原载《中华文化论坛》2000年第2期,收入拙著《三国演义新探》(四川人民出版社2002年5月第1版)。

后,虐我则仇"的标准对封建政治和封建政治家的选择,具有历史的合理性。罗贯中在表现这种倾向时,并未简单化,而是以大开大阖的笔触,艺术化地展现了曹操在汉末群雄中脱颖而出,逐步战胜众多对手的豪迈历程,突出地表现了曹操过人的胆略和非凡的才能,又不时地揭露曹操奸诈的作风、残忍的性格和恶劣的情欲;而在曹操与刘备、诸葛亮的对比中,则更多地鞭笞和嘲笑其恶德劣行。这样,就兼顾到曹操性格的各个侧面,表现了一个杰出艺术家对历史的尊重,对人物性格丰富性的追求。在这方面,嘉靖壬午本比毛本做得更好。

首先,书中第一次写曹操出场就用了浓墨重彩,写得有声有色:"为首闪出一个好英雄:身长七尺,细眼长髯。胆量过人,机谋出众;笑齐桓、晋文无匡扶之才,论赵高、王莽少纵横之策。用兵仿佛孙、吴,胸内熟谙韬略。"(第二回。下引此书,只注回次。)紧接着又介绍了许劭给予他"治世之能臣,乱世之奸雄"的评语和他初任洛阳北部尉即敢于棒责权贵的果毅行为。这就收到了先声夺人的效果,给读者留下了深刻的印象。试比较第一回中刘备的出场:"时榜文到涿县张挂去,涿县楼桑村引出一个英雄。那人平生不甚乐读书,喜犬马,爱音乐,美衣服。少言语,礼下于人,喜怒不形于色。好交游天下豪杰,素有大志。"可以说,两者的形象都本于历史事实,而对曹操的描绘显然更为引人注目。

其次,在嘉靖壬午本《三国志通俗演义》塑造的几十个主要人物中,只有关羽被称为"关公",曹操被称为"曹公"。这说明罗贯中尽管有"尊刘贬曹"的思想倾向,却仍然尽量忠实于历史,把曹操看作高人一筹的人物。

其三,罗贯中为了突出曹操的政治军事才干,除了根据史实描写曹操先后破李傕郭汜、击袁术、杀吕布、破袁绍、征乌桓、降刘琮、败马超、收张鲁,逐步统一北方等重大事功以外,还虚构了一些故事情节。例如,虚构曹操借刀刺董卓的情节(第八回),以表现他的胆识和机敏;虚构曹操矫诏起兵,召集十八路兵马共讨董卓的情节(第九回),以表现他的慷慨不群,敢作敢为。这些情节,在《三国演义》有关曹操的篇幅中占了相当大的比重。

其四，嘉靖壬午本在写到曹操病死以后，引了后人的诗、论、赞共七段（第一五六回）。其中，前面四段都是对曹操大加褒奖的。第一段（"后史官有诗曰"）热烈赞颂了曹操芟刈群雄之功，起句便是："雄哉魏太祖，天下扫狼烟。"结句则是："豪杰同时起，谁人敢赠鞭？"简直把曹操的军功说成了天下第一。第二段（"史官拟《曹操行状》云"）则依据《三国志·武帝纪》注引《魏书》中对曹操的颂扬改写而成，全面地肯定了曹操的政治、军事、文学才能和执法严峻，生活节俭等品质。第三段即系陈寿在《三国志·武帝纪》中的评语，对曹操的评价也是很高的。第四段（"宋贤赞曹操功德诗曰"）指出曹操"虽秉权衡欺弱主，尚有礼义效周文。当时若使无公在，未必山河几处分。"对于曹操"挟天子以令诸侯"持明确的肯定态度。第六段（"唐太宗祭魏太祖曰"）说曹操"一将之智有余，万乘之才不足"，这虽说不上是怎样的褒，也说不上是怎样的贬。实际上，唐太宗认为曹操"挟天子以令诸侯"并不是什么过错（李渊李世民父子在隋末天下大乱时立代王杨侑为帝，同样也是"挟天子以令诸侯"），而是惋惜他就此止步，安于当周文王，不肯痛痛快快地取汉献帝而代之，所以说他"万乘之才不足"。只有第五段（"前贤又贬曹操诗曰"）和第七段（"宋邺郡太守晁尧臣登铜雀台，有诗叹曰"）才是贬抑曹操的。很明显，罗贯中把这七段有褒有贬、褒胜于贬的诗、论、赞放在一起，表现出一种比较客观的态度。

综上所述，我们完全可以说，嘉靖壬午本对于曹操的描写，总的是做到了把艺术真实建立在历史真实的基础之上。它写出了曹操性格的各个侧面，丰满生动，真实可信，塑造了古典文学中一个难以企及的人物形象，一个千古不朽的艺术典型。

（三）在某些细部比毛本正确：或更符合史实，或更合乎情理，或没有某些形误和缺漏。

毛本经过精雕细刻，总体艺术质量超过了明代版本，这是它成为三百余年来最流行的《三国》版本的根本原因。然而，毛本自身也存在一些不足之处；在某些局部，毛本误，嘉靖壬午本却不误。例如，毛本第一回说张飞"字翼德"，是一个流传很广的错误；据《三国志·蜀书·张飞传》，当作"字益德"，而嘉靖壬午本第一回正作"字益德"。又如，毛本第二十四回说董贵妃（当作"董贵人"）"乃董承之妹"，大误；据《后汉书·后纪》，董贵人乃董承之女。这是因为毛宗岗误解了《三国志·蜀书·先主传》中"献帝舅车骑将军董承"一语，以为"舅"即后世所谓"舅子"（妻子的兄弟）。其实，裴松之特地为此加了一句按语："董承，汉灵帝母董太后之侄，于献帝为丈人。盖古无丈人之名，故谓之舅也。"话说得非常明白：董承乃汉献帝的丈人（岳父）。这与《后汉书·后纪》关于董贵人系董承之女的记载完全一致。嘉靖壬午本第四十七回正作"乃董承亲女"。再如，毛本第六十回诗赞张松，第二句是"清高体貌疏"。"体貌疏"意不通，系因"体"、"礼"二字之繁体形近而误。而嘉靖壬午本第一一九回作"清高礼貌疏"，就文从字顺，毫无问题。另如，毛本第八十二回写夷陵之战前期，孙权"封孙桓为左都督，朱然为右都督"，然后叙述"孙桓引二万五千军马，屯于宜都界口"，却未叙述朱然驻扎何处，造成明显的遗漏。嘉靖壬午本第一六四回则写道："朱然引二万五千水军，于大江之中结营；孙桓引二万五千马军，于宜都界口结营。"就叙述完整，针线细密。这些地方，均可根据嘉靖壬午本来校正毛本之误。

（四）附录文献也具有重要价值。

嘉靖壬午本正文前附有两篇重要文献：一是庸愚子（蒋大器）的《三国志通俗演义序》，一是修髯子（张尚德）的《三国志通俗演义引》，均为中国古代长篇小说特别是历史演义小说发展史上最早的理论批评篇章。

庸愚子的《序》，第一次对历史演义小说作了比较全面而精炼的论述：肯定了它"事纪其实，亦庶几乎史"的重要认识价值，指出了它"盖欲读诵者，人人得而知之……一开卷，千百载之事，豁然于心胸"的阅读优势，概括了它"文不甚深，言不甚俗"的语言特色和雅俗共赏的接受效果。这些观点，对后世影响很大，奠定了中国历史演义小说理论的基础。

前言

修髯子的《引》，不仅概括了历史演义小说"欲天下之人，入耳而通其事，因事而悟其义，因义而兴乎感"的教化作用和艺术感染力，而且提出了"羽翼信史而不违"的观点，从而成为历史小说创作和评论中"羽翼信史"派的最初代表者之一。

在这两篇重要文献之后，还有一篇《三国志宗僚》，分别列出蜀、魏、吴的一批人物。长期以来，不少人把这篇《三国志宗僚》视为小说《三国演义》的人物表，由此得出"《三国演义》写了四百多个人物"的错误认识，并将这一错误认识写进多种文学史、小说史，以讹传讹，积非成是。为此，我曾特撰《〈三国志宗僚〉考辨》一文[①]，明确指出：《三国志宗僚》决非小说《三国演义》的人物表，它大致抄录自陈寿所著史书《三国志》的目录（包括纪、传和附传），其中所列人物共计五百零八人。因此，所谓"《三国演义》写了四百多个人物"的说法，乃是粗枝大叶的产物，完全是错误的。《三国志宗僚》不仅不是小说《三国演义》的人物表，而且在撮录史书《三国志》的时候，还产生了不少错误。由此我们可以得出这样的结论：《三国志宗僚》肯定不是罗贯中原作所有。在《三国演义》不断传抄，逐步扩大影响的过程中，为了迎合尊崇史籍，"以史为鉴"的社会心理，进一步提高《三国演义》的地位，有"好事者"把史书《三国志》的纪传目录抄录下来，置于《演义》卷首，使其在形式上"亦庶几乎史"。这种做法，得到了其他传抄者的认同和仿效，也就自然而然地被后来的刊刻者所接受。今存的多种明代《三国》版本，都有这样一份来自史书《三国志》的人物名单，就是这个道理。

三

明清两代的所有《三国》版本，都存在大量的"技术性错误"，嘉靖壬午本《三国志通俗演义》也不例外。

[①] 原载《文学遗产》1999年第5期，收入拙著《三国演义新探》。

所谓"技术性错误",是指那些并非出自作者的创作意图,并非作品艺术虚构和艺术描写的需要,而纯粹由于作者知识的局限,由于作者一时笔误或者传抄、刊刻之误而造成的,属于技术范畴的错误。它们与那些由于作者的世界观、历史观和艺术观而产生的作品内容上的缺陷和艺术上的不足,完全是两码事。"技术性错误"可以分为五个大类:(1) 人物错误,包括人名错讹、人物字号错讹、人物身份错讹、人物关系错讹、人物彼此混淆等;(2) 地理错误,包括政区概念错误、大小地名混淆、误用后代地名、古今地名混用、方位错乱等;(3) 职官错误,包括职官混称、随意杜撰、官爵文字错讹等;(4) 历法错误,包括引用史书而错写日期、干支错误、杜撰历史上没有的日期等;(5) 其他错误,包括历史人物年龄误差、名物描写前后矛盾等(详见本书《校注说明》)。它们数量惊人,在嘉靖壬午本中,便多达一千余处。

自一九九〇年以来,我曾经多次指出:《三国》各种版本中的"技术性错误"不是作者艺术构思的产物,不是组织情节、塑造人物所必须;相反,从本质上看,它们是违背作者本意的,甚至是被传抄者、刊刻者、评点者加在作者头上的,是不应有的差错,不仅应该指出,而且应该纠正。在小说早已登上大雅之堂,读者文化水准已经大大提高的今天,人们阅读《三国演义》,不仅是为了获取审美的愉悦,而且是为了得到知识的滋养和智慧的启迪。这样,书中随处可见的"技术性错误",就不能不在一定程度上损害作品的认识价值和审美价值。同时,还要看到,对《三国演义》的改编正日益兴旺,如果不纠正小说原著的"技术性错误",也会给改编工作造成种种漏洞,使电影、电视、连环画等艺术品种在表现上遇到不应有的困难;在《三国演义》的外文翻译中,"技术性错误"也会造成许多不应有的障碍。因此,从弘扬民族文化的高度看问题,对《演义》中的"技术性错误"就是要认真校正。这是有功于罗贯中、有益于广大读者的大好事①。

---

① 参见拙作《重新校理〈三国演义〉的几个问题》(原载《社会科学研究》1990年第6期)、《再谈重新校理〈三国演义〉的几个问题》(原载日本《中国古典小说研究》第二号,1996年7月)。两文均收入拙著《三国演义新探》。

前言

　　过去，嘉靖壬午本《三国志通俗演义》从未经过认真的校理。一九八〇年，上海古籍出版社出版了嘉靖壬午本的排印本，卷首有章培恒、马美信先生撰写的《前言》，产生过相当大的影响。然而，此本正文则是民国初期汪原放的标点本，既无校记，也无注释，还不能算是真正的整理本。一九九三年五月，花山文艺出版社出版了我校注的嘉靖壬午本《三国志通俗演义》，出校记大约两千条，加注释将近两千条，可以说是嘉靖壬午本的第一个系统的整理本，也是迄今唯一的整理本。此本曾经两次再版，受到国内外同行的好评。

　　转眼又是十几年了，"花山本"早已售罄，而对嘉靖壬午本整理本的需求仍相当旺盛。有鉴于此，在文汇出版社的大力支持下，我在"花山本"的基础上，再次进行校注。在"校"的方面，参考了更多的明代版本，特别是与以前无法看到、刊刻时间仅次于嘉靖壬午本的叶逢春本详加对照，使得校改依据更加坚实有力；在此过程中，修订了部分校记，并新增一些校记。在"注"的方面，我对全部注释逐条检查，修订了部分注释，并新增少量注释，意在为读者提供更多的帮助。因此，这次的校注本，整体质量又有所提高。

　　十八年来，我整理出版了多种《三国》版本，受到国内外学术界同行的高度评价和广大读者的欢迎。在我二十六年来研究《三国》的全部成果中，应该说耗费心血最多、学术价值最高的成果，便是对这些版本的整理。尽管我在传统的古籍整理方法的基础上，采取了尽可能稳妥的做法，积累了一些经验，但这毕竟是一项开拓性相当强的工作，不当之处难以完全避免。衷心希望学界同行和广大读者不吝赐教，以便今后做得更加完善。

二〇〇七年七月
于锦里诚恒斋

校注说明

本书是嘉靖元年本《三国志通俗演义》(简称"嘉靖元年本")的整理本。

本书不是一般的点校本,而是一种新型的整理本。兹将有关事项说明如下:

一、本书以人民文学出版社 1975 年影印本《三国志通俗演义》为底本,进行点校。

二、《三国志通俗演义》是一部历史演义小说,书中人物、名物大多取材于历史。但书中存在大量"技术性错误"(指那些并非出自作者有意虚构,并非作品艺术描写的需要,而纯粹由于作者一时笔误或者传抄、刊刻之误而造成的,属于技术范畴的错误)。本书以很大力量指出这些"技术性错误",并慎重地予以校正。

甲. 人物错误。包括:

人名错讹。如第九回写陈留孝廉卫弘资助曹操起兵讨伐董卓,据《三国志·魏书·武帝纪》注引《世语》,"卫弘"应作"卫兹";第三〇回写袁术长史名杨大将,据《三国志·吴书·孙讨逆传》,"杨大将"应作"杨弘";第一三〇回写刘备任用刘璋旧部庞义、吕义,据《三国志·蜀书》,"庞义"应作"庞羲","吕义"应作"吕乂",等等。

人物字号错讹。如刘焉本字"君郎",嘉靖元年本却误为"均郎"(第一回);刘晔本字"子扬",嘉靖元年本却误为"子阳"(第二〇回),等等。

人物身份错讹。如董卓进京前已封鳌乡侯,被征为并州牧,嘉靖元年本却误为"鳌乡侯、西凉刺史"(第五回);丁原曾任并州刺史,后入京为执金吾,嘉靖元年本却误为"荆州刺史"(第六回);董寻本系司徒军议掾(司徒属官,禄比三百石,第七品),嘉靖元年本却误为"司徒"(第二一〇回),等等。

人物关系错讹。如蔡瑁本系刘表蔡夫人之弟,嘉靖元年本却误为蔡夫人之兄(第十四回);曹德本系曹操之弟,嘉靖元年本却误为曹嵩之弟(第二〇回),等等。

人物彼此混淆。如初平三年(192)被青州黄巾军杀死的兖州刺史刘岱,与建安四年(199)被曹操派往徐州攻刘备的刘岱,本系两人,嘉靖元年本却混为一谈。

乙.地理错误。包括:

政区概念错误。如第二回写曹操为"沛国谯郡人",应作"沛国谯(县)人"(王国与郡地位相当,不相统辖);第六十八回写到"九郡四十二州县",应作"九郡四十二县"(州比郡大,郡下辖县),等等。

大小地名混淆。如"操引军赶至南阳城下"(第三十四回),应作"赶至穰县城下"(南阳系郡名,而非具体城名,穰县属南阳郡);"孔明却在南安城外"(第一八四回),应作"却在狄道城外"(南安系郡名,而非具体城名,此处指郡治狄道),等等。

误用后代地名。如"河东解良人"(第一回),应作"河东解(县)人"("解良"即"解梁",系金代地名);"玄德、关、张三人……往代州"(第三回),应作"往代郡"("代州"系隋代地名),等等。

古今地名混用。如"定州中山府安喜县"(第三回),应作"冀州中山国安喜县"("定州"系北魏地名,"中山府"系宋代地名,"安喜县"则系汉代地名);"德州平原县"(第九回),应作"青州平原县"("德州"系隋代地名,"平原县"则系汉代地名),等等。

方位错乱。如耒阳本在江陵东南一千里左右,嘉靖元年本却写成"东北一百三十里"(第一一四回);益州本在汉中之南,嘉靖元年本却写张鲁认为"西可以吞益州"(第一二八回),等等。

地名误植。如第三十七回写曹操往徐州攻吕布,"路近萧关",应作"路近萧县"(萧县在今安徽萧县西北,萧关则在今宁夏固原东南,距徐州极远);第二十八回写荀彧向曹操献计,告知袁术说刘备"要略南阳",应作"要掠淮南"(南阳属荆州,淮南则属扬州),等等。

地名混位。如李典本系山阳巨野人,嘉靖元年本却误为"山阳巨鹿人"(山阳郡属兖州,巨鹿郡属冀州);臧霸本系泰山华(县)人,嘉靖元年本却误为"泰山华阴人"(泰山郡属兖州,在今山东,华阴县属司隶校尉部弘农郡,在今陕西),等等。

地名文字错讹。如"西阆中巴"(第一二〇回),应作"巴西阆中";"赤坡"(第一九八回),应作"赤阪",等等。

丙．职官错误。主要指：

职官混称。如"幽州太守"（第一回），应作"幽州刺史"（州长官应为刺史或牧，郡长官方为太守）；"荥阳太守"（第五十三回），应作"荥阳令"（荥阳系县，其长官为令），等等。

随意杜撰。如第二十回写到"以（荀攸）为行军教授"，东汉末无此官职，应作"以为军师"；第一一二回写到"封（华歆）为大理寺少卿"，当时亦无此官职，应作"拜为议郎"，等等。

官爵文字错讹。如第九回写到封袁绍为"祁乡侯"，据《三国志·魏书·袁绍传》，应作"邺乡侯"；第三十六回写李通为"镇威中郎将"，据《三国志·魏书·李通传》，应作"振威中郎将"，等等。

丁．历法错误。包括：

引用史实而错写日期。如第一回写"建宁二年四月十五日"，大蛇蟠于帝座，据《后汉书·灵帝纪》，应为"四月癸巳"（即四月廿二）；光和元年"六月朔"，黑气飞入温德殿中，应为"六月丁丑"（即六月廿九），等等。

干支错误。如第八十九回写诸葛亮与刘备相约："十一月二十甲子日后为期"，但建安十三年十一月二十日并非甲子日，而系壬申日；第九十七回写十一月二十二日为丙寅日亦误，应为甲戌日，等等。

杜撰历史上没有的日期。如第七十九回写曹操"选定在建安十三年秋七月末旬丙午日出师"，但此月并无丙午日，只有丙辰、丙寅、丙子日；第一六一回写刘备"于章武元年七月丙寅日出师"，但此月并无丙寅日，只有丙子、丙戌、丙申日，等等。

戊．其他错误。例如：

历史人物年龄误差。如第一回写刘备"年二十八岁"，而据《三国志·蜀书·先主传》推算，应为"年二十四岁"；第一四四回写杨修被杀，"年三十四岁"，而据《后汉书·杨震传》附《杨修传》注引《续汉书》，应为"四十五岁"，等等。

名物描写前后矛盾。如徐晃在《演义》中一直用大斧，第六十

校注说明

三回却写他"一刀斩汪昭于马下";马岱在《演义》中以刀为兵器,第一二九回却写他"挺枪跃马,直取张飞",等等。

文字颠倒错落。

三、校正"技术性错误"的方法:

甲．对正文中的"技术性错误",直接予以校正,并加脚注列出原文,指出错误所在,说明校正依据。这样既便于阅读,又可逐条覆按。

乙．同一错误(字面完全相同者),一般只在第一次校正时加脚注说明,以避繁冗。

丙．书中小字注里相应的"技术性错误",径予校正,一般不再说明。

四、凡作者有意虚构之处,均不属于校改范围。

甲．人物。包括虚构的人物和对某些人物身份的调整。

乙．情节。书中情节,多含虚构成分,或纯系虚构。不论成败得失如何,均尊重作者原意,不列入校改范围。

丙．职官。书中某些职官,虽不准确甚至错误,但习用已久,深入人心,为便读者,姑不改动。

丁．名物。书中所写兵器、服饰、器具等,多有与史不合者,一仍其旧。

五、为帮助读者释疑解惑,本书作了若干注释,分别列于各回之末。

六、嘉靖元年本原本只有卷次,而无回次,查阅、引述颇有不便。兹从鲁迅《中国小说史略》例,将全书二百四十回统一编次,并在目录和书眉标出,以利读者。

七、本书卷首所附《〈三国志通俗演义〉序》、《〈三国志通俗演义〉引》、《三国志宗僚》,亦有若干错误。兹按古籍整理的通例,以圆括号表示应删的字,以方括号表示应增的字,不出校记。

目录

前言 ·· 沈伯俊（1）
校注说明 ···（1）

《三国志通俗演义》序 ···（1）
《三国志通俗演义》引 ···（1）
三国志宗僚 ···（1）

卷之一
第一回　祭天地桃园结义 ···（3）
第二回　刘玄德斩寇立功 ···（8）
第三回　安喜张飞鞭督邮 ···（12）
第四回　何进谋杀十常侍 ···（17）
第五回　董卓议立陈留王 ···（21）
第六回　吕布刺杀丁建阳 ···（26）
第七回　废汉君董卓弄权 ···（29）
第八回　曹孟德谋杀董卓 ···（33）
第九回　曹操起兵伐董卓 ···（35）
第十回　虎牢关三战吕布 ···（41）

卷之二
第十一回　董卓火烧长乐宫 ···（47）

第十二回　袁绍孙坚夺玉玺 …………………（50）
第十三回　赵子龙磐河大战 …………………（53）
第十四回　孙坚跨江战刘表 …………………（56）
第十五回　司徒王允说貂蝉 …………………（61）
第十六回　凤仪亭布戏貂蝉 …………………（65）
第十七回　王允授计诛董卓 …………………（67）
第十八回　李傕郭汜寇长安 …………………（72）
第十九回　李傕郭汜杀樊稠 …………………（76）
第二十回　曹操兴兵报父仇 …………………（80）

卷之三

第二十一回　刘玄德北海解围 …………………（87）
第二十二回　吕温侯濮阳大战 …………………（91）
第二十三回　陶恭祖三让徐州 …………………（96）
第二十四回　曹操定陶破吕布 …………………（100）
第二十五回　李傕郭汜乱长安 …………………（103）
第二十六回　杨奉董承双救驾 …………………（107）
第二十七回　迁銮舆曹操秉政 …………………（111）
第二十八回　吕布月夜夺徐州 …………………（116）
第二十九回　孙策大战太史慈 …………………（120）
第三十回　孙策大战严白虎 …………………（124）

卷之四

第三十一回　吕奉先辕门射戟 …………………（131）
第三十二回　曹操兴兵击张绣 …………………（135）
第三十三回　袁术七路下徐州 …………………（140）
第三十四回　曹操会兵击袁术 …………………（145）
第三十五回　决胜负贾诩谈兵 …………………（148）
第三十六回　夏侯惇拔矢啖睛 …………………（150）
第三十七回　吕布败走下邳城 …………………（154）
第三十八回　白门曹操斩吕布 …………………（157）
第三十九回　曹孟德许田射鹿 …………………（162）

第四十回　董承密受衣带诏 …………(165)

卷之五
第四十一回　青梅煮酒论英雄 …………(171)
第四十二回　关云长袭斩车胄 …………(175)
第四十三回　曹公分兵拒袁绍 …………(178)
第四十四回　关张擒刘岱王忠 …………(181)
第四十五回　祢衡裸体骂曹操 …………(183)
第四十六回　曹孟德三勘吉本 …………(187)
第四十七回　曹操勒死董贵人 …………(190)
第四十八回　玄德匹马奔冀州 …………(192)
第四十九回　张辽义说关云长 …………(194)
第五十回　　云长策马刺颜良 …………(197)

卷之六
第五十一回　云长延津诛文丑 …………(203)
第五十二回　关云长封金挂印 …………(206)
第五十三回　关云长千里独行 …………(209)
第五十四回　关云长五关斩将 …………(213)
第五十五回　云长擂鼓斩蔡阳 …………(217)
第五十六回　刘玄德古城聚义 …………(221)
第五十七回　孙策怒斩于神仙 …………(224)
第五十八回　孙权领众据江东 …………(228)
第五十九回　曹操官渡战袁绍 …………(233)
第六十回　　曹操乌巢烧粮草 …………(237)

卷之七
第六十一回　曹操仓亭破袁绍 …………(243)
第六十二回　刘玄德败走荆州 …………(247)
第六十三回　袁谭袁尚争冀州 …………(250)
第六十四回　曹操决水淹邺城 …………(254)
第六十五回　曹操引兵取壶关 …………(258)

第六十六回	郭嘉遗计定辽东 …………… (262)
第六十七回	刘玄德襄阳赴会 …………… (266)
第六十八回	玄德跃马跳檀溪 …………… (270)
第六十九回	刘玄德遇司马徽 …………… (273)
第七十回	玄德新野遇徐庶 …………… (276)

卷之八

第七十一回	徐庶定计取樊城 …………… (281)
第七十二回	徐庶走荐诸葛亮 …………… (284)
第七十三回	刘玄德三顾茅庐 …………… (287)
第七十四回	玄德风雪访孔明 …………… (291)
第七十五回	定三分亮出茅庐 …………… (295)
第七十六回	孔权跨江破黄祖 …………… (299)
第七十七回	孔明遗计救刘琦 …………… (304)
第七十八回	诸葛亮博望烧屯 …………… (307)
第七十九回	献荆州粲说刘琮 …………… (310)
第八十回	诸葛亮火烧新野 …………… (315)

卷之九

第八十一回	刘玄德败走江陵 …………… (321)
第八十二回	长阪坡赵云救主 …………… (325)
第八十三回	张益德据水断桥 …………… (330)
第八十四回	刘玄德败走夏口 …………… (333)
第八十五回	诸葛亮舌战群儒 …………… (336)
第八十六回	诸葛亮智激孙权 …………… (341)
第八十七回	诸葛亮智说周瑜 …………… (344)
第八十八回	周瑜定计破曹操 …………… (347)
第八十九回	周瑜三江战曹操 …………… (350)
第九十回	群英会瑜智蒋干 …………… (353)

卷之十

| 第九十一回 | 诸葛亮计伏周瑜 …………… (359) |

第九十二回	黄盖献计破曹操	(362)
第九十三回	阚泽密献诈降书	(365)
第九十四回	庞统进献连环计	(368)
第九十五回	曹孟德横槊赋诗	(370)
第九十六回	曹操三江调水军	(373)
第九十七回	七星坛诸葛祭风	(375)
第九十八回	周公瑾赤壁鏖兵	(378)
第九十九回	曹操败走华容道	(382)
第一百回	关云长义释曹操	(385)

卷之十一

第一百一回	周瑜南郡战曹仁	(391)
第一百二回	诸葛亮一气周瑜	(394)
第一百三回	诸葛亮旁略四郡	(397)
第一百四回	赵子龙智取桂阳	(400)
第一百五回	黄忠魏延献长沙	(403)
第一百六回	孙仲谋合肥大战	(406)
第一百七回	周瑜定计取荆州	(409)
第一百八回	刘玄德娶孙夫人	(412)
第一百九回	锦囊计赵云救主	(416)
第一百十回	诸葛亮二气周瑜	(419)

卷之十二

第一百十一回	曹操大宴铜雀台	(425)
第一百十二回	诸葛亮三气周瑜	(429)
第一百十三回	诸葛亮大哭周瑜	(432)
第一百十四回	耒阳张飞荐凤雏	(436)
第一百十五回	马超兴兵取潼关	(440)
第一百十六回	马孟起潼关大战	(444)
第一百十七回	许褚大战马孟起	(448)
第一百十八回	马孟起步战五将	(451)
第一百十九回	张永年反难杨修	(455)
第一百二十回	庞统献策取益州	(461)

《三国志通俗演义》序

　　夫史,非独纪历代之事,盖欲昭往昔之盛衰,鉴君臣之善恶,载政事之得失,观人才之吉凶,知邦家之休戚,以至寒暑灾祥,褒贬予夺,无一而不笔之者,有义存焉。

　　吾夫子因获麟而作《春秋》。《春秋》,鲁史也。孔子修之,至一字予者,褒之;否者,贬之。然一字之中,以见当时君臣父子之道,垂鉴后世,俾识某之善,某之恶,欲其劝惩警惧,不致有前车之覆。此孔子立万万世至公至正之大法,合天理,正彝伦,而乱臣贼子惧。故曰:"知我者其惟《春秋》乎,罪我者其惟《春秋》乎!"亦不得已也。孟子见梁惠王,言仁义而不言利;告时君,必称尧、舜、禹、汤;答时臣,必及伊、傅、周、召。至朱子《纲目》,亦由是也,岂徒纪历代之事而已乎?然史之文,理微义奥,不如此,乌可以昭后世?语云:"质胜文则野,文胜质则史。"此则史家秉笔之法,其于众人观之,亦尝病焉。故往往舍而不之顾者,由其不通乎众人,而历代之事,愈久愈失其传。前代尝以野史作为评话,令瞽者演说,其间言辞鄙谬,又失之于野,士君子多厌之。若东原罗贯中,以平阳陈寿传,考诸国史,自汉灵帝中平元年,终于晋太康元年之事,留心损益,目之曰《三国志通俗演义》。文不甚深,言不甚俗,事纪其实,亦庶几乎史。盖欲读诵者,人人得而知之,若诗所谓里巷歌谣之义也。书成,士君子之好事者,争相誊录,以便观览,则三国之盛衰治乱,人物之出处臧否,一开卷,千百载之事,豁然于心胸矣。其间亦未免一二过与不及,俯而就之,欲观者有所进益焉。

　　予谓诵其诗,读其书,不识其人,可乎?读书例曰:若读到

古人忠处，便思自己忠与不忠；孝处，便思自己孝与不孝。至于善恶可否，皆当如此，方是有益。若只读过，而不身体力行，又未为读书也。

子尝读《三国志》，求其所以，殆由陈蕃、窦武立朝未久，而不得行其志，卒为奸宄谋之，权柄日窃，渐浸炽盛，君子去之，小人附之，奸人乘之。当时国家纪纲法度坏乱极矣。噫，可不痛惜乎！矧何进识见不远，致董卓乘衅而入，权移人主，流毒中外，自取灭亡，理所当然。曹瞒虽有远图，而志不在社稷，假忠欺世，卒为身谋，虽得之，必失之，万古奸贼，仅能逃其不杀而已，固不足论。孙权父子虎视江东，固有取天下之志，而所用得人，又非老瞒可议。惟昭烈，汉室之胄，结义桃园，三顾草庐，君臣契合，辅成大业，亦理所当然。其最尚者，孔明之忠，昭如日星，古今仰之；而关、张之义，尤宜尚也。其他得失，彰彰可考，遗芳遗臭，在人贤与不贤。君子小人，义与利之间而已。观演义之君子，宜致思焉。

弘治甲寅仲春几望庸愚子[一]拜书。

【注释】

[一]庸愚子：原刻本落款后有"金华蒋氏"、"大器"二印，可见庸愚子即金华人蒋大器。

《三国志通俗演义》引

客问于余:"刘先主、曹操、孙权各据汉地为三国,史已志其颠末,传世久矣。复有所谓《三国志通俗演义》者,不几近于赘乎?"余曰:"否。史氏所志,事详而文古,义微而旨深,非通儒夙学,展卷间,鲜不便思困睡。故好事者以俗近语隐括成编,欲天下之人,入耳而通其事,因事而悟其义,因义而兴乎感;不待研精覃思,知正统必当扶,窃位必当诛,忠孝节义必当师,奸贪谀佞必当去;是是非非,了然于心目之下,裨益风教,广且大焉,何病其赘耶?"客仰而大嘘曰:"有是哉,子之不我诬也,是可谓羽翼信史而不违者矣!简帙浩瀚,善本甚艰,请寿诸梓,公之四方,可乎?"余不揣谫劣,原作者之意,缀俚语四十韵于卷端,庶几歌咏而有所得欤。於戏!牛溲马勃,良医所珍,孰谓稗官小说,不足为世道重轻哉!

今古兴亡数本天,就中人事亦堪怜。欲知三国苍生苦,请听《通俗演义》篇。忠烈赤心扶正统,奸回白首弄威权。须知善恶当师戒,遗臭流芳亿万年。献帝仁柔汉祚衰,十常侍启衅端开。董卓妄意窥神器,何进无谋种祸胎。渤海会兵昭日月,桃园歃血动风雷。可怜多少英雄计,不及貂蝉口舌才。曹操奸雄世无比,号令诸侯挟天子。天子心知诛不得,泣召董承受密旨。口血未干机先泄,国母元臣束手死。幸尔玄德奔彭城,豪杰云从期雪耻。袁绍当年亦汉

臣,井蛙岂识海中鳞。不有关张龙虎将,皇孙颠沛更难论。明良遭际真奇特,三顾草庐不厌频。卧龙突起甘霖溥,恢复规模次第陈。孙权父子据江东,观望中原事战功。谋士似云翻白黑,长江如练列艨艟。火炎赤壁阿瞒遁,袭入荆门大耳穷。假使真心匡汉室,何劳数计灭刘公。天相刘公讵可灭,万死一生堪哽咽。九犯中原伟丈夫,七擒酋首真英特。枭獍谁能继汉高?犹豫未蹀奸贼血。军师大志不曾伸,仅创三川两世业。沛公百战定乾坤,司马何人敢并吞!试看北面事仇者,汉国臣僚旧子孙。天理民彝荡扫地,鼎味争如蕨味馨。志士仁人空抱恨,几番血泪渍衣痕。人言三国多才俊,我独沉吟未深信。鹰犬骞腾麟凤孤,四海徒令蹈白刃。天假数年寿孔明,山河未必轻归晋。此编非直口耳资,万古纲常期复振。

　　嘉靖壬午孟夏吉望关(中)〔西〕修髯子[一]书于居易草亭。

【注释】

[一] 修髯子:原刻本落款后有"尚德"、"小书庄"、"关西张子词翰之记"三印,可见修髯子即关西人张尚德。

三国志宗僚①

蜀

帝
先主刘备　字玄德,涿郡涿县人,汉景帝玄孙。在位三年。寿六十三岁。
后主刘禅　字公嗣,先主之子。在位四十(二)[一]年。寿六十五岁。

后
昭烈皇后甘氏　沛县人,先主妾。
穆皇后吴氏　陈留人,先主继室。
敬哀皇后张氏　后主妻,张飞长女。
皇后张氏　后主继室,飞次女。

先主三男
后主
刘永　字公寿。封鲁王。
刘理　字奉孝。封梁王。

后主七男
刘璿　字文衡,太子。
刘瑶　封安定王。
刘琮　[封西河王]
刘瓒　[封新平王]
刘谌　封北地王。
刘恂　[封新兴王]
刘璩

---

① 本表共列508人,大致移录自史书《三国志》。通常称《三国演义》"写了四百多个人物",即源于本表。但表中若干人物未在《演义》中出现,《演义》中许多人物亦不见于本表,故其说实误。

列传

诸葛亮 字孔明，琅琊阳都人。官至丞相，[封]武乡侯。谥忠武。
关羽 字云长，河东解(良)人。官至前将军，[封汉]寿亭侯。
张飞 字益德，涿郡人。官至车骑将军，[封西乡侯]。
马超 字孟起，扶风茂陵人。官至骠骑将军，[封斄乡侯]。
黄忠 字汉升，南阳人。官至[后将军]，[赐爵]关内侯。
赵云 字子龙，常山真定人。官至镇东将军，[封永昌亭侯]。
庞统 字士元，襄阳人。官至军师中郎将。
法正 字孝直，扶风(湄)[郿]人。官至尚书令、护军将军。
许靖 字文休，汝南平舆人。官至太傅。
(糜)[麋]竺 字子仲，东海朐人。官至安汉将军。
孙乾 字(功)[公]祐，北海人。官至秉(中)[忠]将军。
简雍 字宪和，涿郡人。官至昭德将军。
伊籍 字机伯，山阳人。官至昭文将军。
秦宓 字子敕，广汉绵竹人。官至大司农。
董和 字幼宰，南郡枝江人。官至[掌军]中郎将。
刘巴 字子初，零陵烝阳人。官至尚书令。
马良 字季常，襄阳宜城人。官至侍中。
陈震 字孝起，南阳人。官至尚书令，[封城阳亭侯]。
董允 字休昭，南郡枝江人。官至侍(郎)[中]，[守尚书令]。
刘封 无字，罗侯寇氏子。官至副[军]将军。
吕乂 字季阳，南阳人。官至尚书令。
彭羕 字永年，广汉人。官至江阳太守。
廖立 字公渊，武陵临沅人。官长水校尉。
李严 字正方，南阳人。官至(前将军)[中都护]，[封都乡侯]。
刘琰 字威硕，鲁国人。官至车骑将军，[封都乡侯]。
魏延 字文长，义阳人。官至前军师、征西大将军，[封南郑侯]。
杨仪 字(公威)[威公]，襄阳人。官至中军师。
霍峻 字仲邈，[南郡]枝江人。官至梓潼太守。
王连 字文仪，南阳人。官至(江阳太守)[屯骑校尉]，[封平阳亭侯]。
向朗 字巨达，襄阳宜城人。官至左将军，[封显明亭侯]。
张裔 字君嗣。蜀郡成都人。官至[丞相]长史。
杨洪 字季休，[犍为]武阳人。官至蜀郡太守，[赐爵关内侯]。

费诗　字公举，[犍为]南安人。官至谏议大夫。
杜微　字国辅，梓潼涪人。官至谏议大夫。
周群　字仲直，巴西阆中人。官儒林校尉。
杜琼　字伯瑜，成都人。官至（大长）[太常]。
许慈　字仁笃，南阳人。官至大长[秋]。
孟光　字孝裕，洛阳人。官至大司农。
来敏　字敬达，义阳新野人。官光禄大夫。
尹默　字思潜，梓潼涪人。官至太中大夫。
李譔　字钦仲，涪人。官至（三郡太守）[右中郎将]。
谯周　字允南，巴西[西]充国人。官中散大夫。
郤正　字令（光）[先]，河南偃师人。官[至]巴西太守。
（董）[黄]权　字公衡，阆中人。官至车骑将军。
李恢　字德昂，建宁俞元人。官安汉将军，[封汉兴亭侯]。
吕凯　字季平，永昌不韦人。官云南太守，[封阳迁亭侯]。
马忠　字德信，阆中人。官至镇南大将军，[封彭乡侯]。
王平　字子均，巴西（岩）[宕]渠人。官[至]镇北[大]将军，[封安汉侯]。
张嶷　字伯岐，南充国人。官[至]荡寇将军，[赐爵关内侯]。
蒋琬　字公琰，零陵湘乡人。官至（大将军）[大司马]，录尚书事，[封安阳亭侯]。
费祎　字文伟，江夏鄳人。官至大将军，（尚书令），[封成乡侯]。
姜维　字伯约，天水冀人。官至大将军，[封平襄侯]。
邓芝　字伯苗，新野人。官至车骑将军，[封阳武亭侯]。
张翼　字伯恭，武阳人。官至左车骑将军，[封都亭侯]。
宗预　字德艳，南阳安众人。官至征西大将军，[赐爵关内侯]。
廖化　字元俭，襄阳人。官至右车骑将军，[封中乡侯]。
杨戏　字文然，武阳人。官至射声校尉。

别传
刘焉　字君郎，江夏竟陵人。官至（大将军）[监军使者，领益州牧]，[封阳城侯]。
刘璋　字季玉，（武阳）[江夏竟陵]人。官至振威（校尉）[将军]。

附传
诸葛乔　诸葛瞻　董厥
张松　马谡　陈祗

周　仓　马　岱　向　宠
蒋　斌　傅　佥　刘　敏
蒋　显　卫　继　关　平
张　苞　关　兴　常　播
孟　达　张　任　赵（戏）[戢]
吴　懿　射（受）[援]　赖　恭
刘　豹　向　举　殷　纯
赵（祚）（祚）　何　宗　张　爽
吴　班　王（谌）[谋]　陈（习）[智]
（陈几）[程畿]　张　南　傅　彤
赵（景）[累]　冯　习　黄　皓

魏

帝

武帝　姓曹，讳操，字孟德，沛国谯人。寿六十六岁。

文帝　讳丕，字子桓，操之子。在位七年。寿四十岁。

明帝　讳睿，字元仲，丕之子。在位十三年。寿三十六岁。

齐王　讳芳，字兰卿，睿之养子。在位十四年。寿四十三岁。废为王。

高贵乡公　讳髦，字彦士，丕之孙，东海定王霖之子。在位七年。寿二十岁。司马氏杀之。

陈留王　讳奂，字景明，操之孙，燕王宇之子。在位五年。寿五十八岁。禅位于晋。

后

武宣卞皇后　丕母，琅琊[开]阳（都）人。

文昭甄皇后　睿母，（山中）[中山]无极人。

文德郭皇后　睿继母，安平广宗人。

明悼毛皇后　睿妻，河内人。

明元郭皇后　睿次妻，西平人。

本传

夏侯惇　字元让，沛国谯人。官至大将军。谥忠侯。七子二孙皆封关内侯。

夏侯渊　字妙才，惇族弟。官至征西将军。谥愍侯。

曹仁　字子孝，操[从弟]，拜大司马。谥忠侯。

曹洪　字子廉，操从弟。[官至骠骑将军，封野王侯]。
曹休　字文烈，操族(弟)[子]。官至大司马，封长平侯。
曹真　字子丹，操族子。[官至大司马，封邵陵侯]。
夏侯尚　字伯仁，渊从子。[官至征南大将军，封昌陵乡侯]。
曹彰　字子文，操次子。封任城(威)王。[谥威]。
曹植　字子建，操次子。封陈(思)王。[谥思]。
曹熊　字子咸，操次子。谥萧怀王。
荀彧　字文若，颍川颍阴人。官至侍中光禄大夫。
荀攸　字公达，彧之侄。官至尚书令。
贾诩　字文和，武威姑臧人。官至太尉，[封魏]寿乡侯。
袁涣　字曜卿，陈郡扶乐人。官至郎中令。
张范　字公仪，河内修武人。官谏议大夫。
凉茂　字伯方，山阳昌邑人。官太子太傅。
国渊　字子尼，乐安盖人。官至太仆卿。
田畴　字子泰，右北平无终人。官至议郎。
王修　字叔治，北海营陵人。官至大司农、郎中令。
邴原　字根矩，北海朱虚人。官至五官将长史。
管宁　字幼安，朱虚人。(官至)[征拜]光禄勋，[不就]。
崔琰　字季珪，清河东武城人。官至中尉。
毛玠　字孝先，陈留平丘人。官尚书仆射。
徐奕　字季才，东莞人。官至中尉。
何夔　字叔龙，陈郡阳夏人。官至太仆，[封]成阳亭侯。
邢颙　字子昂，河间(郑)[鄚]人。官至(司隶校尉)[太常]，[赐爵]关内侯。
鲍勋　字叔业，泰山平阳人。官御史中丞。
司马芝　字子华，河内温人。官河南尹。
钟繇　字元常，颍川长社人。官至太傅，[封]定陵侯。
华歆　字子鱼，平原高(堂)[唐]人。官至太尉，[封]博平侯。
王朗　字景兴，东海郯人。官司徒，[封]兰陵侯。
程昱　字仲德，东阿人。官卫尉，[封]安乡侯。
郭嘉　字奉孝，颍州[川]阳翟人。官至司空军祭酒，[封洧阳亭侯]。
董昭　字公仁，(齐)[济]阴定陶人。官至卫尉，[封]乐平侯。
刘晔　字子(阳)[扬]，淮南成德人。官太中大夫，[封东亭侯]。
蒋济　字子通，楚国平阿人。官至(领军将军)[太尉]，[封]都乡侯。

刘放　字子弃,涿郡人。官至(侍中光禄大夫)[骠骑将军],[封]方城侯。
刘馥　字元颖,沛国相人。官至扬州刺史。
司马朗　字伯达,河内温人。官兖州刺史。
梁习　字子虞,陈郡(拓)[柘]人。官至大司农,[封]申门亭侯。
张既　字德容,冯翊高陵人。官至[凉州刺史],[封]西乡侯。
温恢　字曼基,太原祁人。官至凉州刺史。
贾逵　字梁道,(东阿)[河东]襄陵人。官至建威将军,[封]阳里亭侯。
任峻　字伯达,河南中牟人。官长水校尉,[封]都亭侯。
苏则　字文师,扶风武功人。官至[侍中],[封]都亭侯。
杜畿　字伯侯,京兆杜陵人。官至尚书仆射,[封]丰乐亭侯。
郑浑　字文公,开封人。官至将作(太)[大]匠。
仓慈　字孝仁,淮南人。官至敦煌太守。
张辽　字文远,雁门马邑人。官至前将军,[封]晋阳侯。
乐进　字文谦,阳平卫国人。官至右将军,[封]广昌亭侯。
于禁　字文则,泰山巨平人。官安远将军,[封]益寿亭侯。
张郃　字隽义,河间鄚人。官至征西车骑将军,[封]鄚侯。
徐晃　字公明,河东杨人。官至右将军,[封]阳平侯。
李典　字曼成,山阳巨野人。官破虏将军,[封]都亭侯。
李通　字文(远)[达],江夏平春人。官汝南太守,[封]都亭侯。
臧(罢)[霸]　字宣高,泰山华人。官至执金吾,[封](鳸)[良]成侯。
文聘　字仲业,南阳宛人。官至后将军,[封]新野侯。
吕虔　字子恪,(伍)[任]城人。官至[徐州刺史],[封]万年亭侯。
许褚　字仲康,谯国谯人。官至武卫(中郎)将[军],[封]牟乡侯。
典韦　无字,陈留(巳)[己]吾人。官至(都)[校]尉。
庞德　字令明,南安狟道人。官至立义将军,[封]关门亭侯。
庞(涓)[淯]　字子(冀)[异],酒泉表氏人。官中散大夫,[赐爵关内侯]。
阎温　字伯俭,天水西城人。官至上邽令。
王粲　字仲宣,山阳高平人。官至侍中,[赐爵关内侯]。
卫觊　字伯儒,河东安邑人。官至尚书,[封]阌乡侯。
刘廙　字恭嗣,南阳安众人。官至侍中,[赐爵]关内侯。
刘(邵)[劭]　字孔才,广平邯郸人。官散骑常侍,[赐爵关内侯]。
傅嘏　字兰石,北地泥阳人。官至尚书仆射,[封]阳乡侯。
桓阶　字伯绪,长沙临湘人。官至侍中、尚书[令],[封]安乐乡侯。

陈群　字长文,颍川许昌人。官至司空,[封颍阴侯]。
陈矫　字季弼,广陵东阳人。官至司徒,[封东乡侯]。
徐宣　字宝坚,广陵海西人。官至侍中光禄大夫,[封津阳亭侯]。
卫臻　字公振,陈留襄邑人。官至司徒,[封]长垣侯。
卢毓　字子家,涿郡涿人。官司空,[封]容城侯。
和洽　字阳士,汝南西平人。官至太常卿,封西陵乡侯。
常林　字伯槐,河(南)[内]温人。官至(光禄大夫)[太常],[封]高阳乡侯。
杨俊　字季才,河内获嘉人。官南阳太守。
杜袭　字子绪,颍川定陵人。官太中大夫,[封平阳乡侯]。
赵俨　字伯然,颍川阳翟人。官至司空,[封都乡侯]。
裴潜　字文行,河东闻喜人。官光禄大夫,[封清阳亭侯]。
韩暨　字公至,南阳堵阳人。官至司徒,[封南乡亭侯]。
崔林　字德儒,清河东武城人。官至司空,[封]安阳[乡]侯。
高柔　字文惠,陈留圉人。官至太尉,[封安国侯]。
孙礼　字德达,涿郡容城人。官至司空,[封]大利亭侯。
王观　字伟台,东郡廪丘人。官至司空,[封]阳乡侯。
辛毗　字佐治,[颍川]阳翟人。官至卫尉,[封颍乡侯]。
杨阜　字义山,天水冀人。官至少府卿,[赐爵关内侯]。
高堂隆　字升平,泰山平阳人。官至(散骑常侍)[光禄勋],[赐爵关内侯]。
满宠　字伯宁,山阳昌邑人。官至太尉,[封昌邑侯]。
田(预)[豫]　字国让,渔阳雍奴人。官太中大夫,[封长乐亭侯]。
牵招　字子经,安平(关)[观]津人。官雁门太守,[赐爵关内侯]。
郭淮　字伯济,太原阳曲人。官至车骑将军,[封]阳曲侯。
徐邈　字景山,燕国蓟人。官至司空,[封都亭侯]。
胡质　字文德,楚国寿春人。官征东将军,[赐爵关内侯]。
王昶　字文舒,太原晋阳人。官至(征南将军、仪同三司)[司空],[封]京陵侯。
王基　字伯舆,东莱曲城人。官征南将军,[封东武侯]。
王凌　字彦云,太原祁人。官至太尉,[封南乡侯]。
毌丘俭　字仲恭,河东闻喜人。官至镇东[将军],都督[扬州],[封安邑侯]。
诸葛诞　字公休,琅琊阳都人。官至司空,[封高平侯]。
邓艾　字士载,义阳棘阳人。官至太尉,[封邓侯]。
钟会　字士季,颍川长社人。官至司徒,[封东武侯]。
华(陀)[佗]　字元化,沛国谯人。善医。

杜夔　字公良,河南人。官至(军谋祭酒,参太乐事)[协律都尉]。
朱建平　无字,沛国人。善相。官至(五官将)[郎]。
周宣　字孔和,乐安人。善圆梦。官至中郎,属太史。
管辂　字公明,平原人。善卜。官至少府丞。

武帝二十五男

卞后　生丕、彰、植、熊。
尹氏　生矩。
刘氏　生昂、铄。
王氏　生干。
环氏　生冲、据、宇。
孙氏　生上、彪、勤。
杜氏　生林、衮。
李氏　生乘、整、京。
秦氏　生玹、峻。
刘氏　生棘。
周氏　生均。
赵氏　生茂。
宋氏　生徽。

文帝九男

甄后　生睿。
李氏　生协。
潘氏　生蕤。
朱氏　生鉴。
仇氏　生霖。
徐氏　生礼。
苏氏　生邕。
张氏　生贡。
宋氏　生俨。

列传

董卓　字仲颖,陇西临洮人。官至(大将军)[太师],[封郿侯]。

袁绍　字本初,汝南汝阳人。官至大将军。
袁术　字公路,绍[从]弟。官至左将军。
刘表　字景升,山阳高平人。官至镇南将军、荆州牧,[封]成武侯。
吕布　字奉先,五原郡九原人。官至奋(威)[武]将军,[封]温侯。
张邈　字孟卓,东平寿张人。官陈留太守。
臧洪　字子源,广陵射阳人。官东郡太守。
公孙瓒　字伯珪,辽西令支人。官至前将军,[封]易侯。
陶谦　字恭祖,丹阳人。官至安东将军、徐州牧,[封]溧阳侯。
张杨　字稚叔,云中人。官[至]大司马,[封]晋阳侯。
公孙度　字升济,辽东襄平人。官至武威将军,[封]永宁乡侯。
张燕　无字,常山真定人。官至平北将军,[封]安国亭侯。
张绣　无字,武威祖厉人。官至破羌将军,[封]宣威侯。
张鲁　字公祺,沛国丰人。官至镇南将军,[封]阆中侯。

附传

韩　浩　史　涣　曹　纯
曹　肇　曹　爽　曹　羲
曹　彦　曹　训　何　晏
邓　飏　丁　谧　毕　轨
李　胜　桓　范　胡　昭
王　烈　张(臻)[鉨]　娄　圭
孔　融　许　攸　钟　毓
王　肃　董　遇　隗　禧
周生烈　(孙)[程]晓　(刘)[孙]资
李(浮)[孚]　杨　沛　杜　恕
杜　预　(臧)[孙]观　张　恭
张(敬)[就]　徐　干　陈　琳
阮　瑀　应　玚　刘　桢
繁　钦　路　粹　丁　仪
丁　廙　杨　修　荀　纬
应　璩　阮　籍　嵇　康
桓　威　吴　质　潘　勖
王　象　缪　袭　仲长统

苏 林　韦 诞　夏侯惠
孙 该　杜 挚　裴 秀
李 傕　郭 汜　令狐愚
唐 咨　(邓)[州]泰　王 弼
徐 庶　栈 潜　胡 威
袁 谭　袁 尚　伍 孚
逄 纪　沮 授　田 丰
审 配　辛 评　陈 温
蒯 良　蒯 越　蔡 瑁
邯郸淳　邓 忠　傅(选)[巽]
丁 原　陈 宫　陈 珪
公孙渊　陈 登

吴

帝

武烈皇帝　姓孙,讳坚,字文台,吴郡富春人。前破虏将军。后谥帝。
长沙桓王　讳策,字伯符,坚之长子。前讨逆将军。后谥(帝)[王]。
大皇帝　讳权,字仲谋,策之弟。在位三十一年。寿七十[一]岁。
会稽王　讳亮,字子明,权之少子。在位(六)[八]年。寿十(七)[八]岁。
景帝　讳休,字子烈,权之第六子。在位七年。寿(二)[三]十岁。
乌程侯　讳皓,字元宗,权之孙。在位十七年。寿四十二岁。

后

吴(后)[夫人]　吴郡人,权之母。
徐(后)[夫人]　吴郡富春人,权妻。
步后　临淮淮阴人。权妻,(亮之母)。
王(后)[夫人]　琅琊人,权妻,和之母。
潘后　会稽句章人,权妻,[亮之母]。
全氏　全尚之女,亮妻。
朱后　朱据之女,休之妻。
何姬　丹阳句容人,和妻。
滕后　太常胤之族[女],皓妻。

宗室

孙静　字幼台，坚之弟。官至昭义中郎将。
孙瑜　字仲异，静之子。官至奋威将军。
孙皎　字叔朗，瑜之弟。官至征虏将军。
孙奂　字季明，皎之(子)[弟]。官至扬威将军，[封沙羡侯]。
孙翊　字叔弼，权之弟。官至丹阳太守。
孙匡　字季佐，翊之弟。(官至定威中郎将)。
孙贲　字伯阳，坚之侄。官至征虏将军，[封都亭侯]。
孙辅　字国仪，贲之弟。官至平南将军。
孙登　字子高，权之长子。黄龙元年立为太子。年三十(岁)[三]卒。
孙虑　字子智，登之弟。封建昌侯。
孙和　字子孝，虑之弟。赤乌五年立为太子。太元(元)[二]年封为(阳侯)[南阳王]。
孙霸　字子威，和之弟。封鲁王。
孙奋　字子扬，霸之弟。封齐王。
孙桓　字叔武，(和)[河]之子。官至建武将军，[封]丹徒侯。
孙峻　字子远，静曾孙。官至丞相、大将军，[封富春侯]。
孙(琳)[綝]　字子通，峻之(外)[从]弟。官至大将军，[封]永宁侯。
孙韶　字公礼，策赐姓。官至镇北将军、幽州牧，[封建德侯]。

列传

刘繇　字正礼，东莱牟平人。官[扬州牧]、振武将军。
太史慈　字子义，东莱黄人。官建昌都尉。
士燮　字威彦，苍梧广信人。官至卫将军，[封]龙编侯。
张昭　字子布，彭城人。官至辅吴将军，[封娄侯]。
顾雍　字元叹，吴郡吴人。官至(尚书令)[丞相]，[封](阳遂乡侯)[醴陵侯]。
诸葛(谨)[瑾]　字子瑜，[琅琊]阳都人。官至(左)[大]将军，[封]宛陵侯。
步骘　字子山，[临淮]淮阴人。官(右将军)至丞相，[封]临湘侯。
张纮　字子纲，广陵人。官至长史。
严畯　字曼才，彭城人。官至尚书[令]。
程秉　字德枢，汝南南顿人。官太子太傅。
阚泽　字德润，会稽山阴人。官太子(少)[太]傅。
薛综　字敬文，沛郡竹邑人。官太子少傅。
周瑜　字公瑾，庐江舒人。官至偏将军，领南郡太守。

11

鲁肃　字子敬，临淮东城人。官至横江将军。(益州牧)
吕蒙　字子明，汝南富陂人。官至南郡太守，[封]孱陵侯。
程普　字德谋，右北平土垠人。官至荡寇将军。
黄盖　字公覆，零陵泉陵人。官[至]偏将军。
韩当　字义公，辽西令支人。官[至]昭武将军，[封石城侯]。
蒋钦　字公奕，九江寿春人。官荡寇将军。
周泰　字幼平，九江下蔡人。官至奋威将军，[封]陵阳侯。
陈武　字子烈，(芦)[庐]江松滋人。官至偏将军。
董袭　字元代，[会稽]余姚人。官至偏将军。
甘宁　字兴霸，巴郡临江人。官折冲将军。
凌统　字公(续)[绩]，[会稽]余姚人。官至偏将军。
徐盛　字(公)[文]向，琅琊莒人。官至安东将军，[封芜湖侯]。
潘璋　字文珪，东郡发干人。官振威将军，[封溧阳侯]。
丁奉　字承渊，庐江安丰人。官至右[大]司马、左军师，[封安丰侯]。
朱治　字君理，丹阳故(彰)[鄣]人。官至安国将军，(毗陵侯)[封故鄣侯]。
朱然　字义封，朱治姊之子。官至左[大]司马、右军师，[封当阳侯]。
吕范　字子衡，汝南细阳人。官至大司马，[封南昌侯]。
朱桓　字休穆，吴人。官至前将军、青州牧，[封嘉兴侯]。
虞翻　字仲翔，[会稽]余姚人。官至骑都尉。
陆绩　字公纪，吴郡吴人。官至偏将军。
张温　字惠恕，吴郡吴人。官太子太傅。
骆统　字公绪，会稽乌伤人。官(建中郎将)[至濡须督]，[封新阳亭侯]。
吾粲　字孔休，[吴郡]乌程人。官至太子太傅。
朱据　字子范，吴郡吴人。官至骠骑将军，[封云阳侯]。
陆逊　字伯言，吴人。官至丞相，[封江陵侯]。
陆瑁　字子璋，逊之弟。官至议郎。
陆抗　字幼节，孙策之外孙。官至(偏将军)[大司马]，[袭爵](毗陵侯)[江陵侯]。
贺齐　字公苗，山阴人。官[至]后将军，[封山阴侯]。
全琮　字子璜，钱塘人。官[至]右[大]司马、左军师，[封钱塘侯]。
(吴)[吕]岱　字定公，广陵海陵人。官至大司马，[封番禺侯]。
周鲂　字子鱼，阳羡人。官(偏)[裨]将军，赐爵关内侯。
钟离牧　字子干，山阴人。官至前将军，[封都乡侯]。
潘(璿)[濬]　字承明，武陵汉寿人。官至太常卿，[封刘阳侯]。

陆凯 字敬风,吴郡吴人。官(征西大将军)[至左丞相],[封嘉兴侯]。
是仪 字子羽,北海营陵人。官尚书仆射,[封都乡侯]。
胡综 字伟则,汝南固始人。官至偏将军,兼左执法,[封都乡侯]。
吴范 字文则,[会稽]上虞人。官骑都尉,[领]太史令。
刘惇 字子仁,平原人。(官至太史令)。
赵达 无字,河南人。(官至太史丞)。
诸葛恪 字元逊,瑾长子。官至(太子)太傅,[封阳都侯]。
滕胤 字(子)[承]嗣,北海剧人。官至卫将军,[封高密侯]。
濮阳兴 字子元,陈留人。官至丞相,[封外黄侯]。
王蕃 字永元。庐江人。官至散骑中常侍。
楼玄 字承先,沛国蕲人。官至大司农。
贺邵 字兴伯,山阴人。官至中书令,[领]太子太傅。
韦(跃)[曜] 字弘嗣,吴郡云阳人。官中书仆射,[封]高陵亭侯。
华覈 字永先,吴郡武进人。官至(中书丞)[东观令],[封徐陵亭侯]。

附传

刘 基 士 徽 士 懿 [壹]
吴 景 徐 真 徐(现)[琨]
(徐)[孙]邻 张 承 张(林)[休]
张 奋 顾 邵 顾 谭
顾 承 诸葛融 步 阐
张 玄 张 尚 裴 玄
唐(国)[固] 薛(羽)[珝] 薛(营)[莹]
陈 表 朱(续)[绩] 朱(变)[异]
吕 据 虞(纪)[汜] 虞(中)[忠]
虞 耸 虞(芮)[昺] 陆 宏
陆 睿 徐 详 (刘)[留]赞

卷之一

第一回　祭天地桃园结义

后汉桓帝崩,灵帝即位,时年十二岁。朝廷有大将军[一]窦武、太傅[二]陈蕃、司徒[三]胡广共相辅佐。至秋九月,中涓[四]曹节、王甫弄权,窦武、陈蕃预谋诛之,机谋不密,反被曹节、王甫所害。中涓自此得权。

建宁[五]二年四月癸巳①,帝会群臣于温德殿中。方欲升座,殿角狂风大作,见一条青蛇,从梁上飞下来,约二十余丈长,蟠于椅上。灵帝惊倒,武士急慌救出;文武互相推拥,倒于丹墀者无数。须臾不见。片时大雷大雨,降以冰雹,到半夜方住,东都城中,坏却房屋数千余间。建宁四年二月,洛阳地震,省垣皆倒,海水泛溢,沿海尽被大浪卷扫居民入海②,遂改年熹平[六]。自此边界时有反者。熹平五年,改为光和[七],雌鸡化雄;六月丁丑③,黑气十余丈,飞入温德殿中;秋七月,有虹见于玉堂,五原[八]山岸,尽皆崩裂。种种不祥,非止一端。于是灵帝忧惧,遂下诏,召光禄大夫[九]杨赐等诣金商门[一〇],问以灾异之由及消复之术。赐对曰:

臣闻《春秋》谶曰:"天投蜺,天下怨,海内乱。"加四百之期,亦复垂及。今妾媵阉尹之徒,共专国朝,欺罔日月。又鸿都门下,招会群小,造作赋说④,见宠于时。更相荐说,旬月之间,并各拔擢:乐松处常伯,任芝居纳言,郄俭、梁鹄各受丰爵不次之宠,而令缙绅之徒委伏畎畮古亩字,口诵尧、舜之言,身蹈绝俗之行,弃捐沟壑,不见逮及。冠履倒易,陵谷代处。幸赖皇天垂象谴告。《周书》曰:"天子见怪则修德,诸侯见怪则修政,卿大夫见怪则修职,士庶人见怪则修身。"此《逸书》也。唯陛下斥远佞巧之臣,速征鹤鸣之士,断绝尺一,抑止槃游[一一]。冀上天还威,众变可弭。

议郎[一二]蔡邕亦对,其略曰:

臣伏思诸异,皆亡国之怪也。天于大汉,殷勤不已,故屡出妖变,以当谴责,欲令人君感悟,改危即安。蜺堕鸡化,皆妇人干政[一三]之所致也。前者乳母赵娆音饶,贵重天下;永乐门史霍玉,又为奸邪。察其赵、霍,将为国患。张颢、伟璋、伟姓,璋名。赵玹、盖升盖,音合,姓也。并叨时幸,宜念小人在位之咎。伏见郭禧、桥玄、刘宠皆忠实老成,宜为谋主。夫宰相大臣,君之四体,不宜听纳小吏,雕琢大臣也。且选举请托,众莫敢言,臣愿陛下忍而绝之。左右近臣,亦宜从化。人自抑损,以塞谷戒,则天道亏满,鬼神福谦矣。夫君臣不密,上有漏言之戒,下有失身之祸。愿寝臣表,无使尽忠之吏,受怨奸仇。谨奏。

---

① 原作"建宁二年四月十五日"。据《后汉书·灵帝纪》改(是年四月癸巳即四月廿二)。
② 原作"登、莱、沂、密尽被大浪卷扫居民入海"。登州、莱州、沂州、密州皆南北朝以后地名,且原句语意不确,故改。
③ 原作"六月朔"。据《后汉书·灵帝纪》改(光和元年六月丁丑即六月廿九)。
④ 原作"造作赋税"。据《后汉书·杨震传》附《杨赐传》改。

帝览奏而叹息，因起更衣。

曹节在后窃视，悉宣告左右，事遂泄漏，邕等被罪。中涓吕强怜其才，奏请免罪。后张让、赵忠、封谞、段珪、曹节、侯览、蹇硕、程旷、夏恽①、郭胜这十人执掌朝纲。自此天下桃李，皆出于十常侍[一四]门下。朝廷待十人如师父，由是出入宫闱，稍无忌惮，府第依宫院盖造不题。

却说中平[一五]元年甲子岁，巨鹿郡[一六]有一人，姓张，名角。一个兄弟张梁，一个兄弟张宝。角，初是个不第秀才，因往山中采药，遇一老人，碧眼童颜，手执藜杖，唤角至洞中，授书三卷，名《太平要术》，嘱咐以道为念②："代天宣化，普救世人；若萌异心，必获恶报。"角拜求姓名，老人曰："吾乃南华老仙。"遂化阵清风不见了。

角得此书，晓夜攻习，能呼风唤雨，号为"太平道人"。中平元年正月内，疫毒流行，张角散施符水，称"大贤良师"。请符救病者，无有不应：令患者亲诣座前，自说己过，角与忏悔，以致福利。角有徒弟五百余人，云游四方救病。次后徒众极多，角立三十六方，分布天下③。方者，乃将军之称也。大方万余人，小方六七千，各立渠帅[一七]，讹言："苍天已死，黄天当立；岁在甲子，天下大吉。"令众以白土写"甲子"二字于各家门上；及郡县市镇，宫观寺院门上，亦书"甲子"二字。青、徐、幽、冀、荆、扬、兖、豫[一八]，其八州之人，家家侍奉大贤良师张角名字。角遣大方马元义，暗赍金帛，结交十常侍封谞、徐奉以为内应。角与弟梁、宝商议云："至难得者，民心也。今民心已顺，若不乘势取天下，诚为万代之可惜！"梁云："正合弟机。"一面造下黄旗，约会三月初五一齐举事；遣弟子唐周④，驰书报封谞。唐周径赴省中告变。帝召大将军何进调兵，先擒马元义斩之，次收封谞等一干人下狱。

张角闻知事发，星夜起兵。张角自称"天公将军"，弟宝称"地公将军"，弟梁称"人公将军"，召百姓云："今汉运数将终，大圣人出，汝等皆宜顺天从正，以乐太平。"四方百姓，裹黄巾从张角反者四五十万。逢州遇县，放火劫人，所在官吏望风逃窜。何进奏帝："火速分头降诏，令各处备御，讨贼立功。"一面差中郎将[一九]卢植、皇甫嵩、朱儁，各引精兵，分三路讨之。

且说张角一军前犯幽、燕界分，校尉邹靖来见幽州刺史⑤。刺史姓刘，名焉，字君郎⑥，江夏竟陵[二〇]人也，汉鲁恭王[二一]之后。刘焉问邹靖云："黄巾生发，侵及境界，当如之何？"靖曰："既汉天子有明诏，令各处讨贼，明公何不招军以助国用？"焉然其说，随即出榜，各处张挂，招募义兵，量才擢用。

时榜文到涿县[二二]张挂去，涿县楼桑村引出一个英雄。那人平生不甚乐读书，喜犬马，爱音乐，美衣服；少言语，礼下于人，喜怒不形于色；好交游天下豪杰，素有大志；生得身长七尺五

---

① 原作"夏辉"。据《后汉书·宦者传·张让传》改。
② 原作"名《太平要术》咒符，以道为念"，语意窒碍。据《新刻汤学士校正古本按鉴演义全像通俗三国志传》（简称汤本《三国》改。
③ 原作"分布大小"。据汤本《三国》改（"大小"乃"天下"形误）。
④ 原作"唐州"。据《后汉书·皇甫嵩传》改。
⑤ 原作"幽州太守"，系职官混称（州长官为刺史或牧，郡长官为太守），故改。
⑥ 原作"字均郎"。据《三国志·蜀书·刘二牧传》改。

寸,两耳垂肩,双手过膝,目能自顾其耳,面如冠玉,唇若涂朱;中山靖王刘胜[二三]之后,汉景帝阁下玄孙,姓刘,名备,表字玄德。昔刘胜之子刘贞,汉武帝元朔二年[二四]封为中山国陆成侯①,坐酎金失侯[二五],因此这一支在涿郡。玄德祖刘雄,父刘弘。因刘弘曾举孝廉[二六],亦在州郡为吏。备早丧父,事母至孝,家寒,贩履织席为业。舍东南角上有一桑树,高五丈余,遥望童童*独立貌*如小车盖,往来者皆言此树非凡。相者李定云:"此家必出贵人。"玄德年幼时,与乡中小儿戏于树下,曰:"我为天子,当乘此羽葆盖车②。"朱晦翁题《楼桑诗》曰:楼桑大树翠缤纷,凤鸟鸣时曾一闻。合使本支垂百世,讵知功业只三分。叔父责曰:"汝勿妄言:灭吾门也!"年一十五岁,母使行学,与同宗刘德然、辽西[二七]公孙瓒为友。德然父刘元起③见玄德家贫,常资给之。元起妻曰:"各自一家,何能常耳!"元起曰:"吾宗中有此儿,非常人也。"

中平元年,涿郡招军。此时玄德年二十四岁④,立于榜下,长叹一声而回。随后一人厉声言曰:"大丈夫不与国家出力,何苦长叹?"玄德回顾,见其人身长八尺,豹头环眼,燕颔虎须,声若巨雷,势如奔马。玄德见此人形貌异常,遂与同入村中,问其姓名。其人曰:"吾姓张,名飞,字益德。世居涿郡,颇有庄田,卖酒屠猪,专好结义天下壮士。却才见公看榜,缘何长叹?"玄德曰:"我本汉室宗亲,姓刘,名备,字玄德。今闻黄巾贼起,劫掠州县,有心待扫荡中原,匡扶社稷,恨力不能耳!"飞曰:"正合吾机。吾有庄客数人,同举大事,若何?"玄德甚喜,留饮。酒间,见一大汉推一辆小车,到店门外歇下车子,入来饮酒,坐在桑木凳上,唤酒保:"即酾酒来,我待赶入城去充军,怕迟了。"玄德看其人,身长九尺三寸,髯长一尺八寸,面如重枣[二八],唇若抹朱,丹凤眼,卧蚕眉,相貌堂堂,威风凛凛。玄德就邀同坐,问及姓名。其人言曰:"吾姓关,名羽,字长生,其后改为云长,乃河东解人也⑤。因本处豪霸倚势欺人,关某杀之,逃难江湖,五六年矣。今闻招募义士破黄巾贼,欲往应募。"玄德遂以己志告之。

三人大喜,同到张飞庄上,共论天下之事。关、张年纪皆小如玄德,遂欲拜为兄。飞曰:"我庄后有一桃园,开花茂盛,明日可宰白马祭天,杀乌牛祭地,俺兄弟三人结生死之交,如何?"三人大喜。次日,于桃园中列下金纸银钱,宰杀乌牛白马,列于地上。三人焚香再拜而说誓曰:"念刘备、关羽、张飞,虽然异姓,结为兄弟,同心协力,救困扶危,上报国家,下安黎庶,不求同年同月同日生,只愿同年同月同日死。皇天后土,以鉴此心,背义忘恩,天人共戮!"誓毕,共拜玄德为兄,关某次之,张飞为弟。祭罢天地,同拜玄德老母;将祭福物聚乡中英雄之人,得三百有余,就桃园中痛饮一醉。

来日收拾军器,恨无匹马可乘。正思虑间,人报有两客人,引十数伴当,赶一群马,投庄上来。玄德曰:"此天佑我等,当成大事。"三人出庄迎接。为头两个商人,乃中山[二九]大商:一

---

① 原作"元狩六年封为涿郡陆城亭侯"。据《汉书·王子侯表》改(刘胜为中山王,故据"推恩令",将所辖陆成县分封刘贞为侯)。
② 原作"羽葆车盖"。据《三国志·蜀书·先主传》改。
③ 原作"玄德叔父刘元起"。据《三国志·蜀书·先主传》改。
④ 原作"二十八岁"。据《三国志·蜀书·先主传》推算而改。
⑤ 原作"乃河东解良人也"。解良即"解梁",系金代地名。据《三国志·蜀书·关羽传》改。

个是张世平,一个是苏双,每年往北地贩马,正值寇发,归乡回来。玄德请二人到庄上,置酒管待,诉及欲与民除害,扶助汉朝。张世平、苏双大喜,愿将良马五十匹送与玄德,又赠金银五百两,镔铁一千斤,以资器用。玄德求良匠打造双股剑。关羽造八十二斤青龙偃月刀,又名"冷艳锯"。张飞造丈八点钢矛。各制全身铠甲。

　　一齐完备,共聚五百余人,来见邹靖。邹靖引见刺史刘焉①。三人参拜已毕,问其姓名,说起宗派,刘焉大喜云:"既是汉室宗亲,但有功勋,必当重用。"因此认玄德为侄,整点军马。人报黄巾贼大方程远志人马五万,哨近涿郡。刘焉差马步校尉邹靖,着引刘玄德为先锋,前去破敌。玄德大喜,即与关、张飞身上马,来干大功。试看怎生取胜?

【注释】

[一] 大将军:将军的最高称号。东汉自顺帝起,大将军多由外戚担任,把持朝政,位在三公之上。

[二] 太傅:官名。东汉皇帝即位时置太傅,兼录尚书事,位在三公之上。

[三] 司徒:官名。与太尉、司空合称"三公",分掌丞相职能。

[四] 中涓:本指左右亲近之官。此处指宦官。

[五] 建宁:汉灵帝年号(168—172)。

[六] 熹平:汉灵帝年号(172—178)。

[七] 光和:汉灵帝年号(178—184)。

[八] 五原:郡名。属并州。治所在九原(今内蒙古包头市西北)。

[九] 光禄大夫:官名。东汉时为闲职,掌顾问应对。

[一〇] 金商门:洛阳宫名。

[一一] 嬉游:游乐。

[一二] 议郎:郎官的一种。是皇帝身边参与议政的近臣。秩比六百石。

[一三] 干政:干预政事。

[一四] 常侍:即中常侍。宦官官名。权任甚重,东汉后期多把持朝政。

[一五] 中平:汉灵帝年号(184—189)。

[一六] 巨鹿郡:郡名。属冀州。治所在廮陶(今河北宁晋西南)。

[一七] 渠帅:首领。

[一八] 青、徐、幽、冀、荆、扬、兖、豫:均为州名。青州辖六个郡、国,治所在临菑(今山东淄博市临淄北);徐州辖五个郡、国,治所在郯县(今山东郯城),汉末移治下邳(今江苏邳县东);幽州辖十一个郡、国,治所在蓟县(今北京大兴县西南);冀州辖九个郡、国,治所在

---

① 原作"太守刘焉"。参见第4页校记⑤。

邺县(今河北临漳西南);荆州原辖七郡,治所在汉寿(今湖南汉寿县北),刘表增至九郡,移治襄阳(今湖北襄樊);扬州辖六个郡、国,治所在历阳(今安徽和县);兖州辖八个郡、国,治所在昌邑(今山东金乡西北);豫州辖六个郡、国,治所在谯县(今安徽亳州)。

[一九] 中郎将:官名。光禄勋属官。秩比二千石。三国时为第四品或第五品。

[二〇] 江夏竟陵:江夏,郡名,属荆州,治所在西陵(今湖北新洲西);竟陵,县名,治所在今湖北潜江西北。

[二一] 鲁恭王:即刘余。汉景帝之子。封鲁王,谥"恭"。

[二二] 涿县:县名。属幽州涿郡。治所在今河北涿州。

[二三] 刘胜:汉景帝之子。封中山王,谥"靖"。

[二四] 元朔二年:公元前127年。

[二五] 坐酎金失侯:因所献酎金数量和成色违犯规定,被削去侯爵。酎金,王侯于宗庙祭祀时献纳助祭的黄金。

[二六] 孝廉:汉代察举科目之一。孝廉即孝子、廉吏。原为二科,后连称混而为一。汉代郡国每年要向朝廷推举孝、廉一至二人,为汉代仕进的主要途径之一。

[二七] 辽西:郡名。属幽州。治所在阳乐(今辽宁义县西)。

[二八] 重枣:赭红色。

[二九] 中山:王国名。属冀州。治所在卢奴(今河北定县)。

第二回　刘玄德斩寇立功

　　玄德部领五百余众，飞奔前来，直至大兴山下，与贼相见，各将阵势摆开。玄德出马，左有关某，右有张飞，扬鞭大骂："反国逆贼！何不早降？"程远志大怒，遣副将邓茂挺枪直出。张飞睁环眼，挺丈八矛，手起处，刺中心窝，邓茂翻身落马。后有人赞益德曰：

　　　　欲教勇镇三分国，先试衡钢丈八矛。

程远志见折了邓茂，拍马舞刀，直取张飞。关羽跃马舞刀直出。程远志见了，心胆皆碎，措手不及，被关某刀起处，挥为两段。后人赞云长曰：

　　　　惟凭立国安邦手，先试青龙偃月刀。

众贼见程远志被斩，倒戈卸甲，投降者不知其数。玄德军斩首数千级①，大获功而回。

　　刺史刘焉亲自迎接，赏劳三军。又流星飞报青州刺史龚景②，有牒文告急，言黄巾贼围城将陷，乞赐救援。刘焉与玄德共议。玄德曰："愿往救之。"刘焉令邹靖将兵五千，随玄德去救。

　　玄德、关、张上马，投青州来，遥望见贼人皆披发，以黄绢抹额[一]，画以八卦文为号。贼众见救军，分兵混战。玄德兵寡不胜，退三十里下寨。玄德与关、张曰："贼众我寡，必出奇兵，然后取胜。"乃分关某引一千军伏山左，张飞引一千军伏山右③，鸣金为号，齐出为应。

　　次日，玄德、邹靖引军操鼓而进。贼众大喊，如潮涌到，玄德便退。贼众乘势追赶过山岭，玄德军一齐鸣金，左关某，右张飞，两军齐出。玄德军回，三路掩杀，贼众大败，直赶至临菑城下④。刺史龚景亦率民兵出城助战。贼势大溃，剿戮极多，余党败走，遂解青州之围。

　　刺史犒赏诸军。邹靖欲回，玄德曰："近听知中郎将卢植与贼首张角战于广宗[二]，备昔与公孙瓒师事卢植，欲往就之，同力破贼。"邹靖曰："粮食可以应付，军马不敢妄动。"因此玄德自引本部五百人，投广宗来。邹靖引军自回。

　　玄德与关、张来到卢植寨前，屯住人马。报覆良久，植唤三人入帐。施礼罢，植问玄德行藏，玄德说了。卢植大喜，赏劳了毕，着在帐前听调。时张角贼众十五万，屯广宗。卢植兵五万余众，虽连胜几阵，未见次第[三]。植唤玄德曰："我见今围贼在此，贼弟张梁、张宝在颍川[四]，与皇甫嵩、朱儁等厮杀。汝可引本部军马，更助汝一千官军，就去打听消息，约会剿捕。"

---

①　原句无主语，易与上文混淆，故补入"玄德军"三字。
②　原作"青州太守龚景"。青州系州，其长官为刺史。
③　原文无"军"字，承上文补。
④　原作"直赶至青州城下"。青州系州名，而非具体城名，此处实指州治临菑。

玄德领了文书,与关、张星夜投颍川来。其时皇甫嵩、朱儁领官军与贼大战不利,乃退入长社[五]。贼四面围定,依草结营①。嵩与儁曰:"贼在此依草结营,除非用火攻,可胜。"儁曰:"候大风起,可施此计。目今令军士每人束草一把。"其夜大风骤起,嵩先令精锐军士,暗地先出。是夜二更,内外一齐纵火,嵩、儁各引兵操鼓,出奔贼寨,火焰张天。贼众惊慌,马不及鞍,人不及甲,四散走奔。

杀到天明,张梁、张宝引败残军士,夺路而走。见一彪人马,尽行打红旗,当头来到,截住去路。为首闪出一个好英雄,身长七尺,细眼长髯;胆量过人,机谋出众,笑齐桓、晋文[六]无匡扶之才,论赵高、王莽[七]少纵横之策;用兵仿佛孙、吴[八],胸内熟谙韬略;官拜骑都尉[九],沛国谯人也②,姓曹,名操,字孟德,乃汉相曹参二十四代孙。操曾祖曹节,字元伟,仁慈宽厚。有邻人失去一猪,与节家猪相类,登门认之,节不与争,使驱之去。后二日,失去之猪自归,主人大惭,送还节,再拜伏罪。节笑而纳之。其人宽厚如此。节生四子,第四子名腾,字季兴,桓帝朝为中常侍,后封费亭侯。养子曹嵩,原是夏侯氏子,过房与曹腾为子,因此姓曹。嵩为人忠孝纯雅,官拜司隶校尉[一〇],灵帝拜为大司农[一一],迁大鸿胪[一二]。嵩生操,小字阿瞒,一名吉利。操年幼时,好飞鹰走犬,喜歌舞吹弹。少机警,有权数,机警,谓有机关而警省。权数,谓权谋术数。游荡无度。叔父怪之,言于曹嵩,嵩每鞭挞操。操忽心生一计:一日见叔父来,诈倒于地,败面㖞口[一三]。叔父慌问之,操曰:"卒中风耳。"叔父归,告于嵩。操潜地归家。嵩惊而问曰:"汝中风已瘥乎?"操曰:"自来无此疾病,但失爱于叔父,故见罔耳。"嵩乃信其言。后叔父但言操过失,嵩并不听,因此操得恣意放荡,不务行业。时人未之奇也,惟有桥玄[一四]一见曹操,指而言曰:"天下将乱,非命世之才,不能济也。能安之者,其在君乎?"南阳[一五]何颙见操,言:"汉室将亡。安天下者,必是此人也。"汝南[一六]许劭有高名,操往见之,问曰:"我何如人耶?"劭不答。又问,劭曰:"子治世之能臣,乱世之奸雄也。"操喜而谢之。桥玄尝曰:"君未有名,可交许子将。"子将者,训之从子劭也。好人伦,多所赏识,与从兄靖俱有高名。好共核论乡党人物,每月辄更其品题,故汝南俗有月旦评焉。曹操往造劭而问之曰:"我何如人?"劭鄙其为人,不答。操又诘之,劭曰:"子,治世之能臣,乱世之奸雄。"操大喜而去。年二十,举孝廉,为郎,除洛阳北部尉③。初到任,县四门各设五色棒十余条,有犯禁者,不避豪杰,皆棒责之。灵帝所喜小黄门[一七]蹇硕的叔父,提刀夜行,操巡夜拿住,就棒责之。由是内外莫敢犯者,威名颇震寰宇。后为顿丘[一八]令。因黄巾起,拜为骑都尉,引马步军五千,前来颍川助战。正值张梁、张宝败走,曹操拦住,大杀一阵,斩首万余级,夺到旗幡金鼓马匹极多。梁、宝死战得脱。操来见皇甫嵩、朱儁。赏劳了毕,便教曹操引兵追袭。操欣然去了。

却说玄德引关、张来颍川,听得喊杀之声,望见火光照得夜明,急引兵来时,贼已败散。玄

---

① 原作"其时皇甫嵩、朱儁领官军与贼大战。贼战不利,乃退入长社,依草结营。嵩四面围定",颠倒了交战双方的位置。据《后汉书·皇甫嵩传》改。
② 原作"沛国谯郡人也"。沛国系王国,地位与郡相当,不相统辖。据《三国志·魏书·武帝纪》改("谯"指谯县,治所在今安徽亳州)。
③ 原作"除洛阳北都尉"。据《三国志·魏书·武帝纪》改。

德持书见皇甫嵩、朱儁,言卢植事。嵩曰:"张梁、张宝势穷力乏,必投广宗去依张角。汝可即便星夜往助,勿得迟慢。"玄德拜辞,引兵复回。

于路正逢一军,约三百余人,护送一辆槛车,视之,乃卢植也。玄德大惊,滚鞍下马,问其缘故。植曰:"我围张角,将次可胜,被角用妖术,因此未能全胜。今上差小黄门左丰前来体探,问我要贿赂。我答曰:'军中缺钱,安有奉承天使!'左丰挟恨,回奏上曰:'广宗之贼,极容易破。卢植高垒不战,惰慢军心,以待天自诛戮。'因此怪怒,遣中郎将董卓替了,取我回京师问罪去也。"张飞听罢大怒,要斩护送军人,以救卢植。玄德急止曰:"朝廷自有公论,汝岂可躁音造暴!"关公亦当住。军士簇拥卢植去了。

关公曰:"卢中郎已自罢了军权,别人领兵,我等去无所依,不如且回涿郡。"玄德曰:"然。"遂引军望北而行。行无二日,忽闻山后喊声大举,杀气遮天。玄德引关、张纵马上高冈望之,见汉军大败,后面漫山塞野,黄巾盖地而来,旗幡大书"天公将军"。玄德曰:"此必是张角也,可速战之。"三人引军,操鼓而出。张角正杀败董卓,乘势赶来,忽见山背后一彪人马飞出,当先玄德,左有关公,右有张飞冲杀,角军大乱。三人赶追五十余里①,救了董卓回寨。

三人来见董卓,卓问:"见居何职?"玄德对曰:"白身[一九]。"卓甚轻之,不与赏赐。玄德出,张飞大怒曰:"我等亲赴血战,救了这厮,到觑人如无物!吾不杀之,难解怒气!"提刀入帐来杀董卓。试看董卓性命如何,且听下回分解。

【注释】

[一] 抹额:裹扎额部。
[二] 广宗:县名。属冀州巨鹿郡。治所在今河北威县东。
[三] 次第:头绪。
[四] 颍川:郡名。属豫州。治所在阳翟(今河南禹县)。
[五] 长社:县名。属豫州颍川郡。治所在今河南长葛东。
[六] 齐桓、晋文:齐桓公和晋文公。春秋时期的两位霸主。
[七] 赵高、王莽:赵高(?—前207),秦朝宦官,秦二世时专权用事,后逼二世自杀,另立公子婴,旋被子婴诛杀;王莽(前45—后23),汉元帝皇后王政君之侄,西汉末控制朝政,自立为帝,改国号为"新",后激起绿林、赤眉大起义,被杀。
[八] 孙、吴:孙武和吴起。孙武,春秋末期杰出军事家;吴起(?—前381),战国时期著名军事家。
[九] 骑都尉:官名。秩比二千石。三国时为第六品。
[一〇] 司隶校尉:官名。职掌督察百官,并治理司隶州所辖各郡,权任颇重。秩比二千石。

① 原文无"三人"。承上文加。

三国时为第三品。
[一一] 大司农:九卿之一。职掌全国租赋和财政收支。秩中二千石。三国时为第三品。
[一二] 大鸿胪:九卿之一。职掌接待少数民族君长及诸侯王事务。秩中二千石。三国时为第三品。
[一三] 呙口:嘴歪。
[一四] 桥玄(109—184):东汉梁国睢阳(今河南商丘南)人,字公祖。曾任太尉。
[一五] 南阳:郡名。属荆州。治所在宛县(今河南南阳)。
[一六] 汝南:郡名。属豫州。治所在平舆(今河南平舆北)。
[一七] 小黄门:宦官官名。位次中常侍,颇有权势。
[一八] 顿丘:县名。属兖州东郡。治所在今河南清丰西南。
[一九] 白身:没有官职或功名。

第三回　安喜张飞鞭督邮

董卓，字仲颖，陇西临洮[一]人也。卓数讨羌胡，屡有边功，官拜河东[二]太守，镇领中郎将。自来骄傲于人，以致张飞性发，欲杀董卓。关公急抱住。玄德叱之曰："我等皆白身之人，他是朝廷命官，掌握许多人马，汝今杀之，将欲反耶？"飞曰："若在卓部下听令，吾必去矣！"玄德曰："吾三人死生共处，安可弃也？不若离了董卓，别投他处。"飞曰："若如此，方解我恨！"是夜，三人引军来投朱儁。儁待之甚厚，合兵一处，进讨张宝。是时曹操自跟皇甫嵩进讨张梁，大战于广宗①。

且说朱儁进攻张宝。张宝尚引黄巾贼众八九万，屯于山后。儁令玄德为先锋，与宝对敌。三人立马阵前，张宝令副将高升出马，挥大刀搦战。张飞纵马挺矛，与升交战。战不数合，飞刺高升坠马。玄德引马军直冲过去，张宝就马上披发仗剑作法②，风雨大作，黑气冲天，无限人马自天而降。玄德急回，军兵大乱，被张宝杀败，退见朱儁。儁曰："此妖术也。来日宰猪羊取血，令军伏于山上，候战赶到，乘高泼之，其法可解。"玄德听令已毕，分拨关公、张飞各引军一千，伏于山后；两山之上差军五百，盛猪羊血并秽物准备。

次日，张宝摇旗擂鼓，引军搦战。玄德披挂上马出战。两军交战之际，张宝作法，平地风雨大作，飞砂走石，一道黑气，自军中起，滚滚人马，自天而下。玄德拨马便走。张宝人马赶来，趱过山头，一声炮响，五百军将秽物齐泼。但见空中纸人草马，纷纷坠地；风雷顿息，砂石不能飞。张宝见解了法，急引兵退山后。左边关公一彪军出，右边张飞一彪军出，背后玄德、朱儁一齐赶上，贼兵大败。张宝于乱军中夺路而走。玄德遥见"地公将军"旗号，飞马赶来。张宝落荒而走，被玄德扯满弓，只一箭，射中左臂。张宝带箭入下曲阳③，坚守不出。这一阵，杀贼三万余众，降者不计其数。

朱儁引军围住下曲阳，月余不下，差人体探皇甫嵩信息。人回，报说："皇甫嵩大获胜捷。董卓连败数阵，朝廷差皇甫嵩代之④。时张角已死，弟张梁用王者衣冠葬之。皇甫嵩连赢七阵，斩张梁于广宗之下，发掘张角棺椁，枭首送往京师。降者十五万人，杀戮者不可胜数。朝廷加皇甫嵩左车骑将军⑤，领冀州牧。一时人皆得官爵。将骑都尉曹操除济南相[三]，已皆赴任去讫。"朱儁听说，催促军马攻打，破下曲阳。势已危急，从贼严政刺杀张宝，献首投降。朱儁遂平数郡，使人进表奏功。

---

① 原作"大战于曲阳"。据《后汉书·皇甫嵩传》改。
② 原作"仗剑作用"。据郑少垣联辉堂刊《新锲京本校正通俗演义按鉴三国志传》(简称郑本《三国》)改。
③ 原作"张宝带箭入阳城"。据《后汉书·皇甫嵩传》改。
④ 原作"张角连败数阵，朝廷差皇甫嵩伐之"。据汤本《三国》改。
⑤ 原作"朝廷加皇甫嵩车骑将军"。据《后汉书·皇甫嵩传》，补入"左"字。

第三回 安喜张飞鞭督邮

朝廷正待商议升用,飞报奏:"黄巾余党,南阳赵弘、韩忠、孙夏①聚众十余万,望风烧掠,称与张角报仇。"大臣上奏,即目朱儁见屯兵六万余众,可就令讨之。即日降诏。

朱儁领了诏旨,大小三军起行。比及前至宛城[四],赵弘遣韩忠前来迎战,各陈兵于野。朱儁遣玄德、关、张攻城西南角,鸣鼓大战。韩忠尽率精锐之众来西南角。玄德鏖战,从辰至午,贼众不退。朱儁自将铁骑二千,径取东北角,翻身杀贼。贼恐失城,急弃西南而回。玄德从背后掩杀,贼众大败,奔入宛城。朱儁分兵四面围定。城中断粮,韩忠使人出城投降。玄德引见,说忠投拜,儁不许。玄德曰:"昔高祖之得天下,盖为能招降纳顺,公何不用?"儁笑曰:"玄德谏者差矣,天时有不同也。昔秦、项之际,天下大乱,民无定主,故招降赏附,以劝来耳。今海内一统,惟黄巾造逆;若容其降,无以劝善。使贼得利,恣意劫掠;贼若失利,便使投降:此长寇之志,非良策也。"玄德称善,告儁曰:"不容寇降,是矣。今四面围如铁桶,贼乞降不得,必然死战矣。万人一心,尚不可当,况城中有数万死命之人乎?不若撤去东南,留西北,尽力攻打。贼必弃城而走,无心恋战,可即擒也。"儁曰:"高见。"随撤去东南二面军马,一齐攻打西北。韩忠果引军弃城奔走,儁大率三军掩杀。朱儁亲自射杀韩忠,余皆四散奔走。赵弘、孙夏引贼众到来,与朱儁交战。儁见弘势大,引军暂退。弘乘势复夺宛城。

儁离三十里下寨,正欲攻打,见正东一彪人马到,来见朱儁。那人生得广额阔面,虎体熊腰。吴郡富春[五]人也,姓孙,名坚,字文台,乃孙武子之后。年十七岁时,为县吏,与父共搬至钱塘[六],正见海贼胡玉等十余人劫取商人财物,方于岸上分赃。行旅皆住,不敢进船。坚谓父曰:"此人可擒之。"父曰:"非汝所图也。"坚奋力提刀上岸,扬声大叫,东西指挥,如唤人意。贼以为官兵至,尽弃财物奔走。坚赶上,杀一贼。由是郡县知名,保为县尉②。后会稽[七]妖贼许昌造反,自称"阳明皇帝",聚众数万。坚以郡司马募招勇士千余人③,会合州郡破之,斩许昌并其子许韶。刺史臧旻上表,奏孙坚功绩。除坚为盐渎丞[八],又除盱眙[九]丞、下邳[一○]丞。见黄巾寇起,聚集乡中少年及诸商旅,并淮、泗精兵一千五百余人,前来接应。朱儁大喜,便令坚攻打南门,玄德打北门,朱儁打西门,留东门与贼走。

是日,孙坚首先登城,斩贼二十余级,贼众奔溃。赵弘飞马突槊,直取孙坚。孙坚从城上飞身取弘,手夺弘槊,直刺下马,却骑弘马,飞身往来杀贼。孙夏引贼突出北门,正迎玄德,无心恋战,只待奔逃。玄德张弓一箭,正中孙夏,翻身落马。朱儁大军随后掩杀,斩首数万级,降者不可胜计。南阳一路十数郡皆平。儁班师回京,拜右车骑将军④。儁保孙坚、刘备等功。坚有人情,除别部司马⑤,辞玄德而去。惟玄德听候日久,不得除授。

---

① 原作"孙仲"。据《后汉书·皇甫嵩传》改。
② 原作"保为校尉"。校尉在汉代为高级军职,秩二千石,用在此处不合情理,亦与下文不协。据《三国志·吴书·孙破虏传》,孙坚此时系"署假尉",即代理县尉(县尉系县令佐官,秩四百石至二百石)。
③ 原作"坚与郡司马募勇士千余人"。据《三国志·吴书·孙破虏传》,"与"当作"以"。
④ 原作"拜车骑将军,河南尹"。据《后汉书·朱儁传》改。
⑤ 原作"除别郡司马"。据《三国志·吴书·孙破虏传》改。

三人郁郁不乐,上街闲行,正值郎中[一一]张钧车到。玄德拦住说功绩。钧大惊,随入朝来见帝,曰:"昔黄巾造反,其原皆由十常侍卖官害民,非亲不用,非仇不诛,以致天下大乱。宜斩十常侍,悬头南郊,遣使者布告天下,有功重加赏赐,则四海自清平也。"十常侍曰:"张钧欺主也,可令武士推出朝门!"张钧气倒。帝与十常侍共议:"此必是破黄巾有功者,不得除授,故生怨言。权且教省家铨注微名,待后有功,却再理会未晚。"因此玄德除授冀州中山国安喜县尉①,克日赴任。

玄德将军四散回乡里,随行二十余人,与关、张来安喜县中到任。署县事一月,与民秋毫无犯,其盗者皆化为良民。到任之后,与关、张食则同桌,寝则同床。如玄德在稠人广坐,关、张侍立,终日不倦。

到县未及四月,州郡被诏:"其有军功为长吏者,当沙汰[一二]。"备疑在遣中。督邮[一三]至县,督邮乃宋参军判官,有权。玄德出郭迎接,见督邮到,慌忙下马施礼。督邮坐在马上,惟微以鞭指回答。关、张气填胸臆,敢怒而不敢言,随到馆驿中。督邮正面高坐,玄德立于阶下。将及两个时辰,督邮问曰:"刘县尉是何根脚?"玄德曰:"备是中山靖王之后,自涿郡剿戮黄巾,大小三十余战。"把功劳略节提过。督邮大喝:"乱道!你这厮诈称皇亲,虚报功绩!目今朝廷降诏书,正要问这等人,沙汰滥官污吏耳!"玄德喏喏连声而退。归到县中,与县吏商议。吏曰:"督邮作威,无非要贿赂。"玄德曰:"我与民秋毫无犯,那得财物与他?"次日,督邮先提县吏去,勒要文书,教指县尉害民。玄德自往见之,被挡住在门外,不肯放参。玄德再三求见,终不得入,回到县衙,心中怏怏。

却说张飞饮了数杯闷酒,上马从馆驿前过,见五六十个老人皆在门前痛哭。飞问其故,众老人答曰:"督邮逼勒县吏,欲害刘玄德,我等皆来苦告,不得放入,反遭把门人赶打。"张飞大怒,睁圆环眼,咬碎钢牙,滚鞍下马,径入馆驿。把门人见了,皆远远躲避。直奔后堂,见督邮坐于厅上,将县吏绑倒在地,飞大喝:"害民贼!认得我么?"督邮急起,唤左右捉下。被张飞用手揪住头发,直扯出馆驿,径揪到县前马柳上缚住。柳,鱼浪切,系马桩也。飞攀下柳条,去督邮两腿上鞭打到二百,打折柳枝十数条。

玄德正纳闷间,听得县前鼎沸,慌问左右,答曰:"张将军绑一人在县前痛打。"玄德慌出观之,见飞大骂不止,绑缚者,督邮也。玄德惊问其故,飞曰:"此等害民贼,不打死等甚!"督邮告曰:"玄德公救性命!"玄德是仁慈的人,急喝张飞住手。旁边转过关公来,曰:"兄长建下许多大功,只得县尉之职,被督邮如此无礼。吾思积棘丛中,非栖凤凰之所;不如杀督邮,弃官归乡,别图远大之计。"玄德取印绶,挂于督邮之颈,责之曰:"据汝贼徒害民,当以杀之。吾有所不忍,还官印绶,吾已去矣。"

玄德、关、张连夜回涿郡。县民解放督邮。督邮归告中山相②。中山相动文书,申闻省府,

---

① 原作"除授定州中山府安喜县尉"。定州、中山府均为后代地名,实为一地。据《后汉书·郡国志》改。
② 原作"归告定州太守"。承本页校记①改(东汉王国行政长官为相)。

差人捕捉。玄德、关、张三人见事急①，车载老小，往代郡投刘恢②。恢见玄德乃汉室宗亲，隐匿养赡在家不题。

却说十常侍既握重权，互相商议，但有不从己者，乃诛之。赵忠、张让差人问破黄巾将士索金帛，不从者奏罢职。皇甫嵩、朱儁皆不肯与，赵忠等奏帝："皇甫嵩、朱儁皆是捏合功劳，并无实迹。"帝准奏，罢皇甫嵩、朱儁官。以赵忠为车骑将军③，张让等十三人皆封列侯，司空张温为太尉[一四]，崔烈为司徒。此皆是结好十常侍，故得为三公[一五]。因此渔阳[一六]张举、张纯反；举称天子，纯称大将军。长沙[一七]贼区音欧星，各处蜂起，表章雪片告急。十常侍皆藏匿，只奏天下无事。

一日，帝在后园，与十常侍饮宴，谏议大夫[一八]刘陶，径到帝前大恸。帝问其故，陶曰："汉天下危在旦夕，陛下尚自与阉官共饮耶？"帝曰："国家承平日久，有何危急？"陶曰："四方贼盗并起，侵掠州郡，其祸皆由十常侍卖官害民，欺君罔上。朝廷正人皆去，祸在目前矣！"十常侍皆免冠流涕，跪于帝前，曰："大臣不容，臣等不能活矣！愿乞性命归田里，尽将家产以助军资！"帝曰："汝家亦有近侍之人，何不容寡人耶？"呼武士推出刘陶斩之。刘陶大叫："臣死不怕，可怜汉朝天下，四百余年，到此一旦休矣！"推至宫门，一大臣喝住："勿得下手，待吾谏去！"此人是谁？

【注释】

[一] 陇西临洮：今甘肃岷县。陇西，郡名，属凉州，治所在狄道县（今甘肃临洮）。
[二] 河东：郡名。属司隶州。治所在安邑（今山西夏县西北）。
[三] 济南相：济南国的相，职位相当于太守。济南，王国名，属青州，治所在东平陵（今山东章丘西）。
[四] 宛城：即宛县县城。属荆州南阳郡。为郡治所在地。故城址在今河南南阳。
[五] 吴郡富春：今浙江富阳。吴郡，郡名，属扬州，治所在吴县（今江苏苏州）。
[六] 钱塘：县名。属扬州吴郡。治所在今浙江杭州。
[七] 会稽：郡名。属扬州。治所在山阴（今浙江绍兴）。
[八] 盐渎丞：盐渎县的县丞。盐渎，县名，属徐州广陵郡，治所在今江苏盐城。
[九] 盱眙：县名。属徐州下邳国。治所在今安徽盱眙东北。
[一〇] 下邳：县名。属徐州下邳国。为下邳国治所。故城址在今江苏邳县南。
[一一] 郎中：郎官的一种。职掌宿卫殿门。秩比三百石。三国时为第八品。

---

① 原作"三人事急"。据汤宾尹本《三国志传》（简称"汤本《三国》"），补"见"字。
② 原作"往代州投刘恢"。代州系隋以后地名，东汉只有代郡（属幽州），故改。
③ 原作"封赵忠等为车骑将军"。据《后汉书·宦者传》改。

[一二] 沙汰：淘汰。
[一三] 督邮：郡太守的属官。代表太守督察诸县，兼管狱讼捕亡等事。每郡置二至五人不等。秩六百石。
[一四] 太尉：三公之一，位居其首。与司徒、司空共同行使丞相职能。
[一五] 三公：古代最尊显的三个官职的合称。东汉以太尉、司徒、司空为三公。
[一六] 渔阳：郡名。属幽州。治所在渔阳县（今北京市密云西）。
[一七] 长沙：郡名。属荆州。治所在临湘（今湖南长沙）。
[一八] 谏议大夫：官名。属光禄勋。掌顾问应对。秩六百石。三国时为第七品。

第四回　何进谋杀十常侍

　　宫门外拦住的乃是前司徒陈耽①，径入宫中，来见天子，谏曰："刘谏议得何罪而赐诛戮？"帝曰："毁谤大臣，冒渎朕躬。"耽曰："天下人民，欲食十常侍之肉，陛下敬如父母，岂有此理？且十常侍身无寸功，皆封列侯；况封谞等结连黄巾，欲为内乱。陛下今不自省，汉社稷立见崩摧矣！"帝曰："封谞作乱，其事不明。十常侍中，岂无一二忠臣？"陈耽以头撞阶而谏。帝怒，命牵出，与刘陶皆下狱中。是夜，俱谋杀之。赵忠差人以孙坚为长沙太守，讨区星。不五十日报捷，长沙平复②。奏封孙坚为乌程侯；拜刘焉益州牧③，就讨益州寇贼④；拜刘虞为幽州牧⑤，领兵渔阳，征张举、张纯。刘焉到蜀⑥，狂寇皆降。焉开仓赈济百姓，民感其恩。刘虞兴兵讨张举，代郡刘恢书荐玄德见虞。虞大喜，令玄德与都尉丗丘毅为先锋⑦，直抵贼巢，与贼大战数日，挫动锐气。张纯专一凶暴，鞭挞士卒，因此帐下数十人商议，一齐心变，刺杀张纯，将头纳献，引众来降。张举见势败，亦自缢死。渔阳尽平。

　　刘虞表奏刘备大功⑧，朝廷赦免鞭督邮之罪，除下密丞[一]，后迁高唐[二]尉。公孙瓒表刘玄德前功，除别部司马⑨，守平原[三]县令。玄德在平原，颇有钱粮军马，重整旧日气象。刘虞平寇有功，官拜太尉。

　　中平六年夏四月，灵帝病笃，召大将军何进入宫商议后事。何进起身屠家，因妹入宫为贵人，光和三年，为上生皇子辩⑩，故立为皇后。进为国舅，得权重任。弟何苗，官带车骑将军⑪。王美人生皇子协⑫，何后鸩杀王美人，协得董后[四]恩养。皇子辩时年九岁。灵帝偏爱皇子协，欲立之。十常侍知天子意，黄门蹇硕乃暗奏曰："若欲立协，必先诛何进，以绝后患。"帝从之，宣进托以后事。进到宫门，蹇硕司马潘隐⑬与进曰："不可入宫。

---

① 原作"司徒陈耽"。据《后汉书·灵帝纪》加"前"字。
② 原作"江夏平复"，与上文"长沙贼区星"矛盾。据《三国志·吴书·孙破虏传》改。
③ 原作"封刘焉益州牧"。授官应称"拜"、"除"，赐爵始称"封"。
④ 原作"就讨四川寇贼"。四川系宋以后地名，其辖区东汉三国属益州。
⑤ 原作"封刘虞为幽州牧"。参见③。
⑥ 原作"刘焉到川"。益州简称"蜀"或"巴蜀"。
⑦ 原作"令玄德为都尉，丘毅为先锋"。据双峰堂本《三国志传》（简称"双峰堂本"）改。
⑧ 原作"刘虞表来奏刘备大功"。据双峰堂本、汤本《三国》，删去"来"字。
⑨ 原作"封为别部司马"。参见③。
⑩ 原作"太子辩"。据《后汉书·何进传》改。
⑪ 此句原在"召大将军何进入宫商议后事"之后，本作"弟何苗，官带执金吾"。现移至此，并据《后汉书·何进传》改。
⑫ 原作"太子协"。据《后汉书·何进传》改。
⑬ 原作"司马潘隐"，隶属关系不明。据《后汉书·何进传》改。

蹇硕欲谋杀公①!"

　　进大惊,急归私宅,召诸大臣,欲尽诛宦官。座上一人挺身出曰:"宦官之势,起自冲、质[五]之时,朝廷滋蔓极广,安能尽诛? 倘机不密,必有绝族之祸。请仔细详之。"进视之,乃典军校尉[六]曹操。进叱之曰:"汝小辈,安知朝廷之大事!"正踌躇间,潘隐至,报帝崩于嘉德殿,时年三十四岁。"目今蹇硕与十常侍商议,密不发丧,矫诏宣何进入宫,欲绝后患,册立皇子协为帝。"说未了,使命至,宣进速入,以定后事。操曰:"今日之计,先宜大正君位,然后图贼。"进曰:"谁敢与吾正君讨贼?"言未尽,一人挺身便出,曰:"愿借精兵五千,斩关入内,册立新君,尽诛阉竖,扫清朝廷,以安天下,吾之愿也。"视之,此人身长貌伟,行步有威,英雄盖世,武勇超群;能折节下士,士多归之;四世居三公位,门多故吏;汝南汝阳[七]人也,司徒袁安玄孙②,袁逢之子;名绍,字本初,现为司隶校尉。

　　何进大喜,遂点御林军五千。绍披挂领入内。何进引何颙、荀攸、郑泰等大臣三十余员,相继而入,就灵帝枢前,扶立皇子辩即皇帝位。百官呼噪已毕,袁绍入宫收蹇硕。硕亲领兵,从宫出来御绍。绍提剑直砍蹇硕,硕慌走。绍赶入御园,花阴下转过中常侍郭胜,一刀把蹇硕砍翻,割头而去。硕所领禁军,尽皆降顺。

　　绍与何进曰:"中官结党,可尽诛之!"张让等知事急,慌入告何后曰:"始初设谋陷害大将军者,皆是蹇硕一人,并不干臣等事。今大将军信袁绍之言,欲尽诛臣等,乞娘娘怜悯!"言罢痛哭。何太后曰:"卿等勿忧,我当保之。"传旨宣何进入,太后密谓曰:"我与汝出身寒微,非张让等,焉能享此富贵? 今蹇硕不仁,既已伏诛,汝何听他人之言,欲尽诛宦官? 枉惹万代之笑。此事切不可行。"何进听太后之言,出而与众官曰:"蹇硕设谋害吾,可族灭其家。其余者,勿得妄加残害。"袁绍曰:"今日若不斩草除根,终久必为丧身之本!"进叱之曰:"吾意已决,汝等多言者斩!"众官皆退。

　　次日,太后命何进参录尚书事[八],其余皆封官职。董太后宣张让等入宫商议。后曰:"何进之妹,始初我抬举他来。今日他孩儿即了帝位,内外臣僚皆是他心腹人,威权太重,我将如何?"让奏曰:"娘娘可临朝,垂帘听政;封皇子协为王;加国舅董重[九]大官,掌握军权;重用臣等各预军国大事,渐可图何进矣。"董太后大喜。次日设朝,董太后垂帘听政,封皇子协为陈留王,董重骠骑将军[一〇],张让等共预朝政。将及月余,董太后夺权柄,朝廷事并听区处。

　　何太后见董太后专政,于宫中设一宴,请董太后赴席。酒至半酣,何太后起身,捧杯再拜而劝董太后曰:"我等皆妇人也,参预朝政,非其所宜。昔吕后因握重权,宗族三千余口皆被诛戮。今后我等宜深居九重,朝廷大事,任大老元臣自行商议,此国家之幸也。愿垂听焉。"董后大怒曰:"汝鸩死王美人,荒淫妒色。今汝子为君,倚兄何进之势,辄敢乱言! 吾敕骠骑断汝兄首,如反掌耳!"何后亦怒曰:"吾以好言劝汝,何出言不逊耶?"董后曰:"汝家屠沽小辈,有何见

---

① 原作"蹇硕欲谋杀汝"。潘隐位居何进之下,称"汝"不当。
② 原作"司徒袁安之孙"。据《三国志·魏书·袁绍传》注引华峤《汉书》改。

识!"两宫互相骂詈。张让等各劝归宫。

何后连夜召进入宫,尽告其事。进出,召三公共议。来早设朝,廷臣奏:"孝仁董太后交通州郡,辜较[一一]财利,不宜临朝听政,合迁于河间[一二]安置,限日下出国门。"一面驱人起发董后;一面点三千禁军围绕骠骑将军董重府宅,追索印绶。董重知事已危急,自刎于后堂。家人举哀,军士方散。张让、段珪见董后一支已废,遂皆以金珠玩好,结构[一三]何进弟何苗并其母舞阳君,令早晚人何太后处,善言遮蔽。因此十常侍又得近幸。

六月,何进暗使人鸩杀董后于河间驿庭,葬于慎陵①。进托病不出。司隶校尉袁绍入见进曰:"张让、段珪等流言于外,言主公鸩杀董后,欲谋大事。乘此时不诛阉竖,后必为大祸。昔日窦武欲诛内宠,机谋不密,反受其殃。今主公兄弟部曲将吏,皆英俊名士,若尽力命,事在掌握。此天赞之时,不可失也!"进曰:"且容商议。"左右密报张让,让等去告报何苗,又送贿赂太多。苗入内,来奏何后云:"大将军辅佐新君,不行仁慈以安天下,专务杀伐以危社稷。今国无事,又欲害十常侍,此取乱之道也。"后纳其言。少顷,何进入白后,欲诛中涓。何后曰:"中官统领禁省,汉家故事[一四]也。先帝新弃天下,尔欲诛杀旧臣,非重宗庙也。"进虽外慕大名,内无决断,不言而出。

袁绍迎进而问曰:"大事若何?"进曰:"太后不允,如之奈何?"绍曰:"可召四方英雄之士,勒兵来京,尽诛阉竖。此时事急,不容太后不从。"进曰:"此计大妙,免得我违太后之意。"差人便召赴京师。主簿[一五]陈琳趋步上阶,连叫:"不可!不可!"进曰:"有何不可?"琳曰:"俗说'自掩其目,去捕燕雀',是自欺也。微物尚不可欺以得志,况国家大事,其可诈立乎?今将军总皇威,掌兵要,龙骧虎步,高下在心,若欲诛宦官,如鼓洪炉燎毛发耳。但当速发雷霆,行权立断,则天人顺之;却反外檄大臣,临犯京阙。英雄聚会,各怀一心,所谓倒持干戈,授人以柄,功必不成,生大乱矣。"何进笑曰:"此懦夫之见也!"旁边一人鼓掌大笑曰:"此事易如反掌,何必多议论也?"视之,乃曹操也。进曰:"有何高见?"曹操道出甚话来?

【注释】

[一] 下密:县名。属青州北海国。治所在今山东昌邑东。
[二] 高唐:县名。属青州平原郡。治所在今山东禹城西南。
[三] 平原:县名。属青州平原郡。治所在今山东平原县西南。
[四] 董后:汉灵帝生母,解渎亭侯刘苌之妻。灵帝以支庶入继帝位,尊为孝仁皇后。
[五] 冲、质:汉冲帝刘炳(145年在位)和汉质帝刘缵(146年在位)。
[六] 典军校尉:东汉末年设置的西园八校尉之一。秩比二千石。

---

① 原作"举柩回京,葬于文陵"。文陵系汉灵帝陵墓,原文大误。据《后汉书·董皇后纪》改(慎陵系灵帝父刘苌陵墓,在河间国)。

[七] 汝南汝阳：今河南商水西南。
[八] 录尚书事：总领尚书台事务，即总揽朝政。
[九] 董重：董太后之侄，汉灵帝表兄。
[一〇] 骠骑将军：常设的高级将军。位次大将军。职掌征战讨伐。三国时为第二品。
[一一] 辜较：搜刮。
[一二] 河间：王国名。属冀州。治所在乐成（今河北献县东南）。
[一三] 结构：勾结，拉拢。
[一四] 故事：成例；旧日的典章制度。
[一五] 主簿：三公及州郡长官的属官。主管文书，经办事务。

第五回　董卓议立陈留王

操曰："宦者之祸，古今宜有；但世主不当假之权宠近侍，浸润成疾，使至于此。若欲治罪者，当除元恶，但付一狱吏足矣，何必纷纷召外兵乎？欲尽诛之，事必宣露，吾料其必败也。"何进怒曰："孟德亦怀私意耶？"操退而言曰："乱天下者，必进也。"进乃降诏①，暗差使命，星夜前去。诏曰：

> 朕闻败纪乱常，不可无诛②；害国伤时，岂能弥久？窃惟常侍张让、段珪等滥叨宠荣，恣生狂逆，不思报本之恩，复造滔天之祸。意喜者，一门荣贵；心怒者，九族诛夷。令诸侯于畿甸之方，挟天子于宫闱之内。上下切齿，咸思殄灭。朕素知卿等心怀忠义，讨戮奸邪，速提雄虎之师，克定萧墙之祸。诏书到日，火速奉行。宜体朕怀，遐迩知悉。钦哉。

先发四道诏书，急诏四路军马：第一路，东郡[一]太守桥瑁。第二路，河内[二]太守王匡。第三路，武猛都尉、并州刺史丁原。第四路，身长八尺，腰大十围，肌肥肉重，面阔口方，手绰飞燕，走及奔马，见任并州牧，封鳌乡侯③，陇西临洮人也，姓董，名卓，字仲颖。先为破黄巾无功，欲议治罪，卓贿赂十常侍，因此幸免。后以金珠结托朝贵，遂任显官。时手下统西州[三]大军二十万，常有不仁之心。是时得诏大喜，点起军马，陆续便行。卓女婿中郎将牛辅，守住陕县④。卓带李傕音角、郭汜音似、张济、樊稠前后调练，提兵望洛阳来。卓女婿中郎[四]谋士李儒上言曰："今虽奉诏，中间多有暗昧。何不差人上通表章，名正言顺，大事可图矣。"董卓大喜，令儒作表曰：

> 臣伏惟天下所以有逆不止者，皆由黄门常侍张让等侮慢天常，操擅王命，父子兄弟并据州郡，一书出门，便获千金，京畿诸郡数百万膏腴美田，皆属让等。至使怨气上蒸，妖贼蜂起。臣前奉诏讨於扶罗[五]，将士饥乏，不肯渡河，皆言欲诣京师先诛阉竖，以除民害，从台阁求乞资直。臣随慰抚，以至新安。臣闻扬汤止沸，不如灭火去薪，溃痈虽痛，胜于养肉⑤，及溺呼船，悔之无及。昔赵鞅[六]兴晋阳之兵，以逐君侧之恶。臣辄鸣钟鼓入洛阳，请除让等，则社稷幸甚，天下幸甚！

何进得表，出示大臣。侍御史[七]郑泰谏曰："董卓乃豺虎也，若引入京，必食人矣。"进曰："汝心多之人，不足与谋大事。"尚书[八]卢植亦谏："植素知董卓为人，面善心狠，常有不仁之念，一惹入禁庭，必生祸乱，于国无益，于民有伤。不如早遣人令回，庶免篡夺之患。"进叱之

---

① 原作"乃降诏"，主语不明。据双峰堂本《三国》，补"进"字。
② 原作"不日无诛"，不通。据汤本《三国》改。
③ 原作"见任前将军、鳌乡侯、领西凉刺史"，官、爵皆误，且语序错乱。据《后汉书·董卓传》改。
④ 原作"守住陕西"。陕西成为行政区划是在宋代，此处指陕县（今属河南）。据《三国志·魏书·董卓传》改。
⑤ 原作"胜于内食"。据《三国志·魏书·董卓传》注引《典略》改。

曰:"汝等皆无志之士,枉食君禄!"郑泰、卢植皆弃官而去。泰问曰:"此去如何?"植曰:"此公不可辅也,祸在即目矣。"荀攸亦告闲居。朝廷大臣,去其太半。进使人出迎卓于渑音免池[九],卓按兵不动。

张让等知诏各路兵到,十常侍商议。让曰:"此乃何进之谋也。我等若不先下手时,皆灭族矣。"张让等先伏刀斧手五十人于长乐宫嘉德门内。让等告何太后曰:"今大将军矫诏诸路军马并至京师,欲灭臣等宗族,望娘娘垂怜。"皆叩头伏地曰:"臣等归田养老,免死万幸。"太后曰:"汝等可诣大将军府下谢罪。"让曰:"若到相府,骨肉皆为齑粉矣。望娘娘赐手诏,宣大将军入宫,解释其事。如其不从,臣等只就娘娘前死无恨矣。"太后乃降手诏,宣进入宫议事。

进得诏便行。主簿陈琳谏曰:"太后此诏,必是十常侍之谋,切不可去。去必有祸。"进曰:"太后召我,有何祸事焉?"袁绍曰:"交持已成,形势已露,将军尚欲入宫议论?何不早决,事久必变矣!"进曰:"已在吾掌握之中,待如何变?"曹操曰:"先当召十常侍出,然后方可入。"进笑曰:"此小儿之见。吾掌天下之权,十常侍敢待如何?"绍曰:"主公坚执要去,我等宜披坚执锐,引甲士以护之。孟德亦当辅佐,以防不测。"

是日,袁绍、曹操各带宝剑,选精兵五百,唤绍弟领之①。绍之弟,同父异母,名术,字公路。举孝廉进身,见授虎贲中郎将②。当日袁术全副披挂,引精兵五百,布列青琐门外。绍与操百余人护送何进车至长乐宫前,黄门传懿旨[一〇]云:"太后在禁宫深处,要与大将军③议论国家大事,持兵护送者,不得辄入。"因此袁绍、曹操一行人,都挡在禁宫外。

何进似旁若无人,昂昂直入。至嘉德殿门,张让、段珪迎出,左右围住。让厉声责进曰:"董后何罪,妄加鸩死?国母丧葬,托疾不出。汝本屠沽小辈,我等荐之天子,以致荣贵,不思报效,欲相谋害!言我等甚浊,其清者是谁?"进乃默默无言,欲寻出路,宫门尽闭。让呼曰:"何不下手!"拥出一群刀斧手,揪出何进,于宫门侧畔砍为两段。后来史官有四句言语,叹何进曰:

汉室倾危天数终,无谋何进作三公。
几番不听忠臣谏,难免宫中受剑锋。

论曰:

窦武、何进借元舅之资,据辅政之权,内倚太后临朝之威,外迎群英乘风之势,卒而事败阉竖,身死功颓,为世所悲,岂智不足而权有余乎?《传》曰:"天之废商久矣,君将兴之。"斯宋襄公所以败于泓也。楚伐宋,宋公将战。子鱼谏曰:"天之弃商久矣,公将兴之,不可。"公不从,与楚战,大败于泓。

赞曰:

武生蛇祥,进自屠羊。惟女惟弟,来仪紫房。上惛下嬖,人灵动怨。将纠邪慝,

---

① 原作"唤弟领之",人物关系不明。据下文,补"绍"字。
② 原作"见授折冲校尉、虎贲中郎将"。两个职务非同时担任。据《三国志·魏书·袁术传》,删去前者。
③ 原作"将军"。承上文,补"大"字。

第五回 董卓议立陈留王

以合人愿。道之屈矣,代离凶困。

让等既诛何进,请故太尉樊陵、少府许相入①,代进职位。袁绍久不见进出,乃于宫门外大叫曰:"请将军上车!"中黄门于墙头上掷出何进头,宣谕曰:"何进谋反,已伏诛矣!其余胁从,尽皆赦下。"袁绍厉声大叫:"阉官谋杀大臣,岂有此理,有失大义!诛恶党者,前来助战!"何进部将吴匡,于青琐门外放火。袁术引兵突入宫庭,但看阉官,不论大小,尽皆杀之。袁术、曹操斩关入内。樊陵、许相出殿大呼:"不得无礼!"袁绍立斩二人,余皆奔走。赵忠、程旷、夏恽、郭胜四个,赶在翠花楼上放火,都跳下楼,就楼前剁为肉泥。宫中火焰冲天。张让、段珪将太后及少帝并陈留王劫出②,内省官属从后道走北宫。尚书卢植弃官未去,见宫中事变,擐甲持戈,立于阁下。窗前遥望见段珪拥逼何太后③过来,植大呼曰:"段珪逆贼!尚不知死,敢劫太后耶?"段珪回身便走。太后从窗中跳出,植急救之,得免。吴匡杀入内庭,见何苗亦提剑出。吴匡大呼曰:"是车骑[一]何苗同谋杀兄,愿报仇者向前!"数十人大叫曰:"愿斩谋兄之贼!"苗欲走,四面围定,砍为粉碎。绍闭上宫门,号令军士但见阉官,无问大小,尽皆杀之。宫中杀尽,分头来杀十常侍家属,不分男女,尽皆诛绝,流血满地,何止二三千人④,多有无辜者误被杀戮。曹操一面差人救灭宫中之火。张让、段珪拥逼少帝及陈留王,冒烟突火,杀出后宰门,离城望北邙山[二]逃难。袁绍请何太后权摄大事,四下分兵追袭,寻觅少帝。

张让、段珪,从者二十余人,连夜奔走北邙山。天色昏黑,各不相见,随从之人各自逃回。约二更时分,后面喊声大举,人马赶至,当先河南中部掾闵贡⑤,大叫:"张让休走!"段珪等乘马落荒而逃。张让见事急,叩头辞帝曰:"臣无路矣,陛下自顾!"遂投河而死。

帝与陈留王亦未知虚实,不敢高声,二帝⑥伏于河边乱草之内。此是中平六年八月二十五日⑦,城中诛杀宦官。二帝夜卧荒草,军马四散去赶,不知帝之所在。二帝伏至四更,露水又下,腹中饥馁,相抱而哭;又怕人知,吞声草莽之中,泪如雨坠。陈留王曰:"在此不宜久恋,去寻活路。"帝曰:"路暗难行,如之奈何?"陈留王与帝以衣相结,爬上岸边。满地荆棘,不见行路,帝仰天叹曰⑧:"刘辩休矣!"但有流萤,千百成群,光芒照耀,只在帝前。陈留王曰:"此天助吾兄弟也!"随萤火而行,渐渐见路。二帝相扶,一步一跌,奔出山路而走。后史官有诗曰:

　　乱兵如蚁走王师,社稷倾危孰为持?
　　夜逐火萤寻道路,汉家天子步归时。

曹仙姑又诗曰:

---

① 原作"请太尉樊陵入",据《后汉书·何进传》改。
② 原作"张让、段珪、曹节、侯览将太后及太子并陈留王劫出"。曹节死于181年,侯览死于172年,下文亦无交代,故删;此时刘辩已即帝位,不应再称"太子"。
③ 原作"何后"。承上文改。
④ 原作"何止二三万人"。据双峰堂本《三国》改(《后汉书·何进传》云:"死者二千余人。"故从双峰堂本)。
⑤ 原作"河南中部掾史闵贡"。据《后汉书·何进传》改。
⑥ 原作"二王"。据下文改。
⑦ 原作"中平六年八月二十四日"。据《后汉书·灵帝纪》,事在八月戊辰,即八月二十五日。
⑧ 原文无主语,据下文,加"帝"字。

腐草为萤上岸时,也曾照夜向书帏。
莫言微物相轻贱,曾与君王引路迷。

二帝行至五更,足痛不能行。山冈边见一草堆,二帝卧于草畔。草堆前面是一所庄院。庄主是夜梦两红日坠于庄后,庄主惊觉,披衣出户,四下观望,见庄后草堆上火起冲天。庄主慌忙往观,见二帝卧于草畔。庄主问曰:"二少年,谁家之子?"帝不敢应。陈留王曰:"吾兄乃是大汉皇帝,遭十常侍之乱,夜来逃难,得萤火引路,故到此庄。"庄主大惊,再拜于地,曰:"臣先朝司徒崔烈之弟崔毅也①。因见十常侍卖官嫉贤,臣于此躬耕垄亩。"遂扶帝入庄,跪进饮食。帝与陈留王隐于崔毅庄中。

却说闵贡赶上段珪拿住,问天子何在。珪言已在半路弃之,不知何处。贡遂杀段珪,悬头于马项下,来寻天子。到崔毅庄觅饮,毅见首级,问之,贡说详细。崔毅引贡见帝,君臣痛哭②。贡曰:"国不可一日无君,请陛下还都。"崔毅庄上有匹瘦马,备与帝乘。贡与陈留王共乘一马。

离庄院行不到三里,河南尹王允③、卫尉杨彪④、司隶校尉袁绍⑤、右校尉淳于琼、助军左校尉赵融⑥、骑都尉鲍信⑦,一行人众,数百人马,接着车驾,君臣皆哭。先使人将段珪头往京师号令,着另换好马与帝及陈留王骑,簇帝还京。先是洛阳小儿谣曰:"帝非帝⑧,王非王,千乘万骑走北邙。"

车驾行不到数里,忽见旌旗蔽日,尘土遮天,一支人马到来。百官失色,帝大惊。袁绍骤马出问:"何人敢拦圣驾?"绣旗影里,董卓出马,厉声便问:"天子何在?"帝战栗不能言。群臣罔知所措。陈留王勒马向前,叱之曰:"来者何人?"卓曰:"并州牧董卓是也。"陈留王曰:"汝来劫驾耶?保驾耶?"卓应曰:"特来保驾。"陈留王曰:"既来保驾,天子在此,何不下马?"卓大惊,慌忙下马,拜于道左。陈留王以言抚慰董卓,自初至终,并无遗失。卓暗奇之。是日,护送还宫,见何太后,俱各下泪痛哭。失传国玺。

董卓屯兵城外,每日带铁甲马军数千入城,横行街市,百姓惶惶不安。桥瑁、王匡两路军⑨知何进已死,各引军兵回本处去讫。董卓得志,出入宫庭,略无忌惮。骑都尉鲍信来见袁绍,言董卓纵横朝廷,必有异心。绍曰:"朝廷新定,未可轻动刀兵。"鲍信见王允,亦言此事。允不从,信引本部军兵,自投泰山[一三]去了。

董卓招诱何苗部下之军,尽归掌握。卓召李儒曰:"吾欲废帝,立陈留王,如何?"李儒曰:

---

① 原作"臣先朝历仕宦,司徒崔烈之弟崔毅也"。承上文,删"历仕宦"三字。
② 原作"君王痛哭"。据双峰堂本《三国》改。
③ 原作"司徒王允"。据《后汉书·王允传》,允此时任河南尹,献帝即位后拜太仆,次年始为司徒。
④ 原作"太尉杨彪"。据《后汉书·杨震传》附《杨彪传》,彪此时任卫尉,献帝即位后曾任司空、司徒,兴平元年(194)始任太尉。
⑤ 原作"中军校尉袁绍"。据《三国志·魏书·袁绍传》,绍曾任中军校尉,此时则为司隶校尉(第四回已写到)。
⑥ 原作"左军校尉淳于琼、右军校尉赵萌"。据《后汉书·灵帝纪》注引《山阳公载记》改。
⑦ 原作"后军校尉鲍信"。据《三国志·魏书·董卓传》改。
⑧ 原作"侯非侯"。承上文改。
⑨ 原作"两路军",指代不明。据刘龙田乔山堂刊《新锓全像大字通俗演义三国志传》(简称刘本《三国》)改。

"今朝廷无主,不就此时行事,迟则有变矣。来日于温明园中,聚会百官,若有不从者,立斩之。则指鹿之谋[一四],宜在今日。"卓喜,便教大排筵会于温明园中,来日请百官饮酒。

次日,飞骑往来于城中,遍请公卿;公卿皆惧董卓①,谁敢不到。卓探知百官到了,徐徐策马到园门下马,带剑入席。百官见了,先令从人执盏。酒行数巡,卓自举杯,劝诸大臣饮酒。毕,卓教停酒止乐。卓曰:"今有大事,众官听察。"众皆侧耳。卓曰:"天子为万民之主,以治天下,无威仪不可以奉宗庙社稷。况先君有密诏,言刘辩轻浮无智,不可为君;次子刘协聪明好学,可承大汉宗庙。吾欲废帝,仍旧为弘农王;册立陈留王为天子,以正汉室。尔诸大臣以为何如?"诸臣听罢,默默无言,各各低头觑地。座上一人推桌几直出,立于筵上,大叫:"不可!不可!汝乃何等之人,敢发此语,欺俺汉朝无人物耶?天子乃先帝嫡子②,又无过恶,安可废耶?吾知汝怀篡逆之心久矣,吾岂能容耶?"众人大惊。毕竟是谁?

【注释】

[一] 东郡:郡名。属兖州。治所在濮阳(今河南濮阳西南)。
[二] 河内:郡名。属司隶州。治所在怀县(今河南武陟西南)。
[三] 西州:即凉州。因地处中原之西,故名。治所在陇县(今甘肃张家川)。
[四] 中郎:郎官的一种。秩比六百石。
[五] 於扶罗:南匈奴单于。曾骚扰河内、河东等郡。
[六] 赵鞅:即赵简子。春秋末年晋国的卿。曾专晋权,扩大封地,为赵国的建立奠定了基础。
[七] 侍御史:御史中丞的属官。职掌察举官吏违失。秩六百石。
[八] 尚书:官名。尚书令属官。协助皇帝处理政务。秩六百石。品秩虽低,职权颇重。
[九] 渑池:县名。属司隶州弘农郡。治所在今河南渑池西。
[一○] 懿旨:皇太后或皇后的诏令。
[一一] 车骑:即车骑将军。常设的高级将军。位次大将军、骠骑将军。职掌征战讨伐。三国时为第二品。
[一二] 北邙山:山名。在洛阳东北。
[一三] 泰山:郡名。属兖州。治所在奉高县(今山东泰安东)。
[一四] 指鹿之谋:借某种事端立威的计谋。秦末赵高把持朝政,恐群臣不服,故意当着二世指鹿为马,凡说实话的大臣,均予诬陷残害,自此群臣皆畏之。

---

① 原句无主语,承上文,加"公卿"二字。
② 原作"天子乃汉灵帝嫡子",不合东汉人口吻,故改。

第六回 吕布刺杀丁建阳

董卓视之，此人原是并州刺史①，姓丁，名原，字建阳。因何进降诏，遂引军至洛阳，官拜执金吾②。当日倚恃兵权，敢出抗拒。董卓大怒，叱之曰："朝廷大臣尚不敢言，汝何等之人，辄敢多言耶！"遂掣佩剑在手，欲斩之。时李儒见丁原背后一人，身长一丈，腰大十围。弓马熟闲，眉目清秀。五原郡九原[一]人也，姓吕，名布，字奉先；自幼随从丁原，拜为义父。当日，布执方天画戟，立于丁原之后。李儒会意，急向前曰："今日饮宴之处，不可以谈国政，来日向都堂公论未迟。"众人皆劝丁原上马。吕布手执画戟，目视董卓而出。众皆奉送丁原上马而去。

董卓与百官曰："吾所见者，合公道否？"卢植立于筵上曰："明公所见差矣。昔商之太甲[二]不明，伊尹放之于桐宫③；昌邑王[三]登位，方立二十七日，造罪三千余条，霍光告太庙而废之。今上皇帝年纪虽幼，聪明仁智，并无分毫过失。汝乃外州刺史④，素不曾参预国政，又无伊尹、霍光之大才，何敢强主废立之事？圣人有云：'有伊尹之志则可，无伊尹之志则篡也。'汝莫不待篡汉天下耶？"董卓大怒，拔剑向前欲杀植。议郎彭伯谏曰⑤："卢尚书海内大儒，人之望也。今先害之，天下震怖。"卓乃止，但免植官。遂逃难而隐于上谷[四]。河南尹王允出曰："废立之事，不可酒后商议，别日再听约束。"于是百官皆散。董卓按剑立于园门，意欲伤害百官。忽一人跃马持戟，于园门外往来，卓问李儒："此何人也？"儒曰："此丁原义儿吕布，勇极不可当也。"卓乃潜入园回避，百官因此得脱回家。

次日，人报董卓："丁原引军，城外搦战。"卓怒，引军马出。两阵对圆，卓见对阵吕布出马，顶束发金冠，披百花战袍，擐唐猊铠甲，系狮蛮宝带，骑一匹冲阵劣马，持方天画戟，往来驰骤，貌若天神。卓心中惊骇。丁建阳于阵中纵马直出，亦指卓而骂曰："汉天下不幸，阉官弄权，以致万民受于涂炭。尔乃并州牧，于国无寸箭之功，焉敢乱言废立，侮慢朝廷？实欲反耶！"董卓无言可答。吕布飞马挺戟杀过来。董卓先走了。建阳率军马一掩，卓军大败，走三十余里。

卓收军下寨，聚众商议。卓曰："吾观吕布，非常人也。吾若得此人，何虑天下哉！"帐前一人出曰："主公勿忧。某与吕布同乡，足知其人勇而无谋，见利忘义。凭三寸不烂之舌，说吕布拱手来降主公，可乎？"卓大喜，观其人，乃骑都尉李肃⑥。卓曰："汝去说吕布，以何而进？"肃曰："某闻主公有名马一匹，号曰'赤兔'，日行千里。须得此马，更用金珠，以利结其心，吕布必

---

① 原作"此人官拜荆州刺史"。据《三国志·魏书·吕布传》，丁原曾任并州刺史（第五回写到），进京后拜执金吾（职掌京师治安，秩中二千石）。原文"荆州"乃"并州"形误。

② 此句原在"字奉先"后，误。

③ 原作"伊尹放之于桐冈宫"。据《史记·殷本纪》改。

④ 原作"外郡刺史"，职官混称。据《后汉书·百官志》改。

⑤ 原作"侍中蔡邕、议郎彭伯谏曰"。下文方写到董卓征辟蔡邕，故此处应删去"侍中蔡邕"。

⑥ 原作"乃虎贲中郎将李肃"。据《三国志·魏书·董卓传》改（第十七回亦写李肃为骑都尉）。

反丁原,来投主公也。"卓问李儒曰:"此言可乎?"儒曰:"主公欲取天下,何惜一马?"卓欣然与之,更与金一千两、明珠数颗、玉带一条。

李肃骑了赤兔马,带二匹从马,三个人投吕布寨来。伏路军人围住,肃曰:"可报与吕将军知道,故人来见。"军士报入帐中来。肃与布曰:"贤弟别来无恙?"布半晌思想不起,问曰:"足下果何人耶?"李肃曰:"乡中故人,何故失忘?某乃李肃是也。"布下拜曰:"乡兄,久不相见,见居何处?"肃曰:"仕于朝中①,见任骑都尉之职。闻贤弟匡扶社稷,不胜之喜。有良马一匹,日行千里,渡水登山,若履平地,名曰'赤兔'。李肃不敢乘坐,特来献与贤弟,以助虎威。"布听罢,便牵过来。果然那马浑身上下,火炭般赤,无半根杂毛;从头至尾长一丈,从蹄至项鬃高八尺;嘶喊咆哮,有腾空入海之状。吕布见了大喜。史官有四句诗,单道赤兔马。诗曰:

奔腾千里荡尘埃,渡水爬山紫雾开。
掣断丝缰摇玉辔,火龙飞下九天来。

布谢肃曰:"兄与此龙驹,布将何报之?"肃曰:"某为义气而来,岂望报乎!"布置酒相待。酒酣,肃曰:"肃与贤弟少得相见,令尊多曾会来②。"布曰:"兄醉矣。"肃曰:"何以知之?"布曰:"先父弃世多年,安得与兄多会?"肃大笑曰:"非也。某说今日丁金吾③。"布惶恐而言曰:"在丁建阳处亦出于无奈。"肃曰:"贤弟有擎天驾海之才,而四海孰不惧怕?功名富贵,如探囊取物,何言无奈而在人之下乎?"布曰:"布欲大展其能,恨不逢主。"肃笑曰:"'良禽相木而栖,贤臣择主而佐。'青春不再,悔之晚矣。"布曰:"兄在朝廷,观何人为世英雄?"肃曰:"某遍观大臣,皆不如董卓。董卓为人,礼贤敬士,宽仁厚德,赏罚分明,终成大事。"布曰:"某欲从之,恨无门路。"肃取金珠玉带列于布前。布惊曰:"何为有此?"肃令叱退左右,告布曰:"此是董公④久慕贤弟之德,特令某送礼物以献。赤兔马亦董公所赐也。"布曰:"董公如此见爱,某将何礼报之?"肃曰:"如某之不才,尚加为骑都尉;公若到彼,贵不可言。"布曰:"恨无功可往报之。"肃曰:"功在反手之间,弟不肯为耳。"布沉吟久曰:"兄长少待,容吾到军中杀了丁原,引军归董公,若何?"肃曰:"但恐贤弟不能为耳。"布提刀便起,径到军中。

丁原秉烛观书,当见提刀而至,丁原曰:"吾儿来,有何事故?"布曰:"吾乃当世之大丈夫也,安肯为汝子乎!"丁原曰:"奉先何故心变?"布向前,一刀砍下丁原首级,大呼左右:"丁原不仁,吾已杀之。肯从吾者在此,不从者自去!"军士散其大半。

布提首级见肃。肃又曰:"某当先去报主公,来接将军。"布一面收军。肃报董卓。卓置酒去迎吕布,布献了丁原首级。卓下马,携手入帐中。卓先下拜,曰:"卓今得将军,旱苗而得甘雨也。"布纳卓坐而拜之,曰:"布今弃暗投明,愿以父事之。"卓大喜,重赏李肃。是日,以金甲锦袍赐布,畅饮而散。董卓又得吕布并带来军马,其势越大,乃自为司空⑤,以弟董旻为左将

---

① 原作"仕于汉朝",不合汉代人口吻,故改。
② 原作"令尊多曾会来。此马亦不可说"。后句与上下文脱榫,故删。
③ 原作"丁刺史"。承第26页校记①改。
④ 原作"董刺史"。据下文改。
⑤ 原作"乃自领前将军事"。据《后汉书·灵帝纪》、《董卓传》改。

军[五]封鄂音户侯①，吕布为中郎将，封都亭侯②。

初，李儒荐蔡邕曰："伯喈非常人也，若主公用之，大事可就。"卓使人征之，邕托疾不起。卓怒曰："我能灭人九族，犯者无素休。"人报邕，邕急往。卓拜邕为祭酒[六]，甚相敬重，恩赐不少。三日之间，周历三台，先补侍御史，又转治书御史，迁尚书。迁为侍中[七]。

李儒劝卓早定废立之计。卓次日于省中设宴，会集公卿，令吕布将甲士千余，侍卫左右。是日，太傅袁隗与百官皆到。酒行数巡，卓按剑曰："大者天地，次者君臣，所以为治。今上皇帝暗弱，不可以奉宗庙为天子。吾依伊尹、霍光故事，废帝为弘农王，立陈留王为君。汝大臣意下如何？"群臣惶怖，莫敢对。座上一人应声而出曰："太甲不明，伊尹放之；昌邑有罪，霍光废之。今上富于春秋[八]，有何不善？汝欲废嫡立庶，欲为反耶？"众视之，乃司隶校尉袁绍也。卓大怒，叱之曰："竖子！天下事在我！我今为之，谁敢不从！汝视我之剑不利也？"袁绍亦拔剑出，曰："汝剑虽利，吾剑岂不利也！"两个在筵上敌对。性命如何，且听下回分解。

【注释】

[一] 九原：县名。属并州五原郡。治所在今内蒙古包头西北。

[二] 太甲：商代国王，汤的嫡长孙。即位后，因破坏汤法，不理国政，被伊尹放逐。三年后悔过，又被接回复位。

[三] 昌邑王：即刘贺。汉武帝孙。昭帝死后无嗣，被大将军霍光迎立为帝，旋遭废黜。

[四] 上谷：郡名。属幽州。治所在沮阳（今河北怀来东南）。

[五] 左将军：常设将军之一。位次九卿。三国时为第三品。

[六] 祭酒：官名。东汉三国时，丞相、司空、太常、州牧等属官中均置祭酒，地位较尊。

[七] 侍中：官名。侍从皇帝左右，职掌顾问应对。秩比二千石。

[八] 富于春秋：以后的年岁还多，即年轻。

---

① 原作"封弟董旻为左将军、鄂侯"。参见第17页校记③。

② 原作"封吕布为骑都尉、中郎将、都亭侯"。据《三国志·魏书·吕布传》，董卓始以布为骑都尉，后升任中郎将，封都亭侯。

第七回　废汉君董卓弄权

卓欲杀绍,蔡邕止之曰:"事未有定体,不可妄杀。"袁绍手提宝剑,长揖百官而出,悬节[一]东门,上马奔冀州而去。卓与太傅袁隗曰:"汝侄无礼太甚,吾看汝面,不杀之。废立之事,其意若何?"隗曰:"司空①见者是。"卓曰:"敢有阻大议者,以军法从事!"大臣震动,皆云:"一听尊命。"宴罢,卓召侍中周毖音毗、校尉伍琼、议郎何颙问曰:"袁绍此去若何?"周毖曰:"废立大事,非人所及。袁绍不达大体,恐惧故出奔,非有他志也。今购[二]之急,势必为变。袁氏树恩四世,门生故吏遍于天下,若收豪杰以聚徒众,英雄因之而起,山东[三]非公之有也。不如赦之,拜为一郡守,则绍喜于免罪,必无患矣。"蔡邕曰:"某不使主公杀绍者,正为此也。绍好谋无断,不足为虑耳。加之一郡守,以收民心。"卓大喜,即日差人拜绍为勃海[四]太守。史官论曰:

> 袁绍志大智小,好谋无决,色厉胆薄,不能就朝堂诛卓,反长揖而去,得一郡守而喜,谬之甚也!

董卓权重,群臣见者皆栗然。九月朔,请帝升嘉德殿,大会文武,不到者斩。是日,群臣皆列于班次,卓掣剑在手曰:"少帝暗弱,全无威仪,不可以掌天下。今有郊天册文,可宜宣读。"李儒读册曰:

> 孝灵皇帝不究高宗眉寿[五]之祚,早弃臣子。皇帝承绍,海内侧望。而帝天资轻佻,威仪不恪,在丧慢惰,衰如故焉②;凶德既彰,淫秽发闻,损辱神器,忝污宗庙。皇太后教无母仪,统政荒乱。永乐太后[六]暴崩,众论惑焉。三纲之道,天地之纪,而乃有阙,罪之大者。陈留王协,圣德伟茂,规矩邈然,丰下兑上,有尧图之表;居丧哀戚,言不及邪③,岐嶷[七]之性,有周成之懿④。休声[八]美誉,天下所闻,宜承洪业,为万世统,可以承宗庙⑤。废皇帝为弘农王。皇太后还政。应天顺人,以慰生灵之望。

李儒读册已罢,卓叱左右:"扶少帝下殿,解其玺绶,面北长跪,称臣听命。"少帝号哭,百官惨惨然。卓呼太后去服候敕,太后哽咽,群臣含悲。阶下一大臣愤然高叫曰:"贼臣董卓,敢为欺天之谋,而废贤明之主,不若与之同死!"挥手中象简直击。董卓大怒,喝武士簇下,乃是尚书丁管。卓命牵出斩之,丁管骂不绝口⑥,至死神色不变。

卓请陈留王登殿,群臣皆呼万岁。礼毕,卓令扶何太后并弘农王于永安宫,随侍又有唐妃及宫女二人,月给食粮,诸臣下毋得辄入,违者灭三族。可怜少帝四月登基,至于九月被董卓

---

① 原作"太尉"。据《后汉书·灵帝纪》、《献帝纪》,董卓杀丁原后,自任司空;废少帝后,迁太尉,寻进相国。
② 原作"哀如故焉"。据《三国志·魏书·董卓传》注引《献帝起居注》改。
③ 原作"言不以邪"。改正依据同②。
④ 原作"成周之懿"。改正依据同上("周成"指周成王,周武王之子)。
⑤ 原作"可承宗庙"。增字依据同上。
⑥ 原作"丁管骂不绝口,卓命牵出斩之"。据上下文调整语序。

废之。卓所立陈留王协,表字伯和,灵帝中子,即献帝也,九岁即位。董卓为相国[九],赞拜不名,入朝不趋,剑履上殿。以黄琬为太尉,杨彪为司徒,荀爽为司空,韩馥为冀州牧,张邈为陈留[一〇]太守,张咨为南阳太守①。时年庚午岁,改为初平[一一]元年。

何太后与少帝、唐妃困于永安宫中,日夜忧叹,衣服饮食,尽皆缺少。帝泪下不曾干,偶见双燕飞入庭中,帝遂吟诗一首。诗曰:

嫩草绿凝烟,袅袅双飞燕。
洛水一条青,陌上人呼羡。
远望碧云深,是吾旧宫殿。
何人仗忠义,写我心中怨!

卓时常使宫女探听动静。是日获得此诗,来呈于卓。卓曰:"刘辩休矣!怨望故作此诗,杀之有名矣。"唤李儒带武士十人,来杀少帝。帝与母何太后正在楼上嗟叹,宫女报李儒至。帝大骇。儒执鸩酒与帝曰:"春日融和,董相国②特上寿酒。"少帝泣曰:"何相逼如是也?"儒曰:"寿酒无疑。"太后曰:"既云寿酒,汝当先饮。"儒怒曰:"汝母子特不饮耶?"呼左右持短刀白练于前,曰:"寿酒不饮,可领此二般!"唐妃跪告儒曰:"妾身代帝饮酒,愿相公可怜母子性命。"儒叱曰:"量汝何等,可代王死?"儒举杯与何太后:"你可先饮!"后搥胸大骂何进无能之贼③,勾引董卓入京,致有今日之祸。儒催逼帝,帝曰:"容某与母作别。"大恸而作歌曰:

天道易兮我何安?弃万乘兮退守藩。
为臣逼兮命不久,势将去兮空泪潸音山!

唐妃抱帝,亦作歌曰:

皇天将崩兮后土颓,身为帝姬兮命不随。
生死异路兮从此毕,奈何茕音穷速兮心中悲!

歌罢,相抱而哭。李儒喝曰:"相国④立等回报,汝等俄延,望谁救耶?"何太后大骂:"国贼董卓,逼我子母,皇天岂佑汝耶!"手指李儒:"汝为助纣作孽之徒,必当族灭!"李儒大怒,双手捽住太后,直揎下楼。少帝揪住李儒衣服,唐妃向前搅做一团。儒唤武士绞死唐妃,以鸩酒灌杀少帝。史官有诗曰:

太后飞身坠玉楼,唐妃素练系咽喉。
君王服毒皆身丧,汉室江山自此休!

儒还报卓,卓命拖出城外埋之。

自此每夜入宫,奸淫宫女,夜宿龙床,禁庭公主,尽皆淫之。尝引一军出城外,前行到阳城[一二]。时当二月,村民社赛[一三],男女皆集。卓引军围住,将男子尽皆杀之⑤,掠其妇女财

---

① 原作"张资为南阳太守"。据《后汉书·董卓传》改。
② 原作"董太师"。据《后汉书·献帝纪》,董卓此时任相国,迁都长安后始为太师。上文明言"董卓为相国"。
③ 原作"无礼之贼"。据双峰堂本、汤本《三国》改。
④ 原作"太尉"。承上文改。
⑤ 原作"引军围住,尽皆杀之",既无主语,叙述亦有漏洞。据《三国志·魏书·董卓传》改。

物,收万千余件,都装在车上,悬头千余颗于车下,连轸还都,先报董相国杀贼,大胜而回。各城门外焚烧其头,以妇女财物尽散与宿帐军士。

越骑校尉[一四]伍孚,字德瑜,见卓残暴太甚,群臣战栗,莫敢言者,乃于朝服下披小铠①,藏短刀。候董卓入朝,孚迎到阁下,掣出短刀,直刺卓。卓气力大,两手抠住;吕布便入,揪倒伍孚。卓问曰:"谁教汝反?"孚瞪目大叫:"汝非吾君,吾非汝臣,何反之有?汝乱国篡位,罪恶盈天,今是吾死之日,故来诛奸贼也!恨不车裂汝于市朝,以谢天下!"董卓大怒,命吕布将出剖剐之。孚骂不绝口②。后史官有诗曰:

汉末忠臣说伍孚,冲天豪气世间无。
朝堂杀贼名犹在,万古堪称大丈夫!

董卓自此出入,常带披甲武士,前后围绕。

袁绍在勃海,知卓弄权,乃差人赍密书来见司徒王允③。书曰:

卓贼欺天废主,人不忍言;入乱禁宫,神亦不佑。公反恣其跋扈,如不听闻,岂为报国效职之臣哉?绍今集兵练马,欲图扫清帝室,未敢轻举。公想食禄于汉朝,当乘间图之。如有驱使,即当奉命。书不尽言,请宜照察。密之。

王允得书,寻思无计。一日,于侍班阁子内见旧臣俱集④,王允请曰:"今日老夫贱降[一五],晚间少闲,欲屈众大臣就舍下少酌,幸勿见阻。"众官皆曰:"必来添寿。"当晚,就后堂设宴,灯烛荧煌,公卿皆至。允视之,皆汉朝旧臣,心中暗喜。酒至半酣,王允举盏,掩面大哭。众官曰:"司徒贵降,不可发悲。"允曰:"老夫非贱降之日,要与众官聚会,恐贼生疑,故推贱降。吾哭者,哭汉天下也。董贼势若泰山,吾等朝夕难保。想高皇⑤提三尺剑,斩白蛇,起义兵,子孙相承四百余年,谁想丧于董卓之手。吾等舍死,无益于国。"众公卿尽皆掩面而哭。坐上一人抚掌大笑曰:"满朝大臣,夜哭到明,明哭到夜,焉能哭死董卓耶?"允视之,乃是骁骑校尉[一六]曹操也。允大怒,责之曰:"汝祖宗食禄汉朝四百余年,不思报本,反欲纵贼耶?汝去告变,吾等死亦汉家鬼也!"操曰:"非笑别事,笑众大臣无一计杀董卓也。某虽不才,略施小计,可断董卓头,悬于都门外,以谢天下。"王允听罢,乃避席[一七]而问曰:"孟德有何高见,匡扶汉室?"试看曹操道出甚话来?

【注释】

[一] 节:即符节,高级官员行使职权的凭证。

---

① 原作"惟有伍孚于朝服下披小铠",与上文衔接不紧,故改。
② 原作"骂不绝口"。承上文,加主语"孚"。
③ 原作"来见王允"。据下文,加"司徒"二字。
④ 原作"见汉朝旧臣俱集"。"汉朝"二字多余,故删。
⑤ 原作"汉高皇",不合汉朝人口吻,故删"汉"字。

[二] 购：悬赏缉捕。
[三] 山东：指崤山或华山以东广大地区，汉代与"关东"义同。
[四] 勃海：郡名。属冀州。治所在南皮（今河北南皮东北）。
[五] 眉寿：长寿。
[六] 永乐太后：即董太后。因其居永乐宫，故称。
[七] 岐嶷：幼年聪慧。
[八] 休声：美好的名声。
[九] 相国：百官之长。辅佐皇帝治理国政，无所不统。秩万石。
[一〇] 陈留：郡名。属兖州。治所在陈留县（今河南开封东南）。
[一一] 初平：汉献帝年号（190—193）。
[一二] 阳城：县名。属豫州颍川郡。治所在今河南登封东南。
[一三] 社赛：春社时的迎神赛会。社，即社日，古代祭土地神的节日，每年有春、秋两次，春社在春分前后。
[一四] 越骑校尉：东汉所置北军五校尉之一。戍卫京师。秩比二千石。
[一五] 贱降：对自己生日的谦称。
[一六] 骁骑校尉：东汉所置北军五校尉之一。戍卫京师。秩比二千石。
[一七] 避席：古人席地而坐，离座起立，表示敬意，谓之"避席"。

第八回　曹孟德谋杀董卓

曹操曰:"近日操进身以事董卓者,实有意以图之。今卓甚爱,有事必共议之。闻司徒有七宝刀一口,愿借与操入相府,可刺杀之,万死无恨!"王允曰:"孟德果有是心,汉天下幸甚!"操遂言誓于允前。允取七宝刀与操①。其刀长尺余,七宝嵌饰,极其锋利。操带之。良久,皆散。

操平明径入相府,问:"相国②出来否?"人指云:"出在书院中坐久。"操径入,见卓坐于床上,侧首布侍立。卓问曰:"孟德来何晚?"操曰:"马羸,行迟。"卓曰:"吾有凉州③进到良马,吾儿吕布,可亲去选一骑赐与孟德。"

布趋步出,操思曰:"董卓合死!"意欲拔刀,惧卓有力,不敢下手。卓胖大,不耐久坐,遂倒身而卧,转身背却。操又思曰:"此贼当休!"急掣宝刀在手。卓仰面看衣镜中,见操挟刀靶,急回身,问曰:"孟德何为?"吕布已牵马在阁外,操刀已出鞘,就倒转刀靶,跪下,曰:"操有宝刀一口,献上恩相。"卓接视之,果宝刀也,递与吕布收了。操解鞘与之。

卓引操看马。操遂拜谢曰:"愿试一骑。"卓就教与鞍辔。操牵马出相府,加鞭望东门而去。布对卓曰:"恰才曹操有刺父之状,及被喝破,故推献刀。"卓曰:"吾亦甚疑。"

两个正未决,忽李儒至,卓以其事告之。儒曰:"操无老小,必有下处[一],差人急唤。如操无疑而便来,则是献刀;如迟疑推托而不来,此必行刺,便可擒而问之。"卓然其说,差狱卒四五人往唤。多时,回覆云:"操不曾到下处,乘着黄马,飞出东门。门吏问之,操云相国差他有紧急公事,纵马而出。"李儒曰:"操贼心虚,逃窜而去。"卓大怒曰:"我如此重用,反欲害吾!"令遍行文书,描其模样,画影图形,星夜捉拿此贼:拿住者千金赏,封万户侯。儒曰:"必有同设谋者,拿住曹操可知矣。"文书晓夜行。

曹操日行夜住,奔谯县来④。路经中牟县[二]过,把关者见之,曰:"朝廷缉捕曹操⑤,此必是也!"挡住问曰:"汝何姓?哪里来?"操曰:"我复姓皇甫,从荥阳来⑥。"把关者曰:"朝廷缉捕曹操,你的服色、模样正对。"拖见县令。操赖道:"我是客人。"县令曰:"我在洛阳求官,认得你是曹操,如何隐讳⑦?且把来监下,来日起解。万户侯我做,千金赏分与众人。"把关人赏了皆散。

---

① 原文无"允"字。承上文加。
② 原作"丞相"。据《三国志·魏书·董卓传》及上文改(相国位望高于丞相)。
③ 原作"西凉州"。东汉只有凉州,宋代始置西凉府。
④ 原作"奔谯郡来"。当时无谯郡,只有谯县,属豫州沛国,系曹操故乡。
⑤ 原作"朝廷捕获曹操"。"捕获"意不确,故改。
⑥ 原作"从泗州来"。泗州系北周始置地名,且在今江苏北部,方位大误,据地理酌改。
⑦ 原作"县令曰:'我在洛阳求官,认得曹操,捉来便知。'夺了马,拥至庭下。县令喝曰:'我认得你,如何隐讳?'"语意重复,故删改。

至晚，县令引亲随人取出曹操，于后院问之："我闻相国待你甚厚，何故自取其祸？"操曰："燕雀安知鸿鹄之志哉！汝既拿住，便当解去请赏，何必多问？"县令曰："汝休小觑我。我亦有冲天之志，奈何未遇其主耳。"操曰："吾乃相国曹参之后，祖宗四百年食汉禄矣，不思报本，与禽兽何异？吾屈身而事董贼者，实欲与国家除害耳。今事不成，此乃天意也！"县令曰："孟德此行，将欲何往？"操曰："吾归乡中，发矫诏于四海，使天下诸侯共兴兵诛董卓，吾之愿也。奈何天不从之！"县令闻之，乃亲释其缚，扶之上座，酌酒再拜曰："公乃天下忠义之士也！吾弃官而从之。"操问姓名，县令曰："某姓陈，名宫，字公台。老母妻子皆在东郡。宫愿从公，更衣易马，共谋大事。"是夜，收拾盘费，陈宫与曹操各背剑乘马，投故乡来。

　　三日至成皋[三]，天色向晚，操以鞭指林深处而言曰："此间有一人，姓吕，名伯奢，是吾父亲拜义弟兄。就往问家中信息，觅一宿，若何？"宫曰："最好。"二人到庄门下马，入见伯奢，下拜。奢曰："我闻朝廷遍行文书，捉你太紧，你父避陈留去了。贤侄如何到此？"操告以前事："今番不是陈县令，已粉骨碎身矣。"伯奢拜陈宫曰："小侄若非陈公①，曹氏灭门矣。"言罢，与操曰："贤侄相陪陈公，宽怀安坐。老夫家无好酒，容往西村沽一樽以待陈公。"言讫，上驴去了。

　　操坐久，闻庄后磨刀之声。操与宫："吕伯奢非吾至亲，此去可疑，当窃听之。"二人潜步入草堂后，但闻人语："缚而杀之。"操曰："不先下手，吾死矣！"与宫拔剑直入，不问男女，皆杀之，杀死八口。搜至厨下，见缚一猪欲杀。陈宫曰："孟德心多，误杀好人！"操曰："可急上马！"

　　二人行不到二里，见吕伯奢驴鞍前鞒悬酒二瓶，手抱果木而来。伯奢叫曰："贤侄何故便去？"操曰："被缉之人②，不敢久住。"伯奢曰："吾已吩咐宰一猪相款陈公，何憎一宿？"操不顾，策马便行。又不到数步，操拔剑复回，叫伯奢曰："此来者何人？"伯奢回头看时，操将吕伯奢砍于驴下。宫曰："恰才误耳，今何故也？"操曰："伯奢到家，见杀死亲子，安肯罢休？吾等必遭祸矣。"宫曰："非也。知而故杀，大不义也！"操曰："宁使我负天下人，休教天下人负我！"陈宫默然。后晋桓温说："两句言语，教万代人骂道是：虽不流芳百世，亦可以遗臭万年。"曹操说出这两句言语，教万代人骂。当夜，陈宫行数里，月明中敲开店门觅宿，先喂了马匹。操先睡，陈宫寻思："我将谓曹操是好人，弃官跟将他来，原是狼心狗行之徒。今日留之，必为后患。"拔剑来杀曹操，未知性命如何？

【注释】

[一] 下处：歇宿的地方。

[二] 中牟县：属司隶州河南尹。治所在今河南中牟东南。

[三] 成皋：县名。属司隶州河南尹。治所在今河南荥阳汜水镇。

---

① 原作"使君"，系对刺史的尊称，与陈宫身份不合，故改。
② 原作"被获之人"，语意不确，故改。

第九回　曹操起兵伐董卓

陈宫临欲下手,思曰:"我为国家,跟他到此,杀之不义。不若弃之。"宫插剑入鞘上马,未及天明,自投东郡去了。操觉来,不见陈宫,寻思:"此人见我说了这两句,疑我不仁,弃我而去①。吾当急往,不可久留。"

操连夜到陈留,寻见父亲,说上项事,欲散家资,招募义兵。父言:"资少,恐不成事。此间有卫兹②,举孝廉,疏财仗义。其家巨富,若得相助,事可图矣。"操置酒张筵,拜请卫兹到家,告曰:"今汉室无主,董卓专权,篡国害民,天下切齿。操欲力扶社稷,恨力不足耳。公乃忠义丈夫,故哀告耳。"兹曰:"吾有是心久矣,恨无效力之人。既孟德有大志,愿将家资相助。"操大喜,先发矫诏,驰报各道,然后招集义兵,竖起招兵白旗一面,上书"忠义"二字。

是日清早,应募之士,如雨骈集。有一人从众中出曰:"某愿与明公为吏③,讨董卓。"操问之。其人乃阳平卫国[一]人也,姓乐,名进,字文谦。身材短小,胆量过人。操留为帐前吏。是日兄弟二人,各引壮士三千余人,来投曹操:一人复姓夏侯,名惇,字元让,沛国谯人也,乃夏侯婴之后;自小习枪棒,年十四,从师学枪法,有人辱骂其师④,惇提刀杀之,逃命于外方;闻知曹操起兵,与同族弟夏侯渊来协助。渊字妙才。此二人皆操之弟兄。操之父曹嵩原是夏侯氏之子,过房与曹家,因此是亲。不数日,曹操兄弟曹仁并曹洪,引千余兵,来助曹操。曹仁,字子孝;曹洪,字子廉。此二人弓马熟闲,武艺精通。曹操大喜,于村中调练人马。一人持枪而来,于曹操面前大呼曰:"愿从将军,以诛国贼!"操问之。其人姓李,名典,字曼成,山阳巨野人也⑤。于操前施逞枪法,问答如流。操喜。卫兹尽出家财,置办衣甲旗幡。四方送粮食者,不计其数。曹兵壮士五千,屯于陈留。

时袁绍得操矫诏,乃聚麾下将士,商议起兵。有田丰、沮授、许攸、审配、郭图、颜良、文丑,文臣武将,整整齐齐,各怀报国之心,尽有匡君之志。引兵三万,离勃海来与曹操会盟。操作檄文以达诸郡。檄文曰:

> 操等谨以大义布告天下:董卓欺天罔地,灭国弑君;秽乱宫禁,残害生灵;狼戾不仁,罪恶充积。今奉天子密诏,大集义兵,誓欲扫清华夏,剿戮群凶。望兴仁义之师,来赴忠烈之会,扶持王室,拯救黎民。檄文到日,速可奉行。

操发檄文去后,各镇诸侯皆起兵:

第一镇,交游豪俊,结纳英雄,后将军[二]、南阳太守袁术字公路。

---

① 原作"弃之而去"。承上文改。
② 原作"卫弘"。据《三国志·魏书·武帝纪》注引《世语》改。
③ 原作"某与明公愿为吏"。据刘本《三国》改。
④ 原作"有人辱骂其法"。据《三国志·魏书·夏侯惇传》改。
⑤ 原作"山阳巨鹿人也"。山阳郡属兖州,巨鹿郡属冀州,原文大误。据《三国志·魏书·李典传》改。

第二镇,贯通诸子,博览九经,冀州牧韩馥①字文节。

第三镇,阔论高谈,知今博古,豫州刺史孔伷字公绪。

第四镇,孝悌仁慈,屈己待士,兖州刺史刘岱字公山。

第五镇,仗义疏财,挥金似土,河内太守王匡②字公节。

第六镇,赈穷救急,志大心高,陈留太守张邈字孟卓。

第七镇,恩惠及人,聪敏有学,东郡太守桥瑁字元伟。

第八镇,忠直元亮,秀气文华,山阳[三]太守袁遗字伯业。

第九镇,有谋多智,善武能文,济北[四]相鲍信字允诚。

第十镇,圣人宗派,好客礼贤,北海相[五]孔融③字文举。

第十一镇,武艺超群,威仪出众,广陵[六]太守张超字孟高。

第十二镇,仁人君子,德厚温良,徐州刺史陶谦字恭祖。

第十三镇,名震羌胡,声闻夷夏,凉州刺史马腾④字寿成。

第十四镇,声如巨钟,丰姿英伟,右北平[七]太守公孙瓒⑤字伯珪。

第十五镇,随机应变,临事勇为,上党[八]太守张杨字稚叔⑥。

第十六镇,英雄冠世,刚勇绝伦,乌程侯、长沙太守孙坚⑦字文台。

第十七镇,四世三公,门多故吏,邟乡侯⑧、勃海太守袁绍字本初。

诸路军马,多少不等,有三万者,有一二万者,各领文武官将,投洛阳来。

且说一路军马,乃右北平太守,统领幽州,官拜奋武将军,封蓟侯,复姓公孙,单名瓒,辽西令支[九]人也。统领精兵一万五千人起发,路经青州平原县过⑨。军马正行之间,遥见桑树丛中,一面黄旗,数骑来迎,远远看见公孙瓒下马。瓒视之,乃刘玄德也。瓒亦下马,问曰:"贤弟何故在此?"玄德曰:"兄长失忘?旧日蒙兄保委备为平原县令,因此出城闲行,偶遇尊兄到此,乃大幸也。就请兄长入城歇马。"⑩瓒指关、张而问曰:"此何人也?"玄德曰:"此是关羽⑪、张飞,备结义兄弟也。"瓒曰:"乃同破黄巾者乎?"玄德曰:"皆此二人之力也。"瓒曰:"有何爵禄?"玄德答曰:"关羽为马弓手,张飞为步弓手。"瓒曰:"呀,空埋了大丈夫耳!今董卓作乱,天下诸侯共往诛之。贤弟可弃其为官,一同讨贼,力扶汉室,若何?"玄德曰:"愿往。"张飞曰:"当日若

---

① 原作"冀州刺史韩馥"。据《三国志·魏书·武帝纪》改。
② 原作"河内郡太守王匡"。"郡"字多余,为与上下文协调,故删。
③ 原作"北海太守孔融"。据《后汉书·孔融传》改(北海系王国,其行政长官为相)。
④ 原作"西凉太守马腾"。东汉只有凉州,其行政长官为刺史(历史上的马腾未曾任凉州刺史)。
⑤ 原作"北平太守公孙瓒"。东汉只有右北平郡(历史上公孙瓒曾屯右北平,但非太守)。
⑥ 原作"字稚升"。据《三国志·魏书·张杨传》改。
⑦ 原作"太守孙坚",领辖范围不明。据第四回,补"长沙"二字。
⑧ 原作"祁乡侯"。据《三国志·魏书·袁绍传》改。
⑨ 原作"路经德州平原县"。据《后汉书·郡国志》,平原县属青州平原郡。德州系隋代地名。
⑩ 原文此句后有"云云"二字,今删去。
⑪ 原作"此是关某",不合刘备口吻,故改。

容我杀了此贼,免有今日之事。"关某曰:"事已至此,收拾便行。"玄德、关、张引数骑跟公孙瓒来。

且说那十八路诸侯,哪一路先到?此人身长八尺,英雄双全,横跨三江,威服六郡[一〇],富春人也。姓孙,名坚,字文台。后人有诗赞文台曰:

谁道江南少将才?明星夜夜照文台。
欲诛董卓安天下,为首长沙太守来。

曹操接着孙坚。众诸侯陆续皆到,各自安营下寨,连接二百余里。操乃宰牛杀马,大会诸侯,商议进兵之策。河内太守王匡①曰:"今奉大义,必立盟主,众听约束,然后进兵。"递互相让。操曰:"袁本初四世三公[一一],门多故吏,汉朝名将之裔,可为盟主。"绍再三推辞。众皆曰:"非本初不可为也。"绍方应允。

次日,筑台三层,遍列五方旗帜,上建白旄黄钺,兵符将印,请绍登坛。绍整衣佩剑,慨然而上,焚香再拜。其盟曰:

汉室不幸,皇纲失统。贼臣董卓,乘衅[一二]纵害,祸加至尊,虐流百姓,大惧沦丧社稷,剪覆四海。绍等纠合义兵,并赴国难。凡我同盟,齐心戮力[一三],以致臣节。陨首丧元[一四],必无二志。有渝此盟,俾坠其命,无克遗育[一五]。皇天后土,祖宗明灵,实皆鉴之!

读毕,歃血。众等因其辞气慷慨,遂皆涕泣横流。闻其言者,虽卒伍厮养[一六],莫不切齿踊跃,共思诛讨逆贼董卓。及歃血已罢,下坛。众皆扶绍升帐,侍坐。各施礼罢,两行依爵位年齿,分列而坐。

操行酒数巡,言曰:"今日既立盟主,各听调遣,同扶天下,勿以强弱计较。"绍曰:"吾无压众之心,汝等推戴我为盟主,有功者必赏,有罪者必罚。国有常刑,军有纪律,各宜遵守,毋得违犯。"众皆曰:"惟命是听。"绍曰:"吾弟袁术总督粮草,应付诸营,无使有缺。谁肯为前部先锋,直抵沂水关下,诱贼相持?余皆各据险要,以为接应。"长沙太守孙坚出曰:"坚虽不才,愿为前部。"绍曰:"文台勇烈,可称此职。"随即捧杯作贺。坚连忙引本部人马②,大刀阔斧,奔沂水关来。

有守关将差流星马往洛阳相国府告急。董卓自专大权之后,每日饮宴,更深方散。李儒接得告急文字,径来禀覆相国。董卓大惊,急聚众将商议。卓曰:"今袁绍、曹操聚各路军马③,直抵关前,众将有何妙计?"温侯吕布挺身出曰:"父亲勿虑。吾觑关外众多诸侯如草芥,亲提虎狼之师,尽斩其首,悬于都门,吕布之愿也。"卓大喜曰:"吾有奉先,高枕无忧矣!"言未绝,吕布背后一人高声而出曰:"杀鸡焉用牛刀?不必温侯有劳虎威。吾观斩众诸侯首级,如探囊取物。"卓视之,其人身长九尺,面如噀血,虎体狼腰,豹头猿臂;关西[一七]人也,姓华,名雄,卓帐

---

① 原作"太守王匡",承上文,加"河内"二字。
② 原文无主语,承上文,加"坚"字。
③ 原作"聚各路太守军马"。"太守"二字不确,故删。

前第一员骁将。卓听其言大喜,加为骁骑校尉,拨马步军五万,一同李肃、胡轸、赵岑,连夜便起,飞奔沂水关来。

却说众诸侯内,有济北相鲍信,寻思:"孙坚为其前部,若干了大功,都不显我等。"暗拨其弟鲍忠,先将马步军三千,径抄小路,直到关下搦战。华雄引铁骑五百,飞下关来,大喝:"贼将休走!"鲍忠急待退,被华雄手起刀落,斩鲍忠于马下,生擒将校极多。华雄飞马,亲提鲍忠首级,直来相府献功。卓赐雄重赏,又与铁甲马军一千。雄辞董卓,上马,部领出城,投沂水关扎住大寨。卓使人加雄为都督,且传曰:"慎勿下关轻敌!"

却说孙坚引四将直至关前。哪四将?第一个,右北平土垠[一八]音银人,姓程,名普,字德谋,使一条铁脊蛇矛,东吴第一员上将;第二个,姓黄,名盖,字公覆,零陵泉陵人也①,使铁鞭;第三个,姓韩,名当,字义公,辽西令支人也,使口大刀;第四个,姓祖,名茂,字大荣,吴郡富春人也,使双刀。孙坚披烂银铠,裹赤帻,赤帻,即蜀锦抹额之类也。骑花鬃马,横古锭刀,指关上而骂曰:"助恶匹夫,何不早降!"华雄副将胡轸曰:"某下关必斩孙坚首!"雄与兵三千,排列出关。坚见胡轸出马,却欲自出。程普飞马挺矛,直取胡轸。斗不数合,程普刺中胡轸咽喉,死于马下。一阵直杀上关,关上矢如雨下。孙坚引兵回至梁东屯住。

坚使人于袁绍处报捷,就于袁术处催粮。或谮:"孙坚乃江东之猛虎,若打破洛阳,杀了董卓,正是除狼而得虎也。今不可与粮,彼军必散。"术听之,不发粮草。坚军缺食,军中自乱。细作报上关来。李肃与华雄商议:"我引一军从小路下关,袭孙坚寨后。汝可半夜到坚寨,必然擒矣。"雄喜,连晚教军饱餐一顿,披挂了下关。

是夜月白风清。比及到坚寨时,已是半夜,鼓噪直进。坚披挂,慌忙上马,正遇华雄。两马相交,斗不到数合,寨后李肃军到,竟天放火。孙坚军四下里乱撺②。坚拨回马走,四下里喊声不绝。程普、黄盖、韩当各不相顾,止有祖茂跟定孙坚,与数十骑突围而出。背后华雄追坚,坚勒回马,又战十余合。坚败,雄赶来。坚连放两箭,皆被华雄躲过;尽气力放第三箭,力大拽折了鹊画弓,弃弓纵马,穿林而走。祖茂曰:"主公头上赤帻射目,雄望之,心不舍。可脱帻与茂戴之。"

坚就马上换了祖茂盔,分两路而走。华雄见赤帻者投东,引军投东追赶。孙坚从小路得脱。祖茂被华雄追赶至急,将赤帻挂于人家烧不尽庭柱上,却于树后潜躲。华雄军遥见赤帻,四面围定,不敢向前;用箭射之,方知是计。遂向前取了赤帻时,华雄纵马寻祖茂。茂于林后,挥双刀欲劈雄。雄大喝一声,将祖茂一刀砍于马下。雄引兵上关。

程普、黄盖、韩当都来寻见孙坚,再收拾军马屯扎。坚为折了乡人祖茂,伤感不已。

却说大寨袁绍升帐,忽流星马报孙坚大折了一阵,祖茂殁于军中。绍大惊曰:"谁想孙文台折于华雄之手!他孤军在外难扎寨,又恐有劫寨兵来。"令人取回大寨计议③。请众诸侯商

---

① 原作"零陵人也"。据《三国志·吴书·黄盖传》,补"泉陵"二字,以与其他三人协调。
② 原作"孙坚军人无粮食,四下里乱撺"。语意不畅,故删去"人无粮食"四字。
③ 原文此句后有"云云"二字,今删去。

第九回 曹操起兵伐董卓

议，都皆到了，只公孙瓒后至，绍请入帐上列坐。绍曰："前日，鲍将军弟不遵调遣，擅自进兵，杀身丧命，折了许多军士。今者，孙文台又败于华雄，挫动锐气。"诸侯并皆不语。绍举目遍视，见公孙瓒背后立着三人，容貌异常，都背后冷笑。绍问曰："公孙太守背后何人也？"瓒呼玄德出，曰："此乃自幼同舍兄弟，平原令刘备是也。"曹操曰："莫非破黄巾刘玄德否？"瓒曰："然。"令玄德拜见。绍曰："破黄巾有功来？"瓒将玄德功细说一遍。绍曰："既是汉室宗派，取座来。"命坐。备曰："小县令安有坐礼？"绍曰："吾非敬汝名爵，吾敬汝是帝室之胄，于国多曾有功。"玄德拜谢，于阶下末坐，关、张叉手侍立于后。

正商议，探子来报："华雄引铁骑下关，以长竿挑着孙太守赤帻，直来寨前大骂搦战。"绍曰："谁敢去战此贼？"袁术背后转出骁将俞涉，曰："小将愿往。"绍喜，便着俞涉出马。即时报来："俞涉与华雄交战，不到三合，被华雄斩了。"众诸侯大惊。冀州牧韩馥①曰："吾有上将潘凤，可斩华雄。"绍急令唤至，应声而出，手提大斧上马。去不多时，飞马来报："潘凤又被华雄斩了。"众诸侯皆失色。袁绍拍股叹曰："可惜吾上将颜良、文丑催军未回！得一人在此，岂放华雄施威哉！汝众诸侯许多将士，只无一人可敌华雄②？"众官默然。

阶下一人大呼出曰："小将愿往斩华雄头，献于帐下！"众视之，见其人身长九尺三寸③，髯长一尺八寸，丹凤眼，卧蚕眉，面如重枣，声似巨钟，立于帐前。绍问何人，公孙瓒曰："此刘玄德之弟关羽也。"绍问见居何职，瓒曰："跟随玄德充马弓手。"帐上袁术大喝曰："汝欺吾众诸侯无大将耶？量一弓手，安敢乱言，与我乱棒打出！"曹操急止之，曰："公路息怒，此人既出大言，必有广学。试教出马，如其不胜，诛亦未迟。"袁绍曰："不然。使一弓手出战，必被华雄耻笑。吾等如何见人？"曹操曰："据此人仪表非俗，华雄安知他是弓手？"关某曰："如不胜，请斩我头。"操教酾热酒一杯，与关某饮了上马。关某曰："酒且斟下，某去便来。"出帐提刀，飞身上马。众诸侯听得寨外鼓声大震，喊声大举，如天摧地塌，岳撼山崩。众皆失惊，却欲探听，鸾铃响处，马到中军，云长提华雄之头，掷于地上。其酒尚温。史官有诗曰：

　　威镇乾坤第一功，辕门画鼓响冬冬。
　　云长停盏施英勇，酒尚温时斩华雄。

云长出马，只一合斩了华雄，提头入献，众皆大喜。玄德背后转出张飞，高声大叫："俺哥哥斩了华雄，不就这里杀入关去，活拿董卓，更待何时！"掉丈八蛇矛，来抢关隘。如何？

【注释】

[一] 阳平卫国：今河南清丰县（按：此系三国地名）。

① 原作"太守韩馥"。据《三国志·魏书·武帝纪》改。
② 原作"只无一人可追华雄"。"追"字不确，故改。
③ 原作"身长九尺五寸"。据第一回改。

［二］后将军：常设将军之一。位次九卿。三国时为第三品。
［三］山阳：郡名。属兖州。治所在昌邑（今山东金乡西北）。
［四］济北：王国名。属兖州。治所在卢县（今山东长清东南）。
［五］北海：王国名。属青州。治所在剧县（今山东昌乐西）。
［六］广陵：郡名。属徐州。治所在广陵县（今江苏扬州北）。
［七］右北平：郡名。属幽州。治所在土垠（今河北丰润东南）。
［八］上党：郡名。属并州。治所在长子县（今山西长子西）。
［九］辽西令支：今河北迁安西。
［一〇］六郡：指扬州辖区（含六个郡国）。
［一一］四世三公：袁氏自袁安起，四代皆位至三公：袁安官至司徒；其子袁敞为司空；孙袁汤官至太尉；曾孙袁逢为司空，袁隗为太傅。三公，东汉指太尉、司徒、司空。
［一二］乘衅：乘机。
［一三］戮力：并力。
［一四］陨首丧元：丧命。元，人头。
［一五］无克遗育：不能留下子孙后代。
［一六］厮养：仆役。
［一七］关西：泛指函谷关或潼关以西地区。
［一八］右北平土垠：今河北丰润东南。

第十回 虎牢关三战吕布

张飞便要上马,乘势抢关。袁术大怒,喝道:"俺大臣尚自谦让,量一泼县令手下小卒,敢在此耀武扬威!都与我赶出帐去!"曹操曰:"既是得功者赏,何计贵贱乎?"袁术曰:"既然汝等待用一县令,我回避便了。"操曰:"岂可因一言而误大事耶?"命公孙瓒且带玄德、关、张回寨。众官皆散。曹操暗使人赍牛酒来慰三人。

却说华雄手下败军,报上关来。李肃慌忙写告急文字,申闻董卓。卓急聚李儒、吕布等相议。儒曰:"今折了上将华雄①,贼势浩大。皆是袁绍为盟主,以聚众恶。绍叔袁隗见为太傅,倘或里应外合,深为不便,可先除之。请相国亲赍大军,分头剿捕。"卓然其说,唤李傕、郭汜领兵五百,围住太傅袁隗宅②,不分老幼,尽皆诛绝。先将袁隗头去关前号令。董卓遂起兵二十万,分为两路而来:一路先令李傕、郭汜引兵五万,把住沂水关,不要厮杀。卓自将十五万,同李儒、吕布、张济、樊稠取虎牢关。这关离洛阳五十里,汉时名虎牢关,唐时名武牢关。若进兵,却好截诸侯路。军马到关上了,卓令吕布引三万军,去关前扎住大寨。卓自在关上屯住。

流星马探听得,报将袁绍大寨里来。绍聚众商议。操曰:"董卓屯兵在虎牢关,截俺诸侯中路,分其形势,可勒兵一半迎敌。"绍乃分王匡、乔瑁、鲍信、袁遗、孔融、张杨、陶谦、公孙瓒八路军马,往虎牢关迎敌。操引军往来救应。八路诸侯得令③,各自起兵。

先说河内太守王匡,引兵先到。吕布在寨中听得有军来到,欣然上马,带铁骑三千,飞奔来迎。王匡将军马列成阵势,勒马门旗下时,见吕布出阵:头戴三叉束发紫金冠,体挂西蜀红锦百花袍④,身披兽面吞头连环铠,腰系勒甲玲珑狮蛮带,弓箭随身可体,手持画杆方天戟,坐下嘶风赤兔马,果然是"人中吕布,马中赤兔"!人马之中,汉末两绝。那马左右盘旋,往来驰骋。王匡见了,心中惶惶,回头问曰:"谁出阵战?"后面一将,纵马挺枪而出。匡视之,乃是河内名将方悦。两马相交,无五合,被吕布一戟刺于马下。王匡便勒马入阵。吕布挺戟,直冲过来。匡军大溃,四散奔走。布冲阵,如入无人之境,铁甲背后拥来。乔瑁、袁遗两军皆至,来救王匡,吕布方退。三处各折了人马,退三十里下寨。

诸侯八路军马,都至一处商议,言吕布英雄,无人可敌。正虑间,小校报来:"吕布搦战。"八路诸侯各自上马归本寨,军分八队,布列于高冈山前。遥望吕布一簇军马,绣旗招展,先来冲阵。张杨手下将穆顺⑤,出马挺枪去迎。吕布手起一戟,刺穆顺于马下。八路诸侯,心丧胆

---

① 原作"上将军华雄"。"上将军"系官职,与华雄身份不合,故改。
② 原作"围住太傅袁隗"。据文意,加"宅"字。
③ 原作"使八路诸侯得令"。"使"字多余,删去。
④ 原作"体挂西川红锦百花袍"。"西川"为唐代始置地名,故改。
⑤ 原作"张杨军马阵中手下将",语意不畅,故删去"军马阵中"四字。

裂。北海相孔融部下一将出曰:"吾受文举恩已十年,何不以死报之?"融视之,乃门下勇士武安国也,使铁锤,重五十斤。安国提长柄铁锤,飞马而出。吕布挥戟拍马而来,与安国战。战到十余合,一戟砍断安国手腕,弃锤于地而走。八路诸侯一齐杀来,救了武安国。吕布退回去了。

却说八路诸侯连输数阵,申报袁绍、曹操曰:"吕布英雄,天下无敌。可会十八路诸侯一齐商议,共擒吕布。若诛了吕布,董卓易哉。"正议之间,有人来报吕布搦战。绍令八路诸侯攻吕布。布径冲公孙瓒。瓒自挥铁槊,直迎吕布。布睁目大叫,挥戟来战。战两合,瓒拨回马,速慌而走。吕布纵赤兔马赶来。那马日行千里①,飞走如风。看看赶上公孙瓒,布举画戟望后心便刺。旁边一将,圆睁环眼,倒竖虎须,挺丈八矛,飞马大叫:"三姓家奴[一]休走!燕人张飞在此!"吕布见了,弃了公孙瓒,便战张飞。飞抖擞神威,酣战吕布。八路诸侯见张飞渐渐枪法散乱,吕布越添精神。张飞性起,大喊一声,云长把马一拍,舞八十二斤青龙偃月刀,来夹攻吕布。三匹马丁字儿厮杀。又战到三十合,两员将战不倒吕布。刘玄德看了,心中暗想:"我不下手,更待何时!"掣双股剑,骤黄骠马,刺斜里去砍。这三个围住吕布,转灯儿般厮杀。八路人马都看得呆了。吕布架隔遮拦不定,看玄德面上刺一戟。玄德急闪。吕布荡开阵角,倒拖画戟,飞马便走。三个哪里肯舍,拍马赶来。八路军兵喊声大震,一齐掩杀。吕布军望关上奔走,玄德、关、张随后跟定吕布。古人曾有篇言语,单道着玄德、关、张虎牢关三战吕布:

汉朝天数当桓灵,炎炎红日将西倾。
奸臣董卓废少帝,刘协懦弱魂梦惊。
曹操传檄告天下,诸侯奋怒皆兴兵。
议立袁绍作盟主,誓扶王室定太平。
温侯吕布世无比,雄才四海夸英伟。
护躯银铠砌龙鳞,束发金冠簪雉尾。
参差宝带兽平吞,错落锦袍飞凤起。
龙驹跳踏起天风,画戟荧煌射秋水。
出关搦战谁敢当?诸侯胆裂心惶惶。
踊出燕人张益德,手提蛇矛丈八枪。
虎须倒竖翻金线,环眼圆睁起电光。
酣战未能分胜败,阵前恼起关云长。
青龙宝刀灿霜雪,鹦鹉战袍飞蛱蝶。
马蹄到处神鬼号,目前一怒应流血。
枭雄玄德掣霜锋,抖擞天威施勇烈。
三人围绕战多时,遮拦架隔无休歇。
喊声震动天地翻,杀气迷漫牛斗寒。

---

① 原作"那马行千里",语意含混。据第六回,补"日"字。

吕布力穷寻走路，遥望家山拍马还。
倒拖画杆方天戟，乱散销金五彩幡。
顿断绒绦走赤兔，翻身飞上虎牢关。

玄德、关、张直赶吕布到关下。张飞看见关上西风飘动青罗伞盖，大叫①："关上必是董卓！追赶吕布，有甚强处？不如先拿董贼，便是斩草除根！"拍马上关，来擒董卓。毕竟如何，且听下回分解。

【注释】

[一] 三姓家奴：对吕布的蔑称。布本姓吕，先以丁原为义父，后又以董卓为义父，故曰"三姓"。

---

① 原作"飞大叫"。承上文，省"飞"字。

卷之二

第十一回　董卓火烧长乐宫

却说三人杀败吕布，正赶来时，张飞看见关上坐着董卓，遂拍马赶到关下。关上矢石如雨，乃不得进而回。八路诸侯同请玄德、关、张作贺功绩，使人报袁绍寨中。绍闻知大喜，遂移檄孙坚，令进兵。

坚连夜引程普、黄盖直到袁术寨中相见。坚以杖画地曰："董卓我本无仇。今番奋不顾身，亲冒矢石，来决死战者，上为国家讨贼，下为将军家门之私。而将军却听谗言，不发粮草，致令坚败绩，将军何安？"术惶恐无言，就令斩了进谗言之人，以谢孙坚。正欲宴间，人报坚曰："关上有两骑马来寨中，要见将军。"

坚辞袁术，归到本寨，唤来问时，乃董卓爱将李傕。坚曰："汝来何为？"傕曰："相国所敬者，惟将军耳。昨日华雄误相冲撞，相国心甚不安。今特使傕来结亲：相国有女，欲配将军之子。但有宗族子弟，连名保上，皆作郡守、刺史，庶几[一]不失人才。"坚大怒，叱曰："董卓逆天无道，荡覆王室，吾欲尽夷九族，悬头四海，以谢天下！如其不然，则吾死不瞑目，安肯与逆贼结亲耶！吾不斩汝。汝当速去，早献关，饶你性命！倘若迟误，粉骨碎身！"

李傕抱头鼠窜而出，回见董卓，说孙坚如此无礼。卓怒，问李儒。儒曰："温侯新败，兵无战心。不若引兵回洛阳①，迁帝于长安[二]，以应谣兆。近日街市小儿谣曰：'西头一个汉，东头一个汉。鹿走入长安，方可无斯难。'此言正应相国旺在长安，具福之地也。'西头一个汉'，乃高祖旺于西都长安，一十二帝；'东头一个汉'，乃应光武旺于东都洛阳，今亦一十二帝。天运合回，相国迁回长安，方可无急危矣。"卓大喜曰："非汝言之，吾实不悟。"引温侯吕布星夜回洛阳，商议迁都。聚文武于朝堂，卓曰："汉历东都二百余年，气数已衰。吾观旺气在长安，吾欲奉銮驾西幸。汝等各宜促装[三]耳。"司徒杨彪出而言曰："关中[四]残破零落，今无故捐宗庙，弃皇陵，恐百姓惊动，必有鼎沸之乱。天下动之至易，安之甚难，望相国鉴察。"卓怒曰："汝阻国家之大计耶？"太尉黄琬出曰："杨司徒之言是也。往者，王莽篡逆，更始、赤眉之时，焚烧长安，尽为瓦砾之地。更兼人民流移，百无一二。今弃宫室而就其荒地，非所宜也。"卓曰："关东[五]贼起，天下播乱。若彼长安之地，有崤函[六]二音爻寒之险；更近陇右[七]，木石砖瓦克日可办，宫室官府不须月余。汝等再休乱言。"司空荀爽谏曰："相国若欲迁都长安，百姓皆危亡矣。"卓大怒曰："吾为天下计，岂惜小民哉？"爽曰："民为邦本，本固邦宁。若使迁都，民不聊生，自此天下危矣。"卓："乱道！"即日罢杨彪、黄琬、荀爽官职，贬为庶民。

卓出上车，车前二人跪下，视之，乃尚书周㻛、城门校尉[八]伍琼。卓问有何事，㻛曰："今闻相国欲迁都长安，故来谏耳。"卓大怒曰："我始听你两个保用的人，今日皆反，是汝等一党！若不斩绝，必生后患。"叱武士拿出都门斩首。百姓莫不垂泪。

---

① 原作"不若引回洛阳"。据叶逢春本《三国志传》（简称"叶逢春本"），补"兵"字。

卓下令迁都，来日便行。李儒曰："今钱粮缺少，洛阳富户极多，可收入官，坐[九]做袁绍等门下，杀其宗党，而抄其家资，必得巨万。"卓大喜，即差铁骑五千，遍行捉拿洛阳富户，头插旗，上写"反臣逆党"，数千家尽斩于城外，取其金资，将妻小分俵[一〇]众军而去。李傕、郭汜尽驱洛阳之民数百万口，前赴长安。每百姓一队，间军一队，互相推拖，死于沟壑中者不可胜数。及纵军士淫人妻女，夺人粮食，饥饿自尽者死尸遍野。啼哭之声，震动天地。如有行得迟者，背后三千军催督。军手执白刃，于路杀人。

卓临起，先教诸门放火，焚烧居民房屋。帝并皇族上车，卓令放火，烧宗庙宫府。南北两宫，火焰相接；长乐宫庭，尽为焦土。又差吕布发掘先皇及后妃陵寝，取其金宝。军士乘时掘官民坟冢，不留一墓。董卓装载金珠缎匹好物数千余车，往长安去了①。

卓将赵岑献了汜水关。孙坚驱兵先入。玄德、关、张杀入虎牢关，诸侯各引军入。

先说孙坚飞奔洛阳，遥望火焰冲天，黑烟铺地，二三百里，并无鸡犬人烟。坚先发兵救灭宫中火，众诸侯各于荒地上屯住军马。曹操来见袁绍曰："今董贼西去，正可乘时追袭。本初按兵不动，何也？"绍曰："诸兵疲困，进则无益。"操曰："董贼焚烧宫室，劫迁天子，海内震动，不知所归。此天亡之时也，一战而天下定矣。诸公何疑而不进焉？"众诸侯皆言不可轻动。操大怒而起，曰："竖子不足与谋！"遂自引兵万余，领夏侯惇、夏侯渊、曹仁、曹洪、李典、乐进，星夜赶董卓。

卓正行间，守荥音营阳[一一]中郎将徐荣②引兵出接。参拜已毕，李儒曰："相国新弃洛阳，防有追赶者。可教徐荣伏军马于荥阳城外山坞音邬之旁，若有追兵，放将过来，待我这里杀败，截住掩杀。今后来者，影也不敢望长安。"卓大喜，赏赐了徐荣，便教伏兵。卓令吕布引精兵遏后。

正行之间，曹操一军赶上。吕布大笑曰："不出李儒之所料也！"将人马摆开③。曹操出马，大叫："逆贼！迁天子！徙百姓！好生都留下！"吕布骂曰："背主懦夫，岂足为道！"夏侯惇挺枪跃马直出。惇与吕布战不数合，李傕引一军从侧边杀来，操急令夏侯渊迎敌。西边又喊声起，郭汜又引一军杀到，操急令曹仁迎敌。三路军马，势不可当。夏侯惇抵敌吕布不住，飞回阵来。布引铁骑掩杀，曹操军大败，回望荥阳而走，残军各自逃生。却才聚集得三四千人，众军都到，吕布不赶，操军就在荒山脚下④造饭。

时约二更，月明如昼，军士尚未得饭，山四围喊声起⑤，徐荣伏兵尽出。曹操急慌上马，奔路而走。转过山坡，正撞徐荣，转身便走。荣搭上箭，射中操肩膊。操带箭逃命，趱过草坡。两个步军伏于草中，见操马来，二枪齐发，马中二枪先倒，曹操翻身落马⑥。二卒抢住曹操，揪

---

① 原无"往长安去了"。据叶逢春本补。
② 原作"荥阳太守徐荣"。据《三国志·魏书·武帝纪》改。
③ 原作"将人摆开"。据叶逢春本，补"马"字。
④ 原作"荒山角下"。据叶逢春本改。
⑤ 原文无"起"字。据叶逢春本补。
⑥ 原作"曹操翻身落马，马中二枪先倒"。语序不当，故改。

下草坡。忽一骑马到,月明中认得是曹操,两刀砍死两个步军,急下马扶起操时,操箭伤痛,昏倒在地。那员将救醒曹操。操视之①,乃曹洪也。操曰:"吾死于此矣,贤弟可速去!"洪曰:"主公上马,洪愿步行。"操曰:"贼兵赶上,汝却怎生?"洪曰:"天下可无洪,不可无主公②。"操曰:"吾若再生,实汝之力!"

洪脱去衣甲,拖刀跟操马走。约四更多,后面喊声不绝,人马赶来。操与洪正走,前面一条大河,后面追兵渐近。操曰:"命已至此,不得复活!"洪曰:"主公下马,脱去袍铠,洪负主公渡水。"操挣过大河,爬得上岸,后军已到,隔水放箭。操带水而走。方始天晓,约走二十余里,土岗下少歇。喊声起处,徐荣从上流渡河,一彪人马赶来。曹操性命如何?

【注释】

[一] 庶几:也许可以。
[二] 长安:西汉故都。东汉为司隶州京兆尹治所。故城址在今陕西西安西北。
[三] 促装:急忙整理行装。
[四] 关中:汉代指函谷关以西地区。有时专指今陕西关中盆地。
[五] 关东:指函谷关或潼关以东广大地区。
[六] 崤函:即函谷关。关的东端为崤山,又因关在谷中,深险如函,故名。
[七] 陇右:泛指陇山以西地区。古代以西为右,故名。约当今甘肃六盘山以西,黄河以东一带。
[八] 城门校尉:东汉所置北军五校尉之一。守卫京师洛阳城门。秩比二千石。
[九] 坐:加罪。
[一〇] 俵:散发。
[一一] 荥阳:县名。属司隶州河南尹。治所在今河南荥阳东北。

---

① 原作"视之",无主语。承上文,加"操"字。
② 原作"洪不可无主公"。据《三国志·魏书·曹洪传》,"洪"字衍,删去。

第十二回　袁绍孙坚夺玉玺

徐荣赶上，正待要擒曹操，夏侯惇、夏侯渊引数十骑也到，大喝："徐荣勿伤吾主公！"荣便奔夏侯惇，惇挺枪来迎①。交马数合，惇刺荣于马下，杀散余兵。随后曹仁、李典、乐进各引军寻到，见了曹操，忧喜交集，聚有五百余人马。操上马，同回河内，再聚军马。卓兵自往长安。

却说众诸侯分屯洛阳。孙坚救灭宫中余火，兵屯城内。坚住帐房于建章殿基上。坚令军士扫除宫殿瓦砾，但有卓开掘陵寝，尽皆掩闭。于太庙基上草创殿屋三间，请众诸侯立先帝神位②，宰太牢[一]祀之。祭毕皆散。坚到寨中，是夜星月交光，暖风习习，按剑露坐于建章殿阶上，仰观天文，见紫微垣中白气漫漫。坚叹曰："帝星不明，贼臣乱国，万民涂炭，京城一空！"言讫，泪下如雨。旁有军士指曰："殿南有五色毫光，起于井中。"坚唤军士点起火把，下井打捞。捞起一妇人尸首，虽然日久，其尸不烂，宫样妆束，项下带一锦囊，两手围定绣龙紫袱。取开看时，内有朱红小匣。扭开金锁，见一玉玺，方圆四寸，上镌五龙交钮，旁缺一角，以黄金镶之，上有篆文八字，云："受命于天，既寿永昌。"

坚得玺，乃问程普。普曰："此传国玺也。此玉是昔日春秋卞和于荆山[二]之下，见凤凰栖于石上，载而进之楚文王。王解之，果得玉。和氏得玉璞于楚山中，奉献厉王。王使玉人相之，曰：'石也。'以和为诈，而刖其左足。及武王即位，和又献之。武王使人相之，又曰：'石也。'又以和为诈，而刖其右足。文王即位，和乃抱其玉而哭于楚山下，三日三夜，泪尽而继以血。王闻之，使人问其故曰：'天下刖者多矣，子奚哭之悲耶？'乃使玉人理其璞，而得玉焉，遂命曰'和氏之璧'也。秦始皇二十六年③，令良工琢为玺，李斯篆八字于其上，云'受命于天，既寿永昌'，名曰'传国玺'。二十八年，始皇狩至洞庭湖，风浪大作，舟船将覆。始皇急投玉玺于水，风平浪静。至三十六年，始皇巡狩至华阴[三]，有人持玺遮道，与从者曰：'持此还祖龙[四]。'言讫不见，此玺复归于秦。始皇崩，子婴将玉玺献与我汉高祖。后至王莽篡逆，孝元皇太后④将玺打王寻、苏献，崩其一角，以金镶之。光武得此宝于宜阳[五]，传位至今。近闻十常侍作乱，劫少帝出北邙，回宫失此宝。今天授主公，必有登九五[六]之分。此处不可久留，宜速回江东[七]，别图大事。"坚曰："吾足知此宝，正与汝合。来日托疾，辞众回军。"商议已定，号令诸军勿泄漏，如违者斩。

数中一军是袁绍乡人，无由进身，连夜偷出营寨，来报袁绍。绍赏赐了，留之。次日，孙坚来辞袁绍，曰："坚抱小疾，欲归长沙，特来别公。"绍笑曰："吾知汝疾，乃害传国玺耳。"坚失色，

---

① 原文无主语"惇"。据叶逢春本补。
② 原作"立汉代神位"。据文意改。
③ 原作"秦二十六年"，文意模糊，故加"始皇"二字。
④ 原作"元祐皇太后"。"元祐"系宋哲宗年号，大误。此处指汉元帝皇后王政君（王莽姑母），成帝时尊为皇太后，哀帝时尊为太皇太后，导致王氏专权。

曰:"本初何故出此言?"绍曰:"今举大义,兴兵讨贼,为汉朝天下。玉玺乃汉朝之宝,既然获得,当对众留于盟主之处,待诛了董贼,复归朝廷。汝何收匿之而欲归,必思反耶?"坚曰:"玉玺岂在吾处!"绍曰:"建章殿井中之物何在?"坚曰:"吾本无之,汝来逼吾,将欲反耶?"绍曰:"早将出,免自生祸。"坚指天为盟曰:"吾若果得玉玺,不将与汝,令吾不得善终,死于刀箭之下!"众诸侯曰:"文台如此说誓,想必无宝。"绍唤军出,曰:"打捞之时,有此人否?"坚大怒,拔所佩之剑,要斩军士。绍曰:"汝斩军人,乃欺我也。"绍亦拔剑来杀孙坚,坚挥剑迎之。绍背后颜良、文丑皆拔剑而出。坚后程普、黄盖、韩当亦擎刀在手。众诸侯一齐拦住,曰:"昔日登坛设盟歃血,共举大义,岂可自相吞并乎?"劝开两个。坚随即上马,拔寨便起,离洛阳而去。绍怒曰:"得宝而去,将欲自霸耶?"遂写书一封,差心腹人连夜往荆州,送与荆州刺史刘表,教就路上截住而夺之。比及发书起程,人报曹孟德追卓,战于荥阳,大败而回。绍遂令人迎接。

绍会众诸侯,置酒设宴,与曹操解闷。操于席上言曰:"吾始兴大义,为国除贼。诸侯既仗义而来,却不听吾计。初吾欲使勃海引河内之众,临孟津[八];先时勃海太守袁绍,与王匡屯兵于河内。酸枣[九]诸将刘岱、张邈、张超、袁遗、鲍信、桥瑁、曹操也。守成皋①,据敖仓[一〇],塞轘辕[一一]音还元、太谷[一二],制其险要;袁将军率南阳之军,住丹、析[一三],入武关[一四],以震三辅[一五]。皆深沟高垒,勿与战,益为疑兵,示天下形势,以顺诛逆,可立定也。今持疑而不进,大失天下之望。窃为诸君耻之②!"绍等无言可对。

既而宴散,操见绍等各怀异心,度料不能成事,自领军投扬州去了。公孙瓒与玄德曰:"袁绍无能为也,久必有变。吾等且归。"遂拔寨北行。到平原,令玄德为平原相,自去守地养军。兖州刺史刘岱,问东郡太守桥瑁借粮。瑁推辞不与,岱连夜引军突入瑁营,杀死桥瑁,尽降其兵。袁绍见众人各自分散,就引兵拔寨,离洛阳,去投关东。

却说荆州刺史刘表,字景升,山阳高平[一六]人也。年幼时,结交汉末名士,有七人为友,时号"八友"③。哪七人? 乃汝南陈翔,字仲麟;同郡范滂,字孟博;鲁国[一七]孔昱,字世元;勃海苑康④,字仲真;山阳檀敷,字文友;同郡张俭,字元节;南阳岑晊音直,字公孝。表身长八尺有余,姿貌甚伟,乃汉室宗亲刘余之后⑤,为荆州刺史。时有中庐人蒯良⑥、弟越,襄阳人蔡瑁,一同扶助。当时收得袁绍书,说孙坚盗去汉朝传国之宝,走回江东,望截其路而夺之。表素与袁绍至好,随即差蒯越、蔡瑁引兵一万,来截孙坚。

---

① 原作"守城皋"。据《三国志·魏书·武帝纪》改。
② 原作"窃为将军耻之"。据《三国志·魏书·武帝纪》改。
③ 原作"时号'江夏八俊'"。此八人既非江夏人,又未聚集江夏,不应称"江夏八俊",据《三国志·魏书·刘表传》注引《汉末名士录》改。
④ 原作"范康"。"范"系"苑"之形误。
⑤ 原作"刘睿之后"。据《后汉书·刘表传》改。
⑥ 原作"延平郡人蒯良"。东汉无延平郡。据《三国志·魏书·刘表传》注引《战略》改。

坚军马已到,蒯越将阵摆开,当先出马。孙坚引军马立在门旗下,问曰:"蒯异度①异度,越之表字。何故引兵截我去路?"越云:"汝既是汉朝臣宰,如何盗去传国宝而归?疾忙留下,好眼相看。"坚怒曰:"汝乃何人,敢来问我!"言未毕,黄盖挺枪便出。蔡瑁舞刀来迎。斗不数合,黄盖提鞭去打蔡瑁。瑁急闪,正中后心,护心镜打缺一半。瑁拨回马走,孙坚乘势杀过界口。

日已平西,山后闪一彪生力军人马到,为首一将出马,乃是刘表也。孙坚就马上施礼,曰:"景升何故信袁绍之书,相逼邻郡也?"表曰:"汝匿传国宝,将欲反汉耶?"坚曰:"吾若有此物,死于刀箭之下!"表曰:"汝若要吾听信,须随军行李,任吾搜过。"坚怒曰:"汝有何见,敢小觑我!"拍马冲进。刘表便退。坚赶将去。黄昏,左侧两山后伏兵齐起,背后蒯越、蔡瑁赶来,把孙坚围在垓心。性命如何?

【注释】

[一] 太牢:古代祭祀中最高等级的祭品,指牛、羊、猪三牲俱备。
[二] 荆山:山名。在今湖北省西部、武当山东南。漳水发源于此。
[三] 华阴:县名。东汉属司隶州弘农郡。治所在今陕西华阴东。
[四] 祖龙:指秦始皇。祖,始;龙,象征帝王。
[五] 宜阳:县名。东汉属司隶州弘农郡。治所在今河南宜阳西。
[六] 九五:代指皇位。《易经·乾卦》:"九五,飞龙在天,利见大人。"
[七] 江东:长江自西向东流,至于芜湖、南京间则偏东北斜流,至镇江又东流而下。古代称这段江路以东地区为江东,即今长江南岸的安徽、江苏、浙江地区。
[八] 孟津:洛阳东北黄河的重要渡口。历来为兵家争夺的要地。在今河南孟县南。
[九] 酸枣:县名。属兖州陈留郡。治所在今河南延津西南。
[一〇] 敖仓:东汉重要粮仓,因在敖山上,故名。故址在今河南郑州西北邙山上。
[一一] 辘辕:关隘名。故址在今河南偃师东南辘辕山上。
[一二] 太谷:关隘名。故址在今河南洛阳南太谷口。
[一三] 丹、析:丹水县和析县。均属荆州南阳郡。丹水治所在今河南淅川西南,析县治所在今河南西峡。
[一四] 武关:关隘名。故址在今陕西商南县东南。
[一五] 三辅:汉武帝以京城长安所在的京兆尹和附近的左冯翊、右扶风合称三辅。东汉迁都洛阳,仍沿用此名称。
[一六] 山阳高平:今山东鱼台东北。
[一七] 鲁国:王国名。属豫州。治所在鲁县(今山东曲阜)。

---

① 原作"蒯英度"。据《三国志·魏书·刘表传》注引《战略》改。

第十三回　赵子龙磐河大战

孙坚当晚被刘表围住，得程普、黄盖、韩当三将左冲右突，死战得脱，折兵太多。孙坚连夜引军回江东。刘表回荆州，以书报绍。自此，孙坚与刘表结冤。

却说袁绍屯兵河内，缺少粮草，冀州牧韩馥遣人送粮，以资军用。有客逢纪说绍曰："大丈夫纵横天下，何待人送粮为食？冀州乃钱粮广盛之地，将军何不取之？"绍曰："未有良策。"逢纪曰："可暗使人持书与公孙瓒，令瓒进兵取冀州，虚言夹攻，瓒必兴兵。韩馥无谋之辈，必请将军领州事，就中取事，唾手而得。"绍大喜，即发书到瓒处。瓒开读，意云共取冀州平分。瓒喜，即日兴兵。绍却使人密报韩馥。

馥慌，聚荀谌音臣、郭图二谋士商议。谌曰："公孙瓒将燕、代[一]之众，长驱而来，其锋不可当。兼有刘备、关、张助之，冀州指日休矣。今本初智勇过人，手下名士健将极广；更兼布恩于四海，天下敬之，当世之豪杰也。将军可请本初同治州事，彼必厚待将军，视公孙瓒如儿戏耳。"韩馥即差别驾[二]闵纯①去请袁绍。长史[三]耿武谏曰："袁绍孤客穷军，仰我鼻息，谓鼻中之气息，言其易也。譬如婴孩在股掌之上，绝其乳哺，立可饿杀。奈何欲以州事委之？此是引虎入羊群耳。"馥曰："吾乃袁氏之故吏，才能又不如本初。古人尚择贤者而让之，诸君何嫉妒焉？"耿武等皆叹曰："冀州休矣！"其弃职而去者三十余人。独耿武、闵纯伏于城外以待袁绍。

数日，请绍至，耿武、闵纯拔刀而出，欲刺杀绍。绍车前颜良立斩耿武，文丑斫死闵纯。绍入冀州，以馥为奋威将军[四]，安民用贤，以田丰、沮授、许攸、逢纪分掌事务，尽夺韩馥之权。馥欲悔时，手下无一人矣。馥怨袁绍，弃下老小，单马去投陈留太守张邈。

却说公孙瓒知绍已霸冀州，遣从弟公孙越②来见袁绍，欲分冀州。绍曰："可请汝兄自来，吾乃有商议。"越辞绍归，行不到五十里，道旁拥出一彪军马，口称："吾是董相国家将也！"乱箭射死公孙越。从人逃命回，见公孙瓒，报越已死。公孙瓒大怒曰："汝教我起兵夺韩馥，就里取事如此。今又诈作③董卓兵，射死吾弟，此冤如何不报！"尽起本部军兵，杀奔冀州来。

绍知瓒兵来，领一军出。二军会合于磐河[五]之上。绍军于磐河桥东布阵，瓒军于桥西布阵。瓒乃立马于桥上，大呼曰："背义之徒，何为不见？"绍亦策马至桥边，指瓒曰："韩馥无才可守冀州，愿让与吾，尔何不平耶？"瓒曰："昔日洛阳以汝为忠义之人，推为盟主。今之所为，真狼心狗行之徒，尚有面目立于天地之间！"袁绍大怒曰："谁可以擒之？"文丑策马挺枪，直杀上桥。公孙瓒就桥边与文丑交锋。战不到十余合，瓒当抵不住，拨回马便走。文丑乘势追赶过

---

① 原作"别驾关纯"，因"关"之繁体"關"与"闵"之繁体"閔"形近而误。据《三国志·魏书·袁绍传》改。
② 原作"遣弟公孙越"。据《三国志·魏书·公孙瓒传》改。
③ 原文无"作"字。据叶逢春本补。

桥。瓒走入阵中，文丑飞马径入中军，如入无人之境，往来在阵中追赶。瓒手下健将四员齐战，被文丑一枪刺一将下马，三将奔走。文丑直将公孙瓒赶出阵后，瓒望山谷而逃①。文丑骤马，厉声大叫："快下马受降！"瓒弓箭尽落，头盔坠地，披发纵马，却转草坡，其马前失，瓒翻身坠于坡下。文丑急捻枪来刺。看看来近，草坡左侧转出一将，马上须无铠甲，挺枪直取文丑。两马相交，如花似锦。公孙瓒扒上坡去，看那个少年大战文丑五六十合，胜负未分。瓒部下救军到，文丑拨回马去了。那少年也不赶去。

公孙瓒忙下土坡，问及姓名。其人身长八尺，浓眉大眼，阔面重颐②，相貌堂堂，威风凛凛；常山真定[六]人也，姓赵，名云，字子龙。瓒曰："将军自何来，救我一命？"云曰："某本袁绍辖下之人。今见袁绍无匡国救民之心，特来相投麾下，不期此处相见。"瓒执云手曰："闻贵郡之人皆愿倾心以投袁绍，公何独回心见某也？"云曰："方今天下滔滔，民有倒悬之危。云愿从仁义之主，以安天下，非特背袁氏以投明主。"瓒大喜，遂同归寨，整顿甲兵。次日，一色白马二千匹，哨到界桥[七]，布成阵势。瓒将马军分作两队③，列于步兵之侧，势如羽翼。左右马五千余匹，其中太半皆是白马。因公孙瓒多与乌桓战④，尽选白马为先锋，号为"白马将军"。乌桓但见白马便走，因此白马多。

绍令颜良、文丑为先锋，各引弓弩手一千，分作左右，令在左者射公孙瓒右军，在右者射公孙瓒左军⑤。中间麹义，引八百弓弩手，步兵一万五千，列圆阵势于中。袁绍自引马步军数万，于后接应。

瓒初得赵云，不知心腹，另领一军在后。瓒遣大将严纲为先锋。瓒自领中军，立马桥上，旁竖大红圈金线"帅"字旗于马前。从辰时[八]擂鼓，直到巳时[九]，绍军不进。麹义令弓手皆伏于遮箭牌下，号令勿动。严纲鼓噪呐喊，直取麹义。义军见严纲军到⑥，皆伏而不动。仿佛有数十步远，一声炮响，八百弓弩手一齐俱发。纲急待回，麹义拍马起刀，斩严纲于马下。瓒军大败。左右军欲来，被颜良、文丑一齐射住。中军并起，直杀到界桥边。麹义马到，先斩执旗将。公孙瓒见砍倒绣旗，战麹义不退，回马下桥而走。麹义引军直冲到后军。一将引五百军不动，于中挺枪跃马，直取麹义者，乃常山赵子龙也。截住麹义，战到十余合，一枪刺麹义于马下。赵云一骑马，飞入绍军，左冲右突，如入无人之境。公孙瓒引军杀回，绍军大败⑦，迤逦赶过桥去。绍军东西乱窜，云在前，瓒在后，迤逦杀入阵后。

袁绍先使探马看时，回报麹义斩将夺旗，追赶败兵。因此绍不准备，只引帐下持戟军士数百人，弓箭手数十骑，与田丰在马上呵呵大笑曰："公孙瓒无能之辈！"正说之间，忽见赵云冲到

---

① 原作"文丑直将公孙瓒赶出阵后山谷而逃"，语意含混。据下文改。据叶逢春本，补"瓒望"二字。
② 原作"阔面重颜"，不通，故改。颐，下巴。
③ 原作"瓒将军马分作两队"。因与下文"步兵"相对，故应为"马军"。叶逢春本正作"马军"。
④ 原作"多与羌胡战"。据《后汉书·公孙瓒传》改。
⑤ 原作"令在左者射公孙瓒左，在右者射公孙瓒右"。方位有误（因双方相对，则方向相反），故改。
⑥ 原作"义见严纲军到"。据上下文，加"军"字。
⑦ 原作"绍大败"。上文明言袁绍"于后接应"，并未出战。据叶逢春本，补"军"字。

面前①,弓箭手急射。瓒军团团围定。田丰慌对绍曰:"矢如雨下,主公且于空墙中躲避!"绍以兜鍪[一〇]扑地,大呼曰:"大丈夫愿临阵斗死,岂可入墙而望活乎!"众军士齐心死战,赵云冲突不入。后面袁绍大队掩至,瓒同赵云回。左颜良军到,右文丑军到,三路并杀。赵云保着公孙瓒杀透重围,复到界桥。绍驱兵大进,又赶过桥,落水死者不计其数。两边军尽投河中,尸首填平。

袁绍当先赶过桥去,不到五里,山背后闪出一彪人马来,为首三员大将,飞马而来:中间掣双股剑的是刘玄德,上首使青龙刀的是关云长,下首挺丈八蛇矛的是张益德。三人在平原探知公孙瓒与袁绍相争,特来助战。是日正逢袁绍,三匹马,三般兵器,飞奔前来。袁绍惊得魂飞天外,手中宝刀坠于马下,丝缰忙挽,急要逃回。不知性命如何?

【注释】
[一] 燕、代:指幽州。其地春秋时属燕、代二国,故称。
[二] 别驾:即别驾从事。司隶校尉及州牧、刺史的属官。司隶校尉及州牧、刺史巡行郡县时,别乘传车从行,故名。
[三] 长史:三公、常设将军及州郡长官所置属官。为所在官属掾属之长,类似今之秘书长。丞相长史职权尤重。
[四] 奋威将军:杂号将军名称。系临时设置,官阶低于骠骑、车骑、前、后、左、右等常设将军。三国时为第四品。
[五] 磐河:即钩盘河。古九河之一。故河在今山东德州附近,已湮。
[六] 常山真定:今河北正定南。常山,王国名,属冀州,治所在元氏(今河北元氏西北)。
[七] 界桥:时在冀州巨鹿郡广宗县东,清河上。故址在今河北威县东。
[八] 辰时:十二时辰之一,相当于七时至九时。
[九] 巳时:十二时辰之一,相当于九时至十一时。
[一〇] 兜鍪:头盔。

---

① 原作"忽有赵云冲到面前"。"有"字不当,改为"见"。

第十四回　孙坚跨江战刘表

众将赶来，死救袁绍过桥去了。公孙瓒收住军马，众人归大寨。玄德、关、张动问毕，瓒曰："若非玄德远来救我，几乎狼狈！"教与赵云相见。玄德甚相爱敬，便有不舍之心。

却说袁绍输了一阵，坚守不出。两军相拒月余①。有人来长安报此事。李儒来见董卓。卓自到长安，自称"太师"[一]，位居诸侯之上，出入乘金花皂盖车。李儒对卓曰："袁绍与公孙瓒乃当今之豪杰，见在磐河厮杀。宜假天子之诏，差人往和解之。二人感德，必顺太师矣。"卓曰："善。"次日，奏知天子，便使太傅马日䃅、太仆[二]赵岐，和解关东。岐别诣河北[三]。绍出迎于百里，再拜奉诏。岐在绍营，移书告瓒。瓒遣使具与绍书曰：

赵太仆②以周、召[四]之德，衔命来征[五]，宣扬朝恩，示以和睦，旷若开云见日，何喜如之？昔贾复、寇恂亦争士卒，欲相危害，遇光武之宽，亲俱陛见，同舆共出，时人以为荣。自省边鄙，得与将军共同此福，此诚将军之眷[六]，而瓒之幸也。建武二年丙戌秋，贾复南击召陵、新息，平之。复部将杀人于颍川，太守寇恂捕得系狱。时尚草创，军营犯法，率多相容，恂戮之于市。复以为耻，过颍川，谓左右曰："吾与寇恂并列将帅而为其所陷，今见恂，必手剑之。"恂知其谋，不与相见。姊子谷崇曰："崇，将也，得带剑侍侧。卒有变，足以相当。"恂曰："不然。昔蔺相如不畏秦王，而屈于廉颇者，为国也。"乃敕县属盛供具，储酒醪，执金吾军入界，一人皆兼两人之馔。恂出迎于道，称疾而还。复勒兵欲击之，而士吏皆醉，遂过去。恂遣崇以状闻，帝乃征恂。恂至，引见。时贾复先在座，遂起相避。帝曰："天下未定，两虎安得私斗？今日朕分之。"于是并坐，极欢。遂共车同出，结友而去。

绍得书，甚喜。

次日，赵岐到瓒营，宴数日，送岐还朝③。瓒表玄德平原相，朝廷准奏。瓒班师回。赵云与玄德分别，玄德执云手垂泪，不忍相离。云叹曰："某曩日[七]将谓公孙乃当世之英雄，今观所为，袁绍等辈耳。"玄德曰："将军且坚心事之，相见有日。"洒泪而别。玄德遂回平原。公孙瓒同赵云去了。

却说袁术在南阳，闻袁绍新得冀州，遣一使径来求马千匹，绍不与一骑。术大怒，自此兄弟不睦。又遣一使往荆州，问刘表借粮二十万，表不与一粒。术恨之，密遣人遗书与孙坚。书曰：

异日夺玺截路④，乃吾兄绍之谋也。今绍又与表相议起兵，袭取江东，吾不忍言。

---

① 原作"两阵相拒月余"。据叶逢春本改。
② 原作"马太傅与赵太仆"。上文明言赵岐一人赴河北，此处误。据《三国志·魏书·公孙瓒传》注引《英雄记》改。
③ 原作"马、赵二人到瓒营，各宴数日，送二人还朝"。承上文改。
④ 原作"夺印截路"。此处"印"应作"玺"。

第十四回　孙坚跨江战刘表

公可速兴兵取荆州，吾当与助，夹攻袁绍，二仇可报。汝得荆州，吾取冀州，切勿误也。

坚得书，曰："叵耐[八]刘表昔日断吾归路，今不乘时报恨，又待何年！"聚帐下程普、黄盖、韩当等商议。程普曰："袁术多诈，其言未可准信。"坚曰："吾自欲报仇，岂可望袁术之助乎？"于是差黄盖先来江边，安排战船五百只，多装军器粮草，大船载马，克日兴师。

江中细作探知，来报刘表。表知大惊，急聚文武将士商议。谋士蒯良、蒯越、蔡瑁等，侍立左右。表曰："今孙坚报旧恨，将及起兵①，奈何？"蒯良曰："不必忧虑。可令黄祖部领江夏之兵为前驱，主公率荆襄[九]之众作援。坚跨江涉湖而来，安能耀武扬威乎？"表用其谋，令黄祖设备，随后便起大军。

却说孙坚有四子，皆吴夫人之所生：长子名策，字伯符；次子名权，字仲谋；三子名翊，字叔弼；四子名匡，字季佐。吴夫人妹，孙坚次妻，亦生一儿一女：子名朗，一名仁②。坚有一弟③，名静，字幼台。坚临登程，静引诸子列拜于马前而谏曰："今董卓专权，天子懦弱，海内大乱，各霸一方。江东方始稍宁，以一小恨而起重兵，非所宜也。愿兄详之。"坚曰："非汝所知也。吾誓纵横天下，济世安民。有仇不报，岂可拙守待死也④？"遂不听谏。长子孙策曰："愿随父亲同往。"坚曰："此子自幼英气过人，可随我领兵。权与叔父善保江东。"策上船，前奔樊城[一〇]。

黄祖伏弓弩手于江边，布精兵于后，见船傍岸，乱箭俱发。坚令诸军不可乱放一箭，只伏于船中，来往诱之。一连三日，船数十次傍岸，黄祖军箭尽，坚军却拔船上所得之箭十数万枝⑤。当日正值顺风，坚令众军士一齐放箭。岸上支吾不住，喊声大举。南军登岸，程普、黄盖分两路兵，直取黄祖营寨。背后韩当于中大进。三面夹攻，祖兵大败，弃樊城而走。坚令兵追袭，黄祖走邓城[一一]。

坚令黄盖守住船只，坚直取黄祖。祖引军出迎，布阵于野。孙坚列成阵势，引众将出在门旗之下。孙策也全副披挂，挺枪立马于父之侧。黄祖引二将出马，一个是江夏张虎，一个是襄阳[一二]陈生。这两个当初反在江夏，后投刘表，以为上将。黄祖扬鞭大骂："江东鼠贼！安敢侵犯汉室宗亲之境界耶？"言罢，张虎拍马，手抟铜叉而出。坚大怒曰："谁能斩此贼将？"韩当应声而出。两骑相交，战三十余合，胜负未分。陈生见张虎力怯，飞马挺枪出阵，要来双斗。孙策在父后望见，按住手中枪，扯弓搭箭，正射中陈生面门，应弦落马。张虎见侧边陈生坠地，措手不及，被韩当一刀削去半个脑袋。程普纵马，直来阵前捉黄祖。黄祖弃却头盔战马，杂于步军内逃命。孙坚掩杀败军，直到汉水[一三]上面，拨黄盖船只，放于汉江。

---

① 原作"将及起"。据叶逢春本，补"兵"字。
② 原作"子名朗，字早安；女名仁"。据《三国志·吴书·孙破虏传》注引《志林》，孙仁乃孙朗别名，孙坚之女则未留下名字。
③ 此句前原有"坚又过房俞氏一子，名韶，字公礼"一句。据《三国志·吴书·宗室传》，孙韶乃孙河之侄，而孙河系孙坚族子，则孙韶系孙坚侄孙。故删去该句。
④ 原作"岂可握手待死也"。据刘本《三国》改。
⑤ 原文无主语，承上文加。

黄祖聚败军来见刘表，说坚势不可当。表慌请蒯良议。良曰①："黄祖兵败，挫动锐气。兵无战心，只可深沟高垒，以避其锋。却潜地令人求救于袁绍，此围自可解矣。"瑁曰："子柔之言，真拙计也。兵临城下，将至壕边，岂可束手而待其死！某虽不才，愿请军出阵。"刘表许之。

　　蔡瑁引军万余，出襄阳城外，于岘山[一四]布阵。孙坚将得胜之兵②，长驱大进。蔡瑁出马。坚曰："此人是刘表后妻之弟也③，谁与吾擒之？"程普挺铁脊蛇矛出马，与蔡瑁交锋。战不到数合，蔡瑁大败④，奔回阵中。坚驱大军，杀得尸横遍野。败军跟随蔡瑁逃入襄阳。蒯良言："瑁不听良策，以致大败，按军法当斩。"刘表以新娶其姊⑤，不肯加刑。人报孙坚分兵四面围住襄阳。蒯良一面拨兵固守城池；一面写告急文书，令人去投袁绍。

　　且说孙坚打城，数日不下。忽一日，狂风骤起，将中军"帅"字旗竿吹折。程普曰："此不祥之兆也。"径来帐下见孙坚，曰："中军'帅'字旗竿被风吹折，于军不利也，可暂班师。"坚曰："吾屡战屡胜，取襄阳只在旦夕，岂可因风折旗竿而罢兵？"韩当曰："此旗乃军中之主，亦不可轻易。"坚曰："风乃天地呼吸之气，方今隆冬，朔风暴起，折断大旗，何足为怪？吾平生用兵，不信此等异事，只理会得攻城。"

　　却说城中蒯良来对刘表言曰："某夜来仰观，见一将星欲坠地。以分野[一五]度之，必应孙坚也。上袁绍书已写就，主公当问谁可突围而出。"表问之，阶下一人应声而出。表视之，健将吕公也。良曰："汝既敢去，可听吾计：与汝马军五百，多带能射者。汝冲出阵去，可奔岘山。他必将军来赶，汝分一百人上山，寻石子准备；一百人执弓弩伏于林中。但有追兵到时，不可径走，周遭引到埋伏之处，矢石俱发。若能斩将降兵，放起连珠号炮，城中便出接应；如无追兵，不可放炮，趱程而去。今夜月不甚明，黄昏便可出城。"吕公领了计策，拴束军马。蒯良调拨四门，听号接应。

　　当夜黄昏，城上望东南角无甚人马，密开东门，纵吕公军马出城，到前寨径过去。

　　孙坚在帐中，忽闻喊声，急上马引三十余骑，飞星赶到东南角时，军士说有一彪人马杀将出来，望岘山而去。坚不报诸将，只引三十余骑赶来。吕公已于山林丛杂去处，上下埋伏。坚马快，单骑独出。前军不远，坚大叫："休走！"吕公勒回人马，来战孙坚。交马只一合，吕公便走，闪入山路来。坚拍马追赶吕公，见路交杂，后骑不知去处⑥。坚欲上山，山上石子乱下，林中乱箭俱发。坚体中石、箭，脑浆迸流，人、马俱死于岘山之内，寿至三十七岁。时汉献帝初平三年，岁在辛未，十一月初七日。

　　吕公截住三十余骑，并皆杀了，放起连珠号炮。城中黄祖、蒯越、蔡瑁分头引兵杀出，江东

---

① 原作"表慌请蒯良议曰"。据下文，出谋者为蒯良，故补一"良"字。
② 原作"孙策将得胜之兵"。据叶逢春本改。
③ 原作"此人是刘表后妻兄也"。据《后汉书·刘表传》改。
④ 原作"蔡瑁逃命"。据叶逢春本改。
⑤ 原作"新娶其妹"。承本页校记③改。
⑥ 原作"见路交杂，不知去处"。据郑本《三国》，加"后骑"二字。

诸军大乱。黄盖听得喊声大震,引水军杀来,正迎黄祖。交马两合,生擒黄祖。程普保着孙策,急待寻路,正逢吕公。程普纵马向前,战不到数合,一矛刺吕公于马下。两军大战,杀到天明,各自收军。刘表军自入城。

孙策回到汉水,方知父亲被乱箭射死,尸首已被刘军扛抬入城请赏。孙策痛哭,众将俱号泣不止。策曰:"父尸在于他处,安得返魂于乡里?"黄盖曰:"今已活捉黄祖在此,得一人入城讲和,将黄祖去换主公尸首。"言未毕,坚旧吏桓阶①出曰:"某与刘表有一面旧交,某今便行。"

策令阶去到城中见刘表,具言其事。表曰:"尸首,吾已用棺木盛贮在此。可速放黄祖,吾两家各罢兵,再休侵犯。"

后有史官评孙坚曰:

坚勇挚刚毅,孤微发迹,导温戮卓[一六],山陵杜塞,有忠壮之烈。后权称帝,谥坚曰武烈皇帝。

桓阶拜谢欲行,阶下蒯良出曰:"不可!不可!吾有一言,令江东诸军片甲不回。请先斩桓阶,然后用计。"计道甚的?桓阶性命还是如何?

【注释】

[一] 太师:古代大臣最高荣典,位列上公,居太傅、太保之上。东汉仅董卓自为太师。

[二] 太仆:九卿之一。职掌皇帝专用车马,兼管官府畜牧业。秩中二千石。三国时为第三品。

[三] 河北:指黄河以北地区。

[四] 周、召:周公和召公。周初政治家。二人曾助周武王灭商。武王死后,夹辅成王,分陕而治。

[五] 征:远行。

[六] 眷:关照。

[七] 曩日:往日,以前。

[八] 叵耐:可恨。叵,"不可"二字的合音。

[九] 荆襄:即荆州。刘表为荆州刺史,以襄阳为治所,故称。

[一〇] 樊城:古城堡名。隔汉水与襄阳城相望。故址在今湖北襄樊汉水北岸。

[一一] 邓城:即邓县。属荆州南阳郡。治所在今湖北襄樊西北。

[一二] 襄阳:郡名、县名。郡属荆州,治所在襄阳县(今湖北襄樊)。荆州治所亦在襄阳县。

[一三] 汉水:亦名汉江。长江支流,发源于今陕西南部,流至今武汉汇入长江。

---

① 原作"军吏桓楷"。据《三国志·魏书·桓阶传》,孙坚任长沙太守时,桓阶曾任功曹,故称"旧吏";原文"楷"系"阶"之形误。

[一四] 岘山：山名。在今湖北襄樊南。
[一五] 分野：古代天文术语。古人以行政区划与二十八宿相应，称某州为某星宿的分野，以为星象变化与其分野的人事吉凶有关。
[一六] 导温戮卓：中平三年(186)，司空行车骑将军张温率兵讨边章，以孙坚参军事。中郎将董卓应召迟缓，张温责之，卓出言不逊。孙坚劝张温斩之，温不忍，未从。

第十五回　司徒王允说貂蝉

蒯良出曰："方今孙坚已丧,江东无主。坚子皆幼,不能历事。可乘此虚弱之时,火速进兵,江东一鼓而可得也。若付尸还策,容回江东①,养成气力,荆州之患也。"表曰："吾有黄祖在彼营中,安忍弃之?"良曰："舍一无谋之辈,而取万里之土,此乃大丈夫之所为也。"表曰："吾与黄祖心腹之交,舍之不义。"遂送桓阶回营,相约以尸换黄祖。黄祖得回。

孙策迎接灵柩,挂孝回军,两边罢战。策回至江东②,做孝已毕,葬父于曲阿[一]之原。策辞墓,引军居江都[二],招贤纳士,屈己待人,因此四方有才德者,渐渐投之。

却说董卓在长安,闻孙坚已死,乃曰："吾心腹却除一患也。"问其子多少年纪,答曰："十七岁。"卓曰："何足道哉!"自此董卓自号为"尚父"[三],出入僭天子之仪仗。以弟董旻为左将军,封鄠侯;兄子董璜为侍中,总领禁军。不问宗族长幼,皆封列侯;男女怀抱中,便以金紫[四]爵位与之。差二十五万人夫筑郿音梅坞,与长安城郭一般高下厚薄,周回九里。郿坞离长安二百六十里。坞盖宫室仓库,屯积三十年粮食③。选民间美貌女子二十以下、十五以上者八百人,充为婢妾。坞内堆积金玉彩帛珍珠,不知其数。卓常云："吾事成,当雄据天下;不成,守此足以养老。"省台公卿但见卓出,皆拜于车下。朝廷旧臣宰,尽皆委用。此是蔡邕之荐也。

忽一日,御史中丞[五]皇甫嵩拜于车下。卓曰："皇甫义真,你今日服我乎?"义真,嵩之表字也。嵩答曰："安知明公位至于此!"卓曰："鸿鹄固有远志,但燕雀不自知耳。"嵩曰："昔日嵩与明公皆鸿鹄,不意明公变为凤凰耳。"卓大笑曰："义真怕我乎?"嵩曰："明公以德辅朝廷,大度方至,谁不敬耶? 君为酷法严刑,天下皆惧,岂独嵩乎?"卓又笑。

卓家属皆在郿坞,或半月一回,或一月一回,公卿皆拜于横门[六]外音光门。于路设帐幔,常与公卿聚饮。一日,北地[七]招安降士数百人到来,卓出横门,百官皆送。卓留饮宴,却将降士数百人于座前,或断其手足,或凿去眼睛,或割其舌,或以大锅煮之。皆未死,于酒桌几前反复挣命。百官战栗失箸,卓饮食谈笑自若。百官告散。卓曰："吾杀歹心者,何怕之?"

数日前,太史院禀卓曰："黑气冲天,大臣有灾。"卓于省台大会百官,列坐两行。酒至数巡,吕布径入,耳边言不数句,卓笑曰："原来如此。"命吕布于筵上脑揪卫尉张温④下堂。百官失色。卓曰："太史昨言大臣有灾,原来应在此人身上。"不多时,侍从将一红盘托张温头入献。卓令吕布劝酒,每人面前将头呈过。百官魂不附体,皆面不相顾。卓笑曰："诸公勿惊。张温结连袁术,欲图害我,因使人寄书来,错下在吾儿奉先处。故斩之,以夷其三族。汝等于吾孝

---

① 原作"容回南郡",误。南郡本属荆州,从未被孙坚占据。据上下文改。
② 原文无主语"策"字,承上文加。
③ 原作"屯积二十年粮食"。据《后汉书·董卓传》改。
④ 原作"司空张温"。据《三国志·魏书·董卓传》,张温曾任司空、太尉,此时任卫尉。卫尉,九卿之一,职掌宫禁守卫,秩中二千石,三国时为第三品。

顺,吾不害之。吾天佑之人,害吾者必败。"众官唯唯而已。当晚皆散。

司徒王允归到府中,寻思今日席间之事,坐不安席,策杖步出后园,仰天垂泪,沉吟立于荼蘼架侧。忽闻有人在牡丹亭畔长吁短叹,允潜步窥之,乃府中歌舞美人貂蝉女也。其女自幼选入充乐女,允见其聪明,教以歌舞吹弹,一通百达,九流三教,无所不知;颜色倾城,年当十八,允以亲女待之。是夜,允听良久,喝曰:"贱人将有私情耶?"貂蝉正色跪于允前,答曰:"贱妾安敢有慕私情!"允曰:"汝不有所私,何深夜于此长叹?"貂蝉曰:"容妾伸肺腑之言。"允曰:"汝勿隐匿,当实告我。"貂蝉曰:"妾之贱躯,自幼蒙大人恩养,训习歌舞,未尝以婢妾相待,作亲女视之。妾虽粉骨碎身,莫报大人之万一。妾见大人两眉愁锁,必有国家大事,妾不敢问,解大人之忧。今晚又见大人行坐不安,因此长叹,不想大人窥见。倘有用妾之处,万死不辞。"允以杖击地曰:"谁想汉天下却在汝手中耶!随我到画阁中来。"貂蝉跟允到阁中,允尽叱出妇妾。允教貂蝉于中端坐,允叩头便拜。貂蝉惊倒,伏地曰:"大人何故下拜贱妾?"允曰:"汝可怜汉天下生灵!"言讫,泪如涌泉。貂蝉曰:"适间贱妾曾言,但有使令,万死不辞。"允跪而言曰:"百姓有倒悬之危,君臣有垒卵之难,非汝不能救也!"貂蝉再三拜问,允曰:"贼臣董卓将欲篡位,朝中文武无计可施。董卓有一义儿,姓吕,名布,有万夫不当之勇。我观二人皆溺于酒色之徒,今欲用连环之计,先将汝许嫁吕布,然后献与董卓。汝于中取便,谍间[八]他父子分颜,令布杀卓,以绝大恶。重扶宗庙,再立江山,皆汝之力也。不知汝意若何?"貂蝉曰:"妾许大人万死不辞,望献出。到他处,妾自有道理。"允曰:"事若泄漏,我当灭门矣!"貂蝉曰:"大人勿忧。妾若不报大义,死于万刃之下,世世不复人身。"允拜谢而密之。

次日,王允有家藏明珠数颗,令匠者嵌一金冠,使人密送吕布。布得之大喜,候朝毕,径到王允宅致谢。允料布必来,允备嘉肴美馔,好酒细果等候。吕布至,允出门而接,接入后堂,让之高坐。布曰:"某乃相府一将士耳,司徒乃朝廷大臣①,何故错敬?"允曰:"方今天下别无英雄,惟有将军耳。允非敬将军之秩,敬将军之才德。"布大喜。允殷勤敬酒,只称董太师并布之德不绝。布酒至半酣,曰:"布早晚亦望司徒于天子处保奏。"允曰:"将军言者差矣。允专望将军于太师前提携,终身不忘大德。"布大笑而畅饮。允教左右退去,只留侍妾数人劝酒。允曰:"唤孩儿来,与将军把盏。"

少顷,二青衣丫鬟引貂蝉到席前再拜。布问何人,允曰:"小女貂蝉也。无可以敬将军,当出妻见子。"貂蝉与吕布把盏,布目不转睛②。允推醉曰:"孩儿央及将军痛饮几杯。吾一家全靠将军哩。"布请貂蝉坐,貂蝉要回。允曰:"吕将军吾家之恩人也,孩儿坐坐何妨。"又饮数杯,允佯为立脚不牢,仰面大笑曰:"吾欲将小女送与将军为妾,还肯纳否?"布跪谢曰:"布当以犬马之报!"允曰:"早晚选一良辰,送至府中。"布欣喜无限,频以目视貂蝉。貂蝉亦以秋波送情。允曰:"本欲留将军止宿,但恐太师见疑,实是不敢。"令貂蝉回。允送布上马,布谢而去。

允是夜与貂蝉曰:"天下百姓之福也!早晚请太师,汝却以歌舞侍之。"貂蝉应诺。

---

① 原作"司徒乃朝廷老大臣"。"老"字多余,删去。
② 原文无主语"布"字。据叶逢春本补。

次日,允在朝堂,见卓旁却无吕布,允伏地拜请曰:"允欲屈太师车骑到草舍赴宴,未谂[九]钧意若何?"卓曰:"司徒乃国家之大老,既然来日有请,当赴。"允拜谢归家,水陆毕陈[一〇],于前厅正中设座,锦绣铺地,内外各设帏幕。

次日巳时分,人报太师来到。允具朝服出迎,再拜起居[一一]。卓下车,左右持戟甲士百余,簇拥入厅,分列两旁,如霜似雪。允遂于堂下再拜①,卓命扶上,赐坐于侧②。允曰:"太师盛德巍巍,伊尹、周公安能及也。"卓大喜。进酒作乐,允致敬之情,甚厚于天子。天色渐晚,卓酒半酣,允请卓入后堂。卓叱甲士休进。允捧觞称贺曰:"允自幼颇习天文,夜观乾象[一二],汉家气数到此尽矣。太师功德震于天下,若舜之受尧,禹之继舜,正合天心人意也。"卓曰:"安敢望此!"允曰:"'天下者,非一人之天下,乃天下人之天下。'自古'有道代无道,无德让有德',岂过分乎?"卓笑曰:"果然天命归吾,司徒当为元勋。"允拜谢。

堂中点上画烛,止留女使进酒供食。允进曰:"教坊之乐,不足以供奉钧颜。辄有草舍女乐,敢承应乎?"卓曰:"深感厚意。"允教放下帘栊,笙簧缭绕,簇捧貂蝉舞于帘外。有词曰:

　　原是昭阳宫[一三]里人,惊鸿宛转掌中身[一四],只疑飞过洞庭春。　按彻《梁州》[一五]莲步稳,好花风袅一枝新,画堂香暖不胜春。

又诗曰:

　　红牙催拍燕飞忙,一片行云透画堂。
　　眉黛促成游子恨,脸容初断故人肠。
　　榆钱不买千金笑,柳带何须百宝妆。
　　舞罢隔帘偷目送,不知谁是楚襄王[一六]。

舞罢,卓命近前。貂蝉转入帘内,深深再拜。卓曰:"此女何人也?"允曰:"乐童貂蝉也。"卓曰:"能唱否?"允命貂蝉手执檀板,低讴一曲。正是③:

　　一点樱桃启绛唇,两行碎玉喷《阳春》[一七]。
　　丁香舌吐衔钢剑,要斩奸邪乱国臣。

卓称赏不已。歌罢,允命貂蝉把盏。卓乃擎盏孖[一八]音替曰:"春色几何?"蝉曰:"贱妾年未二旬。"卓笑曰:"真神仙中人也!"允再拜曰:"老臣欲将此女献主人,未审肯容纳否?"卓曰:"美人见惠,何以报德?"允曰:"此女得侍主人,其福不浅。"卓曰:"尚容致谢。"允曰:"天气已暮,先备毡车送到相府。"卓起身奉谢。

车辆已起,便送貂蝉先行。允拜送董卓直到相府。卓命允回,乘白马,前列侍从五七人④。离府行不到百余步,遥见两行红纱照道,灯影中一人手执方天戟,马上坐着吕布,半醒半醉,正与王允撞见。布见王允,就马上轻舒猿臂,一把揪住衣襟,睁圆环眼,手掣腰间宝剑,指允言

---

① 原作"遂于堂下再拜"。据叶逢春本,补"允"字。
② 原作"则坐于侧"。"则"系"赐"之形误。据叶逢春本改。
③ 原文无"正是"。但下引诗并非貂蝉所唱内容,而系作者赞词,故补。
④ 原作"侍五七人"。据叶逢春本,补"从"字。

曰:"汝既以貂蝉许我,今送与太师,何相戏耶?"手起剑落。允性命若何①?

【注释】

[一] 曲阿:县名。属扬州吴郡。治所在今江苏丹阳。
[二] 江都:县名。属徐州广陵郡。治所在今江苏镇江西北。
[三] 尚父:周武王尊称吕望为"尚父",意谓可尊尚的父辈。后用作皇帝尊崇个别元老重臣的尊号。
[四] 金紫:金印紫绶的简称。秦、汉时相国、丞相、太尉、大司马、太傅等皆金印紫绶。
[五] 御史中丞:官名。东汉属少府,职掌举劾百官。
[六] 横门:长安北面偏西的城门。
[七] 北地:郡名。属凉州。治所在富平(今宁夏吴忠西南)。
[八] 谍间:伺机离间。
[九] 谂:知悉。
[一〇] 水陆毕陈:水产和陆产的各种珍贵菜肴都摆列出来。
[一一] 起居:请安,问候。
[一二] 乾象:天空的星象。
[一三] 昭阳宫:汉代宫殿,成帝时赵飞燕曾居之。
[一四] 掌中身:相传赵飞燕身材轻盈,能在掌上跳舞。
[一五] 《梁州》:即《梁州令》,曲牌名。
[一六] 楚襄王:即楚顷襄王,战国时楚国国君。宋玉《神女赋》写他"游于云梦之浦","梦与神女遇"。
[一七] 《阳春》:即《阳春白雪》,古代楚国歌曲名。被视为较高雅的音乐。
[一八] 殢:滞留,停滞。

---

① 原句无"允"字。承上文加。

第十六回　凤仪亭布戏貂蝉

　　吕布当街撞见王允，心中大怒，骂曰："老贼怎敢戏我哉！"允急止曰："此非说话处，同到草舍。"布随允到家，下马同入后堂。允曰："将军何故反怪老夫耶？"布曰："有人报我，你把毡车送一女人相府，非貂蝉何①？"允曰："将军原来不知！"布曰："我岂知就里！"允曰："昨日太师在朝堂中，对老夫道：'我有一件事，明日到你家。'允因此准备小宴等候。太师到，饮宴中说：'我闻你有一女子，名唤貂蝉，已许奉先。我恐你不准诚，特来上门告肯。'老夫见太师自到，安敢少违，随引貂蝉拜了董公太师。太师曰：'今日良辰，可送到吾府中，我明日作一大宴②，配与奉先，以助一笑。'将军寻思，太师亲临，老夫焉敢推阻？"布曰："司徒少罪。布一时错见，来日自当负荆〔一〕。"允曰："小女颇有些妆奁首饰，带过将军府下，便当送至。"布谢而去。

　　当夜，卓幸貂蝉，次日午牌〔二〕未起。吕布在府下打听，绝无闻音耗；径入堂中，寻问诸侍妾。侍妾对曰："夜来太师与新人共寝，至今未起。"布潜入卓卧房后窥之。貂蝉起于窗下梳头，忽见窗外池中照一人影，极长大，头有束发冠，偷睛视之，见吕布潜立于池畔。蝉乃蹙双眉，做忧愁不安之态，复以香罗频掩泪眼。吕布窃视良久，乃出，沉吟思忖，未得真实。少顷，布又入。卓坐于中堂，见布来，问曰："外面无事乎？"布曰："无事。"侍立卓侧。卓方食，布偷目窃望，绣帘内一人往来观觑，须臾微露半面，以目送情。布知是貂蝉，神魂荡漾。卓见布语言不顺，频挪身迎里而望。卓曰："奉先无事且退。"布出，心中愈疑。到家，妻见布情绪不佳，问曰："汝今日莫非被董太师见责来？"布曰："太师安能制我哉！"妻不敢问。布自此心在貂蝉身上，每日径进府堂，不能一见。

　　董卓自纳貂蝉后，情色所迷，月余不出理事。貂蝉无非于枕前席上弹雨尤云，董卓合休，自然迷恋。时值春残，卓染一小疾，貂蝉衣不解带，曲意阿从，卓心愈喜。卓睡，布立于床前。貂蝉于床后探半身望布，以手指心而不转睛。布以点头答之。貂蝉以手指董卓，强搽泪眼。布心如碎。卓蒙眬双目，见布动静，猛扭回身视之，见貂蝉于屏风后立。卓大怒③，叱吕布曰："汝敢窥吾爱姬耶④！"唤左右逐之，今后不许入堂。吕布大怒，怀恨而归府。

　　人报与李儒，儒慌忙入见卓曰："太师何故责于奉先？"卓曰："因窥吾爱姬⑤，吾故逐之。"儒曰："太师欲取天下，何故以小过而责之？如温侯心变，大事去矣。"卓曰："奈何？"儒曰："来朝唤入，赐以金帛，以好言慰之，自然无事。"卓次日使人唤布入堂。卓曰："吾前日病中，心神恍惚，不知所言，有责于汝。汝勿记心，来日休离左右。"随赐金十斤、锦二十匹。布谢曰："大人

---

① 原作"非蝉何"。据叶逢春本，补"貂"字。
② 原作"汝可与吾作一大宴"，与上文不合。据汤本《三国》改。
③ 原作"卓大惭"。据叶逢春本改。
④ 原作"汝敢戏吾爱姬耶"。据叶逢春本改。
⑤ 原作"因窃吾爱姬"。"窃"系"窥"之形误。据叶逢春本改。

见怪,布何敢恨焉①!"自此再入堂中,略无忌惮。

卓疾稍愈,因有貂蝉,不回郿坞。每入朝,吕布手执画戟,乘马于车前;及至殿前下车,带剑上殿,布执戟立于阶前;百官拜伏于丹墀,左右拱听约束。朝退,布乘马于前引导。

是日,布引卓来到内门阶,略住少时,见卓与献帝共谈,吕布慌提戟出内门,上马径投相府来,系马于道旁,提戟入后堂,寻觅貂蝉。蝉见布寻觅,慌忙出曰:"汝可去后园中凤仪亭边等我,我便来。"卓府后有凤仪亭,取凤凰来仪之义也。布提戟径往,立于亭下曲阑之旁。良久,见貂蝉分花拂柳而来,果然如月宫仙子。泣与布曰:"我虽非王司徒亲生之女,待之若神珠玉颗。一见将军,大人肯许,妾已平生愿足。谁想太师起不仁之心,将妾淫污,恨不得死耳!今见将军,只可表妾诚心。此身已污,不得复事英雄;愿死于君前,以绝君念!"言毕,手攀曲阑,望荷花池便跳。吕布慌忙抱住,泣曰:"我知汝心久矣,恨不能够共语!"貂蝉手扯布曰:"妾今生不能够与君为妻,愿相期于后世!"布曰:"我今生不能够以汝为妻②,非世之英雄也!"蝉曰:"妾度日如年,愿君怜悯而救之。"布曰:"我在内庭偷空而来,恐老贼见疑,必当速去。"提戟转身。蝉牵其衣曰:"君如此惧怕老贼,妾身终无见天日之期也!"布立住曰:"容我思忖一计,共你团圆。"貂蝉曰:"妾在深闺,闻将军之名,如轰雷灌耳,以为当世一人而已。谁思反受他人之制乎!"说讫,泪下如雨。两个假假倚倚,不忍相离。

却说董卓在殿上,回顾不见吕布,心下甚疑,急上车回府。见布马拴于府门,问吏,吏答曰:"温侯入后堂去多时了。"卓叱退左右,径入后堂,寻觅不见,及无貂蝉,问侍妾。侍妾曰:"温侯却才执画戟至此,不知何在。"卓寻入后园,见吕布倚戟,和貂蝉在凤仪亭下。卓走至跟前,大喝一声。布回头见卓,大惊。卓夺下吕布手中戟,吕布便走。卓赶来,吕布走得快,董卓胖,赶不上,掷手中戟来杀吕布③。布手起一拳,打戟落于草中。卓拾起戟赶来,布已走五十步远。卓赶出园门,一人飞奔前来,与卓胸膛相撞,卓倒于地。未知性命如何,且听下回分解。

【注释】

[一] 负荆:即"负荆请罪"。荆,灌木名,可作鞭杖。
[二] 午牌:即午时。十二时辰之一,相当于十一时至十三时。

---

① 原作"布何敢怀焉"。据叶逢春本改。
② 原作"我今生不能够与汝为妻"。"与"系"以"音近之误。
③ 原作"董卓胖,赶不上,卓提戟来杀吕布",与上下文不合。据郑本《三国》改。

第十七回　王允授计诛董卓

原来李儒到相府门，见从者言曰："太师大怒，去寻吕布！"儒慌赶入时，见吕布奔走，曰："太师杀我！"儒急奔入，正撞董卓倒于地上。儒急扶卓至书院中，再拜曰："儒实为社稷之计，冲倒太师①。死罪！死罪！"卓曰："叵耐逆贼玩弄吾之爱姬，誓必杀之！"儒曰："太师差矣。昔日楚庄王夜宴诸侯，令爱姬劝酒，忽狂风骤起，尽灭其烛。座上一人抱爱姬，姬手揪冠上缨，告知庄王。庄王曰：'酒后也。'命取金盘一面，尽揸其缨，然后秉明烛，其会曰'揸缨会'。正不知戏爱姬者何人也。后庄王被秦兵围住，见一大将，杀入阵中，救出庄王。王见其人身带重伤，问之，答曰：'臣乃蒋雄也。昔揸缨会上，蒙大王不杀之恩，故来答报。'太师何不鉴'揸缨'之德，就此机会，以貂蝉赐吕布？布感大恩，必以死报太师也。"董卓方回嗔作喜曰："汝可说与吕布，吾以貂蝉赐之。"儒曰："汉祖以黄金二万赐陈平〔一〕，遂兴大业。今日太师之所为，正类此。"儒谢而出。

卓入后堂，唤貂蝉而问之曰："汝何与吕布私通耶？"蝉泣曰："妾将谓温侯是太师之子，甚相敬重，谁想今日持戟入后堂，欲待强奸。妾逃于后园回避之②。这厮提戟赶来，到凤仪亭边，妾欲投荷花池，这厮抱住。正在生死之间，得太师来，救了性命。"董卓曰："我欲将汝赐与吕布，何如？"蝉曰："妾身已事大贵，今欲与家奴，妾宁死不辱！"遂掣壁间宝剑，欲自刎。卓慌夺剑而拥抱曰："吾戏汝！"貂蝉哭倒于卓怀，曰："此必是李儒之计也！儒与布厚交，故设此计！"卓曰："我安能舍汝耶？"貂蝉曰："只恐太师不与妾为主。"卓曰："吾宁舍性命，必当保汝！"貂蝉泣谢曰："但恐此处不宜久居，必被吕布之害。"卓曰："吾明日和你归郿坞去受快乐。"貂蝉曰："坞中可居否？"卓曰："城中有三十年粮食，门外列数万军兵③。成事，则你为贵人④；不成事，则你亦为富贵人之妻也。慎勿忧虑。"貂蝉拜谢。

次日，李儒入见曰："今日良辰，可将貂蝉送与吕布。"卓变色曰："汝之妻肯与吕布么？"儒曰："主公不可被妇人所惑。"卓曰："甚妇人能惑我心？貂蝉之事，再勿多言，言则必斩！"李儒仰天叹曰："吾等皆死于妇人之手矣！"卓命左右："逐出李儒，收拾车马，今日便还郿坞。"百官俱各拜送。

貂蝉在车上，遥见吕布于稠人之内，眼望车中。貂蝉虚掩其面，如痛哭之状。卓车已去，布缓辔于土冈之上，望毡车而泣。背后一人在马上云："温侯何故遥望发悲耶？"布视之，乃太原祁县人也⑤，姓王，名允，字子师。布曰："吾为公女耳。"允佯惊曰："许多时尚未与将军？"布

---

① 原作"恩相"。据上文改。
② 原作"妾将谓温侯是太师之子，回避之"，文意不够完整。据刘本《三国》改。
③ 原作"门外列数百万军兵"，不合情理，故改。
④ 原作"你为贵妃"。据《后汉书·后纪》，皇后之下为贵人，无贵妃（南朝宋始有"贵妃"之名）。
⑤ 原作"乃太原祁郡人也"。当时只有祁县，属并州太原郡，无祁郡。据《后汉书·王允传》改。

曰:"老贼自宠幸已久矣!"允掩其面曰:"禽兽之所为也!"布将上件事一一告允。允曰:"同到敝处商议。"

布随入城,到允宅前下马,入密室。允置酒款待布。布怒气转添,王允曰:"太师淫吾之女,夺将军之妻,诚可为天下之笑端。非笑太师,笑允与将军耳!允老羸无能之辈,不足为道;可怜将军半世之英雄耳!"布就气倒于地上。允慌急救之,曰:"老夫语失,将军息怒。"布曰:"誓当杀此老贼,以雪吾耻!"允急掩其口曰①:"将军勿言,恐累及老夫,允族皆死!"布曰:"大丈夫生居天地之间,岂能郁郁久居人之手下乎!"允曰:"以将军之才,过于韩信[二]百倍;信尚为王,将军岂可久作温侯乎?"布曰:"吾杀老贼,奈是父子之道,恐惹后人议论。"允大笑曰:"将军自姓吕,卓自姓董。掷戟之时,彼岂有父子情耶?"布奋然大怒曰:"非司徒之良言,则布亦被老贼之害矣!"允曰:"将军若扶汉室,乃忠臣也,青史留名,万古不朽;将军若扶董卓,乃反臣也,史官下笔,骂名万代。"布顿下拜曰:"布意已决,司徒勿疑。"允曰:"但恐事又不成,反招大祸。"布拔带刀,刺臂出血为誓。允跪谢曰:"汉天下四百余年,皆出将军之赐也!天子已有密诏,将军宜怀之,切勿泄漏。临期有计,自当相报。"布慨然领诺而起。

允即请仆射[三]音夜士孙瑞、司隶校尉黄琬商议。瑞曰:"方今主有疾新愈,可遣一能言语者,着往郿坞,请卓议事,伏甲兵于朝门之内,引入诛之。此上策也。"琬曰:"何人敢去?"瑞曰:"吕布同郡骑都尉李肃,近日好生怨卓不与升用。令布说此人去,卓必不疑。"允曰:"善。"请布共议。布曰:"昔日说吾杀丁建阳,亦此人也②。今若不去,吾先斩之。"使人密请肃至,布曰:"昔日兄曾说布杀建阳而投卓;今卓不仁不义,乱理乱伦,上欺天子,下虐生灵,罪恶贯盈,神人共戮。汝可传天子诏,往郿坞宣卓入朝。如见司徒有言,一齐下手,力扶汉室,共作忠臣。汝意若何?"肃曰:"吾亦要除老贼久矣,恨无爪牙。今天赐也!"遂折箭为誓。允曰:"汝若干事,岂愁显官?"

次日,李肃引十数骑前到郿坞。人报天子有诏,卓曰:"教唤入来。"李肃入,再拜讫。卓曰:"天子有甚诏制?"肃曰:"天子病体新痊,欲会文武于未央殿,待将天位让与太师,故有此诏。肃知此诏为急,飞马而来,拜贺主上。"卓曰:"王允何如?"肃曰:"王司徒已差人修筑受禅台③,士孙瑞已草诏,只等主上到来。"卓大笑曰:"吾夜得梦,一龙罩身,今日得此佳兆,时节不可错失。"便命大排车马入京。肃曰:"愿主上垂拱[四]万方④,肃之子孙有赖矣!"卓曰:"吾登九五,汝为执金吾。"肃拜谢称臣讫。卓临行,与貂蝉曰:"吾昔日许汝为贵人,今番定矣。"貂蝉谢。卓入辞母。母年九十有余。母曰:"吾儿何往?"卓曰:"儿今去长安顺受汉禅⑤,母亲早晚为太后也。"母曰:"吾近日肉颤心惊,恐非吉兆。"李肃曰:"为万代国母⑥,岂不预有警报!"卓

---

① 原文无"曰"字。据叶逢春本补。
② 原作"昔日吾杀丁建阳,亦此人也"。据上下文,加"说"字。
③ 原作"王司徒已差修筑受禅台"。据叶逢春本,补"人"字。
④ 原作"愿主上垂拱万年"。据刘本《三国》改。
⑤ 原作"儿今去长安顺受禅"。据刘本《三国》,加"汉"字。
⑥ 原作"为万代国之祖母",意不通。据刘本《三国》改。

曰："吾心腹人所见甚明。"

出坞上车，前遮后拥，数千军兵。行不到三十里①，车下忽折一轮。左右扶住，卓教牵过逍遥玉面马来，卓整衣上马。又行不到十余里，玉面咆哮嘶喊，掣断辔头。卓问肃曰："车折轮，马断辔，若何？"肃曰："乃太师应绍汉禅，弃旧而换新也。"卓曰："心腹人所见甚明。"次日，忽然狂风骤起，昏雾蔽天。卓问肃曰："此何祥[五]也？"肃曰："主公登龙，必有红光紫雾，以壮天威耳。"卓曰："吾心腹人所见甚明。"

卓至城外，百官出迎。王允、黄琬、杨瓒、淳于琼、皇甫嵩皆伏道旁称臣，言："天子来日大会未央殿，有推代之议。"卓令百官回："来日平明下迎接。"吕布入贺曰："大人来日当斋戒沐浴入城，以承万代不磨之基业。"卓曰："吾登九五，汝当总督天下军马。"布谢，就宿帐前。

是夜间，数十小儿于郊外作歌，风吹歌声入帐。歌曰："千里草，何青青！十日卜②，犹不生！"歌罢，声相悲切。卓问肃曰："童谣何吉凶？"肃曰："亦只是言刘氏灭，董氏兴之意。"卓曰："肃之言是也。"次日清晨，摆列入城。卓在车上，见一道人，青袍白巾，执一长竿，上缚布一丈，大书一"吕"字。卓问肃曰："此道人何意？"肃曰："心恙[六]之人也。"呼将士推之。道人倒于地上，肃命拖在一壁。

卓进内前，群臣各具朝服，迎谒于道。李肃手执宝剑，扶车而行。到北掖门，军兵尽挡在门外，独有御车二十余人同入。董卓见王允等各持宝剑③，立于殿门，卓大惊，问肃曰："持剑者是何意？"肃推车轮。王允大呼曰："反贼至此！武士何在？"两旁转出百余人，持戈挺槊刺之。卓裹甲不入④，裹甲者，披甲于内，而加衣于甲上。原来董卓恐人暗算，常披掩心铠甲两副。伤臂堕车。卓大呼曰："吕布何在？"吕布从车后厉声出曰："有诏讨贼！"一戟直透咽喉。李肃早割头在手。布右手持戟，左手怀中取诏，大呼曰："奉诏讨贼臣董卓，其余不问。"于是，内外将吏皆呼万万岁，拜伏在地。卓此时年五十四岁。汉献帝初平三年，岁在壬申，四月二十三日也⑤。史官有诗叹曰：

　　董卓迁都汉帝忧，生灵滚滚丧荒丘。
　　狗衔骸骨筋犹动，乌啄骷髅血尚流。
　　郿坞追魂凭李肃，宫门取命有温侯。
　　奸雄已死戈矛下，直到如今骂未休。

又诗曰：

　　董卓欺君自古无，岂知天地有荣枯。
　　宫门搠透方天戟，万姓歌欢满路途。

又诗曰：

---

① 原作"引不到三十里"。据叶逢春本，改"引"为"行"。
② 原作"十日下"。据《三国志·魏书·董卓传》注引《英雄记》改。
③ 原作"各各持宝剑"。据叶逢春本，删一"各"字。
④ 原作"卓裹甲不入"。据《后汉书·董卓传》改。
⑤ 原作"四月二十二日也"。据《后汉书·献帝纪》，董卓死于初平三年(192)四月辛巳，即四月二十三日。

　　　　霸业成时履帝王，不成且作富家郎。
　　　　谁知天意无私曲，郿坞方成已灭亡。
邵康节[七]有诗曰：
　　　　董卓无端擅大权，焚烧宫阙废坟原。
　　　　两朝帝主遭魔障，四海生灵尽倒悬。
　　　　力斩乱臣凭吕布，舌诛逆贼是貂蝉。
　　　　世间造恶终须报，上有无穷不老天。
论曰：
　　董卓初以虓阚[八]音枭坎为情，因遭崩剥[九]之势，故得蹈藉彝伦[一〇]，毁裂黻服[一一]。夫以刳音枯肝斮音酌趾之性，则群生不足以厌其快，然犹折意搢绅，折，屈也，谓忍性屈情，擢用郑泰、蔡邕、何颙、荀爽等。迟疑凌夺，尚有盗窃之道哉。及残寇残寇，谓催、汜等。乘之，倒山倾海，昆冈[一二]之火，自兹而焚；《版》、《荡》[一三]之篇，于焉已极。呜呼，人之生也难矣！天地之不仁甚矣！
赞曰：
　　　　百六有会，《过》、《剥》成灾。董卓滔天，干逆三才。
　　　　方夏[一四]崩沸，皇京烟埃。无礼虽及，余祲遂广。
　　　　矢延王辂①，兵缠魏象[一五]。区服倾回，人神波荡。祲，音侵，已上见详节。

吕布曰："助董卓欺君者，皆李儒也②，谁可擒了？"李肃应声而出。朝门外发喊，报到李儒家奴已自绑缚献来。王允曰："卓贼家属，尽在郿坞，谁去诛杀？"吕布曰："某愿往。"允教皇甫嵩、李肃一同吕布前去，分投领兵五万人③，飞奔郿坞来。

当初董卓有四员心腹猛将：李傕、郭汜、张济、樊稠，三千飞熊军守郿坞，按月内大请大受。当时听知董卓已死，吕布领大军来，四个慌弃郿坞④，领军逃奔陕县去了⑤。

吕布到郿坞，先取了貂蝉，途回长安。皇甫嵩云："内有八百良家子女，尽作一处。其余但是董卓亲属，不分老幼，尽皆诛斩。"卓母九十有余，慌出告曰："乞饶我一命！"言犹未绝，头已落地。宗族被诛者，男女一千五百余人。收得坞内所藏黄金二三万斤，银八九万斤，锦绣绮罗、珠翠玩好堆积如山，仓中米粮八百万石。允令一半纳官，一半犒赏军士。

杀董卓之时，日月清净，微风不起，号令卓尸于通道。卓极肥胖，看尸军士以火置卓脐中以为灯光，明照达旦，膏流满地。百姓过者，手掷董卓之头，至于碎烂。将李儒绑在街市时，百姓过者争啖其肉。城内城外，若老若幼，踊跃欢忻，歌舞于道。男女贫者尽卖衣装，酒肉相庆

---

① 原作"矢延王路"。据《后汉书·董卓传》改。"矢延王辂"，指后来李傕、郭汜混战时，箭射到献帝车前。
② 原作"今董卓欺君者，皆李儒也"。据文意，改"今"为"助"。
③ 原作"前去分拣。布领兵五万人"。"分拣"不通。据叶逢春本改。
④ 原作"四个慌奔郿坞"，与上下文不合，故改"奔"为"弃"。
⑤ 原作"领军杀上凉州去了"。既与史实不合，又与下文"逃居陕县"矛盾，故改。

曰："我等今番夜卧,方可贴席也①!"卓弟旻、兄子璜等皆悬四足于城市。但是卓门下附势者,皆下狱死。

比王允会大臣作太平宴于都堂,忽人报曰:"有一人身伏卓尸而哭。"允大怒曰:"长安士庶皆相庆贺,是何人敢如此也?速唤武士与吾擒来!"须臾,推至筵前,满座公卿无不惊骇。毕竟是谁?

【注释】

[一] 陈平(? —前178):西汉开国功臣。曾从项羽,后归刘邦,为重要谋士,屡出奇策。官至丞相,封曲逆侯。吕后死,与太尉周勃合谋诛灭诸吕,迎立文帝。

[二] 韩信(? —前196):西汉开国功臣,著名军事家。曾从项羽,后归刘邦,因萧何保荐,拜大将军。屡立战功,并率兵击灭项羽。始封齐王,不久徙为楚王,后贬为淮阴侯。因舍人告其谋反,被吕后诱入宫中斩首。

[三] 仆射:官名。即尚书仆射。尚书令的副职。与尚书令共同主赞奏事,处理日常政务。秩六百石,三国时为第三品。

[四] 垂拱:垂衣拱手。多形容帝王无为而治。此处即指统治天下。

[五] 祥:预兆。

[六] 心恙:精神有毛病。

[七] 邵康节:北宋哲学家邵雍,卒谥康节。

[八] 虓阚:勇猛强悍。虓,虎叫。

[九] 崩剥:分崩离析。指国家衰乱。

[一〇] 蹈藉彝伦:践踏道德规范。彝,常;伦,理;彝伦即伦常。

[一一] 毁裂畿服:毁灭王畿。指董卓焚毁东汉都城洛阳。畿服,京城管辖的地区。

[一二] 昆冈:古代传说中产玉的山。《书·胤征》:"火炎昆冈,玉石俱焚。"

[一三]《版》、《荡》:《诗·大雅》中的篇名。二者皆咏周厉王的无道。后用以指社会动荡不宁。

[一四] 方夏:指中国。方,四方;夏,华夏。

[一五] 魏象:阙。古代宫门外的楼观。代指朝廷。

---

① 原作"皆可方占床席也",不通。据郑本《三国》改。贴席,睡安稳觉。

第十八回　李傕郭汜寇长安

　　武士拥至，众视之，乃侍中蔡邕也。允勃然叱之曰："董卓国之大贼，几亡汉室。汝为汉臣，世受重恩，不思协力同心而诛反贼，反伤悼乎？"邕伏罪曰："邕虽不智，犹识大义；古今安危，耳所厌闻。邕岂敢背国而向卓也！狂瞽之辞，谬出于口，身虽不忠，愿黥首刖足①，继成汉史。"满座公卿皆惜蔡邕之才，盛力救之。太傅马日磾日磾，音密低。谓允曰："伯喈旷世逸才，多识汉事，当使续成汉史，为一代大典。且邕忠孝素著，若以微罪杀之，毋乃失人之望乎？"王允曰："不然。昔武帝不杀司马迁[一]，使作谤书流于后世②。方今国祚中衰③，戎马在郊，不可令佞臣执笔在幼主左右，既无益于圣德，使吾党蒙其讪议[二]。"日磾无言而退，谓众官曰："王公所为，其无后乎！善人，国之纪也④；制作，国之典也。灭纪废典，岂能久乎？"此是日磾先见之明。遂将邕下狱中缢死。当时士大夫闻蔡邕死，识与不识，尽流涕。邕哭卓尸固自不是⑤，杀之非罪。

　　且说李傕、郭汜、张济、樊稠共逃居陕县⑥，使人往长安上表告赦。王允曰："卓之过恶，皆是四人以助之。可大赦天下，独不赦此一支军马。"人回报傕。傕曰："求赦不得，各自逃生。"军中谋士贾诩诩，音许。曰："诸君若弃军单行，则一亭长[三]能缚君耳。不若起陕县军士，杀入长安，与董公报仇。事济，则奉国家以正天下；若其不胜，走亦未迟。"傕等曰："然。"遂流言于凉州人曰⑦："王允皆欲洗净此方之人。"人皆信从。不及半月，聚众十万，军分为四路，杀奔长安来。路逢董卓女婿中郎将牛辅，引兵五千人，欲去与丈人报仇。李傕先使牛辅为前驱，四人陆续进发。

　　王允听知凉州兵⑧来，请吕布商议。布曰："司徒放心，量此鼠辈，何足数也！"遂引李肃将兵出迎。肃曰："某愿当先讨贼！"吕布令提兵前进，正与牛辅相战。辅败走，肃赢了一阵。当夜二更，牛辅来劫李肃寨。肃军乱窜，肃走三十余里，折军太半，来见吕布。吕布大怒曰："汝敢败吾锐气！"立斩李肃，悬头军门。肃已死，三军畏吕布法度，皆有变心。布自负刚恃勇，鞭挞士卒，军心已离。

---

① 原作"愿典首刖足"。据《资治通鉴》初平三年改。
② 原作"昔汉武不杀司马迁，后使作史，谤书留于后世"。据《资治通鉴》初平三年改。
③ 原作"方今国祚终衰"。据叶逢春本改。
④ 原作"国之所纪也"。据叶逢春本改。
⑤ 原作"邕哭卓尸故自不回"。据汤本《三国》改。
⑥ 原作"逃居陕西"。据《三国志·魏书·董卓传》改（陕西成为行政区划是在宋代）。
⑦ 原作"遂流言于西凉州曰"。此时李傕等在陕县，不在凉州，但其部多凉州人。
⑧ 原作"西凉州兵"。汉代只有凉州，而无"西凉州"，宋代始置西凉府。

第十八回　李傕郭汜寇长安

次日,吕布进兵,牛辅来迎。量辅如何敢与吕布对敌,牛辅遂大败而走。是夜,牛辅唤心腹人胡赤儿商议。辅曰:"我素知吕布骁勇,必不能敌。不如暗藏金珠,与亲随三五人,弃了败军自去。"胡赤儿应允。是夜,辅与赤儿随行三人,各带金珠,弃营而走。将渡一河,赤儿欲谋金珠,杀死牛辅,将头来献吕布。布问情由,从人出首:"胡赤儿谋杀牛辅,夺其金宝。"布怒,将赤儿等尽诛之。

布引军前进①,正迎李傕军马。两阵圆处,吕布觑李傕等如无物,挺戟跃马,直冲过来。傕部下将士如何可当,傕军大乱,退走五十余里,守住山口,请郭汜、张济、樊稠商议。傕曰:"吕布勇猛虽不可当,智谋不足为虑。我引军守住谷口,每日诱他厮杀。郭将军可领兵抄去布后,日夜攻击,效彭越挠楚[四]之法,鸣金进兵,擂鼓收兵,使布两下不相顾。张、樊二位却分兵两路,径取长安。吕布首尾救应不迭,必然大败。"众用其计。

却说吕布勒兵到山下,李傕引兵搦战。布忿怒,冲杀过去,傕退走去。山上矢石如雨,布军不能进。阵后郭汜军杀来。布急回,鼓声大震,汜军已退。锣声响处,布军未收,傕又来战。未及对敌,背后郭汜军又杀来。及至吕布回,擂鼓收军去了。或是半夜,或早或晚,郭汜又背后挠乱,前面李傕不时搦战,吕布欲战不得。

长安城中飞报吕布:"张济、樊稠两路军杀来城下,无人可敌。"布急领军回。背后李傕、郭汜杀来,布军多有投顺李、郭者。因此,吕布失势。比及到长安城下,四下军兵,云屯雾集,围定城池,晓夜攻打。吕布但引军冲出,一声喊起,都往李傕军中投拜。布心中甚忧。

围及十日,董卓故部曲李蒙、王方②在城中守把,献了城池,四路军一齐拥入。吕布左冲右突,拦当不住,引数百骑往青琐门外。布呼王允曰:"贼兵势急,切难抵敌,请司徒上马,同出关去,别图良策。"允曰:"若蒙社稷之灵,得安国家者,吾之愿也;若不获已,则允奉身以死朝廷。幼主恃我而已,临难苟免,吾不为也。努力谢关东诸公,以国家为念!"布劝王允,允死不肯去。但见各门火焰竟天,吕布弃却妻小,引百余骑飞走出关,投奔袁术去了。

李傕、郭汜纵兵大掠,放火杀人,淫人妻女,无所不为。太常③种拂,引家奴数人与贼死战,乱箭射死于南宫掖门。韦昭曰:"宫中小门,在正门之旁者,谓左右掖门。"太仆鲁馗音奎、大鸿胪周奂、城门校尉崔烈、越骑校尉王颀,皆死于国难。贼兵围绕内庭至急,近侍请天子上宣平门上。三辅黄图云:"长安都城十二门,东出北头第一门曰宣平,民间所为东都也。"李傕等望见黄盖,与军士同呼万岁。献帝倚楼而问曰:"卿等不候奏请,辄入长安,欲何为乎?"傕、汜仰面奏曰:"董太师乃陛下社稷之臣,王允设谋而杀之,臣等特来报仇,非敢造反。但见王允,臣请便退兵。"时王允在帝侧闻之,奏曰:"臣本为社稷之计。事已至此,陛下不可惜臣,以废国家。臣请下见二贼,以舒国难。"帝徘徊不忍。允自宣平门上跳下④,大呼曰:"王允在此!"李傕拔剑近前,叱之曰:"董太

---

① 原文无主语"布"字,据文意加。
② 原作"董卓下部曲李蒙、王方"。"下部曲"不可解,据《三国志·魏书·董卓传》改。
③ 原作"太常卿"。据《后汉书·百官志》改(北魏始称太常卿)。太常,九卿之一,位居九卿之首。职掌宗庙祭祀及朝会、丧葬礼仪,祭祀时充当主祭人皇帝的助手。秩中二千石。三国时为第三品。
④ 原作"允自宣平门下跳出",与上文"在帝侧"不合。据叶逢春本改。

师有何罪恶,你设谋杀之?"允曰:"董贼之恶,弥天亘地,不可胜言。受诛之日,长安士民皆相庆贺,岂得无罪耶?"郭汜大怒曰:"董太师有罪,我等有何过恶,不蒙赦也?"二贼手起,将王允杀于楼下。史官有诗赞曰:

> 王允运机筹,奸臣董卓休。
> 心怀家国恨,眉锁庙堂愁。
> 英气连霄汉,忠诚贯斗牛。
> 至今魂共魄,犹绕凤凰楼。

宋贤有诗赞允曰:

> 屈膝家妓为汉君,宣平楼下毁奸臣。
> 可怜定国安邦志,血污锋芒哭万民。妓,平声。

又后人哭允诗曰:

> 历睹兴亡事,无如汉献时。
> 虽居宫阙内,好似棘荆围。
> 董卓持权日,生灵欲倒颓。
> 貂蝉思报效,王允立朝仪。
> 天意无私曲,奸邪如槿枝。
> 何期贼李郭,兵犯凤凰池。
> 帝主临轩顾,忠良楼下支。
> 片言分善恶,一死万民悲。
> 英气光山岳,芳名播四夷。
> 至今千载下,莫不纪余思。

后人又诗赞曰:

> 四海瓜分汉世倾,天生董卓起嚣尘。
> 罪盈恶贯迷声色,积玉堆金作富人。
> 报主貂蝉真义烈,匡君王允实忠贞。
> 贼徒李郭恣横日,廊庙[五]惭无死节臣。

又诗赞貂蝉曰:

> 养育人才扶致治,食人衣禄报人恩。
> 汉朝累世簪缨[六]辈,不及貂蝉一妇人!

论曰:

> 士虽以正立,亦以谋济①。若王允之推董卓而引其权,伺其间而散其罪,当此之时,天下悬解矣。而终不以猜忤为衅者,知其本于忠义之诚也。故推卓不为失正,分

---

① 原作"以谋济"。据《后汉书·王允传》,加"亦"字。

第十八回　李傕郭汜寇长安

权不为苟冒,伺间[七]不为狙诈①。及其谋济意从,则归成于正也。

赞曰：

　　陈蕃芜室②,志清天纲。人谋虽缉,幽运未当③。言观殄瘁,曷其云亡？子师图难④,晦心倾节。屈意于卓。功全元丑[八],身残余孽[九]。时有隆夷,事亦工拙[一〇]。诛卓后被杀焉。

王允被害,宗族数十人斩于市。城中老幼但知者,无不下泪。李傕、郭汜寻思道："这里不杀天子,夺取汉朝,更待何时？"二贼仗剑杀入内来。汉天子性命如何,且听下回分解。

【注释】

[一] 武帝不杀司马迁：天汉二年(前99),李陵出击匈奴,战败而降。司马迁为之辩解,触怒武帝,下狱,虽未被杀,却遭宫刑。

[二] 讪议：讥讽指责。

[三] 亭长：吏名。汉代乡间十里设一亭,亭长负责治安。

[四] 彭越挠楚：彭越,西汉开国功臣,楚汉相争时,常以游兵绝楚军粮饷,牵制了项羽。

[五] 廊庙：即庙堂,指朝廷。

[六] 累世簪缨：世代做官。簪缨,簪和缨,古时达官贵人的冠饰,用来把冠固着在头上,因代指做官者。

[七] 伺间：利用矛盾,钻空子。

[八] 功全元丑：指成功地诛灭董卓。元丑,元凶。

[九] 身残余孽：指王允本人被董卓余党李傕、郭汜杀害。

[一〇] 事亦工拙：王允诛灭董卓,做得很巧妙；被李傕、郭汜杀害,则处理得比较笨拙。

---

① 原作"伺间不为㤚诈"。据《后汉书·王允传》改。狙诈,狡猾奸诈。

② 原作"陈蕃无室"。据《后汉书·陈蕃王允列传》篇末《赞》改。芜室,指陈蕃年轻时"庭宇芜秽",而宣称："大丈夫处世,当扫除天下,安事一室乎！"

③ 原作"幽运太常"。据《后汉书·陈王列传》篇末《赞》改(此二句意为：陈蕃诛灭宦官的计谋虽然不错,但运气却不佳)。

④ 原作"子师国难"。校改依据同②。

第十九回　李傕郭汜杀樊稠

　　李、郭二贼欲杀献帝,张济、樊稠谏曰:"不可。今日若便杀之,恐众诸侯不服。且留为主,赚诸侯入关,先去其手足,杀之未迟,天下自然属我等也。"李、郭曰:"然。"按兵不退,纵容军士在城中掳掠。帝在楼上与李、郭曰:"王允已伏其诛,军马何故不退?"李、郭曰:"虽已报仇,未蒙恩赦,故不即退。"帝随降赦,军又不退①。帝又问李、郭,李、郭曰:"臣等力扶朝廷②,未蒙赐爵。"帝曰:"任卿所欲,寡人封之。"李、郭写职衔入朝,勒要如此官爵③。帝即从之:李傕为车骑将军、池阳侯,领司隶校尉,假节钺;将军本无节,假之以节者,欲以重其威也。节,《释名》:节,毛上下相重,取象竹节。《光武本纪》注:节以竹为之,柄三尺,以旄牛尾为之,其毛三重。《苏鹗演义》曰:古者,节长二尺。秦、汉以下,改为旌旛之形,后世渐长数尺。节,操也,谓持节者必尽人臣节操。《传》:张志反以木为之,长尺五寸。书符又上,又以一板者,楷封以御史印章,所以为信。郭汜为后将军、美阳侯,假节钺,同秉朝政④;樊稠为右将军、万年侯;张济为镇东将军⑤、平阳侯,领兵屯弘农〔一〕地名。其余李蒙、王方等,各为校尉。然后谢恩了,方始领兵出城,禁住劫掠。

　　李、郭等追寻董卓尸首,止获得些小皮骨,用香木雕成董卓形体;大设祭祀,修陈功德,用王者衣冠棺椁,富盛不可尽言。选良辰吉日,迁葬郿坞。临葬之夜,天降大雷雨,平地水深数尺,霹雳震开卓墓,尸首提出棺外⑥,皮骨皆为粉碎。李傕候晴再葬,是夜又复如是。三葬皆废。岂无天地神明乎?

　　傕、汜既掌大权,残虐百姓。后史官有诗曰:

　　　珪、让〔二〕诛夷卓又狞音能,诸侯还以卓为君。
　　　九州鼎沸言诛卓,卓死何曾肯罢兵!

　　二贼吩咐心腹人,侍帝左右,看其动静,如有不顺者,皆斩之。献帝此时度日如年。朝廷官员,并由二贼升降。当年傕、汜宣朱儁入朝,拜为太仆,同领朝政。

　　一日,人报自西一路军马,枪刀如雪霜,旗旛飞锦绣,兵约有十余万,飞奔长安而来。李、郭探知乃是凉州刺史,伏波将军马援〔三〕之后,姓马,名腾,字寿成;并州刺史韩遂。二将领军来诛傕、汜,却密使人暗地入长安来,与侍中马宇、谏议大夫种邵、左中郎将刘范三人为内应,

---

① 原文无"帝随降赦,军又不退"句。据汤本《三国》加。
② 原作"臣等力扶汉朝",不合当时口吻,故改。
③ 原作"勒要如此官品"。将军为"官",侯为"爵"。
④ 原作"任其行事也,同秉朝政"。"任其行事也"隔断文气,删去。
⑤ 原作"张济为骠骑将军"。如此,则张济位在李傕、郭汜之上,误。据《后汉书·献帝纪》、《后汉书·董卓传》,张济此时为镇东将军,兴平二年(195)始为骠骑将军(第二六回写到"诏拜张济为骠骑将军开府")。
⑥ 原文无"尸首"二字,据文意加。

第十九回　李傕郭汜杀樊稠

共谋傕、汜。三人密奏献帝，拜马腾为征西将军[四]，韩遂为镇西将军[五]，敕并力讨贼。

却说傕、汜、济、稠一同商议，未有良策。谋士贾诩曰："马、韩二军远来，利在速战。若深沟高垒，坚守而拒之，彼兵不过百日，粮食尽绝，自然遁去。却引兵自后追之，二将可擒矣。"李蒙、王方出曰："此非好计。愿借精兵万人，立斩马腾、韩遂之头，献于麾下。"贾诩曰："若战必败。"李蒙、王方曰："若吾二人败，愿献六阳魁首[六]。"贾诩曰："汝若战胜而回，吾却输首级与汝。"各纳下军令状。诩曰："长安西二百里，地名盩厔[七]音周质。山峻路险，可以屯军。张、樊两将军坚壁守之，李蒙、王方引兵于此隘口迎敌。长安城中，拨军马钱粮应付。"傕、汜大喜，点兵一万五千人马与李蒙、王方。

二人欣喜而去，离长安二百八十里，扎住大寨。凉州兵到，两个引军迎至。凉州军马拦路摆开阵势，马腾、韩遂联辔而出。李蒙、王方在门旗下大骂曰："马腾！你是何处官军，敢来扰我汉臣？"马腾曰："反国之贼，尚敢胡支！谁去擒之？"言未绝，一将军阵中飞出。这个少年将军，面如琢玉，眼若流星，虎体猿臂，彪腹狼腰。扶风茂陵[八]人也，马腾之子，名超，字孟起，时年一十七岁。手持长枪，坐下骏马，跑出阵前。王方明欺马超年幼，跃马横枪，径来迎敌。两般兵器起处，战不到数合，一枪刺王方于马下。马超勒马回阵①。李蒙见刺死王方，一骑马从马超背后赶来。超已知道，故意俄延。蒙举枪搠入来，马超一头闪在侧边，李蒙搠个空，马奔入来，两鞍相并，早挟了过去。初，李蒙见王方被搠死，超回阵②，蒙后赶来。马腾大叫："有人暗算吾儿！"声犹未绝，李蒙早被马超生擒在马下。军士无主，望风奔逃。韩遂杀散军士，将李蒙斩首。此是马超第一场厮杀。史官有诗曰：

　　威镇凉州立大功，潼关大战最英雄③。
　　钢枪举处王方死，手到之时丧李蒙。

凉州兵得胜④，雄兵直逼隘口下寨。

李傕、郭汜听知李蒙、王方皆被马超杀了，方信贾诩有先见之明，重用其计，只理会紧守关防，从他搦战，并然不出。果然凉州军未及两月，粮草俱乏，商议回军。

长安城中马宇家僮告变，言马宇等外连马腾、韩遂，欲谋内应外合。李傕、郭汜大怒，尽收马宇、刘范、种邵三家老小良贱，于市斩之，把三颗首级直来马、韩寨前号令。马腾、韩遂计议："粮尽军慌，内应已泄，不如早回。"一面退军。李傕、郭汜令张济一军赶马腾，樊稠一军赶韩遂。马腾、韩遂二人分兵起身，前军已远，后军不曾提备，张济、樊稠生力军赶来，凉州军大败。马超在后死战，张济不敢去追。樊稠去赶韩遂，看看赶上，相近陈仓[九]地名。遂勒马回，迎樊稠而言曰："故乡之人，何如此无情？"樊稠也勒住马而答曰："上命不可违也。"韩遂曰："天地反覆，未可知也。吾此来为国家。吾与汝同州之人，今虽小失，后图大会。万一有不如意时，还

---

① 原作"马超亦勒马回阵"。据叶逢春本，删去"亦"字。
② 原作"蒙见超回阵"。据叶逢春本，删去"蒙见"二字。
③ 原作"渭桥六战最英雄"。"渭桥六战"误，参见第一六〇回。
④ 原作"西凉州得胜"。据文意改。

可相见乎？"樊稠回心，拍马向前，与韩遂答话而别。樊稠收兵回寨。马腾、韩遂复回凉州去了。

李傕兄之子李利①恨樊稠，见和韩遂耳语，回报其叔曰："樊稠追韩遂到陈仓，被韩遂叫声乡人，稠立马遂与共语，不知说甚，但见意爱甚密。"李傕大怒，欲便兴兵讨稠。贾诩曰："目今人心未宁，频动刀兵，深为不便。但设一宴，请张济、樊稠言功，只消就席间擒而斩之。"李傕深喜，便令请张济、樊稠。

二将欣然赴宴。饮酒将半阑，李傕曰："韩遂近有书来，言樊稠欲造反，何不就此擒之？"稠大惊失色，口未及言，刀斧手拥出，斩头于案下。张济俯伏于地。李傕扶起而言曰："樊稠欲害吾，故先下手。君乃心腹之人，何惊惧哉？"就将樊稠军拨与张济管领，尽欢而别。后人有诗曰：

　　龙争虎斗甚时休？朝若宾朋暮寇仇。
　　递互相吞何日了？天教李傕杀樊稠。

张济回弘农去了。李傕用贾诩为尚书仆射。诩字文和，武威姑臧[一〇]人也后为魏臣。李傕、郭汜自战败凉州兵，诸侯莫敢兴兵。贾诩屡谏李、郭，使行仁义，纳天下贤士。李、郭顺从之。自是朝廷微有生意。

献帝方始稍安，青州黄巾又起，聚众百万，头目不等，将兖州牧刘岱杀讫，劫掠良民。太仆朱儁保举一人，可破群贼。李傕、郭汜问于儁曰："冲要[一一]之地，非当世英雄，莫能据也。今黄巾鼎沸，谁可安之？"儁言出此人，教天下不属炎汉②。此人是谁？

【注释】

[一] 弘农：郡名。属司隶州。治所在弘农县（今河南灵宝北）。
[二] 珪、让：指宦官段珪、张让。
[三] 马援（前14—后49）：东汉初名将。官至伏波将军，封新息侯。有名言"男儿要当死于边野，以马革裹尸还葬"。
[四] 征西将军：征东、征西、征南、征北等"四征"将军之一。职掌征战讨伐。本系杂号将军，位在左将军等常设将军之下。三国时成为常设将军，官位上升为第二品。
[五] 镇西将军：镇东、镇西、镇南、镇北等"四镇"将军之一。职掌征战讨伐。本系杂号将军，位在左将军等常设将军之下。三国时成为常设将军，官位上升为第二品，位次"四征"将军。

---

① 原作"李傕兄之子李别"。据《三国志·魏书·董卓传》注引《九州春秋》，"李别"系"李利"之形误，故改。
② 原作"教天下人不属炎汉"。据文意，删去"人"字。炎汉，指汉朝，因汉朝自称得火德而兴，故称炎刘或炎汉。

[六] 六阳魁首：中医诊脉，有手三阳、足三阳六脉，合称六阳。六阳脉集中在头部，故称头为六阳魁首。
[七] 盩厔：县名。西汉置，东汉省。故城址在今陕西周至东。
[八] 扶风茂陵：今陕西兴平东北。扶风，即右扶风，郡名，属司隶州，治所在槐里（今陕西兴平东南）。
[九] 陈仓：县名。属司隶州右扶风郡。治所在今陕西宝鸡东。
[一〇] 武威姑臧：今甘肃武威。武威，郡名，属凉州，治所在姑臧。
[一一] 冲要：军事或交通上重要的地方。

第二十回　曹操兴兵报父仇

朱儁曰："要破青、兖群贼①，必须得曹孟德方可。"李傕曰："今在何处？"儁曰："自扬州募兵，濮阳[一]破贼，攻于毒于东武阳②，击匈奴于内黄[二]，皆获全胜。见引兵于东郡权郡事③。差人就命曹孟德破青、兖群寇④，可克日而定也。"傕大喜，星夜差人赍赏赐，命东郡太守曹操与济北相鲍信一同破贼。操领了圣旨，会合鲍信，一同兴兵，击贼于寿张⑤。鲍信杀入重地，被贼所害，尸首不知何处。操追赶贼兵直到济北，降者万数。操因得贼作前驱，马到处，无不宾服。不到百余日，操招安到降兵三十余万、男女百余万口。收到精锐者，号为"青州兵"，其余百姓尽皆屯田。曹操自此威权日重，四方之士，归顺者多。此是初平三年冬十二月。捷书报到长安，李傕加曹操为兖州牧⑥。操驰表称谢。

操在兖州，招纳贤士。有叔侄二人来投操，乃颍川颍阴[三]人也。其叔乃济南相荀绲之子⑦，姓荀，名彧音育，字文若，人称王佐之才，时年二十九岁。旧从袁绍，见绍非成大事之人，因此投曹操。曹操一见，遂与谈论兵书战策、当世急务。曹操大喜曰："吾之子房也！"以彧为司马⑧。其侄乃汉末海内名士，何进拜黄门侍郎，见董卓专权，弃官归乡，后与叔事曹操；姓荀，名攸，字公达。操以为军师⑨。曹操得此二人，朝暮讲论不倦。荀彧劝操纳士招贤，卑礼厚币，四方求之。彧曰："某闻刘岱有一贤士，胜某十倍。岱亡，今日不知何在。此人乃东郡东阿[四]人也；身长八尺三寸，美须，眉清目秀；姓程，名昱，字仲德。"操曰："吾亦闻名久矣。"遂遣人于乡中寻问，果得消息，于山中读书。操拜请之。程昱来见，曹操大喜。昱谓荀彧曰："某乃孤陋寡闻之士，何错荐于明公？公之乡中有一大贤，何不请来以助明公乎？"彧问是谁，昱曰："颍川阳翟[五]人也，姓郭，名嘉，字奉孝。"彧乃猛省曰："吾失算计也！"遂启操征聘郭嘉。嘉到兖州，共论天下之事。操言："使吾成大事者，必此人也。"嘉亦对人曰："此真吾主也。"郭嘉荐光武嫡派子孙，淮南成德[六]人也；智谋兼全，文武足备；十三岁与母报仇，手杀仇人头，拜于墓前；二十余岁在扬州席间，砍杀刚强郑宝，名闻淮海；姓刘，名晔音叶，字子扬⑩。操一见大喜。晔荐出二

---

① 原作"要破山东群贼"。东汉时"山东"泛指崤山或华山以东广大地区，此处仅指青、兖二州，故改。
② 原作"攻于毒于武阳"。据《三国志·魏书·武帝纪》改。
③ 原作"见引兵于东郡权州事"。东郡仅为兖州之一郡，"权州事"不通，故改。
④ 原作"差人就命曹孟德方可，领兖州牧，破山东群寇"。据①及下文改。
⑤ 原作"击贼于寿阳"。据《三国志·魏书·武帝纪》改。叶逢春本正作"寿张"。
⑥ 原作"加曹操为镇东将军"。据《三国志·魏书·武帝纪》改。
⑦ 原作"其叔济南荀昆之子"。据《三国志·魏书·荀彧传》，"济南荀昆"当作"济南相荀绲"；为免混淆，加一"乃"字。
⑧ 原作"以彧为行军司马"。东汉三国无"行军司马"官职，据《三国志·魏书·荀彧传》改。
⑨ 原作"操以为行军教授"。东汉三国无"行军教授"官职，据《三国志·魏书·荀攸传》改。
⑩ 原作"字子阳"。据《三国志·魏书·刘晔传》改。

人:一个是山阳昌邑[七]人也,姓满,名宠,字伯宁;一个是任城人也①,姓吕,名虔,字子恪。曹操亦素知这两个名誉,就以为军中从事。满宠、吕虔共荐一人,乃陈留平丘[八]人也,旧依刘表,见表不明,隐于鲁阳[九],姓毛,名玠,字孝先。曹操以为从事。

有一将,引军数百人来投曹操,乃泰山巨平[一〇]人也,姓于,名禁,字文则。操见其人弓马熟闲,武艺出众,命为军司马②。操每日称于禁之能。夏侯惇引一大将来参见,礼毕,操与诸官皆大惊。其人形貌魁梧,身材雄伟。操问之,惇曰:"此人乃陈留人也,姓典,名韦。旧跟张邈,与帐下人不和,手杀十数人,而逃窜于山中。惇出射猎,见一大汉,逐虎过涧,即典韦也。收留军中久矣。今见主公夸逞将才,某故献上。"操曰:"吾观此人,一表非俗,必有智力。"惇曰:"幼年与友人刘氏报仇,杀李永全家,提头直出闹市,数百人皆不敢近视。今所使军器两枝铁戟,重八十斤,臂上挟之。飞马刺人,如同无物。"操不信。惇令韦使之,挟戟骤马,上下如飞。操愕然曰:"真天神也!吾若早知,岂肯沉溺乎?"帐下一面大旗,上下使绒绳牵之,中有大汉一人,挟执旗杆,时值大风,旗军欲倒。典韦向前喝退众军,解去绒索,止用一手执定旗杆,立于风中。操曰:"此古之恶来也!"恶来,纣王时人,极有气力。遂命为夏侯惇部司马③,解身上细白锦袄,骏马雕鞍以赐之。

因是曹操势大,威震兖州④。文有谋臣,武有猛将,翼卫左右,共图进取。谋士有荀彧、荀攸、程昱、郭嘉。文武兼全有刘晔、毛玠、满宠、吕虔、乐进、李典。武将有夏侯惇、夏侯渊、曹仁、于禁、典韦。多有部下之人,不及一一书名。有青州精兵三十万。管领一应钱粮,旧有一人,乃河南中牟人也,姓任,名峻,字伯达。

曹操既领大军,屯扎兖州,营寨厅堂⑤,尽皆完备。乃遣泰山太守应劭,往琅琊国⑥,琅琊,今益都路沂州,本汉琅琊国。《括地志》云:今兖州、沂州、密州,皆古琅琊地也。取父曹嵩。嵩自陈留避难,隐居于此,当下与子曹德⑦一家老小四十余人,带从者百余人,车乘百余辆,驴骡马匹极多,径望兖州而来。道经过徐州界,州牧陶谦⑧,字恭祖,丹阳[一一]人也,平生温厚纯笃,人皆敬之。谦知曹操势大,意欲结识,正无其由,听知操父经过,遂出境迎接,再拜致敬,如父事之,大设筵会。住了两日,谦差都尉张闿,将部兵五百护送曹嵩老小前去。闿随车仗,谦送出郭自回。

嵩前行到华、费间,华、费二县皆属泰山郡。费,音秘。时夏末秋分,大雨骤至,望华、费间投一古寺宿歇。寺僧三五人,邀于方丈安顿宅眷。张闿军马屯于两廊。雨湿衣装,军士皆怨。张闿唤手下头目于静处商议曰:"我等本是黄巾余党,如今依傍陶谦处,无采取钱物。你们见押着

---

① 原作"一个是武城人也"。据《三国志·魏书·吕虔传》改。任城,王国名,属兖州,治所在任城(今山东济宁东南)。
② 原作"命为点军司马"。据《三国志·魏书·于禁传》,删去"点"字。
③ 原作"遂命为帐前都尉"。据《三国志·魏书·典韦传》改(第二十三回方写到加典韦为都尉)。
④ 原作"威震山东"。承第80页校记①改。
⑤ 原作"营寨所掌",不通。据郑本《三国》改。
⑥ 原作"往琅琊郡"。据《后汉书·郡国志》,琅琊东汉时为王国,而非郡。
⑦ 原作"与弟曹德"。据《三国志·魏书·武帝纪》注引《世语》,曹德系曹嵩之弟,即曹操之子。
⑧ 原作"太守陶谦"。据《三国志·魏书·陶谦传》,陶谦时为徐州牧。

车乘,欲得富贵不难。今夜三更,只推贼到来,把曹嵩一家杀了,取了许多钱物,同往山中落草,却不是好?"众皆应允。是夜,风雨未息,曹嵩在方丈中,忽闻四壁喊声大举。曹德提剑出看,就被搠死于法堂。曹嵩引一妾奔入方丈后,欲过墙走;妾肥胖不能出,嵩与妾躲于厕中,被乱军所杀。应劭引数十人出寺,去投袁绍。张闿杀尽曹嵩全家,取了财物,放火烧寺,与五百人逃奔淮南去了。

应劭部下①有逃命的军士,飞报操。操听知全家被杀,遂哭倒于地。夏侯惇等救起,曰:"此是陶谦纵令军士如此,可令人问罪。"曹操切齿曰:"杀父之仇,极天际地,如何不报!吾起大军尽赴徐州,所辖之地,草木不留,吾之愿也!"留荀彧、程昱领军马三万人守鄄城[一二]音绢城、范县[一三]、东阿三县,其余尽起。教夏侯渊、于禁、典韦为先锋。操令但得城池,尽皆杀戮,以雪父仇。

时陈宫为东郡从事,与陶谦最好,知曹操起兵报仇,尽杀百姓,慌忙星夜前来见操。操想旧日之恩,请入帐中,然亦不赐坐。宫曰:"今闻明公尽起大兵,下徐州报尊父之仇,所到尽杀百姓,某因此特来进言。陶谦乃仁人君子,非刚强好利之辈,中间必有缘故。且州县之民皆大汉百姓,与明公有何仇恶?杀之不祥。望三思然后行之,幸甚。"操大怒曰:"汝昔时弃我而去,今有何面目相见?陶谦杀吾一家,誓当摘胆剜心以祭之。汝与陶谦有旧,何敢阻我军心?"宫默然而去曰:"吾亦无面目为汉之官也!"驰马来投陈留太守张邈。邈待宫为上宾。

且说操大军所到之处,鸡犬不留,山无树木,路绝人行。陶谦在徐州,闻曹操起大军②来报父仇,仰天恸哭曰:"我获罪于天,致使徐州之民受此大难!"又闻操尽杀徐州四下郡县百姓③,以孤徐州之势,谦大骂张闿曰:"逆贼贪财,遂害及生灵!"急聚众官商议。曹豹出曰:"既曹操兵至,岂可束手待死?某愿助使君以破之。"众官皆云:"豹言者是也。"陶谦不得不然,乃引军出境来迎。

谦望操军到时,前面如铺霜涌雪,起于白旗中间,灵幡二首,一书曹嵩名爵,一书曹德灵魂,大展"报仇雪恨"二旗。将军马列成阵势,曹操纵马出阵,身披缟素,甲擐花银④,含泪扬鞭大骂:"无端贼徒!敢伤吾父!"陶谦亦出马于门旗下,马上欠身与操施礼,曰:"谦本结好明公,故托张闿护送。不想贼心不改,致有此事。实不干陶谦之故,幸望明公怜察其情而恕之。"操大骂曰:"老匹夫!杀吾父,尚敢乱言!谁可生擒老贼,享祭灵魂?"夏侯惇应声而出。陶谦慌走入本阵。夏侯惇赶来,曹豹挺枪跃马,向前迎敌。二马相交,狂风大作,飞沙走石,折木拔树,军执旗幡尽皆颳倒。曹豹敌不住夏侯惇,回马便走。两军皆乱。曹操亦收兵屯住。

陶谦率军入城。谦与众计议曰:"吾观曹操势大难敌,吾命皆横亡,不可逃矣。当自缚前往操营,任其剖割,救徐州一州百姓之命⑤。"言未绝,一人进前而言曰:"使君久镇徐州⑥,人民

---

① 原作"应劭下"。据叶逢春本,补"部"字。
② 原作"闻曹操起大军马"。"马"字多余,删去。
③ 原作"尽杀徐州所辖之民并下四郡县百姓",语意重复。据叶逢春本改。
④ 原作"身穿缟素袍,甲擐花银铠"。据叶逢春本改。
⑤ 原作"救徐州一郡百姓之命"。徐州系州,辖五个郡、国,并非"一郡"。
⑥ 原作"府君久镇徐州"。刺史、州牧尊称"使君",郡太守方尊称"府君"。

感恩。今曹将军兵众虽广,未必便入城墙。使君与百官坚守勿出,某虽不才,愿施小计,教曹操死无葬身之地。"众人大惊,便问计将安在。毕竟斯人是谁,且听下回分解。

【注释】

[一] 濮阳:县名。属兖州东郡,系郡治所。故城址在今河南濮阳西南。
[二] 内黄:县名。属冀州魏郡。治所在今河南内黄西北。
[三] 颍阴:县名。属豫州颍川郡。治所在今河南许昌市。
[四] 东阿:县名。属兖州东郡。治所在今山东东阿西南。
[五] 阳翟:县名。系颍川郡治所。故城址在今河南禹县。
[六] 淮南成德:今安徽寿县东南。淮南,曹魏所置郡名。属扬州。
[七] 昌邑:县名。系山阳郡治所。故城址在今山东巨野东南。
[八] 平丘:县名。属兖州陈留郡。治所在今河南封丘东。
[九] 鲁阳:县名。属荆州南阳郡。治所在今河南鲁山。
[一〇] 巨平:县名。属兖州泰山郡。治所在今山东泰安南。
[一一] 丹阳:郡名。属扬州。治所在宛陵(今安徽宣城)。
[一二] 鄄城:县名。属兖州济阴郡。曹操移兖州治所于此。故城址在今山东鄄城北。
[一三] 范县:县名。属兖州东郡。治所在今山东范县东南。

卷之三

第二十一回　刘玄德北海解围

　　却说献计之人，乃东海朐[一]音渠人①，姓糜，名竺②，字子仲。此人家世富豪，庄户僮仆等万余人。糜竺尝往洛阳买卖回归，坐于车，路旁见一妇人，甚有颜色，来求同载。竺乃下车步行，让车与妇人。妇人再拜，请竺同载。竺上车，目不邪视，并无调戏之意。行及数里，妇人辞去，临别对竺曰："我天使也，奉上帝敕，往烧汝家。感君见待以礼，故私告耳。"竺曰："娘子何神也？"妇曰："吾乃南方火德星君[二]耳。"竺拜而祈之。妇曰："此天命，不敢不烧。君可速回，搬出财物。吾当夜来。"竺飞奔到家，搬出财物。日中，厨下果然火起，尽烧其屋。竺因此济贫拔苦，救难扶危。事出《搜神记》。后陶谦请为别驾从事。谦问解救之策，竺曰："某当亲往北海国③投托孔融，令起兵救援。更得一人往青州田楷[三]处求救。二路军马前来夹攻，操兵必退矣。"谦大喜，遂写告急书二封，商量青州教谁人可去。一人出曰："某愿往。"众视之，乃是广陵谋士，姓陈，名登，字元龙。谦喜，先遣陈元龙青州去了，然后命糜竺行。谦率众守城，以备攻击。操亦未敢轻逼城下，且去四下筑城，以孤下邳之势④。

　　却说北海孔融，字文举，鲁国曲阜[四]人也，孔子二十世孙，泰山都尉孔宙之子。自小聪明，人皆敬仰。年十岁时，去谒河南尹[五]李膺。膺乃汉代人物，等闲不能够相见，除非是当世大贤，通家[六]子孙，方能够到堂上。时融到门，告门吏曰："我是李君通家子孙⑤。"及至入见，膺问曰："汝祖与吾祖何亲也？"融曰："先君孔子与君先尊李老君，同德比义而相师友，则融与君累世通家也。"膺大奇之。少顷，太中大夫[七]陈炜至，膺因指融曰："此异童子也。"炜曰："小时聪明，大未必聪明。"融即应声曰："如君所言，幼时必聪明也⑥？"炜等皆笑曰："此子长成，必当代之伟器也。"自此得名。无书不览，海内称为"冠冕"。后为中郎将，累迁北海相。极好宾客，尝曰："座上客常满，樽中酒不空，吾之愿也。"在北海六年，甚得民心。

　　当日，正与客论曹操起兵报仇一节，侍人禀徐州糜竺至。融请入见了，动问云："故人此行，必有事焉？"竺出陶谦书，言："曹操攻围甚急，望明公垂救。"上项事说了。融曰："吾与陶恭祖最是厚交，况又子仲亲到，如何不去？只有一件，曹孟德亦与我无仇，况也甚厚。先遣人送书解和，如其不从，随即起兵。"竺曰："操倚仗兵威，必不以义为重。"融教一面点军，一面差人送书。言未毕，忽报黄巾贼党管亥，部领群寇约十余万飞奔前来。孔融大惊，点本部人马出城迎贼。管亥出马曰："吾知汝郡中粮广，可借一万石来，便退军士。不然，打破城池，老幼不

---

① 原作"乃东海朐人，居淮安"。"居淮安"于史无据，且淮安系隋以后地名，故删去。
② 原作"姓糜，名竺"。据《三国志·蜀书·糜竺传》改。
③ 原作"某当亲往北海郡"。据《后汉书·郡国志》，北海系王国，非郡。
④ 原作"以孤徐州之势"。此处非指徐州辖境，实指州治下邳县（今江苏邳县南）。
⑤ 原作"我李相通家子孙"。"李相"不当，据《后汉书·孔融传》改。
⑥ 原作"幼时必愚浊也"，与人物反讽口吻不合。据《后汉书·孔融传》改。

留!"孔融叱之曰:"吾乃大汉臣僚,守大汉城池,岂有粮米应付与贼耶!"管亥大怒,拍马舞刀,直取孔融。融背后一匹马迎之,乃北海骁将宗宝,挺枪而出。两马相交,战不到数合,宗宝被管亥一刀砍于马下。孔融兵大乱,奔入城中。管亥分兵四面围城。融见折了一员上将,心中郁闷。糜竺怀愁,更不可言。

此时孔融登城遥望,贼势浩大,倍添忧恼。忽见城外一人,挺枪跃马,杀入贼阵,左冲右突,如入无人之境,直到城下,大叫开门。孔融不识其人,不敢开门。贼首将赶到壕边,那员将回身一连搠十数人下马。融因急令开门,命骑将接引到城门内。

其人下马弃枪,径到城上,拜见孔融。融视其人,身长七尺七寸①,美髭髯,猿臂善射②,射不虚发。问其姓名,对曰:"老母重蒙恩顾。某昨夜自辽东[八]回家省亲,闻金鼓之声,知贼寇城。老母说:'屡受府君深恩,未尝识你。他今有难,你何不报之?'某故单马而来,报府君养母之恩。吾乃东莱黄县[九]人也,复姓太史,名慈,字子义。"孔融大喜。原来孔融知太史慈是个英雄,他母离城二十里住③,融常使人送米麦匹帛去。因此母教慈来。孔融重待太史慈,赠与衣甲鞍马。慈曰:"贼围城,如何得退?愿请精兵一千人,出城杀贼。"融曰:"汝虽英雄,贼众不可轻出。"慈再三请曰:"老母感君厚德,特遣慈来。如不能解此围,慈亦无颜见老母矣。愿决一死战④!"融曰:"此去不远,吾闻刘玄德乃当世英雄;若得他来,内外夹攻,此围自解。"慈曰:"府君修书,某当急往。"融喜,作书付慈收了,摆甲上马,腰带两弓,手持铁枪,饱食严装。

城门开处,一骑飞出。近壕,贼将数百骑来战,被慈搠三十人下马,余皆退走。慈杀开群贼,透围而出。管亥知有人出城,度料是求救,令数百骑赶来,八面围定。慈倚枪,拈弓搭箭,八面皆射之,射死数人⑤,应弦落马,贼皆退回。

太史慈得脱,星夜投平原县来。到县见刘玄德,施礼罢,尽言孔北海受围之事,令慈来求救,呈上书信。玄德看毕,问慈曰:"汝何人也?"慈曰:"太史慈,东莱之鄙人也⑥。与孔北海亲非骨肉,比非乡党,特以名志相好,有分忧共患之意。今管亥暴乱,北海被围,孤穷无处告救,危在旦夕。以君有仁义之名,能救人之危急,故北海区区⑦,延颈恃仰。慈冒白刃突围,从万死之中来,自托于君。惟君察之!"玄德闻言大惊,敛容[一〇]答曰:"孔北海知世间有刘备耶?"乃唤云长、张飞点精兵三千,往北海进发。

管亥望见救军来到,亲引勇壮之士前来迎敌。两边分布,管亥见玄德兵少,心中不惧,亲

---

① 原作"身长七尺五寸"。据《三国志·吴书·太史慈传》改。叶逢春本正作"七尺七寸"。
② 原作"猿背善射",系因"背"、"臂"音近而误。据叶逢春本改。
③ 原作"他母离城二十里都昌住",系作者误解史书所致(都昌距北海治所剧县二百余里)。据《三国志·吴书·太史慈传》改。
④ 原作"愿决一死敌"。据文意改。
⑤ 原作"射死数百人",不合情理。据《三国志·吴书·太史慈传》改。
⑥ 原作"东海之鄙人也"。据《三国志·吴书·太史慈传》改。
⑦ 原作"故北海令区区"。据《三国志·吴书·太史慈传》,删去"令"字。

自披挂,持刀立马于阵前。玄德、关、张、太史慈出。玄德骂曰:"无端逆寇,不思去邪从正,更待何时?"管亥忿怒直出。太史慈却待向前,一匹马早先飞出,河东解县人也①,文读《春秋左氏传》,武使青龙偃月刀。云长径取管亥。两马相交,众军大喊,正如燕雀之物,而慕冲天之栖;犬羊之蹄,而移近日之步:势不可为也。量管亥怎敌云长,数十合之中,青龙刀起,劈管亥于马下。太史慈、张飞两骑齐出,双枪并举,杀入贼阵。玄德驱军鼓噪掩杀。城上孔融望见太史慈引关、张赶贼,杀到城边,如猛虎入犬羊之群,纵横不可当也。融令驱兵各门突出,大败群贼,降者无数,余党溃散。

孔融迎接玄德入城,叙礼毕,大设筵宴。孔融引糜竺来见玄德,具言张闿杀曹嵩之事:"今曹操纵兵大掠,围住下邳②,特来求救。"玄德曰:"吾知陶恭祖乃诚实仁人君子,今受此无辜之冤。"孔融曰:"况玄德乃汉室宗亲。今曹操不仁,残害百姓,倚强欺弱,逼勒陶使君至急。吾祖云:'见义不为,无勇也!'公何不一同孔融去救徐州之难?心下若何?"玄德曰:"刘备非是推辞,争奈兵微将寡,不敢轻动。"孔融曰:"吾与陶恭祖有一面之旧,自倾城郭之钱粮去救此难。玄德公乃当世之豪杰,请以救我者救之。"玄德曰:"刘备愿往。请文举先行,容备去公孙瓒处再借三五千人马,随后便去。"融曰:"玄德公切勿失信也!"玄德曰:"公以备为何等人也? 圣人云:'自古皆有死,人无信不立。'刘备借得军或借不得军,必然至也。"孔融、糜竺拜谢。融教糜竺先回徐州去报,融便收拾起程。太史慈拜谢曰:"慈奉老母严命,前来赴难,今幸无虞。有扬州刺史刘繇与慈同郡,有书来呼唤,不敢不去,容图再见。"融以金帛相酬,慈不肯受,归见老母。母曰:"我喜汝有以报北海也!"遂遣慈往扬州去了。

不说孔融起兵。且说玄德投北地来见公孙瓒。礼毕,瓒曰:"贤弟何来?"玄德说救徐州事。瓒曰:"曹操与汝无冤,何故替人出力?"玄德曰:"备去以善言解之。"瓒曰:"操倚恃豪强,安肯听汝善言耶?"玄德曰:"备已许诺于人,岂敢失信?"瓒曰:"借与汝马步军二千。"玄德曰:"更望借赵子龙一行。"瓒许之。玄德遂与关、张引本部三千人为前部,子龙引二千军随后,迤逦往徐州来。

却说糜竺回报陶谦,言北海又请得刘玄德来助。陈元龙也回报青州田楷欣然领兵来救。陶谦心安。原来孔融、田楷两路军马惧怯曹操,远远依山傍岩,结下营寨,未敢轻进。曹操见两路军到,亦分了军势,不敢向前攻城。

却说刘玄德军到,见孔融。融曰:"曹操足智多谋,行军或进或退,未敢进战。且观其动静,然后行之。"玄德曰:"但恐城中无粮,难以久持。备令云长、子龙领四千军在公部下相助③,备与张飞杀奔曹营,径投下邳去见陶使君商议④。"融大喜,会合田楷为掎音机角之势,首尾连接,左孔融兵,右田楷兵,中云长、子龙领四千兵两边救应。

---

① 原作"蒲州解良人也"。蒲州系北周地名,解良(即解梁)系金代地名,混用不当。据《三国志·蜀书·关羽传》改。
② 原作"围住徐州"。徐州系州名,而非具体城名,此处实指州治下邳。
③ 原作"在融部下相助",不合刘备口吻(孔融年长于刘备,位望亦较高),故改。
④ 原作"径投徐州去见陶使君商议"。此时诸军已在徐州境内,此处实指州治下邳。

是日，玄德、张飞披挂上马，杀入曹操寨边，背后一千人马跟着。曹操二十余万大军，不下一处寨子。当日张飞在前，挺丈八蛇矛，飞马而来，伏路军兵望影而逃。正行之间，寨内一棒鼓声响处，马军步军如潮似浪，拥将出来。当头一员大将，勒马大喝："何处匹夫？却哪里去！"泰山巨平人也，姓于，名禁，字文则。张飞见了，更不答话，直取于禁。两马相交，众军呐喊，玄德勒马观看，胜负如何？

【注释】

［一］东海朐：今江苏连云港西南。东海，郡名，属徐州，治所在郯县（今山东郯城北）。
［二］火德星君：神话传说中主火的神。
［三］田楷：公孙瓒任命的青州刺史。
［四］鲁国曲阜：今山东曲阜。鲁国，王国名，属豫州。
［五］河南尹：官名。东汉以京都洛阳附近诸县为一行政区，称河南尹，相当于一郡；其行政长官亦称河南尹，主治京师。秩二千石。三国时为第三品。
［六］通家：世交。
［七］太中大夫：官名。光禄勋属官。职掌顾问应对。秩千石。三国时为第七品。
［八］辽东：郡名。属幽州。治所在襄平（今辽宁辽阳）。
［九］东莱黄县：今山东黄县东。东莱，郡名，属青州，治所在黄县。
［一〇］敛容：正容，表示庄重肃敬。

第二十二回　吕温侯濮阳大战

　　于禁与张飞战到数合,玄德掣双股剑,喝兵士大进。于禁败走。张飞当前追杀,直到下邳城下①。城上望见红旗白字,大书"平原刘玄德",陶谦急命健将开门,迎玄德一军入城。陶谦接着,共到府衙礼毕,设宴相待,一壁劳军。陶谦见玄德仪表非俗,语言如钟,心内大喜,急命糜竺取徐州牌印让玄德。玄德曰:"公何意也?"谦曰:"今天下扰乱,帝王懦弱,奸臣弄权,公乃汉室宗亲,正宜力扶社稷。老夫六旬之上,无德无能,朝夕不保。公名闻海宇,世之豪杰,可领徐州。谦自写表文申奏,望公勿得推阻。"玄德俯伏于地而言曰:"刘备虽汉朝苗裔,功微德薄,今受平原相亦不称职。今特为大义,暂来相助,何出此言?莫非疑刘备有吞并之心耶?若举此念,皇天不祐!"谦曰:"此实情也。"再三让牌印与玄德,玄德哪里肯受。玄德曰:"今曹兵已至此,无人解分。备作一书,令人送去。操若不从,厮杀未迟。"传檄三寨,按兵不动;差人赍书,以达曹操。

　　却说曹操在中军与诸将商议取徐州之策,人报下邳有战书到。操笑,拆缄而观之,刘备书也。书云:

　　　　备自关外得拜君颜,各天一方,不及趋侍。向者,尊父曹侯[一],皆因张闿之不仁也。陶恭祖乃诚实君子,闻知则肝胆皆裂。万望明公俯察衷情,回百万之雄兵,扫天下之大患,匡扶帝主,拯救黎民,乃社稷生灵之幸甚也!愿明公垂察焉!

曹操看书,大骂:"刘备何等之人,敢以书来劝我!中间有讥讽之意。可斩来使,而便攻城。"谋士郭嘉曰:"主公息怒。刘备远来救援,先礼后兵也。主公亦以好言答之,以慢备心;然后进兵攻城,可破也。"操回嗔作喜曰:"误怪刘玄德不早来与我相见,既以书到,容我裁答。"留来使于营中相待。此是曹操奸雄之略也。

　　正欲商议回书,流星马飞报祸事。操问之,报曰:"吕布自出武关去投袁术,术怪吕布反复不定,拒而不纳。投袁绍,绍纳之,与布共破张燕于常山。布自以为得志,傲慢绍手下将士,绍欲杀之。布引兵去投张杨,杨纳之。庞舒在长安城中私藏吕布妻小,送还吕布。李傕、郭汜知之,遂斩庞舒,写书与张杨,教杀吕布。吕布弃张杨,去投张邈。先是张邈弟张超,引陈宫去见张邈。宫说邈曰:'今雄杰并起,天下分崩。君以千里之众,当四战之地,抚剑顾盼,亦足以为人杰,而反受制于人,不亦鄙乎?陈宫刚直壮烈,见操屠城,内亦自疑,乃与超共叛操说邈。今曹军征东,其处空虚,而吕布乃当世英雄,无比之士,若权迎之,共取兖州,观天下之形势,随时变通,霸业可图矣。'张邈大喜,迎吕布为兖州牧。今布已据濮阳地名,诸郡县皆应之②,止有鄄城、东阿、范

---

① 原作"直到徐州城下"。徐州系州名,而非具体城名,此处指州治下邳。
② 原作"张邈大喜,迎吕布。今布已投之,以为天使机会,令吕布潜住兖州牧,以据濮阳"。语意错杂含混。据《三国志·魏书·吕布传》、《后汉书·吕布传》改。

县三处俱地名,被荀彧、程昱设谋定计,死守得住,其余皆休矣。曹仁屡战皆不能胜,特此告急。"操曰:"兖州有失,使吾无家可归也。"郭嘉曰:"主公正好卖个人情与刘备,善退军去复兖州,免致天下耻笑。"操然之,即时答书与刘备。书曰:

  操累世名家,父遭荼毒,安得不报?故勒兵问罪于陶谦,欲图灭族,以雪大冤。玄德帝室之胄,才德兼全,特遣书来,慰我天下之重,即日班师回守。略此以闻,别图后会。

曹操拔寨皆起。

且说来使回徐州,入城见谦,呈上书札,言曹操退军。谦大喜,差人分头请孔融、田楷、云长等军赴城,大会众官。军屯城外,将入赴席。谦命请玄德于高座,玄德再三辞让。酒至数巡,谦曰:"老夫年迈,精力衰乏。二子不肖,不堪国家重任。刘玄德帝室之胄,德广才高,可领徐州。老夫乞闲养病。"玄德曰:"孔文举令备来救援徐州,以义之故。今却据守,人不知者,以为大不义也。"糜竺曰:"今汉室陵迟[二],海宇颠覆,树功立业,正在此时。徐州殷富,户口百万,使君领此,不可辞也。"玄德曰:"此事决不敢当。"陈登进曰:"陶使君多病,不能署事,明公勿辞。"玄德曰:"袁公路四世三公,海内所归,近在寿春[三],何不以州与之?"陈登曰:"袁公路骄奢,非治乱之主。今以徐州军兵马步十万,上可以匡君济民,下可以辖地守境。使君若不听从,登亦未敢听使君也。"孔融曰:"袁公路冢中枯骨,岂忧国忘家者?何足介意!今日之事,天与不取,悔不可追。"玄德坚执不肯。陶谦抱玄德而痛哭曰:"君若舍我而去,吾死不瞑目!"关某曰:"既陶使君相让①,兄且权领州事。"张飞曰:"又不是强要他州郡。将牌印来,我收了,不由我哥哥不肯。"玄德曰:"汝等陷我于不义也,吾身死矣!"言讫,掣剑自刎。赵云夺了佩剑。谦曰:"如玄德公不从,此间近邑,名曰小沛[四],玄德若肯念我,屯军小沛,以保徐州,始终救援,未知台意若何?"众皆劝玄德留小沛,玄德从之。席散,赵云辞去。玄德不忍相离,更留二日。陶谦赏劳军已毕,孔融、田楷相别,各自领军去了。玄德与子龙执手临歧,意犹不舍。子龙拜于地曰:"云终不敢背公顾恋之德也。"洒泪上马,引二千军去了。玄德与关、张共来小沛,修葺城垣,招谕居民。

  却说曹操引军投兖州来,曹仁接着,言吕布势大,更有陈宫、高顺为辅,健将八人;已有濮阳等处,其鄄城、东阿、范县三处未得,乃是荀彧、程昱二人设计相连,死守城郭。操曰:"吾料吕布有勇无谋之辈,不足虑也。"嘉曰:"主公亦不可欺敌。"遂安营下寨。

吕布知曹操回兵,已过公丘②,召副将薛兰、李封曰:"吾欲用汝二人久矣。汝可领兵一万,坚守昌邑③。吾去破操。"二人应诺。陈宫知,急入见曰:"将军弃昌邑,将欲何往?"布曰:"吾欲屯兵濮阳,以成鼎足之势。"宫曰:"非也。薛兰必守昌邑不住。此去东北一百里,亢父路险④,

---

  ① 原作"既君相让"。承上文改。
  ② 原作"已过滕县"。滕县系秦代所置,汉代改名公丘,治所在今山东滕县西南。
  ③ 原作"坚守兖州"。兖州辖八个郡、国,此处指其原州治昌邑(今山东金乡西北)。
  ④ 原作"此去正南一百八十里,泰山路险"。泰山在昌邑东北三百余里,原文大误。承上文改。亢父,县名,属兖州任城国,治所在今山东金乡东北。

第二十二回　吕温侯濮阳大战

可伏精兵万余在彼。曹操闻失兖州，必然倍道而进。待其过半，一击可擒也。昔韩信欲破赵兵，渡井陉口[五]。广武君李左车说成安君陈馀曰：'今闻韩信乘势远斗①，其锋不可当也。今井陉之道，车不能方轨[六]，骑不能成列，略其势，粮食必在其后。愿假臣奇兵太史公曰："兵以正合，以奇胜。善之者出奇无穷，奇正相生，如环之无端。"魏武帝曰："先合战为正，后出为奇。正者当敌，奇兵则击其无备。"风后因黄帝兵法以乾、坤、艮、巽四间地，为天、地、风、雷四正；以水、火、金、木四阵，为龙、虎、鸟、蛇四奇。或以为正，或以为奇。奇正相生，如环之无端，不可终穷。唐李靖为十阵兵，曰四奇，曰八正。以步军为正，马军为奇。四奇取禀于大将，八正取禀于四奇。奇常居则卒然，遇敌则独处为首。因敌变化，循环无穷，此奇正之兵也。三万，从其间道，绝其辎重。足下深沟高垒而勿与战，彼前不得斗，退不得还，野无所掠，不十日，两将之头可悬于麾下。否则，必为二子所擒矣。'馀曰：'吾掌义兵二十万，并不用诈谋奇计。'不听李左车之言。韩信间视间视，间谍窥视而得之。知之，大喜，乃敢遂下。未至井陉口止舍，止舍，师古曰：舍，犹息也。夜半传发，《汉书音义》：传令军中使发。选轻骑二千人，人持一赤帜，从间道箪山音闭。依山自蔽。而望赵军，戒曰：'赵空壁逐我，疾入赵壁，拔其帜而易之。'令裨将传飧，音孙。裨，偏也。飧，小食也。谓立驻传飧而食，待破赵后方乃大食也。曰：'今日破赵会食。'乃使万人先行，出背水阵。赵军见，皆大笑。平旦，韩信建大将旗鼓，行出井陉口，赵开壁击之。大战良久，于是韩信、张耳佯弃旗鼓②，走水上军。赵果空壁逐之。水上军皆殊死战。韩信所遣骑驰入赵壁，拔赵帜，立汉帜。赵军已不胜，不能得信等，欲归壁③，见帜大惊，遂乱遁走。汉兵夹攻，大破之，遂斩陈馀，收败兵二十余万，而擒赵王歇。今日正用此断粮之计，将军察焉。"布曰："吾屯濮阳，别有良谋，汝岂知之！"遂不用陈宫之言，而用薛兰守昌邑而行。

曹操兵行至亢父险路，郭嘉曰："且不可进。若此处有伏兵，如之奈何？"曹操笑曰："吕布无谋之辈，故教薛兰守昌邑，而自往濮阳，安得此处有埋伏耶？"教曹仁领一军围昌邑："吾等进兵濮阳，速攻吕布。"人报操兵至近。陈宫谓布曰："今操兵远来疲困，当与速战，不可养成气力，急难退也。"布曰："吾自匹马纵横天下，何愁曹操耶！待他下住寨栅，吾自擒之。"

却说曹兵近濮阳，下住寨脚。次日，引众将出，陈兵于野。操立马于门旗下，遥望吕布兵到。阵圆处，吕布当先出马，左有陈宫，右有高顺。两边摆开八员健将，为头面如紫玉，目若朗星，年二十六岁④，官授骑都尉，雁门马邑[七]人也，姓张，名辽，字文远，勒马居于上首；第二个性如烈火，体若奔狼，官授骑都尉，泰山华人也⑤，姓臧，名霸，字宣高，腰悬双铜，跃马横枪。两将齐出，这两员大将，后来都降于曹操也。各引三员健将：郝萌、曹性、成廉、魏续、宋宪、侯成。布军五万，鼓声大震。操见吕布貌若天神，马如狮子，左右战将威风凛凛。操指吕布而言曰："吾与

---

① 原作"今闻韩信乘势远闻"。据《史记·淮阴侯列传》、《汉书·韩信传》改（原文因"斗"之繁体"鬬"与"闻"形近而误）。

② 原作"于是韩信、张耳半弃旗鼓"。据《史记·淮阴侯列传》改。

③ 原作"韩信所遣骑驰入赵壁，拔赵帜，立汉帜，水上军皆殊死战。赵军已失，馀等欲归壁"。据《史记·淮阴侯列传》、《汉书·韩信传》改。

④ 原作"年二十岁"。据《三国志·魏书·张辽传》推算而改。

⑤ 原作"泰山华阴人也"。泰山郡属兖州，华阴县属司隶州弘农郡，原文大误。据《三国志·魏书·臧霸传》改（"华"即华县，属泰山郡）。

汝自来无仇,何得夺吾州郡?"布曰:"汉家城池,诸人有分,偏你合得?何人去擒曹操?"言未毕,臧霸出马搦战。曹军内乐进出迎。两马相交,刀枪齐举①。战到三十余合,胜负不分。夏侯惇拍马便出助战。吕布阵上张辽截住。两对阵前厮杀,胜负未分。恼得吕布性起,挺戟骤马,冲出阵来。夏侯惇、乐进皆走。吕布掩杀,曹军大败,退三四十里。布自收军。

却说曹操输了一阵,与谋士郭嘉等商议。于禁曰:"某今日上山观望,濮阳之西,吕布有一寨,约无多军。今夜彼将谓我军败走,必不准备,可引兵一半劫之。若得寨,布军必惧。两下夹攻,此为上策。"操从其言,带曹洪、李典、毛玠、吕虔、于禁、典韦六将,选马步二万人,连夜从小路进发。

却说吕布寨中劳军,陈宫曰:"西寨是个紧要去处,倘或曹操袭之,奈何?"布曰:"他今日输了一阵②,如何敢来?"宫曰:"曹操是极能用兵之人,须防他攻其不备。"布拨高顺并魏续、侯成守西寨。

却说曹操见西寨果然兵少,四面突入,夺了寨栅。寨中兵四散奔走。四更以后,高顺恰好引军到,杀入西寨。曹操见败军复来,自引人马相迎,正逢高顺。三军混战。将及天明,正东鼓声大震③,人报吕布救军已到。操弃寨而走。背后高顺、魏续、侯成赶来,当头吕布亲自飞马来到西寨。于禁、乐进双战吕布不住。操望北而行。山后一彪军出,左有张辽,右有臧霸。操使吕虔、曹洪战之,不利。操望西而走。喊声大震,一彪军至,郝萌、曹性、成廉、宋宪四将拦住去路。操见四面八方围裹将来,众将皆在后面死战,操当先冲阵。梆子响处,箭如骤雨射将来。操急回,无计可脱,大叫:"谁人救我!"马军队里一将踊出,陈留己吾[八]人也,姓典,名韦,马上挺双铁戟,重八十斤,大叫:"主公勿虑!"下马插住双戟,取短戟十数支在手挟住,顾从人曰:"贼来十步,乃呼之!"典韦步行,低头冒箭而去。布军能射者数十骑近前。从人大叫曰:"十步矣!"又曰:"五步乃呼之!"从人曰:"贼至矣!"典韦飞戟刺之,一戟一人坠马,并无虚发,立杀十数人④。众皆奔走。典韦复回,飞身上马,挟二铁戟冲杀入去。郝、曹、侯、宋四将不能抵挡,各自逃去。典韦杀散敌军⑤,救出曹操。后人有诗赞曰:

　　铁戟双提八十斤,濮阳城外建功勋。
　　典韦救主传天下,勇猛当先第一人。

典韦救了曹操,众将随后也到,寻路归寨。

看看天色傍晚,背后喊声起处,吕布骤赤兔马、提方天戟赶来,大叫:"操贼休走!"此时曹军人困马乏⑥,口内烟生,面面相觑,各欲逃生。曹操性命如何,且听下回分解。

---

① 原作"双枪齐举"。在《演义》中,乐进所用兵器为刀。
② 原作"今日输了一阵"。承上文,加主语"他"。
③ 原作"正西鼓声大震"。上文明言寨在濮阳之西,吕布从濮阳来救,自应是"正东"。
④ 原作"立杀数十余人"。据上文"取短戟十数支在手挟住"改。
⑤ 原作"典韦杀散军"。据叶逢春本,补"敌"字。
⑥ 原作"此时人困马乏"。据上文,加"曹军"二字。

【注释】

[一] 曹侯：曹嵩嗣封费亭侯，故称。
[二] 陵迟：衰微。
[三] 寿春：县名。属扬州九江郡。治所在今安徽寿县。
[四] 小沛：即沛县。属豫州沛国。治所在今江苏沛县。
[五] 井陉口：太行隘口之一。在今河北井陉东。
[六] 方轨：并轨，两车并行。
[七] 雁门马邑：今山西朔县。雁门，郡名，属并州，治所在阴馆(今山西代县西北)。
[八] 己吾：县名。属兖州陈留郡。治所在今河南睢县东南。

第二十三回　陶恭祖三让徐州

曹操正慌走间,正南上一彪军到。操视之,乃夏侯惇引生力军来救援,截住吕布大战。黄昏大雨如注,各自引军分散。操回寨,重赏典韦,加为都尉①。

却说吕布到寨,与陈宫商议。宫曰:"濮阳城中,富户田氏,家僮千百。可令田氏密使人往曹操寨中下书,言:'吕布残暴不仁,民心大怒。今欲移兵黎阳[二],止有高顺在城内。可连夜进兵,当为内应。'操若来,引诱入城,四门放火,外设伏兵。曹操有经天纬地之才,到此安能脱也?"吕布然其计,密请田氏使人径到操寨。

操连日不敢正视濮阳②,踌躇未定,忽报田氏人到,呈上密书云:

> 吕布已往黎阳,城中空虚,万望速来,当为内应。城上插白旗,大书"义"字,便是暗号。

操大喜曰:"天与吾得濮阳也!"重赏此人,一面收拾起兵。谋士刘晔进曰:"布虽无能,陈宫多计。只恐使田氏反间计耳。"操曰:"如此设疑,必误大事。"晔曰:"此亦不可不防。分军三队:两队伏城外接应,一队入城方可。"操曰:"此意与吾相合。"

时兴平[二]元年,岁在甲戌,九月二十一日也。军至濮阳城下,操先往观之,见城上遍竖旗幡,西门角上有一"义"字白旗,操心中暗喜。是日午牌,城门开处,两员将引军出战,前军侯成,后军高顺。操使典韦出马,挟双戟直取侯成。侯成如何抵敌得过,回马望城中走。韦赶到吊桥边③,高顺亦战不过,退入城中去了。数内有军人乘势走过阵来见操,呈上密书:

> 今夜初更,城上鸣锣声为号,便可进兵。当自献门。

操拨夏侯惇引军在左,曹洪引军在右,操自引夏侯渊、李典、乐进、典韦四将入城。黄昏饱食了,结束上马。李典曰:"主公且在城外,容某等先入城去。"操喝曰:"吾不自往,谁肯向前!"遂当先领兵。

月光未上,时约初更。只听得西门上吹螺壳声,城中大喊,西门上火把燎乱,城门大开,吊桥放落。曹操争先拍马而入,直到州衙[三],路上不见一人。操知是计,拨回马,大叫:"退兵!"州衙中一声炮响,四门烈火降天而起。典韦使双戟在曹操马前,听得金鼓齐鸣,声喊如江翻海沸。东巷内转出张辽,西巷内转出臧霸,夹攻掩杀。操走北门,道旁转出郝萌、曹性,又杀一阵。操急走南门,高顺、侯成拦住。典韦怒目咬牙,冲杀出去。高顺、侯成倒走出城。典韦杀离了吊桥,回头不见曹操在后,翻身杀入城来,门下撞着李典。典韦问:"主公何在?"典曰:"吾

---

① 原作"加为领军都尉"。东汉三国无"领军都尉"官名。据《三国志·魏书·典韦传》改。
② 原作"操连夜不敢正视濮阳"。据叶逢春本改。
③ 原作"只赶到吊桥边"。承上文改。

第二十三回　陶恭祖三让徐州

亦寻不见。"韦曰："汝在城外催救军，我入去寻主人。"李典去了，韦左冲右突，杀将入来，又不见；再杀出城，壕边撞着乐进。进曰："主公何在？"韦曰："往复两遭，寻觅不见。"进曰："同杀入去救主！"两人到门边，城上火炮滚下。乐进马不能入。典韦冲烟突火，又杀入去。似此三遭，世之罕有。

却说曹操见典韦杀出去了，四下里人马截来，出不得南门①；再转北门。火光里正撞见吕布挺戟跃马，追杀曹兵。操加鞭纵马过去。吕布从后拍马赶来，用戟于曹操盔上一击，问曰："曹操何在？"操反指曰："前面骑黄马者是他。"吕布弃了曹操，拍马赶前面的。曹操拨转马头，却望东门而走，正逢典韦。韦大呼曰："南门已崩，可急出东门！"典韦杀条血巷，到门道，火焰甚盛，城上推下柴草，遍地红罩。典韦用戟拨开，飞马冒烟突火先出。曹操恰好到门道边，城楼上崩下一条梁木，正打曹操战马后胯。马倒处，曹操用手托梁，倒放火中，手臂须发尽都烧毁②。典韦到壕边，正逢夏侯渊，两个同入救起曹公，突火而出。渊即抱操于马上。典韦杀条大路而走。曹兵、吕兵在城外接住混战，只杀到天明，操军自回寨中。

众皆拜于地上，与操称贺。操仰面笑曰："误中匹夫之计，吾必当报之！"郭嘉曰："计可速发，必擒吕布。"操曰："然。使人去布寨，报吾已死，布必来攻。伏兵于马陵山[四]中，马陵是姜太公葬妻马氏之地，庞涓败于此处。候其兵半度而击之③。"嘉曰："真良策也！"于是令军中发丧，诈言操死。早有人来濮阳报曹操被火烧伤肢体，到寨身死。吕布随即点起军兵，杀奔马陵山来。将到曹寨，一声鼓响，伏兵四起大战。吕布死战得脱，走回濮阳。两边拒定，各不进兵。

是年蝗虫四起，食尽禾稻。关东一境，每谷一斛[五]，值钱五十贯[六]，人民相食。曹操粮尽，引军回鄄城屯住，权度岁荒。吕布亦引兵出屯山阳就食。因此二处罢了刀兵。

却说陶谦在徐州染病，看看病重，请糜竺、陈登议事。竺曰："曹操弃徐州而去者，盖为吕布袭兖州之故也。今岁大荒，故暂罢兵，来春必又至矣。使君素欲让位于刘玄德，虽已两番，使君那时无恙；今病沉重，正可就此而与之。"谦使人来小沛，请刘玄德商量军务。玄德引关、张带十数骑到下邳，陶谦直教请入卧房。谦曰："请玄德公来，不为别事，老夫病已危笃，朝夕难保。万望玄德公可怜汉家城池为重，受取牌印，老夫死则瞑目矣。"玄德曰："君有二子，何不传之？"谦曰："长子商，次子应，皆非任官之人，只可归农。老夫死后，望玄德公训诲，切勿令掌王事。"玄德曰："刘备只身，如何掌许多城池？"谦曰："某举一人，可为从事，以辅玄德公。"急令请至，乃北海人也，姓孙，名乾，字公祐。谦又与糜竺曰："玄德公当世之人杰也，汝当善事之。"玄德尚犹推托，陶谦以手指心而死。众官举哀毕，捧拥玄德领徐州事。玄德固辞。徐州百姓

---

① 原作"不得南门"，意含混。据叶逢春本，补"出"字。
② 原作"手执梁臂，髭须发尽都烧毁"，文意不畅。据郑本《三国》改。
③ 原作"候兵半渡而击之"。过山不应称"渡"，故改。

哭拜于地,曰:"使君若不领此州①,我等皆死于贼人奸党之手矣!"因此玄德领徐州牧,糜竺、孙乾辅之,陈登为幕官,尽取小沛军马入下邳城②,出榜安民,一面安排丧事。谦亡年六十三岁。玄德与大小军士尽皆挂孝,大设祭仪于灵柩之前,作文祭曰:

  猗欤使君,君侯将军[七];
  膺秉懿德,允武允文,
  体足刚直,守以温仁。
  令舒及卢③,遗爱于民;
  牧幽暨徐,甘棠[八]是均。
  憬憬夷貊,赖侯以清;
  蠢蠢妖寇,匪侯不宁。
  惟帝念绩,爵命以章,
  既牧且侯,启土溧阳。
  遂升上将,受号安东,
  将平世难④,社稷是崇。
  降年不永,奄忽徂薨,
  丧覆失恃,民知困穷。
  曾不旬日⑤,五郡溃崩,
  哀我人斯,将谁仰凭?
  追思靡及,仰叫皇穹。
  呜呼哀哉,呜呼哀哉!

后有诗赞曰:

  徐州刺史陶恭祖⑥,圣世巍巍梁栋材。
  报国有心扶汉日,爱民秉政立尧阶。
  知人克己勤三让,盛德芳名播九垓⑦。
  奸党未除身已丧,忠良闻说痛伤怀。

祭毕,葬于泗水之原⑧。将陶谦遗表,申奏朝廷。

---

① 原作"使君若不领此郡"。徐州系"州",而非"郡"。
② 原作"尽取小沛军马入城"。承上文,补"下邳"二字。
③ 原作"令舒及虑"。据《三国志·魏书·陶谦传》注引韦昭《吴书》改(陶谦曾任舒县县令、卢县县令)。
④ 原作"将平国难"。校改依据同③。
⑤ 原作"曾不旬月"。校改依据同③。
⑥ 原作"徐州太守陶恭祖"。参见第4页校记⑤。
⑦ 原作"九亥"。据叶逢春本改。
⑧ 原作"葬于黄河之原"。下邳距黄河(当时称"河水")甚远,据地理改。

操在鄄城,知陶谦已死,刘玄德领徐州牧,心中大怒:"冤仇不能报,汝不费半箭之功,坐得徐州!吾必先杀刘备,后戮谦尸,以雪先君之冤!"即传号令,克日起兵。玄德坐不暖席,祸又将来。如何解救,且听下回分解。

【注释】

[一] 黎阳:县名。属冀州魏郡。治所在今河南浚县东。
[二] 兴平:汉献帝年号(194—195)。
[三] 州衙:吕布自称兖州牧,屯濮阳,故称其府衙为"州衙"。
[四] 马陵山:山名。在范县西南。
[五] 斛:古代容器,亦为容量单位。
[六] 贯:古代货币单位。一贯为一千文钱。
[七] 君侯将军:陶谦拜安东将军,封溧阳侯,故称。
[八] 甘棠:《诗·召南》篇名。相传西周大臣召伯曾在甘棠树下听讼断狱,公正无私,时人作此诗赞美之。后以此称颂地方官。

第二十四回　曹操定陶破吕布

曹操起军去打徐州，荀彧入谏曰："昔高祖保关中[一]，光武据河内[二]，皆深根固本以制天下，进足以胜敌，退足以坚守，故虽有困，而终济大业。将军本首事兖州，且河、济[三]天下之要地，是亦昔日之关中、河内也。今若取徐州，多留兵则不足用，少留兵则吕布乘虚寇之，是无兖州也。若徐州不得，将军当安所归乎？今陶谦虽死，更有刘备守之。城中居民念昔日父兄之德，必助刘备死战也。弃此而取徐州，弃大而就小也，去本而求末也，以安而换危也。愿将军熟思之。"操曰："今年军士无粮，奈何？"荀彧曰："不如南略陈地①，使军就食汝南、颍川②。黄巾余党何仪、黄劭等劫掠州郡，多有金帛粮食。此等贼徒又容易破，破而取其钱粮以养三军，朝廷喜，百姓悦，乃顺天之事也。"操大喜。十二月，留夏侯惇、曹仁守鄄城等处，自引兵先略陈[四]地，次及汝、颍。

黄巾何仪、黄劭知曹兵到，引众来迎，会于羊山。黄巾十万，漫野而进，惟务狐群狗党，并无队伍行列。操令强弓硬弩射住，令典韦出马，臂挟双戟，来往阵前。何仪令副元帅出战典韦，典韦战不三合，一戟刺于马下。操引众乘势赶过羊山下寨。次日，黄巾黄劭自引军来。阵圆处，一将步行出战，销金黄抹额，绿锦细纳袄，身长九尺五寸，手提铁棒一条，名号"截天夜叉"何曼，阵前搦战。操令李典出战。曹洪曰："某愿替李将军擒此贼③！"随即下马，亦提刀步出。两下向阵前杀至两个时辰，胜负不分。曹洪诈败而走，何曼赶来。洪用拖刀背砍计，转身一砭，砍中何曼；再一刀中腿，遂死沙场。李典飞马直入贼阵，生擒黄劭过来。掩杀贼众，夺其器械金帛粮食，其降者甚多。

何仪势孤，引数百骑奔走葛陂[五]。正行之间，山背后撞出一军，为头一个壮士，身长八尺，腰大十围，容貌雄伟，勇力绝伦，截住去路。何仪挺枪出迎，只一合，活挟下马。其余尽皆下马受缚，尽驱入葛陂坞中。

却说典韦追袭何仪到葛陂，一声喊起，壮士拥出。典韦问曰："汝等非黄巾耶？"壮士曰："黄巾数百骑，尽被我擒在坞内。"韦曰："何不献出？"壮士曰："你若赢得我手中宝刀，我便献去！"韦大怒，挺双戟向前战。两个从辰至午，不分胜负。各自少歇，壮士又出搦战，典韦又出。从申[六]直战到黄昏，各自马乏，少歇。

典韦手下军士飞报曹操。操大惊，慌引众将前来看虚实。次日，壮士又出搦战。操见其人容貌若神，威风抖擞，不胜欣喜，吩咐典韦诈败。韦出，战到三十合，败走回阵。壮士赶到阵

---

① 原作"不如东略陈地"。陈国在兖州之南，而非其东。
② 原作"使军就食自汝南、颍川"。据文意，删去"自"字。
③ 原文无"李"字。据叶逢春本补。

门中,弓弩射回。操急引军退五里①,掘下陷坑,暗伏钩手。次日,再令典韦引百余骑去搦战,壮士果出。典韦略战数合,便回马走。壮士赶来,至陷坑,四下诸将逼至,连人带马落于坑内。钩手缚来中军见曹操。操慌下帐,叱退军士,亲解其缚,急取衣服,命坐,问其乡贯姓名。壮士曰:"我乃沛国谯县人也②,姓许,名褚,字仲康。遭天下大乱,聚宗族数千人,以御贼寇。不时有寇犯境,吾筑坚壁以守之。一日,群贼数万至,吾令众人四面皆堆石子,吾亲自飞石击之,无不中,贼方退去。又一番贼至,坞中无粮,贼与和会,以耕牛换米。米已送到,贼驱牛至坞外③,牛皆奔走回还,被吾双手掣二牛尾,倒行百余步。贼大惊,不敢取牛而走。因此保守此处无事。"操曰:"吾闻大名久矣,还肯降否?"褚曰:"愿引宗族数千来降。"操即拜许褚为都尉④,赏劳甚厚。后人有诗曰:

  天下瓜分汉欲亡,四方豪杰尽鹰扬[七]。

  葛陂许褚投降后,自此何忧吕布强!

许褚既降,将何仪、黄劭斩讫,汝、颖悉平。

曹操班师兖州⑤。此是兴平二年夏四月也。曹仁教夏侯惇接见,言:"近日细作报说,昌邑薛兰、李封⑥军士,皆出掳掠,城邑空虚,可引得胜之兵,速攻昌邑,一鼓可下。"操听了,遂引军马径奔昌邑。薛兰、李封措手不及,只得引些少军兵出城来战。两阵列开,操新降将许褚曰:"愿请一战,以报主公不杀之恩。"操大喜,遂令出战。李封使画戟向前来迎。交马两合,褚斩封于马下。薛兰急走回城,吊桥边李典拦住,薛兰引军望投巨野[八]而去。一将飞马赶来,一箭射薛兰于马下,乃是任城人氏也,从事吕虔。军皆溃散。

曹操得昌邑,程昱便请进兵取濮阳。操传令许褚、典韦为先锋,夏侯惇、夏侯渊为左军,李典、乐进为右军,操自领中军,于禁、吕虔为合后。

兵至濮阳,时吕布欲自将出迎。陈宫谏:"不可出战,待众将聚会后方可。"吕布曰:"吾之英雄,谁敢近也!"不听宫言,便引兵出。阵才圆处,吕布出马横戟,大骂:"操贼!杀吾爱将!"许褚便出。斗二十合,不分胜负。操曰:"吕布非一人可胜。"便差典韦又出,两将夹攻;左边夏侯惇、夏侯渊,右边李典、乐进齐到,六员将杀得吕布遮拦不住。城上田氏见布输了回城,令人拽起吊桥。布大叫:"开门!"田氏曰:"吾已降曹将军矣!"布大骂,引军前奔定陶[九]而去。陈宫等开东门,保护吕布老小出城而去。

操遂得濮阳,恕免田氏旧日之罪。刘晔曰:"吕布乃猛虎也,今日困乏,不可少容。"操令刘晔等守濮阳,遂引军赶至定陶。时吕布与张邈、张超尽在城中,高顺、张辽、臧霸、侯成巡海打

---

① 原句无主语"操"。承上文补。
② 原作"我乃谯国谯县人也"。据《后汉书·郡国志》改(谯国始建于建安二十二年)。
③ 原作"贼驱牛至坞中"。据上文改。
④ 原作"操拜许褚,即封为都尉"。据文意改。
⑤ 原作"曹操班师山东"。参见第80页校记①。
⑥ 原作"兖州薛兰、李封"。承第92页校记③改。

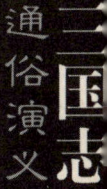

粮未回。时济阴郡才麦熟①,操军至定陶,连日不战,引军退四十里下寨,令军割麦为食。细作报吕布。吕布引军赶来,将近操寨,见左边一望林木茂盛,恐有伏兵而回。操知布军回去,乃谓诸将曰:"布疑林木中有伏兵耳,可将旗数面缚于林中。寨门西边一带长堤无水,可尽伏精兵。明日布必来烧林,堤中军断其后,布可擒矣。"于是操寨中,止留鼓手五十人擂鼓,将村中掳来男女在寨呐喊②。

却说吕布回告陈宫,陈宫曰:"操多诡计,不可轻敌。"布曰:"吾用火攻,可破伏兵也。"留陈宫、高顺守城。布次日引大军来,遥见林木中有旗,驱兵大进,四面放火,却无一人;欲投寨中,鼓声大震,疑惑不定。寨后一彪军出,吕布赶来。炮响处,堤内伏兵尽出,夏侯惇、夏侯渊、许褚、典韦、李典、乐进骤马杀来。吕布急回,见此六将,料敌不过,落荒而走。健将成廉被乐进一箭射死。布军三停[一〇]去二,败卒回报陈宫。陈宫曰:"空城难守,吾与高顺保着老小,弃定陶而走。"曹操将得胜之兵,连夜杀入城中,势如劈竹。张超自刎,三族尽灭。张邈去投袁术。兖州一境,尽被曹操所得③。安民修城,不在话下。

却说吕布正走,路逢诸将皆回。陈宫亦已寻着。布曰:"吾军虽少,尚可破曹。"再引军来。不知胜负如何,且听下回分解。

【注释】

[一] 高祖保关中:指楚汉相争时,刘邦命萧何保守关中,作为后方根据地。
[二] 光武据河内:指刘秀在经营黄河以北地区时,命寇恂为河内太守,保障军需供应。
[三] 河、济:河,黄河;济,济水。此处指代处于二水会合地带的兖州辖区。
[四] 陈:王国名。属豫州。治所在陈县(今河南淮阳)。
[五] 葛陂:古湖泊名。今堙没。故址在今河南新蔡北。
[六] 申:十二时辰之一,相当于十五时至十七时。
[七] 鹰扬:如雄鹰飞翔。
[八] 巨野:县名。属兖州山阳郡。治所在今山东巨野东北。
[九] 定陶:县名。属兖州济阴郡。治所在今山东定陶西北。
[一〇] 三停:三分。

---

① 原作"时济郡才麦熟"。当时无"济郡",而有济阴郡。
② 原文此句后有"布心疑,不敢进也"。上文已明言吕布"恐有伏兵而回",故此处应删。
③ 原作"山东一境,尽被曹操所得"。据《三国志·魏书·武帝纪》改。

第二十五回　李傕郭汜乱长安

　　话说兴平二年夏四月,曹操大破吕布于定陶,布乃收集败残军马于海滨,众将皆来会集,欲再与曹操决雌雄①。陈宫曰:"今操势大,未可与争。先寻取安身之地,那时再来不迟。"布曰:"今当何往?"宫曰:"近闻刘玄德新领徐州,可往投之,养成气力,别有良图。"布信其言,径投徐州来。

　　过界首,有人报知玄德。玄德曰:"布乃当今英雄之士,可出郭迎接。"糜竺曰:"吕布乃虎豹之徒,不可收留,收则伤人矣。"玄德曰:"前者非布袭兖州,怎解此州之祸②?吾得徐州,亦布之力。他若要徐州,吾当相让。何况布无此心!"张飞曰:"哥哥心肠忒好。虽然如此,也当准备。"

　　玄德领军兵数千,出城三十里,接着吕布,并马入城。都到州衙厅上,讲礼毕,坐下。布曰:"自从奉诏杀董卓之后③,又遭傕、汜之变,飘零关东,诸侯并不相容。昨蒙使君力救徐州,布因此袭兖州,以分其势。不料反遭曹操之机,累及张邈④。布今投使君,共扶社稷,再安汉室,未审尊意如何?"玄德曰:"陶使君新近归天,无人管领徐州,因此令备权摄州事。今幸得将军至此,无德合让有德,备情愿将牌印请将军受之。"吕布却待接,见玄德背后关、张各有拔剑之意。布佯笑曰:"量布一勇之夫,何能作州牧乎?"玄德又让。陈宫告曰:"强宾安敢压主乎⑤?请使君勿得疑焉。"玄德方止。遂设大宴相待,收拾宅院安下。

　　次日,吕布回席,请玄德。关、张谏曰:"前日吕布有夺徐州之意。"玄德曰:"吾以善心待人,人不肯负我。"遂与关、张同行。布饮酒半酣,请玄德入后堂卧房床上坐,令妻女拜。玄德再三谦让。布扶玄德曰:"贤弟受礼。"关、张瞋目。张飞拔剑大叱曰:"我哥哥是金枝玉叶,你是人家奴婢,怎敢叫我哥哥做贤弟!你来,我和你斗三百合!"玄德急喝,关公拖出飞去。玄德与吕布赔笑:"劣弟酒后狂言,兄勿见责。"布默然无语。须臾席散,布送玄德出门。张飞跃马横枪而来,叫:"吕布,我和你拼三百合!"玄德上马,拖张飞去了。

　　次日,吕布来辞玄德要行。玄德叫拖将张飞来,与布赔话,飞哪里肯。玄德曰:"此间有一小沛,是刘备昔日屯扎之处。将军不嫌此处浅狭,权且歇马如何?粮食尽有,军需缺欠,刘备当应付。"吕布谢玄德,自引军投小沛安身去了。玄德深责张飞。

　　却说曹操平了颍、汝、兖州⑥,功奏朝廷,加操为镇东将军,封费亭侯⑦。其时李傕自为了

---

① 原作"却再与曹操决雌雄"。据叶逢春本,改"却"为"欲"。
② 原作"怎解此郡之祸"。徐州系"州",而非"郡"。
③ 原作"自从招讨杀董卓之后",意不明。据汤本《三国》改。
④ 原作"累及关、张",与上文内容不合。据汤本《三国》改。
⑤ 原作"强兵安敢压主乎"。据叶逢春本,改"兵"为"宾"。
⑥ 原作"却说曹操平了颍、汝、山东"。此处"山东"实指兖州。
⑦ 原作"加操为建德将军、费亭侯"。据《三国志·魏书·武帝纪》,曹操于建安元年(196)二月拜建德将军,六月迁镇东将军,封费亭侯。《演义》将时间略微提前。

大司马,郭汜自为了车骑将军①,横行天下,朝廷无人敢言。太尉杨彪、大司农朱儁暗奏献帝云:"今曹操屯马步军兵四十余万,谋臣武将数百员,若得此人扶持社稷,剿除奸党,天下幸甚。"献帝泣曰:"朕被傕、汜二贼欺凌久矣②!观其行事,甚于董卓。朕行坐不安,无计可除之。"言讫,恸哭。杨彪奏曰:"臣有一计,先令二贼自相残害,然后诏曹操引兵杀之,扫清贼党,以安万姓。"献帝曰:"如何令二贼自相残害?"彪曰:"臣令老妻到于郭汜府中,于汜妻处献反间计,二贼自害也。"献帝亲书密诏付杨彪③。

彪等二大臣出,暗使夫人入郭汜府,告其妻曰:"郭将军与李司马夫人有染,其情甚密。"汜妻曰:"怪见经宿不归!正有此事!"数日后,郭汜却往李傕府中筵席。其妻曰:"傕性莫测,今二雄不并立,倘酒后有毒,妾将奈何?"汜未信。至晚间,傕府送物至,汜妻先令婢妾置毒于内,方始献入。汜便欲食之。其妻曰:"食自外而来,岂可便食?"与犬试之,犬死。自此疑之。傕一日于朝堂邀汜还家饮酒,醉而归,半夜肚腹搅疼。妻曰:"必中其毒矣!"急令将粪汁灌之,一吐方定。汜大怒:"吾与汝共图大事,你今荣贵,却害我!我不先发,必遭毒手!"遂整本部甲兵,意欲杀傕。

又有心腹人知,飞报消息。傕大怒曰:"郭阿多安敢如此!"阿多,汜小名也。点本部甲兵来杀郭汜。两处合兵数万,就于长安城下乱杀,乘势掳掠居民。傕兄子李暹引数千兵,围住宫院,用车三乘:一乘载天子;一乘载伏皇后;一乘载贾诩、左灵,令就监车驾。其余宫人内侍,并皆步走。出后宰门,郭汜兵到,两边射死不知其数。李傕随后掩杀,郭汜兵退,车驾冒突烟火出城,只到李傕营中。郭汜领兵入内,抢掳宫嫔采女,放火烧殿宇,库藏一空。

次日,郭汜已知李傕劫了天子,领军来营前厮杀。李傕杀郭汜大败,当夜移车驾到郿坞。帝闻弓箭之声,战栗不已。伏皇后泪湿衣襟。李傕使校尉李暹监住天子在坞内④,断绝内使。侍臣皆有饥色。帝令人问傕取米五斛,牛骨五具,以赐左右。傕怒曰:"朝夕上饭,何用米粮!"傕乃与腐牛骨⑤,皆臭不可食。帝骂曰:"直如此相欺之甚也!"侍中杨琦⑥急奏曰:"傕乃边鄙之人,习于夷风。今日自知所犯悖逆,常有怏怏之色,欲辅驾幸黄白城〔一〕,以舒其愤怨。陛下忍之,岂可显其罪也。"帝乃低头无语,泪盈袍袖。左右报曰:"有一路军马,枪刀映日,金鼓震天,前来救驾。"帝教打听是谁,乃郭汜也。帝心转忧。

坞外喊声大起,乃李傕来到。两边摆开,李傕出马,鞭指郭汜而骂曰:"我待你不薄,你如何谋害我?"汜曰:"尔乃反贼,如何不杀你!"傕曰:"我保驾在此,何为反贼也?"汜曰:"乱道!见今劫驾在此,何为保驾也?"傕曰:"都不须多言!不用军士,我两个自拼输赢,赢的便把皇

---

① 原作"郭汜自为了大将军"。据《后汉书·献帝纪》、《后汉书·董卓传》改。
② 原作"朕被汜、傕二贼欺陵久矣"。承上文,改"汜、傕"为"傕、汜"。
③ 原句无主语"献帝"。据叶逢春本补。
④ 原作"李傕杀退郭汜,移车驾至郿坞,使校尉李暹监住天子在坞内"。其中"杀退郭汜,移车驾至郿坞"与上文重复,删去。
⑤ 原作"傕乃与肉腐牛骨"。据《三国志·魏书·董卓传》注引《献帝起居注》,删去"肉"字。
⑥ 原作"内侍中杨琦"。校正依据同⑤。

第二十五回 李傕郭汜乱长安

帝取去罢①。"郭汜挺枪来战李傕,李傕舞刀来迎郭汜。战有十合,不分胜负。太尉杨彪拍马而来,大叫:"司马、将军,且请少歇!老夫邀请众官来与二大人和解。"傕、汜各自还营。

杨彪、朱儁会合朝廷官僚六十余人,先诣郭汜营中劝和,汜将众官僚尽行监下。众官曰:"欲何为也?"汜曰:"李傕劫天子,偏我劫不得公卿?"彪曰:"一人劫天子,一个质公卿,此乃何行也?"汜欲拔剑杀之。中郎将杨密劝住,左右都谏。汜放了杨彪、朱儁,其余都监在营中。彪与儁曰:"为社稷之臣,不能匡君救主,空生于天地间耳!"言讫,与儁相抱而哭,昏绝于地。归家,儁成病而死。自此之后,傕、汜相迎,每日厮杀,五十余日,死者不知其数。

李傕平日喜左道妖邪之术,常使女巫击鼓降神于军中。帝每日啼哭。侍中杨琦密奏曰:"臣观贾诩虽是李傕心腹,未尝忘君也。陛下实告之。"正说之间,贾诩到来,帝乃退其左右,号泣拜诩。诩伏于地曰:"臣不胜诛矣!"帝曰:"卿如此肯怜汉朝,救刘协一命。"诩曰:"臣心未尝不如此也。陛下自勿言,臣自图之。"帝谢贾诩。少顷,李傕入见帝,腰带三刃刀,悬剑于腕,手提铁鞭。帝面如土色。内侍皆带剑立于帝侧。傕曰:"郭汜不仁,欲劫陛下,监禁公卿。非臣,圣上则亦被掳矣。"帝拱手称谢。傕曰:"陛下真贤圣之主!"遂出,问诸将曰:"内侍带剑立于帝侧,莫非有害吾之心么?"贾诩曰:"军中不可不带剑耳。"傕笑,入帐而罢之。

时谒者仆射皇甫郦[二]入见天子②。帝知郦能言,令去解和两边。郦先到汜营说汜③。汜曰:"如李傕放出天子,我便送出公卿还长安。"郦却来见李傕曰:"今天子以某是凉州④人,与公同乡,乃令某来和劝二公。汜已奉诏,公意若何?"傕曰:"吾有败吕布之大功。辅政四年,三辅清静,天下共知。郭阿多盗马虏耳,何敢与吾相等耶?吾必欲诛之!君乃凉州人,观吾方略士众足胜郭阿多否?郭阿多又劫公卿⑤,所为如是,而君苟欲向郭阿多。李傕有胆量,自知之矣!"郦答曰:"不然。昔有穷后羿[三]恃其善射,不思患难,以致灭亡。近董太师之强,君所目见矣;吕布受恩而反图之,斯须之间,头悬高竿。此乃勇而无益也。今将军身为上将,持钺仗节,子孙握权,宗族得宠,受国家爵禄,人皆仰之。今郭阿多劫公卿,将军胁至尊,谁为轻重耶?"李傕大怒,拔剑出鞘曰:"天子使你来辱我大臣!先斩你头,后杀天子,此大丈夫之志也!"言讫,来杀皇甫郦。性命如何?

【注释】

[一] 黄白城:城堡名。在池阳县(治今陕西泾阳西北)境内。李傕封池阳侯,故欲挟持献帝至

---

① 原作"赢的便把皇帝去了罢"。据文意改。
② 原作"时仆射皇甫郦入见天子"。当时有尚书仆射、侍中仆射等,原文所指不明。据《三国志·魏书·董卓传》注引《献帝起居注》,加"谒者"二字。
③ 原作"诏先到汜营说汜"。据上下文改。
④ 原作"天子以某是西凉人"。"西凉"当作"凉州",参见第33页校记③。
⑤ 原句无主语"郭阿多",承上文加。

黄白城。

[二] 皇甫郦：东汉安定朝那（今宁夏固原东南）人。皇甫嵩从子。时任谒者仆射。

[三] 有穷后羿：传说后羿为夏代有穷氏部落首领，勇而善射。他推翻夏王太康的统治，自立为王。后因不理政事，耽于狩猎，被臣下所杀。

第二十六回　杨奉董承双救驾

李傕欲杀皇甫郦，骑都尉杨奉谏曰："今郭汜未除，而杀天使，则郭汜兴兵有名，诸侯皆以助之。"贾诩亦劝，傕怒少息。诩推皇甫郦出。郦大叫曰："李傕不奉诏命，欲杀汉君自立！"侍中胡邈急止之曰："李将军待公不薄，如何出此妄言？恐于身不利。"郦叱之曰："胡敬才！你为朝廷辅弼之臣，当佐国家①，如何诌佞也？我累世受恩，身在帷幄之中。'君辱臣死'，吾被李傕所杀，乃命也！"大骂不绝。帝知之，急令皇甫郦回凉州。

李傕之军太半是凉州人氏，更有羌番兵。郦言傕不忠不孝，多有凉州勇士各随郦去。贾诩又说羌胡人曰："今天子知汝忠孝，故遣汝还郡，后必有重赏。"羌胡皆怨李傕不与官职，亦引兵出。傕知郦去，大怒，差虎贲王昌追之。昌知郦乃忠孝之士，不追，回报傕曰："郦不知何往。"傕曰："罢休！"

却说贾诩来见帝曰："陛下可重加李傕官。"帝拜李傕大司马。傕心中大喜，言曰："此乃是女巫神鬼之力也！"送重赏女巫，不赏军士。骑都尉杨奉②大怒，与宋果曰："吾等人生出死，身冒矢石，反不及女巫耶？"宋果曰："何不杀此贼，以救天子？"奉曰："你于中军放火为号，吾当引兵外应。"二人约定此夜二更下手。不料不密其事，此夜事泄，有人报知李傕。傕大怒，令人捉住宋果，先已杀之。杨奉在外不见号火，李傕自将兵出，就寨中杀到四更。奉因不胜，引一彪军去了。李傕自此军势渐衰。更兼郭汜常来攻击，杀死者尸积如山。

忽有人来报曰："有张济统领大军，自陕来到③，各自差人来两处和释，如不从者，引兵击之。"傕、汜皆依允了。张济上表，请天子驾幸弘农。天子大喜："朕躬思东都久矣。今乘此得还，乃万幸也！"诏拜张济为骠骑将军开府。济进粮食酒肉，供给百官。汜放公卿出营。傕收拾车驾东行，遣旧有御林军数百，各持长戈护送銮舆。

夜过新丰[一]、霸陵[二]间④，时值秋天，金风骤起，喊声大作，数百军兵来至桥上，拦住车驾，厉声问曰："此何人也？"侍中杨琦拍马上桥曰："此乃大汉天子车驾，甚人不得无礼！"有二将出曰："吾等奉郭将军命，守把此桥，以防奸细。既言有天子，难以准信，须亲见之。"杨琦高揭珠帘。帝曰："朕躬在此，卿何不退？"众将皆呼"万岁"，分于两边，驾乃得过。二将回报郭汜曰："天子驾已去矣。"汜曰："我正欲劫车驾，再入郿坞，以图大事，你如何放了过去？"二将曰："不知将军本意。"汜曰："吾瞒住张济之心，要谋此事，你如何放了过去？"速命斩其二将，起军

---

① "当佐国家"四字原在"君辱臣死"后，据文意调整。
② 原作"骑军都尉杨奉"。东汉三国无"骑军都尉"官职，据上文改。
③ 原作"自陕西来到李傕、郭汜处"。据文意，删去"李傕、郭汜处"；"陕西"当作"陕（县）"，参见第21页校记④。
④ 原作"夜过新丰，晚至霸陵桥"。献帝自长安东归洛阳，而新丰在霸陵桥以东，故原文不合逻辑。据《三国志·魏书·董卓传》改。

赶来。

　　天子正到华阴县,背后喊声大震,军马赶来,大叫:"车驾休动!"献帝闻后军至,告大臣曰:"恰离狼窝,又逢虎口!"侍臣皆大哭。军至将近,只听得一派鼓声,山背后闪出一将,当先一面大旗,书着"大汉杨奉"四字,背后一千余军。原来离李傕,屯兵于终南山[三]中,特来保驾,正遇帝。帝令退后军①。两边摆开,汜将崔勇出马,大骂:"杨奉反贼,无仁无义!"奉大怒,回顾阵中曰:"公明何在?"公明,晃字。一将手执大斧,飞骤骅骝[四],直取崔勇。两马相交,只一合,斩崔勇于马下,杀入军中,砍死无数。汜军大败,退走二十余里。杨奉收军,来见天子。帝下车执奉手,曰:"卿救朕躬,当刻铭肺腑。"奉顿首拜谢。帝曰:"斩贼将者何人也?"奉乃引此将拜于车下。奉曰:"此人河东杨县人也②,姓徐,名晃,字公明。"帝慰劳之。杨奉保驾至华阴,宁辑将军段煨具衣服饮膳,供给天子。是夜,天子宿于杨奉营中。

　　郭汜败了一阵,次日点军,又杀至营前来。徐晃当先出马。郭汜大军八面围来,将天子、杨奉困在垓心。帝与百官曰:"朕今番休也!"正在危急之中,忽然东南上喊声大震,贼众奔溃。徐晃乘势杀出,内外攻击,大杀郭汜一阵。汜兵败走。此人来见天子,乃是刘朝国戚、汉室忠臣,身着锦衣临玉殿,腰横玉带上金阶,乃是国舅董承[五],引千余骑特来救驾。帝哭诉前事。承曰:"陛下免忧。臣与杨将军誓斩二贼,以靖天下。"帝命早赴东都,连夜驾起,前幸弘农。

　　却说郭汜败军回,撞见李傕,言:"杨奉、董承救驾往弘农去了。若到山东,立脚得牢,必然布告天下,令诸侯共伐我等,三族不能保守矣!"傕曰:"如今张济兵据长安,未敢动兵。我和你合兵一处,至弘农杀了汉君,平分天下,有何不可!"汜曰:"若兄长肯带携小弟,一同共夺地面。"二人合兵,于路劫掠,所过一空。杨奉、董承知贼势远来,遂勒兵回,与贼大战于东涧[六]地名。傕、汜二人商议:"只不可斗将,只是混战,我众彼寡,安得不胜。"

　　商议已定,李傕在左,郭汜在右,漫山遍野拥来。杨奉、董承两边死战,刚保天子皇后车出;百官宫人,符策典籍,一应御用之物,尽皆抛弃,俱被傕、汜兵卒抢去,死者不知其数。郭汜军尽入弘农劫掠。奉、承保驾走陕北[七],傕、汜分兵赶来。

　　承、奉一面差人与傕、汜陪话;一面暗暗差人去传圣旨往河东,急招故白波[八]帅李乐、韩暹、胡才三处军兵,前来救应。李乐亦是啸聚山林反贼,不得已而召之。三处军闻天子诏命,赦罪赐官,如何不来;并拨本营军士,来与董承约会,一齐再取弘农。其时李傕、郭汜但到之处,劫掠百姓,老弱杀之,强壮者充军。临敌之处,驱民兵在前,名曰"敢死军",贼势浩大。李乐等军亦是啸聚贪掠之辈,郭汜令军士将衣服等件抛弃于道。李乐军到,会于曹阳③。李乐等军见衣服满路,争往取之,失于队伍。汜、傕军四面赶来混战,李乐军大败,杀得尸横遍野,血流成河。

---

① 原句无主语"帝",据文意加。
② 原作"河东杨郡人也"。东汉无杨郡,只有杨县(今山西洪洞东南),属河东郡。据《三国志·魏书·徐晃传》改。
③ 原作"会于渭阳"。据《三国志·魏书·董卓传》改(曹阳,即曹阳亭,在弘农县境内)。

第二十六回　杨奉董承双救驾

　　杨奉、董承撑拦不住，保驾北走，背后催、汜军赶来。李乐曰："事急矣！请天子上马先行！"帝曰："朕不可舍百官而去。众何辜哉！"兵追不绝，满天火红。胡才被乱军所杀。喊声震地，相连百余里。承、奉见贼追急，请天子弃车驾，步行到黄河岸边。李乐等寻得一只小舟作渡船。时值天冷严寒，帝与后强扶到岸边，岸又高，不得下去。后面有火鼓相攻，甲兵骤至。杨奉曰："可解马缰绳，接连拴缚帝腰，放下船内。"人丛中，皇后兄伏德挟绢数十疋至，曰："我于乱军中拾得此绢，可接连拽辇。"行军校尉尚弘多力，令弘用绢包帝，负之下舡。后兄伏德负后下舡中。李乐仗剑立于舡头上①，岸上有不得下舡者，争扯傍舡，李乐尽推于水中。渡过帝后，再放舡过渡。岸上者哭声不止。其争渡舡者尽皆扯住舡，被砍下手指者②，不知其数。舡急渡北岸③，杨奉寻牛车一辆，载帝至大阳[九]地名，绝食，晚宿于瓦屋中。野老进粟饭，上与后共食，粗粝不能下咽喉。次日，拜李乐为征北将军，韩暹征东将军，帝上牛车行。二大臣寻至，拜于前，乃太尉杨彪、太仆韩融。帝后痛哭。近侍等止有二十余人，无不下泪。太仆韩融曰："催、汜二贼颇信臣言，舍一命去说二贼罢兵。陛下善保龙体。"韩融去了。李乐请帝入奉营暂歇。数日，杨彪请天子都安邑县今解州即是也。上御车马至安邑[一〇]，又无高房，帝后所居于茅屋中；又无门关闭，四边旋插荆棘篱落。帝与大臣议事于茅屋中。李乐、韩暹兵于篱外观望④，互相镇压，以为欢喜。诸将专权，尚书稍有触犯，竟至杀死⑤；或于帝前殴骂将士⑥；故令奴婢送浊酒粗食与天子，帝勉强纳之。李乐、韩暹连名保无徒[一一]、部曲、巫医、走卒二百余名，并为校尉。御史刻印不及，以锥画之，如此苟且而已。韩融说催、汜二贼，方始放百官及宫人归。

　　是岁大饥荒，百姓皆食枣菜，饿死者遍地。河内太守张杨送米贡与天子，河东太守王邑送绢帛以衣之。如此，帝得活。董承、杨奉商议，一面差人修洛阳宫院，欲奉车驾还东都。李乐不从。董承对李乐曰："洛阳乃天子建都之地，安邑乃小可地面，如何容得车驾？今奉驾还洛阳，正理。"李乐曰："汝等奉驾去，吾只在此居住。"承、奉收拾驾起程。李乐暗令人结连李催、郭汜，一同劫驾。董承、杨奉、韩暹知李乐意，乃连夜摆布军士，护送车驾起，前奔箕关[一二]。李乐尽拔本寨军马前来追赶。四更左侧，赶到箕山下，大叫："车驾休行！李催、郭汜在此！"天子听知，心惊胆战。山上火光竞起。汉天子怎离此难，毕竟何如，且听下回分解。

---

①　原作"行军校尉尚弘多用绢包帝共后，令众人往下放之，乃得下舡。李乐仗剑立于舡头上，后兄伏德负后下舡中"。前后矛盾，语序不当。据《三国志·魏书·董卓传》注引《献帝纪》及汤本《三国》改。
②　原作"皆被砍下手指者"。据上下文，删"皆"字。
③　原作"舡中急渡北岸"。据文意，删"中"字。
④　原作"李乐、韩暹进兵于篱外观望"。据文意，删"进"字。
⑤　原作"尚书、百官、公卿稍有触死"。"尚书、百官、公卿"不当并列，"稍有触死"不通。据《三国志·魏书·董卓传》注引王沈《魏书》改。
⑥　原句无"或"字，承上文加。

【注释】

[一] 新丰：县名。属司隶州京兆尹。治所在今陕西临潼东北。
[二] 霸陵：县名。属司隶州京兆尹。治所在今陕西西安市东北。
[三] 终南山：一称南山。秦岭主峰之一。在今陕西西安市南。
[四] 骅骝：本为周穆王八骏之一。常代指骏马。
[五] 董承：董太后之侄。时任安集将军。
[六] 东涧：地名。在弘农境内。
[七] 陕北：陕县以北。
[八] 白波：汉灵帝中平五年(188)，黄巾军余部郭太等在西河白波谷(今山西侯马北)起义，称为白波军。
[九] 大阳：县名。属司隶州河东郡。治所在今山西平陆西南。
[一〇] 安邑：县名。为河东郡治所。故城址在今山西夏县西北。
[一一] 无徒：无赖之徒。
[一二] 箕关：古关隘名。故址在今河南济源西。

第二十七回　迁銮舆曹操秉政

李乐令军诈呼李傕、郭汜军到，兵卒皆惊。杨奉曰："此乃李乐诈呼也！"遂令徐晃出迎之。正逢李乐。两马相交，只一合，被徐晃一斧砍李乐于马下，杀散余党，保护车驾过得箕关。太守张杨将粮食绢帛迎天子于轵音止道[一]。帝拜杨大司马①。杨辞帝，屯兵野王[二]地名。

帝入洛阳，见宫室烧尽，街市荒芜，满目皆是蒿草，宫院中只有颓墙坏壁而已。旋盖小宫，与帝后住坐。百官朝贺，皆立于荆棘之中。是岁大荒，敕改兴平为建安[三]元年。洛阳居民仅有数百家，无可为食，尽出城去剥树皮、掘草根食之。尚书、侍郎以下，皆自出城樵采，多有死于墙壁之间。汉末气运衰败，无甚于此。前贤有诗一首，以叹世情。诗曰：

　　血流芒砀白蛇亡[四]，赤帜纵横游四方。
　　秦鹿[五]赶翻兴社稷，楚骓[六]推倒立封疆。
　　子孙懦弱奸邪起，气色凋零盗贼狂。
　　看到两京遭难处，铁人无泪也凄惶！砀，音荡。

太尉杨彪奏帝："前蒙降诏，未曾发遣。今曹操在兖州屯兵数十万，可宣入朝，以辅王室佐主。"帝曰："朕躬既已降诏，卿何必再奏，即便差人前去。"

却说曹操在兖州闻知车驾已还洛阳，聚众谋士商议。荀彧进曰："昔日晋文公纳周襄王[七]，而诸侯义从；汉高为义帝缟素[八]，而天下归心②。今天子蒙尘[九]，将军首倡义兵，徒以山东扰乱，未遑走赴金銮。今车驾旋转，东京荒芜，诚因此时奉主以从人望，大顺也；秉至公以服天下，大略也；扶拔仁义以致英雄，大德也。四方虽有逆节之臣③，其何能为也？若不早定，使英雄生心，后虽虑之④，亦无及矣。"曹操乃大喜。正要收拾起兵，忽然有诏书至。操待天使于驿亭，一同起发。

帝在洛阳，百事未备，城郭崩倒，欲修未能。人报李傕、郭汜兵又来到。帝大惊，问杨奉曰："今投何处躲难？使命往兖州未回，不如去投曹操。"杨奉、韩暹曰："臣愿出战！"董承曰："城郭不坚，兵甲不多，战如不胜，当复如何？"人报曰："傕、汜兵近！"

董承保帝后上车，望兖州而进。百官无马，步行跟随出洛阳。行无一射之地，但见尘头蔽日，金鼓喧天，无限人马来到。帝后战栗不能言。忽见一骑飞来，到车前便拜，视之，乃兖州使命。问来军何人，使命曰："曹将军尽起兖州之兵，前来保驾。听知李傕、郭汜犯洛阳，先差夏侯惇为先锋，引上将十员，精兵五万，前来保驾。"帝方心安。少顷，夏侯惇引许褚、典韦前来驾

---

① 原作"帝封杨大司马"。据《三国志·魏书·张杨传》改（授官称"拜"、"除"、"授"，赐爵方称"封"）。
② 原作"而天下归正"。据《三国志·魏书·荀彧传》改。
③ 原作"四方虽有进节之臣"，义不通。据《三国志·魏书·荀彧传》改。
④ 原作"后须为虑"。据《三国志·魏书·荀彧传》改。

前面君。三将一齐喏曰:"甲胄士不能下拜,请以军礼见天子。"皆呼万岁。帝曰:"卿等鞍马驱驰,无可为赐。"惇曰:"主公曹操知傕、汜贼犯帝阙,故令臣等先来保驾。"都才道罢,侍臣又报正东又有一路军到。帝举止失措。惇拍马视之,便速来奏报曰:"陛下放心,乃曹操步军来到也。"须臾,来见天子,声喏。帝问何人,惇奏曰:"乃曹操弟曹洪,副将李典、乐进也。"帝问曰:"卿何来?"洪奏曰:"臣兄听知贼兵至近,恐夏侯惇孤力难为,又差臣倍道而来协助。"帝曰:"曹将军乃寡人社稷之臣也!"傕、汜领大兵长驱而来,帝令夏侯惇分两路迎之。夏侯惇曰:"臣已量度了。"与曹洪分两翼,马军先出,步军后随,尽力一击。傕、汜贼兵大败,斩首万余。请帝还洛阳故宫。夏侯惇屯兵于城外。

次日,曹操引大势人马到来,带三千铁甲军马入城,屯兵列于内前。诸大臣引进朝见帝,拜于殿阶之下。帝赐平身,宣上殿问。慰劳毕,曹操曰:"臣托我王洪福齐天,聚兵兖州。昨承恩赐,思报无门。傕、汜无端,罪恶贯盈。臣有精兵四十余万,以顺讨逆,无不克捷。陛下善保龙颜,以社稷为重。"帝命操领司隶校尉①,假节钺,录尚书事。操谢恩毕。

次日进兵,离洛阳五十里下寨。傕、汜知操远来,议欲速战。贾诩谏曰:"不可。操有数十万精兵,文官武将不知其数。不如倒戈,卸甲降之,求免本身之罪。"傕怒曰:"尔敢灭吾锐气!"教左右将诩斩之。众将劝免。是夜,贾诩弃李傕,单马走了。

次日,李傕军马来迎操兵。操先令许褚、曹仁、典韦领三百铁骑,于李傕阵中冲突三遭,方才布阵。阵圆处,李傕兄子李暹、李利出阵前立马。操问曰:"此何人也?"尚未有人回答,许褚飞马去,一刀先斩李暹。李利这一惊,倒撞下马②。褚斩之,双挽人头回于阵前,无人敢追。曹操拍许褚背曰:"当世之樊哙也!"操令夏侯惇领兵左出,曹仁领兵右出,操自中军冲阵。鼓响一声,操兵齐举。傕、汜军大败。操亲掣宝剑押阵,连夜剿杀,勿停戈戟,星火赶逼傕、汜。傕、汜忙忙似丧家之犬,急急如漏网之鱼,军马三停去二。傕、汜望西逃命。此时天下不容,往山中落草去了。

曹操屯兵于洛阳城外。杨奉、韩暹两个商议:"目今曹操成了大功,必掌重权,如何容得我等?不若奏过天子,只做赶傕、汜为名,引本部军屯梁县③,看机而变。"因此二人要去。献帝阻挡不住。

帝命宣操入宫。操闻使至,请入并坐,见其人眉目清秀,飘飘然有神仙气象。操恶之:"今东都大荒,官僚军民皆有饥色,惟此人面目上精神纯雅。"操问之曰:"公有何能,调理如此?"对曰:"惟食淡三十年矣。"曹操问曰:"君居何职?"对曰:"某举孝廉。原旧随袁绍、张杨作从事,见其人皆非治乱之主。今闻天子还都,特来朝觐,官拜议郎④。济阴定陶人也,姓董,名昭,表字公仁。"曹操避席起敬曰:"闻公大名久矣!幸得于此相见。"置酒于帐中相待,令与荀彧相

---

① 原作"帝封操领司隶校尉"。"封"字不当,故改。
② 原作"出马阵前倒撞下马"。"出马阵前"四字有碍文意,且与上文重复,据叶逢春本删去。
③ 原作"引本部军屯大梁"。大梁系战国时地名,在今河南开封西北(隋唐以后称今开封为大梁);梁县则在今河南临汝西。据《三国志·魏书·武帝纪》改。
④ 原作"官封正议郎"。据《三国志·魏书·董昭传》改。

第二十七回 迁銮舆曹操秉政

会。忽一人报曰："一队军往东南而去①，不知何人。"操急令人追之。董昭曰："此乃李傕旧将杨奉、白波帅韩暹，观明公之势，引兵往梁县去了。"操曰："莫非疑操乎？"昭曰："此乃无谋鼠辈，明公何足虑之。"操又曰："傕、汜此去如何？"昭曰："此去虎无爪，鸟无翼，不久被明公所擒耳，无足介意。"操见昭语言投机，便言曰："请问朝廷大事若何？"昭曰："明公兴义兵以诛暴乱，入朝辅佐天子者，此五霸[一〇]之功也。以下诸将，人殊意异，未必服从。今留匡弼，事势不便，惟有移驾幸许县耳②。然朝廷播越[一一]，新还京师，远近仰望，以冀一朝获安。今复徙驾，不厌[一二]众心。夫行非常之事，乃有非常之功，愿将军算大者行之。"操执昭手而大笑曰："此乃孤之本志也！"操又曰："杨奉在梁县，大臣在朝，倘里应外合若何？"昭曰："易也。以书与奉，且安其心。大臣闻之，则曰京师无粮，欲车驾暂幸许县，近鲁阳③，转运粮食，稍无欠缺悬隔之忧。大臣闻之，皆欣然也。"操大喜曰："愿公早晚从之，有不可行者教之，自当厚报！"昭拜谢，自此随顺。

操犹豫迁都之事。时有侍中太史令王立与宗正[一三]刘艾曰："吾仰观天文，以察炎汉气数，自去春太白犯镇星于斗、牛[一四]，过天津[一五]，荧惑[一六]又逆行，与太白会于天关[一七]。金火交会，必有新天子出。吾观大汉气数终矣，晋、魏之地，必有兴者。"立以是言于献帝前曰："天命有去就，五行不常盛。代火者土也。承汉天下者必魏也，能安天下者必曹姓也。当委任曹氏而已。"操闻之，使人告立曰："知公忠于朝廷，然天道深远，幸勿多言。"操以是告彧。彧曰："汉朝刘氏以火德旺天下，故两都皆兴。今主公乃土命也，许县属土，到彼必兴。火能生土，土能旺木，正合董昭、王立之言。他日必有王者兴矣。"操意遂决。次日，引军入洛阳见帝，奏曰："东都废弛已久④，不可修葺，更兼转运粮食艰辛。臣料许县地近鲁阳[一八]，城郭宫室，钱粮民物，足可备矣，可幸銮舆。臣排办已定，便请陛下登辇。"群臣皆惧曹操之势，莫敢言者。即日驾起，操分排车马，尽令百官迁都。

行未数程，前面至高林。忽然喊声大举，杨奉、韩暹领兵拦路。徐晃出马大叫："欲劫车驾何往？"操出马视之，见徐晃神威赳赳，暗暗称奇。操令许褚出马，与徐晃交锋。刀斧相交，战五十余合，不分胜败。操鸣金收军。各自下寨。

操召文武议曰："吾今日在阵上，观徐晃真良将也！不忍以力拼之，思一奇计招谕过来。奉、暹岂足道哉。"一人曰："主公勿虑。某与徐晃有一面之交⑤，今晚扮一小卒，偷入晃营，看紧慢使言说之，来降主公，若何？"操视之，乃山阳昌邑人也，姓满，名宠，字伯宁，见为从事⑥。操便令行。

---

① 原作"往东而去"。据地理改。
② 原作"惟有移驾幸许都耳"。当时应称"许"或"许县"，汉献帝移驻后方可称"许都"。
③ 原作"近洛阳"，不合事实。据下文改。
④ 原作"东都废弛之地久矣"，语不通，据叶逢春本改。
⑤ 原作"某素与徐晃有一面之交"。"素"字有碍文意，据叶逢春本删去。
⑥ 原作"见为行军从事"。东汉三国无"行军从事"官名。据《三国志·魏书·满宠传》改。

却说满宠扮一小卒,杂在队中,偷入晃营中军帐前。晃浑身披甲,于帐下看书①。宠入长揖曰:"故人安乐否?"徐晃视之久②,乃曰:"莫非山阳满伯宁乎?"晃年小时在山阳为官,宠为吏,被人夺买物告官,因有识。宠曰:"然也。"晃曰:"何故到此?"宠曰:"曹操在兖州请我作从事,今日偶见故人阵上耀武,吾甚惜之,故不避死而来,直谏于公。据公之勇,世之罕有,何故屈身于杨奉、韩暹之徒乎?曹将军世之英雄③,力扶汉室,拯救生灵。今日阵前,不忍以健将与公决死战,故遣宠来。公何不背暗投明?"晃喟然叹曰:"吾固知奉、暹非立业之人,争奈从之久矣,不忍相舍。"宠曰:"岂不闻'良禽相木而栖,贤臣择主而事'?大丈夫知而不为,非丈夫也。"晃起身而谢曰:"愿听公言。"宠曰:"何不就杀奉、暹而去,以为进见之功。"晃曰:"以臣杀主,大不义也。吾不为之。"宠曰:"公真有德之士!"遂引部下数十骑,同满宠来投曹操。早有人报入中军,杨奉引千百骑来追徐晃,赶上大叫:"休走!"山上山下,火把齐明。曹操大喝:"吾等逆贼多时,休教走脱。"两山伏兵皆起,来捉杨奉。还是如何,下回便见。

【注释】

[一] 轵道:古道路名。位于司隶州河内郡轵县(今河南济源县南)。

[二] 野王:县名。属司隶州河内郡。治所在今河南沁阳。

[三] 建安:汉献帝年号(196—220)。

[四] 血流芒砀白蛇亡:汉高祖刘邦为亭长时,曾乘醉夜行,遇大蛇当道,拔剑斩之。传说蛇系白帝子(指秦朝),被赤帝子(指汉朝)所斩,暗喻汉当灭秦。芒砀,芒山和砀山的合称,在今安徽砀山县东南,刘邦曾隐匿于此。

[五] 秦鹿:喻指秦朝的帝位。语出《汉书·蒯通传》:"秦失其鹿,天下共逐之。"

[六] 楚骓:西楚霸王项羽所骑的乌骓马。代指项羽。

[七] 晋文公纳周襄王:晋文公,即春秋时晋国国君重耳。周襄王被王子带赶出王都,他联合诸侯,打败王子带,送襄王复位,后成为中原霸主。

[八] 汉高为义帝缟素:义帝名熊心,系战国时楚怀王之孙,秦末农民起义时被尊为王;秦亡后,项羽尊他为义帝,后将他暗害。刘邦为他举行丧礼,借机号召诸侯讨伐项羽。

[九] 蒙尘:逃亡在外,蒙受风尘。

[一○] 五霸:指春秋时的五个霸主,即齐桓公、晋文公、秦穆公、宋襄公、楚庄王。

[一一] 播越:流离失所。

[一二] 厌:满足,满意。

---

① 原作"于帐下看见宠",不合情理(满宠尚未入帐)。据郑本《三国》改。
② 原作"徐晃见之,久立",语意含混。据郑本《三国》改。
③ 原作"曹将军之英雄"。据叶逢春本,补"世"字。

[一三] 宗正：九卿之一。多由皇族充任。职掌管理宗室名籍，分别嫡庶亲疏，逐年编纂同姓诸侯王世系谱。秩中二千石。三国时为第三品。
[一四] 太白犯镇星于斗、牛：太白，金星；镇星，土星；斗，北斗星；牛，牵牛星。指金星和土星同时运行到斗、牛星的区域里。
[一五] 天津：星名。
[一六] 荧惑：火星。
[一七] 天关：星名。
[一八] 鲁阳：县名。属荆州南阳郡。治所在今河南鲁山。

第二十八回　吕布月夜夺徐州①

曹操号起,伏兵围住杨奉。韩暹急引兵来救解。两边夹攻,杨奉走脱。操趁奉、暹军乱,乘势便击将去。杨奉、韩暹大败,败军多半降曹。奉、暹势孤,引兵去投袁术,以图安身,不在话下。

却说操得徐晃为将大喜,来迎銮驾到许县,旋造宫室殿宇,立宗庙社稷、省台司院衙门,修城郭府库。封董承等十三人为列侯。赏功罚罪,并听曹操处置。操自为大将军,封武平侯,以荀彧为侍中、尚书令,荀攸为军师,郭嘉为司空军祭酒②,刘晔为司空仓曹掾③,毛玠、任峻为典农中郎将,催督钱粮④,程昱为尚书⑤,范成、董昭为洛阳令,满宠为许令⑥,夏侯惇、夏侯渊、曹仁、曹洪皆为将军,吕虔、李典、乐进、于禁、徐晃皆为校尉,许褚、典韦皆作都尉。其余将士,各各封官。自此大权皆归于曹操,出入长带铁甲军马数百,朝中大臣有事先禀曹操,然后方奏天子。

操既定大事,乃设一宴于后堂,聚众谋士共议。操曰:"吾今以尊王室,位至三公,皆赖汝等助之。吾所忧者,袁术、袁绍耳。此二人已据土地,未可图之。刘备见屯徐州,已领州事。近吕布在兖州被吾杀败,今投刘备,养于小沛。二人若互相起兵,乃吾心腹之大患也。公等有何妙计可图之?"许褚曰:"愿借精兵五万,斩刘备、吕布之头,献与丞相。"那时未为"丞相"。只是称"大将军"。后建安十三年才任丞相⑦。荀彧曰:"将军勇则勇矣,不知用谋⑧。今许都新定,未可造次动兵。彧有一计,名曰'二虎竞餐'之计。"操曰:"何谓也?"彧曰:"譬如岩下一对饿虎,往来寻食,山上以食投下,二虎必竞其餐。二虎争斗,必有一伤;止存一虎,此虎亦可诛矣。今刘备虽领徐州,未得诏命。今主公已得诏命,可令刘备正授徐州牧,密与一书,教杀吕布。事成,则刘备亦可图;事不成,则吕布必杀刘备矣。此乃'二虎竞餐'之计。"操曰:"然。"即时便差使命赍诏,拜刘备为镇东将军,封宜城亭侯,正领徐州牧。又付密书便行。

却说刘玄德在徐州,闻曹操迁帝于许都,恰欲令人前去庆贺,忽报天使至,出郭迎接入

---

① 原作"吕布夜月夺徐州"。据叶逢春本改。
② 原作"郭嘉为司马祭酒"。据《三国志·魏书·郭嘉传》改。
③ 原作"刘晔为司空曹掾"。"司空曹掾"所指不明。据《三国志·魏书·刘晔传》改。
④ 原作"催督钱粮使"。承上文,删"使"字。
⑤ 原作"程昱为东平相"。据《三国志·魏书·程昱传》改。
⑥ 原作"满宠为许都令"。据《三国志·魏书·满宠传》改。叶逢春本正作"许令"。
⑦ 原作"那时人称为'丞相',只是称'大将军'。后建安三年才任丞相"。语意错乱,故改。
⑧ 原作"不如用谋"。据文意改。

府①。拜受恩命已毕②,设宴管待来使。使曰:"曹将军于帝前力保使君,故首先颁此恩命。"玄德曰:"深谢无尽矣!"使命于坐间,取出私书,递与玄德。玄德看了,曰:"此事尚容计议。"席散,请使于馆驿安下。

玄德连夜与糜竺、糜芳、简雍、孙乾、关、张二将众等商议。张飞曰:"吕布无恩之人,杀之何碍!"玄德曰:"他人志极事穷而来投我,我若杀之,大不义也。"张飞曰:"好人难做。"玄德喝退张飞而起。

次日清晨,人报吕布来到,玄德教请。布入见曰:"闻知朝廷送恩命至,特来相贺。"恰才拜下,张飞扯剑下厅来杀吕布。玄德慌忙阻住。吕布大惊,曰:"益德何故只要杀我?"张飞叫曰:"曹操道尔是无义之人,教我哥哥杀尔!"布曰:"我与尔无仇。"玄德喝退张飞。玄德共吕布同入后堂,告诉前因,就将曹操送的密书与吕布看之。布看毕,泣曰:"此乃曹贼令我弟兄不和!"玄德曰:"兄长无忧,刘备决无此意。县中如少粮草,小弟一一应付。"吕布拜谢。备与吕布吃罢早膳,布告回。玄德亲送出城外,布拜别而去。关、张曰:"兄长何故不肯杀吕布?"玄德曰:"此乃曹丞相疑我与吕布一处,故教我两家自相吞并,他却坐观成败。此乃'二雄不得并立'之计也。"关公曰:"然。"张飞曰:"我只要杀此贼,以绝后患!"玄德曰:"非大丈夫之所为也。"玄德到馆驿送使命回,就拜表谢恩,并回书呈曹操,只言容缓图之。

使命回见曹操,言玄德不杀吕布之事。操问荀彧曰:"此计不成奈何?"彧曰:"又有一计,名曰'驱虎吞狼'之计。"操曰:"何为?"彧曰:"可暗令人往袁术处问安,就报刘备上表要略淮南③,使术动兵攻刘备,却明诏令刘备讨袁术。两边相拼,吕布必生异心。此乃'驱虎吞狼'之计。"操大喜,先发人往袁术处,次发人往徐州去。使命赍诏便行。玄德在徐州,闻知使命至,出郭迎接,开读诏书云:"着起兵讨袁术。"玄德领命,使者先回。糜竺曰:"此又是曹操之计。"玄德曰:"虽是计,王命不可违也。"遂点军马起程。孙乾曰:"可以先定守城之人。"玄德曰:"二弟之中,谁人可守?"关公曰:"弟愿守把此城。"玄德曰:"吾早晚欲与尔议事,岂可相离!"张飞曰:"小弟愿守此城。"玄德曰:"你守不得此城。你一者酒后刚强,鞭挞士卒;二者作事轻易,不从人谏。吾故不放心也。"张飞曰:"小弟自今以后不饮酒了,军士不打,诸般听人谏劝。"玄德曰:"你若如此,吾何忧哉?"糜竺曰:"只恐口不应心。"飞怒曰:"我跟哥哥多年,未尝失信,你何敢料我④!"玄德曰:"弟性如此,吾不放心。请陈元龙为军师,早晚令张飞少饮酒,勿令失事。"玄德俱吩咐了,马军步卒三万,离下邳,往淮南进发⑤。

---

① 原作"出郭迎接入郡"。徐州系"州"而非"郡"。"府"指州衙。
② 原作"拜诏,受恩命已毕"。据叶逢春本,删去"诏"字。
③ 原作"就报刘备上表要略南阳"。南阳属荆州,系刘表地盘。据《三国志·魏书·袁术传》,术当时占据淮南。作品下文亦云:"玄德已往淮南。"
④ 原句无主语"你",据文意加。
⑤ 原作"离徐州,望南阳进发"。此处"徐州"实指州治下邳;"南阳"应作"淮南",见本页校记③。

却说袁术听得刘备上表,欲吞其郡县①,术大怒曰:"汝乃织席编履之夫,安敢占据一州②,与诸侯同列?吾正欲伐汝,汝却反行害我!"乃呼上将纪灵起兵十万,杀奔徐州。两军并起,会于盱眙。二音,虚移。玄德兵少,依山傍水下寨。纪灵乃山东人也,使一口三尖刀,重五十斤,手下战将极多。是日,纪灵引兵出阵,大骂:"刘备村夫,安敢侵吾境界!"玄德曰:"吾奉明命,以顺讨逆。汝今罪不容诛!"纪灵大怒,拍马舞刀来迎玄德。关公大喝曰:"有吾在此!"骤马与纪灵大战二十合。纪灵少歇,关公回阵立马久等。纪灵遣首将荀正出马来。关公曰:"只教纪灵来,与他决个胜负!"荀正曰:"汝乃无名下将,非是纪将军之对手!"关公大怒,直取荀正,交马一合,砍荀正于马下。玄德驱兵杀败纪灵军。纪灵退守淮阴[一]河口,并不交战;时只教军士来偷营劫寨,皆被徐州兵杀败。两边相拒,胜负未分。

却说张飞自送玄德登程去了,一应民讼,并与陈元龙管理;军机大事,自家掌管。飞恐失和气,乃设一宴,遂请各官赴席。是日筵席上,张飞开言曰:"我哥哥临去时,吩咐我少饮酒,恐失大事。众朋友自今日尽此一醉,明日禁酒。各各都要满饮。凡事都帮助我,保守城池。"把酒到陶谦手下旧将曹豹面前,豹曰:"我从天戒,不饮酒。"张飞曰:"厮杀汉如何不饮酒?我要你吃一盏。"豹惧怕,只得饮一杯。张飞把遍各官,畅饮大醉。飞又起身来把盏,曹豹曰:"其实不能饮。"飞曰:"你恰才饮了,如何又推却也?"豹再三不饮。飞曰:"你违将令,该打一百背花[二]。"喝军捉下。陈元龙曰:"玄德临去时,吩咐你甚么来?"飞曰:"你文官只管文官事,休来惹我!"曹豹曰:"看我女婿之面,且以饶恕曹豹。"飞曰:"谁是你女婿?"豹曰:"吕布是也。"吕布前妻是豹之女。飞大怒曰:"我本不打你,你故说吕布諕我,我打你,借你打吕布!"诸人劝不住,将曹豹打至五十,众人苦告饶了,各皆散去。

曹豹回去,深恨张飞,痛入骨髓,连夜差人赍书一封,径投小沛见吕布。吕布将书看了,云:

玄德已往淮南去了,可乘飞醉,来取徐州。今番错过,悔之晚矣!

吕布连夜请陈宫来议此事。宫曰:"只在小沛,何日峥嵘?今若不取,宫必去矣。"

布教备赤兔马,全身披挂了,手持方天戟,领五百骑军,先往下邳来③。陈宫后引大军来,高顺随后进发。只一百余里④,上马便到。吕布到城下时,恰才四更,月色澄澄,城上并不知觉。布到城门边,叫云:"刘使君有使命至。"城上有曹豹军报知曹豹。曹豹上城看之,令军士开门。入得城时,喊声大举。飞在府中醉倒,酒犹未醒,左右人急摇醒。人报吕布赚开城门,张飞教人备马,慌忙披挂上马,绰丈八矛在手。时吕布军马到来,张飞出府时正见吕布相迎,酒犹未醒,不能战。吕布素知飞勇,亦不敢逼飞。十八骑燕将,保飞杀出东门去了。

曹豹见飞只十数人护从⑤,引百十人赶来。飞见豹大怒,拍马来迎。豹战三合败走。飞赶

---

① 原作"欲吞吾州县"。"吾"字不当,改为"其";袁术所据仅为扬州之一部分,故改"州县"为"郡县"。
② 原作"安敢占据大郡"。徐州非"郡",而系"州",辖五个郡、国。
③ 原作"先往徐州来"。徐州系州名,而非具体城名。此处指州治下邳。
④ 原作"只四十五里"。据地理改。
⑤ 原作"无十数人护从"。据《李卓吾先生批评三国志》(简称"李卓吾评本")改。

到河边,一枪刺豹,连人带马死于河中。飞于城外招呼士卒,出城者尽随飞投淮南而去。吕布城中安抚居民,令军一百守把玄德宅门,诸人不许进入。此是吕布弟兄之情也。

却说张飞引数十骑,直到盱眙来见玄德,说曹豹献门,吕布夜袭徐州。众皆失色。玄德叹曰:"得何足喜,失何足忧。"关公曰:"嫂嫂安在?"飞曰:"皆陷于城中。"玄德默默无语。关公曰:"你当初要守城时,说甚来?兄长吩咐你甚来?今日城池又失了,嫂嫂又陷了,你死犹恨迟,尚自有何面目来见兄长!"张飞闻言,惶恐无地,掣剑自刎。性命如何?

【注释】
[一] 淮阴:县名。属徐州下邳国。今属江苏。
[二] 背花:古代刑罚。用木棒打脊背,伤破之处叫背花,故以背花代称打脊背。

第二十九回　孙策大战太史慈

张飞要自刎，玄德向前抱住，夺其剑而言曰："古人有云：'兄弟如手足，妻子如衣服。衣服破，而尚有更换；使手足若废，安能再续乎？'吾三人桃园结义，不求同日生，誓愿同日死。今日虽无了城池老小，安忍教兄弟中道而亡？吕布掳吾妻小，必不害之，容作方略救援。"遂皆大哭一场，理会战纪灵之事。

袁术知吕布袭了徐州，星夜差人许粮五万斛、马五百匹、金银一万两、彩缎一千疋，令夹攻刘备。布喜，令高顺领兵五万余，袭玄德后。玄德知吕布兵袭后，乘阴雨，撤兵弃盱眙而走，思东取广陵。高顺与纪灵相见，顺曰："温侯令顺来助战，就索所许之物。"灵曰："公且回下邳，容某见主人，那时相送。"高顺别纪灵，回见吕布，言纪灵如此回答。忽有袁术书至，云："刘备未除；捉了刘备，那时相送。"布大怒袁术失信，欲起兵伐之。陈宫曰："不可。术据寿春[一]，兵多粮广，不可便图。不如请玄德还屯小沛，养成羽翼。令玄德作先锋，那时先取袁术，后取袁绍，可纵横天下矣。"布听其言，暗令人去取玄德回。

玄德兵至广陵，又被袁术劫寨，折兵太半。回来正遇吕布使命，玄德见书大喜，便投下邳来①。关、张曰："吕布乃义薄之人，不可准信。"玄德曰："人既如此好心待我，我不疑也。"遂行之。来到下邳，布恐疑惑，先令人送老小还玄德。甘、糜二夫人对玄德曰："吕布令兵一百把定宅门，诸人不敢即入。常使侍妾送物，未尝有缺。"玄德与关、张曰："我知吕布非无义之人也。"入城去谢吕布。飞恨布未往，先与嫂嫂小沛去了。

玄德入见吕布，拜谢。布曰："吾非夺你徐州，汝弟张飞在此恃酒杀人，吾故来守之。"玄德曰："备欲让久矣。"布再虚让玄德，玄德力辞。宴讫，拜别还屯小沛驻扎。关、张心中不忿。玄德曰："屈身守分，以待天时，不可与命争也。"吕布令人送粮米缎疋，兼令玄德为豫州刺史。自此两家和好。

却说袁术大宴将士于寿春，人报孙策征庐江[二]太守陆康得胜回。术唤策至，拜于堂下。问劳已毕，便令侍坐饮宴。原来孙策自父丧之后，居江南，礼贤下士；后因陶谦与策母舅丹阳[三]太守吴景不和，策乃移母并家属居于曲阿②，自投袁术。术甚爱之，常叹曰："使术有子如孙郎，死复何恨！"因此，令孙策为怀义校尉，引兵去攻泾县[四]大帅祖郎③，得胜回见术。术见策勇，复使攻陆康，一阵大战，得胜而回。

当日筵散，策归营寨，见术不升厅。策心中有些郁闷。是夜月明，策思父如此英雄，独霸

---

① 原作"便投徐州来"。广陵本属徐州，由广陵"投徐州"不通。应是往州治下邳。
② 原作"居于曲河"。据《三国志·吴书·孙讨逆传》改。
③ 原作"泾县太师祖郎"。据《三国志·吴书·孙讨逆传》注引《江表传》改。

江东，今日到我，十不及一，放声而哭。忽见一人自外而入，大笑曰："伯符何故如此？汝父在日，多曾用我。汝今有不决之事，何不问我？我与汝商议，何自哭耶？"策观之，乃丹阳故鄣[五]人也，姓朱，名治，字君理，尝从孙坚讨长沙、零、桂三郡贼有功。又从破董卓于阳城，助陶谦讨黄巾。乃孙坚手下旧督军校尉①。策请坐而问之，曰："策所哭者，恨不能继父之志也。"治曰："君何不告袁公路②，借兵往江东，假名救吴景，实取大业。久困于人之下，此非大丈夫之志也。"正商议间，一人忽然而入，曰："公等所谋，吾已知之。吾手下有精壮者百十余人，暂助伯符一马之力。"策大喜，请坐而问之，乃汝南细阳[六]人也③，姓吕，名范，字子衡，生得面如傅粉，体似凝酥。策大喜，三人共议。吕范曰："只恐袁术不肯借兵。"策曰："有吾亡父留下传国玉玺以为质当。"范曰："术有心久矣。"

次日，策入见袁术，哭拜阶下。术问其故，策曰："父仇不能报，母舅吴景被扬州刺史刘繇音由追之甚急。策老母家小皆在曲阿，必被繇所害。策问伯父处暂借雄兵数千，渡江去探老母，助拔舅氏。恐伯父不信，有亡父遗下玉玺，权为质当。"术闻有玉玺，取而视之，大喜曰："吾非要你玉玺，权留下在此。我借兵三千、马五百匹与你。平定之后，速令军回来。你名微，难掌大军。我表你为折冲校尉，行殄寇将军④，克日领兵便行。"

策拜谢，遂得军马，带领朱治、吕范，旧将程普、黄盖、韩当，择日起兵。行至历阳[七]，正行之次，见一彪军到，当先一人，见策下马。策视之，其人面如美玉，唇若点脂，姿质风流，仪容秀丽，胸藏纬地经天之术，腹隐安邦定国之谋，乃庐江舒城[八]人也，姓周，名瑜，字公瑾，汉太尉周景从孙⑤，洛阳令周异之子。初，孙坚讨董卓之时，移家舒城，瑜与孙策同年，结为昆仲。瑜小策一月⑥，以兄事之。策住瑜道南大宅，策与瑜升堂拜母，有通家之好。如此至交甚厚。瑜叔周尚为丹阳太守，因往省亲，到此与策相见，以诉衷情。瑜曰："某愿施犬马之劳，共图大业。"策曰："吾得公瑾，大事谐矣！"策令与朱治、吕范相见，共画筹略。治、范大喜。瑜与策曰："将军欲济大事，可知江东有'二张'乎？"策曰："未知。"瑜曰："一人能博览群书，善书隶字，兼明天文地理之学，彭城[九]人也，姓张，名昭，字子布。陶谦曾聘，不肯屈就⑦，故来江东避乱。一人贯通九经，深明诸子百家，广陵人也，姓张，名纮，字子纲。因避世乱，隐于江东。此处有二人，何不请之？"策即便令人请，不至。策亲到其家，与议论终日，口若悬河。策拜张昭为长史，兼抚军中郎将；拜张纮为正议校尉⑧。商议进兵，攻击刘繇。

却说刘繇，字正礼，东莱牟平[一〇]人也。亦是汉室宗亲，汉太尉刘宠之侄，兖州刺史刘岱

---

① 原作"乃孙坚手下从事官"。据《三国志·吴书·朱治传》改。
② 原作"袁公略"。据叶逢春本改。
③ 原作"乃袁术谋士，汝南细阳人也"。据《三国志·吴书·吕范传》，范当时避乱于寿春，并非袁术谋士。在小说中，他也未替袁术出谋划策。
④ 原作"我表你为折冲校尉、殄寇将军"。据《三国志·吴书·孙讨逆传》改。
⑤ 原作"汉太尉周景之孙"。据《三国志·吴书·周瑜传》改。
⑥ 原作"瑜小策两月"。据《三国志·吴书·周瑜传》注引《江表传》改。
⑦ 原作"不肯屑就"。"屑"乃"屈"之形误。
⑧ 原作"拜张纮为参谋正议校尉"。据《三国志·吴书·张纮传》改。

之弟。繇为扬州刺史,陶丘洪荐繇,欲令举茂才。刺史曰:"前年举公山,奈何复举正礼?"洪曰:"明使君用公山于前,擢正礼于后,所谓御二龙于长涂,骋骐骥于千里,不亦可乎?"避乱淮浦。诏为扬州刺史。旧屯于寿春①,被袁术赶过江东,故来守曲阿。有彭城相薛礼、下邳相笮音昨融,两个领兵帮助。繇知孙策渡江,屯兵历阳,急聚众将商议。有樊能、于麋②,陈横、张英,说策是骁骑大将。张英曰:"某领一军,屯于牛渚〔一一〕音诸,纵有百万之兵,亦不能近也。"言未毕,帐下一人高叫曰:"某愿为前部先锋。"众人视之,乃东莱黄县人也,复姓太史,名慈,字子义。因解了北海之围,特来见刘繇,繇就留之。听得孙策来到,愿为前部先锋。繇曰:"你未可为大将,只在吾左右听命。"太史慈不喜而退。

张英领兵拒牛渚,积粮十万于邸音甑阁〔一二〕。策引兵到,张英领兵出,两军会于牛渚滩上。孙策出马,张英大骂,黄盖便出与张英战。不数合,忽然张英军大乱,报说寨中有人放火,烧着窝铺。张英急回军不迭。孙策引军前来,乘势掩杀。张英弃了牛渚,望深山而逃。寨后放火的是谁?两员将领三百余人来见孙策。二人声喏,策问之。一人面黑须黄,身体雄伟,九江寿春人也,姓蒋,名钦,字公奕。一人彪形虎体,目朗眉浓,九江下蔡〔一三〕人也,姓周,名泰,字幼平。二人皆为遭世乱,故聚人在大江中③,劫掠为生。"久闻兄乃江东豪杰,又闻君招贤纳士,特来相助。"策大喜,用为军前校尉。尽收牛渚邸阁粮食军器,收得兵卒四千余人,遂进兵神亭〔一四〕地名。张英败回见刘繇,繇责骂张英等,欲斩之。笮融、薛礼劝免,使屯兵秣陵城〔一五〕拒策④。繇自近神亭岭南下营,孙策岭北下营。策问土人曰:"近山有汉光武庙否?"土人曰:"有庙,已倾颓,无人祭祀。"策曰:"吾夜梦光武邀我相见,当以祈之。"长史张昭曰:"不可。今岭南是刘繇寨,倘有伏兵,奈何?"策曰:"神人佑我,吾何惧之!"遂全装贯带⑤,绰枪上马,回顾众将,引程普、黄盖、韩当、蒋钦、周泰共十三骑,跟策出寨上岭⑥,到庙烧香。下马参拜已毕,策向前跪告,祝曰:"果若孙策能于江东立业,复兴故父之基,即当重修庙宇,四时祭祀。"祝毕,出庙上马,回顾众将曰:"吾欲过岭去看刘繇寨栅。"众将皆挡不住,遂同上岭,南望村林。伏路小军飞报刘繇,云:"孙策自领十数骑,径过岭来看寨栅。"繇曰:"此必是孙策诱敌之计,不可追之。"太史慈踊于前曰:"此时不捉,更待何时!"刘繇阻挡不住,慈披挂上马⑦,绰枪出营,大叫曰:"有胆气者跟我来!"诸将不动,惟有一小将曰:"太史慈真猛将也,吾可助之!"拍马赶去。众皆大笑。

却说孙策看了半晌,程普向前曰:"可以早回。"正行过岭来,只听得岭上叫:"孙策休走!"

---

① 原作"繇旧为扬州刺史,屯于寿春"。据《三国志·吴书·刘繇传》,刘繇始为扬州刺史,此时已进位扬州牧,故"旧"字应移后。
② 原作"干糜"。据《三国志·吴书·孙讨逆传》改。
③ 原作"故聚人在扬子江中"。扬子江系隋以后名称,东汉三国统称"江水"或"大江"。
④ 原作"屯兵零陵城拒策"。零陵属荆州,系刘表地盘,原文方位大误,据下文改;并承上文,加"使"字。
⑤ 原作"全妆惯带"。据叶逢春本改(贯,穿)。
⑥ 原作"出寨跟策上岭"。据叶逢春本调整语序。
⑦ 原句无主语"慈"。据上下文加。

策回头视之，见两匹马飞下岭来。策将十三骑一齐摆开，策横枪立马于岭下待之。太史慈高叫曰："哪个是孙策？"策曰："你是何人？"答曰："我便是东莱太史慈也，特来捉孙策。"策笑曰："我便是。你两个一齐来拼我，吾不惧你。我若怕你，非英雄也！"慈曰："你便使众人都来，我亦不怕你也！"纵马横枪，直取孙策。策挺枪来迎。两马相交，战五十合，不分胜败。程普等暗暗称奇："好个太史慈！"慈见孙策枪法无半点儿渗漏，佯输败走，引入深山，急回马走。孙策赶来，太史慈暗喜，不入旧路上岭，却转过山背后。策赶到，慈喝策曰："你若是大丈夫，和你拼个你死我活！"策叱之，曰："走的不算男子汉！"两个又斗三十合。慈心中自忖："这厮有十三从人，我只一个，便活捉了他，也吃众人夺去。再引一程，教这厮们没寻处。"又诈败走，而大叫曰："休来赶我！"策喝曰："你却休走！"一直赶到平川之地。慈兜回马再战，又到五十合。策一枪搠来，慈闪过，挟住枪；慈也一枪搠去，策亦闪过，挟住枪。两个用力只一拖，都滚下马来，马不知走到哪里去了。两个弃了枪，揪住厮打。慈年三十岁，策年二十一岁，两个揪住战袍，扯得粉碎。策却手快，掣了慈背的短戟，慈掣了策头上兜鍪音谋。策把戟来刺慈，慈把兜鍪遮架。忽然喊声后起，乃刘繇接应军到来，约有千余。慈战策不放，两边军马合将上来。策正慌，程普领十二骑到，冲杀两边军。慈放了策。慈军中讨一匹马，取了枪，上马复来。孙策马被程普牵来，策取枪上马冲杀。一千余军和十三骑混战，迤逦杀到神亭岭下。喊声起处，周瑜领军来到。太史慈怎得脱身？毕竟如何？

【注释】

[一] 寿春：县名。属扬州九江郡，为郡治所在地。故城址在今安徽寿县。

[二] 庐江：郡名。属扬州。治所在舒县（今安徽庐江西南）。

[三] 丹阳：郡名。属扬州。治所在宛陵（今安徽宣城）。

[四] 泾县：县名。属扬州丹阳郡。今属安徽。

[五] 丹阳故鄣：今浙江安吉西北。

[六] 汝南细阳：今安徽太和东南。

[七] 历阳：侯国名。属扬州九江郡。治所在今安徽和县。

[八] 舒城：即舒县。为扬州庐江郡治所。故城址在今安徽庐江西南。

[九] 彭城：县名。属徐州彭城国。治所在今江苏徐州。

[一〇] 东莱牟平：今山东福山西北。

[一一] 牛渚：即牛渚山。在今安徽当涂西北长江边。山下有牛渚矶，为长江下游要津。

[一二] 邸阁：储粮所。

[一三] 九江下蔡：今安徽凤台。

[一四] 神亭：地名。地处扬州丹阳郡，在今江苏金坛北。

[一五] 秣陵：县名。属扬州丹阳部。治所在今江苏江宁南秣陵关。

第三十回　孙策大战严白虎

周瑜救军到，刘繇等自引大军杀下岭来。时近黄昏，风雨暴至，两下各自收军回寨。

次日，孙策引大军到刘繇营前，刘繇引军迎。两阵圆处，孙策把枪挑太史慈背的戟于阵前，令军大叫曰："太史慈若不是走得快，可刺死你也！"刘繇却将孙策兜鍪挑于阵前，也令军大叫曰："孙策头已在此！"两军呐喊，这边夸胜，那壁道强。后史官议论，失盔者当输也。慈遂出马，约孙策战，决胜负。策欲当先出马，程普曰："不须主公劳力，某自擒之。"程普出到阵前，太史慈曰："你非是我之敌手，只教孙策出马来。"程普大怒，挺枪直取太史慈。两马相交，战到三十合，刘繇急鸣金收军。太史慈曰："我正要捉拿贼将，何故收军？"刘繇曰："吾闻周瑜已到，领军袭取曲阿，有一人乃庐江松滋[一]人也，姓陈，名武，字子烈，接应周瑜入去。吾家基业已失，不可久留。速往秣陵会薛礼、笮融军马，急来接应。"太史慈跟着刘繇退军。孙策不赶，收住人马。长史张昭曰："彼军被周瑜袭取曲阿，无恋战之心，今夜正好劫营。"孙策然之，当夜分军五路，长驱大进。刘繇军兵大败，众皆四纷五落。太史慈独力难加，引十数骑连夜投泾县去了。刘繇与谋士许子将[二]来投秣陵。

孙策又得大将陈武，其人身长七尺，面黄睛赤，形容古怪。策甚喜敬之，拜为校尉，为先锋，攻薛礼。陈武领十数骑先入阵去，斩首级五十余颗。薛礼闭门不敢出。

策正攻城，忽有人报刘繇会合笮融去取牛渚。孙策大怒，自提大军径奔牛渚。两边迎敌。繇、融二人出马。孙策曰："吾今到此，你如何不降？"刘繇背后一将挺枪出马，乃于糜也。与策战不三合，于糜被策活捉于马上。策拨马回阵。樊能见捉了于糜去，挺枪来赶。那枪搠到策后心，阵中叫："背后有人暗算！"孙策回头，忽见樊能到，策大喝一声，如巨雷。樊能倒翻身，撞下马而死。策到门旗下，将于糜丢下，已被挟死。因挟死一将，喝死一将，人皆呼策为"小霸王"也。刘繇、笮融大败，人马太半降策。策斩首级万余。刘繇、笮融走豫章[三]去了①。笮融后在于山林之中为落草寇，一般劫掠财物，被居民所杀。孙策还兵，复攻秣陵，亲到城壕边，招谕薛礼投降。城上张英暗放一冷箭，正中孙策左腿，翻身落马。众将急救起，还营拔箭，以金疮药傅之。策曰："可诈作吾中箭身死，军中举哀，拔寨齐起，薛礼必然来追②。暗伏奇兵，必捉薛礼。"众然其计，只说孙策已死，连夜拔寨齐起。薛礼听知孙策死，连夜便起城内之军，张英、陈横杀出城来追之。策营背后伏兵起，军马拥出。策高叫一声："孙郎在此！"众军皆惊，尽弃枪刀，拜于地上。策令休杀一人。张英要走，被陈武一枪刺死。陈横被蒋钦一箭射死。薛礼死于乱军之中。一路皆招呼黎民复业。追兵至泾县，来捉太史慈。

慈于城中再招得精壮二千余人，来与刘繇报仇。策与周瑜商议活捉太史慈之计。瑜令三

---

① 原作"刘繇、笮融走豫章，投刘表"。刘表当时据荆州，驻襄阳；而豫章属扬州，距襄阳甚远。
② 原句无主语"薛礼"。据上下文加。

面攻县,只留东门放走;离城二十五里,三条路各伏其军①。太史慈到那里,人困马乏,必然捉也。原来太史慈所招太半是山越[四]之民,不在县内,闻孙策忽至,措手不及。兵已三面困县,太史慈引兵忽冲,乱箭射回。当夜陈武首先短衣上城放火。太史慈见城上火起,急上马投东门走。背后孙策自引军马来赶。太史慈正往东门路上走,后军赶至三十里不赶。太史慈走五十里,人困马乏,芦苇之中,喊声忽起。慈急待走,两下里绊马索齐来,将马绊翻了,生擒慈解上大寨。策知解到太史慈,亲自出营,喝散士卒,自释其缚,将自己锦袍以衣之,请入寨中。太史慈曰:"败将请诛。"策曰:"我知子义真丈夫也。刘繇蠢辈,不能用为大将,以致此败。"慈见策待之如兄,遂请降之。

策执慈手曰:"宁识神亭乎?若公是时获我,还相害否?"慈答曰:"未可量也。"策大笑曰:"今日之事,当与公共之②。"请入帐,邀之上坐,待以酒食。策曰:"今既与相处,勿忧不如意也。愿教我进取之术。"慈曰:"败军之将,不足论也。"策曰:"韩信昔日求于广武君,策今愿决于仁者,公何辞焉?"慈曰:"刘君新破,士卒离心,倘若分散,难复合聚。欲自往收拾,少助明公,恐不合尊意。"策长跪曰:"诚本心所望也。明日日中,望公来还。"慈应诺,辞去③。诸将曰:"太史慈此去,必不来了。"策曰:"子义乃青州名士,信义为重,必不肯背我。"众皆未信。

次日,立竿看日影,却将日中,慈引一千余众到寨。孙策大喜。众皆服之。

孙策聚数万之众,游于江东,安民恤众,投者无数。江东之民,但呼策为"孙郎"。初闻孙郎兵至,老幼尽皆失魂丧魄,官吏俱弃城郭远避山野。及策军到,并无一人敢出掳掠,鸡犬菜果分毫不动,人民皆悦,赍牛酒到寨劳军。策以金帛答之,欢声遍野。其刘繇等旧军,愿从军者听从,并除门户;不愿为军者,赏赐粮米,尽自归家生理。江南之民,闻仁政谁不仰之、羡之。由是形势大盛。策迎母叔诸弟俱归曲阿,令弟孙权与周泰守宣城[五]。策领兵向南,进取吴郡。

时有严白虎自称"东吴德王",遣邹他守乌程[六]④,王晟守嘉兴[七]。策兵至,白虎令弟严舆出城,交兵于枫桥[八]。舆横刀立马于桥上。有人报入中军,策便欲出。张纮下马而谏曰:"夫主将乃筹谟之所自出,三军之所系命也,不宜轻脱,自敌小寇。脱,轻易也。愿麾下重天授之姿,副四海之望,无令国内上下危惧。"策谢曰:"先生之言如金玉,但恐将士不用命,当先耳。"随遣韩当出马。比及骤马到桥上时,蒋钦、陈武各驾小舟,从河岸边早杀过桥里去了,乱箭射倒岸上军,二人飞身上岸砍杀。严舆退走。韩当引军直杀过阊门[九]下,贼退入城里去了。

策分兵水陆并进,围吴县⑤,一困三日。策引众军到阊门外招谕。城上一个裨将,左手托定护梁,右手指着城下骂。太史慈马上拈弓取箭,搭箭曰:"看我射中这厮左手!"一箭去,射透

---

① 原作"离县三条路,各伏其军,离城二十五里",语序不当。据文意调整。
② 原作"当公共之"。据叶逢春本,补"与"字。
③ 原作"慈应诺,不辞而去"。自相矛盾,故改。
④ 原作"遣周泰守乌城"。据《三国志·吴书·孙讨逆传》注引《吴录》改。
⑤ 原作"围吴城"。当时应称"吴县"。

左手,反牢钉在护梁上。城下城上人所见者,无不喝彩。群贼救了这人下城①。白虎大惊城外有人如此神射,遂商量求和。

次日,使严舆出城,来见孙策。策请舆入帐饮酒。酒酣,策拔剑砍舆所坐之席。舆惊倒在地。策笑曰:"聊作戏耳,勿得惊焉。"策问舆曰:"汝兄意如何?"舆曰:"欲与将军平分江东。"策大怒曰:"鼠辈敢与吾相等也!"舆急起身。策飞剑砍之,应手而倒,割头,令从者送入城中。白虎料敌不过,弃城而走。

策进兵追袭。黄盖生擒王晟,势如劈竹。太史慈急攻打乌程,先登城射死邹他②。数县皆平③。白虎奔走余杭[一〇],于路劫掠,被土人[一一]凌操领乡人杀败,望会稽而走。凌操父子二人来接孙策。策见操威仪出众,遂领父子从征。时子凌统年十五岁。后长,孙权即拜为别部司马,行破贼都尉。策引兵渡江,严白虎聚寇分布于西津渡口。白虎自与程普交锋,大败而走,连夜赶到会稽。

会稽太守王朗引兵救白虎。一人谏曰:"孙策用仁义之兵,白虎乃暴虐之众,可捉白虎以献孙策,顺天命也。"朗不听。此人乃会稽余姚[一二]人也,姓虞,名翻,字仲翔,见为郡吏。见朗不听,长叹一声而归。朗与白虎同陈兵于山阴[一三]之地。孙策、周瑜各引兵迎之,程普、黄盖各出奇兵应之,大破白虎于山阴。朗走海隅,白虎走余杭。一人引兵于路接白虎,虎喜。是夜于帐中饮酒,那人拔剑砍杀白虎,立诛数十余人,来投孙策。策见此人身长八尺,面方口阔,会稽余姚人也,姓董,名袭,字元代。命为别部司马。

却说东路皆平,令叔孙静守之。策乃回军,令朱治为吴郡太守,收军回江东。

有人来报孙权与周泰守宣城,忽山贼窃发,四面杀至。时更深,泰抱权上马,数十贼众,用刀来砍。事急,泰弃马,身无片甲,提刀杀贼,砍杀十余人。随后一贼跃马挺枪,直取周泰,被泰扯住枪,拖下马来,夺了枪马,杀条血路,救了孙权。余贼远遁。周泰身被十二枪,皆是阵上所伤,金疮发胀,命在须臾④。策大惊。帐下董袭曰:"某虽不才,曾与海寇相持,身遭数箭,得会稽郡吏虞翻荐一医者,半月而愈。"策曰:"虞翻莫非虞仲翔乎?"袭曰:"然。"策先令张昭去请虞仲翔来为功曹,令求医者。随引兵来看周泰。

不一日,董袭引虞仲翔来宣城见孙策。策曰:"吾不敢以郡吏相待先生。今日之事,愿与先生共之。"翻拜谢,遂引医者见策。策见其人,童颜白发,飘飘然有出尘之姿,问之,乃沛国谯县人也⑤,游艺江东,姓华,名佗⑥,字元化。策礼待为上宾,请视周泰疮。佗曰:"此易事耳。一月而愈。"策大喜,遂进兵杀除山贼。江南皆以平靖。孙策分拨将士守把各处隘口。雄兵十

---

① 原作"群贼救了这人人城"。此人本在城上,"人城"不通,故改。
② 原作"先登城射死那太守"。承上文改。
③ 原作"数州皆平"。嘉兴、乌程等皆为"县",而非"州"。
④ 原作"回见孙策,金疮发胀,命在须臾"。据上下文,删去"回见孙策"。
⑤ 原作"乃沛国谯郡人也"。谯郡系建安末年分沛国而置,二者地位平等,不相统辖。据《三国志·魏书·方技传》改。
⑥ 原作"姓华,名陀"。据《三国志·魏书·方技传》改。叶逢春本正作"名佗"。

余万,文官武将各效忠诚。策思当时父孙坚在时,部下将吏皆升赏二等;一面写表申朝,一面结交曹操,一面使人致书与袁术取玉玺。

术暗有称帝之心,回书推托不还。术聚长史杨弘①,都督张勋、纪灵、桥蕤音蕊,上将雷薄、陈兰等三十余人商议。术曰:"策借我军马起事,今日尽得江南地面,兵甲有十余万。吾欲并吞之,若何?"长史杨弘曰:"孙策拒长江之险,兵精粮广,未可图也。"术又曰:"吾恨刘备无故以兵伐我,我欲报之。"杨弘曰:"欲擒刘备,某献一计,未知尊意若何?"且听下回分解。

【注释】

[一] 庐江松滋:今安徽宿松县东北。
[二] 许子将:即许劭(字子将)。东汉汝南平舆人(今河南平舆)。以善于品评人物而著名。
[三] 豫章:郡名。属扬州。治所在南昌(今江西南昌)。
[四] 山越:古族名。古越人的一支。分布于今江苏、浙江、安徽、江西、福建、广东等省部分山区。
[五] 宣城:县名。西汉置,东汉改名宛陵。系丹阳郡治。今属安徽。
[六] 乌程:县名。属扬州吴郡。治所在今浙江吴兴西南。
[七] 嘉兴:县名。属扬州吴郡。治所在今浙江嘉兴南。
[八] 枫桥:桥名。在吴县(今江苏苏州)城外。
[九] 阊门:吴县(今江苏苏州)西门。
[一〇] 余杭:县名。属扬州吴郡。今属浙江。
[一一] 土人:土著,本地人。
[一二] 会稽余姚:今浙江余姚。
[一三] 山阴:县名。为会稽郡治。故城址在今浙江绍兴。

---

① 原作"长史杨大将"。《三国志·吴书·孙讨逆传》云:"(袁)术死,长史杨弘、大将张勋等……"《演义》作者漏看"弘"字,加之古书无标点,遂误为"长史杨大将"。

卷之四

第三十一回　吕奉先辕门射戟

杨弘曰："今刘备军屯小沛，虽然易取，奈吕布虎踞徐州，前次许他金帛粮马，至今未与。即可令人付粮食金帛，以利其心，使他按兵不动，刘备立可擒之。先擒刘备，后图吕布，此先除一患之计。"术喜，便令韩胤赍书见吕布。书曰：

> 昔董卓作乱，破坏王室，祸害术门户，术举兵关东，未能屠裂卓。将军诛卓，送其头首，为术扫灭仇耻，使术明目于当世，死生不愧，其功一也。昔将金尚[一]向兖州，甫[二]诣封丘①，为曹操逆所拒破，流离进走，几至灭亡。将军破兖州，术复明目于遐迩，其功二也。术生年以来，不闻天下有刘备，备乃举兵与术对战。术凭将军威灵，得以破备，其功三也。将军有三大功在术，术虽不敏，奉以生死。将军连年攻战，军粮苦少②，今送米二十万斛，迎逢道路，非直此止，当络绎复致。若兵器战具，他所乏少，大小唯命。

吕布看书毕，得物甚喜，重待韩胤。

胤回告术，术遣纪灵为大将，雷薄、陈兰为副将，进攻小沛。人报与玄德，玄德聚众商议。张飞要出战，孙乾曰："今小沛粮寡兵微，如何抵敌？可修书告急与吕布。"飞曰："那厮如何肯来！"乾曰："不如弃小沛去投曹操。"飞不悦。玄德曰："乾之言善。"遂修书赍吕布。书曰：

> 伏自将军垂念，令备于小沛容身，实拜云天之德。今术欲报私仇，遣纪灵领兵到县，亡在旦夕，非将军莫能救之。望驱一旅之师，以救倒悬之急，不胜幸甚！

吕布看了书云："两下都发书到，一边求救援，一边言休要救，教我无奈何。"陈宫曰："刘备今虽受困，久后必纵横，乃将军之患，请休救之。"布曰："袁术若并了刘备，则北连泰山诸将，吾亦在术围中也③，不得不救刘备。"遂点兵起程。

却说纪灵起兵，长驱大进，已到沛县东南扎下营寨：昼列旌旗，遮映山川；夜设火鼓，震明天地。玄德县中止有五千余人，亦出县布阵安营。张飞便要出战，玄德阻之。人报吕布引兵离县一里西南上扎下营寨。纪灵知吕布领兵来救刘备，急令人致书于吕布。吕布拆书视之。书曰：

> 灵闻大丈夫之志，心无二意，专在一图，可赴鼎镬之烹。纪信就楚军之戮[三]，鲧音砖诸受吴王之杀[四]。前者温侯既受袁氏之礼物，今复纳刘备之佞言，非英雄之所为也。若蒙早斩刘备，永为唇齿之援，共图王霸之基。愿赐片言，以决去就。幸甚！

---

① 原作"昔金尚向兖州，甫诣封部"。据《三国志·魏书·吕布传》注引《英雄记》改（封丘，县名，属兖州陈留郡，治所在今河南封丘西南）。
② 原作"军粮若少"。校改依据同①。
③ 原作"吾亦在术图中也"。据《三国志·魏书·吕布传》改。叶逢春本正作"围中"。

吕布看毕，笑曰："我有一计，使袁术不恨于吾，教刘备不怨于我。"高顺曰："愿闻其计。"布曰："临期观之，难以口说。"令人往纪灵、刘备寨中，请二人来赴席。

玄德看书大喜，便欲上马。关、张曰："兄长不可去。吕布必有异心。"玄德曰："非也。吾待温侯不薄，彼安肯害我乎？"言毕就行。关、张跟去。到吕布营寨入见，布曰："吾今特来解你之危。你异日得志，不可相忘。"玄德顿首称谢，坐于布侧。关、张按剑，背后而立。人报纪灵到寨。玄德大惊，欲避之。布曰："吾特请你二人会议，勿生疑焉。"玄德未知其意，心下不安。纪灵下马入，见玄德在帐上坐，抽身便回，左右留之不住。吕布向前扯住纪灵之臂，如提童稚。灵曰："将军欲杀纪灵也？"布曰："非也。"灵曰："莫非杀'大耳贼'[五]三乎？"布曰："亦非也。"灵曰："愿将军早赐一言，以决心中之疑。"布曰："玄德乃布之弟也。今为将军所困，故来救之。"灵大惊："若此，则杀灵也！"布曰："无有此理。布平生不好斗，惟好解斗。"灵问曰："何为解斗？"布曰："解释两家之战斗。吾有一法，从天所决。"灵曰："将军既言，请入帐中计较。"灵入帐，与玄德相见。二人各心未稳。布居中坐，灵左，备右。布教且行酒。

酒行数巡，布曰："你两家看我面上，俱各罢兵。"玄德无语。灵曰："吾奉主公之命，提十万之兵，专捉刘备，如何罢得？"张飞拔剑在手，大怒曰："吾虽兵少，觑汝辈如儿戏耳！你比百万黄巾如何？你敢伤我哥哥！"关公拖住飞手，言曰："且看吕将军发落，那时各回营寨厮杀不迟。"吕布曰："我请你两家解斗，须不教你厮杀。"这边纪灵不忿，那边张飞只要厮杀。

布大怒，教左右："取我戟来！"布提画戟在手，纪灵、玄德尽皆失色。布曰："我劝你两家不要厮杀，尽在天命。"令左右接过画戟去，立在辕门外，远远插定。布教取弓箭来。布拈弓搭箭在手，回顾纪灵、玄德①，曰："辕门离中军一百五十步，吾一箭射中戟小枝，你两家罢兵；如射不中，你各自回营安排厮杀。如不遵吾言者，并力杀之。"众皆应诺。玄德暗告天地曰："只愿射得中！"布都教坐，再各饮一杯酒。酒毕，布挽起袍袖，搭上箭，拽满弓，口呼："箭中！"这的[六]是刘玄德有福处，弓开如秋月行天，箭去似流星落地，一箭正中画戟小枝。帐上帐下将齐喝一声彩。后有史官题吕布射戟诗曰：

　　昔日将军解斗时，全凭射戟释雄师。
　　辕门深处如开月，一点寒星中小枝。

又宋贤有诗曰：

　　温侯神射世间稀，曾向辕门独解危。
　　落日果然欺后羿，号猿直欲胜由基[七]。
　　虎筋弦响弓开处，雕羽翎飞箭到时。
　　豹子尾摇穿回戟，雄兵十万脱征衣。

又诗曰：

　　吕布当年解备危，万军谁敢效公威？
　　早知"大耳"全无信，悔向辕门射戟时。

----

① 原作"回顾与纪灵、玄德"。"与"字多余，删去。

又赞玄德有福诗曰：

    弯弓百步喜穿杨，休说当年有纪昌[八]。
    射戟万年夸吕布，谁知天佑汉中王。

  吕布见射中戟小枝，弃弓就坐。布起，执纪灵、玄德之手曰："此乃天令汝两家罢兵不征战也。今日尽醉，来日各自罢兵。"纪灵曰："将军之言，不敢不听。奈纪灵回去，主人如何肯信？"布曰："吾自作书。"当日玄德暗称"惭愧"[九]。酒又数巡，纪灵求了书先回。布与玄德曰："非吾，则弟危也。"玄德拜谢，与关、张回。次日，三处军马都散。

  不说玄德入小沛，吕布归徐州。却说纪灵回淮南见袁术，说吕布辕门射戟解围之事，呈上书信。袁术大怒曰："吕布受吾许多物，反向刘备，射戟为名，故相戏弄。吾自提淮南之兵，亲征吕布、刘备。"纪灵曰："主公不可造次。吕布当世英雄，兼有徐州之地。若布与备首尾相连，不易图也。灵闻布之妻严氏有一女，主公有一子，可令人求亲于布。布有女在此，必杀刘备。此乃'疏不间亲'之计也。"袁术即日遣韩胤为媒，赍礼物往徐州求亲。胤不日到徐州，见布称说："袁术恭慕将军，欲求令女为儿妇，永结为'秦晋之好'[一〇]。"

  布受礼物，入见其妻，言袁术求亲。严氏曰："吾闻袁公路久镇淮南，钱粮无数，早晚为天子。若成大事，则吾女有国母之望。只不知他有几子？"布曰："止有此子。"严氏曰："何不便许之？纵不为皇后，吾徐州亦无疑矣。"布意遂决，请韩胤筵席，许其亲事。胤回，备聘定礼物，送入布府堂①。布设筵席相待，留于馆驿内安歇。

  次日，陈宫径往馆驿内探听韩胤，坐间叱退左右，对胤曰："谁献此计，教公来为媒妁？意在收刘备之首否？"胤失惊，遂跪于地上，实告如此，乞公台情恕。宫扶起曰："吾已有心久矣，奈温侯不从。此事若迟，必被他人破了。吾入见温侯，便教送女出城去就亲，若何？"胤便谢曰："再生之德，袁公若闻之，亦感厚恩矣。"

  宫乃入见吕布曰："闻主公之女许嫁袁公路之子，此正合吾之心。徐州可保永远之基业也。不知主公欲用何日？"布曰："不晓。"宫曰："古人结亲，以受聘之良辰，已有定例：天子一年，诸侯半年，大夫一季，庶民一月。"布曰："袁公路，天赐国宝，早晚为皇帝，当为天子例。"宫曰："不可。"布曰："今只是诸侯例。"宫曰："亦不可。"布曰："依我门风俗，就卿大夫例。"宫曰："便也不可。"布曰："吾今虽霸徐州，未受明诏[一一]，欲教吾依庶民例也？"宫曰："岂有此理。"布曰："汝意欲如何？"宫曰："方今天下，递相征伐，威震四海。今与公路结亲，诸侯有嫉妒者多矣。倘若至吉日良时，半路伏兵并起，如之奈何？其亲不许，便休；既许之，趁诸侯未知，便送女去。如到寿春，公路必自择日而成事也。"布喜曰："公台之言甚当。"入告严氏。严氏曰："若非公台，几废吾女。将军从之可矣。"布乃赠金帛与韩胤谢媒，安排首饰器皿、宝马香车，令宋宪、魏续一同韩胤，送女前去。鼓乐喧天，送出城外。

---

① 原作"回，备聘定礼物，送入府堂"。语意含混，故改。

有沛相陈珪①在家养老，即陈元龙之父也，闻鼓乐喧天之声，遂问左右。左右曰："吕奉先女远嫁袁公路之子。"珪曰："谁为媒？"对曰："三日之前，韩胤自寿春来，想是媒也。"珪曰："此乃'疏不间亲'之计也，必害玄德。"遂扶病见布。布曰："大夫何来？"珪曰："闻将军死至，特来吊丧。"布惊曰："何故出此言？"珪曰："前者袁公路以金帛送公，欲杀玄德，公射戟解之；术来求亲，其中欲公女为质，随后便来取玄德首级。否，必来求借钱粮，或求协助，公必允之。早晚造反，公乃反贼亲属也。"布大惊曰："陈宫误我也！"急唤张辽引军追赶三十里，取女归于后堂，大骂陈宫曰："你欲令我受万代之骂名！"宫默然而退。陈珪曰："且监韩胤在此。却令人虚答袁术女妆奁音廉未了，如办毕便自送来。"却将韩胤发监，人马俱各挡住。珪又说布曰："可差愚男陈登为使，解韩胤赴许都，操必大喜。"布曰："容我熟思之。"数日未决。

人报玄德在小沛招军买马，不知何意。布曰："为将军之道，乃本分事。"正话间，宋宪、魏续至，拜罢，布曰："我令你二人往山东买马，近得几匹？"宋宪曰："买得好马三百余匹，回至沛县界首，被强寇劫去一半。打听得是刘备手下将张飞，诈装作山贼，抢劫马匹去了。"吕布听信，心中大怒，随令点军去小沛捉杀张飞。还是如何？

【注释】

[一] 金尚：东汉末京兆（治今西安市西北）人，字元休。献帝初被任命为兖州刺史，因曹操已据兖州，乃依袁术。

[二] 甫：刚，才。

[三] 纪信就楚军之戮：楚汉相争时，刘邦曾被项羽困于荥阳。将军纪信假扮刘邦，由东门出降，吸引楚军围观，刘邦乘机由西门逃走。项羽得知真相，把纪信烧死。

[四] 鲊诸受吴王之杀：鲊诸，即专诸，春秋末吴国堂邑（今江苏六合西北）人。公子光欲杀吴王僚自立，伍子胥推荐专诸给公子光，受厚遇。吴王僚十二年（前515），公子光宴请吴王僚，专诸藏匕首于鱼腹进献，刺死僚，自己亦被杀。光遂为国君，是为吴王阖闾（夫差之父）。

[五] 大耳贼：对刘备的蔑称。第一回写刘备"两耳垂肩"，故称。

[六] 的：的确，确实。

[七] 由基：即养由基。春秋时楚国大夫，善射箭，有百步穿杨之能。

[八] 纪昌：古代传说中的善射者。据说以马尾毛悬虱于窗前，能射穿虱心而悬毛不断。

[九] 惭愧：侥幸。

[一〇] 秦晋之好：春秋时秦、晋两国国君世代联姻，后以此称两姓婚配。

[一一] 明诏：正式诏书。

---

① 原作"有沛令陈珪"。据《三国志·魏书·吕布传》改（"沛相"即沛国之相，相当于太守）。

第三十二回　曹操兴兵击张绣

吕布点起军马,来攻玄德。玄德慌忙领兵来迎。两阵圆处,玄德出马曰:"兄长何故领军到此?"布指而骂曰:"我辕门射戟,救你大难,你何故夺我马匹?"玄德曰:"备因缺马,令人四下收买,安敢夺兄马匹耶?"布曰:"你便使张飞夺了吾好马一百五十匹,尚自抵讳!"张飞挺枪出马言曰:"是吾夺了好马一百五十匹,不知是你的。"吕布骂曰:"环眼贼汉!累次渺视吾!"飞曰:"我夺你马,你便恼;你夺我哥哥的徐州,你便就不说。"布挺戟出马,来战张飞,两个酣战一百余合,未见胜负。玄德见吕布军四围渐渐裹将来,恐有疏失,急鸣金收军入城内。吕布分军四面围定。

玄德唤张飞至面前而责之曰:"今又是你夺他马匹,惹起事端。马匹却在何处?"飞曰:"都寄在各寺院内。"玄德遂令人出城说合,送还马匹。布欲从之,陈宫曰:"今不杀刘备,久后必杀将军也。不可退兵。"布听之,不准,攻城甚急。玄德见布攻之太急,却与糜竺、孙乾商议。孙乾曰:"曹操所恨者,吕布也。不若弃城而走,往许都投奔曹操,借军破布。此为上策。"玄德曰:"谁可当先杀开此围?"飞曰:"小弟情愿死战!"玄德令飞在前,云长在后,备自居中保护老小。

当夜三更,乘着月明,虚开西门搦战,却出北门而走。张飞在前,正遇宋宪、魏续。飞杀退二将,得出。布军后面张辽赶来,关公敌住。沛县有万余军,只引一半出来。吕布见玄德去了,也不来赶,自回徐州,便令高顺守小沛。

却说玄德前奔许都今隶州城府是也,到城外下寨,先使孙乾来见曹操,言被吕布追逼,特来相投。操曰:"玄德,吾弟也。可请入城,我自有委用之地。"次日,玄德留关、张在城外,自带孙乾、糜竺入见曹操。操令人扶起,请坐,以上宾待之。玄德告诉吕布之事,操曰:"布乃无义之辈,吾与贤弟并力诛之。"玄德感谢不尽。操设宴相待,至晚送出。

操回府,荀彧告操曰:"刘备乃英雄之才,今不早图之,后必为患。"操不答。彧出,郭嘉入。操曰:"荀彧劝我杀玄德,当何如?"嘉曰:"不可。主公兴义兵,为百姓除暴,惟仗诚实信义以招俊杰,犹惧其未来也。今玄德素有英雄之名,今困穷而来投之,若杀玄德,是以害贤为名也。如此,则智谋将士自疑,回心择主,主公谁与定天下乎?夫除一人之患,以阻四海之望,安危之机,不可不察!"操大喜,曰:"君谋正合吾心。"次日奏闻,诏刘备领豫州牧。程昱谏曰:"吾观刘备有才,甚得民心,终不为人之下,不如早早图之。"操曰:"非可也。方今用英雄之时,杀一人而失天下之心,此郭奉孝与吾所见同也。"昱曰:"主公有王霸之才,某等皆不及也。"遂请玄德入,与兵三千,粮万斛,使往豫州之任,进兵屯小沛,招集原散之兵围吕布。玄德至豫州,令人约会曹操。

操点兵,欲自往征吕布,忽流星马报道:"张济自关中引兵攻南阳,为流矢所中而死。济兄之子张绣自领残党,用贾诩为谋士,结连刘表,屯兵宛城,商议欲兴兵犯许都夺驾。"操大怒,欲

起兵讨之，又恐吕布攻刘备，必侵许都。荀彧曰："此事极易。吕布乃无谋之辈，见利必喜。可差使加官赐赏，其心必安；又与玄德解释误会。布喜，则不思远图矣。"操曰："善。"遂差奉车都尉王则①，即赍封官诰命并和解书，往徐州去讫。

却说曹操起十五万兵，讨张绣。军马三路分行，以夏侯惇为前锋先起。时建安二年正月也②。操军至淯音育水[一]下寨。贾诩谏张绣曰："操兵势大，不如举众投降。不可与敌，以致军民之患。"张绣从之，使贾诩直至操寨来见操。操问诩，诩答对如流。操甚喜之，欲用为谋士。诩曰："昔从李傕，得罪于天下；今从张绣，言听计从，未敢弃也。"操喜。诩次日引绣见操，操待之甚厚。操引兵入宛城屯住③，余军分屯城外，寨栅联络十余里。一住数日，绣每日大设筵宴请操。

一夜操醉，入寝所，视左右曰："此城中有妓女否？"弟子曹安民④，随操专一管衣食内事。安民知操意，乃近前曰："小侄昨晚窥见馆舍之侧有一妇女，生得十分美丽，问之，乃是张济之妻。"操闻之，便令安民领五十甲兵而取之。须臾到来，操视之，果然美丽之人也。济妻拜之，操问曰："夫人姓甚？"妇答曰："妾乃张济之妻邹氏也。"操曰："夫人识吾否？"邹氏曰："久闻丞相威名，今夕幸得瞻拜。"操曰："吾今为汝，故准张绣之降。若非如此，则灭全家矣。"邹氏拜曰："实感再生之恩。"操笑曰："今日得见夫人，乃天幸也。今宵愿同枕席，随吾还都，必以夫人为正室。"邹氏拜谢。是夜，共宿于帐中。邹氏曰："在城中久住，绣必生疑，人知亦议论。"操曰："明日同夫人去寨中住。"次日，果移于城外寨中安歇。恐各官议论，乃唤典韦就中军帐房外安歇，提调把帐亲军二百余人，非奉呼唤不许辄入，违者斩首，因此内外不通。操每日与邹氏取乐，不想归期。

家人密报张绣，绣怒曰："吾以操行仁义之人，今作此态，辱吾甚也！"便请贾诩商议。诩曰："此事不可泄漏，泄漏则吾等皆死矣。来日等操出帐议事，如此如此。"次日，操坐帐下。张绣曰："新降兵多有逃亡者，乞移屯中军。"操许之。绣乃屯军于高道⑤，分为四寨。数日之内，打听操帐前有典韦极勇，使两柄铁戟，重八十斤，急难近傍。绣帐前有一将，名胡车儿，负力五百斤，日走七百里，乃异人也。见绣不乐，问其故。绣云前事。胡车儿曰："临期请典韦饮酒，灌醉了。临散，车儿杂入他数内混进，先盗其戟，此人必无用也。"绣甚喜，预先准备弓箭甲兵，告示各寨。至期，令贾诩致意，请典韦到寨，厚加重待，殷勤劝酒。至晚果醉，送出寨门。胡车儿乘黑，杂在众人队里，直入大寨。

是夜，曹操与邹氏饮酒。忽听帐外人言马嘶音西，操使人观之，回报是张绣军夜巡。操乃不疑。时近二更，帐前忽报寨后呐喊，草车上火起。操曰："必是军人不小心矣，勿得惊动。"须

---

① 原作"奉军都尉王则"。"军"乃"车"之形误。据《三国志·魏书·吕布传》注引《英雄记》改。
② 原作"时建安二年五月也"。据《三国志·魏书·武帝纪》改。
③ 原作"兵入宛城屯住"，与下文"余军分屯城外"混淆，故改。
④ 原作"兄子曹安民"。据《三国志·魏书·武帝纪》改。
⑤ 原作"绣乃屯中军于道地"。据《三国志·魏书·张绣传》注引韦昭《吴书》改。

曳,四下里火起时,速唤典韦。韦醉倒在帐中,梦中听得金鼓喊杀之声①,忽跳起,床边寻双戟不见。但闻敌军已到辕门,急掣部卒腰间刀。见门首无数军马,各挺长枪,来抢寨口。典韦奋力向前,砍死二十余人。马军方退,步军又到,两边枪如苇列。典韦身无片甲,上下前后被数十枪,犹自大叫死战。刀砍缺不堪用,韦弃刀,双手挟两个军迎之,击死者八九人。群贼无有敢近寨门,远远以箭射之,箭如雨密。韦犹死拒寨门。但听得寨后左右贼军已入,背后长枪径至,韦大叫数声,血流满地而死。半响无一人敢从门前而入。史官有诗赞曰:

　　守护中军帐,英雄独典韦。闻风皆胆裂,望影总魂飞。猿臂持双戟,彪躯挂铁衣。淯河鏖战死,千古显神机。鏖,音熬。

又诗曰:

　　铁戟双提八十斤,威风凛凛镇乾坤。
　　欲将英杰从头数,惟说当年有典君。

《传》云:

　　三分时,帐下壮士有典韦,提一双铁戟,重八十斤。

又云:

　　典韦执斧,立于曹公之侧,诸人不敢仰视。典韦死后,贼军割头,递相传看,而人尚惊骇。

　　却说曹操得典韦挡住前门,乃得大宛[二]马匹。此马名为"绝影",日行千里。操飞身上马,比及出得后寨门,只有安民步随②。此时未到淯水河边,操右臂中箭,马亦带三箭。后贼赶到河边,安民被贼赶上,砍为肉泥。操急骤马冲波过河。后人有诗曰:

　　孟德奸雄世莫同,南阳张绣逞英雄。
　　喊声大震三更后,烈焰争飞满寨红。
　　荀彧逃亡随野渡,曹公"绝影"恨飘蓬。
　　骏骑激水奔波过,堤畔仍存旧马踪。今舞阴淯水河边,有曹公"绝影"马迹。

　　操骤马才上岸,一箭中马眼而死。长子曹昂以马救操,操方得命。曹昂被乱箭射死。人马填满淯水。

　　操走脱,路逢诸将,说典韦救命。张绣分兵赶操。操部将夏侯惇所领青州之兵,乘势下乡,劫掠人民。平虏校尉于禁,将本部军于路剿杀,安抚乡民。青州兵走回迎操,拜泣于地,言于禁造反,赶杀本部军马。操大惊。后面本部军都到,夏侯惇、许褚、李典、乐进也到。操言于禁造反,惇整兵迎之。

　　禁既见操等俱到,乃引军射住阵角,凿堑安营。手下人报:"青州军言将军造反,今丞相已到,何不分辩,如何先立营寨?若军士预告,将军不便。"于禁曰:"今贼追兵在后,不时便至。若不先准备,何以拒敌?分辩小事,退兵大事。"安营方毕,张绣军两路杀至。于禁身先出寨,

---

① 原作"韦醉倒在帐中。典韦梦中听得金鼓喊杀之声"。主语重复,故删去"典韦"二字。
② 原作"比及出行,后寨门只有安民步随"。据郑本《三国》改。

来杀张绣。绣急退兵。左右诸将见于禁向前,各引兵击之,绣军大败,追杀百余里。绣势穷力孤,引败兵奔刘表去了。

操不追赶,聚兵收将。于禁入见,备言青州之兵劫掠,大失民望,某故杀之。操曰:"不告吾,先下寨,何也?"禁以前言对①。操曰:"淯水之难,吾甚狼狈。将军在乱能整,讨暴坚垒,有不可动之节②,虽古之名将,何以加之!"赐于禁金器一副,封益寿亭侯;责夏侯惇治兵不严之过。操令班师回都。操与诸军众将曰:"吾折长子、爱侄无痛泪,独号泣典韦也。"众皆叹主公爱士,过于亲子。遂还许都,各各赐赏。

却说王则赍诏至徐州,布迎接入府,开诏拜毕,拜布为平东将军,特赐印绶。布大喜。又出操私书。书中云:

国家无好金,孤自取家藏金以铸印;国家无好紫绶,自取所带紫绶③以表寸心。望将军与刘备合同,共灭袁术,大著忠诚。书不尽言,惟将军照鉴!

却说吕布见王则说曹公相敬之意,好生重待。忽报袁术又遣人至,布笑而问之。使言:"袁王早晚即皇帝位,立东宫,权取皇妃早到淮南。"布大怒曰:"反贼焉敢如此!"尽杀来使,将韩胤山枷子钉了。便遣陈登为使,赍谢表,解韩胤一同王则上许都来见操。操知布绝婚奉命,览所进表曰:

臣吕布自诛董卓,又惧音离丧乱,寄迹山东。本欲邀驾,知曹操忠孝,奉驾许都。臣前者与操交兵,今操保傅陛下④,臣为外将,有兵自随,恐有嫌疑,是以待罪[三]徐州,进退未敢自专。近奉天宠,曲颁恩命,愧感交集。倘有征讨,愿效努力,万死不辞。谨表以闻。

布答操书,又十分严谨。操看了大喜,遂斩韩胤于市曹。

陈登密谏操曰:"布豺狼也,勇而无谋,轻于去就,宜早图之。"操曰:"吾素知吕布狼子野心⑤,诚难久养。非汝父子,莫能究其情,汝当与吾谋之。"登应诺。曹操赠陈珪秩中二千石[四]⑥,登为广陵太守。登拜辞回,操执登手曰:"东方之事,便以相付。"登默答曰:"丞相起兵,吾为内应。"

登回徐州,见吕布。布问之,登言:"父赠禄,某为太守。"布大怒,拔剑而言曰:"不与吾求徐州牧?汝父教我协同曹公,绝婚公路,吾所求终无一获,汝父子俱各贵显,被汝父子所卖耳!"欲斩之。登大笑曰:"将军何故甚不明也?"布曰:"吾何不明?"登曰:"吾见曹公,把将军说了譬如养虎,当饱其肉;不饱,则将噬人。曹公笑曰:'不如卿言。吾待温侯如养鹰耳;狐兔未

---

① 原作"禁以前对"。据文意,加"言"字。
② 原作"将军在乱中,能整兵讨暴,坚垒有不可动之节"。据《三国志·魏书·于禁传》改。
③ 原作"所取自带紫绶"。据《三国志·魏书·吕布传》注引《英雄记》改。
④ 原作"今操保转陛下"。校改依据同③(保傅,辅佐)。叶逢春本正作"保傅"。
⑤ 原作"狼心野子"。据叶逢春本改。
⑥ 原作"曹操赠陈珪致中二千石"。"致中二千石"不通。据《三国志·魏书·吕布传》改。

息，不可先饱；饥则为用，饱则飏音扬去。'某问：'谁为狐兔？'操曰：'江东孙策、冀州袁绍、荆州刘表①、益州刘璋、汉中[五]张鲁。'"布掷剑笑曰："曹公知我意也！"忽报袁术军取徐州。吕布闻言大惊。毕竟如何，且听下回分解。

【注释】

[一] 淯水：古河流名。即今河南白河。
[二] 大宛：古西域国名。在今中亚费尔干纳盆地。出产良马。
[三] 待罪：供职的谦词。意谓等候治罪。
[四] 秩中二千石：秩，官吏俸禄的等级；中二千石，汉代官吏秩位之一，"中"意为"满"，月俸一百八十斛，一年共得谷二千一百六十石，半钱半谷。汉代九卿皆为中二千石。
[五] 汉中：郡名。属益州。治所在南郑（今陕西汉中市东）。

① 原作"荆襄刘表"。荆州为正式行政区名，与上文"冀州"、下文"益州"并列。

第三十三回 袁术七路下徐州

却说袁术在淮南,地广粮多,克取于民,仓库盈满;又有孙策所当玉玺,遂议称帝,宫室、车辇、冠冕已办,大会群下。术曰:"吾闻昔日汉高祖乃泗上一亭长耳,创四百年基业。今数已尽,刘氏微弱,海内鼎沸。吾家四世公卿,百姓所归,吾欲应天顺命,位登九五。尔诸公卿,各存忠孝之节。"主簿阎象曰:"不可。昔周自后稷[一]至于文王①,积德累功,三分天下有其二,犹服事殷②。明公虽奕世[二]克昌,未若有周之盛;汉室虽微,未若殷纣之暴也。此事决不可行。"术曰:"吾袁姓出陈[三],陈乃大舜之后。以土承火,应其运也。吾字公路,谶云:'代汉者,当涂高也③。'吾有传国玉玺,若不为君,背天道也。吾意已决。臣下再多言者,决斩之!"遂建号仲氏,立台省等官,乘龙凤辇,祀南北郊[四],立冯方女为后。后宫美丽数百人,衣服金帛,锦绣器用,并是金玉;饮食奇珍美味。自以为成帝业矣,立子为东宫。因命使催取吕布之女为儿妇,却闻已将韩胤解送许都,被操斩讫,布已授平东将军之职。术大怒,遂拜张勋为大将军,统领大军二十余万,分七路征徐州:第一路,大将张勋居中④;第二路,上将桥蕤居左;第三路,上将陈纪居右;第四路,副将雷薄居左;第五路,副将陈兰居右;第六路,降将韩暹居左;第七路,降将杨奉居右。分拨各部下健将,克日起行。欲命兖州刺史金尚为太尉,监运七路钱粮。尚不肯从,术杀之,以纪灵为七路都救应使。术自引李丰、梁纲⑤、乐就三万军马为催进使,接应七路之兵。

吕布使人探听,回报曰:"今张勋一军从大路上径取下邳,桥蕤一军取小沛,陈纪一军取开阳,雷薄一军取相县,陈兰一军取碣石[五],韩暹一军取彭城⑥,杨奉一军取浚山[六]。七路军马,日行五十里,于路劫掠将来。"吕布慌忙,急召陈珪父子商议,曰:"今日袁术军分七路,来取徐州,当如之何?"陈宫曰:"徐州之祸,乃陈珪父子所招,巧言令色,以媚朝廷,营求爵禄,今日移祸于将军。可斩二人之头以献袁王,其军自退。"布大怒,喝令簇下陈珪父子。陈登大笑曰:"何如是之懦也?吾观七路之兵,如七堆腐草,何足介意!"布问曰:"汝有何计可破之,免汝死罪。"陈珪曰:"七路之兵,领将是谁,共有几多?"布一一说了。珪曰:"将军兵将,共有多少?"布曰:"不过五六万人也。"珪曰:"虽众寡不等,我以逸待劳,四面分路应之。"布曰:"汝等罪不容

---

① 原作"昔周氏后稷至于文王"。据《三国志·魏书·袁术传》,改"氏"为"自"。
② 原作"以服事殷"。校改依据同①。
③ 原作"代汉,当涂高也"。据《三国志·魏书·袁术传》注引《典略》,加"者"字(涂,道路。袁术因自己名术字公路,"术"、"路"皆与"涂"相通,故自认为当取代汉室)。
④ 原作"大将居中"。据叶逢春本,补"张勋"二字。
⑤ 原作"梁刚"。据《三国志·魏书·武帝纪》改。
⑥ 原作"今张勋一军从大路上径取徐州……陈纪一军取沂都,雷薄一军取琅琊……韩暹一军取下邳"。此处"徐州"实指州治下邳,其他则据上文所言左右方位,参考地理校改。

第三十三回　袁术七路下徐州

诛,以言宽我,将欲逃遁也?"珪曰:"父子良贱皆在将军掌握之中,待走那里去?倘将军肯用老夫之言,徐州可保无虞矣。"布曰:"公试言之,明以教我。"珪曰:"袁术今收韩暹、杨奉以为羽翼,彼皆乌合之师,素不亲信,不相维持。我以正兵守之①,出奇兵胜之,无不成功也。又有一计,不止保安徐州,袁术亦可擒矣。"布又问,珪答曰:"暹、奉之依袁术,譬如凤鸡,势不并栖,立可擒之。袁术用人,正如积薪[七]。今用韩暹、杨奉为左右羽翼,二人乃旧汉臣,因惧曹操而走,无家可依,暂归袁术,术必轻之。若凭尺书,结连暹、奉以为内应,结连刘备以为外合,必擒袁术矣。"布曰:"汝必亲到韩暹、杨奉处下书。"登曰:"目今便行。"

布发表上许都,致书与豫州,然后令陈登引数骑,先于彭城道上来接韩暹②。暹引兵下寨,登入见韩暹。暹问曰:"汝是徐州吕布之人,来此何干?"登乃笑曰:"某为大汉公卿,何谓吕布之人也?久闻将军关中保驾,有盖世之功,身无罪恶,乃有德清白之士。今却佐袁术,譬如舍明珠而就泥丸,弃良玉而抱顽石,不忠不义之名骂于万代,某为将军耻之!岂因一时之忿,而失千古之名乎?且袁术久而多疑,后必有害于将军。"暹曰:"吾欲归汉,恨无门矣!"登出布书。暹览其书。书曰:

　　布闻二将军同扶大驾,立万世之功,偶因一时之间言,以致失身于关外。若能革故鼎新,去邪从正,同诛党逆,共佐皇朝。以图远大,名书竹帛!专候回音。切希照察。

韩暹曰:"吾已知之矣。公先回,吾与杨奉两路纵兵击之。但看火起为号,温侯以兵应之。"

登辞暹,急回见吕布,报韩暹等已准备内应。遂分五路:高顺引一军,进小沛,敌桥蕤;陈宫引一军,进开阳③,敌陈纪;张辽、臧霸引一军,出相县④,敌雷薄;宋宪、魏续引一军,出碣石,敌陈兰;吕布自引一军,出大道,敌张勋。各与军一万,余者守城。

先说吕布出城三十里下寨,张勋军马也到,见吕布,料非敌手,退二十里,待四下兵接应。是夜上山,望见一周遭火起,勋军自乱。韩暹、杨奉分兵到处放火为号,接应各军入寨。吕布乘势一击,张勋败走。吕布赶到天明,正撞纪灵接应。两军相敌,却欲交锋,韩暹、杨奉两路杀来。纪灵大败奔走,吕布引军追杀。山背后一彪军到,门旗两路分开,中间一队马军,打龙凤日月旗幡,四斗五方旌帜,金瓜银斧,黄钺白旄;上打黄罗销金曲柄伞,伞盖之下,袁术身披金甲,腕悬两刀,立马阵前,骂布:"逆贼,背主家奴!"布怒,挺戟向前来杀袁术。副将李丰挺枪出马来迎。战不三合,被布戟伤其手,丰弃枪而走。梁纲、乐就双出来战吕布。袁术引中队出,韩暹、杨奉助布夹攻,术军溃走⑤,三军大乱。吕布军抢夺马匹衣甲无数。术败军走不数里,山背后一军出,截住去路。当先一马,乃解县人也⑥,姓关,名羽,字云长,领五百校刀手,大叫:

---

① 原句无主语"我"。据文意加。
② 原作"先于下邳道上来接韩暹"。承140页校记⑥改。
③ 原作"进沂都"。承上文改。
④ 原作"出琅琊"。承上文改。
⑤ 原作"袁术引中队出,后军溃走",意有缺略。据《李笠翁批阅三国志》增补。
⑥ 原作"乃蒲州人也"。蒲州系十六国时始置地名。据《三国志·蜀书·关羽传》改。

"反贼！还不受死！待逃何方？"袁术慌逃而走。云长赶来，纪灵敌住，余众四散奔走。袁术收拾败军，再回淮南去了。

吕布得胜，邀请奉、暹二将，一行人马都回下邳去了①。到城中，请叙礼毕，大排筵宴，管待众将。布保韩暹为开阳令，杨奉为琅琊令②。席散，各谢而去。云长辞归。

次日，布与陈珪商议，欲留一军在下邳。珪曰："不可。韩、杨二人据山东，不出一年，则山东城郭皆属将军也。"布曰："然。"次日，重劳三军，送二将暂于二处屯扎，以候恩命。登问父曰："何为不留韩、杨二人在下邳，为杀吕布之根也？"珪曰："不然，倘或二人协助吕布，是与布添牙爪也。"登服父之高见。

却说袁术军马折其太半，乃回到淮南，遣人往江东去问孙策借兵报仇。使至江东，说袁王借兵之事。策怒："汝僭称帝位，背反汉室，赖吾玉玺，非义人也！吾欲加兵问罪，岂肯妄助逆党乎！"作书以绝之。书曰：

策闻盖上天垂司过之星，圣王建敢谏之鼓，设非谬之备，急箴阙[八]之言，何哉？凡有所长，必有所短。去冬传有大计[九]，无不悚惧，旋知供备贡献，万夫解惑。顷闻建议③，复欲追遵前图。即事之期，便有定月。益使伈音武然[一〇]，想是流妄；设其必尔，民何望乎？曩日之举义兵也，天下之士所以响应者，董卓擅废置，害太后、弘农王，略烝宫人，发掘园陵，暴逆至此，故诸州郡雄豪闻声慕义。神武外振，卓遂内歼音尖。元恶既毙，幼主东顾，俾保傅宣命，欲令诸军振旅。然河北通谋黑山④，曹操放毒东徐，刘表称乱南荆，公孙瓒炰音袍烋音枭北幽⑤；刘繇决力江浒音虎，刘备争盟淮隅，是以未获承命櫜音高弓戢戈也。今备、繇既破，操等饥馁，谓当与天下合谋，以诛丑类。舍而不图，有自取之志，非海内所望，一也。昔成汤伐桀，称有夏多罪；武王伐纣，曰殷有罪罚重哉。此二王者，虽有圣德，宜当君世⑥；如使不遭其时，亦无由兴矣。幼主非有恶于天下，徒以春秋尚少，胁于强臣，若无过而夺之，惧未合于汤、武之事，二也。卓虽狂狡，至废主自与⑦，亦犹未也，而天下闻其桀虐，攘臂同心而疾之，以中土希战之兵，当边地劲悍之虏，所以斯须[一一]游魂也。今四方之人，皆玩敌而便战斗矣，可得而胜者，以彼乱而我治，彼逆而我顺也。见当世之纷若，欲大举以临之，适足趋祸，三也。天下神器[一二]，不可虚干[一三]，必须天赞与人力也。殷汤有白鸠之祥，周武有赤乌之瑞，汉高有星聚之符，世祖有神光之征，皆因民困瘁于桀、纣之政，毒苦

---

① 原作"一行人马都回徐州去了"。战斗主要在徐州境内进行，"回徐州"不通，应是回州治下邳。
② 原作"布保韩暹为沂都牧，杨奉为琅琊牧"。汉代县级长官不称"牧"，而称"令"、"长"。
③ 原作"顿闻建议"。据《三国志·吴书·孙讨逆传》注引《吴录》改。
④ 原作"于河北通谋黑山"。校改依据同③（"河北"指袁绍，"黑山"指黑山军首领张燕）。
⑤ 原作"燕、幽"。校改依据同③（"北幽"与上文"南荆"对举）。
⑥ 原作"宜当若世"。校改依据同③（"君世"，统治国家）。
⑦ 原作"至废主自兴"。校改依据同上。

第三十三回 袁术七路下徐州

于秦、莽之役,故能芟音山去无道,臻成其志。今天下非患于幼主,未见受命之应验,而欲一旦卒然登即尊号,未之或有,四也。天子之贵,四海之富,谁不欲焉?义不可,势不得耳。陈胜、项籍、王莽、公孙述之徒,皆南面称孤,莫之能济。帝王之位,不可横冀,五也。幼主岐嶷,若除其逼①,去其鲠,必成中兴之业。夫致主于周成[一四]之盛,自受旦、奭[一五]之美,此诚所望于尊明也。纵使幼主有他改异,犹望推宗室之谱属,论近亲之贤良,以绍刘统,以固汉宗,皆所以书功金石,图形丹青,流厌无穷,垂声管弦。舍而不为,为其难者,想明明之素,必所不忍,六也。五世为相,权之重,势之盛,天下莫得而比焉。忠贞者必曰宜夙夜思惟,所以扶国家之颠顿,念社稷之危殆,以奉祖考之志,以报汉室之恩。其忽履道之节而强进取之欲者,将曰天下之人,非家吏则门生也,孰不从我?四方之敌,非吾匹则吾役也,谁能违我?盍乘累世之势,起而取之哉?二者殊数,不可不详察,七也。所贵于圣哲者,以其审于机宜,慎于举措。若难图之事,难保之势,以激群敌之气,以生众人之心,公义固不可②,私计又不利,明哲不处,八也。世人多惑于图纬而牵非类,比合文字以悦所事,苟以阿上惑众③,终有后悔者,自往迄今,未尝无之,不可不深择而熟思,九也。九者,尊明所见之余耳,庶备起予,补所遗忘④。忠言逆耳,幸留神听!此张纮所作也。

使赍书回见袁术。术看毕,怒曰:"黄口孺子,敢以文字讥我!吾先伐之,以取江东!"长史杨弘苦谏方住。

却说孙策自发书后,每防术来,令点军守住江口。忽曹操使至,拜策为会稽太守,便令起兵,征讨袁术。策乃商议,便要起兵。不知如何,且听下回分解。

【注释】

[一]后稷:古代周族始祖。传说他曾在尧舜时代做农官,教民耕种。
[二]奕世:累世,一代接一代。
[三]陈:古国名。周武王灭商后所封。
[四]祀南北郊:祭祀天地。古代唯皇帝可于京城南郊祭天、北郊祭地。
[五]碣石:《演义》借用的地名,非今河北昌黎县的碣石。
[六]浚山:山名。在浚水附近。浚水源出今山东费县,于临沂汇入沂水。
[七]积薪:堆垒柴禾,意为"后来居上"。语出《史记·汲黯列传》:"陛下用群臣如积薪耳,后

---

① 原作"若出其逼"。校改依据同142页校记③。
② 原作"公议固不可"。校改依据同①。
③ 原作"苟以才上惑众"。校改依据同上。
④ 原作"庶备以予,惟所遗志"。样改依据同上。

来者居上。"

[八]箴阙：规谏过失。阙，通"缺"，缺点，错误。

[九]大计：指自立为帝的图谋。

[一〇]怃然：失望的样子。

[一一]斯须：须臾，一会儿。

[一二]神器：指帝位。

[一三]干：求取。

[一四]周成：指周成王。周武王之子，名姬诵。在位期间，西周王朝得到巩固。与其子周康王在位期间合称"成康之治"。

[一五]旦、奭：周公旦和召公奭。西周政治家。二人辅佐周武王灭商，武王死，辅佐成王，分陕而治。

第三十四回　曹操会兵击袁术

孙策欲起兵击袁术，长史张昭曰："术虽新败，兵将极多，粮食足备，倘进兵不利，祸及江东。不如上书与曹操，他若南征，愿为后应。两军相援，术军必败。万一有祸，亦望操援之。"策曰："然。"遂遣使以此意达之。

却说曹操至许都，思慕典韦，兴立祠堂，四时祭之；遂以其子为郎中①，收养在府。典韦子，名满。忽报孙策使至，贡献礼物尤多。操观其书，遂要南征。人探得袁术乏粮，劫掠陈国②，操遂点兵出师。此时，操自专权而行大事，然后启奏，无有不从。操令曹仁守许都，其余皆跟操出征，起兵三十万，粮食辎重千余车。

时建安二年秋九月。操行军之次，先发人会合孙策与刘备、吕布。比及到豫州界上③，玄德引兵来迎，入操营，献上首级二颗。操惊曰："此何人首级？"玄德曰："此是韩暹、杨奉之首级也。"操曰："何以得之？"玄德曰："吕布令二人权开阳、琅琊两县④，纵使军士抢掠徐、扬地面，人民无所不怨，因此备乃设一宴，诈请议事；比及入座，先牵了马，掷盏为号，小弟关、张二人各杀死一人，尽收其兵士于部下。今特来请罪。"操曰："尔与国家除其大害，堪为大功，何为罪也？"遂赏玄德，合兵到徐州界。吕布出迎，操用美言抚慰，命授左将军之职；还许都之时，即换印绶。布大喜。操即分兵：吕布一军在左，玄德一军在右，操自居中，令夏侯惇、于禁为先锋。

时袁术知曹兵来，令大将桥蕤引兵五万作先锋。两军会于蕲县界口⑤。桥蕤当先出马，与夏侯惇战不三合，桥蕤被搠而死。术军大败，奔走回城。四下里来报孙策发船攻江边西面，吕布引兵攻东面，刘备、关、张引兵攻南面，操自引兵三十万攻北面。袁术大惊，聚众文武商议。杨弘曰："目今蕲县水旱，连年田禾不熟，人皆缺食。今又动兵，必扰于民；民既生怨，四下兵至，难以迎敌。不如留下军马在蕲县，休战；待彼兵粮尽，必生变矣。陛下统御林军渡淮，一者就熟，二者且避其锐。"术用其言，留李丰、乐就、梁纲、陈纪四人各封上将之职，分十万兵，坚守蕲县。术尽数收拾库藏金玉宝贝上车。约二十万人，联络不绝，过淮去躲。

却说操兵三十万，日费粮食浩大，况诸郡旱荒，人民相食，屋宇尽皆拆毁，军士无得掠掳。操催军速战，李丰等闭门不出。操军相拒月余，粮食将尽，致书问孙策借粮米十万斛，不敷支散。吕布、玄德自使人运粮，不敷支散。管粮官任峻部下仓官王垕音厚跟随出征，赍数目入禀

---

① 原作"遂封其子为中郎"。据《三国志·魏书·典韦传》改。
② 原作"劫略陈留"。据《三国志·魏书·武帝纪》、《后汉书·袁术传》改。
③ 原作"比及到豫章界上分兵"。豫章远在长江以南，方位大误，应为"豫州"（陈国属豫州，且刘备此时正任豫州牧）；"分兵"系衍文，删去。
④ 原作"吕布因令二人权沂都、琅琊两县"。承上文改。
⑤ 原作"两军会于寿春界口"。寿春在淮水之南，下文方叙袁术渡淮避曹操，则此处非寿春。据《资治通鉴》卷六二胡三省注改。

操曰:"兵多粮少,当如之何?"操曰:"可以将小斛散之,权且救一时之急。"垔曰:"兵士倘怨,若何?"操曰:"吾自有方策。"垔果以小斛分散。操却暗使人各寨听之,无一人不怨,皆曰:"丞相太欺众也。"说者纷然,皆言散粮不及数。操密召王垔入,曰:"吾欲问汝借一物,以厌众心①。汝妻小吾自养之,汝自无忧虑也。"垔曰:"丞相欲用何物?"操曰:"欲借汝头以示众耳。"垔曰:"某实无罪。"操曰:"吾亦知汝无罪,若汝不死,三十万人心皆变矣。"垔再欲言,操呼刀手推出门外,一刀斩之,悬头高竿,出榜晓示曰:"故行小斛,盗窃官粮,谨按军法,因此斩之。"而乃瞒过三十万人,尽皆无怨。史官云:虽然妄杀一人,却瞒三十万人,免致失散。此曹公能哉,而用诈谋也。

操知粮尽,教各寨军:"如三日不并力得城者,皆斩!"操自至城下看诸军搬土运石,填壕塞堑。忽见两个末将将及到城边,见城上矢石如雨下,慌走急回,操掣剑亲斩于城下。操自下马,接土填坑。于是大小将士无不向前,军威大振。城上看见,并皆失色。是夜,曹兵争先上城者无数②。操亲赏赏赐,军士并力,城池已破,纵军入城掳掠。李丰、陈纪、乐就、梁纲皆被生擒见操。操令皆斩于市。蕲县城中,收掠一空③。

操欲进兵渡淮,追赶袁术。荀彧谏曰:"此间接连数郡,皆荒旱不收,若更进兵,劳军损民,倘未见胜,欲退急难。不若暂回许都,待来春麦熟,军粮足备,方可图之。"操持疑未决。忽报马到,称说:"张绣依托刘表为唇齿,南阳、章陵诸县复反④。曹洪抗拒不住,连输数阵。今被张绣杀来,恐许都有失,请丞相回。"

操驰书与孙策,令跨江布阵,以为疑兵,使刘表不敢妄动⑤。"吾自复征张绣,以绝其根。"即日兵行,命刘备与吕布结为弟兄,使相救助,再无相侵。操令玄德仍住沛城,着吕布领兵回徐州。操密与玄德曰:"吾令汝屯兵沛城,是掘坑待虎也。汝但与陈珪商议,勿令有失,音至便来接应。"话毕而退。

却说曹操自引大军回许都,安抚定了,人报段煨杀李傕,五习杀郭汜,解首级前来。煨将李傕三族老小二百余口,俱活解入许都⑥。操令分于各门处斩。傕、汜老小之首,相传号令,人皆忻悦。此贼已灭,请天子升殿,会集文武,作太平筵席。拜段煨为荡寇将军,五习为珍虏将军,各行兵镇守长安。二人谢恩而去。操奏:"张绣侵掠郡民,兴兵伐之!"天子亲排銮驾,送操出师。

时建安三年夏四月,操引大兵进发,留荀彧在许都调兵遣将。操行军之次,见一路麦已苍黄;民欲为食,闻兵来至,逃窜入山。操下寨,会集诸将,更使人远近遍叫村人父老,及各处守

---

① 原作"以压众心"。据《三国志·魏书·武帝纪》注引《曹瞒传》改(厌,使……满意)。
② 原句无主语"曹兵",据文意加。
③ 原作"操焚烧伪造宫室殿宇,一应犯禁之物。寿春城中,收掠一空"。此处"寿春"应为"蕲县",见145页校记⑤;既如此,则"操焚烧……"句无着落,故删去。
④ 原作"南阳、张陵诸县复反"。据《三国志·魏书·武帝纪》改(章陵系荆州之一郡)。
⑤ 原作"以为刘表疑兵,表不敢妄动"。"以为刘表疑兵"意含混,故改。
⑥ 原作"俱活解入许昌"。曹丕称帝后,方改许县为许昌,为魏五都之一,此处仍应称"许都"。

第三十四回　曹操会兵击袁术

境官吏来听发放。操曰："吾奉天子明诏，招降讨逆，与民除害。方今麦熟之时，不得已而起兵。此去，大小将校，凡过麦田，但有作践者，并皆斩首；擅自掳掠人财物者，并皆诛戮。王法无亲，宜当遵守。仰居民勿得惊疑，不许流遗他界。"因此于路百姓望尘遮道而拜，称颂圣德。凡官军经过麦田，并皆下马，以手扶麦，递相传送而过，只怕麦倒地路上。

　　操正行之次①，忽惊起一鸠，马乃眼生，窜入麦中，践倒其麦。操随下寨，唤行军主簿议拟自己践麦之罪。主簿曰："丞相之言，令也，谁敢不从！"操曰："吾自制法，吾自犯之，何以服众乎？"掣所佩之剑欲自刎②。众急救之。郭嘉曰："古者《春秋》之义，法不加于尊。丞相总统大军③，岂可自残害也？"操曰："既《春秋》有'法不加于尊'之义，吾暂记过。"乃以剑割自己之发，掷于地，曰："割发权代首耳！"万军悚然，史官曰：此乃曹操能用心术耳。沿道之民，秋毫不犯。

　　却说张绣知操又引兵来，急发书报刘表，使为后应；乃遣雷叙、张先二将出城迎敌，令贾诩守城。两军相拒，阵势排成，张绣出马，指而骂曰："汝乃假仁诈义之人，与禽兽无异！"操大怒，令许褚出马，绣令张先出迎。只三合，许褚杀张先于马下，绣军大败。操引军赶绣至穰城下④。绣入城中，闭门不出。操围城攻打。城上擂鼓不绝，炮石金汁弩箭以守之。城壕大阔，水势尤深，急难近城。操令军兵运土填壕；又用做土布袋并柴薪草把相杂，来城边作凳梯；又立云梯，窥望城中。操自骑马绕城视之。已经三日，传令教军士于西门北角上堆垛柴薪，会集将士，就那里上城。绣问诩，答曰："某已知曹操之意，可将计就计，令操自弃兵而去！"绣曰："如何？"且听下回分解。

---

① 原作"操行于麦中"。下文方叙"马乃眼生，窜入麦中"，则此句与之抵牾。据叶逢春本、郑本《三国》改。
② 原作"掣所佩之剑欲刎"。据叶逢春本，加"自"字。
③ 原作"丞相总统大将"。据叶逢春本改。
④ 原作"操引军赶绣至南阳城下"。南阳系郡名，而非具体城名。据《三国志·魏书·武帝纪》改。

第三十五回　决胜负贾诩谈兵

张绣问曰："何以知操之意？"诩曰："某在城上见曹操绕城观看三日。他见城东南角上土色新旧不等①，鹿角[一]多半朽烂，意在此处容易进攻；却虚去西北上积草，诈为声势，尽擎我城中之兵去守西北。今夜黑必扒东南角而进也。"绣问："如之奈何？"诩曰："此极容易。日间尽拨百姓穿军衣号，虚守西北；令精壮之兵食饱轻衣，尽归东南屋内。夜间只教百姓去西北角上呐喊，任他扒城。一声炮响，伏兵齐起，吾一人可当一百也。此可破操矣。"绣用其计，尽教百姓穿军衣，城上呐喊。

云梯上只望西北上有人马，军报入中军。操曰："中吾计也！"精锐之兵都存留帐后，预备锹镢扒城器具。日间只用军攻西北角，城外城中呐喊不绝。至二更，乘闹里引精壮之兵来东南角上，扒过壕去，砍倒鹿角，军人一齐扒到城上，城里亦无动静。只听得西北角上喊声大起，东南缺内火把齐明。操军杀入，两下伏兵齐起，军士急退。背后张绣亲驱刀手杀来，则见东南二门齐开，精兵突出。操军大败，一拥而退，城外壕皆填满。杀到五更，操军走十数里。绣收军马入城，所夺车马辎重极多。操收败军，查得折军五万余人，吕虔、于禁俱被伤。

诩见操败走，急发书去教刘表绝后路。表欲起兵，忽有人报孙策兵已屯湖口[二]，因此未敢动兵。蒯良曰："策兵已屯湖口，乃操计，故作疑兵也②。近日曹操新败，若不乘势剿灭，后必有患。明公乘兵势之胜一击，操亦可破也。"表令黄祖坚守隘口，进兵安众[三]地名绝操后路；一面会张绣。绣知表兵已起，同贾诩引兵去袭操。

操军缓缓而行，到淯水③，操马上大哭。众将问其故，操曰："吾思去年将吾典韦在此折了，不由不哭耳！"众皆下泪。操令此处就屯军马，吊祭亡魂。宰牛杀马于淯河之上，祭享典韦。操再拜，痛哭，昏绝于地。众皆扶起。大小军校无不下泪。次祭侄曹安民，末祭长男曹昂。又祭"绝影"马，次祭没于此处军士。祭毕，在营军士皆哭声不绝，留连不忍便行。

忽荀彧差人报曰："刘表助张绣，兵屯安众，以绝归路。"操答彧书曰："吾虽日行数里，已知贼来追吾。吾今策度已定，若到安众，破绣必矣。君等勿忧。"遂至安众地界。

刘表军已守险要。张绣随后引兵赶来。操令众军黑夜凿险开道，暗伏奇兵。天色微明，表、绣军会合，视之，见操兵少，疑操遁去，两军俱入险路击之。操纵奇兵出，破表、绣之兵，曹公得脱安众隘口，于隘外下寨。刘表与张绣各整败兵相见。表曰："何期被操之奸计？"绣曰："容再图之。"表、绣集于安众。

---

① 原作"他见城东南角上有二色新旧不等之故"。据毛本《三国》改。
② 原作"故借疑兵也"。承上文改。参见146页校记⑤。
③ 原作"操军缓缓而行，至襄城，到淯水"。襄城属豫州颍川郡，远在淯水东北。据上文，曹军系从穰城北撤，到淯水后，方可"至襄城"。

荀彧探知袁绍欲起兵犯许都,荀彧急发书报操。书曰:

近人自冀州来报,说田丰谓袁绍曰:"今将军粮足兵强,曹操南征未回,宜早乘虚以袭许都,奉迎天子,号令海内。此为上策。若不乘机破之,终被他擒,虽悔无益也。"绍听之,迟疑未决①。或请丞相还都,别作区处[四]。刘表、张绣癣疥之疾,不足忧也。望早早班师,勿失大事!

操得书心慌,即日整兵起程。

探细人来安众报张绣。绣点兵追袭,贾诩曰:"不可追也,去追必败。"表曰:"若不追之,失此机会。"表、绣引军万余人追之。约行二十里赶上,曹兵接战,表、绣军大败而还。贾诩引十数骑接至半途,见败军回。绣曰:"不用公言,果有此败。"诩曰:"可以整兵,再往追之。"绣曰:"今已丧败,奈何复追?"诩曰:"兵势有变,急往必利;如其不然,请乃斩吾首。"绣信之,表不从。绣自引败卒再回追击。操兵大败,尽弃衣甲枪刀而去。绣迤逦追赶,忽山后一彪军出。绣收军不赶。那彪军挡住去路。绣慌忙回来,到安众赏军,宴谢贾诩。表问诩曰:"绣以精兵追退兵,而公曰必败;以败卒击胜兵,而公曰必克:悉如公言。何其事不同而皆验也?"诩曰:"此易知耳。将军虽善用兵,非操敌手。操军虽新败,必自为将断其后路,以防追兵。追兵虽精锐,彼士亦锐,故知必败,操必胜之。后未尽力而退,必国内有事。已破我军之后,必轻车速回,纵留众将断后,众将虽勇,亦非将军之敌手,故虽用败兵而战必胜也。"绣服其高论。诩劝表回襄阳②,绣守穰城③,以为唇齿。两将各自分散。

却说曹操知后军败,再引众将回来,正逢那彪败军。败军告操:"若非这一路军截住中路,我等尽掳矣。"操慌问:"救军者何人也?"那人捴枪下马,来见曹操。毕竟是何人,且听下回分解。

【注释】

[一] 鹿角:军事障碍物,因其形似鹿角,故名。
[二] 湖口:即巢湖口。
[三] 安众:县名。属荆州南阳郡。治所在今河南邓县东北。
[四] 区处:处理,处置。

---

① 原作"持疑未决"。据叶逢春本改。
② 原作"诩劝表回荆州"。安众本属荆州,"回荆州"不通,应为回治襄阳。
③ 原作"绣守襄城"。襄城属曹操地盘,距许都不远。据《三国志·魏书·张绣传》改。

第三十六回 夏侯惇拔矢啖睛

那将军来见操,生得身躯瘦健,筋骨轩昂,破黄巾曾立大功,拜振威中郎将①,江夏平春[一]人也,姓李,名通,字文达。操问何来,通曰:"近守汝南,闻丞相破张绣、刘表,特来接也。"赏劳毕,封建功侯②,守护汝南西界,以防表、绣。通谢而去。

操还许都,荀彧出迎。操入见天子,说称孙策有功,拜为讨逆将军,赠爵吴侯,遣使赍诏江东去,令策破刘表。操回府,众官皆聚。荀彧问曰:"丞相到安众,何以知其必胜也?"操曰:"彼遏吾归师,我军必用死战③。吾宽暇以图之,此孙子之玄妙也,吾以是知其胜也。"荀彧拜服而去。

郭嘉入,操曰:"公来何暮也?"嘉曰:"适来袁绍使人致书上丞相,欲出兵攻公孙瓒,求借粮兵。"操笑曰:"吾闻绍图许都,今知吾归,欲图公孙瓒,又问吾求粮索兵。"操看书中之意,极骄极傲,令使且归馆驿安歇。操问嘉曰:"袁绍如此骄傲无状,吾将讨之,恨力不及耳。"嘉曰:"刘、项之不敌,公所知。汉祖惟智胜,项羽虽强,终被汉祖擒之④。嘉窃料之⑤,绍有十败,公有十胜,绍兵虽强,无能为也。绍繁礼多仪,公体任自然,此道胜,一也。绍以逆动,公奉顺以率天下,此义胜,二也。汉末政失于宽,绍以宽济宽,故不慑;公纠之以猛,而上下知制,此治胜,三也。绍外宽而内忌,用人而疑之,所任惟亲戚子弟;公外易简而内机明,用人无疑,惟才所宜,不间远近,此度胜,四也。绍多谋少决,失在后事;公得策辄行,应变无穷,此谋胜,五也。绍因累世之资,高议揖让,以收名誉,士之好言饰外者多归之⑥;公以至心待人,推诚而行,不为虚美,以俭率下,与有功者无所吝,士之忠正远见而有实者皆愿为用,此德胜,六也。绍见人饥寒,恤念之形于颜色,其所不见,虑或不及也,所谓妇人之仁耳;公于目前小事,时有所忽,至于大事,与四海接,恩之所加,皆过其望,虽所不见,虑之所周,无不济也,此仁胜,七也。绍大臣争权,谗言惑乱;公御下以道,浸润[二]不行,此明胜,八也。绍是非不知;公所是进之以礼,所不是正之以法,此文胜,九也。绍好为虚势⑦,不知兵要;公以少克众,用兵如神,军人恃之,敌人畏之,此武胜,十也。公有十胜之德,绍安可望也?"操笑曰:"如公所言,孤何德以堪之也!若此,绍可图也。"嘉曰:"徐州吕布,实心腹之大患也。今绍北征公孙瓒,乘此人远去,不若先

---

① 原作"封镇威中郎将"。据《三国志·魏书·李通传》改。
② 原作"加为神将,封建功侯"。神将泛指副将,李通已为中郎将,"加为神将"不通,故删。
③ 原作"彼退无归路,必用死战",恰与内容相反。据《三国志·魏书·武帝纪》改(《孙子兵法·军争》篇云:"归师勿遏")。
④ 原文此句后有"惟智胜也",与上文重复。据《三国志·魏书·郭嘉传》注引《傅子》,删去。
⑤ 原作"如嘉窃料之"。校改依据同④。
⑥ 原作"以收名誉之士,好言饰外者多归之"。据《三国志·魏书·郭嘉传》改。
⑦ 原作"绍好虚势"。增补依据同④。

第三十六回 夏侯惇拔矢啖睛

取吕布,扫除东南,然后图绍,未为晚矣。若便图绍,吕布必来救援,许都为祸不浅矣。"操然之。

当夜,便召荀彧入后堂,曰:"汝知袁绍动静乎?"彧曰:"今日有使至,不知何事。"操以书令荀彧看之。看毕,曰:"绍辞语大不逊也!"操曰:"吾欲兴兵讨之,恨力不及耳,奈何?"彧曰:"古之成败者,诚有其才,虽弱必强;苟非其人,虽强必弱,刘、项之存亡,足以观矣。今与公争天下者,惟袁绍尔。绍外貌宽而内忌,任人而疑其心;公明达不拘,惟才所宜,此度胜也。绍迟重少决①,失在后机;公能断大事,应变无穷,此谋胜也。绍御军宽缓,法令不立,士卒虽众,其实难用;公法令既明,赏罚必行,士卒虽寡,皆争致死,此武胜也。绍凭世资,从容饰智,以收名誉,故士之寡能好问者多归之;公以至仁待人,推诚心,不虚美,行已谨俭,而与有功者无所恡音各惜,故天下忠正效实之士咸愿为用,此德胜也。夫以四胜辅天子,仗义征伐,谁敢不从?袁绍之辈,何能为用哉!"操曰:"卿颂吾德,何以当之? 然此,可兴兵征伐。"彧曰:"未可。今吕布在徐州,常怀不仁;欲伐袁绍,布必乘虚。不如以书安袁绍之心,加绍显官,许粮千斛,乘彼有事于公孙瓒之时,先灭吕布,中原十有六也。然后绍一举而可擒也。"操抚掌大笑曰:"奉孝之机,文若之智,虽陈平、张良,何可比也!"遂议东征吕布。荀彧曰:"可先使人往刘备处计会为应,待其回报,方ได动兵。"次日,厚待绍使,奏加绍为大将军②,兼督冀、青、幽、并四州。密书报云:"公可讨公孙瓒,后当应之。"遣其使而回。绍大喜,议进兵讨公孙瓒。

不说袁绍起兵。却说吕布在徐州常设宴待陈珪,珪父子夸奖其德。陈宫不悦,乘闲时便告吕布曰:"陈珪父子面谀[三]将军,恐欲害之,不可不防也。"布叱之曰:"汝献谗言,害及忠良,谁为佞也?吾不看旧日之面,立斩汝辈!"宫叹曰:"吾忠义之心不能明,不久必受殃矣!"欲待弃之,又恐天下人笑。宫闷闷无言,带领数骑于小沛地面围猎。忽见官道上使飞走驿马。宫疑之,乃弃围场,引从骑往小路赶上,问使命曰:"汝何人使命?"使命知是吕布之人,慌不能答。宫搜使命,乃有刘备回书,径捉来见吕布。布问之,使曰:"曹丞相差某往沛城刘豫州处下密书,今得回书,不知何事。"宫曰:"其中有谋,可拆缄看。"布拆书视之,大惊,怒曰:"教陈宫看此书何言!"书曰:

　　今奉相公明命,敢不夙夜用心。备兵微将寡,不敢妄动,望相公大兴王师到来,
　　备用为前驱。吕布乃狼虎之徒,轻则猖獗矣!备严兵整甲,专待钧[四]命。

吕布听了,大骂曰:"操贼焉敢如此!"遂将使斩首。先使陈宫、臧霸结连泰山寇孙观、吴敦、尹礼、昌豨,西取兖州数郡③。高顺、张辽取沛城,攻刘备。宋宪、魏续西取汝、颍。布自总中军,为三路救应。

且说高顺等出徐州,有人入小沛报玄德。玄德急聚众人商议。孙乾曰:"可先告急于曹

---

① 原作"绍持重少决"。据《三国志·魏书·荀彧传》改。
② 原作"奏加绍为大将军、太尉之职"。据《后汉书·袁绍传》,曹操先以袁绍为太尉,绍不受,乃拜为大将军(大将军、太尉二职不兼任)。
③ 原作"东取山东兖州数郡"。兖州在徐州之西,原文方位误;汉代"山东"与"关东"含义同,与金、元以后之"山东"迥异,故删。

公,次坚守城郭。"玄德曰:"谁可去许都告急?"阶下一人出曰:"某愿往。"此人乃玄德同乡之人,因来沛县谒玄德,玄德以幕宾待之,姓简,名雍,字宪和,慷慨飘逸,善能舌辩。玄德命简雍行,就整顿守城器械。玄德守南门,孙乾守北门,云长守西门,张飞守东门。因糜竺以妹嫁玄德为次妻,便以僮仆二千人,金帛粮食资给用费①,玄德与糜竺有郎舅之亲,故令竺并弟糜芳守护中军,保着老小。高顺军至,玄德在敌楼上见雄兵猛将困住城池,玄德大叫曰:"吾昔与吕布无仇,尔何故引兵至此?"高顺曰:"你还支吾遮饰!汝连和曹操,欲害吾主,幸是天败!尚敢抵讳,可出就缚!"玄德不答。高顺在城下大骂一日,无人出阵。

张辽在西门攻打。云长曰:"汝仪表非俗,何故陷身于贼之部下?"张辽低头不言。关公便知此人有忠义之气,相拒终日,并无恶言。辽亦不令军士打城②。关公令人探听东门消息。人报张飞被辱,只要出城厮杀。关公见张辽退去,径来东门看时,只见张飞已出城外和张辽厮杀,辽拍马而去。张飞欲赶,关公急召入城,令士卒坚守东门。飞曰:"张辽怕我而走,哥哥如何赶我回来?"关公曰:"张辽武艺不在你我之下。是吾夜来美言说之,其人颇有归顺之心。今日不欲与汝厮杀,故拍马而走。"飞方悟,再不出战。玄德亦使人诫之。

吕布见攻小沛不开,自来搦战。玄德于城上曰:"非备之罪,乃曹丞相奉天子诏命,以书见示,不容不答。"苦苦相告。吕布颇有回顾之心,只教围住,不使攻打。吕布权回徐州,差郝萌往淮南见袁术请罪,许女为婚。术不纳,尚未准信。郝萌回,说:"若要信从,可送女来。"布迟疑未决③。

却说简雍见操,陈说吕布斩使,见围沛城。操急聚众谋士商议。操曰:"吾不忧绍,但忧表、绣二贼在后,未敢动兵。"荀攸曰:"表、绣新破,势不敢动。吕布骁勇,若是结连袁术,纵横淮、泗,必英杰应之。今乘其初叛,众心未报,可往破也。"操先差夏侯惇、吕虔、李典为先锋先起,操与众谋士陆续进发,简雍随行。

且说夏侯惇引兵五万,前至徐州界。高顺知许都救军至,慌报吕布。吕布先发侯成、郝萌、曹性三将,引二百余骑来接应。高顺离沛城三十余里,去迎操军。玄德见高顺退去,知是操军来到,引关、张各提军出城,止留孙乾守城,糜竺、糜芳守家。玄德在高顺后下了三个寨子:玄德左,关公右,张飞前。

先说夏侯惇挺枪出马搦吕布战。高顺出马大骂夏侯惇,惇大怒。两马相交,战四五十合,高顺败走。惇纵马赶去。顺不敢入阵,绕阵而走。惇不舍,尽力追之。阵中曹性看见,纵马出阵,拈弓搭箭,夏侯惇将近,性一箭正中惇左目。惇拔箭,带出眼睛。惇大呼曰:"父精母血,不可弃之!"于口内啖之,不赶高顺,只取曹性,一枪搠透面门,死于马下。史官赞夏侯惇拔矢啖睛诗曰:

开疆展土夏侯惇,枪戟丛中敌万军。

---

① 原作"便以家僮十余人,金帛粮食资给用费"。据《三国志·蜀书·糜竺传》改。
② 原句无主语"辽"。据上文补。
③ 原作"布持疑未决"。据叶逢春本改。

拔矢去眸枯一目,啖睛忿气唤双亲。
　　忠心力把黎民救,雪恨平将逆贼吞。
　　孤月独明堪比论,至今功绩照乾坤。

夏侯惇杀了曹性,纵马便回。高顺却从背后赶来,吕布军马一齐都上,曹军大败。夏侯渊救兄而走。吕虔、李典将败军退去济北下寨。高顺得胜,引兵回击玄德。未知如何?

【注释】
[一] 江夏平春:今河南信阳西北。
[二] 浸润:"浸润之谮"的省语,指经常说人坏话,逐渐发生作用,就像水浸泡物体慢慢润湿一样。
[三] 面谀:当面奉承。
[四] 钧:对上级或尊长的敬辞。

第三十七回 吕布败走下邳城

张辽、高顺引兵击张飞寨，布自击关公寨，关、张各出迎战①，玄德分兵两路救应。吕布引军背后杀来，关公两路军马尽皆溃散，玄德引十数骑回沛城。吕布赶来，玄德急唤城上放下吊桥。吕布后到，城上要放箭，又怕射了玄德，被吕布乘势赶入城门。瓮城里数骑来迎，吕布一戟一个，杀得尽绝。把门将士都走了。布招军马入城。玄德见背后火起，到家不及，径穿城而过，出于西门，匹马逃难。

布先到玄德门首，糜竺出迎，跪于马前，告曰："玄德乃将军弟也。吾闻大丈夫冤仇，不废人之妻子。与将军争天下者乃曹丞相也，量玄德何敢？望将军爱惜。玄德常想辕门射戟之恩，一饭之间，未尝忘也。将军怜之！"布曰："吾与玄德旧曾拜义，安肯害及妻子乎？汝可引一家老小，去彭城安置②。"吕布赐竺宝剑一口，但登门者，即斩之。此是吕布好处。糜竺保老小上车，移往彭城安置。

吕布既杀散玄德军，自投兖州界上③，留高顺、张辽屯小沛城。孙乾亦自逃出城。关、张各自收得些人马，往山中住扎，如落草一般。

却说玄德匹马往山中逃难，正行之间，背后一军来赶，回头视之，乃孙乾也。相抱而哭。玄德曰："吾今二弟不知存亡，老小失散，吾将自尽矣！"孙乾曰："不可。何不投操，以图后计。"玄德依其言，寻小路投许都。路上绝粮，于村中求食。但到处，闻刘豫州，皆跪进粗食。忽到一家投宿，其家一后生出拜，问之，乃猎户刘安也。闻是同宗豫州牧至，遍寻野味不得，杀其妻以食之。玄德曰："此何肉也？"安曰："乃狼肉也。"二人饱食。天晚夜宿，至晓辞，去后院取马，见杀其妻于厨下，臂上尽割其肉。玄德问之，方知是他妻肉，痛伤上马，欲带刘安去。安曰："老母见在，不可远行。"玄德谢了，遂取路出梁国〔一〕④。忽见尘头蔽日，漫山塞野军马来到。玄德迎之，乃是操军也，直到中军旗侧，下马拜迎。操亦下马答之。玄德说失沛城、散二弟、陷老小⑤，操亦下泪。更说刘安杀妻为食之事，操令孙乾以金百两赐之。

军行至济北，夏侯渊等迎接操入寨，说兄枯其一目，卧病未痊。操临卧处视之，令先回许都调理。一面使人打听吕布见在何处。人报云："吕布与陈宫、臧霸结连泰山寇，兵犯兖州。"操令曹仁引三千军打沛城；操提二十万军，与玄德来战吕布。路近萧县⑥，敌军拦住，乃泰山寇

---

① 原句无主语"关、张"。据叶逢春本补。
② 原作"复去徐州安置"。东汉末徐州治所在下邳，彭城则为今之徐州。作者将二者混淆。为与后文照应，此处改为"彭城"。
③ 原作"自投山东兖州界上"。"山东"系赘文，删去。
④ 原作"遂取路出梁城"。据《三国志·蜀书·先主传》注引《英雄记》改。
⑤ 原句无主语"玄德"。据上下文加。
⑥ 原作"军至山东界口，路近萧关"。此处"山东"意指兖州，"军至山东界口"方位不对，删去；萧关在今宁夏固原东南，距徐州极远，据《后汉书·郡国志》改。

孙观、吴敦、尹礼、昌狶三万余兵,四员将立于阵前。操令冲阵,许褚飞马舞刀而去。四将一齐来迎。许褚抖擞精神,四员将迎敌不住,四散奔走。操乘势掩杀,追至萧县①。

人报吕布,布此时已回彭城②。布欲往沛城救高顺,唤陈珪父子,令珪守彭城,布带陈登同去③。珪与登曰:"昔日曹公曾言,东方之事尽付与汝。今布势将败,可力图之。"登曰:"外面之事,儿子为之;倘吕布败回,便请麋竺一同守把城门,休放布入,儿自有脱身之计。"珪曰:"布老小在此,必有心腹颇多。"登曰:"儿子亦有计了。"吕布临行,登曰:"彭城四面受敌,操必死攻,先思退步:将钱粮移于下邳,倘围彭城,下邳有粮可救。"布曰:"元龙之言是也。吾就将老小同去。"使人唤宋宪、魏续回,保老小屯下邳城,将船只运粮草金帛。布同陈登先来萧县救援。布到半路,登曰:"容某先去看曹操虚实,主公却才可行。"布曰:"何谓也?"登曰:"泰山孙观等皆有寇心,未可托也。"布曰:"登于吾有益。"布未行。

登先到城上④,陈宫、臧霸等接见。登曰:"温侯深怪汝等不肯向前,要来责罚。"宫曰:"目今曹兵势大,未可轻敌也。吾等紧守城池⑤,教主公深保沛城。"登上城望之,见操军逼在城下。登是夜连写三封书,拴在箭上,射下城去。次日早,辞回来。陈宫曰:"城上无妨,可教温侯去守沛城去。"登遂飞马来见吕布,曰:"城上孙观等皆欲献城,某已留下陈宫守城,将军黄昏杀去。"布曰:"非公,则吾中计也。"先使登来约陈宫,举火为号,内外相应。登先到,报曰:"曹兵抄下小路,已到城内,恐彭城有失,公等急回。"宫遂引众人弃城而走。登就城上放火为号。吕布乘黑杀来,操军抢入城中。陈宫一军和吕布军自相掩杀。曹兵又到。孙观、吴敦等各自四散领军去了。

吕布到天明,方知是计,急与陈宫回彭城。到城边叫门,城上乱箭射之。麋竺在敌楼上叫道:"汝夺吾主城池,今依旧还主!"布曰:"陈珪何在?"竺曰:"老贼吾已杀之!"吕布回顾陈宫曰:"陈登安在?"宫曰:"主公尚自执迷而问佞贼乎?"军士中通寻陈登不见。

布与陈宫来投沛城。行至半路,见一彪军骤至,视之,乃高顺、张辽也。布问之,顺曰:"陈登来报,说主公被围,某等急来救解。"宫曰:"此是佞贼之计也。"布怒曰:"吾必杀此贼!"进兵小沛。曹操先令曹仁引军已袭沛城。吕布城下大骂陈登,登在城上言曰:"吾乃汉臣,安肯事反贼也!"布转怒。忽听背后喊声大起,布使高顺探之,见一队人马,当先一将,豹头环眼,燕颔虎须,乃幽州涿郡人⑥,姓张,名飞,字益德。高顺交战不利,退走入阵。飞冲入阵来。吕布奋怒,来战张飞。正战之间,阵外喊声起处,曹军突入。吕布倒拖画戟,引军东走。操两军杀来。吕布人困马乏,又一彪军拦住路,乃大刀关云长也,立马横刀,大叫:"休走!"吕布自与交战。

---

① 原作"追上萧关去了"。承154页校记⑥改。
② 原作"布此时已回徐州"。徐州系州名,而非具体城名(辖五个郡、国,六十二县)。刘备领徐州,治下邳;吕布自称徐州刺史,仍治下邳。今之徐州,则系汉末徐州所辖的彭城。作者将古今徐州混淆不清。此处"徐州"应指彭城。
③ 原作"布唤陈珪父子,令守徐州,布带陈珪之子陈登同去"。承上文改。
④ 原作"登先到关上"。既"萧关"应为"萧县",则"关"应为"城"。
⑤ 原作"吾等紧守关隘"。承上文改。
⑥ 原作"乃幽、燕涿郡人"。"幽、燕"非政区名,改为"幽州"。

背后张飞赶来,声吼如雷。布慌冲走,忙奔下邳。侯成引兵接应去了。

关、张相见,各言失散之事。关公曰:"我在东海路上藏避①,打听消息,故来至此。"飞曰:"弟在芒砀山落草为寇。"二人来见曹操,又见玄德,哭拜于地。各叙礼毕,同操入彭城。糜竺接见,言家属无危。玄德甚喜。陈珪父子参拜曹操。操设一大宴犒劳诸将。操居中,玄德左,陈珪右,文武等官各依次坐。操言陈珪父子之功,加十县之禄以供之,登授为伏波将军[二]。

操得彭城大喜,商议起兵攻打下邳。程昱进曰:"布今止有下邳一城,可以缓缓而进;若逼太急,贼必死战而投袁术矣。一往投之,其势必大,极难擒获。淮南径路,必有能事者[三]守之,外当袁术,内防吕布。况今泰山尚有臧霸、孙观之徒②,未曾归顺,亦宜谨之。"操曰:"吾自当东、西、北诸路③,其淮南径路,请玄德休辞。"玄德曰:"丞相将命,安敢有违。"次日,操分派各路把守军马。玄德留糜竺、简雍在彭城,带孙乾、关、张收拾军马,取淮南径路,来袭下邳④。

吕布在下邳,自为粮食足备,以资于内;泗水[四]之险,以拒于外:"吾何忧哉?"陈宫进曰:"今操兵方来,可乘寨栅未定,以逸击劳,无不胜也。"布曰:"吾昨累败,不可轻出。待其来攻一击,皆落泗水也。中吾之计策,已在掌中。"陈宫大笑而出。越五六日,各下寨栅已定,操令二十余将,皆披全副铁铠,直到城下,大叫:"吕布答话!"布上城而立。操在麾盖之下,以鞭指布。布以手答之。操曰:"近奉先结婚袁术,吾故领兵至此,实为术也。术有反逆大罪,君有讨董卓之功。若能倒戈降之,共扶王室,不失封侯之位,而富贵可取,功名可立;若愚迷不省,城池一破,玉石不分,悔之晚矣!尔可察之。"布曰:"丞相且退,尚容商议。"陈宫在布侧,大骂操曰:"汝是欺君之贼,反欲毁他人也!"言罢,一箭射中麾盖。操指而恨曰:"吾誓杀汝!"遂引兵攻城。布曰:"曹丞相容我自首,当拜投于明公。"陈宫变色,大怒曰:"逆罪曹操,何等之人?今日若降,如鸡子投石,岂得全乎!"布拔剑来杀陈宫。未知性命如何,且听下回分解。

【注释】

[一] 梁国:王国名。属豫州。治所在睢阳(今河南商丘东南)。

[二] 伏波将军:杂号将军名称。主征伐。三国时为第五品。

[三] 能事者:办事能干的人。

[四] 泗水:水名。源出今山东泗水县,流经江苏沛县、徐州等地,注入淮河。

① 原作"我在海州路上藏避"。海州始置于东魏,其地东汉时属徐州东海郡。

② 原作"况今山东尚有臧霸、孙观之徒"。"山东"误,据《三国志·魏书·武帝纪》及上文改。

③ 原作"吾自当山东诸路"。"山东"误,据地理及上下文改。

④ 原作"来袭邳郡"。东汉无"邳郡",只有下邳国,治所在下邳县。此处指下邳县。

第三十八回　白门曹操斩吕布

吕布欲杀陈宫。高顺、张辽曰："公台忠义之人，言从心出，愿主详之。"布掷剑而笑曰："吾戏汝耳！愿公台教我拒曹之策。"宫辞无计可施。布求恳之，宫曰："只恐将军不从。"布曰："公之良言，安肯不从！"宫曰："曹操远来，势不能久。若将军以步骑出屯为势于外，宫将余众闭守于内，操若攻将军，宫引兵而攻其背；若来攻城，将军为救于后。不过旬日，操军食尽，可一鼓而破。此乃犄角之势。"布曰："公言极善。"遂议分兵。布归府，收拾戎装。此时冬寒，在侧从人多带绵衣。妻严氏曰："君何往？"布曰："陈宫教我为犄角之势如此。"严氏曰："昔曹操待公台如赤子，犹舍而来。今将军厚公台不过曹操，而欲委[一]全城，捐[二]妻子，孤军远出，若一旦有变，妾岂得为将军之妻乎？"布曰："夫人所见如何？有言吾必从之。"遂三日不出。

宫入见布，请曰："操军已大张声势，四面围至，若不早出，必受其困。"布曰："吾思远出不如坚守。"宫曰："近闻曹操粮少，遣人往许都去取，早晚将至。将军可引精兵猛将出绝粮道。此计最毒也。"布曰："公言极善。"又入内对严氏曰："曹操粮食将至，我出断之便回，汝宜宽心。"严氏泣曰："将军自出断粮，必然陈宫、高顺守城。我闻宫、顺素不和睦，将军一去，宫、顺必不同心共守城池。如有差失，将军当以何地而立乎？愿将军详听，勿被宫等所误也。妾昔在长安已为将军所弃，幸赖庞舒私藏妾身耳。今须不顾妾也？将军前程万里！"言毕痛哭。布愁闷不决，入告貂蝉。貂蝉曰："将军与妾作主，勿轻骑自出。"布曰："汝无忧虑。吾有画戟、赤兔马，天下人谁敢近我！"布出，谓陈宫曰："操军粮至者，诈也。操多诡计，吾未敢轻动。"宫长叹而出，曰："我等皆死无葬身之地矣！"

布终日不出，只守严氏、貂蝉饮酒，以解愁闷。陈宫下谋士许汜、王楷求见吕布。布问曰："二公有何解围之策？"许汜曰："今袁术在淮南，声势大振。旧曾许女为婚，将军何不求解？术兵一至，内外攻击，操兵必败矣。"布大喜，遣人修书，就着汜、楷去。许汜曰："须得一军引路冲出，方可得去。"布教张辽、郝萌两个引兵一千，送出隘口。许汜、王楷辞了吕布。张辽在前，郝萌在后，夜至二更，杀出城去。抹过玄德寨，众将追赶不迭，已出隘口。张辽一半军回，郝萌五百人马，跟汜、楷去了。张辽回来，云长拦住，各有顾盼[三]之心，不肯下手。高顺、侯成出城，引兵救护张辽回来了。

且说许汜等至寿春，拜见袁术，呈上书信。术曰："前者杀吾使命，赖吾婚姻。今复相问，何也？"汜曰："此是操用奸计，以致如此。明上详讫纳之。"当时袁术僭号，故称"明上"。术曰："汝不是操军困逼甚急，岂肯以女许吾之子？"汜曰："明上今不救布，布必败矣。布若一破，明上亦破矣。"术曰："奉先反复无信，可先送女，然后倾国而救之。"

汜、楷谢了，和郝萌回。到玄德寨边，汜曰："日间不可过。夜半吾二人当先，汝可断后。"郝萌结束了，夜过玄德寨。正行之次，张飞出寨拦路，郝萌交马一合，生擒过去。汜、楷已至城边，大叫："城上救人！"折了五百军马并郝萌。

却说张飞解郝萌见玄德。玄德问了,押往大寨见操。萌说求救袁术,许女为婚。操怒,教推出斩于军门,唤主簿告示各寨:"如有走透吕布并将士者,亦按军律处治。"各寨悚然,昼夜不寝。玄德至寨,吩咐关、张曰:"我等正当淮南路上冲要之处,倘有疏失,王法无亲。二弟须宜用心。吾今日夜不敢卸甲矣。"飞曰:"捉了吕布健将,不赐重赏,反相唬吓!"玄德曰:"非也。曹操统数十万雄兵,不以军令,何以服人?弟勿犯之。"关、张应诺而退。

却说汜、楷见吕布,言袁术先欲得儿妇,后起倾国之兵救援。布曰:"如何送去?"汜曰:"非将军不可。"布曰:"今日如何?"汜曰:"今日乃凶神之辰,不可出城。明日大利,宜用戌、亥时[四],可以上马。"布教张辽、侯成引三千军马,安排一辆小车在外:"我亲送二百余里,却使你两个去。"

次日天晚,吕布将女以绵缠身,用甲包裹,布遂上赤兔马,负女于背上,手提画戟。时正二更,夜月微明,放开城门,布当先出城,张辽、侯成跟着。将次到玄德寨边,一声鼓响,云长拦住去路,大叫:"休走!"战不十合,布斜刺便走。张飞早引一军来迎。布无心恋战,只要冲路而走。玄德自引一军又来,两军混战。吕布虽勇,终是缚一女在身上,只恐伤着,不敢来突重围。后面徐晃、许褚皆杀来,箭如雨点。众军皆大叫曰:"不要走了吕布!"布见军来太急,只得回下邳。玄德收军,徐晃、许褚归寨,端的不曾走透一个。布归城中,心内忧闷,只是饮酒。

却说曹操围城,两月不下。忽报:"河内张杨出兵东市[五],欲救吕布,被部将杨丑杀之,将头欲献丞相,却被张杨部将眭固杀之,反投犬城[六]去了。"操遣史涣追斩之。眭,音锥,姓也,名固,字白兔。固杀杨丑,兵屯射犬。时有巫诚固曰:"将军字白兔,而此邑名犬。兔见犬其势必惊,可急移去。"固不从,遂被史涣斩之。操聚众将曰:"吾围两月,不克下邳,北有袁绍之忧①,西有表、绣之患②,使吾食无甘味。幸尔张杨自灭,吾欲舍布还都,暂且息战。"荀攸急止之,曰:"不可。某观吕布有勇而无谋,今累战皆败,锐气堕衰矣。三军以将为主,将衰则军无奋心。彼陈宫虽有谋而迟。今布之气未复,宫之谋未定,速急攻之,布必可获也。"郭嘉曰:"某有一计,胜如二十万兵。布虽勇,不能逃也。"荀彧曰:"莫非决沂[七]、泗之水乎?"嘉曰:"然。"操大喜,差一万军,即决两河之水。诸军皆居高原,坐视水淹下邳。下邳城中,众军夜闻水声,飞报吕布。布曰:"吾有赤兔马,渡水如平地,吾何惧哉!"痛饮美酒,以待天时。布因酒色过伤身体,容颜消减,取镜照之,大惊曰:"吾被酒色伤矣!自今日断之。城中但饮酒者皆斩。"

侯成有马十五匹,被后槽数人盗去,欲献玄德。侯成知觉,赶上夺回,尽将后槽人[八]杀之。诸将合礼,与侯成作贺。成酿五六斛酒,杀十余口猪,未敢吃饮。成先将酒五瓶、猪一只,敬诣布前,跪告曰:"托将军虎威,追得失马。众将皆来作贺。酿得些酒,猎得数猪,未敢先饮食,先奉上微意。"布大怒曰:"吾禁酒,汝酿酒召将士会饮,作兄弟同谋伐我也!推转斩之。"高顺等入告,布怒曰:"故犯吾令,理合斩之。今看诸将面,且打一百。"众将哀告,打了五十背花。成归,尽弃其酒肉。众皆相谓曰:"此心变矣!"时宋宪、魏续共来探视,成潜地下泪曰:"非公

---

① 原作"北有西凉之忧"。按当时形势,曹操北面的对手乃袁绍。
② 原作"东有表、绣之患"。时刘表驻襄阳、张绣屯穰城,均在曹操西南方。

等,则成死矣!"宪曰:"布只以妻为念,视我等如草芥。"续曰:"军围城外,水绕壕边,吾等死无地矣!"宪曰:"东门无水,我等弃布而走,若何?"续曰:"非丈夫也。何不擒布献之,吾等全身远害?"成曰:"我因追马受责。布所倚仗者,赤兔马也。汝二人献门擒布,吾先盗马去而报曹公,若何?"三人商量定了大策。侯成暗来马院观其动静,见槽上人皆睡,盗赤兔马走东门。魏续放出,佯作追赶之势。成来到操寨①,备言献马一事;宋宪、魏续插白旗为号,准备献门。操得消息,押榜[九]数十张,令军射入城去。榜曰:

今奉明诏,征伐吕布。如有抗拒大军者,满门诛灭。城内上至将校②,下至庶民,如献吕布之首者,重加官赏。大将军曹。押字。

次日平明,城外将士③,一齐呐喊,震动天地。吕布大惊,慌提画戟上城,各门点视,来责骂魏续走透侯成,欲待治罪。城下望见白旗插在城上,曹军打城,势如雨点。布自迎敌。城里城外箭如飞蝗,炮似骤雨。从平明打到日中,城外军退。布少憩音契楼中,坐于椅上睡着。宋宪赶退左右,先盗其画戟。宪、续二将齐上,绑了吕布。布急唤左右,魏续杀散,把白旗一招,大兵齐至城下④。魏续大叫:"已生擒吕布也!"夏侯渊尚未信。宋宪就城上掷下吕布画戟来,大开城门,曹兵一拥而入⑤。高顺、张辽都在西门,水围难出,城上城下将士拥出,皆被生擒。陈宫就南门边,被徐晃捉了。操差人人城,不许劫掠良民。

操坐在白门楼上[一〇]⑥,使人请玄德同关、张至楼上。操令玄德坐于侧。操令提过一干人来。吕布虽然身长一丈,被数条索缚作一团。布叫曰:"缚之太急,乞缓之!"曹操喝曰:"缚虎不得不急也!"布曰:"容伸一言而死!"操曰:"且稍解宽。"主簿王必趋进曰:"布,勍音擎虏[一一]也,其众近在外,不可宽也。"操曰:"本欲少缓,主簿不从耳。"布见侯成、魏续皆立于侧,布曰:"我待诸将不薄,安忍反也?"宋宪曰:"听妻言,不用将计,安为厚也?"布默然。先拥高顺至前,操问曰:"汝有何言?"高顺不答。操怒曰:"推下斩之!"

押过陈宫来。操曰:"公台自别来无恙?"宫曰:"汝心术不正,吾故弃之。"操曰:"吾心不正,尔如何事布?"宫曰:"布虽无谋,不似你诡诈奸雄也。"操曰:"公台自谓智谋有余,今竟何如?"宫顾吕布曰:"但此人不从吾言!若从吾言,亦未必被擒也。"操笑曰:"今日之事,当如何?"宫曰:"为臣不忠,为子不孝,死自甘心也。"操曰:"卿如是,奈老母如何?"宫曰:"吾闻将以孝治天下者,不害人之亲。老母之存亡,在于明公也。"操曰:"若卿妻子何如?"宫曰:"吾闻施仁政于天下者,不绝人之祀。妻子之存亡,亦在于明公也。"操有留恋之心。宫曰:"请出就戮,以明军法。"遂步下楼,牵之不住。操起身泣而送之,宫并不回顾。临行,操与从者曰:"即送公台老母妻子,回许都吾府中恩养。怠慢者斩!"后曹公养其母,嫁其女,待之甚厚。此乃曹公之德也。宫

---

① 原句无主语"成"。据上文加。
② 原作"如城内上至将校"。"如"字与下文重复,删去。
③ 原作"城外将校,大小诸将",文字重复,故改。
④ 原作"大兵齐至城上"。此时曹兵尚未入城,故改为"城下"。叶逢春本正作"城下"。
⑤ 原句无主语"曹兵"。据文意加。
⑥ 原作"操坐在门楼上",未指明是何门楼。故加"白"字,以与回目照应。

闻不言,伸颈受刑。众皆下泪。操以棺椁盛之,迁葬许都。史官有庙词赞曰:
　　生死无二志,丈夫何壮哉! 不从金石论,空负栋梁才。
　　辅主真堪敬,辞亲实可哀。白门身死日,谁肯似公台!
又诗一首,叹曰:
　　亚父[一二]忠言逢霸主,子胥[一三]剜目遇夫差。
　　白门楼下公台死,致令今人发叹嗟。
又叹陈宫不识人,忠义之气,凛然千古。其诗曰:
　　不识游鱼不识龙,要诛玄德拒曹公。
　　虽然背却苍天意,谁似忠心映日红?
　　操送宫下楼①,布与玄德见,曰:"公为坐上客,布为阶下虏,何不发一言而相宽乎?"玄德点头。操上楼②,令人押过吕布来。布曰:"明公所患,不过于布。布今已服,天下不足忧矣。明公将步,令布将骑③,则天下不足虑矣。"操回顾玄德曰:"吕布之言如何④?"玄德答曰:"明公不见布之事丁建阳、董卓乎⑤?"操颔之。颔,音含,首肯也。操点头而允之。布自视玄德曰:"是儿最无信者!"操遂令牵布下楼缢之。布回首曰:"'大耳儿'! 不记辕门射戟时?"操大笑。忽一人大叫曰:"吕布匹夫,何怕死也!"视之,众刀斧手拥张辽至。操教缢死吕布,然后枭首。有诗曰:
　　夜读三分传,堪嗟吕奉先。背恩诛董卓,忘义杀丁原。
　　倚仗英雄气,不从忠直言。白门身死日,犹自望哀怜!
宋贤有诗叹曰:
　　洪水滔滔淹下邳,当年吕布受擒时:
　　空余赤兔千里马,漫[一四]有方天戟一枝。
　　缚虎望宽何太懦,养鹰休饱昔无疑。
　　恋妻不纳陈宫谏,枉骂无恩"大耳儿"。
罗隐[一五]有一绝句责玄德。诗曰:
　　伤人饿虎缚休宽,董卓丁原血未干。
　　玄德既知能啖父,争[一六]如留取害曹瞒?
赞[一七]曰:
　　焉作庸牧[一八],以希后福[一九]。曷云负荷⑥,地堕身逐。
　　术既叨贪,布亦翻覆。
须臾,缢死吕布。时建安三年十二月也。武士献上吕布首级。

---

　　①　原作"操送下楼"。据上文,加"宫"字。
　　②　原作"操知其意"。义不通。承上文改。
　　③　原作"明公为步将,令布为骑将"。义不确。据《三国志·魏书·吕布传》改。
　　④　原作"吕布欲如何",不通。据文意改。
　　⑤　原作"明公不见事丁建阳、董卓乎"。据《三国志·魏书·吕布传》,加"布之"二字。
　　⑥　原作"曷之负荷"。据《后汉书·刘焉袁术吕布传》改。

操令押过张辽来。操指辽曰:"这人好面善[二〇]。"辽曰:"我两个在濮阳那里相见,如何忘了?"操大笑曰:"你原来也记得!"辽曰:"只是可惜!"操曰:"可惜甚的?"辽曰:"只可惜火不大;若火大,烧杀你这国贼!"操大怒曰:"败将安敢辱吾!"拔剑在手,亲自来杀张辽。辽引颈待诛。曹操剑下一人攀住臂膊,一人跪于面前。二人救张辽者乃是谁人也?且听下回分解。

【注释】

[一]委:丢弃。
[二]捐:舍弃。
[三]顾盼:顾惜,眷顾。
[四]戌、亥时:十二时辰中的两个。戌时相当于十九时至二十一时,亥时相当于二十一时至二十三时。
[五]东市:地名。在河内郡野王县(今河南沁阳)境内。
[六]犬城:地名。在射犬城(今河南沁阳东北)北。
[七]沂:水名。源出今山东鲁山,至下邳西注入泗水。
[八]后槽人:养马的杂役。
[九]押榜:签发文告。押,签字;榜,布告。
[一〇]白门楼:下邳城西面的城楼。
[一一]勍敌:劲敌。勍,强有力。
[一二]亚父:即范增(前277—前204)。秦末居巢(今安徽桐城南)人。先后辅佐项梁、项羽,被项羽尊为亚父。曾屡劝项羽杀刘邦,羽不听。后羽中反间计,削其权力。他愤而离去,途中病死。
[一三]子胥:即伍子胥(?—前484)。春秋后期吴国大夫。帮助阖闾刺杀吴王僚,夺取王位,整军经武,使吴国日益强盛。吴王夫差时,渐被疏远,后被迫自杀。临死,嘱舍人剜其眼,悬于吴县(今江苏苏州)东门,以便看到越国来灭吴国。
[一四]漫:枉自,徒然。
[一五]罗隐(883—909):晚唐诗人。
[一六]争:通"怎",怎么。
[一七]赞:即《后汉书·刘焉袁术吕布传》篇末赞语。
[一八]庸牧:即益州牧。庸,王莽曾将益州改称"庸部"。
[一九]以希后福:刘焉任太常时,知天下将乱,听说"益州分野有天子气",乃谋为益州牧,希图在益州自立。
[二〇]面善:面熟。

第三十九回　曹孟德许田射鹿

曹操剑下，玄德攀住臂膊，云长跪于面前。玄德曰："此等赤心之人，正可容留。"云长曰："关某素知文远忠义之士，吾以性命保之。"操掷剑，大笑曰："我亦知文远忠义之士，故相戏之耳。"此是曹公奸雄处。曹操亲自释辽之缚，自与衣穿，曰："纵使杀吾妻子，亦不记仇。"辽遂降。操拜辽为中郎将，赐爵关内侯，使张辽招安臧霸。霸闻吕布已死，张辽投降，遂引本部军数百人来降操。操皆赐金帛衣服。臧霸亦招安孙观、吴敦、尹礼来降，独有昌豨未肯归顺。操拜臧霸为琅琊相，孙观等各各加官，令守青、徐沿海地面。

操将吕布妻小并貂蝉载回许都，尽将钱帛分犒三军。操离下邳还许都，路过彭城①，百姓焚香遮道，请留刘使君为牧。操曰："刘使君功劳大，必当面见君毕，回来未迟。"百姓叩谢。操马上顾玄德曰："待公朝毕，还徐州未迟。"玄德称谢。操唤车骑将军车胄权领徐州。大军回许都，出征人员各各封官赐赏，留玄德在相府左近宅院歇定。

次日，献帝设朝，操引玄德见帝。玄德具朝服，拜舞于阶下。帝宣上殿，操奏前功。帝曰："卿祖何人？"玄德不觉泪下。帝惊问曰："卿何伤感？"玄德曰："适蒙圣问，因此伤感先祖。臣乃中山靖王之后，汉景帝阁下玄孙，刘雄之孙，刘弘之子也。先祖刘贞封中山国陆成侯②，后家道流落③。臣有辱先祖，所以下泪。"帝教取宗族世谱检看，令宗正卿宣读。谱有曰：

汉景帝生十四子，第七子乃中山靖王刘胜。胜生陆成侯刘贞。贞生沛侯刘昂。昂生漳侯刘禄。禄生沂水侯刘恋。恋生钦阳侯刘英。英生安国侯刘建。建生广陵侯刘哀。哀生胶水侯刘宪。宪生祖邑侯刘舒。舒生祁阳侯刘谊。谊生原泽侯刘必。必生颍川侯刘达。达生丰灵侯刘不疑。不疑生济川侯刘惠。惠生东郡范令刘雄。雄生刘弘。弘不仕。刘备乃刘弘之子也。

帝排世谱，玄德乃帝之皇叔也④。帝亦下泪，请入偏殿，却叙叔侄之礼。帝暗思："曹操弄权，国务大事，分毫不由朕主。今得此英雄之叔，皇天指路矣。"帝设宴待之，令曹操议定官职。操拜玄德左将军之职⑤。玄德拜谢，恩毕出朝。自此皆称为刘皇叔。

操回府，荀彧等一班儿谋士入见操曰："今天子认刘备为皇叔，恐无益于主公乎？"操答曰："玄德与吾结为昆仲，安肯外向耶？"刘晔曰："吾观玄德世之杰士，非池中之物[一]也。"操曰："好亦交三十年，恶亦交三十年。好恶吾自有主意。"于是操与玄德出则同舆，坐则同席，美食相分，恩若兄弟。程昱入说操曰："今吕布已灭，天下震动，可行王霸之机[二]乎？"操曰："不可。

---

① 原作"路过徐州"。此处"徐州"应为彭城，参见第155页校记②。
② 原作"先祖刘贞封涿鹿县陆城亭侯"。据《汉书·王子侯表》改。参见第5页校记①。
③ 原作"因此家缘流落"。义不通，故改。
④ 原句无主语"玄德"。据文意加。
⑤ 原作"操拜玄德左将军之职，封宜城亭侯"。第二十八回已写封刘备为宜城亭侯，故此应删去"封宜城亭侯"。

朝廷股肱[三]尚多，未宜轻举。吾且请帝田猎，以观动静。"昱曰："丞相之意，深可见矣。"

一日，操拣选良马名鹰俊犬，弓矢俱备，先令聚兵城外，操入请天子田猎。帝曰："田猎恐非正道乎？"操曰："古之帝王，春蒐音搜夏苗，秋狝冬狩，四时出郊，以示武于天下。今四海扰攘之时，若出田猎，其利有四：陛下久处深宫，神力疲倦，驰骋音逞于弓马之间，爽神畅体，其利一也。耀武扬威，以示四方，其利二也。军闲则困，困则生疾，奔走无逸，其利三也。自天子至于公卿，不可不习射以生力，其利四也。"帝即上逍遥马，带雕弓、金鈚箭，排銮驾出城。玄德、关、张各弯弓插箭，内穿掩心甲，各持兵器，引数十骑随銮驾出许昌。百姓见关、张跟在背后，看了人马兵器，无不称奇。操骑爪黄飞电马，引十万之众，与天子猎于许田地名。操令军士周回[四]排二百余里。操与天子只争[五]一马头，背后都是操的心腹之人。文武百官，远远侍从，谁敢近前。各带一副弓箭，惟天子可带雕弓。雕弓，赤色泥金弓也。壶中所插之箭，各有号帖，惟天子用金鈚箭箭头嵌金也。当日献帝驰马到许田，刘玄德起居[六]道旁。帝曰："朕要看皇叔今日射猎。"玄德谢毕上马。忽见草中赶起一兔，帝令玄德射之，一箭正中其兔。帝亦称贺。玄德拜谢上马，转过土坡，忽见荆棘丛中，赶出一只大鹿，正冲而来。帝连射三箭不中。帝觑操曰："卿射之。"操就讨天子雕弓、金鈚箭，扣满，正中鹿背，倒于草中。众群臣将校，皆谓天子射中，踊跃而来，同呼"万岁"。曹操纵马而来，遮于天子之前以迎当之。众皆失色。玄德背后云长大怒，剔起卧蚕眉，睁环丹凤眼，提刀拍马便出，要斩曹操。玄德会其意，摇首送目，不肯令出。关公乃仁义之人，见兄如此，便不敢动。操独视玄德。玄德慌，欠身称曰："丞相神射，世之罕及！"操笑曰："是天子洪福耳！"马上与天子贺罢，不还雕弓，就悬带之。老臣无不嗟呀。围场已罢，宴于许田。天子促归，于是驾回许都，各自归歇。

玄德与云长曰："汝今日何躁暴也？"云长曰："欺君罔上之贼，某实难容耳！欲与国家除害，兄何止之？"玄德曰："'投鼠忌器'[七]耳。操起奸计，自奏天子出许都围猎，将帝时时窥视，与帝相离一马之地；其他心腹之人，周回远近围侍，尔岂不知也？吾观弟怒，急止之，何也？乃见操心腹之贼，牙爪数多，倘失大事，而未成功，有伤天子，罪反坐我等也①。吾故止之。"云长曰："今日不杀奸雄操贼，大哥你看，后必有祸矣！"玄德曰："慎宜秘之。"不在话下。

却说汉献帝驾还许都，归宫室，至晚泣诉与伏皇后曰："可怜朕自即位以来，奸雄并起，先受董卓之殃，后遭傕、汜之乱。常人不受之苦，吾与汝辈当之。得见曹操，以为重扶社稷之臣，今独专国政。此贼节生奸计多端，专权弄国，分毫不由朕躬。殿上见之，有若芒刺。今在围场上，自迎呼噪，早晚图谋，必夺天下。若至临期②，吾夫妇未知死于何处也！"伏皇后曰："公卿子孙，四百余年食汉禄者③，就无一人效股肱之力而救国难乎？"言讫，夫妇共哭于宫中。未毕，忽一人自外而入殿曰："帝与后且下休忧。吾举一人，与帝诛贼除害，以安国家，以保社稷。"帝视之，乃是伏皇后之父、皇丈伏完也。帝掩泪而问曰："皇丈知朕腹中之事也？"完曰："许田射猎

---

① 原作"罪反作我等也"。据文意改。
② 原作"欲至临期"。据《李笠翁批阅三国志》改。
③ 原作"公卿子孙四百余年，乃食汉禄者"。校改依据同②。

之事,谁不见操贼有夺天下之心①,真乃是赵高也!"帝曰:"满朝之人,非操宗族,则出门下,谁肯尽忠而讨贼耶?"完曰:"若非国戚,不敢相告。老臣无权,难举此事。车骑将军、国舅董承可也。"帝曰:"舅氏多赴国难,朕躬素知,可宣入内,共议大事。"完曰:"陛下左右皆操贼心腹,倘有一泄,为祸不轻。臣有一计,可令董国舅尽力保驾。"其计如何,且听下回分解。

【注释】

[一] 池中之物:比喻蛰居一隅,没有远大抱负的人。
[二] 王霸之机:称王称霸的机遇。王,当国君;霸,当诸侯的盟主。
[三] 股肱:比喻帝王身边辅佐得力的臣子。股,大腿;肱,手臂从肘到腕的部分。
[四] 周回:周围。
[五] 争:相差。
[六] 起居:请安。问候。
[七] 投鼠忌器:要打老鼠,又怕损坏靠近的器物。比喻做事有所顾忌。

---

① 原作"虽不见操贼有夺天下之心"。据黄正甫本《三国》,改"虽"为"谁"。

第四十回　董承密受衣带诏

伏完曰："陛下可制衣一领，取玉带一条，暗赐董承。可于带衬内缝一密诏以赐之，令到家见此，可以昼夜策之。"帝曰："然。"伏完出朝，帝自作一密诏，咬破指尖，以血写之，令伏皇后缝于玉带紫锦衬内，自穿锦袍，自系玉带，令内使宣董承入。董承，乃灵帝母董太后之侄也。此献帝之老丈也。盖上古无"老丈"之称，只称为"国舅"。承见帝礼毕，帝曰："朕躬夜来说朕之苦，论舅之功，朝夕思慕，可伴朕于宫中散心闲步。"承顿首谢。帝引承出殿，到太庙，转上功臣阁内，设供具。帝焚香拜毕，引承观画像。中间画汉高祖容像，二十四帝绘于两边。帝指而问曰："吾祖何人也？"承曰："乃陛下开基创业高祖皇帝①，何谓不识？"帝曰："吾祖起身何地？如何创业？"承大惊，曰："陛下戏臣耳。圣祖之事，安得不知？"帝曰："卿试言之。"承曰："高皇帝起自泗上亭长，提三尺剑，乃斩白蛇于芒砀山中，起义兵而纵横四海，三载亡秦，五年灭楚，成四百年大汉天下，立万世之基业。"帝叹曰："祖父如此英雄，子孙如此懦弱，何大损益不同矣！"承曰："高皇帝英雄之君，不世出也！"帝指左右辅曰："此二相何人，立于吾祖之侧？"承曰："上首乃留侯张良，下首乃酂侯萧何。"帝曰："此二人何功，立于侧？"承曰："开基创业，实赖二人之功：张良运筹帷幄之中，决胜千里之外；萧何镇国家，抚百姓，给粮饷，不绝粮道。高祖常念其德。"帝曰："真社稷之臣也！正当配享。"帝回顾左右较远，密与承曰："他日卿当立于朕侧。"承曰："臣无寸功，何以当此？"帝曰："朕想西都救护之功，未尝少忘。无可为赠，卿当衣此袍，系此带，常如在朕之左右也。"帝解袍带赐之。帝密语曰："卿可仔细观之，勿负朕意。"承拜谢，穿袍系带，辞帝下阁。

早有心腹人去报与操曰："今帝与董承登功臣阁说话。"操速入朝来看虚实。承出阁过宫门，操正来，急无躲路，立于路侧，栗然施礼。操问曰："国舅何往？"承曰："适蒙天子命宣，赐以锦袍玉带。"操问曰："有何缘故，赐以衣带？"承曰："因某旧日西都救驾之功，故此赐之。"操曰："解带吾看。"承因见帝动静，疑是密诏，恐操看破，乃作艰难之状。操指左右急解下来。操看了，大笑曰："果然是条好玉带！就脱下锦袍来借看。"承心中畏惧，不敢不从，遂脱献上。操亲自以手提起里面，望日影中细详看之。看毕，穿在身上，系了玉带，回顾左右曰："长短如何？"左右称美。操曰："与吾穿之，别有回赐。"承告曰："君恩不可轻也。"操曰："汝受此衣带，莫非其中有谋乎？"承急答曰："小人焉敢？承当万死！丞相如要，便当留下。"操曰："汝受君赐，吾何夺之？故相戏耳。"操遂脱袍带还承。

承辞操而归，到家将袍仔细翻复看了，并无一物。承思曰："天子以目送我，以手指我，必有意耳。今里外不见踪迹，何也？"是夜不能寝，寻思良久，承曰："尚有玉带可观。"其面乃是白玉玲珑，碾成小龙穿花，背用紫锦为衬，不知其故。于桌上展转寻之，不觉疲倦，伏几而寝。忽

---

① 原作"乃陛下开基创业汉高祖皇帝"。称"汉高祖"不合汉朝人口吻，故删"汉"字。

然灯花卸落于带輨[一]上,烧着背衬。承惊醒,视之,烧破一处,微露素绢,隐见血迹。故取刀拆开视之,乃密诏也。承大骇。诏曰:

  朕闻人伦为大,父子为先;尊卑之殊,君臣至重。近者权臣操贼,出自阉门,滥叨辅佐之阶,实有欺罔之罪。连结党伍,败坏朝纲,勅赏封罚,皆非朕意。夙夜忧思,恐天下将危。卿乃国之元老,朕之至亲,可念高皇创业之艰难,纠合忠义两全之烈士,殄灭奸党,复安社稷,除暴于未萌,祖宗幸甚!怆惶破指,书诏付卿,再四慎之,勿令有负! 建安四年春三月诏。

董承览毕,涕泪交流,寝食皆废,行坐不安,心中烦恼,哀怜不已,藏于袖中。

次日,独步至书院中,将诏再三观看,无计可施,将诏放于几上,自思灭操之计,忖量未定,伏几而盹。将及半响,忽将军王子服①至,门吏不敢阻。子服素与董承极厚,径入书院,见承伏几不醒,袖底压着素绢,微露"朕"字。子服疑之,默取在手,藏于袖中,遂大叫曰:"你好自在!到睡的着!"承惊觉,不见诏书,魂不附体,手脚慌张。子服曰:"汝欲杀曹公②,吾当出首!"承泣而告曰:"若兄如此,汉室宗亲并皆休矣!"子服曰:"吾戏汝耳!某祖父累受汉禄,安肯负之?愿助汝一臂之力,共诛国贼!"承曰:"诚有此心,国之大幸!"子服曰:"当密室同立义状,各舍三族③,以报汉君。"承大喜,取白绢一幅,先书名画字。子服即书之。子服曰:"将军吴子兰与吾至厚,说之必同力灭贼。"承曰:"满朝大臣,惟有长水校尉[二]种辑、议郎吴硕是吾心腹之人④,必能顺矣。"

正商议间,家僮入报曰:"种辑、吴硕来探。"承曰:"此天助也!"教子服隐于屏风后暂避之。承接入书院坐,茶毕,辑曰:"田猎回来,君怀恨乎?"承曰:"虽有怨恨,无可奈何。"硕曰:"若有协助者,吾誓杀此贼!"种辑曰:"与国家除害,至死无怨!"王子服从屏风后出曰:"汝二人欲杀曹丞相⑤,国舅便是证见。"种辑怒曰:"忠臣不怕死,怕死不忠臣!吾等死做汉鬼,不似你阿党也!"承笑曰:"吾等正为此事欲见二公,今天所使,愿必酬矣。"董承袖中取出诏来与辑、硕观之。二公下泪。辑曰:"何不早图之?"承遂请书名。子服曰:"只此少待,吾请吴子兰来。"子服去不多时,二人并入,兰书名,承邀入后室会饮。

忽报征西将军马腾⑥相探。承曰:"只推我病,不能接待。"门吏回报,腾大怒曰:"我夜来[三]在东华门外,见赐锦袍玉带而出,何故推病耶?吾非为哺馔[四]而来,欲见一面回凉州去,何太薄情而外我?"门吏又报,备言腾怒。承起曰:"诸公少待,暂容承出。"承速接上厅。礼

---

① 原作"侍郎王子服"。据《三国志·蜀书·先主传》改。
② 原作"汝杀曹公"。据文意加"欲"字。
③ 原作"各舍三族为本"。据《李笠翁批阅三国志》改。
④ 原作"惟有长水校尉种辑、吴硕是吾心腹之人"。据《三国志·蜀书·先主传》注引《献帝起居注》,加"议郎"二字。
⑤ 原作"汝二人杀曹丞相"。据文意加"欲"字。
⑥ 原作"西凉太守马腾"。"西凉太守"官名误(汉代只有凉州刺史);据《三国志·蜀书·马超传》,马腾此时为征西将军(第十九回已写到)。

第四十回　董承密受衣带诏

毕坐定，腾曰："腾为西番不时入寇，特来朝见①，就因添助人马。今欲回，想国舅是大老元臣，故来相辞，何相轻也？"承曰："贱躯痼疾，有失接待，负罪若山海也！"腾曰："面带春色，非有病者。"承无言可答。腾拂袖便起，嗟叹下阶，曰："皆非柱石之才也！"承见腾言，感动再拜，回坐问曰："公笑何人非柱石之才？"腾曰："田猎之事，吾尚气满肺腑；汝乃国舅近戚，犹自殢[五]于酒色而不思报本乎？安得为皇家柱石之才也！"承恐是诈，故叹曰："曹丞相乃栋梁也，吾何能及焉！"腾大怒曰："汝尚以曹贼为正人耶？"承曰："耳目较近，请公低声。"腾曰："贪生怕死之徒，不足以论大事！"又欲起身。承缓言相探，腾果忠义。承曰："请公看一物，以见某之动静。"遂邀腾入书院，取诏视之。腾毛发倒竖，咬齿嚼唇，满口血流。腾曰："汝若有内助之心，吾即统凉州之兵以为外应。"承请诸公相见，取出义状，教腾书名。腾乃取酒歃血为盟。腾曰："吾等誓死不负所约！"指坐上六人言曰："若得十人，大事谐矣！"承曰："朝中大臣，少得忠义两全之人也。若不得其人，则反相害矣。"腾教取《鸳行鹭序》来。古者，朝廷官员人家皆有一集，名曰《鸳行鹭序》，上面都有公卿姓名。腾检到刘氏宗族，乃拍手言曰："何不共此人商议？大事必成矣！"众皆问曰："某等未必有人，将军欲用谁耶？"马腾所言如何，且听下回分解。

【注释】

[一] 鞓：皮带。
[二] 长水校尉：官名。掌中央禁卫军中的胡骑兵。秩比二千石。三国时为第四品。
[三] 夜来：昨晚。
[四] 哺馔：吃喝。
[五] 殢：滞留。此处意为沉溺。

---

① 原作"特来朝贺"。"朝贺"与上文不协，改为"朝见"。

卷之五

第四十一回　青梅煮酒论英雄

却说董承等问曰："公欲用何人？"马腾曰："见有左将军刘玄德①在此，何不求之？"承曰："此人虽汉室皇叔，今与曹操作牙爪，安肯行此事耶？"马腾曰："观玄德素有杀操之心，前日围场中，操迎万岁之时，云长背后欲杀之，玄德以目视之，关某遂退去。非不欲图之，恨操爪牙多，恐力不及耳。公试求之，无不应允。"吴硕曰："此事不宜太速，各得于心，再容商议。"众皆散去。

次日黑夜里，董承怀诏，径往玄德家来。门吏入报。玄德出迎董承，惊曰："国舅何来？"请入小阁坐定，关、张立于面前。玄德曰："国舅黉夜[一]至此，必有事故。"承曰："白日乘马相访，正当其礼；只恐曹操见疑，故黑夜相见。"玄德曰："深荷厚意。"命取酒食相待。承曰："前日围场之中，云长欲杀曹公，将军动目摇头而退之，何也？"玄德失惊曰："公何以知之？"承曰："人皆不见，独某立于将军之侧，足见动静。"玄德不能隐讳，遂曰："舍弟见操僭越[二]，故不容耳。"承闻，掩面而哭。玄德问其故，承曰："汉朝若得云长心地之人为股肱，何忧不太平也！"玄德又恐是操使来试探，乃佯言曰："曹公治国，亦何忧哉？"承变色而起曰："公乃汉朝皇叔，故剖肝沥胆以言之，公何足诈也？"玄德曰："只恐有诈，故相戏耳。"于是承取衣带诏令观之②，玄德不胜悲愤。又将义状出示，上止有六位：一，车骑将军董承；二，长水校尉种辑；三，将军吴子兰③；四，将军王子服④；五，议郎吴硕；六，征西将军马腾。玄德曰："既公有匡扶社稷之心，备岂不效犬马之力。"承顿首拜谢。玄德曰："既奉明诏，万死不辞。"承曰："请书大名。"玄德亦书"左将军刘备"，押了字，付承收了。承曰："尚容再请三人，共聚'十义'，以图国贼。"玄德曰："切宜缓缓施谋，且行事不可轻泄。"共议到五更，承相别去了。

玄德也防曹操谋害，就下处后园种菜，自己浇灌。云长曰："兄不留心于弓马以取天下，而学小人之事？"玄德曰："非汝所知也。"云长但闲看《春秋》、《左传》，或演习弓马。

次日，关、张不在，玄德正浇菜，许褚、张辽引十数骑，慌入园中曰："丞相有命，请玄德便行。"玄德问曰："有甚紧事？"许褚曰："不知，只教我来请玄德。"玄德只得随二人入府。曹操正色而言曰："在家做得好事！"唬得玄德面如土色。操执玄德手，直至后园，曰："玄德学圃不易！"学圃，种菜也。玄德方才放心，答曰："无事消闲耳。"操仰面大笑曰："适来见枝头梅子青青，忽感去年征张绣时，道上缺水，将士皆渴，被吾心生一计，以鞭虚指曰：'前面有梅林！'军士闻之，口皆生唾，由是不渴。今见此梅，不可不尝。又值缸头煮酒正熟，同邀贤弟小亭一会，以赏其情。"玄德心神方定。随至小亭，已设樽俎[三]：盘贮青梅，一樽煮酒。二人对坐，开怀畅饮。

---

①　原作"豫州牧玄德"。据《三国志·蜀书·先主传》，刘备此时已为左将军；第三九回已写到拜刘备为左将军，下文写其署名亦为"左将军刘备"。
②　原句无主语"承"，据上文加。
③　原作"昭信将军吴子兰"。据《三国志·蜀书·先主传》改。
④　原作"工部郎中王子服"。东汉三国无"工部郎中"官名。据《三国志·蜀书·先主传》改。

酒至半酣，忽阴云漠漠，骤雨将来。从人遥指天外龙挂[四]，操与玄德凭栏观之。操曰："贤弟知龙变化否？"玄德曰："未知也。"操曰："龙能大能小，能升能隐；大则吐雾兴云，翻江搅海；小则埋头伏爪，隐介藏身；升则飞腾于宇宙之间，隐则潜伏于秋波之内。龙乃阳物也①，随时变化。方今春深，龙得其时，与人相比，发则飞升九天，得志则纵横四海。龙乃可比世之英雄。玄德久历四方，必知当世之英雄，果有何人也？请试言之。"玄德曰："备愚眼目，安识英雄？"操曰："休谦，胸中必有主张。"玄德曰："备幸叨恩相，得仕于朝；英雄豪杰，实有未知。"操曰："不识者亦闻其名，愿以世俗论之。"玄德曰："淮南袁术，兵粮足备，可为英雄？"操笑曰："冢中枯骨，吾早晚必擒之！"玄德曰："河北袁绍，四世三公，门多故吏；今虎踞冀州之地，手下能事者极多，可为英雄？"操笑曰："袁绍色厉胆薄，好谋无断；干大事而惜身，见小利而忘命。乃疥癣之辈，非英雄也。"玄德曰："有一人名称'八友'②，威镇荆州③，刘景升可为英雄？"操又笑曰："刘表酒色之辈，非英雄也。"玄德又曰："有一人血气方刚，江东领袖，孙伯符乃英雄也？"操又笑曰："孙策借父之名，黄口孺子，非英雄也。"玄德又曰："益州刘季玉，可为英雄乎？"操大笑曰："刘璋乃守户之犬耳_{与主人死守其户不出也}，何足为英雄！"玄德曰："如张绣、张鲁、韩遂等辈，皆何如？"操鼓掌大笑曰："此皆碌碌小人，何足挂齿！"玄德曰："舍此之外，备实不知。"操曰："夫英雄者，胸怀大志，腹隐良谋，有包藏宇宙之机，吞吐天地之志④，方可为英雄也。"玄德曰："谁当之？"操以手先指玄德，后指自己曰："方今天下，惟使君与操耳。"言未毕，玄德手中匙箸尽落于地⑤。霹雳雷声，大雨骤至。操见玄德失箸，便问曰："为何失箸？"玄德答曰："圣人云：'迅雷风烈必变[五]。'一震之威，乃至于此。"操曰："雷乃天地阴阳击搏之声，何为惊怕？"玄德曰："备自幼惧雷声，恨无地而可避。"操乃冷笑，以玄德为无用之人也。曹操虽奸雄，又被玄德瞒过。有诗曰：

  绿满园林春已终，二人对坐论英雄。
  玉盘堆积青梅满，金斝[六]飘香煮酒浓。
  匙箸失时知肺腑，风雷吼处动心胸。
  樽前一语瞒曹操，铁锁冲开走蛰龙。

又苏东坡诗曰：

  身外浮云更有身，区区雷电若为神。
  山头只作婴儿哭，多少人间落箸人！_{天下庐山最高。有修行人在上看云，在山腰下闻霹雳之声，上面听得如婴儿啼哭。正引这段故事出来。}

大雨方住，见两人撞入后园，手提宝剑，突入亭前，左右皆当不住。操视之，乃关、张也。

---

① 原作"此龙阳物也"。据叶逢春本，补"乃"字。
② 原作"有一人名称'八俊'"。据《后汉书·党锢传》及《三国志·魏书·刘表传》注，刘表未被列入"八俊"，而被称为"八及"、"八友"之一。
③ 原作"威镇九州"，既与刘表身份作为不符，又与上下文不协，故改。
④ 原作"吐冲天地之志"。据文意改。
⑤ 原作："玄德以手中匙箸尽落于地"。"以"字有碍文意，删去。

第四十一回 青梅煮酒论英雄

原来二人城外射箭方回,听得玄德被张辽、许褚请将去了。慌忙来相府打听,知在后园,只恐有失,故冲突而入。却见玄德与操对坐饮酒,二人按剑不入。曹操问二人何来,云长答曰:"听知丞相和兄饮酒,特来舞剑,以助一笑。"操知其意,笑曰:"此非鸿门会[七],安用项庄、项伯乎?"玄德亦笑。操命取酒与二"樊哙"压惊,关、张拜谢。

须臾席散,玄德辞操而归。云长曰:"险惊杀我两个!"玄德以落箸事说与关、张,关、张不解。玄德曰:"吾之学圃惧雷,其理颇同。曹操奸雄之辈,早晚必有人在此窥觑。吾种菜之故,欲使操知我无用;失匙落箸者,盖惧操言我亦英雄矣。予未能答,忽一声雷震,只说惧雷,使操看我如同小儿,不相害也。"关、张曰:"兄之高明远见,瞒过曹操也!"

操次日又请玄德扶头[八]。正饮间,人报曰:"满宠去体察袁绍而回。"操召入问曰:"吾差汝去河北采访民物何如?"宠曰:"民物如故,公孙瓒已被袁绍破了。"玄德曰:"愿闻其详。"宠曰:"瓒与绍战不利,退守易京[九]①,筑城为圈,圈上建楼,可高十丈,名曰易京楼,积谷三百万以自守②。战士出入不息,有被袁绍围者③,众将请救之。瓒曰:'若救一人,后之战者,只指望人救,不肯死战。'因此袁绍兵来,多有降者。瓒势孤,求于张燕,暗约举火为号,内应外合。正去下书,差去人被袁绍擒之,却来城外放火。瓒自出战,伏兵四起,军马折其太半。退守城中,被袁绍穿地,直入瓒所居之楼下,放火为号。瓒无走路,先杀妻子,然后自缢,遂被一火焚之。"后史官论公孙瓒,论[一〇]曰:

自帝室王公之胄,皆生长脂腴,不知稼穑,其能厉行伤身,卓然不群者,或未闻焉。刘虞守道慕名,以忠厚自牧,美哉乎季汉[一一]之名宗子也!若虞、瓒无间,同情共力,纠人众④,完聚蓄,保燕、蓟之饶,缮兵昭武,以临群雄之隙,舍诸天运,征乎人文,则古之休烈,何远之有!

"今袁绍又得瓒军⑤。绍弟袁术在淮南骄傲过度,不恤军民,众皆背反。术使人归帝号于袁绍⑥。绍使人取玉玺,术约亲送到。见今弃淮南,欲归河北。若二人协力,急难收复。乞丞相作急图之。"玄德起身曰:"术若投绍,必从徐州过。备请一军,就半路绝击[一二],术可擒矣。"操喜曰:"来日奏帝,便教登程。"

次日,玄德面了君,操差朱灵、路昭引兵五万,令玄德总督,去拿袁术。玄德辞帝,帝泣送之。玄德到家,星夜收拾军器鞍马,挂了将军印,催督便行。董承赶出十里长亭送玄德。玄德曰:"国舅宁耐[一三],某此行必有方略⑦,自当持书奉报。"承曰:"公宜挂念,勿负帝心。"二人分别。关、张在马上问曰:"兄今番出征,如此慌速,何也?"玄德曰:"吾乃笼中鸟、网中鱼。此一

---

① 原作"退守冀州"。冀州系袁绍地盘,原文误。据《三国志·魏书·公孙瓒传》改。
② 原作"积谷三十万以自守"。校改依据同①。
③ 原作"或为袁绍围者"。据叶逢春本改。
④ 原作"纠人完聚蓄",文意残缺。据《后汉书·刘虞公孙瓒传》刘攽注,补"众"字。
⑤ 原作"今袁绍得其瓒军"。据叶逢春本改。
⑥ 原文此句后有"绍始于北方登基",既无史实依据,又与《演义》情节不合,故删。
⑦ 原作"某此行必有变约",义不可解。据《李笠翁批阅三国志》改。

行,如鱼入海,鸟上青霄,不受笼网之羁绊也①。曹公只可同忧,不可同乐;若心一变,死无地矣。"关、张遂催朱灵、路昭军马速行。

时有郭嘉考校[一四]钱粮方回,听知曹公已遣玄德进兵徐州,慌入谏曰:"丞相令刘玄德督军何意?"操曰:"欲截袁术耳。"程昱曰:"昔日刘备为豫州牧时,某等苦谏,丞相不听。今日又与之兵,乃放龙入海,放虎归山。后欲治之,其可得乎?"郭嘉曰:"备有雄才,又得民心;关、张皆有万人之敌。以嘉观之,非久为人之下者,其谋不可测也。古人之言:'一日纵敌,万世之患。'今以兵与之,如虎添翼也。丞相可察之。"操曰:"吾观刘备闲中学圃,醉后畏雷,亦非成业之人,何忧之有?"程昱曰:"学圃者,故瞒丞相;畏雷声者,非其本情也。丞相明照天下,何被刘备瞒过?"操顿足曰:"吾被此人欺诈,何人与吾星夜擒来?"一人昂然而出曰:"某只用五百军马,绑缚刘备、关、张,献于府下。"此人是谁,且听下回分解。

【注释】

[一] 黉夜:深夜。
[二] 僭越:超越封建等级名分。
[三] 樽俎:盛酒和盛肉的器皿,代指宴席。樽,酒杯;俎,古代祭祀时盛牛羊的器具。
[四] 龙挂:即龙卷风。当其经过水面时,常吸水上升如柱,古人以为是施雨的龙在下挂吸水,故称。
[五] 迅雷风烈必变:语出《论语·乡党》,说孔子遇到迅雷暴风,一定会改变脸色,以示对上天的敬畏。
[六] 斝:古代酒器。用以温酒。
[七] 鸿门会:即鸿门宴。公元前206年,刘邦入咸阳灭秦,据守函谷关;项羽破关而入,屯鸿门(今陕西临潼东);欲攻刘邦。刘邦得羽叔项伯报信,到鸿门拜会项羽。宴会上,范增命项庄舞剑,欲刺杀刘邦;项伯亦拔剑起舞,遮护刘邦。后刘邦部将樊哙闯入,为邦辩解,项羽则未决心杀邦,刘邦遂乘隙脱险。
[八] 扶头:饮酒。
[九] 易京:古城名。在今河北雄县西北。
[一〇] 论:即《后汉书·刘虞公孙瓒传》篇末的《论》。
[一一] 季汉:汉末。
[一二] 绝击:截击。绝,通"截"。
[一三] 宁耐:忍耐。
[一四] 考校:核查。

---

① 原作"不受罗网中之羁绊也"。据上文,"罗网"应作"笼网";"中"字有碍文意,删去。

第四十二回　关云长袭斩车胄

要去赶玄德者，乃校尉许褚也①。操大喜，遂令许褚带领五百军马，连夜来赶。

却说关、张正行之次，只见尘头起，谓玄德曰："此必是曹公追兵至也。"遂下定营寨围绕，关、张各执军器②，立于两边。许褚至近，见严整甲兵，入见玄德。玄德曰："校尉来此何干？"褚曰："丞相命，特来请将军回，别有商议。"玄德曰："'将在外，君命有所不受。'况传丞相之一语乎③？你回去，替我禀覆丞相：有程昱、郭嘉屡次问我取金帛，不曾相送，因此于丞相前以谗言潛我，故令汝赶来擒吾。吾若是无仁义之辈，就此处斫汝为肉泥。吾感丞相大恩，未尝忘也。汝当速回，见丞相善言答之。"许褚观见关、张以目视之，连声应诺而去。

许褚回见曹操，将玄德言语细说了一遍。操唤程昱、郭嘉，责之曰："汝于刘备前觅金帛不从，因此含怨于心，每于吾前谗言潛之，此何理也？"程昱、郭嘉以头顿于地曰："丞相又被他瞒过了。"操笑曰："既彼去矣，若再追，恐成怨乎。不罪汝等，汝等勿疑焉。"二人辞去。此是曹公半疑半信。

却说马腾见玄德去了，边报又急，亦回凉州去了。

却说玄德兵至彭城④，刺史车胄出迎。公宴毕，孙乾、糜竺等都来参见。玄德回家，探视老小，打听袁术因奢侈太过，雷薄、陈兰皆投灊山去了⑤。术势甚衰，乃作书归帝号于袁绍。其书曰：

> 汉之失天下久矣，天子提挈⑥，政在家门；豪雄角逐⑦，分裂疆宇，此与周之末年⑧，国分势无异，卒强者兼之耳。袁氏受命当王，符瑞炳然。今君权有四州，民户百万，以强，则无与比大；论德，则无与比高。曹操欲扶衰拯弱，安能续绝命、救已灭乎？今纳上帝号，请早即帝位，共享万世之洪基，不可失此机会！传国玺，续当献上。弟术百拜。

袁绍亦有篡国之心，故令人召袁术。术乃收拾人马、宫禁御用之物，先奔徐州来⑨。

玄德知袁术来到，遂引关、张、朱灵、路昭五万军出，正迎着先锋纪灵至。张飞便不答话，

---

① 原作"乃虎贲校尉许褚也"。东汉已省虎贲校尉官职。据《三国志·魏书·许褚传》改。
② 原作"令关、张各执军器"。据上文，"令"字多余，删去。
③ 原作"吾面君，况又蒙丞相之一语乎"。据叶逢春本改。
④ 原作"却说玄德兵至徐州"。据第三九回，此处"徐州"应作"彭城"。
⑤ 原作"雷薄、陈兰皆投嵩山去了"。嵩山在许都西北，方位大误。据《三国志·魏书·袁术传》改。
⑥ 原作"天子提携"。据《三国志·魏书·袁术传》注引王沈《魏书》改。
⑦ 原作"豪杰角逐"。校改依据同⑥。
⑧ 原作"周之没年"。校改依据同⑥。
⑨ 原作"先夺徐州来"。据上文，袁术乃路经徐州去投袁绍，并无实力"夺"徐州。据叶逢春本改。

直取纪灵。两员将斗无十合，张飞大叫一声，刺纪灵于马下。败军奔走。袁术自引军来斗。玄德分兵三路：朱灵、路昭在左，关、张在右，玄德自引兵与袁术相见，在门旗下责骂曰："汝反逆不道，吾今钦奉明诏，前来讨汝！汝当束手来降，引见曹公，免汝罪犯。"袁术骂曰："织席编屦小辈，安敢轻我！"引兵赶来。玄德退步，两路军杀出。杀得尸横遍野，血流成渠；士卒逃亡，不可胜计。又被灊山雷薄、陈兰劫尽钱粮草料。玄德迤逦赶来。

袁术四下无路，欲回寿春，又被群盗所袭。术乃住于江亭[一]，只有一千余众，皆老弱之辈。时当盛暑，粮食尽绝，止有麦屑三十斛，分派与军士家。人无食，多有饿死者。术嫌饭粗，不能下喉，乃求蜜水止渴。庖人曰："止有血水，安有蜜水！"术坐于床上，大叫曰："袁术乃至是乎①！"倒于地下，吐血斗余而死。时建安四年六月也。后人有诗曰：

汉末刀兵起四方，无端袁术太猖狂。
不思累世为公相，便欲孤身作帝王。
强暴枉夸传国玺，骄奢妄说应天祥。
渴思蜜水无由得，独卧空床吐血亡。

论[二]曰：

天命符验，可得而见，未可得而言也。然大致受大福者，归于信顺乎？夫事不以顺②，虽强力广谋，不能得也。谋不可得之事，日失忠信③，变诈妄生矣。况复苟肆行之，其以欺天乎？虽假符僭称，归将安所容哉！

袁术已死，从弟袁胤④将灵柩及妻子奔庐江来，被徐璆音留尽杀之。璆得玉玺，赴许都献曹操。操大喜，遂拜徐璆为廷尉⑤。此时玉玺归操。

却说玄德知袁术已丧，写表申朝，书呈曹操；令朱灵、路昭回许都。二人见曹操⑥，说玄德留下军马。曹公欲斩二人。荀彧曰："权归刘备，二人亦无奈何。"操叱二人退。荀彧曰："可写书与车胄，就内图之。"操曰："此计有理。"暗使人来见车胄，传操钧旨。胄随即请陈登商议此事⑦。登曰："此事极易。凭将军神机，何虑刘备？可令军伏于瓮城[三]边，只作接刘备，待马到来，一刀斩之。某在城上射住后军，大事济矣。"即差人去请玄德。

陈登回家见父，言车胄奉曹公钧命，欲害刘使君。登父陈珪曰："吾儿先报玄德。"登曰："儿已定了计也。"珪曰："玄德仁人也。"登领命，来报玄德，正迎着关、张，报说如此如此。原来关、张先回，玄德在后。张飞听得，便要去厮杀。云长曰："他伏于瓮城边待你我，杀去必然有失。若兄知，必便不入彭城杀车胄。我有一计，乘夜间扮做曹公大军到彭城，引车胄出迎，袭

---

① 原作"大叫一声"。据《后汉书·袁术传》改。
② 原作"然大致受大福者，归于信，顺乎天；事不以顺"。据《后汉书·袁术传》改。
③ 原作"日失忠信"。校改依据同②。
④ 原作"侄袁胤"。据《三国志·吴书·孙讨逆传》注引《江表传》改。
⑤ 原作"遂封徐璆为高陵太守"。高陵系县，"高陵太守"误。据《后汉书·徐璆传》改。
⑥ 原作"令朱灵、路昭回许都见曹操"。为与下句衔接，故加"二人"。
⑦ 原句无主语"胄"，据叶逢春本加。

而杀之。"飞曰:"倘或不出,如之奈何?"云长曰:"别作区处。"

部下军原有曹公旗号,衣甲都同。当夜三更,叫城上开门,城上问是谁,众应是曹丞相部下张文远的人马。守门人报知车胄,胄急请陈登议曰:"若不迎接,诚恐有疑;若出迎之,又恐有诈。"胄乃城上回言:"黑夜难以分辨,平明了相见。"城下应曰:"只怕刘备知道,疾快开门!"看看俄[四]到五更,城外一片声叫开门。车胄自披挂上马。胄生得面如紫矿音拱,手如钢钩,提古定刀,引一千军出城。跑过吊桥,军分两边,车胄大呼:"文远何在?"军中关公提刀纵马,直迎车胄,大喝:"匹夫!安敢怀心杀玄德也?"车胄大叫,战未数合,遮拦不住,拨马便回。到吊桥边,城上陈登乱箭射下,车胄绕城而走。云长赶来,手起一刀,砍于马下①。云长用刀割下首级来提回,望城上呼曰:"反贼车胄,吾已杀之!众等无冤,投降免死。"诸军弃甲抛戈,拜于地上。军民皆安。云长将胄头去迎玄德。后人有诗曰:

　　粗豪车胄运机筹,要害仁慈刘豫州。
　　赖得云长施义勇,青龙刀劈乱臣头。

云长来见玄德,具言车胄欲害之事,今已斩首。玄德惊曰:"曹公若来,如之奈何?"云长曰:"我与张飞迎之。"玄德懊悔不已,遂入彭城,百姓父老伏道而接。玄德到府寻张飞,飞已将胄全家诛杀。玄德曰:"曹公心腹之人,杀了如何肯休?若是兴兵来问罪,将何以解?"陈登曰:"某有一计,可退曹公。"其计如何?

【注释】

[一] 江亭:地名。在豫州汝南郡安阳县。故址在今河南息县西。
[二] 论:即《后汉书·袁术传》篇末的《论》。
[三] 瓮城:城门外防护城门的半圆形小城。
[四] 俄:拖延。

① 原作"云长赶来,本要活捉,手起一刀,砍于马下"。自相矛盾,且上文明言关羽欲"袭而杀之",故此处删去"本要活捉"。

第四十三回　曹公分兵拒袁绍

却说陈登曰："曹操所惧者袁绍。绍见今虎踞冀、青、幽、并四州①，带甲军士有百万，文官武将不可胜数。可作急写书呈，差人往冀州袁绍处下书求救，可敌曹操。"玄德曰："虽识此人，未尝有恩。今又并了他兄弟，如何肯相助？"登曰："此间有一养老官人，灵帝朝曾授侍中，乃北海高密[一]人也②，姓郑，名玄。此人乃与袁绍三世通家。若得此人一书，必相助耳。"玄德遂同陈登亲到郑玄家，拜求书信。郑玄欣然写之。玄德即差孙乾往袁绍处下书，见袁绍。绍备细问徐州之事，孙乾遂一一说了一遍，呈上书。绍拆开，其书曰：

伏闻汉祚凋零③，奸臣强暴，外无匡扶之柱石，内无决策之栋梁④。贼臣曹操，幽帝许都，社稷倾危，生灵涂炭。惟明公世居辅相⑤，天下仰之，若大旱而望云霓，似久涝以思天日。倘与刘玄德协力同心，共立伊尹、周公之迹，名垂青史，万代不磨！区区之志，愿听察焉！

绍览毕曰："刘备灭吾兄弟，当复其仇！"孙乾曰："此乃曹公之所使，不得不从耳。"绍曰："吾闻玄德世之杰士，吾当救之。"遂聚文武官僚商议兴兵，径取许都，保驾勤王，诛灭曹操反贼。一人出班谏之，其人英杰，见识高明，巨鹿人也，姓田，名丰，字元皓⑥，乃帐下第一个谋士。丰曰："兵起连年，百姓疲敝，仓廪无积，赋役方殷[二]，此国家之深忧也。宜先遣人献捷天子，务农逸民；若不得通，乃表称曹氏隔我王路。然后尽提兵屯黎阳，渐营河南⑦，增益舟船，缮置器械，分遣精兵，屯扎边鄙，令彼不得安逸。三年之中，大事可望而定也。"又一谋士曰："不然。"绍视其人，忠烈慷慨，相貌端庄，魏郡[三]之人也，姓审，名配，字正南。配曰："兵书之法，十围五攻[四]，敌则能战。今以明公之神武，跨河朔[五]之强众⑧以伐曹贼，易如反掌，何必区区迁延日月？不取，后难图也。"又一谋士，广平[六]人也，姓沮，名授，出曰："盖救乱除暴，谓之义兵；恃众凭强，谓之骄兵。兵义无敌，骄者先灭。曹操迎天子，安宫许都⑨，今举兵南向，于义则违。且庙胜之策，不在强弱⑩。曹操法令既行，士卒精练，比公孙瓒坐受困者不同⑪。今弃万

---

① 原作"冀、青、幽、并四郡"。此四者皆系"州"。
② 原作"桓帝朝为尚书，乃唐城高密人也"。据《后汉书·郑玄传》改。
③ 原作"伏闻汉道凋零"。据刘本《三国》改。
④ 原作"内无伏策之栋梁"。据叶逢春本改。
⑤ 原作"惟明公世居相府"。据叶逢春本改。
⑥ 原作"字元浩"。据《三国志·魏书·袁绍传》注引《先贤行状》改。
⑦ 原作"潜营河内"。据《三国志·魏书·袁绍传》注引《献帝传》改。
⑧ 原作"跨河朔之强暴"。校改依据同⑦。
⑨ 原作"安营许都"。校改依据同⑦。
⑩ 原作"且妙胜之策，不在强暴"。校改依据同⑦。
⑪ 原作"岂比公孙瓒坐受困者不同"。"岂"字有碍文意，删去。

安之策,而兴无名之兵,窃为明公惧之!"言未毕,谋士郭图出曰:"非也。昔武王伐纣,不曰不义①。况且军士精练,将帅奋勇,若不及时早定大业,虑之失也!天与不取,反招其祸,此越之所以霸,吴之所以亡②。监军[七]之计,计在持牢,而非见时,知其应变也。愿主公从郑侍中之言③,请与刘备共仗大义,剿灭曹贼,上合天心,下顺人意。明公详之。"田丰、沮授坚执不肯兴兵,审配、郭图力劝起兵。四人争论未定,忽然许攸、荀谌二人自外而入。绍曰:"许、荀二人多有见识,且看二人如何主张。"二人礼毕,绍曰:"郑侍中令我起兵救刘备,灭曹操。起兵是?不起兵是?"二人素与田丰、沮授不和,却与审配、郭图最好。以目观之,田丰、沮授低头不语;审、郭以目送之。二人应声言曰:"天与不取,反受其殃;若不动兵,操亦至矣!"绍曰:"二人所见,正合吾心。"便商议起兵。此一节,可见绍有谋无断。手下谋士互相不和,安有不败之理?绍令孙乾先回:"我便一面起兵,你那里亦作准备。"孙乾回报玄德。

绍令审配、逢纪为统军,田丰、荀谌、许攸为谋士,颜良、文丑为将军,起马军二万,步军八万,共精兵十万,徐徐养力,遥望黎阳进发。

却说曹操在许都,人报刘备杀了车胄,据住徐州,结连袁绍,今起兵前来攻许都,可作急拒敌。操急聚谋士商议。此时北海相孔融征为将作大匠④,见在许都随朝,听知袁绍兵来,亦到相府上言曰:"绍势大,不可轻敌。不宜加兵,只可求和。"操问谋士曰:"和与战,孰利?"荀彧曰:"袁绍无用之人,何必求和?"融曰:"先生错矣。吾观袁绍,士广民强。田丰、许攸,为智谋之士;审配、逢纪,尽忠臣也;颜良、文丑,勇冠三军;其余沮授、郭图、高览、张郃、淳于琼等辈,皆当世之名士。先生何以袁绍为无用之徒耳?"荀彧笑曰:"公只知其一,不知其二。绍兵虽多,而法不正。田丰刚而犯上⑤,许攸贪而不治,审配专而无谋,逢纪果而自用⑥:此数人者,势不相容,此后必生内变。颜良、文丑,匹夫之勇,一战而可擒也。其余者皆碌碌等辈,纵有百万,何足道哉!如是,以知袁绍为无用之徒耳。"孔融默然。操乃大笑曰:"皆不出荀文若之所料也。"遂唤前后两营军官听令,差司空长史刘岱⑦、中郎将王忠⑧同引兵五万,诈打丞相旗号,去徐州擒刘备。操乃自引大军二十万进黎阳,拒袁绍。程昱曰:"只恐刘岱、王忠不称其使。"操曰:"吾岂不知非刘备敌手,权为虚张声势。"却吩咐:"不可轻进,待我破了绍,再勒兵来破刘备矣。"刘岱、王忠领命去了。

却说曹公自引兵离许都,至黎阳,两军相隔八十里,各自深沟高垒,密护不战。操亦不敢轻进。自八月守至十月。袁绍处原来许攸不平审配领兵,沮授又恨绍不用其谋,递相不和,遂

---

① 原作"昔武王伐纣,名曰不义",辞不达意。校改依据同178页校记⑦。
② 原作"此越之所霸,吴之所亡"。校改依据同178页校记⑦。
③ 原作"愿主公从郑尚书之言"。承上文,改"尚书"为"侍中"。
④ 原作"北海太守孔融升为将军"。据《后汉书·孔融传》改(将作大匠掌修造宗庙、宫室等工程,与军事无关)。
⑤ 原作"况有田丰刚而犯上"。据《三国志·魏书·荀彧传》,删去"况有"二字。
⑥ 原作"逢纪果而无用"。校改依据同⑤。
⑦ 原作"前军刘岱"。据《三国志·魏书·武帝纪》注引《魏武故事》改。
⑧ 原作"后军王忠"。据《三国志·魏书·武帝纪》注引《魏略》改。

不图进取。袁绍心怀疑惑,亦不思进兵。因此,曹公唤吕布手下降将臧霸守把青、徐,于禁、李典屯兵河上,令曹仁总督。操乃自引一军回许都。

却说刘岱、王忠引了五万军马,离彭城一百余里下寨。中军将操旗号帐幔虚张,未敢进兵,只打听河北消息。曹公差人催刘岱、王忠攻彭城。原来玄德也不知操在何处,未敢擅动,只等河北消耗[八]。刘岱、王忠在寨中商议。岱与忠曰:"丞相催并攻城,你可先取。"王忠曰:"丞相先差你。"岱曰:"我是主将。"忠曰:"我和你一般名爵,同引兵去。"二人相推。使曰:"你两个拈阄音鸠,拈着的便去。"王忠阄着"先"字,却分兵一半,来攻彭城。未知胜负如何,且听下回分解。

【注释】
[一] 高密:县名。属青州北海国。治所在今山东高密西。
[二] 殷:重,多。
[三] 魏郡:郡名。属冀州。治所在邺县(今河北临漳西南)。
[四] 十围五攻:兵力十倍于敌,则包围之,迫敌屈服;五倍于敌,则进攻之。语出《孙子兵法·谋攻篇》。
[五] 河朔:泛指黄河以北地区。
[六] 广平:县名。属冀州巨鹿郡。治所在今河北曲周东北。
[七] 监军:指沮授。袁绍曾任授为监军。
[八] 消耗:消息,音讯。

第四十四回　关张擒刘岱王忠

　　玄德在彭城,听知曹公军马到来,离城不远,请陈登商议,玄德曰:"袁本初虽有十万军马在黎阳,争奈谋臣不和,因此不进。操又不知在何处。黎阳军中无操认旗[一],此城外却有他帐幔,未见端的。"登曰:"操诡计百出,必以河北为重,亲自监督,故不建旗号,在此设帐,中间必无曹公。"玄德曰:"两兄弟,谁可探听虚实?"飞曰:"小弟愿往。"玄德曰:"汝为人躁暴,不可去。"飞曰:"便是有曹操,也拿将来!"玄德曰:"不然。操虽汉贼,托天子明诏,征进四方,名正言顺。我若与他抗拒,便是造反。"飞曰:"若如此论时,只束手待他来!"玄德曰:"非也。如今袁本初未见相助之力,倘恶了他,尽起大兵来,我等死无门路矣!"飞曰:"长别人锐气,灭自己威风!"玄德曰:"知己知彼,百战百胜;知己不知彼,一胜一负;不知己,不知彼,百战百败;此万古不易之理也。吾料自己城池无粮食,且军士皆操先领者,非操之劲敌也。所恃者,惟袁本初耳。未胜,不敢妄动。"云长曰:"亦不可坐守待死,弟亲往观其动静。"玄德曰:"云长若去,我却放心。"于是云长引三千人马,出彭城来敌王忠。

　　王忠先自怯战,又值初冬,阴云布合,雪花乱飘,军马皆冒雪布阵。云长骤马提刀而出,阵前与王忠答话。忠曰:"丞相到此,缘何不降?"云长曰:"请丞相出阵,我自有话说。"忠曰:"丞相岂和你一般。"关公大怒,纵马向前。王忠挺枪来迎。两马相交,关公拨马刺斜便走。王忠赶来。转过山坡,关公拨马便回,大叫一声,舞刀直取。王忠拦截不住,拨回马走。关公左手倒提宝刀,便用右手揪住勒甲绦,拖下鞍鞯,横担于马上,回归本阵。两军呐喊。王忠军走,诸军赶上,夺得马百十匹,其余奔走。关公叫休赶,绑缚王忠回彭城来见玄德,押在厅下。玄德问:"尔乃何人?见为何职?敢诈称'曹丞相'!"忠曰:"焉敢有诈。奉命教我虚张声势,以为疑兵。丞相并无在内。近在黎阳催并前来,忠实非将军之对手。"玄德教与衣服酒食,且暂监下,待捉了刘岱,一并商议。

　　关公曰:"某知兄有和解之意,故生擒来献之。"玄德曰:"吾恐益德躁暴,杀了王忠,故不教去。此等人杀之无益,留之可以解和。"张飞曰:"二哥捉了王忠,我去生擒刘岱来。"玄德曰:"刘岱乃曹操亲信,多立功绩,不可轻敌①。"飞曰:"量此等之辈,何足道哉!我也似二哥生擒将来便了。"玄德曰:"只恐你坏了他性命,误我大事。"飞曰:"如杀了,我偿他命。"玄德遂与三千军跟去。飞引兵前进。

　　却说王忠被生擒,刘岱知道,坚守不出。张飞每日在寨前叫骂,岱知是张飞,越不敢出。

---

① 原作"刘岱昔为兖州刺史,虎牢关伐董卓时,也是一镇诸侯。今日为前军,不可轻敌"。东汉末有两个刘岱:一为兖州刺史刘岱,东莱牟平(今山东福山西北)人,刘繇之兄,初平三年(192)被青州黄巾军击杀(第十九回已写到);一为曹操所任司空长史刘岱,沛国(治今安徽濉溪西北)人,建安四年(199)与王忠往徐州击刘备。作品将二者混淆,此处应为后者。据《三国志·魏书·武帝纪》注引《魏武故事》:"岱……以司空长史从征伐有功,封列侯。"故改。

飞守了数日，见岱不出，心生一计，教手下传军令，今夜二更去劫寨栅。日间却在帐中饮酒，诈推醉，寻军士风流罪过[二]，痛打一顿，缚在营中。张飞曰："待我上马，将来祭旗！"暗使左右故意宽松。军士得脱，偷走出营，径报刘岱。飞却使人暗地里窥视。望见过去了，飞即分兵三路，中间使三十余人劫寨放火；两路军却裹出寨后，看火起为号。刘岱见降卒身体皆损，并听其说，遂虚扎空寨，岱却在寨外埋伏。是夜，飞自引精兵，先断后路，中路三十余人抢入寨放火。刘岱埋伏军人，却不见人。张飞兵二路一击，刘岱自乱，正不知飞兵多少，各自溃散。刘岱引一队败残军马，夺路而走，正撞见张飞。狭路相逢，急难回避，交马只一合，活捉刘岱。余皆投降。使人先报入彭城。玄德闻之，与云长曰："益德自来粗卤，今亦用智谋，吾无忧矣。"玄德亲自出郭迎之。飞曰："哥哥道我躁暴，今日如何？"玄德曰："不用言语激尔，如何肯使机谋！"飞大笑。

玄德见缚刘岱过来，慌下马解其缚，曰："小弟张飞误有冒渎，恕罪。"迎请入彭城，放出王忠，一同管待。玄德曰："昨因车胄欲害刘备，不容不诛。丞相错见，疑刘备反，故遣二将军前来问罪。备前日受丞相大恩，常思报答，恨无用命之处，安敢反朝廷耶？二将军至许都，望用片言替备分诉，备等之幸也。"刘岱、王忠拜谢曰："深荷使君不杀之恩，当于丞相处方便，以某两家老小保使君无反心也。"玄德拜谢。

次日，尽还原领军马，送出郭。刘岱、王忠行不上十余里，一棒鼓响，张飞拦路，大喝曰："我哥哥忒无分晓，捉住贼臣，如何又放了？"唬得刘岱、王忠在马上发颤。张飞睁眼挺枪，欲要动手，背后一人飞马大叫："休得无礼！"视之，乃云长也。刘岱、王忠方才放心。云长曰："既然兄长放了，汝又如何不遵法令？"飞曰："今番放了，下次又来。"云长曰："待他再来，杀之未迟。"刘岱、王忠连声告曰："便丞相诛我三族，也不敢来了。望将军宽恕。"飞曰："便是操自来，杀他片甲不回！今番我且寄下你两颗头！"刘岱、王忠抱头鼠窜而去。

云长、益德自回。此乃玄德之计耳。关云长见玄德曰："曹操必然还来。"孙乾与玄德曰："彭城受敌之地，不可久居。不若分兵屯小沛，守下邳，为掎角之势，以防曹操。"玄德用其言，令云长守下邳，就将甘、糜二夫人送下邳。甘夫人乃小沛人也，刘禅之母，后封皇后。糜夫人乃糜竺之妹也。糜竺、糜芳、孙乾、简雍守彭城。玄德与张飞屯小沛。

却说刘岱、王忠回见曹公，尽言刘备不反之事。操大怒，骂："辱国之徒，留你何用！"喝令左右推出斩了报来。刘岱、王忠未知性命如何，且听下回分解。

【注释】

[一] 认旗：即认军旗。上面书有将领的官号和姓，是军队中区别队伍的旗号。

[二] 风流罪过：轻微的过失。

第四十五回　祢衡裸体骂曹操

曹公命推出斩之，忽孔融至，教留人，见曹公曰："刘岱、王忠非刘备敌手，故遭彼擒之。若斩此二人，恐失将士之心，人亦谓丞相不明也。"操遂教免死，黜罢爵禄。操欲自起兵伐之，孔融曰："方今隆冬盛寒，未可动兵，待来春未为晚矣。张绣、刘表亦可使人招安，此二人必来降矣。"操然其言，破刘备且待冻消春暖，先遣二使招安刘表、张绣。操遣刘晔为使，往说张绣。

刘晔至穰城①，先见贾诩，陈说曹公盛德，有汉高祖之风。贾诩大喜，留刘晔于家中。次日来见张绣，说曹公遣刘晔招安之事。正议间，忽报袁绍有使至。命入，投下书信，亦是招安张绣。诩问使曰："近闻兴兵破曹，胜负如何？"使曰："隆冬之时，权且罢兵。荆州刘表与将军有国士[一]之风，故来相请耳。"诩大笑曰："汝可便回，见本初道汝兄弟尚不能相容，何能容天下国士乎！"当面扯碎书，叱退使。

张绣曰："方今袁强曹弱，今毁书叱使，袁绍若至，当如之何？"诩曰："不如去从曹操。"绣曰："先与操有仇，何能收留乎？"诩曰："若从曹操，其便有三：曹公奉天子明诏，征伐天下，其宜从一也。袁绍虽强盛，我以少从之，必不以我为重；曹公虽弱，得我必喜，其宜从二也。曹公王霸之志，必释私怨，以明德于四海，其宜从三也。惟愿将军无疑焉。"张绣曰："听君之言，请刘晔相见。"诩回家，请刘晔与绣相见。晔称曹公之德："若说旧怨，安肯使某来结好将军乎？"于是尽醉。张绣并贾诩等往许都降曹公。绣拜于阶下。操慌忙扶起，执其手曰："有小过失，勿记于心。"绣再拜。操与绣尽日饮宴，拜绣为扬武将军，拜贾诩为执金吾②。

却说荆州使命回，说刘表怀疑不决，未肯归顺。绣曰："某作一书，可请能言快语之士，前事必谐矣。"孔融曰："某家有一人，乃平原人也，姓祢，名衡，字正平，才学极高，只是不能容物[二]，出语伤人。几番欲荐于丞相处，诚恐冒渎。旧和刘表交游甚厚，可令此人去。"

操教唤至。礼毕，操不命坐。祢衡仰面叹曰："天地虽阔，何无一人也？"操曰："吾手下有数十人，当世之英雄也，何谓无人？"衡曰："愿闻一一言其才能。"操曰："荀彧、荀攸皆机深智远之士，虽萧何、陈平不可及也；张辽、许褚、李典、乐进勇不可当，岑彭[三]、马武不可比也；吕虔、满宠为从事，于禁、徐晃为先锋；夏侯惇天下之奇才，曹子孝世间之富将：安得无人也？"衡笑曰："公言差矣！此等人物③，吾尽识之：荀彧可使吊丧问病，荀攸可使守坟看墓；张辽可使击鼓鸣金，许褚可使牧牛放马；乐进可使取状读招，李典可使传书送檄；吕虔可使磨刀铸剑，满宠可使食糟饮酒；于禁可负版筑墙，徐晃可屠猪杀狗；夏侯惇称为'完体将军'，曹子孝呼为'要钱太守'。其余皆衣架饭囊，酒桶肉袋耳。"操怒曰："汝有何能？"衡曰："天文地理之书，无一不

---

① 原作"刘晔至襄城"。据叶逢春本改。
② 原作"封贾诩为执金吾使"。据《后汉书·百官志》、《三国志·魏书·贾诩传》改，并删"使"字。
③ 原作"以此等人物"。"以"字赘，删去。

通；三教九流之事，无所不晓。上可以致君为尧、舜，下可以配德为孔、颜[五]。胸中隐治国安民之方，非可为俗子论也①。"时止有张辽在侧，掣剑欲斩之。操曰："不可。吾正少一鼓史②，早晚朝贺宴享，可令祢衡充此职。"衡不推辞，应声而去。孔融亦惶恐而退。辽曰："此等小人，出言不逊，何不杀之？"操曰："此人素有虚名，远近所闻。今日杀之，天下人言孤不能容物耳。祢衡自以为能，故令为鼓史以辱之。"

时建安五年八月初。朝贺，操于省厅上大宴宾客，令鼓史挝鼓。旧吏曰："朝贺挝鼓，必换新衣。"祢衡穿旧衣而入，遂击鼓，为《渔阳三挝》，音节殊妙。坐而听之，莫不慷慨。左右喝曰："何不更衣？"衡当面脱下破旧衣服，裸体而立，浑身皆露。坐客掩面。衡乃徐徐着裤，颜色不改，复击鼓三挝。至今有《渔阳三挝》，自衡始也。操叱曰："庙堂之中，何太无礼？"衡曰："欺君罔上，以为无礼。吾露父母之形，以显贞洁之人！"操曰："汝为清洁之人，何为污浊？"衡曰："汝不识贤愚，是眼浊也；不读诗书，是口浊也；不纳忠言，是耳浊也；不通古今，是身浊也；不容诸侯，是腹浊也；常怀篡逆，是心浊也。吾乃天下之名士，用为鼓史，是犹阳货害仲尼[六]，臧仓毁孟子[七]耳！欲成五霸之业，而如此轻人，真匹夫也！"左右皆欲斩之。操笑曰："吾杀竖子，是杀鼠雀耳。令汝往荆州为使，如刘表来降，便用汝为公卿。"衡曰："不往。"操教备马三匹，令二人扶衡而去；却教手下文武，整酒于东门外送路，以显威权。

荀彧曰："如祢衡来，不可起身。"衡至，下马入见，众皆端坐。衡放声大哭。荀彧问曰："汝为何吉行而哭之？"衡曰："行于死柩之中，如何不哭？"众皆曰："吾等是死尸，汝乃无头狂鬼耳！"衡曰："吾乃汉朝之臣，不作曹瞒之党！"众欲杀之。荀彧急止之，曰："丞相向者比鼠雀之辈而不杀，吾等空污刀斧耳。"衡曰："吾为鼠雀，尚有人性；汝等真蜾虫[八]耳！"众恨而散。

衡至荆州，见刘表毕，虽颂德，实讥讽③。表不喜，令去江夏见黄祖④。祖不通经典，心性甚急。有人问表曰："祢衡戏谑主公，何不杀之？"表曰："祢衡数辱曹操，操不杀者，收天下之心，故令作使于我，欲借我手以杀之，以为我害贤，而陷我于不义也。吾今遣去见黄祖，使操知我有见识也。"蒯越、蔡瑁尽称其善。

时袁绍亦遣使至，表令使下于馆驿⑤。次日，问众文武曰："袁绍又遣使至，曹操又差祢衡在此，当从何便？"从事中郎韩嵩⑥进曰："今两雄相持，天下之重，在于将军⑦。若欲有为，乘此破敌可也；如其不然，将军择其善者而从之。今曹公善能用兵，贤俊多归。其势必先取袁绍，然后移兵向江汉⑧，恐将军不能御也。莫若举荆州以附曹公，曹公必然重待将军。此乃万全之

---

① 原作"岂可与俗子之论乎"。据叶逢春本改。
② 原作"鼓吏"。据《后汉书·文苑传·祢衡传》改。
③ 原作"虽诵德，失讥讽"。据叶逢春本改。
④ 原作"令去江下见黄祖"。据黄正甫本改。
⑤ 原句无主语"表"。据上下文加。
⑥ 原作"从事中郎将韩嵩"。据《三国志·魏书·刘表传》改。
⑦ 原作"今两雄相持天下也，重在于将军"，文意不畅。校改依据同⑥。
⑧ 原作"然后移兵向江东"。江东系孙策地盘，用在此处，与上下文不协。据叶逢春本改（"江汉"代指荆州）。

策也。"表狐疑未决,语嵩曰:"汝且去许都观其动静,却作商议。"嵩曰:"圣达节,次守节。'达节'者,殷、纣暴虐,伯夷不食周粟而死,圣人能变通,故曰'达节'。'守节'者,食人之禄,不避其难,至死不变,故曰'守节'。嵩,守节者也。夫君臣各有定分,以死守之,有所命,虽赴汤蹈火,死无辞也。将军若能上顺天子,下从曹公,使嵩可也;如持疑未定,嵩到京师,赐嵩一官,若不获归,则成天子之臣,将军之故吏耳。在君为君,则嵩守天子之命,义不复得为将军死也。望三思之,无以负嵩。"表曰:"汝且先往观之,吾别有高论。"

嵩遂辞表,到许都见曹操。操拜嵩为侍中,领零陵太守,遣回荆州,说刘表。荀彧曰:"韩嵩来观动静,未有微功,重加此职。祢衡又无音耗,丞相遣而不问,何也?"操曰:"祢衡辱吾太甚,故借刘表手杀之,何必再问?韩嵩便加重职,实欲以香饵钓刘表也①。"彧服其高论。嵩回见表,称颂朝廷盛德,劝表遣子入侍。表大怒曰:"汝怀二心也!可斩之!"嵩大叫曰:"将军负嵩,嵩不负将军②!"蒯良曰:"嵩未去时,先有此言。"刘表乃不诛而囚之③。

人报黄祖斩了祢衡。表问其故,来人对曰:"黄祖与衡二人共饮,皆醉。祖问衡曰:'君在许都,有何人物?'衡曰:'大儿孔文举,小儿杨德祖。除此二人,别无人物。'祖曰:'似我如何?'衡曰:'汝似庙中之神,虽受祭祀,恨无灵应。'祖大怒曰:'汝以我为泥土偶人耳!'遂斩之。衡至死大骂不绝。"胡曾[九]诗曰:

黄祖才非长者俦,祢衡珠碎[一〇]此江头。
今来鹦鹉洲[一一]边过,惟有无情碧水流。

赞[一二]曰:

情志既动,篇辞为贵。抽心呈貌,非雕非蔚。
殊状共体④,同声异气。言观丽则,永监淫费。

刘表闻衡死,亦嗟呀不已,因此不顺曹操。

操在许都,听知祢衡受害,大笑曰:"舌剑反自诛矣!"便欲兴兵问罪于刘表。未知如何,且听下回分解。

【注释】

[一]国士:一国杰出的人才。
[二]容物:度量大,能容人。
[三]岑彭(?—35):东汉开国功臣。字君然。刘秀称帝,任廷尉,行大将军事,屡立战功。先

---

① 原作"祢衡辱吾太甚,故借刘表手杀之,何必再问也",仅回答荀彧所问的一半。据郑本《三国》,补"韩嵩便加重职……"一句,使文意完整。
② 原作"将军负嵩,嵩不负将军耶"。"耶"字有损语意,据《三国志·魏书·刘表传》注引《傅子》删。
③ 原作"刘表遂放之",与后文写曹操"释韩嵩之囚"不合。据《三国志·魏书·刘表传》注引《傅子》改。
④ 原作"殊状共雕"。据《后汉书·文苑传》改。

后率师征讨隗嚣、公孙述,被公孙述遣人暗杀。

[四] 马武(？—61):东汉开国功臣。字子张。拥刘秀称帝,任侍中、骑都尉,屡立战功。

[五] 孔、颜:孔子、颜渊(孔子的得意门生)。

[六] 阳货害仲尼:阳货,春秋末期鲁国执政贵族季孙氏家臣,掌握季氏实权,控制国政,使孔子不得进用。

[七] 臧仓毁孟子:臧仓,战国时鲁平公的宠臣,曾进谗言,阻止鲁平公与孟子相见。

[八] 螺虫:蜂的一种。

[九] 胡曾:晚唐诗人。有《咏史诗》一百五十首,皆七绝。

[一〇] 珠碎:比喻为保持气节而死。

[一一] 鹦鹉洲:在今湖北武汉市西南长江中。黄祖长子黄射曾在此大会宾客,有人献鹦鹉,黄射举酒请祢衡作赋,由此得名。祢衡死后,葬于此。

[一二] 赞:即《后汉书·文苑传》篇末的《赞》。

第四十六回　曹孟德三勘吉本①

操欲便兴兵，荀彧谏曰："袁绍未平，刘备未灭，而欲领兵江汉，是犹舍心腹而顾手足也②。可先灭袁绍，后灭刘备，江汉可一扫而平矣。"操从之。

且说董承自从玄德去后，日夜与王子服等商议，无计可施③。自元旦朝贺处见曹操傲慢公卿，因此感病回家，一卧不起。帝知国舅染病，命随朝太医前去医治。此人乃洛阳人也，姓吉，名本④，亦当时之名医。本来到董承宅上，用药调治，数日渐可。本旦夕不离，常见董承长吁短嗟，不敢擅问。

时值元宵，吉本辞去，承留住，二人共饮。饮至数十杯，承觉困倦，就和衣而睡。忽报王子服等四人至，承出接入。服曰："大事谐矣！"承曰："愿闻其说。"服曰："刘表结连袁绍，起兵五十万，分十路杀来⑤。马腾结连韩遂，起兵二十万，从凉州杀来。见今曹操尽起许都军马⑥，分头迎敌，城中空虚。何不起五家僮仆，可得千余人，乘今日府中大宴，庆贺元宵，不可失此机会，将府围住，突入杀之，万民亦相助矣。"承曰："愿从君言。"随即传令，唤家奴各人收拾战器，承亦自披挂，绰枪上马，约定都在内门前相会，同时进兵。夜至二鼓，众兵皆至，董承手提宝剑，纵步直入⑦，见操设宴后堂饮酒。承大叫："操贼休走！"一剑剁去，随手而倒。霎然觉来，乃是南柯一梦，口中犹骂"操贼"不止。一人向前叫曰："汝欲害曹公乎？"承开目视之，乃吉本也。承惊惧不能答。吉本曰："国舅休慌。某虽出于曹公之门，心中未尝忘汉。某终日见国舅嗟呀不已，不敢动问。却才梦中之言，已见真情，幸无藏匿。倘有用某之处，虽灭九族，亦无后悔。"承掩面而哭曰："只恐使汝来试我，吾不敢尽情告之！"本遂咬下一指，以为盟誓。承方惊，取出衣带诏，令本视之，备细说了："今谋望不成者，乃刘玄德、马腾各自去了，无计可施，因此感而成疾。"本曰："亦不消诸公用心，操贼一命，只在某手里，早晚必取之！"承问其故，本曰："操贼常患头风，痛入脑髓，才一举发，便召某医治。如早晚有召，只用一服毒药，必然死矣，何用动刀兵乎！"承曰："若得如此，力救汉家社稷者，皆君也。"吉本辞而归之。

承心中暗喜，忽然步入后堂，见家奴秦庆童共侍妾云英在于暗处私语。承大怒，唤左右捉

---

① 原作"曹孟德三勘吉平"，系因"本"、"平"形近而误。据《三国志·魏书·武帝纪》改。
② 原作"是犹舍心腹而顾手足耶"。据叶逢春本，改"耶"为"也"。
③ 原作"无计所施"。据叶逢春本改。
④ 原作"姓吉，名太，字称平，人皆呼为吉平"。校改依据同①。
⑤ 原作"从北杀来"。袁绍固在曹操之北，刘表则在曹操之南，据叶逢春本改。
⑥ 原作"见今曹公尽起许昌军马"。董承梦与王子服等杀曹操，称"曹公"不合其心理，应直称"曹操"；"许昌"当作"许都"。
⑦ 原作"从步直入"。据叶逢春本改。

下,欲杀之。夫人劝免其死,各人杖脊四十,将庆童锁于冷房内。庆童恨承,黄夜将铁锁扭断,跳墙而出,径入曹操府中,告有机密。操唤入静室问之,庆童曰:"王子服、吴子兰、种辑、吴硕、马腾、刘备六人商议,必然谋害丞相。承将出白绢一方画字,不知写道甚的。近日吉本咬指为誓,我也曾见。"曹操留秦庆童于府中藏之,董承将谓逃亡他方去了。

次日,曹公诈患头风,召吉本用药。本自思曰:"此贼命合休矣!"暗藏毒药入府。操卧于床榻之上,令本下药。本曰:"此病可一服即愈。"教取银铫[一],当面煎之。药已半干,本使上毒药,亲自送上。操知有毒,故迟慢不服。本曰:"乘热服之,少汗即可。"操起曰:"汝既读诗书,必知礼义。"本曰:"安得不知。"操曰:"汝知君有疾而饮药,臣先尝之;父有疾而饮药,子先尝之。汝为心腹之人,何不先尝?汝若不尝,必然有毒。"本知事泄,纵步向前,扯操而灌之。推搴于阶,砖皆迸裂。操未及言,左右将本执下。操笑曰:"吾岂有疾!试汝果有此心否!"遂唤二十个精壮狱卒,执本来后园拷问。操坐于亭上,将本缚倒而问之。吉本面不改容,略无惧怯。操笑曰:"量汝是个医人,托身于吾门墙,安敢下毒害我?必是有人唆使你来。你说出那人,吾便饶你。"本叱之曰:"汝乃欺君罔上之贼,天下谁不欲杀之,岂独我乎!"操再三磨问[二],本怒曰:"吾欲杀汝,故托身于汝门下,安有人使我?今事不成,惟死而已!"操怒,教狱卒痛打。本亦不叫。打到两个时辰,皮开肉绽,血流满阶。操恐打死,无可对证,令狱卒揪去静处,权且将息。

操传令,次日请大臣等赴宴①。惟董承托病不来。王子服等皆恐生疑,俱至。操于后堂设宴。酒行数巡,操曰:"筵中无可为乐,权与众官醒酒②。"教二十个狱卒:"与吾牵来!"众官只见一具沉枷,枷吉本于阶下。操曰:"众官不知,此人结连恶党,欲反背朝廷,谋害曹某。今日天败,请听口词。"操教先打一顿,昏绝于地,噀水喷面。吉本睁目切齿而骂曰:"操贼不杀我,更待何时!"操曰:"据此情,非汝所为,可速指出,吾免你罪。"本曰:"汝情过王莽,佞胜董卓,天下人民皆欲争啖汝,何止吉本一人乎!"操怒曰:"先有七人,和你共八人耶?"本只是大骂。王子服等面面相觑,如坐针毡。操教一面痛打,一面水喷。本并无求饶之意。操见不招,且教牵去。操起出外,使人回报曰:"众官且散,留王子服、吴子兰、种辑、吴硕四人夜宴。"四人魂不附体。

众已散去,操再回,请四人入。操曰:"本不相留,争奈有事相问。"四人下阶。操曰:"汝四人不知与董承商议何事?"子服曰:"无非只是人情礼乐而已。"操曰:"绢中写着何事?"子服等皆讳。操教唤出庆童对证。子服曰:"汝于何处见来?"庆童曰:"你回避了众人,在一处画字,如何赖得。"子服曰:"此贼与国舅侍妾通奸,被责诬主,不足听也。"操曰:"吉本下毒,非董承所使为谁?"子服等皆言不知。操曰:"今晚自首,尚犹可恕;若待事发,其实难容。"子服等皆言并无此事。操怒,叱左右监下。

操次日领千余人,径投董承家来探病。承只得出迎。操曰:"缘何夜来不赴宴?"承曰:"微

---

① 原句无主语"操"。据文意加。
② 原作"权于众官醒酒"。据叶逢春本,改"于"为"与"。

疾未痊,安敢轻出。"操曰:"此是忧国家病耳。"承愕然。操坐定曰:"国舅近知吉本乎?"承曰:"不知。"操冷笑曰:"国舅如何不知?"唤左右:"牵来与国舅起病[三]。"承举措无地。须臾,二十狱卒推至阶下。此三勘吉本,未知如何?

【注释】
[一]铫:吊子,一种小烹器。
[二]磨问:折磨拷问。
[三]起病:治病。起,病愈。

第四十七回　曹操勒死董贵人①

　　吉本于阶下大骂曰："欺君逆贼！"操指曰："此人曾攀下王子服等四人矣，吾已拿获了下廷尉。尚有一人，未曾捉获。"承不敢问。操问吉本曰："谁使汝药吾来？"本曰："有。"操曰："吾今便于此处放了你。"本曰："天使我来杀逆贼！"操怒，教打。身上无容刑之处。承在座观之，心如刀切。操又问本曰："你原有十指，今如何只有九指？"本曰："嚼以为誓，誓杀国贼！"操教取截刀来，就阶下截去九指。操曰："一发截了，教你为誓！"本曰："尚有口，可以吞贼！有舌，可以斩贼！"操令割其舌。本曰："勿割吾舌。今熬不过了，只得从实告之。"操曰："如此，亦留你残疾之躯。"本曰："汝释吾缚，吾自捉同谋之人献出。"操曰："释之何碍。"本欠身望阙拜曰："臣不能与国家除此贼，乃天数也！"拜毕，撞阶而死。操令分其肢体号令。时建安五年正月也。史官有诗曰：

　　　　奋然兴义胆，应不为功名。
　　　　嚼指图曹贼，捐身救董承。
　　　　有谋亲进药，岂惧独遭刑。
　　　　至死心如铁，谁人似吉本！

　　操见吉本已死，教左右牵过秦庆童至面前。操曰："国舅认得此人否？"承怒，欲杀。操曰："不可。他首告谋反，今来对证，何敢如此？"承曰："丞相何故听逃奴一面之言，以诬董承耶？"操曰："王子服等吾已擒下，皆招证明白，汝尚抗拒乎？"承曰："丞相何以言相逼也？"操唤左右拿下，即差二十人去董承卧房内搜寻。不多时，搜出衣带诏并义状。操看了，笑曰："鼠贼安敢如此！全家良贱尽皆监下，休教走透一个。"

　　操回府，聚众谋士。操出诏，令荀彧看。彧曰："明公今欲何如？"操曰："据此情理，正合诛其君而吊[一]其民，择有德者而立之。"彧曰："主公威震四海②，号令天下者，盖有汉家苗裔故也。征讨有名，赏罚有制，古往今来，以为通义③。"操曰："欲将董承等五家诛之④，必欲得正恶以示众。"彧曰："丞相之意若何？"操曰："不诬以谋反，岂得族诛乎⑤？"彧与操曰："事已至此，释之恐难。"操意遂决，连夜收王子服等老小入官，明正反逆之罪。次日，押送各门处斩，良贱死者七百余人。城中官民无不下泪。

　　操随即带剑入宫，来杀董贵人。贵人乃董承亲女⑥，帝幸之，有五月身孕。当日帝在后宫，

----

① 原作"曹操勒死董贵妃"。据《后汉书·伏皇后纪》改（汉代皇后之下为贵人，南朝宋始有"贵妃"之名）。
② 原作"主公威镇四海"。据文意，改"镇"为"震"。
③ 原作"古往今来，以绝议论"，义不通。据汤本《三国》改。
④ 原作"欲将董承等四家诛之"。据叶逢春本，改为"五家"。
⑤ 原作"不诬之人，岂得诛族乎"。据汤本《三国》改。
⑥ 原作"妃乃董承亲女"。承上文改。

第四十七回　曹操勒死董贵人

正与伏皇后论董承之事,并无音耗,不知如何。忽见曹操带剑而入,帝惊得魂魄离体。操曰:"董贼如此谋反,陛下知否?"帝曰:"董卓已诛了。"操曰:"不是董卓,是董承!"帝乃战栗曰:"朕不知。"操曰:"忘了破指修诏!"帝不能答。操令武士去擒董贵人。操曰:"一人造反,九族皆诛!"怒喝牵去斩之。帝告之曰:"贵人五个月孕,望丞相见怜。"操叱之曰:"若非天败,吾已灭门矣。尚留此女为吾后患!"帝又曰:"贬于冷宫,待分娩了,杀之未迟。"操曰:"汝欲留此逆种与母报仇?"帝泣告曰:"乞全尸而死,勿令彰露。"操教取白练于面前。帝曰:"卿于九泉之下,勿怨朕躬!"言讫,泪下如雨。操怒曰:"犹作儿女之娇态!"速令武士推出,勒死于宫门外。操随唤监官嘱曰:"但有外戚内族,不曾禀奉于吾,辄入宫门者,腰斩之。守御不严者,罪同。"曾与董承来往者黜退,重者类入逆党论。似此不可胜数,皆被其害。自此,许都内外小大官员人等莫敢交头接耳。曹公拨心腹人三千充御林军,令曹洪总领之。

操与荀彧曰:"今戮董承等千余人,去吾心腹大患。尚有马腾、刘备,亦在此数内,不可不诛。"彧曰:"马腾见屯兵于凉州,未可轻取;但以书慰劳,勿使生疑焉,徐徐诱入京师,图之可也。刘备见在徐州,分布掎角之势,亦不可轻敌。"操曰:"何为未可也?"彧曰:"与明公争天下者,袁绍也。今绍屯兵官渡[二],常有图许都之心。一旦若东征刘备,备必求救于袁绍。若绍乘虚而袭,何以当之?"操曰:"非也,彼刘备乃人杰也①。若不击之,待其羽翼养成,急难动摇,必为后患。袁绍虽有大志,事多怀疑不决,必不动也,何必忧乎!"彧曰:"绍虽不才,田丰、沮授、审配、郭图、许攸、逢纪之辈,皆有奇谋远见,倘绍信之,为祸不轻矣。"操犹豫未决,忽见郭嘉自外而入。操问曰:"吾欲东征刘备,争奈有袁绍之忧,未敢动也。"嘉曰:"绍性宽多疑,迟慢未决;手下谋士,各相妒忌,何必忧乎?刘备目今新整军兵,众心未服,丞相引精兵,一战而可定也。"操大喜曰:"此机正合吾意。"遂起大军二十万,东征刘备。胜负毕竟如何?

【注释】
[一] 吊:慰问,抚慰。《孟子·滕文公下》:"诛其君,吊其民,如时雨降,民大悦。"
[二] 官渡:地名。属司隶州河南尹中牟县。在今河南中牟东北。

---

① 原作"彼刘备乃人杰人也"。据《三国志·魏书·武帝纪》改。

第四十八回　玄德匹马奔冀州

却说曹公分兵五路，来取徐州。细作探知，报入彭城①。孙乾径来下邳，先报关公，次日去小沛报知玄德。玄德慌与孙乾等商议。乾曰："必须求救于袁绍，方可解围。"玄德即时修书，便遣孙乾。

乾至河北，见田丰，具言此事。丰曰："明日见主公，即当商议。"次日，引孙乾入见绍。绍出，形容憔悴，衣冠不整。丰曰："今日主公何故如此？"绍曰："我将死矣！"丰曰："主公纵横天下，何故出此言也？"绍曰："吾今命在旦夕，岂暇论他事也！"丰曰："主公如此之言，是何意故？"绍曰："吾生五子，惟最小者极快吾意。今患疥疮，将欲垂命，吾有何心用兵乎？"丰曰："目今操起兵东征，许都空虚，若将义兵乘虚而入，上可以保天子，下可以为民除害也，诚国家之万幸！谚语云：'天与勿取，反招其咎！'某愿明公详察焉。"绍曰："吾亦知如此最好，争奈我心中恍惚②，去之不利。"丰曰："何恍惚之有？"绍曰："五子之中，惟有此子生得最异，倘有疏虞，悔之晚矣！"绍与孙乾曰："汝回见玄德，可言此事。但不如意，便来相投，吾自有相助之处。"田丰以杖击地曰："可惜错过！"又叹曰："遭此难遇之时，惟因婴儿之病③，失此机会！大事去矣，可痛惜哉！"以脚顿地而去。

孙乾见绍不肯起兵，连夜回小沛见玄德，具言此事。玄德乃哭曰："似此若何？"张飞曰："兄弟献一妙计，必破曹兵。曹兵若来，必然困乏；不等他来下住寨，先去劫寨。"玄德曰："素以汝为一勇夫。前者捉刘岱，果有此妙策；今献此计，吾弟亦按兵法，甚好，甚好！操若远来，必用此计，当晚去劫寨。"商议已定。

却说曹公引大军往小沛来。正行之间，狂风骤至，曹公马前忽一声响亮，大风吹折牙旗[一]一面。操曰："作怪！"便教军马且住，唤谋士问吉凶。操已自有主张了，只看谋士所见同与不同。操言风吹折牙旗之兆。荀彧曰："风自何方来？吹折甚颜色旗？"操曰："风自东南方来，吹折角上牙旗杆。旗乃青红二色。"彧曰："不主别事，今夜刘备必来劫寨。"操点头。忽毛玠入见曰："适才东南方牙旗被风吹折，今夜必主有人劫寨。"操曰："天报应，吾当亦自防之。"当时分兵九队，只留一队向前虚扎营寨，余众四面八方埋伏。

是夜，月色微明，玄德在左，张飞在右，分兵两队。只留孙乾守小沛。

且说张飞自以为神妙之计，领轻骑在前，突入操寨，但见零零落落，无多人马，一声炮响，四边火光大明，喊声一举。张飞知是中计，急出寨外。正东，张辽杀来；正西，许褚杀来；正南，于禁杀来；正北，李典杀来；东南，徐晃杀来；西南，乐进杀来；东北，夏侯惇杀来；西北，夏侯渊杀来；八路军马，团团围定。飞在垓心，左冲右突，前遮后当。张飞军兵原来旧是曹公管的，尽

---

① 原作"报入徐州"。上文"徐州"指徐州辖境，此处则指彭城，与下邳并列。
② 原作"吾亦知如此最好，争取奈我心中恍惚"。据叶逢春本、刘本《三国》，删去"取"字。
③ 原作"惟有婴儿之病"。据文意改。

皆过去了。飞见军去了太半。正在忙中,正逢徐晃。两马相交,战到十余合,后面乐进赶到。张飞杀条血路,突围而走,只有十数骑跟定。欲还小沛,大军截住去路;欲投彭城、下邳①,却被曹公自引精兵当住。飞寻思无路,望芒砀山而走。

却说玄德引兵正去劫寨,将近寨门,喊声大震,后面冲一军,先截了一半人马。夏侯惇又到。玄德突围而出,后面夏侯渊赶来。玄德回顾,止有三十余骑跟随。望见小沛城中火起,玄德弃小沛,欲往彭城,隔河望见军马,漫山塞野。玄德自思无路可归,想:"袁绍有言:'倘不如意,可来相投。'今投袁绍,暂且依栖,别作良图。"径寻青州路而走,正逢乐进拦住。玄德匹马落荒正北而走。乐进赶来,玄德从骑去了。

只说玄德匹马投青州,一日行三百余里。当晚到临菑城下②叫门,门吏问姓名了,来报刺史。刺史乃袁绍之长子袁谭。谭素敬玄德,闻知匹马到来,速即开门出迎,至公廨,问其故。玄德说:"曹公势不可当,故弃城及妻子逃命至此。"袁谭乃再拜,留于馆中住扎,发书报父袁绍。绍知徐州已失,玄德在青州,遂引兵五万来迎接玄德。袁谭将本州人马送至平原界。袁绍离邺县二百里③,来接玄德。玄德拜伏于地,绍慌答之曰:"昨为小儿抱患,有失救援,其心怏怏不安。今幸得相见,大慰平生渴望之思。"玄德答曰:"孤穷刘备,久欲投门下,奈何机缘未遇。今为曹操所攻,妻子俱陷,想将军容纳四方之士,故不避羞惭,敬来相投。望乞收录,誓当补报!"绍大喜,父子相敬甚厚,同居冀州。

且说曹公当夜抢了小沛,随即进兵攻彭城。糜竺、简雍守把不住,只得弃了。陈登献了彭城。操军马入城,安民已了,唤众谋士商议取下邳。荀彧曰:"关羽并刘备老小死据此城④,务在速取。如若迟慢,恐被袁绍所窃耳。"操曰:"当用何计,可取下邳?"彧曰:"丞相坐镇彭城,拨一军马诱之,若关羽出战⑤,即分头袭之;若城一陷,关羽必擒矣。"操曰:"吾素爱关羽人才武艺勇冠三军,吾欲得之以为己用。"郭嘉曰:"吾闻关羽义气深厚,必不肯降。若使人说之,恐被其害。先以兵围之,若事危急,彼必降矣。"帐下一人出曰:"我与关羽有一面旧交,某亲往下邳说之使降,若何?"众视之,乃张辽也。程昱曰:"文远虽与关羽有旧,吾看此人非可以言词说也。某有一计,使此人进退无门,则用文远说之,关羽自然归于丞相也。"必用何计以降之,毕竟如何,且听下回分解。

【注释】

［一］牙旗:旗帜名。古代大将出征,军前有大旗,旗杆上以象牙为饰,故名。

---

① 原作"徐州、下邳"。承上文,加"欲投"二字;"徐州"应作"彭城"。
② 原作"青州城下"。青州系州名,而非具体城名。此处实指州治临菑。
③ 原作"袁绍离邺郡三十里"。据《三国志·蜀书·先主传》改。邺系县名,属冀州魏郡,为州治、郡治所在地。
④ 原作"云长并刘备老小死据此城"。此时关羽为曹操敌方,荀彧当直呼其名,不应称其字。
⑤ 原作"若关公出战"。称"关公",不合曹操一方口吻,故改。

第四十九回 张辽义说关云长

刘玄德兵败小沛,匹马奔冀州,投袁绍。张飞引数十骑,往芒砀山去了。孙乾、简雍、糜竺、糜芳各自逃难,独有关云长保甘、糜二夫人守下邳。

曹操在彭城责陈珪曰:"今尔辩无事,恕你父子杀车胄之罪。"珪力辩无事,商量取下邳。程昱献计曰:"关羽有万人之敌,更与刘备义气深重①,非智谋不可取之。见今旧兵皆已投降,于内亦有刘备新招徐州等处之人,可暗地差遣一心腹,只作逃回的入下邳去见关羽,种祸于城内;却引关羽出战,诈败佯输,诱入他处,却以精兵截其归路,然后或擒或说可也。"操听其谋,选拣兵士十余人,令引诱徐州降兵数十,偷出营寨,径投下邳降关公。公遂以为心腹,留而不疑。

次日,夏侯惇为先锋,领兵五千,径来下邳搦关公战。公不出,惇即使人于城下辱骂。公大怒,引三千人马出迎,与夏侯惇交战。公与惇约战十数合,惇拨回马走②。公怒赶来,惇且战且走。公约赶二十里,忽然省过[一],提兵便回。左手下徐晃,右手下许褚,两队军出。公冲开路走,两边伏路军排下硬弩百张,箭如飞蝗。公当先,许褚在中央踏弩机百对,箭发如雨。于是关公不得过去,勒兵再回,徐晃、许褚接住又战。公杀退二人,引兵前进,夏侯惇又来。公战至日晚,到一座土山。公引兵占住山头,权且少歇,看见曹兵紧紧密密,摆作长蛇阵,团团围定土山。公遥望见城中火光冲天而起,却是那诈降兵卒举火为号。操自提大军杀入下邳,但教举火以惑关公之心,城中军民皆不肯惊动。关公见下邳火起,心内惊惶,连夜冲下几遭③,皆被乱箭射回,人马尽皆伤折。

公复回土山,捱到天晓,再欲整顿下山冲突,忽见一人跑马上山来,公视之,乃张辽也。公迎之,言曰:"文远欲来赴敌耶?"辽曰:"非也。想故人旧日之情,特来相告。"遂弃刀马,与公人中军说话。二人坐于山顶。公曰:"文远莫非欲说关某也?"辽曰:"不然。某想下邳城,当日兄救弟,今日安得弟不救兄也?"公曰:"文远将欲助我耶?"辽曰:"亦非也。"公曰:"既不助我,来此何干?"辽曰:"玄德不知存亡,益德未知生死,众已失散。昨夜曹公已破下邳,城中军民,尽皆无伤害。玄德家眷,丞相差人护之,惊扰者斩。如此相待,弟特来告兄。"公大怒曰:"此言特说我也!吾今虽处绝地,视死如归。汝即速去,吾当下山迎战!"张辽大笑曰:"兄出此言,岂不为万世之耻笑乎?"公曰:"吾仗忠义而死,安得为万世耻笑?"辽曰:"兄今尽死,其罪有三,岂不为万世耻笑乎?"公曰:"汝且说我哪三罪?"辽曰:"当初刘使君与兄结义之时,誓同生死。近使君败于小沛,当戮力[二]同心,死战沙场,其名万古不朽,不合逃遁而去。脚到之处,谁不相容?

---

① 原作"更与玄德义气深重"。此时刘备与曹操为敌,程昱应直呼其名,不宜称其字。
② 原句无主语"惇",据文意加。
③ 原作"连夜冲下几处"。据叶逢春本改。

兄今欲死于此地，倘使君复出，专望于兄，兄岂不是负却孤主，而背当年之誓乎？误主丧身，诚为不美。其罪一也。昔者刘使君以家眷重托于兄，以为万全之计。兄今战死，二夫人无所依托，若能守节，一死无疑；若不守节，又属他人。此是兄负却使君倚托之重，实为不义。其罪二也。兄武艺超群，更兼深通经史，不思期共使君，匡扶汉室，拯救生灵；徒欲赴汤蹈火，以成匹夫之勇，上负祖宗，下辱其主，安为义？其罪三也。兄有此三罪，弟不得不告之。"公沉吟曰："汝说我有三罪，欲我何如？"辽曰："今四面皆曹公之兵，兄若不降，必用一死；不若且降曹公，却打听使君音信，如知何处，却往投之。一者，可以保二夫人；二者，可以全其义；三者，可以保其身。有此三便，兄宜详之。"公曰："汝言虽善，吾有三事，若曹公能从我，即当解甲；如其不允，吾宁受三罪而死。"辽曰："丞相宽洪大量，何所不容？愿闻三事。"公曰："一者，吾与刘皇叔同设誓时，共扶汉室，吾今只降汉帝，不降曹公，凡有杀戮，不禀丞相。二者，二嫂嫂处，请给皇叔俸禄养赡，一应上下人等皆不许到门。三者，但知刘皇叔去向，不管千里万里，便当辞去。三者缺一，断然不肯降。望文远贤弟急急回报。"

张辽随即上马，来见曹操，先说降汉不降曹之事。操笑曰："吾为汉之元勋，汉即吾也。此可从之。"辽又言："二夫人欲请皇叔俸给，并上下人等不许到门。"操曰："吾于皇叔俸内，加倍与之。其余是他家法，何必疑焉！"辽曰："但知玄德音信，虽远必去寻之。"操摆首曰："此事却难从之。吾养关羽何用？"辽曰："岂不闻豫让'众人国士'之论[三]乎？刘玄德待云长不过恩厚耳。丞相更施厚恩，以结其心，何忧云长之不住也？"操曰："文远之言当也。吾愿从此三事。"

张辽再往山上回报云长。云长曰："虽然如此，暂请丞相退军，容我入城见嫂嫂告之，即来降也。"张辽再回，见曹操说了。操即传令，教城里城外军马尽退三十里。荀彧曰："不可。恐关羽有变。"操曰："吾知云长忠义之士也，必不失信。"遂引军退。

关公引败兵入下邳，见人民安妥不动，径到府中来见二夫人。甘、糜二夫人听的关公到来，急出迎之。公乃痛哭，拜于地上。二夫人曰："皇叔今在何处？"公曰："不知去向。"二夫人曰："二叔因何痛哭如此？"公曰："关某出城死战，被困于土山，兵微将寡，张辽招安，某以此事说知，曹操应允，放某入城。不曾得嫂嫂言语，未敢擅便。某思兄颜，见嫂嫂，故垂血泪。"甘夫人曰："昨日曹将军入城，我等皆以为死，谁想毫发不动，一军不敢入门。叔叔既已领诺，何必问乎？只恐久后曹丞相不容去寻皇叔。"公曰："嫂嫂放心，关某身在，必当见主。曹公出语为令，若有反悔，谁人服焉？"甘、糜二夫人曰："叔叔自家裁处，凡事不必问俺女流。"

关公辞而退，遂引数十骑来降操。操使将帅远接，谋士来迎，操自出辕门相接。关公下马，入拜曹操。操乃答礼。公曰："败兵之将，深荷丞相不杀之恩，安敢受答拜之礼。"操曰："吾素知云长忠义之士，安肯加害。操乃汉相，公乃汉臣，虽名爵不等，敬公之德耳。"关公曰："文远代禀三事，望丞相仁慈。"操曰："某出语为令，欲感四海，取信于天下，安肯自废。"关公曰："吾主若在，关某虽赴诸水火，必往寻之。此时恐不及辞，伏为怜悯。"操曰："玄德若在，必从公去，但恐乱军中无矣。公且宽心，尚容缉听[四]。"云长拜谢。操设宴管待关公。

次日，班师还许都，量拨军马先起。云长收拾车仗，请二嫂嫂上车，亲自引军护送而行。操使人供送用物饮食。已到许都，军马各还营寨。操拨一府，另与云长居住。云长分一宅为

两院,内门外拨老军十人以守之,关公自居外宅。操引关公朝汉献帝,帝命操加官,操拜关公为偏将军。公谢恩归宅。

操次日设大宴,会众谋臣武士,以客礼待关公,延之于上坐。比及送回,已备绫锦百匹,金银器皿俱全。关公都送与二嫂嫂。关公自到许都,操待之甚厚:三日小宴,五日大宴;上马一提金,下马一提银;及美女十人以侍之。云长不能推托,将所赐美女尽送入内门,令服侍二嫂嫂;金银器皿缎疋等件,遂逐一抄写明白归库。公三日一次,于内门外躬身施礼,动问"二嫂嫂安乐否"。二夫人回问皇叔之事毕,曰"叔叔自便"①,关公方敢退回。操知此事,愈加重待关公。公未尝喜。

一日,操见云长所穿绿锦战袍已旧,操度其身品[五],取异锦做战袍一领赐之。云长受之,穿于衣底,上用旧袍罩之。操笑曰:"云长何故如此之俭?"公曰:"某非俭也。"操曰:"吾为汉相,岂无一锦袍与云长?何以旧袍蔽之?不亦俭乎?"公曰:"旧袍乃刘皇叔所赐,常穿上如见兄颜,岂敢以丞相之新赐而忘之旧赐乎?故穿于上。"操叹曰:"真义士也!"虽然操口称其义,心中不悦。云长回府。

次日,忽报:"内院二夫人哭倒地上,不知为何,请将军速入。"云长急整衣跪于门外,拜请二嫂嫂。甘、糜二夫人哭出,请云长起来。毕竟如何?

【注释】

[一] 省过:醒悟。

[二] 戮力:并力,尽力。

[三] 豫让"众人国士"之论:豫让,春秋战国间晋国人,曾事范氏、中行氏,后为晋卿智伯(荀瑶)家臣。赵、韩、魏三家共灭智伯后,他一再谋刺赵襄子,被捕。襄子问他为何独忠于智氏,他说:范氏、中行氏以对待众人(一般人)的态度对待我,我便以众人的态度报答他们;智伯以对待国士(国中的杰出人才)的态度对待我,我也以国士的态度报答他。

[四] 缉听:四处打听。

[五] 身品:身材。

---

① 原句无"曰"字,承上文加。

第五十回　云长策马刺颜良

公曰:"二嫂嫂为何悲泣?"甘夫人曰:"我夜梦皇叔身陷于土坑之内,觉与糜氏论之,想在九泉之下矣!"关公曰:"梦境之事,不可凭信。此是嫂嫂心想之故也。请勿忧虑。"公再三宽释。

正值曹操请公赴宴,公辞二夫人来见操。操见公有泪容,乃问其故。公曰:"二嫂思兄日久痛哭,不由某心不悲也。"操笑而宽解之,频以酒劝。公酒后,自绰其髯而言曰:"生不能报国家,而背其兄,徒为人也!"操问曰:"云长髯有数乎?"公曰:"约数百根。每秋月约退三五根。冬月多以皂纱裹之,恐其断也。如接见宾客,则旋解之。"操取纱锦二疋作囊,赐关公包髯。

次日,早朝见帝。帝见关公一纱锦袋垂于胸次,帝问之。关公奏曰:"臣髯颇长,丞相赐囊贮之。"帝令当殿披拂,过于其腹。帝曰:"真美髯公也!"因此朝廷呼为"美髯公"也。

操见关公但得所赐,未尝欢喜。忽一日,操请公宴。临散,送公出府,见公马瘦,操曰:"公马因何瘦?"公答曰:"贱躯颇重,马不能乘,因此常瘦。"操令左右备一匹马来。须臾,使关西汉牵至,身如火炭,眼似銮铃。操指曰:"公识此马否?"公曰:"莫非吕布所骑赤兔马乎?"操曰:"然。吾未尝敢骑,非公不能乘。"连鞍奉之。关公拜谢。操怒曰:"吾屡赐美女金帛,未尝下拜;今吾赐马,喜而再拜,何贱人而贵畜耶?"公曰:"吾知此马日行千里,今幸得之,若知兄长下落,虽有千里,可一日而见面也。"操愕然而悔。关公辞去。操唤张辽曰:"吾待云长不薄,彼常怀去心[①],何也?"辽曰:"容某探其情,即当回报。"

张辽次日往见关公,因共话间,辽曰:"某荐兄在丞相处,不曾落后乎?"公曰:"感激丞相,待我甚厚。只是吾身在此,心在兄处。"辽曰:"兄言差矣!凡大丈夫处世,不分轻重,非丈夫也。吾思玄德待兄,未必过于丞相;兄只怀去念,何故也?"公曰:"吾足知曹公待我甚厚。奈吾受刘将军恩厚,誓以共死,不可背之。吾终不留此。必立效[一]以报曹公,然后方去。"辽曰:"倘玄德弃世,公何所归乎?"公曰:"愿从于地下耳。"辽知公终不可留,乃告退。

辽自思曰:"若以实告曹公,恐伤云长性命;若不实告,又恐非事君之道。"喟然叹曰:"曹公,君父也;云长,弟兄也。以兄弟之情而瞒君父,此不忠也。宁居不义,不可不忠。"遂入室,以实告操曰:"云长欲与刘备生死同处,必不留也。"操叹曰:"事主不忘其本,此天下之义士也!此人何时可去?"辽曰:"彼言必欲立功以报丞相方去。"操又叹曰:"仁者之人也!"荀彧曰:"若不教云长立功,未必便去。"操曰:"然。"

且不言云长事。却说玄德在袁绍处,旦夕烦恼。绍曰:"玄德何故常有忧也?"玄德曰:"二弟不知音信,妻小陷于曹贼;上不能报国,下不能保家,安得不忧也?"绍曰:"吾欲进兵赴许都

---

① 原句无主语"彼"。据文意加。

久矣。方今春暖，正好兴兵。"便商议破曹之策。田丰谏曰："曹操既破徐州，则许都非空虚也。操善用兵，变化无方[二]，众虽少，未可轻也，不如以久持之。将军据山河之固，拥四州之众，外结英雄，内修农战，然后拣其精锐，分为奇兵，乘虚迭出，以扰河南，救右则击其左，救左则击其右，使敌疲于奔命，民不安业。我未劳而彼已困，不及二年，可坐克也。今释庙胜之策，而决成败于一战，若不如志，悔无及矣！"绍曰："且容我思之。"绍问玄德曰："田丰劝我固守，何如？"玄德曰："弄笔书生，不乐征伐，坐度朝夕，以受俸禄，使将军失其大义于天下也。"绍曰："玄德言者甚善。"遂只顾点兵。田丰又入强谏，绍怒曰："汝等弄文轻武，使我失其大义！"田丰顿首曰："若不听某良言，出师必不利也。"绍大怒，欲斩之。玄德力劝，乃囚于狱中。绍移檄州郡，数操罪恶，各请相助。沮授见田丰下狱，乃会其宗族，尽散家财与之，言曰："吾随军而去，势存，则威无不加；势亡，则一身不保也！哀哉！"众皆下泪送之。

绍遣大将颜良作先锋，进攻白马[三]。白马者，今属滑州。沮授谏曰："颜良生性促狭[四]，虽骁勇，不可独任。"绍曰："吾之上将，非汝等可料也。"大军进行奔黎阳，东郡太守刘延慌告急许都。曹操急收拾起行。关公知白马告急，欲自往，遂入相府，见曹公曰："闻丞相兵动，某愿为前部，立功以报之。"操曰："未敢烦将军远劳，早晚却来相请也。"公自退。操引兵十五万，分三队而行。于是刘延连络不绝告急。操先提五万军马，亲临白马，靠土山扎住。遥望山前平川旷野之地，颜良前部精兵十万，排成阵势。操见骇然，未交战。绍首将出马。操回顾，与吕布旧将宋宪曰："吾闻汝乃吕布之猛将，何不战颜良？"宋宪欣然领诺，绰枪上马，直出阵前。颜良横刀立马，貌若灵官[五]，立于门旗下。宋宪径来取良。良大喝一声，纵马来迎。战不三合，手起刀落，斩宋宪于阵前。曹操大惊曰："真勇将也！"魏续曰："杀吾同伴，愿去报仇！"操许之。续上马持矛，径出阵前，大骂颜良："吾今杀汝！"良更不答话，交马一合，照头一刀，劈魏续于马下。操曰："谁敢当之？"徐晃愿出。操令急迎之。徐晃出马，与良战二十合，败回本阵。诸将栗然[六]。操收军，良亦引军退去。

操见连折二将，心中忧闷。程昱曰："吾举一人，可敌颜良。"操问是谁，昱曰："非关公不可。"操曰："吾恐他立了功便去。"昱曰："丞相又爱之，又疑之，何不取来，两强相并？如胜则重用，如败则决疑。"操曰："善。"遂差人去请关公。公闻知来请，大喜，遂辞二夫人。夫人曰："叔今此去，可打听皇叔消息。"公曰："专为此耳！"急急要去。

公上赤兔马，手提青龙刀，引从者数个，直至白马来见操。操请公坐定，叙说："颜良勇诛二将，连日诸将败者极多，勇不可当，特请云长商议。"公曰："容某观其动静。"操置酒相待。忽报颜良搦战，操引关公上土山观之。操与公坐，诸将环立。曹操指山下颜良排的阵势，四方八面，旗帜刀枪，森布有威，乃与关公曰："河北人马，如此雄哉！"公答曰："吾观之，若土鸡瓦犬[七]耳！"不能鸣吠，皆无用之物也。操又指曰："将帅布列，旌旗节钺，人如猛虎，马似毒龙，其势壮哉！"公答曰："犹金弓玉矢耳！"不能弛张射发，亦无用之物也。操又指曰："麾盖之下，持刀立马者，乃颜良也。"关公举目看之，见其人绣袍金甲，相貌威严。公谓操曰："吾观颜良，如插标卖首耳！"如插草标卖其头也。操曰："非可轻视。"关公起身曰："某虽不才，愿去万军中取首级来献丞相。"张辽曰："军中无戏言，云长不可忽也。快牵马来！"

第五十回　云长策马刺颜良

　　公奋然上马,倒提青龙刀,跑下土山,将盔取下放于鞍前,凤目圆睁,蚕眉直竖,来到阵前。河北军见了,如波开浪袭,分作两边,放开一条大路,公飞奔前来。颜良正在麾盖下,见关公到来,恰欲问之,马已至近。云长手起,一刀斩颜良于马下。中军众将,心胆皆碎,抛旗弃鼓而走。云长忽地下马,割了颜良头,拴于马项之下,飞身上马,提刀出阵,似入无人之境。河北兵将未尝见此神威,谁敢近前。良兵自乱。曹军一击,死者不可胜数,马匹器械抢到极多。关公纵马上山,众将尽皆称赞。公献首级于曹操面前。原来颜良辞袁绍时,刘玄德曾暗嘱曰:"吾有一弟,乃关云长也,身长九尺三寸,须长一尺八寸,面如重枣,丹凤眼,卧蚕眉,喜穿绿锦战袍,骑黄骠马,使青龙大刀,必在曹操处。如见他,可教急来。"因此颜良见关公来,只道是他来投奔,故不准备迎敌,被关公斩于马下。操曰:"将军神威也!"关公曰:"某何足道哉!吾弟燕人张益德,于百万军中取上将之头,如探囊取物。"操大惊,回顾左右曰:"今后如遇燕人张益德,不可轻敌。"令写于衣袍襟底以记之。史官故书"刺"字者,就里[八]包含多少,有刺颜良诗为证。前三首,赞关公刺颜良;后一首,专道关公荐张飞英勇。诗曰:

　　　　望盖挥鞭骑若风,将军飞入万军中。
　　　　马奔赤兔翻红雾,刀偃青龙起白云。
　　　　虎豹堕牙山岛静,凤凰坠羽树林空。
　　　　历观史记英雄将,谁似云长白马功!

又诗曰:

　　　　白马当年事困危,将军立效干功时。
　　　　斩头出阵来无阻,策马提刀去莫追。
　　　　壮志威风千古在,英雄气概万夫奇。
　　　　堂堂庙貌[九]人瞻仰,忠勇惟君更有谁?

又诗曰:

　　　　千万雄兵莫敢当,单刀匹马刺颜良。
　　　　只因玄德临行语,致使英雄束手亡。

又诗曰:

　　　　来往军中胆气高,平欺许褚胜张辽。
　　　　又夸益德真勇猛,致使当阳喝断桥。

　　却说颜良的败残军马急奔回,半路迎见袁绍,报说被一赤面皮、使青龙大刀勇将①,匹马奔入阵来,一刀斩颜良而去,因此大败。袁绍大惊,问曰:"此是何人也。"帐前沮授曰:"此人必是刘玄德之弟关云长也。"袁绍大怒曰:"汝兄弟关某斩吾爱将,汝必然通谋也。留尔何用!"即唤刀斧手推出玄德,斩讫报来。未知玄德性命如何,且听下回分解。

----

①　原作"半路迎接见袁绍,报说被一赤面皮、使青龙大刀一勇将"。据文意,删去"接"字及后一个"一"字。

【注释】
[一] 立效：立功。
[二] 无方：无常。
[三] 白马：县名。属兖州东郡。地处黄河南岸，与北岸的黎阳相望。治所在今河南滑县东。
[四] 促狭：刻薄，狭隘。
[五] 灵官：道教的护法神。
[六] 栗然：恐惧的样子。
[七] 土鸡瓦犬：土捏的鸡，瓦做的犬。比喻徒有其名而无实用之物。
[八] 就里：其中，内中。
[九] 庙貌：庙宇及神像。

卷之六

第五十一回　云长延津诛文丑

却说关公匹马斩了颜良，败军奔回报知袁绍，绍大怒，欲斩玄德。玄德面不改容而言曰："明公只听一面之词，而自绝向日之情耶？且刘备自徐州失散，老小皆弃，未知云长在否。天下有多少同姓同貌者，岂特赤面使大刀即关某也？明公何不详之？"袁绍是个没主张的人，闻玄德之言，责沮授曰："误听汝言，险杀爱弟。"遂请刘玄德上帐坐，却议报颜良之仇。帐下一人应声而言曰："颜良是吾弟也，既被曹贼所杀，吾安得不雪其恨乎？"玄德视其人，身长八尺，面如獬豸[一]，山后人也，姓文，名丑，乃河北名将。袁绍大喜曰："非汝不能报颜良之仇也。吾亦与你兵马十万，即便起行。"令丑直渡黄河，追杀操贼。沮授曰："行兵之要，胜负变化，不可不详。今兵宜留屯延津[二]，分兵官渡，若其克获，还迎不晚。今轻举渡河，设有其难，众皆不可还矣。"绍怒曰："皆是汝等迟慢军心，迁延岁月，有妨大事！岂不闻'兵贵神速'乎？"沮授出叹曰："上盈其志，下务其功；悠悠黄河，吾其不反乎①！"遂托疾不出议事。玄德曰："今刘备久蒙大恩，无可报效，欲助文将军同行，一者，报明公之德；二者，就探云长的实。"绍喜，唤文丑与玄德同领前部。文丑曰："刘玄德乃累败之将，于军不利。"文丑乞自去，不用玄德。绍曰："吾欲见玄德才能，汝可同去。"文丑曰："既主公要此人去时，某分三万军，教他为后部，如其无功，可自治罪。"玄德曰："分兵最好。"文丑遂自领七万军先行，玄德引三万随后便起。

却说曹操为云长斩了颜良，倍加钦敬，表奏朝廷，封云长为汉寿亭侯，铸印送与关公②。忽闻人报袁绍又使大将文丑渡黄河，已据延津之上。操先使人移徙居民于西河[三]，操自领兵迎之。三军皆起，军马在前，粮草在后。操传令，教粮草车仗尽行前去，后军作前部先锋，护守粮草，以前部先锋却居于后。吕虔曰："粮草在前，而兵在后，何意也？"操曰："粮草在后，多被摽掠，吾故令在前也。"虔曰："倘遇敌军，守粮者又不敢战，必误大事。"操曰："吾待敌军到时，却又理会。"虔疑，不敢再言。操令粮食辎重，沿河堑至延津。操在后军，听得前军发喊，急差人看时，人报："河北大将文丑兵至，我军皆弃粮草，俱被赶散。后军又远，将如之何？"众人商议，要退守白马。操教退军，军皆散乱③。操以鞭指南阜可避，阜，土山也。人马急奔土阜。操令人马皆解衣卸甲少歇，尽放其马。文丑军掩至，众将曰："贼至奈何？可急收马匹，退回白

---

① 原作"上盈其志，不务其功；悠悠黄河，吾其济矣"。据《三国志·魏书·袁绍传》注引《献帝传》改（反，通"返"）。

② 原作"封云长为寿亭侯，铸印送与关公。印文曰'寿亭侯印'，使张辽赍去。关公看了，推辞不受。辽曰：'据兄之功，封侯何少？'公曰：'功微，不堪领此名爵。'再三辞却。辽赍印回见曹公，说云长推辞不受。操曰：'曾看印否？'辽曰：'云长见印来。'操曰：'吾失计较也。'遂教印匠销去字，别铸印文六字'汉寿亭侯之印'，再使张辽送去。公视之，笑曰：'丞相知吾意也。'遂拜受之"。汉寿系县名，属荆州武陵郡。"汉寿亭侯"意为以汉寿县之一亭为食邑。作者将其误解为"汉（朝的）寿亭侯"，生造这一情节，实无益处。据《三国志·蜀书·关羽传》删改。

③ 原作"操教退军河北，又断其路。军皆散乱"。曹操本在黄河之南，河北则为袁绍所据，原文误。据上下文改。

马。"一人急止之曰："此正可以饵贼①，何退之耶？"操视之，乃荀攸也。操急以目视攸而笑。攸知其意，而不复言。

文丑军既得车仗，又来抢马，军士不依队伍，自相离乱②。操令军将一齐下土阜击之，文丑军大乱。原来过此，只顾取物，无心厮杀。曹操人马围裹将来，文丑挺身独战，军士自相践踏。文丑止遏不住，拨回马走。操在土阜上指曰："文丑乃河北名将，谁可擒之？"二将飞马而出去。操视之，乃张辽、徐晃也。二将追赶文丑至近，大叫："贼将休走！"文丑回头，见二将赶来，遂按住铁枪，拈弓搭箭，正射张辽。徐晃大叫："贼休放箭！"张辽低头急躲，一箭中辽头盔，将簪缨射去。辽奋怒再赶，坐下马又被文丑射中面颊。战马跪倒前蹄，张辽落地，文丑策马前来。徐晃急轮大斧，截住厮杀。二将战三十余合，张辽去远，徐晃见文丑后面军马齐到，晃拨回马走。

文丑沿河赶来。忽见十余骑军马，旗号翩翻，一将当头，提刀出马而来，乃汉寿亭侯关云长也，大喝一声："贼将休走！"与文丑交马，战二合，文丑心怯，拨回马绕河而走。关公马是千里龙驹，早赶上文丑，脑后一刀，将文丑斩下马来。后有诗赞关公诛文丑。诗曰：

　　誓把功勋建，须将恩义酬。
　　奋身诛虎豹，用命统貔貅〔四〕。
　　白马颜良死，延津文丑休。
　　英雄谁可似？不负汉寿侯③！

曹操在土阜上见关公刀砍文丑，大驱四下人马掩杀，河北军皆落水，复夺辎重马匹车仗。云长引数骑，耀武扬威，东冲西突。正杀之间，刘玄德领三万军随后到。前马哨知，报与玄德曰："今番又是红面长髯的斩了文丑。"玄德闻之，慌忙骤马来看，隔河望见一簇人马如飞，众皆指曰："此正是也！"玄德遥见征尘中一面旗上写着"汉寿亭侯关云长"七个字。玄德暗谢天地，曰："原来我兄弟果在曹操处！"欲去相见，被曹兵势大拥来，只得收败残军马回去。

袁绍接应至官渡，下定寨栅，有郭图、审配入见袁绍，说："今番文丑又是关某坏了。"刘备佯推不知。袁绍大怒，骂曰："'大耳贼！'焉敢如此！"人报玄德至，绍令推转斩之。玄德曰："某有何罪？"绍曰："你故使关羽又坏吾一员大将④！"玄德闻之，笑曰："明公不知，容伸一言而死。今曹操素惧刘备，备虽一时溃散，必有复仇之日。今知备在明公处，恐其协力攻曹，故特使关某诛杀二将。公知必怒，不肯助兵。此乃借明公之手而杀刘备，断绝仇人，以除后患，愿明公思之。"此是玄德极枭雄处。袁绍曰："玄德之言是也。汝等使我受害贤之恶名耳。"喝退左右，请玄德上帐而坐。玄德谢曰："感荷明公宽大之恩，无可补报，欲令一心腹人，持一密书去见云长，使知备消息，必星夜来到，辅佐明公，共诛曹操，以雪颜良、文丑之恨，若何？"袁绍大喜曰："吾若得云长，似颜良、文丑复生也。"商议修书，未有人去。

---

① 原作"此正可与贼交战之处"。据叶逢春本改。
② 原文此句后无"操令军将一齐下土阜击之，文丑军大乱"。据刘本《三国》加。
③ 原作"不负寿亭侯"。承上文改（受诗句限制，略"亭"字）。
④ 原作"你故使关公又坏吾一员大将"。称"关公"不合袁绍口吻，故改。

绍令退军于阳武[五]地名结营,连络数十里,按兵不动。操亦令夏侯惇总兵官渡隘口。

操班师回许都,大宴众官,贺云长之功。席上,操与吕虔曰:"昔日吾以粮草在前,乃饵敌之计也。惟荀公达知吾心耳。"众皆服其论。正饮宴间,忽报汝南有黄巾刘辟、龚都,甚是猖獗;曹洪累战不利,乞拨勇将精兵救之。云长闻言,乃进前曰:"关某愿施犬马之劳,去破汝南贼寇。"操曰:"云长建立大功,未曾重赏,何劳又征进耶?"公答曰:"关某久闲,必生疾病,愿再一行。"曹操许之,点军五万,使于禁、乐进为副将,次日便行。荀彧曰:"云长常有归刘之心,倘知消息必去,不可令频出军。"操曰:"今次收功,吾再不教临敌矣。"

云长领兵往汝南进发,敌军相迎,扎住营寨。当夜营外拿了两个细作人来,云长视之,内中认得一人。因此处起,直教兄弟再得聚会。毕竟此人是谁?

【注释】
[一] 獬豸:传说中的异兽名。
[二] 延津:古渡口名。当时在白马、黎阳二城之西,为黄河重要渡口。后因黄河改道而湮没。遗址在今河南新乡市东。
[三] 西河:指延津一带的黄河西部地区。
[四] 貔貅:古籍中的猛兽名。比喻勇猛的将士。
[五] 阳武:地名。在今河南原阳东南。

第五十二回　关云长封金挂印

却说关公于灯下看时，认得一人，乃孙乾也。关公叱退左右，问乾曰："公自溃散之后，一向踪迹不闻，玄德兄今在何处？"乾曰："某在徐州逃难，飘泊汝南，幸得刘辟收留。近闻玄德公在袁绍处，欲往投之，未得其便。今刘辟、龚都皆来归顺玄德，助袁破曹，故攻掠太急。今天幸得将军到此，刘、龚特令小军引路，教某来报将军。来日虚败一阵，望将军早引二夫人与玄德相见①，却请来汝南，又作远图。彼刘、龚之顺玄德，实有望于将军也。"公曰："既兄在袁绍处，吾必星夜而往。但恨吾斩绍二将，恐今事变矣。"乾曰："某当先往②，探其虚实，再来报将军。"公曰："吾见兄长一面，虽万死不辞。今回许都，便辞曹公矣。"当夜送乾去了。于禁、乐进又不敢问。

次日，关公兵出，龚都亦出阵前。公曰："汝等何故背反朝廷？"都曰："汝乃背主之人，何敢责人耶？"公曰："我何背主？"都曰："刘玄德见在袁本初处，汝却从曹操，何也？"公曰："乱道！"拍马舞刀向前。龚都当不住便走，公赶来。都回身告关公："故主之恩，不可忘也。与玄德速至，吾愿让汝南。"公会真意，招军掩杀。刘、龚二人佯输诈败，四散去了。

云长夺得郡县③，安民已定，班师回许都。操自出郭迎接，赏劳军士。

宴罢，公遂回家参拜二嫂于内门之外。甘夫人曰："叔叔两番出军，可知皇叔音信否？"公答曰："未也。"关公退，二夫人于帘内痛哭甚切。糜夫人曰："想皇叔休矣！二叔恐我姊妹烦恼，故隐而不言。"正哭之间，有一个随行老军，听得哭声不绝，于内门外曰："夫人休哭，主人见在河北袁绍处。"二夫人问曰："汝何以知之？"老军曰："跟将军出征，有人在阵上说来。"夫人急召云长，责之曰："皇叔未尝负汝，你今受曹氏恩养④，忘旧日之义，不以实情告我，使我姊妹忧愁身死。叔要自享荣贵，就借宝剑斩我姊妹之首，以绝汝之疑碍。叔无相瞒也！"云长顿首流泪，告曰："兄今委在河北。未敢教嫂嫂知者，恐内走泄也。事须缓图，不可以速。"甘夫人曰："叔宜上紧，不可缓之。"公退，寻思去计，坐立不安。

原来于禁已告曹操：关羽已知刘备在于河北⑤。操令张辽来探关公意。关公正闷中，张辽入贺曰："闻兄在阵上知玄德音信，特来贺喜。"公曰："故主未见，何喜之有？"辽曰："公看《春秋》，管、鲍之义，可得闻乎？"公曰："管仲尝言：'吾三战三退，鲍叔不以我为懦，知我有老母也。吾尝三仕三见逐，鲍叔不以我为不肖，知我不遇时也。吾尝为鲍叔谋事，

---

① 原作"特报将军，望将军早引二夫人与玄德相见"。上文已云"刘、龚特令小军引路，教某来报将军"，此处"特报将军"重复，删去。
② 原作"某亦先往"。据文意，改"亦"为"当"。
③ 原作"云长夺得州县"。汝南系豫州之一郡，下辖县、侯国三十七，故此处"州县"应作"郡县"。
④ 原作"你今受曹恩养"。据叶逢春本，加"氏"字。
⑤ 原作"原来于禁已知刘备在于河北"。据叶逢春本、刘本《三国》改。

而更穷困①,鲍叔不以我为愚,知时有利不利也。吾尝与鲍叔贾音古,分利多,鲍叔不以我为贪,知我贫也。生我者父母,知我者鲍叔。'此则是管、鲍相知之交也。"辽曰:"兄与玄德相交,何如?"公曰:"吾与玄德公结生死之交耳,生则同生,死则同死,非管、鲍之可比也。"辽曰:"吾与兄交何如?"关公曰:"吾与你邂逅[一]相交,若遇吉凶,则相救;若逢患难,则相扶;有不可救,则止。岂比吾与玄德生死之交也?"辽曰:"玄德向日在小沛失利,缘何公不死战以保之?"公曰:"吾那时未知是实。若玄德死,吾岂独生乎?"辽曰:"今玄德在河北,兄往从之否?"公曰:"昔日之言,安肯负也!文远须达其意,然后某亲禀丞相。"后人有诗曰:

　　月缺不改光,剑折不改钢。
　　月缺魄易满,剑折复铸良。
　　势利压山岳,难屈志士肠。
　　男儿有死节,可杀不可量!

张辽辞关公回,遂将公言尽白曹操。操曰:"吾自有计留之。"

却说关公正寻思之间,忽报有故人相访。及至请入,关公不识其人,乃问之曰:"公何人也?"答曰:"某乃袁绍手下,南阳陈震也。"公大惊,急退左右,问之曰:"先生此来,必有所为。"震出书一缄[二],递与关公。公举目视之,乃玄德书也。公拆开,其书曰:

　　备尝谓古之人,恐独身不能行其道,故结天下之士,以友辅仁。得其友,则益;失其友,则损。备与足下,自桃园共结刎颈之交,虽不同生,誓以同死。今何中道割恩断义?君必欲取功名、图富贵,愿献备首级②以成全功。书不尽言,死待来命。

关公看书毕,哭而言曰:"某非不欲寻兄,奈不知其所也。吾安肯事曹公而图富贵乎?"震曰:"玄德望公,泪不曾干。公既仗义,何不速归乎?"关公曰:"人生于天地之间,无始终者,非君子也。吾昔日曾对曹公言及此事,曹公已从之。吾已立功三件报其恩。吾来时明白,去不可不明白也。吾作书,烦公先达知兄长,待辞了曹公,奉嫂嫂回见。"震曰:"倘曹公不放将军,当何如哉?"公曰:"吾宁死,岂肯久留于此乎!"震曰:"公速作回书,某星夜持去,免致玄德之望也。"关公遂写书,答云:

　　某窃闻义不负心,忠不顾死,是大丈夫之志也。某自幼读书,粗知礼义,至于观羊角哀、左伯桃之事[三],论张元伯、范巨卿之约[四],未尝不三叹而流泪也。昔某守下邳,内无积粟,外无援兵;欲尽死节,奈有二嫂之重,未敢断首碎躯,死于沟壑。近自汝南方知信息,须当面辞曹公,奉送二嫂归也。昔日降汉之时,已曾预言;今已有微功之报,不容不从。忽得兄书,视之如梦。某但怀异心,天地可表;披肝沥胆,笔楮难穷[五]。瞻拜有期,伏惟照鉴。

陈震得书自回。

关公即入相府,拜辞曹操。操知来意,乃悬回避牌于门。公遂怏怏而回,收拾一辆小车,选旧跟随者二十人,早晚伺候。甘夫人唤关公问曰:"叔叔近日行藏[六]若何?"公曰:"只在早

---

① 原作"吾常与鲍叔谈论,身极困乏",与下文"鲍叔不以我为愚,知时有利不利也"不协。据《史记·管晏列传》改。
② 原作"愿献备级"。据黄正甫本,加"首"字。

晚辞了曹公,便请嫂嫂上车。堂中所有原赐之物,尽皆留下,寸丝亦不可带去。"甘夫人曰:"叔叔宜上紧,勿得迟滞。"公又往相府拜辞,门首又挂回避牌。关公往数次,皆不放参。关公往张辽家相探,欲言此事,辽亦托疾不出。公思之曰:"此是曹丞相不容我去之意也。大丈夫既欲去,不动非丈夫也!"遂写辞书一封,辞曹公。其书曰:

  汉寿亭侯关某,特沐再拜,奉书汉大丞相曹麾下:某闻有天而有地,有父而有子,有君而有臣;天气应乎阳,地气应乎阴;万物若顺时,方可养群生,而成三纲五常之义也。某生于汉朝,少事刘皇叔,誓同生死。前者下邳失据,许降丞相,所请三事,已领恩诺,某所以归焉。拔擢过望,实难克当。今探知故主刘皇叔见在袁绍军中,身为寄客,使某旦夕不安。三思丞相之恩,深如沧海;返念故主之义,重若丘山。去之不易,住之实难。事有先后,当还故主。尚有余恩未报,候他日以死答之,乃某之志也。谨书告辞,幸希钧鉴!建安五年秋七月,关某状上。

公遂将累次所赐金帛,一一封记,悬汉寿亭侯印于库中。
  平明[七],请二夫人上车,二十人扶事,另遣人于相府下书。关公上赤兔马,提青龙刀,护送车仗径出北门。门吏当之。关公怒目横刀,大喝一声,门吏皆避去。关公出门,呼从者曰:"汝等护送车仗先行,但有追赶者,吾自当之,勿惊动嫂嫂。"从者推轮送车,望官道进发。
  却说曹操正论关公事未定,左右报关公呈书。操接书看毕,大惊曰:"云长出矣!"又有北门守将飞报关公夺门而去,车仗鞍马皆望北行。又家中人来报说:"关公尽封所赐金银等物;美女十人,另居内室;其汉寿亭侯印,悬于库中。原拨答应人,皆不带去,只与原跟从二十人,小车一辆,随身行李,平明时去了。"众人闻之,尽皆愕然。忽一将挺身而出,大叫曰:"某愿将半万铁骑,去生擒关某,献与丞相!"毕竟要赶关公者是谁,且听下回分解。

【注释】
[一]邂逅:偶然相遇。
[二]一缄:一封。缄,封口,代指书信。
[三]羊角哀、左伯桃之事:羊角哀、左伯桃是战国时人,为好友。同往楚国求官,路上遇雪,衣单粮少,估计不能俱全。左伯桃便把衣粮并给羊角哀,冻饿而死。后羊角哀在楚做了大官,寻得左伯桃尸礼葬,并自杀以报亡友。
[四]张元伯、范巨卿之约:张元伯即张劭,范巨卿即范式,东汉人。二人同游太学,为好友,后同时告归乡里。临别,范式约定两年后拜访张劭;至期,果不远千里而往。张劭死,范式感梦,立即奔丧送葬,被称为生死之交。事见《后汉书·独行传》。民间对此夸饰颇多。
[五]笔楮难穷:文字难以充分表达。楮,纸的代称。
[六]行藏:行止,行动。
[七]平明:天大亮的时候。

第五十三回　关云长千里独行

　　却说要去追关公者,众视之,乃猿臂将军蔡阳也。原来曹操部下只有蔡阳不服关公,常有谗谮之意,故要去赶。操曰:"事主不忘其本,乃天下之义士也;来去明白,乃天下之丈夫也。汝等皆可效之。"后史官览关公传而言曰:"两尽其忠,世称义勇。"遂赋诗曰:

　　　　刺良恩已报曹公,辞魏归刘两尽忠。
　　　　威镇许都谋涉远,当时义勇有谁同!

曹操叱退蔡阳,不肯教去。程昱曰:"关某不辞丞相,不奉钧命,何如?"操曰:"使归故主,以全其义。"昱曰:"丞相虽能舍之,诸将皆不平也。"操曰:"何为不平?"昱曰:"关某有三罪,以致众怒。关某昔日在下邳①,事急来降,丞相遂拜为偏将军,三日一小宴,五日一大宴,上马金,下马银。虽建奇功,即封汉寿亭侯之爵②,恩荣极矣。一旦弃丞相而去,不能尽忠。其罪一也。不得丞相之命,飘然便行,欲杀门吏,不遵国法。其罪二也。知故主之微恩,忘丞相之大德,乱言片楮,冒渎钧威。其罪三也。今关某若归袁绍,是纵虎伤人也。不若遣蔡阳赶上诛之,绝此后患。"操曰:"不然。吾昔日曾许之,今日故舍之。若追而杀,天下人皆言我失信也!彼各为其主,勿追也。"遂喝退。后史官裴松之[一]评曰:

　　　　曹公知羽不留而心嘉其志③,去不遣追以成其义,自非有王霸之度,孰能至于此乎?斯实曹公之休美④!

宋贤有诗曰:

　　　　功成自合归玄德,解印封金离许都。
　　　　不羡金银光照室,惟思恩义走长途。
　　　　人言俊杰千年少,我道将军万古无。
　　　　不是追兵无铁骑,曹公尤重去时书。

又诗曰:

　　　　三国初争势未分,独行谋策最机深。
　　　　不追关将令归主,便有中原霸业心。此言曹公平生好处,为不杀玄德,不追关公也。因此,可见得曹操有宽仁大德之心可作中原之主。

　　程昱曰:"云长不辞而去,终是缺礼。"操曰:"彼曾到相府几次,被吾避之。吾所赐金帛皆留还我,此云长乃千金不可易其志,真仗义疏财大丈夫也!此等之人,吾深敬之!"程昱曰:"久

---

① 原作"且关某昔日在下邳"。"且"字与上文不协,删去。
② 原作"即拜寿亭侯之职"。"寿亭侯"应作"汉寿亭侯",系"爵"而非"职",应称"封"(授官称"拜")。
③ 原作"曹公知公而心嘉其志"。据《三国志·蜀书·关羽传》裴松之注改。
④ 原作"斯实曹氏之休美"。校改依据同③。

后为祸,丞相休悔!"操曰:"云长非负义之人也。"程昱曰:"彼各为主,岂容人情耶?"操曰①:"想云长此去不远,吾一发结识他,做个大人情。先教张辽去请住他,我与他送行,将一盘金银为路费,一领锦袍作秋衣,教他时时想我。"程昱曰:"云长必不回来。"操曰:"吾引数十骑去,使张辽单骑先去请。"

却说云长所骑赤兔马,日行千里,本是赶不上;须要相傍车仗而行,不敢纵马,按住丝缰,缓缓而走。忽听有人叫:"云长且慢行!"关公自思想:"呼我字者,必不是害吾之人。"遂教车仗从人只管大路紧行,"吾自理会"。回头视之,见张辽拍马而至。关公持青龙刀,勒住赤兔马,问曰:"文远莫非来擒我乎?"辽曰:"吾身无片甲,手无军器,何必生疑?丞相知兄远行,特来相送,并无伤害之心。"公曰:"丞相此来,必有他意。"辽曰:"丞相已言'彼各为主,勿追也',容兄自去,以全其义。为不曾相送,自轻身而来也。特令小弟先来请住兄长。"公曰:"便是丞相领铁骑来,吾愿单骑决一死战!"

关公约回数十步,立马于桥上望之②,见操引数骑飞奔前来,背后皆是许褚、徐晃、于禁、李典之辈。操见关公横刀立马于桥上,令诸将勒住马匹,左右摆开。关公见众将手中皆无军器,因此放心。操曰:"云长何故行之太速耶?"关公马上欠身施礼,曰:"关某日前曾禀丞相,今故主在袁绍处,不由某不星夜去也。屡次造[二]府,不得参见,故拜书告辞,封金解印,纳还丞相。万望丞相不忘昔日之言。"操曰:"吾欲取信于天下③,安肯有负前言。恐将军于路缺费,特具路费相送。"一将马上托过黄金一盘。公曰:"屡蒙恩赐,尚有余资。留此黄金以赏战士,关某途中不劳恩赐也。"操曰:"特以少酬大功万一耳。"公曰:"久感丞相大恩,微劳不足补报;异日萍水相会,别当酬之。"操笑而答曰:"云长忠义之士,恨吾薄福,不得相从。锦袍一领,略表寸心。"令一将下马,双手捧袍过来。云长恐操有变,不下马来,用青龙刀尖挑却锦袍披于身上,勒马回头称谢曰:"蒙丞相赐袍。"遂下桥望北而去。许褚曰:"此人无礼太甚,可以擒之!"操曰:"彼一人一骑,吾二十余人,安得不疑焉?吾言既出,不可追之。"曹操自引诸将回城,于路嗟叹曰:"汝等众将当效云长,以成万世不朽之清名也!"后有诗曰:

　　将军降汉不降曹,千里寻兄岂惮劳。
　　送别许都关外路,刀尖曾挑锦征袍。

关公来赶车仗,约行三十里不见。云长正慌,走马四下寻之。忽见山头一人高叫:"云长且住!"公举目视之,见一人约年二十有余,黄巾锦衣,持枪跨马,引百余步卒下山。公问曰:"汝何人也?"少年弃枪下马,拜伏于地。云长恐诈,勒马停刀,问曰:"壮士愿通姓名。"答曰:

---

① 原作"操曰:'云长非负义之人也。彼各为其主,敢容人情耶?'"文意自相矛盾,显然有缺漏。据叶逢春本、汤本《三国》增改。

② 原作"立马于霸陵桥上望之"。霸陵桥即霸桥,在今陕西西安市东北霸水上。此处关羽在许都郊外,与霸桥相距数千里,故改。

③ 原作"吾以取信于天下"。据叶逢春本,改"以"为"欲"。

第五十三回　关云长千里独行

"吾本贯襄阳人也,姓廖,名化,字元俭①。因世乱②,流落江湖劫掠,自己聚众五百余人。恰才同伴杜远下山巡哨,误将两院夫人劫掠上山。吾问从者,云是大汉刘皇叔夫人。吾即拜于地下,问其来意,为说将军盛德,吾欲送下山来。杜远其言不逊,被某杀之,今献头与将军请罪。"关公曰:"二夫人何在?"化曰:"恐伤害,留在山中。"公教急请下山。

不时,百余人簇拥车仗前来。公即下马,提刀于车前,问候曰:"嫂嫂受惊,关某之罪也!"二夫人曰:"若非廖将军保全,已被杜远所辱。"公问左右曰:"廖化怎生救夫人?"左右曰:"杜远劫上山去,就要与廖化各分一人为妻。廖化问起根由,好生拜敬;杜远不从,已被廖化杀之。"关公听言,遂来拜谢廖化。化欲以部下人送关公。公寻思此人终是黄巾贼之类,若用为伴,人必耻笑,公乃辞谢曰:"感谢厚意。争奈曾与曹公说誓,愿千里独行。日后相逢,必当重谢。"廖化拜送金帛,云长不受。化遂拜别,自引人伴投山峪中去了。后来化为将军。

云长将操送袍事告与二嫂,随车仗而行。渐渐天晚,投一孤庄安歇。庄主出迎,须发皆白,问曰:"来的将军姓甚?"关公下马,向前施礼曰:"某乃刘皇叔之弟关某也。"老人曰:"莫非斩颜良、文丑的关公否?"公曰:"便是。"老人大喜,便请入庄。关公曰:"车上有夫人。"老人唤妻女出请甘、糜二夫人下车上草堂。关公叉手立于二夫人之侧。老人请公坐,公曰:"嫂嫂在上,安敢就坐?"老人曰:"公异姓,何如此之敬也?"公曰:"某曾共刘玄德、张益德结义兄弟,誓同生死。二嫂相从于兵甲之中,未尝敢缺礼。"老人曰:"将军天下之义士也!"遂教妻女于草堂上相待二夫人,老人于小斋款待关公。公问姓名,老人曰:"吾姓胡,名华,桓帝朝时为议郎,致仕[三]回乡。今有小儿胡班,见在荥阳令王植③下为从事。将军必由那里经过,就付书与小儿相会。"公求胡华书,遂告以辞曹公之事。胡华感叹不已。当夜,二夫人宿于正房,关公秉烛而坐。

次日天晓,胡华馈送饮馔。关公请二嫂上车,辞别胡华,披甲提刀上马,投洛阳来。前至一关,名东岭关[四]。把关将姓孔,名秀,是操步下将,引五百军马在岭上把隘音爱。此是三州隘口。关公押车仗上岭,岭上军士报知孔秀。秀遂提剑出关,喝关公下马。公只得下马,与孔秀施礼。秀曰:"将军何往?"公曰:"已辞曹公,特往河北寻兄刘玄德去。"秀曰:"河北袁绍,正是曹丞相对头。将军此去,必有来文。"公曰:"因行慌速,不曾讨得。"秀曰:"若无来文,将军且在关下住,待我差人禀过丞相,方可放行。"公曰:"待汝去禀,误了我行程。"秀曰:"一日不禀,要住一日;一年不禀,要住一年。"云长怒曰:"汝何相侮耶?"秀曰:"法度所拘,不得不如此。当今乱世,龙争虎斗之时,若无文凭,枉说英雄!"云长曰:"汝不容我过去?"秀曰:"汝要过去,留下老小质当[五]。"云长奋怒,举刀欲杀孔秀。秀急闭关而去。毕竟如何,且听下回分解。

---

① 原作"字元险"。据《三国志·蜀书·廖化传》改。叶逢春本正作"元俭"。
② 原作"因汉末世乱"。"汉末"不合汉代人口吻,删去。
③ 原作"荥阳太守王植"。荥阳系县,其长官应为"令"。

【注释】

[一] 裴松之(372—451)：南朝宋河东闻喜(今属山西)人。为陈寿《三国志》作注，引书达210种，重在比勘异同，考辨正误，对后世影响甚大。裴注为《三国演义》提供了很多资料。

[二] 造：往，到。

[三] 致仕：交还官职，即辞官。

[四] 东岭关：小说虚构的关隘名。

[五] 质当：人质。

第五十四回 关云长五关斩将

却说孔秀慌忙退入关去,紧闭上门。鸣鼓聚军,俱各披挂,手执军器,分布左右。孔秀全副衣甲,绰枪上马,放开关门,大喝曰:"汝敢过否?"云长约退车仗,纵马提刀,竟不答话,直取孔秀。秀挺枪来迎。两马相交,只一合,钢刀起处,孔秀尸横马下,血溅长空。众军便走。关公曰:"军士休走。吾杀孔秀,不得已也,与汝等无干。"众军拜于马下。公曰:"借汝众军之口,往许都告诉。丞相尚与我亲自饯行,孔秀故相拦截,欲杀害吾,吾故杀之。"

先请二夫人车仗出关,望洛阳进发。原来先有军士报知河南尹韩福①。福急聚将士商议。手下牙将孟坦曰:"既无丞相文凭,即系私走;若不阻当,必有罪责。"韩福曰:"关羽勇猛,难以迎敌,颜良、文丑尚且被诛,只可设计擒之。"孟坦曰:"先将鹿角拦定关口,待他到时,小将引军和他交锋;府君于高阜处用暗箭射之②,却伏军士于左右。若坠下马,即当擒之,解赴许都,必得重赏。"商议了,忽人报关公车仗已到。韩福引一千人马,摆列关口。这关是平地上创立,晨昏守御往来奸细。公见竖立旗号,密布刀枪,见韩福弯弓插箭,立马挥鞭,问:"来者是何人?"云长于马上欠身施礼,言曰:"吾乃汉寿亭侯关某,聊借过路。"韩福曰:"汝有曹丞相来文否?"公曰:"事冗,不曾讨得。"韩福曰:"吾奉丞相钧命,镇守故都,专一盘诘往来奸细。汝无文凭,即系逃窜!"关公怒曰:"东岭孔秀被吾斩之。汝等拦吾,欲寻死耶?"韩福曰:"谁人与我擒之?",孟坦出马,轮双刀直取关公。公约退车仗,拍马来迎。孟坦战三合,拨回马走。关公赶来。孟坦只指望诱引关公,不想他马名赤兔,走若星飞,早马尾相交,赶上脑后一刀,砍为两半。公勒马回来,韩福闪在门首,尽力放了一箭,正中关公左臂。公口拔箭出,血流不止。公飞马径奔韩福,冲散众军。韩福急走不迭,公手起一刀,带头连肩斩于马下;杀散众军,保护车仗。

公遂割帛束住箭伤,于路恐人暗算,不敢久停,连夜奔汜水关来③。把关将并州人氏,姓卞,名喜,善使流星锤,原是黄巾贼余党,后投曹操,拨来守把关口。黄巾降者多,话中无用,多不载。早有人报去。

却说关公杀了韩福,这韩福不是冀州韩馥。韩馥在那张邈处,心疑刎死。这个是纳粮买官的。卞喜寻思一计,就关前有座寺,名曰镇国寺,是汉明帝[一]御前香火院,至董卓时废了。曹操又使韩福重修。卞喜就寺中埋伏下刀斧手二百余人,约定击盏为号,要害云长。卞喜离关,迎接关公。公见卞喜殷勤,下马相见。喜曰:"将军名震天下,谁不仰视?今归皇叔,以全大义。"云长诉斩孔秀、韩福之事。卞喜曰:"将军杀的是也。某如见丞相,替禀衷曲。"关公甚喜,遂同上马。

---

① 原作"洛阳太守韩福"。洛阳系县,其长官为"令";洛阳又系河南尹治所,其长官亦称"河南尹"。此处宜取后者。
② 原作"太守于高阜处用暗箭射之"。承①改。
③ 原作"连夜奔沂水关来"。第一五三回则作"汜水关"。为前后一致,故改(沂水在今山东境内)。

过了汜水关,到镇国寺前下马。众僧鸣钟出迎。本寺有曾三十余人,数内长老正是云长同乡,法名普净长老。长老已知其意,向前来与关公问讯。关公答之,净长老曰:"将军离解县几年①?"公曰:"近二十年矣。"净曰:"还认得贫僧否?"公曰:"离乡多年,不能相识。"僧曰:"贫僧家与将军家只隔一河。"卞喜见净长老说乡里故事,只恐走泄,叱之曰:"吾欲请将军赴宴,汝僧人何多言也!"云长曰:"不然。乡人见乡人,安得不相叙旧情耶?"长老请方丈内待茶。云长曰:"二嫂在车上,可先献茶。"长老教取茶先奉夫人,遂请关公入方丈。长老以手携拿戒刀,以目顾盼。公会其意,唤左右持刀近侧。卞喜来请关公,于法堂上筵席。公见壁衣[二]密布,掣剑在手②。公曰:"卞君请关某是好意耶?是歹意耶?"卞喜曰:"安得不敬乎?"关公于壁衣中窥见一群刀斧手,公大喝卞喜曰:"吾以汝为好人,安敢如此!"卞喜知事已泄,大叫:"左右下手!"其间有胆大者,就欲向前,皆被关公砍之。卞喜急下堂,绕廊而走。关公弃剑,执大刀赶来。卞喜暗取飞锤掷打。公用刀背隔开锤,赶将入去,一刀劈为两段,死于廊下。关公急来看二夫人。早有军人将欲围住,见公来四散奔走。公皆赶散,谢净长老曰:"若非吾师,已被此贼之害。"公遂辞净长老行。净曰:"贫僧此处难容,收拾衣钵,亦往他处云游。后会有期,将军保重。"这僧后来有相见处。普净相别去了。

　　云长护送车仗,往荥阳进发。荥阳令王植却与韩福是两亲家,比及云长来到,韩福家先使人通报了。云长到荥阳,王植使人守住关口,把关吏问了姓名,来报王植。王植即开关,喜笑相迎。云长说寻兄之事。植曰:"将军于路驱驰,夫人车上劳困,且请入城,馆驿中暂歇一宵,来日登途未迟。"公见王植意甚殷勤,遂请二嫂入城。驿庭中皆铺陈了当,王植请公赴宴。公曰:"尊嫂在上,不敢饮酒。"王植坚请,公不肯出,饮馔皆送至馆驿中。关公见于路辛苦,请二嫂正房歇定。从者各自安歇,饱喂赤兔马,并驾车马数匹。公亦解甲少歇。

　　却说王植密唤从事胡班听令,曰:"关某背丞相而逃,又于路杀害守把关隘将校③,死罪犹轻。此人武艺难敌。汝今晚可点一千军,围定馆驿,每一人一个火把,先烧断外门,四围放火;不问是谁,尽皆烧死。今夜二更举事,吾亦自引一千军接应。"胡班领了言语,便去点军。各人要火把一束,又要干柴引燥之物,先搬到馆驿门首。胡班寻思:"我不识关云长怎生模样,当往观之。"

　　胡班遂至驿中,问驿吏曰:"关将军在何处?"吏曰:"厅上看书者是也。"胡班往观,见云长左手绰髯,凭几于灯下看书。班见了,大惊曰:"真天人也!"语言颇高。公问何人,胡班入拜曰:"荥阳令下从事胡班。"云长曰:"莫非许都城外胡华之子否?"班曰:"华乃班之父也。"公唤从者,于行李中取书付班。班看毕,叹曰:"险些误害忠良!"遂入密告曰:"王植心怀不仁,欲害将军,令四面一千火把,约二更放火。胡班今去开门,请将军急收拾车仗行李出城。"云长大惊,慌忙请二嫂上车。云长披挂提刀上马,出馆驿来,果见军士各执火把听候。急来到城边,

---

① 原作"将军离蒲东几年"。"蒲东"指蒲州,系十六国始置地名。据《三国志·蜀书·关羽传》改。
② 原作"公见壁衣之后多人密布,皆掣剑在手",与下文不能合榫。据叶逢春本、汤本《三国》改。
③ 原作"杀害太守并守把关隘将校"。"五关"守将无人系太守,故改。

第五十四回 关云长五关斩将

只见城门早已启开。公催人伴火速出城。胡班送公出城。回去却才放火。

关公行不到数里,背后人马赶来,当先王植大叫:"关某休走!"公勒住马,大骂:"匹夫!我与你无仇,如何令人放火烧我?"王植拍马挺枪,火把照耀,径刺云长,被公拨开枪,拦腰一刀,砍为两段。人马皆散。云长不赶,自随车仗,催促行程。公感激胡班不已。后公闻知胡班被王植家人所杀。

行至白马界首①,有人报与刘延。延慌忙引数十骑,出郭而迎。关公马上欠身而言曰:"太守别来无恙?"延曰:"公今欲何往?"公曰:"辞丞相去寻家兄。"延曰:"玄德在袁绍处。袁绍乃丞相仇人,如何容公去?"公曰:"昔日曾言定来。"延曰:"即今黄河渡口关隘,夏侯惇部下将秦琪据守,只恐不容公过渡。"公告刘延曰:"太守应付船只,若何?"延曰:"船只虽有,不敢应付。"公曰:"吾前者诛颜良、文丑,亦曾与足下解危。今日求一只渡船不与,何也?"延曰:"只恐夏侯将军知之,必见吾罪。"

公知刘延无用之人,遂自催车仗前进。到秦琪寨边,秦琪引军出迎,问:"来者何人?"关公曰:"汉寿亭侯关某是也。"琪曰:"今欲何往?"公曰:"欲投河北,去寻兄长刘皇叔,敬来借渡河船只。"琪曰:"丞相明文何在?"公曰:"吾不受他节制,有甚公文。"琪曰:"吾奉夏侯将军将令,守把关隘,你便插翅,也飞不过去!"公大怒曰:"你知吾于路斩拦截者么?"琪曰:"你只杀得无名下将也,敢与我斗么?"公怒曰:"汝比颜良、文丑若何?"秦琪大怒,纵马提刀②,直取关公。二马相交,只一合,公青龙刀起,秦琪尸横马下。公曰:"当吾者已死,余者不必惊恐。速备船只,送我渡河。"军士急举舟傍岸。公请二嫂渡船过黄河。往北进发,便是袁绍地界。公所历关隘五处,斩将六员,故曰"五关斩将"。后人有诗为证。诗曰:

> 挂印封金辞汉相,寻兄遥望远途还。
> 马骑赤兔行千里,刀偃青龙出五关。
> 忠义慨然冲宇宙,英雄从此震江山。
> 独行斩将应无敌,今古留题翰墨间。

却说公马上自叹曰:"吾非欲沿途杀人,奈事不得已也。曹公知之,必怀痛恨,以我为无仁义之人也。"嗟叹不已。正行之间,忽见一骑自北而来,大叫:"云长少住!"公勒马视之,来者乃孙乾也。关公曰:"自汝南相别,一向消息若何?"乾曰:"汝南刘辟、龚都,遣某往河北结好袁绍,请玄德同谋破曹之计。不想河北诸将谋士,互相妒忌;田丰尚囚狱中,沮授黜退不用,审配、郭图各自专权;袁绍多疑,主持不定。知云长决回,必然陷害。某与刘皇叔商议,先求脱身之计。今皇叔已往汝南会合刘辟,去了三日了。恐云长不知,到袁绍处怕落在彀[三]音扣中,故遣某于路迎接来。天幸于此得见,云长公可就往汝南与皇叔相会。"云长引教孙乾拜二夫人。夫人问其动静。乾备说袁绍二次欲斩皇叔之事:"今幸脱身往汝南去了,公宜速行。"众皆掩面垂泪。

---

① 原作"行至滑州界首"。滑州系隋代州名,治所在白马。东汉白马县则属兖州东郡。参见第五○回。
② 原作"从马提刀"。据叶逢春本改。

云长依此言,不投河北去,径取汝南来。正行之间,忽见背后尘头起处,一彪人马赶来,当先一员大将,大叫曰:"关某休走!吾来擒汝!"未知胜负如何?

【注释】

〔一〕汉明帝:即刘庄。东汉第二代皇帝(58—75年在位)。
〔二〕壁衣:装饰墙壁的大型帷幕,可以隐藏人众。
〔三〕彀:牢笼。

第五十五回 云长擂鼓斩蔡阳

却说云长同孙乾保二嫂,向汝南路行,忽然间背后夏侯惇赶来,约三百余骑。云长急令孙乾保车仗一面行,遂勒回马,按住刀而言曰:"汝来赶吾,有失丞相大度。"夏侯惇曰:"丞相又无明文传报,汝于路杀人,又斩吾部将,特来擒汝。早下马受缚!"云长曰:"吾未降汉时,曾说应有杀伐,不须禀问。于路守把将校,生事拦截,吾故斩之①。"惇曰:"吾与秦琪报仇!"拍马挺枪欲刺。忽背后一骑飞到,大叫:"不可与关将军交战!"关公按辔不动②。来使怀中取出公文,于马上言曰:"丞相怜爱关将军忠义,恐于路关隘拦截,故遣某特赍文书遍行诸处也。"惇曰:"关某于路杀把关将士,丞相知否?"使曰:"未知。"惇曰:"活捉将去见丞相,等丞相放他。"关公大怒曰:"吾惧汝,非大丈夫也!"拍马轮刀,直取夏侯惇。惇挺枪相迎。两马约战二十合,又一骑飞到,大叫:"二将军罢战!"遂各自分开。夏侯惇问曰:"汝来何故?"使者曰:"丞相恐于路阻当关将军,特来告报。"惇曰:"丞相知他杀把关将士否?"使臣曰:"未知也。"惇曰:"若如此,不可放他去。"二将又战到二十余合,忽又一骑飞至,大叫:"二将军少歇!"惇于阵前忙问使臣曰:"丞相交[一]擒关某乎?"使曰:"非也。丞相二次使人来说,诚恐路上阻当关将军,故送公文教行。"惇曰:"丞相不知关某杀人,必用擒下!"指挥手下军士,团团围住,休教走了。背后军马齐来。公无半分惧怯,声如巨雷,来冲阵势。惇挺枪来迎。阵后一人飞马而来,大叫:"元让、云长休得争战!"众皆视之,乃张辽也,俱各失惊。二人勒住马。张辽近前而言曰:"奉丞相钧令,因云长杀了孔秀,恐有阻当,特差我来,教于路关隘任便行。"惇曰:"秦琪是蔡阳外甥,蔡阳是我举荐他见丞相。他将秦琪盼咐在我处,今你将他无罪斩之,于理恐有不然。"辽曰:"我见蔡将军自有分解。既丞相美满教关云长去,不可废丞相宽洪之意。"惇方引军马退去。后人有诗曰:

　　为爱英雄越古今,三番遣使意何深!
　　应非孟德施奸狡,正是揽笼天下心。

张辽曰:"云长今往何处?"关公曰:"兄长不在袁绍处,吾今往普天下寻之。"辽曰:"既未知下落,且再回见丞相若何?"公曰:"既已告辞,安有复去之理。文远回都,借言请罪。"二人分别。张辽赶上夏侯惇,领军回去。

云长亦赶上车仗,与孙乾说知此事。二人并马而行,如遇晚,随投宿处。行了数日,正值大雨滂沱,行装尽湿。遥望冈边一所庄院,关公先往借宿。庄主出迎。公言来意毕,庄主曰:"某姓郭,名常,世居于此。久闻大名,幸得瞻拜。"遂请入,宰羊置酒相待。又请二夫人于后堂

---
①　原作"吾皆斩之"。据叶逢春本改。
②　原作"关公亦按辔不动"。"亦"字无着落,删去。

暂歇。郭常与孙乾、关公三人于堂上饮酒。一边烘焙[二]行李,一面喂养马匹。到黄昏时候,见一后生引数人入庄,径奔草堂而来。郭常唤曰:"吾儿来拜将军。"关公问之,常曰:"此愚男也。"公问何来,答曰:"射猎方回。"常流泪言曰:"老夫世本儒流,因天下荒乱,隐居务农,一生止有此子,不习儒业,惟务游猎为乐,乃家门之大不幸也!"公曰:"方今乱世,若是弃文就武,善熟弓马,亦可以取功名,何为不幸?"常曰:"他若是肯习武艺①,亦是幸也。此子专务游荡,无所不为。"关公亦叹息良久。郭常相陪至更深,各人歇去。

郭常辞出,公与孙乾曰:"此人如此之贤,此子如此之愚,乃天意之不齐也。"方欲就寝,忽闻后院马嘶人闹,公提剑往视之,见郭常之子倒在地上,从者却与庄客相打。公急问之,从者曰:"此人来盗赤兔马,牵出将欲备鞍,被马一脚踢倒,叫唤方知其事。我众人起来夺马,庄客尽来劫夺,因此相打。"孙乾劝关公杀之。公责之曰:"吾独行天下,全仗此马。汝今盗之,是绝吾去路矣!"恰欲杀之,郭常奔至,告曰:"不肖[三]之子,为此逆事,罪合万死!奈老妻素爱此子,公若杀之,老妻必忧闷死矣。望将军仁慈宽恕,幸甚!"公平生是仗义之人,思此老人曾实诉告,遂释之而不杀。坐以待旦,平明收拾行装。郭常夫妇拜于堂下,谢曰:"辱子冒渎尊威,深感将军哀怜之恩!"公令唤出:"吾以善言慰之。"郭常曰:"辱子四更时分,又引数个无徒,不知何处去了。乃常前生之冤业也!"公谢了郭常,请二嫂上车。

公与孙乾离庄,并马而行。行不到三十里,前无村房,后无店舍,只见山背后两马,引着百余人来。为首者头裹黄巾,身穿战袍;后面者乃郭常之子也,拦住去路。为首者大呼曰:"吾乃天公将军张角部下大方裴元绍!来者快留下马,放你过去!"公大笑曰:"狂獧匹夫!汝从张角为盗,还知刘、关、张三人兄弟名字么?"为首者曰:"我只闻赤面长髯者名关云长,不识其面。汝何人也?"关公乃停刀,解囊露髯,令视之。其人滚鞍下马,脑揪[四]郭常之子,献于马前。关公问姓名,告曰:"裴元绍也。自张角死后,一向无主,啸聚山林,权于此处藏伏。今早这厮报道:'有一客人,骑一匹千里马,在我家庄上投宿。'故教某来强夺此马。不想却是关爷爷。可杀此人,以正其罪,不干小人之事。"公曰:"吾看郭常相敬甚厚,不忍杀之。"就马前放回。其人抱头鼠窜而去。

公曰:"汝不识吾,何以知名?"裴元绍曰:"离此二十里,新坂地名有一卧牛山。山上有一关西人,姓周,名仓,两臂有千斤之力。板肋虬音求髯[五],形容甚伟。原在黄巾张宝部下为将,张宝死,啸聚山林。他曾与某说将军盛名,恨无门路相见。"云长叹曰:"山林之中,亦有信义之士为盗耳。今后可去邪归正,勿陷此身。"元绍拜谢。恰欲分别,遥望见一彪人马来到。元绍曰:"此必是周仓也。"立马待之,果是周仓。周仓见云长,下马俯伏于道旁。云长教请起,言曰:"壮士何处曾识关某来?"仓曰:"旧随黄巾张宝处,曾识尊颜;恨失身于贼寇之内,不得相从。今日天赐机会,得拜于此,愿将军不弃收留;仓愿为马前一小卒,早晚执鞭坠镫,死亦甘心!"公曰:"汝愿随吾,汝手下人伴若何?"仓曰:"听其自然,愿顺者从之。"随问一声,众皆愿顺。公遂下马于车前,禀问二嫂。甘夫人曰:"叔叔自离许都,于路独行至此,历过多少艰难,未曾要军

---

① 原作"他辈若是肯习武艺"。据上文,删"辈"字。

马相随。前者廖化,叔尚却之;今次又容为盗者相从,恐惹人议论。我女辈浅见,叔当斟量。"公曰:"尊嫂之言是也。"遂回仓曰:"非关某寡情,奈二夫人未许。汝等且回山中宁耐,吾寻见兄长,必来相招也。"仓顿首而告曰:"仓乃一粗卤匹夫,失身为盗;今遇将军,如重见天日。似此等英雄错过,别无门路矣!如将军不容众随,令尽跟裴元绍去。某当步行跟将军,虽千里万里,亦不辞也。"公再以此言告二嫂。甘夫人曰:"一二人相随,又且何妨?"公令周仓拨人伴随裴元绍去。元绍曰:"哥哥跟将军去,弟亦愿随。"周仓曰:"汝若去时,人伴皆散。汝可权时领料,我且跟随将军去。但有住扎处,便来取你。"裴元绍怏怏而别。周仓跟去。

云长别元绍而行,前往汝南进发。行了数日,将至界口。正行之间,遥望相近山城,问土居人:"此何处也?"土人答曰:"此名古城[六]。数月前有一将军,姓张,名飞,引数十骑到此,将县官赶逐往他处去了。此人在古城中,招军买马,积草屯粮,聚了四五千人,四远无人敢当。不可从此处经过。"公闻之,喜曰:"自徐州失散,今已半年余,谁想兄弟在此!"先令孙乾于城中报说,教接嫂嫂。

却说张飞自芒砀山中飘荡落草,待投河北去,路经古城过,入县借粮;县官不肯,就杀起来,夺了县印,县官逃走①。张飞就此安身。忽见乾来,便问其故。乾说:"刘皇叔离了袁绍处,投汝南刘辟处,会合人马。今关将军离了许都,送二嫂嫂寻觅到此,请将军出郭迎接。"

张飞听罢,也不回言,即便披挂,持丈八蛇矛,飞身上马,引一千余人径出北门。云长望见益德到来,喜不自胜,刀付周仓接了,拍马来迎。张飞睁圆环眼,倒竖虎须,声若雷吼,挥矛望云长便刺。云长大惊,慌闪过枪,便叫:"兄弟如何忘了桃园结义?"飞喝曰:"你既无义,有何面目来与我相见!"云长曰:"我如何无义?"飞曰:"你既顺了曹操,封为汉寿亭侯,自享富贵。今又来赚我!我两个拼个你死我活!"云长曰:"你原来也不知,我也难说。见放着二嫂嫂在此,你自请问。"甘、糜二夫人听得,揭帘而呼曰:"益德叔叔,何故如此?"飞曰:"嫂嫂休怪。待我杀负义的人,请嫂嫂入城。"甘夫人曰:"云长并不知你等下落,不得已而降汉,不降曹。今知你哥哥在袁绍军中,故千里独行,送我到此。你休错见了。"张飞曰:"大丈夫在世,岂有事二主之理②!嫂嫂,你休被他瞒过了!"甘夫人曰:"在下邳时,出于无奈。"飞曰:"宁死而不辱!你既降曹,有何面目相见!"云长曰:"你休屈了我心!"乾曰:"特来寻将军。"飞曰:"如何连你也胡说?他那里有好心,必是来捉我!"云长曰:"我若捉你,须带军马来。"飞把手一指:"兀的[七]不是军马来也!"

云长回顾,果见尘埃起处,一彪人马到来,上面风吹动曹操军马旗号。张飞曰:"尚敢支吾!"使丈八矛搠来。公急止之曰:"兄弟且住!你看我斩来将,以表我真心。"飞曰:"你既有真心,我这里三通鼓罢,要你斩来将。"只见曹军将近摆开,蔡阳横刀勒马,立于门旗之下。猛见云长披挂了,拍马前来,喝曰:"来将何人?"答曰:"吾乃蔡阳是也。你杀吾外甥秦琪,你原来在

---

① 原作"县官皆逃"。"皆"字不当,故改。
② "理"原作"礼"。据叶逢春本改。

这里！吾奉丞相钧命，特来捉你！若捉住你时，我便封为汉寿亭侯。"叫一声："擂鼓！"鼓才举动，云长早已奔到面前①。一通鼓未尽，云长刀一起处，蔡阳头已落地。张飞见了大喜。有赞斩蔡阳诗曰：

> 将军气概与天平，匹马单刀独自行。
> 千里寻兄恩义重，五关斩将鬼神惊。
> 鼓声响处人头落，旗影开时血刃红。
> 堪笑蔡阳无计算，山鸡要与凤凰争！

又诗曰：

> 千古令人笑蔡阳，提刀几欲战云长。
> 古城偶遇交锋处，画鼓方挝一命亡。

众军便走。云长赶上，活捉蔡阳执认旗的过来旗上写名姓为认旗也，取问消息。拿认旗的军告说②："蔡阳知道将军杀了他外甥，心中忿怒，要来河北与将军交战报仇。曹丞相不肯，故差他往汝南攻刘辟。不想这里遇见将军。"言毕，云长教去张飞面前说实事。飞问曰："云长在许行止若何？"小卒从头至尾说了一遍，张飞方才信实，却来车前与二嫂施礼。忽城中人来报说："南门外有十数骑，来的甚紧，不知是甚么人。"飞心中疑虑，就便领兵，转城来迎。毕竟是谁，且听下回分解。

【注释】

[一] 交：通"教"。
[二] 烘焙：用微火烘烤。
[三] 不肖：不贤。
[四] 脑揪：抓住脑后的头发。
[五] 板肋虬髯：板肋，胸部两侧肌肉发达，结成硬块；虬髯，胡须蜷曲。
[六] 古城：东汉三国无此县名。元代《三国志平话》称张飞"在于山南一古城"，《演义》即以"古城"为地名。
[七] 兀的：犹言"这"。

---

① 原作"云长早已胜到面前"。据文意，改"胜"为"奔"。
② 原作"其余皆溃散。拿认旗的军告说"。"其余皆溃散"隔断文气，据叶逢春本删去。

第五十六回　刘玄德古城聚义

　　却说关公斩了蔡阳,败残军马奔回许都,张飞方才信实。忽报城南有十数骑到,飞便转出城来看时,果见十数骑轻弓短箭而来。见了张飞,滚鞍下马。飞视之,乃糜竺、糜芳也。张飞亦下马来。竺曰:"自从徐州失散,我兄弟二人逃难回乡,使人远近打听,知云长降了曹操,主公在于河北,并不知将军来此。昨日道上遇见一伙客人,言说有个姓张的将军,如此模样,见今据守古城。吾兄弟揣量,想必是将军,故来寻访。今幸得相见。"飞喜曰:"云长送二嫂,今日方到。孙乾亦同云长到此①。已知哥哥下落。"糜竺大喜,同来。飞遂请二嫂进城。众各解甲,请二夫人入衙坐定。众皆哭拜于阶下。二夫人亦伤感不已。张飞却才备问仔细。甘夫人说云长前后历过之事,张飞方哭,参拜云长。飞等各言其事已毕,乃杀猪羊贺喜。云长曰:"兄长未到,甚酒食能充肺腑也?"孙乾曰:"此去汝南不远,明日共往取之。"当日权且将息。

　　次日,云长、孙乾二人,吩咐众人皆在古城等候。二人引十数骑,径奔汝南来。刘辟、龚都接着,乾便问:"皇叔何在?"刘辟曰:"皇叔到此处住了数日,为见军少,再回河北商议,三日前去了。"云长怏怏不乐。乾曰:"将军休忧。只用这一番驱驰,再往袁绍处走一遭,报知皇叔,同到古城便了。"

　　云长辞别刘辟、龚都,回到古城,与张飞说知此事。飞欲自往,云长曰:"有此一城,便是我等安身之处,未可轻弃。我与孙乾同往取兄,汝可坚守古城。"飞曰:"你斩他颜良、文丑,如何去得?"云长曰:"汝但放心,见机而变。"遂收拾二十余骑随行。云长唤周仓曰:"卧牛山裴元绍处,共有多少马匹军士?"仓曰:"有五百余人,马五六十匹。"公曰:"我等抄近路去取兄长。你可往卧牛山,招此一路人马,于大路上迎来,勿得有误。"周仓欣然上马而去。

　　云长、孙乾投冀州来,将至界首,孙乾曰:"将军只在此间寻个去处宿歇。某自入境,见皇叔报知,便求脱身之术。"云长于道左见一座庄院,独往觅宿。孤庄之内,一人出迎。公实告之。庄主曰:"某亦姓关,名定。久闻将军大名,今得瞻拜,如拨云雾而见青天。"遂忙请入庄,随唤二子出拜云长。公曰:"二子何名?"答曰:"长男关宁,次男关平。宁学读书,平习武艺。"关定留云长在庄,人伴尽藏于家。

　　却说孙乾匹马径来邺城②,入见玄德,把上项事说知。玄德曰:"简雍亦在此间投奔袁绍,可暗请来商议。"不时,约雍至,与孙乾相见,共议脱身之术。雍曰:"明日见袁绍,可请亲往荆州,结连刘表,共破曹操。主公乘此而去可也。雍亦自有脱身之计。"商议已定。

　　次日,玄德入见绍,告曰:"刘景升镇守荆襄九郡[一],兵精粮足,可以结为唇齿,共破曹操。"绍曰:"吾尝遣使结好此人,此人未肯相从。"玄德曰:"此人乃备同宗之兄,备往说之,必无

---

① 原作"乾亦同云长到此"。据上文,加"孙"字。
② 原作"却说孙乾匹马径来冀州"。冀州系州名,而非具体城名,此处实指州治邺城。

阻矣。"绍曰："若得刘表，胜似刘辟。"遂教玄德行。绍又曰："近有人说汝弟关云长已离曹操，必来寻汝；吾欲杀之，以雪颜良、文丑之恨！"玄德曰："颜良、文丑，比之二鹿耳；吾弟云长，乃一虎也。若失二鹿得一虎，足可以拒曹，何故杀之？望明公垂察焉。"绍笑曰："吾实爱之，故相戏耳。汝可使人召之。"玄德曰："即遣孙乾远近去召之，若何？"绍大喜。玄德出，简雍曰："刘玄德此去必不回矣。"绍曰："当如之何？"雍曰："某愿同行：一者，同说刘表；二者，坚住刘备。"绍曰："甚妙。"

却说玄德先教孙乾行，次日来辞袁绍。绍曰："恐汝只身难成，吾使简雍相辅同往。"玄德与简雍同辞袁绍，上马出城。郭图入见绍曰："刘备去说刘辟，未见成事；今又与简雍去说刘表，此一行必不回矣。"绍曰："汝勿多疑，简雍自有见识也。"郭图嗟呀而出。

玄德、简雍行出界首，孙乾接着，同至关定家。云长迎门接拜，执手啼哭不已，关定领二子拜于草堂之前。玄德问其姓名，云长曰："此人与弟同姓，欲令次子跟弟同去。"玄德曰："年几何？"关定答曰："次子关平，年十八岁矣。"玄德曰："既长者有心令子跟云长，况吾弟又无子嗣，某愿求令嗣与云长为嗣，若何？"关定曰："若蒙主盟，愿听严令。"玄德致谢。关平自此以云长为父。玄德恐袁绍来追，急收拾起行。关定送了一程。

云长教取路往卧牛山来。正行之间，忽见周仓引数十人带伤而来。云长引见玄德。玄德问其故，仓曰："自到卧牛山，谁想有一将单骑而来，与裴元绍交锋，只一合，戳死裴元绍，尽数招降人伴，占住山寨。仓到彼招诱人伴，止有这几个过来，余者惧怕，不敢擅离①。仓亲自与他交战，被他连胜数次，身中三枪，因此径来专待主公。"玄德问曰："此人怎生模样？姓甚名谁？"仓曰："极其雄壮，不知姓名。"云长纵马提刀在前，玄德在后，径投卧牛山来。

周仓来到山下喊叫。那员将全副披挂，挺枪纵马，引众军下山。玄德望见来将，挥鞭出马大叫曰："来者莫非子龙否？"那员将见了玄德，滚鞍下马，拜伏道傍。众皆一齐下马迎之。其人常山真定人也②，姓赵，名云，字子龙。玄德问其所来，云曰："自离使君③，公孙瓒不从直谏，以致丧败，放火自焚。袁绍节次招谕云，云想绍非成立之人，弃而遂投北方。后知使君在袁绍处，欲来相投，又恐袁绍见怪。故四海飘零，无容身之地。因从此处经过，裴元绍下山来夺吾马匹，云就杀之，借此安身。近知张益德在古城，又欲投之，恐其非实。今天幸得遇使君，正应昨夜之佳梦也。"玄德大喜，尽诉从前经历之事。玄德曰："吾一会子龙，便有留恋不舍之意。谁想今日相遇，乃备之幸也！"云曰："云奔走四方④，寻主事之，未有真主。今随皇叔，大称平生。虽肝胆涂地，无少恨矣。"当日就烧毁山寨，率领人众，尽随玄德前赴古城来。

张飞、糜竺、糜芳闻知，出郭迎接，各相拜诉。二夫人出，言云长之德，玄德感叹不尽。乃杀牛宰马，大作聚义筵会。先拜谢天地，遍劳诸军，众皆欢悦。文武仍旧相聚，又添子龙，玄德

---

① 原作"不敢摘离"。据文意改。
② 原作"乃真定常山人也"，不合逻辑。据《三国志·蜀书·赵云传》改。
③ 原作"自离主公"。赵云此前未属刘备，不应称备为"主公"。
④ 原句无主语"云"。承上文加。

欢喜无限,连饮数日,以庆贺兄弟再见之喜。有诗曰:

  当时手足似瓜分①,信断音稀杳不闻。
  今日君臣重聚义,正如龙虎会风云[二]。
  玄德关张离散后,古城天遣再相逢。
  从来良将随明主,惟有常山赵子龙。

  古城聚义时,有玄德、关、张、赵云、孙乾、简雍、糜竺、糜芳、周仓、关平,共马步军校五千余人。玄德商议,欲弃古城去守汝南,又值刘辟、龚都差人来请。玄德遂起军,前赴汝南驻扎,招军买马,渐自峥嵘[三]。

  却说袁绍见玄德不回,大怒,欲起兵伐之。郭图谏曰:"不可。刘备乃疥癣之疾。曹操乃是劲敌,不可不先除也。刘表虽兵精粮足,不足为强。江东孙伯符威镇三江[四],地连六郡[五],谋士有周瑜、张昭之辈,武将有程普、黄盖之徒,积粮有五七年,甲兵有数十万,可使人结好,共破曹操。南北相攻,唾手可得。"绍从其论,即时修书,遣陈震为使,来会孙策,合兵破曹。还是如何?

【注释】

[一] 荆襄九郡:荆襄,即荆州,因州治在襄阳,故称。时有南阳、南郡、江夏、零陵、桂阳、武陵、长沙、襄阳、章陵,共九郡。
[二] 龙虎会风云:比喻英雄豪杰遇到了施展抱负的机会。《易·乾卦》:"云从龙,风从虎。"
[三] 峥嵘:气势不凡。
[四] 三江:指长江中下游地区。古时长江流过彭蠡(今江西鄱阳湖)之后,分三道入海,故称"三江"。
[五] 六郡:指会稽、吴郡、丹阳、豫章、庐陵、庐江六郡。

① 原作"当时手足以瓜分"。"以"显系"似"之形误,据黄正甫本改。

第五十七回　孙策怒斩于神仙

却说孙策自霸江东，兵粮足备。建安四年冬，袭取庐江，收取数县①，破黄祖，败刘勋，豫章太守华歆降，声势大振②，遂遣纮前往许都上表。其表曰：

臣讨黄祖，以十二月八日到祖所屯沙羡县[一]。刘表遣将助祖，并来趣臣。臣以十一日平旦，部所领江夏太守、行建威中郎将周瑜，领桂阳太守、行征虏中郎将吕范，领零陵太守、行荡寇中郎将程普，行奉业校尉孙权，行先登校尉韩当，行武锋校尉黄盖等，同时俱进，身跨马捴音力阵，手击急鼓，以齐战势。吏士奋激，踊跃百倍；心精意果，各竞用命。越度重堑，迅疾若飞。火放上风，兵激烟下；弓弩并发，流矢雨集。日加辰时，祖乃溃烂③。锋刃所截④，燧火所焚，前无生寇，惟祖迸走⑤。获其妻息男女七人，斩虎、韩晞以下二万余级⑥。其赴水溺死者，一万余口。获船大小六千余艘，财物如山积。虽表未擒，祖宿狡猾，为表心腹，出作爪牙。表之鸱张[二]，以祖气息，而祖家属部曲，扫地无余。表孤特[三]之虏，成鬼行尸。诚皆圣朝神武远振，臣讨有罪，得效微勤。谨具表上奏以闻，伏望天览。

此表乃破黄祖始末，不必重说。

曹操知孙策强盛，乃叹曰："狮儿难与争锋也！"遂以曹仁之女配策小兄弟孙匡，由是结亲。留张纮在许都。孙策此时欲为大司马，曹操不许。策甚恨之，常有袭许都之心。吴郡太守许贡，暗遣使上表于汉帝。其表之略曰：

孙策骁勇，与项籍[四]相似。宜加贵宠，可召还京邑。若被诏，不得不还；若放于外，必作世患。当速制之！

许贡使人渡江，被把江守将所获，解赴孙策处。策观表大怒，遂请许贡说话。孙策责之曰："汝欲送吾于死地，何也？"贡答曰："贡无此意。"策出表示之⑦，贡无言可对。策遂命武士绞杀之。贡家小尽皆逃散。有家客三人，要与许贡报仇，恨无其便。

孙策专好游猎，一日，引军会猎于丹徒[五]之西山中，赶起群鹿，各争赶射。策骑五花马，急快飞走，上山如登平地。正赶之间，忽见道旁三人持枪带弓，立于竹箦之内。策勒住马问

---

① 原作"因建安四年冬，为袭取庐江，收复数郡"。"因"、"为"均赘，删去；庐江仅为一郡，原非孙策地盘，故"收复"改为"收取"，"数郡"改为"数县"。
② 原作"后声势大振"。"后"字赘，删去。
③ 原作"祖乃溃漫"。据《三国志·吴书·孙讨逆传》注引《吴录》改。
④ 原作"锋刃所戮"。校改依据同③。
⑤ 原作"惟祖并出"。校改依据同③（迸走，逃走）。
⑥ 原作"斩虎郎韩晞以下二万余级"。校改依据同③（虎，刘表之侄刘虎；韩晞，刘表部将）。
⑦ 原作"策出表视之"。据文意，改"视"为"示"。

曰："汝等何人？"答曰："乃韩当军士，在此射鹿。"策方举辔而行，一人拈枪望策左腿便搠。孙策大喝，急取所佩之剑就马上砍去，剑锋忽坠①，止存剑把在手。一人拈弓搭箭，射中孙策面颊。策就拔下面上箭，取宝雕弓回射，放箭之人应弦而倒。二人举枪向策身上乱搠，大叫曰："我等是许贡家客，特来与主人报仇！"策别无器械，马上以弓打之。二人死战不退。策身被数枪，马亦带伤。正危急之中，程普引数骑至，将许贡家客三人砍为肉泥。看孙策时，血流满面，此伤至重，用刀割袍勒之，救回吴县养病②。

寻华佗时，已往中原去了，止有徒弟在吴，命以治疗，敷贴药饵。医者言曰："此箭头上有药，毒已入骨。可将息一百日，勿得妄动。若怒气冲激，其疮难治。"

孙策为人，平生性如烈火，恨不得三日无事。将息到二十余日，忽闻许都有人来，策急唤而问之。来人曰："曹操惧怕主公③，乃长叹曰：'狮儿难与争锋也！'"策乃笑，又问曰："操帐下谋士皆惧吾否？"来人曰："惟有郭嘉不服主公。"策应声问曰："嘉曾有何话说？"来人不敢言。策怒，欲杀之。来人只得从实告之曰："郭嘉对曹丞相言，说孙策不足惧也：轻而无备，虽有百万之众，安敢横行中原。说主公性急少谋，乃匹夫之勇；倘有一刺客起，便为强暴之鬼耳。他日必死于小人之手。"策听之，大怒曰："匹夫安敢料吾！射吾者，必操之谋也！吾誓取许都，以迎汉帝！"不待疮可，便出议事。张昭谏曰："医者令主公百日休动，何故因一时之忿，自轻千金之躯？"策曰："匹夫料我，吾实难容！誓取中原，以彰英雄！"昭曰："待主公疮可而议之，未为晚矣。"

正话间，忽值袁绍使命陈震至，言欲结为外应，南北攻曹，共分天下。策心甚喜，于城门楼上会集诸将，管待陈震。

正饮酒之间，忽见诸将互相耳语，纷纷下楼。策怪而问之，左右答曰："有神仙于吉从楼下经过，诸将皆往拜之。"策起身凭栏观望，见一道人，约身长有八尺，须发苍白，面似桃花，身披飞云鹤氅[六]，手执过头藜杖，立于当道。上至孙策部下诸将，下至城中百姓男女，皆焚香伏道而拜之。策大怒曰："此妖人也，与吾擒来！"左右告曰："此人寓居东方，往来吴会，有道院在城外，每夜静坐，日则焚香讲道，普施符水，救人万病，无不有验。当世呼为'神仙'，乃江东之福神也，当致敬之。"策怒曰："汝等敢违吾令！"便欲掣剑。

左右不得已，走下楼去，推于吉上楼。策叱之曰："狂夫怎敢扇惑人心耶？"于吉答曰："贫道乃琅琊道士④，顺帝[七]朝曾入山中采药，得神书于曲阳[八]泉水上，皆白素朱书，号曰《太平清领道》，凡百余卷，皆治人疾病方术，名之曰'禁咒科'。禁咒科，一名'祝由科'，医家十三科内有此一科。贫道得之，惟务代天宣化，普救万人，未曾取毫厘之物，安得扇惑明公之军心？"策曰："汝毫

---

① 原作"剑举忽坠"。据黄正甫本改。
② 原作"救回吴会养病"。"吴会"系吴郡、会稽郡的合称，此处指吴县（吴郡治所）。
③ 原作"曹反惧怕主公"。据文意改。
④ 原作"贫道乃琅琊宫崇诣阙上师"。《三国志·吴书·孙讨逆传》注引《志林》："初顺帝时，琅琊宫崇诣阙上师于吉所得神书。"宫崇乃于吉之徒，向朝廷进献于吉之书。作者误解史书，以致文意不通。据《孙讨逆传》注引《江表传》改。

末不敢取于人,饮食衣服从何而得?汝即黄巾贼张角之徒,今不诛,必为国患!"叱左右斩之。张昭谏曰:"于道人在江东数十年,并无过失,不可杀之,恐失民望。"策曰:"此等山野村夫,吾试宝剑,何异屠猪狗耳!"众官苦谏。策恨未消,命枷锁下狱囚之。

众官皆散,各令妻女入告吴太夫人①。夫人唤孙策入后堂,言曰:"我闻汝将于先生下于缧绁[九]。此人多曾助军昭福,医护将士,不可杀之。"策曰:"此人乃妖妄之人,能以妖术惑众人之心,遂使诸将不复相顾君臣之礼,尽皆下楼拜之,掌宾者禁止不住。此等人与张角无异,不可不除也!"吴夫人再三劝之,策曰:"愿母亲勿听女流之言,儿自有区处。"

策出,急唤狱吏取于吉出狱来。狱吏皆敬仰于吉②,在牢中尽去枷锁,事之如父母。策使人去看时,旋带枷锁而出。策大怒,尽杀狱吏,仍将于吉枉手下狱。张昭等数十人连名作状,乞保于吉。策曰:"汝皆读书之人,何不达礼?昔日南阳张津为交州[一〇]刺史③,舍前圣典训,废汉家法律,常着绛帕裹头,鼓瑟焚香,诵邪俗道书,自称以助出军之威,后被南夷所杀。此等甚是无益,诸君自未悟耳。今此子已在鬼录,勿使空费纸笔也。吾必杀之!"

吕范进曰:"某素知于先生能祈风祷雨。方今天旱,何不令求雨以偿其罪?"策曰:"我且看此妖人若何。"众皆保之。狱中取出,开了枷锁,令求甘雨,以救万民。于吉即沐浴更衣,辞众将曰:"吾求三尺甘雨,救万民,吾终不免一死。"诸将曰:"若有应验主公必敬也。"于吉曰:"气数至此,但不能逃。"于吉乃取绳自缚,曝于日中。策曰:"若午时无雨,即焚死于此处!"先令人搬运干柴,堆积于市。忽然狂风就起。百姓看者,何止千万,填塞通衢。孙策于鼓楼上望之,狂风起处,西北云生。顷然天心四下,阴雾渐合。候吏报曰:"午时三刻。"策曰:"空有阴云,而无甘雨,正是妖人也!"叱左右将于吉扛上柴棚,四下举火,焰随风起。忽有黑烟一道冲上空中,一声响亮,雷电齐发,空中大雨如注。顷刻之间,街市成河,溪涧皆满,从午时下到未时,平地水深三尺。于吉仰卧在柴棚之上,大喝一声,云收雨住,复见太阳。众官亲自将于吉扶下柴棚,解去绳索,便请孙策礼之。

策乘轿至通衢,见众官皆罗拜[一一]于水中,不顾衣服。策大怒曰:"雨乃天地之定数,妖人偶遇其便。吾手下之人皆心腹之士,此为祸之端也!"擎宝剑令左右斩之。众官力谏。答曰:"汝等皆欲随从于吉造反耶?"众皆默然。策急叱手下武士④,一刀砍头落地。只见一道青气,投东北去了。策怒,将于吉尸号令于市,以正妖妄之罪。

是夜风雨交作,及晓不见于吉尸首。遂报与孙策。策怒,欲杀守尸军士。忽见堂前阴云中,于吉促步而来⑤。孙策取剑斩之,忽然昏倒。未知性命如何,且听下回分解。

---

① 原作"吴国太夫人"。为与后文"吴国太"区分,删"国"字。
② 原文无宾语"于吉"。据文意加。
③ 原作"昔日南阳张津为汉交州刺史"。此处"汉"字不合汉代人口吻,删去。
④ 原句无主语"策"。承上文加。
⑤ 原作"于吉足步而来"。据黄正甫本改(促步,急步)。

【注释】

[一] 沙羡县：属荆州江夏郡，为郡治所在地。故城址在今湖北武昌西。

[二] 鸱张：嚣张。鸱，鹞鹰。

[三] 孤特：孤立。

[四] 项籍：即项羽（"羽"为字）。

[五] 丹徒：县名。属扬州吴郡。治所在今江苏镇江东南。

[六] 鹤氅：用鸟羽制成的外衣。

[七] 顺帝：即刘保。东汉第七代皇帝。126—144 年在位。

[八] 曲阳：即上曲阳。县名。属冀州中山国。今属河北。

[九] 缧绁：捆犯人的绳索，引申为监狱。

[一〇] 交州：州名。辖七郡五十六县。治所在广信（今广西梧州市），后移番禺（今广东广州市）。

[一一] 罗拜：四面围绕着下拜。

第五十八回　孙权领众据江东

孙策忽见于吉于户内来，掣剑欲砍于吉，策自倒于地。众人救入卧房，昏迷不醒。策母吴夫人来视疾。须臾苏醒，说于吉之事。母曰："吾儿屈杀神仙，以致招祸。"策笑曰："儿自十六七跟父出征①，杀人如麻，贤愚不知多少，何曾有为祸之理？今杀妖人，以绝大祸，何足惧哉！"母曰："因汝不信，以致如此，可作好事以禳[一]之。"策曰："吾命在天，妖人岂能为祸也？"母亲劝之不省，自令左右人暗修善事以保之。

是夜二更，策卧于房内，忽然阴风骤起，将灯吹灭复明；灯影之下，见于吉立于床前。策倚床头，仗剑掷之，铮然有声。策大喝曰："吾平生誓诛妖妄，以清天下。汝为阴鬼，何敢近吾！"言毕，忽然不见于吉。

其母闻之，转生烦恼。策乃扶病强行，以宽母心。母见孙策日渐黄瘦，转求修斋设醮[二]以禳之。策闻知，乃与母曰："儿自幼从父纵横四方，未尝见父敬信鬼神，母亲何故诲侮以事之？"母曰："非也。凡人生天地之间，谁不有死？但分清浊耳。禀其清者，英魂不散，升天为神；禀其浊者，幽魂不散，入地为鬼。圣人尚云：'鬼神之为德也，其盛矣乎！'又云：'祷尔于上下神祇[三]。'鬼神之事，不可不信。汝屈坏神仙，岂无报应？吾已令人设醮于郡之玉清观内，汝可亲往谢罪，自然安矣。"

策不敢违母之命，遂上轿至观。道众出迎，策心不喜，勉强入观内。道士请策焚香，策乃焚香而不谢。忽香炉中烟起不散，结成华盖，华盖之上立于吉。策见之，忽离殿宇，下廊庑而走。行不到数十步，又见于吉立于面前，策掣从者所佩之剑就砍。一人中剑而倒。众人视之，乃前日下手杀于吉者，剑入于脑，七窍内迸流鲜血而死。策教抬出埋之。比及出观，于吉又当于观门之前。众皆不见，惟策见之。策曰："此观即妖人之所也！"坐于观前，随唤武士五百人拆毁其观。武士上屋揭瓦，皆坠于地。策独见屋上立着于吉，用手推之。策转怒，令武士一齐放火，烧毁观宇。火光中，见于吉飞瓦掷之。

策急回府，又见于吉在府前。策乃不进府，遂点起三万军马，于城外屯扎野寨。策夜宿中军帐，令武士各执长戈大斧，绕帐而立。是夜，独见于吉披发而来。策于帐内叱喝至晓，如狂若醉。次日急归城内，城门内又见于吉，策不顾而归府。母亲因从者尽白其事，哭泣不已。是夜，策见于吉数十番，眼不能合。比及天明，母至，见策极其瘦弱，母曰："儿形容全换矣！"策教取镜照之，见其形容，自觉失惊，回顾左右曰："面色如此，当何复建功立事乎？"忽见于吉立于镜中，策拍镜，大叫一声"妖人"，金疮迸裂，昏绝而死。

母令人扶入卧房内。须臾策醒，见金疮粉碎，乃自叹曰："吾不能复生矣！"随即请张昭等诸将皆入，策嘱咐曰："中国方乱，夫以吴、越[四]之众，三江之固，足以观成改。汝等善相吾

---

① 原作"吾自十六七跟父出征"。孙策在母前不应自称"吾"，故改。

第五十八回　孙权领众据江东

弟！"乃取印绶,唤弟孙权近卧榻边曰:"若举江东之众,决机于两阵之间,与天下争衡,卿不如我;举贤任能,各尽其心以保江东,我不如卿。汝宜想父兄创业之艰难,勿轻易也!"权拜受印绶。策语母曰:"不孝男,天年已尽,不能侍慈母;今将印绶付弟权,望母朝暮训之。父兄旧人,慎勿轻怠。"母乃嚎哭曰:"恐汝弟年幼,不能立事,当复何如?"策曰:"弟胜儿十倍①,江东必然无失。但内事不决,可问张昭;外事不决,可问周郎。恨周郎不在左右,不得嘱咐也。"唤诸弟曰:"吾死之后,汝等可听于孙权所使。宗族中有生异心者,众皆斩之。骨肉为逆,不得入祖坟迁葬。"唤妻桥氏曰:"吾与汝不幸,中途相分。早晚汝妹若入见时,可嘱咐教对周郎说知,在意辅佐吾弟,休负我平生升堂拜母通家之义也。"策又召文武曰:"汝等善佐吾弟,各全忠义之名。"再语孙权曰:"汝若负功臣,吾阴魂于九泉之下,必不相见。"嘱讫而亡,时年二十六岁。史官有诗赞曰:

　　独占东南角,人称"小霸王"。
　　运筹如虎踞,决策似鹰扬。
　　威震三江静,名闻四海香。
　　临终遗大事,应是识周郎。

曾子固②诗曰:
　　兵跨三江敢战争,民连六郡喜安宁。
　　光辉寒日金盔重,血染秋波宝剑腥。
　　眼阔尚嫌天地小,心高不信鬼神灵。
　　疑诛于吉浑[五]闲事,只恨东南落将星!

题于吉诗曰:
　　来往东吴数十年,尽知于吉是神仙。
　　英雄不信虚无事,览镜犹然气触天。

评[六]曰:
　　策英气杰济③,猛锐冠世,览奇取异,志陵中夏。然皆轻佻果躁,陨身致败。且割据江东,策之基兆也,而权尊崇未至,子止侯爵,于义俭[七]矣!

孙策既亡,权哭倒于床前。张昭曰:"此非将军哭时也。且周公立法,伯禽[八]不师;非欲违父,时不得行也。周礼,凡遇丧事,即罢政事。时有徐戎作乱,伯禽罢哭而征之,盖急于王事,不得已也。伯禽乃春秋鲁公也。方今天下未定,休只管哭而废大事。况今奸雄竞起,豺狼满道,乃哀亲戚,顾礼制,犹开门而揖盗,未可以为仁也。"张昭言罢,乃令孙静理会丧仪之事,即改易孙权之服,令扶上马,便出理会军马大事。权生得方头大口,碧眼紫髯。昔日有汉使刘琬入吴,见孙氏昆仲曰:

---
① 原作"吾弟胜我十倍",不合与母亲说话口吻,故改。
② 原作"曾固"。应为"曾子固",即北宋文学家曾巩(1019—1083)。
③ 原文无主语"策"。据《三国志·吴书·孙讨逆传》加。

"吾遍观孙家弟兄,虽各才秀明达,然皆禄祚不终①。惟孙仲谋形貌奇伟,骨体非常,必有大贵之表,而又享高寿。众皆所不能及也。"

时权既掌江东大事,尚恍惚未安。人报中护军周瑜自己提兵回吴。权曰:"公瑾已回,吾无忧矣。"

却说周瑜守御巴丘[九],听知孙策中箭,因此回来。将至吴郡,听得策亡,星夜来奔丧,哭拜于灵柩之前。吴夫人出,以遗嘱之言尽告周瑜。瑜曰:"瑜岂敢当托付之重任哉!"吴夫人曰:"江东之事,全仗公瑾。愿无忘伯符之言,则孙氏举族荷戴矣!"周瑜拜伏于地曰:"敢不效犬马之力,继之以死乎!"权入,拜谢曰:"权愿不忘先兄之言,明公训诲。"瑜顿首曰:"某以肝胆涂地,以报相知之恩。"权曰:"今承父兄之基业,将何策以守之?"瑜曰:"方今英雄并起,得人者昌,失人者亡。须得高明远见之士,以佐将军,江东自定也。"权曰:"亡兄有言,内事委托张子布,外事皆赖公瑾为之。"瑜曰:"子布贤达之士,将军当以师礼待之。瑜驽钝不才,恐负倚托之重,愿荐一人以辅将军。"权问是谁,瑜曰:"乃临淮东城[一〇]人也,姓鲁,名肃,字子敬②。此人胸怀韬略,腹隐机谋。生而丧父,奉母至孝。其家极富,大散资财,以济贫乏。瑜为居巢[一一]长之时,将数百人经过,因无粮食,往求稍助。其家有两囷[一二]谷米,各三千斛,见瑜言,即指一囷与之。平生好击剑、骑射,寓居曲阿。祖母亡,还葬东城。友人刘子扬数次请往巢湖[一三]就郑宝处,此人未去。将军可速召之。"权遂教周瑜请之。

瑜奉命亲往,肃接着共坐。肃问其故,瑜将孙权相待之意白之。肃曰:"刘子扬曾召吾往巢湖,吾欲就之。"瑜曰:"昔马援答光武云:'当今之世,非但君择臣,臣亦择君。'今吾主人孙将军亲贤贵士,纳奇录异。且吾闻先哲秘论,承天运代刘氏者,必兴于东南,推步事势,当其历数,终成帝基,以协天时,是烈士攀龙附凤驰骛[一四]之秋。吾方达此,足下不须以子扬之言介意也。"肃从其言,遂同周瑜来见孙权。

权甚敬之,与之谈论,终日不倦。一日,众人皆散,权留鲁肃共饮,同榻抵足而卧。至夜半,权问肃曰:"方今汉室倾危,四方云扰,孤承父兄之余业,思立桓、文之政。君既惠顾,何以佐之?"桓、文乃齐桓、晋文之事。肃答曰:"昔高祖③区区[一五]欲尊事义帝而不获者,以项羽为害也。今之曹操,可比项羽也,将军何由得为桓、文乎?肃窃料之,汉室不可复业,曹操不可卒除。为将军计,惟有鼎足江东,以观天下之衅。规模如此,亦自无嫌。何者?北方诚多务也。因其多务,剿除黄祖,进伐刘表,竟长江所极,据而守之,然后建号帝王,以图天下,此高帝之业也。"好议论。权曰:"今尽力一方,冀以辅汉耳,此言非所及也。"肃曰:"古云人皆可以为尧、舜,但恐将军不肯为耳。"权大喜,披衣起谢曰:"深承教诲,愿共享富贵!"自此,权大喜,赐鲁肃老母衣服帷帐,居处受用。

---

① 原作"虽各才秀达然,皆禄祚不终"。据《三国志·吴书·吴主传》改。
② 此句原在"将军可速召之"句后,与孙权之问语气不接,据黄正甫本提前。
③ 原文"昔汉高祖",不合汉代人口吻,故删"汉"字。

第五十八回 孙权领众据江东

　　肃乃荐一人见孙权①。其人因汉末避乱江东，治《毛诗》，通《尚书》，明《左氏春秋》，事母至孝；琅琊阳都[一六]人也②，复姓诸葛，名瑾，字子瑜。权见瑾甚敬之，拜为上宾。瑾劝权勿通袁绍，且顺曹操，后却图之。权听诸葛瑾之言，遣陈震回，以书绝绍③。

　　曹操知孙策已死，计议起兵下江南。侍御史张纮谏曰："乘人之丧而伐之，既非古义，若其不克，成仇弃好，不如因而厚之。"曹操从其言，遂拜孙权为讨虏将军，领会稽太守；就委张纮为会稽东部都尉④，赍印往江东。孙权大喜，又得张纮回吴，建安四年，孙策遣张纮献方物至许都，拜为侍御史。因封孙权，仍回吴辅孙权。令与张昭同理政事。权既领会稽⑤，缺人管事，张纮乃荐一人：此人曾任合肥[一七]长，今居上虞[一八]⑥，乃吴郡吴人也，姓顾，名雍，字元叹，雍字元叹。言为蔡伯喈所叹，因以为字。乃汉中郎将蔡伯喈徒弟。其人少言语，不饮酒，严厉正大。权以雍为丞，行太守事。自此孙权威震江东，深得民心⑦。

　　却说陈震回见袁绍，说："孙策已亡，孙权领众。曹操拜权为讨虏将军，结为外应矣。"袁绍大怒，遂起冀、青、幽、并等处人马五十余万，复来取许都，战曹操。未知胜负如何？

【注释】

[一] 禳：祭祷消灾。
[二] 醮：一种祷神的祭礼。后专指道士为禳除灾祸而设的道场。
[三] 神祇：泛指神。祇，地神。
[四] 吴、越：今江苏、浙江一带。
[五] 浑：完全。
[六] 评：即《三国志·吴书·孙破虏讨逆传》篇末的《评》。
[七] 俭：薄。
[八] 伯禽：周代鲁国的始祖。周公旦长子。
[九] 巴丘：县名。属扬州豫章郡。治所在今江西峡江县。
[一〇] 临淮东城：今安徽定远东南。
[一一] 居巢：县名。属扬州庐江郡。治所在今安徽桐城南。

① 此句前原有"昔时周瑜荐鲁肃"，与上下文不协，删去。
② 原作"琅琊南阳人也"。琅琊属徐州，南阳属荆州，原文误。据《三国志·吴书·诸葛瑾传》改。
③ 原作"遣陈震以书绝之"。文意不明。承第五七回改。
④ 原作"就委张纮为会稽都尉"。据《三国志·吴书·张纮传》，补"东部"二字。
⑤ 原句无主语"权"。据文意加。
⑥ 原作"张纮乃荐一人合肥长；此人居上虞"。义不通。据《三国志·吴书·顾雍传》改。
⑦ 原作"自孙权威震江东，乃深得民心"。此处无因果关系。承上文改。

[一二] 囷：圆形的谷仓。
[一三] 巢湖：湖泊名。在今安徽中部巢县、肥西、庐江等县间。
[一四] 驰骛：奔走。
[一五] 区区：诚挚。
[一六] 琅琊阳都：今山东沂南南。
[一七] 合肥：县名。属扬州九江郡。今属安徽。
[一八] 上虞：县名。属扬州会稽郡。今属浙江。

第五十九回　曹操官渡战袁绍

却说袁绍起兵五十余万，望官渡进发，官渡在郑州中牟县北。夏侯惇发书告急。曹操急引文武等官，尽数起兵，得七万人，投官渡来迎敌，留荀彧守许都。

先说袁绍兵将临发，田丰又上言曰："各宜守待，以候天时；若妄兴兵，必有大祸。"逢纪谮曰："主公兴仁义之师，田丰出不利之语！"绍遂欲斩之，众官告免。绍教枷杻送狱，恨曰："待吾破了曹操，明正其罪！"

催军进发，旌旗蔽野，刀剑如林。行至阳武地名下寨。沮授谏曰："北军虽众，而勇猛不及南军；南军虽精，而粮草不如北广。南军无粮，利在速战；北军有靠，宜且缓守。若能旷以日月，则南军不战自败矣。"绍怒曰："田丰慢我军心，吾已囚之，回日必斩。汝又敢如此也！"叱左右："锁禁军中，待吾破曹之后，与田丰一体问罪！"绍前后续添大军七十五万，东西南北安营，周围连络九十余里。

细作探知虚实，报到官渡。操军新至，闻知皆惧。曹操与谋士商议，荀攸曰："北军虽多，不足惧也。吾南军皆精锐之士，无不一当十。但利在急战；若迁延日月，粮食不敷，军必散矣。"操曰："此言正合吾机。"传令点将校，摇旗鼓噪而进。北军分一半来迎。

两军相会①，排成阵势，杀气遮天，征尘蔽日。北军中审配教拨弩手一万人，伏于两翼；弓箭手马军五千，伏于门旗内，约定炮响齐发。北军中画鼓三通，袁绍金盔金甲，锦袍玉带，立马阵前；两掖下大将，张郃、高览、韩猛、淳于琼等。旌旗节钺，甚是严整。大叫："请曹操答话！"南军内，门旗开处，曹操出马，左右摆列许褚、张辽、徐晃、李典、于禁、乐进等诸将，各持兵器，勒马听使。曹操以鞭指绍曰："吾于天子之前，请奏汝为大将军，总督河北诸郡②，何故数次欲反乱耶？"绍怒曰："汝托名汉相，实为汉贼！罪恶弥天，甚如王莽、董卓，尚敢诬人造反耶！"操曰："吾今奉诏讨汝！"绍曰："吾奉衣带诏讨奸贼！"操怒，使张辽出马。张郃来迎。二将于阵前斗到四五十合，不分胜败。曹操暗暗称奇。许褚忿怒挥刀，纵马直出。高览挺枪来迎。四员将未见输赢。曹操阵内夏侯惇、曹洪，各引一千军，两肋齐攻，冲北军阵。审配在将台上看见曹军来冲阵，放起号炮，两下弩箭齐发，中军内弓箭手都拥出前面乱射。曹兵如何抵当，望南急走。袁绍驱兵掩杀。曹军大败，尽退官渡去讫。

袁绍移军，逼近官渡下寨。审配言曰："可拨兵十万去守官渡，就曹操寨边筑起土山，令军人下视寨中放箭，操必弃此去。若得此隘口，许都可得矣。"绍乃从之，于各寨内选调有力军

---

① 原作"两阵相会"。据文意改。
② 原作"总督山后诸郡"。"山后"系五代始置地名，范围远远小于袁绍所据冀、青、幽、并四州之地，故改（"河北"泛指黄河以北地区）。

人,用铁锹土担,齐来曹操寨边,垒土成山。原来官渡寨栅,如城一般,周围筑三十余里广阔,旁有河、后有山为之险要,因此难行。曹操见袁军垒土山,张辽、许褚等皆要出城冲突,被审配弓弩手挡住咽喉要路,不能前进。十日之内,筑成土山五十座,上立高橹即云梯也,分拨一半弓弩手于其上,以乱箭射之。曹军大惧,皆顶牌遮箭守御。一声梆子响处,矢下如雨,皆蒙楯音盾伏地,楯,即遮箭牌也。寨中乱窜。寨外北军呐喊而笑。

曹公见军慌乱,请谋士求计。刘晔进曰:"可作'发石车'以破之。"操急令晔进模样,连夜造"发石车"数百乘,分布营墙之内,正对土山上云梯。候弓箭手在上放箭时,营内一齐曳动石车,车上势大,炮石飞空,乱打云梯。打中云梯,人无躲处,弓箭手死者无数。北军皆号其车为"霹雳车"。由是北军不敢登高窥望。

审配又献一计,令军人用铁锹暗打地道,直透曹营,号为"掘子军"。曹军营中遥望见山后又掘土坑,操又问于刘晔。晔曰:"此是北军明不能攻取,其暗掘伏道,必透营而入。"操曰:"何以御之?"晔曰:"绕营内可掘长堑,伏道必无用也。"操连夜差军掘堑,伏道到堑边,果不能入,空费了许多军力。

操守官渡,自八月起,至九月终,绍军不退。操军马疲乏,粮草缺少,意欲弃官渡,回许都。持疑未决,乃作书遣人来许都问荀彧①。荀彧书呈报之。书曰:

奉承钧命,使决进退之疑。愚意袁绍悉将其众聚于官渡②,欲与明公决胜败。公以至弱当至强,若不能制,必为所乘,是天下之大机也。且绍乃布衣之雄耳,能聚人而不能用。伏以公之神武明哲,而辅以大顺,何向而不济!今军食虽少,未若楚、汉在荥阳、成皋间[一]也。是时刘、项莫肯先退,先退者则势屈也。公以十分居一之众,画地而守之,扼其喉而不得进,已半年矣。情见势竭,必将有变,此用奇之时,不可失也。区区拙见,尽竭忠诚,惟明公裁察焉。

曹操得书大喜,令将士各效勇力守之。

绍军约退二十余里。操遣将出营巡哨,有徐晃部将史涣获得北军,问其动静,答曰:"早晚大将韩猛运粮军前接济,先令我等探路。"徐晃捉其人见曹操,言运粮事。荀攸曰:"韩猛倚仗匹夫之勇,卒见轻敌。若遣一人,引轻骑数千,半路击之,可断其粮,绍军自乱矣。"操曰:"谁可往?"攸曰:"只徐晃足可敌也。"操差徐晃将带史涣并火具先出,许褚、张辽救应,六千兵分两队行。

当夜,韩猛押送粮车数千辆,来奔绍寨。正走之间,山峪内徐晃、史涣三千军出截。韩猛飞马来战徐晃。两骑才交,史涣杀散人夫,放火烧粮车。韩猛抵敌不住,拨回马走。徐晃催军尽烧辎重。袁绍军望见西北上火起,败军报来:"有人劫了粮车!"绍急遣张郃、高览去截大路。徐晃烧了粮回,正撞见张郃、高览人马拦住。却欲交锋,背后张辽、许褚军到。两下夹攻,杀散北军,四将合兵一处,回还官渡寨中。曹操大喜,赏劳了当,分出一军于寨外结营,为掎角

---

① 原作"乃作书遣人来许昌求荀彧"。"许昌"应作"许都","求"当作"问"。
② 原作"愚意论袁绍悉将其众聚于官渡"。据黄正甫本,删去"论"字。

第五十九回　曹操官渡战袁绍

之势。

却说袁绍败兵救得些小粮食回还，绍大怒，欲斩韩猛，众官劝免，打为小军。审配曰："粮食乃军家之重事，不可不用心。乌巢[二]乃屯粮草之处，必须得重兵守之。"袁绍曰："吾筹策已定。汝可回邺县①监督粮斛，休教军士缺乏。汝便速往。"审配曰："军机至重，不可忽也。"绍曰："吾行兵二十年，非不能也。汝当萧何之重任，亦非小可，休教吾费心。"审配辞去。袁绍遣大将淳于琼，部领督将眭元进、骑督韩莒子、吕威璜、赵睿等，引军二万，去守乌巢屯粮之所。淳于琼，字仲简，平生好酒性刚，军士多畏之；自至乌巢，以为闲逸之地，终日与诸将聚饮。

却说曹操军粮将尽，急发使往许都，教荀彧、任峻借办粮食，星夜火速解赴军前接济。使命出寨，行不三十里，被北军抄掠，捉见谋士许攸。攸字子远，南阳人也。为人多傲，酷嗜财帛。少时曾与曹操为友，此时攸在绍处为谋士，径取操书来见袁绍。绍问有何事，攸曰："曹操起军马，尽屯官渡，与我军相拒，许都必然空虚。若分轻骑，星夜掩袭许都，而许都可拔也，则奉迎天子以讨曹操，操可擒也。如其未溃，首尾相攻，必破之矣。今操粮食已尽，正可乘时两路击之。"绍曰："曹操诡计极多，此书乃诱敌之谋也。"绍不听。攸顿首言曰："今若不取，必为虏矣！"正劝绍举兵之际，忽有人自邺县来，呈上审配书，先说运粮事；后尽皆言攸在冀州时取受民间财物，滥令子侄辈多科税，粮入己，尽皆收下狱中鞫问[三]，俱皆招认明白。绍览毕，大怒曰："滥行匹夫，尚有面目于吾前献计也！吾知汝与曹阿瞒有旧，想是受他金帛，与他行计，啜赚吾军耶？本欲便斩汝首，反道吾不能容物，权且寄头在项！"大喝一声乃退。

许攸仰天长叹曰："忠言逆耳，竖子不纳！吾子侄已遭审配之害，吾有何面目见天下之人乎！"欲拔剑自刎，左右夺剑而劝曰："主人何故自死耶？袁绍非治世之人，不纳直言，久后必为曹操所擒②。主既与曹公有旧，何不背暗投明，以避袁绍之害？"只这两句言语，点醒许攸来投曹操。单主袁绍合休，有胡曾诗曰：

　　本初屈指定中华，官渡相持勒虎牙[四]。
　　若使许攸财用足，山河争得属曹家？

【注释】

[一] 楚、汉在荥阳、成皋间：楚汉战争期间，双方曾对峙于荥阳、成皋一带，项羽屡胜，刘

---

① 原作"汝可回邺郡"。当时并无邺郡，只有邺县，系冀州治所，袁绍势力中心。
② 原作"久后必为曹操之擒"。据黄正甫本改。

邦屡败。

[二] 乌巢：地名。在今河南延津县南、封丘西。

[三] 鞫问：审问。

[四] 虎牙：东汉有虎牙将军官号。此处泛指将军。

第六十回　曹操乌巢烧粮草

却说许攸被袁绍叱退，满面羞惭，欲寻自尽，左右曰："何不去投曹操？"一句言语点醒之后，攸遂引数个从人步行出营，径投曹寨。伏路军人拿住，攸叱之曰："我是曹公故友，快去报复，言南阳许攸来到。"军士慌报入大寨。

操方解衣歇息，忽听得帐前报许攸私奔到寨。操大喜，不及穿履，跣足出迎之。遥见许攸，抚掌大笑曰："子远子远，许攸字也。远来，吾事济矣！"就辕门大笑，扶攸入坐，叙旧情。操乃先拜于地。攸慌扶起曰："公乃汉相，吾乃布衣，公何谦逊如此？"操笑曰："子远是操故友，岂敢以名爵相上下乎！"攸曰："某有眼如盲，屈身袁绍，言不听，计不从。今特弃之，来见故人。愿丞相无疑焉！"操曰："吾素知公信义之士，有何所疑？愿闻子远授绍之计。"攸曰："吾教袁绍差拨轻骑，乘虚袭许，首尾相攻。因绍不从，吾故弃之。"操大惊曰："若袁绍用子远之言，吾等皆死无葬身之地也！"操遂下拜曰："袁绍势大，不可当之，望子远教我破绍之策。"攸曰："丞相军粮还有几何？"操曰："可一年支用。"攸曰："非也。"操曰："有半年耳。"攸正色而起曰："吾正心相待，汝何相欺耶？"遂趋步出帐。操急请住曰："子远勿嗔，尚容实诉。运至军粮，可支三月。"攸笑曰："世人皆言孟德奸雄，今果然也。"操亦笑曰："兵不厌诈，尚容布露。"遂附耳低言曰："寨中止有此月之粮。"攸应声曰："休得诳语！汝粮尽绝！"操乃愕然曰："何以知之？"攸取出操与荀彧书以示之，曰："此书何人所作也①？"操惊问曰："何处得之？"攸以获使言之。操执手曰："子远想旧交之情，望赐教诲。"攸曰："丞相孤军而抗大敌，不求急胜之方，此取死之道也。攸有一策，不过三日，使袁绍百万之众不战而自回也。擒绍父子，宜在今日。丞相肯听之乎？"操大悦，求计于攸。攸曰："袁绍军粮辎重，皆积于故市[一]、乌巢，袁绍营北四十里。今拨淳于琼为监支②。琼嗜酒无备之人，公选精兵诈为袁军，问之则曰：'吾蒋奇也，差来护粮。'到彼烧其辎重，断其粮食。不三日，绍军自散也。"操大喜，置酒重待，留攸于寨中。

次日，操自选马步军士五千人，皆装作北军旗号。张辽等与操曰："袁绍屯粮之所，安得无准备？丞相未可轻信，恐中许攸之计耳。"操曰："非也。许攸此来，吾始知天败袁绍也。方今吾军粮食不给，难以久守；若不用攸之计，则是坐而待其困也。若彼有诈，安肯留我军中乎？吾亦欲劫寨久矣。请君勿疑。"辽曰："亦须防北军乘虚，却取于此。"操笑曰："吾已筹策定了。"操教荀攸、贾诩待[二]许攸，曹洪守大寨，夏侯惇、夏侯渊一军伏于左，曹仁、李典一军伏于右，以备不虞。教张辽、许褚在前，徐晃、于禁在后，操自引诸将居中。人衔枚，马勒口[三]，前后五千人，黄昏离官渡进发。

是夜，建安五年十月二十三日，星光满天，沮授在军中与监者曰："今夜众星朗列，我欲观

---

① 原作"亲书何人所作也"。据黄正甫本改。
② 原作"今拨淳于琼为将军、运谷使监支"。淳于琼本系将军，而非此时差遣；"运谷使"非汉代官称，删去。

象,可引吾出。"监者遂引沮授出外。授仰面观之,忽见太白逆行,侵犯牛斗之分。授大惊,急求见袁绍。是夜,绍醉中听得沮授有密事见报,唤入问之。授曰:"今夜仰观天象,见太白逆行于柳、鬼[四]之间,流光射牛、斗之分,必有贼兵劫掠于后。乌巢屯粮之所,不可不提备。速遣精兵猛将①,于间道山路巡之,免被曹操之策算。"袁绍叱之曰:"汝乃得罪之人,敢以妄言惑吾众耶?"大叱监者曰:"吾令汝禁锢囚人,辄敢放出,乱言祸福!"一剑将监者斩之,别唤人牵沮授去。授出叹曰:"我军皆亡在旦夕,吾尸骸不知何处污土也!"掩恨而去。

却说是夜淳于琼新接粮草,遂收屯住,只与诸将饮酒,醉后卧于帐中。

却说曹操皆令军士束草负薪而行,二更左侧,经过袁绍别寨。寨兵问之,操军皆应曰:"大将蒋奇奉命往乌巢护粮。"北军看之,果是自家旗号。从间道小路迤逦前进,凡过数处,皆云蒋奇护粮。你我相推,并不阻当。比及到乌巢,四更已尽。操教军士周围举火,大小将校鼓噪直入。淳于琼宿酒未醒,跳起便问:"为何喧嚷?"早被挠钩拖翻。眭元进、赵睿运粮方回,见屯上火起,急来救应。从军告操曰:"贼兵在后,请分兵拒之。"操大喝曰:"贼至背后,方可拒也!"诸将遂奋力向前,杀死者遍地。火光四起,烟弥太空。操勒兵回杀,眭、赵二将皆被斩之。余者乱军中杀死了。操将淳于琼等数人割去耳鼻,断其手指,缚于马上,放回绍营以辱之。

此时袁绍闻军报说正北上火光满天,绍知乌巢有失,急召文武救之。张郃进曰:"某与高览急去乌巢救火,就杀贼军!"郭图曰:"张郃之言未是。今劫粮草,曹操必然亲到,曹操一出,寨必空虚。可以纵兵先击曹操之垒,必可得也。操闻之,必速还。此孙膑'围魏救赵'之计也②。"张郃曰:"郭图之言非也。曹操用兵多算,外出须内备以待不虞。今若攻曹营不拔,琼等见擒,吾属皆为房矣。乌巢一失,将军大事去矣!"郭图曰:"曹操只顾劫粮,岂留兵在寨耶!"图再三请去劫曹营。袁绍使张郃、高览引兵五千,去劫官渡营寨;遣蒋奇一万军,径去救乌巢。

先说蒋奇引兵奔乌巢来。曹操尽夺袁军旗帜,伪作淳于琼下败军回寨,至山僻狭路,正遇蒋奇军马,奔走交肩而过。蒋奇军问,皆曰乌巢败兵回归。军渐过半③,张辽、许褚忽至,大喝:"蒋奇休走!"奇措手不及④,被辽斩于马下。两军会合,尽杀蒋奇之兵。又使人当先伪报曰:"蒋奇已自杀散乌巢兵了。"袁绍不遣人去接应乌巢,尽拨望南。

却说张郃、高览攻打曹营,左边夏侯惇,右边曹仁,冲动北军,曹洪从正中引军而出:三下攻击,北军大败。比及接应军到,曹操却从背后杀来,四下围住掩杀。张郃、高览夺路走脱,收军还营。袁绍收败残军马退归营寨。淳于琼等耳鼻皆无,手指尽落⑤,也还寨内。绍问败军如何失了乌巢,军曰:"将军醉中,因此不能当抵。"绍大怒,立斩之。郭图恐张郃、高览回寨证对是非,先于袁绍前谮曰:"张郃、高览见将军兵败将亡,心甚欣喜。"绍惊曰:"何为出此言也?"图曰:"郃、览二人素有降曹之心,去劫寨故不用命,以致损折士卒。"绍大怒,遂遣使急召郃、览归

---

① 原作"速遣精猛将"。据黄正甫本,加"兵"字。
② 原作"此孙膑'围魏救燕'之计也"。据《史记·孙子吴起列传》改。
③ 原作"后来的是南军,军渐过半"。"后来的是南军"与上下文不协,删去。
④ 原句无主语"奇"。承上文加。
⑤ 原作"手足尽落"。据上文"断其手指"改。

寨问罪。图却又先使人报郃、览曰："绍遣人收汝等杀之。"使至，高览问曰："唤我等有何意？"使曰："未知也。"览掣剑斩却使者。郃惊曰："斩使，欲往何之？"览曰："袁绍为上不宽，听信谗言，必为曹公擒耳。吾等岂可坐而待死？不如去投曹公，以为万全之计。"张郃曰："吾亦有此心也。"二人遂领本部军马，前来降曹。夏侯惇曰："张郃、高览来降，未保虚实。"操曰："吾以德化之，本有歹心，亦变为善矣。"操教开门接入。郃、览投戈卸甲，拜伏于地。操曰："若使袁绍肯从二将军之言，不致有败。昔子胥不早悟，自使身死。今二将军来归，正如微子去殷[五]，韩信归汉也。"就拜张郃为偏将军，封都亭侯，高览亦为偏将军，封东莱侯[六]。郃，字隽乂，河间鄚[七]人也①；览，陇西人也。操得张郃，待之甚厚。

袁绍自去了郃、览，又绝了乌巢之粮，军心惶惶，多有逃窜。许攸又劝曹操宜速进兵。张郃、高览请为先锋，操许之。当夜分兵三路，去劫绍寨。混战到明，斩将降兵，不计其数。平明各自收兵，绍军折其太半。荀攸献计于操："可佯言调拨人马，分路过黄河，一路取酸枣，去攻邺县②；一路取黎阳，断绍归路。以此言达知，则袁绍惊惶，必分动兵势；趁兵分动时，一击可擒绍也。"操乃用其谋，使大小军士四远佯言，故令绍军听知，来寨中报说："曹操分兵两路，一路取邺县，一路取黎阳去也。"绍大惊，急遣子袁尚分兵五万救邺县，又遣将辛明分兵五万救黎阳，连夜起行。曹操使细作打听，知袁绍兵动，操分大队军马，八路齐出，直冲绍营。北军变动，俱无战斗之心，东西不能相顾，绍军大溃。袁绍披甲不迭，单衣幅巾上马；其子袁谭后随。早有张辽、许褚、徐晃、于禁四将，引一千军马追至。赶绍将近，绍急渡河。四下兵合至，各各争攻。绍尽弃图书车仗金帛而逃，止引随行军八百余骑而去③。操兵追之不及，所得遗下之物不可胜数。伪降者尽皆斩之，所余八万余人，流血盈沟。其溺水死者如芦苇相似。绍军七十五万，到此皆休。操大获胜捷，所得金宝缎帛给赏军士。于图书中忽检出书信一束，皆许都及曹军中诸人暗通之书。荀攸曰："可逐一点对姓名，收而杀之。"操曰："当绍之强，孤亦不能自保，况他人乎？"尽皆将书焚之，遂不再问。史官有诗曰：

　　尽把私书火内焚，宽洪大度播恩深。
　　曹公原有高光[八]志，赢得山河付子孙。此言曹公能络笼天下之人，因此而得天下也。

乱军中沮授不能逃，被擒来见曹公。公素与授相识，教取过来相见。授至帐前，大呼曰："授不降也，为军所执耳！"操曰："本初无谋，不用君计。今国家未定，当相图之。"授曰："叔父、母、弟，悬命[九]袁氏④，若公怜爱，速赐死为福！"操曰："孤若早得足下，天下不足虑也。"操乃厚待之。次日于营中盗马，欲归袁氏，操怒而杀之。至死神色不变。操叹曰："吾杀忠义之士也！"伤悼不已，遂葬之。史官赞沮授诗曰：

　　河北多名士，忠贞说沮君。

---

① 原作"河间郑人也"。据《三国志·魏书·张郃传》改。
② 原作"去攻邺都"。邺本为县名。建安十八年(213)，曹操封魏公，以河东、河内、魏郡等十郡为封地，始称邺都。
③ 原作"绍止引随行军八百余骑而去"。主语"绍"与上句重复，承前省。
④ 原作"父叔母弟悬命袁氏"。据《三国志·魏书·袁绍传》注引《献帝传》改。

凝眸知阵法，仰面识天文。
至死心如铁，临危气似云。
曹公哀壮士，犹与建孤坟。

操乃火急督领大小将校攻打冀州，来捉袁绍。未知袁绍性命如何，且听下回分解。

【注释】
[一] 故市：地名。在今河南延津县境。
[二] 待：款待，接待。
[三] 人衔枚，马勒口：行军时的一种保密措施。军士口里衔着枚（形如筷子），以免喧哗；马匹勒紧嘴，以防嘶鸣。
[四] 柳、鬼：星宿名。
[五] 微子去殷：微子，商纣王的庶兄，名启。纣王暴虐无道，他屡谏不听，遂出走。周灭商后，封他于宋。
[六] 东莱侯：《演义》虚构的侯爵名。
[七] 鄚：县名。属冀州河间国。治所在今河北雄县东南。
[八] 高光：汉高祖刘邦和光武帝刘秀。
[九] 悬命：命运掌握在……手里。

卷之七

第六十一回　曹操仓亭破袁绍

却说沮授被执,曹操待以上宾。授但求死,义不肯屈;放于军中,盗马欲归。操恐为后患,杀之而后甚悔,亲自设祭,遂与建坟于黄河渡口,立碑曰:"忠烈沮君之墓"。

操乘袁绍之败,整顿军马迤逦追袭。冀州城邑闻操大破袁绍,尽皆胆裂,诣军前投降。操皆抚慰之。

却说袁绍幅巾单衣,引八百余骑,至黎阳北岸,有大将蒋义渠出寨迎接。绍以心腹事尽诉与义渠。义渠乃招谕离散之众。众闻绍在,又皆蚁聚。军威复振,议还邺县①。军行之次,夜宿荒山。绍夜闻哭声,遂私往听之。军皆诉说丧兄失弟,亡伴去亲者不可计数,都捶胸而哭曰:"若听田丰之言,我等怎遭此苦也!"绍大悔曰:"吾不听田丰之言,兵败将亡,吾今回去,有何面目而见田丰耶?"次日上马,正行之间,逢纪引军来接。绍对逢纪曰:"吾不听田丰之言,致有此败。吾今归去,羞见此人。"逢纪曰:"丰在狱中,闻主公兵败,抚掌大笑曰:'果不出吾之料也!'"绍大怒曰:"竖儒怎敢笑吾!吾必杀之!"逢纪又曰:"田丰常对狱卒曰:'袁本初再求我时,我却不用谋矣!'"逢纪屡被田丰面折,心中常恨。至此,因绍问,故发谮言。

却说田丰在狱中,狱吏曰:"与君贺万全之喜。"丰曰:"何喜可贺?"狱吏曰:"袁将军全师大败而回,想必见重于君也。"丰笑曰:"吾死矣!"狱吏问曰:"人皆为君喜,君何言死也?"丰曰:"袁将军貌宽而内忌,不念忠诚。若胜而喜,犹能赦之;今战败则羞,吾不望生。"狱吏未信。忽使人赍剑至,取田丰之首。狱吏方惊,乃具酒食与之。丰曰:"吾知必死,愿借利刀。"狱吏皆不忍与之。众人流泪。丰曰:"大丈夫生于天地之间,不识其主而事之者,是无智也!不识嫌疑而进者,是不明也!今日受死,夫何足惜!"自刎于狱中。后人有诗叹曰②:

巨鹿田元皓,天姿迈等伦。
周朝齐八士[一],殷室配三仁[二]。
直谏干袁绍,忠心救兆民。
堪嗟牢内死,黄土盖麒麟。

又有诗叹袁绍云:

昨朝沮授军中失,今日田丰狱内亡。
河北栋梁皆折断,本初焉不丧家邦!

孙盛[三]曰:

观田丰、沮授之谋,虽良、平何以过之? 故君贵审才,臣尚量主。君用忠良,则伯王之业隆;臣奉暗后[四],则覆亡之祸至。存亡荣辱,常必由兹。丰知绍将败,败则己

---

① 原作"议还冀州"。黎阳本在冀州魏郡境内,"还冀州"不通,应是回州治、郡治邺县。
② 原文无"后人有诗叹曰"。据文意加。

必死,甘冒虎口,以尽忠规。烈士之于所事,虑不存己。夫诸侯之臣,义有去就。况丰与绍非纯臣乎?《诗》云:"逝将去汝,适彼乐土。"言去乱邦,就有道可也。田丰死于狱中,知者皆哭。

袁绍回邺县,心烦意乱,不理政事。其妻刘氏劝立后嗣,共掌军权。绍所生三子,一甥:长子袁谭,字显思,出守青州;次子袁熙,字显奕,出守幽州;三子袁尚,字显甫,是绍后妻刘氏所生;甥高干,出守并州。袁尚生得形貌俊伟,绍甚爱之,刘氏常于绍前称赞尚有才德,绍故留在身边。自官渡兵败之后,谭再往青州起兵,熙、干皆不在。刘氏劝绍立尚为后嗣,令掌军马。当初,审配、逢纪与袁尚为辅佐,辛评、郭图与袁谭为辅佐。四人各为其主,常有不足之心。当时,袁绍与审、逢、郭、辛四人商议,曰:"今吾命弱,吾立其后,为河北之主:长子谭,为人性刚好杀,虽然聪明,事多躁暴;二子熙,善懦难成;三子尚,有英雄之表,礼贤敬士,吾欲立之。汝意何如?"郭图进曰:"昔日沮授曾谏主公,言犹在耳。授有言曰:世称'万人争逐一兔,一人获之,贪者遂止,分定故也'。谭为其长,今居于外,此为乱之萌也。自古迁长立幼,家邦不定;废嫡立庶,天下不安。今军势稍挫,曹操压境,又使谭、尚争之,乃自取乱之道也。主公且宜理会拒敌之策,勿使家乱。"袁绍不决。人报袁熙,自幽州引兵六万,前来助战;高干引兵五万,自并州来;袁谭引兵五万,自青州来。绍喜,再整冀州人马,来战曹操。

此时操引得胜之兵,陈列于河上,有土人箪食壶浆[五],以迎王师。操见父老数人,须发尽白,皆拜于地。操请入帐中赐坐,问之曰:"老丈多少年纪?"答曰:"皆近百岁。"操曰:"吾军士惊扰汝乡,何喜之?"父老曰:"桓帝时,有黄星见于楚、宋之分[六],彼辽东殷馗善晓天文,夜宿于此,对老汉等言:'黄星见于乾象,正照此间。后五十年,当有真人[七]起于梁、沛之间[八],其锋不可当,天下无敌矣!'今以年纪之,整整五十年。袁本初重敛于民,民皆生怨。丞相兴仁义之兵,吊民伐罪,官渡一战,破袁绍百万之众,正应当时殷馗之言,兆民可望太平矣。"操笑曰:"如老丈所言,何以当之!"取酒食绢帛以赐老人。号令三军:"如有下乡杀人家鸡犬者,如杀人之罪!"于是军民震服,操亦心中暗喜。

人报袁绍聚四州之兵,得二三十万,前至仓亭[九]地名下寨。操提兵前进。下寨已定。次日,绍下战书,操批回:"日下决战。"使回见绍。两军擂鼓。各披挂上马,布成阵势。操引诸将出阵,唤绍答话。绍引三子一甥,文官武将,摆于两边。操曰:"计穷力尽,不思投降,只待刀临项上,恐悔不及矣!"绍大怒,回顾众将曰:"谁敢出马?"袁尚欲于父前耀武扬威,便舞双刀,飞马出阵,来往奔驰。操指曰:"此何人也?"有识者答曰:"此袁绍三子袁尚也。"言犹未毕,一将挺枪早出。操视之,乃徐晃部将史涣也。两骑相交,不三合,尚拨回马刺斜而走。史涣赶来,袁拈弓搭箭,翻身背射,正中史涣左目,坠马而死。袁绍见子得胜,挥鞭一指,大队人马拥将过来混战。从午至酉[一○],各折军校,日暮分开,鸣金收军还寨。

操与众将商议破袁绍必胜之策。程昱献"十面埋伏"之计,可擒袁绍:令操退军于河上,先令军十队伏之,"绍若追至河上,军必死战矣"。操然其计,左右各分五队:左一队夏侯惇,左二队张辽,左三队李典,左四队乐进,左五队夏侯渊;右一队曹洪,右二队张郃,右三队徐晃,右四队于禁,右五队高览。中军许褚为先锋。次日,十队先进,埋伏左右已定。操待半夜,令许褚引兵前进,伪作劫寨之势。袁绍五寨军马一齐俱起。许褚回军便走。袁绍引军赶来,喊声不绝;比及天明,赶至河上,曹操军无去路。操大呼曰:"吾亦在此!诸军何不死战?"军急回身,奋力向前。许褚飞马当先,力斩十数将。袁军大乱①。袁绍退军急回,背后曹军赶来。正行之间,一声鼓响,左边夏侯渊,右边高览,两军冲出,恶杀一阵。袁绍聚三子一甥,死冲血路奔走。又行不到十里,左边乐进,右边于禁,肋下杀出一阵,杀得绍军尸横遍野,血流成渠。又行不到数里,左边李典,右边徐晃,两军截杀一阵,杀得袁绍父子胆丧心惊,奔入旧寨。令三军造饭,方欲就食,左边张辽,右边张郃,透寨而入。绍慌上马,前奔仓亭。人困马乏,欲待歇息,后面曹操大军赶来。袁绍舍命而走。正行之间,前面两军摆开,乃曹氏宗族魏家枝叶:右壁厢曹洪,左壁厢夏侯惇,挡住去路。绍大呼曰:"若不决死战,必为所擒也!"奋力冲突,得脱重围。袁熙、高干皆被箭伤。

绍连夜走百余里方脱。所随马步人众约有万余,太半皆自溃散,少半皆被杀戮,绍抱三子痛哭一场,不觉昏倒。众人急救,绍口吐鲜血不止。绍曰:"吾自历战数十场,未若官渡、仓亭之失!乃天丧吾也!操必来追,汝等各回本州,大起人马,誓与曹贼一决雌雄!"谭曰:"青州兵粮极多,儿请去,再为整顿。"绍教辛评、郭图火急随袁谭前去理会②,恐曹操犯境;令袁熙再回幽州,高干再回并州,各去收拾人马,以备调用。袁绍引袁尚等入邺县养病,令尚与审配、逢纪暂领军事,城中广积粮草,准备曹操兵来。

却说曹操自仓亭大胜,重赏三军;探察冀州虚实,然后进取。细作探知,回报绍卧病在床,袁尚、审配紧守城池,袁谭、袁熙、高干皆回本州。众皆劝操可急攻之。操曰:"冀州粮食极广,审配又有机谋,急未可拔。见今禾稼在田,功又不成,枉废民业。姑待秋成,取之未晚。"此是操买民心也。众曰:"若恤其民,必误大事。"操曰:"民为邦本,本固邦宁。若废其民,纵得空城,有何用哉?"正持疑未决之间,忽报:"刘备在汝南得刘辟、龚都数万之众。听知丞相尽提军马河北出征,见今令刘辟守汝南,刘备乘虚引军来攻许都也。"少刻,荀彧书到,亦言此事。操留曹洪屯兵河上,虚张声势。操自提大兵,望汝南来迎刘备。未知胜负如何?

【注释】

[一]八士:相传周代八个有才干的人,即伯达、伯适、仲突、仲忽、叔夜、叔夏、季随、季騧。

[二]三仁:指殷商末期的微子、箕子、比干。微子见前注;箕子为纣王诸父,官太师,曾谏纣王,被囚禁;比干为纣王叔父,官少师,屡谏纣王,被剖心而死。

[三]孙盛(302—373):东晋史学家。字安国,太原中都(今山西平遥西南)人。著有《魏氏春秋》、《异同评》、《晋阳秋》等。裴松之注《三国志》,多引其书。

---

① 原作"众皆大乱",语含混。据文意改。
② 原作"绍教引辛评、郭图火急随袁谭前去理会"。"引"字使文句不通,删去。

[四]暗后：昏愚的君主。后，君主。
[五]箪食壶浆：指百姓带着食物慰劳军队。箪，盛食物的竹器；浆，饮料。
[六]黄星见于楚、宋之分：土星出现在楚、宋的分野内。黄星，即土星。
[七]真人：真命天子。
[八]梁、沛之间：梁国和沛国之间。此处暗指曹操。曹操是谯县人。谯县属豫州沛国，又临近梁国。
[九]仓亭：即仓亭津。东汉三国时黄河的重要渡口。在今山东阳谷县北古黄河上。
[一〇]酉：十二时辰之一，相当于十七时至十九时。

第六十二回　刘玄德败走荆州

曹操兵至冀州境界，叹曰："吾起义兵为天下除暴乱，旧乡人民死丧略尽，终日不见所识，使吾感伤。况禾稼在田之时，不可扰动，权且罢兵。"正值荀彧书到，说："刘备欲攻许都，可速回军迎之。"操留曹洪屯兵河上，遂勒兵向东。刘玄德探知曹操兵来，近穰山[一]五十里下寨，军分三队：于东南角上，云长屯兵；西南角上，张飞屯兵；正南寨中，玄德、赵云。人报曹操兵至，玄德鼓噪而出。操布成阵势，叫玄德答话。玄德出马于门旗下，操以鞭指而骂曰："吾待汝为上宾，汝何背义忘恩耶？"玄德大怒曰："汝托名汉相，实为国贼！吾乃汉室宗亲，故讨反贼耳！"操曰："吾奉天子明诏，四方招降讨逆，汝敢乱言耶？"玄德曰："汝诏乃虚诳之言，吾有天子密旨在此。"操曰："汝休托言。"玄德遂念衣带诏。操怒，教许褚出马，玄德背后一将挺枪出马。乃常山赵子龙也。操指而言曰："此贼，昔日偷过吾寨之人也！"许褚、赵云二将相交，三十合不分胜负。忽然东南角上喊声大震，云长引军冲突而来。操欲分兵迎之，西南角上喊声大举，张飞领军冲突而来。三处一齐掩杀。操军远来，疲困不能抵当，大败而走。玄德领军追二十里方回。

玄德得胜，大杀一阵，心中甚喜；使人探听，操兵退五六十里。玄德与众人言曰："不意今番挫动操之锐气也！"云长曰："未可轻视。操奸谋极多，恐必有计。"玄德曰："此退，即怯战也。"玄德使赵云搦战，操兵旬日不出。玄德又使张飞搦战，操兵亦不出。玄德愈疑。忽报龚都运粮至半途，被曹军围住。玄德急令张飞去救。流星马又报张辽引军抄背后，径取汝南。玄德曰："云长所料是也。此间滞住吾兵，必使张辽攻取吾家基业矣。可宜速救老小。"急遣云长救之。两军皆去。不半日，速报玄德曰："张辽打破汝南，刘辟弃城而走，云长亦被围住。"玄德大惊。又报张飞去救龚都，也被围住了。玄德要起，犹恐操兵后袭。小卒来报许褚搦战。赵云欲出，玄德曰："不可出敌。存下气力，今夜弃寨，望穰山而走。"子龙拒住不出。候至天晚，教军士饱餐，步军先出，马军随后，寨中虚传更点。玄德等出寨。约行数里，转过土山，火把齐明。山头上大呼曰："休教走了刘备！丞相在此专等！"四面火鼓喧天，山上曹操自呼："刘备快降！"玄德慌寻走路。赵云曰："主公勿忧，但跟臣来。"赵云挺枪跃马，杀开走路。玄德掣双股剑后随。鏖战之间，张辽忽至，与赵云相战。背后于禁赶到，玄德助战。肋落中，李典又到。玄德见势危，落荒便走，听得背后喊声渐远，玄德望山深僻路，单马逃生。

捱到天明，侧首一彪军撞出。玄德大惊，乃刘辟败军千余骑，护送玄德老小皆到。刘辟引孙乾、简雍、糜芳亦至。玄德问之，皆曰："张辽军至，势不可当，因此弃城而走。辽兵赶来，幸得云长背后挡住，因此得脱。"玄德曰："二弟、赵云皆不知如何①？"刘辟曰："将军且行，却又寻觅。"行到数里，一声鼓响，前面拥出一彪人马，当先大将乃张郃也，大叫："刘备下马受降！"玄

---

① 原作"二弟、云长皆不知如何"，义不通。据叶逢春本改。

德方欲退后,只见山头上红旗磨动[二],背后一军从山坞内拥出,乃高览也。玄德两头无路,仰面大呼曰:"天何使我受此窘极!功名不成,不如就死!"欲拔剑自刎。刘辟急止曰:"容某死战,夺路救君!"辟便来阵后与高览交锋。战不三合,被高览一枪刺于马下①。玄德正慌,方欲自战,高览后军忽然大乱,一将冲阵而来,枪起处,高览翻身落马。刺高览者,乃子龙也。玄德大喜。子龙纵马挺枪,杀散后队,又来前军独战张郃。郃与子龙战十余合,气力不加,拨马便走。子龙乘势冲杀张郃,郃又欲战;子龙见郃兵守住山隘,路窄不得出。正夺路间,只见云长、关平、周仓引三百军到。两下夹攻,杀退张郃,救出隘口,占住山险下寨。玄德使云长寻觅张飞。原来张飞比及去救龚都,龚都已被夏侯渊所杀。飞与龚都去报仇,杀散夏侯渊,迤逦赶去,被乐进、徐晃拦住。云长路逢败军,寻踪而去,杀退乐进、徐晃,与飞同回见玄德。人报曹军大队赶来。玄德教孙乾等保护老小先行。玄德与关、张、子龙在后,且战且走。操见弃寨去远,收军不赶。

玄德总无一千军,取路而走,前至一江,唤土人问之,乃汉江也。土人知是玄德,奉献羊酒,乃聚饮于沙滩之上。玄德酒酣,乃发怒曰:"诸君皆有王佐[三]之才,不幸跟随刘备!备之命窘,累及诸君!今日上无片瓦盖顶,下无置锥之地,诚恐有误诸公。公等何不弃备而投明主,共取功名富贵乎?"众皆掩面而哭。云长曰:"兄言差矣。某昔闻高祖共项羽同争天下,数败于羽;后九里山[四]一战成功,而开四百年基业。某等与兄自破黄巾以来,今近二十年,或胜或负,其志愈坚,何故今日忽生变异?兄勿堕志,惹天下笑焉。"玄德曰:"吾闻'主贵则臣荣',吾无履足之地,恐负公等。"孙乾曰:"使君之言未然。且人成败有时,不可丧志。此离荆州不远。刘景升乃当世之英雄。坐镇九郡②,兵甲数十万,粮草如山积,更且与公皆汉室宗亲,何不往投之?"玄德曰:"但恐不容耳。"乾曰:"景升据江、汉之地,东连吴会,西通巴、蜀[五],南近海隅,北接汉沔[六]。君恐不容,乾愿一往,景升必出境而迎主公也。"玄德大喜,便差孙乾先往荆州。

到襄阳入见刘表③。礼毕,刘表问曰:"汝从玄德,何至于此?"乾曰:"刘使君与明公,皆汉室之胄,天下共知。今使君欲极力扶持社稷,但恨兵微将寡。汝南刘辟、龚都,素无亲故,亦以死报之。使君新败,欲往江东投孙仲谋,乾僭言[七]曰:'安可背亲而向疏耶?'荆州刘将军当世之英雄,士之归向如水之投东,何况同宗乎?因此未敢擅便,先命乾拜白,以为进见之阶。"表大喜曰:"玄德,吾弟也。久欲相会,而不可得。吾坐镇九郡,岂不容一宗弟也?玄德见在何处,便差人远接。"蔡瑁谮曰:"不可,不可!刘备心术不正,背义忘恩,先从吕布,后事曹公,近投袁绍,皆不克终,足可见其为人也。今若纳之,必惹曹公加兵,使九郡生灵不安。不如斩乾首以献曹公,曹公必重待主公也。"孙乾正色言曰:"吾非惧死之人也。刘使君虽事三人,皆非其交;布乃杀父之徒;操诚欺君之贼;袁绍不纳忠言,损害贤良。似此等辈,安可共论仁义之

---

① 原作"被高览一刀砍于马下"。据第五九回,高览所用兵器为枪。
② 原作"坐镇九州"。刘表所据乃荆州一州,含九郡。
③ 原作"到郡入见"。"到郡"意含混,应为到荆州治所襄阳;承上文,加宾语"刘表"。

道？刘使君赤心报国，言必有信，忠孝两全之士，岂肯屈身于俗子之下哉！今闻刘将军汉朝苗裔，宗族之兄，宽洪大度，敬老尊贤，爱民惜物，乃当世之英雄，故千里而投之。尔何献谗言而嫉贤妒能耶？"刘表闻言，叱退蔡瑁曰①："吾主持已定，汝勿多言。"蔡瑁羞惭满面而退。表问玄德何处，乾曰："见在江口。"表曰："吾自出郭迎之。"使乾与人先往。表出郭三十里迎接。玄德见表，拜伏甚恭。表泣诉亲情，待之甚厚。玄德引关、张等拜见刘表。表与玄德同入襄阳②，寻宅院居住已定，连日筵宴，叙说前事。蔡瑁虽怀不足，安敢形于颜色。玄德到荆州，时建安六年秋九月也。

却说曹操探知玄德已往荆州投奔刘表，操欲就攻之。程昱谏曰："袁绍未除，而一旦便下荆、襄，倘袁绍从北而起，两下夹攻：刘表有刘备之助，袁绍有三子之力，则大事去矣。不如还兵许都，少养军士之力，待冻消春暖，引兵向北，先破袁绍；回得胜之师，来攻荆、襄，南北之利，易如反掌。"操曰："善。"遂提兵回许都。时建安七年春正月也，曹操商议兴师。先差夏侯惇、满宠镇守汝南，以拒刘表之势；留曹仁、荀彧守许都③；尽拨军马，前赴官渡。

却说袁绍自旧岁感吐血症候，今经渐可，商议攻许都之策。审配谏曰："自旧岁官渡、仓亭之败，军心未振；尚当深沟高垒，可以养军民之力。"忽报曹操进兵官渡，来攻冀州。绍曰："若候军临城下，将至壕边，敌之未易。吾自领大军出迎④。"袁尚曰："父亲病体未痊，不可远征。儿愿提兵前去迎敌。"绍许之，遂使人往青州取袁谭，幽州取袁熙，并州取高干：四路同破曹操。未知胜负如何？

【注释】

[一] 穰山：《演义》虚构的地名。
[二] 磨动：作圆圈式的挥舞。
[三] 王佐：帝王的辅佐。
[四] 九里山：山名。在今江苏徐州市北。楚汉相争时，刘邦在此大败项羽。
[五] 巴、蜀：古代巴国、蜀国辖区，代指当时的益州。
[六] 汉沔：即汉水。汉水上游称沔水，古人亦通称汉水为沔水。
[七] 僭言：超越本分而进言。

---

① 原作"刘表闻之，用言叱退蔡瑁曰"。据叶逢春本改。
② 原作"表同入荆州"。据文意，加"与玄德"三字；荆州系州名，而非具体城名，此处实指州治襄阳。
③ 原作"遂留曹仁、荀彧守许都"。据黄正甫本，删去"遂"字。
④ 原作"吾自领大将出迎"。据文意，"将"应作"军"。

第六十三回　袁谭袁尚争冀州

袁尚自斩史涣之后,意气自负,欲于父前显耀才能,不待袁谭等兵至,自引兵数万,便出黎阳,与南军前队相迎。张辽当先出马。袁尚血气方刚,挺枪跃马来与张辽交锋。战不三合,隔架遮拦不住,大败而走。张辽一掩,尚不能主张,急急引军连夜回邺县①。袁绍闻袁尚败回,受那一惊,旧病又发,吐血一滩,昏倒在地。刘夫人慌救入后堂,渐渐不醒人事。刘夫人急请审配、逢纪商议后事。绍但以手指之,审配就床前写遗书。刘夫人曰:"袁尚可继后嗣否?"绍点头,便教写遗书。绍翻身大叫一声,吐血斗余而死。后有诗曰:

累世公卿立大名,少年天下自纵横。
空留俊杰三千客,漫有英雄百万兵。
羊质虎皮[一]功莫说,凤毛鸡胆事难成。
可怜一种伤心病,继迹相传两弟兄。

又诗曰:

气欲吞天志不高,有谋无断岂英豪。
图王霸业浑如梦,枉害伤心吐血劳!

论[二]曰:

袁绍初以豪侠得公,遂怀雄霸之图。天下胜兵举旗者,莫不假以为名。及临场决敌,则悍夫争命,深筹高议,则智士倾心。盛哉乎,其所资也!韩非曰:"狼刚而不和②,愎过而好胜,嫡子轻而庶子重,斯之谓亡征[三]。"刘表道不相越,而欲卧收天运,拟踪三分,其犹木偶之于人也!

时建安七年夏五月也。刘夫人举丧,未及迁葬,将袁绍所爱宠妾五人杀之;恐阴魂于九泉之下再与绍相见,髡[四]其头,刺其面,毁其尸,妒其色如此。袁尚恐宠妾家属为害,尽收而杀之。审配、逢纪遂立袁尚为大将军③,领冀、青、幽、并四州牧,遣书报丧。袁谭已自发兵离青州,知得父死,遂与郭图、辛评商议。图曰:"主公不在冀州,审配、逢纪必立袁显甫为主矣。当速行。"辛评曰:"若速往,必遭大祸。审配、逢纪预定机谋矣。"袁谭曰:"若此,当何如?"郭图曰:"可屯兵于城外,观其动静。某当亲往以察之。"谭令郭图入邺县见尚。礼毕,尚问:"兄何不至?"图曰:"在军中抱小疾,不能相见。"尚曰:"吾受父亲遗书,立我为主,加兄为车骑将军。即目南军压境,请兄为前部,吾随后便调军接应也。"图曰:"军中无人商议良策,愿乞审正南、

---

① 原作"急急引军连夜回冀州"。黎阳本在冀州境内,"回冀州"不通,应是回州治邺县。
② 原作"俱刚而不和"。据《后汉书·袁绍刘表传》改。
③ 原作"遂立袁尚为大司马将军"。袁绍官衔为大将军,袁尚继其位,官衔应不变。见《三国志·魏书·袁绍传》。

第六十三回　袁谭袁尚争冀州

逢元图二人为辅。"尚曰："吾用此二人调遣。"图曰："如此，主公必不放心。"尚教二人内一人去，二人都推却。尚教拈阄，拈着逢纪。尚教逢纪就赍印信，一同郭图赴军中相辅。纪随图出城，见谭无病，心中不安，纳上印绶。谭问动静，纪言："袁将军在，遗言令袁显甫为主，加主公车骑将军。今上印绶。"谭大怒，欲斩逢纪。郭图谏曰："此父命，不可违也。"遂免之。郭图密与谭曰："目今曹军在境，且未可出言，只留逢纪在此。待破曹之后，却来争冀州不迟。古人有云：'小不忍则乱大谋。'今留逢纪，某之计也。"谭喜，即时拔寨起行。

前至黎阳，与曹军相抵。谭遣大将汪昭与曹军对垒。操遣徐晃出马，与昭战不数合，一斧斩昭于马下①，掩杀一阵，谭军大败。谭收败军入黎阳，遣人求救于尚。尚与审配计议，配云："略应付些军马，多则有误于事。"遂发兵五千余人。操使人探知救军已到，遣乐进、李典引兵于半路接着，两头围住，尽杀之。袁谭知尚止拨军五千，又被半路坑杀，唤逢纪责骂曰："教汝随我，何相轻也？"纪曰："容某作书去请，主公必亲自来也。"谭令纪作书，遣人到邺县。尚与配共议，配曰："郭图多谋，前次不争而去者，为曹军在境；若曹破，则来争冀州矣。今不可发兵，借操之力，先除谭，则无后患。"尚从其言，不肯起兵。使回报谭，谭大怒，立斩逢纪，欲议降曹。有人密报袁尚曰："今谭困乏，则降曹也。两攻其势，冀州危矣。"尚慌留审配并大将苏由固守，自领军来黎阳救谭。尚问军中谁敢为前部大将，吕旷、吕翔两兄弟愿出去。尚点兵三万，与吕旷为前锋，先到黎阳报说尚自引兵来救。谭大喜，罢降曹之意。谭屯兵城中，尚屯兵城外，为掎角之势。

此时袁熙、高干皆领军到城外，屯兵三处，每日出兵与操相持②。尚数败，操兵屡胜，不能尽除。至建安八年春二月，操分路攻打，谭、尚、熙、干皆大败，弃黎阳而走。操引兵追至邺县。谭与尚入城坚守；熙、干离城三十里下寨，虚张为势。操兵连夜攻打不下。郭嘉进言曰："袁绍爱此二子，莫适立也。今权力相并，各有余党，击之则相救，缓之则争心生。不如收兵南向荆州，若征刘表者，以候其变，变成而后击之，可一举而定也。"操曰："其言极善。"命贾诩为太守，守黎阳；曹洪引兵守官渡。操引大军还许都。

谭、尚听知操军自退，遂相庆贺。袁熙、高干各自辞去。袁谭与郭图、辛评计议："我为长子，反不能承祖宗之基业③；袁尚晚母所生，今承大爵，如何夺之？"图曰："主公可勒兵于城外，只做请袁尚、审配筵席，就中埋伏刀斧手先杀二人，大事定矣。"谭从其言。别驾王修自青州来，谭将此计告之。修曰："兄弟者，左右手也④，今与他人争斗，断其右手，而曰我必胜，安可得胜乎？夫弃兄弟而不亲，天下其谁亲之？彼谗人离间骨肉，以求一朝之利，愿塞耳勿听！若斩佞臣数人，复相亲睦，以御四方，可横行于天下。愿主公详之。"谭大怒，叱退王修，使人去请袁尚。

---

① 原作"一刀斩昭于马下"。在《演义》中，徐晃所用兵器为斧，故改。
② 原作"每日出奇兵与操相持"。"奇兵"与下文"尚数败"不合，故删"奇"字。
③ 原作"反不能承祖父之基业"。据叶逢春本改。
④ 原作"兄弟者，左右之手也"。"之"字可能造成歧义，据《三国志·魏书·王修传》删。

尚与审配商议，配曰："此必郭图之计也。主公若去，必遭奸计。"尚曰："奈何？"配曰："不如乘势攻之。"袁尚全装贯带①，起兵五万，摆布军马出城。袁谭见袁尚领军来，情知事泄，便披甲上马，与尚交锋。尚大骂。谭亦骂曰："汝药死严父，夺其名爵，今又来杀兄耶！"二人亲自交锋，袁谭大败。尚亲冒矢石，冲突掩杀。谭引败残军马奔走平原，尚收兵还。

谭与郭图再议进兵，令岑璧为将，领兵前来。尚自引兵出冀州。两阵对圆，旗鼓相望。璧出骂阵，尚欲自战，大将吕旷拍马舞刀来战岑璧。二将战无数合，斩岑璧于马下。尚掩杀②，谭兵大败，再奔平原。审配劝尚一发剿除根本，遂乃进兵，追至平原。谭又勒兵回战，抵挡不住，退入平原，坚守不出。尚三面围困攻打。

谭见城中粮少，与图计议。图曰："今将军忧兵乏粮少，显甫尽率其众而来，久自不敌。愚意可遣人投曹公，使提兵来击显甫。曹公军至，必先攻邺县，显甫必还救之。将军引兵而西，自邺[音业]以北，皆可虏得③。若曹公击破显甫，其兵奔走，又可敛而取之以拒操。操远来，粮食不继，必自退去。赵国迤北，皆我之兵，亦足与操为敌矣。"谭曰："可用何人为使？"图曰："此间有一人，能言快语，乃颍川阳翟人，姓辛，名毗，字佐治，见为平原令，可往。"谭曰："此人乃辛评之弟，可议论大事④。"图曰："他兄弟二人甚是和睦，便可命之。"谭即时请辛毗，毗闻此言，欣然便往。谭修书呈付毗，使三千军送毗出境而回。

却说辛毗到许都，闻知操去伐刘表，见屯军于西平[五]地名，表遣玄德引军为前部以迎之，未及交锋。辛毗到操寨，见操礼毕，操问其故⑤，毗言："袁谭使毗特来纳降。"操看书毕，留辛毗于寨中。操聚文武计议，程昱曰："袁谭被袁尚攻击太急，不得已使辛毗来降，不可准信。且伐刘表，待袁氏兄弟自相吞并，然后可图也。"吕虔曰："刘表方强，宜先平之。"满宠曰："丞相既引兵至此，安可便回也？"荀攸曰："三公之言未尽其善。以愚意度之，天下方有事，而刘表坐保江、汉之间，不敢展足，其无四方之志可知矣。袁氏据四州之地，带甲数十万，虽然数败，犹得民心。若二子和睦，以守其成业，天下未可定矣；今兄弟结冤，势不两全，因此来降，若提兵先灭袁尚，后观其变而除谭⑥，天下定矣，此机会不可失也！"操大喜，使邀辛毗饮酒。操曰："袁谭之降，其真耶？诈耶？袁尚之兵，果可必胜耶？"毗对曰："明公勿问真与诈也，只当论其势耳。袁氏本兄弟相伐，非他人能间其间，乃谓天下可定于己也。今一旦求救于明公，此可知也。显甫见显思危困而不能取，此力竭也。兵革败于外，谋臣诛于内；兄弟谗阋[六]音隙，国分为二；连年战伐，甲胄生虮虱；加之旱蝗、饥馑并臻[七]，国无困仓，行无裹粮；天灾应于上，人事困于下：民无问愚者智者，皆知土崩瓦解，此乃天灭袁氏之时也。兵法云：'石城汤池，带甲百万，而无

---

① 原作"全装惯带"。据文意改（贯，穿）。
② 原句无主语"尚"。据文意加。
③ 原作"自邺迤北，尚可掳矣"。据《三国志·魏书·辛毗传》注引《英雄记》改。
④ 原作"可议论于事"。据文意改。
⑤ 原句无主语"操"。据叶逢春本补。
⑥ 原作"后观其变而除之"。承上文"先灭袁尚"改。

粮食者不能守也。'今明公提兵攻邺，尚不还救，则失城郭；尚还救，则谭踵袭其后。以明公之威，应困穷之敌，击疲惫之寇，如迅风之落秋叶矣。天以袁尚付明公，明公不取而伐荆州。荆州丰乐之地，国内民和心顺，急未可动摇。今二袁自相残害，可谓乱矣；居者无食①，行者无粮，可谓亡矣。若不取，待下年丰熟，袁氏改过，自相和睦，急难动摇。今因其请救而抚之，利莫大焉。且四方之寇，莫大于河北；河北既平，则六军[八]盛而天下震②；天下震，则霸业成矣。愿明公详之。"操大喜。踊跃而言曰："恨与辛佐治佐治，辛毗字也。相见之晚也③！"即日督军，还取冀州。

袁尚知曹公军马渡河，急急引军还邺。袁谭见尚拔寨退军，大起平原军马，随后赶来。行不到数十里，一声炮响，两军齐出，左边吕旷，右边吕翔，兄弟二人截住袁谭。未知如何？

【注释】

[一] 羊质虎皮：羊披上虎皮，本性仍然怯弱。比喻虚有其表。
[二] 论：即《后汉书·袁绍刘表传》篇末的《论》。
[三] 亡征：灭亡的征兆。
[四] 髡：古代刑罚，剃去人的头发。
[五] 西平：县名。属豫州汝南郡。治所在今河南舞阳东南。
[六] 谮阋：因听信谮言而彼此争斗。
[七] 臻：至。
[八] 六军：周代唯天子有六军，每军一万二千五百人。后以"六军"代指朝廷的军队。

① 原作"居者无仓"。据《三国志·魏书·辛毗传》改。叶逢春本正作"无食"。
② 原作"则六军成而天下震"。据《辛毗传》改。
③ 原作"恨与辛佐治相见之晚耶"。据文意，改"耶"为"也"。

第六十四回　曹操决水淹邺城①

建安八年冬十月，曹操引兵弃西平，径取冀州。玄德恐操有谋，不敢追袭，自回荆州。操进兵渡河。袁尚慌引军还，留吕旷、吕翔二将断后。袁谭赶来，二将截住归路。袁谭于马上泣告二将曰："吾父在日，谭不曾慢待于二将军，何从吾弟而相逼耶？"二将闻言，皆下马降谭。谭曰："勿降我也，可降曹丞相。"二将随谭见操。操大喜，自将女许谭为妻，令旷、翔二人为媒，遂封二将为列侯。谭请操攻取冀州，操曰："未可。方今粮草不接，搬运生受[一]，我济河，遏淇水[二]入白沟[三]②，以通粮道，然后进兵。"令谭且居平原，带吕旷、吕翔退军于黎阳屯驻。郭图语袁谭曰："今曹操以女许婚，恐其虚意。又带吕旷、吕翔去，皆封列侯，此是络笼河北人心，终久不容主公也。可刻将军印，暗使人送与吕旷等二人，令作内应。待操破了袁尚，可乘其便而谋之。"谭曰："此言有理。"遂刻将军印一颗，暗送与二吕。二吕受讫，将印来禀于操。操大笑曰："谭暗送印者，欲汝等为内助也，待我破了袁尚，就里取事。此小计也。吾破尚之后，军粮皆足，岂能害我哉？汝等且权受之。"自此，曹操便有杀谭之心。

建安九年春二月，袁尚与审配商议："今曹兵运粮入白沟，必来攻邺县也，如之奈何？"配曰："可发檄，使武安[四]长尹楷屯毛城[五]，通上党地名运粮道；令沮授之子、大将沮鹄守邯郸[六]，以远应曹公。主公可进兵平原，急攻之。先绝袁谭之祸，然后破曹。"袁尚大喜，留审配守邺县，使马延、张顗二将为先锋，连夜起兵攻打平原。谭知尚兵来近，告急于操。操曰："吾正待如此，必得冀州。"是时许攸自许都来，闻尚又攻谭，入见操曰："丞相何坐而欲待天雷诛杀谭、尚二袁乎？"操曰："吾已料定矣。"遂令曹洪先进兵攻邺，操自引一军来攻尹楷。兵临本境，楷引一军来迎。楷出马，操曰："许仲康仲康，许褚字也。安在？"只见阵中一骑马，从侧首便出，尹楷措手不及，一刀斩于马下。余众奔溃，原来许褚未闻操唤，先已出阵。操招过太半投降。操勒兵取邯郸，沮鹄进兵来迎。张辽出马，与鹄交锋。战不三合，鹄大败，走入军中，辽赶入去。两马相离不远，辽取弓射之，鹄应弦落马③。操指挥军马一掩，众皆奔散。操先除此二害④，遂引军前抵邺县。曹洪已近城下。操令三军绕城筑起土山及地道以攻之。审配坚守甚严。守东门将冯礼贪酒，有误巡警，配拿下打四十脊杖。冯礼恨之，开门降操。操问破城之策，礼曰："突门[七]内土厚，可掘地道而入放火，城可拔也。"操教礼引三百壮士，黄夜掘地道而入。

审配夜夜城上点视军马。当夜见突门角上，城外无灯火，配曰："冯礼必引兵从地道而入

---

① 原作"曹操决水淹冀州"。冀州辖九个郡、国，一百个县，据《三国志·魏书·武帝纪》，曹操所淹乃州治邺县（即邺城）。
② 原作"我由济河遏淇水入白沟"。"由济河"意为"从济水……"方位误。据《三国志·魏书·武帝纪》改。
③ 原句无主语"鹄"。承上文加。
④ 原句无主语"操"。据叶逢春本补。

第六十四回　曹操决水淹邺城

也！"急唤精兵运石，击突闸门；门闭，冯礼及三百壮士，皆死于土内。操折了这一场，遂罢地道之计，退一军于洹水[八]之上，以候袁尚回兵。洹水离邺县五十里。袁尚攻平原，听知曹操已破尹楷、沮鹄，即目围困甚紧，掣兵一半回救邺县。其将马延曰："不可从大路去，曹操必有伏兵。可取小路，从西山[九]出滏音辅水[一〇]口去劫曹营，必解围也。"尚曰："吾先往。若不利①，汝与张颌随后便至。"马延、张颌屯军断后。尚比及行，先有细作去报曹操。曹洪谏曰："归师勿掩，可以避之。今袁尚军老小必在城中，掣兵回来，必死战矣。"操曰："尚从大道上来，吾即避之；若从西山小路而来，一战可擒也。吾料袁尚必从小路而来。"忽一人报曰："袁尚不从大道而来，从西山小路远出滏水界口。"操拍手笑曰："天使吾得冀州也！"操曰："彼若来，必举火为号，令城中接应。分兵两路击之，大事就矣。"

却说袁尚出滏水界口，东至阳平[一一]亭②，离邺县十七里，一边靠着滏水。尚令军士堆积柴薪干草，至晚焚烧为号；遣主簿李孚扮作曹军都督，于路责喝诸营军士，直至城下，大叫："开门！"审配认是李孚声音，放入城中。孚曰③："袁尚已陈兵在阳平亭，等候接应。若城中兵出，亦举火。"配教城中堆草放火，以通音信。孚曰："城中无粮，可发老弱残兵并妇人出降，以免城中饥色。若百姓一出，便以兵继之。"配从其论。次日，城上竖白旗幡，上写"冀州百姓投降"。寨中人报曹操，操曰："此是城中无粮，教老弱百姓出降，以免饥色，后必有兵出也。"操教张辽、徐晃各引三千军马，伏于两边。操自张麾盖，众军一齐拥至城下。果见城门开处，百姓扶老携幼，手持白幡而出。操曰："我知百姓在城中受苦，若不出来就食，早晚皆饿死矣！"众皆拜伏于地。操教于后军讨粮食，老弱百姓约有数万。百姓才然出尽。城中兵突出。操教将红旗一招，张辽、徐晃两路兵出，乱杀城中兵回。操自飞马赶来，到吊桥边，城中弩箭如雨，射倒曹操坐下马。操盔上正中两箭，险透其顶。众将急救回阵。操更衣换马，便引众将来攻尚寨。尚自迎敌。时三路军马一齐杀至，两军混战，袁尚大败。尚引败军退往西山下寨，令人催取马延、张颌军来。操使吕旷、吕翔去招安二将，迎于半路，出马答话，吕旷曰："袁尚死在旦夕。曹丞相宽洪大度，礼贤敬士，如其降之，不失封侯之位。"马延、张颌随二吕来降，操亦封为列侯。次日，进兵攻打西山，先使二吕、马延、张颌断尚粮道。尚情知西山守不住，夜走滥口[一二]地名。安营未定，四下火光径入，伏兵尽起，人不及甲，马不及鞍。尚军大溃，退走五十里，遣故豫州刺史阴夔及陈琳请降④。操许之，连夜使张辽、徐晃却去劫尚寨。尚尽弃印绶节钺、衣甲辎重，连夜望中山而逃。

操回军攻邺城下⑤。许攸献计曰："何不决漳河[一三]之水以淹之？"操然其计，先差军于城外掘壕堑，周围四十里，审配在城上看操军在外掘堑河极浅，配暗笑曰："此是欲决漳河之水，以灌城池之计也。壕深可灌；如此之浅，安能用哉？可一越而过也。"众将来白审配曰："今城

---

① 原作"恐不利"。据上下文改。
② 原作"东至阳平，屯军阳平亭"。阳平即阳平亭。据《三国志·魏书·袁绍传》改。
③ 原文无主语"孚"。承上文加。
④ 原作"故遣豫州刺史阴夔、陈琳请降"。据《三国志·魏书·武帝纪》改（故，原）。
⑤ 原作"操回军攻城下"，意不甚明。承上文，加"邺"字。

外掘壕,可以击之。"配曰:"空费其力,一任为之。"当夜,曹操添十倍军士,并力发掘;比及天明,广深二丈,引漳水灌之。城中水深数尺,更兼粮绝,军士皆饿死。辛毗在城外,用枪挑袁尚印绶衣服,招安城内之人。审配大怒,将辛毗家属老小八十余口,就于城头上斩之,将头掷下。辛毗号哭不已。城中困极,宰马为食,军士饿倒,不能守把。

审配兄之子审荣,素与辛毗至厚,见毗在城下号哭,密写献门之书,拴于箭上,射下城来。军士拾献辛毗,毗将书见操。操唤诸将听令:"如入邺县,休得杀害袁氏一门老小。军民降者免死。"次日天明,荣大开东门①,放操兵入。辛毗跃马先入,军将随后杀入邺县。审配在东南城楼上,见操军已入城中,引数骑下城死战,正迎徐晃交马。晃生擒审配,以索绑之,解出城来。路逢辛毗,毗咬牙以鞭鞭配首,曰:"贼奴!今日真死矣!"配大骂曰:"狗辈!正由汝引曹操破我冀州,恨不得杀汝也!且汝今日能杀我耶?"解见曹操。操曰:"汝知献门接我者乎?"配曰:"不知。"操指曰:"此是汝侄审荣所献也。"配曰:"小儿不足用,乃至于此!"操曰:"昔日孤之行围,何弩之多耶?"配应声曰:"恨少!恨少!"操曰:"卿忠于袁氏,不容不如此。汝肯降吾否?"配曰:"不降!不降!"辛毗哭拜于地曰:"家属八十余口,尽遭此贼之杀害。愿丞相戮之,以祭魂耳!"配曰:"吾生为袁氏臣,死为袁氏鬼,不似汝辈谗谄阿谀之贼耳!可速斩我!"操教牢牵出。临受刑,叱行刃者曰:"吾主在北,不可使吾面南而死!"配向北坐,引颈就刃而死。时建安九年秋八月也②。史官诗曰:

　　河北多名士,谁如审正南?
　　命因昏主丧,心与老天参。
　　忠直言无隐,廉能志不贪。
　　临亡犹北向,降者尽羞惭。

审配向北而死,见者皆伤感不已。操怜其忠义,命葬于城北。

大军入城。操长子曹丕③,字子桓,时年十八岁。此子是中平四年冬十月生于谯县④。生时有云气,青色一片,圆如车盖,覆于其室,终日不散。望气者[一四]对操曰:"此子贵不可言,非人臣之气!"八岁能属文,有逸才,博览古今经传,通诸子百家之书。善骑射,好击剑。琅琊卞氏所生。卞氏本娼家也,操纳为妾,故生此子。卞氏乃武宣皇后。丕即文帝也。打破邺县,时曹丕随父在军中,先领随身军径投袁绍家下马,拔剑而入。有末将挡之曰:"丞相有命,诸人不许入绍府。"丕叱退末将,提剑而入后堂,见刘夫人抱一女而哭,丕向前欲杀之。未知刘氏性命如何?

---

① 原作"荣大开西门"。据《三国志·魏书·武帝纪》改。
② 原作"时建安九年秋七月也"。据《三国志·魏书·武帝纪》改。
③ 原作"长子曹丕"。据文意,加"操"字。
④ 原作"生于谯郡"。当时无谯郡,只有谯县,属豫州沛国,系曹操故乡。

【注释】

[一] 生受：辛苦。
[二] 淇水：河流名。古为黄河支流，在今河南汲县东北的淇门镇南入黄河。
[三] 白沟：本为一小水，在今河南浚县西。发源处接近淇水。在今河南内黄县西北与古清河会合。
[四] 武安：县名。属冀州魏郡。治所在今河北武安西南。
[五] 毛城：地名。在冀州魏郡涉国西南（今河北涉县西南）。
[六] 邯郸：县名。属冀州赵国。治所在今河北邯郸市。
[七] 突门：城下的小门。
[八] 洹水：古水名。源出今河南林县隆虑山，东流入卫河。
[九] 西山：指邺县以西，今山西与河北交界处的太行山。
[一〇] 滏水口：指滏水源头。在今河北磁县西北石鼓山。形势险峻，为古代邺县西出要道。
[一一] 阳平亭：地名。属冀州魏郡邺县（今河北临漳西南）。
[一二] 滥口：地名。与邺县相邻。在今河南安阳境内。
[一三] 漳河：即漳水。卫河支流。源出今山西东南部，东南流经今河南、河北交界处。
[一四] 望气者：一种方士，以望云气预测吉凶祸福。

第六十五回　曹操引兵取壶关

曹丕向前拔剑斩之，见红光满目，遂按剑而问曰："汝何人也？"刘氏曰："妾乃袁将军之妻也。"丕曰："怀中所抱者何人？"刘氏曰："此是次男袁熙之妻甄氏也。因熙出镇幽州，甄氏不肯远行，故留在此相伴。"丕拖近前，见披发垢面。丕以衫袖拭其面观之，见甄氏玉肌花貌，有倾国之色，遂对刘氏曰："吾乃曹丞相之子也。愿保汝家，汝勿忧虑。"按剑坐于堂上，众将谁敢辄入。后史官录《甄皇后传》云：

《文昭甄皇后传》曰：甄氏乃中山无极[一]人，上蔡[二]令甄逸之女。生于光和五年十二月丁酉日。其母张氏常梦中见一仙人，手执玉如意，立于其侧；临产之时，见仙人入房，以王衣盖体，遂生甄氏。三岁丧父。后相士刘良相之，曰："此女之贵，乃不可言。"自少至长，并不好戏弄。年八岁，门外有立骑马戏者，家人及诸姊皆上阁观之，甄氏独不行。姊怪，问之曰："门外走马为戏，老幼竞观，汝独不观，何也？"甄氏曰："岂女子之所观耶？"年九岁，喜读书写字，借诸兄笔砚使用。兄曰："汝当习女工，何用读书写字，欲作女博士耶？"甄氏曰："古之贤者，未有不学前世成败，以为己诫。不知书，何由见之？"后天下兵乱，加以饥馑，百姓皆卖金银珠玉宝物。时甄氏家巨富，尽收买藏之。甄氏时年十余岁①，乃白母曰："今世乱，何多买宝物？此取祸乱之端也。匹夫无罪，怀璧为罪[三]。又兼左右皆饥乏，不如以谷赈给亲族邻里，广为恩惠也。"举家皆称其贤。年十四岁，时中兄丧，悲哀过制。甄氏事嫂极尽其劳，抚养兄子，慈爱甚笃。母性严，待诸妇有常，甄氏数谏曰："兄不幸早终，嫂年少守寡，顾留一子。以大义言之，待之当如妇，爱之宜如女。"母感其言，遂流涕，令甄氏与嫂同处。后建安中，袁绍娶与中子袁熙为妇。熙出守幽州，留在冀州侍姑②。因此，被曹丕所见而纳之。

众将请曹操入城，操上马，摆布严整。时有许攸在马后，将入城门，攸纵马近前，以鞭指其城曰："阿瞒，汝不得我，不得冀州也。"操大笑曰："汝言是也。"此是操智高处。操至绍府门下，问曰："谁曾入此门去来？"末将对曰："世子[四]在内。"操急唤出，欲杀之。荀攸、郭嘉曰："非世子，无以镇压此府也。"操方免之。刘氏出拜曰："非世子，无以保全家也！愿以女酬之。"操教唤出，甄氏拜于前。操视之，曰："真吾儿妇也！"遂令曹丕纳之。操见其女有贵相，故知是袁熙之妻，佯呆而不问，遂令丕纳之。此是操明见，能识贵人也。

操既定冀州，亲往袁绍墓下祭之，再拜而哭甚哀，回顾语众官曰："吾想昔日与本初共起兵时，绍问吾曰：'若事不辑[五]，方面何所可据？'吾问之曰：'足下意欲若何？'绍曰：'吾南据河，北阻燕、代，兼戎狄之众，南向以争天下，庶可以济乎？'吾答曰：'吾任天下之智力，以道御之，无所不可。'此

---

① 原作"甄氏时年数岁"。事在"年九岁"之后，"数岁"不合情理。据《三国志·魏书·甄皇后传》改。
② 原作"留在冀州侍姑母"。据《三国志·魏书·甄皇后传》改（姑，婆婆）。

第六十五回 曹操引兵取壶关

言未尝忘之。今本初已丧,吾想此言而流涕也。"众皆服其高见。操赐金帛粮斛,安绍妻刘氏之心,乃下令曰:"河北居民遭兵革之难,尽免今年租赋。"大事已定,写表申朝,操自领冀州牧。

次日,许褚跃马出东门,正迎许攸。攸唤褚曰:"汝等无我,安能出入此门乎?"褚大怒曰:"吾等千生万死,身冒血战,夺得城池,汝安敢夸口也!"攸大骂曰:"此等皆匹夫起身耳,何足为道!"褚大怒,拔剑杀之,提头来见曹操,说许攸如此无礼,"某杀之"。操曰:"子远素与吾旧,故相戏耳,何故杀之?"深责许褚,令厚葬之。此是曹操奸雄处,心自有杀许攸之心,恐人议论,故诈言是也。后人有诗赞许攸曰:

堪笑南阳一许攸,欲凭胸次傲王侯。

不思曹操如熊虎,犹道吾才得冀州。

操问其间谁知户籍,冀民曰:"骑都尉崔琰曾数谏袁绍守境,绍不从,因此托疾在家。"操专人接之。琰字季珪,清河东武城[六]人也。琰至,操命为本州别驾从事。操言曰:"昨按本州户籍,可得三十万众,故为大州也。"琰对曰:"今天下分崩,九州幅裂[七],二袁兄弟亲寻干戈;冀方烝民[八]暴骨原野,未闻王师仁声先路,存问[九]风俗,救其涂炭,而校计甲兵,惟此为先,斯岂鄙州士女所望于明公哉?"操闻其言,改容谢之,待为上宾。

操已定冀州,使人探袁谭消息。谭趁时取掠甘陵[一〇]、安平[一一]、渤海、河间等处,闻知尚走中山,连夜攻之。尚兵虚弱,无心战斗,闻风而走。尚往幽州投奔袁熙,袁谭尽收其众,欲复冀州。操使人召之,谭不至。操大怒,驰书骂,以绝其婚。操自统大军征袁谭,直抵平原。谭料非敌,遂弃平原,走保南皮[一二]。今河间南皮县。建安十年春正月,曹操进兵南皮,时天气肃寒,河道尽冻,粮船不通。操传令,差本处百姓敲冰拽船,以代军士之劳。百姓听知,皆望深山而逃。操大怒曰:"捕得百姓来,斩之!"百姓闻得,乃亲往营中投首。操曰:"若不杀汝等,则吾号令不行;若杀汝等,吾无仁心也。汝等快往山中藏避,休被吾军士擒之。"百姓皆垂泪而去。此操之奸雄也。遂兵进南皮。

谭引骁将出城,与曹军相敌。两陈对圆,操出马,以鞭指谭而骂曰:"吾厚待汝,汝何生异心也?"谭曰:"汝犯吾境界,夺吾城池,反说吾有异心,何也?"操大怒,遣徐晃出马。谭使彭安相迎。两马相交,晃斩彭安于马下。谭军败走,退入南皮。操速遣军,四面围住。谭使辛评见操,说投降。操曰:"袁谭年幼,反复不常,吾难准信。看汝弟之面,就休回去。"评曰:"丞相差矣。某闻'主贵臣荣,主忧臣辱',安可不回也。"操即遣之。评回见谭,言操不准投降。谭叱之曰:"汝弟见事曹操,汝怀二心耶?"评气昏于地,须臾而死。谭甚悔之。后有赞曰:

不顾其身,一言气昏。

全忠尽节,河北功臣。

郭图曰:"若与南军斗将,不能胜。来日尽驱百姓当先,军继其后,与曹操决一死战,雌雄可分矣。"谭从其言,当夜尽驱南皮百姓,使皆执刀枪听令。次日平旦,大开四门,军在后,驱百姓在前,喊声大举,一齐拥出,直抵曹寨。两军混战,自辰至午,胜负未分,杀人遍地。操见未获全胜,弃马上山,亲自击鼓①。将士见之,奋力向前,谭军大败,百姓掩杀。曹洪奋威突阵,正

---

① 原作"操弃马上山,亲自击鼓"。主语"操"与上句重复,承前省。

迎袁谭,举刀乱砍,杀死谭于阵中①。郭图见阵大乱,急驰入城。乐进望见,拈弓搭箭,射下城壕,人马俱陷②。操引兵入南皮,安抚百姓了当,忽有一彪军来到,乃是袁熙部下战将张南③。操自引军迎之。张南倒戈卸甲④,特来投降。操亦封为列侯。又黑山[一三]贼张燕引军十万来降,操拜为平北将军。操令乐进、李典会合张燕,打并州,攻高干。操自引军攻幽州,来破袁熙、袁尚。

先说曹操教将袁谭首级号令⑤,曰:"敢有哭者,灭三族。"头挂北门外。一人布冠衰衣[一四],哭于头下。左右拿来见操。操问之,乃北海营陵[一五]人也。姓王,名修,字叔治。乃青州别驾,因谏袁谭被逐,知谭死,故来哭尸。操曰:"汝知吾令否?"修曰:"已知。"操曰:"汝不怕累及三族耶?"修曰:"生受辟命⑥,亡而不哭,非义也。畏死忘义,何以立世乎!吾受袁氏厚恩,若得收葬谭尸于残土,然后全家受戮,瞑目无恨。"操曰:"河北义士何如此之多也⑦!可惜袁氏而不能用⑧,能用,则吾安敢正眼而观此地也!"操遂礼修为上宾,以为司金中郎将[一六]。操又得王修,甚喜,问修曰:"今袁尚已投袁熙,当用何策取之?"修不答。操曰:"真乃忠臣也。"问郭嘉,嘉曰:"可使袁氏降将张南等自攻之⑨,可以取也。"操用其言,随差张南、吕旷、吕翔、马延、张𫖮⑩,各引本部兵,分三路进攻幽州。操兵缓行接应。

袁尚知操兵到,前队皆是河北降兵,二人商议弃城,引兵星夜奔辽西而去投乌丸[一七]。番邦也。袁熙部将焦触自号幽州刺史⑪,杀白马为祭,聚幽州众官,歃血为盟,共议背袁向曹之事。焦触先歃血,言曰:"吾见曹丞相当世英雄,今往从之,如不遵令者腰斩。"依次歃血。至别驾韩珩前,珩乃掷刀于地而言曰:"吾受袁公父子厚恩,今主败亡,智不能救,勇不能死,于义缺矣!若北面而降曹氏,吾不为也!"一席之人尽皆失色。焦触曰:"夫兴大事⑫,当立大义。事之济否,不待一人。韩珩既有志如此,听其自便。"推珩而出。焦触乃出城迎接三路军马,径来投降。操大喜,加为镇北将军⑬。

---

① 原作"洪杀谭死于阵中"。据文意改。
② 原作"一拥而入,人马俱陷"。"一拥而入"与上下文脱榫,删去。
③ 原作"乃是袁熙部下战将焦触、张南"。下文方叙焦触自号幽州刺史,归降曹操,故此处删去"焦触"。
④ 原作"二将皆倒戈卸甲"。承③改。
⑤ 原作"先说曹操教将袁谭首级各县号令"。下文仅叙在南皮北门外号令,故删"各县"二字。
⑥ 原作"汝生逼他命",义不通。据《三国志·魏书·王修传》注引《傅子》改。
⑦ 原作"何如此之多矣"。据叶逢春本改。
⑧ 原作"可怜袁氏而不能用"。据叶逢春本改。
⑨ 原作"可使袁氏降将焦触、张南等自攻之"。承上文,删去"焦触"。
⑩ 原作"随差焦触、张南、吕旷……"承上文,删去"焦触"。
⑪ 原作"幽州刺史乌丸触"。《三国志·魏书·袁绍传》云:"熙、尚为其将焦触、张南所攻,奔辽西乌丸。触自号幽州刺史,驱率诸郡太守令长,背袁降曹。"此处"触"即焦触。作者断句为"熙、尚……奔辽西,乌丸触自号幽州刺史",因而造成错误。
⑫ 原作"夫兴兵大事"。据《三国志·魏书·袁绍传》,删去"兵"字。
⑬ 原作"加为镇北将军、幽州太守"。"幽州太守"官号误(州长官为刺史或牧),删去。

操使探,"乐进、李典攻打并州,高干见守壶口关①,不能下"。操自勒兵前往。乐、李二将接着,说:"干死拒住关,击之不能下。"操集众将,共议破干之计,荀攸曰:"若破干,须用诈降计方可。"操然之,唤降将吕旷、吕翔,附耳低言。吕旷等引军数十,直抵关下,叫曰:"吾等为袁尚轻视,故降曹操。操多疑心,吾今改过,还扶旧主。可即开关相纳。"高干未信,只教二将自上前说话。二将卸甲弃马而入,言曹操之过。干曰:"曹军新到,何计破之?"旷曰:"乘军心不定,今夜劫寨。某等愿当先。"干喜,是夜教二吕当先,引军万余前去。将至曹寨,背后喊声大震,伏兵四起。高干性命如何?

【注释】
[一] 中山无极:今河北无极西。
[二] 上蔡:县名。属豫州汝南郡。治所在今河南上蔡西南。
[三] 匹夫无罪,怀璧为罪:古代谚语。谓珍宝可能给无罪的人带来灾祸。璧,美玉。
[四] 世子:诸侯的嫡长子。
[五] 不辑:不成。
[六] 清河东武城:今山东武城西北。清河,王国名,属冀州,治所在甘陵(今山东临清东北)。
[七] 幅裂:像布帛一样分裂。幅,布帛的宽度。
[八] 烝民:百姓。烝,众多。
[九] 存问:慰问。
[一〇] 甘陵:县名。为冀州清河国治所。故城址在今山东临清东北。
[一一] 安平:王国名。属冀州。治所在信都(今河北冀县)。
[一二] 南皮:县名。为冀州勃海郡治所。今属河北。
[一三] 黑山:山名。在今河南汤阴县西。张燕曾起事于此。
[一四] 袁衣:即缞衣,古代的丧服,是一种麻制的胸衣。
[一五] 北海营陵:今山东昌乐东南。
[一六] 司金中郎将:曹操创置的官职。掌开矿冶铁及制作兵器、农具。秩比二千石。
[一七] 乌丸:即乌桓。古代少数民族。汉代在上谷、渔阳、右北平、辽西、辽东五郡塞外居住。

① 原作"高干见守壶关口"。据《三国志·魏书·袁绍传》改。

第六十六回　郭嘉遗计定辽东

高干知是中计,急回壶关口关①,乐进、李典已夺了关。高干夺路走脱,去投匈奴单于②。操领兵拒住关口,使人追袭高干。干到单于界,正迎匈奴左贤王③。干下马拜伏于地,言:"曹操吞并故旧境土,今欲犯王子地面,万乞救援,同力克复,以保北方。"左贤王曰:"吾与曹操自来无仇,何敢侵我地土?汝欲使吾结冤耶!"叱退高干。干寻思无路,去投刘表。行至上洛④,被都尉王琰杀之,将头解送曹操。操封琰为列侯。

并州既定,操商议北击乌丸⑤,就拿袁熙、袁尚⑥,以绝祸根。曹洪等曰:"袁熙、袁尚兵败将亡,势穷力尽,今投夷狄;夷狄贪而无亲,岂能为尚用?今引兵入乌丸境界⑦,倘或刘备、刘表引兵袭许都,救应不及,为患不浅矣!请回师而勿进为上。"郭嘉进曰:"诸公言者,错矣。公虽威震于天下,胡人恃其边远,必不设准备。因其无备,卒然击之,可破灭也。且袁绍于乌丸有恩,而尚兄弟犹存。今舍乌丸而往南征⑧,尚兄弟因乌丸之助,招死主之臣,以生蹋顿[一]之心⑨,成觊觎[二]之计,恐青、冀非己之有也。刘表坐谈之客耳,自知才不足以御刘备矣,重任之,则恐不能制;轻任之,则备不为用。虽虚国远征,公无忧矣。"操曰:"奉孝之言,真大议论!"遂率大小三军,车数千辆,望北进发⑩。但见黄沙漠漠,狂风暗起,山谷崎岖,操有回军之心,问于郭嘉。嘉此时不服水土,卧病于车上。操泣曰:"以吾欲平夷狄,使公远涉艰辛而染病耶?"嘉曰:"某感丞相大恩,虽死不能报万分之一。"操曰:"吾见北地崎岖,意欲回军,若何?"嘉曰:"兵贵神速。今千里袭人,辎重多而难以趋利;不如轻兵兼道以出,掩其不备,虏可擒也。须得曾识径路者以引之。"

操遂留郭嘉于易县[三]养病⑪,求向导官以引路。人荐刘虞旧将田畴⑫深知其境,操命寻之。畴见操,言曰:"此地秋夏间有水,浅不通车马,深不载舟船,为难久矣。旧东平郡治在平冈道出卢龙[四],达于柳城[五]。自建武[六]以来,陷坏断绝,垂二百载,而尚有微径可从。今虏

---

① 原作"急回壶关城"。承第六五回改。
② 原作"去投单于"。匈奴、乌桓均有单于,此处所指不明。据《三国志·魏书·袁绍传》,加"匈奴"二字。
③ 原作"正迎北番左贤王"。"北番"语不确,承②改。
④ 原作"行至路上"。据《三国志·魏书·袁绍传》改。
⑤ 原作"操商议西击乌丸"。乌丸在冀州、并州之北,故改。
⑥ 原作"就拿袁熙"。承第六五回,加"袁尚"二字。
⑦ 原作"今引兵入番邦境界"。据上文改。
⑧ 原作"今舍乌丸之资而往南征"。"之资"二字意不当,据黄正甫本删去。
⑨ 原作"以生冒顿之心"。冒顿系秦末汉初匈奴单于。原文大误。据《三国志·魏书·郭嘉传》改。
⑩ 原作"出卢龙寨"。卢龙塞在易县以北甚远。据地理改。
⑪ 原作"遂留郭嘉于易州养病"。易州系以后地名,东汉时只有易县。
⑫ 原作"袁绍旧将田畴"。据《三国志·魏书·田畴传》改。

第六十六回 郭嘉遗计定辽东

将以大军当由无终[七],不得进而退,懈弛无备;若嘿音默回军,从卢龙口越白檀[八]之险,出空虚之地,前近柳城,掩其不备,顿可一战而擒也。"操从其言,拜田畴为靖北将军,作向导官,为前驱;张辽为次;操自押后:倍道轻骑而进。时建安十二年秋八月①,田畴引张辽前至白狼山[九]。

却说袁熙、袁尚会合蹋顿等数万骑前来,张辽慌报知曹操。操自勒马登高望之,见蹋顿兵无队伍,参杂不整。操与张辽曰:"虏兵不整,便可击之。"操以麾授辽。辽引许褚、于禁、徐晃四路下山,奋力急攻,蹋顿大败。辽拍马斩蹋顿于马下。余众投降:自名王已下,胡、汉相杂二十余万口。袁熙、袁尚引数千骑投辽东去。

操收军入柳城,使人探郭嘉病,回报嘉病九分。操封田畴为亭侯②,以守柳城。畴曰:"某负义逃窜之人耳,蒙厚恩全活,为幸多矣;岂可卖卢龙之塞③,以讨赏禄哉!必不得已,请效死不受侯职!"言未毕,涕泣横流。操又使夏侯惇说之,不从,操乃拜畴为议郎。操抚慰单于番人等,送纳骏马一万匹。操领兵回,时天气寒且旱,二百里无复水,军又乏粮,杀马数千匹为食,凿地三四十丈乃得水。操回至易县,重赏先曾谏者。操曰:"孤前者乘危远征,侥幸成功。虽得之,天所佑也,故不可以为法。诸君之谏,万安之计,是以相赏。后勿难言之。"操到易县,时郭嘉已死数日,停柩在公廨。操往祭之,哭倒于地曰:"奉孝死,乃天丧吾也!"回顾与文武曰:"诸君年齿皆孤等辈,唯奉孝最小,吾欲托以后事④。不期中年夭折,使吾心肠崩裂矣!"嘉之左右,将嘉临死所封之书呈上曰:"嘉临亡,亲笔书此。丞相从之,辽东自定矣。"操曰:"奉先如此用心,孤如何不从!"拆封视之,点头嗟叹,诸人皆不知其意。次日,夏侯惇引众人禀曰:"辽东太守公孙康,久不宾服[一〇]。即目袁熙、袁尚二人投之,久必为患。不如乘其未动,速往征之,辽东可得矣。"操笑曰:"不烦诸公虎威。数日之间,公孙康自送二袁之首矣。"诸人皆疑。次日,又禀,操亦如前言回之,诸将不信。

却说袁熙、袁尚引数千骑,奔辽东来。公孙康本辽东襄平[一一]人也,武威将军公孙度之子。康知袁熙、袁尚来投,遂聚本部属官商议。其弟公孙恭⑤曰:"袁绍在日,常有吞辽东之心,恨未有暇也。今袁熙、袁尚兵败将亡,无处依栖,来投辽东,此是鸠夺鹊巢[一二]之意也。若容纳之,必来相图。不如赚入城中杀之,送头与曹公,曹公必重待于我也⑥。"康曰:"只愁曹公乘时引兵下辽东,又不如纳二袁以助之,使为股肱。"恭答曰:"操若下辽东,必星夜前来;如其无意,必不动矣。可探听之。如操进兵,则留二袁;如不动,则杀二袁送与曹公。"康从之,先使人去探听消息。

却说袁熙与袁尚曰:"今辽东军兵有数万,足可与操争衡,暂投之。却当杀公孙氏以夺其

---
① 原作"时建安十一年秋七月"。据《三国志·魏书·武帝纪》改。
② 原作"操封田畴为柳亭侯"。据《田畴传》改。
③ 原作"岂可卖卢龙之寨"。据《田畴传》改。
④ 原作"吾欲托以为后事"。据黄正甫本,删去"为"字。
⑤ 原作"其叔公孙恭曰"。据《三国志·魏书·公孙度传》改。
⑥ 原作"曹公必重待于汝也"。承⑤改("我"意为我们)。

城,养成气力而抗中原,可复河北也。"尚曰:"吾揣此心久矣。"二人入见公孙康,康留于馆舍①,每日使人相待,推病不相见。探细人回报:"曹操兵屯易县,无下辽东之意。"公孙康先伏刀斧手于壁衣中,使人请二袁入。相见礼毕,命坐。康见左右侍立,尽令出外回避,欲议密事。尚见坐榻上无裀褥[一三],时天气严寒,对康曰:"愿铺坐席。"康瞋目而言曰:"汝二人之头,将行万里,何席之有!"尚大惊,举手无措。康曰:"何不下手!"刀斧手拥出,就坐席砍下二人之头,用木匣盛贮,使人送投易县,来见曹操。操在易县,按兵不动。夏侯惇、张辽入,禀曰:"如不下辽东,可回许都。恐刘表生心。"操曰:"吾待二袁之首。"众皆暗笑。忽报辽东公孙康遣人送袁熙、袁尚首级至。众皆大惊。使呈上书,操大笑曰:"不出奉孝之料!"操赏其使,遂刻印,封公孙康为襄平侯,拜左将军。使回,众官问于操曰:"何为不出奉孝之料耳?"操乃将郭嘉书以示之。其书曰:

  今闻袁熙、袁尚往投辽东,切不可加兵。公孙康久畏袁氏吞并,往投必疑。若以兵攻之,彼必并力迎敌②,急不可下;若缓之,公孙康、袁氏必自相图,其势然也。

众皆踊跃称善。操引诸官设祭于郭嘉灵前。嘉亡年三十八岁,从征伐十有一年,多立奇勋。史官有庙赞曰:

  天生郭奉孝,豪杰冠群英;
  腹内藏经史,胸中隐甲兵。
  运谋如范蠡[一四],决策似陈平。
  可惜身先丧,中原梁栋倾。

又诗曰:

  虽然天数三分定,妙算神机亦可图。
  若是当时存奉孝,难容西蜀与东吴。

操领兵还邺县,使人先扶郭嘉灵柩于许都安葬③。程昱等请曰:"北方大定,可还许都,建下江南之策。"操笑曰:"吾有此志,诸君先言,正合吾意也。"是夜,宿邺县城东角楼上,凭栏仰观天文。时有荀攸在侧,操指曰:"南方旺气粲然,恐未可图。"攸曰:"以丞相天威,何所不服耶!"正看间,忽见一道金光,从地而起,攸曰:"此必有宝于地下。"操下楼,随光令人掘之。果得何物,下回便见。

【注释】

[一]蹋顿(?—207):东汉末乌桓首领,总摄辽西、辽东、右北平三郡乌桓。因助袁绍破公孙

---

① 原句无主语"康"。据上下文加。
② 原作"若使兵急之,后必并力迎敌"。据叶逢春本改。
③ 原作"使人先扶郭嘉灵柩于许都迁葬"。"迁葬"有悖文意,改为"安葬"。

第六十六回 郭嘉遗计定辽东

蹋,受封为单于;后收容袁熙、袁尚。曹操征乌桓,战败被杀。
- [二] 觊觎:非分的企图。
- [三] 易县:县名。属冀州河间国。治所在今河北雄县西北。
- [四] 卢龙:即卢龙塞。古要塞名。故址在今河北喜峰口附近。系河北平原通向东北的交通要道。
- [五] 柳城:县名。西汉置,治所在今辽宁朝阳南。东汉废。
- [六] 建武:汉光武帝刘秀年号(25—56)。
- [七] 无终:县名。属幽州右北平郡。治所在今河北蓟县。
- [八] 白檀:县名。西汉置,治所在今河北滦平东北。东汉废。
- [九] 白狼山:古山名。今名白鹿山。在今辽宁喀喇沁左翼蒙古族自治县东境。
- [一〇] 宾服:诸侯或边远部落按期朝贡,表示服从。
- [一一] 辽东襄平:今辽宁辽阳。
- [一二] 鸠夺鹊巢:鸠不善筑巢,而占据鹊筑成的巢。比喻强占他人之所居或地盘。
- [一三] 裀褥:两层坐垫。
- [一四] 范蠡:春秋末越国大夫。辅佐越王勾践奋发图强,灭掉吴国。后见机归隐,游于齐国,改名陶朱公,以经商致富。

第六十七回　刘玄德襄阳赴会

　　曹操于金光处掘出一铜雀，问攸曰："此何物也？"攸曰："昔舜母夜梦玉雀入怀，而生舜帝。今得铜雀，此吉祥之兆也。宜作高台以庆之。"操大喜，遂令造铜雀台于漳河之上。即日破土断木，烧瓦磨砖，计一年而工毕。三子曹植①进曰："若建层台，必立三座：至高者，名为'铜雀'；左边一座，名为'玉龙'；右边一座，名为'金凤'。作两条飞桥，横空而上，以示'龙凤朝铜雀'之意②。二年成就。"操喜曰："吾儿言者是也。他日台成，足可娱吾老矣。"植字子建③，极聪明，年十岁时善属文，谙经书，诵论辞赋数十万言，无一字差错，常作文章呈父。操曰："汝倩〔一〕人耶？"对曰："出言为论，下笔成章，顾当面试，奈何倩人？"操甚爱之。操妾刘氏生子曹昂，征张绣时阵亡。卞氏生四子：丕、彰、植、熊。操独爱植。于是留曹丕、曹植在邺造台。操令张燕守北寨。操所得袁绍之兵，共有五六十万。班师回许都，议封功臣，皆为列侯。操表军祭酒郭嘉。表曰：

　　　　臣闻褒忠宠贤，未必当身；念功惟绩，恩隆后嗣。是以楚宗孙叔〔二〕，显封厥子；岑彭既没，爵及支庶。故军祭酒郭嘉，忠良渊淑，体通性达。每有大议，发言盈庭，执中处理，动无遗策。自在军旅，十有余年，行同骑乘，坐共帏席：东擒吕布，西取眭固；斩袁谭之首，平朔土之众；逾越险塞，荡定乌丸。震威辽东，以枭袁尚。虽假天威，易为指麾，至于临敌，发扬誓命，凶逆克殄，勋实由嘉。方将表显，短命早终。上为朝廷悼惜良臣，下自毒恨丧失奇佐。宜追赠嘉封，并前千户，褒亡为存〔三〕，厚往劝来。谨表以闻。

谥郭嘉为贞侯④，养其子奕于府中。后奕为太子文学，早薨，子深嗣。深薨，子猎嗣。操欲南征刘表，荀彧曰："军方北征而回，未可远行。更待半年，养成气力，刘表、孙权一鼓而下。"操从之，分兵屯田，以候调用。

　　却说玄德自到荆州，刘表待之甚厚。一日，正相聚饮酒⑤，忽报原降张虎、陈生在江夏掳掠人民，欲取荆州造反。表惊曰："二贼反，为祸不小！"玄德曰："不须兄长忧虑，备往收之。"表大喜，即点三万军，令玄德行。次日，到江夏，张虎、陈生引兵来迎。玄德引关、张、赵云出马。玄德在门旗之下，望见张虎所骑之马，极其雄骏。玄德曰："此必千里马也。"言未毕，子龙挺枪出马，径冲过阵去，一枪刺张虎于马下，就扯住辔头，牵马回阵。陈生见子龙牵马而去，随赶来夺。张飞大喝一声，挺矛出马，将陈生刺于马下。余众奔溃。玄德招安平复，江夏诸县民赖其

---

① 原作"次子曹植"。在卞氏所生四子中，曹植排行第三。
② 原作"以'龙凤朝铜雀'之意"。据文意，加"示"字。
③ 原作"次子名植，字子建"。承上文改。
④ 原作"封郭嘉为贞侯"。据《三国志·魏书·郭嘉传》改。
⑤ 原作"正与相聚饮酒"。"与"有碍文意，删去。

第六十七回 刘玄德襄阳赴会

利,遂班师回。表自出郭迎接,入城饮宴。酒至半酣,表曰:"吾弟此等雄才,荆州有所倚仗也。但忧南越[四]不时寇境,张鲁、孙权皆足以为虑。"玄德曰:"弟有三将,可以保之;遣张飞巡南越之境;关某拒固子城[五],以镇张鲁;赵云拒三江[六],以当孙权。兄何忧哉?"表大喜。时蔡瑁告姐蔡夫人曰:"刘备遣三将巡境,自居襄阳①,久必为患。备为人忘恩失义,不可同守襄阳。"蔡夫人夜对刘表曰:"我闻荆州人多与刘备往来,容在城中无益,不如遣之。"表曰:"吾弟仁德之人也。"蔡氏曰:"诚恐他人不似汝心。"表已狐疑。

次日出城点军,见玄德所乘之马极骏,问之,乃张虎之马也。表称赞不尽。玄德会其意,就将此马送与刘表。刘表大喜。骑回城中。蒯越见而问之,表曰:"玄德送之。"越曰:"昔吾兄蒯良,最善相马;今虽去世,越亦颇晓。此马眼下有泪槽,额边生白点,名为'的卢马'也,骑则妨主。张虎为此马而亡,主公不可乘之。"表听其言。

次日,表请玄德饮宴,而言曰:"夜来所惠之马,深感厚意。但贤弟征进可用,表处空闲,敬当送还,永远骑坐。"玄德起谢。表又曰:"贤弟久居城郭,恐废武事。此去襄阳管下有一县,名新野县,颇有钱粮。弟可引本部军马,于此县屯扎,就收钱粮为用。"玄德深谢,随领本部军马,径往新野[七]。表自送行。酌别之后,一人在玄德前长揖曰:"不可乘此马。"玄德视之,乃刘表幕宾伊籍,字机伯,山阳人也。玄德慌下马问曰:"此马何不可骑也?"籍曰:"昨闻蒯越对刘表说,此马名'的卢',乘则妨主,因而还之。"玄德曰:"深感先生见爱。凡人居世,死生有命,富贵在天,岂可因一马而能妨吾哉!"籍服其高论,自此与玄德往来。

玄德自到新野,军民皆喜,政治一新。时建安十二年春,甘夫人降生刘禅。是夜,有白鹤一只栖于县衙屋上,鸣四十余声,望西飞去。守衙之兵,皆以为异禽。临分娩之时,天香满室,经月不散。甘夫人夜梦仰吞北斗有孕,故名阿斗。此时操北征。玄德往襄阳②,说刘表曰:"方今曹操尽起中国之兵北伐,许都空虚,若以荆、襄之众,一举袭之,大事可就也。"表曰:"吾坐据九郡足矣,安可别图!"玄德默然。表邀入后堂饮酒。酒到半酣,表忽然长叹。玄德曰:"兄长何故有不足之意?"表曰:"吾心间事,难言矣!"玄德再欲问,蔡夫人出,表无语。席散,玄德自回新野,日与士夫谋论天下之事。

时建安十二年冬,闻操自柳城回,玄德甚悔表之不用己也。忽刘表遣使至,请玄德赴襄阳。玄德随使而往。刘表请入坐。表曰:"近闻操自柳城提兵五六十万回许都,日渐强盛,必有吞并之心。昔日不听君言,故失此大机会。"玄德曰:"今天下分裂,干戈日起,机会岂有尽乎? 若能应之于后,未足为恨也。"表曰:"吾弟之言甚当。"相与对饮,表又下泪。玄德曰:"兄有何事不决于此?"表曰:"前者欲诉于汝,未得其便,故隐之。吾想汝是宗亲骨肉,特以告之。"玄德曰:"兄长有何难为之事? 备死亦不辞,愿闻心腹之语。"表曰:"前妻陈氏生子刘琦,虽贤而懦,不足立事;后妻蔡氏生得刘琮,颇聪明。吾欲废长立幼,又恐碍于礼法;吾欲立长子,今蔡夫人族中皆掌军务,后必生乱,因决未下。"玄德曰:"自古废长立幼,取乱之道也。若忧蔡氏

---

① 原作"自居荆州"。荆州系州名,而非具体城名,此处指州治襄阳。
② 原作"玄德往荆州"。新野本属荆州,从新野"往荆州"不通,应是往州治襄阳。

权重，可徐徐而削之，不可溺爱而立次也。"表默然。原来蔡夫人正在屏风后面听得，深恨之。

玄德自觉语失，遂起身入厕，叹髀肉复生[八]，潸然泪下不住。表使人再请入席，见玄德泪下，表问曰："弟何故发悲？"玄德曰："备往常身不离鞍，髀肉皆散；今不复骑，髀里肉生。日月蹉跎，老之将至矣！而功业不建，是以悲耳！"表曰："吾闻弟在许都，曹公尝青梅煮酒，共论英雄。贤弟尽举当世名士，操皆不许，曾对弟言：'天下英雄，惟使君与操耳。'操虽有四十万之众，挟天子而令诸侯，犹不敢在吾弟之先，何足虑也？"玄德乘酒兴而答曰："备若有基本，何虑天下碌碌之辈耳！"表闻之，忽然变色。玄德自知语失，托醉而起，归于馆舍。刘表虽不出言，心中不足。史官有诗赞曰：

　　曹公屈指从头数，天下英雄独使君。
　　髀肉因生犹感旧，争教寰海不三分？此言玄德不忘患难，安得不为君乎？

刘表闷闷不乐。蔡氏曰："适间我于屏风后听得刘备之言，足见有吞并荆州之意，视人如草芥。今日不除，必为子孙之患。"表不答，摇头而已。蔡氏知其意，遂召弟蔡瑁入，商议此事。瑁曰："我观刘备有过人之志，久后必吞荆州。不如先就馆舍杀之，告表未晚。"蔡氏曰："事宜谨细，不可造次。"瑁出点军。

伊籍知瑁有害玄德之心，夤夜来报，教便离襄阳。玄德曰："吾未辞景升，岂可去也？"籍曰："公若辞，必遭蔡瑁之害。某与公言之。"玄德遂上马，未明而行。蔡瑁比及到馆舍，玄德已去矣。瑁悔恨至甚，遂写诗一首于壁间，径入见表，言曰："刘备有反乱之意，书反诗于壁上。不辞而去。"

表未信，亲诣馆舍观之，果有诗四句。诗曰：

　　困守荆州已数年，眼前空对旧山川。
　　蛟龙不是池中物，卧听风雷飞上天。

刘表大怒，拔剑而言曰："誓杀无义之徒！"行数步猛省，暗忖曰："吾与玄德相处许多时来，未尝见作诗，此必外人之间谍音牒也。"回步入房，用剑尖刮去此诗，弃剑上马。蔡瑁请曰："兵士已点就，可往新野擒刘备。"表曰："未可往擒，容别图之。"此可见刘表无决断处。蔡瑁见表持疑不决，乃暗与姐蔡氏商议："即目仓廪丰足，欲大会众官于襄阳，就此处谋之①。"蔡氏曰："汝见掌军权，何必问我？"瑁次日禀表曰："近年成熟，合[九]聚众官于襄阳，就驰骋人马游猎。今日已办毕，请主人主持②。"表曰："吾近日气疾[一〇]作，实不能行，可令二子为主待客。"瑁曰："二子年幼，恐失于礼节，犹欠抚恤之道。"表曰："新野县有吾弟玄德，可请待客。"瑁暗喜正中其计，便差人请玄德赴襄阳。

却说玄德至新野，自知失语，不敢告众人知。忽使至，请赴会。玄德欲行，忽一人进曰："使君此去，必有大灾。"众皆大惊。言者是谁，毕竟何如，下回便见。

---

① 原作"就彼处谋之"。此时荆州治所在襄阳，刘表、蔡瑁即驻此，故应称"此处"。
② 原作"请主人行"。刘表本在襄阳，作者误以为刘表另在"荆州城"，以致叙述不当。

【注释】
[一] 倩：请，央求。
[二] 孙叔：即孙叔敖。楚庄王时任令尹，辅佐庄王打败晋军，成为霸主。重视水利，使国力有所增强，被称为楚国贤相。
[三] 褒亡为存：褒奖死者，为的是激励活着的人。
[四] 南越：古族名。散居于今广西、广东、福建、浙江的部分地区。
[五] 固子城：《演义》虚构的地名。
[六] 三江：在今湖北黄冈。大江分三路而下，至此合而为一。
[七] 新野：县名。原属荆州南阳郡，后划归襄阳郡。今属河南。
[八] 髀肉复生：髀，股腿相接处的外侧。久不骑马奔驰，生活舒适，腿根侧部长了肥肉，叫做"髀肉复生"。
[九] 合：应当。
[一〇] 气疾：气力衰竭之病。

第六十八回　玄德跃马跳檀溪

玄德收拾赴会，孙乾曰："昨观主公匆匆而回①，心中不悦，愚意度之，在荆州必有事故。今请赴会，恐有诈谋，故谏勿往。"玄德将前项事尽诉与诸官。关公曰："兄自心疑语失，刘荆州又无嗔责之意。外人之言，未可轻信也。襄阳离此不远，若不去，刘荆州反生疑矣。"玄德曰："云长之言是也。"张飞曰："'筵无好筵，会无好会'，哥哥不可去。"赵云曰："某将马步军三百人同往，可保主公无事。"玄德曰："子龙同去，何足虑也。"

玄德与子龙即日同赴襄阳，离新野七十余里。比及到郡，蔡瑁出郭迎接，意甚谦敬。玄德不疑。随后刘琦、刘琮二子，引王粲、傅巽、文聘、王威、邓义、刘先等文武及众名士出迎②。玄德见二公子在，并不疑忌。是日，请于馆舍暂歇。赵云引三百军士围绕，保护主公。云带甲挂剑，行坐不离。刘琦曰："父亲气疾作，实不能行，特请尊叔待客，乞抚恤各处守牧之官为幸。"玄德曰："吾本不敢当此，既有兄命，不敢不从。"次日，人报九郡四十二县③官员，尽皆到了。蔡瑁预请蒯越议曰："刘备世之枭雄，久必为荆州之患，可就令今日除之。"蒯越曰："恐失士民之望，不可行之。"蔡瑁曰："吾已密领刘荆州言语在此。"越曰："若如此，则先须准备。"瑁曰："东门岘山大路，已使宗弟蔡和引五千军把住；南门外，已使蔡中引三千军把住；北门江外，已使弟蔡勋引三千军把住；止有西门，不必守护，前有檀溪[一]阻隔，虽有数万之兵，不易过也。"越曰："吾见赵云行坐不离，恐难下手。"瑁曰："吾伏五百兵在城内。"越曰："必是生擒刘备去听区处，未可加诛。可使文聘、王威另设一席于外厅，以待武将。先请住赵云，然后可行事。"瑁曰："吾已安排定了。"当日杀牛宰马，大设宴饮，先请玄德。玄德所乘的卢马，心甚爱之。出入便骑。是日，骑至州衙，命牵入后园拴系。众官皆至堂中。玄德主席，二公子两边，其余各依次坐。赵云带剑于侧。酒至三巡，文聘、王威入请赵云赴席，云推辞不去。玄德令云就席。蔡瑁在外收拾得铁桶相似，三百军都赶归馆舍，只待半酣，号起下手。正值伊籍把盏，至玄德前，以目视之，曰："请更衣[二]。"玄德会其意，等籍把遍盏，推起如厕。伊籍已于后园等候，附耳报曰："城外东、南、北三处，皆有军马。惟西门可走。"玄德大惊，急解的卢马，开后园门牵出，飞身上马，不顾从者，望西门而走。把门者问之，玄德曰："吾不胜酒力矣。"挡之不住。门吏飞报蔡瑁，瑁便上马，唤五百马军随后追赶。

却说玄德撞出西门，行无二里余，前有大溪拦住去路。此溪名曰"檀溪"，河阔数丈，水通襄江④，其波甚急。玄德到檀溪边，见不可渡，勒马再回，遥望城西五百铁甲军马，随蔡瑁赶来。

---

① 原作"昨闻主公匆匆而回"。据叶逢春本改。
② 原作"引王粲、傅巽……刘先文武等及众名士出迎"。据文意，应作"刘先等文武"。
③ 原作"九郡四十二州县"。荆州仅为一州，其下辖九郡，不可能再有"州"。汉代的州与唐宋以后的州辖境大小相差悬殊，作者将二者混淆，故改。
④ 原作"水通湘江"，方位大误。据地理改（汉水经襄阳南流入长江的一段又称襄江）。

第六十八回　玄德跃马跳檀溪

玄德曰："吾死矣！"遂回马到溪边，回看时，兵在后赶。玄德纵马下溪，行数步，水势紧，马前蹄忽隐，浸湿衣袍。玄德加鞭，大呼曰："的卢！的卢！今日妨吾，可努力！"言毕，那马忽从水中踊身而起，一跃三丈，飞上西岸。玄德如云雾中起。后人有诗曰：

　　玄德襄阳逃难日，龙驹天赐渥洼[三]生。
　　威雄铁骑追来急，翻滚寒波阻去程。
　　玉勒纵时双耳耸，金鞭击处四蹄轻。
　　的卢一跃檀溪过，从此西川霸业成。

又诗曰：

　　襄阳城外接长途，来往行人叹的卢。
　　两岸蹄踪埋绿草，半滩水影撼青蒲。
　　夜静月明横素练，波摇星散撒琼珠。
　　莫夸主有西川分，盖为当时得骏驹。

又诗曰：

　　檀溪流水碧溶溶，过客登临忆旧踪。
　　玄德此时因避难，的卢当日果招凶。
　　波开踊跃过三丈，势欲飞腾到九重。
　　千古且休夸骏马，分明背上是真龙。

又诗曰：

　　偶至檀溪观旧迹，曾逢故老论三分。
　　主凭洪福应逃难，马仗神威迥不群。
　　坐下当时扶社稷，鞍心有日会风云。
　　须知天意推排定，千里龙驹万乘君。

苏学士古风一篇，单咏檀溪事迹，有感而赋云：

　　老去花残春日暮，宦游偶到檀溪路。
　　停骖遥望独徘徊，眼前零乱飘红絮。
　　暗想长安火德衰[四]①，龙争虎斗相交持。
　　襄阳会上王孙饮，坐中玄德身将危。
　　逃生独出西门道，脑后追兵又来到。
　　一川烟水涨檀溪，急叱征骓往前跳。
　　马蹄踏碎青玻璃[五]，天风响处金鞭挥。
　　耳畔但闻千骑走，波中忽见双龙飞。
　　西川独霸真英主，坐下龙驹两相遇。
　　檀溪溪水自东流，龙驹英主今何处？

---

① 原作"暗想咸阳火德衰"。咸阳为秦朝都城，长安方为汉朝都城。

　　　　临流三叹心欲酸,夕阳寂寂照空山。
　　　　三分鼎足浑如梦,踪迹空留在世间。
胡曾先生诗曰:
　　　　三月襄阳绿草齐,王孙相引到檀溪。
　　　　的卢何处埋龙骨?流水依然绕大堤。
玄德跃过溪西,回顾东岸,蔡瑁引五百骑赶到溪边,大叫:"使君何故逃席而去?"玄德曰:"吾与汝无仇,何故相谋耶?"瑁曰:"吾无此心,使君休信旁人之言。"玄德见瑁手将拈弓取箭,拨回马望西南而去①。瑁与诸将曰:"是何神助也?"却欲回城,西门内赵子龙引三百军赶来。蔡瑁性命如何?

【注释】
[一]檀溪:水名。在今湖北襄樊市西南,已干涸。
[二]更衣:上厕所。
[三]渥洼:水名。在今甘肃安西县。据《史记·乐书》:"尝得神马渥洼水中。"后即以渥洼作为神马的典故。
[四]火德衰:指汉朝衰微。
[五]青玻璃:比喻清莹碧绿的江水。

---

① 原作"拨回马望西南漳而去"。南漳系隋以后县名,故改。

第六十九回　刘玄德遇司马徽

蔡瑁不敢过溪，欲回城中。赵云正饮酒，忽见人马动，急入观之，席上不见玄德。子龙大惊，出投馆舍，听得人说："蔡瑁引军望西赶去。"因此火急绰枪上马，引三百军出城，迎见蔡瑁，喝问曰："吾主何在？"瑁曰："使君逃席，不知何往。"子龙是谨细之人，不肯造次，遍观军中，并不见动静；前望大溪，别无去路。子龙曰："汝请吾主，何故领着军马围捕？"瑁曰："九郡四十二县官僚在此，吾为上将，岂可不防护也？"云曰："汝逼吾主何处去了？"瑁曰："吾听得匹马出西门，到此又不见。"子龙疑惑不定，直来溪边看时，只见隔岸一带水迹。原来对岸颇高，三百军皆四散观望，不见玄德。子龙再回时，蔡瑁已入城去了。子龙拿把门军追问，皆说飞马出西门去了。子龙欲入城中，恐有埋伏，遂引军投新野而归。

却说玄德渡溪之后，似醉如痴，想："此阔涧，不觉一跃而过，岂非天意也！"望西南策马而行①。日将沉西。正行之间，见一牧童跨于牛背之上，口吹短笛而来。玄德叹曰："吾不如也！"遂立马观之。小童亦停牛罢笛，熟视玄德曰："将军莫非破黄巾的刘玄德否？"玄德大惊，问曰："汝乃村僻小童，安得知吾姓字耶？"小童曰："俺本不知。因常侍师傅，有客到日，多曾说有一刘玄德，身长七尺五寸，垂手过膝，目能自顾其耳，乃当世之英雄。今观将军如此模样，想必是也。"玄德曰："汝师何人也？"小童曰："我师傅复姓司马，名徽，字德操，道号'水镜先生'，颍川人也。"水者，先天一气，能养万物，可方可圆。镜者，知人妍蚩之意也。玄德曰："与谁为友？见居何处？"小童曰："与襄阳庞德公、庞统为友。兀的那林中便是庄也。"玄德曰："庞德公是庞统何人？"小童曰："叔侄之亲也。庞德公长俺师傅十岁②；公者，因其齿德皆尊，故称曰庞德公也。庞统，字士元，小俺师傅五岁。一日，我师傅在树上采桑叶，统来相探，坐于树下，同讲论兴亡，从朝到暮不倦。吾师甚爱，呼庞统为弟。"玄德曰："吾乃刘玄德也，汝可引见师傅。"

小童遂引玄德行二里余，到庄前下马。闻得琴声正美，玄德教小童且休通报③。忽然琴声住而不弹，一人笑而出曰："琴韵清幽，音中忽有杀伐之调，必有英雄窃听。"玄德大惊，见其人松形鹤骨，器宇不凡④。玄德进前施礼，衣衿尚湿。水镜曰："此公今日幸免大难。"玄德惊讶不已。小童曰："此是刘玄德也。"水镜慌忙叙礼，请入草堂，分宾主坐定。玄德见架堆万卷经书，窗外盛栽松竹，横琴于石床之上，清气飘然。玄德起曰："偶尔经由此地，因一小童相指，得拜尊颜，不胜万幸！"水镜笑曰："公休隐讳。今公必然逃难至此。"玄德遂以襄阳一事告之。水镜

---

① 原作"望南漳策马而行"。承第六八回改。
② 原作"庞德公字山民，长俺师傅十岁"。据《三国志·蜀书·庞统传》注引《襄阳记》，庞山民乃庞德公之子。
③ 原句无主语"玄德"。据上下文加。
④ 原文此句后有"年几半百，颜色如童"。此时庞统年二十九，司马徽不过三十五岁左右，故删去"年几半百"句。

曰："予观公之气色,已知之矣。公居何职?"玄德曰："左将军、领豫州牧,宜城亭侯①。"水镜曰："愚闻将军大名久矣,何故区区奔走于形势之途耶?"玄德曰："时运不济,命运多蹇之故也。"水镜曰："不然。盖将军左右不得其人耳。"玄德曰："备虽不才,文有孙乾、糜竺、简雍之辈,武有关某、张飞、赵云之流,竭忠相辅,何为不得其人耶?"水镜曰："关、张、赵云之流,虽有万人之敌,而非权变之才;孙乾、糜竺、简雍之辈,乃白面书生,寻章摘句小儒,非经纶济世之士,岂成霸业之人也?"玄德曰："备屈身恭己,求山谷之遗贤,奈何未得其人也!"水镜曰："儒生俗士,不识时务;识时务者,在乎俊杰也。"玄德曰："请问谁为俊杰?"水镜曰："且如高祖得张良、萧何、韩信之辈,光武得邓禹[一]、吴汉[二]、冯异[三]之徒②,能成王霸之根基,如此则为俊杰也。"玄德曰："恐此时无这等人物。"水镜曰："公岂不闻孔子有云:'十室之邑,必有忠信。'何谓今时无也?"玄德曰："备愚昧不识,愿赐指教。"水镜曰："公闻诸郡小儿谣言乎?谣言曰:

　　八九年间始欲衰,至十三年无孑音结遗。
　　到头天命有所归,泥中蟠龙向天飞。

此谣建安初至于今日。'八九年始欲衰'者,建安八年,刘景升丧却前妻,便生家乱,此'始欲衰'也。'十三年无孑遗'者,不久则景升逝矣;景升逝,则文武零落无孑遗矣。'天命有所归'者,在将军也。"玄德惊而下拜曰:"刘备安敢当此!"水镜曰:"今天下之全才尽会于此,将军可求之。"玄德曰:"何人也?"水镜曰:"伏龙、凤雏,两人得一,可安天下。"玄德便问:"伏龙、凤雏,何如人也?"水镜拍手大笑曰:"好!好!"玄德再问水镜,水镜曰:"天色已晚,暂宿一宵,来日当言之。"即唤小童具饮馔相待,留于客房内宿,马喂于后院。

　　玄德因想水镜之言,睡不着。约已更深,忽听一人而入,水镜问曰:"元直何来?"玄德起而密听之。其人答曰:"久闻刘景升善善恶恶[四],特往谒之。及至相见,徒有虚名,故回此处。"水镜曰:"善善恶恶,乃人之善也,何故弃之?"其人答曰:"善善而不能用,恶恶而不能去,故遗书以别之。"水镜叱之曰:"方今汉室衰微,贤愚一混,干戈竞起,祸乱始生。汝怀王佐之才,当待时而出。携美玉作砖石货于人间,以取其辱,乃汝之过。而却云他人善善恶恶不能用,不亦谬乎?子贡云:'有美玉于斯,韫椟[五]而藏诸?求善价而沽诸③?'子之谓也。英雄豪杰,只在眼前,何故谒刘景升耶?"其人言曰:"先生之言是也。"玄德听之大喜,暗忖此人必是伏龙、凤雏也。

　　候天晓,玄德出房求见,问水镜曰:"昨夜过是谁?"水镜曰:"尔来投明主,已往他处。"玄德求问姓名,水镜曰:"好!好!"玄德再问伏龙、凤雏是谁,水镜只言:"好!好!"自此名"好好先生"。玄德拜请水镜,同扶汉室。水镜曰:"山野闲散之人,不堪世用。自有胜吾十倍者来助公也,公宜访之。"玄德再问,水镜只言:"好!好!"正谈论间,小童来报:"庄外人语马嘶,有一大将,引数百人围了庄也。"玄德大惊,还是如何?

---

① 原作"左将军、宜城亭侯、豫州牧"。参照《三国志·蜀书·先主传》改。
② 原作"且如汉高祖得张良……汉光武得邓禹……"。"汉"字不当用,删去。
③ 原作"求善价而沽之"。据《论语·子罕篇》改。

第六十九回　刘玄德遇司马徽

【注释】

[一] 邓禹(2—58)：东汉开国功臣。字仲华，南阳新野(今属河南)人。助刘秀开基创业，深得信任。官至大司徒，封高密侯。

[二] 吴汉(？—44)：东汉开国功臣。字子颜，南阳宛(今河南南阳)人。刘秀经营河北时归附，屡建战功，任大将军。后与诸将拥立刘秀为帝，任大司马，封舞阳侯。

[三] 冯异(？—34)：东汉开国功臣。字公孙，颍川父城(今河南宝丰东)人。官至征西大将军，封阳夏侯。

[四] 善善恶恶：喜爱好人，憎恶坏人。

[五] 韫椟：藏在柜子里。

第七十回　玄德新野遇徐庶

玄德急出视之，乃赵云也。玄德大喜。赵云入见曰："云夜来回县，寻不见，连夜到此跟问。此间有人指道而言曰：'昨晚有个官人，匹马投水镜先生庄上去了。'故寻到此。"赵云便请玄德上马，恐人来县中厮杀。玄德辞了水镜，与赵云共投新野而来。行不到二十里，一彪人马到。玄德视之，乃张飞也，就跟随行。又不到二十里，一彪军到，乃云长也。云长寻至相见，玄德诉说檀溪之事①。

到县中，与孙乾等商议。乾曰："必投书与刘荆州，分解此事。"玄德从其言，修书差孙乾至襄阳②。刘表唤入，问曰："吾着[一]玄德襄阳待客，缘何半席而走？"乾呈上书，言蔡瑁欲相谋害，故越檀溪得脱。表闻大怒，急唤蔡瑁入，大骂曰："汝焉敢害吾弟也！"瑁抵赖不过。表令推出斩之。蔡夫人出，哭告方免。表恨不息。孙乾告曰："不争[二]杀其上将，刘皇叔再后不敢赴襄阳矣。"表责而释之，使长子刘琦一同孙乾来新野请罪。玄德大喜，设宴待刘琦。琦忽然堕泪。玄德问其故，琦曰："继母蔡氏常有谋害之心，侄无计免祸。"备劝以小心尽孝，自可无祸。次日，刘琦泣别。玄德送出郭外，坐下骑的卢马。玄德对琦曰："若非此马，吾已为泉下之人矣。"琦曰："非马之力，乃叔父之洪福也。"叔侄相别，刘琦泣涕而去。

玄德自回，忽见市上一人，葛巾布袍，皂绦乌履，长歌而来。其歌曰：

天地反覆兮，火欲殂[三]；
大厦将崩兮，一木难扶。
四海有贤兮，欲投明主；
圣主搜贤兮，却不知吾。

歌罢，大笑不止。玄德闻其言，暗思之："莫非水镜所言伏龙、凤雏否？"遂下马相见，邀入县衙，问其姓名。其人曰："某乃颍上[四]人也，姓单，名福。久闻使君纳士招贤，特来投托，未敢辄造[五]，故行歌于市。"玄德待以宾礼。单福曰："适来使君所乘之马，再乞一观。"遂命去鞍，牵于堂下。单福曰："此马虽有千里之能，却是妨主。"玄德曰："已应之矣。"遂言跳檀溪之事。福曰："此乃救主，非妨主也，必然要妨。有一法可禳。"玄德曰："愿闻禳法。"福曰："使亲近乘之，待妨死了那人，方可乘之，自然无事。"玄德唤从者教点汤。逐客之意。福曰："吾闻使君遍求贤士，不远千里而来，何故逐客也？"玄德曰："汝初至此，不教吾躬行仁义，便教作利己妨人之事，吾故逐之。"福大笑而谢曰："吾闻使君素有仁心，未能准信，故以此言试之耳。"玄德起而谢曰："若论仁心仁闻，吾岂敢当。但欲恤军爱民，恨未及也。愿先生教之。"福曰："吾自颍上至此，闻新野之人歌曰：'新野牧，刘皇叔；自到此，民丰足。'此可见使君爱民惜物之验也。"玄德拜单

---

① 原句无主语"玄德"。据上文加。
② 原作"修书差孙乾到荆州"。参见第267页校记②。

第七十回　玄德新野遇徐庶

福为军师，调练本部人马。

却说曹操自冀州回许都，常有取荆州之意，故差曹仁将李典并降将吕旷等三万兵，屯穰城①，虎视荆、襄，就看动静虚实，以为屏障。此时吕旷、吕翔禀曹仁曰："目今刘备兵屯新野，招兵买马，积草聚粮，有谋许都之心，不可不早图也。吾二人自降丞相之后，未有寸功，愿请精兵五千，可取刘备之头，以献丞相。"曹仁大喜，与二吕兵五千。新野守界人探知，飞报玄德。玄德请单福商议，福曰："既有敌军，不可令人入境。先差关公引一军，从左而出，以截来军中路；差张飞引一军，从右而出，以断来军之后；使君引赵云出兵中路相迎，擒将必矣。"玄德大喜，先差关、张二将去讫；然后与单福、赵云引二千人马，出关相迎。行不数里，山后尘头起处，吕旷、吕翔引五千军来到。两边相迎，射住阵角。玄德出马于门旗下，大呼曰："来者何人，敢犯吾境？"吕旷曰："吾乃大将吕旷也。奉曹丞相命，特来擒汝！"玄德曰："吾有何罪？"旷曰："汝乃反汉之贼，安得不擒之？"玄德大怒，使赵云出马。二将交战，不数合，赵云一枪刺吕旷于马下。吕翔引军便走。行不数里，路旁一军突出，为首大将，横刀跃马，乃关云长也，冲杀一阵。吕翔折军太半，夺路而走。后面关公迤逦追袭。又行不到十余里②，一军拦住去路，为首大将，挺矛出马，乃燕人张益德也。飞直取吕翔。翔措手不及，被飞一矛刺中，翻身落马而死。余皆奔走，被张飞手下军士尽皆擒缚，投新野而来。玄德大喜，重待单福，犒赏三军。

却说败军回见曹仁，报说吕旷被赵云杀之，吕翔被张飞杀之，其余军士尽被活捉。曹仁大惊，与李典商议。典曰："今二将欺敌而亡。只宜按兵不动，申报丞相知会，可起大军而来剿捕，此为上策。"曹仁曰："不然。目今二将已亡，又折许多人马，量一新野小可之地，何必经由丞相？'割鸡焉用牛刀'，吾与汝擒刘备。"典曰："刘备人杰也，不可轻视。"仁曰："汝怯也！"典曰："兵法云'知己知彼，百战百胜'。某非怯战，但恐不胜刘备也。"仁怒曰："汝怀二心耶？"典曰："自跟随丞相，积有年矣，岂不知李典之心乎？"仁曰："吾必欲生擒刘备也！"典曰："将军若去，某守穰城。"仁曰："汝若不同去时，必有二心也！"典惊惧。曹仁点起本部二万五千余军，俱各披挂上马，渡河投新野而来。毕竟如何，且听下回分解。

【注释】

[一] 着：使，派。

[二] 不争：如果。

[三] 火欲殂：隐指汉朝将要灭亡。因汉朝自称得火德，故云。殂，死亡。

[四] 颍上：指颍川郡。

[五] 辄造：随便前往。

---

① 原作"屯樊城"。樊城在新野以南，与襄阳仅一水之隔。原文既与史不合，亦不合情理。据地理改。

② 原作"又行不到十数余里"。据文意，删去"数"字。

卷之八

第七十一回　徐庶定计取穰城①

曹仁忿怒,意欲踏平新野,大起本部之兵,投新野来。先差人于河岸收拾船只,准备渡河。

却说单福与玄德曰:"曹仁近在穰城②,知二将被诛,必起本部人马来取新野。"玄德曰:"当何以迎之?"福曰:"吾料曹仁若尽提兵而来,穰城空虚,虽隔白河[一],可唾手而得。"玄德问计,福附耳低言,如此如此。玄德大喜,预先调拨已定。白河边人报曹仁准备渡河。单福对玄德曰:"曹仁若按兵不动③,未可便得;今全师而来,此出下策,吾必擒曹仁矣。"军势摆开,赵云出马,唤彼将答话。李典出阵,与赵云交锋。约战十数合,李典料敌不住,拨马走回本阵。云纵马追袭,两翼军射住,云遂回。各罢兵归寨。

且说李典见曹仁,言赵云英雄不可抵挡,不如回穰城。曹仁大怒,叱李典曰:"汝未出军时,已慢吾军心;今又卖阵,可以斩之!"喝刀斧手推转李典。正欲斩时,众将苦告方免。曹仁教李典为后军,自引兵为前部。次日离寨前进,布成阵势。单福上山观看毕,与玄德曰:"公识此阵否?"玄德曰:"不识。"福曰:"此'八门金锁阵'也。虽布得是,可惜不全。八门者,休、生、伤、杜、景、死、惊、开也。如从生门、景门、开门而入,则吉;从休门、伤门、惊门而入,则带伤;如从杜门、死门而入,则亡。今八门虽布得整齐严肃,只是中间通欠主持。如从东南角上生门而入,往正西景门而出,击之必乱也。"玄德传令,教军把住阵角,命赵云引五百军,从东南而入,径往西出。赵云得令,挺枪骤马,引军径投东南角上,呐喊而入,军中鼓噪助威。赵云杀入中军,曹仁径投北走。云不赶,却突出西门,又从西杀东南角来。曹仁兵大乱④。玄德领军亦击,曹兵大败而退。单福命休赶,自收军回。

却说曹仁输了一阵方悔,始信李典,请典商议,言:"刘备军中必有能者。吾布'八门金锁阵',赵云自东南而杀入,投正西而出,安得无能者耶?"李典曰:"军虽在此,甚忧穰城。"曹仁曰:"今晚去劫刘备寨,如胜,可住;如不胜,可退军回。"李典又谏曰:"惟恐刘备有准备。"仁曰:"若如此疑,却难用兵。"不听李典言语,传令已毕。

却说单福与玄德在寨中议事,忽信风[二]骤起。福曰:"今夜曹仁必来劫寨。"玄德曰:"何以敌之?"福曰:"吾预算定了。"

却说曹仁为前队⑤,李典为后应,当夜二更来劫寨。将到寨内,四围火起,烧着寨栅。曹仁知有准备,急退军。赵云掩杀将来。仁急弃本寨,望白河而走⑥。将到河边,才欲寻船,河岸上

---

① 原作"徐庶定计取樊城"。"樊城"误。承第七十回改。
② 原作"曹仁近有樊城"。据叶逢春本,"有"应作"在";"樊城"应作"穰城"。
③ 原句无主语"曹仁"。承上文加。
④ 原作"曹仁大乱"。据叶逢春本,加"兵"字。
⑤ 原作"却说曹仁尽起军士为前队"。"尽起军士"与下文"李典为后应"矛盾,删去。
⑥ 原作"望北河而走"。据上文,"北河"应为"白河"。叶逢春本正作"白河"。

一彪军杀到,为首大将张益德也,引众掩杀。原来益德预先埋伏在此。曹军死战。李典保护曹仁下船渡河。曹军太半水中淹死。曹仁上岸,奔至樊城,令人叫门。城上一声鼓响,一将引五百军而出,乃关云长也。原来单福预使云长早已袭了樊城。两军混战。曹仁、李典又被云长杀了一阵,因此失了樊城,投许都而走。于路打听,方知有单福为军师,设谋定计。

不说曹仁投许都。却说玄德大获全胜,引军入樊城,县令刘泌出迎。玄德安民已定。刘泌乃长沙人也,亦是汉室宗亲,遂请玄德到家,设宴。时有外甥寇封侍立于侧。玄德见封人品壮观,声音清亮,玄德问泌曰:"此何人?"泌答曰:"此吾甥寇封也,精熟武艺。本罗侯[三]寇氏之子①,父母双亡,泌忝母舅,在此倚傍学业。"玄德欲过房为嗣。刘泌忻然从之,遂使其甥拜玄德为父,改名刘封。玄德带回,令拜云长、益德为叔。云长曰:"兄长既有子,何必有螟蛉[四]?后必有乱也。"玄德曰:"吾待为子,彼必待我为父,有何乱也?"云长不悦。此是结冤之处。玄德、单福计议,令赵云引一千军守樊城②。玄德领众自回新野。

却说曹仁、李典回许都见曹操,泣拜于地请罪,言损军折将之事。操曰:"胜负乃兵家之常事,岂能常胜乎?刘备如此,谁与谋事?"曹仁言单福设策。操曰:"不知单福果何人也?"程昱笑而言曰:"非单福也。此人少好击剑。中平末年,曾与人报仇,用白粉涂面,披发而走,为吏所获,问其姓名③,缄口不言。吏乃缚于车上,击鼓令市人识之,虽有识者,莫敢言,而同伴窃解救之。乃更名易姓,隐于他处。于是感激[五],乃疏巾单衣,折节[六]向学。后遍访名师,常与司马徽谈论。此人乃颍川徐庶,字元直,单福乃更名也。"操曰:"徐庶之才,比君何如?"昱曰:"昱十分,得徐庶一二也。"操曰:"惜乎!贤士归于刘备,必助羽翼矣!奈何?"昱曰:"徐庶虽在彼,丞相要用,召来不难。"操曰:"岂得来归?"昱曰:"徐庶为人至孝,幼丧其父,止有母在堂。见今兄弟徐康已亡,遗母老,无人侍养。可使人赚至许都,令作书唤之,庶必星夜而至矣④。"操大喜,使人前去取徐庶母。不一日而来,操尝亲自款待,而对徐母曰:"近闻令嗣徐元直,乃奇才也。今在新野,助逆臣刘备,负却朝廷,正如美玉落在淤泥之中,诚为可惜。今烦老母付笔札,唤回许都,吾于天子之前保奏,必加赏爵禄。"操命左右捧过文房,令徐母作书。母曰:"刘备何如人也?"操曰:"涿郡小辈⑤,妄称皇族,奈无恩义,外君子而内小人,真匹夫也。"徐母两目圆睁,厉声而言曰:"汝何虚诳之甚也!吾久闻刘玄德乃中山靖王之后,汉景帝阁下玄孙,有尧、舜之风,怀禹、汤之德。况又屈身下士,恭己待人,世之黄童白叟[七],牧竖樵子,皆知其名,真当世之英雄也。吾儿辅之,得其主矣。汝虽托名汉相,实乃汉贼;乃言玄德为逆臣,岂不自耻!如何使吾儿背明投暗,惹万代之骂名?"言讫,投笔于地,取石砚便打曹操。操大怒,叱

---

① 原作"本罗睺寇氏之子也",在"在此倚傍学业"句后。据《三国志·蜀书·刘封传》改,并移至"父母双亡"句前。
② 原作"恐樊城不可守,乃带赵云引一千军守樊城",自相矛盾,故改。
③ 原作"为吏问其姓名",语意不完整。据《三国志·蜀书·诸葛亮传》注引《魏略》增补。
④ 原作"其子必星夜而至矣"。为与上文衔接紧凑,"其子"改为"庶"。
⑤ 原作"沛郡小辈"。据《三国志·蜀书·先主传》,刘备系涿郡涿县人。

武士执徐母斩之。性命如何？

【注释】
[一] 白河：即东河三国时的清水，汉水支流。
[二] 信风：原指可信其定期而来的风。此处指预示某种征兆的风。
[三] 罗侯：侯国名，即罗县。属荆州长沙郡。治所在今湖南汨罗县西北。
[四] 螟蛉：螟蛉蛾的幼虫。蜾蠃（蜂类的一种）常捉螟蛉喂其幼虫，古人误以为它养螟蛉为子，故称义子为"螟蛉"。
[五] 感激：感动奋发。
[六] 折节：改变平日的志向和行为。
[七] 黄童白叟：黄发的儿童和白发的老人。

第七十二回　徐庶走荐诸葛亮

　　曹操欲斩徐母,程昱急止之曰:"令武士且留人!"昱入谏操曰:"徐母毁丞相者,欲求死也。丞相若杀之,则招不义之名,成全徐母之德。徐母一死,徐庶知之,必死心塌地以助刘备,而尽力报仇也。不如留之,则使徐庶身心两处,纵使助刘备,亦不尽力也。昱自有小计,必赚徐庶至此,以辅丞相也。"操然之,使送徐母于别室养赡。程昱如亲母待之。昱乃诈言曾与徐庶为昆仲,时常送物,必具手启[一]。徐母亦作书启以答之。昱赚了徐母笔迹字体,诈修书一封,差一心腹人,持书径奔新野县,寻见徐庶行幕,使军士达知。

　　庶闻母有家书至,急唤入问之。来人曰:"某乃馆下走卒,奉老夫人言语,有书上达。"徐庶拆封视之。书曰:

　　　　近汝弟康丧,举目无亲。正悲凄之间,不期曹丞相使人赚到许都,言汝背反,下于缧绁,独赖程昱等力救。若得汝降,能免吾死。如书到日,可想劬劳[二]之恩,星夜前来,以全孝道;却图归耕故乡,免遭大祸。吾今命若悬丝,专候救济! 更不多嘱。

　　徐庶览毕,泪似涌泉,持书来见玄德曰:"某本颍川徐庶,字元直,为因逃难。更名单福。昨因荆州刘景升招贤纳士,特往见之;与之论事,方知无用之人也,故作书以别之,寅夜至司马水镜庄上诉说其事。水镜深责庶不识主,却说:'刘豫州在此,何不事之?'庶故作狂歌于市,以钓使君;幸蒙不弃孤陋,曲赐重用。争奈老母被曹操奸计囚于许都,将欲垂命,持书来呼,不容不去。非不欲尽犬马之劳,以事使君;争奈慈亲被执,不得尽其力也。今且暂归,尚容再会。"玄德哭曰:"子母之道,乃天爱也。元直无以备为念,而割其天爱。待与老太君相见之后,再从听教。"庶乃拜谢。庶便欲行。玄德曰:"再聚一宵,来日相饯。"孙乾等入见玄德。乾曰:"徐元直乃天下之奇才也,久在新野,今回许都,尽知我军中之虚实。若使此人归曹操,必重用之,来攻我军,势必危矣。望主公苦留,休教放去,使曹操见庶不去,必斩其母。庶知母死,必与母报仇,力攻曹操也。"玄德曰:"不然。使人杀其母,吾独用其子,乃不仁也;留之而不使去,以绝子母之道,乃不义也。吾宁死,而不为不仁不义之事也。"众皆感叹而去。

　　玄德请徐庶饮至半夜,庶曰:"今闻老母被囚,虽金波玉液,亦不能占肠胃也。"玄德曰:"闻公之行,使备如失左右手,虽龙肝凤髓,亦不甘味也。"二人相泣,坐以待旦。诸将已于郭外安排钱行。玄德与徐庶上马出郭,至长亭下马相辞。玄德举杯劝徐庶曰:"备分浅缘薄,不能与先生相从听诲。望先生善事新主,以全孝道。"庶泣曰:"某才微智浅,深荷使君重用。今不幸半途而别,实为母之故也。纵曹操逼勒事之,终身不设一谋。岂不忠也? 非所愿也。"玄德又曰:"先生此去,刘备亦欲远遁而避世也。"庶曰:"本欲与使君共图王霸之基业,奈老母在许都被执,是以徐庶方寸[三]乱矣。纵使在此,无益于事。请使君别求大贤以佐之,共图王霸之业,何心灰如此也!"玄德曰:"愚意度之,恐天下无如先生者。"庶曰:"吾樗栎[四]音书力庸才,非栋梁也。使君可求栋梁以佐之。"玄德泣谢。庶谓诸将曰:"望诸公善事使君,以图名垂竹帛,功列

第七十二回　徐庶走荐诸葛亮

青史,休效庶之无始终也。"诸将皆感伤而别之。玄德泪如雨下,不忍相离。又一程,彼各上马,玄德与徐庶并辔而行。玄德曰:"先生此去,德心如割,无复有匡扶王室之心矣!"庶曰:"使君保重,以图再会。"玄德曰:"各天一方,未知相会却在何日!"不觉又行十里,庶辞曰:"不劳使君远送,庶当星夜而行,见老母矣。"玄德又送十里,诸将请回。玄德就马上执庶之手,曰:"先生此去,刘备奈何?"泪沾衿袖。庶亦掩面而哭别。玄德立马于林畔,看庶乘马,从者数人,匆匆而去。玄德放声大哭。孙乾等劝:"主公休如此恸伤。"玄德曰:"元直去矣!吾将奈何?"凝泪而望,被一大树林隔断。玄德以鞭指曰:"吾欲尽伐此处树木!"孙乾曰:"何故伐之?"玄德曰:"因阻望徐元直也!"

正望之间,又欲赶庶而送之,忽见徐庶拍马而回。玄德曰:"元直此来,莫不无去意乎?"遂下马相迎。庶亦下马而来。玄德曰:"先生此回,必有主意。"庶曰:"庶心绪如麻,失却一语:有一大贤,只在襄阳城西二十里隆中[五]①,地名。使君何不见访?"玄德曰:"公可与某请来相见,甚好。"庶曰:"此人非庶之比也。使君可往相见,不可屈致也。使君若得此人,可比周得吕望[六],汉得张良。有经纶济世之才,补完天地之手。其人每自比管仲[七]、乐毅[八]。以庶观之,管仲、乐毅不及此人也。"玄德曰:"比先生才德如何?"庶曰:"某比此人,如驽马以并麒麟,寒鸦以配鸾凤。庶何足言之!此人乃天下第一人耳!"玄德大喜,曰:"愿求大贤姓名。"庶曰:"此人乃琅琊阳都人也,复姓诸葛,名亮,字孔明②,汉司隶校尉诸葛丰之后。其父名珪,字君贡,为泰山郡丞③,早卒。从父玄为袁术所署豫章太守,将亮及亮弟均之官④。后汉朝选朱皓代玄,玄素与荆州牧刘景升有旧,往依之。不幸玄卒。其人与弟均躬耕陇亩⑤,好为《梁父吟》[九]。所居之地有一冈,名卧龙冈,故自号'卧龙先生'。此人乃当世之大贤也,使君急宜枉驾[一〇]见之。若此人肯相辅佐,何虑天下不定乎!"玄德曰:"昔备在水镜庄上,有云'伏龙、凤雏,两人得一,可安天下'。备再问之,但云'好,好'而已。莫非伏龙、凤雏乎?"庶曰:"凤雏者,襄阳庞统是也。伏龙正是诸葛孔明。皆是庞德公之所言也。"玄德踊跃而大叹曰:"今日方悟'伏龙、凤雏'之语。何期大贤只在目前!非先生一言,备有眼如盲也!"后人谓徐庶走荐诸葛亮诗曰:

　　痛恨高贤不再逢,临歧[一一]哭别两情浓。
　　片言恰似春雷震,能使南阳起卧龙。

又诗曰:

　　四海苍生在倒悬,豫州天下漫求贤。
　　不因徐庶临歧荐,怎得西川四十年?

---

① 原作"只在襄阳城二十里隆中"。据《三国志·蜀书·诸葛亮传》注引《汉晋春秋》,加"西"字。
② 此句原在"好为《梁父吟》"句后。据文意提前。
③ 原作"其父名珪,字子贡,为泰山郡县丞"。据《诸葛亮传》改。
④ 原作"时从叔父玄为袁术所署豫章太守"。据《诸葛亮传》增补校改。
⑤ 原作"躬耕于南阳"。此句虽出自诸葛亮《出师表》,但"南阳"系泛指(因隆中属南阳郡),用在此处不当。据《诸葛亮传》改。

徐庶荐了孔明，再别上马而去。玄德闻徐庶之语，似醉方醒，如梦初觉，方悟司马德操之言也。引众将回新野，便具厚币[一二]①，同关、张前去请孔明。

先说徐庶上马，想玄德留恋之情，恐怕孔明不去，遂乘马直到卧龙冈下马，入庄见孔明。孔明问曰："元直此来，必有事故？"庶曰："庶本欲事刘玄德，为因老母被曹操所囚，驰书来召，乃舍此而往。庶临行时，将公荐与玄德。望勿推阻，可往见之，当展平生之大才，不负夙昔之所学也。"孔明闻之，作色而言曰："汝以我为享祭之牺牲乎？"拂袖而入。所言享祭之牺牲者，乃郊祀之牛，闲当以草料喂养，以衣绶锦，临期杀之。此言因庶相轻也。庶乃满面羞惭，不辞而退，上马趱程，而赴许都见老母。正不知玄德来请孔明，还是如何？

【注释】

[一] 手启：亲笔书札。

[二] 劬劳：辛劳，劳累。《诗经·小雅·蓼莪》："哀哀父母，生我劬劳。"后遂以"劬劳"专指父母养育子女的辛劳。

[三] 方寸：心的代称。

[四] 樗栎：两种树名。二者均扭曲不成材，故用以比喻无才之人。

[五] 隆中：地名。东汉属荆州南阳郡邓县。今属湖北襄樊市。

[六] 吕望：即吕尚。本姓姜，字子牙，辅佐周武王灭商，因功封于齐，为齐国始祖。俗称姜太公。

[七] 管仲（？—前645）：春秋初期政治家。名夷吾，颍上（颍水之滨）人。辅佐齐桓公进行改革，增强国力，并以"尊王攘夷"为号召，使桓公成为春秋时第一个霸主。

[八] 乐毅：战国时名将。燕昭王时任亚卿，率军打败齐国，连下七十余城。

[九] 《梁父吟》：一作《梁甫吟》。乐府古曲名。

[一〇] 枉驾：屈驾。

[一一] 临歧：分道惜别。

[一二] 厚币：厚礼。币、帛，古人常用以送礼，遂为礼物的通称。

---

① 原作"便具卑辞厚币之礼"。"卑辞"尚不及用，"之礼"意重复，俱删。

第七十三回　刘玄德三顾茅庐

　　时建安十二年冬十一月，徐庶临别玄德，故荐诸葛亮有王佐之才，自趱程回许都。曹操听知徐庶已到，遂命荀彧、程昱等一班谋士出来迎接。庶入见操①，参拜毕，操曰："公乃高明远见之士，何故屈身而事刘备耶？"庶曰："幼自逃难，游于江湖，偶至新野，与刘备交会。老母幸蒙慈念，庶不胜愧感。"操曰："令堂在此，汝可晨昏侍奉，尽人子之道。吾亦得听清诲矣。"庶拜谢而出，急去见母，泣拜于堂下。徐母大惊曰："汝缘何至此？"庶答曰："近于新野从事刘豫州，偶得母书，故星夜至此。"徐母勃然大怒曰："辱子飘荡江湖二十余年，吾以为汝习儒学业，日有进益，何期反不如初也！汝自幼读书，须知忠孝之道不能两全。必识曹操欺君罔上之贼。刘玄德仁义布于四海，谁不仰之？况乃汉室之胄。吾以为汝得其主矣。今凭一纸伪书，更不推详其虚实②，遂弃明投暗，自取恶名，汝真匹夫也！吾有何面目与汝相见！玷辱祖宗之徒，空生于天地之间耳！"骂得徐庶伏于阶下，不敢瞻视。母自转于屏风后。少时，人忽报曰："老夫人自缢于梁间。"庶慌入救时，母气已绝。史官有诗赞曰：

　　贤哉徐母，德被中土。
　　守节无亏，于家有补。
　　教子多方，处身自苦。
　　气若丘山，义刻肺腑。
　　赞美豫州，毁凌魏武。
　　不畏鼎镬，不惧刀斧。
　　惟恐后嗣，玷辱先祖。
　　伏剑同流[一]，断机作伍[二]。
　　生得其名，死得其所。
　　贤哉贤哉③，流芳万古！

是日，徐庶哭绝于地，良久复苏。曹操使人赍礼吊问，破木为棺。操亲往祭奠，厚葬于许都之南原。徐庶居丧，操重赐之。

　　操欲商议南征。荀彧谏曰："天寒未可用兵。姑待春暖，可往冀州，引漳河之水作一池，名'玄武池'，于内教练水军，然后长驱大进，可席卷而得矣。"操从之，遂按兵不动。

　　却说刘玄德安排礼物，欲往隆中谒孔明，只听得门外人报："有一先生，峨冠博带，道貌非

---

① 原句无主语"庶"。据黄正甫本加。
② 原作"更不推辞，详其虚实"。据文意改。
③ 原作"抑贤哉贤哉"。"抑"字损害四言诗格律，有妨文意，删去。

常,特来相探。"玄德曰:"此必是孔明也。"遂整衣出迎,视之,乃司马徽也。玄德大喜,请入后堂高坐,乃拜问曰:"备自别仙颜,军务繁杂,有失拜访。幸临光降,大慰仰慕之思。"徽曰:"近闻徐元直在使君处,特来一会。"玄德曰:"近因曹操囚下徐母,徐母遣人持书,取回许都去矣。"徽曰:"中操之计也!吾素闻徐母大贤,虽遭曹操囚下,他安肯持书唤子?此书必诈也。徐元直不去,其母尚存;今若去之,母必亡矣!"玄德惊问其故,徽曰:"其母乃贞烈之人,必羞见其子也。"玄德遂问曰:"元直临行,荐南阳诸葛亮,其人若何?"徽笑曰:"汝既去便罢,又惹他出来呕血!"此是司马徽先见之明也,便知孔明肯尽心事其主也。玄德曰:"先生何出何言?"徽曰:"其人乃琅琊国人也①,与博陵[三]崔州平、颍川石广元、汝南孟公威并徐元直,为友甚密②,常一处学业。此四人务于精熟,惟孔明独观其大略。每晨夜相随,孔明自抱膝长啸,而指四人曰:'汝等仕进可至刺史、郡守也。'众皆问孔明其志若何,孔明但笑而不答,可见其人之志也。"玄德曰:"何颍川多贤乎?"徽曰:"昔有殷馗善观天文,见群星聚于颍分,对人曰:'其地必聚贤主。'"后人有诗曰:

蜀郡[四]灵槎转,丰城[五]宝剑新③。
将军临北塞,天子出西秦。
未到三台辅,曾为五老臣。
今宵颍川客,谁识聚贤人?

徽又曰:"孔明居于隆中,好为《梁父吟》,每自比管仲、乐毅,其才不可量也。"时有云长在侧,曰:"某闻管仲一匡天下,九合诸侯,孔子称之曰:'微管仲,吾其披发左衽矣。'乐毅克齐七十余城。二人皆春秋、战国名人④,功盖寰宇之士。孔明自比,岂不太过也?"徽曰:"孔明安敢妄比二人。以吾观之,只可比这二人。"云长曰:"可比哪二人?"徽曰:"可比兴周朝八百余年姜子牙,旺汉江山四百余载张子房也。"众皆愕然。徽就下阶相辞便行,玄德相留不住。徽仰天大笑:"虽卧龙得其主,不得其时!"言罢,飘然而去。玄德叹曰:"真隐居贤士也!"

次日,玄德同关、张二人,将带数十从者来隆中。遥望山畔数人,荷锄耕于田间,而作歌曰:

苍天如圆盖,陆地似棋局。
世上黑白分,往来争荣辱。
荣者自安安,辱者定碌碌。
南阳有隐者,高眠啸不足。

玄德闻其言,勒马唤农夫而问之曰:"此歌何人所作?"农夫曰:"此歌乃卧龙先生之所作也。"玄德曰:"卧龙先生住于何处?"农夫遥指曰:"自此山之南,一带高冈,乃卧龙冈也。冈前疏林内

---

① 原作"其人乃琅琊郡人也"。据《后汉书·郡国志》,琅琊非郡,而系王国。
② 原文无"与"字。据黄正甫本加。
③ 原作"丰池宝剑新"。据《晋书·张华传》改。
④ 原作"二人皆春秋名士"。乐毅乃战国时人,故加"战国"二字。

第七十三回　刘玄德三顾茅庐

茅庐中,即孔明先生高卧之处也。"玄德谢之。行不数里,遥望卧龙冈,果然清景异常。后人单道卧龙居处,遂赋古风一篇云:

　　襄阳城西二十里,一带高冈枕流水。
　　高冈屈曲压云根,流水潺湲飞石髓。
　　势若困龙石上蟠,形如丹凤松阴里。
　　柴门半掩闭茅庐,中有高人睡未起。
　　修竹交加列翠屏,四时篱落野花馨。
　　床头堆积皆黄卷[六],座上往来无白丁。
　　扣户苍猿时献果,守门老鹤夜听经。
　　囊里名琴藏古锦,壁悬宝剑挂七星。
　　庐中先生独幽雅,闲来亲自勤耕稼。
　　专待春雷惊梦回,一声长啸分天下。

玄德来到庄前下马,亲扣柴门。一童出问,玄德曰:"汉左将军、领豫州牧、宜城亭侯①、见屯新野皇叔刘备,特来拜见先生。"童子曰:"我记不得许多名字。"玄德曰:"新野刘备来访。"童子曰:"今早少出。"玄德曰:"何处去了?"童子曰:"踪迹不定,不知何处去了。"玄德曰:"几时归?"童子曰:"不准。或三五日,或十数日。"玄德惆怅不已。张飞曰:"既不见,自归去便了。"玄德曰:"更待片时。"云长曰:"不如暂回,却再使人来探,未为晚矣。"玄德曰:"然。"乃嘱咐童子云:"如先生回,可言刘备专访。"遂上马别茅庐。

约行数里,勒马回观隆中景物,称羡不已。果然山不高而秀雅,水不深而泉清;地不广而平坦,林不大而茂盛;松篁交翠,猿鹤相亲:观之不已。忽见一人,神清气爽,目秀眉清,容貌轩昂,丰姿英迈,头戴逍遥乌巾,身穿青衣道袍,仗藜从山僻小路而来。玄德曰:"此必是卧龙先生也!"慌忙下马,趋前施礼:"先生莫非卧龙否?"其人曰:"将军是谁?"玄德曰:"豫州牧刘备也。"其人曰:"吾非孔明,乃孔明之友,博陵崔州平是也。"玄德曰:"久闻先生大名,请席地权坐,少请教一言。"二人对坐于林石之间。关、张侍立于侧。州平曰:"将军欲见孔明何为?"玄德曰:"方今天下大乱,盗贼蜂起,欲见孔明,求安邦定国之策。"州平笑曰:"公以定国为主,虽是良心,但恨不明治乱之道。"玄德请问曰:"何为治乱之道?"州平曰:"将军不弃,听诉一言。自古以来,治极生乱,乱极生治,如阴阳消长之道,寒暑往来之理。治不可无乱,乱极而入于治也。如寒尽则暖,暖尽则寒,四时之相传也。自高祖斩白蛇,起义兵,袭秦之乱,而入于治也。到哀、平[七]之世二百年,太平日久,王莽篡逆,由治而入乱也。光武中兴于东都,复整大汉天下,由乱而入治也。光武至今二百年,民安已久,故起干戈,此乃治入于乱也。方今祸乱之始,未可求定。岂不闻'天生天杀,何时是尽?人是人非,甚日而休'?久闻大道不足而化为术,术之不足而化为德,德之不足而化为仁,仁之不足而化为俭,俭之不足而化为仁义,仁义不足而化为三皇,三皇不足而化为五帝,五帝不足而化为三王,三王不足而化为五霸,五霸不足而化

---

① 原作"汉左将军、宜城亭侯、领豫州牧"。承第六九回改(官称在前,爵位在后)。

为四夷，四夷不足而化为七雄，七雄不足而化为秦、汉，秦、汉不足而化为黄巾，黄巾不足而化为曹操、孙权与刘将军[八]等辈，互相侵夺，杀害群生，此天理也。往是今非，昔非今是，何日而已？此常理也。将军欲见孔明，而使之斡旋天地，扭捏乾坤，恐不易为也。"玄德曰："深谢先生见教。不知孔明往于何处？"州平曰："吾亦欲寻去，未见耳。"玄德曰："请先生同往敝县，若何？"州平曰："山野之人，无意于功名久矣。容他日再会。"长揖而去。

玄德与关、张上马而行。云长曰："州平之言，若何？"玄德曰："此隐者之言也，吾固知之。方今乱极之时，圣人有云：'危邦不入，乱邦不居。天下有道则见，天下无道则隐。'此理固是，争奈汉室将危，社稷疏崩，庶民有倒悬之急。吾乃汉室宗亲，况有诸公竭力相辅，安可不治乱扶危，争忍坐视也？"云长曰："此言正是。屈原虽知怀王不明，犹舍力而谏，宗族之故也。"玄德曰："云长知我心也。"遂回至新野。

住数日，时值隆冬，玄德使人探孔明，回报曰："诸葛亮已在庄上。"玄德便教备马。张飞曰："量一村夫，何必哥哥自去，使人唤来便了。"玄德叱之曰："汝不读书，岂不闻孟子有云：'齐景公田[九]，招虞人[一〇]以旌，不至，将杀之。孔子曰：志士不忘在沟壑，勇士不忘丧其元[一一]。孔子奚取焉？取非其招而不往也。'今见贤不以其道，是欲入而自闭其门也。孔明此世之大贤，岂可召乎？"遂上马来谒孔明。未知见否？还是如何？

【注释】

[一] 伏剑同流：与伏剑自尽的王陵之母是同一类人。王陵系刘邦部下将领，项羽抓住王母，要她招降王陵。王母为了让王陵一心跟从刘邦，便用剑自杀。

[二] 断机作伍：和断机教子的孟母同列。传说孟子幼时曾逃学，其母把布机上的线剪断，说废学如同断线一样，成不了事。从此孟子便勤奋读书。

[三] 博陵：郡名。治所在博陵县(今河北蠡县南)。

[四] 蜀郡：郡名。属益州。治所在成都(今四川成都)。

[五] 丰城：县名。西晋置。属扬州豫章郡。治所在今江西丰城西南。《晋书·张华传》云：张华见斗牛之间常有紫气，询问精通天象的豫章人雷焕，雷焕说是宝剑精光上彻于天，宝剑当在豫章丰城。张华即补焕为丰城令。焕到任，果得宝剑二口，一名龙泉，一名太阿。

[六] 黄卷：书籍。

[七] 哀、平：西汉末的哀帝刘欣(前6—前1年在位)和平帝刘衎(1—5年在位)。

[八] 刘将军：指刘表，时任镇南将军、荆州牧，封成武侯。

[九] 田：狩猎。

[一〇] 虞人：掌管山泽的官。

[一一] 元：人头。孔子之言意为：有志之士不怕弃尸沟壑，勇敢的人不怕掉脑袋(见《孟子·滕文公下》)。

第七十四回　玄德风雪访孔明

　　建安十二年冬十二月中,天气严寒,彤云密布,玄德同关、张引十数人,前赴隆中,求访孔明。行不数里,忽然朔风凛凛,瑞雪霏霏;山如玉簇,林似银妆。张飞曰:"天寒地冻,尚不用兵,岂宜远见无益之人乎!且回新野,以避风雪。"玄德曰:"吾正欲教孔明见吾殷勤之意,如兄弟怕冷,汝可先回。"飞曰:"死且不怕,岂怕冷乎!但恐哥哥穷劳神思。"玄德曰:"汝勿多言,相随同去。"将近茅庐,见路旁酒店中,一人作歌。玄德勒马于酒旗下,听其歌曰:

　　壮士功名尚未成,呜呼又不遇阳春!
　　君不见,东海老叟[一]辞荆榛,石桥壮士谁能伸?
　　广施三百六十钩,风雅遂与文王亲。
　　八百诸侯不期会,黄龙负舟涉孟津。
　　牧野一战血漂杵[二],朝歌[三]一旦诛纣君!
　　又不见,高阳酒徒[四]起草中,长揖山中隆准公[五]。
　　高谈王霸惊人耳①,二女濯足何贤逢。
　　入关驰骋夸雄辩,指麾众将如转蓬[六]。
　　东下齐城七十二,更有何人堪继踪?
　　二人功迹尚如此,至今谁肯论英雄!

又一人击桌而歌曰:

　　吾皇提剑清寰海,一定强秦四百载。
　　桓、灵未久火德衰,奸臣贼子调鼎鼐[七]。
　　青蛇飞下御座旁,又见妖虹降玉堂。
　　群盗四方如蚁聚,奸雄万里皆鹰扬。
　　吾侪大啸空拍手,闷来村店饮村酒。
　　独善其身尽日安,何须万古名不朽!

二人歌罢,大笑。玄德曰:"此必是卧龙先生!"遂下马入店,见二人凭桌对坐饮酒。上首者,白面长须;下首者,清奇古貌。玄德曰:"二公何者是卧龙先生也?"面白者曰:"将军欲寻卧龙何干?"玄德曰:"刘备乃汉左将军,领豫州牧,见居新野城。今欲访见先生,求济世安民之术。"面白者曰:"吾等非是卧龙,皆卧龙之友也。吾乃颍川石广元,此是汝南孟公威,皆隐居于此。"玄德大喜曰:"备随行有马匹,敢请二公同往卧龙庄上共语。"广元曰:"吾等皆山野慵懒之徒,不省治国之事,空在世无益。君请上马,可见卧龙矣。"

　　玄德辞二隐者,上马投卧龙岗来。至庄前下马扣门。童子出。玄德曰:"先生在庄上否?"

---

① 原作"高谈大霸惊人耳"。据文意改。

童子曰："见在堂上读书。"玄德遂跟童子入，见草堂之上，一人拥炉抱膝歌曰：

凤翱翔于万里兮，无梧不栖。
吾困守于一方兮，非主不依。
自躬耕于陇亩兮，以待天时。
聊寄傲于琴书兮，吟咏乎诗。
逢明主于一朝兮，更有何迟。
展经纶于天下兮，开创磁基[八]。
救生灵于涂炭兮，到处平夷。
立功名于金石兮，拂袖而归。

玄德上草堂施礼曰："备久慕先生，无缘拜会。昨因徐元直称荐，敬到仙庄，不遇空回。今特冒风雪而来，得见仙颜，实为万幸！"那个少年慌忙答礼而言曰："将军莫非刘豫州，欲见家兄否？"玄德惊讶而问曰："先生又非卧龙耶？"其人曰："卧龙乃二家兄也，道号卧龙。一母所生三人：大家兄诸葛瑾，见在江东孙仲谋处为幕宾；二家兄诸葛亮，与某躬耕于此；某乃孔明之弟，诸葛均也。"玄德曰："令兄先生往何处闲游？"均曰："博陵崔州平相邀同游，不在庄上二日矣。"玄德曰："二人何处闲游？"均曰："或驾小舟游于江湖之中，或访僧道于山岭之上，或寻朋友于村僻之中，或乐琴棋于洞府之内；往来莫测，不知去所。"玄德曰："刘备如此缘分浅薄，两番不遇大贤！"嗟呀不已。均曰："少坐献茶。"张飞曰："既先生不在，请哥哥上马。"玄德曰："吾已亲诣此间，如何无一语而回？"玄德请问曰："备闻令兄熟谙韬略，日看兵书，可得闻乎？"均曰："不知。"飞曰："问他则甚！风雪甚紧，不如早归。"玄德叱之曰："汝岂知玄机乎？"均曰："家兄不在，不敢久留车骑，容日却去回礼。"玄德曰："岂敢望先生枉驾来临。数日之后，备当又到矣。愿借纸笔，留一书，上达令兄，以表刘备殷勤之意也。"均遂具文房四宝。玄德呵开冻笔，拂展云笺。其书曰：

汉左将军、领豫州牧、宜城亭侯刘备①，岁经两番，相谒仙庄，不遇空回，惆怅怏怏，不可言也！窃念备汉朝苗裔，忝居皇叔，滥当典郡之阶，职系将军之列。伏睹朝廷陵替[九]，纲纪崩摧，当群雄乱国之时，恶党欺君之日，备心肺俱酸，肝胆几裂。虽有匡济之忠诚，奈无经纶之妙策。仰启先生，仁慈恻隐，忠义慨然，展吕望之良才，施子房之大器。备敬之如神明，望之如山斗，恳求一见而不可得，再容卜日，斋戒薰沐，特拜尊颜。乞垂电览，鉴察幸幸！建安十二年十二月吉日，备再拜。

玄德写罢，递与诸葛均，均送出庄门外。玄德再三殷勤致意，均皆领诺入庄。

玄德上马，忽见童子招手篱外，叫曰："老先生来也！"玄德视之，见一人暖帽遮头，狐裘被体，骑一驴，后随带一青衣小童，携一葫芦酒，踏雪而来；转过小桥，口诵《梁父吟》一首。诗曰：

一夜北风寒，万里彤云厚。

---

① 原作"汉左将军、宜城亭侯、司隶校尉、领豫州牧刘备"。据《三国志·蜀书·先主传》，刘备入益州，方被刘璋推为行大司马，领司隶校尉，此处应删去"司隶校尉"，官、爵顺序亦调整。

空中乱雪飘,改尽江山旧。
仰面观太虚,想是玉龙斗;
纷纷麟甲飞,顷刻遍宇宙。
白发银丝翁,岂惧皇天漏?
骑驴过小桥,独叹梅花瘦!

玄德闻之曰①:"此必是卧龙先生也!"滚鞍下马,向前施礼曰:"先生冒寒不易,刘备等候久矣。"那人慌忙下驴,进前作揖。诸葛均在后曰:"此非卧龙家兄,乃家兄岳父黄承彦也。"玄德问曰:"适间所诵之吟,极其高妙,乃何人所作?"黄承彦曰:"老夫在女婿家观《梁父吟》,记得这一篇。却才过桥,偶望篱落间梅花,感而诵之。"玄德曰:"曾见令婿否?"黄承彦曰:"便是老夫径来看拙女小婿矣。"黄承彦乃沔南名士,一见诸葛孔明而异之。后孔明要娶妻,承彦曰:"闻君择妇,吾有一丑女,黄头而色黑,才堪相配,肯容纳乎?"孔明忻然而娶之。时人乃笑孔明,为之谚曰:"莫学孔明择妇,正得阿承丑女。"玄德闻言,辞别承彦,上马而行。正值风雪满天,回望卧龙冈,悒怏不已。后人有诗,单道风雪访孔明。其诗曰:

一天风雪访贤良,不遇空回意感伤。
冻合溪桥山石滑,寒侵鞍马路途长。
当头片片梨花落,扑面纷纷柳絮狂。
回首停鞭遥望处,烂银堆满卧龙冈。

又诗曰:

见说南阳隐士贤,相邀不见又空还。
野猿怯冷号林麓,塞雁惊寒下水湾。
着地乱云迷草径,摇天杀气撼柴关。
萧萧鞍马归来处,一望弥漫雪满山。

玄德回新野之后,荏苒新春,命卜者揲蓍[一〇]。音舌尸。择日已定,遂斋戒三日,薰沐更衣,准备鞍马车仗,再往卧龙冈谒诸葛孔明。时关、张闻之不悦,乃挺身拦住而谏之。未知其言还是如何?

【注释】

[一] 东海老叟:指吕望(姜子牙)。因其本系东海人,故称。
[二] 牧野一战血漂杵:周武王率诸侯联军与商朝大军决战于牧野(今河南淇县南),大获全胜,血流成河,连捶衣的木棒都漂浮起来。
[三] 朝歌:商纣王都城。在今河南淇县。

---

① 原作"玄德问之曰"。据文意改。

[四] 高阳酒徒：指郦食其，秦汉之际陈留高阳乡（今河南杞县）人。曾去向刘邦献策，自称高阳酒徒。
[五] 隆准公：指汉高祖刘邦。据说刘邦是高鼻子，故称。
[六] 转蓬：蓬草随风飘转。比喻行踪不定。
[七] 调鼎鼐：比喻掌握朝政。
[八] 镃基：锄头。此处比喻基业。
[九] 陵替：衰落。
[一〇] 揲蓍：用蓍草占卜，预测吉凶祸福。此处是选择吉日。

第七十五回　定三分亮出茅庐

却说玄德因访孔明二次不遇，再往隆中①。关、张谏曰："兄长二次亲谒茅庐，其礼太过矣。想诸葛亮虚有其名②，内无实学，故相辞也：避而不敢面，遁而不敢言。岂不闻圣人有云：'毋以贵下贱，毋以众下寡。'兄何惑于斯人之甚也！"玄德曰："不然。汝读《春秋》，岂不闻桓公见东郭野人之事耶？齐桓公乃诸侯也，欲见野人，而犹五返方得一面。何况于吾，欲见孔明大贤耶？"昔日齐桓公欲见东郭氏，一日三往而不得见之。从者止之曰："万乘之君而下见布衣之士，一日三往而不得见，亦可以止矣。"桓公曰："士之傲爵禄者，固轻其主；君之傲伯王者，亦轻其士。纵夫子傲爵，吾岂敢傲伯王乎？"五返，然后见焉。关公闻此语，曰："兄之敬贤，如文王谒太公也。"张飞曰："哥哥差矣。俺兄弟三人纵横天下，论武艺不如谁？何故将这村夫以为大贤嬖之③？嬖之甚矣！今番不须哥哥去罢。他如不来，我只用一条麻绳就缚将来！"玄德叱之曰："汝勿乱道！岂不闻周文王为西伯④，三分天下有其二，去渭水谒子牙？子牙不顾文王，文王侍立于后，日斜不退，子牙却才与之交谈，乃开八百年成周天下。文王如此敬贤⑤，弟何太无礼？汝今番休去，我自与云长去走一遭。"飞曰："既是哥哥去呵，兄弟如何落后？"玄德曰："汝若同往，不可失礼。"张飞应诺。

于是领数人，往隆中来。比及到庄，离半里下马步行，正遇诸葛均飘然而来。玄德慌忙施礼，问之曰："令兄在庄上否？"均答曰："昨暮方回。将军可与相见矣。"均长揖一声，投山路而去。玄德曰："今番侥幸，得见先生也！"张飞曰："此人无礼！便引哥哥去也不妨，何故别之？"玄德曰："他各有事，汝岂知也？"来到庄前扣柴门，童子开门。玄德曰："有劳仙童转报，刘备专来请见。"童子曰："虽然师傅在家，草堂上昼寝未醒。"玄德教且休报复，吩咐关、张："你二人只在门首等候。"玄德徐步而入，纵目观之，自然幽雅。见先生仰卧于草堂几榻之上，玄德叉手[一]立于阶下。将及一时，先生未醒。关、张立久，不见动静，入见玄德，犹然侍立。张飞大怒，与云长曰："这先生如此傲人！见俺哥哥侍立于阶下，那厮高卧，推睡不起！等我去庵后放一把火，看他起也不起！"云长急慌扯住，飞怒气未息。

却说玄德凝望堂上，见先生翻身，将及起，又朝里壁睡着。童子欲报，玄德曰："且不可惊动。"又立一个时辰，玄德浑身倦困，强支不辞。孔明忽醒，口吟诗曰：

　　大梦谁先觉？平生我自知。
　　草堂春睡足，窗外日迟迟。

孔明翻身，问童子曰："曾有俗客来否？"童子曰："刘皇叔在此，立等多时。"孔明急起身曰："何

---
① 原作"再往南阳"。南阳系郡名，用在此处不当。承第七三、七四回，改为"隆中"。
② 原作"想诸葛亮虚闻其名"。据文意，改"闻"为"有"。
③ 原作"何故将这村夫以为大贤僻之"。"僻"字义不通，酌改为"嬖"（宠幸、厚爱之意）。
④ 原作"周文王为西伯之长"。据《史记·周本纪》，删"之长"二字。
⑤ 原句无主语"文王"。据文意加。

不早报？尚容更衣。"孔明转入后堂，整衣冠出迎玄德。玄德见孔明身长八尺，面如冠玉，头戴纶巾[二]，身披鹤氅，眉聚江山之秀，胸藏天地之机，飘飘然当世之神仙也。玄德下拜曰："汉室之鄙徒，涿郡之愚夫，久闻先生大名，如雷震耳。昨尝两次至仙庄，已书贱名于文几，未审览否？"孔明答曰："南阳田夫[三]，触事疏懒，屡蒙将军枉驾来临，下情不胜感激。"二人叙礼毕，分宾主而坐。童子献茶。茶罢，孔明曰："昨观书意，足见将军有爱民忧国之心。但恨亮年幼才疏，不能治政，有误下问。"玄德曰："司马德操之言，徐元直之语，岂有虚谬哉？望先生不弃鄙贱，曲赐见教。"孔明曰："德操、元直，世之高主。亮乃一耕夫耳，安敢以谈天下之事？二公差举矣。将军舍美玉而就顽石，此皆误矣！"玄德曰："夫大贤学成文武之业，可立身行道于当时，扬名于后世，以显父母。此为孝也。救民于水火之中，致君于尧、舜之道，此乃为忠也。先生抱经世之奇才，而甘老于林泉之下，恐非忠孝之道。孔子尚游于诸国，而教化世人。望先生开备愚卤，而赐教之，实为万幸！"言罢，又拜。孔明笑曰："将军既欲闻愚论，当尽剖露于衷。愿闻其志。"玄德屏退左右，趋席而告曰："汉室倾颓，奸臣窃命，主上蒙尘，孤不度德量力，欲信音申大义于天下，而智术浅短，遂用猖獗[四]，至于今日。然志犹未已，君谓计将安出？"孔明答曰："自董卓以来，豪杰并起，跨州连郡者不可胜计。曹操比袁绍，则名微而众寡，然操遂能克绍，以弱为强者，非惟天时，抑亦人谋也。今操已拥百万之众，挟天子以令诸侯，此诚不可与争锋。孙权据有江东，已历三世，国险而民附，贤能为之用，此可以为援①，不可图也。荆州北据汉、沔，利尽南海[五]，东连吴会，西通巴、蜀，此用武之国，非其主不能守。此殆天所以资将军，将军其有意乎？益州险塞，沃野千里，天府之土，高祖因之以成帝业。刘璋阇音暗弱，张鲁在北，民殷国富②，而不知存恤，智能之士思得明主。将军既帝室之胄，信义著于四海，总揽英雄，思贤如渴，若跨有荆、益，保其岩阻[六]，西和诸戎[七]，南抚夷越[八]，外结好孙权，内修政理③；天下有变④，则命一上将，将荆州之兵以向宛、洛，将军身率益州之众以出秦川[九]，百姓孰敢不箪食壶浆以迎将军者乎？诚如是，则霸业可成，汉室可兴矣。"孔明言罢，命童子将画一轴挂于正堂，指而言曰："此乃西蜀五十四县之图也⑤。昔日，李熊曾与公孙述[一○]云：'蜀地沃野千里⑥，民物康阜。'将军欲成霸业，北让曹操占天时，南让孙权占地利，将军可占人和。先取荆州为本，后取益州建国⑦，以成鼎足之势，然后可图中原也。"玄德闻其言，避席拱手谢之曰："先生之言，顿开茅塞，使备拨散云雾而仰面观青天耳。但恨荆州刘表、益州刘璋，此二人皆汉室宗亲，备安忍夺之？"孔明曰："亮夜观天象，刘表不久在人世。刘璋非立业之主，久后亦必归于将

---

① 原作"此可与为援"。据《三国志·蜀书·诸葛亮传》改。
② 原作"民实国富"。据《诸葛亮传》改。叶逢春本不误。
③ 原作"内修正理"。据《诸葛亮传》改。叶逢春本不误。
④ 原作"以待天下有变"。"以待"有碍文意，据《诸葛亮传》删。叶逢春本不误。
⑤ 原作"乃西蜀五十四州之图也"。据文意，加"此"字；"五十四州"当作"五十四县"，系益州蜀郡、巴郡、广汉郡、汉中郡、犍为郡五郡所辖县总数。
⑥ 原作"西川沃野千里"。据《后汉书·公孙述传》改。
⑦ 原作"后取西川建国"。"西川"作为政区名，始于唐代，且不含汉中，此处实指益州。

军。"玄德闻言,顿首称谢。这一席话,乃孔明未出茅庐,已知三分天下,万古之人不及也!史官有诗赞曰:

> 堪爱南阳美丈夫,愿将弱主自匡扶。
> 片时妙论三分定,一席高谈自古无。
> 先取荆州兴帝业,后吞西蜀建皇都。
> 要知鼎足为形势,预向茅庐指画图。

又诗曰:

> 南阳诸葛亮,高坐论安危。
> 谈笑分三国,英雄镇四夷。
> 孙权承地利,曹操得天时。
> 独许刘玄德,西川创帝基。

玄德顿首谢曰:"备虽名微德薄,愿先生同往新野,兴仁义之兵,拯救天下百姓!"孔明曰:"亮久乐耕锄,不能奉承尊命。"玄德苦泣曰:"先生不肯匡扶生灵,汉天下休矣!"言毕,泪沾衣衿袍袖,掩面而哭。孔明曰:"将军若不相弃,愿效犬马之劳。"玄德遂唤关、张入拜谢,献上金帛礼物。孔明固辞不受。玄德曰:"此非聘大贤之礼,但表刘备寸心耳。"孔明方受。玄德等在庄中共宿一宵。次日,收拾同出茅庐。昔日文王夜梦飞熊,往渭滨请姜子牙,同车载归,立成天下。后胡曾先生有诗曰:

> 岸草青青渭水流,子牙曾此独垂钓。
> 当时未入非熊兆,几向斜阳叹白头!

汉光武曾三宣严子陵[一],胡曾先生有诗曰:

> 七里清滩映石层,九天星象感严陵。
> 钓鱼台上无丝竹,不是高人谁解登?

今玄德三请孔明出茅庐,胡曾先生有诗曰:

> 乱世英雄百战余,孔明方此乐耕锄。
> 蜀王若不垂三顾,争得先生出旧庐。

次日,诸葛均回,孔明嘱咐曰:"吾受刘皇叔三顾之恩,不容不去也。汝可躬耕于此,以乐天时,勿得荒芜田亩。待吾功成名遂之日,即当归隐于此,以足天年。"均拜而领诺。后人有诗为证:

> 身未升腾思退步,功成不忘去时言。
> 只因先生叮咛后,星落秋风五丈原[一二]。

杜工部言孔明欲罢不能也,有诗曰:

> 遗庙丹青落,隆中草木长。受命辅后主,不复卧南阳。

孔明出茅庐时,年二十七,曾子固有古风为证:

> 高皇手提三尺雪,芒砀白蛇夜流血。
> 平秦灭楚入咸阳,二百年前几断绝。
> 大哉光武兴洛阳,传至桓灵又崩裂。

献帝迁都幸许昌,纷纷四海生豪杰。
曹操专权得天时,江东孙氏开洪业。
孤穷玄德走天下,独居新野愁民厄。
南阳卧龙有大志,腹内雄兵分正奇。
只因徐庶临行语,茅庐三顾心相知。
先生方年恰三九,收拾琴书离陇亩。
先取荆州后取川,大展经纶补天手。
纵横舌上鼓风雷,谈笑胸中焕星斗。
龙骧虎视安乾坤,万古千年名不朽!

　　玄德与孔明同载而归新野,食则同桌,寝则共榻,终日议论,心地开悦,共议天下之事。孔明曰:"曹操居冀州,作玄武池以练水军,必有侵江南之意。可密令人渡江,探听虚实,容作良筹。"玄德从之,使人往江东探听。未知还是如何?

【注释】

[一] 叉手:两手交叉,拱于胸前,表示恭敬。
[二] 纶巾:用丝带制成的巾。后世又名"诸葛巾"。
[三] 南阳田夫:诸葛亮自谦之词。因隆中属南阳郡邓县,故称。
[四] 猖獗:覆败。
[五] 南海:指今广东、广西地区。
[六] 岩阻:险要之地。
[七] 诸戎:泛指益州西部各少数民族。
[八] 夷越:夷,指益州南部(今川南及云、贵)的少数民族;越,指荆州南部的少数民族。
[九] 秦川:指今陕西、甘肃渭水流域。
[一〇] 公孙述(?—36):西汉末右扶风茂陵(今陕西兴平东北)人,字子阳。新莽时天下大乱,割据益州,自立为帝,国号成家,建元龙兴。刘秀建立东汉王朝后,拒绝招降,兵败身死。
[一一] 严子陵:即严光(前37—后43)。东汉会稽余姚(今属浙江)人。一名遵。少有高名,曾与刘秀同学。刘秀称帝,变名隐居。后被聘至京师,授谏议大夫,不就,归耕于富春山。
[一二] 五丈原:地名。在今陕西岐山南,渭水南岸。

第七十六回　孙权跨江破黄祖

　　却说孙权自建安五年孙策死后，据住江东，曹操表为讨虏将军，自承父兄之基业，广纳贤士，重用谋臣，开设宾馆于吴县①，顾雍、张纮接待诸宾。连年以来，你我相荐，遂得数十人：一人乃彭城人也，姓严，名畯，字曼才。一人乃会稽山阴人也，姓阚，名泽，字德润。一人乃沛郡竹邑[一]人也②，姓薛，名综，字敬文。一人乃汝南南顿[二]人也③，姓程，名秉，字德枢。一人乃吴郡吴人也，姓朱，名桓，字休穆。一人乃吴郡吴人也，姓陆，名绩，字公纪。一人乃吴郡吴人也，姓张，名温，字惠恕。一人乃会稽乌伤[三]人也，姓骆，名统，字公绪。一人乃吴郡乌程人也，姓吾，名粲，字孔休。一人乃襄阳人也，姓庞，名统，字士元，道号"凤雏先生"。此数人皆在江东，孙权礼敬甚厚。后舌战群儒有用。又得智将数人：一人乃汝南富陂[四]人也④，姓吕，名蒙，字子明。一人乃吴郡吴人也，姓陆，名逊，字伯言。一人乃琅琊莒[五]人也，姓徐，名盛，字文向。一人乃东郡发干[六]人也，姓潘，名璋，字文珪。一人乃庐江安丰[七]人也，姓丁，名奉，字承渊。文武数十人⑤，共相辅佐，由此江东人物，天下称之。

　　时建安七年，曹操破袁绍，差使命往江东，命孙权令子入朝为官，以随大驾。权犹豫未决，引周瑜等诣吴夫人前议论。张昭曰："欲遣赴许都，是操锁诸侯之法也。若留其质，一听所使。如不令去，恐操兴兵来下江东，势必危矣。"周瑜曰："非也。昔楚国初封于荆山之侧，不满百里之地，继嗣贤能，广土开境，立基于郢[八]，遂据荆扬⑥，至于南海，传业延祚，九百余年。今将军承父兄余资，兼六郡之众，兵精粮广，将士用命，铸山为铜，煮海为盐，境内富饶，人不思乱；泛舟举帆，朝发夕到，士风劲勇，所向无敌，有何逼迫，而欲送质？质一人，不得不与曹氏相首尾[九]；与相首尾，则命召不得不往。如此，便见制于人也。极不过一侯印，仆从十余人，车数乘，马数匹，岂与南面称孤道寡同哉？不如勿遣，徐徐观其变。若曹氏能率义以正天下⑦，将军事之未晚。若图为暴乱，兵犹火也，不戢则将自焚。将军韬勇抗威⑧，以待天命，何送质之有！"权母曰："公瑾之言是也。公瑾与伯符同年，小一月耳，我视之如子也。汝以兄事之，勿遣子为质。"自此，操有下南方之意。但正在北方讨贼，未有暇焉。

---

① 原作"开设宾馆于吴会"。"吴会"系吴郡、会稽郡的合称，此处不合理。据《三国志·吴书·吴主传》，孙权当时驻吴，故改。
② 原作"一人乃沛县竹邑人也"。据《三国志·吴书·薛综传》改。
③ 原作"一人乃汝阳南顿人也"。据《三国志·吴书·程秉传》改。
④ 原作"一人乃汝阳富陂人也"。据《三国志·吴书·吕蒙传》改。
⑤ 原作"文武数人"。承上文"遂得数十人"改。
⑥ 原作"遂据荆阳"。据《三国志·吴书·周瑜传》注引《江表传》改。
⑦ 原作"若曹氏率义兵以正天下"。据《周瑜传》注引《江表传》改（率义，奉行大义）。
⑧ 原作"将军韬略抗威"。据《周瑜传》注引《江表传》改。

时建安八年十一月，权引兵具舟，西伐黄祖，战于大江之中。祖军大败。权手下骁将凌操①，轻舟当先，杀入夏口，被甘宁一箭射死。凌操之子凌统，时年十五岁，奋力救父尸首而归。权见风色不利，遂收军还东吴。

　　建安九年十二月，孙权弟孙翊为丹阳太守，为人性急，醉后鞭挞士卒。有丹阳大都督督兵妫音圭览②、郡丞戴员音云二人，常有杀翊之心，而未得便。翊性刚好勇，出入常带刀剑。妫览因见吴主孙权③出讨山贼，却与翊从人边洪商议，谋杀孙翊。彼时诸将县令，皆在宛陵集会④，设宴相待。翊妻徐氏极聪明，颜色美貌，更善卜易。是日，徐氏卜卦象大凶，不可会客。翊不听，遂与众大会。至晚筵散，翊素手送客，洪带刀跟到门外，掣刀砍死孙翊。妫览、戴员二人拿边洪，明正其罪，碎剐于市。二人乘势将翊家资侍妾，各各分之。览见徐氏美色，遂提刀入曰："吾与汝夫报冤讫，汝当从我，不从则死。"徐氏曰："夫死尚犹未舍。汝可待至晦日[一〇]，设祭祀，那时除其夫孝，作亲未迟。"览容之。徐氏暗唤心腹旧将孙高、傅婴二人入府，泣告曰："先夫在日，常言二公忠义，故不避羞，面告之。妫览、戴员二将谋杀夫主，只归罪于边洪，应用家资等件尽已分去。妫览又欲霸妾，妾已诈许，以安其心。欲得汝一面差人去报讨虏将军⑤，一面设计以图二贼⑥。望二将军想妾夫之面，雪此仇辱。特以哀告！"言毕，再拜。孙高、傅婴闻知，泣泪而答曰："吾等昔日感府君恩遇，不即死难者，以死无益；欲思想计谋，计谋未就，不敢启夫人耳。今日之事，实夙夜之所怀也。愿报府君之冤耳！"徐氏遂令孙、傅二将，引心腹猛士二十余人共成其事。孙傅先差人报知孙权。至晦日，孙、傅二将先伏藏于帏幕之中。徐氏于堂上哭泣祭祀，除服已毕，却于静室薰香沐浴，浓妆艳饰，言笑自若。妫览使人观之，回报甚喜。徐氏令婢接入，请览上坐，设席饮酒，言欲成亲。览饮半酣，徐氏复邀密室拜览。却才一拜，徐氏曰："孙、傅二将军何在？"二将持刀跃出，览措手不及，杀死于地。随请戴员赴宴。员入内，未到厅堂，早被二将捉而杀之。徐氏乃复穿孝衣，就将妫览、戴员首级祭于夫灵之前，哭哀不已。孙权自领军马星夜至宛陵⑦，见徐氏已将妫览、戴员二贼家小灭门尽杀，余党不留一个，遂以孙高、傅婴为牙门将，令守丹阳；其余皆加赐金帛，殊其门户；取弟妇徐氏归家养老。江东人无问老小，皆称徐氏之德。后史官有诗赞曰：

　　　　义节俱全守此身，报冤斩贼诈相亲。
　　　　三分多少英雄辈，不及东吴一妇人！

----

　　①　原作"权手下骁骑将军凌操"。据《三国志·吴书·凌统传》，凌操时为破贼校尉，故改。
　　②　原作"有丹阳大都督妫览"。据《三国志·吴书·宗室传》改。
　　③　原作"吴王孙权"。孙权系黄初二年（221）被封为吴王（本书第一六三回写到）。据《三国志·吴书·宗室传》注引《吴历》改。叶逢春本正作"吴主"。
　　④　原作"皆在丹阳集会"。丹阳郡治在宛陵（今安徽宣城），另有丹阳县（治今安徽当涂东北）。据《三国志·吴书·宗室传》改。
　　⑤　原作"一面差人去报吴王"。据《三国志·吴书·吴主传》，孙权当时官衔为讨虏将军，领会稽太守（第五八回写到）。
　　⑥　原作"当一面设计以图二贼"。"当"字有碍文意，删去。
　　⑦　原作"吴王孙权自领军马星夜至丹阳"。承上文，删去"吴王"，改"丹阳"为"宛陵"。

第七十六回　孙权跨江破黄祖

东吴各处山贼，尽皆平复。大江之中，战船七千余只，拜周瑜为大都督，镇江东水陆军马。

建安十二年冬十月，权母吴夫人病危，权入问安，吴夫人唤周瑜、张昭二人入。夫人曰："我本吴人也①，幼亡父母，与弟吴景徙居钱塘，聘嫁孙坚，生四子。昔生长子孙策时，吾梦月入怀；后生次子孙权，又梦日入怀。令人卜之，言梦日月入怀，大贵也。不幸孙策早丧，今已将江东基业尽付与孙权耳。望汝等可扶持吾子，吾死不忧矣！今病危，嘱以后事，愿子布、公瑾早晚教诲孙权，勿使吾儿有失！江夏黄祖有累世之冤，不可不报。善保江东，以成万全之计也。"又嘱权曰："汝之事子布、公瑾以师傅之道，切不可怠慢。吾妹在堂，如同我也，可宜恭敬。汝妹亦当恩养，可择佳婿以嫁之。汝若不听吾言，九泉之下，不相见矣！"言讫，遂终。权具棺椁衣衾之美②，严陈祭祀，众皆哀泣，合葬于高陵③。

至建安十三年春，天气和暖，孙权、张昭、周瑜商议，去黄祖处报仇。张昭曰："见居母丧，未及期年[一一]，不可动兵。"周瑜曰："报仇雪恨，何待期年？"权持疑未定。平北都尉、领广德长吕蒙入见，权曰："子明至矣，必有事务。"蒙曰："某把龙湫音啾水口，忽见江夏一舟傍岸，视之，人马十余，乃黄祖手下骁将。某问之，骁将曰：'某姓甘，名宁，字兴霸，乃巴郡临江[一二]人也。'颇通书史。宁为吏，举计掾，补蜀郡丞，顷之，弃官归家④。少有气力，好游侠，招合轻薄少年，为之渠帅，聚众相随，挟持弓弩，身披重铠，腰带铜铃，纵横于江湖之中。人听铃响，尽皆避之。乃遂聚少年壮猛、英雄士夫八百余人作事，往来江中，劫掠下任官吏。更以蜀锦作帆幔⑤，左右人皆披锦绣，时人皆称为'锦帆贼'。所到之处，如不接待，即放火杀人；若与交欢，则誓不相害。其后悔却前非，改过自新，引众人去投刘表。见表事势，终必无好，诚恐一朝土崩，并受其祸，遂欲投东吴，被黄祖在夏口军不得过，羁留住。祖待之甚薄。后将军破祖时，祖已大败，却得甘宁之力救了。祖还夏口⑥，待宁如初。他今经数年，有祖手下都督苏飞，屡荐甘宁。黄祖曰：'宁是劫江之贼，不可重用。'因此仇恨。苏飞知其意，乃置酒邀宁到家，厚礼待之，曰：'吾荐公数次，奈何主将不能用。日月逾迈[一三]，人生几何，宜自远图，庶遇知己。'宁曰：'虽有此志，未得其由。'飞曰：'吾保你为邾县[一四]长，为去就之计，孰与临阪转丸[一五]乎？'⑦宁因此得过夏口，欲投江东，诚恐恨而不留。某说主公求士如雨，安记旧仇耶？况兼各为其主，又何恨焉？遂折箭为誓以保之。宁遂召数百人，渡江来投主公。乞取钧鉴。"孙权大喜曰："吾得兴霸之来，要破黄祖必矣！"遂命吕蒙引甘宁入见。参拜已毕，权曰："吾得兴霸，大称心矣，岂有记恨之理也？君勿疑耳。愿定破黄祖之策。"宁曰："今汉祚日危，曹操弥憍[一六]，音交。终为篡盗。南荆之地，山陵形便，江川流通，诚是国之西势也。宁已观刘表，虑既不远。儿子又劣，非

---

① 原作"我本吴地人也"。"吴地"意泛，据《三国志·吴书·妃嫔传》改（"吴"指吴县）。
② 原句无主语"权"。据文意加。
③ 原作"葬于父之侧高陵"，文意不确。据《三国志·吴书·妃嫔传》改。
④ 原作"被蜀郡丞屈之，弃官归家"。据《三国志·吴书·甘宁传》注引韦昭《吴书》改。
⑤ 原作"更以西川锦作帆幔"。当时尚无"西川"之名，故改。
⑥ 原作"祖到夏口"。据上文，改"到"为"还"。
⑦ 原作"就与临时转宛乎"。据《三国志·吴书·甘宁传》注引韦昭《吴书》改。

能承业传基者也。至尊当早图之,不可后于操;若迟缓,则操必图之矣。图之之计,宜先取黄祖。祖今年老,昏迈已甚;财谷并乏,左右欺弄;务于货利,侵求吏士,吏士心怨;舟船战具,顿废不修;急于耕农,军无法伍。至尊今往,其势必破。一破祖军,鼓行而西,西据楚关,大势弥广,即渐图巴、蜀矣。"孙权闻之曰:"此乃金玉之论也!"便教周瑜领兵,安排战船,进攻黄祖。张昭曰:"不可。见今吴国虚空,若果军行,恐必有乱。"甘宁应声曰:"国家以萧何之任付君,君居守而忧乱,何以希慕古人乎?"孙权举酒劝宁曰:"兴霸,今年行讨,如此酒矣,决以付卿,卿但当勉建方略。令必克祖,则卿之功也,何疑张长史之言乎?"遂命周瑜为大都督,总水陆军兵;吕蒙为前部先锋;董袭、甘宁为副将;权自领兵后援,起兵十万,来破黄祖。

早有细作探知,报来江夏。黄祖慌忙聚众商议,令苏飞为主将,陈就、邓龙为先锋,尽起江夏之兵以迎之。陈就、邓龙各引一队艨艟[一七],截住沔口[一八]地名,其余小舟尽屯湾港内,艨艟上各设强弓硬弩千余张,并大索缚系定水面上。东吴兵至,数百小舟鸣鼓前进,艨艟上鼓响,弓弩齐发,兵不敢进。约退数里水面,甘宁与董袭曰:"事已至此,不容不进!"选小船百余只,每船军士五十人:二十人撑船;三十人各披全副衣甲,手执钢刀在前,不避矢石,直至艨艟旁边,砍断大索,艨艟遂横。甘宁飞上艨艟,砍死邓龙。陈就弃船而走。吕蒙看见,跳下小船,自举橹棹,直入船队。甘、董二将放火烧船。有艨艟余船,四散而走。陈就急待上岸,吕蒙舍命赶到跟前,一刀当胸砍翻。苏飞岸上引兵来迎。东吴诸将各要争功,一齐上岸,其势不可挡抵。祖军大败。苏飞落荒而走,正遇东吴大将,姓潘,名璋,字文珪,匹马到来。手腕初交,挟飞于马上,径到船中,来见孙权。权怒目视之,曰:"汝等害吾父兄,万剐犹轻!"命左右槛车盛之:"待吾活捉黄祖,一发回江东往坟上享祭未迟。"先教监下苏飞,便催三军不分昼夜,攻打夏口,活捉黄祖。诸将得令,尽力向前。未知黄祖性命如何,且听下回分解。

【注释】

[一] 沛郡竹邑:今安徽宿县北。
[二] 汝南南顿:今河南项城西。
[三] 会稽乌伤:今浙江义乌。
[四] 汝南富陂:今安徽阜南东南。
[五] 琅琊莒:今山东莒县。
[六] 东郡发干:今山东冠县东。
[七] 庐江安丰:今安徽霍丘县西。
[八] 郢(yǐng 影):春秋、战国时期楚国都城。在今湖北江陵西北。
[九] 首尾:串通,勾结。
[一〇] 晦日:农历每月的最后一天。
[一一] 期(jī 机)年:周年。

[一二] 巴郡临江：今重庆忠县。巴郡，郡名，属益州，治所在江州（今重庆市区）。
[一三] 逾迈：过去。
[一四] 邾县：县名。属荆州江夏郡。治所在今湖北黄冈西北。
[一五] 临阪转丸：在山坡上滚泥丸。比喻形势便易。阪，山坡。
[一六] 憍：同"骄"。
[一七] 艨艟（méng chōng 蒙冲）：古代战船名。
[一八] 沔口：沔水（即汉水）入长江处。

第七十七回　孔明遗计救刘琦

时建安十三年春正月，东吴诸将见甘宁成功，各自抖擞威风，来捉黄祖。

却说黄祖在江中，船只尽陷，诸将皆休，情知守把不住，遂弃夏口，望襄阳而走①；不敢多带人马，只带十数骑出东门，且战且走。甘宁料得黄祖走襄阳，诸将皆西门拦住，宁独离东门十数里等候。祖料得脱了虎口，正走之间，一声喊起，甘宁拦住。祖马上泣告曰："我不曾轻视汝，汝何反吾？"宁叱之曰："吾从汝数年，多负勤劳，屡立功绩，汝以常人相待，吾岂容汝哉！"黄祖自知难免其祸，拨马而走。甘宁冲开士卒，直赶将来，指望活捉献功。只听得旁边喊声起处，数骑马赶来，宁视之，乃程普也。宁恐普夺了功劳，慌忙拈弓搭箭，背射黄祖。黄祖中箭，翻身落马。宁赶至，枭其首级，与程普合兵一处，回江口来见孙权，献黄祖首级。权亲采其发而恨之，掷之数次。众将言曰："留回江东祭祖。"权命以木匣盛贮了，当重赏三军，升甘宁为都尉，令人守夏口。张昭曰："孤城亦不可守也，且回江东。刘表必与祖报仇。坐而待之必败刘表；表一败，则乘势而攻之，荆、襄可属东吴矣。"权从其言，遂弃夏口，众军下船而回。

苏飞在槛车内，密使人告甘宁曰："苏飞望将军垂救，事不宜迟。"宁曰："飞若不言，吾岂忘之？"军已至吴县②，权将苏飞、黄祖一同祭祀。宁径入府，顿首再拜。权问其故，宁大哭而告之曰："某向日若不得苏飞，则骨填于沟壑矣，安得致命于将军麾下哉？今飞之罪理固当戮，望将军垂怜救命之恩，愿纳功名以赎飞命。"权曰："今为君免，若走去奈何？"宁曰："飞得免分裂之祸，受更生之赐，逐之尚且不去，何况自走乎？若飞但去，宁将首级纳于阶下，代飞之死。"权赦之。遂置酒大会文武。权将玉爵劝蒙曰："今克黄祖，乃卿先斩陈就之功也。"蒙顿首谢之。加吕蒙为横野中郎将。

遍封诸将已毕，见一人拔剑在手，于筵前大哭，直取甘宁。宁见来取，便将面前果桌以迎之。权自起身抱住。其人年二十一岁，身长八尺，力雄胆大，曾在江中遇祖巡江将张硕，其人不避刀箭，跳过船杀硕于江中，其余皆砍于水内，夺其巡船而还。权大惜之。吴郡余杭人也，姓凌，名统，字公绩。因甘宁一箭射死他父亲，今日相见，如何不报冤雪恨？权劝开曰："兴霸射死你父亲，彼时各为其主，不容不尽力。今既在一处，便是弟兄，何必记仇？万事皆看吾之面皮。"统叩头流血，曰："统自幼随父事主，恨不得肝胆涂地以报之。今遇杀父之仇，安得不赴命乎！"权与众官劝之。统欲与宁共决胜负，权加凌统承烈都尉。只就当日，拨五千兵，战船一百只，使甘宁领去镇守当口③，以避凌统。宁拜谢而去。东吴自此广造军需艨艟战船，分兵连

---

① 原作"遂弃江夏,望荆州而走"。江夏系郡名，据第七十六回，此处应作"夏口"；夏口本属荆州，"望荆州而走"不通，应是到州治襄阳。

② 原作"军已至吴会"。"吴会"系吴郡、会稽郡的合称，此处应指孙权驻所吴县。

③ 原作"使甘宁领去镇守夏口"，与上文"遂弃夏口"矛盾。据《三国志·吴书·甘宁传》改。

第七十七回　孔明遗计救刘琦

络守把江岸；孙权令叔孙静引五千军守把吴县，将宗族分头镇守各处隘口；权自领大兵守柴桑[一]①即今之江州是也，周瑜向鄱阳湖[二]教习水军，以防江北之势。

话分两头。却说细作人回新野，报知刘玄德：“东吴破了黄祖，将黄祖头祭坟。见屯兵柴桑，其余宗亲分屯江岸各处隘口，未有渡江之意。”玄德正与孔明谈话间，忽刘表使人来请玄德议事。玄德曰：“此行若何？”孔明：“此是因江东破了黄祖，故请主公议定报仇之策也。正欲主公去走一遭，荆州九郡，沃野万里，用武之地，已在掌中矣。某与主公同往。”玄德留云长守新野，带张飞引五百军马，往襄阳来。玄德在马上与孔明曰：“今见景升，何以当对？”孔明曰：“先当谢襄阳之罪。若令主公去征讨江东，切不可应允。但说容去新野收拾军马。”玄德遂听孔明之言。来到襄阳，馆驿安下，已留张飞屯兵于城外，玄德与孔明来见刘表。礼毕，玄德请罪于阶下。表曰：“吾已尽知贤弟被害之事，欲斩蔡瑁首级以献贤弟，众人告免。”玄德曰：“非干蔡将军之事，皆下人所为也，再不必举矣。”表曰：“今失守江夏，黄祖全师危矣！故请汝议事。”玄德曰：“黄祖性暴，不能用人，以致有失。今若用兵南征，曹操北来，当复奈何？”表曰：“吾今年老多病，不能理事，贤弟可来替吾。吾死之后，弟便为荆州之主也。”玄德曰：“小弟安敢当此大任也。兄无复多言！”孔明以目视玄德。玄德曰：“容思良策，以保荆州。”遂辞回至驿中。孔明曰：“刘景升付荆州与主公，何以却之？”玄德曰：“备感景升之恩，未尝忘报，安忍乘其危而夺之？”孔明叹曰：“真仁慈之主也！”

正商议间，忽报公子刘琦来见。玄德接入，琦泣拜曰：“继母不肯相容，性命只在旦夕矣！望叔父可怜而救之。”玄德曰：“此是贤侄家务事，吾将如之奈何？”孔明微笑。玄德求计于孔明，孔明曰：“此家务事，难以区画。”少时，玄德送刘琦出，附耳说之曰：“来日使孔明回礼，汝可告知，如不言，如此如此②。”琦谢而去。玄德夜卧，至五更推辞腹疼不已，使孔明去回答刘琦之礼。孔明遂行，至公子宅前下马，入见公子。公子拜迎，邀入后堂。茶罢，琦曰：“继母不容，请先生活命。”孔明曰：“客寄于此，不可言也。恐有泄漏不便，容当再叙。”孔明辞退。琦曰：“既承先生尊降，如何便回？必然见怪。请入密室，共饮数杯。”饮酒之后，琦又曰：“继母不容，请先生一言以活命。”孔明曰：“此非亮所敢谋者也。”便欲辞去。琦曰：“先生不言则已，何故相弃便行？”再举杯劝曰：“琦有一古书，愿先生教之。”孔明曰：“见在何处？”琦即引孔明登后阁。孔明求书观之，琦拜而泣曰：“继母不容，请先生一言活命！”孔明怒而便起身，见阁门口胡梯已去。琦告曰：“屡求自安之策，先生未肯见教，恐他人之泄漏也。今日上不至天，下不至地，出君之口，入琦之耳，可以教之矣。”孔明辞曰：“'疏不可间亲，新不可隔旧。'欲得全身远害，别当思之。”琦曰：“琦遇难，先生不教，是绝路也。请死于君前！”掣剑自刎。孔明急止之曰：“已有良计了。”琦拜曰：“请教。”孔明曰：“岂不知春秋时，晋国献公正妻生二子，长曰申生，次曰重耳。妻丧之后，宠爱骊姬，姬亦生一子。姬常谗谮于公，欲斩二子。献公思二子贤孝，不忍诛之。忽一日春浓，姬唤申生同游后园，乃令献公于楼上帘内窥之。姬以蜜涂于衣发之上，群蜂

---

① 原作"守柴桑郡"。柴桑非"郡"，而系"县"。
② 原作"汝可告以如此如此"，义不通。据叶逢春本、郑本《三国》改。

闻香,竞相飞来,落于身上,令太子扑赶。献公楼上望之,疑戏弄耳,心恨之。姬又诈言先后禫日除服祭名也,令二子往祭之。祭罢,欲分食祭物。左右曰:'祭母之物,宜先奉上。'申生令人送之。姬暗将毒药埋于中,以供献公,姬却奏曰:'食自外来,不可便食。'令喂犬试之,犬乃死。献公大怒。赐朝典,令太子死。重耳惊惧,逃窜于外邦一十九年,方免其难,后为晋文公。申生在内而亡,重耳在外而安。今公子何不效重耳乎?且江夏黄祖新亡,乏人守御,何不上言,乞屯兵此郡,以避其祸也。"刘琦再拜,谢指教之。后史官有诗曰:

　　荆州兄弟两相猜,诸葛三舍口不开。
　　以使片言能救脱,至今犹在玉梯台。至今荆州有古迹见在也。

刘琦教人取梯,送孔明于馆驿。孔明回,告玄德。玄德大喜。

　　次日,刘琦上言,欲守江夏。表意未决,教请玄德共议。玄德曰:"江夏一郡,非亲人不可守,使刘琦去守极善。东南之事,兄父子当之;西北之事,备愿当之。"表曰:"近闻曹操于邺县作玄武池①,以教水军,必有征南之意,弟宜防之。"玄德曰:"弟已知之,兄勿忧虑。"遂拜辞,回至新野。刘表令刘琦引兵三千,往江夏镇守。

　　却说曹操罢三公之职,自为丞相,以毛玠为东曹掾[三],崔琰为西曹掾[四],司马朗为主簿。朗字伯达,河内温[五]人也,颍川太守司马隽之孙,京兆尹司马防之子。弟兄八人。次子司马懿,字仲达,操命为文学掾,并掌典选举之职。文官大备,乃聚武将,商议南征。夏侯惇进曰:"近闻刘备在新野,拜诸葛亮为军师②,每日教演士卒,必为心腹之患,可早图之。"操差夏侯惇为都督,于禁、李典为副将,领兵十万,直抵博望城[六],以窥新野之虚实,来擒刘备。未知还是如何?

【注释】

[一] 柴桑:县名。属扬州豫章郡。治所在今江西九江市西南。
[二] 鄱阳湖:湖泊名。地处扬州庐江郡与豫章郡交界处。在今江西北部。
[三] 东曹掾:丞相属官。主管二千石长吏及军吏的任命升迁。秩比四百石。
[四] 西曹掾:丞相属官。主管相府属官的任免升迁。秩比四百石。
[五] 河内温:河内郡温县(今河南温县西)。
[六] 博望城:即博望县。属荆州南阳郡。治所在今河南方城西南。

---

① 原作"近闻曹操于新邺郡作玄武池"。东汉三国无"新邺郡"地名。据《三国志·魏书·武帝纪》改。
② 原作"拜孔明为军师"。夏侯惇应直称诸葛亮之名。

第七十八回　诸葛亮博望烧屯

　　时建安十三年夏六月，夏侯惇欲领兵南征。荀彧谏曰："刘备不可轻敌，更兼诸葛亮为军师，将军此去，必然有失。"惇曰："吾视刘备如鼠辈耳，必擒之。"徐庶曰："将军不可轻视刘玄德，今又得诸葛亮，如虎生翅。"操曰："诸葛亮何如人也？"庶曰："此人字孔明①，道号'卧龙先生'。上通天文，下晓地理；熟读韬略，有鬼神不测之机，非等闲之辈也。"操曰："比公若何？"庶曰："某乃萤火之光，他如皓月之明，庶安敢比亮哉！"此是徐庶惑军之计也。夏侯惇叱之曰："元直之言谬矣。吾看诸葛如草芥耳，有何惧哉！吾若不一阵生擒刘备，活捉诸葛，愿献惇首与丞相！"操曰："军无戏言。"惇曰："愿责军令状。"操曰："汝早报捷音，以慰吾心。"惇遂奋然而辞曹操。自引军登程。

　　却说新野刘备自得孔明，以师礼待之，有云长、张飞心中不悦，乃曰："孔明年幼，有甚才学？兄长敬之太过！又未见他其实效验！"玄德曰："吾得孔明，犹鱼得水也。汝弟兄不可复多言。"关、张见说，不言而退。玄德平生爱结帽。一日，有人送犛音犁牛[一]尾至，玄德得尾自结之。孔明入见，正色而言曰："明公无复有远志，但事此而已耶？"玄德遂投于地而言曰："是何言也！吾暂忘忧耳。"孔明曰："明公自度，比刘荆州若何？"玄德曰："不及。"孔明又曰："明公自度，比曹操若何？"玄德曰："诚不如也。"孔明曰："今皆不及，而明公之众不过数千人，以此待敌，万一曹兵至，当何以迎之？"玄德曰："备正愁其事，未得良策。"孔明曰："可招募民兵，以充其数，亮自教之，可待敌也。"玄德遂招新野之民三千余人，朝夕演教阵法，一进一退，不失其节。

　　忽报曹操差夏侯惇引兵十万，杀奔新野。关、张先知。张飞曰："可着孔明前去迎敌便了。"正说之间，玄德请商议军机之事。关、张入见，玄德曰："夏侯惇引兵十万，火急到来，如何迎敌？"云长踌躇未决。张飞曰："哥哥使'水'去便了。"玄德常言："吾得孔明，如鱼得水。"飞故言此也。玄德曰："智赖孔明，勇须二弟，何须言也？"关、张出，玄德请孔明议事。玄德曰："今夏侯惇引十万兵到来，何以迎之？"孔明曰："但恐二弟不肯宾服。如欲亮行兵，须假[二]剑、印。"玄德即便付之。孔明聚集众将听令。张飞与云长曰："听令去，别作理会。"孔明曰："博望离此九十里，左有山，名曰豫山；右有林，名曰安林，可以埋伏军马。云长可引一千五百军，往豫山埋伏，只等彼军来到，放过休敌；其辎重粮草必在后面，便看南面火起，可纵兵出击，就焚其粮草。益德可引一千五百军，去安林背后山峪中埋伏，只看南面火起，便可出，向博望城旧屯粮草处，纵火掩之。关平、刘封可引五百军，预备引火之物，于博望坡后两边等候，至初更兵到，便可放火矣。去穰城取回子龙②，令为前部，不要赢，只要输，把人马迤逦退后。主公自引一支军马，以

---
① 原作"此人复姓诸葛，名亮，字孔明"。"复姓诸葛，名亮"多余，删去。
② 原作"去樊城取回子龙"。承第七一回改。

为救援。依计而行，勿使有失。"关、张问孔明曰："我等皆离县百里埋伏，你在何处？"孔明曰："我独自守县。"张飞大笑曰："见其智也！我们都去厮杀，你在家里坐的，此是何理？"孔明曰："剑、印在此，违令者必斩！"玄德曰："岂不闻'运筹帷幄之中，决胜千里之外'？兄弟不可违令。"张飞冷笑而去。飞与云长曰："我们且看他的计应也不应，那时却来问他未迟。"二人去了。众皆未知孔明韬略，不肯宾服。子龙引军到了，孔明付计与子龙去毕，刘玄德问曰："刘备若何？"孔明曰："今日可引兵就博望山下屯住。来日黄昏，敌军必到坡下，主公便弃走；放火为号，主公可复回掩杀，天明罢兵。亮与糜竺、糜芳引五百军守县。孙乾、简雍准备庆喜筵席，安排功劳簿。"派拨已定，玄德亦疑。

却说夏侯惇并于禁、李典，兵至博望，选一半精兵作前队，其余跟随粮草车行。是时，秋七月间，商飙[三]音标徐起，人马遄行。已牌时候，夏侯惇在前，望见尘头起处，便将人马摆成阵势。惇问曰："此间何处？"向导官答曰："前面便是博望坡，后面乃是罗川口。"惇传令，教于禁、李典押住阵脚。惇亲自出马于阵前，副将同宗夏侯兰、护军韩浩及数十骑将，两势摆开。敌军到处，夏侯惇大笑。韩浩问曰①："将军何故笑耶？"惇曰："吾笑徐庶在丞相面前，夸诸葛亮村夫为天上之人；今观他用兵，足可见之也。似此等军马为前部与吾作对，正如犬羊与虎豹斗耳。吾在丞相面前一时夸口，要活捉刘备、诸葛，今必应前言也。不可停住，汝与吾弟催促军马，星夜赶到新野②，吾之愿称也。"遂自纵马向前答话。新野之兵摆成阵势，子龙出马。惇骂曰："刘备乃无义忘恩之徒！汝等军士正如孤魂随鬼耳！"子龙大骂曰："汝等随曹操，鼠贼也！"夏侯惇大怒，拍马向前，来战子龙。两马交战，不数合，子龙诈败退走。夏侯惇赶将来。众军先退，北军掩杀将来，子龙押后阵抵挡。约走十余里，子龙回马又战，不数合又走。韩浩拍马向前谏曰："赵云诱敌，恐有埋伏。"惇曰："敌军如此，虽十面埋伏，吾何惧哉！"赶到博望坡，一声炮响，玄德自引军一支冲将过来，接应交战。夏侯惇回顾韩浩曰："此即埋伏之兵也！吾今晚不到新野，誓不罢兵！"催军前进掩杀，玄德、子龙抵挡不住，迤逦退后便走。

天色已晚，浓云密布，又无月色，昼风不起，夜风不作；昼风既起，夜风必大。夏侯惇只顾催军赶杀，前面败军自认队伍而走。惇传令，趱后军掩杀。于禁、李典赶到窄狭处，两边都是芦苇。典与禁曰："欺敌者必败。"禁曰："敌军甚猥音苇，不足畏也！"李典曰："南道路狭，山川相逼，树木丛杂，恐使火攻。"于禁曰："曼成之言是也。吾速近前跟都督，你止住后军。"李典勒马，大叫："后军慢行！"人马走发[四]，哪里拦挡得住。于禁骤马大叫："前军都督且住！"夏侯惇正走之间，见于禁从后军而来，便问如何。禁曰："愚意度之，南道路狭，山川相逼，树木丛杂，恐使火攻。"夏侯惇猛省，言曰："文则之言是也。"却欲回马，只听背后喊声震起，早望见一派火光烧着，随后两边芦苇亦着，四面八方尽皆是火，狂风大作，人马自相践踏，死者不计其数。夏侯惇冒烟突火而走，背后子龙赶来，军马拥并，如何得退？

① 原作"众将问曰"。承下文"汝与吾弟"改。
② 原作"星夜土平新野"。据叶逢春本改。

且说李典急奔回博望城时，火光中一军拦住，当先一将乃关云长也。李典纵马军混战，夺路而走。夏侯惇、于禁见粮草车辆一带火着，便投小路而走。夏侯兰、韩浩来救粮草，正遇张飞。交马数合，飞一枪刺夏侯兰死于马下，韩浩夺路走脱。只杀到天明，方收军，杀得尸横遍野，血流成河。后史官有诗曰：

> 博望烧屯用火攻，纶巾羽扇笑谈中。
> 浓烟扑面山川黑，烈焰飞来宇宙红。
> 不致夏侯夸勇力，故教诸葛显威风。
> 直须惊碎曹瞒胆，初出茅庐第一功！

夏侯惇收拾败军而回许都。

却说孔明收军，关、张二将上马说："孔明真英杰也！"行不数里，见一辆车，糜竺、糜芳两边簇拥，约有五百军，视之，乃孔明也。二将下马，拜伏于车前。须臾，玄德、赵云、刘封、关平等皆至，收聚众军，粮草数百车，分赏将士，班师回。孙乾引新野父老出城迎接，望尘遮道，拜舞雀跃而喜曰："吾属全生，皆使君得贤人之功也！"回至县中，孔明曰："夏侯惇虽然败去，曹操必自引兵矣！"玄德曰："似此奈何？"孔明曰："亮有一计，可敌操兵。"未知如何？

【注释】

［一］犛牛：即牦牛。
［二］假：借。
［三］商飙：秋天的大风。
［四］走发：走起势头。

第七十九回　献荆州粲说刘琮

却说玄德问孔明求保全之计。孔明曰："新野小县，不可久居。近闻刘景升病在危笃①，借荆州以图安身②，兵精粮足，可以抗拒曹操也。"玄德曰："公之言甚善，奈何备感景升之恩，安忍图之！"孔明曰："今若不取，后悔何及！"玄德曰："吾宁死不忍作无义之人。"众皆嗟叹不已。孔明曰："且理会军伍事。"

却说夏侯惇回至许都，面缚见操，跪于阶前请死。操乃就教解缚，请上厅问其故。惇曰："某至博望坡下遇敌军，欲尽力取刘备，被诸葛亮用火攻；火起处，自相残害，十伤四五。"操曰："汝自幼用兵，岂不知狭处用火攻也？"惇曰："于禁曾言，悔之不及！"操问于禁，禁将前言以答之。操曰："文则固如此高才，堪任大将军矣。"后来水淹七军，折去许多人马，只因此起也。遂厚赏之。操曰："吾心上所忧乃刘备与孙权矣，余皆不足介意。吾今有精锐之众百万，不乘此时扫平江南，失其机会也。"便传令："起军五十万，曹仁、曹洪为先锋；张辽、张郃为第二队；夏侯惇、夏侯渊为第三队；于禁、李典为第四队；吾为主将，统文武大将为第五队，各引军十万。"又令许褚作折冲将军③，引三千军在先锋之前，所到之处，逢山开路，遇水叠桥。选日出师，必然得胜。荀彧等守许都。选定在建安十三年秋七月末旬丙子日出师④。

时太中大夫孔融上言谏曰："荆州刘表、新野刘备，皆汉室宗亲，又不曾侵犯境界，反背朝廷。江东孙权虎据六郡，更有大江之险，不易取也。今若兴无义之师，损军折民，大失天下之望。"操叱之曰："刘备数侮于吾，是吾心腹之大患。刘表养之，必为反背。孙权逆命，安得不讨之耶？再谏，必斩！"孔融出府长叹曰："以不仁征伐至仁，安有不败乎！"时有御史大夫[一]郗虑之从者闻之，告与虑。虑常被孔融侮慢，心甚恨之，入见操曰："丞相知孔融欲反乎？"操曰："公试言之。"虑曰："融寻常戏侮丞相，知否？略举其一二，以正其罪。丞相下令禁酒，融上言：'天垂酒星之耀⑤，地列酒泉[二]之郡，人有旨酒之德。故唐尧不饮千钟，无以成其圣。且桀、纣皆好色而亡国，今世何不禁其婚姻耶？'此融之深讥丞相耳。又尝记，一日丞相问妲己[三]之事，融对曰：'武王伐纣，以妲己赐周公。'丞相以融学博，谓书中所纪，深信之。后又问之，有云：'妲己却被武王斩之。'丞相又问，融曰：'以今时度之，想必当初如此矣。'时融看丞相何如人耶？曾与祢衡互相称赞。衡赞融曰'仲尼不死'，融赞衡曰'颜回复生'。向者衡之辱丞相，乃融之使也。此皆不足论。且融与刘备、刘表甚厚，常常音信往来。融又对孙权使讪谤朝廷，潜

---

① 原作"近闻荆州刘景升病在危笃"。刘备、诸葛亮本在荆州辖境，故"荆州"应删。叶逢春本无"荆州"二字。
② 原作"借此郡以图安身"。"此郡"所指不明，应指整个荆州。
③ 原作"又令许褚乃为折冲将军"。据叶逢春本改。
④ 原作"选定在建安十三年秋七月末旬丙午日出师"。据《二十史朔闰表》，此月无丙午日，末旬唯有丙子日。
⑤ 原作"天有酒旗之星"。据《后汉书·孔融传》注改。

通消息。此可见大逆不道之情也。"曹操闻之,大怒曰:"御史之言是也。可唤此贼,斩之于市!"遂命廷尉[四]来捉孔融。融二子正在家对坐弈棋,左右急报曰:"尊君被廷尉执去赴杀场,二公子何故不起?"二子曰:"岂有巢毁而卵不破者乎?"言未毕,廷尉又至,尽捉融家老小斩之,灭夷其族,号令融父子尸首于市。京兆脂习伏尸而哭曰:"文举舍我而死,吾何独生乎?"有人报知曹操,操欲杀之。荀彧曰:"某闻脂习常谏孔融曰:'公刚直太过,必罹世患。'乃义人也,不可杀。"操赦之。习乃收融父子尸首,并皆葬之。后魏文帝以习有栾布之节,加中散大夫。又深好融文辞,每叹曰:"扬、班俦也。"募天下有上融文章者,辄赏以金帛。所著诗、颂、碑文、议论、六言、策文、表檄、教令、书记等,凡二十五篇。后史官怜孔融之才,而作赞曰:

孔融居北海,豪气贯长虹。
座上客长满,樽中酒不空。
文华绝世大,词语侮曹公。
脂习怜刚直,收尸解送终。

论曰:

昔谏大夫郑昌有言①:"山有猛兽者,藜藿为之不采。"是以孔父[五]正色,不容杀虐之谋;《公羊传》曰:孔父正色立朝,则人不敢过也,而致难于君者,可谓义形于色也。平仲[六]立朝,有纾盗齐之望。纾,音舒,解也。盗齐,谓田常也。一旦杀齐君,而盗其国。若夫文举之高志直情,其足以动义慨而忤雄心。故使移鼎之迹,事隔于人存;"移鼎",谓迁汉之鼎。"人存",谓曹操在,不待篡位也。代终之规,启机于身后也。"代终",谓代汉祚之终也。"身后",谓曹丕受禅也。夫严气正性,覆折而已。岂有员园委屈②,可以每其生哉!园,即刓字,五丸反,谓刓团无棱角也。每,贪也。懔懔焉,皜皜焉,其与昆玉秋霜比质可也。

曹操令五队军马先发三队,次第而行。

却说荆州刘表病重,使人请玄德来托孤,时尚未知曹兵来。玄德引关、张星夜到襄阳见刘表。表曰:"吾今病在膏肓,托孤于贤弟。我子无才,诸将零落;吾死之后,贤弟可摄荆州。"玄德拜于床下曰:"备当尽竭忠诚,扶助贤侄,安敢摄荆州之重任乎③?"玄德力辞不受。次日,人报曹操兵来。玄德急辞刘表,星夜再回新野。孔明问其故,玄德乃言托孤之事。孔明曰:"主公不受,祸不远矣。"玄德曰:"景升待我甚厚,今若举此事,人言我忘其大恩,故不忍也。"

却说刘表病重,又闻曹操领百万之众来平江、汉。此惊不小,商议写遗嘱,令次子刘玄德辅助长子刘琦作荆州之主。蔡夫人闻之大怒,闭上内门,使蔡瑁、张允[七]二人把住外门。其时长子刘琦知父病重,急离江夏,径到荆州父亲处探病。到外门,蔡瑁急挡住曰:"主公命君抚临江夏④,为国东藩篱,其任至重;今弃其众而远来,倘东吴兵至,如之奈何?若入见,父必生嗔

---

① 原作"昔谏议大夫郑昌有言"。据《后汉书·孔融传》改(谏大夫系西汉官名,东汉改为谏议大夫)。
② 原作"岂其负园委屈"。据《后汉书·孔融传》改。
③ 原作"安敢以摄荆州之重任乎"。"以"字有碍文义,删去。
④ 原作"荆王命君抚临江夏"。"荆王"系民间说话之称,用在此处不当,改为"主公"。

怒,其病转增,非孝敬也。君宜速回。"刘琦立于门外,大哭一场,上马再回江夏。八月戊申日,刘表在内大叫数声而死。史官有诗曰:

昔闻袁氏居河朔,今见刘君霸汉阳。
无决有谋空战讨,外宽内狭远贤良。
绍因谭尚须倾国,表为琦琮立丧邦。
观此可为千古戒,怨魂应是绕荆襄!

评曰:

董卓狼戾贼忍①,暴虐不仁,自书契[八]以来,殆未之有也②。《英雄记》:大人见临洮而铜人铸,临洮生卓而铜人毁;世有卓而大乱作,大乱作而卓身灭,抑有以也。袁术奢淫放肆,荣不终已,自取之也。臣松之以桀、纣无道,秦、莽纵虐,多历年所。董卓自窃威权,至于殒毙,未盈三周,残恶之性实豺狼之不若。袁术无毫芒之功,纤芥之善,而僭猺一时,妄自尊立,固义夫之所扼腕,人鬼之所共疾,但云奢淫不终,未足见其大恶。袁绍、刘表咸有威容器观,知名当世。表跨蹈汉南,绍鹰扬河朔,然皆外宽内忌,好谋无决;有才而不能用,闻善而不能纳;废嫡立庶,舍礼崇爱。至于后嗣颠蹶,社稷倾覆,非不幸也。昔项羽背范增之谋,以丧其王业。绍之杀田丰,乃甚于羽远矣!

蔡夫人与蔡瑁、张允商议,假写遗诏,令次子刘琮为荆州之主,方举哀报文武知会。此时刘琮方年一十四岁,颇聪明,乃聚众言曰:"吾乃汉室宗亲,有荆州之地。今父辞世,吾兄见在江夏,更有叔父刘玄德在新野。汝等立我为主,倘兄与叔兴兵问罪,如何解释?"众官未有言对,只见阶下幕官李珪出班答曰:"公子之言,理当至善。可急发书,报知江夏,就请大公子为荆州之主,就教刘玄德一同理事,北可以敌曹操,南可以拒孙权。此万全之计也。"蔡瑁向前言曰:"汝何等人③,敢乱道以逆故主之遗言也!"李珪出,大骂蔡瑁曰:"皆是蔡氏宗党逆子,送了荆、襄之九郡也,吾宁死,不愿为乱法度之人也!"蔡瑁令推出斩之,将首级献于阶下。遂立刘琮为主,不报刘琦并玄德知④。蔡氏宗族并分领荆州之兵,蔡夫人、刘琮屯扎襄阳⑤,以防刘琦、刘备之乱。就葬表于襄阳城东四十里汉阳之原。却令治中邓义、别驾刘先守江陵⑥。

忽有飞报到⑦。报云:"曹操引大军径望襄阳而来。"琮遂请蒯越、蔡瑁等商议。东曹掾傅巽,字公悌,进言曰:"今故主新亡,大公子在江夏犹不知。倘若知时,必兴兵夺之,则荆州危矣,此一利害也。如今主公自在襄阳,又不报玄德知之。而新野止有一江之隔,他若得知,必兴兵问罪,此二利害也。即目曹操引百万之众,欲吞江、汉,此三利害也。虽有三处之患,巽有

---

① 原作"董卓狼戾残忍"。据《三国志·魏书·董二袁刘传》改。
② 原作"殆未之有者也"。校改依据同①。
③ 原作"汝等何人耳"。据文意改。
④ 原文此句后有"将灵柩上车"句,系作者对荆州治所理解错误所致(刘表本驻襄阳),故删。
⑤ 原作"护送蔡夫人、刘琮前赴襄阳屯扎"。蔡夫人、刘琮原本随刘表驻襄阳,原文误,故改。
⑥ 原作"却令治中邓义、别驾刘先守荆州"。荆州不能与其治所襄阳对举,此处实指江陵(刘备"借荆州后"治江陵;关羽镇守荆州,仍治江陵)。
⑦ 原作"琮到襄阳,却才下马,有飞报到"。承上文删改。

一策,可使荆、襄九郡之民安如泰山,亦足以保主公之名爵也。"琮问:"何策可保?"巽曰:"可将荆、巽九郡人马献与曹公,则曹公必重待于主公也。"琮叱之曰:"是何言耶!孤受先君之基业,坐尚未稳,何一旦受制于他人?吾必不为也!"蒯越曰:"傅公悌之言是也。主公若不听纳,其危有三。"琮曰:"何为三危?"越曰:"逆顺有大体,强弱有定势。今曹丞相南征北讨,以朝廷为名,主公拒之,以人臣而拒人主,逆道也,此名国危,一也。主公以新造之楚而拒抗中原百万之师,此为势危,二也。主公势弱,必求救于玄德以援之,量玄德何足以御曹公?若使足御曹公,则玄德安肯居于主公之下哉?此号身危。三也。有此三危,而欲与曹公争衡,正如一块土而填大海,岂不难乎?况荆、襄之众,闻曹公之兵势若飘风,威如雷电,未战而胆先寒,安能与之敌哉?"琮曰:"诸公善言,非吾不从,安忍以先君之业一旦废之?此诚取笑于天下也。"言未毕,一人昂然而进曰:"吾有片言为荆、襄悠久之计,还可听纳否?"众视之,乃荆州上宾,山阳高平人也,姓王,名粲,字仲宣。曾祖王龚,汉顺帝时为太尉。祖王畅,汉灵帝时为司空。父王谦,为大将军何进长史。粲年幼时,往见左中郎将蔡邕。时邕高宾满座,闻粲至,倒履迎之。粲容貌瘦弱,身材短小,一座之客皆惊曰:"蔡中郎何为独敬此小子耶?"邕曰:"此王公孙也,有异才,吾不如也。吾家书籍文章,尽皆与之。"年十七,司徒辟,召除为黄门侍郎,因西京扰乱,皆不就。避地来荆州,刘表以为上宾。粲博闻强记,人皆不及。与人共行,观道碑碣,人问曰:"卿能暗诵乎?"粲曰:"能。"因使背诵之,不差一字。观人着棋,棋局坏之,粲为复摆。着棋者不信,遂以帕盖局;粲另取一局以摆之,令相比较,不差一道一子。又善算,作算术,略尽其理①。举笔成章,无所改抹。著诗、赋、论、议、垂六十篇。当时对刘琮曰:"仆有愚计,愿进之于将军,可乎?"琮曰:"吾愿闻之。"粲曰:"天下大乱,豪杰并起,今仓卒之际,强弱未分,故人各各有心耳。当此之时,家家欲为帝王,人人欲为公侯。观今古之成败,能先见机者,则恒受其福。今将军自料,比曹公何如?"琮曰:"吾不如也。"粲曰:"如某所闻,曹公乃人杰也。雄略冠时,智谋出众,摧袁绍于官渡,驱孙权于江外,逐刘备于徐州②。破乌丸于白狼③,枭夷荡定者,往往如神,不可胜计。今日之事,去就可知也。将军若听粲之言,卷甲倒戈,应天顺命,以归曹公,彼必重待将军,庶得保已全家,长享福祚,垂之后嗣,此万全之计也。粲遭乱世流落,托命此州,蒙将军父子重用,敢不尽言!将军明听,勿使后悔。"琮曰:"先生之教,虽然如此,亦须告禀母亲知道。"蔡夫人在屏风后转出而言曰:"仲宣之言,公悌之谋,异度之见;兴废之事所见相同,何必告我。"便差人写降书,令宋忠潜地径投曹公纳降书。宋忠直到宛城,见着曹操,献上降书。操大喜,加忠为列侯,赐衣服鞍马,吩咐教刘琮出郭迎接,便着他永为荆州之主。

宋忠拜别曹操而回襄阳,将次渡江,路上撞见一支人马。宋忠无路得避,只得相迎,乃是关云长也。云长盘问宋忠,忠惧怕,不敢抵讳,只得以实告之曰:"刘荆州已死,立刘琮为主。闻知曹操军到,使忠纳送降书到宛城,投曹操了。"云长闻之大惊,遂捉宋忠来见玄德。云长备

---

① 原作"其算术略尽",意含混。据《三国志·魏书·王粲传》改。
② 原作"逐刘备于陇右"。刘备从未到过陇右。据《三国志·蜀书·先主传》及本书第四八回改。
③ 原作"破乌丸于白登"。据《三国志·魏书·武帝纪》及本书第六六回改。

言其事。玄德闻知,哭倒于地。未知性命如何?

【注释】
[一] 御史大夫:秦汉时代最高监察官。位仅次于丞相。秩中二千石。
[二] 酒泉:郡名。属凉州。治所在禄富(今甘肃酒泉)。
[三] 妲己:商纣王的宠妃。姓己,有苏氏之女。纣进攻有苏氏时,被进献给纣,极受宠爱。周武王灭商,被杀。
[四] 廷尉:九卿之一。职掌刑狱。秩中二千石。三国时为第三品。
[五] 孔父:即孔父嘉。春秋时期宋襄公五世孙,曾任宋国大司马。后被太宰华文督所杀,后裔逃奔鲁国。为孔子六世祖。
[六] 平仲:即晏婴(?—前500),字平仲。春秋时齐国大夫,历仕灵公、庄公、景公三世。
[七] 张允:刘表外甥。
[八] 书契:文字。此处指历史。

第八十回　诸葛亮火烧新野

却说玄德闻知刘表已死,刘琮降曹,情感于中,泪泣已绝。众将救醒,张飞曰:"大事既然如此,可先斩宋忠,随起大兵渡江,夺了襄阳,杀了刘琮,哥哥便是主也。"玄德曰:"你且缄口,我有斟酌。"遂拔剑而指宋忠曰:"你既知众人作事,何不早来报我?将欲斩汝之头,不足解吾之怒,汝可速去。"宋忠曰:"恐县外有人杀某也。"玄德曰:"既放汝而复杀,非大丈夫也。谁敢违吾!"忠乃拜谢,抱头鼠窜而去。

玄德正忧闷之间,忽报江夏公子差伊籍到来。玄德思昔日之恩,下阶迎接,请于堂上。礼毕,玄德称谢前恩,问其来意。籍告曰:"昨者,大公子同籍抚守江夏,忽闻得刘荆州已故,被蔡夫人与蔡瑁等同谋商议,不来报丧;伪立刘琮为主。公子遂差人往襄阳探听,回说是实;恐使君不知,特差某赍书驰报。"遂呈上哀书。玄德拆封视之。书曰:

孤子刘琦谨献哀言,上达于叔父大人座前:近闻先君薨于荆州,继母与蔡瑁、张允二人谋议,不即报丧,矫立弟刘琮为九郡之主,大乱纲常,实难容忍!伏望叔父垂怜,尽起麾下精兵,约会同灭恶党,共取先君之基业,实为万幸!泣血拜书,立待批回。建安十三年月日书。

玄德看书毕,与伊籍曰:"机伯只知刘琮为主,又不知将九郡已献曹操也!"籍大惊曰:"使君不如以吊丧为名,前赴襄阳,诱刘琮出接,就擒下,尽捉诸逆党杀之,则荆州已属使君矣。"孔明曰:"机伯之言是也,吾主公可从之。"玄德垂泪而言曰:"吾兄临危之时,托孤于我。今若背信自济,吾于九泉之下,何颜见吾兄耶?"孔明曰:"若不举此事,目今操兵已至宛城,前军离此不远矣,将如之何?"玄德曰:"不若走樊城以避之。"

正商议间,数次人飞报操兵已到博望了。玄德慌教伊籍回江夏整理军马,一面求计于孔明。孔明曰:"主公且宽心。前番一把火,烧了夏侯惇大半人马;今番曹军又来,必教他中这条计。我等在此屯扎不住了。"便差人四门挂榜,晓谕居民:"无问老小男女,限今日皆跟吾往樊城暂避,不可自误。曹军若到,必行不仁,伤害百姓。"一连差十数次,催趱百姓便行。就差孙乾往西河两岸调拨船只,救济百姓,然后便差糜竺送各官老小到樊城。百姓尽行将起身,遂唤诸将听令。先教云长:"引一千人各带布袋,去白河上流头埋伏,用布袋装上砖石土泥,堰住白河之水。到来日三更以后,但听下流头人喊马嘶,此是兵至矣,急取开布袋,放水淹之,却顺水杀将下来接应。"云长受计去了。孔明唤益德:"引一千军白河渡口埋伏。曹军被淹,此处水势最慢,人马必从此逃难,可乘势杀来接应云长。"益德领计去了。孔明又教子龙:"引三千军先取芦荻干柴,放在新野县近城人家屋上,暗藏硫黄焰硝引火之物。来日是昴日鸡值日,黄昏后必有大风;大风一起,曹军必入城安歇。汝将三千兵分为四队,汝自领军一半;一半分作三队:县南、北、西三门,各五百军。先将火枪火炮火箭射入城去,看火势大作,城外却呐喊,只留东门教彼逃生。你却在东门外伏定,若见败军乱窜,不可截杀,只在背后击之;败军无心恋战,必

然奔走。此乃寡敌众也。必得全功,天明会合收军,便回樊城,不可迟误。"赵云听令亦去。孔明再唤糜芳、刘封二人:"可带二千军,一半红旗,一半青旗,去新野县外三十里鹊尾坡地名前摆开,青红旗号混杂。如曹军一到,汝二人便将人马分开:糜芳引红旗一支军走在左,刘封引青旗一支军走在右。彼军生疑,必不追赶。汝等却分去县东、西、南、北角上埋伏,只望城中火起,便可追败兵,然后却来白河上流接应主公。时刻休误。"二人受计去了。孔明调拨已定,与玄德登高望之。

却说曹仁、曹洪为前部先锋,引大军十万、战将数员,前面有许褚引三千铁甲军,望新野进发。日当正午,来到鹊尾坡。许褚问向导官曰:"此处至新野县有多少路?"答曰:"只有三十里。"许褚差数十骑先行探听,望见坡前人马摆开,拨马回报,言说前面依山傍岭一簇人马,尽打青红旗号,不知多少。许褚教执一面皂旗,领三千军一齐向前。刘封、糜芳分为四队,青红旗号各归左右,旗色不杂,队伍不乱。许褚勒马教休赶。左右曰:"何为不赶?"褚曰:"前面必有埋伏之兵。汝等只就此间驻扎,我自去禀先锋。"许褚一骑马来见曹仁,禀说前事。曹仁曰:"岂不闻兵法有虚实之论①?此是疑兵,必无埋伏,可速进兵,吾乃追之。"许褚复回坡前,提兵直杀入。至林下追寻,一人不见。此时红日坠西。许褚却欲进县,只听得山上大吹大擂,忙引军看时,只见山岭上一簇旌旗丛中,两把伞盖:左玄德,右孔明,二人对坐饮酒。褚见了大怒,寻径路上山,狭路擂木炮石打将下来,褚不能前进。只听得山后喊声大震,褚欲寻路厮杀,天色已晚。

曹仁曰:"且去抢城,安歇军士。"四门突入,并无阻当之兵,城中又不见一人。曹洪曰:"此是计穷势孤,所以尽带百姓连夜去了。众军权且安身,来日平明进兵。"此时各军饥饿乏乏,皆去夺房造饭。曹仁、曹洪就在衙内安歇。初更以后,狂风大起,守门军士飞报火起。曹仁曰:"这火是军士造饭不小心遗漏之火,不可自惊。"说犹未了,数次飞报南、北、西三门等处,皆是火起。曹仁急叫众将上马时,满县火起,上下通红。当夜之火,又胜博望烧屯之火。后来史官有诗赞之曰:

奸雄曹操守中原,九月南征到汉川。
风伯[一]怒临新野县,祝融[二]飞下焰摩天。
雕梁画栋为焦土,铁马金戈冒黑烟。
惟有卧龙施妙策,神机全在火功篇。

曹仁引众将突烟冒火,寻路奔走,忽一人报东门无火。曹仁等急冲出东门,门上火滚烟飞,军士逃出,自相践踏,死者无数。

却说曹仁等方才脱得火厄,背后一声喊起,赵云引一军赶来。混杀一阵,曹仁败军各逃性命,谁肯回身厮杀。正奔走之间,糜芳又引军一支冲杀一阵。曹仁大败,夺路而走,忽然喊起,又遇刘封引一彪军追杀一阵。败军奔到四更时分,人困马乏,大半焦头烂额,却方到河边,人

---

① 原作"岂不闻兵法云,有实有虚之论"。据叶逢春本改。

第八十回　诸葛亮火烧新野

马都下河吃水；人争取水，互相喧嚷；马见河水，乱行嘶吼。

却说云长在上流望见新野火起，度其时候，料得军马已到；忽听得下流头人喊马嘶，急令军士一齐掣起布袋，水势滔天，望下冲流，人马皆溺于水中。曹仁引众将望水势慢处夺路而走。行到白河渡口①，只听得喊声大震，一支人马拦路，当先大将乃燕人张益德也。两军混杀一处。未知曹仁性命如何，且听下回分解。

【注释】

［一］风伯：古代神话中的风神。

［二］祝融：古代神话中的火神。

---

① 原作"行到博陵渡口"。上文明言张飞"引一千军白河渡口埋伏"，故改。

卷之九

第八十一回　刘玄德败走江陵

却说张飞因关公放了上流水，遂引军从下流杀将来，截住曹仁混杀。忽遇许褚，就与交锋。不十余合，许褚不敢恋战，夺路走脱。张飞赶来，接着玄德、孔明，一同沿河到上流。糜芳、刘封安排船只等候，一齐渡河。孔明教将船筏放火烧毁，军马尽赴樊城去了。

却说曹仁引着败残军马，就新野屯住，使曹洪去见曹操，具言失利之事。操大怒曰："诸葛村夫安敢如此！"挥动三军，尽至新野，漫山塞野，下住寨栅。操教军士一面搜山，一面填塞白河。令大军分作八路，一齐去取樊城。刘晔曰："丞相初到襄阳，必用先买民心；民心若定，纵兵微亦可守矣。目今刘备尽迁新野百姓入樊城，一概尽起兵，二县生灵为齑粉矣。不如先使人招安刘备，纵然不降，亦可以见爱民之心也。若使事急来降，则荆州之地，不须征战矣。然后举荆、襄之兵，可图江南也。"曹操曰："善。可使谁去？"刘晔曰："徐庶旧与刘备至厚，见在军中，何不命他往说之？"操曰："他去不复来，怎生奈何？"晔曰："庶若不来，贻笑后世。使之勿疑。"唤徐庶至，操曰："吾本欲踏平樊城，奈怜众百姓之命。汝可往招安刘备，如肯来归降，免罪赐爵；如若执迷不顺，军民共戮，玉石俱焚。吾今知汝忠诚，不疑使之，汝无负吾。"徐庶受命而行。行至樊城，玄德、孔明接见，共诉旧日之情。已毕，庶曰："操使某来，乃假买民心，操之奸计也。某若不还，必惹万人之笑耻。"庶遂又告曰："本欲与将军共图王霸之业，以此方寸之地也①。今老母已丧，方寸乱矣，无益于事。某至操所，终身不与一谋。公有卧龙之辅佐，何愁大业不成乎？今操欲分八路之兵，填平白河，来攻樊城。公可速行，切勿自误②。"辞别而去。

玄德与孔明曰："似此，如之奈何？"孔明曰："可速弃樊城，取襄阳暂歇，此为上计。"玄德曰："争奈百姓相随许久，安忍弃之？"孔明曰："可令人遍告百姓，有愿相随者同去，不愿者留下。"先使云长去江岸准备船只。孙乾、简雍二人在城中声扬曰："今曹兵将至，孤城不可久守，百姓愿随者，便同过江。"两县之民，若老若幼[一]，齐声大呼曰："我等虽死，亦随使君！"即日号哭而行。

却说徐庶回见曹操，乃说刘备等并无降意。操大怒，差五万军去填白河，分八路军克日进兵。

却说新野、樊城百姓听得大军只在后面，扶老携幼、将男带女，滚滚渡江，两岸哭声不绝。玄德于船上大恸曰："为吾一人而使百姓遭此大难，吾何生哉！"欲投江而死。左右扯住，闻者莫不恸哭。船到南岸，回顾那百姓未渡者，指南而哭。玄德急差云长催船渡之，方才上马。

---

① 原作"尽此方寸之地也"。据《三国志·蜀书·诸葛亮传》改。
② 原作"勿请自误"。据黄正甫本改。

转至襄阳东门①,城上遍插旌旗,壕边密布鹿角,拽起吊桥。玄德勒马于门边大呼曰:"贤侄刘琮,吾但欲救百姓,与你并无疑心,可快开门!"人报刘琮,刘琮惧怕而不能起。蔡瑁、张允得知刘备唤门,径来敌楼上叱之曰:"左右与我乱箭射之!"城外百姓皆望敌楼而哭。忽后城中一将默然跳起,引数百人径上城楼,来杀蔡瑁、张允。此人是谁?身长九尺,面如重枣,目似朗星,如关云长模样,武艺独魁。义阳[二]人也②,姓魏,名延,字文长。延大呼曰:"刘使君乃仁德之人也!汝等何投曹贼以图爵禄?非义士之所为!吾今愿请使君,入城诛贼!"轮刀砍死守门将,遂开城门,放下吊桥,大叫:"刘皇叔领兵杀入城,以讨国贼!"张飞跃马,欲引军入城,玄德急扯住曰:"休惊百姓!"飞因城上人放箭,恨不得踏平襄阳,争奈玄德不肯。魏延正言中间,一将飞马引军而至,叱之曰:"汝是无名下将,安敢乱言以犯上耶?"其人身长八尺,面貌雄伟,南阳宛城人也,姓文,名聘,字仲业,乃荆州之大将也,挺枪跃马,直取魏延。两下军在城混战,喊声大震。玄德曰:"本欲保民,反害民也!吾不愿入襄阳矣!"孔明曰:"江陵[三]乃荆州紧要钱粮之地,不如先取江陵为家,胜襄阳多矣!"玄德曰:"正合吾心。"于是百姓尽离襄阳大路,望江陵而走。襄阳城中百姓,多有乘乱逃出城来,跟玄德而去。魏延战文聘,从巳至未[四],手下人皆折尽,匹马出城。后面蔡瑁、张允又赶。魏延不见玄德,自投长沙太守韩玄去了。

　　却说同行军民有十余万③,大车小车数千辆,挑提背包者不计其数。道路之旁,偶见刘表坟墓,玄德引众将拜于道旁,痛哭而告曰:"不才辱弟刘备,无德无仁,失兄寄托之重,此实不得已。望兄英魂,垂救荆、襄之民,助备而退曹操!"言甚悲切,三军无不下泪。后军报曰:"曹操已屯樊城,使人收拾船筏,次后渡江赶来也,可不速行?"孔明曰:"江陵要紧,可以拒守。今拥大众十余万皆是百姓,披甲者少,日行十余里,似此几时得到江陵?倘曹操至,如何迎敌?不如暂弃百姓,先行为上。"玄德泣曰:"若济大事,必以人为本。今人归吾,何以弃之?"百姓闻得,莫不伤感。后来史官习凿齿论刘玄德,此是第一件好处。论曰:

　　　　刘玄德虽颠沛险难,而信义愈明;势迫事危,而言不失道。追景升之顾④,则情感三军;恋赴义之士,则甘与同败。其所以结物情者,岂徒投醪抚寒[五],含蓼问疾[六]而已哉?其终济大业,不亦宜乎?

后宋贤诗曰:

　　　　同难甘心随百姓,顾恩挥泪动三军。
　　　　襄阳官道兴兵日,行客犹然忆使君。

　　玄德将傍百姓而行。孔明曰:"追兵不久必至,可遣云长速往江夏求救于公子,可起兵乘船会于江陵。"玄德从之,修书使云长、孙乾引五百军,速往江夏求救。云长去了,玄德令益德断后⑤,赵云保护老小,其余管顾百姓而行。走十余里后歇。

---

① 原作"转至东门",地点交代不明。据《三国志·蜀书·先主传》及上文,加"襄阳"二字。
② 原作"江表义阳人也"。江表指长江以南地区,而义阳在长江以北,故删去"江表"。
③ 原作"却说同行军马有数十万"。据《三国志·蜀书·先主传》改。
④ 原作"追景升之坟",不通。据《先主传》注改。
⑤ 原句无主语"玄德"。承上文加。

第八十一回　刘玄德败走江陵

却说襄阳城中，因文聘、魏延厮杀，杀死千余人①。事定之后，曹操在樊城使人渡江，唤刘琮相见。琮惧怕，不敢往见，蔡瑁、张允请行。琮教与文聘同去。王威密告琮曰："曹操得将军既降，刘备已走，心必懈弛无备矣。愿君奋整奇兵数千骑，设于险处击之，操可获矣。获曹，则威震天下，坐而虎视；中原虽广，可传檄而定[七]；非徒收一胜之功，保守今日而已。此难遇之机会，不可失也。"琮闻之，告蔡瑁。瑁叱之曰："王威不知天命逆顺之理，安敢说吾主也！"威怒曰："卖国之徒，吾恨力不足以啖汝也！"瑁欲杀之，蒯越劝住。瑁遂与张允同至樊城②，拜见曹操。瑁等辞色甚是诌佞。操问："荆州军马钱粮，今有多少，原是何人管领？"瑁曰："马军五万，步军十五万，水军八万，共二十八万。钱粮大半在江陵，其余各处亦足供给一载。"操曰："战船多少？原是何人管领？"瑁曰："斗舰艨艟、大小战船七千余只，原是瑁等二人管领。"操加蔡瑁为平南侯、水军大都督[八]，张允为助顺侯、水军副都督[九]。二人拜谢。操又曰："刘表在日，希望为荆王，不遂其志已死。今子刘琮既降于吾，吾当表奏天子，必封王位。"二人大喜而退。荀攸曰："主公不识人耳。蔡瑁、张允乃诌佞之徒，何故加封如此显官，更教都督水军乎？"操笑曰："吾岂不知人乎？吾所领北地之众，不习水战，今权且用之；成事之后，便当杀戮。"荀攸见说愕然。

却说蔡瑁、张允归见刘琮，具说曹操许封王之事③。琮大喜。次日，与母蔡夫人赍印绶，执兵符，亲自渡江，伏道拜迎曹操。操抚慰了当，一同入城。蔡瑁、张允令襄阳百姓香花灯烛迎接，文武官员遂拜阶下。操唤蒯越近前，抚慰曰："吾不喜得荆州，喜得异度也！"异度，乃蒯越字也。遂加蒯越为光禄勋[一〇]，封樊亭侯④，傅巽为关内侯，王粲为关内侯、丞相掾；释韩嵩之囚，加为大鸿胪⑤；封侯者共十五人⑥。刘琮为青州刺史，便教起程。琮大惊，辞曰："琮不愿为官，愿守父母乡土。"操曰："教你随朝为官⑦，免在江汉被人图害⑧。"琮再三推辞，曹操不准，只得拜辞而去，与蔡夫人同往青州去。只有故将王威相随⑨，其余官员送至江口而回。操唤于禁，嘱咐曰："你可引五百骑赶上刘琮，全家杀之，以绝后患。"于禁得令，行不数程赶上，曰："奉丞相令，教杀汝！"蔡夫人抱子刘琮痛哭。于禁喝令军士下手，止有故将王威奋力相杀，被乱军杀之。可惜刘琮全家被于禁杀了便回。

却说曹操痛恨孔明，使人隆中寻孔明妻小，搜寻不知去向。原来孔明先令人搬送去三江内隐避也。操深恨之。

言襄阳既定，刘玄德已去二十余日，荀攸进曰："江陵乃荆、襄重地，钱粮极广，刘备夺之，

---

① 原作"杀死千万余人"。据上文，删去"万"字。
② 原句无主语"瑁"。据叶逢春本加。
③ 原作"所说曹操封王之事"。据叶逢春本改。
④ 原作"遂加蒯越为江陵太守、樊城侯、光禄勋"。据《三国志·魏书·刘表传》及注引《傅子》改。
⑤ 此句原在第八四回叙曹操进入江陵之后。据第四五回，韩嵩系被囚于刘表驻所襄阳，故将此句提前。
⑥ 原作"以十五人皆为列侯"。据《三国志·魏书·刘表传》改。
⑦ 原作"青州近帝都，教你随朝为官"。青州距许都明显远于襄阳，故删去"青州近帝都"。
⑧ 原作"免在江汉被人图害"。据叶逢春本改。
⑨ 原作"只有故将王威"。据叶逢春本，加"相随"二字。

急难动摇。"操奋然怒曰："公不早言，孤已忘矣！"随即拘集诸将，新旧中皆无文聘，使人寻之，方才来到。操曰："你来何迟？"聘对曰："先日不能辅弼刘荆州以奉国家，荆州虽没，常愿据守汉川，保全境土，生不负于孤弱，死无愧于地下，而计不得已①，以至如此。实怀悲惭，无颜早见耳！"遂歔欷流涕。操怆然曰："仲业真忠臣也！"除江夏太守，赐关内侯。操教文聘引军指路。操问左右："此时刘备约行有多少路？"知者答曰："闻刘备同百姓日行十数里，计程只有三百余里。"操教各部选精壮五千军马，速即前去，限一日一夜赶上刘备。后大军陆续便进，违令者斩。诸将得令，都来选拣好马铠甲。拴束已了，曹操自骑战马，带领军中能征惯战五千人，一齐上马，自监督众将，星夜赶来。未知玄德性命如何，且听下回分解。

【注释】

[一] 若老若幼：无论老幼。
[二] 义阳：县名。三国魏置。治所在今河南信阳西北。
[三] 江陵：县名。属荆州南郡。为郡治所。今属湖北。
[四] 未：十二时辰之一。相当于十三时至十五时。
[五] 投醪抚寒：与军民同甘苦。投醪，传说勾践卧薪尝胆期间，为争取民心，有酒不独饮，倒入江中，与民共享；抚寒，问寒问暖。
[六] 含蓼问疾：不顾辛苦，慰问疾病。蓼，一种水草，味辛。
[七] 传檄而定：传布檄文便可平定天下。形容威力巨大，不战而胜。
[八] 平南侯、水军大都督：虚构的名号侯和官职。
[九] 助顺侯、水军副都督：虚构的名号侯和官职。
[一〇] 光禄勋：九卿之一。职掌宫廷宿卫及皇帝侍从诸官。秩中二千石。三国时为第三品。

---

① 原作"而计不遂，不得已"。据《三国志·魏书·文聘传》改。

第八十二回　长阪坡赵云救主

曹操亲领铁甲五千,限一日一夜赶上玄德。令如风火,谁敢怠慢,都跟文聘而进。

却说玄德引十数万百姓、三千余军马①,一程程挨着往江陵进发,吩咐赵云保护老小,张飞断后。孔明曰:"云长去了,绝无音信,不知如何?"玄德曰:"欲烦军师亲往催促。刘琦昔日感公之教,以获全生,今公一往,事必谐矣。"孔明不敢推辞,引刘封带五百军,先往江夏求救,应允去了。当日,玄德自与简雍、糜竺、糜芳正行之间,忽然一阵狂风,就马前撮起尘土冲天,平遮红日,无半点光彩,耳边只闻嚎啕之声。玄德惊曰:"此是何兆也?"简雍颇明阴阳,袖传一课,失惊曰:"大凶之兆也!应在今夜。主公可弃百姓而走。"玄德曰:"吾从新野相随到此,安忍弃之?"雍曰:"主公恋而不弃,祸不远矣!"便问:"前面是何处?"答曰:"前面便是当阳县[一],这座山名为景山。"玄德曰:"只就此山驻扎。"秋末冬初,凉风透骨;黄昏将近,哭声遍野。宿到四更时分,只听得西北喊声震地而来。玄德大惊,急忙上马,引本部精兵二千,迎敌曹操。操率精兵掩至,势不可挡。玄德死战。正在危急,忽一彪军来,乃张飞也,杀开一条血路,救玄德望东而走。回头观看,南边有千百人马杀到长阪坡[二]下,文聘当先拦住。玄德骂曰:"背主之贼,非大丈夫也!"文聘羞惭满面,领兵投东北角去。背后许褚赶来。张飞保着玄德,杀散铁骑,迤逦望东而走,渐渐喊声远去,玄德方才歇马。喘息未定回看手下,随行止有百余骑;百姓老小并糜竺、糜芳、简雍、赵云等,皆不知下落。玄德望西哭曰:"居民十数万,皆因恋我,遭此大难!吾家老小,皆不知下落存亡。虽土木之人,宁不悲乎!"

正凄惶嚎啕之时,忽见糜芳面带数箭,跪于马前,口言:"反了常山赵子龙也!投曹去了!"玄德叱之曰:"子龙是吾故人,安肯反也?"张飞曰:"他知我等势穷力尽,反投曹操,以图富贵。此乃常理也,何故不信?"玄德曰:"子龙与吾相从患难之时,他心如铁石,岂以富贵能摇动乎?"糜芳曰:"我亲见他引军投操去了。"玄德曰:"子龙必有事故。再说子龙反者,斩之!"张飞曰:"兄弟亲去寻他去。如撞见,一枪刺死!"玄德曰:"休错疑了!岂不见你二兄云长诛颜良也?子龙必不弃吾,任他自去,不要相逼。吾料子龙必不弃吾也。"此玄德知人为哲处。张飞唤众将:"跟我来!"只有二十骑跟去,其余都跟玄德去了。原来张飞常要鞭挞军士,愿跟者少。张飞引二十余骑,同至长阪桥。此桥皆是木植,非石桥也。张飞回看,桥东一带树木,飞生一计,粗人作细事。教从者二十余骑,却砍下树枝,拴在马尾上,只在树林内往来驰骋。飞远看,笑曰:"这二十余骑,当五百人!"飞自横矛立在桥上,凭西而望。

却说赵云自四更军至,与曹军厮杀,往来在曹军阵内冲突,寻不见玄德,又失了主人老小。赵云自思曰:"家眷二十余口,至亲三口:甘、糜二主母,小主人阿斗,都吩咐在我身上。今日军

---

① 原作"一千余军马"。下文写诸葛亮带走五百军,曹兵追至,刘备率精兵二千迎战,则此时至少有三千余军。

中失散,有何面目见主人乎?不如决一死战,报答平昔知遇之恩!"此时只有三四十骑随从。云拍马在乱军中寻觅,二县百姓嚎哭之声,震天动地;中箭着枪,抛男弃女,着伤带血而奔走,不计其数;尸横遍野,血流成渠;十万居民,四方八面乱窜逃命。子龙正走之间,见一人卧在草中,子龙近前视之,却是简雍。云急问曰:"曾见主母乎?"雍答曰:"我与你一处赶散,二主母弃了车仗,抱阿斗而走。我飞身上马,转过山坡,被一将背上刺了一枪,跌下马来,马被夺了去。我争斗不得。"云曰:"随骑有马,借一匹来。"又着二将扶简雍先去报主人:"我上天入地,好歹寻主母来!如不见,宁死在沙场上矣!"教扶雍上马,令跟随之人尽脱衣甲,好生扶侍而去。

云引军望长阪坡而去。忽一军大叫"将军"三声①,云问曰:"你是何人?"答曰:"我是刘使君帐下小军,护送车仗的,被数箭射倒在此。"赵云便问夫人消息,军答曰:"却才见夫人披头跣足,相随一伙百姓,投南而走。"云见说,也不顾军,望南赶来。只见一伙百姓,男女数百人,相结而去。赵云大叫曰:"中间有甘夫人否?"夫人在后面见赵云,放声大哭。云滚鞍下马,扎枪而泣曰:"使主母失散,云之罪也!"又问:"糜夫人、小主人安在?"甘夫人曰:"我与糜夫人被逐,弃车仗杂于百姓内步行,又撞见一支军马冲散,糜氏并阿斗不知何处。我独逃生至此。"言未毕,百姓发喊,又撞一支军来。赵云绰枪上马看时,面前马上绑着一人,乃是糜竺也。背后一将,手提宝刀,又有千余军跟着,乃是曹仁部下健将淳于导,拿住糜竺,正要送去献功。被赵云大喝一声,淳于导便舞刀来迎,只一合,刺导于马下,向前救了糜竺,夺下马二匹。赵云请甘夫人上马,前面杀开大路,直送到长阪坡。张飞横矛立马于桥上,大叫:"子龙!你如何反我哥哥?"赵云曰:"我跟寻不见主母,因此落后,安敢反耶?"张飞曰:"不是简雍先来报我,见你时,哪得干休也!"赵云曰:"主公安在?"飞曰:"只在前面不远。"云曰:"糜子仲保夫人先行,赵云仍去寻糜夫人并小主人也。"言罢,引数骑再回旧路。

正走之间,见一将手提铁枪,背着一口剑,引十数骑跃马而来。赵云更不答话,直取那将。交马处,一枪刺着,倒于马下,从者奔走。那员将乃是曹操随身背剑心腹之人夏侯恩。原来曹操有剑二口:一名"倚天",一名"青釭"。倚天剑自佩之,青釭剑教夏侯恩佩之。倚天剑镇威,青釭剑杀人。夏侯恩以为无敌之处,乃撇了曹操只顾引人抢夺掳掠。正撞子龙,一枪刺于马下,就夺那口剑,视看靶上有金嵌"青釭"二字,方知是宝剑也。云听后军已到,看时,马步官军漫山遍野,尽皆围定百姓掳掠,杀害老小。赵云挺枪拍马,直杀透重围,回头观之,将士渐渐落消。又杀一阵,只剩得孤身。赵云无半点退心,只顾往来寻觅,但逢百姓,便问糜夫人消息。忽一人指曰:"夫人抱着孩儿,左腿上着枪了,走不动,只在面前墙缺内坐的。"

赵云慌来追寻,只见一个人家,被火烧坏矮墙,糜夫人抱着二岁幼子②,坐地上而哭。赵云慌忙下马,入见糜夫人。夫人曰:"妾身得见将军,此子有命矣。望将军可怜他父亲飘荡半世,只有这点骨肉。将军可护持此子,教他得见父面,妾死无恨矣!"赵云曰:"夫人受难,是云之罪

---

① 原作"忽一军大叫'将军'之声"。据叶逢春本改。
② 原作"三岁幼子"。阿斗生于建安十二年(207)。此时虚岁仅二岁。

第八十二回　长阪坡赵云救主

也。不必多言，请夫人上马。云自步行，遇敌军必当死战。"糜夫人曰："不然。将军若不乘此马，此子亦失矣。妾已重伤，死何惜哉！望将军速抱此子去，勿以妾为累也。"云曰："喊声又近，兵又来到，速请夫人上马。"糜氏将阿斗递与赵云，曰："此子性命在将军身上，妾身委实不去也。休得两误！"赵云三回五次请夫人上马，夫人不肯上马。四边喊声又起，云大喝曰："如此不听吾言，后军来也！"糜氏听得，弃阿斗于地上，投枯井而死。赵云恐曹军盗尸，推土墙而掩之。后来子龙不得入武臣庙，与子胥把门，盖因吓喝主母，以致丧命，亦是不忠也。后来史官有诗赞糜夫人曰：

贤哉糜氏，内助刘君。
言词无失，进退有伦。
心如金石，志似松筠[三]。
身虽归土，名不沾尘。
千载之后，配湘夫人[四]。

赵云推土墙而掩之，解开勒甲绦[五]，放下掩心镜，将阿斗抱护在怀，而嘱曰："我呼汝名，可应。"言罢，绰枪上马。早有一将，引一队步军围住土墙。云乃拍马挺枪，杀出墙外。拦路者乃曹洪手下副将晏明也，持三尖两刃刀来迎。交马不及两合，云一枪刺晏明落马身死①，杀散步军，冲开一条路。正走之间，前面又一支军拦路，为首一员大将，旗号明白，乃河间张郃。赵云更不答话，来战张郃。约战十余合，赵云料道不能胜，夺路而走。背后张郃赶来，赵云连马和人颠下土坑。忽然红光紫雾从土坑中滚起，那匹马一踊而起。后人有诗曰：

当阳救主显英雄，杀透曹兵几万重。
马踊红光离土窟，将军怀内抱真龙。

人马踊出土坑，张郃大惊而退。赵云又走，背后二将大叫："赵云休走！"前面又有二将，使两般军器来到。后面是马延、张颉，前面焦触、张南，皆是袁绍手下将。赵云力战四将，杀透重围。马步军前后齐拥赵云。赵云拨青釭剑乱砍步军，手起，衣甲平过，血如涌泉，染满袍甲；所到之处，犹如砍瓜截瓠，不损半毫。真宝剑也！

却说曹操在景山顶上，望见一大将横在征尘中②，杀气到处，乱砍军将；所到之处，威不可挡。操急问左右是谁。曹洪听得，飞身上马，下山大叫曰："军中战将，愿留名姓！"赵云应声曰："吾乃常山赵子龙也！"曹洪回报曹操，操曰："世之虎将也！吾若得这员大将，何愁天下不得乎？可速传令，使数骑飞报各处，如赵云到处③，不要放冷箭，要捉活的。"因此子龙得脱此难，乃是主人洪福之致也。

却说赵云身抱后主在怀中，直透重围，砍倒大旗两面，夺槊三条，前后枪刺剑砍，杀死曹营

---

① 原句无主语"云"。据叶逢春本加。
② 原作"望见一大将军横在征尘中"。"军"有碍文意，删去。
③ 原作"如子龙到处"。曹操应直称赵云之名。

名将五十余员。史官有诗曰：
　　　　血染征袍透甲红，当阳谁敢与争锋！
　　　　古来冲阵扶危主，只有常山赵子龙。
又诗，单道幼主之福：
　　　　红光罩体困龙飞，征马冲开长阪围。
　　　　四十一年真命主①，将军应得显神威。
又诗，单道将军之能：
　　　　八面威风杀气飘，擎王保驾显功劳。
　　　　非干后主多洪福，正是将军武艺高。
又诗，赞君臣庆会：
　　　　风云起处君臣走，惊倒当年曹阿瞒。
　　　　马上将军真猛虎，怀中又有蛰龙蟠。
又司马温公[六]有长阪词：
　　　　当阳草，当阳草，点点斑斑如血扫。
　　　　借问当时何事因？子龙一战征旗倒。
　　　　曹公军将魂魄飞，杀入重围保家小。
　　　　至今此血尚犹存，不见英雄空懊恼。
林汉泉古风一篇为证：
　　　　当年玄德走江陵，路次当阳少甲兵，
　　　　忽被曹瞒驱铁骑，军民胆落尽逃生。
　　　　赵云独仗英雄气，舍命浑如落叶轻，
　　　　枪搅垓心蛇动荡，马冲阵势虎飞腾；
　　　　怀中抱定西川主，紫雾红光射眼明。
　　　　斩将夺旗世罕比，擎天保驾功业成。
　　　　我来少憩长阪下，班班莎草血犹腥。
　　　　子龙子龙在何处？仰天长叹三两声。
　　　　全忠全义真堪羡，永远标题翰墨青。
　　当时赵云杀透重围，已离大阵，身上热血污满征袍。正行之间，山坡下两路军出，截断去路。旗号分明，乃是夏侯惇手下大将，弟兄二人：一个钟缙，一个钟绅。缙使大斧，绅使画戟，大喝赵云："快下马受缚！"背后张辽、许褚赶来，四下喊声大起。子龙如何逃生？正是才离龙潭，又值虎窟。未知性命还是如何？

---

① 原作"四十二年真命主"。据史实，刘禅223—263年在位，首尾共四十一年。

第八十二回　长阪坡赵云救主

【注释】

［一］当阳县：县名。属荆州南郡。治所在今湖北当阳东北。

［二］长阪坡：即长阪（"阪"即坡）。在今湖北当阳东北。

［三］筠：竹子的青皮。代指竹。

［四］湘夫人：湘君（湘水之神）的夫人。具体解释不一，一说湘君指舜，湘夫人指其二妃娥皇、女英。

［五］绦：用丝编织的带子。

［六］司马温公：指北宋政治家司马光(1019—1086)。字君实，陕州夏县（今属山西）人。封温国公。

第八十三回　张益德据水断桥

钟缙乃河内人也，自幼学儒，后来弃文就武，与夏侯惇做副将。当日拦住子龙，子龙见追兵又至，大喝一声，径取钟缙。缙挥大斧来迎。两马相交，战不三合，子龙一枪刺钟缙于马下①，冲路便走。背后钟绅要报兄仇，持方天戟赶来。马尾相衔，那支方天戟只在子龙后心内弄影。子龙大怒，拨转马，却好两胸相拍，被子龙左手持枪，隔过画戟，右手掣出青釭剑，带盔连脑，削去一半，绅落马而死。余者尽皆奔回。赵云得脱，望长阪坡而来。后面文聘又引军赶来。子龙已到桥边，人困马乏，见张飞挺枪立马于桥上，子龙大叫曰："益德援我！"援者，人皆言子龙求救于益德，懦也。不然。子龙在军中杀了一日一夜，方才得脱，便是铁人铁马，到此亦困矣。见自家之人，安得不求救也？何懦之有！张飞应曰："汝可速行，吾自挡之。"

那子龙独行二十余里。玄德等皆少憩于树下，见子龙血染浑身，玄德泣而问曰："子龙怀抱何物？"子龙喘息未定而言曰："赵云之罪，万死犹轻！"跪在地下，泣曰："糜夫人身带重伤，不肯上马，投井而死，遂推土墙而掩之。所抱公子，身突重围，凡遇敌军，与他战十数番，夺得青釭剑，砍死无数名将军兵。皆托主公之洪福，幸而得脱。适来公子尚在怀中，此一日袍内无动静，多是不能保也。"遂解视之。阿斗方才睡着未醒。子龙双手递与玄德："幸得公子无事！"玄德接过，掷之于地，指阿斗而言曰："为汝这儒子，几乎损吾一员大将！"子龙泣拜谢之曰："云虽肝胆涂地，不能报也！"史官有诗曰：

　　曹操军中飞虎出，赵云怀内小龙眠。
　　无由抚慰忠臣意，故把亲男掷马前。此见玄德能用人处。

众将救起公子，皆哭。甘氏暂于林中少歇，寻觅饮食。

却说文聘引一支军到长阪桥，撞见张飞，飞取盔挂于马鞍前，横枪立马于桥上，倒竖虎须，睁圆环眼。又见桥东树木背后尘头大起，又见树影里有精兵来往，文聘勒住马，不敢近前。俄尔[一]魏将曹仁、李典、夏侯惇、夏侯渊、乐进、张辽、张郃、许褚等都至，见飞瞋目横枪独立在桥上，又恐是诸葛亮之计，皆不敢近前，扎住阵脚，一字儿摆在桥西，使人飞报曹操。操闻知，火急上马，从阵后来。

却说张飞睁圆环眼，隐隐见后军青罗伞盖招飘之势，白旄黄钺，戈戟旌幢来到，料得是曹操其心生疑，亲自来看。张飞厉声大叫曰："吾乃燕人张益德在此！谁敢与吾决一死战？"声如巨雷。曹军闻之，尽皆栗栗。曹操急令去其伞盖，回顾左右曰："吾曾闻云长旧日所言：益德于百万军中，取上将之首级，如探囊取物耳。"张飞见他去其伞盖，睁目又叫曰："吾乃燕人张益德！谁敢与吾决一死战？"曹操闻之，乃有退去之心。飞见操后军阵脚挪动，飞挺枪大叫曰：

---

① 原句无主语"子龙"。承上文加。

第八十三回　张益德据水断桥

"战又不战,退又不退!"说声未绝,曹操身边夏侯杰①惊得肝胆碎裂,倒撞于马下。操便回马,诸军众将一齐望西奔走。正是黄口孺子,怎闻霹雳之声;病体樵夫,难听虎豹之吼。弃枪掷地者不计其数。人如潮退,马似山崩;自相踏践者太半逃命而走。后史官有诗一首赞曰:

> 长阪桥头杀气生,横枪立马眼圆睁。
> 一声好似轰雷吼,独退曹公百万兵。

又诗曰:

> 百万军中斩将还,致使曹兵尽胆寒。
> 当时因信云长语,探囊取物不为难。

又诗曰:

> 玄德兵危日,将军独有功。
> 一声暴雷响,桥断两三虹。
> 汉水西流去,林峦落叶空。
> 不须夸项羽,益德最称雄。

祖龙图《据水断桥赋》:

> 蜀之诸将,惟飞最雄。因据桥而决战,当断水以成功。如激电之煌煌,似高虹之凛凛。若乃擐甲披袍,横枪立马,昂然飘举,奋气凌云,两眼突睛似奔铃,满口凿牙如咬瓦。威震四方,名播三国。当阳道上,如猛虎之盘桓;长阪桥前,若天神之守把。曹操播威名于四海,统千员之将士,驱万队之儿郎,剑光灿烂如日华[二],旗影杂沓于天光,震五岳而虎视,走万里而鹰扬。时也,摄伏荆州,穷追玄德,势拔沧海之龙须,力挫丹山之凤翼。斩勍敌于须臾,护山河如磐石。乃天意之有定,遇燕人之劲力。虎须倒竖,起满地之风波;环眼圆睁,吐轰天之霹雳。忽见桥梁颤撼,水波逆流,蛟龙奔腾于海岛,鱼鳖踊跃于江洲。千山猛兽,齐缩颈而丧胆;万林飞鸟,俱失脚而埋头。动九重之阊阖[三],惊万里之貔貅。于是人马皆奔,旗幡尽倒。掷铠甲于沙场,弃兵器于野草。先锋猛将,失宝剑以魂飞;护卫雄兵,弃雕鞍而撞脑。至若奸雄曹操,狡计万端,吞诸侯于紫塞,挟天子于金銮。略见威风,顿绒绦而回骏马;忽闻姓字,堕玉带以落簪冠。盖因云长当时官渡一语,曹操写于衣襟,以传肺腑,为勇烈之高明,救孤穷之先主;立功业于三分,播英雄于万古。此是司马温公叹孤穷益德之英雄。

却说曹操闻飞之名,骤马望西而走,冠簪尽落,披发逃生,听得背后人马赶来,惊得魂不附体。张辽、许褚赶上,扯住马前环辔。曹操仓惶失语。张辽曰:"量张飞一人,何足惧哉!丞相回军,急整人马,刘备可擒矣!"曹操方才神色稍回,与张辽、许褚再来招集人马。

却说张飞见曹操军一拥而退,不敢追赶。速掣回曳尘人马,去其枝柯[四],来到桥边下马,折断桥梁,后上马来见玄德。玄德问其故,飞言断桥一事。玄德曰:"兄弟勇则勇矣,但可惜失

---

① 原作"曹操身边夏侯霸"。此处"夏侯霸"系虚构的人名,为免与夏侯渊之子夏侯霸混淆,据毛本《三国》,改为"夏侯杰"。

于计较。"飞问其故,玄德曰:"曹操深通兵法,汝不合拆桥断梁,操追必至矣。"张飞曰:"被吾一喝,后军退数里而去,何敢再追?"玄德曰:"若不断桥,彼将恐有埋伏,持疑而不敢进追;今若拆之,彼必料我无军,怯而断桥矣。彼有百万之众,虽涉江、汉,可填而过,何惧一桥而不能过耶?彼必追赶矣。可弃却江陵,从小路斜逃汉津[五],望云杜[六]路而去①。"

却说曹操收住军马,使张辽、许褚来探长阪桥消息,回报曰:"路已拆桥梁。"操曰:"吾失计较矣!他既拆桥梁,乃心怯也。可差一万军速搭三座桥,只今要过。"李典进言曰:"只恐是诸葛诈谋,不可轻进。"操曰:"张飞一勇夫,岂有谋也。火速进兵!"

却说玄德数骑正行之间,渐近汉津,忽有后面尘头起处,鼓声连天,呐喊不绝。玄德曰:"前有大江,后有追兵,吾无路矣!"未知性命如何?

【注释】

[一] 俄尔:即"俄而",不久。

[二] 日华:阳光。

[三] 阊阖:传说中的天门。

[四] 枝柯:树枝。

[五] 汉津:古渡口名。在今湖北钟祥县境。

[六] 云杜:县名。属荆州江夏郡。治所在今湖北京山。

---

① 原作"可从小路斜逃汉津,弃却江陵,乃望沔阳路而去"。汉津在当阳之东,江陵在当阳之南,原文语序混乱,故调整;沔阳系南朝梁始置郡名,其地东汉属云杜县。

第八十四回　刘玄德败走夏口今时鄂县

玄德将至汉江，背后曹兵赶来。玄德引百余骑相随而行。操自拍马令诸将急赶①，张飞、赵云二将只得负命抵敌②。操曰："刘备乃缸中之鱼，笼中之虎，不就这里擒捉，更待何时！若还走了，如放鱼入海，纵虎归山。不可挑战，一齐向前！"众齐呼："领丞相命！"喊声起处，却待近前去。忽山坡上鼓声响处，一队军马飞奔出来，大叫曰："吾在此等候多时！"当头一员大将，手执青龙刀，坐下赤兔马，原来是关云长去江夏借来的兵马一万，探知当阳长阪大战，特地从此路截出。曹操一见，知是云长，勒住马便回③，叫道："又中诸葛亮之计也！"曹军大退。云长追赶十数里，复回来保护玄德，只到汉津，已有船只伺候，军士尽皆下船。云长请玄德并甘夫人、阿斗至于船中，云长问玄德曰："二嫂嫂安在？"玄德遂诉当阳之事，离乱困苦。云长叹曰："曩日猎于许田时，若从吾意，可无今日之患。"玄德曰："比时亦为国家惜耳。若天道辅正，安知此不为福也。"后来史官裴松之，曾贬剥刘玄德此言非真也。论曰：

　　当时玄德在许昌，曾与董承等同谋，但事泄漏不克谐耳；若为国家惜操，安肯若是同谋诛之乎？云长果此时劝杀曹操，玄德不肯从者，因恐惧曹操心腹爪牙之多也，事不宿构④，非造次所行。操虽可杀，自身亦不能免祸，故以计而止，何惜之有乎！既往之事，故托为雅言。故知以为国家惜而答云长者，非本心也，乃饰词耳。

当日，玄德正诉之间，忽见江面上舟船如蚁⑤，顺风扬帆而来，大鸣战鼓。玄德失色，与云长在舱中视之，见一人白袍银甲，立在船头上，相近叫曰："叔父别来无恙？小侄得罪！"玄德视之，乃刘琦也。走过船来，相抱而哭。琦曰："听是叔父被曹操所困⑥，小侄特来接应。"合兵一处，放舟而行。在船中正诉情由之间，江东南上⑦，船一字儿摆开。刘琦大惊曰："江夏之兵，小侄尽起于此矣。今有战船拦路，不是江东之兵，即是曹操军也，如之奈何？"玄德视之，见一人纶巾道服，坐在船头上，乃是孔明也，后立孙乾。玄德慌请过船，问其所来。孔明曰："自离主公，先着云长于汉津登陆地而接。某料曹操必来追赶，赶则主公必败，败则不从江陵来，斜取汉津矣。特请公子来接应，某往夏口，尽起兵前来接应。"玄德大喜，合为一处，商议破曹之策。孔明曰："夏口城险，颇有钱粮，虽然城郭狭小，可以久守。请主公于夏口屯住。公子回沙羡⑧，

---

① 原作"操自拍马令诸将曰：'急赶上来！'"据郑本《三国》改。
② 原作"张飞、赵云须得回来抵敌"。据叶逢春本改。
③ 原作"齐勒住马便回"。因主语为"曹操"，故删"齐"字。
④ 原作"有徒事不宿构"。据《三国志·蜀书·关羽传》注引《蜀记》，原文为"将以曹公腹心亲戚，实繁有徒，事不宿构……"作者断句错误，此处应删去"有徒"。
⑤ 原作"忽见江南上舟船如蚁"。据叶逢春本改。
⑥ 原作"听得叔父因被曹操所困"。"因"字赘，删去。
⑦ 原作"江西南上"。此时刘备船队东下，其前方应为"东南"。
⑧ 原作"公子回江夏"。江夏系郡名，夏口属之，说刘备到夏口，刘琦"回江夏"，不通。应是回郡治沙羡。

整顿船只，收拾军器，为首尾之势，可以抵挡。曹军百万之众，共归沙羡[一]，则势孤矣。"刘琦曰："军师之言虽善，琦欲请叔父暂到沙羡，整顿军马停当，再回夏口不迟。"玄德曰："贤侄之言是也。"遂留下云长，带五千军守住夏口。玄德、孔明、刘琦共投沙羡而来。

却说曹操见云长在旱路引一万兵截出路口，疑有伏兵，不敢来追；又恐玄德水路去夺了江陵①，星夜提兵前赴江陵。

却说荆州治中邓义、别驾刘先，已备知襄阳事务，料道："我等安能敌得操也！"只得引江陵之军民出郭投降②。曹操先使曹仁入城，安民了当，秋毫无犯。操入城③，邓义加为侍中，刘先加为尚书令④，余皆封赏⑤。安慰了当，当日操与众将商议："今刘备已投江夏而去，但恐结连东吴孙权，是滋蔓也。如此，当用何计？"荀攸进言曰："可差使持檄文，请孙权会猎于江夏，共擒刘备，分取荆州之地，永结盟好。此意雄壮，孙权必惊忧而投降来，其大事济矣。"操曰："此计甚好。"一面写檄文遣使；一面计点军马：马步水军八十三万，诈呼一百万。水陆并进，船骑双行，沿江而来，西起江陵，东接蕲春⑥，连络寨栅三百余里，烟火不绝。

话分两头。却说江东孙权，屯兵于柴桑，听知曹操引一百万之众，已取襄阳，刘琮引文武皆降，星夜兼道又取江陵。权集众将谋士商议大事。鲁肃进言曰："荆州与国邻接，水流顺北，外带江、汉，内阻山陵，有金城之固⑦，沃野万里，士民殷富，若据而有之，此帝王之资也。今刘表新亡，二子素不辑睦[二]，军中诸将，各有彼此。加刘备天下枭雄，与曹有隙，寄寓刘表，表恶其能而不能用也。若备与彼协心⑧，上下同力，则宜安抚，与结和好；如有离违，宜别图之，以济大事。肃请得奉命吊丧⑨，并慰劳其军中用事者，及说刘备使抚表众将，同心一意，共破曹操，备必喜而从命⑩。如其克谐⑪，天下可定矣。今若不往，恐曹操先着人去，悔之晚矣！"孙权闻之大喜，即遣鲁子敬行。

却说玄德到沙羡，与孔明、刘琦共商议久安之计。孔明曰："今刘琮降曹，一应钱粮军马，皆归于曹操。操今势大，急难动摇。不如去投江东孙权，以为应援，使南北相持，吾等于中取

---

① 原作"又恐水路去夺了江陵"。据文意，加"玄德"二字。
② 原作"只得引荆州之军民出郭投讫"。荆州系州名，共辖117县，据上文，此处仅指江陵一县。
③ 此句后原有"释韩嵩之囚，加为大鸿胪"，已移前至第八一回。
④ 原作"邓义加为郎中，刘先加为尚书"。据《三国志·魏书·刘表传》改。
⑤ 原作"余皆封为列侯"，不合情理，故改。
⑥ 原作"西连荆、陕，东接蕲、黄"。"荆"指明代荆州府；"陕"为"峡"之误，指峡州；"蕲"指蕲州；"黄"指黄州：均系南北朝以后地名，故改。
⑦ 原作"内阻江陵，有金汤之固"。据《三国志·吴书·鲁肃传》改。
⑧ 原作"若与彼协心"。据《鲁肃传》，补"备"字。
⑨ 原作"肃得奉命吊丧"。据《鲁肃传》，补"请"字。
⑩ 原作"备心喜而从命"。据《鲁肃传》改。
⑪ 原作"如此克谐"。据《鲁肃传》改。

事，有何不可？"玄德曰："江东人物极多，皆有远谋，安肯容耶？"孔明笑曰："今操引百万之众，虎踞江、汉，安得不来探听虚实耶？若有人到，亮借一风帆，直到江东，凭三寸不烂之舌，说南北两军互相吞并，吾则无事矣。若南军胜，照旧而杀操，以取荆州之地；北军胜，乘势而取江南。此远大之计也。"玄德曰："此论甚高，如何得江东人到？"

正说之间，人报孙权差鲁子敬特来吊丧，船已傍岸。孔明笑曰："大事济矣！"遂问刘琦曰："往日孙策亡时，你等曾去吊丧否？"琦曰："江东与吾家积世之仇，安得通报丧之礼。"孔明曰："此非吊丧，实乃探听虚实也。如鲁肃至，但问曹操动静，主公只推不知；再三问时，主公云只问诸葛亮。"计会已定，使人迎接鲁肃。琦自邀肃入城吊丧。收过礼物，刘琦请肃与玄德相见。礼毕，邀入后堂饮酒。肃曰："久闻皇叔，无缘拜识；今幸得遇，愿闻教诲。近知皇叔与曹操会战数次，必知其情，敢问操军约有几何？将有谁能？有意图天下否？"玄德皆推不知。肃曰："皇叔在新野，曾与曹操交锋，何言不知？"玄德曰："备兵微将寡，但闻操至，则走夏口，委不知其实。"肃曰："每有人渡江，说皇叔用诸葛亮之谋，两场火烧得操魂亡胆碎，何言屡败耶？"玄德曰："除非问孔明，始知其详。"肃曰："愿求一见。"玄德教请孔明出，与肃相见。

肃曰："我子瑜友也。子瑜，孔明兄也。久闻先生才德，无缘拜会；今幸相遇，愿闻目今安危之事也。"孔明曰："操奸计，亮尽知矣，恨力未及，暂且避之①。"肃曰："皇叔止于此乎？"孔明曰："使君与苍梧[三]太守吴巨②有旧，欲往投之。"肃曰："吴巨粮少兵微，自亦难保，焉能容纳人耶？"孔明曰："虽吴巨不足久居③，另有去向，且暂居之，别图后计。"肃曰："孙讨虏聪明仁惠，敬贤礼士，江表英雄，归附之者云屯雾集，已据六郡，兵精粮足，文武俱备。今为君计，莫若遣心腹自结于东吴，以共济世业。此行若何？"孔明曰："亮知使君又少心腹，孙将军自来无旧，恐虚费唇舌也。"肃曰："贤公之兄为江东参谋官，望公既久。鲁肃不才，愿请公同见孙讨虏共议大事，若何？"玄德曰："孔明是吾之师，顷刻不可相离，岂可去也？"肃坚请孔明同去，玄德诈言不肯。孔明曰："事急矣，请奉命而行。"玄德曰："即便回夏口相会。"孔明、鲁肃别玄德、刘琦上船，望柴桑郡来。此去毕竟如何，下回便见。

【注释】

[一] 沙羡：县名。属荆州江夏郡。为郡治所。故城址在今湖北武昌西。
[二] 辑睦：和睦。
[三] 苍梧：郡名。属交州。治所在广信（今广西梧州市）。

---

① 原作"而且避之"。据黄正甫本改。
② 原作"苍梧太守吴臣"。据《三国志·吴书·士燮传》改。
③ 原作"虽吴臣不是久居"。"吴臣"当作"吴巨"，"是"系"足"之形误。

第八十五回　诸葛亮舌战群儒

　　鲁肃、孔明在舟中共话。肃猛省："孔明是个舌辩之士，去到江东，犹恐惹起刀兵。倘胜则可，倘败则归罪于我！"寻思半晌，与孔明曰："先生如见吴侯，切不可实言曹操兵多将广。若问操欲下江东否，只言不知。"孔明曰："不须子敬叮咛，亮自有对答之语。"鲁肃连嘱数番。孔明冷笑。船已到岸，肃请孔明于驿中安歇已定。

　　肃来见孙权。权正聚文武于堂上议事，听知鲁肃到，急召而问曰："子敬，荆州体探事情若何？"肃曰："未知虚实。"权曰："所干何事？"肃曰："别有商议。"权将曹操檄文以示肃曰：

　　　　操近承帝命，奉辞伐罪。旌麾南指，刘琮束手；荆、襄之民，望风归顺。今统大兵百万，上将千员，欲与将军猎于江夏，共伐刘备，同分汉土，永结盟好。相见在期，早宜回报。

肃看毕，曰："主公尊意若何？"权曰："未有定论。"张昭曰："曹操虎豹也。今拥百万之众，借天子之名以征四方，拒之不顺。且将军大势可以拒操者，长江也。今操得荆州水军，艨艟斗舰，动以千数，浮以沿江，水陆俱下，此为长江之险已与我共之矣！其势如山岳，不敢迎之。以愚之计，不如降之，以为万安之策。"众谋士皆曰："子布之言，甚合天意。"孙权沉吟不语。张昭等又曰："主公不必多疑。如降操，则东吴民安，江南六郡[一]可保矣。"权起更衣，肃随于宇下[二]。权知肃意，乃执肃手而言曰："卿欲如何？"肃曰："却才众人之意，专误将军，不足以图大事。众皆可降曹耳，如将军必不可也。"权曰："何也？"肃曰："如肃等降操，当以肃还乡党[三]，品其名位，犹不失为下曹从事①，乘犊车，从吏卒，交游士林，累官故不失州郡也②。将军降曹操，欲安所归乎？位不过封侯而已③，车不过一乘，骑不过一匹，从不过十人，岂得南面称孤[四]哉？众人之意，各为自己，不可用也。将军详之，早定大事。"权叹曰："诸人议论，甚失孤望。子敬开说大计，正与吾同。此天以子敬赐我也！保全之计，其意须要已定。曹操新得袁绍，近得荆州之兵，恐势大，难与为敌。"肃曰："肃渡江而到当阳，已闻刘豫州军败；次至江夏相见，特问其虚实。有一人深知前故，特引到此，主公试问之。"权曰："是何人？"肃曰："诸葛瑾之弟，诸葛亮也。"权曰："莫非卧龙先生否？"肃曰："是也，见在馆驿中安歇。"权曰："今日天晚，来日聚文武于帐下，先教见俺江东英俊，然后升堂议事。"肃领命而去。

　　次日早，请孔明来见，肃又嘱曰："如见吴侯，切不可言曹操兵多。"孔明曰："亮自见机而变，不误于公。"鲁肃引孔明至幕下，视之，见张昭、顾雍等一般文武二十余人，峨冠博带，整衣端坐。孔明料众谋士俱在，教肃引领，从头逐一相见，各问姓名。施礼已毕，坐于客席。张昭

---

① 原作"犹不失下为操从事"，义不通。据《三国志·吴书·鲁肃传》改。
② 原作"累官政不失州郡也"。据《鲁肃传》，改"政"为"故"。
③ 原作"官不过封侯而已"。侯非"官"，而系爵位，故改。

第八十五回 诸葛亮舌战群儒

等见孔明飘飘然有出世之表,昂昂然有凌云之志。张昭等料孔明来下说东吴,昭先以言挑之曰:"昭乃江东微末之士也。久闻先生归于隆中,躬耕陇亩,以乐天真,好为《梁父吟》,每自比管仲、乐毅,此语果有之乎?"孔明暗思:"这人言语挑我。"遂应答之:"此亮平生小可[五]之比也。"昭曰:"近闻刘豫州三顾先生于草庐之中,而听高论,豫州'如鱼得水',每欲席卷荆、襄。今一旦以属曹公,未审是何主见?"孔明自思:"张昭乃孙权手下第一个谋士①,若不先难倒他,如何说得孙权?"遂答昭曰:"吾观取汉上之地,易如反掌。吾主刘豫州,躬行仁义,不忍夺同宗之基业,故力辞之。刘琮孺子,听信佞言,暗献国投降,致使曹操得其猖獗。今豫州兵屯江夏,别有良图,非等闲可知也。"昭曰:"若此,先生言行相违也。圣人有云:'古者言之不出,耻躬之不逮[六]也。'先生自比于管仲、乐毅,愚自幼酷嗜《春秋》,深慕二公之为人。管仲相桓公,霸诸侯,一匡天下,纠合诸侯不以兵车,管仲之力也。乐毅扶持微弱之燕,下齐七十余城。此二人者,可谓济世之才,古今之豪杰也。今曹操横行于中国,擅行征伐,动无不克,有顺其欲者,从而慰之;不顺其欲者,从而伐之。宣言曰:'吾奉天子明诏,诛反讨逆。'因此海宇振动,英雄宾服。先生在草庐之中,但笑傲风月,抱膝危坐。今既从事刘豫州,当与生灵兴利除害,此所谓'达则兼善于天下'。且玄德公未见先生之时,尚且纵横寰宇,据守城池;今见先生,人皆仰面望之,虽三尺之童蒙,亦谓彪虎生翼,将见汉室复兴,曹氏即灭矣。朝廷故旧大臣,山林隐迹之士,皆拭目而待:拂高天之云翳,仰日月之光辉,拯民于水火之中,措之于衽席之上。何其先生自归豫州,曹兵一出,玄德弃甲抛戈,望风而窜,上不能报刘表以安庶民,下不能辅孤子而据汉室。先生知而使之,是不仁也;不知而使之,是不智也。近闻玄德弃新野,走樊城,败当阳,奔夏口,无容身之地,有烧眉之急。此是自得先生以来,反不如其初也。岂有管仲、乐毅万分之一哉?先生幸勿以愚直而怪之!"孔明昂然而笑曰:"鹏飞万里,其志岂群鸟之识哉?古人有云:'善人为邦百季,亦可以胜残去杀矣。'且以世俗病人论之:夫病疾之极,当以糜粥以饮之,和药以服之;待其脏腑调和,形体渐回,然后用肉食以补之,猛药以治之,则病根尽拔去,人得全生也。汝若不待气脉和缓,便投之以猛药硬食,欲求安者,诚为难矣。以吾主刘豫州,向日军败于汝南,寄迹于刘表,军不满千,将惟关、张、赵云而已;新野山僻小县,人民稀少,粮食鲜薄,非险要之地,豫州借此容身:正如病势尪羸[七]之极也。夫以兵甲不完,城郭不坚,军不经练,粮不继日,守则坐而待死,如以金玉弃沟壑耳。博望烧屯,白河用水,使夏侯惇、曹仁等辈闻吾之名,心胆皆裂,虽管仲复生,乐毅不死,安可及我哉?刘琮投降,豫州不知;亮尝数言,豫州不忍乘乱夺人基业,此大义也,故不为之。当阳大败,豫州见有十数万赴义之民,扶老携幼,不忍弃之,日行十里,不思进取江陵,甘与同败,此亦大义也。兵书云:'寡不敌众。'胜负乃常事也,焉有必胜之理乎?昔高皇数败于项羽②,垓下一战成功[八],此是韩信之良谋。且信久事高皇,未尝屡胜。国家之大计,社稷之安危,自有主谋,非比夸辩之徒,虚誉妄人耳:坐议立

---

① 原作"张昭乃孙权手下一个谋士"。据叶逢春本,加"第"字。
② 原作"昔项羽数胜高皇",与下句"垓下一战成功"矛盾,故改句式。

谈，谁人可及；临机应变，百无一能。诚为天下取笑也①！子布莫怪口直！"只这一篇词，唬得张昭并无一言。

忽于座间又一人，高言而问曰："今曹公兵屯百万，将列千员，龙骧虎视，平吞江夏，公以何如？"孔明视之，乃是从事、会稽余姚人虞仲翔虞翻也。孔明应声答曰："曹操收袁绍蚁聚之兵，劫刘表乌合之众，军无纪律，将无谋略，虽数百万，不足惧也。"虞翻大笑曰："军败于当阳，计穷于夏口，区区求救于人，犹言不惧，此真'掩耳偷铃'也！"孔明曰："岂不闻兵法云：'信兵实战。'吾主刘豫州有数千仁义之师，安能敌百万暴残之众耳？退守夏口，待其时也。今汝江东兵精粮足，又有长江之险，犹欲使其主屈膝降贼，何其太懦也！若此论之，刘豫州实不惧曹贼耳！"虞翻不能对。

座上又一人应声而问曰："孔明效苏秦、张仪[九]掉三寸不烂之舌，游说江东也。"孔明视之，乃临淮淮阴人步子山。步骘也。孔明曰："君知苏秦、张仪乃舌辩之士，不知苏秦、张仪乃豪杰之辈也。苏秦佩六国之相印②，张仪二次相秦，皆有匡扶社稷之机，补完天地之手，非比守株待兔、畏刀避剑之人耳。君等闻曹操虚发诈伪之词，犹豫不决，敢望于苏秦、张仪乎？"步骘不能对。

忽座上一人问曰："孔明以曹操何如人也？"孔明视之，乃沛郡竹邑薛敬文。薛综也。孔明应声曰："曹操乃汉贼耳！"综曰："公言差矣。予闻古人云③：'天下者，非一人之天下，乃天下人之天下也。'故尧以天下禅于舜，舜以天下禅于禹。其后成汤放桀，武王伐纣，列国相吞，汉承秦业以及乎今，天数已终于此。今曹公遂有天下三分之二，人皆归心。惟豫州不识天时而欲争之，正是以卵击石，而驱羊斗虎，安能不败乎？"孔明应声叱之曰："汝乃无父无君之人也！夫人生于天地之间者，以忠孝为立身之本。吾汝累世食汉室之水土，思报其君，闻有奸贼蠹国害民者，誓共戮之，臣之道也。曹操祖宗叨食汉禄四百余年，不思报本，久有篡逆之心，天下共恶之。汝以天数归之，真无父无君之人也。不足与语！再无复言！"薛综满面羞惭，不敢对答。

座上忽一人应声问曰："曹操虽挟天子而令诸侯，犹是曹相国曹参[一〇]之后。汝刘豫州虽中山靖王苗裔，无可稽考，眼见只是织席贩履之庸夫，何足与曹操抗衡哉！"孔明视之，乃吴郡陆公纪。陆绩也。孔明笑而言曰："公乃袁术座间怀橘[一一]之陆郎乎④？汝安坐，听吾论之。昔日文王三分天下有其二，以服事殷，孔子云：'周之德，其可谓至德也已矣！'此所谓不敢伐君也。其后纣暴虐至甚，武王伐之⑤，伯夷、叔齐[一二]扣马而谏曰：'以臣弑君，可谓仁乎？'太公称为义士，孔子亦称其德。为臣不可以犯上，此万古不易之理也。曹操累世汉臣，君又无过，常有篡图之心，非逆贼而何？昔汉高祖皇帝，起身乃泗上亭长，宽洪大度，重用文武而开大汉洪基四百余季。至于吾主，纵非刘氏宗亲，仁慈忠孝，天下共知，胜如曹操万倍，岂以织席贩履

---

① 原作"诚为天下取笑耶？"据文意改。
② 原作"苏秦佩六国之玺、绶"。玺绶系帝王所佩。据《史记·苏秦列传》改。
③ 原作"子闻古人云"。据叶逢春本，"子"乃"予"之形误。
④ 原作"公乃袁术坐间怀绿桔之陆郎乎"。据叶逢春本改。
⑤ 原作"其后武王伐纣。纣暴虐至甚，武王伐之"。"武王伐纣"重复，删去。

第八十五回 诸葛亮舌战群儒

为辱乎？汝小儿之见，不足共高士言之，岂不自辱乎？"

座上一人昂然而出曰："虽吾江东之英俊，被汝词夺却正理，汝治何经典？"孔明视之，乃彭城严曼才。严畯也。孔明应声曰："寻章摘句，世之腐儒也，何能兴邦立事？且于耕莘[一三]伊尹，钓渭子牙，张良、陈平之流，耿弇[一四]、邓禹之辈，皆有斡旋天地之手，匡扶宇宙之机，未审平生治何经典。岂效书生区区为笔砚之间，论黄数黑[一五]，舞文弄笔，而玩唇舌乎？"严畯低头丧气而不能对。

忽又一人指孔明而言曰："汝言'文不能安邦，武不能定国'，何士立于四民之首①？"孔明视之，乃汝南程德枢②。程秉也。孔明曰："有君子之儒，有小人之儒。夫君子之儒，心存仁义，德处温良；孝于父母，尊于君王；上可仰瞻于天文，下可俯察于地理，中可流泽于万民；治天下如磐石之安，立功名于青史之内，此君子之儒也。夫小人之儒，性务吟诗，空书翰墨；青春作赋，皓首穷经；笔下虽有千言，胸中实无一物。且如汉扬雄[一六]，以文章为状元，而屈身仕莽，不免投阁而死，此乃小人之儒也：虽日赋万言，何足道哉！"

座上诸人见孔明对答如流，滔滔然如决长河之水，众皆失色。又有吴郡吴人张温、会稽乌伤人骆统二人，又欲难问。忽一人自外而入，厉声言曰："孔明乃当世之才，汝等却以唇舌相难，非敬客之礼也。曹操引百万之众虎视江南，不思退敌之策，但以口头之语③，各负己能，政事安在？吴侯久等，请先生便入，以论安危。"言者毕竟是谁，且听下回分解。

【注释】

[一] 江南六郡：指孙权当时占据的会稽、吴郡、丹阳、豫章、庐陵、庐江六郡。六郡皆属扬州，并非都在江南。
[二] 宇下：屋檐之下。
[三] 乡党：乡里。
[四] 南面称孤：称王称帝。南面，古代帝王的座位面向南。
[五] 小可：小小的，平常的。
[六] 躬之不逮：自身不能达到。躬，自身；逮，及，到。
[七] 尪羸：瘦弱。
[八] 垓下一战成功：汉高祖五年（前202），汉军包围楚军主力于垓下（今安徽灵璧南），予以歼灭，项羽突围后，自刎于乌江（今安徽和县东北）。至此，楚汉战争结束。
[九] 苏秦、张仪：战国时期著名策士。苏秦主张"合纵"（关东六国联合抗秦），张仪主张"连

---

① 原作"何士立于四科之首"。"四科"指德行、言语、政事、文学；此处应为"四民"，即士、农、工、商。
② 原文无"乃"字。据叶逢春本加。
③ 原作"但以口头之昧"。据叶逢春本改。

横"(关东各国与秦交好),影响颇大。

[一〇] 曹参(?—前190):西汉开国功臣。沛县(今属江苏)人。汉朝建立,封平阳侯,后继萧何为丞相。

[一一] 座间怀橘:陆绩六岁时,在九江见袁术,术以橘待客,绩藏了三枚于怀间,拜辞时掉在地上。术问,绩答称回去孝敬母亲,术对此大为称赞。

[一二] 伯夷、叔齐:商末孤竹君之子。曾谏阻周武王伐商。武王灭商后,二人隐于首阳山,不食周粟而死。

[一三] 莘:古国名,亦称"有莘",在今山东曹县西北。商汤娶有莘氏之女,伊尹即为陪嫁之臣。

[一四] 耿弇(3—58):东汉开国功臣。字伯昭,扶风茂陵(今陕西兴平东北)人。刘秀称帝,任建威大将军,封好畤侯。

[一五] 论黄数黑:说长道短。

[一六] 扬雄(前53—后18):西汉文学家、哲学家、语言学家。字子云,蜀郡成都(今属四川)人。王莽时任大夫,校书天禄阁。曾因事被牵连,恐不能免,投阁自尽,几乎摔死。

第八十六回　诸葛亮智激孙权

　　来请诸葛亮者何人？乃零陵泉陵人也，姓黄，名盖，字公覆。昔随孙坚破山贼，多获奇功；后随孙策，屡有功勋；见为孙权丹阳都尉①。当时与孔明曰："愚闻多言获利，不如默而无言。何不将金石之论对讨虏将军言之？"孔明曰："群儒不知世务，互相难问，不容不答也。"黄盖与鲁肃引孔明入，至中门，正遇着诸葛瑾，孔明施礼。瑾曰："兄弟既到江东，何故不来见我耶？"孔明曰："亮今事刘豫州，理合先公而后私。公事未毕，不敢谒私，望兄察之。"瑾曰："待兄弟见了吴侯，却来叙话。"

　　鲁肃曰："适来此言，不可相误。"孔明点头而应。引至堂上，吴侯孙权欠身而迎。孔明下拜，权答半礼。盖为闻孔明之才，故相敬也，请孔明坐。孔明谦让数次，遂坐于侧，乃致玄德之意，偷目观看孙权：碧眼紫髯，堂堂一表人才，暗思："此人只可激，不可说。且等他问时，便动激言，此事济矣。"孙权教献茶汤，文武分两行而立。鲁肃立于孔明之侧，只看他回答。孙权问孔明曰："多闻子敬谈足下之德，今幸得相见，欲求教益。"孔明答曰："不才无学，有辱明问。"权曰："足下近在新野，辅佐刘玄德与曹操共决胜负，若何？"孔明曰："刘豫州兵不满千，将惟有三四人，更兼新野城小无粮，安能抗拒曹操乎？"权曰："曹兵共有多少？"孔明曰："曹操破了吕布，灭了袁绍，平了袁术，收了乌丸②，定了辽东，新又降了刘琮，马步水军一百余万。"鲁肃听了，暗地叫苦，却将盼咐的话不依。权曰："莫非诈乎？"孔明曰："明公差矣。曹操就兖州，已有青州军四五十万；平了袁绍，又得兵四五十万；中原新召之兵，何止二三十万；今得荆州之兵，亦有二三十万。以此论之，不下一百五十万。亮以一百万言之，恐惊江东之士也。"权曰："手下战将还有多少？"孔明曰："足智多谋之士，扬威耀武之人，何止有一二千。"权曰："比公如何？"孔明曰："如亮之辈，车载斗量，不可胜数。"肃又暗暗的叫苦。孙权曰："今曹操平了荆、楚，复有远图乎？"孔明曰："即今沿江下寨，准备战船，旌旗蔽空，连络数百里，不欲图江南，待取何地？"权曰："若有吞并之意，战与不战，请足下一决。"孔明曰："但恐明公不肯听从。"权曰："愿闻金玉之言。"孔明曰："方今海宇大乱，将军起兵据江东，刘豫州亦收众汉南③，与曹操并争天下。今曹操芟夷[一]大难④，略已平矣，遂破荆州，威震四方。纵有英雄，无所用矣，故豫州逃遁至此。将军承父兄基业，量力而处之：若能以吴、越之众与中国[二]抗衡，不如早与之绝；若不能当，惟有一计可以保障。"权问曰："何计为保障？"孔明曰："何不从众谋士议论，按兵束甲，北面[三]而事之！"权垂

---

① 原作"现为孙权下粮料官"。"粮料官"非职官名，且《演义》中未写黄盖管军粮。据《三国志·吴书·黄盖传》改。
② 原作"收了北番"。"北番"语不确，承第六六回改。
③ 原作"刘豫州亦投江南"。据《三国志·蜀书·诸葛亮传》改。叶逢春本正作"收众汉南"。
④ 原作"今曹操欲除四夷"，义不确。据《诸葛亮传》改。

首而不语。孔明曰:"将军外托服从之名,而内怀犹豫之计①,事急而不断,祸至不日矣!"孙权默然不答。孔明又言:"古云'寡固不可以敌众,弱固不可以敌强',此必然之理。明公不早降曹,则江东之地,士民俱受涂炭矣!"权曰:"诚如君之言,刘豫州何不降之耶?"孔明曰:"田横,齐之壮士,尚守义不辱。昔汉高祖皇帝之时,使郦食其说齐王广。郦生曰:'王知天下所归乎?'王曰:'不知也,请问之。'生曰:'归汉。'齐王曰:'何也?'生曰:'汉王先入咸阳,收天下兵以立义帝,存秦之后,与天下同其利,天下贤才皆乐为之用。项王有背约之名,有杀义帝之负;记人之罪,忘人之功,贤才怨之,莫为之用,故天下之士归于汉。王可坐而策也;今汉据赦仓,塞成皋,守白马,拒飞狐,天下后服者先诛之矣。'齐王纳之,遂遣使与汉平,乃罢历下兵守战备,日与郦生纵酒为乐。此时韩信欲要加兵,闻郦生已下齐城,遂欲罢兵。辩士蒯彻说曰:'将军受诏击齐,而汉独发一使而下之,宁有诏止将军乎?且郦生一士,伏轼掉三寸之舌,下齐七十余城。将军以数万之众,岁余乃下赵五十余城。为将数岁,反不如一竖儒之功乎!'韩信然之。遂引兵渡河,袭破齐城。齐王以郦生为卖己,乃烹之。信斩其将,掳齐王田广。田横自立为王。灌婴击之,齐地悉平。田横走海岛,汉帝屡诏不降。汉帝恐其乱,乃使人赦横罪,而召之曰:'横来,大者王,小者侯;不来,且举兵加诛。'横乃与其客二人乘传走洛阳,未至三十里,自刎而死。帝拜其二客为都尉,以王礼葬之。横既葬,二客穿其冢旁,皆自下从之。汉高闻之大惊。又闻其余五百义士在海中,使人召之。至则闻横死,皆扯旗蔽体为孝;作《薤露》歌于墓侧,遂皆自刎而死。胡曾先生有诗曰:古墓崔嵬约路歧,歌传《薤露》到今时。也知不去朝皇屋,只为曾烹郦食其。况刘豫州王室之胄,英才盖世,众士仰慕,若水之归海。事之不济,此乃天也,安肯服于人之下乎!"孙权勃然变色而起身入后堂。众皆哂笑而散。

权既怒入后堂,鲁肃责孔明曰:"先生何故出此言?幸是吾主宽洪大度,不面责而人。先生之言,极甚相藐多矣。"孔明仰面而笑曰:"何如此不能容物耶!吾自有破曹之计,汝不下问于我,吾何言之?"肃曰:"果有良策,肃当令主公请教。"孔明曰:"吾视曹操百万之众,如群蚁耳!但亮举手,则皆为齑粉矣!"肃闻此言,便入后堂见权。权怒气不退,顾与肃曰:"今汝渡江,只道带一个好人来助吾,岂知是虚谬之人也!"肃曰:"吾亦以此责孔明,孔明大笑不止,言主公不能容物而便发怒。擒操之策,孔明不肯轻言,主公何不求之?"权回嗔作喜曰:"原来孔明有良谋,故以言词激我。我一时浅见,几误大事。"慌忙整衣而出,请孔明曰:"适来权小见怒发,冒渎严威,幸乞恕罪。"孔明亦谢罪曰:"适间亮言语冒犯,乞赐宽恕。"遂邀入后堂对坐,置酒相待。

数巡之后,权曰:"曹操平生所恶者,二袁、吕布、刘表、豫州与孤耳②。今数雄已灭,独孤与豫州尚存耳。孤不能举全吴之地③,以十万之众,而受制于人。吾计决矣!非豫州莫可以当曹操者。然豫州新败之后④,安能抗拒此难乎?"孔明曰:"豫州虽败于长阪⑤,今战士还者极多矣。关云长率精甲万人,刘琦领江夏战士亦不下万人。曹操之众,远来疲惫;闻追豫州,轻骑一日一夜行三百余里,此正是'强弩之末,势不能穿鲁缟'也。鲁缟,是轻绢。故兵法忌之,曰'必

---

① 原作"而内怀并吞之计",与上下文不合。据《诸葛亮传》改。
② 原作"曹操平生所恶者,吕布、刘表、袁术、豫州与孤耳",遗漏曹操最大的敌手袁绍。据《三国志·蜀书·诸葛亮传》改。
③ 原作"孤不能保全吴地",意不确,且与下文不协。据《诸葛亮传》改。
④ 原作"然则豫州新败之后"。"然则"语气不当。据《诸葛亮传》,删去"则"字。
⑤ 原作"豫州新败于长阪"。据《诸葛亮传》改。

蹶上将军'。且北方之人，不习水战。又荆州之民附操者，因兵势逼耳，非本心也。今将军诚能命猛将统兵数万①，与刘豫州同力，破曹军必矣。曹军破，必北还，如此则荆州可得，吴地无患，鼎足之形成矣。成败之机，在于今日。"权大喜曰："先生之言，顿开茅塞。吾意已决，再不复议。即日起兵，共灭曹操！"令鲁肃传令遍告文武官员，就送孔明于馆舍安歇。

张昭得知孙权兴兵，遂与众议曰："中了孔明之计！"急入见权，昭曰："某等闻主公兴兵与曹公争锋，主公自思比袁绍如何？"权不答。昭又曰："曹公向日兵微将寡，尚能一鼓克袁绍。何况今日拥百万之众南征，足食足兵，威名大震，焉可敌之？休听孔明之说词，妄动兵甲。此谓'负薪救火'也。"顾雍曰："刘备数败，与曹公有仇，故相伐之。江东自来无冤，安有吞并之意乎？休信孔明之言，免生国家之患。主公自察焉。"孙权亦不答，起身入后堂。鲁肃见张昭等一班儿出，料是谏休动兵，慌入见权曰："却才张子布等，又谏主公休要兴兵，是要投降于曹操。文官皆欲降者，有娇妻嫩子，大厦高堂，恋以富贵，安肯就白刃而为主公死也？"孙权曰："你且暂退，容吾思之。"肃曰："主公若持疑，必被众人误矣。"肃退出外面，武将有要战的，文官有要降的，纷纷议论不一。

且说孙权在后堂，寝食不安，犹豫不决。吴国太②见权如此，请入问曰："何事在心，寝食俱废？"权曰："今曹操屯兵于江、汉，有下江南之意。问诸谋士，或有言降者，或有要战者。欲待战来，又恐寡不及众；欲待降来，恐操不容，故犹豫不决。"吴国太叹曰："仲谋何不记吾姐之言？吾夙夜不能忘，仲谋何不记之？"孙权如醉方醒，似梦初觉。只此言，断送曹操八十三万大军。毕竟何如，且听下回分解。

【注释】

[一] 芟夷：削除。芟，除草。
[二] 中国：中原。指古代帝都所在的黄河流域。
[三] 北面：称臣。古代君主面南而坐，臣子面向北朝拜。

① 原作"今将军诚能用武将统兵数万"。据《诸葛亮传》改。
② 原作"吴夫人"。为与孙权生母吴太夫人区别，特改为"吴国太"（按：吴国太系《演义》虚构的人物）。

第八十七回　诸葛亮智说周瑜

吴国太曰："先姐遗言，乃伯符之语：内事不决，问张昭；外事不决，问周瑜。何不请公瑾而问之？"权大喜，即时差使往鄱阳请周瑜回。原来周瑜在鄱阳湖训练水军，听得曹操军在汉上，星夜归到柴桑。舡已到岸，飞报将来。鲁肃与周瑜最厚，先来接着，将前项事告诉。周瑜曰："子敬休忧，瑜胸中自有主张。兄可引孔明来相见为幸。"鲁肃上马去了。

周瑜方歇息，人报曰："张昭、顾雍、张纮、步骘四人来相探。"瑜迎接入堂。问慰礼毕，张昭便言曰："都督知江东之利害否？"瑜曰："未知也。"昭曰："曹操引百万之众，屯集汉上，昨传檄文至此，欲请主公会猎于吴。虽有相吞之意，终不曾见其形迹。昭等力请吴侯降之，庶免江东之祸。鲁子敬从江夏带刘豫州军师诸葛亮至此，只为彼事，欲救其急，故下说词以挑吴侯①。子敬执迷不悟。正欲待都督一决，幸得回来。望以片言劝吴侯降曹，免使江东六郡生灵受刀兵之危，乃公之阴骘[一]也。"瑜曰："公等之见皆同否？"顾雍等曰："所议皆同。"周瑜曰："吾亦欲降久矣。公等暂回。明日早见吴侯，自有定议。"昭等辞退。

人报曰："有程普、黄盖、韩当等一班战将来见都督。"瑜出迎至座②，各各问慰了当。程普等曰："都督知江东早晚属他人否？"瑜曰："未知也。"普曰："吾等自随破虏将军开基创业③，次后与将军削平祸乱，大小数百战，遍体疮痍，方才占得六郡城池，非一死也。今君侯听谋士之言，欲纳降曹操，此乃万代之耻辱④！吾等宁死而不辱君侯！特请都督决一言而兴兵，吾等愿效死战。"周瑜曰："将军等所见皆同否？"黄盖昂然而起，以手举其额曰："吾头宁断，誓不降操！"韩当等齐应之曰："不降！"周瑜曰："吾正欲与曹操决战，谁肯降也！请诸将暂回，瑜自有定议。"程普等辞退。

人报诸葛瑾、阚泽、吕范、朱治等一班文官相探。瑜请入。各叙礼毕，诸葛瑾曰："闻舍弟自汉上来，其言刘豫州共结好破曹公，文武商议不定。是舍弟为使，瑾不敢多言，专等都督来决此事。"瑜曰："以公道论之，若何？"瑾曰："降者易安，战者未保。"周瑜笑曰："吾自有主张。来日同至府下定议。"瑾等辞退。

又报曰："吕蒙、甘宁等一班儿相见。"瑜请入。所说此事，有要战者，有要降者，互相争论。瑜曰："不必多言，来日都到府下公议。"周瑜冷笑不止，命左右秉烛。

人报鲁子敬与孔明在于门首。瑜出中门相等，迎孔明至客位，叙礼罢，分宾主而坐。肃先问瑜曰："今操驱众南侵，吴主不能决，一听于将军。将军意下安在哉？"瑜曰："今曹公兴兵，以

---

① 原作"故下说词以挑之吴侯"。"之"字赘，删去。
② 原作"至坐客"。据叶逢春本改。
③ 原作"吾等自随讨虏将军开基创业"。"讨虏将军"乃孙权，此处实指孙坚，其官号为"破虏将军"。据叶逢春本改。
④ 原作"此乃万代之耻笑乎"。据黄正甫本改。

第八十七回 诸葛亮智说周瑜

天子为名,师不可拒,势不可遏;战则易败,降则易安。吾意已定①,来日见讨虏,便遣使纳降。"鲁肃愕然曰:"君言差矣!江东基业自破虏开创到今,已历三世,岂可一旦而废之?孙伯符弃世以来,外事托付将军,欲保全国家,乃为泰山之靠,今何从懦夫之议耶?"瑜曰:"江东六郡,生灵无限;若罹[二]音梨大祸,必归怨于吾②,故以降之。"肃曰:"不然。夫以将军之英雄,以东吴之险固,操未必便能侵江东也。"

二人争辩。孔明袖手冷笑。瑜曰:"先生何故哂笑之耶?"孔明徐徐答曰:"亮不笑别,笑子敬不识时务也。"肃亦愕然,曰:"孔明如何反笑我不识时务?"孔明曰:"公谨主意降操,正合理也。"瑜曰:"孔明乃识时务之士也,必知吾所见矣。"肃曰:"孔明,你也如何说吾?"孔明曰:"操极善用兵,仿佛孙、吴,天下莫敢当者,真英雄也!旧只有吕布、袁术、袁绍、刘表可与对敌。今数人皆被曹灭,天下亦无人矣。独有刘豫州不识时务也,强为争衡。今孤身江夏,存亡未保。将军所主降者,可以保妻子,可以全富贵。国祚迁移,付之天命,何足惜哉!"鲁肃大怒曰:"汝教吾主屈膝受辱于国贼乎?"孔明曰:"愚有一计,并不劳牵羊备酒,纳土献印;亦不须亲自渡江,只须遣二文官,扁舟送二人到江上。操一得之,百万之众,卸甲卷旗,望北而去矣。"周瑜曰:"用哪二人可退操兵?"孔明曰:"江东去此二人,如大林飘二叶,似千仓减二粟耳。虽如此之轻,足称曹操之愿。"瑜又问:"果用何人也?"孔明曰:"亮居隆中时,有北郡人言操去漳河边新造一台,名曰铜雀台,以应其瑞,限一千日工毕。曹操平生酒色之辈,酷爱妇人,久闻江东桥公有二女,长曰大桥,次曰小桥,有沉鱼落雁之容,闭月羞花之貌。操有誓曰:'吾一愿得天下以为帝王,扫平四海;二愿得江东二桥,置于铜雀台,以为晚年之乐,虽死无恨矣。'今操引百万之众,虎视江南,实为此二女也。将军何不去寻桥公,以千金买此二女,差人送与曹操?操得,称心满意,必星夜回邺矣。此范蠡献西施[四]之计,何不速为之?"周瑜曰:"有何验证?"孔明曰:"曹操第三子曹植,字子建,下笔成文。操命其作一赋③,名曰《铜雀台赋》[五]。赋中之意,单道他家合为天子,誓娶二桥。"瑜曰:"记否?"孔明曰:"吾爱文章之华美,常暗诵,一字不忘。"瑜曰:"请诵一遍。"孔明即朗诵《铜雀台赋》云:

  从明后[六]而嬉游兮,登层台以娱情。见太府之广开兮,观圣德之所营。建高门之嵯峨兮,浮双阙乎太清[七]。立中天之华观兮,连飞阁乎西城。临漳水之长流兮,望园果之滋荣。列双台于左右兮[八],玉龙与金凤。挟"二桥"于东南兮,若长空之螮蝀。音帝东。俯皇都之宏丽兮,瞰云霞之浮动。忻群材之来萃兮,协飞熊之吉梦。仰春风之和穆兮,听百鸟之悲鸣。云天垣其既立兮,家愿得双逞。扬仁化于宇宙兮,尽肃恭于上京。惟桓、文之为盛兮,岂足方乎圣明?休矣!美矣!惠泽远扬。翼佐我皇家兮,宁彼四方。同天地之规量兮,齐日月之辉光。永贵尊而无极兮,等君寿于东皇[九]。御龙旗以遨游兮[一〇],周鸾驾而周彰。思化及乎海宇兮,嘉物阜而民康。愿

---

① 原作"吾已主定"。据文意改。
② 原作"必主怨于吾"。据叶逢春本改。
③ 原作"操命其子作一赋"。承上文,删"子"字。

斯台之永固兮，乐终古而未央！

周瑜听罢，踊跃离座，指北而骂曰："老贼欺吾太甚！"孔明急起而止之曰："昔匈奴屡侵疆界，汉天子许以公主和亲，元帝曾以明妃[一一]嫁之，何惜民间二女乎？"瑜曰："虽民间之女，大桥是讨逆将军孙伯符①主妇，小桥乃吾之妻也。"孔明曰："惶恐！惶恐！亮实不知也。失口乱言，死罪！死罪！"瑜曰："吾与老贼誓不两立矣！"孔明曰："事要三思，莫令后悔。"瑜曰："吾承孙伯符之寄托，安有辱身屈己降曹之理也。适来此言，故反说以钓诸公耳。吾自离鄱阳湖，便起北伐之心，虽刀斧加头，不可易也。望孔明助一臂之力，同破曹贼！"孔明谢曰："将军不弃，愿施犬马之劳，早晚拱听驱策。"这是孔明能处。后史官单道激孙权，说周瑜诗曰：

口若悬河水逆流，风雷舌上运机筹。
高谈善动周公谨，雄辩能惊孙仲谋。
立志便分三国定，鏖兵应为二桥羞。
孔明当日心无量，西蜀东吴一旦休！

周瑜大怒不息，与孔明曰："来日到府下便议兴兵，望公助之。"孔明与鲁肃同出，相别而去，来日见吴侯议兴兵破曹操。未知还是如何，且听下回分解。

【注释】

[一] 阴骘：阴德。
[二] 罹：遭到（不幸的事）。
[三] 国祚：国家政权，也指皇位。
[四] 范蠡献西施：春秋后期，越国被吴国打败，大夫范蠡为助越王勾践兴国复仇，劝其将美女西施献给吴王夫差。夫差沉溺女色，终被越国所灭。
[五] 《铜雀台赋》：《曹子建集》题为《登台赋》，作于建安十七年（212）铜雀台建成之后，本与赤壁之战无关。《演义》为情节需要而引入，并有所增改。
[六] 明后：圣明的君主。后，君主。
[七] 太清：天空。
[八] 列双台于左右兮：本句至"协飞熊之吉梦"八句，为原作所无。
[九] 东皇：即东皇太一，古代传说中的上帝。
[一〇] 御龙旗以遨游兮：本句至"乐终古而未央"六句，为原作所无。
[一一] 明妃：即王昭君。名嫱。西汉南郡秭归（今属湖北）人。汉元帝时，选入宫中。竟宁元年（前33），匈奴呼韩邪单于入朝求和亲，她自请出嫁，称宁胡阏氏。

---

① 原作"讨虏将军孙伯符"。"讨虏将军"乃孙权，孙策官号为"讨逆将军"。

第八十八回　周瑜定计破曹操

　　却说次日清晨，吴侯孙权升堂，左边文官张昭、顾雍、张纮、步骘、诸葛瑾、虞翻、庞统、陈武、丁奉等三十余人；右边武官程普、黄盖、韩当、周泰、蒋钦、潘璋、吕蒙、陆逊等三十余人，衣冠济济[一]，剑珮锵锵，侍立两边。孙权教请周公瑾议事。少时，鲁肃入报："周都督到了。"周瑜入见，礼毕，权曰："都督治水军劳神。"瑜曰："主公掌政事不易。"请瑜坐了。瑜曰："近闻曹操引兵已屯汉上，驰书至此，主公议论若何？"权便取檄文与周瑜。瑜看了，笑而复怒曰："老贼以为我江东无人，敢如此之相侮耶！"权曰："若何？"瑜曰："主公曾与文武商议否？"权曰："屡议此事，内有劝吾要降者，亦有使吾要战者。理会未定，故请公瑾一语决之。"瑜曰："谁请主公降？"权曰："张子布等皆主其事。"瑜问昭曰："先生降者，愿闻其意。"昭答曰："曹操豺虎也，挟天子而征四方，动以朝廷为名，近得荆州，威势甚大。吾以江东拒曹者，长江也。今操艨艟斗舰，何止数千，水陆并进，安可当之？愚谓大计不如且降，当图后计。"瑜曰："此迂懦之论也！且江东自破虏将军开国以来，今历三世，安可一旦而废之？"权曰："若此，计将安出？"瑜答曰："操托名汉相，实为汉贼。将军以神武雄才，兼仗父兄之烈①，据江东之地，方数千余里，兵精粮足，英雄云集，当横行天下，为国家除残去秽。况曹操自送死耳，岂可降之耶？请为主公筹之②：今北土未平，马超、韩遂为操之后患，一也。操舍鞍马，仗舟船，与吴越争衡，本非其所长，二也③。又遇隆冬盛寒，马无料草，三也。驱中国士卒，远涉江湖，不服水土，多生疾病，四也。此数者，皆用兵之患也，而操皆冒行之。将军擒操，宜在今日。瑜请得精兵数万人，进住夏口，保为将军破之。"权奋然曰④："老贼欲废汉而自立久矣，徒忌二袁、刘表、吕布与孤耳⑤。今数雄已灭，惟孤尚存。今与老贼，誓不两立！君言当击，甚与孤合，此天以君授孤也。"瑜曰："某为将军决一血战⑥，万死不辞。只恐将军狐疑不定。"权拔佩剑砍前面奏案一角，曰："如诸将官吏再言降操者，与此案同！"言罢，便将此剑授付周瑜，就拜为大都督，程普为副都督，鲁肃为赞军校尉。如不听号令者，以此剑诛之。瑜受了剑，对众言曰："吾奉君侯将令，今率众破曹，仰来日皆于江畔行营听调。如迟违者，依七禁令五十四斩[二]施行。"言讫辞了孙权便起。众文武各各无言而散。

　　周瑜回到下处，便请孔明论事。孔明已至，瑜曰："今日府下公议已定，愿求破曹良策。"孔明曰："讨虏尚未心稳，不可以决策也。"瑜曰："何谓心不稳？"孔明曰："心不稳，怯曹兵多，怀寡

---

① 原作"兼仗父兄余业"。据《三国志·吴书·周瑜传》改。
② 原作"请主公筹之"。据《周瑜传》，补"为"字。
③ 原文无"本非其所长"。据《周瑜传》补。
④ 原作"权忽然曰"。据文意改。
⑤ 原作"先图二袁、刘表、吕布与孤耳"。据《周瑜传》改。
⑥ 原作"某与将军决一血战"。据文意改。

不敌众之意。将军能以军数开解[三]，使讨虏了然无疑，而大事可成矣。"瑜曰："先生之论善。"瑜即往见孙权。权曰："公瑾夜至，必有事焉。"瑜曰："来日调拨军马，主公心有疑否？"权曰："但忧曹操兵多，寡不能敌众。余有何疑？"瑜笑曰："瑜特为此，径来开解主公耳。诸人因见曹书①，言水陆八十余万，而各恐惧，不复料其虚实，便开此议，甚无谓也②。今以实较之，彼将中国之人不过十五六万，且已久疲；所得表众极七八万耳③，尚怀狐疑。夫以疲病之卒，御狐疑之众，数虽多，甚不足畏也。瑜得五万兵，足以制之，愿主公勿虑焉。"权抚周瑜臂曰："公瑾，卿言至此，甚合孤意也。子布无谋，各顾妻子，挟持私虑，深失于所望。独卿及子敬与孤同耳，天以卿二人赞孤也。已选三万人，船筏战具俱办。卿与子敬、程普便在前发，孤当续发人众，多载资粮，为卿后援。卿前军稍不如意，便还就孤，孤当亲与操贼共决胜负。事已定论，卿宜向前，勿狐疑耳。"周瑜谢而退。

　　瑜猛省，言曰："孔明早已料吴侯之心，又高吾一头也。久必为江东之患，不如杀之。"遂令人请鲁肃连夜入帐，言欲杀孔明之事。肃曰："不可。今操贼未破，先杀客人，诚乃万人之耻笑耳，非大丈夫之所为也！"瑜曰："此人助刘备，必为江左之患也。"肃曰："诸葛瑾乃是他亲兄，可令招此人同事孙讨虏，岂不壮哉？"瑜曰："其言极善。"

　　至次日平明，瑜赴行营，升中军帐高坐，左右立刀斧手，聚集文武诸将听令。程普年长，旧为兄，周瑜年幼，爵居其上，是日推病，令长子程咨代替。瑜传令曰："王法无亲，诸君各守乃[四]职。方今曹操弄权，甚于董卓：因天子在许都，屯暴兵于汉上。吾今奉命，吊民伐罪。但以大军到处，不得一概动扰。赏劳罚罪，并无亲疏。差韩当、黄盖为前部先锋，兼管本部大小战船五百只，目下便行，前到三江口[五]下定水寨，别听将命；蒋钦、周泰为第二队；凌统、潘璋第三队；太史慈、吕蒙第四队；陆逊、董袭第五队；吕范、朱治为四方巡警使，六郡催督官军，水陆并进而行，克期[六]取齐。"号令已毕，诸将各自本处收拾船只军器起行。程咨回见父程普，说周瑜调兵动止有法。普大惊曰："吾素欺周郎懦弱，不足为将；今日论大事如此，真将材也！吾如何不服！"遂亲往行营谢罪。

　　瑜请诸葛瑾至。坐定，瑜曰："令弟诸葛孔明有王佐之才，如何屈身而事刘备？今幸至江左，欲烦先生不惜齿牙余论[七]，使令弟弃刘备而事讨虏将军，汝弟兄朝暮又得相见，岂不美哉？吾待回报。子瑜先生不可推却也④！"瑾曰："瑾自到江左，无尺寸之功，蒙讨虏将军重用。既都督有奉公之心，敢不听命。"即时离营上马，径到驿庭。人报知孔明。孔明出，接入驿舍，哭拜，各诉疏远之情。瑾泣而言曰："弟知伯夷、叔齐之情乎？"伯夷、叔齐，孤竹君之二子。孤竹，国名，殷汤所封。父墨胎氏，名初，字子朝。伯夷名允，字公信。叔齐名智，字公达。伯夷、叔齐乃谥号也。孔明暗思："此必是周瑜教来说我也。"遂答曰："夷、齐，古之圣贤也。"瑾曰："二人让位，皆逃在一处，后谏

---

① 原作"主公因见曹书"。据《周瑜传》注引《江表传》改。
② 原作"便开此议，甚无畏也"。据《周瑜传》注引《江表传》改。
③ 原作"所得袁众，亦及七八万耳"。据《周瑜传》注引《江表传》改。
④ 原作"不可弃却也"。据刘本《三国》改。

武王不从,隐居首阳山下,不食周粟,遂饿而死,亦在一处。活时一处,死时一处,我思与尔同胞共乳,各事其主,不能早晚相随,视夷、齐之为人,岂不羞赧乎?"孔明曰:"兄所言者,义也。义与忠、孝,三者何重?"瑾曰:"人以忠、孝为本,义不可缺也。"孔明曰:"弟教兄全忠全孝全义①,若何?"瑾曰:"何谓也②?"孔明曰:"弟与兄,皆汉朝人也。今刘皇叔乃中山靖王之后,汉景帝阁下玄孙,兄能弃东吴而事刘皇叔,此全忠也。想父母坟茔皆在北方,兄若归江北,早晚得拜扫祭祀,此全孝也。以此忠、孝为重,与弟同扶孤弱之主,此全义也。兄恋江左而不以忠、孝为重,徒欲使弟以全其义,不敢听从也。望兄察之。"瑾思曰:"我来说他,倒被他说了我也。"因此不能回答,辞孔明而起,回报周瑜,尽将此言告之③。瑜曰:"以你之见若何④?"瑾曰:"吾受孙讨虏厚恩,安敢忘之耶?"瑜曰:"既公忠心事主,不必再有多疑,吾自有伏孔明之计。"瑾辞归。毕竟周瑜用何计能伏孔明,且听下回分解。

【注释】

[一] 济济:众多。

[二] 七禁令五十四斩:古代军法。七禁令指轻军、慢军、盗军、欺军、背军、乱军、误军等七条禁令,每条禁令又包括若干规定,共五十四项,违犯任何一项都要处斩。

[三] 开解:开导解释。

[四] 乃:你的。

[五] 三江口:地名。在今湖北黄冈西。

[六] 克期:约定或限定日期。

[七] 不惜齿牙余论:愿意稍微费一点言辞。

---

① 原句无"全义"二字。据叶逢春本加。
② 原作"何为也"。据叶逢春本改。
③ 原文"尽将此言告之"置于"安敢忘之耶"之后。据汤本《三国》改。
④ 原作"若何"。据汤本《三国》,补"以你之见"四字。

第八十九回　周瑜三江战曹操

周瑜思忖,转恨孔明:"汝直如此能言快语,吾必杀之!"遂往辞孙权。权曰:"公瑾先行,孤当继后便起兵也。"瑜共程普、鲁肃邀孔明同行。孔明忻然从之,一同登舟,驾起风帆,迤逦上水望夏口而进。离三江口五六十里,船依次第,摆布已定。周瑜在于中央下寨,岸上依西山[一]结营,周回下寨五十余里。孔明只就小舟内安歇。

周瑜分派已定,使人请孔明于中军帐议事。时文武都聚帐下。孔明至,请坐定。瑜曰:"昔曹兵少,绍兵众,两军相拒于白马、官渡之时,操以何计破袁绍之兵?先生深通兵法,必知其详,愿赐教之。"孔明暗思:"此事见说我不动,必用计害我。吾看他如何!"遂答曰:"盖闻许攸之谋,先断乌巢之粮,因此一战以成功。"瑜大喜曰:"先生之言极是。今操兵八十三万,予有三万,安能拒之?必须先断操之粮,然后可破。令人探知操军粮草,皆屯聚铁山[二]。素知先生久居汉上,地理熟知。彼皆各为主人之事,有劳先生率领关、张、子龙之辈;吾亦助兵千余,星夜往聚铁山断操粮道。此行勿误!"孔明忻然领命,便辞周瑜而去。

众官皆散,独鲁肃问瑜曰:"公使孔明何意?"瑜曰:"欲杀之,恐惹人笑,故借操之手,先除后患。"肃乃来见孔明,看他知也不知。孔明略无难色,整点军船要行。肃不忍,以言钓之曰:"此去可成功否?"孔明笑曰:"吾水战步战,马战车战,各尽其妙,何愁功绩不成?非比公与周郎,只尽一能耳①。"肃曰:"吾与周郎何谓一能②?"孔明笑曰:"吾闻江南小儿有言:'伏路把关饶[三]子敬,临江水战说周郎。'公等于平陆,但能伏路把关;周公瑾只堪水战,不能陆战耳。"肃以言回报周瑜,瑜大怒:"何欺我只能水战也!不用他去,吾自引一万马步军,直往聚铁山断粮道,如何?"肃以言回报孔明,孔明笑曰:"公瑾令吾断粮者,实欲令曹公杀吾耳。吾故片言戏之,公瑾便容纳不下。目今用人之际,只愿吴侯与刘使君同心,则大事成矣;如各相害,则事休矣!操多谋者也,他平生惯断人粮道③,今如何不以重兵提备?公瑾若去,则必就擒。可先决水战,挫动北军锐气,别寻妙计破之。望子敬善言告公瑾为幸。"鲁肃以言回报周瑜,瑜摇首顿足曰:"此人见识果胜吾矣。今日不除之,日后必被他算矣!"肃曰:"目今大军相拒之时,望以国家为重!"瑜然之。

却说刘玄德吩咐公子刘琦守沙羡④,遂引兵往夏口登程。遥望江南岸旗幡隐隐,戈戟重重,料是东吴已动兵矣。玄德尽把江夏之兵屯于樊口[四]驻扎,令人登高望之。回报曰:"南岸

---

① 原作"非比江东诸公、周郎",与下文不协。据叶逢春本、汤本《三国》改。
② 原作"吾与周郎谁能",与上下文不协。据叶逢春本、汤本《三国》改。
③ 原作"他平生快断人粮道"。据叶逢春本改。
④ 原作"吩咐公子刘琦守江夏"。承第八四回改。

尽是东吴战船①；北岸隐隐烟火不绝,乃青州、徐州之兵。"玄德聚众言曰:"孔明一去,杳无音信,不知就里如何。谁人可去探听虚实回报?"糜竺曰:"某愿往。"玄德乃备羊酒礼物,嘱咐糜竺曰:"应当机处变。"竺驾小舟顺流而下,径至周瑜寨。军士报瑜曰:"刘豫州使糜竺至,慰劳将军。"瑜召入,竺再拜,致玄德再三相敬之意,献上酒礼。瑜受之,就待糜竺。竺告瑜曰:"孔明来结好东吴,共破曹操,竺欲见孔明一面。"瑜曰:"今军已临敌,吾欲亲往见玄德面会;争奈任重,不可片时离也。若豫州肯枉驾来临,深慰所望。别有他事,自当面告。且孔明与我定计破曹,岂可便去也?"竺应诺。遂辞下船而回。肃曰:"公欲见玄德,何意?"瑜曰:"刘备世之枭雄②,今若不除之,乃东吴之患。吾非为一己之私,实为国家也。"鲁肃劝之不从,遂传密令:"如刘备至,先埋伏刀斧手五十人于壁衣中,吾掷盏为号,便出下手。"

却说糜竺回到樊口寨中,来见玄德,将周瑜欲待会面之事说了。玄德便教收拾快舡一只,只今便行。云长谏曰:"吾疑周瑜多谋之士,又兼无孔明之书,其中必诈,不可去。"玄德曰:"我今结托于东吴,共破曹操,他欲见我,我若不往,非同盟之意。两相疑惑,事不谐矣。"云长曰:"兄长坚意要去,弟亦同去。"张飞曰:"我也跟去。"玄德曰:"只着云长跟随我去,弟与子龙守寨,简雍固守鄂县[五]。我去便回。"乃乘小舟,云长并从者二十余人,飞棹而来③。至寨口,玄德观艨艟斗舰,旌旗甲兵,左右分布整齐,看了心中甚喜。军士飞报周瑜,瑜问:"多少船到?"报曰:"只有一只船,从者二十人。"瑜笑曰:"此人命休矣!"嘱咐埋伏刀斧手,远远相接。玄德引云长二十人直入,步行到中军帐。周瑜出辕门相接而入帐中。叙礼已毕,请玄德上坐。玄德曰:"将军名传天下,世之俊杰。刘备区区之才,安烦将军之重礼耶?"乃分宾主而坐。周瑜取酒相待。

却说孔明偶来江边,见说玄德与都督相会,吃了一惊,急入中军帐,正遇鲁肃。肃与孔明乃携手而入,偷目先视周瑜,面有杀气,两边密排壁衣。孔明思之:"吾主休矣!"回视玄德,谈笑自若;看玄德背后,一人按剑而立,乃云长也。孔明喜曰:"吾主无危矣!料周瑜惧怕云长,必不敢下手。"孔明不入,复回舡上,江边伺候。

周瑜起身把盏,猛见云长在背后,忙问曰:"此何人也?"玄德曰:"乃吾弟关云长也。"瑜曰:"莫非向日斩颜良、文丑者乎?"玄德曰:"是也。"周瑜汗流满臂,就与把盏。又饮数杯,玄德问曰:"将军今拒曹操,得战卒几何?"瑜曰:"三万耳。"玄德曰:"安可敌曹操八十三万大军也?"瑜笑曰:"兵多将广,何足惧哉!瑜三万人,足可以用。豫州试看吾破之,如摧朽木耳。"玄德羞惭而谢之。忽见鲁肃入,玄德曰:"子敬可请孔明说话。"瑜曰:"只待破了曹操,此时与孔明相见也。"玄德惶恐而谢。云长目之,玄德会其意,乃辞瑜曰:"备暂告别,破敌收功之后,专当拜贺。"瑜亦不留,送出辕门。

玄德至船边,忽见孔明。孔明曰:"主公知今日之危乎?"玄德曰:"不知。"孔明曰:"若无云

---

① 原作"南岸尽是东吴家战船"。"家"字赘,据叶逢春本删去。
② 原作"玄德世之枭雄"。此处周瑜应直称刘备之名。
③ 原作"飞奔掉舟而来"。据叶逢春本改。

长,已遭瑜之难矣。"玄德方省悟,问孔明曰:"若何?"孔明曰:"若某虽居虎口,安然如泰山。今主公但收拾船只军马,十一月二十壬申日后为期①,可教子龙驾小舟于南岸边等候,切勿有误。"玄德问其意,孔明曰:"但看东南风起,亮必还矣。主公可速开舡。"孔明自回。玄德开船,行不数里,上流处放下五六十只船来。玄德慌忙看时,船头上一人,乃张飞也。"恐怕哥哥有失,特来远接。"遂乃同回。

却说鲁肃问瑜曰:"公瑾今日何不下手?"瑜曰:"关云长,世之虎将也,行坐相随,吾若下手,他必来害我也。"肃愕然。

有人报曹操遣使至。瑜唤入。使人呈上书,看时封皮云:"汉大丞相书付周都督开拆。"瑜大怒,更不开看,扯碎掷地,喝斩使者。肃曰:"两国争战,不斩来使。"瑜曰:"斩使以示威也!"将首级付从人回去。瑜曰:"操贼必兴兵矣!"当日发放,令甘宁为先锋,韩当为左翼,蒋钦为右翼,瑜自部领诸将接应。来日四更造饭,五更开船,战具炮石,一应完备。

却说曹操听得周瑜斩了他使人,毁了他书,心中大怒,便唤蔡瑁、张允一班儿荆州降将为前部,操自为后军,四更造饭,五更开船。时建安十三年十一月初一日,平风静浪,北军大进。正使船到三江口,南船已摆开,旗幡中一员大将,坐在船头上,大呼曰:"吾乃甘宁是也!敢有决战者,即上船来!"蔡瑁大怒,便唤弟蔡壎前进,鼓噪呐喊。壎大呼曰:"吾乃大将蔡壎也!"甘宁执箭扣满弓,望蔡壎射之,应弦而倒。宁驱船大进,万弩齐发,北军不能抵挡。船左边蒋钦、右边韩当,直撞入北军队中,来捉曹操。未知曹操性命如何?

【注释】

[一] 西山:地名。一名樊山。在今湖北鄂州。
[二] 聚铁山:虚构的地名。
[三] 饶:让。
[四] 樊口:地名。属江夏郡鄂县。在今湖北鄂州西北。
[五] 鄂县:县名。属荆州江夏郡。治所在今湖北鄂州。

---

① 原作"十一月二十甲子日后为期"。据《二十史朔闰表》,建安十三年十一月二十为壬申日。

第九十回　群英会瑜智蒋干

却说甘宁一箭射死蔡壎，三路战船，纵横于三江水面，掩杀北军，箭似飞蝗，炮石如雨。韩、蒋二将见后军船尽是青、徐之兵，素不曾习水战，大江水面上战船一摆，早立脚不住，安能奋武扬威？于是甘宁催两路船，杀透后军。周瑜又催船助战。从巳时至未时，北军都退，中箭着炮者不计其数。周瑜虽精于水战便利，惟恐寡不敌众，遂下令鸣金，收住船只。北军尽回。青、徐兵不谙水战者，溺死极多。操登旱寨，再整军士，唤蔡瑁、张允，责之曰："东吴兵少，你如何反败？是汝等不用心耳！且免汝一番，后再如此，必按军法！"蔡瑁曰："荆州水军久不操练，兼有多半北军不识水利①，见南军一击便慌。如今先下水寨，令北军在中，荆州水军在外②，每日教习。水军精熟，方可用之。"操曰："你既是水军都督，取便区处而行，何必禀我。"蔡、张二人③自去训水军。沿江一带分二十四座水门，以大船居于外，以为城郭；小船居于内，可通往来。至晚点上灯，照得天心水面，上下通红。旱寨三百余里，烟火不绝，搬粮运草，车仗相接，晓夜而行。

却说周瑜得胜回寨，一面差人报吴侯，以甘宁为第一功，韩当、蒋钦次之，余皆赏赐已毕。瑜乃当夜登高观望，西边一片通红，火光接连天地。瑜问之，左右答曰："此是北军灯火之光也。"瑜亦心惊，当夜收拾一只楼子船即战船，"吾亲自去观看操军水寨"。随行有鲁肃、黄盖等八员将，皆带强兵硬弩，一齐上船，两边青布为幔，排列二十余人，上带鼓乐，迤逦前进。至操寨边，日当卓午[一]，瑜命下了碇石[二]，楼船上鼓乐齐奏。瑜暗窥他水寨，大惊云："此深得水军之妙也！"问水军都督是谁，左右曰："蔡瑁、张允。"瑜曰："二人原久居江汉，谙习水利④。吾何计先收此二人，然后可以破曹？"瑜在船上饮酒，看玩水寨，时曹军看见，慌报曹操，操教纵船擒捉周瑜。瑜见旗号从水寨中起，急教收起碇石，两边四下都一齐轮转橹棹，望江面上如飞而去。比及曹军水寨中船出，南船已离了十数里远，追之不及，急回报曹操。

操言："昨日输了一阵，挫动锐气；今被他深窥吾寨栅，吾用何计破之？"言未毕，忽于帐下一人出曰："某自幼与周郎同窗交契，如亲昆仲，凭三寸不烂之舌，往江左[三]说此人来降，共擒刘备，若何？"曹操大喜，视之，乃九江人也，姓蒋，名干，字子翼，见为曹操帐下幕宾。操问曰："先生果与周公瑾交厚乎？"干曰："丞相放心，干到江左，必要成功。"操问："要何物将去？"干曰："只消一童随往，二仆驾舟，其余不用。"操甚喜，置酒与蒋干送行。

干纶巾布袍，驾一只扁舟，径到瑜寨中，命报复云："故人蒋干特来相访。"周瑜正在寨中议

---

① 原作"奈有多半北军不识不利"。据叶逢春本改。
② 原作"水军在外"。承上文，加"荆州"二字。
③ 原作"张、蔡二人"。按辈分及官职，均应称"蔡、张"。
④ 原作"原久居江东，谙习水利将士"。蔡、张二人既非江东人，又未在江东做官，"江东"应作"江汉"（代指荆州）。

事,忽报蒋干至,瑜笑谓众将曰:"说客至矣!"与众将附耳低言,如此如此,众皆应命而去。

瑜整衣冠,引从者数百,皆锦衣花帽,前后簇拥。瑜步行,远远迎接蒋干。干引一青衣小童,昂然而来。瑜教从者摆列于两下,瑜慌忙拜而迎之。干曰:"贤弟别来无恙?"瑜应声答曰:"子翼良苦,远涉江湖,生受为曹操作说客耶?"干愕然,良久曰:"吾与足下间别久矣,近知威镇江东,名扬华夏,故来叙旧,以观其志,何疑吾作说客耶?"瑜曰:"吾虽不及师旷之聪[四],闻弦歌而知雅意也。"干曰:"足下视人如此,吾告退。"瑜笑而抚其臂曰:"吾但嫌兄与曹氏作说客。既无此心,何去速也?"遂入帐上。叙礼毕,坐定,令左右请江左英杰与子翼相见。

少时,面前设金银器皿,光射眼目。文官武将,各穿锦绣之衣;帐下小将,尽披银铠,分两行而入,瑜都教相见已毕,就教列于两旁而坐,奏军中得胜之乐,轮换行酒。瑜告诸将曰:"此是吾同窗友兄也。虽从江北到此,却非是曹操家说客,众等勿疑。"遂唤子义子义,太史慈之字也。曰:"可佩吾剑作明辅[五]①,今日置酒,但叙旧日交情耳;如有但提曹操并东吴军旅之事者,可立斩之!"太史慈轩昂应诺,按剑坐于席上。蒋干闻之,如坐针毡。周瑜曰:"吾自领军以来,点酒不饮;今日见了心腹故友,又无疑忌,当饮一醉。吾兄开怀。"座上觥筹交错,但是一个起来把盏,必须夸其才能。周瑜大笑而畅饮。酒至半酣,瑜携干手,同步出帐外。瑜左右军士,皆全装贯带,持戈执戟而立。瑜曰:"吾之小卒,颇雄壮否?"干曰:"虎狼之兵也。"引干到帐后一望,粮草堆积如山。瑜曰:"吾之粮食,颇足备否?"干曰:"兵精粮足,名不虚传。"瑜又大笑,引干看营中军器鞍马。瑜佯醉大笑曰:"想周瑜与子翼同学业时,不曾望有今日矣!"干曰:"以贤弟高才,实不为过。"瑜执干手曰:"大丈夫处世,遇知己之主,外托君臣之义,内结骨肉之恩,言必行,计必从,祸福共之。假使苏秦、张仪更生,陆贾、郦生[六]复出,口似悬河,舌如利刃,安能动吾铁石之心也!况今时章句腐儒,欲一面之词,等闲难说我耶?"言罢大笑。此时蒋干面如土色,心似刀锉。瑜又邀入帐上,会诸将再饮,又指诸将曰:"此皆江左之豪杰。今日此会,'群英会'耳!"饮至天晚,点上灯烛,瑜自起舞剑作歌。众拍手而和之。歌曰:

大丈夫处世兮,立功名。功名既立兮,王业成。王业成兮,四海清。四海清兮,天下太平。天下太平兮,吾将醉。吾将醉兮,舞霜锋。

歌罢慷慨,满坐尽欢,独有蒋干,寸心欲碎。夜已更深,干辞:"不胜酒力矣。"瑜挟干臂曰:"日久不与子翼同榻,今宵抵足而眠。"

瑜本不醉,佯推大醉,同干入帐共寝。瑜衣不能解带,呕吐狼藉[七]于床上。是夜,蒋干如何睡得着,窃听之,时军中鼓打二更,起视残灯尚明,看周瑜时鼻息如雷。干观帐内桌上一堆文书,干偷视之,皆是往来书信。内有一封,上写"蔡瑁、张允谨封"。干大惊,暗读之。书云:

某等降操,非图仕禄,皆势迫耳。今已赚北军困于寨中,但得其便,即将操贼之首献于麾下。早晚人到,便有关报[八]。谨此敬复,希冀照察。

干思曰:"原来蔡瑁、张允结连东吴!"将书暗藏于衣内。

忽周瑜翻身,干急灭灯就寝。瑜口内含糊曰:"子翼公,我数日之内,教你看操贼之首!"干

---

① 原作"可佩吾剑作明甫"。据叶逢春本改。

勉强应之。瑜又曰："子翼且住，教你看操贼之头！"及干问之，瑜又推睡着。干伏在床上，看看四更，只听得有一人入帐唤曰："都督醒否？"周瑜故做梦中忽觉之意，乃问那人曰："床上睡着何人？"答曰："都督请子翼共寝，何谓不知？"瑜懊悔曰："吾自来不曾饮醉；昨日醉后失事，不知说甚言语否？"那人曰："江北有人至此。"瑜喝低声，便唤子翼。蒋干却推睡着。瑜潜出帐，干亦窃听之。有人在外曰："蔡、张二都督道，急切不得下手。"后面言语颇低，听不真实。少刻，瑜入帐，又唤子翼。蒋干只推睡着。瑜解衣就睡。干寻思："周瑜是个有精神的人，天明寻书，必然泄漏。"睡到五更，干起唤周瑜，瑜又推睡着。干戴上巾帽，潜步出帐去，唤了小童，径出辕门。军士问："先生哪里去？"干曰："吾在此恐误都督事，权且告别。"军士亦不阻挡。

干下船，飞奔江北岸，来见曹操。操问："先生干事若何？"干曰："周瑜心如铁石，不可说也。"操怒曰："事又不济，反被东吴之笑！"干曰："虽不能说周瑜，却与丞相打听得一件事，乞退左右。"干将上项事，逐一说与曹操。操大怒曰："二贼如此无礼！"恐走透消息，即便唤蔡瑁、张允到帐下。操问曰："进兵如何？"瑁曰："军练未熟，不敢轻进。"操怒曰："军若练熟，吾首级献于周郎矣①！"蔡、张二人不知其意，惊慌不能回答。操喝令武士擒获斩之②。须臾，献头阶下。众皆入问其故，操方省悟："吾中计矣！"虽是中了计，操不肯认错。乃与众将曰："此二人怠慢军法，迁延日久，吾故斩之。"众皆嗟吁不已而出。曹操于众将内，选毛玠、于禁为水军都督，以代二人之职。其余诸将，皆不更换。

细作探知，报过江东。周瑜大喜曰："吾所患者，此二人耳。略施小计，尽已剿除，吾无忧矣！"肃曰："都督如此用兵，何愁曹操不破乎！"瑜曰："吾料诸将不知其计，独有诸葛亮胜如吾见，想此谋亦不可瞒也。子敬试以言钓之，看他知也不知，便当回报。"肃来钓孔明，还是如何？

【注释】

[一] 卓午：正午。

[二] 碇石：船停泊时沉落水中的稳定船身的石块，相当于今之锚。

[三] 江左：即江东。古人从北方看，江东在左，江西在右。

[四] 师旷之聪：像师旷那样听觉灵敏。师旷，春秋时晋国乐师，善于辨音。

[五] 明辅：又作"明府"。见证。此处意为监督。

[六] 陆贾、郦生：陆贾，西汉初政论家，长于辩才，曾说服南越王赵佗称臣归汉；郦生，即郦食其，在楚汉战争中，说服齐王田广归汉。

[七] 狼藉：乱七八糟的样子。旧传狼睡在草上，离去时把草扒乱以灭其迹，故称。

[八] 关报：禀报。

---

① 原句无"吾"字。据文意加。

② 原句无主语"操"。承上文加。

卷之十

第九十一回　诸葛亮计伏周瑜

　　却说周瑜用计,借操之手,杀了蔡瑁、张允。细作报过江来,瑜大喜,乃与鲁肃曰:"吾料众将可瞒,独孔明不可瞒也。子敬以言钓之,看他知否。"鲁肃领了言语,径来孔明船中相探。孔明接入小舟对坐。肃曰:"连日措办军务,有失听教。"孔明曰:"便是亮亦未与都督贺喜。"肃曰:"何喜?"孔明曰:"公瑾使足下来探亮知不知,便是这件事可贺喜耳。"唬得鲁肃失色曰:"先生缘何知之?"孔明曰:"这条计只是瞒过蒋干。操必然后省,只是不肯认错。江东无患耳,如何不贺喜!吾闻知换了毛玠、于禁,则这两个手内,好歹送了水军性命。"肃开口不得,把些言语支吾了半响,别孔明而回。孔明嘱曰:"万望子敬隐而休言亮知此事。公瑾若知,必然寻事害亮也。"鲁肃应允,驾小舟而去,见周瑜,把上项事只得说了。瑜听毕,大怒曰:"若留此人,哪里显我!吾决意斩之!"肃劝曰:"若杀孔明,却被曹操耻笑。"瑜曰:"我自有公道斩之,教他死而无怨。"肃曰:"何以公道?"瑜曰:"子敬休问,来日便见。"

　　次日,聚众将于帐下,教请孔明。孔明欣然而至。坐定,瑜问孔明曰:"即目交兵不远,水路之中,何兵器以取胜?请先生教之。"孔明曰:"大江之上,除非用弓弩为先。"瑜大喜:"先生之言,正合愚意。昔姜子牙自置许多军器。军中缺箭使用,欲烦先生监造十万支箭,以备用之,请勿推却。若用他人,恐才短不能为也。"孔明曰:"亮闲[一]于此。敢问十万支箭,何时要用?"瑜曰:"十日之内,亦可办完否?"孔明曰:"即目两军相当之际,早晚操军必到,若候十日,误了大事。"瑜曰:"先生可料几日便成?"孔明曰:"只消三日严限,拜纳十万支箭。"瑜曰:"军中无戏言。"孔明曰:"怎敢侮弄都督!三日不办,甘当军令。"周瑜大喜,唤军政司当面要了文书,置酒相待:"军需了日,后有酬劳。"孔明曰:"今日不及,来日吩咐,便造箭也。第三日可差小军搬箭。"孔明饮了数杯,辞别而去。鲁肃曰:"此人莫非诈乎?"瑜曰:"他自送死,非吾逼也。明白对众要了文书,他便两胁生翅,也飞去不得。吾已吩咐军匠人等矣,教他诸般不便,必然误了。那时定罪,有何理说?你可去探虚实来回报。"

　　肃来见孔明,孔明曰:"吾曾告子敬,休与公瑾说,他必害我。今日果然为之。三日之内,要造十万支箭,如无箭数,按军法施行。子敬只得救我!"肃曰:"你自取祸,如何救得?"孔明曰:"望子敬暂借船二十只,每船借军三十人,船上皆用青布帏幔,各船要草千余束,密布两边,皆在江岸伺候,别有妙用。第三日,请子敬到此看箭。切不可教公瑾知会!倘事泄,则吾计不成,必累子敬矣!"肃领诺,回报周瑜,言道:"他也不用箭竹羽毛胶漆等物,自有道理。"瑜大疑,不省其意。

　　肃自拨轻快船二十只,各船派三十人,皆用青布为幔,上插旌旗,内安谷草,缚在两边,皆屯于孔明船边。一日无动静,两日亦不行。到第三日四更,鲁肃来船边,孔明教请上船。肃问曰:"何意?"孔明曰:"余请子敬往北取箭。"肃曰:"箭在何处?"孔明曰:"子敬休问,前去便见。"把二十只船,用长索相连,只望北岸进发。是夜,大雾垂江,对面不能相见。孔明共鲁肃坐在

船中,传令教快行。果然是好一江大雾!前人有篇《大雾垂江赋》曰:

大哉长江!西接岷、峨,南控三吴,北带九河。汇音会百川而入海,历万古以扬波。至若龙伯、海若①、江妃、水母[二],长鲸千丈,天蜈[三]九首,鬼怪异类,咸集而有。盖夫鬼神之所依凭,英雄之所战守。时也阴阳既乱,昧爽[四]不分。讶长空之一色,忽大雾之四屯。虽舆薪而莫睹,惟金鼓之可闻。初若溟濛,才隐南山之豹;渐而充塞,欲迷北海之鲲。然后上接高天,下垂厚地;渺乎苍茫,浩乎无际。鲸鲵出水而扬威,蛟龙潜渊而吐气。又如梅林收潦,春阴酿寒;溟溟漠漠,浩浩漫漫。东失柴桑之岸,南无夏口之山。战船千艘,俱沉沦于岩壑;渔舟一叶,惊出没于波澜。甚则穹昊[五]无光,朝阳失色;反白昼为昏黄,变丹青于水黑。虽大禹之智,不能测其浅深;离娄[六]之明,焉能辨其咫尺?于是冯夷[七]息浪、屏翳[八]收功;鱼鳖遁迹,鸟兽潜踪。隔断蓬莱[九]之岛,暗围阊阖[一〇]之宫。恍忽奔腾,如骤雨之将至;纷纭杂沓音塔,若寒云之欲同。乃能中隐毒蛇,因之而为瘴疠;内藏妖魅,凭之而为祸殃。降疾厄于人间,起风尘于塞外。小民遇之夭伤,大人观之感慨。盖将返元气于洪荒,混天地为大块[一一]。

当日五更,孔明船已到曹操水寨边。孔明教把船只头西尾东,一字摆开,就船上擂鼓呐喊。鲁肃惊曰:"倘曹兵齐出,如之奈何?"孔明笑曰:"吾料曹操虽奸雄,于重雾中必不敢出。吾等酌酒取乐,雾散便回。吾亲在此,子敬勿忧。"

却说曹操水寨中听得呐喊擂鼓,毛玠、于禁二人慌忙使人报知曹操。操此时因见水军未整,自到江边提调,俱各停当。操传令曰:"重雾迷江,他必有埋伏。更兼军士来的整齐,切不可轻动。可拨水军弓弩手,乱箭射之。"又差人往旱寨内,唤张辽、徐晃各带弓弩手三千,火速到船边助射。比及号令到,于禁、毛玠怕南军抢入水寨,已先差弓弩手乱箭射之;后号令到,拨弓弩手约一万余,尽皆放箭。平明时分,孔明教把船吊回,头东尾西,逼近水寨受箭。张辽、徐晃又引能射者,皆赴水寨口大船上放箭。只听得雾中擂鼓呐喊,箭如雨发。渐渐日高,收起雾露,孔明教急收船只。二十只船上两边束草上,排满箭支。孔明令人叫曰:"谢丞相箭!"比及报知操时,船轻水急,已放回二十余里远,追之不上。操懊悔自责,北将皆嗟咨不已。

孔明与鲁肃曰:"每船上箭,可够五六千矣②。不费江东半分之力,已得十数万箭。明日却将来射北军,强似自己用工造作。"肃曰:"先生真神人也!何以知今日如此大雾?"孔明曰:"凡为将者,不通天文,不识地理,不知军情,不晓阴阳,不看阵图,不明兵势,乃庸才也。亮三日前,算定今日大雾,因此敢取巧而办之。公瑾教我十日办完,人匠物料皆不应手,便行官府,亦误了事,特寻这一件风流过犯[一二],明白斩我。我命系于天,公瑾安能害我也!"鲁肃拜服。船已到岸,五百军已在江边伺候搬箭。孔明教船上取之,得十万余支箭③,都搬入中军帐交纳。

---

① 原作"海君"。据《楚辞·远游》改。
② 原作"可够四五千矣",与下文"已得十数万箭"不合,故改。
③ 原作"得九万余支箭",与整个情节不协。承上文改。

鲁肃把孔明言语说与周瑜。瑜大惊,慨然而叹曰:"孔明神机妙算,吾不及也!"后史官有诗曰:

　　浓浓雾露满长江,天地难分水渺茫。
　　二十舟船能摆列,万余弓弩尽施张。
　　飞蝗透草摇天影,骤雨催花射日光。
　　沙塞昔年迷李广[一三],孔明今日伏周郎。李广征匈奴,迷失道路,不成功而死。

　　江左得箭十万余根,曹操折箭十五六万。周瑜出塞迎接,以师礼敬之。孔明曰:"谲诈小术,何足为奇。"瑜曰:"虽古之孙、吴,莫能及也!"邀入帐,共饮酒。瑜曰:"昨日吴侯遣使至,催督破曹,瑜未有奇计,请先生教之。"孔明曰:"亮乃碌碌庸才,公是江东英杰,何故问计于亮也?"瑜曰:"某夜来往观水寨,极有法度,非等闲可攻之。今先生亦看其动静矣。瑜有一计,不知可否,请先生论之。"孔明曰:"都督且休言,各写于手内,看同不同。"瑜大喜,教取笔砚来,自暗写了,却送与孔明。孔明亦写了。两个同近坐榻,各出掌中之字,互相观看,皆大喜。毕竟如何,下回便见。

【注释】

[一] 闲:通"娴"。熟悉,擅长。

[二] 龙伯、海若、江妃、水母:神话传说中的龙神、海神、女神、水神。

[三] 天蜈:即"天吴"。水神名。《山海经·海外东经》称其"八首人面,八足八尾"。

[四] 昧爽:昧,暗;爽,明。

[五] 穹昊:天空。

[六] 离娄:传说为黄帝时人,视力极强,"能见百步之外,秋毫之末。"

[七] 冯夷:即河伯,水神。

[八] 屏翳:风神。一说为云神或雨神。

[九] 蓬莱:古代传说海中的仙山。

[一〇] 阊阖:传说中的天门。

[一一] 大块:大自然。

[一二] 风流过犯:此处指无端加上的罪过。

[一三] 李广(?—前119):西汉名将。陇西成纪(今甘肃秦安北)人。善骑射。毕生与匈奴大小七十余战,有"飞将军"之称。

第九十二回　黄盖献计破曹操

当日席上,周瑜先出掌中字,孔明视之,乃一"火"字也。孔明亦出手中字,与周瑜视之,亦是"火"字。因此皆大笑而揣之。瑜曰:"既两计相同,再无疑矣。幸勿泄漏。"孔明曰:"两家之事,岂有泄漏之理乎?予料曹操虽经两番,必不信又如此也。都督尽行之。"饮酒罢分散,余皆不知。

却说曹操折了许多箭,心中气闷。荀攸进曰:"江东有周瑜、诸葛亮二人用计,大江之阻,急切难知。于军中可选二人去东吴诈降,内为国贼,以通消息,方可图谋也。"操曰:"正合吾意。汝料军中,谁可行此计?"攸曰:"蔡瑁被诛,蔡氏宗族皆在军中。有二人乃蔡瑁之房族蔡中、蔡和,见为副将①。丞相可以恩结之,东吴必不疑矣。"操当夜唤二人入帐,嘱咐曰:"汝昆仲可引小军,去东吴诈降。但有动静,使人密报。事成之后,加汝为列候,重赐食邑。休生变心!"二人曰:"吾等妻子皆在荆州,安有别心?丞相勿疑。某二人必取周瑜、诸葛亮之首级。"操重赏。次日,二人带五百军,小船数只,顺风而下,望南岸来。

却说周瑜晓夜不眠,理会进兵之策。忽报江北有数只小船来到江口,称说蔡瑁之弟蔡中、蔡和,特来投降。周瑜大喜,教唤来。不时唤至帐下,二人哭拜曰:"吾兄无罪,被曹贼诛之。今欲报仇,特来投降。望赐收录,愿为前部。"瑜取金帛赏劳了当,加为上将,与甘宁引一支军马,以为前部。中、和二人拜谢,以为中计②。瑜密唤甘宁,吩咐曰:"此二人非投降者,操使过江,透漏消息。只做不知,休要阻当。"宁曰:"此是何意?"瑜曰:"此二人不带家小,必乃诈降。吾欲将计就计而行,要教他通报消息。汝可殷勤相待,就里提防。每日书画卯酉[一],约会同来。至期破敌,先要杀他两个祭旗。汝勿有误。"甘宁得令。鲁肃来见瑜曰:"这两个多是诈降。"瑜正色曰:"操杀他兄,正欲复仇,何诈之有!你若如此疑惑,安能容天下之士乎?"肃无言可答,遂去告孔明。孔明大笑。肃曰:"先生何故大笑?"孔明曰:"吾笑子敬不识公瑾之用计耳。大江隔远,细作极难往来,操使蔡中、蔡和诈降,使不疑也。公瑾计上用计,正要他通消息。'兵不厌诈',公瑾之谋是也。"肃方省悟。

却说黄盖潜入中军,来见周瑜。瑜问曰:"公覆夜至,必有良谋。"盖曰:"他众我寡,难以久持,何不用火以攻之?"瑜曰:"谁教公献此计?"盖曰:"某出己意,非他人之所教也。"瑜曰:"吾正欲如此,故留蔡中、蔡和诈降之人以通消息,但所恨无一人献诈降计耳。"盖曰:"某愿行此计。"瑜曰:"不受苦楚,如何肯信?"盖曰:"某自破虏将军重用到今,虽肝胆涂地,心亦无怨。"瑜

---

① 原作"见为副将军"。"军"字赘,删去。
② 原作"遂为中计"。据叶逢春本改。

第九十二回　黄盖献计破曹操

顿首谢曰:"君若肯行此计,乃江东之万幸也!"盖曰:"某死亦无怨!"遂谢而出。

次日,周瑜鸣鼓大会,诸将咸集,列于帐下。孔明亦在座次。周瑜曰:"操引百万之众,连络三百余里,非一日可破。吾粮草蓄积,累年积月,诸将船上各止许关[二]三个月粮草,准备御敌。"言未毕,黄盖进曰:"都督教关多少粮草?"瑜曰:"只支三个月。"盖曰:"便支三十个月,破敌也难!都督既受大任,相持许久,未见有奇计,空劳我等筋力也。他众我寡,执迷不悟,只可依张子布之言,弃甲倒戈,北面而降,此为上策。"瑜勃然变色,大怒曰:"吾奉吴主之命,筹画已定,若有再言降者,必斩之!"众将面面相看。"今两军相敌之际,汝为先锋,安敢出此言,慢吾军心耶?不斩汝首,难以服人!"喝左右推出斩首示众。黄盖大叫曰:"吾自随破虏将军,纵横东南,已历三世,哪有你来?"瑜大怒,喝斩。甘宁进前告曰:"公覆东吴之旧臣,可以恕之。"瑜喝宁曰:"汝何等之人,敢多言乱吾法度耶!"先喝左右将甘宁乱棒打出。众官皆跪而告曰:"盖为先锋,犯罪可诛,但于军不利。都督宽宥,权且寄罪。破贼之后,问[三]亦未迟。"瑜怒不息。众官苦苦哀告,瑜指黄盖曰:"若不看众官面皮,决斩汝首!既犯吾令,且暂免死。左右拖翻,打一百脊杖,以正其罪!"诸官又告,瑜掀翻案桌,叱退诸官,便教行杖。左右将盖剥去衣服,拖翻在地。瑜咬牙切齿,喝令毒打①。打至五十,诸官又告。瑜跃起身,指着盖曰:"汝敢小觑我耶?且寄下五十棍,再有怠慢,二罪俱罚!"恨声不绝,入于帐中。

众官扶起黄盖,打得皮开肉绽,鲜血淋漓,扶至帐中,昏绝几番。动问之人,无不下泪。鲁肃也来看问。回到孔明船中,肃问孔明曰:"今日公瑾责罪于公覆,我等是他部下,不敢犯颜[四]苦劝;先生是客,何故袖手旁观,不发一语?"孔明笑曰:"子敬欺我耶?"肃曰:"某与先生渡江以来,未尝有事相欺,何故出此言也?"孔明曰:"子敬如何不知?兵法有'神鬼不测之机'。今日公瑾欲杀黄盖,故毒打之,乃其计也。吾何劝之?"肃方悟。孔明曰:"不用苦肉计,何以瞒操?今必令黄盖诈降,却教蔡中、蔡和报其事矣。如子敬见公瑾,切勿言亮知之,只说亮也埋怨。"肃回见瑜,邀入帐内。肃曰:"今日何故痛责黄盖也?"瑜曰:"诸将怨否?"肃曰:"多有心中不平者,不敢明言也。"瑜曰:"孔明知否?"肃曰:"他也埋怨都督忒情薄。"瑜笑曰:"今番须瞒过也。"肃曰:"何谓也?"瑜曰:"今日打黄盖,乃计也。欲令他诈降,先须用苦肉计瞒过曹操,就中用火攻之,可决胜也。"肃乃暗思孔明之高才,不敢明言。

却说黄盖卧于帐中,诸将皆来动问。盖不言语,但长吁不已。小军忽报参军[五]特来动问。盖令人请入,对面而坐。盖叱退左右。阚泽曰:"将军莫非与都督有仇?"盖曰:"非也。某观看军中,绝无一人可以为心腹者。惟先生素有忠义之心,故敢以心腹告之。"阚泽曰:"公之受责,莫非苦肉计也?"盖曰:"何以知之?"泽曰:"以公瑾一动一静,某已料九分,故特来相探。"盖曰:"某受吴侯三世之恩,无以为报,故献此计,以破曹贼。肉虽受苦,亦无恨也。"泽曰:"公之告我,莫非要泽献诈降书否?"盖曰:"实有此意,未知肯仗义否?"阚泽言无数句,惹起赤壁鏖兵。未知若何,且听下回分解。

① 原句无主语"瑜"。承上文加。

【注释】

［一］书画卯酉：上班。旧时官吏卯时（晨五时至七时）上班签到，酉时（傍晚十七时至十九时）下班签退。

［二］关：领取。

［三］问：审讯，追究。

［四］犯颜：冒犯尊长的威严。

［五］参军：官名。掌参谋军务。

第九十三回 阚泽密献诈降书

阚泽,字德润,会稽山阴人也。家本庄农,酷嗜儒业,但家甚贫,常为人佣书[一],以供纸笔①,但写一篇,并无遗忘。少有胆气,对答如流。举孝廉,除钱塘长。孙权慕其名,召为参谋。因此黄盖知其能言有胆,故托往之。泽欣然而应诺曰:"大丈夫处世,从事于人,不能立功建业,甘与腐物同尽,真可愧也!既公覆舍命而报东吴,阚泽何惜蝼蚁之微生哉!"黄盖滚下床来,拜而谢之。泽曰:"事不可缓,即当便行。"盖曰:"书已修下了。"泽领了书,只就当夜扮作渔翁,一人驾小舟,望北岸循水而行。

是夜,寒星满天,三更时候,早到水寨。巡江军士拿住。泽曰:"便报丞相,说东吴阚泽,有机密大事,特来拜见。"是夜,曹操在旱寨内,军士报入来。操曰:"莫非是奸细么?"军士曰:"只是一渔翁,别无夹带。"操遂教引将入来。天色未明,操于帐上秉烛而坐。军士引阚泽至,礼毕。操曰:"吾闻汝乃东吴参谋,来此何干?"泽曰:"人言曹丞相求士,如大旱之望云霓。今此一问,甚不相合。黄公覆,你又错寻思了也!"重说一遍。操曰:"吾与东吴旦夕交兵,汝私行到此,如何不问?"泽曰:"黄盖在于东吴,已历三世,乃旧功臣。今被周郎于众将之前痛决一顿,气无所出,特密告于我。我与公覆,情同骨肉,思无报仇之路,径献密书,归投丞相,拟将粮草军器以为托献。未知肯容纳否?"操曰:"黄公覆特使先生来降,投降书在何处?"阚泽取书呈上。操拆书就几上看。书曰:

> 东吴水军先锋使黄盖②泣血百拜,谨献书于大丞相麾下:盖受孙氏厚恩,曾为将帅,见遇不薄。然顾天下,事有大势,用江东六郡山越之人,以当中国百万之众,众寡不敌,海内所共见也。东吴将吏,无有愚智,皆知其不可。惟周瑜、鲁肃,偏怀浅戆[二]音撞,意未解耳。加之行军无次,自负其能,无罪受刑,有功不赏。盖今应天顺命,率众归降。瑜所督领,自易摧破。交锋之际,盖为前部,粮草军储,随船献纳。因是投书,效命在近,乞无疑心,伏希听纳。建安十三年冬十一月日,黄盖泣血百拜奉书。

曹操于几案上翻覆将书看十余次,忽然拍案,张目大叫曰:"黄盖用苦肉计,汝来下诈降书。就中取事,敢来戏侮于吾耶!"便教左右推出斩讫报来。左右将泽簇下,推转待斩。阚泽面不改色,仰天大笑。操教牵回,问曰:"吾已识破奸计斩汝,汝何故哂笑?"阚泽曰:"吾不笑汝,吾笑黄公覆不识人耳。"操曰:"何不识人耳?"泽曰:"杀便杀,何必问耶!"操曰:"吾自幼熟读兵书,足知奸诈之道。汝只好瞒别人,如何瞒得我过!"泽曰:"且说书中那件是奸处?"操曰:"我说破你脱空[三]处,教你死亦瞑目。你既是真心献书投降,何不明约在几时?你今有何理说?"阚泽

---

① 原作"与人佣工,借书读诵"。据《三国志·吴书·阚泽传》改。
② 原作"东吴粮草官、水军先锋使黄盖"。从上下文看,黄盖并未兼粮官。

大笑曰:"汝不惶恐,还敢夸年幼熟读兵书!若战,必被周瑜擒矣!无学之辈,可惜吾屈死汝手!"操曰:"何谓我无学?"泽曰:"汝不通书①,不识机谋,不明道理,故知必败耳!"操曰:"且放他,看他说我哪几般不是处。果理直气壮,别有议论②。"泽曰:"某见汝无待宾之理,吾何必言?但有死而已。"操曰:"愿闻高论。"泽曰:"岂不闻'背主作窃,安可期乎'?这话,言那背主作窃,如何约得日期;倘约了日期,急下不得手,这里接应,必然泄漏。只是但得便就行矣。"曹操是个聪明人,一点便悟,下席复礼:"适来见事不明,误犯尊威,幸勿挂念。"泽曰:"吾与黄公覆倾心投降,如婴儿望于父母,岂有诈乎!"操大喜曰:"若二公能建忠义之功,他日受爵,必在诸人之上。"泽曰:"某等非为爵禄耳,但应天顺人。"操设酒以待之。少刻,有人于操耳边私语,操曰:"将书来看。"其人以密书呈上。操看毕,笑容颇喜。阚泽暗喜:"必是蔡中、蔡和来报黄盖受刑消息,操喜其事乃是真实也。"操良久曰:"烦先生再回江东,与黄公覆约的当[四]日期,先通消息过江,吾以兵接应。"泽曰:"某已离江东,不可还矣。望丞相别遣机密人去。"操曰:"若他人去,事必泄漏。"阚泽再三推辞,只恐曹操心疑,良久乃曰:"若去,则不敢久停,便当行矣。"操赐金珠,泽皆不受。

泽别操③,再驾扁舟,飞奔江东而来,见黄盖细说前事。盖曰:"非公能辩,则盖徒受苦矣。"泽曰:"吾今去甘兴霸寨中,探蔡中、蔡和去也。"盖曰:"取便而行。"泽至寨,宁问:"先生何来?"泽曰:"帐上见将军被辱,吾甚不平。"宁笑而不答。忽蔡中、蔡和至。泽以目送甘宁,宁已会阚泽之意。宁:"只显他能,全不以我等为念。吾今无意相持,羞见江左人物也。"四人坐定,甘宁但咬牙恨齿,怒发冲冠而不言。泽乃虚与甘宁耳边低语。宁垂首不语,长叹数声。蔡中等见宁、泽皆有反意,以言挑之曰:"将军何故烦恼?先生有何不平?"泽曰:"吾等腹中之苦,汝岂知也。"蔡中曰:"莫非背吴投曹耶?"阚泽失色。甘宁起,拔剑而言曰:"事已败露,不可留反人在寨;倘若传说人知,吾事坏矣!"蔡中、蔡和慌曰:"二公勿忧。乞退左右,吾有心腹之论。"宁曰:"可速言之。"蔡和曰:"吾等乃曹公使来诈降也。二公若有顺心,吾当引进。"宁曰:"若如此,天赐使也!"泽将黄盖事说知。二蔡曰:"吾已报知丞相矣。"泽曰:"吾于丞相处见书,特来见兴霸矣。"宁曰:"大丈夫既遇明主,当竭力助之。"四人共饮,同论心事。蔡中等遂即修书去报曹操。阚泽之计,合为鏖兵第一功也。后人有诗曰:

　　黄盖深知阚泽忠,故烦托献离吴东。
　　数行降款过江去,百万貔貅扫地空。
　　假使周郎成大事,不教曹操逞奸雄。
　　鏖兵赤壁施谋略,合让先生第一功!

蔡中自发书报曹操,说:"甘宁反吴,与某同为内应。"阚泽另驰书,遣人报过江,说:"黄盖动身,未知何日,但看船头插青牙旗,即粮船也。"却说曹操连得二书,心中疑惑,聚众谋士商

---

① 原作"汝既通书",与下文不协,据叶逢春本、汤本《三国》改。
② 原作"必有议论"。据叶逢春本、汤本《三国》改。
③ 原句无主语"泽"。承上文加。

议。操曰:"谁敢过江打听?"言未毕,一人应声而出曰:"某愿往。"毕竟其人是谁?

【注释】
[一] 佣书:受雇替人抄书。
[二] 偏怀浅戆:心胸偏狭,浅薄愚蠢。
[三] 脱空:脱节,有破绽。
[四] 的当:妥当,恰当。

第九十四回　庞统进献连环计

曹操曰:"江左甘宁被周瑜耻辱,亦愿内应;黄盖受责五十,却令阚泽纳降,又有书到此;未可深信。谁敢直入周瑜寨中走一遭?"蒋干进曰:"前者不能成功,心中自惭。今舍一命再往,如不成事,甘当军令!"操遂即时令蒋干上船。干驾小舟,径到江南水寨边,便使人转报。周瑜听得蒋干又到,顶祝天地:"吾之成功,只在此人身上!"遂令人吩咐,如此如此。原来庞统亦曾对周瑜说:"若破曹操,须用火攻。"瑜曰:"吾已定计了也。"统曰:"大江面上一船着火,余船四散,如何烧得?除非用连环计,教他钉作一处,然后可用火攻。"瑜曰:"只是操奸猾,如何去得?"正无理会,却才听得蒋干又来,瑜因此大喜,乃坐于帐上,使人请干。干见不来接,心中疑虑,教把船于僻静岸口缆系,乃随人入寨中来见周瑜。瑜乃作色曰:"子翼何故欺吾太甚?"蒋干佯笑曰:"吾想与汝乃旧日弟兄,特来吐心腹事,何故言相欺也?"瑜曰:"汝要说吾降,除非海枯石烂!前番吾想故交,与你痛饮一醉,留你共榻;你却盗吾私书,不辞而去,乃报曹操,杀了蔡瑁、张允,致使大事不成,皆是汝也!蔡中、蔡和新近降吾,汝又来动说词也!吾不看旧日之情,一刀两断!本待送你过去,争奈我一二日间便要破曹操也!待留你在寨中,必然泄漏。"瑜曰:"左右在哪里?可送子翼往西山庵中歇息。待吾破了曹贼,那时送你渡江未迟。"蒋干再欲开言,周瑜已入帐后。

左右取马与干乘了,送至西山背后,于小庵歇息,拨两个军人答应[一]。干在庵内,心中忧闷,寝食不安。是夜,寒星满天,干闲步出庵后,只听得读书之声,信步听之,于山岩畔见草屋数椽,内射出灯光。干往窥之,见一人挂剑灯前,诵孙、吴兵书。干思此乃异人也,遂叩户请见。其人开门迎之,仪表非俗。干问姓名,其人答曰:"某姓庞,名统,字士元。"干曰:"莫非凤雏先生否?"统曰:"然也。"干曰:"何僻静独守?"统曰:"周郎自恃才高,不纳忠谏,灭贤损德,特守于此。公乃何方人?"干曰:"某乃蒋干也。'群英会'上相见,何故忘了?"统曰:"一时失忘。"遂邀入草室,共诉心腹之事。干曰:"据公之才,何所不宜。如肯降曹,干当引进。"统曰:"但恐不用吾耳。"干曰:"吾愿以性命保之。"统曰:"既有引见之心,便可一行。如迟,事必泄矣。"干遂与统寻路到江边,却好寻见船,连夜投江北。

到操寨中,干先来见曹操,备言前事。操请入见,出帐而接,分宾主坐定。统曰:"今周瑜恃才罔众①,不用良谋,欺凌旧宾,皆有退意。"操遂无疑,诚心相待。饮膳罢,操教备马,邀统同观旱寨。二人上马,凭高望之。统曰:"真将才也!"操曰:"先生勿得隐讳,愿教之。"统曰:"傍山依林,前后顾盼,出入有门,进退曲折,虽古之孙、吴再生,穰苴[二]复出,而不过于此矣。非统曲为褒贬,乃真心也②。"操大喜,于是又去同观水寨。见向南分二十四座门,皆艨艟战舰,列

---

① 原作"今周瑜年幼,恃才罔众"。庞统比周瑜小四岁,不应说瑜"年幼",故删。
② 原作"今统曲为褒贬,非真心也",恰与文意相反,故改。

为城郭,中藏小船,往来有巷,起伏有序,统笑曰:"某闻丞相用兵如神,今观果实也!"指江南而言曰:"周郎,周郎!克期必亡!"操曰:"先生乃吾师也,望赐指示,勿吝见教。"统曰:"以此论之,庞统不及,怎敢妄言耶?"操大喜。

回寨,置酒相饮,共谈孙、吴兵法,诸家阵图,三略六韬[三]之书。操见统对答如流,遂殷勤相待。统乃佯醉而言曰:"敢问军中有良医否?"操问:"何用?"统曰:"适见水军多疾,须得妙手治之。"此时操军不服水土,多生呕吐之疾,死者无数。操正虑此,忽闻统言,如何不问。统曰:"兵法阵法皆是,但可惜不全矣。"操再三请问,统曰:"某有一策,使大小水军皆无疾病,人安稳而获全功。"操又问之,统曰:"盖因大江之中,潮升潮落,风浪不息;中原之人,不惯乘舟,致使生患。若以大船小船,各皆配搭,或三十为一排,或五十为一排,首尾用铁环连锁,上铺阔板,休言人可渡,马亦可走矣。若乘此舟,任随风浪,潮水上下,有何惧哉?"操下席而谢曰:"非先生良谋,安能破吴耶!"统曰:"愚之浅见,丞相自裁之。"操即时传令,唤中军铁匠连夜打造连环铁扣,锁住船只。诸军闻之,俱各喜悦。后有诗曰:

赤壁鏖兵用火攻,运谋决策尽合同。
阚生纳款[四]欺曹操,黄盖停舟待祝融。
千里舳舻沉水底,一江烟浪起波中。
若非庞统连环计,公瑾安能立大功。

庞统曰:"某观江左俊杰,多有怨周瑜者。吾凭三寸舌,与丞相说之。先破周瑜,则刘备无所用矣。"操曰:"先生果然能成大功,愿请奏封为三公之列。"统曰:"某非为富贵,但欲救万民耳①。望丞相渡江,慎勿杀害。"操曰:"吾替天行道,安敢杀戮人民耶?"统拜求榜文以安宗族。操曰:"先生家属,见居何处?"统曰:"只在江边。若得此榜,可保全族矣。"操命写榜,金押付统。统拜谢辞别曰:"可速进兵,休待周郎知觉。"操然之。

统别讫,至江边,正欲下船,岸侧一人,道袍竹冠,一把扯住统曰:"你好大胆!黄盖用苦肉计,阚泽下诈降书,你又来献连环计:只恐烧不尽绝!你们把出这等毒手来,只好瞒曹操也,须瞒我不得!"吓得庞统魂飞魄散。毕竟是谁?

【注释】
[一] 答应:听使唤,侍候。
[二] 穰苴:即田穰苴。春秋末期齐国人,曾任司马,故称司马穰苴。系古代著名军事家。
[三] 三略六韬:泛指兵书。《三略》、《六韬》均为古代著名兵书。
[四] 纳款:授诚。

---

① 原作"但欲救万民矣"。据文意,改"矣"为"耳"。

第九十五回　曹孟德横槊赋诗

庞统闻言,吃了一惊,急回视其人,原来却是徐庶①。统见是故人②,心下稍定,回顾左右无人,乃曰:"汝出此言,可惜江东八十三县③百姓,皆是你送了也!"庶曰:"此间八十三万人马,性命如何?"统曰:"吾若惧死,不来江北!"庶曰:"吾感刘皇叔之恩,未尝忘报。曹操送了吾老母,吾已誓终身不设一谋。今为此事,吾安肯破你良策?只是吾亦随军在此,南军一到,玉石不分,岂能免难乎?我愿思得一条走路为妙,望先生指示。若果可以脱我身,我即缄口远避矣。"庞统笑曰:"元直如此高见远识,眼底纤粟之计,有何难哉!"庶曰:"愿先生教之。"统向徐庶耳边略说数句,庶大笑而拜曰:"吾命全矣!吾昔日所许刘皇叔有伏龙、凤雏,才高天下,以此论之,吾言不虚也。"二人大笑而别。庞统别却徐庶,下船回报周瑜。

却说徐庶当晚密使近人,去各寨中暗布谣言。次日,寨中三三五五,交头接耳而说。少刻,人来报知曹操,说"凉州韩遂、马腾谋反④,杀奔许都来"。操大惊,急聚众谋士商议。操曰:"吾自引兵南征,心中所忧者,韩遂、马腾耳。军中谣言,未别虚实,不可不防。谁可代吾一往?"言未毕,徐庶进曰:"某自蒙丞相收录,恨无寸功报效。请得三千人马,星夜往散关[一]把住隘口;如有紧急,再行告报。"操大喜曰:"若得元直公去,吾不忧矣!散关之上亦有军兵,公统领之。目下拨三千马步军,命臧霸为先锋,星夜前去,不可稽迟。"徐庶辞了曹操,与臧霸便行。此便是庞统救徐庶。后有诗曰:

　　曹操征南日日忧,马腾韩遂起戈矛。
　　凤雏一语教徐庶,正似游鱼脱钓钩。

曹操得徐庶去了,心中稍安。操遂上马,先看沿江旱寨,次看水寨。乘大船一只于中央,上建"帅"字旗号,两旁皆列水军,船上伏弓弩千张。曹操居于上。时建安十三年冬十一月十五日,天气晴明,平风静浪,操令置酒设乐:"吾今夕欲会诸将。"天色向晚,东山月上,皎皎如同白日。长江一带,如横素练。操坐大船之上,左右侍卫者皆锦衣绣袄,荷戈执戟,何止数百人。命文武等官,各依阶位而坐。操指南屏山[二]如画,东视柴桑之境,西观夏口之江,南望樊山,北觑乌林[三],四顾空阔,心中暗喜,曰:"吾自起义兵以来,与国家去凶除害,誓愿扫清四海,削平天下,但所未得者,江南也。吾得江南富饶之地,可以富国强兵。今手下有百万雄师,更有诸公用命效力,何愁功业不成耶!收复江南之后,别无事矣,与诸公共享富贵,以乐太平。吾

---

① 原作"庞统急问曰:'汝何人也?'答曰:'吾乃徐庶也。'"不合情理(庞统、徐庶本系故人)。据毛本《三国》改。
② 原作"统闻是故人"。承上文改。
③ 原作"江南八十一州"。"江南"应作"江东",指孙权所辖吴郡、会稽、丹阳、豫章、庐陵、庐江六郡;六郡均属扬州,原辖七十八县,孙权新置五县,共八十三县。
④ 原作"西凉州韩遂、马超谋反"。"西凉州"应为"凉州";此时马超尚未统兵,应作"马腾"。

第九十五回　曹孟德横槊赋诗

不忘今日之语,诸公幸留意焉。"文武皆起而称谢曰:"愿得早和凯歌!终身皆赖主公之事。"操大喜,命左右行酒。饮至半夜,操酒酣,遥指南岸曰:"周瑜、鲁肃,不识天时!幸有归顺之人,为彼腹心之患,此天助吾也!"荀攸曰:"丞相勿言,恐有漏泄。"操欢笑曰:"吾观座上诸公、近侍左右,皆孤心腹之人也,言之何碍。"又指夏口曰:"刘备、诸葛亮,汝不料蝼蚁之力,摇撼吾泰山之重也。"顾与诸将曰:"吾今年五十四岁矣,如得江南,诚有所喜。吾知桥公二女皆有国色①,不料被孙策、周瑜所娶②。吾新构铜雀台于漳水之上,今得江南,定娶二桥,置之台上,以足吾愿也。"先是孔明借意说周瑜,到此曹操亦有此意。言讫大笑。故后来杜牧之[四]有诗曰:

折戟沉沙铁未消,自将磨洗认前朝。
东风不与周郎便,铜雀春深锁二桥。

于是曹操大笑不止。忽闻群鸦之声,望南飞鸣而去,操问曰:"此鸦缘何夜鸣?"左右答曰:"鸦见月明,将谓晓矣,故离树而鸣也。"操又笑不止。此时酒酣,教取槊[五]立于船头之上,取酒奠于江中,满饮三爵,横槊与诸将曰:"吾持此槊,破黄巾、擒吕布、灭袁术、收袁绍,深入塞北,直抵辽东,纵横天下,真乃大丈夫之志也!况对此景,甚有慷慨。吾当作歌,汝等和之。"即古诗也,故以声歌之。歌曰:

对酒当歌,人生几何!譬如朝露,去日苦多。慨当以慷,忧思难忘。何以解忧,惟有杜康[六]。青青子衿,悠悠我心。呦呦鹿鸣,食野之萍。我有嘉宾,鼓瑟吹笙。皎明如月,何时可辍?忧从中来,不可断绝!越陌度阡,枉用相存[七]。契阔[八]谈宴,心念旧恩。月明星稀,乌鹊南飞。绕树三匝,何枝可依?山不厌高,水不厌深。周公吐哺[九],天下归心。

歌罢,众和之。忽见座间一人进曰:"大军相当之际,将士用命之时,丞相何故出此不吉之言?"操视之,乃扬州刺史,沛国相[一〇]人也,姓刘,名馥,字元颖。本人起自合肥[一一],创立州治,聚逃散之民,立学校,广屯田,兴治教,深沟高垒,结甲利兵,积盈仓之粟,作草苫[一二]数千枚,贮鱼膏数百斛,为守战之具。久事曹公,多立功绩。馥曰:"丞相何故出此不利之言乎?"操曰:"何为不利?"馥曰:"'月明星稀,乌鹊南飞。绕树三匝,无枝可依。'此大不利之言也。"操大怒曰:"汝安敢败吾兴也!"手起一槊,刺死刘馥。遂罢宴。次日酒醒,悔恨不已。馥子刘靖③告请父尸归葬田里。操泣曰:"吾醉,昨夜误伤汝父,悔之无及。可以三公厚礼葬之。"命请送灵柩,即日而回。"水军都督毛玠,请操看水军。摆布如何,下回便见。

---

① 原作"昔日桥大老与吾至契,托二女欲令侍吾。吾视之,皆有国色"。与曹操交厚者乃桥玄(109—184),字公祖,睢阳(今河南商丘南)人,曾任太尉;而桥公(《演义》中的桥国老)乃庐江皖县(今安徽潜山)人,年代晚于桥玄。作者将二者混为一谈,因而致误。
② 原作"不料被孙策、周瑜之所娶"。"之"字赘,删去。
③ 原作"馥子刘熙"。据《三国志·魏书·刘馥传》,刘熙乃刘靖之子,刘馥之孙。

【注释】

［一］散关：关隘名。地属司隶州右扶风郡陈仓县。宋以后名大散关，为古代兵家必争之地。故址在今陕西宝鸡市西南大散岭上。

［二］南屏山：《演义》杜撰的山名。今湖北蒲圻（已改名赤壁市）赤壁遗迹有南屏山。

［三］乌林：地名。即今湖北洪湖县东北长江背岸邬林矶。

［四］杜牧之：唐代诗人杜牧，字牧之。

［五］槊：兵器名，即长矛。

［六］杜康：古代传说中酿酒的发明者。此处代指酒。

［七］枉用相存：劳驾你前来探望。存，问候，探望。

［八］契阔：久别的情愫。

［九］周公吐哺：传说周公求贤若渴，吃饭时有贤士来访，立即吐出口中的食物，出去接待。

［一〇］相：即相县。为豫州沛国治所。故城址在今安徽濉溪西北。

［一一］合肥：县名。本属扬州九江郡。因扬州大部为孙氏所据，曹操命刘馥为扬州刺史，馥即以合肥为州治。今属安徽。

［一二］草苫：草垫。

第九十六回　曹操三江调水军

　　毛玠、于禁诣帐下，请曰："大小船只，俱已搭配停当；旌旗战具，一一俱备。请丞相调遣，克日进兵。"操至水军中央大战船上坐定，唤集诸将，各各听令，并宜遵守队伍，听候进发。水军中军黄旗毛玠、于禁，水军前军红旗张郃，水军后军皂旗吕虔，水军左军青旗文聘，水军右军白旗吕通。马步前军红旗徐晃，马步后军皂旗李典，马步左军青旗乐进，马步右军白旗夏侯渊。水陆路都督应使：夏侯惇、曹洪。护卫往来监战使二员：许褚、张辽。其余骁将，各依队伍。曹操令水军寨中发擂三通，令各队伍战船，分门而出，于三江水面乘驾。是日西北风骤起，各船皆棹而出，摇动出门，拽起风帆，冲浪激波，稳如平地。北军在舡上，踊跃施勇，抢枪使刀。曹操观之，心中大喜，以为必胜之道。前后左右军皆试船，旗幡不杂。又有小船五十余只，往来巡警催督。操立于将台之上，观看调练已毕，教收住帆幔，各依次序回寨。寨有二十四门，各用战舰艨艟周围护绕。

　　操赏军劳将，与诸谋士曰："若非天命助我，安得凤雏之妙计耶？果然渡江如履平地之稳。吾到南岸，人马可一拥而上。"程昱进曰："船皆连锁，固是平稳，且提防火攻，难以回避。"操大笑曰："程仲德虽然有远虑之谋，可惜不知用兵之法。"荀攸曰："仲德之言甚是。未知丞相之见，请问如何是不知用兵之法？"操曰："夫为大将者，先明天时，次察地理，然后以法用兵。多算胜，少算不胜，何况无算乎？方今隆冬之际，但有西风北风，何尝有东风与南风耶？吾居于西北之上，彼兵皆在南岸，若用火攻，必乘风力以发之；彼如用火，是烧自己之兵也，吾何虑哉？若是十月小春之时，何敢不提备耶？"诸将皆顿首拜伏曰："丞相智略，包罗天地，岂等闲之所及哉！"

　　操顾诸将曰："青、徐、燕、代之众，不惯乘舟。今非此计，安能涉大江之险哉！"班部中二将挺身而出曰："小将虽幽、燕之人，颇能乘舟。今愿借巡船二十只，直至江口，先夺旗鼓船只而还，以显北军亦能乘舟楫也。"操视之，乃袁绍手下旧将焦触、张南也。操曰："汝等皆生长北方，恐乘舟不得其便，江南之兵生于长江，往来水上习练精熟。汝勿轻以性命为儿戏耳。"焦触、张南大叫曰："如其不胜，即当军法！"操曰："战船尽已连锁，惟有小舟。每只舟上可容二十人，恐其未便。"触曰："若用大船，何足为奇？可望付小舟二十余只，某与张南各引一半，只今日直抵江南水寨，须要夺旗斩将而还。"操曰："吾与汝二十只船，拨精锐军五百人，皆长枪硬弩。到来日天明，将大寨船列于江南远为之势。又差文聘亦领三十只巡船，接应汝回。"焦触、张南欣喜而退。次日，四更造饭，五更结束[一]已定。早听得水寨中擂鼓鸣金，皆出寨门，分列水面上，长江一带，青、红旗号交杂。焦触、张南早引哨船二十只，穿寨而出，遥望江南进发。

　　却说南岸隔夜听得鼓声喧震，已报入中军，遥望曹操调练水军。周瑜往山顶观之，操已收尽。次日，忽闻鼓震，使人急上高望之，早见小船冲波而来，飞报中军。周瑜听得，问帐下谁敢先出。韩当、周泰二人齐出曰："某当权为先锋破敌。"瑜喜，教传令各寨，严加守御，不可轻动。

韩当、周泰各引哨船五只,分左右而出。

却说焦触、张南凭一勇性,飞棹小船而来。韩当独披掩心[二],手执长枪,立于船头。焦触船先到,急教军士乱射之,正与韩当船头相抵。当用牌遮隔。焦触拈长枪与韩当交锋。当手起一枪,刺死焦触,其船急回。隔斜里周泰船出。张南挺枪于船头上交锋。两边弓矢乱射。周泰一臂挽牌,一手提刀,两船相离七八尺,泰即飞身一跃,直跃过张南船上,手起刀落,砍张南于水中,乱杀驾舟军士。韩当船齐到,十只船尽皆赶败走船于半江之中,与文聘船相迎。两边摆定船只厮杀。

却说周瑜立于山顶,与谋士遥望江北水面,艨艟战舰,排合江上,旗帜号带,皆有次序;回看文聘与韩当、周泰截江相持,尽力而战,文聘抵敌不住,拨船而走,韩、周急催船赶。周瑜恐深入重地,便将白旗招展,令众鸣金。周、韩遂挥棹而回。文聘回报焦触、张南已被南将所杀,操悒怏不已,收军回寨。周瑜于山顶看隔江战船,尽入水寨。瑜观之,顾与谋士曰:"江北船只如芦苇之密,兼操有智谋之将,何计以破之?"众未及对,忽望见操寨中一风吹折中军黄旗,倒入江中。瑜大笑曰:"未及破曹,先占警报耳!"操军见中央旗折,各有惊忽之意。操心虽不悦,下令云:"惑众者斩!"由是军心方定。周瑜正观之际,忽狂风大作,下观江水,奔涛拍岸。一阵风过,刮旗角于周瑜脸上。瑜猛然想起一事上心,大叫一声,往后便倒,口吐鲜血。诸将大惊,急急救时,不省人事,扶侍下山,归到帐中。未知性命如何?

【注释】

[一] 结束:此处指穿好衣甲,整理装备。
[二] 掩心:铠甲名。三国两晋时称两当铠,由一片胸甲和一片背甲组成。因只遮护心胸部分,故又名掩心。

第九十七回　七星坛诸葛祭风

周瑜立于山顶，观望良久，忽然望后而倒，口吐鲜血，不省人事。左右亲近人救回帐中。诸将皆来动问，不知其意，尽皆愕然相顾而言曰："江北岸百万之众，虎踞鲸吞。不争都督如此，倘若曹兵一至，如之奈何？"慌差人申报吴侯知会。

却说鲁肃心中疑惑不定，来见孔明，言周瑜卒病[一]之事。孔明问曰："公以为何如？"肃曰："此乃曹操之福，江东之祸也。"孔明笑曰："公瑾之病，亮极能医，手到安全也。"肃曰："诚如此，则国家万幸！"即请孔明同去探。肃先入见周瑜，瑜以被蒙头而卧。肃曰："都督病势若何？"周瑜曰："心腹搅痛，时复昏迷。"肃曰："曾服何药饵？"瑜曰："心中呕逆，药不能下。"肃曰："适来[二]请到孔明，言说都督染患，孔明言手到便除。见在帐前，烦来医治。"瑜命请入，乃扶起坐于床榻之上。孔明曰："连日不面君颜，何期贵体欠安？"瑜曰："'人有旦夕祸福'，岂能自保耶？"孔明曰："'天有不测风云'，人岂能料乎？"瑜闻失色，乃作呻吟之声。孔明曰："都督心中似觉烦积[三]乎？"瑜曰："然。"孔明曰："必须用凉药以解之。"瑜曰："已服凉药，全然无效。"孔明曰："须先理其气；气若顺，一呼一吸之间，自然痊可。"瑜料孔明必知其意，乃以言挑之曰："欲得顺气，当服何药？"孔明笑曰："亮有一方，便教都督气顺。"瑜乃正容问之曰："愿先生教之。"孔明索纸笔，屏退左右，密书十六字云：

　　欲破曹公，宜用火攻；万事俱备，只欠东风。

孔明写毕，授与周瑜。孔明曰："此病源之妙用也。"瑜见了大惊，暗思："孔明真神人也！早已知吾心间之事！只得尽情告之。"瑜笑曰："先生已知病源，将何治之？事在危急，望赐教示。"孔明曰："亮虽不才，曾遇异人，传授《八门遁甲天书》，上可以呼风唤雨，役鬼驱神；中可以布阵排兵，安民定国；下可以趋吉避凶，全身远害。都督若要东南风时，可于南屏山筑一台，名曰'七星坛'：高九尺，作三层，用一百二十人，手执旗幡围绕。亮于上作用，借三日三夜东南大风，助都督用兵，如何？"瑜大喜曰："休道三日三夜，只得一夜大风，大事可成矣。只是事在目前，不可迟缓。"孔明曰："十一月二十日壬申祭风，至二十二日甲戌乃风息①，如何？"瑜大喜曰："便差五百精壮军士筑坛，拨一百二十人执旗守坛，听候使令。"如此，则周瑜便起调兵。

孔明即领诺，与鲁肃上马，来南屏山相度地势，令军士取东南方赤土筑坛。方圆二十四丈，每一层高三尺，共计九尺。下一层插二十八宿[四]旗：东方七面青旗，按角、亢、氐、房、心、尾、箕，布苍龙之形；北方七面皂旗，按斗、牛、女、虚、危、室、壁，作玄武[五]之势；西方七面白旗，按奎、娄、胃、昴、毕、觜、参，踞白虎之威；南方七面红旗，按井、鬼、柳、星、张、翼、轸，成朱雀之状。第二层，周围黄旗六十四面，按六十四卦，分位而立。上一层用四人，各人戴束发冠，皂

---

① 原作"十一月二十日甲子祭风，至二十二日丙寅乃风息"。据《二十史朔闰表》推算，建安十三年(208)十一月二十日乃壬申日，二十二日乃甲戌日。

罗袍,凤衣博带,朱履方裙。前左立一人,手执长竿,竿尖上用鸡羽为葆[六]以招风信[七];前右一人,亦执长竿,竿上系七星号带,以表风色[八];后左一人,捧宝剑;后右一人,捧香炉。坛下二十四人,各执旌旗宝盖,大戟长戈,黄钺白旄,朱幡皂纛[九],环绕四面。坛台已成,旗幡已布,专等孔明登坛作法。十一月二十日,是壬申吉辰,孔明沐浴清斋,身披道衣,散发跣足,来到坛前,嘱鲁肃曰:"子敬自往军中相助公瑾调兵,不可有误。亮倘祝无风,不可有怪。但看东南风起,任便行事。"鲁肃去了,孔明嘱咐守坛将士:"不许擅离方位,不许交头接耳,不许失口乱言,不许失惊打怪。如违吾令者斩之!"众皆领命。孔明缓步登坛,观瞻方位已定,焚香于炉,注水于盂,仰天暗祝。下坛入帐中少息,令军士更替吃饭。孔明上坛三次,下坛三次,并不见风。

　　却说周瑜请程普、鲁肃一般军官,在帐中伺候,只等东南风起,便调兵出;一面关报吴侯孙权接应。此时黄盖已自准备下火船二十只,船头密布大钉;船内装载芦苇干柴,灌以鱼油,上铺硫黄焰硝引燥之物,各用青布油单遮盖。船头上插青龙牙旗,船尾各系走舸乃小脚舡也。选二百精锐水手,在帐下听候,只等周瑜帐中号令下来。此时甘宁、阚泽、窝盘[一○]蔡和、蔡中在水寨中,每日饮酒,不放一卒登岸;周围尽是东吴军马,把得水泄不通,只等帐上号令下来。一个个磨拳擦掌,准备厮杀。周瑜正在帐中坐,探子来报:"吴侯船只离寨八十五里停泊,只等都督好音。"瑜即差鲁肃遍告各部下官兵将士:"俱各收拾船只军器帆桨等物,号令一出,时刻休违;倘有误失,即按军法。"各部回报,一切俱办,只等指挥。是日,看看近夜,天色晴明,微风不动。瑜对鲁肃说:"孔明之言谬也。隆冬之时,怎得东南风乎?"肃曰:"吾料孔明必不敢谬。"

　　渐渐近三更时分,忽听得风声响,旗幡动转。瑜出帐,观旗脚竟飘西北。瑜骇然曰:"此人有夺天地造化之功,有鬼神不测之术!若欲留之,乃东吴之祸根,周瑜之大患也!必杀之,免生他日之忧。"急唤帐前守护中军左右校尉丁奉、徐盛二将:"稍带二百人,一百驾船随徐盛从江内来,一百人跟丁奉从旱路去。如到南屏山七星坛前,休问长短,拿住诸葛亮,碎尸万段,将那颗头来请功。"二将欣然领命去了。

　　徐盛下船,一百刀斧手荡开棹桨;丁奉上马,一百弓箭手各跨征驹,往南屏山。离大寨只十余里,两路来杀孔明。于路正迎着东南风起。有诗曰:

　　　　七星坛上正严凝,剑击东风顷刻兴。
　　　　万里云烟皆动荡,三江波浪尽掀腾。
　　　　还乡解使高皇咏[一一],得道须教列子[一二]登。
　　　　当日孔明施妙用,致令公瑾显才能。

又诗曰:

　　　　东风一夜起江干,百万曹兵尽胆寒。
　　　　诸葛身亡千载后,再无人上七星坛。

又诗曰:

　　　　奸雄曹操起戈矛,志欲平将天下收。

第九十七回　七星坛诸葛祭风

一夜东风坛上起，曹兵百万等时休。

当日，徐盛、丁奉飞奔坛前。丁奉马军先到，见坛上执旗将士，当风而立。丁奉下马，提剑上坛，不见孔明，慌问守坛将士。将士答曰："军师却才下坛去了。"丁奉来寻徐盛，盛船已到。二人来赶孔明，忽见江边小卒曰："昨夜一只快船停在前面滩口。傍晚却见先生披发下船，那舡望上水去了。"丁奉、徐盛水陆两路追袭。徐盛教拽起蒲帆，抢风而使。遥望前船不远，徐盛立于船头，高声大叫："军师休去！都督有请！"只见孔明立于船尾，大笑而言曰："上复都督，好好用兵。诸葛亮暂回夏口，异日再容相见。"徐盛曰："暂请少住，有紧话说。"孔明曰："吾已料定都督不能用吾，必来相害，预先教赵子龙等候多时。将军休来追赶！"徐盛见前船无篷，只顾赶去。看看至近，赵云拈弓搭箭，立于船尾，大叫曰："吾乃常山赵子龙也！奉将军令，特来接军师。本待一箭射杀你来，显得两家失了和气。教你知我手段！"言讫，箭到处，射断拽篷索。那篷坠落下水，其船便横。赵云却教拽起蒲帆，乘顺风而去。其船如飞，追之不及。岸上丁奉慌唤徐盛船近岸，言曰："诸葛亮神机妙算，人不可及。更兼赵云有万夫不挡之勇，汝知他当阳长阪时否？吾等只消回话便了。"因此二人回见周瑜，说孔明预先约赵云在岸口迎接去了。周瑜大惊曰："此人如此，使吾晓夜不安矣！为今之计，不若且与曹操连和，先擒刘备、诸葛亮，以绝后患也。"试看周瑜道出此言，事将反覆，毕竟如何？

【注释】

[一] 卒病：突然生病。卒，通"猝"。

[二] 适来：刚才。

[三] 烦积：烦闷郁积。

[四] 二十八宿：古代天文学家把黄道（太阳和月亮所经天区）的恒星分为二十八个星座，称为二十八宿，四方各有七宿。

[五] 玄武：古代神话中的北方之神。与青龙、白虎、朱雀合称四方四神。其形象为龟或龟蛇合体。

[六] 鸡羽为葆：用鸡毛扎成羽葆。羽葆，一种仪仗，以鸟羽扎在竿头作装饰。

[七] 风信：风的动静起止。

[八] 风色：风的吹向强弱。

[九] 皂纛：黑色大旗。

[一〇] 窝盘：在身边陪伴。此处意为缠住、稳住。

[一一] 还乡解使高皇咏：能使衣锦还乡的汉高祖（刘邦）吟唱《大风歌》。

[一二] 列子：战国时郑人。名御寇。传说他能乘风而行。

第九十八回　周公瑾赤壁鏖兵

　　却说周公瑾当闻徐、丁二将,言孔明神机妙算如此,瑜遂有和曹害刘之心。鲁肃闻而谏曰:"都督岂可以小失而废大事?曹操甚于刘备十倍,若不破曹,丧无日矣。曹破之后,攻刘未迟。"周瑜从肃之言,唤集诸将听令,先教甘宁:"带了蔡中并降卒沿南岸而进,只打北军旗号,直取乌林地面,正当曹操屯粮之所,深入军中,举火为号。只留下蔡和一人在帐下,我有用处。"甘宁领计去了。第二唤太史慈吩咐:"你可领三千兵,直奔鄂县地界①,断曹操合肥接应之兵,就逼曹兵,放火为号;尽看红旗,便是吴侯接应兵到。"这两队兵最远,先发。第三唤吕蒙领三千兵,往乌林接应甘宁,焚烧曹操寨栅。第四唤凌统引三千军,直截州陵[一]界首②,只看乌林火起,以兵应之。第五唤董袭引三千军,直取汉阳,从汉川杀奔曹操寨中③,看白旗接应。第六唤潘璋引三千军,尽打白旗,随从取汉阳,接应董袭。六队船只,各自分路去了。却令黄盖使小卒驰书报操云:"今夜二更,但看船头上插青龙牙旗,即黄某之粮船也④。"黄盖一面发书,一面安排火船停当。周瑜背后拨四队战船⑤,以为策应:第一队领兵军官韩当,第二队领兵军官周泰,第三队领兵军官蒋钦,第四队领兵军官陈武。四队各引战船三百只,前面各摆列火船二十只压阵。周瑜、程普在大艨艟上调兵,左有徐盛,右有丁奉,只留鲁肃共阚泽、庞统及众谋士守寨,伺候上功。

　　却说吴侯孙权差使者持兵符至,说已差陆逊为先锋,直抵蕲春地面进兵⑥,吴侯自为后应。周瑜调兵整整有法,程普钦服不已。瑜又差人西山放火炮,南屏山举号旗。一齐准备已定,只等黄昏。

　　话分两头。却说刘玄德在于夏口,专候孔明回,忽见一宗船到,乃是公子刘琦自来探消息。玄德请敌楼上坐,说:"东南风起多时,子龙去接孔明,至今不见到,吾心甚忧。"小校指樊口港中:"一帆风送扁舟来到,必军师也。"玄德、刘琦下楼迎接。须臾到岸,孔明、子龙登岸。玄德笑容鞠躬,问候毕,孔明曰:"且无闲暇告诉周折⑦。前者所约军马战船,皆已办否?"玄德曰:"收拾久矣,只候军师调用。"孔明与赵云曰:"子龙可带三千军马渡江,径取乌林小路,拣树

---

① 原作"直奔黄州地界"。"黄州"系隋以后地名,其地东汉时属鄂县。
② 原作"直截夷陵界首"。夷陵在赤壁西北数百里,远离战场。据地理改。
③ 原作"杀溃曹操寨中"。据叶逢春本改。
④ 原作"言定今夜二更,但看船头上插青龙牙旗,即黄某之粮船也。云云"。"言定"、"云云"赘,据叶逢春本删去。
⑤ 原作"周瑜背后拨四只战船"。据叶逢春本改。
⑥ 原作"直抵蕲黄地面进兵"。承第八四回改。
⑦ 原作"但无闲暇,告诉周折"。据叶逢春本改。

第九十八回　周公瑾赤壁鏖兵

林芦苇密处埋伏。今夜四更以后,曹操必然从那条路奔走。等他军马过,就半中间放起火来。虽然不杀他尽绝,也杀一半。"赵云曰:"乌林有两条路,一条通竟陵,一条取江陵①,不知向哪条路来?"孔明曰:"竟陵势迫,曹操不敢往;必往江陵②,然后大军投许都而去。"子龙领计去了。又唤张飞曰:"益德你可引三千兵渡江,截断江陵这条路③,去葫芦谷口埋伏。曹操来日雨过,必然来埋锅造饭④。只看烟起,便就山边放起火。虽然不捉得曹操,益德这场功,料也不善。"张飞领计去了。又唤糜竺、糜芳、刘封三人各驾船只,绕江剿掳败军,夺取器械。三人领计去了。孔明起身与公子刘琦曰:"沙羡一望之地⑤,尤为紧要。公子便回,率领所部之兵,陈于岸口。操一败,必有逃来者,就而擒之,却不可轻离城郭也。"刘琦便辞玄德、孔明去了。孔明与玄德曰:"主公可于樊口屯兵,凭高而望,坐看今夜周郎成大功也。"

时有云长在侧,孔明全然不睬他。云长思之半响,忍耐不住,乃高声曰:"关某自随兄长征战,许多年来未尝相离。今日逢大敌,不肯委用,此是何意?"孔明笑曰:"云长勿怪。某本欲烦足下把一个最紧要的隘口,争奈有些违碍,不敢教去。"云长曰:"有何违碍?愿请见谕。"孔明曰:"昔日曹操待足下甚厚,誓以报之。今日操兵败,必走华容道[二],若令足下去时,必然放他过去,因此不敢教去。"云长曰:"军师好心多。当初曹操委是[三]重待某,某已杀颜良,诛文丑,解白马之围,已报讫。今日撞见,岂容放免!"孔明曰:"倘若放过了,然后如何?"云长曰:"愿依军法!"孔明曰:"既如此,立下文书。"云长与了军令状。云长曰:"若曹操不从那条路上来,如何?"孔明曰:"我与你军令状。"玄德大喜。孔明曰:"云长可于华容小路高山之处,堆积柴草,放起一把火烟,引曹操来。"云长曰:"曹操望见烟,知有埋伏,如何肯来?"孔明笑曰:"此正是兵书云'实实虚虚'之论。虽是操善知兵,此却可以瞒过他也。他见烟起,将为虚张声势,只道吓他,定然投这条路来。将军休得容情。"云长领了将令,引关平、周仓并五百校刀手,投华容道埋伏去了。玄德曰:"吾弟云长,义气深重,若曹操果然投华容道去时,只恐端的[四]放了。"孔明曰:"亮夜观乾象,曹操未合身亡。留这恩念,故意等云长做个人情,亦是美事。"玄德曰:"先生神算,世罕及也!"孔明曰:"来日大雨之后,曹操必走华容道。吾今与主公往樊口,试看周瑜用计。"留孙乾、简雍守城,即便而行。

却说曹操在大寨中,与众将商议,只等黄盖消息。当日东南风起甚紧。程昱入告曹操曰:"今日东南风起,甚是不祥,望丞相察之。"操笑曰:"冬至一阳生,来复之时,安得无东南风?何足为怪!"军士忽报江东一只小舡来到,说有黄盖密书。操教急唤入。其人呈上书。书中

---

① 原作"一条通南郡,一条取荆州"。南郡本属荆州,二者不应并列;此处"荆州"实指江陵,系南郡郡治,也不应与南郡并列。据下文及地理改。
② 原作"南郡势迫,曹操不敢往;必来荆州"。承①改。
③ 原作"截断夷陵这条路"。夷陵在江陵西北,原文不合情理。承①改。
④ 原作"曹操不敢走南夷陵,必望北夷陵去。来日雨后,必然来埋锅造饭"。东汉三国无"南夷陵"、"北夷陵"地名。承③改。
⑤ 原作"武昌一望之地"。此处"武昌"为唐以后地名,其地东汉时属沙羡。

诉说：

为周瑜关防[五]得紧，因此无计脱身。今拨得鄱阳湖新运到粮，尽已装载了当。见今周瑜差盖巡哨，已有方便。盖好歹自杀江东名将，献首纳降。料是只在今晚二更，船上插青龙牙旗，即粮船也。

操大喜，遂与众将来水寨中大船上，观望黄盖船到。

却说江东，天色向晚，周瑜唤出蔡和，令军士缚倒。和叫无罪，瑜曰："汝是何等人，敢来诈降！吾今缺少福物[六]祭旗，愿借汝首级。"和抵赖不过，大叫曰："汝家阚泽、甘宁亦曾预谋！"瑜曰："皆吾之所使也。"蔡和悔之无及。瑜令牵至江边皂纛旗下，奠酒烧纸，一刀斩了蔡和，用血祭旗毕，便令开船。黄盖在第三只火船上，独披掩心，手提利刃，旗上大书"先锋黄盖"。盖乘一天顺风，望赤壁进发。是时东风大作，波浪汹涌。曹操在中军遥望隔江，看看月上，照耀江水，如万道金蛇，翻波戏水。操迎风大笑，自言得志。忽一军指说："江南上隐隐一簇帆幔，使风而来。"操凭高望之。报称皆插青龙牙旗，内有大旗，上书"先锋黄盖"名字。操笑曰："公覆来降，此天助吾也。"来船渐近。程昱看之良久，复曹操曰："来船必诈，且休教近寨。"操曰："何以知之？"程昱曰："粮在船中，重而行稳；今观来船，轻而且浮。更兼今夜东风甚紧，倘有诈谋，何以当之？"操曰："然。谁去止之？"文聘曰："某水上颇熟，愿当一往。"言毕，跳下小船，用手一指，十数处巡船随文聘舡出。聘立于船头大叫："丞相钧旨，南船且休近寨，就江心抛住。"众军齐叫："快下了篷！"言未绝，弓弦响，文聘被箭射穿左臂①，倒在船中。船上鼎沸，各自奔回。南船隔操寨二里水面②，黄盖用刀一招，前船一齐发火。火趁风威，风趁火势，船如箭发，烟火涨天。二十只火船撞入水寨，所撞之处，尽皆钉住。隔江炮响，四下火船齐到，但见三江面上，火逐风飞，一派通红，映天彻地。

曹操回观岸上营寨，几处烟火。黄盖跳在小舡上，背后人驾舟，冒烟突火，来捉曹操。操见势急，欲待跳岸口，张辽驾一小脚舡，扶操下得船时，那只大船已自着了。张辽与十数人保护曹操在小船中，飞奔岸口。黄盖望见穿绛红袍者下船，料是曹操，黄盖脚踏船头，手提利刀，高声大叫："曹贼休走！黄盖在此！"操叫苦连声。黄盖船将次赶上，张辽拈弓搭箭，觑着黄盖较近，一箭射去。黄盖在火光中，哪里听得弓弦响，正中肩窝，翻身落水。毕竟黄盖性命如何？

【注释】

[一] 州陵：县名。属荆州南郡。治所在今湖北嘉鱼西北。

[二] 华容道：指华容小路。华容，县名，属荆州南郡，治所在今湖北监利东北。

---

① 原作"文聘被箭射穿左背"。据叶逢春本改。
② 原作"船到操寨，隔二里水面"。据文意改。

[三] 委是：确实是。
[四] 端的：真的，果然。
[五] 关防：防范，防备。
[六] 福物：祭品。多指祭神的酒肉，因祭后散与众人分食，叫做"散福"，故称。

第九十九回　曹操败走华容道

却说当日满江火滚，喊声震地，左边是韩当、蒋钦两军从赤壁西边杀来，右边是周泰、陈武两军从赤壁东边杀来，正中间是周瑜、程普、徐盛、丁奉大队船只都到。火须兵应，兵仗火威。此时正是三江水战，赤壁鏖兵。着枪中箭。火焚水溺，军马死者不计其数。有赋曰：

汉朝欲灭，曹操独雄。领大兵初临塞北，列战舰以图江东。力似峨峨之泰山，势如浩浩之穹窿。剑佩交加，尽参随于玉帐；兜鍪错杂，皆显耀于艨艟。时也！天气严寒，江声吼冻。夜月上而星斗昏，东风起兮天地动。展黄盖之神威，助周郎之妙用。流光闪烁，涌一派沧浪[一]之波；烈焰飞腾，扫百万貔貅之众。俄尔，巽二[二]施威，孟婆[三]震怒，祝融发雷霆之声，荧惑荡乾坤之步。波底鱼龙，云间乌兔，愁海竭而江枯，总魂惊而魄惧。帆樯森耸，皆为风内之灰；士卒狰狞，已绝阳关之路。忽见将冲红焰，军突黑烟，周泰捻衡钢之槊，韩当挽雕弓之弦，蒋钦捐躯而挫锐，陈武舍命而争先。公瑾周郎，谈笑独挥其麈尾；德谋程普，往来尽仗乎龙泉。乃有徐盛辅合于丁奉，吕蒙协助于甘宁。凌统提兵，杀散山前之阵；潘璋纵火，焚烧岸上之营。太史慈断蕲、黄之要道，董元代①劫江、汉之途程。吴侯驾船为后应，陆逊驱骑而前征。恍若密布天罗，深埋地网。乘马者莫可加鞭，驾船者安能荡桨？风送火势，焰飞千丈之光；火趁风威，声撼半天之响。焦头烂额以浮沉，粉骨碎身而偃仰。嗟吁呼！遍野横尸，满江翻血。闻鬼哭而神号，似天崩而地裂。孔明回还夏口兮，风正狂；孟德败走华容兮，火未灭。数既难逃，天已剖决。鼎分三国之山河，名播一时之豪杰。

宋贤有诗曰：

浩浩长江风浪生，当年赤壁夜交兵。
负忠若不因黄盖，妙计何曾识孔明？
战舰艨艟乘烈焰，征驹铁甲陷连营。
二桥稳坐东吴地，留得周郎万古名！

又诗曰：

魏吴争斗决雌雄，赤壁楼船一扫空。
烈火初张照云海，周郎曾此破曹公。

又诗曰：

漫夸黄盖施猛火，须仗诸葛夏口风。
况是周郎谋太毒，盈江战舰一时空！

胡曾先生《咏史》诗曰：

---

① 原作"董元伐"。据《三国志·吴书·董袭传》改。

烈焰西焚魏帝旗，周郎开国虎争时。
交兵不用挥长剑，已挫英雄百万师！

当夜，张辽一箭射黄盖下水，因此救得曹操登岸，寻着马匹走时，军已大乱。

先说韩当冒烟突火来攻水寨，忽听得士卒报道："后梢舵上一人高叫将军表字。"韩当听之，但闻高叫："义公救我！"当曰："此必黄公覆也！"乃急救起，果是黄盖。咬出箭杆，箭头陷在肉内。当叫急脱去湿衣，用刀剜出箭头，扯旗束之，脱自己战袍与黄盖穿，先令别船送盖回寨疗理。只为黄盖深知水性，大寒之时，和甲堕江，也逃得性命。

不说江中鏖兵。却说甘宁令蔡中引入曹寨深处，宁将蔡中一刀砍于马下，就草上放起火来。吕蒙遥望中军火起，也放十数处火，接应甘宁。潘璋、董袭分头放火呐喊，四下鼓声大震。曹操共张辽引百余骑，在火林内走，遍看前面，无一处不着。正走之间，毛玠救得文聘性命，引十数骑到。操令一处寻路行。张辽指道："只有乌林地面，空阔可走。"操径趋乌林地面。正走之间，背后一军赶到，大叫："曹贼休走！"火光中现出吕蒙旗号。操催军马向前，留张辽断后敌吕蒙。前面火把从山峪拥出一军摆开大叫："凌统在此！"前后掩杀。曹操肝胆皆裂，忽刺斜一彪军到，大叫："丞相休慌！徐晃在此！"引军混战，冲条走路。背后又有一支曹军赶来，因此吕蒙、凌统恋住厮杀，被张辽、徐晃保曹操去了。操望南走，见一队马军屯在山坡前。徐晃出问，乃是袁绍手下旧日降将马延、张颚，有三千余北地军马，列寨在彼；当夜见满天火起，未敢转动，因此接着曹操。操就教二将引一千军马开路，其余留着护身。操得这支生力马军，心中稍安。

却说马延、张颚二将飞急前去，行不到十里，喊声起，一彪军出。马延问之，那员将大呼曰："吾乃东吴甘兴霸也！"言未毕，一刀斩延于马下。张颚挺枪迎之，被甘宁大喝一声，颚措手不及，宁随即一刀，斩颚于马下①。后军飞报曹操，说二将皆被甘宁斩之。操拨回马望西便走②。路上撞见张郃，操令断后。

纵辔加鞭，走至五更，回望火光渐远，操心方定，问曰："此是何处？"数内有荆州降将曰："此是乌林之西③。"操见树木丛杂，山川险峻，正行之间，于马上仰面大笑不止。诸将问曰："丞相何故大笑？"操曰："吾不笑别人，单笑周瑜无谋，孔明不智。若是吾用兵之时，预先要这里埋下一军，如之奈何？因此故笑。"说犹未了，两边鼓声响处，火烟竟天而起，惊得曹操几乎坠马。半腰里一彪军杀出，众军皆叫："赵子龙在此等候多时！"操教徐晃、张郃双攻赵云，自己冒烟突火而去。子龙寻思："归师勿掩，穷寇勿追。"因此不来追赶，只顾夺掳旗帜。曹操得脱。

天色微明，黑云罩地，东南风尚然不息。骤雨大降，浑似盆倾瓮瀽④，透湿衣甲。冒雨而行，行不到两个时辰，身上无一寸干衣。辰时以后，雨止风息，诸军皆有饥色。操令军士往村

---

① 原作"措手不及，随即一刀，斩颚于马下"，语意含混。承上文，分别加主语"颚"、"宁"。
② 原作"操不敢望南夷陵走，拨回马望西便走"。东汉三国无"南夷陵"地名，夷陵则在江陵西北，故删去"不敢望南夷陵走"。
③ 原作"此是乌林之西，宜都之北"。乌林在江陵东南，宜都在江陵之西，原文方位误，故改。
④ 原作"盆倾瓮塞"。参照叶逢春本改（瀽，泼，倒）。

落中掳掠粮食,寻觅火种。去不多时,又听得山后火起,军士皆回,寻得些小粮米,操教载在马上而行。后军赶到,操心正慌,原来却是本部下军兵,为首将李典、许褚,保护得众谋士百余骑赶到。操大喜,令军马且行,问道:"前面是哪里地面?"人报:"一边是大路,一边是山路①。"操问:"哪里投南郡江陵去近?"伏道人禀曰:"取山路过葫芦口去最便②。"操教走山路③行至葫芦口,军皆饥馁,行走不上,马亦渐乏,走着倒了者极多。操教前面暂住。马上有稍带得锣锅的,也有村中掳得粮米的,便就山边拣干处埋锅造饭,割马肉烧吃。尽皆脱去湿衣,于风头晒晾。马皆摘鞍野放,咽咬草根。操坐于疏林之下,仰面大笑。众官问曰:"适来丞相笑周瑜、诸葛亮,引出个赵云,折了许多人马。如今又笑为何?"操曰:"吾知诸葛亮、周瑜虽有将才,智不足耳。若我用兵时,就这个去处,也埋伏一彪军马。他是'以逸待劳'之众,吾是'救死不暇'之人,纵然脱得性命,皆不免重伤矣。吾故以笑之。"说犹未了,前军后军一齐发喊。操等皆弃甲上马④,多有不及收马者。四下早有火烟布合,山口一军摆开,为首者乃燕人张益德也,横矛立马,大叫:"操贼下马受缚!"诸军众将见了张飞,尽皆胆落。许褚骑无鞍马,来战张飞。张辽、徐晃二将,纵马也来夹攻。两边军混战做一团。操乘空走过,诸将各自脱身。张飞从背后来赶曹操。操迤逦奔逃,追兵渐远,回顾众将,多有带伤者。

　　操行之间,前面有两条路,军士复曰:"两条路皆取江陵⑤,不知从哪条路去?"操问:"哪条路近?"军士曰:"大路稍平,却远五十余里。小路投华容道,却近五十余里;只是地窄路险,坑坎难行。"操令人上山望之,回报小路山边有数处烟起,大路并无动静。操教前军便走华容道小路。诸将曰:"烽烟起处,必有军马,何故到走这条路?"操曰:"岂不闻兵书有云:'虚则实之,实则虚之。'诸葛亮见识,故使数个小卒于山僻烧烟,令我军不敢从这条山路走,却伏兵在于大路等着。吾料已定,因此教走华容。"诸将皆曰:"丞相妙策,人不可及。"遂勒兵走华容道,径奔江陵⑥。于路如何?

【注释】

[一] 沧浪:青苍色。

[二] 巽二:风神。

[三] 孟婆:亦为风神。

---

① 原作"一边是南夷陵大路,一边是北夷陵山路"。承上文改。
② 原作"取南夷陵过葫芦口去最便"。承上文改。
③ 原作"操教走南夷陵"。承上文改。
④ 原作"操皆弃甲上马"。据叶逢春本,加"等"字。
⑤ 原作"两条路皆取南郡"。此时曹操已在南郡境内,"取南郡"不通,应是到郡治江陵。
⑥ 原作"径奔荆州"。此处"荆州"实指江陵。

第一百回　关云长义释曹操

曹操当日引军走华容道。此时人皆饿倒，马尽走乏。焦头烂额者扶策[一]而行，中箭着伤者强勉而走。衣甲湿透，个个不全；军器旗幡，纷纷不整。太半皆是道上被赶得慌①，只骑得划马[二]，鞍辔衣服，尽皆抛弃。正值隆冬严寒之时，其苦何可胜言。

望前面而行，不到十里，军马不进。操问为何，回报曰："前面是山僻小路，早晨下雨，坑堑内积水不流，泥陷马蹄，不能前进。"操大怒曰："军旅之道，逢山开路，遇水叠桥，岂有泥泞不堪行之理！"传下号令，教老弱中伤军士，在后慢行，强壮者担土束柴，搬草运芦，填塞道路，务要即时行动，如违令者斩之。众军多半下马②，就路旁砍伐竹木，于路填塞。操恐后军来赶，令张辽、许褚、徐晃引百骑执刀在手，但迟慢者斩之。此时军已饿乏，众皆倒地。操喝令人马践踏而行，死者不可胜数。号哭之声，于路不绝。操怒曰："死生有命，何哭之？如有再哭者，立斩之！"华容道上三停人马，一停落后，一停填了坑堑，一停跟随曹操。过险峻，路稍平妥。操回顾，止有三百余骑随后，并无衣甲袍铠整齐者。操催行动，众将曰："马尽乏矣，只好少歇。"操曰："赶到江陵将息[三]未迟③。"又行不到数里，操在马上加鞭大笑。众将问："丞相笑者何故？"操曰："人皆言诸葛亮、周瑜足智多谋，吾笑其无能为也。今此一败，吾自是欺敌之过。若使此处伏一旅之师，吾等皆束手受缚矣。"

言未毕，一声炮响，两边五百校刀手摆列，当中关云长提青龙刀，跨赤兔马，截住去路。操军见了，亡魂丧胆，面面相觑，皆不能言。操在人丛中曰："既到此处，只得决一死战！"众将曰："人纵然不怯，马力乏矣，战则必死！"程昱曰："某知云长傲上而不忍下，欺强而不凌弱；人有患难，必须救之，仁义播于天下。况丞相旧日有恩在彼处，何不亲自告之，必脱此难矣。"操从其说，即时纵马向前，欠身与云长曰："将军别来无恙？"云长亦欠身答曰："关某奉军师将令，等候丞相多时。"操曰："曹操兵败势危，到此无路，望将军以昔日之言为重。"云长答曰："昔日关某虽蒙丞相厚恩，某曾解白马之危以报之。今日奉命，岂敢为私乎？"操曰："五关斩将之时，还能记否？古之人，大丈夫处世必以信义为重。将军深明《春秋》[四]，岂不知庾公之斯追子濯孺子者乎？"云长闻之，低首良久不语。昔日，春秋之时，郑国有一贤大夫，名子濯孺子，深精弓矢之艺。郑使子濯孺子领兵侵卫，卫使其将庾公之斯迎之。郑兵大败，卫使庾公之斯追之。从者曰："卫兵至近，大夫可以用箭射之。"子濯孺子曰："今日我疾作，不可以执弓。追兵近，吾心死矣！"乘车而走。卫兵赶上，子濯孺子问曰："追我者谁也？"左右曰："卫将庾公之斯也。"子濯孺子曰："吾生矣！"左右曰："庾公之斯乃是卫国第一善射者，又与大夫无故旧之亲，何言生也？"子濯孺子曰："虽与我无亲，他曾于尹公之他处学艺来。尹公之他却是我的徒弟。尹公之他是个正直之人，其朋友必是正人也。我故知其人必不肯加害于我，故言我生也。"左右未信。忽果庾公之斯追至，大叫曰："夫子何不持弓矢

---

① 原作"太半皆是夷陵道上被赶得慌"。承上文，删去"夷陵"二字。
② 原句无主语"众军"。据文意加。
③ 原作"赶到荆州将息未迟"。承第九九回改。

乎？"子濯孺子答曰："今日吾臂疼，不可以执弓也。"庾公之斯曰："我昔日学射于尹公之他，尹公之他学射于夫子，我不忍以夫子之艺反害于夫子。虽然如此，今日之事乃君之事也，我不敢废。"遂抽矢去其箭头，发四矢而回焉。于是子濯孺子得命而还郑。天下称义。出《孟子》。当时曹操引这件事①。云长是个义重如山之人，又见曹军惶惶，皆欲垂泪；云长思起五关斩将放他之恩，如何不动心？于是把马头勒回，与众军曰："四散摆开。"这个分明是放曹操的意。操见云长勒回马，便乘空和众将一齐冲将过去。云长回身时，前面众将已自护送操过去了。云长大喝一声，众皆下马，拜哭于地。云长不忍杀之。正犹豫中，张辽纵马至。云长见了，亦动故旧之心，长叹一声，并皆放之。后来史官有诗曰：

彻胆长存义，终身思报恩。
威风齐日月，名誉震乾坤。
忠勇高三国，神谋陷七屯。
至今千古下，军旅拜英魂。

又诗曰：

曹公兵败走华容，正与云长狭路逢。
盖为当初恩义重，故开金锁放蛟龙。

曹操既脱华容之难，行至谷口，顾所跟随军兵，止有二十七骑。比及天晚，已近江陵②，火把齐明，一簇人马拦路。操曰："吾命休矣！"只见一群哨马冲到，方认得是曹仁军马。操才安心。曹仁接着言道："虽知兵败，不敢远离，故此附近迎接。"操曰："几与汝不相见也！"接入江陵。随后张辽也到，言云长之德。陆续败兵皆随首将归江陵。操点将校，中伤者极多，操令将息。坐至半夜，仰天大恸。众将曰："丞相于虎窟龙潭中逃难之时，全无惧怯；今已到城中，人已得食，马已得料，整顿军马，再去复仇，何故痛哭？"操曰："孤哭郭奉孝耳。"众将曰："郭嘉已丧久矣，此哭何意？"操曰："若郭奉孝在，不使孤有此大失矣！"遂搥胸大哭曰："哀哉奉孝！痛哉奉孝！惜哉奉孝！"众皆默然。史官有诗曰：

纬地经天实可夸，少年才学冠中华。
曹公深识真梁栋，兵败犹然想郭嘉。此时深赞郭嘉之才，可惜先亡，以致操深思痛哭于中夜。

次日天晚，曹操唤曹仁曰："吾今暂回许都，收拾军马，必来复仇。汝可保全南郡，坚壁休出。若攻打至急，吾有一计，密封在此③，非急休开；开则依计用之，百发百中，使东吴不敢正视南郡。曹洪等亲密之将，尽拨与汝④。所有荆州原降文武，吾尽带回许都升用。"仁曰："合肥、襄阳，谁可守之？"操曰："南郡是汝领之⑤；襄阳吾已拨夏侯惇守之；合肥最为紧要之地，吾令张

---

① 此句后原有"说犹未了"。据郑本《三国》删。
② 原作"已近南郡"。承第九九回改。
③ 原作"密留在此"。据叶逢春本、余本《三国》改。
④ 原作"曹仁等亲密受之。'将军马尽拨与汝'"。据叶逢春本、余本《三国》改。
⑤ 原作"荆州是汝领之"。从上下文看，曹仁所掌仅为南郡。

辽为主将，乐进、李典为副将，保守此地。但有缓急，飞报将来。"曹操分拨已定，遂上马引七百余骑，连夜奔许都而去。曹仁乃遣曹洪据守夷陵[五]，为江陵之势①，以防周瑜。

却说关云长引五百校刀手，回见玄德。此时诸军皆得马匹器械钱粮，已回夏口，精神百倍。云长不获一人一骑，尽皆放了，空回见玄德。孔明正在厅上作贺，忽报云长至。孔明忙离座席，执杯相迎曰："且喜将军立此盖世之功，与普天下除其大害，合宜远接庆贺！"云长默然。孔明曰："将军莫非因吾等不曾远接？"回顾左右曰："汝等缘何不先报复？"云长曰："关某特来请死。"孔明曰："莫非曹操不曾投华容道上来也？"云长曰："是从那里来。关某无能，因此走透。"孔明曰："拿得甚将士来？"云长曰："皆不曾拿得。"孔明曰："此是云长想曹操昔日之恩，故意放了。昔日高祖斩丁公[六]②，封雍齿[七]，所以正军法也。王法乃国家之典刑，岂容人情哉！既已责下令状，罪不能免，推出斩之，以正军法！"云长性命未知如何，且听下回分解。

【注释】

[一] 扶策：拄着拐杖。策，拐杖。
[二] 划马：没有鞍的马。
[三] 将息：休息，休养。
[四] 《春秋》：我国现存最早的编年史。由孔子根据鲁国史官编写的《鲁春秋》，并参考其他记载修成。被奉为儒家经典。
[五] 夷陵：县名。属荆州南郡。治所在今湖北宜昌东。
[六] 丁公（？—前202）：项羽部将。曾围攻刘邦于彭城（今江苏徐州）西，因刘邦求情，旋即退兵。刘邦称帝后，往见，刘邦却以"使项王失天下者，乃丁公也"为因而斩之。
[七] 雍齿（？—前193）：秦末泗水沛县（今属江苏）人。随刘邦起兵反秦，因与刘邦有隙，叛归魏王，后复从刘邦。刘邦称帝后分封功臣，因诸将争功不决，乃先封他为什方侯，以安抚群臣。

---

① 原作"为南郡之势"。夷陵属南郡，不应与南郡对举。此处"南郡"实指郡治江陵。
② 原作"昔日斩丁公"。据余本《三国》改。

卷之十一

第一百一回　周瑜南郡战曹仁

却说孔明欲斩云长，玄德乃告之曰："昔吾弟兄三人结义之时，誓同生死；今日兄弟犯法，固当死罪，奈何违却前盟。望权记过，后将功赎之。"众皆哀告，孔明方才饶了。

却说周瑜收功点将，各各类功申报吴侯。所得降卒，尽行发付渡江。赏劳了毕，遂进兵攻取南郡即江陵也。前队临江下了寨，后分五营，周瑜居中。瑜与鲁肃、程普共议玄德之事。军士报复："刘玄德使孙乾来与都督作贺。"瑜命请入。乾施礼毕，言："主公特命乾再拜都督大德，辄有薄礼上献。"瑜问曰："玄德在何处？"乾答曰："见移兵屯油江口[一]。"今时江陵管下公安县是也。瑜惊曰："有孔明否？"乾曰："敢有在彼。"瑜曰："足下先回，某亲来相谢也。"瑜纳了礼物，孙乾先回。肃问瑜曰："却才都督为何失惊？"瑜曰："刘备屯兵油江口，必有取南郡之意。我等费了许多军马，用了许多钱粮，害了许多生灵，眼觑南郡反手可得；彼等心怀不仁，要就见成，须放着周瑜不死！"肃曰："当何策退之？"瑜曰："我自去和他说话。若应允得，便罢；如不应允，未及他取南郡，先结果了刘备！"肃曰："某愿同往。"周瑜、鲁肃引三千轻骑，径投油江口来。

却说孙乾回见玄德，说周瑜亲来相谢。玄德乃问孔明曰："来意若何？"孔明笑曰："哪里为这些薄礼肯来相谢，止为南郡而来。"玄德曰："若提起①，若何？"孔明曰："他来便可如此如此应答。"玄德已知会了。孔明于油江口摆开战船，岸上就列许多军马。人报周瑜引兵到来。孔明使赵云领数骑来接。瑜见军势雄壮，心甚不安。行至营门外，玄德、孔明接着，请到帐中。各叙礼毕，两边对坐。玄德举酒频以美言致谢鏖兵之事。酒至数巡，瑜曰："玄德公移兵在此，莫非有取南郡之意否？"玄德曰："闻知足下欲取南郡，故来相助。若都督不取，备必取之。"瑜笑曰："吾东吴久欲吞并江汉②，今南都已在掌中，如何不取？"玄德曰："胜负不可预定。自古云：'欺敌者亡。'又俗语云：'事无必取。'曹操北归，令曹仁守南郡等处，必有奇计。更兼曹仁勇不可当，但恐都督不能取耳。"瑜曰："待吾取不得南郡，从公取之。"玄德曰："子敬、孔明在此为证，都督却休反悔。"瑜曰："大丈夫一言既出，驷马难追，何悔之有！"孔明曰："都督此言极是公论。古人云：'天下者，非一人之天下，乃天下人之天下也。'先尽东吴去取；若不下，主公取之是也，有何不可哉！"周瑜相辞。

玄德送瑜上马而去，回问孔明曰："却才先生教备如此回答，虽一时间说了，展转寻思，于理未然。刘备孤穷一身，四海无置足之地，若得南郡，权且容身。不争先教周瑜取去了，城池已属东吴矣，却如何得住？"孔明大笑曰："当初亮劝主公取荆州，主公不听，今日却想耶？"玄德曰："事已至此，无可奈何。"孔明曰："不须主公忧虑。尽着周瑜去厮杀，早晚教主公在江陵城

---

① 原作"若提兵来"。据叶逢春本、余本《三国》改。
② 原作"吾东吴久欲吞并汉江"。南郡（此处实指江陵）不在汉水流域。据文意改（江汉，代指荆州）。

中高坐①。"玄德问曰:"良计安在?"孔明曰:"只须如此如此。"玄德大喜,只理会在江口屯扎,按兵不动。

却说周瑜和鲁肃回寨,肃曰:"都督如何也许玄德取城?"瑜曰:"吾弹指可得南郡,落得虚做人情。"随问帐下将士曰:"谁敢先取江陵②?"一人应声而出,乃蒋钦也,躬身上帐曰:"某愿取。"瑜曰:"汝为先锋,可使徐盛、丁奉为副将,拨五千精锐军马,首先渡江。吾随后以为应兵。"蒋钦领兵去了。

却说曹仁在江陵③,先吩咐曹洪守夷陵以为掎角之势,深沟高垒而不出战。人报吴兵已渡大江④,必须迎之。仁曰:"坚守勿战为上。"骁将牛金奋战而进曰:"吴兵临城而不出战,是怯也。况吾兵新败,若不重扶锐气,军皆堕也。愿借五百军士,某当决一死战!"仁从之,令牛金出城迎敌。两阵对圆,牛金出马⑤,与丁奉更不答话,约战四五合,丁奉败走,牛金引五百军士追赶入阵。蒋钦指挥五千军一裹⑥,围牛金于阵中,左右冲突,不能得出。曹仁在城上望见牛金困于垓心,慌教左右备马。长史陈矫谏曰:"丞相以重任托付将军,牛金不听约束,妄自出战,以致如此。假使便弃此数百人,何苦将军轻出而救乎?"仁曰:"不然。牛金一失,则江陵不可保也。"遂披甲上马,引麾下壮士数百骑出城。陈矫于城上助喊擂鼓。曹仁领兵离吴兵百余步,逼于一沟之上。陈矫欲教曹仁只就那里住扎,遥与牛金为势。只见曹仁大呼一声,骤马就飞过浅沟。众皆奋力而过。仁独当先,挥刀杀过吴阵。徐盛迎之,不能抵当。曹仁杀到垓心,救出牛金。仁回顾尚有数十骑在阵不能得出,遂复回突入重围,所到之处莫敢拦阻,又救出这一彪军马。正遇蒋钦拦路,仁奋力冲散。牛金助威,仁弟曹纯亦引兵出,混杀一阵,吴军大败。曹仁得胜,缓缓而回。陈矫等迎门接着,举杯称贺:"将军真天神也!"

却说蒋钦兵败,折军数多,回见周瑜。瑜大怒,欲斩之,众将告免。瑜即点兵要与曹仁决战,甘宁出曰:"都督未可造次。今曹仁令曹洪据守夷陵,为掎角之势,某愿乞精兵三千,径取夷陵,都督然后可取江陵也。"瑜服其论,先教甘宁领三千兵,攻打夷陵。早有细作渡江报知曹仁,仁慌与陈矫商议。矫曰:"将军若不救夷陵,则江陵必有失也。"仁从之,遂令曹纯并骑将牛金,暗地领兵三千救曹洪。纯乃先使人报知曹洪,令洪在前诱敌,"吾当断后"。

却说甘宁引兵至夷陵,洪出与甘宁交锋。战有二十余合,洪败走,宁夺了夷陵。至黄昏时,曹纯、牛金兵到,两下相合,围了夷陵。探马飞报周瑜,备说甘宁困于夷陵城中。瑜大惊,程普曰:"可急分兵救之。"瑜曰:"此处正当冲要之地,若分兵去救,倘曹仁引兵袭来,两下皆误。"吕蒙突然而出曰:"甘兴霸乃江东股肱之臣也,若不救之,何以使人哉?"瑜曰:"吾欲自往

---

① 原作"早晚教主公在南郡城中高坐"。南郡系郡名,而非具体城名。此处指郡治江陵。
② 原作"谁敢先取南郡"。南郡共辖十七县,此处指郡治江陵。
③ 原作"却说曹仁在南郡"。据下文"曹洪守夷陵",此处指江陵。
④ 原作"人报吴军已渡汉江"。江陵不在汉江边。据《三国志·吴书·周瑜传》改。
⑤ 原作"仁从之,令牛金出马"。据余本《三国》增补。
⑥ 原作"奉指挥五千军一裹"。据叶逢春本、余本《三国》改。

救之,留何人当此大任?"吕蒙曰:"留凌公绩①当之。蒙以为前驱,都督断后,不须十日,必和凯歌。"瑜曰:"未知凌公绩敢当此任乎?"凌统曰:"若十日为期,可当之;十日之外,不称其职矣。"瑜大喜,留兵万余付与凌统,即日起兵投夷陵来。蒙对瑜曰:"夷陵南僻小路,取江陵极便,只是山路隘险。可差五百小军去小路上砍倒柴薪,断绝此处。敌军若走,可得其马;如胜则连夜进兵,便袭江陵,一鼓而可得也。"瑜从之,问谁可突围而入,以报甘宁②。周泰出曰:"某愿往。"即时绰刀上马,直杀入曹军之中,径到城下。甘宁望见周泰至,自出城迎之。共说都督自提兵至。宁传令,教军士严装饱食,来日内应。

却说曹洪、曹纯、牛金共议甘宁之事,洪曰:"即日周瑜兵至,怎生迎敌?"牛金曰:"先使人报江陵,然后某为先锋迎之。"洪遣人报曹仁。次日,吴兵至,鼓声大震,曹兵迎之。比及交锋,甘宁、周泰分两路杀出,曹兵大乱,吴兵四下掩杀。曹洪、曹纯、牛金果然投小路而走,乱柴满道,马不能行,尽皆弃马而走。吴兵得马三百余匹。周泰驱兵日夜赶到江陵,正遇曹仁军马。两军混战,天色已晚,各自收兵。

且说曹仁到城中与众商议,曹洪曰:"目前失了夷陵,势已危急,何不拆开丞相遗计观之,以解此危?"曹仁曰:"汝言正合吾意。"遂拆书观之。此计如何,且听下回分解,便知端的。

【注释】

[一] 油江口:地名。即油江入长江处。刘备领荆州牧后,改名公安。故址在今湖北公安东北。

---

① 原作"凌公续"。据《三国志·吴书·凌统传》改。叶逢春本正作"凌公绩"。
② 原作"以救甘宁"。据叶逢春本、余本《三国》改。

第一百二回　诸葛亮一气周瑜

却说曹仁拆开计策观毕,大喜,便传令教五更造饭,平明大小宫马尽皆出城;城上遍插旌旗,虚张声势,军分三门而出。

却说周瑜自救出甘宁,未及六日,陈兵于江陵城外①。见曹兵分三门而出,瑜上将台观看,见女墙[一]边虚捌旌旗,无人守护;又见军士腰下各束缚包裹。瑜心暗忖,曹仁必先准备走路,遂下将台号令左右,分布两军为翼;如前军得胜追赶,直待鸣金,方许退步②。就教程普督后军,"吾亲自取城"。当日对阵,鼓声响处,曹洪出马搦战。瑜自至门旗下,挥鞭指点:"谁人向前?"一人应声而出,乃韩当也,与曹洪交锋。战到三十余合,洪败走。曹仁自出,大呼姓名,搦周瑜战。周泰出马,与曹仁战十余合,仁败走。阵势错乱,后军先退,曹仁、曹洪两个压后。周瑜指两翼军杀出,曹军大败。周瑜自引军马追赶到江陵城下,曹军皆不入城,望西北而走。韩当、周泰引前部尽力追赶。瑜见城门大开,城上又无人,指点众军抢城。数十骑当先而入。瑜在背后纵马加鞭,直入瓮城。陈矫在敌楼上望见周瑜亲入城来,暗暗喝采道:"丞相妙策如神!"一声梆子响,两边弓弩手一齐发,势如骤雨。争先入门的都颠入陷马坑内。瑜急勒马回时,被一弩箭正射中右肋,翻身落马。牛金从城中杀出,来捉周瑜。瑜却得徐盛、丁奉二人舍命救去。城中曹军突出,吴兵自相践踏,落堑坑者无数。程普急收军时,曹仁、曹洪分兵两路杀回。吴兵大败。凌统引一军从侧首截出,救了吴兵。曹仁引得胜兵进城。程普收得败军,伤折数多。丁、徐二将救了周瑜到帐中,唤行军医者用铁钳子钳出弩箭头来,将金疮药掩塞疮口,疼不可当,饮食俱废。医者言曰:"此箭头上有毒,急切不能痊可。若怒气冲激,其疮复发。"程普令三军紧守各寨,不许轻出。三日后,牛金引一彪军来搦战,程普按兵不动。牛金骂至日暮方回。次日又来。骂至三日,程普恐瑜生气,不敢报知。牛金直来寨门外叫骂,单要提周瑜。程普与众商议:"不若暂且罢兵,回见吴侯,却再理会。"众皆言曰:"论之甚长。"

却说周瑜虽患疮痛,心中自有主张;已知曹兵常扣寨前叫骂,只等众将来禀。一日,曹仁自引大军,擂鼓呐喊,前来搦战。程普拒住不出。周瑜唤众将入帐而问曰:"何处鼓噪呐喊?"众将答曰:"军中教演士卒。"瑜大怒曰:"何敢欺我也!吾已知曹兵常来寨前痛骂我军。程德谋既然总兵,何为不出?请来吾亲问之。"程普至,普曰:"某为见公瑾疮甚,医者嘱言慎勿轻泄③。果是曹兵连日搦战,造次[二]不敢报知。"瑜曰:"汝等不战,主意若何?"普曰:"众将皆欲收兵,暂回江东。待公疮平复,却作区处。"周瑜听罢,于床上奋然起而言曰:"大丈夫既食君禄,当死于战场,以马革裹尸还,幸也!岂可为吾一人,而废国家之大事乎?"言讫,乃披甲上

---

① 原作"陈兵于南郡城外"。承第一〇一回改。
② 原作"只待鸣金方退,退步"。据叶逢春本改。
③ 原作"某为见公瑾疮盛,医者嘱言甚勿轻触"。据余本《三国》改。

第一百二回　诸葛亮一气周瑜

马。诸军众将，无不骇然。遂引数百骑出营前，望见曹兵已布成阵势，曹仁自立马于门旗下，扬鞭大骂曰："周瑜孺子，料必横夭[三]，再不敢正觑吾兵！"骂犹未绝，瑜从群骑内突然而出，曰："曹仁匹夫！见周郎否？"曹军看见，尽皆惊骇。曹仁回顾众将曰："可大骂之，以激此战！"众军厉声大骂。周瑜大怒，使战将出迎。比及潘璋欲出，周瑜大叫一声，口中喷血，坠于马下。曹兵冲来，众将向前抵住，混战一场，救起周瑜，回到帐中。程普问曰："都督贵体若何？"瑜密与普曰："此吾之计也。"普曰："计将安在？"瑜曰："吾身体全无痛楚，今日喷血坠马者，欲令曹兵见我病危①，必欺敌也。可使心腹人数十骑去城中诈降，说吾已死。今夜曹仁必来劫寨。却于四下埋伏，一鼓而可擒曹仁，必得江陵矣！"程普曰："此计大妙！"随就帐下举起哀声。众军大惊，尽传言都督箭疮大发而死，各寨尽皆挂孝。

却说曹仁在城中与众商议，言周瑜怒气冲发，金疮迸裂，以致口中喷血，坠于马下，不久必亡。正论间，忽报吴寨内走出十数军士到来，有密报的言语。中间亦有二人，原是掳过去的。曹仁慌忙下厅问之，军士曰："今日周瑜在阵前金疮碎裂，归寨而死，即目众将收拾挂孝。我等皆被程普之辱，故特归投，以报此事。"曹仁大喜，赏赐了毕，随即商议："今晚便去劫寨，夺周瑜之尸，斩其首级，送赴许都。"陈矫曰："此计速行，不可迟误。"曹仁拨牛金为先锋，自为中军，曹洪、曹纯为合后，尽数起兵，只留陈矫守城②。当日黄昏，调拨已定。初更后离江陵，径取周瑜大寨。来到寨门，不见一人，突入中军，但见虚插旗枪而已。情知中计，急慌退军。四下炮声齐发，东门韩当、蒋钦杀来，西门周泰、潘璋杀来，南门徐盛、丁奉杀来，北门陈武、吕蒙杀来。曹兵大败，急望江陵而来，三路军兵皆被冲散，首尾不能相救。先说曹仁引十数骑杀出重围，来投曹洪，洪等一支军马已散太半，只得奔走。杀到五更，离江陵不远，一声鼓响，凌统又引一军拦住去路，大杀一阵。曹仁不敢回江陵③，径投襄阳大路而走。吴军赶了一程自回。

周瑜、程普收住众军，径到江陵城下，见旌旗布满，敌楼上一将叫曰："都督少罪！吾奉军师将令，已取城了。吾乃常山赵子龙也。"原来孔明定计，令赵云至城外埋伏，只等曹仁尽发出城，却扮作曹兵连夜取了江陵，杀了陈矫等一行之人，随即安抚居民。周瑜大怒，使凌统引数千马军，径取襄阳④，然后却再取江陵未迟。正分拨之间，忽然探马急来报说⑤："夏侯惇在襄阳，被诸葛亮差人赍兵符，诈称曹仁求救，惇速引兵进发，却教关云长取了襄阳⑥。"周瑜曰："诸葛亮怎得兵符？"程普曰："拿住陈矫，兵符尽属此人。"周瑜大叫一声，金疮迸裂。未知性命如何？

---

① 原作"吾身体苦无痛楚，欲令曹兵说我病危"。据刘本《三国》改。
② 原文无"只留陈矫守城"句，叙述有阙。据刘本《三国》补。
③ 原句无主语"曹仁"。承上文加。
④ 原作"使甘宁引数千马军，径取荆州；凌统引数千马军，径取襄阳"。荆州系州名，而非具体城名，更不能与襄阳并列。作者误以为有单独的"荆州城"，导致一系列失误。
⑤ 此句后原有"'诸葛亮自得了南郡，遂用兵符诈调荆州守城军马来救，着张飞一阵来都杀败了。曹军北逃，张飞就在荆州城中住扎。'又一探马飞来报说"。承上文删。
⑥ 此句后原有"三处城池，亦不费力，尽皆属刘玄德"。承上文删。

【注释】

［一］女墙：城墙上的矮墙，有箭孔。
［二］造次：轻率，随便。
［三］横夭：遭遇意外灾祸而早死。

第一百三回　诸葛亮旁略四郡

却说周瑜听知孔明借东吴力而取江陵、襄阳①，如何不气？气伤箭疮，半晌方苏。众将皆在面前劝解。周瑜大怒曰："若不杀诸葛亮村夫，怎息吾心中怨气！程德谋可助吾之力，即目起兵打江陵，定要归还东吴，是我之愿。"正商议之间，人报鲁子敬至。接入帐中，瑜曰："吾欲起军与刘备、诸葛亮共决胜负，复夺城池。"鲁肃曰："不可。方今与曹操共决雌雄，尚未分成败；主人吴侯见攻打合肥未下。不争自家互相吞并，曹兵乘虚而来，其国危矣。况刘玄德旧曾与曹操至厚，倘逼得紧急，献了城池，一同攻东吴，如之奈何？"瑜曰："吾等用计决策，损兵马、费钱粮，他图见成。吾乃思之，深可恨也！"肃曰："公瑾且耐。容某亲见玄德，将理去说他；若说不通，那时动兵未迟。"诸将曰："子敬之言甚善。"

周瑜便令鲁肃往江陵去，来到城下叫门②，见旌旗整列，肃自忖度："孔明非常人也！"军士报复，孔明令大开城门，接肃入衙。共讲礼毕，申谢罢，玄德与肃分宾主而坐。孔明斜金[一]相陪。茶罢，肃曰："主人吴侯，都督公瑾，教某再三申意于皇叔：前者操引百万之众，名下江南，实是来擒皇叔；今江东费了钱粮，折了人马，带伤者不可胜数，幸得杀退曹兵，救了皇叔。所有荆州九郡，合当归于东吴。今皇叔用诡计，夺占江陵、襄阳③，此何理也？望明白一言，以决去就。"孔明曰："子敬乃高明之士，何为出此言也？昔日荆襄九郡，非是东吴之地，乃刘景升之基业④。吾主人乃刘景升之弟也。景升虽亡，其子尚在；以叔辅侄，而取荆州，有何不可？岂不闻'物见主'之言[二]乎？"肃曰："若公子刘琦占住，尚自可矣；今公子在江夏，须不在这里！"孔明曰："子敬要见，有何难哉！唤左右请公子出相见便了。"刘琦从屏风后两从者扶出。琦与肃曰："病躯不能施礼，子敬勿罪也。"鲁肃吃了一惊。原来孔明比及得了城时，防东吴来争，却先取公子在城中，至此以为解手。肃默然无语，良久言曰："公子若在，如何？不在，如何？"孔明曰："公子在一日，守一日；若不在，别有商议。"肃曰："若公子不在，须还与东吴。"孔明曰："子敬之言是也。"遂设大宴，相待鲁肃。

肃当日出城，连夜回寨，见周瑜言公子之事。瑜曰："刘琦正青春年少，如何便得他死？这荆州何日图之？"肃曰："都督放心。只在鲁肃身上，务要教荆襄还东吴。"瑜曰："子敬有何所见？"肃曰："吾观刘琦过于酒色，病入四肢，见今面色羸瘦，气喘呕血，不过半年，其人必死。那时征讨荆州，刘备须没得推故。"周瑜犹自忿气未消，忽报吴侯遣使至。瑜令请入，使曰："主人围合肥，屡战未胜，急令都督尽收军回。"周瑜只得休兵罢战，拘集众多军马，且回柴桑养病，令

---

① 原作"借东吴力而取荆州"。承第一○二回改。
② 此句后原有"赵云出问，肃曰：'我要见刘玄德有话说。'云答曰：'主人与军师在荆州城中。'肃径奔荆州"。东汉三国并无单独的"荆州城"；《演义》屡称"荆州城"，概念混乱，此处实即指江陵，故删去以上数语。
③ 原作"夺占荆、襄"。承第一○二回改。
④ 原作"乃荆王刘景升之基业"。历史上刘表未称"荆王"，《演义》中亦无此事，故删。

程普部领战船士卒,却来合肥军前听调。

却说刘玄德自得江陵、襄阳①,心中大喜,与孔明商议久远之计。忽然阶下一人,上厅献策。此人乃山阳人也,姓伊,名籍,字机伯。玄德感旧日之恩,十分相敬,坐而问之。籍曰:"要知荆州久安之计,何不求贤士以问之?"玄德曰:"愿公一言,以荐贤者。"籍曰:"襄阳宜城[三]人,兄弟五人,并有才名。惟一人大贤者,眉间有白毛,姓马,名良,字季常②。乡里为之谚曰:'马氏五常,白眉最良。'其弟马谡,字幼常。后随孔明六出祁山。街亭败绩,斩之。亦异人也。"玄德遂命请之。马良至,入见玄德,礼毕高坐。玄德求久远之策,良曰:"襄阳受敌之地,恐不可久守。好令公子刘琦于此养病,招谕旧士以守之,就表奏琦为荆州刺史,以安民心。然后南征四郡,积收钱粮,以为根本。此是能保荆、襄久远之计也。"玄德问曰:"四郡,即目何人为守?"良曰:"武陵郡[四]太守金旋今属鼎州,长沙郡太守韩玄今属潭州,桂阳郡[五]太守赵范今属郴州,尚有桂阳路之名,零陵郡太守刘度今属永州。若取得这四郡,乃鱼米之乡,汉上可保长久矣。"玄德大喜,遂问四郡先取何郡,后取何郡。良曰:"湘江之西,可先取零陵③,次取武陵;然后湘江之东取桂阳,长沙为后。"玄德甚喜,遂用马良为从事官,伊籍副之。请孔明商议送刘琦到襄阳,替云长回江陵④。便议调兵起发取零陵郡,差张飞为先锋,赵云合后,孔明、玄德为中军,人马一万五千。留云长守江陵⑤。时建安十四年春正月也,孔明调兵起行。

却说刘度在泉陵城中⑥,听知孔明军马到来,唤其子刘延商议。延曰:"父亲放心,他虽有张飞、赵云之勇,何足惧哉!儿观本郡上将邢道荣⑦,有万夫不挡之勇,使开山大斧,重六十斤,可以迎敌。"刘度唤至,邢道荣自夸胸中武艺不让古之廉颇、李牧[六]。度重赏。刘延与邢道荣引兵万余,离城三十里,依山靠水下寨。探马报说:"诸葛亮自引一军到来⑧。"两边阵圆相对。邢道荣出马,横大斧厉声高叫:"反国之贼,安敢侵吾境界!"对阵中一簇黄旗出。旗帜分开,中间一辆四轮车,车中端坐一人,头戴纶巾,身披鹤氅,手执羽扇,用扇招邢道荣曰:"吾乃琅琊诸葛孔明也⑨。曹操引百万之众,被吾聊施小计,片甲不回。今来招安汝等,何不早降?"道荣大笑曰:"赤壁鏖兵,乃周郎之谋也,干汝何事?敢来诳语!"抡大斧径杀过来。孔明教回车,望阵中走,阵门复闭。被道荣径冲杀过来,阵势急分两下而走。道荣遥望中央一簇黄旗,料是孔

---

① 原作"却说刘玄德自得南郡、荆、襄"。承第一〇二回改。
② 原作"荆襄世家,兄弟五人,惟一人大贤者,眉间有白毛,襄阳宜城人也,姓马,名良,字季常。其四人并有才名"。语句凌乱。据《三国志·蜀书·马良传》调整。
③ 原作"湘江之西,零陵最近,可先取之"。"零陵最近"不合地理(武陵郡毗邻南郡),故改。
④ 原作"送刘琦回襄阳,替云长守荆州,糜竺、刘封守江陵"。承上文改。
⑤ 原作"留云长回荆州"。承上文改。
⑥ 原作"却说刘度在零陵城中"。零陵郡治所在泉陵(今湖南零陵),郡内另有零陵县(治今广西全州西南)。此处应为泉陵。
⑦ 原作"本州上将邢道荣"。零陵系"郡",而非"州"。
⑧ 原作"孔明自引一军到来"。此处探马应直称诸葛亮之名。
⑨ 原作"吾乃南阳诸葛孔明也"。南阳仅为隆中所属之郡,此处诸葛亮应自称籍贯——琅琊。

明,只望黄旗而赶。抹过山脚,黄旗扎住,忽地中央分开,不见四轮车。一将挺矛跃马,大喝一声,直取道荣,乃是燕人张益德也。道荣抡大斧来迎,战不数合,气力不如,拨马便走。益德随后赶来,喊声大震,两下伏兵齐出。道荣舍死冲过,前面一员大将拦住去路,乃常山赵子龙也。道荣措手不及,滚马受降。子龙缚来寨中,见玄德、孔明。拥至帐下,玄德大怒,喝令教斩。孔明急止之曰:"且留人。"乃问道荣曰:"汝若与吾捉了刘延,便准你投降。"道荣连声愿往。孔明曰:"如何得捉?"道荣曰:"军师若肯放某回去,某自有巧说。今晚军师调兵劫寨,某为内应,活捉刘延,献与军师,城中刘度自然降矣。"玄德不肯。孔明曰:"邢将军非谬言也,可放之。"道荣得放回寨,尽实告诉刘延。延曰:"如之奈何?"道荣曰:"将计就计。今夜将兵伏于寨外,寨中虚立旗幡,待诸葛亮来劫寨时,就而擒之。"刘延依计。

　　当夜二更,果然有一军到寨口,每人各有草把,一齐点着,火焰烧空。刘延、道荣两下杀来,放火军便退①。两军乘势赶来,赶了十余里,军皆不见。刘延叫道荣急回,火光未灭,寨中突出一将,乃燕人张益德也。刘延叫道荣不可入寨,却去劫孔明寨便了。回军走不十里,赵云引一军出。云一枪刺道荣于马下。刘延急拨马便走,被张飞活捉过来,绑缚回见孔明。延曰:"邢道荣教某如此,实非本心也。"孔明令释其缚②,与衣穿了,赐酒压惊,教人送入城劝父投降;如其不降,打破城池,满门尽诛。把马送刘延回泉陵城见父,说孔明之德。父子即时赍印绶离城③,径到大寨纳降。孔明教刘度复为郡守,以供钱粮;其子刘延于江陵随军办事④。零陵一郡居民,尽皆喜悦。玄德入城,安抚已毕,遂乃勒兵来取桂阳。未知胜负如何,下回便见分晓。

【注释】

[一] 斜刽:侧着身子,侧面。
[二] "物见主"之言:指元明俗语"物见主,必定取"。意为主人见到原物,一定要取回来。
[三] 宜城:县名。属荆州襄阳郡。治所在今湖北宜城东南。
[四] 武陵郡:属荆州。治所在临沅(今湖南常德市西)。
[五] 桂阳郡:属荆州。治所在郴县(今湖南郴州)。
[六] 廉颇、李牧:廉颇,战国后期赵国名将,屡次率兵击败齐、魏等国;李牧(?—前229),战国末年赵国名将,曾先后大败匈奴、东胡和秦军,后因秦国以重金贿赂赵王宠臣,被诬谋反而死。

---

① 原作"火军便退"。据黄正甫本,加"放"字。
② 原作"押过刘延,孔明令释其缚"。"押过刘延"与上文重复,删去。
③ 原作"子、父即时赍印绶离城"。据黄正甫本改。
④ 原作"其子刘延于荆州随军办事"。零陵郡本属荆州,"于荆州"不通,应作"于江陵"。

第一百四回　赵子龙智取桂阳

却说玄德取了零陵郡，诸县皆属调遣，安抚居民，赏劳三军。乃问众将曰："零陵已取了，桂阳郡何人敢取？"赵云应曰："某愿往。"张飞奋然出曰："飞亦愿往。"二人争取桂阳。孔明曰："终是子龙先应，只教子龙去。"张飞不服，定要去取，孔明教拈阄，拈着的便去。又是子龙拈着。张飞怒而言曰："我并不要相帮，只要三千军，独自领去，便要得城池！"赵云曰："某也只领三千军去，如不得城，愿受军令！"孔明大喜，责[一]了军状，选三千精兵随赵云去。张飞又争，玄德喝退。赵云欢天喜地领了三千人马，径望桂阳进发。

却说桂阳太守赵范升厅，人报赵子龙引军来取城池。赵范急唤军官商议。两个管军校尉来见赵范：一个姓陈，名应；一个姓鲍，名隆，都是桂阳岭[二]山乡猎户出身。陈应会使飞叉，鲍隆曾射杀双虎，都在桂阳管军。二人对赵范曰："刘备乃反汉之臣，更兼恶了曹丞相。若来时，合与他相持，某二人愿为前部将。"范曰："我闻刘玄德乃大汉皇叔。更兼孔明多谋，关、张极勇。如今领兵来的赵子龙，在当阳长阪百万军中，如入无人之境。我桂阳能有多少人马？不可迎敌，只可报降。"应曰："若某不擒赵云回，那时任太守投降不迟。"赵范拗不过，只得教陈应领三千人马，出郴县城迎敌①。子龙将近郴县，前面哨探军回报："敌军来到。"赵云把三千人马摆开，以待军来。陈应兵至，也列成阵势。陈应上马，绰飞叉而出。赵云挺枪而出，责骂陈应曰："吾主刘玄德，乃刘景升之弟②。今辅公子刘琦，同领荆州，特来抚民。汝敢迎敌，即反国之贼也！"陈应回骂曰："我等只服曹丞相，岂知有刘备乎！"赵云大怒，挺枪骤马，直取陈应。应拈飞叉，纵马来迎。两马相交，战到四五合，陈应料敌不过，拨马败走。赵云追赶。陈应回顾赵云马来相近，用飞叉掷来。云一手绰住，回掷陈应。应急躲过。云马到，探手活挟陈应而回，掷于马下。余军皆走。云缚陈应入寨，叱之曰："量汝安敢敌吾！吾不杀汝，汝可说与赵范早来投降。"陈应谢罪，抱头鼠窜，回到城中，对赵范尽言其事。范曰："吾本心要降，汝强要战，以致如此。"叱退陈应，赵范将带印绶，引十数骑径投大寨纳降。

云出寨迎接，待以上宾，置酒相饮，纳了印绶。酒至数巡，范曰："今说起将军姓赵，某亦姓赵，五百年前是一家。将军乃真定人，某亦真定人，又是同乡。倘若不弃，结为兄弟。"子龙与赵范同年，子龙长四个月③，范因此拜子龙为兄。二人同乡同年又同姓，十分大喜。至晚，子龙送范出寨。

次日，赵范请子龙安民。子龙教军马休动，只带五十骑随入城中。居民香花迎门而接。子龙教四门挂榜，安民已毕，赵范邀请入衙筵席。酒至半酣，请入后堂相待。子龙见范殷勤，

---

① 原作"出城迎敌"。桂阳郡治所在郴县（今湖南郴州），原文交代不明。郡内另有桂阳县（治今广东连县）。
② 原作"乃荆王之弟"。承第一〇三回改。
③ 原作"子龙长四个月日"。"日"字赘，据叶逢春本删去。

强饮微醉。范入后堂,请出一妇人与子龙把酒。子龙见其妇人,身穿缟素之衣,有倾国倾城之色。子龙问曰:"此何人也?"范曰:"家嫂樊氏也。"子龙改容敬之。樊氏把盏毕,范令就坐。子龙不肯,樊氏辞归后堂。子龙曰:"贤弟何必烦令嫂举杯耶?"范笑曰:"中间有个缘故,贤兄勿阻。故兄弃世[三],已及三载;家嫂守寡,终不为了。弟常劝改嫁之,嫂曰:'若三件事兼全,我方嫁之:第一要名动当今①,人才出众;第二要与汝兄同姓②,旧曾有识;第三要文武双全③。'普天之下,那得这般巧的? 今将军堂堂仪表,名震四海;与家兄同姓,先在乡中未必与家兄不相识;况兄文武兼备,智勇足备。若不嫌家嫂貌陋,愿陪数十万嫁资,与将军产妻,结累世之亲戚,可乎?"子龙大怒而起,厉声而言曰:"汝嫂即吾之嫂也,岂可作乱人伦之事乎!"赵范羞惭满面,答曰:"我好意相待,何无礼也!"遂乃目视左右,有捉子龙之意。子龙已觉,一拳打倒赵范,忿怒上马,出城去了。

范急唤陈应、鲍隆商议。陈应曰:"这人发怒去了,只索与他厮杀。"范曰:"但恐赢他不得。"鲍隆曰:"我两个诈降在他军中,太守却来引兵搦战,我二人就阵上擒之。"陈应曰:"必须带些人马。"隆曰:"五百骑军足矣。"当夜二人引五百军径奔子龙寨来投降。子龙听得这话,心中已知其诈,遂教唤入。二人到帐下,说:"赵范待用美人计赚将军欢喜,醉中扶入后堂谋杀,将头去曹丞相处献功,如此不仁。某二人见将军怒出,必连累于某,因此投降。"赵云佯喜④,用酒灌醉,缚于帐下,却擒手下人问之,果是诈降。子龙唤五百军入,各赐酒食,传令曰:"要害吾者,陈应、鲍隆也,不干众军之事。汝等听吾行计,皆有重赏。"众军拜谢。将诈降陈、鲍二人当时斩了;却教五百军引路,子龙领一千军在后,连夜到郴县城下叫门⑤。城上听时,说陈、鲍二将军杀了赵云,回军请太守商议事务。城上明火照之,果是自家军马,赵范急忙出城。子龙喝左右捉下。遂入城,安抚百姓已定,飞报玄德。

玄德与孔明前赴郴县。子龙迎接入城,推赵范于阶下。孔明问之,范言:"以嫂嫁子龙,本是好意,不想恼乱,以致如此。"孔明与子龙曰:"美色,天下人爱之,公何独如此?"子龙曰:"赵范之兄,曾在乡中有一面之交,今娶其妻,惹人唾骂,一也。其妇再嫁,使失其大节,二也。赵范初降,其心不可测,三也。主公新定江、汉,枕席未定,云安敢以一妇人而废主公之政,四也。"玄德曰:"今日大事已定,与汝娶之,若何?"子龙曰:"天下女子不少,但恐名誉不立,何患无妻子乎?"玄德曰:"子龙乃真丈夫也!"遂放赵范,仍令为桂阳太守。范拜谢而去。玄德重赏子龙⑥。

张飞大叫曰:"偏子龙干得功! 偏我是无用之人! 只拨三千军与我去取武陵郡,直捉太守金旋,献来帐下,是我之愿!"孔明大喜而言曰:"益德要去不妨,但要依一件事。"飞问曰:"何

---

① 原作"第一要名誉动荡",义不通。据叶逢春本、余本《三国》改。
② 原作"第二要与家兄同姓"。"家兄"不合樊氏口吻,故改。
③ 原作"第三要文武双全,旧曾有识"。据下文,调整语序。
④ 原作"赵云大喜"。承上文"心中已知其诈"改。
⑤ 原作"连夜到桂阳城下叫门"。承上文改。
⑥ 原句无主语"玄德"。承上文加。

事?"未知孔明有何计策,怎取武陵,且听下回分解。

【注释】
[一] 责:索取。
[二] 桂阳岭:山名。在今湖南临武县北。
[三] 弃世:去世。

第一百五回　黄忠魏延献长沙

却说孔明与张飞曰："前者子龙取桂阳郡时，责下军令状而去。今日益德要取武陵，必须也责下军令状。"飞遂立军令状，欣然便引三千军，星夜投武陵界上而来。守界人探知其事，随报金旋。旋字元机，京兆[一]人，汉中郎将也。听得张飞引军前来，乃集将校，整点精兵器械，出临沅城迎敌①。从事巩志谏曰："刘玄德乃大汉皇叔，仁义布于天下；加之张益德乃当世虎将，不可迎敌，不如纳降为上。"金旋大怒曰："汝欲与贼通连为内变耶？"喝令武士推转斩之。众官皆告曰："先斩家人，于军不利。"金旋于是喝退巩志，自率兵出。离城二十里，正迎张飞。飞平生性急，挺矛立马，大喝金旋。旋令首将出迎。众皆畏惧，莫敢向前。旋自骤马舞刀迎之。张飞大喝一声，浑如巨雷，金旋失色，不敢交锋，拨马便走。飞引众军随后掩杀。金旋走至城下，城上乱箭射下。旋视之，见巩志立于城上曰："汝不顺天时，自取败亡！吾与百姓自降刘矣！"言未毕，一箭射中金旋面门，旋坠马下，军士割头以献张飞。巩志出城纳降，飞就令巩志赍印绶，往桂阳见玄德。至半路遇见，呈献已毕。玄德大喜，就令巩志代金旋之职。

玄德至武陵，安民了当，驰书去报云长，言益德、子龙各得一郡。云长乃回书上请曰："闻知长沙未曾取得，如兄长想手足之情，教关某干这件功劳②甚好。"玄德大喜，遂教张飞星夜去替云长守江陵③，令云长来取长沙。云长早来，见玄德、孔明。孔明曰："子龙取桂阳，益德取武陵，都是三千军去。我闻长沙太守韩玄，何足为道。只是他有一员大将，南阳人也，姓黄，名忠，字汉升。乃是刘表帐下中郎将，与表之侄共守长沙，后事韩玄。虽然年近六旬，须发苍白，使一口大刀，有万夫不挡之勇，乃湘南[二]将佐之领袖，不可轻敌。云长既去，必须多带军马。"云长曰："军师何故长别人之锐气，灭自己之威风？量一老革即老兵也，何足道哉！关某也不须用三千军马，只消本部下五百校刀手足矣，定斩黄忠、韩玄之首，献来麾下。"玄德苦挡。云长不依，只领五百校刀手而去。孔明与玄德曰："云长平生傲上而不忍下，轻敌黄忠，只恐有失。请主公同行，接应云长，以取长沙。"玄德从之，随后望长沙进发。

却说长沙太守韩玄，平生性急，不以人为念，众皆恶之。是时听知云长军到，便唤老将黄忠商议。忠曰："不须主公忧虑，凭某这口刀，这张弓，一千个来，一千个死！"原来黄忠能开二石力[三]之弓，百发百中。言未毕，阶下一人应声而出曰："不须老将军出战，只就某手中，定捉关某活献。"韩玄视之，乃管军校尉杨龄。韩玄大喜，遂赏赐了杨龄。龄就带一千军马，飞奔出临湘城④。约行五十里，望见尘头起处，云长军马早到，却才摆开。杨龄挺枪出马，立于阵前，

---

① 原作"出城迎敌"。武陵系郡名，而非具体城名，此处指郡治临沅（今湖南常德西）。
② 原作"这阵功劳"。据文意改。
③ 原作"遂教张飞星夜去替云长守荆州"。承第一○三回改。
④ 原作"飞奔出城"。长沙系郡名，而非具体城名，此处指郡治临湘（今湖南长沙）。

大骂云长。云长大怒,更不答话,飞马舞刀,直取杨龄。龄挺枪来迎。云长手起刀落,砍为两段;追杀败兵,直至城下。韩玄听知大惊,便教黄忠出马。玄自来城头上观看。忠提刀纵马,早过吊桥,后随数百骑军。云长见一老将出马,知是黄忠,把五百校刀手一字摆开。云长横刀立马而问曰:"来将莫非黄忠否?"忠曰:"既知吾名,焉敢侵犯!"云长曰:"特来取汝首级!"言罢,两马交锋,斗一百合,不分胜负。韩玄恐忠有失,鸣金收军。黄忠收军入城。云长也退军,离城十里下寨,心中暗忖:"老将黄忠,名不虚传,斗一百合,全无破绽。来日必用拖刀计,背砍赢之。"

次日早饭毕,又来城下搦战。韩玄城上教黄忠出马。忠引数百人杀过吊桥,喊声起处,再与云长交马。又斗五六十合,胜负不分。两军齐声喝采。鼓声正急时,云长拨马便走。黄忠赶来。云长回头看得马来至近,却待用拖刀背砍计①,忽然一声响处,见黄忠被战马前失,掀在地下。云长急回马,双手举刀,大喝曰:"我饶你性命!快换马来厮杀!"黄忠急提起马蹄,飞身上马,奔入城中。玄惊问之,忠曰:"此马久不上阵,故此有失。"玄曰:"汝箭百发百中,何不射之?"忠曰:"来日再战,必然诈败,诱到吊桥边射之。"玄与了一匹青马。云长至晚退。黄忠寻思:"难得云长如此义气。我本死的人,他不忍杀害,吾来日安忍射之?若不射,又恐违了将令。"是夜踌躇未定。

次日天晓,人报云长搦战。韩玄唤黄忠,附耳言用箭射之。忠应允,遂领兵出城。云长两日战不下黄忠,十分焦躁,抖擞威风,与忠交马。战不到三十余合,忠诈败,云长赶来。忠想昨日不杀之恩,不忍便射,带住刀,把弓虚拽。弦响,云长急闪,却不见箭,又赶。忠又虚拽,云长急闪,又无箭。只作黄忠不会射,放心赶来。将近吊桥,黄忠在桥上,搭箭开弓,弦响箭到,正射在云长盔缨根上。前面军齐声喊起。云长吃了一惊,带箭回寨,方知黄忠有百步穿杨之巧,正是报昨日不杀之恩也。云长兵退。

黄忠回到城上,来见韩玄。玄急喝令左右,捉下黄忠斩之。忠叫曰:"无罪!"玄大怒曰:"我看了三日,汝敢欺罔我!汝前日不决战,必有留连;昨日马失,他不杀汝,必然往来;今日两番虚拽弦响,第三箭射他盔缨,如何不是外通内连?若不斩汝,必为后患!"喝令刀斧手推下城门外斩之。众将欲告,玄曰:"但告者,便是同情[四]!"刚推到门外,却才举刀,忽然一将挥刀杀入,砍散刀手,救起黄忠,大叫曰:"黄汉升乃长沙之保障!韩玄残暴不仁,轻贤重色,今杀汉升,是杀长沙百姓也!愿随者便来!"百姓视之,其人面如重枣,目若朗星,器宇轩昂,貌类非俗,乃似关将。义阳人也,姓魏,名延,字文长。本人自襄阳赶刘玄德不着,故来长沙依傍韩玄;玄怪魏延傲慢少礼,不肯重用,屈沉于此。当日救了黄忠,呼百姓同杀韩玄,袒臂一招,相从者数百余人。黄忠拦挡不住。魏延直杀上城头,一刀砍韩玄为两段,提头上马,引百姓出城,投拜云长。云长大喜,遂入城。抚民已毕,请黄忠相见。忠托病不出,云长即使人去请玄德、孔明。

却说玄德、孔明自云长来取长沙,随后催促人马。正行之间,青旗倒卷,一鸦自北南飞,连

---

① 原作"却待用刀背砍"。据汤本《三国》改。

叫三声而止。玄德曰:"此应何祸福?"孔明就马上袖传一课云:"长沙郡已得,又主得大将,午时后定见分晓。"言毕,看看午未,见一小校飞奔前来,报说:"关将军已得长沙郡,降将黄忠、魏延,皆等主公。"玄德大喜,遂入临湘①。云长接入厅中,尽言其事。玄德亲往黄忠家相请,忠方出降,求葬韩玄尸首于临湘之东。后史官有诗赞黄忠曰:

  将军气概与天参,白发犹然困湘南②。
  至死甘心无怨望,临降低首尚羞惭。
  宝刀灿雪彰神勇,铁骑嘶风忆战酣。
  千古高名应不泯,长随孤月照湘潭。

  玄德大喜黄忠,待之甚厚。云长引魏延,亦言其功,玄德敬之。孔明勃然曰:"韩玄与汝无仇,杀之乃大不义也!人人效此,必怀异心。"喝令刀斧手推下斩之,簇下魏延。未知性命如何,且听下回分解。

【注释】

[一] 京兆:即京兆尹。属司隶州。治所在长安(今西安市西北)。
[二] 湘南:代指长沙郡。长沙郡辖下有湘南侯国,治所在今湖南湘潭西南。
[三] 二石力:相当于二百四十斤之力。古代以一百二十斤为一石。
[四] 同情:同样性质。
[五] 湘潭:此处指湘水(即湘江),流经临湘。

---

① 原作"遂入长沙"。承上文改。
② 原作"白发犹然困汉南"。黄忠乃南阳人,长沙郡则距汉水颇远,"困汉南"不当,故改。

第一百六回　孙仲谋合肥大战

玄德见斩魏延，急命止之，问孔明曰："诛降杀顺，大不义也。魏延乃有功无罪之人，何故杀之？"孔明曰："食其禄而杀其主，是不忠也；居其土而献其地，是不义也。吾观魏延脑后有反骨，久后必反，故先斩之，以绝祸根。"后史官有诗曰：

　　知己知人乃圣贤，先明预晓得心传。
　　卧龙相法高天下，曾向长沙识魏延。后来魏延果反西川，亦是孔明遗计斩之。

玄德曰："若斩此人，非安荆州之计也①。"力劝免之。孔明指魏延曰："吾今饶汝性命，汝可尽忠报主，勿生异心。若有异心，早做早取汝头，晚做晚取汝头。"魏延喏喏连声而退。黄忠荐刘表之侄刘磐，见在攸县[一]闲居。玄德取回，教掌长沙郡。四郡已平，令班师早回江陵②。荆州九郡，已得其半③。南阳、南郡、章陵、襄阳、江夏、武陵、桂阳、零陵、长沙，此九郡皆属荆州。古之荆州即今峡州是也。后以江陵为荆州郡。时江夏、汉昌，东吴占据④。夏侯惇失了襄阳，屯兵樊城。玄德回江陵，改油江口为公安[二]今属江陵管下县治。自此钱粮广盛，贤士归之，将军马四散分屯于隘口。

　　却说周瑜自回柴桑养病，令甘宁守巴丘[三]今岳州也。令凌统守汉昌郡[四]，令吕蒙守江夏郡：三处分布战船，听候调遣。程普引其余将士投合肥县来。

　　却说孙权自从赤壁鏖兵之后，久在合肥与曹兵交锋，大小十余战，未决胜负，不敢逼城下寨，离城五十里屯兵。得程普兵到，孙权大喜。人报鲁子敬先至，权远远下马而待之。肃见权立于马旁，慌忙滚鞍下马施礼。众将亦至，见权如此待肃，皆大惊异。权请肃上马，并辔而行。权曰："孤下马相迎，足显公否？"肃曰："未也。"众人闻之，无不愕然。权曰："何时为显耀耶？"肃曰："愿至尊威德加于四海，总括九州，克成帝业，那时以安车蒲轮[五]征召，肃始当显矣。"权于马上抚掌大笑。同至帐中，大设饮宴，犒劳鏖兵将士，商议破合肥之策。忽报张辽差人来下战书。权令入，拆书观毕，大怒曰："张辽欺吾太甚，来日决敌！汝听知程普军来，故意使人搦战。来日不必新军赴敌，只守营寨，看吾大战一场！"传令当夜五更，三军出寨，望合肥城进发。辰牌时分，军马行半途，曹兵已到。两军布成阵势，孙权金盔金甲，披挂出马；左宋谦，右贾华，二将使方天画戟，两边护卫。三通鼓罢，魏阵中门旗两开，三员将全装贯带，立于阵前：中央乃张辽，左边李典，右边乐进。张辽纵马当先，专搦孙权出战。权绰枪欲自战之，阵门中一将挺枪骤马早出，权视之，乃太史慈也。张辽挥刀来迎。两将战有七八十合，不分胜负。门旗

---

① 原作"非安汉上之计也"。荆州江南四郡均不在汉水流域，故"汉上"应改作"荆州"。
② 原作"令班师早回荆州"。四郡皆属荆州，"回荆州"不通，应是回江陵。
③ 原作"汉上九郡，已得其半"。校改依据同①。
④ 原作"时江夏、巴陵、汉阳，东吴占据"。巴陵郡系南朝宋所置，删去；汉阳郡在今甘肃境，应为"汉昌"(孙权建安十五年所置郡名)。

第一百六回　孙仲谋合肥大战

下李典、乐进曰:"对面金盔者,孙权也。若捉得孙权,足可与八十三万大军报仇!"说犹未了,乐进一骑马,一口刀,从刺斜里径取孙权,如一道电光,飞至面前,手起刀落。宋谦、贾华两支戟一架,刀到处,两支戟齐断,只将画杆望马头上便打。乐进马回,宋谦绰军士手中枪赶来。李典搭上箭,望宋谦心窝里便射,应弦落马。太史慈见背后有人坠马,弃却张辽,望本阵便回。张辽乘势掩杀过来。吴兵大乱,四散奔走。张辽望见孙权,骤马赶来。看看赶上,侧首撞出一军,为首大将乃程普也,截杀一阵,救了孙权。张辽收军自回合肥。

却说程普保孙权归到大寨,败军陆续回营。孙权因见折了宋谦,放声大哭。长史张纮谏曰:"主公恃盛壮之气,忽强暴之虏①,三军之众,莫不寒心;虽斩将夺旗,威震敌场,此乃偏将之任,非主将之宜也。愿抑贲、育[六]之勇,怀王霸之计也。今日宋谦死于锋镝之下,皆主公轻敌之故也。今后切宜保重。"权曰:"孤之过也。从今改之。"少刻,太史慈入帐云:"今日虽败于曹兵,某手下有一人,姓戈,名定,与张辽手下养马后槽是弟兄。今晚使人报来,明火为号,刺杀张辽,以报宋谦之仇。某请以为外应。"权曰:"戈定何在?"太史慈曰:"已进身合肥城中去了。某愿乞五千兵去。"诸葛瑾曰:"张辽非一勇之夫,乃是足智多谋之士,恐有准备,不可造次。"太史慈坚执要行。权伤感宋谦之情,急要报仇,遂令太史慈引兵五千去为外应。

却说戈定乃太史慈乡人,杂在军中,随入合肥,寻见养马后槽,两个商议。戈定曰:"我已有人报太史将军去了,今夜必来接应。也是我二人大功,你如何用事?"后槽曰:"此间虽离中军较远,夜间急不能进,只就草垛上放起一把火来,你去前面叫反,我在后面叫反②,城中兵必乱,就里刺杀张辽,余军自走也。"戈定曰:"此计大妙!"是夜,张辽赏劳三军,传令不许解甲宿歇。左右曰:"今日全胜,吴兵远遁,将军何不解甲熟歇?"辽曰:"非也。为将之道,勿以胜为喜,勿以败为忧。倘吴兵度吾无备,乘虚攻击,何以约束三军?今夜防备,比每夜更加谨慎可也。"说犹未了,后寨火起,一片声叫反,报者如麻。张辽出帐上马,唤亲从将校十数人,当道而立。左右曰:"喊声太急,可往观之。"辽曰:"岂有一城皆反者?此是造反之人,故惊军士耳。如乱者先斩!"无移时,李典擒戈定并后槽至。辽问其情,立斩于马前。只听得城门外鸣锣击鼓,喊声大震。辽曰:"此是吴兵外应,可就计破之。"便令人于城门内放火一把,众皆叫反,大开城门,放下吊桥。太史慈见城门大开,只道内变,挺枪纵马先入。城上炮响,乱箭射下,太史慈急退,身中数箭。背后李典、乐进杀出,吴兵折其太半,乘势直赶到寨前。陆逊、董袭杀出,救了太史慈。曹兵自回。孙权见太史慈身带重伤,伤感不已。张昭请权罢兵,权从之,遂收兵下船,回京城③。今镇江是也。比及屯住军马,太史慈病重,权使张昭等问安。太史慈大叫曰:"大丈夫生于乱世,当带七尺之剑④,以升天子之阶。今所志未遂,奈何死乎!"言讫而亡,年方四十一岁。后来史官有庙赞云:

---

① 原作"忽强暴之勇"。据《三国志·吴书·张纮传》改。
② 原文无"我在后面叫反"。据余本《三国》补。
③ 原作"回南徐润州"。"南徐"系南朝地名,"润州"系隋代地名。均指今江苏镇江,二者连用不伦不类。孙权驻此时,称为京城。
④ 原作"常带三尺之剑"。据《三国志·吴书·太史慈传》注引韦昭《吴书》改。

处士全忠孝，东莱太史慈。
姓名昭远塞，弓马震雄师。
北海酬恩日，神亭酣战时。
临终言壮志，三叹复嗟咨。

孙权将慈厚葬于京城北固山[七]下①。其子太史享②，养于府。享字元复。后来官至尚书、吴郡太守。权因合肥兵败之后，心中忧闷，与诸谋士谈兵。

却说玄德在荆州整顿军马，闻孙权合肥兵败，已回京城，与孔明商议。孔明曰："亮夜观星象，见西北有星坠地，必应折一皇族。"正言之间，忽有人报公子刘琦病亡。玄德闻之，痛哭不已。孔明劝曰："生死分定，主公勿忧，恐伤贵体。且理大事，一面差人迁葬，一面守把城池。"玄德曰："谁可以去？"孔明曰："非云长不可。"即时便教云长前去襄阳保障城池。玄德曰："今日刘琦已死矣，东吴必来讨荆州，如何对答？"孔明曰："若有人来，亮自有言对答。"不过半月，人报东吴鲁肃特来吊丧，乃索荆州也。当下孔明如何对答，且听下回分解。

【注释】

[一] 攸县：县名。属荆州长沙郡。治所在今湖南攸县东北。
[二] 公安：县名。刘备曾屯驻于此。治所在今湖北公安东北。
[三] 巴丘：山名。与第五八回写到的巴丘县并非一地。在今湖南岳阳南。
[四] 汉昌郡：郡名。孙权置。治所在陆口（今湖北嘉鱼西南）。
[五] 安车蒲轮：安车，可以坐乘的小车；蒲轮，用蒲草裹轮，使不震动，以示礼敬。古代征聘贤士，多用安车蒲轮。
[六] 贲、育：孟贲和夏育。二者均为古代著名勇士。
[七] 北固山：山名。在今江苏镇江东北长江之滨。

---

① 原作"厚葬于南徐北固山下"。承上文改。
② 原作"其子太史亨"。据《三国志·吴书·太史慈传》改。

第一百七回　周瑜定计取荆州

孔明听知鲁肃到，教远远迎接。接到公廨，各来相见。玄德待以上宾。肃曰："江左听知令侄弃世，吴侯特具薄礼，遣某前来致祭。公瑾再三申敬于玄德公、孔明先生。"玄德、孔明起身称谢，收了礼物，置酒相待。肃曰："前者皇叔有言：'公子刘琦若在，荆州暂时居住。'今公子去世，必然见还。肃亦为此事而来。几时可以交割？"玄德曰："公且饮酒，有一个商量。"肃强饮数杯，连逼数次。玄德未及开言，孔明变色言曰："子敬公好不通礼！我主人相待，直须要说到根前？自三皇五帝开天立极以来，'天下者，非一人之天下，乃天下人天下也'。且休说远。昔我高皇帝提三尺剑，斩白蛇，起义兵，成四百余年之基业，传至于今。不幸奸雄并起，宇宙瓜分，各处一方，自收赋税；有日天道好还[一]，复归正统。我主人乃中山靖王之后，汉景帝玄孙，今皇上之叔，封疆之内，合分茅裂土[二]而居。加之刘景升乃我主之兄也，弟承兄业，有何不可？汝主乃铁塘小吏之子，素无功德于朝廷；今倚强恶，占据六郡八十三县①，尚自贪心不足，而欲吞荆州也②？刘氏天下，我主姓刘到无分，汝主姓孙合情佃也？况赤壁破曹兵，我主多负勤劳，众将并皆用命，岂独是汝东吴之力耶？若非我借东南风信，汝周郎安能展半筹耳？江南一破，休说二桥桥，姓，古从木旁。掳于铜雀宫，则汝等妻子皆不能保矣。适来我主人不即答应者，以子敬乃高明之士，必能察焉。子敬深通古今，善辨是非，何故出此言耶？"一席话，问得鲁子敬缄口无言，半晌乃曰："孔明之言，怕不有理。争奈于鲁肃身上，甚是不便。汝等做个损人安己么？"孔明曰："有何不便处？"肃曰："昔日皇叔当阳受难时，是肃引孔明渡江见吴侯；后来周公瑾要兴兵攻荆州，又是鲁肃挡回；后来说待公子去世还荆州，又是鲁肃回话。今又不应前言，失其大信，鲁肃无葬身之地矣！肃死无恨，使荆州之民立见涂炭，玄德公亦受万代之耻笑也！愿思忖焉。"孔明曰："曹操统百万虎狼之众，动以天子为名，吾亦只以为疥癣之疾，岂惧周郎乎③！若只说恐先生面上不好看，我教主人立纸文书，暂借荆州为本；待我主别图得城池之时，便交付还东吴。此理如何？"肃曰："孔明还夺得何处，还我荆州？"孔明曰："中原急未可图，益州④刘璋暗弱，我主待图之。若图得益州，那时便还。"肃教立文书。玄德亲笔写成，押了字，代保人诸葛孔明也押了字。孔明曰："玄德公是我主人，难道自家作保？烦子敬先生也押个字，回见吴侯，也好看。"肃曰："某知皇叔乃仁义之人，必不相负。"遂押了字，收了文书。宴罢便辞。玄德、孔明送到船边，与鲁肃曰："子敬见吴侯，善言申意，休生妄想。若不容准，我翻了面皮，连八十三县都夺了。只要两家和气，皆赖子敬一语之劳。休教曹贼笑话！"

---

① 原作"占据六郡八十一州"。承第九五回改。
② 原作"而欲吞汉上也"。承第一〇六回改。
③ 原作"岂惧周郎一小儿乎"。诸葛亮比周瑜小六岁，不应称瑜为"小儿"。
④ 原作"西川"。承第七五回改。

肃作别下船而回,先到柴桑见周瑜。瑜问曰:"子敬讨荆州如何?"肃曰:"有文书在此。"呈与周瑜。瑜顿足曰:"子敬中诸葛亮之谋也!允与借地,实是混赖。说道取了益州便还,知他是几时?假如十年不得益州,十年不还,知他谁后谁先?这等文书,如何中用,你却与他做保!他若不还城池,必须[三]连累足下,吴侯一怒,九族难保也!"鲁肃闻言,痴呆了半晌,将文书掷地下,泣曰:"恐玄德不负于我。"瑜曰:"子敬乃诚实笃厚人也。刘备是枭雄之辈,枭雄者,勇健也。诸葛亮乃奸猾之徒,恐不似先生之心也。"肃曰:"若此,如之奈何?"瑜曰:"但念子敬是吾恩人,想借三千斛之事,吾如何不救你?你且宽心住数日,待江北探细的回,别有区画。"鲁肃踟蹰[四]二音:局即。不安,捻指数日。

　　细作回报:"江陵城中①扬起布幡做好事[五],城外别建新坟,军士各挂孝服。"瑜惊问曰:"没了甚人?"细作曰:"刘玄德没了甘夫人,即日安排殡葬。"瑜与鲁肃曰:"吾计成矣!使刘备束手受缚,荆州反掌可得!"肃曰:"计将安在?"瑜曰:"刘备丧妻。吴侯有一妹,极甚刚勇,侍婢数百,居常[六]带刀,房中军器摆列遍满,虽男子不及也。我修封申呈,敬达吴侯,便教人去江陵为媒,说刘备来入赘,赚到京城②,妻室不能勾得,幽囚在狱中,却使人去讨荆州换了刘备。一角交割了荆州城池,我别有个主意。于子敬身上,须无事也。"鲁肃拜谢。瑜写了申呈③,选快船送鲁肃投京城,径见吴侯,先说借荆州一事,呈上文书。孙权曰:"若如此,何时取得?"肃曰:"有周都督申呈在此,用此计可得荆州。"权看毕,点头暗喜,寻思谁人可去,猛然省曰:"非此人不可!"遂唤一人而至,姓吕,名范,字子衡,乃汝南细阳人也。权曰:"近闻刘玄德丧妻。吾有一妹,欲招此人为婿,永结亲姻,共力破曹,以扶汉室。非子衡不可为媒,望作急往江陵一行。"范曰:"主公之命,安敢有违!"即日收拾船只,带数个从人,望江陵来。

　　却说玄德自没了甘夫人,昼夜烦恼。一日,正与孔明闲叙,人报东吴差吕范到来。孔明笑曰:"此乃周瑜之计,必是荆州之故。亮只在屏风后潜听,但有甚话,主公都应承了。留本人在驿中安歇,别作商议。"玄德教请吕范入。礼毕坐定,茶罢,玄德问曰:"子衡此降,必有见谕?"范曰:"某近闻公丧偶,有一门好亲,故不避嫌,特来作媒。未知尊意若何?"玄德曰:"中年丧妻,大不幸也。肉尚未冷,安敢望此?"范曰:"人若无妻,如屋无梁,岂可中道而废人伦乎?吾主人吴侯有一妹,美而大贤,堪可以奉箕帚[七]。若两家共结秦、晋之欢,则曹贼不敢正视东南也。于国于家,并皆全美。望皇叔裁之,便可一行。"玄德曰:"此事吴侯知否?"范曰:"不先禀得吴侯允准,如何敢造次来说。"玄德曰:"吾已半百之年,鬓发斑白;吴侯之妹,正当妙龄,恐非配偶。"范曰:"吴侯之妹,身虽女子,志胜男儿。常言:'若非天下英雄,吾不事之。'今皇叔名闻四海,德播华夷,正所谓淑女以配君子,岂可以年齿上下相嫌乎?"玄德曰:"公且少留,容某思之。"是日,设宴相待,留于馆舍。至晚,与孔明商议。孔明曰:"来意亮已知道了。适间卜《易》[八],得一大吉大利之兆。主公便可应允。先教孙乾和吕范去同见吴侯,面许已定,择日

---

① 原作"荆州城中"。此处"荆州"应指江陵。
② 原作"赚到南徐"。承第一〇六回改。
③ 原句无主语"瑜"。据上文加。

便去就亲。"玄德曰:"周瑜定计,欲害刘备,岂可以身轻入危险之地乎!"孔明大笑曰:"虽是周瑜之计,岂能出诸葛亮之料乎!略用小谋,使周瑜半筹不展,吴侯之妹又属主公,荆州万无一失。"孔明定三条妙计,气死周瑜。其计如何,且听下回分解。

【注释】

[一] 天道好还:意谓善恶皆有报应。

[二] 分茅裂土:分封土地。古代帝王分封诸侯时,各取其方色土,覆以黄土,用白茅包住,给予被封者,作为诸侯建国的象征。

[三] 必须:必定。

[四] 踧踖:畏缩不安的样子。

[五] 做好事:做道场。

[六] 居常:平时,时常。

[七] 奉箕帚:侍奉洒扫,意为做妻妾。

[八] 卜《易》:用《周易》占卜。《易》,《周易》,亦称《易经》,儒家经典之一,古代常用于占卜。

第一百八回　刘玄德娶孙夫人

却说玄德怀疑未决，孔明教孙乾往江南说合亲事。孙乾领了言语，与吕范同到江南，来见吴侯孙权。权曰："吾愿将舍妹招玄德，并无异心也。"孙乾拜谢，回荆州见玄德，言吴侯相待之意，专候主公去结亲事。玄德疑惑而不敢往。孔明曰："吾定了三条计，非子龙而不可行也。"遂唤子龙近前，附耳言曰："汝保主公入吴，当领此三个锦囊。袋内有三条计策，依次而行，吾当应之。汝若不依我计，是背主也。"子龙曰："愿听军师密旨，并不敢违。"孔明将出三个锦囊，与子龙贴肉收藏。孔明先使人纳上礼物，一切完备。

时建安十四年冬十月初也。玄德选快船十只，随行五百余人保护，大将赵子龙①，并离江陵，前往京城进发②。荆州之事，皆听孔明裁处。玄德心中怏怏不安。早到京城，船已傍岸，子龙曰："临来时，孔明吩咐三条妙计，依次而行。今已到此，必预先开了第一个锦囊观之，依计而行③。"子龙看了，唤五百随行军士，一一吩咐，如此如此。众军应诺而去。原来桥国老乃二桥之父④，平生最直，居京城。子龙请玄德先往见之。玄德乃令从人牵羊担酒⑤，置币刲金[一]，刲，音专。先来拜见桥国老，说吕范为媒，娶孙夫人之事。更兼五百军士，上岸入京城⑥，尽说玄德入舍一事，城中人尽知。此是孔明第一妙计。吴侯听知玄德已到，遂教吕范相陪，且就馆舍安歇。

却说桥国老早来见吴国太⑦，称说"且喜"。国太曰："老身[二]寡居，何喜之有？"国老曰："令爱已许刘玄德为夫人，玄德已到，何故相瞒？"国太曰："老身不知此事。"使人请吴侯问其虚实。先使几人于城中探听，人皆回报："果有此事。即日女婿在江边馆驿里安歇，五百随身军士都在城中买猪羊果品，皆言做亲之事。做媒的女家是吕范，男家是孙乾，俱在馆舍中相待。"国太吃了一惊。少刻，孙权入后堂见母亲。国太搥胸大哭。权曰："母亲何故烦恼？"国太曰："你直如此将我看承得如无物！我姐姐临危之时，吩咐你甚么话来？"孙权失惊曰："母亲有话明说，何苦如此？"国太曰："'男大须婚，女大须嫁'，古今常礼。我为母之道，也须使我知道。你招刘玄德为婿，瞒我怎的？女儿须是我的骨血！"权吃了一惊，问曰："哪里得这话来？"国太曰："若要不知，除非莫为。满城百姓，哪一个不知？你还瞒我！"桥国老曰："老夫已知多时

---

① 原作"大将军赵子龙"。"军"字赘，删去。
② 原作"并离荆州，前往南徐进发"。承前改。
③ 原作"依次而行"。据叶逢春本改。
④ 原作"原来国老乃二桥之父"。据文意，加"桥"字。
⑤ 原作"玄德牵羊担酒"。据余本《三国》改。
⑥ 原作"上岸入南郡"。南郡属荆州，已属刘备，此系"南徐"之误。承前改。
⑦ 原作"吴太夫人"。为与孙权生母吴夫人区别，统一改作"吴国太"。

了①。吾因敬来贺喜。"权曰:"非也。此是周郎之计,因要取荆州,若动刀兵,恐生灵涂炭,故将此为名,赚刘备来囚之,将荆州付还;如其不从,先斩刘备。此是计策,非实也。"国太大怒而骂周瑜曰:"周瑜匹夫!汝做六郡八十三县大都督,直恁[三]无条计策去取荆州,却将我女儿为名,使美人计!杀了刘备,便是望门寡[四],明日再怎的说亲?须误了我女儿一世!你们好做作!"桥国老曰:"若用此计,便得荆州,也被天下人之耻笑!此事如何行得!"说得孙权默然无语。

国太不住口大骂周瑜。桥国老劝曰:"事已如此,刘皇叔乃汉室宗亲,不如招了为婿,免得出丑。"权曰:"年纪恐不相当。"国老曰:"刘皇叔乃当世豪杰,若招得这个女婿,也不辱了令妹。"国太曰:"我但不曾见此人。明日约在甘露寺[五]相见,如不中我意,任从你们行事;若中我的意,我自把女儿嫁他。"孙权是大孝之人,见母亲如此言语,随即应承,出外唤吕范吩咐:"来日甘露寺方丈设宴,国太要见刘备。"吕范:"何不令贾华部领三百刀斧手伏于两廊,若国太不喜时,一声号举,两边齐出,剁为肉酱。"权遂唤贾华吩咐:"预先准备,只听我号令便出。"

却说桥国老辞吴国太归,使人去报玄德,言说来日吴侯、国太亲自要见,好生在意。玄德与赵云、孙乾商议,云曰:"来日此会,多凶少吉。云自引五百部从保之。"隔夜吕范先来约定,来日甘露寺内相会。

次日,吴国太、桥国老先在甘露寺方丈。孙权并一般谋士都到,吕范又来馆驿中请玄德。是日玄德内披细铠,外穿锦袍,从人背剑紧随,上马投甘露寺而来。赵云全装贯带,引五百军随行。来到寺前下马,先法堂上见了孙权。权观玄德,仪表非俗,心中有畏惧之意。二人各叙礼毕,遂入方丈拜国太。国太见了玄德,大喜,乃与桥国老曰:"真吾婿也!"国老曰:"玄德有龙凤之姿,天日之表,更兼仁德布于天下。国太得此佳婿,真可庆也!"玄德拜谢,共宴于方丈之中。少刻,子龙带剑而入,立于玄德之侧。国太问曰:"此何人也?"玄德答曰:"常山赵子龙也。"国太曰:"莫非当阳长阪抱阿斗者乎?"玄德曰:"然。"国太曰:"真将军也!"遂赐酒。赵云与玄德曰:"却才某于廊下巡视,见房内有刀斧手埋伏,必无好意。可告与国太。"玄德跪于国太席前,泣而告曰:"若杀刘备,就此请诛。"国太曰:"何故出此言也?"玄德曰:"廊下暗伏刀手,非杀备而何?"国太大怒,责骂孙权:"今日玄德与我作婿,即我之儿女也。何故伏刀斧手于廊下!"权推不知,唤吕范问之,范推贾华。国太唤问之,华默默无言。国太喝令斩之。玄德哀告曰:"若为备斩大将,备心何忍也?于亲不利,备难久居膝下矣。"国老也劝。国太喝放贾华,刀斧手皆抱头鼠窜而去。国太先回。

玄德更衣出殿前,见庭下有一块石。玄德拔从者所佩之剑,仰天祷告曰:"若刘备能够回荆州,成王霸之业,剑挥石为两段;如死于此地,剑剁不开。"言讫,手起剑落,火光迸溅,砍石为两段。忽然孙权后面而言:"玄德如何而恨此石?"玄德曰:"备年近五旬,不能与国家剿除贼党,心常恨焉。今蒙国太招为女婿,此平生之际遇也。却才问天买卦,如破曹兴汉,砍断此石。

---

① 原作"老夫已知多日了"。"多日"与上文不合,故改。

今果然如此。"权暗思:"刘备莫非用此言瞒我?"亦掣剑与玄德曰:"吾亦问天买卦,若破得曹贼,亦断此石。"却暗暗祝告曰:"如再取得荆州,兴旺东吴,石亦为两半。"手起剑落,巨石亦开。至今有十字纹"恨石"尚存。后宋贤观此胜迹,作诗赞曰:

  紫髯桑盖[六]两沉沉,"恨石"由来仰告深。
  汉鼎未分聊把手,楚醪虽美肯同心?
  英雄已往时难问,苔藓多生岁愈侵。
  还有市廛[七]沽酒客,雀喧鸠话众啼吟。

又诗曰:

  宝剑落时山石断,金环响处火光生。
  两朝[八]王气皆天数,从此乾坤鼎足成。

二人弃剑,相扶入席。又饮数巡,孙乾目视玄德,玄德辞曰:"刘备不胜酒力,告退。"孙权送出寺前,二人并立,观江山之景。玄德曰:"此乃天下第一江山也!"至今甘露寺牌上云:"天下第一江山。"后人有诗赞曰:

  江山雨霁拥青螺,境界无忧乐最多。
  昔日英雄凝目处,岩崖依旧抵风波。

又《水调歌头》一篇曰:

  江左占形势,先数古徐州。连山峰峦如画,缥缈步危楼。鼓角临风悲怆,烽火接天明灭,往事忆孙、刘。千里挥戈甲,万灶宿貔貅。　草凝霜,风落木,岁方休,使君豪放,谈笑洗尽古今愁。不见襄阳登览。磨灭游人无数,遗恨默然收。叔子[九]独千载,名与汉江流!

二人共观之次,江风浩荡,洪波滚雪,白浪掀天。忽见波上一乘小船,于江南上如登平地。玄德叹曰:"南人驾船,北人乘马,信有之乎!"孙权闻知,自思曰:"刘备此言语,嘲吾不惯乘马耶?"左右牵马过来,权飞身上马①,驰骤下山,复加鞭上岭,与玄德曰:"南人亦能乘马乎②?"玄德闻之,裸衣一跃,跃上马背,飞走下山,复上。二人立马于山坡之上,扬鞭大笑。至今此处名为"驻马坡"。有诗曰:

  驰骤龙驹气概多,二人并辔立山河。
  东吴、西蜀兴王霸,千古犹存驻马坡。

当日,二人并辔而回,京城之民无不称赏。

玄德自回馆驿,与孙乾商议。乾曰:"主公只是哀告桥国老,早早毕姻③,免生别事。"玄德次日前来桥国老宅前下马,国老接入。礼毕,茶罢,玄德告曰:"江左之人多有要害刘备者,恐不能久居。"国老曰:"玄德宽心,吾当去告国太,令作护持。"玄德拜谢自回。桥国老入见国太,

---

① 原句无主语"权"。承上文加。
② 原作"南人而能乘马乎"。据黄正甫本改。
③ 原作"早早逼亲",文意不当。据叶逢春本、汤本《三国》改。

尽言玄德恐人谋害,急急要回。国太怒曰:"我的女婿,谁敢害他!"即时便教搬入书院暂住,择日便教毕亲。玄德自入,告国太曰:"只恐赵云在外不便,军士争闹,累及不安。"国太教尽搬入府中安歇,休留在馆驿中,免得生事。玄德暗喜,为有护臂在近,不惧伤害。

　　数日之内,大排筵会,孙夫人与玄德结亲。至晚客散,两行红炬,接引玄德入房。灯光之下,但见枪刀簇满,侍婢皆佩剑悬刀,立于两旁,吓的玄德魂不附体。毕竟如何?

【注释】

[一] 置币刲金:置办礼品。币,帛,常代指礼物;刲,割。
[二] 老身:老年妇女的自称。
[三] 直恁:竟然如此。恁,如此,这样。
[四] 望门寡:旧时称女子订婚而未过门,男方死亡,女方须在娘家守节,不得另嫁。
[五] 甘露寺:在今江苏镇江东北北固山上。相传始建于东吴孙皓甘露元年(265)。"甘露寺相亲"系虚构的情节。
[六] 紫髯桑盖:紫髯,指孙权,因其"碧眼紫髯"而称(见第五八回);桑盖,指刘备,因其家东南桑树"童童如小车盖"而称(见第一回)。
[七] 市廛:商肆集中的地方。
[八] 两朝:指刘备、孙权后来分别建立的蜀汉、孙吴政权。
[九] 叔子:西晋大臣羊祜(221—278),字叔子。见第二三九回。

第一百九回　锦囊计赵云救主

却说玄德见孙夫人房中，两边枪刀森列如麻，玄德失色。管家婆进曰："贵人休得惊惧也。夫人自幼好观武事，居常令侍婢击剑为乐，故房中有之。"玄德曰："非夫人所观之事，吾甚心寒，可命暂去。"管家婆禀复孙夫人曰："房中摆列兵器，娇客[一]不安，须且去之。"孙夫人笑曰："相杀半生，尚惧兵器乎！"尽命去之，令侍婢解剑扶侍。当夜玄德与孙夫人成亲。玄德以甜言美语啜诱[二]孙夫人，夫人欢喜。玄德乃以金帛散与侍婢，以买其心，先教孙乾回荆州报喜。自此，连日饮酒。国太十分爱敬。

却说孙权差人来柴桑报周瑜①，瑜拆书视之。书曰：

我母亲力主，已将吾妹招了刘备。不想弄假成真，此事还复如何？

瑜看毕大惊，行坐不安，乃思一计，遂修密书，就令去人带回见孙权。权拆书视之。书曰：

周瑜百拜顿首，书上主君明公座下：昨尝为谋大事，不想反覆如此。既已弄假成真，必须以凶为吉。刘备以枭雄之姿，而有关、张熊虎之将，更兼诸葛亮用谋，必非久屈在人之下者。愚谓大计：软困备于吴中[三]，而盛为筑宫室，以丧其心志；多其美色玩好，以娱其耳目；使分开关、张之情，隔断诸葛之契②，各置一方，然后以兵攻之，大事可定矣。今若纵之，使人俱在疆场，恐蛟龙得云雨，终非池中之物也。愿明公熟思之。书不尽言，幸垂照鉴。

孙权看毕，以书示张昭。昭曰："公瑾之谋，正合愚意。刘备起身微末，奔走天下，未尝受其富贵。今若以画堂大厦、子女玉帛，令彼享用，疏远孔明、关、张，各生怨望[四]而自散去，荆襄可不战而自得也。若纵刘备得归，终久是东吴大患。主公可从公瑾之计而速行之。"

孙权大喜，即日修整东府，广栽花木，器用什物极其富丽，请妹居之；又增女乐数十余人，并金玉锦绮玩好之物，教玄德享用。国太只道孙权好意，喜不自胜。玄德果然被声色所迷，全不想回荆州，亦不思孔明之语，中了周瑜之计也。

却说赵云与五百军在东府前住，终日无事，只去城外射箭走马。看看年终，子龙猛省："孔明原付三个锦囊与我，教我一到京城③，开第一个；住到年终，开第二个；临到危急无路之时，开第三个。于内有神出鬼没之计，可保主公回归。此时岁已将终，主公贪恋美色，并不见面，何不拆开第二个锦囊，看计而行？"拆开视之，原来如此神策。即目径到府堂，要见玄德。侍婢报曰："赵将军有紧急事来报贵人。"玄德唤入，便问其故。子龙做失惊意曰："主公深居画堂，不

---

① 原作"来柴桑郡报周瑜"。承前改。
② 原作"隔远诸将之契"。据叶逢春本改。
③ 原作"教我一到南徐"。承第一〇六回改。

第一百九回　锦囊计赵云救主

想荆州耶?"玄德曰:"有甚事,如此惊怪?"子龙曰:"今早孔明使人报说,曹操要报赤壁鏖兵之恨,起精兵五十万,杀奔荆州,甚是危急,请主公便回。"玄德曰:"必须与夫人商议。"子龙曰:"若和夫人商议,必不肯教主公回。不如休说,今晚便可起程,迟则误事!"玄德曰:"你且暂退,我自有道理。"子龙故意催逼数番而出。玄德入见孙夫人,暗暗垂泪。孙夫人问曰:"丈夫何烦恼?"玄德曰:"念备一身飘荡异乡,生不能奉侍二亲,死不能祭祀宗祖,乃大逆不孝也。今岁旦在迩[五],即日使备怏怏不已。"孙夫人曰:"你休瞒我,我已听知了也!方才赵子龙报说荆州危急,你欲还乡,故推此意。"玄德跪而告曰:"夫人既知,备安敢瞒过。备欲不去,使荆州有失,被天下人骂备也;欲去,又舍不得夫人,因此烦恼。"夫人曰:"我已嫁事于君,君所去处,我愿随之。"玄德曰:"夫人之心,可道如此,争奈国太与吴侯,安肯容夫人去也?夫人若可怜刘备,暂时辞别。若刘备战死荆州沙场,夫人再不更事豪杰,备虽在九泉,蒙恩不浅也。"孙夫人曰:"丈夫何故出此不利之言耶?"玄德曰:"岂不闻俗语云:'公子登筵,不醉则饱;壮士临阵,不死即伤。'赴敌之人,岂敢保耶?"言讫,泪下如雨。孙夫人劝曰:"丈夫休得烦恼,我苦苦哀告母亲,必须放我与君同去。"玄德曰:"纵然国太肯时,吴侯必然阻当。"孙夫人曰:"我有一计,汝能从否?"玄德请问,夫人答曰:"我与你正旦[六]拜贺时,推称江边祭祖,不告而去,若何?"玄德曰:"若如此,生死难忘!切勿泄漏了。"两个商议已定。玄德密唤子龙吩咐:"正旦日,你先引军士出城,于官道等候。吾推祭祖,与夫人同走。"子龙曰:"宜想旧事,勿失军师之计。"

时建安十五年春正月初一日也。吴侯大会文武于堂上,玄德与孙夫人前来拜国太并嫂嫂。孙夫人曰:"夫主想父母祖宗坟墓俱在涿郡,昼夜伤感不已。今日欲往江边,望北遥祭,须母亲前告知。"国太曰:"此孝道之事,岂有不从?汝虽不识舅姑[七],可同汝夫前去一祭,足见为妇之礼也。"孙夫人同玄德拜谢而出。

此时更不令孙权知之。夫人乘车,将带随身一应细软。玄德上马,引数十骑跟随出城,与子龙相会。五百军士前遮后拥,离了京城,趱程而行。当日孙权大醉,左右近侍扶入后堂,文武皆散。比及众官知得玄德、夫人逃去之时,天色已晚,要报孙权,权醉不醒;及至睡觉[八],已是五更。孙权听知走了玄德,急聚文武商议。张昭曰:"今日走了此人,早晚必生祸乱,可急追之。"孙权令陈武、潘璋选五百精兵,无分昼夜,务要赶上拿回。二将领命去了。孙权深恨玄德,忿怒转加,将案上玉石砚摔为粉碎。程普曰:"主公空有冲天之怒,某料陈武、潘璋必擒此人不得。"权曰:"焉敢违吾令耶?"普曰:"郡主[九]自幼好观武事,严毅刚正,诸将皆惧。既然肯顺刘备,必同心而去。所追之将,若见郡主,岂敢下手?"权大怒,掣所佩之剑,唤蒋钦、周泰听令,曰:"汝二人将这口剑去,取吾妹并刘备头来!违令者立斩之!"蒋钦、周泰随后引一千军马赶来。

却说玄德加鞭纵辔,趱程而行,当夜于路暂歇两个更次[一○],慌忙起行。看看来到柴桑界首,望见后面尘头大起,人报追兵至矣。玄德慌问子龙曰:"追兵既至,如之奈何?"子龙曰:"主公先行,某愿挡后。"转过前面山脚,一彪军马拦住去路。当先两员大将,厉声高叫曰:"刘备早早下马受缚!吾奉周都督将令,守候多时!"吓得玄德举止失措,忙勒回马来问子龙曰:"前面又有拦截之兵,后有追兵,前后无路,如之奈何?"子龙曰:"主公勿忧。孔明军师原有三条妙

计,皆在锦囊之中。已拆了两个,并皆应验。还有第三个在此,军师道遇危难之时可用。今日何不观之?"玄德教取锦囊,拆封视之。其计如何,且听下回分解。

【注释】

[一] 娇客:女婿。
[二] 啜诱:哄弄。
[三] 吴中:指吴郡。京城属吴郡,故称。
[四] 怨望:怨恨。望,责怪,责备。
[五] 迩:近。
[六] 正旦:即元旦,一年的第一天。
[七] 舅姑:公婆。
[八] 睡觉:睡醒。
[九] 郡主:本指诸王之女。此处借用以称孙夫人。
[一〇] 两个更次:两更,约当四小时。

第一百十回　诸葛亮二气周瑜

　　原来周瑜恐玄德走脱，先发人教吴侯江边关防："如无兵符，不许擅开船只。"先断了这条长江水路。又差徐盛、丁奉引三千军马，于冲要之处等候扎营在此，时常令人登高遥望，料得玄德若投旱路，必经此道而过。当日徐盛、丁奉将军马摆成阵势，忽然瞭高[一]军报说："前面尘起，必是刘备①。"二将马上抚掌大笑曰："周都督神机妙算，果然应口[二]！"各掉兵器，立于阵前。玄德慌问子龙求计。子龙将锦囊拆开，献计与玄德。玄德看了，急来车前，泣告孙夫人曰："备有心腹之言，至此尽当实诉。"夫人曰："丈夫有何言语勿得隐讳。"玄德曰："昔日吴侯与周瑜同谋，将夫人招嫁刘备，实非为夫人前程，乃欲幽困刘备而夺荆州也。夺了荆州，必至杀害。备若身死，夫人安能归乎？是以夫人为香饵而下钓也。备不惧万死而来，盖知夫人有男子之胸襟，必能怜悯于备也。今汝兄又欲杀害，故托荆州有难，此是求归之计。实难舍夫人，故同至此。汝兄又令人在后追赶，周瑜又使人于前截住，非夫人莫能解此祸。如夫人不允，备请死于车前，以报夫人半载相与之德也！"夫人怒曰："吾兄既不以我为亲骨肉，我有何面目重相见乎！今日之危，我当自解！"于是叱从人推车直出，卷起车帘，亲喝徐盛、丁奉曰："你二人欲造反耶？"徐、丁二将慌忙下马，弃了军器，声喏于车前曰："安敢造反。为奉周都督将令，屯兵在此，专候刘备。"孙夫人大怒曰："周瑜贼匹夫欲造反耶？我东吴不曾亏负你！玄德乃大汉皇叔，是我丈夫，是汝主人之妹丈，千百年之至亲，非是反国之臣。我已对母亲、哥哥说知回荆州去，并不是私奔至此。今你两个于山僻去处，引着军马拦截道路，意欲掠掳俺夫妻财物耶？"徐盛、丁奉喏喏连声，口称："不敢。主姑息怒，这的不干我小将之事，乃是周都督的号令。"孙夫人叱之曰："你只怕周瑜，何不怕我也？周瑜杀得你，我岂杀不得周瑜？你快回去，说与周瑜匹夫，我夫妻自回荆州去，干你甚事？我兄吴侯尚自让我几分，何况周瑜村匹夫哉！"把周瑜千匹夫、万匹夫，大骂一场，喝令推车前进。徐盛、丁奉自思："我等是臣下之臣，安敢十分难为他？"又见赵子龙十分怒气，只得把军喝住，放条大路教过去。却才行不得五六里，陈武、潘璋赶到。徐、丁二将备言其事，陈武、潘璋曰："你放他过去，差了也。我二人奉吴侯尊旨，特来追捉他回转。"四将合兵一处，趱程赶来。

　　却说玄德脱了此难，傍车而走。正行之间，背后喊声又起，大军赶来。玄德告夫人曰："后面追兵又至，却如之何？"夫人曰："丈夫先行，我与子龙挡后。"玄德引五百军望江岸去了。子龙勒马于车傍，将士卒摆开，专候来将。四员将见了孙夫人，只得下马，叉手而立。夫人曰："陈武、潘璋，来此何干？"二将答曰："奉主君之命，请夫人同玄德回。"夫人正色叱曰："都是你这伙匹夫，同谋我兄妹不睦！我已嫁事他人，今日归去，须不是与人私奔，玷辱上祖。我母亲慈旨，全我夫妇去回荆州，谁敢阻当？便是我哥哥来，也须将大礼而行。你四人倚仗兵威，欲

---

① 原作"必是玄德"。东吴军士此处应直称刘备之名。

待杀害我耶？"骂得四人面面相觑，各各寻思："他一万年也只是兄妹，更兼亲娘做主。况吴侯是个大孝之人，怎敢违了母言？明日翻过脸来，只是我等不是，不如做个人情。"军中况又不见玄德；又见子龙怒目睁眉，只待厮杀，因此四将喏喏连声而退。孙夫人令推车便行。徐盛曰："我四人同去见周都督，告禀此事。"四人犹犹豫豫，主张不定。但见一军，如旋风而来，视之，乃蒋钦、周泰。二将问曰："列位赶的刘备，曾赶上否？"四将答曰："早晨过去，多半日矣。"蒋钦曰："如何不拿下？"四人因说孙夫人发话一节。蒋钦曰："便是吴侯怕道[三]如此，封一口剑在此，教先杀他妹，后斩刘备。违者立斩！"四将曰："去之已远，怎生奈何？"蒋钦曰："他终是有步军，急行不上。徐、丁二位可飞报都督，教水路棹快船追之。我四人在岸上赶之。无问水旱之路，赶上杀了，休听他言语！"徐盛、丁奉飞报周瑜。蒋钦、周泰、陈武、潘璋四个，领兵沿江赶来。

却说玄德一行人马离柴桑较远，心才稍宽。沿着江岸正行之间，后军遥指尘土冲天而起。登高一望，但见军马盖地而来。玄德叹曰："连日奔走，人困马乏，追兵又到，死无地矣！"看看喊声渐近，众人皆欲四散，忽见江内傍岸，一字儿抛着拖篷船二十余只。此舡极快，两浙人呼"瓠子舡"，淮南呼"艇船①"。子龙曰："天幸有船在此！何不速下，棹过对岸，急切追赶不得！"玄德与孙夫人便奔上船，子龙引五百军一齐上船而去。只见船舱中一人，纶巾道服，大笑而出曰："主公且喜！诸葛亮等候多时。"船中扮作客人的，皆是荆州水军。不移时，四将赶到，孔明笑指岸上人而言曰："吾已算定多时矣。汝等回去，传示周瑜，教再休使美人局手段。"岸上乱箭射，船已开得远了。正值顺风，拽起风帆，望上水尽力使去。岸上军马迤逦不舍。

正行之间，忽然江声大震，回头视之，只见战船无数。"帅"字旗下，周瑜自领惯战水军，左有黄盖，右有韩当，势如飞马，疾似流星，看看赶上。孔明教棹船投北岸，弃了船，尽皆上岸而走，车马登程。周瑜赶到江边，尽教上岸追袭。大小水军尽是步行，止有为首官军骑马。周瑜上马，并黄盖、韩当、徐盛、丁奉紧随。瑜曰："此处是哪里？"军士答曰："前面是鄂县界口②。"望见玄德车马不远，瑜令并力追袭。正赶之间，一声鼓响，山崦[四]内一彪刀手拥出，为首一员大将，河东解县人也③，姓关，名羽④，字云长。周瑜举止失措，急拨马便走。云长提刀骤马赶来，周瑜纵马逃命。正奔走之间，左边黄忠，右边魏延，两军杀出。吴兵大败。周瑜急急下得船时⑤，岸上军士齐声大叫曰："周郎妙计高天下，赔了夫人又折军⑥！"周瑜回顾岸上，乃是败走吴军，尽都赶来。瑜怒曰："可再登岸，决一死战！"黄盖、韩当力阻。瑜自思曰："有何面目去见吴侯！"大叫一声，金疮迸裂，倒于船上。众将救之，却早不省人事。未知性命如何，且听下回分解。

---

① 原作"此舡极快，两浙人呼'刳子舡'，淮南呼'艇船'。《易》曰'刳木为舟'"。据郑本《三国》改。
② 原作"前面是黄州界口"。承第九八回改。
③ 原作"蒲州解良人也"。承前改。
④ 原作"姓关，名某"。据叶逢春本改。
⑤ 原作"周瑜身中数箭，急急下得船时"。据余本《三国》改。
⑥ 原作"周郎妙计高策，赔了夫人，又折许多人马"。据叶逢春本、余本《三国》改。

【注释】

［一］瞭高：在高处瞭望。

［二］应口：应验。

［三］怕道：恐怕，担心。

［四］山崦：此处意为"山谷"。

卷之十二

第一百十一回　曹操大宴铜雀台

却说周瑜被诸葛亮预先埋伏关公、黄忠、魏延三人三支军马，一击大败。黄盖、韩当急救下船，丧折水军数多。遥观玄德、孙夫人车马仆从，都停住于山顶之上，瑜如何不气？箭疮脓水未干，因此怒发，金疮迸裂。众将救活，开船逃去。孔明教休追赶，自和玄德归荆州庆喜，赏赐众将。

周瑜自回柴桑。蒋钦等一行人马，自归京城①，去报吴侯。吴侯不胜大怒，要拜程昱为都督，倾国起兵去取荆州。周瑜又发书到，教主君兴兵雪恨。张昭谏曰："不可。今曹操欲报赤壁鏖兵之恨，但恐孙、刘同心，因此未敢兴兵。今主公为一时之气，若自相吞并，操必乘虚来攻，家国危矣。"权曰："如之奈何？"顾雍曰："许都岂无细作在此？若知孙、刘不睦，操必使人勾结刘备矣。备惧东吴，必投曹操。若是投操，江南何日得安也？可使人赴许都，表刘备为荆州牧；使曹操知之则怯惧，不敢加兵于东南，亦能使刘备不恨于主公矣。却暗使一心腹人，以间谍之计，使曹、刘如常不睦，方可图之。"权曰："元叹之言甚善。谁可为使？"雍曰："有一人，乃曹操平生信爱者，见在此处，可当遣之。"权曰："何人也？"雍曰："前任豫章太守，平原高唐人也，姓华，名歆，字子鱼。"权大喜，即时写表，令华歆赴许都，密嘱以间谍之计。歆领命起程，径到许都。闻知曹操会群臣于邺城②，庆贺铜雀台，歆亲往见。

却说曹操自离荆州，心中尝欲雪赤壁之恨，为军兵未曾严整，又疑孙、刘并力，因此不敢轻进。时建安十五年春[一]，造铜雀台成，操大会文武于邺城，设宴庆贺。其台正临漳河，中央乃铜雀之台，左名玉龙之台，右名金凤之台。三台森耸，可高十丈，上横二桥相通，千门万户，金碧交辉。是日，操头戴嵌宝金冠，身穿绿锦罗袍，玉带朱履，凭高而坐。文武侍立于台下。

操先观武官比试弓箭，便命近侍将西蜀红锦战袍③一领，挂在垂杨枝上，下设一箭垛，离百步为界。武官分为两队：曹氏宗族俱穿红，外支将士皆穿绿；各带雕弓长箭，跨鞍勒马，听候指挥。操传令曰："如有射中红心者，鸣金击鼓以应之，遂将红锦战袍以赏之；如射不中者，罚水一杯。能射者射之，不能射者听令押阵。"连问三声。声犹未绝，红袍队中一人拈弓骤马而出。众皆视之，此少年将军乃曹操外房之侄，姓曹，名休，字文烈，见领虎豹骑宿卫④。众见曹休弓马精熟，无不称贺。曹休飞马，往来奔驰三遭，扣上箭，拽满弓，弦响箭落，正中红心。金鼓齐鸣。操在台上大喜曰："此吾家千里驹也！"左右欲取锦袍与曹休，绿袍队中一骑而出，曰："丞相，锦袍也合让俺外人先争，宗族中不宜搀越[二]⑤。"众视之，乃汉上将文聘也。众官曰："且看

---

① 原作"自归南徐"。承前改。
② 原作"会群臣于邺郡"。承前改。
③ 原作"西川红锦战袍"。此处"西川"当作"西蜀"。
④ 原作"现充虎豹骑卫"。据《三国志·魏书·曹休传》改。
⑤ 原作"汝宗族中不宜搀越"。文聘对曹操说话，不可能称"汝"，故删。

文仲业射法。"聘拈弓纵马,一箭正中红心。金鼓齐鸣。聘大呼曰:"快取袍来!"

只见红袍队中又一将飞马而出,曰:"小将军先射,汝何夺之?看我与汝两个解箭!"拽满雕弓,一箭也中红心。众皆喝彩。视之,乃曹丞相从弟曹洪也。却欲取袍,只见绿袍中又一将而出,曰:"你三人射中红心,岂足为奇?看我射来!"众视之,乃大将张郃也。郃飞马翻身,背射一箭,也中红心。四支箭齐齐的攒在红心之里。郃曰:"吾翻身背射,合取锦袍!"言未毕,红袍队中又一将飞马而出,曰:"汝翻身背射,何足为道!看吾夺射红心①!"众视之,乃夏侯渊也。渊骤马到界口,扭头回身,一箭射去,正在四箭当中。渊兜住马,按弓大叫曰:"此箭可夺锦袍么?"众皆喝彩。又只见绿袍队中一将飞马而出,大叫曰:"留下锦袍还我!"视之,乃大将徐晃也。晃曰:"汝夺红心,何足道哉!看吾单取锦袍!"拈弓搭箭,一箭遥望柳条射之,射断柳条,锦袍坠下。徐晃飞取锦袍,披于身上,往来弛骤一遭,望台上声喏曰:"谢丞相之袍!"众皆大惊。晃却才勒马要回②,猛然台边一将跃马而出,大叫曰:"你将锦袍哪去?早早留下与我!"众皆视之,乃沛国谯人也③,姓许,名褚,字仲康,飞马便来夺袍。两马相近,晃便把弓打许褚。褚一手接住弓,把徐晃一扯,扯离鞍鞯。晃急弃了弓时,翻身下马,褚亦下马。两个揪住,一处厮打。操急使人解开时,那领锦袍已扯粉碎。操曰:"二人都上台来。"晃睁眉怒目,褚切齿咬牙,皆有相持之意。操笑曰:"孤特视汝等之勇耳,岂惜一锦袍乎?"便教诸多将士尽都上台,各赐蜀锦一匹。尽皆依位而坐。乐音竞奏,水陆毕陈。文官武将,轮次把盏,献酬交错。

操大喜,曰:"武将既以骑射为乐,足显威勇矣。汝文官乃饱学之士,登此高台,何不进佳章以纪一时之胜事乎?"文官皆躬身而言曰:"愿从钧命。"互相奖让。有一人进曰:"小臣不才,愿献铜雀台诗章,可乎?"操大喜。乃谏议大夫、参司空军事,东海郯[三]人也,姓王,名朗,字景兴。朗拂笺援笔,立书七言诗[四]以进之。诗曰:

铜雀台高壮帝畿,水明山秀竞光辉。
三千剑佩趋黄道,百万貔貅现紫微。
风动绣帘金凤舞,云生碧瓦玉龙飞。
君臣庆会休辞醉,携得天香满袖归。

操观毕大喜,取玉爵赐酒,就以玉爵赏之。朗拜谢讫,座上一人进曰:"老臣亦有俚语,敢进于上乎?"操曰:"愿闻佳章。"其人官拜侍中、尚书仆射,封东武宁侯④,颍川长社人也,姓钟,名繇,字元常;善写隶书,万古为法。繇援笔立写七言八句诗以进之。诗曰:

铜雀台高按上天,凝眸览遍旧山川。
栏干屈曲留明月,窗户玲珑压紫烟。
汉祖歌风空击筑⑤,楚王戏马漫加鞭。

---

① 原作"看吾夺射红心耶"。"耶"字赘,删去。
② 原句无主语"晃"。承上文加。
③ 原作"乃谯国谯人也"。承第二四回改。
④ 原作"其人官封东武亭侯、侍中尚书、左仆射"。据《三国志·魏书·钟繇传》改。
⑤ 原作"系筑"。"系"乃"击"之形误(二者繁体相似)。据叶逢春本改。

　　　　主人盛德齐尧舜，愿乐升平万万年。

操览毕，笑曰："二公佳作，过于太甚矣。"意思知道二人以帝王尊之，言太过矣。操遂赏钟繇，而对众文武曰："孤本庸愚，始举孝廉，聊立微名于世耳。后值天下大乱，故以病回乡里，筑精舍[五]于谯东五十里，欲夏秋读书，冬春射猎，为二十年之计，以待天下清平，方出仕耳。然不能如意，朝廷征孤为典军校尉，遂更其意[六]，专欲为国家讨贼立功，图死后得题墓道[七]曰'汉故征西将军曹侯之墓'，使不辱于祖宗。此平生愿足矣。遭董卓之难，兴举义兵；因黄巾之乱，剿降万余。又讨击袁术，擒其四将；摧破袁绍，枭其二子；复定刘表，遂平天下。身为宰相，人臣之贵已极，意望已过。如国家无孤一人，正不知几人称帝，几人称王。或有一等人，见孤强盛，任重权高，妄相忖度，言孤有篡位之心，此言大乱之道也。齐桓公、晋文公所以垂称至今日者，以其兵势广大，犹能奉事周室也。孔子云：'周文王三分天下有其二，以服事殷，周之德，其可谓至德也已矣！'①'夫能以大事小，此言耿耿在心。又读《乐毅传》：毅昔日归赵，赵王欲与之图燕，毅伏而垂泣，对曰：'臣事燕王，犹事大王，宁死不为非义之事。'孤又观《蒙恬传》：昔日胡亥之杀蒙恬[八]也，恬曰：'吾先人及至子孙，积德于秦三世矣；今臣手下精兵三十万，足可背叛②，自知必死而守义者，不敢辱先人之教以忘先君之恩。'孤读此二人之书，未尝不怆然流涕也。孤安有篡逆之心哉？此言皆肝膈[九]之要也。所以勤勤恳恳[一〇]叙心腹者，见周公有《金滕》[一一]之书以自明，恐人不信之故。然欲孤便尔委捐[一二]所典兵众，以还执事，归就孤所封武平侯之国，实不可也。何者？诚恐已离兵，为人所害也。既为子孙计，又已败则国家倾危，是以不得慕虚名而处实祸也。汝诸文武必不知孤心也。"众皆起拜曰："虽周公、伊尹，不及丞相耳。"白乐天有诗一首③，单道王莽奸邪处，后人读此诗有感，因而可以拟曹操也。诗曰：

　　　　周公恐惧流言日，王莽谦恭未篡时④。
　　　　假使当初身便死⑤，一生真伪复谁知⑥！

曹操连饮数杯，不觉沉醉，唤左右捧过笔砚："孤欲作《铜雀台赋》耳。"拂笺写云："吾独步高台，俯观万里之山河。"此两句有旁若无人之意。后史官贬曹操建铜雀台，有古风一篇云：

　　　　邺中山青水如练，老瞒雄据作宫殿。
　　　　穷奢极侈兴群怨，诈力欺天天肯眷？
　　　　东风只与周郎便，云散烟飞事都变。
　　　　铜雀台高春日转，二桥空锁芙蓉面。
　　　　不似朝阳贮飞燕[一三]，英雄一去不复见，
　　　　古瓦与人磨作砚。

---

① 原作"其可为至德也已矣"。据《论语·泰伯》改。
② 原作"卒能背叛"。据叶逢春本改。
③ 原作"尹氏有诗一首"。所引诗实为白居易(字乐天)的《放言五首》之三的后半首。
④ 原作"王莽谦恭下士时"。据原诗改。
⑤ 原作"假使当年身便死"。据原诗改。
⑥ 原作"一生真伪有谁知"。据原诗改。

曹操刚才落笔，止写了两句，忽有人报："东吴使华歆表奏刘备为荆州牧，今孙权以妹嫁之，荆州九郡①，大半已属刘备矣。"操闻之，手脚慌张，投笔于地。程昱曰："丞相在万刃之中，矢石交攻之际，未尝动心；今闻刘备得了荆州，何以惊耶？"操曰："刘备，人中之龙也，平生未尝得水；今得荆州，如困龙而入大海。孤安得不动心哉！"程昱曰②："丞相知华歆来意否？"操曰："未也。"昱曰："孙权本忌刘备，欲以兵攻之，但恐丞相乘虚而击也。今权故令华歆入国为使，乃安刘备之心，以塞丞相之望耳。"操曰："如之奈何？"昱曰："某有一计，使孙、刘自相吞并，丞相于中一击而可得也。"操问其计若何？

【注释】

[一] 时建安十五年春：铜雀台始建于建安十五年(210)冬，落成于建安十七年(212)春。《演义》为情节需要，有意作了调整。

[二] 搀越：抢先，不按顺序。

[三] 东海郯：今山东郯城北。

[四] 七言诗：东汉末尚未形成七言律诗。《演义》此处虚构不当。

[五] 精舍：书斋，学舍。

[六] 更其意：改变主意。更，更改。

[七] 墓道：墓前的甬道。此处实指墓前的石碑。

[八] 蒙恬(? —前210)：秦朝大将。秦统一后，率兵三十万北逐匈奴，主持修筑长城。驻守上郡十余年，匈奴不敢进扰。秦始皇死后，胡亥与赵高篡改遗诏，被"赐死"，乃自杀。

[九] 肝膈：肺腑。

[一〇] 勤勤恳恳：殷勤恳切。

[一一] 《金縢》：金縢本指用金属封缄。周武王有病，周公祷告祖先，愿以身代武王，并将祷辞密封在柜中。武王死后，成王年幼，周公摄政。管叔等流言周公将谋害成王，周公便避居于东。后成王打开柜子，见到祷辞，深受感动，亲自迎回周公。事见《尚书·金縢》。

[一二] 委捐：放弃。

[一三] 飞燕：即赵飞燕(? —前1)。汉代美女。原为阳阿公主家歌女，体轻善舞，故号"飞燕"。后被汉成帝召入宫中，大受宠幸，立为皇后。

---

① 原作"汉上九郡"。承第一〇六回改。
② "程昱曰"以下一段，原在第一一二回。据郑本《三国》调整，以使文气连贯。

第一百十二回　诸葛亮三气周瑜

曹操闻之大喜，遂问其计。程昱曰："东吴倚仗者，周瑜也。丞相就表奏周瑜为南郡太守、程普为江夏太守，留华歆在朝重用之；瑜必自与刘备为仇敌矣。乘此相并，却作良图。"操曰："仲德之言，正合孤意。"当日召华歆上台，重加赏赐，拜为议郎①；即日颁诏，加周瑜为南郡太守②、程普江夏太守，命使起程。文武尽醉，筵散，操回许都。

使命径至东吴，周瑜、程普各受其职。瑜自领南郡，更思向日之仇，如何不报？遂上疏与吴侯，令鲁肃去取荆州。孙权唤肃曰："当初汝保荆州来，今日刘备又是我妹夫，迁延不还，等待何时？"肃曰："文书上明白写着，得了益州③便还。"权叱曰："只说取蜀④，到今又不动兵，不等老了人！"肃曰："某愿取之。"遂辞下船，投江陵而来。

却说玄德与孔明在荆州广聚粮草，调练军马，远近之士多有归之。忽报鲁肃到，玄德问孔明曰："子敬此来何意？"孔明曰："昨者，孙权表主公为荆州牧，此是惧曹操之计。操以周瑜为南郡太守，此是令俺自相吞并之意也。他使两处兴兵，于中便来取事。今鲁肃此来，又是周瑜既受太守之职，又要夺荆州之计。"玄德曰："如何抵对？"孔明曰："若肃提起荆州之事，主公放声大哭。将自哭到悲切之处，亮自出来解劝。"计会已定，远接鲁肃，来到堂上，谦让座次。肃曰："今日皇叔做了东吴女婿，即是鲁肃主人，如何敢坐？"玄德曰："如何太谦？"只念旧交，让肃坐于侧。茶罢，肃开言曰："今奉吴侯钧命，专为荆州一事而来。自借许多时了，未蒙见还。今日既然结了亲眷，合宜交付最好。"玄德闻知，掩面大哭。肃大惊曰："皇叔何故如此？"玄德哭声不绝。孔明从屏风后出曰："亮听之久矣。子敬知吾主人哭的缘故么？"肃曰："某实不知。"孔明曰："有何难见？当初我主人借荆州时，许下取得益州时便还。仔细想来，益州刘璋是我主人兄弟，一般[一]都是汉朝骨肉，若要兴兵去取他城池时，恐被万人唾骂；若要不取，还了荆州，何处安身？若不还时，于舅舅面上不好看。事实两难，因此泪出痛肠，只得恸哭。"孔明说罢，耸动玄德衷情，真个捶胸顿足，放声而哭。鲁肃起身劝曰："皇叔且休烦恼，与孔明从长计议。"孔明曰："有烦子敬回见吴侯，勿惜一言之劳，将此烦恼情节，恳告尊亲，再容几时。"肃曰："倘吴侯不从，如之奈何？"孔明曰："吴侯既以亲妹聘嫁皇叔，安得不从乎？望子敬诚为之。"鲁肃是个宽仁长者，见玄德哀痛至甚，只是应允。玄德、孔明拜谢。

---

①　原作"封为大理寺少卿"。东汉无"大理寺少卿"官职。据《三国志·魏书·华歆传》改。又，本句后原有"程昱曰：'丞相在万刃之中，矢石交攻之际，未尝动心；今闻刘备得了荆州，何以惊耶？'操曰：'刘备，人中之龙也，平生未尝得水；今得荆州，如困龙而入大海。孤安得不动心哉！'"据郑本《三国》，已移至第一一一回末。
②　原作"加周瑜为总领南郡太守"。"总领"二字赘，删去。
③　原作"西川"。承第七五回改。
④　原作"只说取川"。承第七五回改。

宴毕,送肃下船。肃径到柴桑①,见了周瑜,尽言其事。周瑜顿足曰:"子敬又中诸葛亮之计也!当初刘备依刘表时,常有吞并之意,何况益州刘璋乎?似此推调,未免累及老兄矣。吾有一计,使诸葛亮不能出吾计。子敬便当一行。"肃曰:"愿闻妙策。"瑜曰:"子敬不必去见吴侯,再去荆州对刘备说,既然吴侯结为亲眷,便是一家;若不忍去取益州,我东吴起军发马去取。取得益州时,以为嫁资,却把荆州交还东吴。此计如何?"肃曰:"迢递[二],取之非易。都督此计,莫非不可?"瑜笑曰:"子敬真长者也。你道我真个去取益州与他?非也。只以此为名,实欲去取荆州,且教他不做准备。东吴军马收蜀,路过江陵,刘备必然劳军,就问他索要钱粮。兵到城下,一鼓平收,雪吾之恨,解足下之祸。"鲁肃拜辞,再往江陵来。玄德忙与孔明商议。孔明曰:"必是不曾见吴侯,只到柴桑和周瑜商量了计又来。但说的话,主人只看我点头,满口应承。"计会已毕,接鲁肃入。肃曰:"某回见吴侯,把皇叔言语尽情禀了。吴侯甚是称赞皇叔仁德,遂与诸将商议,起兵发马,替皇叔收蜀。取了益州,却换荆州。想念爱亲之故,以此为嫁资。但军马经过,却望应付些钱粮。"孔明听了忙点头曰:"非亲不解其祸,难得吴侯好心!"玄德拱手称谢曰:"此皆是子敬之赠,一言称谢难尽!"孔明曰:"如雄师到日,即当远远犒劳。"鲁肃暗喜,自回。玄德问孔明曰:"此是何意?"孔明大笑曰:"周郎死日近矣!这等计策,小儿也瞒不过!"玄德又问如何,孔明曰:"此乃'假途灭虢'[三]之计也。虚名收蜀,实来取荆州也。等主公出城劳军,乘势拿下,便就杀入城来,'攻其无备,出其不意'也。"玄德曰:"如之奈何?"孔明曰:"主公宽心,便收拾窝弩,以擒猛虎;安排香饵,以钓鳌鱼。等周瑜到来,他便不死,也九分无气。"唤赵云听了计:"如此如此,其余我自有摆布。"玄德大喜,自作准备。

却说鲁肃回见周瑜,说玄德、孔明欢喜一节,准备出城劳军,瑜大笑曰:"原来今番也中吾计!"便教鲁肃诉禀吴侯,差人交割城子,并遣程普引军接应。周瑜此时箭疮结了白痂,浓水无出,身躯无事,调遣甘宁为先锋,自与徐盛、丁奉为第二,凌统、吕蒙为后队,水陆进兵五万,望荆州而来。周瑜自在船中,时复欢笑,以为孔明中计。水军二万五千人迤逦进发,前军至夏口。周瑜问:"前面有远接之人否?"人报皇叔使糜竺来见都督。瑜唤至,问劳军如何。竺曰:"主公皆准备下应付钱粮,陆续起运。"瑜曰:"皇叔何在?"竺曰:"江陵城门外相等,与都督把盏。"瑜曰:"今为汝家事,劳军之礼,休得轻易。"糜竺领了言语先回。战船密密排在江上,依次而进。看看至公安,并不见一只军船,又无一人远接。周瑜令中军船趱上②,离江陵十余里,只见江面上静荡荡的。哨探的回报:"江陵城上插两面白旗,并不见一人之影。"周瑜教船傍岸。瑜上岸乘马,带了甘宁、徐盛、丁奉一般军官,皆上马随行,虎贲千余人,遥望江陵来。到城下,并不见动静。瑜勒住马,令前军叫门。城上守门将军问曰:"是谁?"吴军答曰:"是东吴周都督亲自在此。"忽一声梆子响,白旗倒处,两面红旗便起,城上军一齐都竖起枪刀。敌楼上赵子龙出曰:"都督此行,端的为何?"瑜曰:"吾替汝主取益州,何相罔耶?"子龙答曰:"孔明军师已知都督'假途灭虢'之计,故留赵云在此。吾主公有言:'孤乃汉朝皇叔,安忍背义而取蜀乎?若

---

① 原句无主语"肃"。承上文加。
② 原作"周瑜在那军中,趱上船只"。据余本《三国》改。

汝端的取蜀,吾当披发入山,不失信于天下也。'"瑜闻之,勒马便回。一人打"令"字旗于马前报曰:"左右探得四路军马一齐杀到:关羽从襄阳杀来①,张飞从秭音子归[四]杀来,黄忠从公安小路杀来,魏延从屖音川陵[五]小路杀来,四路正不知多少军马。喊声远近震动百余里,皆言要捉周瑜。"瑜马上大叫一声,箭疮复裂,坠于马下。未知性命如何,且听下回分解。

【注释】

[一] 一般:一样,同样。

[二] 迢递:遥远。

[三] 假途灭虢:春秋时期,晋国向虞国借路,让晋军过境讨伐虢国。虞国谋臣宫之奇用"唇亡齿寒"的道理劝阻虞公,虞公不听。晋军灭虢后,回师途中乘机灭掉虞国。

[四] 秭归:县名。属荆州南郡。今属湖北。

[五] 屖陵:县名。属荆州武陵郡。治所在今湖北公安西。

① 原作"关某从江陵杀来"。东吴探马应直呼关羽之名,与张飞等三人并列;此处周瑜在江陵城下,写关羽"从江陵杀来"不通,承第一〇六回,改为"襄阳"。

第一百十三回　诸葛亮大哭周瑜

却说周瑜怒气充满肺腑,坠于地上,左右急救归船,苏醒。忽有人传报,说玄德、孔明在前山顶饮酒取乐。瑜大怒,咬牙切齿恨曰①:"你道我取不得益州,吾誓取之!"正恨间,人报吴侯遣宗兄孙瑜到②。瑜字仲异,乃孙权叔父孙静之子。周瑜接入,尽言其事。孙瑜答曰:"吾奉命助都督一臂之力③。"遂令催前军行。兵至巴丘[一]地名,人报上流有军,截住水路,乃刘封、关平也。周瑜大怒。忽又人报孔明遣人送书至。周瑜拆封视之。书曰:

汉军师中郎将诸葛亮,致书于大都督公瑾先生麾下:亮自柴桑一别,至今恋恋不忘。闻足下欲取益州,亮以为必不可也。益州民强土险④,刘璋暗弱,足可以自守。今欲举师远征,转运万里,欲收全功,虽吴起不能定其规,孙武不能善其后也。操虽有无君之心,而有奉主之名,或有愚人见操失利于赤壁,无复兴远伐之志矣。今操三分天下有其二,欲饮马于沧海,观兵于吴会,安肯坐守中原而老王师乎?今将军兴兵远征⑤,非长计也。倘操兵一至,江南齑粉矣!不忍坐视,特此告知。幸垂照鉴。

周瑜览毕,长叹一声,唤左右取纸笔,作书上吴侯。乃聚众将曰:"吾非不欲尽忠报国,奈何天命绝矣。汝等善事吴侯,共成大事。"言讫,昏绝。徐徐又醒,仰天大叹曰:"既生瑜,而何生亮!"连叫数声而亡。寿三十六岁。时建安十五年冬十二月初三日也。后史官有庙赞曰:

慷慨知音律,风流有纪纲。
气能吞汉国,力欲展吴邦。
擎天白玉柱,架海紫金梁。
三分夸俊杰,四海识周郎。

后宋贤吊周瑜诗曰:

赤壁遗踪迹,青春有政声。
胸谋如管仲,风味似陈平。
曾谒三千斛[二],常驱十万兵。
巴丘天命尽,谁不痛伤情?

又范石湖[三]先生吊周瑜诗曰:

年少曾将社稷扶,三分独数一周瑜。
世间豪杰英雄士,江左风流美丈夫。

---

① 原作"咬牙切恨而言曰"。据黄正甫本改。
② 原作"人报吴侯遣宗弟孙瑜到"。据《三国志·吴书·宗室传》推算,孙瑜比孙权年长五岁,应为"宗兄"。
③ 原作"吾奉兄命,助都督一臂之力"。承②改。
④ 原作"益州民强土险"。"土"系"土"之形误。
⑤ 原作"今孙将军兴兵远征"。此处系对周瑜而言,"孙"字赘,删去。

功绩巍巍齐北斗①,声名烈烈震东吴。

青春年纪归黄壤[四],提起教人转叹吁。

又武成庙史臣赞曰:

美哉公瑾,间世而生。

于吴定霸,与魏争衡。

乌林破敌,赤壁陈兵。

所以玄德,谓瑜世英!

将传诗曰:

赤壁功成一战劳,威名实可震刘曹②。

蛟龙不是池中物,三复周郎还虑高。

又《咏史》诗曰:

师行赤壁拒曹公,战舰无非用火攻。

图备置吴功盖世,小桥风月属诗翁。

林迈《赤壁怀古》诗曰:

武昌夏口吊周郎,两岸春风起绿杨。

上竟霸图何日在?追思尘迹事难忘。

吴宫花草埋幽径,魏国山河远夕阳。

千古吟翁哀瘦马,诗成吟咏转凄凉。

周瑜停葬于巴丘。众将将所遗书缄,遣人赍上,飞报吴侯孙权。权听得瑜死,哭绝于地。鲁肃等救醒。权拆书视之③,方知是荐鲁肃代瑜领兵之事。书曰:

瑜伏楮泣血顿首百拜,致书于主君明公麾下:窃以凡才,昔受讨逆特殊之遇,委以心腹,遂荷荣任,统御兵马,志执鞭弭,自效戎行[五]。先定巴、蜀,次取襄阳,凭赖威灵,事在掌握。至以不谨,忽有暴疾,昨自医疗,日加无益。人生有死,修短[六]命矣,诚不足惜,但恨微志未展,不复奉教命耳。方今曹公在北,疆场未静;刘备寄寓,有似养虎,天下之事,而未知终始,此朝士旰食[七]之秋,至尊垂虑之日也。鲁肃忠烈,临事不苟,可以代瑜之任。人之将死,其言也善,倘或言有可采,瑜死不朽矣。临楮不胜痛切之至。建安十五年冬十二月朔日上书。

孙权览毕,大恸而叹曰:"公瑾有王佐之才,今乃忽短命,孤何赖哉!"言毕,又哭曰:"既公瑾临危而独保鲁肃,孤何不从也。"随即便遣鲁肃为都督,总统兵马;便教"发灵柩回,孤当自接于半路"。

却说孔明未知瑜丧于巴丘,夜观天文,见将星坠地,乃笑曰:"周瑜死矣。"至晓,却白于玄

---

① 原作"功迹巍巍齐北斗"。据叶逢春本改。
② 原作"威名实可振刘曹"。据文意,"振"应作"震"。
③ 原句无主语"权"。承上文加。

德。玄德使人探之,果然死矣。玄德问孔明曰:"周瑜既死,还当如何?"孔明曰:"代瑜领兵者,必鲁肃也。亮观天象,将星聚于东方。亮以吊丧为由,就寻贤士佐助主公。"玄德曰:"惧吴中将士加害于先生。"孔明曰:"瑜在之日,亮犹不惧,何愁下者乎?"乃与赵云引五百军,具祭礼,下船来与周瑜吊丧。于路探听人报:孙权已令鲁肃领兵,权扶柩回柴桑做好事。孔明径至柴桑,人报鲁肃:"刘皇叔遣孔明来,与周都督吊丧。"肃乃接入相见,礼毕。周瑜部将皆欲杀之,因见子龙带剑相随,不敢下手。孔明教设祭物于灵前,亲自奠酒,跪于地上而读祭文曰:

  呜呼公瑾,不幸夭亡!修短故天,人非不伤。我君实爱,酹音类酒一觞;君其有灵,享我烝尝[八]!吊君幼学,以交伯符;尚义疏财,让舍以居。吊君弱冠[九],际会风云;定建霸业,割据江南。吊君壮力,远镇巴丘;景升怀虑,讨废无忧。吊君丰度,佳配小桥;汉臣之婿①,不愧当朝。吊君气概,主不纳质;始不垂翅,终能奋翼。吊君鄱阳,蒋干来说;府皆纳舌,事主终济。吊君弘才,文武筹略;迩迩小子,心寒胆落。昭君凛凛,公独谔谔音恶;张昭欲降曹,独周瑜不肯耳。火攻破敌,挽强为弱。想君当年,雄姿英发;哭君早逝,俯地流血。忠义之心,英灵之气;命终三纪[一〇],名垂百世。哀君情切,愁肠千结;惟我肝胆,悲无断绝!昊天昏暗,三军怆然;主已哀泣,更皆泪涟。亮也不才,丐计求谋,助吴拒操,辅汉安刘。掎角之援,首尾相倚[一一],若存若亡,何虑何忧?呜呼公瑾!生死永别!仆守其真,冥冥寂灭。魂如有灵,以鉴我心:从此天下,再无知音!呜呼痛哉!尚享。

孔明祭毕,伏地而哭,泪如涌泉,哀恸不已。三军众将皆自言曰:"人尽道公瑾与孔明不睦,观此祭奠之情,人皆虚言也。"鲁肃见孔明如此悲切,亦为伤感,自思曰:"乃公瑾量窄,自取死耳。"因此再三敬劝孔明。后人有诗叹曰:

  龙卧南阳睡未醒,又添列曜下舒城[一二]。
  苍天既已生公瑾,尘世何须出孔明?
  一幅祭文追往事,三杯酹酒诉交情。
  从前霸业归先主,犹有吞吴志不平。

孔明辞鲁肃等回,却欲下船,一人道袍竹冠,皂绦素履,一手揪住孔明,大笑曰:"汝气死周郎,却来吊孝,此是明欺东吴皆土木偶人耳!"掣所佩剑,要杀孔明。未知性命如何?

【注释】
[一] 巴丘:指巴丘山。见第一〇六回。
[二] 曾馈三千斛:指周瑜任居巢长时,向鲁肃求助,得其赠与一囷米(有三千斛)之事(见第五八回)。

---

① 原作"汉相之婿"。桥公(《演义》中的桥国老)并非东汉太尉桥玄,故"汉相"不当,改为"汉臣"。

[三] 范石湖：南宋著名诗人范成大(1126—1193)，字致能，号石湖居士。
[四] 黄壤：同"黄泉"，指阴间。
[五] 戎行：指军队。
[六] 修短：长短。
[七] 旰食：事情繁忙，很晚才吃饭。
[八] 烝尝：祭礼。冬祭为烝，秋祭为尝。
[九] 弱冠：指男子二十岁左右的年龄。古代男子二十岁行冠礼。
[一〇] 三纪：三十六岁。古代以十二年为一纪。
[一一] 首尾相俦：始终互相陪伴。俦，伴侣。
[一二] 列曜下舒城：指周瑜出生在舒县(今安徽庐江西南)。曜，星，比喻杰出的人才。

第一百十四回　耒阳张飞荐凤雏耒,音累。

背后鲁肃赶到,忽叫"不可",而止之。此乃襄阳人,姓庞,名统,字士元,道号"凤雏先生"也。肃曰:"孔明以礼至此,不可害之。"庞统掷剑而喜笑曰:"吾亦戏之耳。"遂相欢乐。鲁肃自回。统独送孔明至船中,各诉心事。孔明乃留书一封与统曰:"吾料吴侯必不能重用足下。稍有不如意者,可来荆州,共扶玄德。此人宽仁厚德,必不负平生之所学也。"统允其言而别。孔明自回荆州。

却说鲁肃将送灵柩至芜湖[一],孙权接着,哭祭于前。权与挂孝,哀恸左右①,周瑜有两男一女:长男循,次男胤。循尚公主,拜骑都尉,有瑜风,早卒。胤初拜兴业都尉,妻以宗室之女。后以瑜之女却配与太子孙登,此是孙权极念瑜之恩也。葬于本乡。吴侯回郡,与众将说起周瑜,无不下泪。权曰:"周郎身死,是吾股肱废矣,安能复兴大事乎?"鲁肃曰:"肃碌碌庸才,误蒙公瑾之重荐,其实不称所职。愿举一人以助主公。此人上通天文,下晓地理;谋略不减于管、乐,枢机可配于孙、吴。往日周公瑾多用其言,孔明深服其智。见在江南,何不重用?"孙权闻知大喜,遂问贤士名姓。肃曰:"斯人襄阳世家,姓庞,名统,字士元,道号'凤雏先生'。"权曰:"孤亦闻名久矣。见在何地?"肃曰:"见在府下。"权即时使人请入。统与权施礼毕。权见其人浓眉掀鼻,黑面短髯,形容古怪。权便不喜,乃问统曰:"汝平生所学,以何为主?"统曰:"不必拘执,随机应变。"权曰:"公之才学,比公瑾何如?"统曰:"某之所学,与公瑾大不相同。"权平生绝喜周瑜,见统轻之,心中大怒,乃对统曰:"汝且退,待有用汝之时,却来唤汝。"统长叹一声而出。鲁肃曰:"主公何不用庞士元?"权曰:"狂士也,用之何益!"肃曰:"赤壁鏖兵之时,此人曾献连环策,成第一功。主公想必知之②?"权曰:"此时乃曹操自欲钉船,非此人之功也。吾誓不用之!"后宋贤有诗叹曰:

　　君臣道合是前缘,不遇教人意惨然。
　　堪叹凤雏何命薄?功名未遂丧西川!

鲁肃出与庞统曰:"非肃不荐足下,争奈吴侯不能用人也。公且耐心。"统长叹,低头不语。肃曰:"公莫非无意于吴中乎?"统不答。肃曰:"公抱匡济[二]之才,何愁功名乎?留此但恐屈沉,公实对肃言之。"统曰:"吾欲投曹公去也。"肃曰:"明珠投暗耳。可自往荆州,投刘皇叔,必然重用。"统曰:"实欲如此,前言戏耳。"肃曰:"某作书以荐之。公如在彼③,必令两家无相攻击,同力破曹,幸也。"统曰:"此平生之定志也。"乃求肃书,径往荆州来见玄德。

此时孔明按察四郡未回。门吏转报:"江南一名士庞统,特来相投。"玄德闻之久矣,便教

---

① 原文无"左右"二字。据汤本《三国》补。
② 原作"主公必想知之"。据文意改。
③ 原作"公如此"。据余本《三国》改。

第一百十四回　耒阳张飞荐凤雏

请入相见。统见玄德,长揖不拜。玄德见统貌陋,心中不悦,乃问统曰:"足下远来,欲何为也?"统不拿出鲁肃、孔明书投呈,乃答曰:"闻皇叔招贤纳士,特来相投。"玄德曰:"荆楚[三]稍定,苦无闲职。此去东南一千里①,有一县,名耒阳县[四]今属衡州,缺一县宰,公且任之。如后有缺,当重用。"统思:"玄德待我何薄!"欲以才学动之,见孔明不在,遂勉强相辞而去。统到此县,不理政事,终日嗜酒为乐;一应钱粮词讼,并不理会。每有人来报知玄德,言庞统将耒阳县尽废。玄德大怒曰:"竖儒焉敢乱吾法度耶!"遂唤张飞,吩咐带左右去荆南[五]诸郡巡视一遭:"如有不公不法者,就便究问。恐于事有不明处,可与孙乾同去。"

张飞领了言语,与孙乾前至耒阳县。军民官吏皆出郭迎接,独不见县令。飞问曰:"县令何在?"同寮复曰:"庞县令自到任及今,将百余日,县中之事,并不理问,每日饮酒,自旦及夜,只在醉乡。今日宿酒未醒,犹卧不起。"张飞大怒,欲擒之。孙乾曰:"庞士元乃高明之人,且未可轻忽。到县问之,如果于理不当,治罪未晚。"飞入县,正厅上坐定,教县令来见。庞统衣冠不整,扶醉而来。飞怒曰:"吾兄以汝为人物,令作县宰,汝焉敢尽废县事也!"统佯笑曰:"将军以吾废了县中何事?"飞曰:"汝到任百余日,并不理词讼,安得不废政事也?"统曰:"量百里小县,些小公事,何难决断!将军少坐,看我发落。"随即唤公吏,将百余日公务,一时剖断。吏皆纷然把卷上厅,将诉词被论人等环跪阶下。统执笔批押,口中发落,耳内听词,曲直分明,并无分毫差错。民皆叩首拜伏。不到半日,将百余日之事,尽断了毕,投笔于地而对张飞曰:"难断之事,在乎曹操、孙权耳。吾视此辈若掌上观文[六],量小县何足介意!"飞大惊,遂下席而谢曰:"先生大才,小子安知?吾当于兄长处极力举荐。"统乃将出鲁肃所荐之书。飞曰:"先生初见吾兄,何不将出?"统曰:"吾恐未尽信耳。"飞与孙乾曰:"非汝,则失一大贤也。"遂辞统回荆州,见玄德细细说庞统之才。玄德大惊曰:"吾一时之失也!"飞将鲁肃荐书取出,转呈玄德。玄德甚喜,遂拆封视之。其书曰:

　　庞士元非百里之才[七]也,使处于治中、别驾之任,始当展其骥足[八]耳。如以貌取之,恐负所学,亦终为他人之所用②,实可惜乎哉!惟皇叔察之。

玄德看毕,尚在懊悔之中,忽报孔明回至。

玄德接入,礼毕,孔明先问曰:"庞军师近日无恙否?"玄德曰:"近治耒阳县,大废县事,正欲问罪。"孔明笑曰:"庞士元非百里之才,胸中所学,胜亮十倍。亮尝有荐书在士元处,曾达主公否?"玄德曰:"今日却得子敬书……"如此如此。孔明曰:"大贤若处小任,多以酒糊涂,倦于视事。"玄德曰:"若非吾弟所言,险失大贤。"随即又令益德往耒阳县,敬请庞统到江陵。玄德请罪。统方将出孔明所荐之书。玄德看书中之意,言凤雏到日,可宜重用。玄德才悟曰:"昔日司马德操之言,徐元直之语云:'伏龙、凤雏,两人得一,可安天下。'今吾二人皆得,汉室可兴矣!"遂拜庞统为军师中郎将③,与孔明共赞方略,教练军士,听候征伐。时建安十六年夏五

----

① 原作"此去东北一百三十里"。"此"指江陵,耒阳在其东南约一千里。原文方位大误。
② 原作"亦终于他人之所用"。据叶逢春本改。
③ 原作"遂拜庞统为副军师中郎将"。东汉三国无"副军师中郎将"官职。据《三国志·蜀书·庞统传》改。

月也。

　　早有人报到许都，言刘备有诸葛亮、庞统为谋士，招军买马，集草屯粮，连结东吴，早晚必兴兵北伐。曹操闻之，遂问计于众谋士。荀攸曰："不必动京师之兵，可差人往凉州取马腾，就领兵南征，可得诸侯之心也。"操然之，遂差人往凉州宣马腾。腾字寿成，汉伏波将军马援之后。桓帝时，其父名肃，字子硕，为天水兰干[九]县尉。后失官，因流落陇西[一〇]，与羌人杂居。家贫无妻，遂娶羌女，生腾。腾身长八尺余，面鼻雄异，秉性温良，人多敬之。灵帝末年，羌、胡多叛，州郡招募民兵讨之。腾统军有功，初平中年，拜征西将军，与镇西将军韩遂为弟兄。当年奉诏，乃带次子马休、马铁、兄子马岱并全家老小，皆赴许都；留长子马超守边。于路到京，先参见曹操，次日乃面君。操拜马腾为征南将军①，马休为奉车都尉，马铁、马岱皆为骑都尉，就领关西军马，克日出征，收复刘备。腾谢恩毕，未及起行。

　　一日，献帝宣马腾入内，登麒麟阁[一一]，共论旧日功臣。宣腾近前，屏退左右，帝曰："卿知汝先祖乎？"腾曰："臣祖伏波将军，名列青史，深荷圣朝之大恩，岂不知之。"帝曰："汝能效汝祖，力扶汉室以诛逆贼乎？"腾曰："臣已领圣旨去讨反贼刘备也。"帝曰："刘备乃汉室宗亲，非反贼也。反贼者，曹操也，早晚必篡朕位矣。所降诏旨，皆非朕意。卿思先祖，何不与朕图之？"腾含泪奏曰："臣昔奉衣带诏，与国舅同谋杀贼，不幸事泄。非无此心，力不及耳。"帝曰："朕畏曹操，度日如年。今操付以兵权，可就而谋之，勿复泄泼。"腾曰："臣愿以全家报陛下。"帝大喜。腾欣然领命而出，遂与三子商说，皆有报国之心。

　　忽值曹操催督起军，又遣侍郎黄奎②为行军参谋。腾请黄奎议行兵之事③，置酒痛饮。奎酒半酣而言曰："吾父黄琬死于李傕、郭汜之难，是吾心切齿之仇，誓诛反国之贼！今不想又被反贼所使，实不忍也！"腾曰："宗文奎表字也以谁为反贼耶？以谁为正人也？"奎曰："欺君罔上，以正为邪，乃操贼也！"腾恐是操使来相探，急止之曰："耳目较近，休得乱言。"奎叱之曰："汝祖乃汉代名将，今汝从贼而欲害皇叔，有何面目见天下之人耶？"腾良久而言曰："宗文真心耶？否耶？"奎嚼指流血为誓，腾遂以心腹告之。奎曰："吾死得其所矣！"二人商议，檄关西兵到，请曹操点视，就点军处杀之。约誓已定。黄奎回家，恨气不收，似欲平吞曹操者。其妻再三问之，皆不肯言。妾李春香与奎妻弟苗泽私通。泽欲得春香，百般无计。其妾对泽曰："黄侍郎今日商议军情回，意甚恨，不知为谁？"泽曰："汝可以言挑之曰：'人皆说皇叔仁德，曹操奸雄，何耶？'却看他说甚言语。"是夜，黄奎果到春香室中，妾以言挑之。奎乘醉言曰："汝乃妇人，尚自知礼，何况我乎？吾所恨者，欲杀曹操也！"妾遂密告于苗泽，泽急报知曹操④。

----

　　① 原作"操封马腾为偏将军"。马腾已为征西将军，不应降为偏将军。据上文"领兵南征"，改为"征南将军"（历史上马腾入朝为卫尉，马超方为偏将军）。
　　② 原作"门下侍郎黄奎"。唐代始有门下侍郎官名，故删"门下"二字。
　　③ 原句无主语"腾"。据叶逢春本加。
　　④ 原文无"泽急报知曹操"。据叶逢春本、汤本《三国》补。

却说关西兵至许田,地名。马腾、黄奎请操点军,并入相府。操喝左右拿下①。腾曰:"何罪?"操曰:"吾保汝为将,汝反欲杀吾耶?"二人抵讳②。操唤苗泽一证,黄奎无言可答。马腾大骂曰:"腐儒误我大事矣!两番欲杀国贼,不幸泄漏,此苍天欲兴奸贼而灭炎汉也!"操下令,将马腾、黄奎并两家良贱,共三百余口,斩于市曹。马腾、二子对面受刑,关西军大叫:"哀哉!"操喝散,只走了侄儿马岱。泽告操:"不愿加赏,只愿留李春香赐之。"操笑曰:"为一妇人,害了你姐夫,留此不义之人何用!"亦皆斩之。

忽人报来:"刘备调练军马,收拾器械,将欲取蜀。"操惊曰:"若刘备收蜀,则羽翼成矣。将何图之?"言未毕,阶下一人进言曰:"某有一计,使刘备、孙权必自死矣,江南、益州亦归丞相。"操大喜。未知此人是谁,且听下回分解。

【注释】

[一] 芜湖:县名。属扬州丹阳郡。治所在今安徽芜湖东。
[二] 匡济:匡时济世。
[三] 荆楚:指荆州。因其辖区多在战国时楚国境内,故称。
[四] 耒阳县:县名。属荆州桂阳郡。今属湖南。
[五] 荆南:荆州南部,即荆州江南四郡。
[六] 掌上观文:在手掌上看其纹理。比喻轻而易举。
[七] 百里之才:能治理一个县的人才。
[八] 展其骥足:施展其才能。骥,千里马,比喻杰出的人才。
[九] 天水兰干:今甘肃陇西县附近。天水,郡名,西汉置,东汉改为汉阳郡,三国魏又称天水郡,治所在上邽(今甘肃天水市)。
[一〇] 陇西:郡名。属凉州。治所在狄道(今甘肃临洮)。
[一一] 麒麟阁:汉代阁名。西汉初萧何主持修建,在未央宫内。宣帝甘露三年(前51),为追念功臣业绩,乃画霍光等十一人像于阁内。

① 原作"操喝左右拿下马腾"。据叶逢春本,删去"马腾"二字。
② 原作"二人抵语"。"抵语"意含混,据叶逢春本、汤本《三国》改。

第一百十五回　马超兴兵取潼关

　　却说献策之人，乃治书侍御史、参丞相军事，颍川许昌人也，陈实之孙，陈纪之子，名群，字长文。操问曰："陈长文有何良策？"群曰："目今刘备、孙权结为唇齿，若刘备欲取益州时，丞相可命上将亲提大兵，会合肥之众，径取江南，则孙权求救于刘备；刘备意在益州，必无心救孙权矣。其孙权力乏，兵衰势败，江东之地，先为丞相所得，若得江东，则谈笑连荆州，一鼓而可平收矣。若得荆州，则刘备进退无门，益州亦属丞相也。"操曰："长文之言，正合吾意。"即时起大兵三十万，径下江南；令合肥张辽准备粮草，以为供给。

　　早有细作报知吴侯孙权。权聚众将商议，张昭进曰："昔鲁子敬与玄德有恩，其言必从，更兼玄德是吴中佳婿①。可差人往子敬处，教急发书过荆州，使玄德同力拒曹，则江南之患可解矣。"孙权即差人往子敬处，令求救于玄德。鲁肃遂修书，遣人到荆州。玄德看了书中之意，留使者于馆舍，差人往临烝请孔明②。孔明到江陵③，玄德将鲁肃书与孔明看毕，孔明曰："也不动江南兵，也不动荆州士，使曹操不敢正觑东南。回书与鲁肃，教高枕无忧。若但有北兵侵犯，皇叔自有退兵之策。"使者去了。玄德问曰："今操起三十万大军，会合肥之众，一拥而来，先生有何妙计可退？"孔明曰："操平生所虑者，乃凉州之兵也。近操贼戮灭马腾全家，其子马超见统凉州之兵，必恨操矣。主公可作一书，结构马超，超必兴兵入关，操岂有下江南之闲暇乎？"玄德大喜，即时令孔明作书，遣一心腹人径往西凉州投下。

　　却说马超在凉州，夜感一梦，梦见身卧雪地，群虎来咬，惊觉心疑。次早，聚各寨将佐都到。超管下八寨，有八员头目，乃侯选、程银、李堪、张横、梁兴、成宜、马玩、杨秋也。这八部军马共二十万，超自有六万余。当日会集众将，超言梦中之事。众未及言，忽帐下一人，立于当面。其人生得面圆睛突，身长八尺余，见为八部首将，乃超帐前心腹校尉，南安狟道[一]人也，姓庞，名德，字令明，对超言曰："雪地遇虎，不祥之兆也。莫非老将军在许都有事否？"忽一人至前，哭拜于地曰："叔父并弟死矣！"超视之，乃伯弟马岱也。超惊问为何，岱曰："叔父与侍郎黄奎同谋杀操④，不幸事泄，两家皆斩于市曹。惟岱跳墙走脱，扮作丐音盖者出城，受千生万死而来。"超哭倒于地，众将宽解。忽报荆州刘皇叔遣人赍书至。超止泪，拆封视之。书曰：

　　备顿首再拜征西将军⑤麾下：伏念汉室不幸而遭遇操贼专权，黎庶凋残，致使奸

---

① 原文无主语"玄德"。据文意加。
② 原作"差人往南郡请孔明"。此时刘备驻江陵，而江陵本为南郡郡治，"往南郡"不通。据《三国志·蜀书·诸葛亮传》注引《零陵先贤传》改。
③ 原作"孔明到荆州"。临烝本属荆州，"到荆州"不通，应为到州治江陵。
④ 原作"同力杀操"。据余本《三国》改。
⑤ 原作"征西大将军"。据《三国志·蜀书·马超传》，马超始为偏将军，后自称征西将军，故删"大"字。

第一百十五回　马超兴兵取潼关

臣秉政,欺君罔上,结党成群,天下之人无不欲食其肉也。令尊翁忠义闻于四海,今被操之所害,此本不共天地、同日月之仇也。为子之道,安忍坐视？若能率凉州之兵以敌操之势,备当举荆襄之众以遏操之威,则逆操可擒,奸党可灭,仇辱可报,汉室可兴。诚能如是,幸莫大焉！书不尽言,立待回报。建安十六年七月上旬日书。

马超看毕,即时泣泪回书,使回荆州。

超随起凉州军马,正欲进发,忽镇西将军韩遂①使人请马超。超往见之,遂将出曹操书示之,内云:"若将马超擒赴许都,即封汝为允吾[二]侯②。"超拜伏于地曰:"请叔父就缚俺弟兄二人,解赴许都,免叔父戈戟之劳。"遂扶起而言曰:"吾与汝父结为弟兄,安忍害汝？故请汝来观书。汝若兴兵,吾当相助。"马超拜谢。遂将操使者推出斩之,尽起大军,望长安奔杀而来③。长安守将钟繇④音由,一面飞报曹操,一面引军拒敌。繇引军二万,离长安城⑤,布阵于野。凉州前部先锋马岱,引军一万五千,浩浩荡荡,漫山遍野而来。钟繇出马答话。岱使宝刀一口,与繇交战。不一合,繇大败奔走。岱提刀赶来。马超、韩遂引大军都到,踏平村野,围住长安。繇上城守护。长安乃西汉建都之处,城郭坚固,壕堑险深,急切攻打不下。一连围了十日,不得长安。庞德进计于马超曰:"长安城中土硬水咸,甚不堪食,更兼无柴。今围十日,军民饥荒,不如且收军退,如此如此,唾手可得。"马超曰:"此计大妙！"即时差"令"字旗传与各部,尽教退军。当晚马超亲自断后,各部军马渐渐而退。钟繇次日登城看时,军皆退了,只恐有计,令人于西门哨探,果然远去,方才放心,纵令军民出城打柴取水。众皆畏惧凉州兵又来,多取柴水入城。往来纷纷,不计其数。初时也自计较;后三日心安,大开城门,放人出入。第五日,人报马超引八部兵又到。军民奔竞入城。钟繇教城上守护,繇自引部将各门提调。

却说西门守将钟繇弟钟进,正在城头上防御,马超直来城下大叫:"若不献门,老幼皆诛！"钟进也在城上辱骂。约近三更,城门里一把火起。钟进急来救时,城边转过一人,举刀纵马大喝曰:"庞德在此！"立斩钟进于马下。原来庞德献计,故意退军,却扮作打柴军,杂在百姓伙内,入城内应。德引十余勇士,左冲右突,杀散军校,斩关断锁,放马超、韩遂军马入城。钟繇从东门弃城而走。马超、韩遂得了城池,赏劳三军。

却说钟繇退守潼关[三],飞报曹操。操知失了长安,哪有征南之意,遂唤曹洪、徐晃:"先带一万人马,替钟繇紧守潼关。如十日内失了关隘,并皆斩之;十日外,不干汝二人之事。我统大军随后便至。"二人领了将令,星夜便行。曹仁谏曰:"兄弟性躁,诚恐误事,某当一往。"操

---

① 原作"西凉太守韩遂"。东汉三国无"西凉"地名,更无"西凉太守"官职。据《马超传》改(第一九回、一一四回亦写韩遂为镇西将军)。
② 原作"即封汝为西凉侯"。"西凉"应指凉州,东汉列侯最高为县侯,王国亦只相当于郡,未有以州为封邑者,故改。
③ 原作"望潼关杀奔而来"。潼关在长安之东。据下文改。
④ 原作"长安郡守钟繇"。长安非郡,自无郡守;据《三国志·魏书·钟繇传》,繇以侍中守司隶校尉,持节督关中诸军,驻长安,故可简称"守将"。
⑤ 原作"离长安京兆府"。长安系京兆尹治所,原文不当,故改。

曰："你与我押送粮草,随后也起。"

却说曹洪、徐晃到潼关,替钟繇坚守关隘,并不出战。马超军士中选有能言快语、声音响亮者径来关下,把曹操三代毁骂。曹洪大怒,要提兵下关厮杀。徐晃谏曰："此是马超要激将军厮杀,切不可与战。待丞相大军来,必有主画。"马超军日夜轮流十番毁骂。曹洪只要厮杀,徐晃苦苦挡住。一过九日,当日在关上看时,凉州军都弃马在于关前草地上坐,多半困乏,就于地上睡卧。曹洪便教备马,点起三千精兵,杀下关来。徐晃恐怕有失,也领兵随后赶来。凉州兵弃马抛戈而走。洪得胜,迤逦追赶。徐晃急纵马赶来,大叫曹洪回马。忽然背后喊声大震,马岱杀来。曹洪、徐晃急奔关时,一棒鼓响,出律律山背后两军截住:左是马超,右是庞德,混杀一阵。曹洪抵挡不住,折军太半,撞出重围,奔到关上。随后凉州兵赶来,洪等弃关而走。庞德直杀过潼关,连夜追杀败军。行不数里,撞见曹仁军马,救了曹洪等一军,翻身直杀到关下。马超救了庞德,抢上关来据住。曹仁自回,于路接到两程,迎着操军。操知失了潼关,遂唤曹洪入曰:"与你十日限,如何九日失了潼关?"洪曰:"凉州军兵无般不骂,因避之。后见彼军懈怠,乘势赶去,不想中贼奸计。"操曰:"曹洪躁暴①,徐晃你须晓事。"晃曰:"屡谏不从。当日晃在关上点粮车,比及知道,曹洪将军已下关了②。晃恐有失,因此赶去。"操大怒,喝斩曹洪。两班文武皆跪而告曰:"权且记罪。待后有功准罪,无功诛之。"曹洪服罪而退。

操次日进兵,直扣潼关。曹仁曰:"可先下定寨栅,然后打关未迟。"操令砍伐树木,立起排栅,分作三寨:左寨曹仁,右寨夏侯渊,操自居中寨。次日,凉州哨马直到寨前,操引三寨大小将校杀奔关隘前去,正遇凉州军马。两边各布阵圆。操出马于门旗之前,看凉州之兵,人人勇健,个个英雄。门旗开处,一簇白旗,白旗中间那员大将,白袍银铠,白马长枪③,生得面如傅粉,唇若抹朱,腰细膀宽,声雄力猛,乃扶风茂陵[四]人也,姓马,名超,字孟起。上首者庞德,下首者马岱,背后八员健将一字儿摆开。操暗暗称奇,自纵马与超曰:"汝乃名将之子孙,何故背汉而反耶?"超咬牙切齿,大骂:"操贼!欺君罔上,罪不容诛!害吾父弟,不共戴天之仇!吾当活捉,生食贼肉!"一骑马,一条枪,杀过阵来。当日胜负还是如何,下回便见分解。

【注释】

[一] 南安狟道:今甘肃陇西东南。南安,郡名,东汉末属凉州,三国时属魏国雍州,治所在狟道。

---

① 原作"曹洪年幼躁暴"。曹洪自随曹操起兵讨董卓,至此已二十一载,年龄当在四十以上,不应称"年幼"。
② 原作"小将军已下关了"。承①改。
③ 原作"一人手执长枪"。据余本《三国》改。

［二］允吾：县名。属凉州金城郡，为郡治所。故城址在今甘肃永靖西北。

［三］潼关：关隘名。地属司隶州弘农郡华阴县。为兵家必争之地。

［四］扶风茂陵：今陕西兴平东北。扶风，即右扶风（三国魏改名扶风郡），政区名，属司隶州，治所在槐里（今陕西兴平东南）。

第一百十六回　马孟起潼关大战①

时建安十六年秋七月下旬日，曹操自与马超对阵。超挺枪纵马，冲杀过来。操背后于禁出迎。两马交战，斗到八九合，于禁败走。张郃出迎，不三合，败走。李通出迎，超奋神威交战，数合之中，一枪刺李通于马下。超把枪望后一招，凉州子弟兵抖擞精神，冲杀过来。操兵大败。左右将佐皆敌不住，被马超、庞德、马岱引百余骑，直入中军，来捉曹操。操在乱军中只听得凉州军大叫："穿红袍的是曹操！"操就马上急脱了红袍。又听得大叫："长髯者是曹操！"操就掣所佩剑断其髯。军中早有人将操割髯之事告于马超，超遂令人叫拿："短髯者是曹操！"操闻之，即扯旗角包颈而逃。后人有诗曰：

　　潼关战败望风逃，孟德怆惶脱锦袍。
　　剑割髭髯应丧胆，马超声价盖天高。

曹操正走之间，背后一骑赶来，回头视之，见一人身穿白袍银铠，众皆知是马超，各自逃命，四散去了，只撇下曹操。超厉声大叫曰："曹贼休走！"飞马赶来。操惊得马鞭堕地。看看赶上，马超从后使枪搠来。操绕树而走，超一枪搠在树上，急拔下时，操已走远。超纵马赶来，山坡边转过一个将军②，大叫一声："勿伤吾主！曹洪在此！"抡刀纵马，拦住马超。操得命走脱。洪与马超战到四五十合，渐渐刀法散乱，气力不加。夏侯渊引数十骑随到。马超独自，恐被所算，因此弃了曹洪而回。夏侯渊也不来赶。

曹操回寨，却得曹仁死据定了寨栅，因此不曾折了军马。操入帐，叹曰："吾若杀了曹洪，今日必死于马超之手也！"遂唤曹洪，重加赏赐。收拾败军，坚守寨栅，深沟高垒，不许出战。超每日引兵来寨前辱骂搦战，操传令教军坚守，如乱动者斩。诸将曰："凉州之兵甚是强壮，尽使长枪，若非选箭弩迎之，则不可挡也。"操曰："战与不战，皆在于我，非在贼也。贼虽有长枪，安能便刺于诸公？但坚壁观之，贼自退矣。"诸将退而言曰："丞相自来征战，身当于先；今一败于马超，何如此之弱也？"各不知其意。细作报来："潼关马超又添二万生力兵，乃是羌胡部落前来助敌。"操闻知大喜。诸将曰："马超添兵，丞相反喜，何也③？"操曰："待吾胜了，却对汝说。"三日后又报关上又添军马。操大喜，就于帐中设宴作贺。诸将皆暗笑之。操曰："诸公笑我无破马超之谋，公等有何良策？"徐晃进曰："今丞相盛兵在此，贼亦全部见屯关上，此去河西[一]，必无准备，是贼无谋也。若得一军，暗渡蒲阪津，先截贼归路，丞相径发河北[三]击之，贼两不相应，势必危矣。"操曰："公明之言，正合吾意也。与汝精兵四千，同朱灵去径袭河西，伏于山峪，待我渡河北同击之。"徐晃、朱灵领命，先引四千军暗地去了。时建安十六年秋

---

① 原作"马孟起渭桥六战"。回目与内容不合，故改。
② 原作"山坡边转过一个小将军"。承第一一五回，删去"小"字。
③ 原作"如之何也"，与上文不协。据黄正甫本改。

第一百十六回　马孟起潼关大战

闻八月也。操下令，先教曹洪于蒲阪津安排船筏。留曹仁守寨，操自欲暗渡河水①。

却说马超与韩遂升帐，忽有人报来，尽言其事。超曰："今操不攻潼关，而使人准备船筏，欲渡河北，必遏吾之后也。吾知其意，当引一支军拒住河岸②。操兵不得渡，二十日间，粮尽，操兵必乱③；却循河南而击之，操可擒矣。"韩遂曰："不必如此。岂不闻兵法云：'兵半渡可击。'待操兵渡至一半，汝却于南岸击之，操兵皆死于河内矣。"超曰："叔父之言最善。"即使人探听曹操几时渡河。

却说曹操整兵已毕，分三停军，前渡河水④。比及人马到河口时，日光初起。操先发精兵渡过北岸，开创营寨，集兵在中。操自引亲随护卫军将百人，踞胡床[四]，按剑坐于南岸，看军渡河。忽然人报后边白袍将军到了。众皆认得是马超，一拥下船。河边军争船者，声喧不止。操犹坐胡床不动，按剑指约休闹。只听得人喊马嘶，蜂拥而来，船上一将跃身上岸，呼曰："贼至矣！请丞相下船！"操视之，乃许褚也。操口内犹言："贼至何妨？"回头视之，马超、庞德离不得百余步。许褚拖操下船时，船已离岸一丈有余。褚负操一跃上船。随行将士尽皆下水，扳住船边，欲争上船逃命。船小将翻，褚掣刀乱砍，傍船者尽折其手，倒于水中，急将船望下水棹去。许褚立于梢上，忙用木篙撑之。操伏在脚边。马超赶到河岸，见船已流在半河，遂拈弓搭箭，喝令骁将绕河射之，矢如雨急。褚恐伤曹操，以左手举马鞍遮之，以右手撑篙，用臂挡箭。马超箭不虚发，船上驾舟之人，应弦落水，舡中数十人，皆被射倒。其船反撑不定，于急水中旋转。许褚独奋神威，将两腿夹柁摇撼，一手使篙撑船，一手举鞍遮护曹操。后人有诗曰：

　　臂挽鞍鞯护主身，手持篙楫在波津。
　　若非许褚倾心救，孟德应为泉下人。史官亦曰："若无许褚，曹公必亡矣。"

时有校尉丁斐⑤，在南山之上，见马超追操甚急，恐伤操命，遂将寨内牛只马匹尽驱于外，漫山遍野，皆是牛马。凉州兵见之，都回身争取，得其牛马者皆无心追赶。曹操因此得脱。方到北岸，便把船筏凿沉。诸将听得曹操在河中逃难，急来救时，操已登岸。许褚身披重铠，箭皆嵌在甲上。众将保操至野寨中，皆拜于地而贺。随后来者皆战栗惊惶，含泪而拜曰："不曾侵犯贵体耶？"操大笑曰："今日我几为小贼所困！"众皆愕然。操曰："若非他人纵马放牛以诱贼，贼必努力渡河矣。"操问曰："诱贼者谁也？"一人答曰："校尉丁斐也⑥。"忽斐入见，操谢曰：

---

① 原作"操自欲暗渡渭河"。东汉时黄河称为"河"或"河水"，在潼关地区走向为 L 形。曹操军原在潼关东，由此北渡河水，再由蒲阪津西渡河水，来到渭北；然后南渡渭，与马超军决战。作者将渭水与河水混淆不清，造成一系列错误。

② 原作"当引一支军扣河拒住岸北"。马超军始据潼关；曹操迁回至渭北后，退至渭口、渭南；并未到过河北。承上文改。

③ 原作"二十日间，河东粮尽，操兵必乱"。曹操渡至河北，即在河东郡境内；马超既欲阻止曹军渡河，则原文不通。故删去"河东"。

④ 原作"前渡渭河"。承上文改。

⑤ 原作"时有渭南县令丁斐"。东汉末并无渭南县，自无"渭南县令"。据《三国志·魏书·武帝纪》改。

⑥ 原作"渭南县令领兵官丁斐也"。承上文改。

"若非公之良谋,则吾被贼所擒矣。"遂重赏丁斐①。斐曰:"贼虽暂去,来日必然复来,须以良策拒之。"操曰:"吾已准备了也。"遂唤诸将:"渡往河西,各分头循河筑起甬音永道[五]②,暂为寨脚。贼若来时,兵陈于甬道外,立旌旗于内,却为疑兵。更沿河掘下壕堑,虚土棚盖,河内以兵诱之:贼急来必陷,贼陷便可击矣。"操连夜教人安排挑壕。

却说马超回见韩遂,说:"几乎捉住曹操!数内一将以力负操下船,如此救护去了。不知何人也?"遂曰:"吾闻曹操帐前有一部军③,名曰'虎卫军',选极精壮之人两人领虎卫兵。已亡了一人,止有一人在。亡了者陈留已吾人也,姓典,名韦,使双铁戟,重八十斤,真操之虎将也。见存者谯县人也,姓许,名褚,曾倒拔奔走之牛,人皆称为'虎痴'。勇猛如虎而性痴,故曰'虎痴'。救操者多管是许褚也,如遇之,切不可轻敌。"超曰:"吾亦闻名久矣。"遂曰:"今操渡河,将袭我等关后,可速攻之,不可令他创立营寨。若立营寨,急难剿除。"超曰:"吾始终只要拒住北岸,勿令兵渡渭④,此为上策。"遂曰:"贤侄守寨,吾引军循河战操,若何?"超曰:"令庞德为先锋,跟叔父前去。"遂将兵五万,直抵渭北⑤。操已令众将于甬道两旁诱之。甬道,乃墙垣之类也。庞德先引铁骑千余,冲突而来。喊声起处,人马俱落于陷马坑内。庞德踊身一跳,立于平地。曹操掩杀,庞德立杀数人,步行砍出重围,时韩遂已被困在垓心。庞德正迎曹仁部将曹永,被庞德一刀砍于马下,夺其马,反复杀开一条血路,救出韩遂,投东南而走。背后曹兵正赶之间,马超一军接到,杀败曹兵,复救出太半军马。战至日暮方回。计点得折了将佐程银、张横,陷坑内乱枪搠死者二百余人。超与韩遂商议:"若迁延日久,操于渭北立了营寨⑥,难以退敌。不若乘今夜引轻骑去劫野营,操必走矣。"遂曰:"须分兵前后相救,不可托大[六]⑦。"超自为前部,令庞德、马岱为后应,当夜便行。

却说曹操收兵屯渭北,唤诸将曰:"贼折不多,欺我未立寨栅,必然来劫野营,可四散伏兵,虚其中军,号炮响时,伏兵尽起,一鼓可擒也。"众将得令,伏兵已毕。当夜马超先使成宜引三十骑,离六里之地哨探。成宜见无人马,径入中军。操军见得凉州兵到,遂放号炮,四面伏兵皆出,只围得三十骑。成宜被夏侯渊斩之。马超从背后与庞德、马岱兵分三路,蜂拥杀来。未知胜负若何,且听下回分解。

---

① 原作"遂命为典军校尉"。承上文改。
② 原文无"渡往河西"。据上文加。
③ 原作"曹操帐前有一部将"。据下文"名曰'虎卫军'"改。
④ 原作"勿令兵渡河"。曹操已西渡河水,处于渭水北岸;马超是要防止曹军渡到渭南。
⑤ 原作"直抵渭南"。此时曹军在渭北,马超、韩遂在渭南。承上文改。
⑥ 原作"操于河北立了营寨"。承上文,改"河北"为"渭北"。
⑦ 原作"不可托人"。据叶逢春本改。

【注释】

[一] 河西：黄河以西地区。

[二] 蒲阪津：古黄河津渡名。因在蒲阪县（治今山西永济县西）而得名。故址在今永济县西蒲州黄河东岸。

[三] 河北：黄河以北。

[四] 胡床：一种可以折叠的轻便坐具。又称"交床"、"交椅"。

[五] 甬道：两旁有墙的通道。可防敌军劫取辎重。

[六] 托大：大意。

第一百十七回　许褚大战马孟起

当夜两边混战①,直到天明,各自收兵。马超收兵屯于渭口[一],日夜分兵前去攻击。曹操在渭河[二]内,将船筏锁链,作浮桥三条,接连南岸。曹仁军马两边夹河,欲立营寨,旋伐树木;立起寨栅,将粮草车辆穿连,以为屏障。人暗报与马超,超教军士各挟草一束②,带火种去烧操车。马超、韩遂互换打旗,南北两岸并力杀到寨前,堆积草把,放起烈火。操兵抵敌不住,弃寨而走。车乘浮桥,尽被烧毁。凉州兵大胜,截住渭河。曹操为立不起营寨,心中忧惧。谋士荀攸曰:"可取渭水中沙土筑作土城,可以坚守。"操拨三万军担土筑城。马超闻之,差庞德、马岱各引五百马军,往来冲突;更兼沙土不实,筑起便倒。操无计可施。时遇九月尽间,天气暴冷,彤云密布,连日不开,因此两军罢战。

却说曹操在寨中纳闷,忽人报曰:"有一老丈来见丞相,陈说方略。"操请入,看其人上长下短,鹤骨松姿。问之,乃京兆人也,隐居终南山,姓娄,名子伯,道号"梦梅居士"。操以客礼待之。子伯曰:"知丞相欲跨渭安营久矣③,何不乘时而谋之?"操曰:"沙土之地,筑垒不成。隐士有何良策?愿赐教焉。"子伯曰:"丞相用兵如神,岂不知天时乎?连日阴云布合,朔风起,必大冻矣。风起后,却驱兵泼水,比及天明,城可就矣。"操大悟,拜谢子伯,欲留重赏。子伯竟不受而去。

是夜,北风大作。操尽驱兵士担土泼水,为无盛水之具,作缣囊[三]盛水浇之,随筑随冻。比及平明,水沙冻紧,城墙已完。人报马超。超领兵视之,大惊,疑有神功。次日,集大军鸣鼓而进。操得营寨,心中大喜,遂自乘马出营,止有许褚一人后随。操扬鞭大呼曰:"孟德单骑至此,请马超出来答话。"超自乘马挺枪而出。操曰:"汝欺吾营寨不成,今一夜天已筑就,何不早顺归降,不失封侯之位。"马超甚恨曹操,意欲突前擒之,见操后一人,睁圆怪眼,手提钢刀,勒马而立。超疑是许褚,乃扬鞭而问曰:"闻汝军中有虎侯者,安在?"不称"虎痴",而称"虎侯"者,美称也。操答曰:"吾有虎痴许褚,岂惮天下草寇耶?"超大怒。许褚提刀大呼曰:"吾乃谯县许褚也!"目射神光,威风抖擞。超惧之而不敢动,乃勒马回。操亦引许褚回寨。两军观之,无不骇然。操与诸将曰:"贼亦知仲康乃虎侯也!"自此得名。后有诗曰:

凛凛威风镇九州,当年许褚果如虎。
只因孟起军前见,天下从兹播虎侯。

许褚曰:"某来日必擒马超!"操曰:"超极英勇,不可轻敌。"褚曰:"某誓死战!"即时使人下战书,云虎侯单搦马超,来日决战。超在寨中与韩遂商议,忽接得战书,超大怒曰:"何敢如此相

---

① 原作"当夜两兵混战"。据叶逢春本改。
② 原句无主语"超"。承上文加。
③ 原作"知丞相跨渭安营久矣"。据叶逢春本,加"欲"字。

第一百十七回　许褚大战马孟起

欺耶!"即批次日誓杀"虎痴"。不称"虎侯",而称"虎痴"者,贬之也。

次日,两军出营,布成阵势。超分庞德为左翼,马岱为右翼,韩遂押中军。超挺枪纵马,立于阵前,高叫:"虎痴快出,共决一死战!"当日曹操在门旗下,回顾众将曰:"马超不减吕布之勇。"言未绝,许褚拍马舞刀而出,与马超大战一百余合,胜负未分。马匹困乏,各回军中,俱换马匹,又出阵前。两马又斗一百余合,不分胜负。许褚性起,飞回阵中,卸了盔甲,浑身筋突,赤体提刀,翻身上马,来与马超决战雌雄。两军大骇。又斗到三十余合,褚奋威举刀,便砍马超。超闪过,一枪望褚心窝刺来,被褚亦闪过,将枪挟住,便弃刀。两个在马上夺枪。许褚力大,一声响,绝断枪杆,各拿半节在马上乱打。操恐褚有失,遂令夏侯渊、曹洪两将齐出夹攻。庞德、马岱见操将乱出,两翼铁骑横冲直撞,混杀一处。操兵大乱。许褚臂中两箭,诸将慌退入寨。马超直杀到壕边,操兵折伤太半。操令坚闭休出。马超回至渭口,与韩遂曰:"吾见恶战者总不如许褚,真'虎痴'也!"

却说曹操料马超自觉气骄,可以行计,密使人令徐晃、朱灵尽渡渭南结营①,前后夹攻。操于城上望见马超引数百骑直临寨前,往来如飞。操观良久,掷兜鍪于地曰:"马儿不死,吾无葬地矣!"夏侯渊听了,心中气塞,厉声曰:"吾宁死于此地,誓灭马贼而回!"遂引本部千余人②,大开寨门,直赶去。操急止不住,只恐有失,慌自上马,前来接应。马超见追兵至,乃将前军作后队,后队作先锋,一字儿摆开。夏侯渊到,马超接住厮杀。超于乱军中遥见曹操,就撇了夏侯渊,直取曹操。操大惊,拨马逃星而走。曹兵大乱。

正追之际,忽报操有一军已在渭南下了营寨③。超无心追赶,急收军回寨,与韩遂商议,言:"操兵乘虚已渡渭南④,吾军前后受敌,如之奈何?"部将李堪曰:"不如割地请和,两边各罢兵。捱过冬天,到春暖别生计策。"韩遂曰:"李堪之言最善,可从之。"超犹豫未决。杨秋、侯选皆劝求和。于是遂遣杨秋为使,直往操寨下书,言韩遂、马超愿割地请和,各无侵犯。操曰:"汝且回寨,吾来日使人回报。"杨秋辞操而退。贾诩入见操曰:"丞相主意若何?"操曰:"汝所见若何?"诩曰:"兵不厌诈,可伪许之。次后用间谍计,令韩、马相疑,一鼓而可破也。"操顿足而大喜曰:"天下高见,必多相合。文和之谋,文和,诩之表字。吾心腹之事也。"于是遣人回书,言:"待吾徐徐退兵,还汝河西之地。"操一面教搭起浮桥,作退军之意。马超得书,与韩遂曰:"曹操虽然许和,奸雄难测。倘不准备,反受其制。超与叔父分轮调兵,今日叔父向操,超向徐晃;明日超向操,叔向徐晃:两下提备,以防其诈。"遂依计而行⑤。

早有人报与曹操。操顾贾诩曰:"吾大事济矣!"问:"来日是谁合在我这边?"人报曰:"韩

---

① 原作"密使人令徐晃、朱灵尽渡河西结营"。曹操先已命徐、朱二人由蒲阪津暗渡河西(亦即渭北);此时操已在渭北,马超在渭南,二人渡往渭南,才谈得上"前后夹攻"。
② 原作"遂引本部千百人"。据文意改。
③ 原作"忽报操有一军已在河西下了营寨"。承上文改。
④ 原作"操兵乘虚已渡河西"。承上文改。
⑤ 原作"遂依计所行"。"所"字有碍文意,据黄正甫本,改为"而"字。

遂。"次日，操引众将出营，摆布戈戟十重，左右围绕。操独显一骑于中央。凉州之兵有不识操者，皆出阵观看。前后重沓，动以万计。操跨宝马而出，高叫曰："汝诸军欲观曹公耶？吾亦犹人也，非有四目两口，但多智谋耳！"诸军皆有惧色。操使人过阵对韩遂曰："丞相谨请单骑会话。"遂即出阵，见操并无甲仗，亦弃衣甲，轻服匹马而出。二人马头相交，各按辔对语。操曰："吾与将军之父，同举孝廉，吾常以叔事之。吾亦与公同登仕路，不觉有年矣。将军今年年寿几何①？"韩遂答曰："年近七十矣②。"操曰："往日京师皆青春年少，遨游胜景，何期老之将至矣③！安得天下清平共乐也④？"只把旧事细说，并不提起军情。说罢，转背大笑。相谈有一个时辰，二人欣喜而别，各自归寨。早有阵前一卒来报马超。超忙来问韩遂曰："今日曹操阵前所言何事？"遂曰："只诉京师旧事耳。"超曰："安得不言军务乎？"遂曰："曹公不言，吾何言之？"超心甚疑，不言而退。

却说曹操回寨，与贾诩曰："公知阵前之意否？"诩曰："此意虽妙，未足间二人为仇。其有一策，令韩、马自相仇杀矣。"操求其计。未知若何，且听下回分解。

【注释】

[一]渭口：渭水入黄河处。在今陕西潼关北。

[二]渭河：亦称渭水。黄河最大支流。源出今甘肃省渭源县鸟鼠山，东流横贯陕西省渭河平原，在潼关汇入黄河。

[三]缣囊：细密的绢袋。缣，一种细密而不易漏水的绢。

---

① 原作"将军今年妙龄几何"。韩遂此时年近七十，故改"妙龄"为"年寿"。

② 原作"四十岁矣"。据《三国志·魏书·武帝纪》注引《典略》，韩遂死于建安二十年(215)，年七十余，则此时已近七十岁。

③ 原作"何期又中旬矣"。承上文改。

④ 原作"安得天下清平共乐耳"。"耳"与全句语气不合，据叶逢春本，改为"也"。

第一百十八回　马孟起步战五将

贾诩献计曰："马超乃一勇之夫，不识机密者。丞相亲笔作一书，单与韩遂，中间朦胧字样，于紧要处自相涂抹改易，然后实封与韩遂，还须大惊小怪，故意要马超知。超必索书看。若看见上面紧要去处尽皆改抹，只猜是韩遂恐超知，自改抹也，正应单马会话之疑。疑则必生乱矣。却暗牢笼[一]韩遂部下诸将，互相间谍，必擒超矣。"操曰："此计甚妙。"随写书一纸，将紧要处尽皆改抹，然后实封，差一奸细人送往寨去，多遣从人，欲使超知也，下了书自回。果然有人报知马超。超心越猜，径来韩遂处索书看。遂将书与超。超见上面有改抹字样，问遂曰："书上如何都改了字样？"遂曰："曹公原来如此。"超曰："岂有以草稿送与人耶？必是你怕我知详细，先改了。"遂曰："莫非曹公错将草稿误封了来？"超曰："吾又不信。曹贼是个奸雄之人，岂有差错？吾与叔父并力杀贼，汝何背我而向贼乎？"遂曰："汝若不信吾心，来日吾在阵前，赚操再说话；汝从阵内突出，一枪刺杀便了，以显我真心。"超曰："若如此时，吾方信也。"两人约定。

次日，韩遂引侯选、李堪、梁兴、马玩、杨秋五将出阵。马超藏在门影里。韩遂使人到操寨前高叫："韩遂将军请曹丞相攀话。"人报曹操。操唤曹洪，吩咐如此如此。洪得令，引数骑径出阵前，与韩遂相见。马离数步，洪马下欠身而言曰："夜来丞相拜意将军之言，切莫有误。"言讫便回。马超听得大怒，挺枪骤马，便刺韩遂。五将拦住，劝解回寨。遂曰："贤侄休狐疑，我无歹心。"马超全然不信，恨怒而去。韩遂与五将商议曰："这事如何解释？"杨秋曰："马超倚仗武勇，常有欺凌主公之心，便胜得曹操，他怎肯相让？以某愚心，不如暗投曹公，名正言顺，他日不失封侯之位。"遂曰："吾与马腾乃弟兄，安忍为之？"杨秋曰："马腾造反，已遭诛戮。今主公甘为反臣之党耶？"遂曰："谁可以通消息？"杨秋曰："某愿往。"遂即时写密书，遣杨秋径来操寨说投降之事。操大喜，许封韩遂为允吾侯①，杨秋为安定太守②，其余皆有官爵。约定放火为号，共谋马超。杨秋拜辞，回见韩遂，备说重加官爵厚敬之事，约定"今夜放火，里应外合"。遂大喜，就于中军帐后堆积干柴，拘集各寨军士，五将常悬刀剑侍立于侧。遂欲设宴赚请马超，就席谋之，犹恐不能，众皆持疑未决。操却差各将引轻骑于寨外巡探。

早有人报与马超曰："韩遂已同五将结连曹操，欲谋将军。"超大怒，即与庞德、马岱商议，各准备壮马，常带鞍辔，提防厮杀。忽一人又报："五将与韩遂不时便谋将军。"超愈加忿怒，带亲随五七人先行，庞德、马岱为后应。超步行入帐，果见各人与韩遂灯下说话。超窃听之。杨秋曰："事不宜迟，可速行之！"超大怒，拔剑直入，大喝曰："群贼焉敢谋害我耶！"众皆大惊。超一剑望韩遂面门剁去，遂慌以手迎之，砍落左手。五将亦挥刀齐出，奔杀马超。超纵步出帐

---

① 原作"许封韩遂为西凉侯"。承第一一五回改。
② 原作"杨秋为西凉太守"。"西凉太守"官名误，见第九回。参考《三国志·魏书·武帝纪》改。

外,五将围绕混杀。超独挥宝剑,力敌五将。剑光明处,鲜血溅飞,早砍翻马玩,四将犹敌不住。超奋威背砍,又剁倒梁兴。三将各自逃生。超复入帐中来杀韩遂,时已被左右救出。帐后两把火起,超即上马。时各寨兵皆起,庞德、马岱皆至,互相混战。寨四围火起。超领一军杀出时,操兵四至,前有许褚,后有徐晃,左有夏侯渊,右有曹洪。凉州之兵,自相拼杀。超不见庞德、马岱,引百余骑截于渭桥之上。天色微明,凉州部将李堪领一军桥下过,超挺枪纵马杀之。李堪拖枪而走。背后于禁赶来,禁开弓要射马超。超听得背后弦响,急闪过,却射中前面李堪,落马而死。超回马来杀于禁,禁拍马走了。超回桥上住扎。操兵前后大至,虎卫军当先,乱箭夹射马超。超以枪拨之,矢如飞蝗之急。超背后从骑一半下河,往来突杀五七番,兵厚不能出。虎卫军看看趱上,渐渐危急。超于桥上大呼一声,杀入渭北①,从骑皆被截断。超独在阵中寻路而出,暗弩极多,射倒坐下马,马超堕于地上。操军逼合,枪刀近身。忽西北角上一彪军杀来,为首两员大将乃庞德、马岱也,救了马超,翻身杀条血路,望西北而走。曹操听知马超走脱,问有多少人马。一人答曰:"止有千余军士。"操曰:"诸多将士,无分晓夜,务要赶到马儿。如得首级者,千金赏,万户侯;生获者,大将军之次。"众将得令,各要争功,迤逦追袭。马超人困马乏,不能停住。从骑渐渐皆散。步军走不上者,多被擒之。行不到十数程,被操兵赶杀数阵。超回顾时,只剩得三十余骑,并庞德、马岱望陇西临洮[二]而去。

曹操亲自追至安定[三]地名,知马超去远,方始收兵不追。回到长安时,荀彧请操班师回许都。操得书,下令众将毕集。时韩遂已无左手,作残废之人。操教就于长安歇马,授允吾侯之爵②。杨秋、侯选皆封列侯,令守渭口。后建安二十年五月,韩遂被后槽所杀,非是年身死。是时,凉州参军杨阜,字义山,天水人也,径来长安见操。操问之,杨阜曰:"马超有韩信、英布[四]之勇,深得羌胡之心。今丞相若不剿捕杜绝,他日养成气力,陇上诸郡[五]非复国家之有也。望丞相且休回兵。"操曰:"吾本久住于此,奈中原多事,南方未定,不可久留。君当与孤保之。"阜领诺,保韦康为凉州刺史,与阜领兵共屯冀城[六],以防马超。阜拜命,临辞曰:"长安必留重兵,以为后援。"操曰:"吾已定下,汝但放心。"阜辞而去。

众将皆问曰:"初贼守据潼关,渭北道缺,丞相不从河东击冯翊[七]地名,而反守潼关,迁延日久,而后北渡,立营固守,何也?请丞相教之。"操曰:"初贼守潼关,若吾初到便取河东,贼必以各寨分守诸渡口,则河西不可渡也。吾故盛兵皆聚于潼关前,使贼尽皆守南,而河西不准备,故徐晃、朱灵得渡也。吾然后引兵北渡,连车树栅为一甬道,筑冰城,欲贼知吾弱,以骄其心,使不准备。先使间谍,然后畜士卒之力,一旦击破之,正所谓'疾雷不及掩耳'。兵之变化,固非一道也。"众将又请问曰:"丞相每闻贼加添兵众,则有喜色,何也?"操曰:"关中边远,巨群贼各依险阻,征之非一二年不可平复也。今皆来聚作一处,其众虽多,人心不一,易离间也。兵多将累,一举可灭之矣。吾故喜也。"众将拜谢曰:"丞相神谋,众不及也!"操曰:"亦赖汝文武之力也!"遂重赏诸军,留夏侯渊屯军长安。所得降兵,分拨各部。夏侯渊保一人可为京兆

---

① 原作"杀入河北"。承第一一七回改。
② 原作"授西凉侯之职"。承上文,改"西凉侯"为"允吾侯";侯系封爵,而非"职"。

尹，招谕流移民户复业。操问何人，渊曰："乃冯翊高陵[八]人也，姓张，名既，字德容。"操大喜，即命为京兆尹，与渊同守长安。

操班师回都，献帝排銮驾出郭迎接，令操赞拜不名，入朝不趋，剑履上殿，如汉相萧何故事。自此威震中外。

消息播扬汉中①，耸动一人，乃沛国丰[九]人也，姓张，名鲁，字公祺。其祖张陵在益州鹄鸣山[一〇]中，造作道书以惑人，人皆敬之。陵死之后，其父张衡行之。百姓但有学道者，助米五斗，世号"米贼"。与黄巾张角一般。张衡死，张鲁行之。到此三辈。鲁在汉中，自号为"师君"，其来学道者皆号为"鬼卒"，为首者号为"祭酒"，领众多者号为"治头大祭酒"。即万户侯之职。务以诚信为主，不许欺诈。如有病者，即去投坛，使病人居于静室之中，自思己过，当面首说。与病者请祷之人，号为"奸令祭酒"。请祷之法，书病人姓名，说服罪之意，作文三通，一通放于山顶，以奏于天；一通埋于地，以奏于地；一通沉于水底，以申水官：名为"三官手书"。如此之后，但病痊可，将米五斗以赂，盖义舍，舍内饮米柴火肉食，许容过往人量食多少自取而食，多取者以受天诛。有境内犯法者必恕三次，不改者然后施刑。所在并无官长，尽属祭酒所管。如此雄据巴、汉之地②，近三十年。国家以为地远不能征伐，就命鲁为镇民中郎将，领汉宁太守，通进贡而已。当年闻操剑履上殿。汉中百姓于地下掘得一玉玺，进与张鲁。群下曰③："凉州马腾遭戮，马超新败，曹操必然来取汉中。百姓欲尊师君为汉宁王，以拒曹操。"巴西[一一]阎圃谏曰："汉川[一二]之民，户出十万余众，财富粮足，四面险固。上匡天子，则为桓、文；次及窦融[一三]，不失富贵。今马超新败，凉州之民，从子午谷[一四]地名奔入汉中者数万家。益州刘璋昏弱，不如先取益州四十五县为本④，然后称王未迟。"张鲁大喜，遂与弟张卫⑤商议起兵。

早有细作人报入蜀中。益州刘璋，字季玉，即刘焉之子。焉字君郎，汉鲁恭王之后。章帝元和中，徙封竟陵，支庶因居于此。后官至益州牧，兴平元年患病疽而死。州大吏赵韪音伟。等共保璋，因此为益州牧。曾杀张鲁母及弟，因此有仇。吏庞羲为巴西太守，以拒张鲁。时鲁欲动兵，庞羲报知刘璋。璋平生懦弱，听得张鲁兴兵，心中大忧，急聚众官商议。忽一人昂然而出曰："主公放心。某虽不才，凭三寸不烂之舌，使张鲁不敢正眼来觑益州。"此人是谁，下回便见。

【注释】

［一］牢笼：笼络。

① 原作"播扬汉中"，接"自此威震中外"之后。参考毛本《三国》，加"消息"二字。
② 原作"如此雄据巴、蜀之地"。据《三国志·魏书·张鲁传》改。
③ 原作"百姓曰"。参考《张鲁传》改。
④ 原作"不如先取西川四十一州为本"。"西川"应为"益州"，除南中四郡外，共辖五十四县；除去汉中郡九县，则为四十五县。
⑤ 原作"叔张卫"。据《张鲁传》，张卫系其弟。叶逢春本正作"弟张卫"。

[二] 临洮：县名。属凉州陇西郡。治所在今甘肃岷县。
[三] 安定：郡名。属凉州。治所在临泾(今甘肃镇原东南)。
[四] 英布(？—前195)：西汉开国功臣。六县(今安徽六安北)人。早年犯法黥面，故又名黥布。秦末率骊山刑徒起义，属项羽，骁勇善战，封九江王。楚汉战争中，背楚归汉，封淮南王，从刘邦击灭项羽。汉初，因韩信、彭越相继被诛，举兵反，战败被杀。
[五] 陇上诸郡：指凉州所辖诸郡。
[六] 冀城：即冀县。属凉州汉阳郡。郡治所在地。故城址在今甘肃天水西北。
[七] 冯翊：郡名。东汉名左冯翊，属司隶州，治所在高陵(今陕西高陵)；三国魏时属雍州，治所在临晋(今陕西大荔)。
[八] 高陵：县名。左冯翊治所。故城址在今陕西高陵。
[九] 丰：县名。属豫州沛国。治所在今江苏丰县。
[一〇] 鹄鸣山：山名。又名鹤鸣山。在今四川大邑北。
[一一] 巴西：郡名。东汉末分巴郡置。属益州。治所在阆中(今四川阆中)。
[一二] 汉川：指汉中。
[一三] 窦融(前16—后62)：东汉初扶风平陵(今陕西咸阳西北)人，字周公。世代仕宦河西。天下大乱时，割据河西，称行河西五郡大将军事。后归刘秀，从征隗嚣，封安丰侯，官至大司空。
[一四] 子午谷：又称子午道。古代从关中到汉中的南北通道。

第一百十九回　张永年反难杨修

　　刘璋视之，出进言者，益州成都人也，官带益州别驾，姓张，名松，字永年。其人生得额镬[一]音决头尖，鼻偃[二]齿露，身短不满五尺，言语有若铜钟。刘璋问曰："别驾有何高见，可解张鲁之危？"松曰："某闻许都曹操已扫荡中原，吕布、二袁皆被灭之，南直抵于江、汉，北直抵于幽、燕；近又破马超，天下无敌矣。主公可备进献之物，松亲往许都，说曹公兴兵去取汉中，以图张鲁。则鲁岂敢望蜀中矣？"璋曰："汝于建安十三年冬去荆州见曹公，甚不相待，汝犹恨之，今何故欲此行耶？"松曰："曹公在荆州时，手下领百万之众，事犹猬音位集[三]，岂有闲暇待人耶？今在许都，文武各执乃事，松以利害说之，曹公必兴兵矣。"璋曰："汝且试言利害，吾听之。"松曰："某话间，说起马超有韩信、黥布之勇，与丞相有杀父之仇；今虽暂时兵败，久后必欲报仇。今汉中张鲁兵精粮足，群下欲尊之为汉宁王①，不久必然称帝；称帝则必侵犯中原矣。所欠者，惟大将耳。若马超急欲报仇，必聚陇西之兵去投张鲁，鲁得超，是虎生翼矣。鲁、超共出，丞相何以挡之？不如乘超未投之前，汉中无备，一鼓而可破矣。将此等利害之语，更随机应变而往说之②，事不患不谐矣。今不早去，若张鲁兵动，虽苏、张之辩，曹公亦不听矣。"刘璋大喜，收拾金珠锦绮为进献之物，便发送张松赴许都。松暗画益州地理图本藏之，带从人十骑，辞刘璋行。于路，早有人入荆州报知孔明。此时孔明有意图蜀，常使人入蜀探细，因此得信，知张松入许都。孔明便使人入许都打听消息。

　　却说张松到了许都，馆驿中下定，每日去相府伺候，求见曹操。操原来自西都回，傲睨物表[四]，自谓得志，不以天下为念，每日饮宴，无事少出，国政皆在相府商议。第三日，张松方通得姓名。左右侍从先要贿赂，却才引入。操坐于堂上，松拜毕，立于前。操问松曰："汝主刘璋连年不进贡，何也？"松答曰："为路途贼寇生发，不能通进。"操叱之曰："吾扫清中原，有何盗贼？"松曰："南有孙权，北有张鲁，中有刘备，至少者带甲十余万，纵横无可当者，岂得为太平耶？"操先见张松人物猥琐，五分不喜；又闻语言冲撞，遂乃拂袖而起，转入后堂。左右责松曰："汝为使命，不会启丞相意，一味冲撞。幸得丞相看汝远来之面，不见罪责。汝可急急回去！"松笑曰："吾蜀中无谄佞之人也。"

　　忽然阶下一人大喝曰："汝蜀中不会谄佞，吾中原岂有谄佞者乎？"松观其人，单眉细眼，貌白神清，乃弘农人也，太尉杨彪之子，司空杨赐之孙，一门出六相三公；建安中举孝廉出身③，见

---

① 原作"百姓尊之为汉王"。据《三国志·魏书·张鲁传》改。
② 原作"更有随机利害而往说之"。据叶逢春本、余本《三国》改。
③ 原作"慌问姓名，其人答曰：'某乃弘农人也，太尉杨彪之子，司空杨震之孙，一门出六相三公；安平举孝廉出身……'"据叶逢春本、余本《三国》改。另据《后汉书·杨震传》，"司空杨震之孙"应作"司空杨赐之孙"。

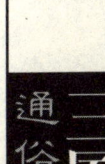

为丞相主簿①,姓杨,名修,字德祖。此人博学,言词敏捷,智识过人。时年三十七岁②。松知修是个舌辩之士,有心难之。修平生有才,小觑天下之士。当时见张松言语讥讽相府之人,遂邀出外面书院中,分宾主而坐。修有心将一席话来难张松,遂与松曰:"蜀道崎岖,远来劳苦。"松曰:"主公有命,岂言万里之遥。虽赴汤蹈火,未敢辞也!"修问:"蜀中地物如何?"松曰:"蜀为西郡,古号益州,路有锦江[五]之险,地连剑阁[六]之雄。回还二百八程,纵横三万余里。鸡鸣犬吠相闻,市井里闾不断。田肥地茂,岁无水旱之忧;国富民丰,时有管弦之乐。所产之物,阜如山积。天下最雄,莫可及也!"修又问曰:"蜀中人物如何?"松曰:"文有相如[七]之赋,武有管、乐之才,医有仲景[八]之能,卜有君平[九]之隐。九流三教,'出乎其类,拔乎其萃'者,不可胜计,岂能尽数也。"修又问曰:"方今刘季玉手下,如公者还有几人?"松曰:"文武全才,智勇全备,忠义慨然之士,动以百数。如松不才之辈,车载斗量,不可以计。"修曰:"公近居何职?"松曰:"滥充别驾之任,甚不称职。敢问公处朝廷何官?"修曰:"见为丞相府主簿。"松曰:"久闻明公世代簪缨[一〇],祖宗相辅,何不立于庙堂而辅佐天子?今乃区区作相府门下,一吏乎?"杨修闻之,满面羞惭,强言而答曰:"某虽位居下僚,丞相委以军政钱粮之重,早晚多蒙丞相教诲,极有开发[一一],故就此职耳。"松笑曰:"某闻曹丞相文不明孔、孟之道,武不达孙、吴之机,专务强霸而居大位,岂足以教诲足下,开发明公耶?"修曰:"公居边隅,安知丞相大才耳?吾令汝观之。"呼左右于厨内取书一卷,以示张松。松观其题曰《孟德新书》[一二]。从头看至尾,遍观一次,共一十三篇,皆用兵之要法。松看毕而问曰:"公以此为何等耶?"修曰:"此是曹丞相酌古准今,体《孙子十三篇》[一三]所作,号曰《孟德新书》。汝欺丞相无才,此堪以传后世否?"松大笑曰:"此书,吾蜀中三尺小童亦能暗诵,何为'新书'?此是战国时无名氏所作,曹丞相盗窃以为己能,止好瞒足下。"修曰:"丞相秘藏之书,虽已成帙,未传于世。汝言蜀中小儿暗诵如流③,何相欺乎?"松曰:"公如不信,吾试暗诵之。"修曰:"愿闻一遍。"松将《孟德新书》从头至尾,朗诵一遍,并无一字差错。修听之大惊,遂下席而拜之。后有诗赞曰:

　　古怪形容异,清高礼貌疏。
　　语倾三峡水,目视十行书。
　　胆量包西蜀,文章贯太虚[一四]。
　　千经并万论,一览更无余。

杨修曰:"公一览无余耳。"二人相对大笑。修曰:"公且暂居馆舍,容某再禀丞相,令公面君。"松谢修而退。

修入见操,曰:"适来丞相何慢蜀使张松乎?"操曰:"容貌不堪,语言不逊,吾故慢之。"修曰:"若以貌取人,恐失天下之士。丞相尚容一祢衡,何不纳张松乎?"操曰:"祢衡文华播于当今,吾故不忍杀之。松有何能?"修曰:"且休言倒海翻江之辩,嘲风咏月之才。适来将丞相所

---

① 原作"现为丞相门下郎中,掌内外仓库主簿"。据《三国志·魏书·陈思王传》注引《典略》改。
② 原作"时年二十五岁"。据《后汉书·杨震传》附《杨修传》注引《续汉书》推算。
③ 原作"汝于蜀中小儿暗诵如流"。据叶逢春本、郑本《三国》,改"于"为"言"。

撰《孟德新书》,彼观一遍,即能暗诵,如瓶泻水。如此博闻强记,世之罕有。松言此书乃战中时无名氏所作,蜀中小儿皆能暗诵。"操曰:"莫非古人与吾暗合欤?"遂令扯碎其书烧之。柴世宗时方刊板,旧本书作板,差矣。今《孙武子》止有魏武帝注。修曰:"此人可使面君,教见大国气象。"操曰:"此人不知吾用兵耳。来日吾于西教场点军,汝先引他来,教见吾调遣,蜀中去说;待吾下了江南,收蜀未迟。"修回。

至次日,与张松同至西教场。操点虎卫雄兵五万。布于教场中。果然盔甲鲜明,衣袍灿烂;金鼓震天,戈戟参地;四方八面,各分队伍,旌旗散彩,人马腾空。松斜目视之。良久,操唤松前,指而示曰:"汝蜀中曾见此英雄人耶?"松曰:"吾蜀中不曾见此兵革,但有以仁义定天下之士。"操变色视之。松全无惧怯之意,颇有藐视之心。杨修频以目视松。操与松曰:"吾觑天下鼠辈犹草芥耳。大军到处,战无不胜,攻无不取,顺吾者生,逆吾者死。非止能令人荣达,亦能使人灭族。汝知之乎?"松曰:"丞相驱兵到处,战必胜,攻必取,松亦素知也。"操曰:"汝既能知吾用兵,何不畏服?"松曰:"丞相昔在濮阳敌吕布之时,宛城战张绣之日,赤壁遇周郎,华容逢关将,割髯弃袍于潼关:此皆无敌于天下!"操大怒曰:"竖儒怎敢揭吾短处!"喝令左右即推出斩之。杨修急谏曰:"松虽可斩,奈何从蜀道而来入贡,恐伤蛮夷之心也。知者谓此人口出不逊之言,不知者谓丞相嫌礼物之微,故斩来使。"操怒气未息。荀彧苦谏,操方免死,令乱棒打出张松。

松归馆舍,连夜出城,收拾回蜀。松自思曰:"吾本欲献益州郡县①,谁想如此慢人,我故辱之!来时于刘璋之前开了大口,今日怏怏空回,须被蜀中人取笑。吾闻荆州刘玄德仁义远播久矣,不如径由那条路回。试看此人如何,我自有主见也。"于是乘马引仆从,望荆州界上而来。前至江夏界口②,忽见一队军马,约有五百余骑,为首一员大将,轻装软扮,马道相迎。那员将问曰:"来者莫非张别驾乎?"松曰:"然也。"那员将慌忙下马,声喏曰:"赵云等候多时。"松问曰:"莫非常山赵子龙也?"云曰:"然。某奉主公刘玄德命,为大夫远涉路途,鞍马驱驰,特命赵云聊奉酒食,护送大夫回程③。"言罢,军士捧过酒食来,云跪而进之。松自思曰:"人言刘玄德宽仁爱客,今果如此远接,却不比那曹操傲慢我④。"遂与子龙饮了数杯,上马同行,来到南郡界首⑤。是日天晚,前到馆舍,见门外两边百余人侍立,击鼓相接。一将于马头前施礼曰:"奉主公刘玄德将命,为大夫远涉风尘,遣关某洒扫驿庭,以待宿歇。"松下马与云长同入馆舍相待。酒礼早已设毕。云长、子龙再三谦让,而后方坐,殷勤相劝。饮至更阑,宿了一宵。

次日早膳毕,上马行不到三五里,远远一簇人马到,当中乃是大汉刘皇叔,左有卧龙,右有凤雏,遥见张松,早先下马等候相见。玄德曰:"久闻大夫高名,如雷灌耳。恨云山遥远,不得

---

① 原作"吾本欲献西川州郡"。"西川"应作"益州",仅为一州,故"州郡"应作"郡县"。
② 原作"前至郢州界口"。郢州系南朝地名,其地东汉末属荆州江夏郡。
③ 原作"护送人夫,以卫回程"。据叶逢春本、余本《三国》改。
④ 原作"却又有那曹操傲慢我"。据余本《三国》改。
⑤ 原作"来到荆州界首"。江夏本属荆州,"来到荆州"不通。当时刘备驻江陵,系南郡郡治。

听教。今闻自许都回程①,专此相接。倘蒙不弃,到荒州[一五]暂歇车马片时,以叙渴仰之私,未知大夫肯容否?"松大喜,遂上马。皇叔等与张松并辔而入江陵,设宴管待。座间只说闲话,并不提起益州一事,无非动问刘璋安乐否,并蜀中人品等项②。松一一对答,也只等刘玄德开言蜀中兵事③,然后说之。玄德并孔明亦并不提起④。松曰:"今皇叔守荆州,还有几郡?"孔明便答曰:"荆州乃暂借东吴的,每每使人取讨。今我主因是女婿,故权且安身。"松曰:"东吴据六郡八十三县[一六],民强国富,犹且不知足耶?"庞统曰:"吾主公汉帝皇叔,反不能占据州郡;其他皆汉之蟊音毛[一七]贼,以霸道居之,惟智者不平焉。"玄德曰:"二公休言。吾有何德,岂敢望居高位而守城池乎?"松曰:"不然。'天下者,非一人之天下,乃天下人之天下也,惟有德者居之。'何况明公乃汉室宗亲,仁义充塞乎四海。休道占据州郡,便代正统而即帝位,亦不分外。"玄德拱手,惶恐而谢曰:"如公所言,吾何敢当之!"

自此,一连留张松饮宴三日,并不提起蜀中之事。松辞去,于十里长亭设宴送行。玄德举酒与松曰:"甚荷大夫不外,肯留三日。今日相别,不知何日听教?"潸然泪下音山然。张松自思:"玄德有尧、舜之风,安可舍之? 不如说之,令取益州,诚吾愿也⑤。"松遂言曰:"松亦欲朝暮趋侍⑥,恨未有便耳。松观荆州,东有孙权,常怀虎踞;北有曹操,每欲鲸吞,亦非可久恋之地矣。"玄德曰:"故知如此,但未有安迹之所而容身也。"松曰:"益州险塞,沃野千里,民殷国富,人杰地灵,带甲十万,智能之士,久慕皇叔之德。若起荆、襄之众,长驱西指,霸业可成,汉室可兴矣。"玄德曰:"备安敢当此。刘益州亦帝室宗亲,恩泽布蜀中久矣。他人岂可得而动摇乎?"松曰:"某非卖主求荣;今遇明公,不敢不披沥肝胆也。刘季玉虽有益州之地,禀性暗弱,不能任贤用能;加之张鲁在北,为人不武,赏罚不明,号令不行,人心离散,思得明主。松此一行,专欲纳款[一八]于操;何期逆贼恣逞奸雄,欺君罔上,终为汉朝大祸。明公先取益州为基,然后北图汉中,次取中原,匡正天朝,名垂青史。明公若果有取益州之意,松愿施犬马之劳,以为内应。未知明公钧意若何?"玄德曰:"深感君恩。备虽艰窘,奈刘季玉与备同宗,若相攻之,恐天下人唾骂。"松曰:"明公知天时人事乎? 若以人事而背天时,恐日月逝矣! 大丈夫处世,当以努力建功立业,着鞭在先。今若乘时不取,为他人取之,悔之晚矣。"玄德曰:"备闻蜀道崎岖,千山万水,车不能方轨[一九],马不得联辔;虽欲取之,用何良策?"松于袖中取出一图,递与玄德,曰:"松感荷难尽,故献此图,上报明公知遇之恩也。但将此图观看,一日便知蜀中之道矣。"玄德略展视之,上面尽写着地理行程,远近阔狭,山川险要,府库钱粮,一一具载明白。松又曰:"明公可速图之。松有心腹契友二人,法正、孟达也。此二人必能相助矣。如二人到荆州时,可以

---

① 原作"今闻回都"。"回都"与内容不符。据郑本《三国》改。
② 原作"亦不动问刘璋安乐否,并川中人品等项。席之所以言及者"。"亦不动问……"不合情理。参照叶逢春本、郑本《三国》改。
③ 原作"也只等刘玄德开言"。据郑本《三国》,补"蜀中兵事"四字。
④ 原作"玄德并孔明亦默默不题"。据郑本《三国》改。
⑤ 原作"成吾愿也"。据文意改。
⑥ 原作"松亦朝暮趋侍"。据叶逢春本,加"欲"字。

第一百十九回　张永年反难杨修

心事共议。"玄德拱手谢曰："青山不老，绿水长存。他日相期，必当厚报。"松曰："松遇仁义之主，不得不尽情告焉，岂敢望报乎！"二人相别，孔明、庞统皆拜于长亭之下，云长等皆送数十里方回。张松望益州而去，玄德等自回荆州。

却说张松回益州，先来见友人法正。正字孝直①，右扶风郿[二〇]人也，贤士法真之孙②。松见正，备说："曹操轻贤傲士，只可同忧，不可同乐。吾已将益州许刘皇叔矣，专欲与兄议之。"法正曰："吾料刘璋非其主也，已有心见刘皇叔久矣。此心相同，有何疑焉？待吾乡兄孟达同议。"少顷，孟达至。达字子度③，与法正同乡。达入见，正与松大笑。达曰："吾已知二公之意。将欲献益州耶？"松曰："是欲如此。兄试猜之，合献与谁？"达曰："非刘玄德不可当也。"三人抚掌大笑④。法正曰："汝明日见璋若何？"松曰："吾荐二公为使，可往荆州。"二人应允。

次日，张松见刘璋。璋问干事若何，松曰："操乃汉贼，欲篡天下，不可为言。彼已有取蜀之心。"璋曰："似此，如之奈何？"松曰："某有一谋，使张鲁、曹操皆不敢轻犯益州。"璋又曰："如何解之？"松曰："见居荆州的刘皇叔与主公同宗，加之本人仁慈宽厚，有长者之风。赤壁鏖兵之后，操闻之而胆裂，何况张鲁乎？主公何不遣使赍书以结好之，使为外援，足可以拒曹操、张鲁，蜀中可安矣。"璋曰："吾立此心久矣。谁可为使？"松曰："非法正、孟达，不可往也。"璋即召二人入，修书一封，令法正为使，先通情好；次遣孟达，送精兵数千，令玄德守御。正商议间，一人自外突然而入，汗流满面，大叫曰："主公若听张松之言，则四十五县已属他人矣⑤！"松大惊。言者是谁，下回便见。

【注释】

[一] 颡镬：额头像镬头一样尖。

[二] 鼻偃：塌鼻子。

[三] 猬集：像猬毛一样丛集。比喻众多。

[四] 傲睨物表：傲视天下。物表，世事之外。

[五] 锦江：岷江分支之一。传说古人织锦濯其中，色彩鲜明，故名。自今四川郫县西岷江分出，到成都市南与岷江分支郫江相会。

[六] 剑阁：指剑阁道。在今四川剑阁县东北大剑山、小剑山之间。为古代川、陕间的主要通道。

[七] 相如：即司马相如（前179—前117）。西汉蜀郡成都（今属四川）人，字长卿。汉赋代表

① 原文无主语"正"。据叶逢春本补。
② 原作"贤士法真之子"。据《三国志·蜀书·法正传》改。
③ 原作"达字子庆"。据《三国志·蜀书·刘封传》改。
④ 原作"三人抚背大笑"。据黄正甫本改。
⑤ 原作"则四十一州郡已属他人矣"。承第一一八回改。

作家。

［八］仲景：东汉著名医学家。南阳郡（治今河南南阳市）人。其医学著作经后人整理成《伤寒论》和《金匮要略》，是我国医学宝库中的经典。

［九］君平：严遵，西汉蜀郡（治今四川成都）人，字君平。著名隐士。相传曾卜卦于市。

［一〇］世代簪缨：世世代代做官。簪缨，古代达官贵人的冠饰，用以把冠固定在头上。

［一一］开发：启发。

［一二］《孟德新书》：指曹操所著《孙子注》。今存《曹操集》中。

［一三］《孙子十三篇》：即《孙子兵法》。

［一四］太虚：天空。

［一五］荒州：同"敝州"，对本州的谦称。

［一六］东吴据六郡八十三县：此时东吴除江东六郡外，还据有荆州一部和交州，地盘大为扩充。《演义》未写及此，仍从前文。

［一七］蟊贼：原指吃禾苗的两种害虫。比喻危害国家的人。

［一八］纳款：投诚，表示归顺。

［一九］方轨：两车并行。

［二〇］右扶风郿：今陕西眉县。

第一百二十回　庞统献策取益州①

　　进言者乃巴西阆中人也②,姓黄,名权,字公衡,见为刘璋府下主簿。璋问曰:"吾结好刘玄德为一家,汝何故出此言耶?"权谏曰:"某居西蜀,素知刘备久矣。斯人宽以待人,柔能克刚,英雄莫敌。曹操尚自寒心,其余何足论也。斯人远得士心,近得民望;兼有诸葛亮智谋,关、张英勇,赵云、黄忠、魏延为羽翼。若召到蜀中,以部曲待之,则刘备安可伏低做小?若以客礼待之,则一国不容二主。若听某言,则西蜀有泰山之安;若不听某言,则主公有垒卵之危矣。张松昨日从荆州过,必与刘备同谋。可先斩张松,后绝刘备,则西蜀万幸也。"璋曰:"若如此,张鲁到来,何以拒之?"权曰:"不如闭境绝塞,深沟高垒,以待时清。"璋曰:"贼兵犯界,有烧眉之急;若待时清,此是慢计也。"璋不从,遂遣法正便行。又一人阻而谏曰:"不可!不可!"璋视之,乃从事王累也③。累顿首而言曰:"主公今听张松之说,自取其祸。"璋曰:"不然。吾结好刘玄德,实欲拒张鲁也。"累:"张鲁犯界,乃疥癣之疾;刘备入川,是心腹之大患也。况刘备世之枭雄,先事曹操,便思谋害;后从吴侯,便夺荆州。心术如此,安可同处?今召之,益州休矣!"璋叱曰:"再休乱道!玄德是我宗兄,他安肯有夺我基业之心也?"便教扶二人出。遂命法正便行。后有诗曰:

　　　　四海鲸吞百战秋,堪嗟季玉少机谋。
　　　　当时若听黄、王谏,安得益州属那刘!

　　法正离益州,径取荆州,来见玄德。参拜已毕,呈上书信。玄德拆封视之。书曰:

　　　族弟刘璋拜手致书于宗兄将军麾下:久伏电誉[一],蜀道崎岖,未及赍贡,甚切惶愧。璋闻"吉凶相救,患难相扶",朋友尚然,况宗族乎?今张鲁在北,旦夕兴兵,侵犯璋界,甚不自安。专人谨奉尺书,上乞钧听。倘肯俯念宗族之亲,援以手足之义,即日兴师,剿灭狂寇,永为唇齿,自有重酬。书不尽言,专候车骑。建安十六年冬十二月,宗弟璋再拜奉书。

玄德看毕大喜,设宴相待法正。玄德于筵上屏退左右,与正曰:"久仰孝直英名,张别驾多谈盛德。今获听教,甚慰平生。"法正谢曰:"蜀中小吏,何足为道!盖闻'马逢伯乐而嘶[二],人遇知己而死'。张别驾昔日之言,将军复有意乎④?"玄德曰:"备一身寄客,未尝不伤感而叹息。常思'鹪鹩尚存一枝[三],狡兔犹藏三穴',况吾人乎?且蜀中乃丰腴之地,非不欲之,奈刘季玉同一宗室,甚不忍焉⑤。"法正曰:"益州天府之国,非治乱之主,不可居也。今刘季玉不能用贤立

---

① 原作"庞统献策取西川"。承上文,改"西川"为"益州"。
② 原作"乃西阆中巴人也"。据《三国志・蜀书・黄权传》改。
③ 原作"乃帐前从事官王累也"。"帐前从事官"职名不确。据《三国志・蜀书・刘二牧传》改。
④ 原作"将军复有异乎"。据叶逢春本改。
⑤ 原文无"甚不忍焉"。据叶逢春本、余本《三国》补。

事,刚而无勇,柔而太弱①,此业不久必属他人矣。今天付与将军②,此机会不可错失。岂不闻'逐兔先得[四]'之语乎?将军欲之,某当效死。"玄德拱手谢曰:"倘使天助③,实出公之所赐也。暂请少歇,尚容商议。"当日席散,孔明送法正归馆舍。

　　玄德尚自沉吟间。庞统不退,笑而言曰:"事有不决,疑惑其心者,愚人也。主公仁智高明,何太疑耶?"玄德问曰:"以公之言,当复如何?"统曰:"荆州荒残,人物殚尽,东有孙权,北有曹操,难以得志。今益州户口百万,土广财富,得以为资,大业可成也④。幸张松、法正以为内助,此天赐也,何必疑惑哉?某故笑之。"玄德曰:"今与吾水火相敌者,曹操也。操以急,吾以宽;操以暴,吾以仁;操以谲,吾以忠:每与操相反,事乃可成耳。今以小利而失信义于天下,吾为此不忍也。"后史官看到这里,作诗赞曰:

　　　　累劝收蜀意已深,谁知玄德尚沉吟。
　　　　不因小利忘仁义,便是当年尧舜心。

庞统答曰:"主公之言虽合天理,奈离乱之时,用兵争强,固非一道也。若拘执于礼,寸步不可行矣,宜从权变用之。且'兼弱攻昧'[五],五伯[六]之常;'逆取顺守'[七],古人所贵。若事定之后,报之以义,封为大国,何负于信?今日不取,终被他人取耳。历代以来,多以权变得天下,用仁义以守之。主公熟思焉。"玄德拱手而谢曰:"金石之言,当铭肺腑。"于是遂请孔明同议起兵西行。孔明曰:"荆州重地,必须分兵守之。"玄德曰:"吾与庞士元、黄忠、魏延前去,军师可与云长、益德、子龙守之。"孔明应允了。次日,孔明总守荆州;关公拒襄阳要路,当青泥河口⑤;张飞领四郡巡江;赵云屯江陵,镇公安。玄德令黄忠为前部,魏延为后军。玄德自与刘封、关平在中军,马步兵五万起程。临行,廖化引一军来降。玄德教廖化辅佐云长以拒曹操。

　　是年冬月,引兵望益州进发。行不到数程,孟达接着,拜见玄德,说:"刘益州令某领兵四千,远来迎接。"玄德使人入益州,先报刘璋。璋便发书,告报沿途郡县供给钱粮⑥,动以万计。璋自出涪音浮城[八],亲接玄德,即下令准备车乘帐幔,旌旗铠甲,并皆一新。主簿黄权忙入谏曰:"主公此去,必被刘备之害也。某食禄多年,不忍主公中他人之奸计。望三思之!"张松曰:"黄权疏间宗族之义,滋长寇盗之威,实无益于主公。"璋大喝权曰:"吾意已决,汝何逆之!"权叩首碎破,流血满面,近前口衔璋衣而谏。璋大怒,扯衣而起。权不放,顿落门牙两个。璋叱左右推出黄权。权大哭而归。

　　璋欲行,一人叫曰:"黄公衡公衡,权之字也。直言不纳,欲就死地耶?"伏于阶前而谏。璋视之,乃建宁俞元[九]人也,姓李,名恢,叩首谏曰:"窃闻'天子有争臣七人,虽无道,不失其天

---

① 原作"刚无勇,柔过弱"。据叶逢春本改。
② 原作"今付与将军"。据汤本《三国》,补"天"字。
③ 原作"倘便天助"。"便"系"使"之形误。据黄正甫本改。
④ 原作"以为可资大业,而王霸诚足成也"。据《资治通鉴》卷六六改。
⑤ 原作"当清泥隘口"。青泥隘口在今陕西蓝田东南,与襄阳相距甚远;青泥河口则在襄阳附近。
⑥ 原作"告报沿途州郡供给钱粮"。益州仅为一州,其下不能再辖州,故"沿途州郡"应为"沿途郡县"。

下;诸侯有争臣五人,虽无道,不失其国;大夫有争臣三人,虽无道,不失其家。士有争友,则身不失于令名[一〇];父有争子,则身不陷于不义'。黄公衡忠义之言,何不纳之?若容刘备入蜀,是纵虎于山,将盐点茶[一一]也,何能制之乎?"璋曰:"玄德是吾宗兄,安背亲而向疏也?再言者斩!"叱左右推出李恢。张松曰:"今蜀中文官各顾妻子,不复与主公守关;诸将恃功骄傲,欲有外意。不得刘皇叔,则敌攻于外,民变于内,必败之道也。"璋曰:"如公之言,深于吾有益也。"次日,上马出榆桥门。前面人报:"广汉[一二]地名王累①,自用绳索倒吊于城门之上,一手持文,一手仗剑,口称如谏不从,自割断绳索,撞死于此地。"刘璋教取所执谏文以观之。其文曰:

益州从事臣广汉王累,泣血恳告而言曰:昔古者,尧立敢谏之鼓,舜置诽谤之木,食苦口之味,纳逆耳之言。楚怀王会盟于武关[一三],不听屈原之言,囚于秦邦;吴夫差约会于黄池[一四],不纳子胥之谏,诱于越国。今主公轻离大郡,与刘备见于涪城,恐有去路而无回路矣。倘沐回心,斩张松于市曹,绝刘备之盟约,则蜀之老幼万幸矣!主公之基业万幸矣!惟垂察焉。

刘璋观毕,大怒而言曰:"吾与仁者之人相会,如亲芝兰,汝何数侮于吾耶?"王累大叫一声"惜哉",自割断其索,撞死于地。后有诗曰:

自古忠臣多丧亡,堪嗟王累谏刘璋。

城门倒吊披肝胆,身死犹存姓字香。

刘璋将三万人马,往涪城而来。后车乘装载资粮钱帛一千余辆,来接玄德。

却说玄德前军已到垫江[一五],音殿江。所到之处,一者是益州供给之厚;二者是玄德号令严明,如有妄取百姓一物者斩之。于是所到之处,秋毫无犯。百姓扶老携幼②,满路观瞻,焚香礼拜。玄德皆抚慰之。忽张松遣心腹人见法正。正得书,知其意,来见庞统。正曰:"近张永年使密书到此,今于涪城相会,疾便可图之,大事即定矣。机会切不可失。"统曰:"此意且不可言。待二刘相见了,方进言之。若预走泄,于中有变。"法正乃秘而不言矣。涪城离成都三百六十里。璋已到,使人迎接玄德。两军皆屯于涪江[一六]之上。玄德入城,与璋相见,各叙兄弟之情。讲礼毕,备挥泪以诉汉朝宗族。筵散,各回寨中安歇。

璋与众官曰:"可笑黄权、王累等辈,不知宗兄之心,妄相猜疑。吾今日见之,真仁义之人也。吾得为外助,又何虑曹操、张鲁耶?非张松则失此羽翼。"当夜,脱所穿绿袍,并黄金五百两,令人往成都赐与张松。璋对众官喜而言曰:"吾结好玄德,夜卧安矣。"时手下将佐刘璝音颓、冷苞③、张任、邓贤这一般儿蜀中文官武将曰:"主公且休为喜。刘备心意难测,柔中有刚,难以度处。倘一时有变,未可量也。"璋笑曰:"汝等皆心术之人也。吾兄岂有外心哉!"遂归帐中而宿。

---

① 原作"广陵王累"。据《三国志·蜀书·刘二牧传》改。
② 原作"提老携幼"。据毛本《三国》改。
③ 原作"泠苞"。据《三国志·蜀书·先生传》改。

却说玄德归到寨中，庞统入谏曰："主公今日席上见刘季玉动静乎？"玄德曰："季玉真诚，真吾弟也。"统曰："季玉虽善，其刘璝、张任等各抱不平，睨视主公，中间吉凶未可保也。以统之计，莫若来日设宴，请刘季玉赴席；于壁衣中埋伏刀斧手一百人，主公掷杯为号，就筵上杀之；一拥入成都，刀不出鞘，弓不上弦，可坐而定也。"玄德曰："季玉是吾同宗骨肉，诚心待我。更兼吾初到蜀中，恩信未立，若行此事，上天不容，下民亦怨矣。公之谋，虽霸者亦不为也。如此，则不义矣。"统曰："非统所见如此，是法孝直得张松亲书，所言事不宜迟，只在早晚可图之。"法正入见曰："某等非为自己，顺天命也。"玄德曰："刘季玉与吾同宗，不忍取之。"正曰："明公差矣。若不如此，张鲁与蜀有杀父之仇，其人必取也。今主公不可久住，当速图之！窃谓主公远涉山川①，驱驰士马，既到此地，进则有功，退则无益。若执其狐疑之心，迁延日久，师老财废。不但如此，又恐机谋预泄，被他人所算，那时主公何处归着？不如乘此天与之时，人归之际，而定益州②，以立基业。诚有为之时，不可失也！"此时法正再三说玄德取蜀。未知玄德心下若何，且听下回分解。

【注释】

[一] 久伏电誉：久仰您的英名。电，敬辞。

[二] 马逢伯乐而嘶：好马遇到伯乐就会嘶鸣。伯乐，春秋秦穆公时人，以善于相马著称。

[三] 鹪鹩尚存一枝：鹪鹩，一种小鸟，筑巢只需要一根树枝。语出《庄子·逍遥游》。

[四] 逐兔先得：古代俗语："万人逐兔，一人获之，贪者悉止，分定故也。"意为谁先抓到手，就算是谁所有，别人不能再争。

[五] 兼弱攻昧：兼并弱者，攻取政治腐败者。

[六] 五伯：即春秋五霸。

[七] 逆取顺守：以武力夺取政权，然后按照封建规范维护政权。

[八] 涪城：即涪县。属益州广汉郡（后划归梓潼郡）。治所在今四川绵阳市东。

[九] 建宁俞元：今云南澄江。建宁，郡名，诸葛亮南征时改益州郡置，属益州，治所在味县（今云南曲靖）。

[一〇] 令名：好名声。令，善，美。

[一一] 点茶：唐宋时一种用细茶末煮泡茶的方法。后泛指泡茶。

[一二] 广汉：郡名。属益州。治所在雒县（今四川广汉北）。

[一三] 楚怀王会盟于武关：楚怀王，战国时楚国国君。公元前299年，秦昭襄王诱他到武关（今陕西丹凤东南）会盟，逼他割地，他不许，被扣留，后死于秦国。

---

① 原作"切谓主公远涉山川"。据黄正甫本改。
② 原作"而定其西川"。"其"字赘，删去；"西川"承前改为"益州"。

[一四] 吴夫差约会于黄池：公元前482年，吴王夫差在黄池（今河南封丘西南）和诸侯会盟，与晋争霸。越国乘虚攻入吴都。夫差只得匆忙撤回，向越国求和。
[一五] 垫江：县名。属益州巴郡。治所在今重庆合川县。
[一六] 涪江：嘉陵江支流。源出今四川南坪县南，东南流，经绵阳，至合川汇入嘉陵江。

三国志通俗演义

下

罗贯中 著
沈伯俊 校注

中国古典文学名著
现存最早三国版本
汉魏专家精心校注

文汇出版社

图书在版编目(CIP)数据

三国志通俗演义 /（明）罗贯中著；沈伯俊校注. —上海：文汇出版社，2008.4
ISBN 978-7-80741-295-3

Ⅰ.三… Ⅱ.①罗… ②沈… Ⅲ.章回小说—中国—明代 Ⅳ.I242.4

中国版本图书馆 CIP 数据核字(2008)第 005855 号

三国志通俗演义

作　　者 / 罗贯中
校　　注 / 沈伯俊

责任编辑 / 张　衍
特约编辑 / 一　苇
封面装帧 / 唐云辉

出版发行 / 文汇出版社
　　　　　上海市威海路 755 号
　　　　　（邮政编码 200041）
经　　销 / 全国新华书店
照　　排 / 南京展望文化发展有限公司
印刷装订 / 上海建工印刷厂印刷
版　　次 / 2008 年 4 月第 1 版
印　　次 / 2008 年 4 月第 1 次印刷
开　　本 / 787×960　1/16
字　　数 / 1 405 千字
印　　张 / 61.75
印　　数 / 1—5 100

ISBN 978-7-80741-295-3
定　　价 / 98.00 元（全二册）

目录

卷之十三

第一百二十一回	赵云截江夺幼主	(469)
第一百二十二回	曹操兴兵下江南	(473)
第一百二十三回	玄德斩杨怀高沛	(477)
第一百二十四回	黄忠魏延大争功	(481)
第一百二十五回	落凤坡箭射庞统	(484)
第一百二十六回	张益德义释严颜	(488)
第一百二十七回	孔明定计捉张任	(491)
第一百二十八回	杨阜借兵破马超	(495)
第一百二十九回	葭萌张飞战马超	(499)
第一百三十回	刘玄德平定益州	(502)

卷之十四

第一百三十一回	关云长单刀赴会	(509)
第一百三十二回	曹操杖杀伏皇后	(513)
第一百三十三回	曹操汉中破张鲁	(517)
第一百三十四回	张辽大战逍遥津	(521)
第一百三十五回	甘宁百骑劫曹营	(524)
第一百三十六回	魏王宫左慈掷杯	(528)
第一百三十七回	曹操试神卜管辂	(533)
第一百三十八回	耿纪韦晃讨曹操	(537)

| 第一百三十九回 | 瓦口张飞战张郃 | (540) |
| 第一百四十回 | 黄忠严颜双建功 | (543) |

卷之十五

第一百四十一回	黄忠馘斩夏侯渊	(549)
第一百四十二回	赵子龙汉水大战	(553)
第一百四十三回	刘玄德智取汉中	(556)
第一百四十四回	曹孟德忌杀杨修	(559)
第一百四十五回	刘备进位汉中王	(562)
第一百四十六回	关云长威震华夏	(568)
第一百四十七回	庞德抬榇战关公	(572)
第一百四十八回	关云长水淹七军	(575)
第一百四十九回	关云长刮骨疗毒	(578)
第一百五十回	吕子明智取荆州	(581)

卷之十六

第一百五十一回	关云长大战徐晃	(587)
第一百五十二回	关云长夜走麦城	(591)
第一百五十三回	玉泉山关公显圣	(594)
第一百五十四回	汉中王痛哭关公	(599)
第一百五十五回	曹操杀神医华佗	(602)
第一百五十六回	魏太子曹丕秉政	(606)
第一百五十七回	曹子建七步成章	(610)
第一百五十八回	汉中王怒杀刘封	(614)
第一百五十九回	废献帝曹丕篡汉	(618)
第一百六十回	汉中王成都称帝	(622)

卷之十七

第一百六十一回	范强张达刺张飞	(629)
第一百六十二回	刘先主兴兵伐吴	(633)
第一百六十三回	吴臣赵咨说曹丕	(635)
第一百六十四回	关兴斩将救张苞	(639)

第一百六十五回　刘先主猇亭大战 …………（642）
第一百六十六回　陆逊定计破蜀兵 …………（646）
第一百六十七回　先主夜走白帝城 …………（649）
第一百六十八回　八阵图石伏陆逊 …………（653）
第一百六十九回　白帝城先主托孤 …………（656）
第一百七十回　　曹丕五路下益州 …………（661）

卷之十八

第一百七十一回　难张温秦宓论天 …………（667）
第一百七十二回　泛龙舟魏主伐吴 …………（671）
第一百七十三回　孔明兴兵征孟获 …………（674）
第一百七十四回　诸葛亮一擒孟获 …………（678）
第一百七十五回　诸葛亮二擒孟获 …………（681）
第一百七十六回　诸葛亮三擒孟获 …………（684）
第一百七十七回　诸葛亮四擒孟获 …………（687）
第一百七十八回　诸葛亮五擒孟获 …………（689）
第一百七十九回　诸葛亮六擒孟获 …………（693）
第一百八十回　　诸葛亮七擒孟获 …………（696）

卷之十九

第一百八十一回　孔明秋夜祭泸水 …………（703）
第一百八十二回　孔明初上出师表 …………（706）
第一百八十三回　赵子龙大破魏兵 …………（711）
第一百八十四回　诸葛亮智取三郡 …………（714）
第一百八十五回　孔明以智伏姜维 …………（717）
第一百八十六回　孔明祁山破曹真 …………（720）
第一百八十七回　孔明大破铁车兵 …………（723）
第一百八十八回　司马懿智擒孟达 …………（726）
第一百八十九回　司马懿智取街亭 …………（730）
第一百九十回　　孔明智退司马懿 …………（734）

卷之二十

第一百九十一回　孔明挥泪斩马谡 …………（741）

第一百九十二回　陆逊石亭破曹休 …………… (744)
第一百九十三回　孔明再上出师表 …………… (748)
第一百九十四回　诸葛亮二出祁山 …………… (752)
第一百九十五回　孔明遗计斩王双 …………… (755)
第一百九十六回　诸葛亮三出祁山 …………… (758)
第一百九十七回　孔明智败司马懿 …………… (762)
第一百九十八回　仲达兴兵寇汉中 …………… (765)
第一百九十九回　诸葛亮四出祁山 …………… (769)
第 二 百 回　孔明祁山布八阵 …………… (772)

卷之二十一

第二百一回　诸葛亮五出祁山 …………… (779)
第二百二回　木门道弩射张郃 …………… (783)
第二百三回　诸葛亮六出祁山 …………… (787)
第二百四回　孔明造木牛流马 …………… (791)
第二百五回　孔明火烧木栅寨 …………… (795)
第二百六回　孔明秋夜祭北斗 …………… (798)
第二百七回　孔明秋风五丈原 …………… (802)
第二百八回　死诸葛走生仲达 …………… (808)
第二百九回　武侯遗计斩魏延 …………… (811)
第二百十回　魏拆长安承露盘 …………… (816)

卷之二十二

第二百十一回　司马懿破公孙渊 …………… (823)
第二百十二回　司马懿谋杀曹爽 …………… (827)
第二百十三回　司马懿父子秉政 …………… (831)
第二百十四回　姜维大战牛头山 …………… (836)
第二百十五回　战徐塘吴魏交兵 …………… (839)
第二百十六回　孙峻谋杀诸葛恪 …………… (842)
第二百十七回　姜维计困司马昭 …………… (845)
第二百十八回　司马师废主立君 …………… (848)
第二百十九回　文鸯单骑退雄兵 …………… (851)

第二百二十回　姜维洮西败魏兵 …………(854)

卷之二十三

第二百二十一回　邓艾段谷破姜维 …………(859)
第二百二十二回　司马昭破诸葛诞 …………(862)
第二百二十三回　忠义士于诠死节 …………(865)
第二百二十四回　姜维长城战邓艾 …………(868)
第二百二十五回　孙綝废吴主孙亮 …………(871)
第二百二十六回　姜维祁山战邓艾 …………(874)
第二百二十七回　司马昭弑杀曹髦 …………(877)
第二百二十八回　姜伯约弃车大战 …………(880)
第二百二十九回　姜伯约洮阳大战 …………(883)
第二百三十回　姜维避祸屯田计 …………(886)

卷之二十四

第二百三十一回　钟会率兵取汉中 …………(891)
第二百三十二回　姜维大战剑门关 …………(894)
第二百三十三回　凿山岭邓艾袭蜀 …………(897)
第二百三十四回　诸葛瞻大战邓艾 …………(900)
第二百三十五回　蜀后主舆榇出降 …………(903)
第二百三十六回　邓艾钟会大争功 …………(908)
第二百三十七回　姜维一计害三贤 …………(911)
第二百三十八回　司马复夺受禅台 …………(915)
第二百三十九回　羊祜病中荐杜预 …………(919)
第二百四十回　王濬计取石头城 …………(922)

后记 ………………………… 沈伯俊(926)

卷之十三

第一百二十一回　赵云截江夺幼主

建安十七年，岁在壬辰，春正月，刘玄德与益州牧刘璋大会于涪城离成都三百六十里。二人相见，尽诉弟兄之情，广设筵会，犒劳三军，终日尽欢。庞统引法正说玄德："就席间将刘璋杀之，益州不劳张弓只箭而定矣。"玄德曰："初入蜀中，恩信未立，此事决不可行。"庞统再三说之，玄德略无相从之意。次日，宴于城中，二人细叙衷曲，如同一母所生。酒至半酣，庞统与法正商议曰："事在掌握之中，由不得主公了。"便教魏延舞剑，暗嘱咐"下手"。延拔剑曰："筵间无乐，愿舞剑为戏。"庞统便呼众武士入到堂下①，只待魏延下手。刘璋手下从事张任，见魏延舞剑，目击刘璋；更见阶前武士手按刀靶，直视堂上，亦掣剑出曰②："舞剑必须有对，某愿伴之。"二人对舞，张任目视玄德。统用目回顾刘封，封拔剑亦舞入，刘璝、冷苞、邓贤各掣剑出曰："我等当群舞，以助一笑。"玄德大惊，掣左右所佩之剑，立于席上曰："吾弟兄乃汉室宗亲，相逢痛饮，并无疑忌。又非'鸿门会'上，何用舞剑而为乱乎？不弃剑者立斩之！"刘璋亦叱之曰："弟兄相聚，何必带刀？"尽命去之。众皆纷然下堂，筵间尽去兵器。玄德唤诸将士上堂，以酒赐之。玄德曰："吾弟兄同宗骨血，共议大事，岂有二心？汝等勿惊疑。"诸将皆顿首再拜。刘璋抱玄德泣曰："吾兄之恩，誓不敢忘！"共欢饮至晚而散。玄德归寨，深责庞统，曰："吾以仁义躬行天下，安忍为此？汝无复言。"统嗟叹不已③。

却说刘璋归寨，刘璝等曰："主公见今日席上光景乎？不如早回，免生后患。"刘璋曰："吾兄刘玄德非比他人也。"众将曰："虽玄德无此心，手下之士皆欲吞并益州，以图富贵④。"璋曰："汝等无复以言间吾兄弟之情。"遂皆不听。

二人欢饮百余日，并无猜疑。忽报张鲁兵犯葭萌关[一]。刘璋请玄德行。玄德慨然诺之，遂引本部兵往葭萌关去了。众将劝刘璋令大将紧守各处前隘，以防玄德兵变。璋初时不从⑤，后命蜀中名将白水[二]军督杨怀、高沛二人，守把白水关⑥。刘璋自回成都。比及玄德到葭萌关，严禁军士，广施恩惠，以收民心。

却说有人报知吴侯，吴侯会文武商议。权曰："当初吾欲与刘玄德一同收蜀，谁想今日背

---

① 原作"到于堂中"，与下文"阶前武士"不合。据黄正甫本改。
② 原作"刘璋手下诸将见魏延舞剑，刘璋更见阶前武士手按刀靶，直视堂上，从事张任掣剑亦舞曰"，叙述有疵漏。据汤本《三国》改。
③ 原作"二人嗟叹不已"。上文明言刘备责庞统，则"二人"指代不当，应改为"统"。
④ 原作"手下之士皆欲吞并西川，以图富贵之意"。据黄正甫本改。"西川"承前改为"益州"。
⑤ 原句无主语"璋"，承上文加。
⑥ 原作"后命蜀中名将白水都督杨怀、高沛二人，守把涪水关"。据《三国志·蜀书·先主传》，杨怀、高沛系"白水军督"；又，东汉末并无"涪水关"，据《华阳国志·汉中志》，杨怀、高沛所守乃白水关。

了吾,自去取之,当复如何?"顾雍进曰:"刘备分兵远涉山险而去,未易往还。何不差一军先截巫口①,断绝刘备归路,后尽起东吴之兵,一鼓而下,可得荆襄矣。"权曰:"此计大妙!"便要起兵。忽屏后一人大喝而出曰:"进此计者,可斩之!欲害吾女之命耶!"众大惊,视之,乃吴国太也②。国太怒曰:"吾一生惟有此女,嫁与刘备,见在荆州。若是动兵,吾女性命如何?"叱孙权曰:"汝掌父兄之业,坐领八十三县③,尚自不足,顾小利不念骨血。"孙权喏喏连声答曰:"老母之训,岂敢有违!"逐退文武。吴国太深恨顾雍。孙权立于轩下,自思:"此机会一失,再几时一遇?"沈吟之间,不觉张昭立于面前,问曰:"主公何忧?"孙权曰:"正思适间之事。"昭曰:"极易也。先差一人,只带五百军,扮作商人,潜到荆州,下一封密书与夫人,只说国太病危,欲嘱后事,取夫人星夜回还。玄德平生只有一子,就带回国,暗地下船,顺水而来。那时玄德定把荆州来换阿斗。如有不睦,一任动兵,何碍于是?"权曰:"此计大妙!吾有一人,姓周,名善,力能举鼎,有胆量,极忠烈。自幼穿房入户,多随吾兄,可以命之。"昭曰:"切勿漏泄,只此便令起行。"

于是密遣周善,将五百人,分作五船,扮为商人。于中更诈修国书,以备盘诘。船内暗藏兵器。周善取江陵水路而来。船泊江边,周善自入江陵,令门吏报孙夫人。夫人唤周善入。呈上密书。夫人见说国太病危,洒泪恸问。周善拜诉曰:"国太好生病重,旦夕只是想念夫人。倘去得迟,恐不相见。就教夫人带阿斗去见一面。"夫人曰:"须是使人教军师知会④,方可以行。"周善曰:"若军师回言道,须待主公使人回报,方许下船,如之奈何?"夫人曰:"若不辞而去,恐有阻挡。"周善曰:"大江之中,已准备下船只,只今便请夫人上车出城。"孙夫人听知母病危急,如何不慌,遂将五岁阿斗⑤藏在车上,随行紧要带三十余人,各挎刀剑⑥,上马离江陵城,便来江边上船。府中人欲报时,孙夫人已到沙头镇,入在船中了。

只听得岸上有数人叫:"且休开船,容与夫人饯行。"船上人视之,乃常山赵子龙。原来巡哨方回,听得这个消息,吃了一惊,只带四五骑,旋风般沿江赶来。周善手执长戈,喝令军士一齐开船,各将军器出来,摆列在船上。况兼风顺水急,随流而去。赵云沿江赶叫:"任从夫人去,只有一句话拜禀。"周善道:"汝是何人,敢挡主母!"赵云不答,沿江赶到十余里,滩半斜缆一只渔船。赵云弃马执枪,跳上渔船,只两人驾船,前来取吴大船上去。周善教军士放箭,赵云以枪拨之,纷纷落水。离大船悬隔丈余,吴兵用枪乱刺,不能得进。赵云弃枪在小船上,掣所佩青釭剑在手,分开枪槊,望吴船踊身一跳,早登大船。吴兵尽皆惊倒。后有诗曰:

昔年救主在当阳,今日飞身向大江。

---

① 原作"川口"。东汉三国无"西川"之名,自无"川口"之称。据第一六三回,改作"巫口"。
② 原作"乃吴夫人也"。承第一〇八回改。
③ 原作"坐领八十一州"。承第一一九回改。
④ 原作"须是使人往南郡教军师知会"。江陵本属南郡,"往南郡"不通;且诸葛亮"总守荆州",即驻江陵。故删去"往南郡"。
⑤ 原作"七岁阿斗"。阿斗生于建安十二年(207),此时(建安十六年,即211年)应为五岁(虚岁)。
⑥ 原作"各跨刀剑"。据文意改。

第一百二十一回 赵云截江夺幼主

船上吴兵皆胆落,赵云英勇世无双!

又诗曰:

可爱常山赵子龙,当阳救主显英雄。
昔时怀内藏真命,今日江心立大功。
孙氏威权浑挫灭,张昭谋略已成空。
两番遇险依洪福,四十余年王蜀中。

赵云上船,吴兵尽退于后艄。赵云入舱中,见夫人抱阿斗于怀中。夫人喝:"赵云何故无礼?"云插剑声喏曰:"主母何故不令军师知而便行?"夫人曰:"我母亲病在危笃[三],无暇报知。"云曰:"主母探病,何故带小主人去?"夫人曰:"阿斗是吾子,留在荆州,无人看觑。"云曰:"主母差矣。主人一生只有这点骨血,小将在当阳长阪坡百万军中抱出。今日何暗抱将去,此何理也?"夫人怒曰:"量汝只是帐下一武夫,安敢管我家事!"赵云曰:"夫人要去,留下小主人。"夫人喝曰:"汝半路辄入船中,必有反意!"云曰:"纵然万死,亦不敢放夫人去。"夫人喝侍婢向前揪捽,被赵云推倒,就怀中夺了阿斗,抱出船头上,欲要傍岸,又无副手;欲要行凶,又恐碍于道理:进退不得。夫人喝侍婢夺阿斗。赵云一手抱定阿斗①,一手仗剑,人不敢近。周善在后艄挟住舵,放船下水,风顺水急,船望中流而去。赵云孤掌难鸣,只护得阿斗,岂能移舟傍岸?

事在危急,下流头港内一字儿使出十余只船来,船上磨旗擂鼓。赵云自思:"今番中了东吴之计!"当头一船上一员大将,手执长矛,高声大叫:"留下侄儿去!"乃是燕人张飞。原来巡哨听得这个消息,在油江夹口正撞吴船,慌忙截住。吴兵慌了手脚。张飞提剑跳上吴船。周善见张飞上船,提刀来迎,被张飞手起一剑砍倒②,提头掷于孙夫人前。夫人大惊曰:"叔叔何太无礼?"张飞曰:"嫂嫂不以俺哥哥为重,私自归家,是何道理?"夫人曰:"我母病重,甚是危急,若等你哥哥回报,须误了我大事。若你不放我回去,情愿投江而死!"言讫欲跳。张飞与赵云商议:"若逼死此人,非为臣下之道,只护阿斗过船。"遂与孙夫人曰:"俺哥哥大汉皇叔,也不辱没嫂嫂。今日相别,若思哥哥恩义,早早回来。"两人辞别毕,张飞抱阿斗自与赵云回船,放孙夫人五只船去了。后有诗曰:

长阪坡头怒一声,倒流烟水退曹兵。
今朝江上扶危主,青史应题万载名。

不说孙夫人回国。只说张飞、赵云夺得阿斗③,欢喜回船。行不数里,孔明引大队船只,接见张飞、赵云并阿斗,四人并船而归。军师申文书往葭萌关,教玄德知会。

却说孙夫人回见母亲,说张飞、赵云杀了周善,截江夺了阿斗。孙权大怒曰:"今吾妹已归,与彼不亲,杀周善之仇,如何不报!"唤集文武商议,起大军与刘备誓不两立,来取荆州。未知如何?

---

① 原作"赵云一手抱定太子"。此时刘备尚未称王,不应称阿斗为"太子"。叶逢春本正作"阿斗"。
② 原作"手起被张飞一剑砍倒"。据叶逢春本改。
③ 原作"只说张飞、赵云夺阿斗"。据叶逢春本,加"得"字。

【注释】

［一］葭萌关：关隘名。地属益州广汉郡葭萌县。故址在今四川广元西南。

［二］白水：县名。属益州广汉郡（后划入梓潼郡）。治所在今四川青川东北。

［三］危笃：病危。笃，沉重。

第一百二十二回　曹操兴兵下江南

却说孙权令收拾船只，准备人马取荆州。正商议调兵，忽报曹操起军四十万，来报赤壁之仇，不可轻敌。孙权大惊，慌聚文武商议。人报长史张纮，自辞疾回家而死，有哀书上呈。孙权观其书曰：

长史张纮临终书拜于主公吴侯麾下：自古有国有家者①，咸欲修德政以比隆盛世，至于其治，多不馨香[一]。非无忠臣贤佐，暗于治体也，由主不胜其情，弗能用耳。夫人情惮难而趋易，好同而恶异，故与治道相反。《传》曰"从善如登，从恶如崩[二]"，言善之难也。人君承奕世之基，据自然之势②，操八柄[三]之威，甘易同之欢，无假取于人；而忠臣挟难进之术，吐逆耳之言，其不合也，不亦宜乎？离则有衅③，巧辩缘间，眩于小忠，恋于恩爱，贤愚杂错，长幼失序，其所由来，情乱之也。故明君悟之，求贤如饥渴，受谏而不厌，抑情损欲，以义割恩，上无偏谬之授，下无希冀之望。宜加三思，含垢藏疾[四]，以成仁覆之大。秣陵山川，有帝王之气，可速迁居之，为万世之业！纮不胜泣血哀感眷望之至！

孙权览书大恸。张纮亡年六十岁。权曰："张子纲令吾迁居，吾如何不从！"即命迁治于建业[五]，筑石城[六]。今时建康，古名秣陵，孙权时名建业。吕蒙进曰："曹操兵来，可夹濡须[七]水口筑坞以拒之④。"坞，即城也。诸将皆曰："上岸击贼，洗足入船，何用筑城？"蒙曰："兵有利钝，战无百胜。如邂逅逢敌，步骑相促，人尚不暇及水，何能入船乎？"权曰："'人无远虑，必有近忧。'子明之见甚远。"便差军数万筑濡须坞，晓夜并工，务要立办。

却说曹操整点三军起程，长史董昭进言曰："自古以来，人臣处世，未有如丞相之功者，虽周公、吕望，莫可及也。栉风沐雨[八]，三十余年，扫荡群凶，与百姓除害，使汉室复存，岂可与诸臣宰同列乎？合受魏公之位，加以'九锡'，以彰殊勋⑤。"其"九锡"之名曰：

一，车马。大辂、戎辂，各一。大辂，金车也。戎辂，兵车也。玄牡二驷者，黄马八匹。二，衣服。衮冕之服，赤舄副焉。衮冕，王者之服。赤舄，朱履也。三，乐县。县，音悬。轩县之乐，堂下之乐也，升降必动乐也。佾，舞者之行列也。天子八佾，王侯六佾。四，朱户。居以朱户，红门也。五，纳陛。纳陛以登。陛，阶也。六，虎贲。虎贲三百人，守门之军也。七，铁钺。铁，音甫。铁钺各一。铁，即斧也。钺，斧属也。八，弓矢。彤弓一，彤矢百。彤，赤色也。玈弓十，玈矢千。玈，黑色也。九，秬鬯圭瓒。秬鬯一卣，圭瓒副焉。秬，黑黍也。鬯，香酒也，灌地以求

---

① 原作"自古有国家者"。据《三国志·吴书·张纮传》，补"有"字。
② 原作"据相然之势"。据《张纮传》改。
③ 原作"虽则有衅"。据《张纮传》改（衅，间隙，矛盾）。
④ 原作"可夹攻，濡须水口筑坞以拒之"。据《三国志·吴书·吕蒙传》改。
⑤ 原作"以障天下"。据《三国志·魏书·董昭传》注引《献帝春秋》改。

神于阴。卣,中樽也。圭瓒,宗庙祭器,以祀先王也。此"九锡"之名义也。

侍中荀彧曰:"不可。丞相本兴义兵,匡扶汉室,秉忠贞之诚,守退谦之实。君子爱人以德,不宜如此。"曹操闻之,勃然变色。董昭曰:"岂可一人而阻众望?"遂尊操为魏公。荀彧掩泪而出曰:"吾不想今日如此!"操深恨之,以为不助己也。

建安十七年冬十月,曹操兴兵下江南,就带荀彧同行。彧已知操有杀害之心,推病留于寿春①。操又使人催并前进。彧叹曰:"吾死于九泉之下,无面目见汉君也!"忽曹操使人送饮食一盒至,盒上有操亲笔封记。开盒视之,并无一物。彧曰:"止于此矣!"遂服毒而亡。年五十岁。史官赞曰:

  颖上荀文若,人称王佐才。
  声名齐五岳,功业震三台[九]。
  孟德无终始,留侯[一〇]不再来。
  忠心怀恨死,天下尽悲哀!

论[一一]曰:

自迁帝西京,山东腾沸,天下之命倒悬矣。荀君乃越河、冀,间关以从曹氏。间关,犹展转也。察其定举措,立言策②,崇明王略,以急国艰,岂云因乱假义,以就违正之谋乎?诚仁为己任,期纾音舒民于仓卒也。及阻董昭之议,以致非命,岂数也夫!世言荀君者,通塞或过矣。常以为中贤以下,道无求备,智算有所研疏,原始未必要末,斯理之不可全诘者也③。夫以卫赐[一二]之贤,一说而毙两国。两国,谓齐与吴也。赐至吴,请夫差伐齐;之晋,说以兵待吴伐齐之弊。吴既胜齐,与吴争强,晋果败吴也。彼非薄于仁而欲之④,盖有全必有丧也,斯又功之不兼者也。方时运之屯邅音粘[一三],非雄才无以济其溺,功高势强,则皇器自移矣。谓魏太祖功业大而神器自归矣。此又时之不可并也,盖取其归正而已,亦杀身以成仁之义也。

赞[一四]曰:

  公业[一五]称豪,骏声升腾。权诡时逼,谓诡辞对卓。挥金僚朋。北海[一六]天逸,音情顿挫。犹抑扬也。越俗易惊,孤音少和。直辔安归,直道也。高谋谁佐?或之有弼,诚感国疾。功申运改,迹疑心一。

其子荀恽音愠发哀书报曹操。操甚懊悔,差人厚葬,谥曰敬侯。

且说曹操大军至濡须,水出九江历阳县。前面差三万铁甲马军,令曹洪部领。哨至江边,回报沿江一带,遥望旗幡无数,不知兵聚何处。操放心不下,自领兵前进,就濡须口摆开军阵。操领百余人上山坡,遥望见战船,各分队伍,依次摆列。旗分五色,军器鲜明。当中大船上,青

---

① 原作"推病进于寿春"。据叶逢春本改。
② 原作"措言立策"。据《后汉书·郑太孔融荀彧传》改。
③ 原作"期理之不可全诘者也"。校改依据同②。
④ 原作"彼非薄于仁而欲"。增补依据同②。

罗伞下,坐着孙权。左右文武,侍立两边。操以鞭指挥曰:"生子当如孙仲谋!若刘景升儿子,犬豕耳!"忽一声响动,南船一齐飞奔过来。濡须坞内又一军出,冲动曹军。曹操军兵退后便走,军皆四散,止遏不住。千百骑赶到山边,为首马上一人,碧眼紫髯,上长下短,众人认得正是孙权,亲自引一队马军来击曹操。操大惊,急回马时,东吴两员大将韩当、周泰,两骑马直冲将上来。操背后有大将许褚纵马舞刀,敌住二将,曹操得脱归寨。许褚与二将战三十合方回。操在寨中夸许褚之能①,责骂众将:"临敌先退,挫吾锐气!再后如此,尽皆斩首!"夜至二更时分,忽寨外喊声大震。操急上马,见四下里火起,却被吴兵劫入大寨。杀至天明,曹兵退五十余里,却才收军,下定寨栅。

操心中郁闷,闲看兵书,忽程昱曰:"丞相既知兵法玄妙,岂不知'兵贵神速'乎?丞相起兵,迁延日久,故孙权得以准备,夹濡须水口为坞,甚是有理。不若且罢兵还许都,别作良图。"操不应。

程昱出。操伏几而卧,忽闻潮声汹涌,如万马争奔之状。曹操急视之,见大江中推起一轮红日,光华射目,天上两轮太阳对照。忽然江心推起红日,拽拽飞来,坠于寨前山下,其声如雷。倏然惊觉,在帐做了一梦。帐前军报道午时。曹操叫备马,引五十余骑,径奔出寨,犹如梦中所见落日山边。正看之间,忽见一簇人马,当先一人,浑身金甲金盔,操视之,乃是孙权。权见操至,也不慌,也不忙,在山上勒住马,以鞭指挥曹操曰:"丞相坐镇中原,富贵已极,何故贪心不足,尚图江南吴地?"操答曰:"汝为臣下,不尊王室,吾奉天子诏,特来讨汝!"孙权笑曰:"此言岂不羞乎?天下岂不知你挟天子令诸侯?吾非不尊汉朝②,实欲讨汝,以正国家!"操大怒,叱诸将上山捉孙权。忽一声鼓响,山背后两彪军出:右边韩当、周泰,左边陈武、潘璋。四员将带三千弓弩手,两边乱射如雨。操急回,引众将而走。背后四将赶来甚急。赶到半路,许褚引着众虎卫军敌住,因此救得曹操。孙权兵齐奏凯歌,回濡须去了。操还营,自思:"孙权非等闲人物。红日之应,久后必为帝王。"操心中有退兵之意,又恐被东吴耻笑,因此进退未决。

两边相拒月余,战了数场,互相胜负。建安十八年春正月,连阴雨水甚多,水港皆满,军在泥水之中。操窃听之,各寨军士皆有思归之意。操心甚忧,当日正在寨中,与众谋士商议。有一半劝操收兵;有一半云目今春暖,正好相持,不可退归。进退未决。忽报东吴有使赍书到,拆开观之。书曰:

吴侯孙权再拜致书于汉丞相麾下:窃谓彼此皆汉朝臣宰,不思报国安民为本,妄施杀伐,非仁者之心也。即目春水方生,公当速去,各图安逸。如其不然,复有赤壁之祸矣!公宜自思焉。建安十八年春正月,吴侯孙权书。

背后批两行云:

足下不死,孤不得安。

曹操看毕,大笑曰:"孙权不欺我也。"遂赏使者令回。操令军退,命庐江太守朱光镇守皖

---

① 原作"操正在寨中夸许褚之能"。"正"字无下文呼应,删去。
② 原句无主语"吾"。承上文加。

城[一七]，尽收军回许都去讫。

孙权亦收军回建业①。权与众将商议："曹操虽然北去，刘备尚在葭萌关未还。何不引拒曹操之兵，以取荆州？"张昭献计曰："未可动兵。某有一计，令刘备终于益州，不能再还荆州矣②。"孙权大喜，问张昭其计如何，且听下回分解。

【注释】

[一] 馨香：芳香。比喻声誉好。

[二] 从善如登，从恶如崩：循正道像登山那样难，走邪道却像山崩一样迅疾容易。语见《国语·周语下》。

[三] 八柄：君主的八种权柄，即：爵、禄、予、置、生、夺、废、诛。见《周礼》。

[四] 含垢藏疾：本指执政者应有宽容的气度。后也比喻包容坏人坏事。

[五] 建业：孙吴都城。建安十六年(211)，孙权自京(今江苏镇江)徙治秣陵，次年改名建业，并将县治由今江苏江宁南秣陵关移至今南京市。

[六] 石城：即石头城。古城名。故址在今南京清凉山。

[七] 濡须：古水名。长江支流。源于巢湖，东南流，汇入长江处称濡须口，在今安徽无为东。汉末三国时为江淮间交通要道，兵争要地。

[八] 栉风沐雨：以风梳头，以雨洗发。形容在外奔波，历尽艰辛。

[九] 三台：汉代尚书台、御史台、谒者台的统称。

[一〇] 留侯：西汉开国功臣张良(字子房)，封留侯。曹操曾称荀彧为"吾之子房"，此处即比喻荀彧。

[一一] 论：即《后汉书·郑太孔融荀彧传》篇末的《论》。

[一二] 卫赐：即端木赐，字子贡。孔子的弟子。因系卫国人，故称。

[一三] 屯邅：处境困难。

[一四] 赞：即《后汉书·郑太孔融荀彧传》篇末的《赞》。

[一五] 公业：郑太，东汉河南开封人，字公业。曾任侍御史、议郎。曾诡辞以对董卓，并参与谋杀董卓。

[一六] 北海：指孔融。曾任北海相，故称。

[一七] 皖城：即皖县。属扬州庐江郡。治所在今安徽潜山县。

---

① 原作"孙权亦收军回秣陵"。上文明言孙权已改秣陵为建业，此处应从改。
② 原作"今刘备在西川，不能再还荆州矣"。语意不合情理。据余本《三国》改。

第一百二十三回　玄德斩杨怀高沛

张昭献计曰："且休要动兵。若一兴师，曹操必再至矣。不如修密书二封：一封与刘璋，言刘备结连东吴，欲下益州，使刘璋与备相疑，内外攻击；一封与张鲁，教进兵向荆州来。使间谍二处，着刘备首尾不能救护，则起兵取之，事可谐矣。"权从之，即发使二处去了。

却说玄德在葭萌关日久，民心甚顺，知曹操兴兵犯濡须，与庞统议曰："曹操击孙权，操胜则就取荆州，权胜亦取荆州矣。当如何？"庞统曰："主公勿忧。有军师诸葛亮，足智多谋，料想东吴不敢犯荆州。主公可移书去刘璋处，只推：'曹操攻击孙权，权求救于荆州。吾与孙权唇齿之邦，唇亡则齿寒矣。张鲁自守之贼，则不敢犯界。吾今勒兵回荆州，共孙权约会，同破曹操，奈何兵少粮缺。望以同宗之故，速发精兵三四万，行粮十万斛，缎疋军器，星夜发付前来，请勿有误。'若得军马钱粮，却另作商议。"

玄德从之，遣人往成都。杨怀、高沛听知此事①，遂教高沛守关，杨怀一同使者入成都见刘璋，呈上书信。刘璋问杨怀为何来，杨怀曰："专为此书而来。刘备自从入蜀，广布恩德以收民心，此人之意，甚是不善。今求军马钱粮，切不可与。如若相助，似抱干柴于烈火之上，急难灭也。"刘璋曰："吾与玄德弟兄之情，不可废也。"一人昂然而出曰："刘备枭雄之人也！若久留于蜀中，不遣去之，是纵虎入室也。今更助之以军马钱粮，与虎狼添羽翼矣。切不可允之！"众人视之，乃零陵烝阳[一]人也，姓刘，名巴，字子初。此人近自交趾[二]转入蜀中。阶下黄权又谏。刘璋遂允，量拨老弱军四千，米一万斛，彩缎五千疋，军器车仗少许，发使者去报刘备。刘璋传令②，急教杨怀、高沛紧守关隘。使者到葭萌关来见玄德③，具言此事，随后送粮至。玄德大怒曰："吾为汝破敌，费力劳心。汝今积财吝赏，何以使士大夫死战乎？"遂扯毁回书，大骂而起。使者连夜逃回成都。庞统曰："主公只以仁义为重，今其意如何？"玄德曰："如此，当若何？"庞统曰："某有三条计策，愿主公自择而行：只今便选精兵，昼夜兼道，径袭成都，一举便定，此为上计。杨怀、高沛乃蜀中名将，各仗强兵拒守关陀。今主公佯以还荆州，二将闻知，必来相送；就送行处擒而杀之，得关，先取涪城，然后却向成都，此中计也。退还白帝[三]，连夜回荆州，徐图进取，此为下计。若沉吟不去，将至大困，不可久矣。"玄德曰："军师上计太促，下计太缓；中计不迟不疾，可以行之。"统曰："主公作书辞刘璋，虚言曹操令部将乐进引兵至青泥④，关羽等

---

① 原作"来到关前，杨怀、高沛听知此事"。杨怀、高沛驻守白水关，在葭萌关西北；刘备遣人到成都，无须经过白水关。

② 原作"刘巴传令"，不合情理。据汤本《三国》改。

③ 原作"使者先到。杨怀回到葭萌关来见玄德"。据汤本《三国》改。

④ 原作"乐进引兵至青泥镇"。"青泥镇"当指青泥城，在今陕西蓝田，方位不合。据《三国志·蜀书·先主传》改（"青泥"即第一二八回写到的青泥河口）。

抵敌不住①,吾当亲自去助,不及面会,特书相辞。"使人入成都报知。

却说张松听得说刘玄德回荆州,只道真心,修书一封,却欲令人送与玄德。正值亲兄广汉太守张肃到,松急藏书于袖中,与肃相陪说话。肃见松只有开调之意,索酒饮之。酒至半酣,松和兄张肃献酬交错,忽落此书于地。肃从人拾得。

须臾席散,从人以书呈肃。肃开视之。书曰:

> 松顿首端拜主君皇叔麾下:昨尝进言,并无虚谬,何迟太甚?逆取顺守,古之人所贵。今大事已在掌握之中,何故欲弃此而回荆州乎?使松闻之,如有所失。书呈到日,疾速进兵,以图王业,幸甚! 松稽首再拜。

张肃见了,大惊曰:"吾弟作灭门之事,不可不首[四]!"连夜将书见刘璋,说弟张松与刘备同谋,欲献益州。刘璋大怒曰:"吾平生以仁义待人,谁想如此!"遂下令捉张松全家,尽斩于市。有诗叹曰:

> 一览无余自古稀,谁知书信泄天机。
> 未观玄德兴王业,先向成都血染衣。

刘璋斩了张松全家,遂与文武商议曰:"刘备欲夺吾之基业,当如之何?"黄权曰:"事不宜迟,即便差人告报各处关隘,添兵守把,并不许放荆州一人一骑入关。"

却说玄德提兵回②,先使探马来报白水关上③,曰:"吾回荆州,来日请杨、高二人相别④。"却说杨怀、高沛二将在关上,听得刘玄德教人来报:"明日径回⑤,欲求相见一面。"杨怀曰:"刘备此回若何⑥?"沛曰:"刘备合死。我等先藏利刃,于送行处刺之,以绝吾主之患。"怀曰:"此计大妙!"二人只带随行二百人远送,其余并留在关上。玄德大军尽发,前至白水之上⑦,庞统在马上与玄德曰:"杨怀、高沛若欣然而来,可提防之;若是不来,便起兵径取其关,不可迟缓。"正说之间,忽起旋风,吹倒马前"帅"字旗。玄德问庞统,统曰:"此警报也。杨怀、高沛二人必有刺主公之心,可整兵御之。"玄德身披重铠,自佩宝剑。忽报杨、高二将前来送行。玄德令军马歇定。庞统盼咐魏延、黄忠二人:"但关上来的军士,不问多少马步军兵,一个也休放回。"二将得令,自远远散去。

却说杨怀、高沛二人,身边各藏利刃,带二百军兵,牵羊送酒,直至中军,见并无准备,心中暗喜,以为中计。二将下马,见玄德正与庞统坐于帐中。二将声喏曰:"今闻皇叔远回,特具薄

---

① 原作"弟关某等抵敌不住"。"关某"不合刘备口吻,故改。
② 原作"却说玄德提兵回涪江"。据《三国志》,刘备先斩杨怀、高沛,袭取白水关,然后进据涪城。葭萌关、白水关均靠近白水,距涪江(涪水)则有百余里。作者将白水、涪水混为一谈,遂将白水关误为"涪水关"("涪关"),又将"涪水关"("涪关")视同涪城,以致叙述混乱。
③ 原作"先使探马来报关上"。承第一二一回,加"白水"二字。
④ 原作"来日径过,请杨、高二人相别"。白水关在葭萌关西北,刘备若东归荆州,无须经过白水关,故删去"径过"二字。
⑤ 原作"明日径过"。承上文改。
⑥ 原作"玄德此回若何"。杨怀、高沛抱着敌意谈论刘备,应直称其名。
⑦ 原作"前至涪水之上"。承②改。

礼相送。"遂进酒以劝玄德。玄德曰:"二将军守关不易,当先饮此杯。"二将饮酒毕,玄德曰:"吾有密事与二将商议,闲人退避。"手下二百人尽赶出中军。玄德叱曰:"左右与吾捉下!"帐后刘封、关平来捉二人。杨、高急待争斗,刘封、关平各捉下一人下阶。玄德喝曰:"吾与刘璋是同宗兄弟,汝二人何故同谋,间谍亲情?"庞统大喝:"搜之!"刘封于二人身畔,各搜出利刃二口。玄德终有慈心,不忍杀之。庞统作色曰:"二人本意欲杀吾主,罪不容诛,推出斩之!"刀斧手即斩杨怀、高沛于帐前。一声号出,黄忠、魏延尽将二百从人先自捉下,不曾走了一个。玄德唤入,各赐酒压惊。玄德曰:"杨怀、高沛间谍吾兄弟,又藏利刃行刺,是为无礼①,已行诛戮。罪不在你等。"命皆恕之。众各拜谢。庞统曰:"今夜用汝等引路,带吾军取关,各有重赏。"众皆应允。

是夜,教高、杨二百人引至关下,叫曰:"二将军有急事回,可速开关。"城上听是自家军,即时开关。军士一拥而入,刀不血刃,得了白水关②。大军遂入,蜀兵皆降。玄德各赐重赏,随即进据涪城,分兵前后守把③。

次日劳军,设宴于涪城公厅。玄德带酒,顾庞统曰:"今日之会,可为乐乎?"庞统曰:"伐人之国而以为乐,非仁者之兵也。"玄德大怒曰:"吾闻昔日武王伐纣,前歌后舞,此亦非仁者之兵欤?吾视汝言,不合道理,可速退!"庞统闻之,全无惧色,大笑而起。左右亦扶玄德入堂。睡至四更酒醒,左右以逐庞统之言告于玄德。玄德懊悔无及,急穿衣升堂,请庞统曰:"昨因酒醉,有触于公,幸勿挂怀。"庞统谈笑自若。玄德曰:"昨日之言,惟吾有失!"庞统曰:"君臣俱失,何独主公乎?"玄德大笑,共乐如初。

却说败兵连夜走回成都,报与刘璋。璋大惊曰:"不料今日果有此事!"遂唤文武,问退兵之策。众将齐出曰:"某等愿往,连夜起兵以屯雒县[五],雒,音洛。古县名,今之江州也。塞住咽喉之路。刘备虽有精兵猛将,不能过也。"遂遣差刘璝、冷苞、张任、邓贤点五万大军,星夜起发,进守雒县,以拒刘备。四将起兵,胜负如何,且听下回分解。

【注释】

[一] 烝阳:县名。属荆州零陵郡。治所在今湖南衡阳西北。
[二] 交趾:郡名。属交州。治所在龙编(今越南河内东北)。

---

① 原作"是谁无礼"。据文意改(刻写者将"为"误作"维",再误作"谁")。
② 原作"得了涪城"。承上文改。
③ 原作"随即分兵前后守把"。上文已将"得了涪城"改为"得了白水关",此处即据《三国志·蜀书·先主传》,补入"进据涪城"四字,以便衔接下文。

[三] 白帝：即白帝城。在今重庆奉节东白帝山上。系东汉初公孙述所筑。述自号白帝，故以为名。
[四] 首：出首，告发。
[五] 雒县：县名。即雒城。属益州广汉郡。郡治所在地。故城址在今四川广汉北。

第一百二十四回　黄忠魏延大争功

　　四将领兵之次,刘璝曰:"吾闻锦屏山[一]中有一异人,道号'紫虚上人',知人生死贵贱。吾辈今日出师,可令军马先行,吾等可往问之①。"张任曰:"大丈夫行兵拒敌,岂可问于山野之人乎?"璝曰:"不然。圣人有云:'祸福将至,善必先知之,不善必先知之。'吾等问于高明之人,当趋吉而避凶。"于是四人引五六十骑至山下,信步行至山上,问于樵夫。樵夫遂指高山绝顶处便是。四人至庵前,见一道童出迎。问了姓名,引入庵中,正见紫虚上人坐于蒲墩之上。四人下拜,求问前程之事。紫虚上人曰:"贫道乃是山野废人,岂知休咎[二]乎?"刘璝再三拜问,紫虚遂命道童取纸笔,写了八句言语与刘璝收去。其文曰:

　　　左龙右凤,飞入蜀关②。
　　　雏凤堕地,卧龙升天。
　　　一得一失,天数如然。
　　　宜归正道,勿丧九泉。

　　刘璝又问曰:"吾四人气数如何?"紫虚上人曰:"定业难逃矣,何必再问!"璝又请问时,眉垂目合,已无了气。四人下山,刘璝曰:"仙人之言,不可不信。"张任曰:"此狂士也,听之何益。"遂上马前行,至于雒县,分调人马守把各处隘口。刘璝曰:"雒城乃成都之保障,失此则成都难保。吾四人公道商议,着二人守城,二人当去雒县前面依山傍险,扎下二个寨子,勿使敌兵临城。"冷苞、邓贤曰:"某愿往扎寨③。"刘璝大喜,设宴相待,分兵二万与冷、邓二人,离城六十里下寨。刘璝、张任守护雒城。

　　却说刘玄德已得涪城,与庞统商议进取雒城④。有人来报刘璋拨四将前来,即目有冷苞、邓贤二万军,离城六十里扎下两个大寨。玄德聚众将问曰:"谁敢建头功去取雒县二将寨栅?"老将黄忠应声而出曰:"老夫愿往。"玄德曰:"老将军亲率本部人马,如取得营寨,必当重赏。"黄忠大喜,谢了要行。帐下一人出曰:"老将军年纪高大,如何去得?小将愿往。"玄德视之,乃是魏延。黄忠曰:"我已领下将令,你如何敢搀越?"魏延曰:"老不以筋力为能。吾闻冷苞、邓贤,蜀中名将,血气方刚。恐老将近他不得,误了主公大事,因此相替,本是好意。"黄忠大怒,叱魏延曰:"汝说吾老,敢与我比试武艺么?"魏延曰:"就主公之前,当面比试,赢的便去。"黄忠趋步下阶,便叫小校:"将刀来!"玄德急止之曰:"不可。吾今提兵取蜀,全仗汝二人之力。今'两虎共斗,必有一伤'。须误了我大事。吾与你二人劝解休争。"庞统曰:"汝二人不必相争。

---

① 原作"正在当路,吾等可往问之"。锦屏山在成都西南,雒县、涪城则在成都之北,故删去"正在当路"。
② 原作"飞入西川"。"西川"系唐以后地名,参照《三国志·吴书·贺邵传》改。
③ 原作"某愿往助之"。"助之"意不明,承上文"二人当去……扎下二个寨子"改。
④ 据《三国志·蜀书·先主传》,刘备攻刘璋路线为涪城——绵竹——雒县(雒城)——成都。《演义》为突出诸葛亮,写成涪城——雒县(雒城)——绵竹——成都,由此牵动面较大,对此姑不校正。

即目冷苞、邓贤下两个营寨。今汝二人，自领本部军，各打一寨。如先获得蜀将者①，便为头功。"黄忠、魏延各领命去了。庞统曰："此二人去，恐于路上相争，主公可自引军为后应。"玄德留庞统守城，带刘封、关平五千军随后起程。

先说黄忠传令来日四更造饭，五更结束，平明进兵，取左边山路而进。却说魏延归寨中，暗使人探知黄忠甚时起兵。探事人回报来日四更造饭，五更起兵。魏延暗喜，吩咐众军士二更吃饭，三更起兵，平明要到邓贤寨边。原来两个分定，黄忠打冷苞寨、魏延打邓贤寨。黄忠、魏延寨都在涪城外屯驻，相隔六七里远，因此不听得。当夜，魏延教军士都饱餐了一顿，马摘铃，人衔枚，卷旗束甲，暗地去劫寨。三更前后，离寨前进。到半路，魏延马上寻思："只去打邓贤寨，不显能处；不如先去打冷苞寨，却将得胜兵打邓贤寨，两处功劳都是我的。"就马上传令，教军士都投左边山路里去。天色平明，离冷苞寨不远，教军士少歇，排搠金鼓旗幡、枪刀器械。

伏路小军飞报入寨，冷苞寨中已有准备了，等候多时，一声炮响，三军上马，杀将出来。魏延纵马提刀去迎冷苞。二将交马，战到三十合，蜀兵分两路来袭汉军后面。汉军半夜走得力乏，抵挡不住，退后便走。魏延听得背后阵脚乱，撇了冷苞，拨回马走。汉军大败，蜀兵随后赶上。走不得五里，山背后鼓声震地，邓贤引一彪军从山谷里截出来。两员蜀将背后大叫："魏延快下马受降！"正走，马忽失前蹄，双足跪地，翻身将魏延掀将下来。邓贤马先奔到，挺枪来刺魏延。枪未到处，弓弦响，邓贤倒撞下马。后面冷苞来救，一员大将从山坡上跑马下来②，厉声大叫："老将黄忠在此！"舞刀直取冷苞。冷苞抵敌不住，望后便走。黄忠乘势追赶，蜀兵大乱。

黄忠一支军救了魏延，杀了邓贤，直赶到寨前。冷苞回马与黄忠又战。不到十余合，后面军马拥将上来，冷苞不入寨，弃了左寨，却引败军来投右寨。见营中旗帜全别，冷苞大惊，兜住马，回头看时，当头一员大将，金甲锦袍，乃是刘玄德。左边刘封，右边关平。三路背后接应，乘势夺了邓贤寨子。冷苞两头无路，取山僻小径，要回雒城。行不到十里，两边路狭，伏兵俱起，搭钩齐举，把冷苞活捉了。原来却是魏延自知其犯罪，无可解释，收拾后军，令蜀兵引路，伏在这里，等个正着，用索缚了冷苞，解投玄德寨来。

却说玄德立起免死旗，但蜀兵倒戈卸甲者，并不许杀害，如伤者偿命。其降兵尽拜于地。玄德曰："汝蜀中皆有父母妻子所牵，如愿降者充作军数，不愿降者放回。"于是欢声动地，感恩非浅。于是黄忠安下寨脚，径来见玄德，说魏延乱了军法，可斩之。玄德教唤魏延，魏延解冷苞至面前。玄德曰："延虽然有罪③，此功可赎。"令魏延谢黄忠救命之恩，今后无得相争。魏延顿首伏罪。玄德重赏黄忠，仍嘱咐曰："在意干功。收了成都，定拟名爵。"押过冷苞来到帐下，玄德教去其缚，取酒来压惊，问曰："汝肯降否？"冷苞曰："既蒙免死，如何不降。刘璝、张任与某为生死之交，如蒙放免，前去招安来降，就献雒城。"玄德大喜，便赐衣服鞍马以送之。魏延

---

① 原作"如先获将者"。据文意，加"蜀"字。
② 原作"一员大将从山坡上跳下马来"。据叶逢春本改。
③ 原作"虽然有罪"。承上文，加主语"延"。

曰："此人不可放免。若脱身一去，不复来矣。"玄德曰："吾以仁义相待，如其不来，是彼之心不实也。不必计较。"

冷苞得回雒城，见刘璝、张任，不说捉去放回，只说："被我杀了十余人，夺得马匹逃回。"刘璝慌差人往成都求救。刘璋听知折了邓贤，心中大惊，慌忙聚众商议。忽一人进曰："儿愿领兵前去守把雒城。"乃刘璋之子刘循也。璋曰："既吾儿肯去，谁肯相辅？"亲属将军吴懿出曰："某愿往。"懿之妹，嫁刘璋之兄刘瑁。瑁死。其妹尚在。刘璋曰："得尊舅去最好。谁可为副将？"吴懿保吴兰、雷铜二人为副将，点二万军马，来到雒城。刘璝、张任接着，说失了前寨，折了邓贤。吴懿曰："兵临城下，难以拒敌，汝等有何高见？"冷苞曰："此间一带正靠涪江，江水太急；前面寨占山脚，其形最低。可先乞五千军，各带锹锄，当夜潜去决涪江之水，可尽淹死刘备之军也。"吴懿曰："须着便行，勿令知觉。"遣吴兰、雷铜引兵接应。冷苞约会定，去办决江器械。

却说玄德令黄忠、魏延各守一寨，自回涪城，与军师庞统商议。细作报说："东吴孙权遣人勾结汉中张鲁①，将欲来攻葭萌关。"玄德惊曰："若葭萌有失，截断后路，吾进退不得，当如之何？"庞统唤孟达曰："汝蜀中人多知地理，却去守葭萌关，如何？"达曰："某保一人，深知广汉民心②，某与同守关，万无一失。"玄德问："何人？"达曰："在荆州曾跟刘表③，南郡枝江[三]人，姓霍，名峻，字仲邈。"玄德大喜，遂即时遣孟达、霍峻守葭萌关去了。

庞统退归馆舍，门吏忽报有客特来相访。统出迎接，见其人身长八尺，形貌甚伟，头发截短，披于颈上，衣服不甚整齐。统问曰："先生何人也？"其人不答，径上统正面床上仰卧不应。统甚疑之，乃再三请问。其人曰："汝等罢了宾客，当与汝说知天下大事。"统闻之，慌进酒食。其人起而便食，并无谦逊，饮食甚多，食罢又睡。统疑惑不定，使人请法正视之，恐是细作。法正慌忙到来。统出迎接法正，曰："有一人如此如此。"法正曰："莫非永年乎？"升阶视之。其人一跃而起，曰："孝直别来无恙？"斯人毕竟是谁，且听下回分解。

【注释】

[一] 锦屏山：山名。在今四川大邑县东。
[二] 休咎：休，吉庆；咎，灾祸。
[三] 枝江：县名。属荆州南郡。治所在今湖北枝江东北。

---

① 原作"东川张鲁"。唐代始置剑南东川节度使（简称东川），且不辖汉中。据《三国志·魏书·张鲁传》改。
② 原作"广通《汉书》，深知民心"。据叶逢春本改。
③ 原作"在荆州，曾跟刘表为中郎将"。据《三国志·蜀书·霍峻传》改（刘表死后，霍峻归刘备，始为中郎将）。

第一百二十五回　落凤坡箭射庞统

二人相见大笑。庞统问之，正曰："此公乃广汉人也，姓彭，名羕音样，字永年，是蜀中之豪杰。因言语毁谤刘璋，被璋髡钳为徒隶[一]，因此发短。"统以师礼待之，问从何而来。羕曰："吾特来救汝数万人性命，见刘将军方可说之。"法正慌报玄德。玄德亲自谒见，请问其事。羕曰："将军有多少军马在前寨？"玄德实告有黄忠、魏延在彼。羕曰："为将之道，岂不知地理乎？前寨紧靠涪江，若决其水，前后以兵塞之，无一人可逃也。"玄德大悟。彭羕曰："罡星[二]在西方，太白临于此地，有不吉之事。不告之，则军亡矣。"玄德即时拜彭羕为幕宾，使人密报黄忠、魏延，朝暮用心巡警，以防决水。黄忠、魏延会论：二人各轮一日，如遇敌军到来，互相通报。

却说冷苞见当夜风雨大作，引了五千军，径循江边而进，安排下手，等候决江。直听得后面喊声乱起，知有准备，急急回军，前后冲突，各不相顾。冷苞夺路而走，正撞着魏延，活捉了冷苞。比及吴兰、雷铜来接应时，又被黄忠一军杀退。魏延解冷苞到涪城，玄德责冷苞曰："吾以仁义相待，放汝回去，何敢再来？今次难饶！"将冷苞推出斩之，重赏魏延，教回本寨中去。玄德设宴管待彭羕。忽有人报说："荆州诸葛亮军师，特遣马良至此。"玄德召入问之。马良礼毕，曰："荆州平安，不劳主公忧念。"遂呈上军师书。玄德拆封观之。略云：

亮算太乙数[三]，今年岁次癸巳[四]，罡星在西方；又观乾象，太白临于雒城之分，主于将帅身上多凶少吉。宜谨慎之。

玄德看了书，教马良先回。玄德曰："吾亦回荆州论此事。"庞统暗自思忖："孔明怕我取了益州，故意将此书相阻耳。我命在天，岂在人乎？"庞统对玄德曰："我亦算太乙数，已知罡星在西，应主公合得益州，别不主凶事。统亦夜占天文，见太白临于雒城，斩蜀将冷苞，已应凶兆矣。主公不可疑心，可急进兵。"

玄德见庞统再三催促，乃引军前进。黄忠、魏延接入寨去。庞统问法正曰："前至雒城，有多少路？"法正画地作图。玄德取张松所遗图本对之，并无差错。法正言："山北有条大路，正取雒城东门；山南有条小路，却取雒城西门：两条路皆可进兵。"庞统令魏延为先锋，取南小路而进；主公令黄忠作先锋，从山北大路而进：并到雒城取齐。玄德曰："吾自幼熟于弓马，多行小路。军师可从大路去取东门，吾取西门。"庞统曰："大路必有军邀拦，主公引兵当之。统取小路。"玄德曰："军师不可。吾夜梦见一神人，手执铁棒，击吾右臂，觉来犹自臂疼。此行莫非不佳？"庞统曰："壮士临阵，不死带伤，理之自然也。何故以梦寐之事而疑其心乎①？"玄德曰："吾所疑者，孔明之书也。军师还守涪城，如何？"庞统大笑曰："主公被孔明之惑也；彼不欲令统立功名，故有此言以疑主公之心②。心疑则致梦矣，何凶之有？统肝脑涂地，方称本心。主

---

① 原作"易疑其心乎"。据叶逢春本。
② 原作"不令统立功名，故有此言以疑其心"。文意有阙，参照毛本《三国》改。

公再勿多言，来早准行。"当日传下号令，军士五更造饭，平明上马。比及黄忠、魏延两军先行，玄德再与庞统约会，忽坐下马眼生前失，把庞统掀在马下。玄德跳下马，自来笼住那马。玄德曰："军师何故乘此劣马？"庞统曰："此马乘久，不曾如此。"玄德曰："临阵眼生，误人性命。吾所乘白马[①]，性驯熟，军师可骑，万无一失。劣马吾自乘之。"玄德与庞统更换所骑之马。庞统谢曰："深感主公厚恩，虽万死亦不能报也。"遂各上马，取路而进。玄德见庞统去，意甚惨伤，自觉心下不快，悒悒而行。

却说雒城中吴懿、刘璝听知折了冷苞，遂乃一处商议。张任曰："城东南门山僻有一条小路，最为紧要，某自引一军守之。诸公紧守雒城，勿得有失。"人报汉军分两路前来攻城。张任引三千军，先来抄小路埋伏。见魏延兵过，张任教尽放过去，休得惊动。张任军见庞统军来，遥指中军大将："骑白马者必是刘备也。"张任大喜，传令教如此如此。

却说庞统迤逦前进，抬头见两山逼窄，树木丛杂；又值夏末秋初，枝叶茂盛。庞统心下甚疑，勒住马教问此处是何处。数内有蜀中新降军士指道："此处地名落凤坡[五]。"庞统大惊，曰："吾道号'凤雏'，此处名落凤坡，应吾休矣！"令后军疾退。山坡前一声炮响，箭如飞蝗，只望骑白马者便射。可怜庞统死于乱箭之下。后史官有诗曰：

  胸襟如浑沌，天地总包罗。
  报国机谋远，收蜀气概多。
  声名垂竹帛，忠义冠山河。
  堪叹无阳寿，星辰落凤坡。

后陈子昂[六]游蜀，有诗曰：

  古岘[七]相连紫翠堆，士元有宅傍山隈。
  儿童惯识呼鸠曲，闾巷曾闻展骥才。
  预计三分平刻削，长驱万里独徘徊。
  谁知天狗[八]流星坠，不使将军衣锦回。

又宋贤有诗曰：

  三国纷纷多俊英，堪怜庞统善谈兵。
  谁知落凤坡前丧，独显南阳一孔明。说云：孔子没于孔休庭，李密死于断密涧，黄巢灭于黄林。

先时东南有童谣云：

  一凤并一龙，相将到蜀中。
  才到半路里，凤死落坡东。
  风送雨，雨随风，
  隆汉兴时蜀道通，蜀道通时只有龙。

赞曰：

---

① 原作"吾骑白马"。据叶逢春本改。

军师美至，雅气晔晔。
致命明主，忠情发膻。
惟此义宗，亡身报德。

庞统年三十六岁而亡。

当日张任射死庞统，汉军拥塞①，进退不得，死者太半。前军飞报魏延，慌勒兵欲回，为山路逼窄，厮杀不得。又被张任截断归路，只在高阜处用强弓硬弩射之。魏延心慌，新降蜀兵曰："不如杀奔雒城下，取大路而进。"延曰："也是。"当先开路，杀奔雒城而来。尘埃起，前面一军杀来。魏延大惊，拍马舞刀，呼军士死战。乃雒城守将吴兰、雷铜两骑马当先，引数千军马，前面杀到；后面张任杀来：两边夹攻，围在垓心。魏延死战，不能得脱。但见吴兰、雷铜后军自乱，二将慌回去救。魏延乘势赶去。当先一将舞刀拍马，大叫："文长！吾特来救汝！"视之，乃老将黄忠也。两下夹攻，杀败吴、雷二将，冲去雒城之下。刘璝引军杀出，却得玄德在后挡住接应。黄忠、魏延翻身便回。玄德军马比及奔到寨中，张任军马又从小路里截出，赶来的是刘璝、吴兰、雷铜。刘玄德守不住二寨，且战且走，奔回涪城。蜀兵得胜，迤逦赶来。玄德人困马乏，哪里有心厮杀，且只要走。将近涪城，张任一军追赶至紧。左边是刘封，右边是关平，二将引三万生力兵截出，杀退张任，还赶二十里，夺回战马极多。

玄德一行军马再入涪城，问庞统消息。有落凤坡逃得性命的军士，言说："军师连人带马，乱箭射死于坡前。"玄德望西痛哭不已，遥为招魂设祭。诸将皆哭。黄忠曰："今番折了庞统军师，张任必然来攻打涪城，如之奈何？不若差人往荆州，请诸葛军师来商议收蜀之计。"正说之间，人报张任引军直临城下搦战。黄忠、魏延皆要出迎。玄德曰："锐气新挫，宜坚守以待军师来到。"黄忠、魏延谨守城池。玄德写了一封书，叫关平吩咐："你与我往荆州请取军师去。"关平领了书辞别，自往荆州来。玄德自守涪城，不出战。

却说那孔明在荆州，时当七夕[九]佳节，大会众官夜宴，共说收蜀之事。孔明见正西一星，其大如斗，从天坠下，流光四散。孔明失惊，掷杯在地，掩面大哭曰："哀哉！痛哉！"众官慌问其故，孔明曰："吾前者算今年罡星在西方，不利于军师。天狗犯于吾军，太白临于雒城，已拜书于主公，教谨防之。谁想今夕西方星坠，庞士元命必休矣！"言罢，大哭曰："今吾主公丧一臂矣！"众官皆惊，未信其言。孔明曰："众官等且休散，饮几杯去。数日之内，必有消息。"众官是夕酒不尽欢各散。

数日内，云长等正坐间，人报说关平来到。众官皆惊。关平入，呈上玄德书信。孔明视之②，乃于本年七月初七日，军师庞统被张任在落凤坡箭射身故。孔明并众官皆哭声不绝。孔明曰："既然主公在涪城，进退两难之际，亮不得不去。目下便行。"云长曰："军师此去，谁人保守荆州？荆州乃重地，干系非轻。"孔明曰："主公虽不写书来，吾已知其意了。"顺天者昌，手指

---

① 原作"众军拥塞"。为免混淆，故改。
② 原作"主公有书，孔明视之"。与上文衔接不紧，据毛本《三国》改。

出那人便为守荆州之主。指出是何人来,且听下回分解。

【注释】

[一] 髡钳为徒隶:受了髡钳之刑后,充当苦役犯。髡钳,古代刑罚,剃去头发叫髡,用铁圈束颈叫钳。
[二] 罡星:古星名。即北斗七星的柄。
[三] 太乙数:古代术数流派之一。
[四] 岁次癸巳:指建安十八年(218)。
[五] 落凤坡:东汉三国无此地名。庞统死于落凤坡系《演义》虚构的情节。今四川德阳市罗江县有落凤坡,传为庞统中箭阵亡处。
[六] 陈子昂(661—702):唐代著名诗人。字伯玉,梓州射洪(今属四川)人。
[七] 古岘:指岘山,在襄阳城南。庞统系襄阳人,故此处以"古岘"起兴。
[八] 天狗:星名。
[九] 七夕:古代节日名。阴历七月初七日的晚上。

第一百二十六回　张益德义释严颜

却说孔明将玄德书对众官曰："主公书中把荆州托在我身上，教我自量才委用。虽是如此，今教关平赍书前来，其意欲云长公当此重任。云长想桃园结义之情，竭力守之。据此之地，北当曹操，东敌孙权，非小可之事也。公宜勉之。"云长更不推辞，慨然领诺。孔明设一宴，交割印绶。云长双手来接。孔明擎着印曰①："这干系都在将军身上。"云长曰："大丈夫既领重任，除死方休。"孔明见云长说这个"死"字，心中不悦，欲待不与，其言已出。孔明曰："倘曹操引兵来到，当如之何？"云长曰："以力拒之。"孔明又曰："倘曹操、孙权齐起兵来，如之奈何？"云长曰："分兵拒之。"孔明曰："不然。若如此，则荆州危矣。吾有八个字，将军记取，可保守荆州。"云长问之，孔明曰："北拒曹操，东和孙权。"云长曰："军师之言，当铭肺腑。"孔明遂与了印绶，令文官马良、伊籍、向朗、糜竺，武将糜芳、廖化、关平、周仓，一班儿辅佐云长，同守荆州。

先拨精兵一万，教张飞部领，取条大路，杀奔雒城②，先到者为头功。又拨一支兵③，教赵云为先锋，溯音素江而上，会于雒城。孔明随后引简雍、蒋琬，琬字公琰，零陵湘乡人也，乃荆襄名士，为书记。引兵一万五千，同日酌别起行。

先说张飞领本部军马，临行时，孔明嘱咐曰："益州豪杰甚多，不可轻敌。于路戒约三军，勿得掠掳百姓，以失民心。所到之处，并皆存恤。人生于世，惟德可以服众，勿得恣逞残暴百姓，鞭挞士卒。望将军早会雒城，不可有误。"

张飞欣然领诺，上马而去。迤逦前行，所到处，但降者秋毫无犯。径取汉川路，前至江州④，哨马回报："巴郡[一]太守严颜，乃蜀中名将，年纪虽高，精力未artist，善开硬弓，使大刀，有万夫不当之勇。据住城郭，不竖降旗。"张飞教离城十里下住大寨，差人入城去，"说与老匹夫：早早来降，饶你满城百姓性命；若不归顺，即踏平城郭，老幼不留。"

却说严颜在巴郡，闻刘璋差法正请玄德入蜀，拊心[二]而叹曰："此所谓独坐穷山，放虎自卫者也！"后闻玄德据住涪城，屡欲提兵去，又恐这条路上有兵来。闻知张飞兵来，点起本部五六千人马，准备迎敌。数内有中原人告曰："张飞在当阳长阪，一声喝退曹兵百万之众，操闻风而避之。今若到来，只宜深沟高垒坚守，不可迎敌。彼军无粮，不过一月，自然退去。更兼张飞性如烈火，专要鞭挞士卒，如不与战，必责于军；军心一变，乘势击之，张飞可擒也。"严颜从其言，教军士尽数上城守护。忽见一军，大叫开门。严颜教放入问之，那军士尽把张飞言语依直便说。严颜大怒，骂："匹夫怎敢无礼！吾在蜀中许多年⑤，岂降贼乎！借你口说与张飞！"唤

---

① 原作"孔明擎着印"。据文意，加"曰"字。
② 原作"杀奔巴州、雒城之西"。据上下文改。
③ 原作"孔明拨一支兵"。承上文"先拨……"改。
④ 原作"前至巴郡"。巴郡系郡名，而非其具体城名。据《三国志·蜀书·张飞传》，此处指郡治江州（今重庆市区）。
⑤ 原作"吾归川中许多年"。严颜系巴郡人，本为蜀将，故改。

武士把军人割下耳鼻,却放回寨。

军人见张飞,哭告严颜如此毁骂。张飞大怒,咬牙睁眼,披挂上马,引数百骑来江州城下搦战①。城上众军百般痛骂。张飞性起,几番杀到吊桥,要过护城河,又乱箭射回。到晚全无人出,张飞忍一肚气还寨。次日早晨,引马军又去搦战。那严颜在城敌楼上,一箭射中张飞头盔。飞指而恨曰:"若拿住你这老匹夫,我亲自食你肉!"到晚空回。第三日,张飞引了军,沿城去骂搦战。原来那座城子是个山城,周围都是乱山。张飞自乘马登山,下视城中,见军士尽皆披挂,分列队伍,伏在城中,只是不出;又见民夫来来往往,搬砖运石,相助守城。张飞教马军下马,步军皆坐,引他出敌,并无动静。又骂了一日空回。张飞在寨中自思,无计可施。猛然思得一计,教众军不要前去搦战,都结束了,只在寨中等候;却教三五十军直去城下叫骂,引严颜军出来,便与厮杀。张飞磨拳擦掌,只等敌军来。小军连骂了三日,全然不出。张飞眉头一纵,又生一计:传令教军士四散砍打柴草,寻觅路径,不来搦战。严颜在城中,连日不见张飞动静,心中疑惑,着十个军扮作张飞砍柴的军,潜地出城,杂在军内,入山中探听。

当日诸军回寨。张飞坐在寨中,顿足大骂:"严颜老匹夫!枉气杀我!"只见帐前三四个人说道:"将军不须心焦,这几日打探的一条小路,可以偷过江州。"张飞故意大叫曰:"既有这个去处,何不早来说?"众应曰:"这几日却才哨探得出。"张飞曰:"事不宜迟,只今夜二更造饭,趁三更明月,拔寨都起,人衔枚,马去铃,悄悄而行。我自前面开路,汝等依次而行。"传令了,便满寨告报。探细的军听得这个消息,尽回城中来报与严颜。颜大喜曰:"我算定这匹夫忍耐不得!你偷小路过去,须是粮草辎重在后;我截住后路,你如何得过?好无谋匹夫,中吾之计!"即时传令,教军士尽皆准备赴敌:"今夜二更也造饭,三更出城,伏于树木丛杂去处。只等张飞过咽喉小路去了,车仗来时,只听鼓响,一齐杀出。"传了号令,看看近夜,严颜全军尽皆饱食,披挂停当,悄悄出城,四散埋伏,只听鼓响。

却说严颜引十数骑裨将,下马伏于林中。看时约三更以后,遂望见张飞亲自在前,横矛纵马,悄悄引军前进。去不得三四里,背后车仗人马,陆续进发。严颜见得分晓,一齐擂鼓,四下伏兵尽起。正来抢夺车仗,背后一彪军掩到,大喝一声:"老匹夫休走!我等的你恰好!"严颜猛回头看时,为首一员大将,豹头环眼,燕颔虎须②,使丈八矛,骑深乌马,乃是燕人张飞。四下里鼓声大震,众军杀来。严颜见了张飞,举手无措。交马战不十合,张飞卖个破绽,严颜一刀砍来,张飞闪过,撞将入去,扯住严颜勒甲绦,生擒过来,掷于地下。众军向前,用索绑缚住了。原来先过去的是假张飞。料道严颜击鼓为号,张飞教鸣金为号:金响,诸军齐到。颜军太半弃戈卸甲而降③。

张飞杀到江州城下④,后军已自入城。张飞教休杀百姓,告报安民。群刀手把严颜推至。飞坐于厅上,严颜不肯跪下。飞怒目咬牙,大叱严颜曰:"大将到此,为何不降,而敢拒敌乎?"

---

① 原作"引数百骑来巴州城下搦战"。巴州系晋末地名,治所在今重庆奉节东。承上文改。
② 原作"燕项虎须"。据第一回改。
③ 原句无主语"颜军"。据黄正甫本改。
④ 原作"杀到巴郡城下"。据文意,加主语"张飞";承上文,改"巴郡"为"江州"。

严颜全无惧色,回叱飞曰:"汝等无义,侵我州郡!但有断头将军,无降将军!"飞大怒,喝左右斩来。严颜喝曰:"贼匹夫!砍头便砍,何怒也①?"张飞见严颜声音雄壮,面不改色,飞忙大笑下阶,喝退左右,亲自解其缚,取衣与之,扶在正中高坐,低头便拜,曰:"适来言语冒渎威容,甚勿见责。吾素知老将军乃世之真丈夫。"便进酒压惊,以上宾待之。严颜感其恩义,安身无措。
后有赞严颜诗曰:
    白发居西蜀,清名震大邦。
    忠心如皎月,浩气卷长江。
    宁可断头死,安能屈膝降?
    巴郡严老将②,天下更无双。
后史官亦有赞张飞诗曰:
    怒气冲冠发,威声砍将头。
    英雄万夫勇,谈笑一时休。
    先主多洪福,将军用计谋。
    三分称大义,功业震西州。
后宋贤赞严颜之德,有诗曰:
    昂昂器宇镇江山,视死如归若等闲。
    欲识世间豪杰士,断头大将是严颜。
又题张飞绝句诗曰:
    百将传中标异迹,武臣庙内纪奇功。
    皆因义释严颜计,夺得益州报主公。
又诗云:
    生获严颜勇绝伦,惟凭仁义化军民。
    至今巴蜀声名在,社酒[三]鸡豚日日春。

    张飞请问入蜀之计,严颜曰:"败军之将,荷蒙厚恩。严颜无可以报,愿施犬马之劳,不须张弓只箭,径取成都,以酬万一。"张飞拱手称谢,以求收蜀之策。其计何如,且听下回分解。

【注释】
    [一] 巴郡:郡名。属益州。治所在江州(今重庆市区)。
    [二] 抚心:拍胸,表示遗憾,不快。
    [三] 社酒:祭祀土神的酒。

---

① 原作"何怒色也",语不通。据《三国志·蜀书·张飞传》改。
② 原作"巴州严老将"。严颜既为巴郡太守,"巴州"自当改为"巴郡"。

第一百二十七回　孔明定计捉张任

张飞问计于严颜，颜曰："从此取雒城，凡守御关隘，计寨栅共三十余处，都是老夫所管官军，皆出于掌握之中。今感将军之恩，无可以报，老夫当为前部，所到之处，尽皆唤出拜降，不必将军动枪刀。"张飞称谢不已。自此安民赏军，于路进发。凡到之处，尽是严颜所管，都唤出投降。有迟疑未决者，严颜曰："我尚且投降，何况汝乎？"于是望风归顺，并不曾厮杀一场。

却说孔明已具起程日期，去报玄德，教都会聚雒城。玄德与众官商议："今孔明、益德分两路取蜀，会于雒城，同入成都。水陆车舟已于七月二十日起行，此时将及待到。今我等便可进兵。"黄忠曰："张任每日来搦战，见城中不出，彼军懈怠，不做准备。今日夜间分兵劫寨，胜如白日厮杀。"玄德从之，教黄忠引兵取左，魏延引兵取右，玄德取中路。当夜二更，三路军马齐到。张任果然不做准备。众人大寨，火光竞起。蜀兵奔走，连夜直赶到雒城①，城中兵接应入去。玄德还中路下寨。次日，引兵直到雒城，城中军兵不出，玄德围住攻打，昼夜不绝②。城中商议，张任曰："尽教攻打，待他力乏，然后以兵击之，备可擒也。"攻城到第四日，玄德自提一军攻打西门。

却说雒城背后，黄忠、魏延在东门攻打，留南门、北门放军行走。北门是山路，南门有雒水③，因此不围。张任望见玄德在西，骑马往来指挥打城，从辰至未，人马力乏。玄德却待要退，张任教吴兰、雷铜二将引军出北门，转东门，去敌黄忠、魏延。"我自引军出南门，转西门，单捉刘备。"城内尽拨民兵上城，擂鼓助喊。

玄德见红日平西，教后军先退。军士方回身，城上一片声喊起，南门内军马突出。张任径来军中捉玄德，玄德军中大乱。黄忠、魏延又被吴兰、雷铜敌住，两下不能相顾。玄德敌不住张任，拨马望山僻小路而走。张任从背后赶来，看看赶上。玄德独自一人一马，张任引数骑赶来。玄德正望前尽力加鞭，忽山路一军出。玄德马上叫苦曰："前有伏兵，后有追兵，天亡我也！"迎近前去，当头一员大将乃燕人张飞，正从那条路上来。望见尘埃起，知与蜀兵交战，张飞当先而来。玄德有天子洪福。张飞正撞见张任，便就交马。两员将战到十余合，背后严颜引兵大进。张任火急回身。张飞直赶到城下④。张任退入城中，拽起吊桥。

张飞回见玄德曰："军师溯江而来，尚且未到，反被我夺了头功。"玄德曰："山路险阻，如何无军阻当，长驱大进。先到于此？"张飞曰："于路关隘四十五处，皆出老将严颜之功。"把义释

---

① 原作"连夜只赶到雒城"。"只"系"直"的音误。
② 原作"军兵不出，围住攻打三昼夜不绝"。语意含混。据叶逢春本改。
③ 原作"南门是山路，北门有涪水"。据《水经·江水》改（涪水距雒县一百余里，写在此处不当）。
④ 原作"张飞只赶到城下"。"只"系"直"的音误。

严颜一事,从头说了。"因此于路并不曾费分毫之力,只顾饮酒食肉至此。"引严颜见玄德。玄德谢曰:"若非老将军,则吾弟安能到此。"即时便脱身上黄金锁子甲[一]以赐之。严颜得赐拜谢。正待安排宴饮,忽闻哨马回报:"黄忠、魏延正和蜀将吴兰、雷铜交锋,城中吴懿、刘璝又引军助战。二将虽能,军士先走,因此当抵不住,大败望东去了。"张飞曰:"却好俺在这厮背后。"绕城分兵两路杀来:张飞在左,玄德在右。吴懿、刘璝见后面喊声大起,慌退入城中。吴兰、雷铜急退,却被玄德、张飞截住归路。黄忠、魏延又在前面。吴兰、雷铜商议,不如投降。因此,二人将本部军马前来投降。玄德准降,因此收兵近城下寨。

却说张任见降了二将,心中忧虑。吴懿、刘璝曰:"兵势甚危,不决一死战,如何得兵退?一面差人入成都见主公告急,一面用计敌之。"张任曰:"某来日领一军搦战,诈败,引转城北;二将内可用一人引军冲出,截断其中,可获胜也。"吴懿曰:"刘将军相辅公子守城。"约会已定。

次日,张任引数千人马,摇旗呐喊,出城搦战。张飞曰:"小弟愿往。"上马出战,更不答话,与张任交锋。战不到十余合,张任诈败,绕城而走。张飞尽力追之。吴懿一军截住,张任引军复回,把张飞围在垓心,进退不得。比及玄德引军来救时,一队军从江边杀出,正遇吴懿。当先一员大将,挺枪跃马,与吴懿交锋。只一合,生擒吴懿,战退敌军,救出张飞。视之,乃常山赵子龙也。飞问军师何在,云曰:"先使我来解救。料想此时已与主公相见了也。"二人擒吴懿回寨。张任自退入东门去了。张飞、赵云回寨中见玄德,其孔明、简雍、蒋琬已在帐中。飞下马来参军师。孔明大惊,问曰:"如何先到?"玄德说义释严颜之事。孔明贺曰:"乃主公洪福。将军用谋,立此莫大之功,可以勒之金石[二],万年称赞。"赵云解吴懿见玄德。玄德曰:"汝降否?"吴懿曰:"某既被捉,如何不降?"玄德大喜,待为上将。孔明问城中有几人守城,吴懿曰:"有刘季玉之子刘循,辅将刘璝、张任。刘璝不打紧。有张任,蜀郡[三]人,家寒,极有胆略,此人不可轻敌。"孔明曰:"先捉张任,然后取雒城。"问:"城东这座桥甚名?"吴懿曰:"金雁桥。"孔明遂乃乘马来到桥边,绕河俱看了。回到寨中,唤黄忠、魏延听令:"各引一千军,离金雁桥从南五六里,两岸都是芦苇蒹葭,可以埋伏。魏延引一千枪手在左边,单戳鞍上将;黄忠引一千刀手在右边①,单砍坐下马。杀开士卒,张任必投山东小路而走。张益德引一千军伏在那里,张任就彼处擒之。"唤赵云伏于金雁桥北:"待我引张任过桥,你便将桥拆断,却勒兵于桥北,遥为之势,使张任不敢望北走,退投南去,却好中计。"调遣已定,军师自去诱敌。

却说刘璋差卓膺、张翼二将,前来助战。二将见刘循毕,张任教刘璝、张翼二将守城,自与卓膺为前后二队:任为前队,膺为后队,出城迎敌。孔明引一队不整不齐军,过金雁桥来,与张任对阵。孔明乘四轮车,纶巾羽扇而出,两边百余骑簇捧,遥指张任曰:"曹操百万之众,闻吾之名,望风而走。今到此地,何为不降?"张任看见孔明军伍不齐,马上冷笑曰:"人都说诸葛亮用兵如神,原来有名无实!"把枪一招,大小军校齐杀过来。孔明弃了四轮车,上马退步过桥。张任从背后赶来。过了金雁桥,见玄德军在左,严颜兵在右,来杀张任。张任知是计,急回军时,桥已拆断了;欲投北去,赵云一军隔岸摆开,因此投南绕河而走。走不到五七里,芦苇丛杂

---

① 原作"黄忠引一千刀手右边"。承上文,加"在"字。

第一百二十七回　孔明定计捉张任

去处，魏延一军，长枪一带，从芦苇中忽起，只戳鞍上将；黄忠一军，各用长刀，伏在芦苇内，只剁马蹄。马军尽倒，皆被执缚。步军哪里敢来。张任引数十骑望山路而走，正撞着张飞生力军摆开。张飞大喝一声，众军齐上，将张任活捉了。原来卓膺见张任中计，已投赵子龙军前降了，一发都到大寨。玄德赏了卓膺。

张飞解张任到玄德前，孔明亦坐于帐中。玄德与张任曰："蜀中诸将望风而降，汝何不早投拜？"张任睁目大怒而叫曰："忠臣岂肯事二主乎？"玄德曰："汝不识天时耳。降即免死。"任曰："今日便降，久后也不降。愿早吃一刀！"玄德不忍杀之。张任厉声高骂。孔明喝令斩之，以全其名。后人有诗赞张任曰：

　　老将安能扶二主？张任忠勇死犹生。
　　高名正似天边月，夜夜流光照雒城。至今坟墓犹存。为土神，有庙在雒城东。

玄德感叹不已，令收尸首葬于金雁桥侧，以表其忠。

次日，令严颜、吴懿等蜀中降将为前部，直至雒城，大叫："早开门受降，免一城生灵受苦！"刘璝在城上大骂蜀诸将。忽恼背后一人，杀倒从者，执缚刘璝，开门纳降。玄德军马入雒城。刘循开西门走脱，投成都去了。玄德出榜安民。献刘璝者，乃武阳[四]人也。姓张，名翼，字伯恭。玄德得了雒城，重赏诸将。孔明曰："雒城已破，成都只在目前。惟恐外郡县不宁①，可令张翼、吴懿引赵云抚外水[五]，定江阳[六]、犍为[七]等处所属诸县②；令严颜、卓膺引张飞抚巴西、德阳[八]诸郡县③，就委官按治平靖，却勒兵回成都取齐。"张飞、赵云各自引兵前去。孔明问前去有何处关隘，蜀中降将曰："止有绵竹[九]可以守御④。若得绵竹今县名，成都唾手而得。"法正曰："不可进兵，恐惊动成都人民。某有一计，令成都便属主公。"试看法正进用何计可得，且听下回分解。

【注释】

[一] 锁子甲：铠甲名。简称"锁甲"。此种甲每五环相扣，一环受箭，诸环拱护，故箭难以射入。

[二] 勒之金石：刻在钟鼎和石碑上。

[三] 蜀郡：郡名。属益州。治所在成都（今属四川）。

[四] 武阳：县名。属益州犍为郡。郡治所在地。故城址在今四川彭山县东。

---

① 原作"惟恐外州郡不宁"。益州仅为一州，其下不能再有"州"，而有郡、县两级政权。

② 原作"定江、犍为等处所属州郡"。据《三国志·蜀书·赵云传》，"江"应为"江阳"；江阳、犍为皆为郡，不可能辖"州郡"，故改为"诸县"。

③ 原作"抚巴西、德阳所属州郡"。巴西为郡，德阳为县，且不相辖，故改"所属州郡"为"诸郡县"。

④ 绵竹在雒县东北。历史上刘备先得绵竹，再取雒县，成都已无险可守。《演义》写刘备进军路线有误，参见第一二四回。

［五］外水：即今岷江。古代称涪水为内水,岷江为外水。

［六］江阳：郡名。属益州。治所在江阳县(今四川泸州)。

［七］犍为：郡名。属益州。治所在武阳(今四川彭山县东)。

［八］德阳：县名。属益州广汉郡。治所在今四川遂宁东南。

［九］绵竹：县名。属益州广汉郡。治所在今四川德阳市黄许镇。

第一百二十八回　杨阜借兵破马超

法正曰："主公既得雒城，蜀中危矣。欲以仁义布于四方，且按兵不动。某作一书呈，陈说利害，上与刘璋，璋自然降矣。"孔明曰："孝直之言最善。可以便作书，遣人径往成都。"

却说刘循逃回见父，说雒城已陷，璋慌聚众官商议①。益州从事、广汉郑度献策曰："今刘备悬兵袭我，兵不满万，士众未附，野谷是资[一]，军无辎重。不如尽驱巴西、梓潼[二]之民，过涪水以西。其仓廪野谷，尽皆烧除，深沟高垒，静以待之。彼至请战，勿许。久无所资，不过百日，彼兵自走，一击而擒刘备耳。"刘璋曰："不然。吾闻拒敌以安民，未闻动民以避敌②也。此言非保全之计。"正议间，人报法正有书至。刘璋唤入，呈上书。璋拆开视之。书曰：

昨蒙遣差结好荆州，不意主公左右不得其人，以致如此。今左将军旧心依依，实无薄意。望三思裁划，音获，剖也。可图变化，以保尊门。不及进言，早赐回意示下。法正百拜。

刘璋怒，扯其书，大骂："法正忘恩失义之贼！卖主求荣，有何面目再相见乎！"逐其人出城。即时遣女婿费观③提兵前去守把绵竹。费观举保一人同行，其人乃南阳人氏，姓李，名严，字正方。费观、李严点三万军，来守绵竹。益州[三]太守董和，字幼宰，南郡枝江人也，上言与刘璋，欲往汉中借兵。璋曰："张鲁与吾世仇，安肯相救？"和曰："虽然有仇，刘备军在雒城，势在危急之时，不得不救。况是唇齿之邦。唇亡则齿寒也，陈说利害，必然从之。"修书遣使，前赴汉中。

建安十八年秋八月，马超自败入羌胡，二载有余，结好羌兵，攻拔陇上郡县④。所到之处，尽皆归降，惟冀城攻打连日不下。凉州刺史韦康⑤，屡遣人求救于夏侯渊。渊不得曹操言语，未敢动兵，按住在长安。韦康见救兵不来，与众商议："不如投降马超。"参军杨阜，字义山，哭而谏曰："超等叛君无父之徒，此城中之人，有死无二。今欲陷身于不义也！"康曰："不然。事已极矣，不降何待？"阜苦谏不从。韦康大开城门，投拜马超。超大怒曰："汝今事急请降，非真心耳！"将韦康等四十余口尽皆斩之，不留老幼良贱一人。有人言杨阜劝韦康休降，可斩之。超曰："此人守义，不可斩之。"复用杨阜为参军。冀城官军梁宽、赵衢皆杨阜所保，超尽用焉。忽杨阜告马超曰："妻死于临洮，告两月假限，归葬其妻便回。"马超从之。

---

① 原句无主语"璋"。据上下文加。
② 原作"动民以备敌"。据《三国志·蜀书·法正传》改。叶逢春本正作"避敌"。
③ 原作"妻弟费观"。据《三国志·蜀书·杨戏传》附《季汉辅臣赞》改。
④ 原作"攻拔陇西州郡"。陇西仅为凉州之一郡，"陇上"则泛指整个凉州。据《三国志·蜀书·马超传》改。
⑤ 原作"刺史韦康，字伯奕"。原文"刺史"任所交代不明，故加"凉州"二字；"伯奕"乃姜叙的字，《演义》张冠李戴，故删。

杨阜过历城[四],来见姜叙。叙与阜是姑表弟兄。姜叙乃汉抚夷将军①。叙母大贤,是阜之姑。阜别马超,径来见姑,哭拜于地而言曰:"守城不能完,主亡不能死,愧无面目见姑。且马超背父叛君,妄杀刺史②,岂独杨阜忧责,一州士大夫皆受其耻。今吾兄坐据历城,竟无讨贼之心,此赵盾[五]所以书弑其君。"言罢,泪流出血。后人有诗曰:

> 包胥[六]向日哭秦庭,杨阜今朝恸历城。
> 欲报冤仇流血泪,千年万载仰高清。

叙母闻知,唤姜叙入,责之曰:"韦使君遇害,亦尔之罪,岂独义山哉?"母又谓阜曰:"汝既降人,且食其禄,何故又兴心讨之?"阜曰:"吾从贼者,欲留残生与主报冤也。"叙曰:"马超英勇,急难图之。"阜曰:"有勇无谋,容易图之。吾已暗约下梁宽、赵衢,使为内应。兄若肯兴兵,梁宽、赵衢必内应也。"叙母曰:"汝不早图,更待何时?谁人无死,死于忠义者,死得其所也。勿以我为念。汝若不听义山之言,吾先死矣,以绝汝念!"

叙乃便与统兵校尉尹奉、赵昂商议。原来赵昂之子赵月,见跟马超为裨将。赵昂当日应允,归见其妻王氏曰:"吾今日与姜叙、杨阜、尹奉一处商议③,欲报主人韦康之仇,早欲动兵。吾想子赵月见跟马超④,必被害矣,因此持虑未定。"其妻厉声应曰:"雪君父之大耻,丧身不足为重,何况一子哉?汝顾子而不行⑤,吾当先死矣!"赵昂乃决。次日,一同起兵。姜叙、杨阜屯冀城,尹奉、赵昂屯祁山[七]。王氏乃尽将首饰资帛,亦亲自往祁山军中,赏劳军士,以励其众。后有诗曰:

> 赵昂妻王氏,催夫报主仇。
> 丧身犹不重,灭子复何愁?
> 尽把家财散,亲将士卒酬。
> 三分贤达妇,万载姓名留。

马超听知姜叙、杨阜会合尹奉、赵昂用事,超大怒,即将赵月斩之;唤庞德、马岱尽起军马,杀奔冀城来。姜叙、杨阜引军出。两阵圆处,杨阜、姜叙衣白袍而出,大骂曰:"背父叛君无义之贼!"马超大怒,冲杀过来,两军混战。姜叙、杨阜如何敌得马超,大败而走。马超聚兵赶来,背后喊声大起,尹奉、赵昂杀来。超急回时⑥,两下夹攻,首尾不能相顾。正斗间,刺斜里大队军马杀来。原来是夏侯渊却得曹操军令,正领军来破马超。超如何当得三路军马,大败奔回。夏侯渊后面杀来。超走了一夜⑦,比及平明,已到冀城叫门,城上乱箭射下,马超大惊。梁宽、赵衢立在城上,大骂马超;将马超妻杨氏,从城上一刀砍断,撇下尸首来;及将马超幼子三人,

---

① 原作"姜叙乃受汉爵抚夷将军"。抚夷将军系"官",而非"爵",故改。
② 原作"妄杀郡守"。韦康系凉州刺史,而非"郡守"。
③ 原作"吾今日于姜叙……一处商议"。据叶逢春本,改"于"为"与"。
④ 原作"吾想其子赵月见跟马超"。"其"字赘,删去。
⑤ 原作"汝顾其子而不行"。"其"字赘,删去。
⑥ 原句无主语"超"。据叶逢春本加。
⑦ 原作"后面杀来。走了一夜"。人称含混不清。据上下文,分别加主语"夏侯渊"和"超"。

第一百二十八回　杨阜借兵破马超

并至亲十余口,都从城上一刀一个,剁将下来。马超气噎塞胸,几乎坠下马来。背后夏侯渊引军赶来。超见势大,不敢挡抵,与庞德、马岱杀开一条路走。前面又撞见姜叙、杨阜,杀了一阵;冲得过去,又撞着尹奉、赵昂,杀了一阵。零零落落,剩了五六十骑,连夜奔走。后军不赶。四更前后,超走到历城下①。守门者只道姜叙兵回,大开城门接入。超从城南门边杀起,尽洗城中百姓。于姜叙宅内拿出老母,年八十有二。叙母全无惧色,指马超大骂曰:"汝背父无君逆天之贼,天地久不容留汝!汝不早死,敢以面目视人乎?"超大怒,自取剑杀之。后史官有诗曰:

贤哉姜叙母,劝子早兴兵。
报本如山重,捐躯若纸轻。
王陵亲可并,孟氏母重生。
读史应哀感,令人两泪倾。

马超杀尹奉、赵昂全家,昂妻王氏在军中免难②。

次日,夏侯渊大军至,马超弃城杀出,望西而逃。行不得二十里,前面一军摆开,为首杨阜。超切齿而恨,拍马挺枪刺之。阜宗弟七人,一齐来助战。马岱、庞德敌住后军。宗弟七人,皆被马超杀死。阜身中五枪,犹然死战。后面夏侯渊大军赶来,马超遂走。只有庞德、马岱五七骑后随而去。夏侯渊自行安抚陇上诸郡人民③,令姜叙等各各分守,用车载杨阜赴许都见曹操。操赐阜爵关内侯[八]④。阜辞曰:"阜君存无扞难之功,君亡无死节之效,于义当绌(音)屈,于法当诛。超又不死,阜何颜受职?"操曰:"君与群贤共建大功,西土之人以为美谈。子贡辞赏,仲尼谓之止善。君其剖心⑤,以顺国命。"阜后仕于魏。

却说马超与庞德、马岱来投张鲁。张鲁得马超大喜,以其南可以吞并益州⑥,东可以拒曹操,永保汉中之基业,商议欲以女招超为婿。大将杨柏谏曰:"马超父母妻子皆不顾恋,岂能爱他人乎?"于是张鲁遂罢其事。有人对马超曰:"张将军本以女招汝为婿,被杨柏阻之。"超心不喜,有杀杨柏之意。杨柏知之,与兄杨松商议,欲寻远害全身之计。正值刘璋遣使求救于张鲁,鲁不从。忽报刘璋又遣黄权到。先见杨松,说:"益州汉中,实是唇齿;若益州一破,汉中亦难保矣⑦。若肯相救。当以二十县相酬⑧。"松大喜,即引黄权来见张鲁,说唇齿利害,更以二十县相谢。鲁喜其利,从之。巴西阎圃谏曰:"刘璋与主公有积世之仇,今事在至急,诈言割州

---

① 原句无主语"超"。承上文加。
② 原作"妻王氏在军中免难"。因上文为"杀尹奉、赵昂全家",加"昂"始明人物关系。
③ 原作"夏侯渊自行安抚陇西诸州人民"。陇西仅为凉州之一郡,其下不可能有"州"。承上文改。
④ 原作"操封阜为关内侯"。据《三国志·魏书·杨阜传》改。
⑤ 原作"君则剖心"。据《杨阜传》改。
⑥ 原作"西可以吞并益州"。益州在汉中之南,故改。
⑦ 原作"东西两川,实是唇齿;若西川一破,东川亦难保矣"。"西川"应作"益州",见第七五回;"东川"应作"汉中",见第一二四回。
⑧ 原作"当以二十州相酬"。益州仅为一州,其下不可能有"二十州",当为"二十县"。

之事,不可从之。"忽阶下一人昂然而进曰:"某虽不才,愿乞一旅之师,生擒刘备,务要割地以还。"其人是谁?

【注释】

[一] 野谷是资:以野外的谷物为食。
[二] 梓潼:原为县,属益州广汉郡。刘备定益州后,从广汉郡分出而为郡。治所在今四川梓潼。
[三] 益州:郡名。属益州。治所在滇池(今云南晋宁东)。诸葛亮南征后,改为建宁郡。
[四] 历城:镇戍名。在今甘肃西和县北。
[五] 赵盾:即赵宣子。春秋时晋国执政。晋灵公十四年(前607),因避灵公杀害而出走,未出境;其族人赵穿杀死灵公,他返回拥立晋成公,继续执政。晋国史官董狐认为杀灵公责任在他,故在史册上记云:"赵盾弑其君。"
[六] 包胥:即申包胥。春秋时楚国贵族。与伍子胥为知交。伍子胥避祸逃到吴国后,于公元前506年率吴军攻破楚国。他赴秦求救。在宫廷痛哭七天七夜,终使秦国出兵救楚。
[七] 祁山:山名。在今甘肃礼县东北。
[八] 关内侯:爵名。有侯号而居京畿,不立封国,仅得少数租税,故称。位次于列侯。

第一百二十九回　葭萌张飞战马超

张鲁持疑未决。马超挺身出曰："感主公之恩，无可上报。愿引一军攻取葭萌关，袭刘备之后，可生擒之。此时必要割二十县而还①，主公心下何如？"张鲁大喜，先遣黄权从小路而回，点兵二万与马超。此时庞德卧病不能行，留于汉中。张鲁令杨柏监军。超与弟马岱选日起程。

却说玄德军马在雒城。法正所差之人，回报与玄德："今郑度劝刘璋尽烧野谷，并各处仓廪，大率巴西住种之民，而避于涪水迤西，深沟高垒而不战。"玄德、孔明闻之，皆大惊曰："若用此言，吾势危矣！"法正笑曰："主公勿忧。此计虽毒，刘璋必不能用也。"后人传刘璋有言："吾闻拒敌以安民，未闻动民以避敌②也。"玄德闻之，方始宽心。孔明曰："可速进兵以取绵竹。如得此处，成都易得矣。"遂遣黄忠、魏延领兵前进。

费观听知玄德兵来，差李严出迎。严披挂了，领三千兵出。各布阵完。黄忠出马，与李严战四五十合，不分胜败。孔明在阵中教鸣金收军。黄忠入阵，问曰："正待要擒李严，军师何故收兵？"孔明曰："吾已见李严武艺，不可力取。来日再战，汝可诈败，引入山峪，出奇兵胜之。"黄忠领计。次日，李严再领兵来。黄忠又出战，不十合诈败，引军便走。李严赶来，迤逦赶入山峪而去。李严猛省，急待回来，前面魏延引军摆开。孔明自在山头唤曰："公如不降，两下已伏强弩，欲与吾庞士元来报仇耳。"李严慌下马，卸甲投降，军士不曾伤害一人。孔明引李严见玄德③，玄德待李严甚厚。严曰："费观虽是刘益州亲，某与甚密，当往说之。"玄德即命行。严入绵竹城，对费观赞玄德如此仁德，今若不降，必有大祸。观从其言，开门投降。玄德遂入绵竹，商议分兵取成都。

忽流星马急报，言："孟达、霍峻守葭萌关，今被汉中张鲁遣马超引兵攻打甚急，救迟则关隘休矣。"玄德大惊。孔明曰："须是张、赵二将，方可与敌。"忽报张飞回在城外，玄德大喜④。孔明曰："主公且勿言，容亮激之。"张飞从外大叫而入曰："辞了哥哥，便去战马超也！"孔明故意佯不觑听，对玄德曰："今马超侵犯关隘，无人可敌；除非往荆州取关云长来，方可与敌。"张飞曰："军师何故小觑吾！吾曾独拒曹操百万之兵，岂愁马超一匹夫乎⑤！"孔明曰："张将军据水断桥，此是曹操不知虚实也。若知虚实，将军岂得无事乎？况马超有信、布之勇，天下皆知，

---

① 原作"此时必要割二十州而还"。承第一二八回改。
② 原作"动民以备敌"。承第一二八回改。
③ 原作"引见玄德"。据上下文改。
④ 原作"有人报张飞，飞在外大喜"，难与上下文衔接。据叶逢春本、余本《三国》改。
⑤ 原作"岂愁马超一匹夫耳"。据叶逢春本，改"耳"为"乎"。

潼关大战①,杀得曹操剑割髭须,几乎丧命,非等闲之比。汝兄云长,未必可胜。"飞曰:"我只今便去,如胜不得马超,甘当军令。"孔明曰:"既尔肯写文书,便为先锋。请主公亲自去一遭。亮守绵竹②。待子龙来,却作商议。"魏延曰:"某亦愿往。"孔明令魏延带五百哨马先行,张飞第二,玄德押后,望葭萌关进发。

却说马超引兵扣关攻打,先使杨柏来叫道:"霍峻早早献关,我等重重保举你。"霍峻在关上高声应曰:"我头可断,关不可得!"杨柏大怒,搦霍峻厮杀不题。

却说魏延哨马先到关下,杨柏军退十余里。魏延出,与杨柏战,不十合,杨柏败走。魏延要夺张飞头功,乘势赶去。前面一军摆开,为首乃是马岱。魏延只道是马超,舞刀跃马而进。与岱战不十合,岱败走。延赶去,被岱回身一箭,射中魏延左臂,急回马走。马岱赶至关前,一将声如雷震,从关上一骑马奔至面前,救了魏延。原来是张飞初到关上,听知关前厮杀,便来看时,正见魏延中箭。飞喝马岱曰:"汝是何人?先通姓名,然后厮杀不迟。"马岱曰:"吾乃凉州马岱是也。"张飞曰:"你原来不是马超,快回去,非吾对也!只令马超那厮自来,说道燕人张飞在此!"马岱大怒曰:"汝焉敢小觑我!"挥刀跃马③,直取张飞。向前战不十合,马岱败走。张飞欲待追赶,关上一骑马到来,叫:"兄弟且休去!"飞回头,原来是玄德到。遂不赶,一同上关。备曰:"恐怕你性躁,先来到此。既然胜了马岱,且歇一宵,来日战马超。"歇了一夜。

次日天明,关下鼓声大震,马超兵到。玄德在关上看时,门旗影里,马超纵骑持枪而出,狮盔兽带,银甲白袍:一来结束非凡,二者人才出众。玄德叹曰:"人言锦马超④,名不虚传!"张飞便要下关。玄德急止之,言:"兄弟且休出战!先当避其锐气。"飞曰:"何足道哉!"玄德挡住。关下马超单搦张飞出马;关上张飞恨不得平吞马超,三五番皆被玄德挡住。看看午后,玄德望见马超阵上人马皆倦,遂选五百骑,跟着张飞冲下关去。马超见张飞军到,把枪望后一招,约退军有一箭之地。张飞军马一齐扎住,关上军马陆续下来。张飞挺枪出马,大叫曰⑤:"认得燕人张益德么!"马超曰:"吾家累世公侯,岂认得村夫乎!"张飞大怒。两马齐出,二枪并举,约战百余合,不分胜败。玄德观之,叹曰:"真丈夫也!"恐张飞有失,急鸣金收军。两马并回。张飞回到阵中,略歇马片时,不用头盔,只裹包巾上马,又出阵前搦马超厮杀。超又出,两个再战。玄德恐张飞有失,自披挂下关,直至阵前,看张飞与马超又斗百余合,两个精神倍加。玄德教鸣金收军。二将分开,各回本阵。是日天色已晚。玄德与张飞曰:"马超英勇,不可欺敌。且退上关,来日再战。"张飞杀得性起,哪里肯休,大叫曰:"誓死不回!"玄德曰:"今日天晚,不可战矣。"飞曰:"多点火把,安排夜战!"军士暗暗叫苦。马超换了马,再出阵前大叫曰:"张飞!敢夜战么?"张飞气起,问玄德换了坐下马,抢出阵来,叫曰:"我捉你不得,誓不上关!"

---

① 原作"渭桥六战"。承第一一六回改。
② 原作"诸葛亮守绵竹"。"诸葛"二字赘,删去。
③ 原作"挺枪跃马"。据第一一五回,马岱所用兵器是刀。
④ 原作"人言马超"。据叶逢春本、余本《三国》,补"锦"字。
⑤ 原作"大称姓名"。据余本《三国》改。

第一百二十九回　葭萌张飞战马超

超曰："我胜你不得，誓不回寨！"两军呐喊，点起千百火把，照耀如同白日。两将又向阵前鏖战。到二十余合，马超拨回马便走。张飞大叫曰："走哪里去！"原来马超见赢不得张飞，心生一计：诈败佯输，赚张飞赶来，暗掣铜挝在手，扭回身觑着张飞便打来。张飞见马超走，心中也提防，见打过来，一闪，从耳边躲过去。张飞便勒回马走时，马超却又赶来。张飞带住马，拈弓搭箭，回射马超，超却闪过。二将各自回阵。玄德自于阵前叫曰："吾以仁义相待天下之士，不施谲诈。马孟起你收兵歇息，我不乘势赶你。"马超闻之，亲自断后，诸军渐退。玄德亦收军上关。

次日，张飞又欲下关战马超。人报军师来到。玄德接着孔明。孔明曰："亮闻孟起世之虎将，若与益德死战，必有一伤。故令子龙、汉升守住绵竹，星夜而来。可用条小计，令马超归降主公。"玄德曰："吾见马超英勇，甚爱之。如何可得？"孔明曰："亮闻汉中张鲁，欲自立为'汉宁王'。手下谋士杨松，极贪贿赂。可以差人从小路径投汉中，先用金银结好杨松，后进书与张鲁，云：'吾与刘璋自争益州，是与汝报仇，不可听信离间之语。事定之后，保汝为汉宁王。'"

玄德即时写书，差孙乾赍金珠，从小路径至汉中，先来见杨松，说知此事，送了金珠。松大喜，先引孙乾见张鲁弟张卫，亦进送了礼物。二人引孙乾见张鲁，陈言方便。鲁曰："玄德只是左将军，如何保我为汉宁王？"杨松曰："他是大汉皇叔，正合保奏。"张鲁喜曰："既如此，差人便教马超罢兵。"孙乾只在杨松家听回信。使者回曰①："马超言未成功，不可退兵。"杨松又差人去唤，又不肯回。一连三次不至。杨松曰："此人素无信行[一]，不肯罢兵，其意必反。"鲁心亦疑。松亦流言对张卫说："马超主意欲夺益州，自为蜀王，与父报仇，岂肯臣于汉中乎？"张卫将此言告知张鲁。鲁问计于杨松，松曰："一面差人去说与马超：'汝既干功，与汝一月限。三件功成有赏，无则必诛：一要取益州，二要刘璋首级，三要退荆州兵。三件事不成，可献头来。'一面教张卫点军守把关隘，防马超兵变。"差人到马超寨中，说知此事。超大惊曰："如何变得恁的[二]！"与岱商议，不如罢兵。杨松又流言曰："马超回兵，必怀异心，不可放入。"张卫分七路军，坚守隘口，要共擒杀。超进退不得，无计可施。孔明对玄德曰："今马超正在狐疑不决之际，亮凭三寸不烂之舌，亲往超寨，说马超来降主公。"其事如何，且听下回分解。

【注释】

[一] 信行：守信用的行为。

[二] 恁的：这样。

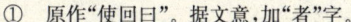

① 原作"使回曰"。据文意，加"者"字。

第一百三十回　刘玄德平定益州

玄德曰:"孔明乃吾之心腹也,倘有疏虞,吾必亡矣。虽有良谋,吾不忍令君去。"孔明坚意要行。玄德再三拗住。正踌躇间,忽报子龙有书,荐益州一人来降。玄德召入问之。其人乃建宁俞元人也。姓李,名恢,字德昂。玄德曰:"向日[一]闻公苦谏刘璋,今何故归我也?"恢曰:"吾闻'良禽相木而栖,贤臣择主而佐'。前谏刘益州者,以尽人臣之心;既不能用,知必败矣。今主公仁德布于蜀中,是知其必成也,故来归之。是背暗投明,古人所贵。愿垂察焉。"玄德曰:"先生此来,必有益于刘备也。"恢曰:"今闻马超在此,进退两难之际。恢昔在陇西,有一面之交,特来说马超归降,若何?"孔明曰:"正欲得一人替吾一往。愿闻公之说词。"李恢于孔明耳畔陈说如此如此。孔明大喜,即时遣李恢行。

恢至超寨。先使人通姓名。马超曰:"吾知李恢平生好说词,必来说我。"先唤二十个刀斧手伏于帐下,超嘱曰:"令汝砍,即砍为肉酱!"须臾,李恢昂然而入。马超端坐帐中不动,叱李恢曰:"汝来为何?"恢曰:"特来作说客耳。"超曰:"吾匣中宝剑新磨,请汝试剑!"恢曰:"其言不通,便请试剑。"遂笑曰:"将军之祸不远矣!但恐新磨之剑不能试吾之头,将欲自试矣!"超曰:"吾有何祸?"恢曰:"吾闻越之西子[二],善毁者不能闭其美;齐之无盐[三],善美者不能掩其丑。修短者不能用其长,造恶者不能为其善。'日中则昃,月满则亏[四]',此天下之常理也。今曹操与将军有杀父之仇,陇西有切齿之恨;前不能救刘璋而退荆州之兵,后不能制杨松而见张鲁之面。目下四海难容,一身无主。若有渭桥之败,冀城之失,何面见天下之大丈夫乎?"超顿首谢曰:"公言极善,但超无路可行。"恢曰:"汝既欲听吾言,帐外何故伏刀手乎?"超尽叱退。恢曰:"刘皇叔礼贤待士,吾知其必成,故舍刘璋而归之。公何不背暗投明,以图上报父母之仇,下立金玉之德?可彰万世之高名也。"马超大喜,唤杨柏入,一剑斩之,将头共恢一同上关,来降玄德。

玄德亲自接入,待以上宾之礼。超顿首谢曰:"今遇明主,乃拨云雾而睹青天也!"宾主大喜。孙乾已回。玄德复命霍峻、孟达守关,便撤兵来取成都。子龙、黄忠接入绵竹。人报蜀将刘晙、马汉引军到①。子龙曰:"某来未曾效尺寸之功,当擒此二人!"言讫,上马引军出。玄德在城中管待马超吃酒,未曾安席,子龙斩二人之头献于筵前。马超亦惊,倍加敬重。超曰:"不须主公军马厮杀,超自唤出刘璋来降。如不肯降,超自与弟马岱取成都,双手奉献。"玄德大喜,是日尽欢。

---

① 原作"人报刘晙、马汉引军到",对二人身份未作交代。据下文,加"蜀将"二字。

第一百三十回　刘玄德平定益州

却说败兵回到成都①，报刘璋。璋大惊，闭户不出。一人报城北马超救兵到，刘璋方敢登城望之。见马超、马岱立于城下，大叫："请刘季玉答话！"刘璋在城上问之。超在马上以鞭指曰："吾本领张鲁兵来救益州，谁想张鲁听信杨松谗言，反欲害我。今归降刘皇叔。汝可开门纳土拜降，免致生灵受苦。如或执迷，吾先攻城矣！便宜回报。"马超说了，退军下寨。刘璋惊得面如土色，气绝倒于城上。众官救醒。璋曰："吾之不明，悔之不及！不若开门投降，以救满城百姓。"董和曰："城中尚有积兵三万余人，钱帛粮草可支一年。况军民皆有死战之心，愿主公勿忧。"刘璋曰："吾父子在蜀二十余年，无恩德以加百姓。攻战三年，肉血捐于草野，皆我罪也。我心何安？不如投降，以安百姓。"众群下闻之，无不堕泪。忽一人进曰："主公之言，正合天意。"视之，乃巴西西充国[五]人也，姓谯，名周，字允南。此人素晓天文。璋问之，周答曰："某夜观乾象，见群星聚于蜀郡，其大星光如皓月，乃帝王之象也。况一载之前，小儿谣曰：'若要吃新饭，须待先主来。'此乃预兆。不可逆天道。"黄权、刘巴皆欲斩之，刘璋挡住。人报蜀郡太守许靖，逾城投降。刘璋大哭归宫。成都之民，尽皆感伤。

次日，人报刘皇叔下幕宾简雍在城下唤门。璋令开门接入。雍坐车中，傲睨自若，忽一人掣剑大喝曰："小辈得志，旁若无人！汝敢藐音眇视吾蜀都人物耶！"雍慌下车迎之。此人乃广汉绵竹人也，姓秦，名宓，字子勑。雍笑曰："不识贤兄，幸勿见责。"遂同入见璋。璋待为上宾。雍席间说玄德宽弘爱士，并无相害之意。一席话，说刘璋大喜，留住一宿。次日，刘璋赍印绶文籍，与简雍同车出城投降。玄德出寨迎接，握手流泪曰："非吾不行仁义，奈势不得已也！"共入寨，交割印绶文籍，并马入城。

玄德入成都，百姓香花灯烛，迎门而接。玄德到公厅，升堂坐定，郡内诸官皆拜于堂下，惟黄权、刘巴闭门不出。众武官忿气，欲往杀之。玄德慌忙传令曰："如有人害此二人者，夷其三族！"因此，蜀中文武尽皆欢服焉。玄德亲自登门，请此二人出仕。二人感玄德大恩，乃出。孔明请曰："今益州平定，难容二主，可将刘璋送去荆州。"玄德曰："吾方得蜀②，未可令季玉速去。"孔明曰："刘璋失基业者，皆因太弱也。主公若以妇人之仁，临事不决，恐此土难以长久。"玄德从之，设一大宴，请刘璋归于府中，收拾财物，佩领振威将军印绶[六]，令将妻子良贱[七]，尽赴南郡公安住歇，即日起行。

玄德自领益州牧。其所降文武尽皆重赏，定拟名爵：严颜为裨将军③，法正为蜀郡太守，董和为掌军中郎将，许靖为左将军长史，庞羲为左将军司马④，刘巴为左将军西曹掾⑤，黄权为

---

①　原作"却说败兵回到益州"。败兵系从绵竹逃回，绵竹本属益州，"回到益州"不通。据上下文，此处"益州"实指州治成都。
②　原作"吾方得郡"。此时刘备已定益州，故"郡"应作"蜀"。
③　原作"严颜为前将军"。如此，则严颜位在关羽、张飞之上，不合情理（刘备称汉中王，关羽始进位前将军）。据下文酌改。
④　原作"庞义为营中司马"。"庞义"当作"庞羲"（因"义"之繁体"義"与"羲"形近而误）；"营中司马"官名不确，据《三国志·蜀书·刘二牧传》改（刘备此时官衔为左将军）。
⑤　原作"刘巴为左将军"。据《三国志·蜀书·刘巴传》改（"左将军西曹掾"主管左将军属官的选拔任用）。

偏将军①。其余吴懿、费观、彭羕、卓膺、李严、吴兰、雷铜、李恢、张翼、秦宓、谯周、吕乂②、霍峻、邓芝、杨洪、周群、费祎、费诗、孟达、蜀中降将、文武官员六十余人,并皆处用。诸葛亮为军师将军,关云长为荡寇将军、汉寿亭侯③,张飞为征虏将军、新亭侯,赵云为翊军将军④,黄忠为讨虏将军⑤,魏延为牙门将军⑥,马超为平西将军、都亭侯,孙乾、简雍、糜竺、糜芳、刘封、吴班、关平、周仓、廖化、马良、马谡、蒋琬、伊籍及旧日荆襄一般文武官员,并皆重用。遣使送黄金五百斤、白银一千斤、钱五千万、蜀锦一千匹与云长。诸葛亮、张飞、法正、赵云如数而赠。以下各各重加赏赐。杀牛宰马,大犒士卒,开仓赈济百姓,民心大悦。

益州既定,玄德欲将成都有名田宅分赐诸官。赵云谏曰:"昔者霍去病[八]以匈奴未灭,将士安用为家。何况今日国贼暴虐,不同匈奴,岂可求安也?须待天下都定,然后各还乡里,归耕本土,乃其宜耳。益州人民,屡遭兵火,田宅皆空。今归还百姓,令安居复业,方可使出赋役,自然心服。不宜夺之为私爱也。"玄德闻之大喜,使诸葛军师定拟治国条例,刑法颇重。法正曰:"昔高祖约法三章[九],黎民皆感其德。愿军师宽刑省法,以慰民望。"孔明曰:"君知其一,未知其二。秦朝用臣商鞅[一〇]音鞅,酷法暴虐,万民皆怨,匹夫大呼,天下土崩;高祖宽仁,可以弘济。今刘璋暗弱,父子相承,有累世之恩,法度陵替[一一],德政不举,威刑不肃,君臣之道,尽已废矣。凡人宠之以位,位极则贱⑦;顺之以恩,恩竭则慢,以致丧国,实由于此。吾今威之以法,法行则知恩;限之以爵,爵加则知荣⑧。荣恩并著,上下同心,为治之道,于斯明矣。凡治政者,要识时务也。"法正遂拜服。自此军民安堵[一二]。四十五县地面⑨,分兵按察,并皆平定矣。

当日,玄德与孔明都在堂上坐,忽报关平来谢所赐金银事。拜罢了,呈上书。玄德赐酒与关平,问云长别有甚言语。平曰:"父亲知马超武艺过人,要入蜀来与孟起比试高低,就教禀伯父此事。"玄德大惊曰:"若云长入蜀,与孟起比试,势不两立。"孔明曰:"无妨。亮自作书回之。"玄德只恐云长性急,便教孔明作书,发付关平星夜回到荆州见父。云长问曰:"我欲与马孟起比试,汝曾说否?"平答曰:"军师有书在此。"云长拆开视之。其书云:

亮闻将军欲与孟起分别高下。以亮度之,孟起兼资文武,雄烈过人,一世之杰士,黥布、彭越之徒;当与益德并驱争先,犹未及髯[一三]之绝伦逸群也。今公受任守据荆州,不为不重;倘一入蜀,若荆州有失,罪莫大焉。言虽狂简,以冀明照。建安十九年秋七月,亮顿首拜知。

---

① 原作"黄权为右将军"。据《三国志·蜀书·黄权传》改。
② 原作"吕义"。据《三国志·蜀书》改。
③ 原作"寿亭侯"。据《三国志·蜀书·关羽传》,并承第五一回改。
④ 原作"赵云为镇远将军"。据《三国志·蜀书·赵云传》改。
⑤ 原作"黄忠为征西将军"。据《三国志·蜀书·黄忠传》改。
⑥ 原作"魏延为扬武将军"。据《三国志·蜀书·魏延传》改。
⑦ 原作"位极则残"。据《三国志·蜀书·诸葛亮传》注引《蜀记》改。
⑧ 原作"爵加则知其荣"。校改依据同⑦。
⑨ 原作"四十一州地面"。承第一一八回改。

云长看毕,自绰其髯,笑曰:"孔明知我心也。"将书遍示宾客,遂无入蜀之意。

却说东吴孙权知玄德并吞益州,将刘璋逐于公安,遂召张昭、顾雍商议。权曰:"当初刘备借我荆州时,说取了益州便还荆州。今已得巴、蜀四十五县,须用取索荆州诸郡①。如其不还,即动干戈。"张昭曰:"吴中方宁,不可动兵。昭有一计,使刘备将荆州双手奉还主公。"孙权问计如何,且听下回分解。

【注释】

[一] 向日:往日,当初。

[二] 西子:即西施。春秋时越国美女。

[三] 无盐:指钟离春。战国时齐国无盐邑女子。貌极丑,通大义,被齐宣王纳为王后。

[四] 日中则昃,月满则亏:太阳到了正午就要向西偏斜,月亮圆了就开始缺损。比喻事物盛极则衰,或到了一定限度就向反面转化。

[五] 西充国:侯国名。属益州巴西郡。治所在今四川阆中西南。

[六] 佩领振威将军印绶:刘璋曾遣人向曹操致礼,被加振威将军衔。刘备夺其益州,故使其仍佩振威将军印绶,仅为虚衔。

[七] 良贱:此处意为主仆。

[八] 霍去病(? —前117):西汉名将。河东平阳(今山西临汾西南)人。汉武帝卫皇后姊子。多次出击匈奴,功绩显赫。官至大司马,封冠军侯。武帝为他治宅第,他推辞道:"匈奴未灭,无以家为。"

[九] 高祖约法三章:公元前206年,刘邦占领秦朝都城咸阳,废除秦的苛法,与秦民约定三条律令:"杀人者死,伤人及盗抵罪。"

[一〇] 商鞅(? —前338):战国时政治家。本为卫国人,后入秦,助秦孝公实行变法,奖励耕战,废除贵族世袭特权,废除井田制,统一度量衡。变法奠定了秦国富强的基础,但所订法律亦有苛酷的一面。

[一一] 陵替:衰败。

[一二] 安堵:安居,秩序照常。

[一三] 髯:"美髯公"之意。

---

① 原作"汉上诸郡",语意不确。承第一〇六回改。

卷之十四

第一百三十一回　关云长单刀赴会

却说张昭献计曰："今刘备所倚仗者,乃诸葛亮也。其兄今仕于吴,何不将诸葛瑾老小执下,使瑾入蜀,对其弟说知,令刘备交割荆州:'如其不还,必累老小。'此二人,一父母所生,必然应允。"权曰:"诸葛瑾乃诚实君子,吾所素知,安忍拘集老小乎?"昭曰:"明教知是计策,自然放心。"权召诸葛瑾老小虚监在府,先使人报知。孙权即修书,打发诸葛瑾望益州进发。不数日,早到成都,先使人报知玄德。玄德问孔明曰:"令兄此来为何?"孔明曰:"来取荆州之计也。"玄德曰:"何以答之?"孔明曰:"如此如此。"

吩咐已定,孔明出郭接瑾,不到私宅,径入宾馆。参拜了,瑾放声大哭。亮曰:"兄长有事但说,何故发哀?"瑾曰:"吾一家老小休矣!"亮曰:"莫非为不还荆州乎?因亮之故,执下兄长老小?兄休忧虑,弟自有计还荆州便了。"瑾大喜,即引见玄德,呈上吴侯书。玄德看了:"原来是吴侯要取荆州。本是要还,奈将我夫人潜地取去。彼既无情太薄,我有何面目[一]乎?如要厮杀,尽起兵来!昔在荆州尚不惧汝分毫,何况吾今日有益州,带甲数十万众,粮可支二十年不绝。吾欲下汝江南,汝君尚复取荆州乎?"孔明哭拜于地曰:"吴侯执下亮兄长之老小,如若不还,皆遭诛矣。兄死,亮岂能独生?望主公怜兄弟之情。"玄德再三深恨,徐徐曰:"如此,看军师面上,分荆州一半还吴:将长沙、零陵、桂阳三郡与他。"亮曰:"主公既是如此,可写书与云长,令交割三郡。"玄德曰:"子瑜到彼,善言求之。吾弟性如火烈,吾尚惧之。事宜仔细。"

瑾求书毕,辞了玄德,别了孔明,登途径到江陵。云长请入中堂,宾主相叙。瑾出玄德书,曰:"望将军先交割三郡,令瑾好回见吾主。"云长变色而怒曰:"吾与兄桃园结义,誓同生死,共兴汉室。兄既以荆州与我,复令东吴取之,此何理也?这几郡大汉疆域,岂得妄以寸土与人!"瑾曰:"今吴侯执吾老小①,不还必诛!"云长曰:"此是吴侯谲诈,如何瞒得我过!"瑾曰:"将军今何无面目?"云长执剑在手曰:"休再言!此剑上便无面目!"关平慌告曰:"军师面上不好看,望父亲息怒。"云长曰:"不看军师面上,教你回不得东吴矣!"

瑾满面羞惭,急急慌慌下船,再往益州见孔明。孔明已自出巡去了。瑾只得再见玄德,哭告云长欲杀之事。玄德曰:"吾弟性急,极难说之。子瑜可暂回,容吾商议去取汉中郡②,却调云长守之,那时交付荆州。"

瑾求玄德书归吴,来见吴侯,说云长阻住,不肯交还。吴侯看书大怒曰:"子瑜此去,反复奔走,莫非皆是诸葛亮之计?"瑾曰:"非也。弟尚哭告,玄德说将三郡先还。"吴侯即召诸将曰:"今刘备借吾地土,混赖不还,俄延岁月。既然刘备有分三郡之言,可差官员去长沙、零陵、桂

---

① 原作"今吴侯执下老小"。据叶逢春本改。
② 原作"容吾商议去取东川、汉中诸郡"。《演义》中的"东川"实指汉中,故改。

阳三郡赴任,且看如何。"诸葛瑾取老小归家。

却说三郡发去官吏,尽被逐回,告吴侯曰:"关云长不肯相容,俱各赶逐回吴。迟后者必戮。"孙权大怒,差人唤鲁肃至,叱之曰:"汝当初作保,借吾荆州。今刘备已得益州,不肯归还,此何理也①?"肃曰:"今有一计,乃屯兵于陆口[二]地名,使人请关羽赴会②。如肯来,以善言说之;倘若不从,伏下刀斧手杀之。如不肯来,随即进兵,与决胜负,夺取荆州。此计商议已定,今特告知主公。"孙权曰:"甚合吾意。可即行之。"阶下一人进曰:"不可。关云长乃虎熊之将,非等闲可及。恐事不谐,反遭其害。"进言者乃阚泽也。孙权怒曰:"若如此,荆州何日可得!便速行之。"

鲁肃遂辞吴侯,屯兵于陆口,召吕蒙、甘宁商议,设会于陆口寨外临江亭上;修下请书,选帐下能言快说一人为使,登舟渡江。江口关平问了,遂引使人入江陵来见云长。云长拆书视之。书曰:

  辱友鲁肃顿首致书于汉寿亭侯麾下:奉别久矣,瞻拜无由,今暂屯陆口,欲邀车骑于临江亭一会,以诉渴仰之怀。虽然各事其主,即无异外之心。专望来临,幸勿见阻。感感。

关云长看毕,与来人曰:"既子敬请,来日赴会,汝先报知。"使者拜辞先回。

关平曰:"鲁肃相邀,必有恶意,父亲何故许之?"云长笑曰:"吾岂不知耶?此是诸葛瑾回报孙权,说吾挡住不还荆州,故责鲁肃。肃屯兵陆口,相邀赴会,索我荆州。吾若不往,道吾怯耳。吾来日独驾小舟,用亲随十余人,单刀赴会,看鲁肃如何近我!"平又谏曰:"父亲不可以万金之躯,亲蹈虎狼之穴,非所以重伯父之寄托也。"云长曰:"吾于千枪万刃之中,矢石交攻之际,匹马纵横,如入无人之境,岂忧江东群鼠乎!"马良闻之,亦谏曰:"鲁肃虽有长者之风,于中事急,不容不生狼心耳。将军不可轻往!恐悔之不及。"云长曰:"昔战国时③,赵国蔺相如[三]无缚鸡之力,于渑池会上,觑秦国群臣有如无物,何况吾曾学万人之敌。既已许诺,不去失信。"良曰:"纵将军去,亦可准备。"云长曰:"只教吾儿关平,选快船十只,藏善水军五百,于江上等候。看吾认旗起处,便过江来。"平领命去了。

却说使者回报鲁肃,说云长慨然应允,约来日准到。肃与吕蒙商议:"此来若何?"蒙曰:"必然带将军马来也。若有人马到来,某与甘宁各领一军,伏于岸侧,放炮为号,准备厮杀。如无军来,于庭后埋伏刀斧手五十人,就筵间杀之。"计会已定。

次日,肃令人于岸口遥望。辰时后,见江面上一只船来,梢公水手只数人;一面红旗,风中招展,显出雪白一个大"关"字来。船渐近岸,见云长青巾绿袍,坐于船上;旁边周仓捧着大刀,八九个关西大汉各挎腰刀一口。鲁肃惊疑。迎接上岸,邀入江亭,分宾主坐定④。侍从远立,

---

① 原作"此何礼也"。据黄正甫本改。
② 原作"使人请关某赴会"。鲁肃在孙权面前,应直称关羽之名。
③ 原作"昔春秋时"。"春秋"应作"战国"。
④ 原文无"迎接上岸,邀入江亭,分宾主坐定"数语。据余本《三国》补。

惟周仓在侧。肃举杯相劝,不敢仰视①,云长谈笑自若。

　　酒至半酣,肃曰:"有一言诉与君侯,幸听察焉。昔日令兄使肃于吴侯之前以通往来,借其荆州,至今并无归还之意,其理莫不失信乎?"云长曰:"此国家之事,筵间不必论之。"肃曰:"国家区区[四],本以土地相借者②,为君侯等军败远来,无以为资故也。今已得益州,既无奉还之意;但割三郡,君又不从命。此君侯之失信于天下也。君侯幼读儒书,五常[五]之道,仁、义、礼、智皆全,惟欠信耳。"云长曰:"乌林之役[六],左将军[七]亲冒矢石,戮力破敌,岂得徒劳,而无一块土相资,而足下欲来收地耶?"肃曰:"不然。君侯始与豫州同败于长阪,豫州之众不当一校[八],计穷虑极,志势摧弱,图欲远窜,望不及此。吾主上矜愍[九]豫州之身无有处所,不爱[一〇]土地士民之力③,使有所庇荫以济其患,而豫州私独饰情,愆德隳音灰好[一一]。今已藉手于西州矣④,又欲剪并荆州之土,斯盖凡夫所不忍行,而况整领人物之主乎!肃闻贪而背义,必为祸阶[一二]。愿君侯明处之。"云长曰:"此皆吾兄左将军之事,非某所宜预[一三]也。"肃曰:"某闻昔日桃园结义,誓同生死。左将军即君侯也。何得推托乎?"云长不之答。周仓厉声而言曰:"夫土地者,惟有德者居之⑤,岂但是汝东吴之有耶!"云长变色,夺周仓所捧大刀,立于亭中曰:"此乃国家之事,汝何敢多言!"以目视之。仓会其意,先来岸口把红旗一招。关平船如箭发,奔过江东来。云长右手提刀,左手挽住鲁肃手,佯推醉曰:"公今请吾赴宴,非问是非。醉后不堪回答,恐伤故旧之情。他日令人请公到荆州赴会。"鲁肃魂不附体,被云长将[一四]至江边⑥。吕蒙、甘宁见对江又有船来,二将各引本部军,一齐要出。云长当下如何,且听下回分解。

【注释】
[一] 面目:此处意为"情面"。
[二] 陆口:地名。在今湖北嘉鱼西南的陆溪口,陆水入长江处。陆口与关羽所驻的江陵相距数百里,书中处理为在长江两岸(历史上的"单刀会"发生在益阳——今湖南益阳东)。
[三] 蔺相如:战国时赵国大臣。赵惠文王时,秦国强索"和氏璧",他奉命入秦,完璧归赵。公元前279年,随赵王到渑池(今河南渑池西)与秦王相会,维护了赵国尊严,因功任为上卿。

---

① 原作"肃接入亭内,叙礼毕,举杯相劝,不敢仰视"。上文既已补入"迎接上岸……"数语,此处则据余本《三国》,删去"接入亭内,叙礼毕"。
② 原作"国家区区江东本以土地相借者"。据《三国志·吴书·鲁肃传》,删去"江东"二字。
③ 原作"不忧土地士民之力"。据《鲁肃传》注引韦昭《吴书》改。
④ 原作"今已籍于西州矣"。校改依据同③("藉手",借助;"西州",此处指益州,因其在荆州之西,故称)。
⑤ 原作"天上地下,惟有德者居之",语意不通。据叶逢春本改。
⑥ 原作"同到船中,鲁肃魂不附体,被云长将至江下"。"同到船中"与下文矛盾,删去;"江下"应作"江边"。

［四］区区：诚挚。
［五］五常：指仁、义、礼、智、信五项道德标准。
［六］乌林之役：即赤壁之战。
［七］左将军：指刘备,曾授左将军之职。
［八］一校：一营。校为汉代军队编制单位,每校人数不等,多者千余,少者数百。
［九］矜愍：怜悯。
［一〇］爱：吝惜。
［一一］怼德隳好：损害道义,破坏交情。
［一二］祸阶：灾祸的来由。
［一三］预：参与,干预。
［一四］将：带,携带。

第一百三十二回　曹操杖杀伏皇后

吕蒙、甘宁见云长手提大刀，亲握鲁肃，恐被所伤，遂不敢动。云长到船边，却才放手，早立于船首，与鲁肃作别。肃如痴呆。船已乘风而去。宋贤读史，见单刀赴会之事，作诗赞曰：

藐视吴臣若小儿，单刀赴会敢平欺。
当年一股英雄气①，尤胜相如在渑音免池。

又诗赞曰：

东吴赴会，单刀往还。
足摇地轴，手撼无天。
鸿门小可，渑池等闲。
关公之名，威震江山！

云长自回荆州。鲁肃与吕蒙共议："此计又不成，如之奈何？"蒙曰："一面申报吴侯，起兵与云长一战，有何不可？"肃即时使人申报。孙权闻之大怒，商议起倾国之兵，来取荆州。忽报："曹操又起三十万大军来也！"权曰："且教鲁肃休惹荆州之兵，移兵向合肥、濡须，以拒曹操。"

却说操将欲起程南征，参军傅干，字彦材，北地人，上书以谏操。书曰：

干伏闻治天下之大具有二，文与武也。用武则先威，用文则先德，威德以相济，而后王道备矣。往者天下大乱，上下失序，明公用武攘[一]之，十平其九。今未承王命者，吴与蜀也。吴有长江之险，蜀有崇山之阻，难以威胜，易以德怀②。愚以为可且按甲寝兵[二]，息军养士，分土定封，论功行赏。若此，则内外之心固，有功者劝[三]，而天下知制矣。然后渐兴学校，以导其善性而长其节义。公神武威震于四海，若修文以济之，则普天之下，无思不服矣。今举数十万之众，顿长江之滨，若贼负固深藏，则士马不能逞其能，奇变无所用其权，则天威有屈，而敌心未能服矣。惟明公思虞舜舞干戚[四]之义，全威养德，以道制胜，则国家之幸也！愿钧察焉。

曹操览之，遂罢南征，兴设学校。王粲、杜袭、卫觊③、和洽四个侍中，议欲尊曹操为"魏王"。尚书令荀攸④曰："不可。丞相爵至魏公，荣加九锡，改受金玺，位已极矣⑤。今又进升王

---

① 原作"当年一鼓英雄气"。据文意，"鼓"当作"股"。
② 原作"易其德怀"。据《三国志·魏书·武帝纪》注引《九州春秋》改。
③ 原作"卫凯"，系因"凯""觊"形近而误。据《三国志·魏书·卫觊传》改。
④ 原作"中书令荀攸"。据《三国志·魏书·荀攸传》改。
⑤ 原作"丞相官至魏公，荣加九锡，进爵诸侯，改受金玺，位已极矣"。魏公系"爵"，而非"官"；此时曹操已"位在诸侯王上"，故删"进爵诸侯"。

位,于理不可。"曹操闻之,大怒曰:"此人又欲效荀彧耶?"荀攸知之,当年十月,卧病不起,十数日内身亡。后史官有诗曰:

　　汉末荀公达,当时号大贤。
　　智能过宁武[五],德可配颜渊。
　　功振三分国,才成十二篇[六]。
　　曹丕曾下拜[七],声迹尚昭然!

傅子[八]曰:

　　或问近世大贤君子,答曰:"荀令君[九]之仁,荀军师之智①。荀令君仁以立德,明以举贤,行无谄黩②,谋能应机。孟轲称'五百年必有王者兴,其间必有命世者③',其荀令君乎!太祖谓'荀令君之进善,不进不休;荀军师之去恶,不去不止'。"

荀攸亡,年五十八岁。操厚葬之,遂罢"魏王"事。

　　一日,曹操带剑入宫。帝与伏后共坐。伏后见操来,慌忙起身;帝见曹操,战栗不已。操曰:"孙权、刘备各霸一方,不尊朝廷,当如之何?"帝曰:"尽在魏公裁处。"操怒曰:"陛下出此言,文武听之,只道吾欺君也!"帝曰:"君若相辅,则厚;不尔,垂恩相舍。"此言若不辅佐,则可怜而放于他处,胜似为君。操目视天子,作威而出。议郎赵彦④见曹操出,乃入奏帝曰:"近闻魏公欲自立为王,不久必篡位也⑤!"帝与伏后大哭。早有人报知曹操。操大怒,使武士直入禁宫,擒出赵彦,腰斩于市。帝闻之大惊,与伏后商议。后曰:"妾父伏完⑥,常有杀操之心,恨未能也。妾亲修书一封与父,令早晚图之⑦。"帝曰:"昔董承为事不密,反遭大祸;恐又泄漏,朕与汝皆休矣!"后曰:"旦夕如坐针毡,似此为人,不如早亡!妾于宦官内求之⑧,近得一人,抱忠义之节,有除操之心,可告此人,令寄此书。"帝问何人,后曰:"非穆顺不可。"帝即时召顺入,屏退左右近侍⑨。帝后大哭,告顺曰:"操贼欲为'魏王',早晚欲谋天下。左右之人皆操心腹,朕夫妻将欲垂命,无可诉及。欲卿将此书与后父伏完,令密图之。"顺泣曰:"臣感陛下知遇大恩,敢不以死补报!臣即请行。"帝与了书,穆顺藏于发中,潜出禁宫,径至伏完宅上,将书呈完。完见女亲笔,乃与穆顺曰:"吾料朝廷众人无敢近曹贼,除非江东孙权、益州刘备,得此二处起兵于外,操必自往。此时却求在朝忠义之臣,一同谋之。"穆顺曰:"皇丈可作数字回与帝后,求密诏,暗遣人往吴、蜀二处,令约会起兵,保民救主。"伏完取纸写书付顺。顺于头髻内深藏,辞完

---

① 原作"荀君师之智"。据《荀攸传》注引《傅子》改("荀军师"指荀攸,曾任军师多年)。
② 原作"行无谄强"。校改依据同①。
③ 原作"其间必有名世"。校改依据同①。
④ 原作"谏议郎赵俨"。"俨"系"彦"之音误。据《资治通鉴》卷六七建安十九年改。
⑤ 原作"近闻魏公欲自望为王,不久必篡主也"。据叶逢春本、余本《三国》改。
⑥ 原作"子童之父伏完"。"子童"即"梓童",系皇帝称呼皇后之语,不应用作皇后自称,故改。
⑦ 原作"早图之"。据叶逢春本、余本《三国》改。
⑧ 原作"子童于宫官内求之"。"子童"承上文改为"妾";"宫官"据叶逢春本、余本《三国》,改为"宦官"。
⑨ 原作"即时召顺入屏后,退去左右近侍"。据叶逢春本、余本《三国》改。

第一百三十二回　曹操杖杀伏皇后

回宫①。

原来早有人报知曹操。操先于宫门内等候。穆顺回，正走到面前，操问："哪里去来？"顺答曰："皇后心腹疾，命求医去。"操曰："医人何在？"顺曰："急未寻见。"操喝左右搜之，遍搜无物。临欲放行，忽然风吹落宫帽。操又唤回，取帽视之，遍观无物，还帽戴之。穆顺双手倒戴其帽。操曰："头上必有消息[一○]！"亲自搜出伏完书来。操看时，书中意欲结连孙、刘为外应事。操大怒，执下穆顺于密室问之，顺不肯招。操连夜点起甲兵三千，围住伏完私宅，老幼并皆拿下；于房内搜出伏后亲笔之书，遂将伏氏三族尽皆赴狱中。平明，使御史大夫郗虑②持节入宫，先收皇后玺绶。是日，帝在外殿，见郗虑引甲兵三百直入。帝问曰："有何事？"虑曰："奉魏公命，收皇后玺。"帝知事泄，心胆皆碎。虑至后宫，伏后方起，虑便唤管玺绶人索取玉玺而出。伏后情知事发，便于殿后椒房[一一]门内夹壁中藏之。少刻，尚书令华歆又引五百甲兵入，到后殿问宫人："伏后何在？"宫人皆指云："藏匿房中。"歆教甲兵围住，亲自推户，不开。华歆喝甲兵打开朱户③，寻觅不见，料在壁中，即时掣刀割开。伏后大叫。歆自下手，揪头髻拖出。后曰："望免我一命！"歆叱之曰："汝自见魏公分诉去！"后披发跣足，二甲士推拥而出。至外殿前，帝望见后，乃下殿抱后而哭。歆叱曰："魏公有命，可速行！"后大哭曰："不能复相活耶？"帝曰："我命亦不可知在何时也！"甲士前拥后推伏后而出。帝望见，捶胸大恸。见郗虑在旁，帝曰："郗公！天下宁有是事乎？"哭倒在地。郗虑令左右人扶帝入宫。华歆拿伏后见操。操骂曰："吾以诚心治天下，汝等反欲害我耶？吾不杀汝，汝必杀我！"喝左右乱棒打死。随即入宫，将伏后所生二子，皆鸩杀之。当晚将伏完、穆顺等宗族二百余口，皆斩于市。朝野之人皆恐惧。时建安十九年十一月也。此是曹操平生最不是处。后人有诗叹曰：

　　献帝当时何太懦？曹瞒得志弄威权。
　　伏完辅国夷三族，穆顺传书丧九泉。
　　皇后横亡魂杳杳，储君[一二]鸩死恨绵绵。
　　华歆郗虑儿曹辈，同恶相滋逆上天。

献帝自从坏了伏后，连日不食。操入曰："陛下无忧，臣无异心。臣女已与陛下为贵人，大贤大孝，宜居正宫。"献帝安敢不从，于建安二十年正月朔，就庆贺正旦之节，册立曹操之女曹贵人为正宫皇后。群下莫敢有言。

大事已定，曹操会大臣商议收吴灭蜀之事。贾诩曰："须召夏侯惇、曹仁二人回，商议此事。"操即时发使，星夜唤回。夏侯惇未至，曹仁先到，连夜便入府中见操。操带酒睡着，许褚仗剑立于堂门之内。曹仁欲入，被许褚当住。曹仁大怒曰："吾乃征南重臣，曹氏宗室，汝何敢无礼耶？"许褚曰："将军虽亲，乃外藩镇守之官；许褚虽疏，见充内侍。主公醉卧堂上，不敢放

---

① 原作"顺辞完回宫"。主语"顺"与上句重复，故删。
② 原作"御林将军郗虑"。东汉三国无"御林将军"官名。据《后汉书·伏皇后纪》改。
③ 原作"华歆甲兵打开朱户"。据叶逢春本改。

入。"曹操闻之,急出曰:"吾之虎将所见甚明,弟勿怪之。"曹仁叹曰:"忠烈之士也!"不数日,夏侯惇亦至,共议征伐。惇曰:"吴、蜀急未可攻,宜先取汉中张鲁,以得胜之兵取蜀,可一鼓而下也。"曹操曰:"正合吾意。"遂起兵西征。胜负如何,且听下回分解。

【注释】

[一] 攘:排除,除去。

[二] 按甲寝兵:收束铠甲,停止使用武器。意为不打仗。

[三] 劝:鼓励。

[四] 虞舜舞干戚:虞舜,舜为有虞氏,故称。《韩非子·五蠹篇》云:舜之时,有苗不服,舜偃武修文,将干戚用为舞具,以修德教感化有苗,有苗乃服。干,盾;戚,斧。

[五] 宁武:即宁武子,名俞。春秋时卫国大夫。孔子称其"邦有道则知(智),邦无道则愚;其知可及也,其愚不可及也"。

[六] 才成十二篇:指荀攸先后献奇策十二。见《三国志·魏书·荀攸传》。

[七] 曹丕曾下拜:荀攸曾经生病,曹丕去看望他,拜于床下,以示特别尊重。见《三国志·魏书·荀攸传》。

[八] 傅子:即傅玄。傅干之子。西晋学者。著有《傅子》一书。

[九] 荀令君:指荀彧,曾任尚书令多年。令君,尚书令的别称。

[一〇] 消息:此处意为"秘密"。

[一一] 椒房:后妃所住的宫殿。用椒和泥涂壁,取其温暖有香气,兼有多子之意,故称。

[一二] 储君:太子。此处指伏皇后所生皇子。

第一百三十三回　曹操汉中破张鲁

曹操将征西军士分为三队：前部先锋夏侯渊、张郃，中间操与诸将，后队曹仁、夏侯惇押运粮草。比及起程，早有细作报入汉中来。张鲁与弟张卫商议退敌之策。卫曰："汉中最险，无如阳平关[一]，左右依山傍林。下十余个寨栅，迎敌曹兵。兄在南郑①，尽拨粮草应付。"鲁遣大将杨昂、杨任掌管军马，以助其弟。即日起程。军到阳平关，下寨已定。夏侯渊、张郃前军已到，闻知阳平关已有准备，离关一十五里下寨。是夜，军士疲困，各自歇息。忽寨后一把火起，杨昂、杨任两路兵杀来劫寨。张郃、夏侯渊急上得马，四下里大兵拥入，曹兵大败，退见曹操。操大怒曰："汝二人行军许多年，岂不知'兵若远行疲困，可防劫寨'？如何不做准备？"欲斩二人，以明军法。众官告免。

操次日自引兵为前队，见山势险恶，林木丛杂，不知路径。操恐有伏兵，引兵回寨②。次日，操上马，只带许褚、徐晃二人，共三匹马，来看张卫寨栅③。见高山茂林无数。曹操与许褚、徐晃二将曰："吾若知此处如此，必不起兵来。"许褚曰："事已至此，主公不可自悔④。"三匹马转过山坡，早望见张卫寨栅。操扬鞭遥指，与二将曰："如此坚固，急切难下！"忽背后一声喊起，箭如雨发。操大惊。杨昂、杨任分两路杀来。许褚曰："吾挡贼兵，公明善保主公！"许褚纵马向前。二将双至，不能挡许褚之勇。杀退二将，其余不敢向前。背后徐晃保着曹操，三匹马从万军中杀出来，前面又一军到。看时，却是夏侯渊、张郃二将，听得喊声，故引数千骑杀将入来，杀退杨昂、杨任，救得曹操回寨。操重赏四将。两边相拒五十余日，各不相攻。曹操传令退军。贾诩曰："贼势未见强弱，主公何故自退焉？"操曰："吾料贼兵每日提备，急难取胜。吾退军马为名，贼必懈怠，却分轻骑抄袭其后，必胜贼矣。"贾诩曰："丞相神机，不可测也。"于是令夏侯渊、张郃分兵两路，各引轻骑三千，取小路抄阳平关后。曹操大军尽拔寨起。杨昂听得曹兵退，请杨任商议："今操退兵，可乘势击之。"杨任曰："操诡计极多，未知真实，不可追赶。"杨昂曰："汝不往，吾当自去。"杨任苦谏不从。杨昂尽起五寨军马前进。是日，大雾弥漫，对面皆不相见。杨昂军士至半路扎住。

却说夏侯渊一军抄过山后，见重雾垂空，又闻人语马嘶，恐有伏兵，急催人马行动，误走到杨昂寨前。寨内有些小守寨军士，听得马蹄响，只道是杨昂兵回，开门纳之。马军一拥而入，见是空寨，便就寨中放起火来，五寨军士尽皆弃寨而走。杨任比及雾散，来探消息，五寨一齐

---

① 原作"兄在汉宁"。汉宁即汉中，系郡名。此处与阳平关对举，实指郡治南郑。
② 原作"再引兵回寨"。"再"字赘，删去。
③ "次日，操上马……来看张卫寨栅"数语，原在"主公不可自悔"句后。据余本《三国》，移至此处。
④ 原作"主公不可自惮"。据叶逢春本、余本《三国》改。

火着。杨任领兵来救,与夏侯渊战不数合,背后张郃兵到。杨任杀条大路,望南郑而逃①。杨昂待要回时,已被夏侯渊、张郃两个占了寨子。背后曹操大队军马赶来,两下夹攻,四边无路。杨昂欲突阵而出,正撞着张郃,两个交手,被张郃杀死。败兵回,投阳平关来见张卫。原来卫知二将败走,诸营已失,半夜弃关,奔南郑[二]去讫②。曹操遂得阳平关并诸寨。张卫、杨任来见张鲁。卫曰:"二将失了隘口。"张鲁大怒,欲斩杨任。任曰:"某曾谏杨昂休追曹兵,不肯听信,故有此败。任再乞一军前去挑战,必斩曹操;如不胜,该斩。"鲁取了军令状。杨任上马,引二万军离南郑下寨。

却说夏侯渊劝曹操进兵,操曰:"令一军前去哨路。"即时令夏侯渊领五千军,往南郑路上来,正迎着杨任。两军摆开,任遣首将昌奇出马,与渊交锋,战不到三合,被渊一刀斩于马下。杨任自挺枪出马,与渊战三十余合,不分胜负。渊拨回马走,任追赶来,被渊一刀斩杨任于马下。军士大败而回。曹操已知渊斩了杨任,即时进兵,直抵南郑下寨。

张鲁慌聚文武商议。阎圃曰:"某保一人,可敌曹操手下诸将。"鲁问是谁,圃曰:"南安狟音桓道人也,姓庞,名德,字令明,昨随马超投降主公;后马超收益州,庞德卧病不曾行。见今蒙主公恩养,何不令此人去?"

张鲁即时赏劳了,便点一万军马,令庞德出。离城十余里,与曹兵相对,庞德出马搦战。曹操在渭北时③,深知庞德之能,嘱咐诸将曰:"庞德乃凉州勇将,原属马超;今虽依张鲁,未称其心。吾欲得之。汝等皆与缓斗,使其力乏擒之。"诸将得令,张郃先出,战了数合便退。夏侯渊也战数合退了。徐晃又战三五合也退了。临后许褚出,战五十余合方退。庞德力战四将,并无惧怯。各将皆于操前夸庞德好武艺。曹操心中深喜,与众商议,如何得此人投降。贾诩曰:"某知张鲁手下有一谋士杨松,其人极贪贿赂,暗以金帛送之,必使庞德疏矣。"操曰:"何由得人入南郑?"诩曰:"来日交锋,诈败佯输,将庞德引数十里远;黉夜却去劫寨,庞德必退入城中。却选一能言者,扮作步军,杂在阵中,便得入城。"操听其计,唤一军士,能干此事,即时重赏,付与金掩心甲一副,披在贴肉,却穿汉中军士号衣,于半路上等候。次日,先拨夏侯渊、张郃两支军远去埋伏;却教徐晃挑战,不数合败走。庞德招军掩杀,曹兵尽退。庞德却夺了曹操寨栅,见于内粮车极多,申报张鲁,鲁大喜。当夜二更左侧,三路火起,正中是徐晃、许褚,左张郃、右夏侯渊:三路来劫寨。庞德上马,冲杀出来,望城中而走。背后三路共追袭。到城下,庞德唤开城门,一拥入城。

此时细作已杂到城中,径投杨松府下谒见,说:"魏公曹丞相久闻盛德,故使某送金甲为信,更有密书。"松见了大喜,问:"丞相今欲如何?"细作曰:"若疏远庞德,事即谐矣。"松曰:"放心,某自有良策报答丞相。"杨松连夜入见张鲁,说庞德受了曹操金珠,卖此一阵。张鲁大怒,

---

① 原作"望汉宁、包州而逃"。此处"汉宁"实指南郑;"包州"系"褒州"之误,东汉末名"褒中",系汉中属县,二者不应并列。据下文改。

② 原作"奔南郑、包州去讫"。据下文改。

③ 原作"曹操在渭桥时"。据第一一六回改。

唤庞德责骂,欲斩之。阎圃苦谏。张鲁曰:"你来日出战,不胜必斩!"庞德抱恨而退。次日,曹兵攻城,庞德引兵冲出。曹操令许褚交战。褚诈败,庞德赶来。曹操自乘马于山坡上唤曰:"令明,何不早降汉?"庞德寻思:"拿住曹操,抵一千员上将!"飞马上坡。一声喊起,天崩地塌,连人和马,跌将下来。四壁钩索一齐上前,活捉了庞德,押上坡来。曹操下马,叱退军士,亲释其缚,令庞德投降。庞德寻思张鲁不仁,情愿拜降。曹操亲扶上马,共回大寨,故意教城上望见。人报张鲁,庞德与曹操并马而行。鲁信杨松之言为实。

次日,曹操三面竖立云梯,飞炮攻打。张鲁见其势已极,与弟张卫商议。卫曰:"放火尽烧仓库城郭,出奔南山,去守巴中[三]可矣。"杨松曰:"不如开门投降。"张鲁犹豫不定。卫曰:"只是烧了便行。"张鲁曰:"本欲归命国家,而意未得达。今避锋锐,非有恶意。宝货仓库,国家之有,不可废也。"遂尽封锁。是夜二更,张鲁引全家老小,开南门而出。曹操教休赶,遂入南郑。报说张鲁封闭库藏之意,曹操甚是怜之,遂差人往巴中说之。张鲁欲降,其弟张卫不肯。杨松密书使人报曹操,教便进兵。曹操亲自引兵往巴中。张鲁使弟张卫引兵出迎,与操兵相敌,被许褚斩之。败军回报张鲁,鲁欲坚守。杨松曰:"今若不出,必遭大祸,某守城,主公当决一死战,必然胜矣。"阎圃谏休出。鲁不听,亲自出阵。未及交锋,后军已走。张鲁急退,背后曹兵赶来。张鲁到城下,杨松闭门不开。张鲁无出路,回马之时,曹操自叫:"早下马受降!"鲁乃下马,投拜曹操。操大喜,念张鲁封仓库之心,重重相待。操拜鲁为镇南将军,封阆中侯①,封鲁五子及阎圃等皆为列侯②。于是汉中皆平。操传令各郡分设太守,置都尉,大赏士卒。惟有杨松卖主求荣,即当斩之于市,教众人悉知。

曹操已得汉中,主簿司马懿进曰:"刘备以诈力虏刘璋,蜀人未曾归心。今主公已得汉中,益州震动,可速进兵临之,势必瓦解矣。圣人不可违时,亦不可失时也③。"曹操叹曰:"'人苦不知足,既得陇,复望蜀'也!"刘晔进曰:"刘备乃人杰也,有度而迟[四],得蜀日浅,蜀人未恃也。今破汉中,蜀中震恐,其势自倾。以公之神明,因其倾而压之,无不克也。若少缓之,文有诸葛亮,明于治国而为相;武有关、张、赵云、黄忠、马超、魏延等,勇冠三军而为将④。蜀民既定,据守关隘,则不可犯矣⑤。今若不取,必有后患。"曹操曰:"士卒远涉劳苦,且宜存恤。"遂按兵不动。

却说益州百姓听知曹操已取汉中,料必来取益州,一日之间,数遍惊恐,但有风吹草动,老幼不安,往往报知玄德。玄德请军师商议。孔明曰:"亮有一计,使曹操自退。"玄德问孔明其计如何,且听下回分解。

---

① 原作"操封鲁为镇南将军"。据《三国志·魏书·张鲁传》改。
② 原作"阎圃等封亍为列侯者五人"。据《张鲁传》改。
③ 原作"圣人云'不可违时,亦不可失时'也"。据《资治通鉴》卷六七建安二十年改。
④ 原作"勇冠三军而为将,号曰'五虎'"。第一四五回写刘备称汉中王后,始"以关、张、马、黄、赵为五虎大将";此时尚无此名目,且原文写到六人,故删去"号曰'五虎'"。
⑤ 原作"魏兵不可犯矣"。此时尚无"魏兵"之称。据《资治通鉴》卷六七建安二十年改。

【注释】

［一］阳平关：关隘名。故址在今陕西勉县西白马河入汉水处。为汉中盆地西边门户。

［二］南郑：县名。为汉中郡治所。故城址在今陕西汉中。

［三］巴中：地名。指今四川渠县一带。

［四］有度而迟：有气度，但见事迟缓。

第一百三十四回　张辽大战逍遥津

孔明曰:"曹操军屯合肥,独拒孙权也。今遣舌辩之士,分三郡还吴,陈说利害,令吴起兵袭合肥,牵动其势,操必勒兵南向矣。"玄德问谁可为使,一人进曰:"某愿往。"乃伊籍也。玄德喜,遂作书具礼,令伊籍先到荆州①,说与云长,可拨江夏、长沙、桂阳以东属孙权。然后入吴,到建业来见吴侯②,先通了姓名,乃召伊籍入。籍见孙权,升堂拜毕,权问曰:"汝到此为何?"籍曰:"昨承诸葛子瑜取长沙、江夏、桂阳三郡,为军师不在,有失交割,今传书送还。所有南郡、零陵、武陵本欲送还③,争奈被曹操袭取汉中,使关将军无容身之地。今合肥空虚,望君侯起兵攻之,曹操必掣兵。吾主公若取了汉中,即还荆州全土也。君侯疑而不行,曹操必南征,此时恐措手不及。"权曰:"汝且归馆舍,容吾商议。"伊籍退回,权问于众。张昭曰:"此是刘备恐操取益州,故行此谋。虽然如此,可因曹操在汉中,乘势取合肥,亦是上计。"顾雍所见皆同。因此令伊籍回报,两下起兵攻操。籍辞遂行。孙权令鲁肃收纳长沙、江夏、桂阳三郡,屯兵于陆口;取吕蒙、甘宁回,又去取余杭凌统回。

且说三军皆起,吕蒙、甘宁先到。蒙献策曰:"见今曹操令庐江太守朱光,屯兵于皖城,大开稻田,纳谷于合肥以充军资。今可先取皖城,然后兵出合肥。"权曰:"此计甚合吾意。"遂教吕蒙、甘宁为先锋,蒋钦、潘璋为合后,权自引周泰、陈武、董袭、徐盛为中军。那时程普、黄盖、韩当在各处镇守。

却说军马渡江取历阳④,径到皖城。庐江太守朱光⑤,使人往合肥求救;自守城池,坚壁不出。权自到城下看时,城上乱箭射下,直射孙权麾盖,几乎中弩箭。权回寨,问众将曰:"如何取得皖城?"董袭曰:"可差军筑起土山而攻之⑥。"徐盛曰:"可竖云梯,造虹桥[一],下观城中而攻之。"吕蒙曰:"此法皆费日月而成,合肥救军一至,不可图也。只来日,某须要得城。"权问其谋,蒙曰:"今南军初到,可乘此时以三军锐气,四面夹攻。平明进兵,午未可下。"权从之,五更饭毕,三军大进。城上矢石齐下,战士多伤。甘宁手执铁链,冒矢石而上。朱光令弓弩以射之,甘宁拨开箭林,一链打倒朱光。吕蒙亲自擂鼓,士卒皆一拥而上,乱刀砍死朱光。降者数万人,得了皖城,方才辰时。张辽引军至半路,哨军回报皖城已失。辽即回兵归合肥。

孙权入城,赏军已罢,人报凌统也到,权慰劳了。吕蒙得赏,作宴管待诸将。时甘宁身穿

---

① 原作"令伊籍入吴,先到荆州"。"入吴"与下文"然后入吴"重复,删去。
② 原作"到秣陵来见吴侯"。第一二二回已写孙权改秣陵为建业,据改。
③ 原作"所有荆州、南郡、零陵本欲送还"。"荆州"系州名,不应与其所辖的南郡、零陵并列。参照《三国志·蜀书·先主传》改。
④ 原作"却说军马渡江取和州"。和州系南北朝地名。东汉时名历阳(第二九回已写到)。
⑤ 原作"皖城太守朱光"。据《三国志·吴书·吴主传》及上文改。
⑥ 原作"可差军筑起土堆而攻之"。据《三国志·吴书·吕蒙传》注引韦昭《吴书》,改"土堆"为"土山"。

吴侯所赐锦袍,坐于筵上,吕蒙称其功劳。酒至半酣,凌统想起杀父之仇,又见甘宁夸耀,心中大怒,瞪目直视良久,拔左右所佩之剑,立于筵上曰:"筵前无乐,看吾舞剑。"甘宁便会其意,推开果桌,起身于左右手内抢两支戟,双臂挟定,纵步而出曰:"看吾筵前使戟。"吕蒙会意,一手挽牌,一手提刀,立于其中曰:"二公虽能,皆不如我巧也。"破步便舞刀牌,将二人分于两下。早有人报知孙权。权慌跨马直至筵前,自与甘宁、凌统二人和解,二人方才放下军器。权曰:"吾常言二人休念旧仇,今日又何如此?"凌统哭拜于地。孙权劝之,方息。至次日,起兵进取合肥,三军尽发。

却说张辽为失了皖城,回到合肥,心中愁闷。忽曹操差人送教帖[二]与护军薛悌①,上有操封,旁书云:"贼来乃发。"是日,报说孙权自引十万大军,来犯合肥。薛悌教张辽拆开教帖②,上云:"若孙权至,张、李二将军出战,乐将军守,护军勿得与战③。"张辽将帖与李典、乐进观之。乐进曰:"将军雅意若何?"张辽曰:"主公远征在外,吴兵以为破我必矣。今可以发兵折其锋锐,以安众心,然后可守也。"李典素与张辽不睦,默然不答④。乐进曰:"贼众我寡,难以迎敌,不如坚守。"张辽曰:"汝等皆是私意,以废王事。吾今自出,决一死战⑤。"便教左右人备马。李典慨然而起曰⑥:"此国家大事,岂敢以私憾而忘公事乎?愿从将军指使。"张辽大喜曰:"既曼成公曼成,典字。肯相辅助,来日可引一军于逍遥津[三]北埋伏,待吴兵杀过来,可先断小师桥,吾与乐文谦文谦,进字。击之。"李典自去点军埋伏。

却说孙权兵至合肥相近,遂传令曰:"兵贵神速,不宜久迟。吕蒙、甘宁当先便进,凌统随吾为次,诸将陆续进发。"却说吕蒙、甘宁前队兵进,正与乐进相迎。甘宁出,与乐进交锋。战不数合,乐进诈败而走,甘宁召吕蒙引军赶去。

却说孙权第二队听得前军得胜,催兵行至逍遥津北,忽闻连珠炮响,左边张辽一军杀来,右边李典一军杀来。惊得孙权手足无措,急令人唤吕蒙、甘宁回救之时,张辽兵已到。凌统手下只有三百余骑,势如山倒。凌统大呼曰:"主公何不速渡小师桥!"言未毕,张辽当先,二千余骑箭发如雨。统翻身死战。孙权纵马上桥,桥南已拆丈余,并无一片板。孙权大惊,亲近牙将谷利大呼曰:"主公可约马退后些,再放马向前跳!"孙权收回马来,有三丈余远,孙权纵马加鞭,那马一跳飞过桥南。史官有诗曰:

的卢当日跳檀溪,又见吴侯败合肥。

退后着鞭驰骏骑,逍遥津上玉龙飞。

又诗曰:

吴侯纵辔跃征骖,凌统甘宁恶战酣。

---

① 原作"忽曹操差薛悌送木匣一个"。叙薛悌身份大误。据《三国志·魏书·张辽传》改。
② 原作"薛悌教张辽开匣"。承上文改。
③ 原作"乐将军守护,勿得与战"。据《张辽传》改(乐进稳重,故守城;薛悌系文官,故不参战)。
④ 原作"典默然不答"。主语"典"与上文重复,承前省。
⑤ 原作"吾今自出战,决一死敌"。据叶逢春本改。
⑥ 原文无"曰"字。据叶逢春本补。

第一百三十四回 张辽大战逍遥津

身透重围冲铁骑,从兹声价满江南。

孙权跳过桥南,徐盛、董袭驾舟相迎。凌统、谷利再杀入重围,与张辽鏖战。甘宁随后截住李典厮杀,吕蒙截住乐进厮杀。是日,吴兵折了太半。凌统所领三百余人尽被杀死,独统得脱身,杀到桥边,桥已拆断。凌统身中数枪,绕河而逃。孙权在舟中望见,急令董袭棹舟接之,乃得渡回。吕蒙、甘宁皆逃过河南。这一阵杀得江南小儿皆怕,闻张辽大名不敢夜啼。有诗曰:

唬杀江南众小儿,张辽名字透深闺。

才闻乳母低声说,夜静更阑不敢啼。《蒙求》有"张辽止啼"。

众将保护孙权还营。吴军死者不知其数,孙权心惊不定。众将曰:"至尊乃万民之主也,当以持重。今日之事,群下震惊,若无天地护佑,几丧性命。愿主人以此为终身之戒。"孙权亦垂泪曰:"孤今大惭,谨以刻心,非但书绅[四]也!"权乃重赏凌统,收军回濡须,整顿船只,商议水陆并进;一面差人回江南①,再起人马。

张辽与众将议曰:"逍遥津虽赢了孙权一阵,今在濡须计议,水陆并进报仇。此间军少,报知丞相,早添兵来救护。"令薛悌星夜往汉中报与魏公②。操同众官议曰:"此时可收益州否?"刘晔曰:"今蜀中稍定,已有提备,不可击也。不如撤兵去敌吴兵,救合肥之急,就下江南。"操留夏侯渊守汉中定军山[五]隘口,留张郃守宕渠蒙头岩[六]隘口③,连夜拔寨起兵,号四十万,杀奔濡须坞来。未知胜负如何,且听下回分解。

【注释】

[一] 虹桥:即"飞桥"。因其贯空如虹,故称。
[二] 教帖:公侯、大臣的书面指示。简称"教"。
[三] 逍遥津:古津渡名。为古代肥水渡口。故址在今安徽合肥。
[四] 书绅:写在腰带上,表示时刻不忘。绅,腰带。
[五] 定军山:山名。位于汉中郡沔阳县境(今陕西勉县东南)。
[六] 宕渠蒙头岩:宕渠,县名,属益州巴西郡,治所在今四川渠县东北;蒙头岩,山名,系宕渠县南八濛山的一峰,在今四川渠县境。

---

① 原作"一面差人江南"。据黄正甫本,加"回"字。
② 原作"令薛悌星夜往汉中报与魏王"。此时曹操尚为"魏公",第一三六回方写其进爵为"魏王"。
③ 原作"留张郃守蒙头岩当渠山隘口"。"当渠"应作"宕渠",系县名,而非"山"名。据《三国志·蜀书·张飞传》改。

第一百三十五回　甘宁百骑劫曹营

却说孙权在濡须口收拾军马，有人来报曹操自汉中领兵四十万，前来救合肥。孙权与谋士计议，先拨董袭、徐盛二人领五十只大船，在濡须口埋伏停泊；令陈武带领人马，往来于江岸巡哨。张昭曰："今曹操远来，必须得一人先挫其锐气。"权聚众曰："曹操远来，谁敢当先破敌，以挫操兵锐气？"凌统出曰："吾愿往。"权曰："带多少军去？"统曰："三千人足矣。"甘宁曰："小将不用三千人马，只带百骑破敌①。"凌统大怒。两个就在孙权面前争竞起来。权曰："先教凌统带三千军马出濡须去哨曹兵，甘宁为第二。"凌统领三千人马，出离濡须坞。尘灰起处，曹兵早到。先锋张辽与统交锋，五十合不分胜败。孙权恐凌统有失，令吕蒙接应回营。

甘宁见凌统回，即时告曰："宁今夜只带一百人马去劫曹营，若折了一人一骑也不算功。"孙权调拨帐下一百精锐马军；又赏酒五十瓶，羊肉五十斤，赏赐军士。甘宁领命，回到营中，教一百人皆列坐，先将银碗酌酒②，宁自吃两碗，乃语百人曰："今夜奉命劫寨，诸公请满饮，各宜努力！"各人面目相觑，不晓其意。甘宁见有难色，乃拔剑在手，大怒言曰："我为上将，不惜命，尚且要去；汝乃小人，焉敢惜乎！"一百人见甘宁作色，皆起拜曰："愿效死力，跟将军去！"甘宁将酒肉与百人共饮。食已尽，约有二更时候，取白鹅翎一百根插于盔上为号，都披甲上马，到于曹操寨边，拔开鹿角，马上敲锣击鼓，杀入寨中来，径奔中军来杀曹操。原来中军人马，以车仗伏路，穿连不断，围得铁桶相似，不能得进。甘宁只将百骑在马上遥呼，往来敲锣击鼓，在于中军冲突。营中人马惊慌，自家相杀，各寨攘乱。那甘宁百骑在营内纵横驰骤，逢者便杀。各营鼓噪，举火如星，喊声大震。甘宁从南门杀出，无人敢当。孙权令周泰引一支军来接应。甘宁将百骑回到濡须。操兵恐有埋伏，不敢追袭。后有诗曰：

　　鼙音皮鼓[一]声喧震地来，雄师到处鬼神哀。
　　百翎直贯曹瞒寨，尽说甘宁虎将才！ 此战，名为"百翎贯寨"。

甘宁引百骑到寨，不折一人一骑，至营门，令百人皆击鼓吹笛，口称："万岁！万岁！"欢声大震。孙权自来迎接。甘宁下马拜伏，孙权扶起。权携宁手曰："将军此去，足以惊骇老贼也！非孤相舍，正欲观卿胆耳！"即赐绢千匹，利刀百口。甘宁拜受讫，遂分赏百人。权拜甘宁为平虏将军[二]，语诸将曰③："孟德有张辽，孤有兴霸，足相敌也。"

次日，张辽引兵搦战。凌统见甘宁有功，告曰："统愿往。"领兵五千，离濡须。权自上马临阵，左有甘宁，右有凌统。三匹马立于门旗之下。对阵圆处，张辽出马，左有李典，右有乐进。

---

① 原文无"小将不用三千人马"。据叶逢春本、余本《三国》补。
② 原作"先将银碗"。据《三国志·吴书·甘宁传》，补入"酌酒"二字。
③ 原作"权语诸将曰"。主语"权"与上句重复，承前省。

凌统纵马提刀,出阵搦战。张辽使乐进出马,挥刀与凌统交战①。到五十合,未分胜负。曹操听得,亲自策马到门旗下看。操令曹休放冷箭射凌统坐下马。曹休闪在张辽背后,开弓一箭,正中凌统马胸膛,那马直立起来,把凌统掀在地上。乐进挥刀来砍。刀还未到②,只听得弓弦响处,一箭射中乐进面门,翻身落马。两军齐出,各救一将回营。张辽兵退回营中,自去医治乐进。凌统回到寨中,拜谢吴侯。权曰:"放箭救你者,甘宁也。"凌统顿首拜宁曰:"不想兄长如此施恩!"宁曰:"主公令我仇将恩报,今稍报公万分之一也。"凌统自此与甘宁结为生死之交,刎颈之友,誓以死生相救。有诗曰:

　　结下冤仇因凤羽[三],解酬恩义在龙骹[四]。
　　阵前一箭成功处,从此翻为刎颈交。

二将自此再不为恶。

　　且说曹操见乐进中箭,命自到帐中调治③,传令催趱人马冲阵。当先曹操分兵五路,来袭濡须:操自领中一路;左一路张辽,左二路李典;右一路徐晃,右二路庞德。每一路各一万人马,前来与孙权战。平踏到江边,解鞍饮马。时孙权手下董袭、徐盛二将,在五楼船上见五路军马来到,诸军各有惧色。徐盛大怒曰:"食君之禄,命悬君手,何惧群贼哉!"遂牵马下小船,飞奔江边,火急上马,引数百人,杀入李典军中去了。董袭在船上,令众军擂鼓呐喊,以助其威。忽然江上猛风大作,白浪掀天,惊涛汹涌。军士见大船将覆,争下脚舰[五]逃命。军士叫曰:"船将沉溺,快请将军速下船来!"董袭仗剑大喝曰:"将受君命,在此防贼,怎敢弃船去之?再言者斩!"即杀下船军士十余人。风急船覆,董袭死于江口水中。徐盛在李典军中往来冲突,如飞沙走石,互相杀伤。

　　却说陈武听得江边厮杀,引一军来,正与庞德相遇,两军混战。孙权在濡须坞中,听得曹兵杀到江边,自引本部军前来助战。正见徐盛在李典军中搅做一团厮杀,孙权引兵来救。张辽、徐晃两支军把孙权困在垓心。曹操上高阜处看见周围困住孙权,权手下两员将舍身死战。操曰:"何人敢去冲开孙权手足而擒之?"言未尽,一将应声而出,乃许褚也。褚纵马持刀,杀入军中,把孙权军冲作两段。

　　却说周泰从军中杀出,到江边,并无孙权,勒回马,从外又杀入阵中,问本部军:"主公何在?"军人以手指兵马厚处:"主公受围!"周泰挺身杀入,寻见孙权。泰曰:"主公何不随泰出战阵?"孙权跟周泰杀出。泰到江边,回头又不见孙权出,第三次又寻见孙权。权曰:"弓弩齐发,不能得出重围。"泰曰:"主公在前,某在后,可以出围。"周泰横身左右遮护,身被数枪,箭透重铠,救得孙权来到江边。吕蒙引一支水军布在江边,前来救得孙权下船。权曰:"吾亏周泰三番救解,得脱虎口。徐盛在垓心,如何得脱?"周泰曰:"吾再救去!"遂轮枪,复翻身杀入阵去,军中救出徐盛。二将各带重伤。吕蒙教军乱箭射住岸上兵,都救二将等下船。

　　却说陈武与庞德大战,后面又无应兵,被庞德赶到山峪口,树林丛密;陈武再欲回身交战,

---

① 原作"持枪与凌统交战"。据第一〇六回,乐进所用兵器是刀。
② 原作"乐进持枪来刺。枪还未到"。承上文改。
③ 原作"自到帐中调治"。据文意,加"命"字。

被树抓住袍袖,不能迎敌,因此被庞德手起一刀斩之。曹操见孙权走脱,自策马驱兵赶到江边对射。吕蒙箭尽,正慌迫间,忽对江一宗船到,为首一员大将,乃是吴郡吴人也,小霸王孙策女婿,姓陆,名逊,字伯言,自引十万兵到,一阵射退曹兵,乘势登岸追杀曹兵,复夺战马数千匹。曹兵伤者不计其数,大败而回①。因此于乱军中寻见陈武尸首。孙权又知董袭沉江而死,哀痛至切,情感三军,令人水中寻见尸首,皆厚葬之。后史官赞董袭诗曰:

　　忆昔征黄祖,全凭董袭功。
　　飞身临战舰,挥刃断长虹。
　　图写丹青上,游魂雪浪中。
　　濡须船破裂,流泪满江东。

又庙赞陈武诗曰:

　　宽厚施仁德,乡间尽感恩。
　　功勋标史记,名姓写麒麟[六]。
　　阵死儿孙显,身亡器宇存。
　　至今江上冢,谁不吊英魂?

　　两军罢战,各守营寨。孙权得周泰救济之功,营中作一宴谢之。孙权把盏至周泰面前,抚其臂,泪流满面曰:"卿为吾兄弟战如熊虎,不惜性命,被枪数十,肤如刻画,孤亦何心不待卿以骨肉之恩,委卿以兵马之重乎!卿乃孤之功臣,孤当与卿共荣辱,同休戚。幼平意快为之②,勿以寒门而自退也。"言罢,令周泰解衣与众将观之,皮肉肌肤如同刀剜,盘痕遍体。孙权手指其痕,一一问之。周泰即言战斗之所。一处伤,令吃一觥酒。是日,周泰大醉。权以青罗伞赐之,令出入张盖,以显耀之。其余众臣皆赏。

　　权在濡须,与操相拒月余。张昭、顾雍上言:"曹操势大,不可力取,若与久战,大损士卒;不若求和,安民为上。"孙权从其言,令步骘往曹营求和,许年纳岁贡。操见江南急未下,乃从之③,令孙权先撤人马,"吾然后班师。"步骘回复,权留蒋钦、周泰守濡须口,尽发兵上船,回还建业④。

　　操留曹仁、张辽屯合肥,操班师还许都。群下众官皆议立曹公为"魏王",营建王宫。群下一人高声大叫:"不可!"未知其人是谁,且听下回分解。

【注释】

　　[一] 鼙鼓:古代军中所击的小鼓。

① 原作"曹兵大败而回"。主语"曹兵"与上句重复,承前省。
② 原作"威平意快为之"。据《三国志·吴书·周泰传》注引《江表传》改("幼平"系周泰的字)。
③ 原作"操乃从之"。主语"操"与上句重复,承前省。
④ 原作"回还秣陵"。承第一二二回改。

〔二〕平虏将军：杂号将军名。历史上的甘宁未任此职。
〔三〕凤羽：代指箭。羽，箭尾的鸟羽。此句写二人因甘宁射死凌操而结仇。
〔四〕龙弰：代指弓。弰，弓的末梢。此句写甘宁懂得以恩报怨，放箭救了凌统。
〔五〕脚舰：系在战舰尾部备用的小船。
〔六〕麒麟："麒麟阁"的省语。见第一一四回注〔一一〕。

第一百三十六回　魏王宫左慈掷杯

建安二十一年,岁在丙申,操自合肥还都,侍中王粲上诗颂德,群下皆贺。其颂曰:

从军有苦乐,但问所从谁。所从神且武,安得久劳师?相国征关右[一],赫怒振天威①。一举灭獯虏,再举服羌夷。西收边地贼,忽若俯拾遗[二]。陈赏越山岳,酒肉逾川坻[三]②。军中多饶饫[四],人马皆溢肥。徒行兼乘还③,空出有余资。拓土三千里,往返速如飞。歌舞入邺城,所愿获无违④。

曹操看之大喜,遂议进爵为王。尚书崔琰力言不可。众官曰:"汝独不见荀文若乎?"琰大怒曰:"时乎,时乎!会当有变!任自为之!"有与琰不和者,告知曹操。操大怒,捉琰下狱问之。崔琰虎目虬音求须,只是大骂曹操篡汉奸贼。廷尉告白曹操,操令杖杀崔琰在狱中。后有赞曰:

清河崔琰,天性坚刚;虬须虎目,铁石心肠;奸邪辟易[五],声节显昂;忠于汉主,千古名扬!

夏五月,群下奏知献帝,颂魏公曹操功德:"极天际地,虽伊尹、周公,莫可及也,宜进爵为王。"献帝即令钟繇草诏,立操为魏王。诏曰:

自古帝王,虽号称相变,爵等不同,至于褒崇元勋,建立功德,光启氏姓,延于子孙,庶姓之与亲,岂有殊焉。昔我圣祖[六]受命,创业肇基,造我区夏,鉴古今之制,通爵等之差,尽封山川以立藩屏,使异姓亲戚并列土地,据国而王,所以保乂天命,安固万嗣。历世承平⑤,臣主无事。世祖[七]中兴而时有难易,是以旷年数百,无异姓诸侯王之位。朕以不德⑥,继序弘业,遭率土[八]分崩,群凶纵毒,自西徂东,辛苦卑约。当此之时,唯恐溺入于难,以羞先帝之圣德。赖皇天之灵,俾君秉义奋身,震迅神武,捍朕于艰难,获保宗庙,华夏遗民含气之伦,莫不蒙susia焉。君勤过稷[九]、禹,忠侔伊、周,而掩之以谦让,守之以弥恭,是以往者初开魏国,锡君土宇,惧君之违命,虑君之固辞,故且怀志屈意,封君为上公,欲以钦顺高义,须俟勋绩。韩遂、宋建[一〇],南结巴、蜀,群逆合从,图危社稷,君复命将,龙骧虎奋,枭其元首,屠其窟栖。暨至西征,阳平之役,亲擐甲胄,深入险阻⑦,芟音山夷蛋音矛贼,殄其凶丑,荡定西陲,悬旌万里,声教

---

① 原作"赫怒震天威"。据《三国志·魏书·武帝纪》注引王粲诗改。
② 原作"酒肉逾川低"。校改依据同①。
③ 原作"徒行兼乘远"。校改依据同①。
④ 原作"所愿复无违"。校改依据同①。
⑤ 原作"历世成平"。据《三国志·魏书·武帝纪》注引《献帝传》改。
⑥ 原作"朕以不得"。校改依据同⑤。
⑦ 原作"深入阻险"。校改依据同⑤。

第一百三十六回　魏王宫左慈掷杯

远振，宁我区夏。盖唐、虞之盛，三后树功；文、武之兴，旦、奭[一一]音失作辅；二祖成业，英豪佐命。夫以圣哲之君，事为己任，犹锡土班瑞以报功臣，岂有如朕寡德，仗君以济，而赏典不丰，将何以答神祇慰万民哉？今进君爵为魏王，使使持节行御史大夫、宗正刘艾奉策玺玄土之社，苴以白茅，金虎符第一至第五，竹使符第一至十①。君其正王位，以丞相领冀州牧如故。其上魏王玺绶符册。敬服朕命，简恤尔众，克绥庶迹，以扬我祖宗之休命，勿复固辞。

魏王上书三辞。诏三报不许，又手诏曰：

大圣以功德为高美，以忠和为典训，故创业垂名，使百世可希；行道制义，使力行可效。是以勋烈无穷，休光茂著。稷、契[一二]载元首之聪明②，周、召因文、武之智用，虽经营庶官，仰叹俯思，其对岂有若君者哉？朕惟古人之功，美之如彼，思君忠勤之绩，茂之如此，是以每将镂符析瑞，陈礼命册，寤寐慨然，自忘守文之不德焉。今君重违朕命，固辞恳切，非所以称朕心而训后世也。其抑志撙节[一三]③，勿复固辞。

曹操既受王爵，冕十二旒[一四]，乘金根车[一五]④，驾六马[一六]，用天子车服仪銮[一七]，出警入跸[一八]⑤。魏王商议立世子。操大妻丁夫人无出。妾刘氏生子曹昂，因征张绣时没于宛城⑥。卞氏所生四子：长曰丕，次曰彰，三曰植，四曰熊。于是黜丁夫人，而立卞氏为正宫。第三子曹植，字子建，极聪明，举笔成章。操欲立曹植为后嗣。丕心怪之，乃问太中大夫贾诩⑦。诩教如此如此。但凡操亲出征，诸子送行，惟曹植称述功德，发言成章，左右皆钦仰，操甚喜之；惟曹丕但辞父，只是涕泣而拜，左右皆感伤。于是操疑植华巧，诚心不及丕也。丕使人买告近侍，皆言丕之德。操欲立后嗣，踌躇不定，乃问贾诩曰："孤欲立后嗣，当立谁？"贾诩不答。操问其故，诩曰："正有所思，故不能即答耳。"操曰："有何所思？"诩对曰："思袁本初、刘景升父子也。"操大笑，就立五官中郎将[一九]曹丕为王世子。

冬十月，魏王宫成，差人往各处取果木珍奇之物，使人入吴地，取荔枝、龙眼、柑子⑧。各处不说，且说一行人到吴地，见了孙权，传魏王令旨，要往永宁取柑子⑨。那时吴侯正尊让魏王，便令人于本城选了大柑子四十余担，星夜送往邺城。至中途，脚夫正挑担而行，众人疲困，歇于山脚下。见一先生，眇[二〇]一目，跛一足，白藤冠，青懒衣，来与脚夫作礼，言曰："你等挑担生受，贫道都替你挑一肩，每担各挑五里。"但是先生挑过的担儿都轻了。众人皆疑。先生临去，与领柑子官说："贫道乃魏王乡中故人，姓左，名慈，字元放，道号'乌角先生'。如你到邺

---

① 原作"竹使符篇一至十"。校改依据同528页校记⑤。
② 原作"戴元首之聪明"。校改依据同528页校记⑤。
③ 原作"其抑志樽节"。校改依据同528页校记⑤。
④ 原作"乘金银车"，因"银""根"形近而误。据《武帝纪》改。
⑤ 原作"出警入跸于邺郡"。"于邺郡"不合情理，据《武帝纪》删。
⑥ 原作"因征张绣时没于皖城"。据《武帝纪》，"皖城"当作"宛城"（第三二回已写到）。
⑦ 原作"中大夫贾诩"。据《三国志·魏书·贾诩传》，加"太"字。
⑧ 原作"往福建取荔枝、龙眼，温州取柑子"。福建、温州均系唐代以后地名，故删改。
⑨ 原作"要往温州取柑子"。温州系唐代以后地名，东汉时名永宁。

城,可说左慈申意[二一]。"遂拂袖而去。

取柑人至邺都[二二]见操,呈上柑子。操亲剖之,但只空壳,内并无肉。操大惊,怪问取柑人。其官以左慈之言对之。操未肯信。门人忽报:"有一先生,自称左慈,求见王上。"操召入。取柑人曰:"正是途中所见之人。"操叱之曰:"汝以何妖术,摄吾佳果?"慈笑曰:"岂有此事!"取柑剖之,皆有肉,其味甚甜。但操自剖者,皆空壳。操大惊,赐左慈坐而问之。慈索酒肉,操令取之,饮酒五斗不醉,肉食全羊不饱。操问曰:"汝有何术,以至如此?"慈曰:"贫道于益州峨眉山中[二三]①学道三十年,忽闻石壁中有声,呼我之名,及视不见。如此者十余日。忽有天雷震碎石壁,得天书三卷,名曰'遁甲天书'。上卷名'天遁',中卷名'地遁',下卷名'人遁'。'天遁'能腾云跨风,飞升太虚;'地遁'能穿山透石;'人遁'能云游四海,飞剑掷刀,取人首级,藏形变身。王上位极人臣,何不退步,跟贫道往峨眉山中修行?当传三卷天书与汝。"操曰:"吾亦久思急流勇退,奈朝廷未得其人耳。"慈曰:"益州刘玄德乃帝室之胄,何不让此位与之,可保全身矣。不然,则贫道飞剑取汝之头也。"操大怒曰:"此正是刘备之细作!"喝左右拿下。慈大笑不止。操令十数狱卒拷之②,但见皮肉粉碎,左慈鼾鼾音乎熟睡,全无痛楚。操令取大枷③,铁钉钉了,铁锁锁了,送与牢中监收。操令人看守。只见枷锁尽落,左慈卧于地上,并无伤痕④。连监禁七日,并不与食,及看时,慈端坐于地上,面皮转红。去人回报曹操,操取出问之。慈曰:"我数十年不食亦不妨,日食十羊亦能尽。"操无可奈何。

次日,诸官皆至,王宫大宴。正行酒间,左慈足穿木履,立于筵前。众官惊怪。左慈曰:"大王今日水陆俱备,大宴群臣,四方异物极多,内中欠少何物,贫道愿取之。"操曰:"我要龙肝作羹,汝能取否?"慈曰:"有何难哉。"取黑笔于粉墙上画一条龙,以袍袖一拂,龙腹自开。左慈于龙腹中提出龙肝一副,鲜血尚流。操不信,叱之曰:"汝预先藏于袖中耳!"慈曰:"即目天寒,草木枯死,任大王要甚好花,任意所欲。"操曰:"吾要牡丹花。"慈曰:"易哉。"令取大花盆放筵前,以水噀之。顷刻发得牡丹一株,开放双花。众官大惊,邀慈同坐而食。少顷,庖官进鱼脍。慈曰:"此脍得松江[二四]鲈鱼做之尤美。"操曰:"千里之隔,安能取之?"慈曰:"易耳。"教取钓竿来。堂下有一池水⑤,慈持竿,顷刻钓数十尾大鲈鱼放在殿上。操曰:"吾池中原有此鱼。"慈曰:"大王何相欺也? 天下鲈鱼只两腮,惟有松江鲈鱼有四腮,此可辨也。"众官视之,果是四腮也。慈曰:"脍松江鲈鱼,须得紫芽姜方可。"操曰:"汝可取之否?"慈曰:"易耳。"令人取金盆一个,慈于袖中簇簇然。须臾,得紫芽姜满金盆,进上操前。操以手取之,忽盆内有书一本⑥,题曰《孟德新书》。操取观之,一字不错。操大疑,以目视之,有杀左慈之意。慈取桌上玉杯,满斟佳酿,进操曰:"王上可饮此酒,寿有千年。"操曰:"汝先饮之。"慈遂拔冠上玉簪,于杯中一

---

① 原作"贫道于西川嘉陵峨眉山中"。"西川"当作"益州";"嘉陵"系"嘉州"之误,乃北周所置,故删。
② 原句无主语"操"。据叶逢春本加。
③ 原作"操取大枷"。据黄正甫本,加"令"字。
④ 原作"并无痕伤"。据黄正甫本改。
⑤ 原作"于堂下忽有一池水"。据下文改。
⑥ 原作"忽盆内书一本"。据黄正甫本,加"有"字。

画,先饮一半,如水相似,劝操饮之。操叱之。慈掷杯于空中,化成一白鹤,绕殿而飞。众官仰面视之,左慈不知所往。操问左右,人报他出宫门而去。操令许褚引铁甲兵五百人追赶。褚即上马,赶至城门,望见左慈穿木履在前,慢步而行。褚飞马追之不上,赶到山中,见一群羊,慈立于羊群内。褚取箭射之,慈走入群羊之内即不见。褚将羊尽行杀之回去。时有牧羊小童守羊而哭,忽见一羊头在地上作人言,唤小童曰:"汝可将此头凑在死羊腔子上。"小童凑了,忽然跳起成左慈,将群羊百余只尽凑活①。左慈拂袖而去。

小童归告主人,主人不敢隐,告于曹操。操画影图形,各处捉拿左慈。三日之内,城里城外,所捉眇一目、跛一足、白藤冠、青懒衣、穿木履先生,都一般模样者有三四百个,哄动街市。操令众将,将猪羊血泼之,押送城南教场。操令甲兵百余围住,尽皆斩之。人人各起一道青气,到半天聚成一处,化作左慈,招白鹤一只骑举云内,拍手大笑曰:"土鼠随金虎[二五]②,奸雄一旦休!"操令众将以弓箭射之。忽然狂风大作,走石飞沙,所斩之尸皆跳起来,手提其头,奔上演武厅来打曹操。文官武将掩面惊倒,各不相顾。当日鬼哭神嚎。曹操性命如何,且听下回分解。

【注释】
[一] 关右:即关西。古人以西为右,故称。
[二] 忽若俯拾遗:迅速得就像俯身拾取掉在地上的东西一样轻而易举。忽,迅速。
[三] 坻:水中的小洲。
[四] 饶饫:丰足。饫,饱食。
[五] 辟易:惊退。
[六] 圣祖:指汉高祖刘邦。
[七] 世祖:汉光武帝刘秀的庙号。
[八] 率土:"率土之滨"的省语。指四海之内。
[九] 稷:后稷。周人的始祖。传说尧、舜时为农官,教民耕种。
[一〇] 宋建(?—214):东汉末陇西(治今甘肃临洮)人。乘天下大乱,割据枹罕(今甘肃临夏县东北)一带,自称河首平汉王。建安十九年(214),曹操遣夏侯渊击斩之。
[一一] 旦、奭:周公旦和召公奭。西周开国功臣。
[一二] 契:商族的始祖。传说助禹治水有功,舜命之为司徒,掌教化。
[一三] 搏节:抑制。

---

① 原作"忽见羊头在地上作人言,唤小童曰:'汝可将死羊头都凑在死羊腔子上。'都凑了,左慈忽然跳起,将群羊百余只尽凑活。"叙述有阙略不合理处。据今本《三国》改。
② 原作"玉鼠随金虎"。系因"玉""土"形近而误。

[一四] 冕十二旒：皇帝的礼冠。冕，古代帝王、诸侯、卿大夫所戴的礼冠，后为帝王专用；旒，冕前后悬垂的玉串。

[一五] 金根车：皇帝的专用车。以金为饰。

[一六] 驾六马：天子的车驾。古代天子的车用六匹马拉，诸侯以下驾四马。

[一七] 仪銮：皇帝出行的仪仗队。

[一八] 出警入跸：帝王出入经过的地方严加戒备，禁止通行。警，警戒；跸，清道。

[一九] 五官中郎将：官名。原为光禄勋所属的中郎将之一，职掌宿卫殿门，出充车骑，秩比二千石。东汉末，曹丕以五官中郎将副丞相，位高权重。

[二○] 眇：眼瞎。

[二一] 申意：致意。

[二二] 邺都：建安十八年（213），曹操封魏公，以邺为都。此后邺既可称"邺城"，亦可称"邺都"。

[二三] 峨眉山：山名。在今四川峨眉西南。

[二四] 松江：江名。吴淞江的古称。源出太湖，东流到今上海入黄浦江。

[二五] 土鼠随金虎：术士隐语。指庚子年正月，即建安二十五年（220）正月。是时，曹操卒。

第一百三十七回　曹操试神卜管辂

当日曹操见黑风中群尸皆起，惊倒于地。须臾风定，尽皆不见。群下扶操回宫，感而成疾。后有赞左慈诗曰：

　　飞步凌云遍九州，惟凭遁甲自遨游。
　　金盘当殿呈银鲙，玉盏飞空化雪鸠。
　　顷刻花开红影乱，片时果结翠阴稠。
　　左慈施设神仙术，点悟曹瞒不转头。

又诗曰：

　　人言左道非真术，只恐其中未得传。
　　若是真传心地正，何须物外学神仙。此言世传左道术乃不正之法，非也。但恐人心不自正耳。故以此解之。

赞[一]曰：

　　幽贶罕征[二]，明数难校。
　　不探精远，曷感灵效？
　　如或迁讹，实乖玄奥。

曹操心疑左慈，因而成疾，服药无愈。忽太史丞许芝，自许都来见操。操令芝卜《易》。芝曰："王上曾闻神卜管辂否？"操曰："颇闻其名，未知何为神卜。汝当详说其才。"芝曰："管辂，字公明，平原人也。容貌粗丑，无威仪而好酒，疏狂人也。自幼年八九岁，便喜仰视星辰，得人辄问其名，夜不肯寐。父母不能禁止。常云：'家鸡野鹄[三]，尚自知时，何况为人在世乎？'与邻里小儿共戏土壤中，辄画地为天文，分布日月星辰，指点而观之。及长，深明《周易》，仰观、风角、占[四]皆精①，肉眼通神相。其父曾为琅琊即丘[五]长。管辂年十五岁，于学中读史，日记数千言，学中四方人皆不及。琅琊太守单子春闻其名，召辂相见。时有座客百余人，皆能言之士。辂问子春：'府君名士，加雄贵之姿。辂年少，胆气未坚，欲相见，恐失精神。先请美酒三升，饮而后言。'太守喜之。遂与酒三升。饮毕，辂问子春：'今欲与辂为对者，若府君四座之士耶？'子春曰：'吾自与卿旗鼓相当。'辂曰：'辂始读《书》、《论》、《易本》，学问微浅，未能引圣人之道，陈秦、汉之事，但欲论金木水火土鬼神之情耳。'太守曰：'此事最难，子以为易也？'座上宾客皆被管辂难倒，对答有余，从晓至暮，酒食不行。客大奇之。于是天下号为'神童'。后有利漕[六]地名居民郭恩，兄弟三人皆得躄疾[七]，请辂卜之。辂曰：'卦中有君家本墓中女鬼，非君伯母即叔母也。昔饥荒之年，必遭谋数升米之利，推落井中，喷喷音责有声，推一大石压破其头。孤魂苦痛，自诉于天，以致君兄弟故有此报。'郭恩三人涕泣伏罪，答曰：'果有此事。'于是

---

① 原作"仰观、风角、占、会"。参照《三国志·魏书·方技传》注引《管辂别传》改。

留管辂在家数日。忽一日,有鸠飞来梁上,其鸣如哭。辂卜曰:'今日午时,当有一年老亲人,从东方携猪肉一肩、浊酒一瓶,主宾共饮。笑中当有小惊。'是日,果有姨丈携酒肉至,与郭恩兄弟共饮甚欢。恩令家僮射鸡为食,隔篱误伤邻家女子,左手流血,如此之验。安平[八]太守王基,知辂神卜,取住其家。因信都[九]令妻常患头风,其子心痛,举家常惊恐,请辂卜之。辂曰:'此堂西头,有二死尸:一男持矛,一男持弓箭,头在壁内,脚在壁外。持矛者主刺头,故头痛不得举也;持弓箭者主射胸腹,故心中悬痛不能饮食也。昼则浮游,夜则复来,故使病人惊恐也。'于是掘之入地八尺,果有二棺。一棺中有矛,一棺中有角弓及箭,木皆朽烂,但有角与铁箭头,半衔于棺中。遂徙骸骨去城外十里埋之,家中无恙。有馆陶[一〇]令诸葛原迁新兴[一一]太守,辂往送行。客言辂能射覆[一二]①。诸葛原不信,暗取燕卵、蜂窠、蜘蛛置于三盒之中,令辂卜之。卦成,各写四句于盒上。其一曰:'含气须变,依乎宇堂,雌雄以形,羽翼舒张,此燕卵也。'其二曰:'家室倒悬,门户众多;藏精育毒,得秋乃化,此蜂窠也。'其三曰:'觳觫[一三]音谷速长足,吐丝成罗;寻网求食,利在昏夜,此蜘蛛也。'满座惊骇。后乡中邻妇失牛,求辂卜之。辂卜之曰:'在北溪之西,七人宰之;疾速去寻,皮肉尚存。'其妇果往寻之,见七人于茅舍后煮食,皮肉犹存。妇告本郡平原太守刘邠,遂将各人获断。问其妇曰:'何以知之?'妇告管辂之神卜也。刘邠不信,请辂试之,取印信囊及山鸡毛藏于盒中,令辂卜之。辂先卜其一曰:'内方外圆,五色成文;含宝守信,出则有章,此印囊也。'其二曰:'岩岩有鸟,锦体朱身;羽翼玄黄[一四],鸣不失晨,此山鸡毛也。'刘邠大惊,遂待之为上宾。一日,春暮出郊闲行,见一少年于田中,管辂立道旁,观之良久,问之曰:'少年高姓?青春多少?'少年答曰:'姓赵,名颜,年十九岁矣。'辂曰:'汝眉间有死气,限三日内必死。吾乃管辂也,见汝貌美,可惜无寿。'赵颜回家,急告于父。父闻之,赶上管辂,哭拜于地曰:'请归救之!'辂曰:'此乃天命也,安可禳之?'父告曰:'止有此子,望乞垂救!'辂见父子哀痛至切,乃曰:'汝可备净酒一樽,鹿脯一块,来日往南山之中、大树之下,盘石上二人弈棋②:一人向南坐者,穿白袍,其貌甚恶;一人向北坐者,穿红衣,其貌甚美。汝可即将酒盘及鹿脯而往劝之。待酒食毕,汝可哭告其事,必添汝寿矣。切勿言我名字。'老人留辂在家。次日,赵颜携酒脯,带杯盘入南山之中。约行五六里,果见二人于大松树下石上着棋,全然不顾。赵颜跪进酒脯。二人贪着棋,不觉饮酒已尽。赵颜哭拜于地而求寿,二人大惊。衣红袍者曰:'此必管子之言也。吾二人已受其私,必须怜之。'穿白袍者,身边取出簿籍视之,曰:'汝今年十九岁。吾今于"十"字上添一"九"字,汝可寿活九十九。回见管辂,教再休泄漏天机,必有大罪。'衣红者出笔添讫,香风过处,化作二白鹤,冲天而去。赵颜回问管辂,辂曰:'穿红者,南斗也;衣白者,北斗也。'颜曰:'吾闻北斗九星,何其一也?'辂曰:'散而为九,合而为一也。北斗注死,南斗注生。今已添之,子复何忧?'父子拜谢。管辂自此恐泄天机,再不与人卜矣。此人见在平原,王上要知休咎③,何不召之?"操大喜,

---

① 原作"客言辂能复射"。据《三国志·魏书·方技传》,"复射"应作"射覆"。
② 原作"盘石上弈棋",与上下文难以合榫。据黄正甫本改。
③ 原作"主上要知休咎"。承上文,改"主上"为"王上"。

即差人往平原召辂。

辂至，参拜讫，操令卜之。辂答曰："此幻音患术耳，何必为忧？"操病遂安。操令卜天下之事，辂曰："三八纵横[一五]，黄猪遇虎[一六]；定军之西①，伤折一股。"又卜算数，辂曰："狮子宫中，以安神位[一七]；王道鼎新[一八]，子孙极贵。"操问其详，辂曰："茫茫天数，不可预知；后有应验，方悟也。"操一日与辂论"云从龙、风从虎"之意。操曰："龙动则景云[一九]起，虎啸则谷风至，所以为火星者龙，参星者[二〇]虎。火出则云应，参出则风到，此乃阴阳之感化，非龙虎之所致也。"辂答曰："言夫论难当先审其本，然后求其理，理失则机谬，机谬则荣辱之主。若以参星为虎，则谷风更为寒霜之风，非东风之名。是以龙者阳精，以潜为阴，幽灵上通，和气感神，二物相扶，故能兴云。夫虎者，阴精而居于阳，依木长啸，动于巽林，二气相感，故能运风。若磁石而取铁，不见其神而金自来，有征应以相感也。况龙有潜飞之化，虎有文明之变，招云招风，何足为疑？"操问曰："夫龙之在渊，不过一井之底，虎之悲啸，不过百步之中，形气浅弱，所通者近，何能兴云而驰东风？"辂曰："王上岂不见阴阳燧在掌握之中？形不出手，乃上引太阳之火，下引太阴之水，嘘吸之间，烟景以集。苟精气相感，悬象应乎二燧；苟不相感，则如二女同居，志不相得。自然之道，无有远近也。"操大喜，欲封辂为太史。辂答曰："命薄相穷，不称此职，不敢受也。"操问其故，答曰："辂额无生骨②，眼无守睛[二一]，鼻无梁柱，脚无天根[二二]，背无三甲，腹无三壬[二三]，只可泰山治鬼，不能治生人也。"操曰："汝相吾何如？"辂曰："位极人臣，又何必相也？"再三问之，辂但笑而不答。操令辂遍相文武官僚，辂曰："皆治世之臣也。"操问休咎，皆不肯尽言。后人有诗，单题神卜管辂。诗曰：

　　平原神卜管公明，能算南辰北斗星。
　　八卦幽微通鬼窍，六爻玄奥究天庭。
　　预知相法应无寿，自觉心源极有灵。
　　可惜当年奇异术，后人无复授遗经。

操令卜东吴、西蜀二处。辂设卦云："东吴主亡一大将，西蜀有兵犯界。"操不信。忽合肥报来："东吴陆口守将鲁肃身故。"操大惊，便差人往汉中探知消息。不数日，飞报至："刘玄德遣张飞、马超兵屯下辨[二四]地名取关③。"操大怒，自要领兵再入汉中。此去如何，且听下回分解。

【注释】

[一] 赞：即《后汉书·方术传》篇末的《赞》。

[二] 幽贶罕征：幽贶，神仙之术；罕征，没有什么证据。

---

① 原作"定军之南"。据第一四一回改。
② 原作"辂额无主骨"。据《三国志·魏书·方技传》，"主骨"当作"生骨"。
③ 原作"兵屯下办取关"。据叶逢春本改。

[三] 鹄：即"天鹅"。

[四] 仰观、风角、占：均为术数名称。仰观，观测星象以占吉凶；风角，观察风的动向以卜吉凶；占，占卜。

[五] 即丘：县名。属徐州琅琊国。治所在今山东临沂东南。

[六] 利漕：即利漕渠。古运河名。自今河北曲周南凿渠引漳水，东南流至馆陶西注入白沟，以沟通邺城和四方的漕运，故名。

[七] 躄疾：跛脚病。

[八] 安平：郡名。属冀州。治所在信都（今河北冀县）。

[九] 信都：县名。属冀州安平郡。为郡治所在地。故城址在今河北冀县。

[一○] 馆陶：县名。属冀州魏郡。治所在今河北馆陶。

[一一] 新兴：郡名。东汉末置。属并州。治所在九原（今山西忻县）。

[一二] 射覆：古代游戏。将物件预先覆盖，让人猜测。

[一三] 觳觫：颤抖貌。

[一四] 玄黄：黑黄相间。玄，黑色。

[一五] 三八纵横：指建安二十四年（219）。

[一六] 黄猪遇虎：隐语。指己亥年（建安二十四年）正月。

[一七] 狮子宫中，以安神位：隐语。指曹操将死于洛阳。狮子宫，古代天文学名词，指洛阳一带；神位，为已死的君主诸侯安放的牌位。

[一八] 王道鼎新：指东汉王朝将被魏取代。鼎新，更新。

[一九] 景云：一种彩云。古人以为是太平的征兆。

[二○] 参星：星名。二十八宿之一。

[二一] 守睛：相术中指眼神。

[二二] 天根：相术中指脚后跟。

[二三] 背无三甲，腹无三壬：意为短寿之相。

[二四] 下辨：县名。属凉州武都郡。治所在今甘肃成县西。

第一百三十八回　耿纪韦晃讨曹操

　　曹操欲兴兵讨蜀,令管辂卜之。辂曰:"王上未可妄动。来春许都必有火灾。"操见辂言屡验,故不敢轻动,留居邺城,使曹洪领兵五万,助夏侯渊、张郃同守汉中;又差夏侯惇领三万甲兵,于许都来往巡警,以备不虞。魏王又降王旨,教长史王必总督御林军马。主簿司马懿曰:"王必嗜酒性宽,恐不堪任军国重事。"操曰:"王必是孤披荆棘、历艰难时相随之人也,忠而且勤,心如铁石,国之良吏也。孤心甚相托焉。"遂委王必自领御林军马,屯营于东华门外。

　　时有一人,姓耿,名纪,字季行,洛阳人也。旧为丞相府掾,后迁侍中、少府[一],与司直[二]韦晃甚好。见曹操爵至魏王,出入用天子车服,心常不平。时遇建安二十三年春正月,耿纪与韦晃在私宅中共饮。耿纪起身密议曰:"曹操篡逆,有心多时。吾等为汉臣,岂可同恶相济?"韦晃曰:"吾有个心腹人,姓金,名祎,字德伟,乃汉功臣金日磾[三]之后①。常见曹操入内,喟然长叹,素有讨操之心。更兼此人与王必甚厚,若得同谋,大事济矣。"耿纪曰:"他既与王必厚交,岂肯扶汉乎?"韦晃曰:"与必虽厚,其意专欲立汉久矣。我等往说之。"于是二人同往金祎宅来。金祎接入后堂坐定,晃曰:"德伟与王长史甚厚,吾二人特来告求。"祎曰:"所求何事?"晃曰:"吾闻早晚魏王绍汉天下,公必高迁。望不相弃,曲赐提携,平生感德非浅也!"祎拂袖而起,令从者看茶来,将茶泼于地上。晃曰:"德伟故人,何薄情也?"祎曰:"吾与汝相交甚厚。汝等是汉朝臣宰之后,今不思报本,皆欲辅造反之人,吾有何面目与汝为友!"韦晃曰:"奈天数如此,不得不为耳!"祎大怒。耿纪、韦晃见祎果有忠义之心,故尽情告之。晃曰:"吾二人实为汉朝来求足下,故反说也。"祎曰:"吾累世汉朝臣宰,安能从贼!汝要扶汉,有何高见?"纪晃曰:"虽有报国之心,未有抚危之计。"祎曰:"吾欲里应外合,去杀王必,方夺兵权,扶助銮舆[四];结刘皇叔为外援,操贼可灭矣!"二人闻之,顿首拜谢。祎曰:"又有兄弟二人,乃吾心腹之人,与操贼大仇,见居城外,吾欲用之为羽翼。"纪、晃问是何人,祎曰:"太医吉本之子②,长曰吉邈,次曰吉穆。吉邈,字文然,吉穆,字思然。操昔日为董承衣带诏事,曾杀其父,二人窜于远乡。今见在此。"纪、晃二人大喜,便要相见。祎密唤吉邈、吉穆至,言及其事。二人感愤流泪,怨气冲天,誓杀国贼。五人同谋。金德伟曰:"正月十五日夜间,城中大张灯火,庆赏元宵。耿少府、韦司直,你二人各领家僮,杀到王必营前,只看营中火起,分两路杀入;得了王必,径跟我入内,请天子登五凤楼,以召百官,以安万姓。吉文然弟兄于城外杀入,放火为号,各各扬声,叫百姓诛杀国贼,以扶汉室,截住城内救军;待天子降诏,招安已定,进兵杀投邺城擒操,即发使赍诏取刘皇叔。今日约定,至期初更而至,勿似董承自取其祸。"五人对天说誓,歃血为盟,各自归家整顿军马器械,临期而行。

---

① 原作"乃汉相金日磾之后"。据《汉书·金日磾传》,日磾不曾为相。
② 原作"太医吉平之子"。承第四六回改。

且说耿纪、韦晃二人,各有家僮三四百,预备器械。吉邈兄弟亦聚三百人口,只推围猎,排搠已定。

　　却说金祎先期来见王必,言:"方今海宇稍安,魏王威震天下,不可不放灯火,以显天下太平气象。"必允其言,去告报各处,尽教放灯火。是夜晴霁,王必与御林诸将在营中饮宴,忽闻营中呐喊,人报两路火起。必慌走出帐看时,两下大乱,火光中见是营中有变,急上马出南门,正遇耿纪。纪不知是王必,只顾引弓箭射之,一箭射中必肩,几乎坠马,遂出西门而走。背后有军赶来。王必无路,弃马步行,至金祎门首,慌叩其门。那时金祎使人于营中放火,却随后助战。家中人听得敲门,只道金祎归,男子已都去了,只有妇人。祎妻隔门便问曰:"王必那厮杀了么?"必大惊,方悟金祎同谋,径投曹休家,报知金祎、耿纪等同谋反。休自披挂,飞身上马,引千百人在城中拒敌。城内四下火起,烧着五凤楼,帝避于深宫。曹氏心腹爪牙,死据宫门。城中是夜但闻人叫:"尽杀曹贼,以扶汉室!"

　　原来夏侯惇三万军巡警,离城五里屯扎,遥望见城中火起,领大军前来围住许都,使一支军入城接应曹休。战到天明,耿纪、韦晃等无人相助。人报金祎、二吉皆被杀死。耿纪、韦晃夺路杀出城门,正遇夏侯惇大军围住,皆被活捉。手下百余人,尽皆杀之。惇入城救扑遗火①,尽收各人老小宗族,使人飞报曹操。操教腰斩于市,就召汉百官尽赴邺都,以听处置。夏侯惇押耿纪、韦晃至于通衢,耿纪厉声大骂曰:"曹阿瞒!吾生不能杀汝,死当作鬼以击贼!"刽子以刀搠口流血,尚曰:"吾被群儿误矣!"大骂不绝而死。韦晃以面颊音劫顿地曰:"可恨!可恨!"咬牙皆碎而死。后有诗赞曰:

　　　耿纪精忠韦晃贤,各持空手欲扶天。
　　　谁知汉祚相将[五]尽,恨满心胸丧九泉。

　　夏侯惇将五家老小宗族,皆斩于市。王必箭疮发而死。惇将百官起赴邺城②。曹操于教场立红旗于左、白旗于右,乃降王旨曰:"昨夜耿纪、韦晃等造反,放火焚许都,汝等多有出救火者,亦有闭门不出者。如曾救火者,可立于红旗之下;如不曾救火者,立于白旗之下。"众官自思救火者必无罪,多奔红旗之下。三停内有一停立白旗下。操教尽拿立于红旗下者。众官各言无罪,操曰:"汝当时之心,非是救火,实为助贼杀害吾宗族③。"尽命牵出漳河边斩之,死者三百余员。其立于白旗下者,尽皆赏之,仍令还许都。操命锺繇为相国,华歆为御史大夫,曹休总督御林军马。遂定封爵六等[六]:除列侯、关内侯之外,又置名号侯十八级④,关中侯爵十七级,皆金印紫绶[七];关外侯十六级⑤,铜印龟纽墨绶⑥,五大夫十五级,铜印环纽墨绶⑦。定爵

---

① 原句无主语"惇"。承上文加。
② 原作"将百官起赴邺郡"。承上文,加主语"惇";"邺郡"当作"邺城"。
③ 原作"实为助国杀害吾宗族"。"助国"不合曹操口吻,据《三国志·魏书·武帝纪》注引《山阳公载记》改。
④ 原作"遂定侯爵六等十八级",文字缺漏,以致不通。据《三国志·魏书·武帝纪》注引王沈《魏书》增补。
⑤ 原作"又置关内侯十六级"。"又置"承前省;"关内侯"原已有,据《通志·职官六》,应为"关外侯"。
⑥ 原作"银印龟纽墨绶"。校改依据同④。
⑦ 原作"铜印环纽绶"。校补依据同④。

封官，朝廷又换一班人物。曹操方悟管辂火灾应耳，遂重赏管辂。辂不受。

却说曹洪自到汉中，张郃、夏侯渊各据险要，曹洪自进兵直抵下辨。

却说张飞、马超各守一处隘口，马超取下辨，令吴兰为先锋；张飞守把巴西，令雷铜为先锋。两边皆未动兵。曹洪至下辨将近，先锋吴兰领军哨出，正与曹洪军相遇。吴兰欲退，手下牙将任夔曰："今贼兵犯界，若不先挫其锐气，何颜见孟起乎？"于是骤马挺枪来与曹洪军搦战。洪自提刀跃马而出，与任夔交锋三合，斩夔于马下，乘势掩杀。吴兰大败，回见马超。超责之曰："汝不得吾令，何故轻敌，以致败矣？"吴兰曰："任夔不听吾言，故有此败。"马超曰："可紧守隘口，勿与交锋。一面申报主公，肯教进兵，退曹洪不迟。"蜀中文书未回，曹洪恐马超有谋，引军退回南郑。

却说张郃来见曹洪，问曰："将军既已斩将，如何退兵？"洪曰："吾见马超不出，恐有别谋。在邺都闻神卜管辂有言，当于此地折一员大将。吾疑此言，故退。"张郃大笑曰："将军相持半生，岂可以卜术惑其心哉？郃虽不才，愿以本部兵取巴西。若得巴西，蜀郡易耳。"洪曰："巴西守将张飞，非比等闲，不可轻敌。"张郃曰："众皆怕张飞，吾视为小儿耳！此去必擒！"洪曰："倘有疏失，若何？"郃曰："甘当军令。"洪勒了文状，令郃进兵。胜负如何，下回便见。

【注释】

[一] 少府：官名。九卿之一。职掌山泽陂池市肆之租税收入，供皇帝开支；兼管皇帝衣食器用、娱乐丧葬等事宜。秩中二千石，三国时为第三品。

[二] 司直：官名。两汉职掌有异。曹操任丞相后，置丞相司直，佐丞相举不法。秩比二千石。

[三] 金日䃅：西汉大臣。字翁叔。本为匈奴休屠王太子，武帝时从昆邪王归汉。武帝临终，封秺侯，与霍光等同受遗诏，辅佐少主。

[四] 銮舆：皇帝的车驾。此处代指皇帝。

[五] 相将：行将，即将。

[六] 封爵六等：指列侯、关内侯、名号侯、关中侯、关外侯、五大夫。

[七] 绶：古代官印佩带于身，系印纽的丝带叫绶。

第一百三十九回　瓦口张飞战张郃

张郃所屯兵三万,分为三寨,各傍山险:一名宕音荡渠寨,一名蒙头寨,一名荡石[一]寨。三寨军各分一半,去取巴西,留一半军守寨。张郃进兵前行。

却说张飞在巴西①,守城军报到,说张郃兵来。飞唤雷铜商议。铜曰:"阆中[二]地恶山险,可以埋伏。将军引兵出战,我出奇兵,可擒张郃矣。"张飞拨精兵五千与雷铜。飞自领兵一万,离阆中三十里,与郃兵相遇。两军摆开,张飞出马,单搦张郃。郃挺枪纵马而出。相交战到二十余合,郃后军大乱。原来望见背后山中有蜀兵旗幡,郃知便退。张飞背后掩杀,前面雷铜杀出,两下夹攻,郃兵大败。张飞、雷铜连夜追袭,直赶到宕渠寨②。郃仍旧分兵守住三寨,多置擂木炮石,坚守不战。张飞离宕渠寨十里下寨③,次日引军搦战。郃在山上大吹大打饮酒,并不下山。张飞令军士大骂,郃只不出。飞兵还营。次日,令雷铜又去山下搦战,郃又不出。雷铜驱军士上山,山上擂木炮石打将下来,折了十余人。雷铜急退。荡石、蒙头两寨兵出,杀败雷铜。次日,张飞又去搦战,张郃又不出。飞使军人百般秽骂,郃在山上亦骂。张飞寻思,无计可施。相拒五十余日,飞就在山前扎住大寨,每日饮酒;饮至大醉,坐于山前辱骂张郃。

玄德差人来军前犒劳,见张飞饮酒,回见玄德,说张飞饮酒,恐失军机。玄德大惊,乃问军师。孔明笑曰:"原来如此!军前恐无好酒。成都佳酿极多,可将五十瓮作三车装,送到军前与张将军饮之。"玄德曰:"吾弟自来饮酒失事,军师何故反送许多好酒?吾弟醉中必被张郃所害。"孔明笑曰:"主公与益德许多年为弟兄,不知其心也。益德自来刚强,收蜀之时,义释严颜,此非勇夫所为也。今宕渠与张郃相拒五十余日,近闻饮酒,醉之后则坐于山前辱骂,傍若无人。此非贪杯,乃赚张郃之计也。"玄德曰:"虽然如此,未见其实。可使魏延助之。"孔明令魏延解酒赴军前,车上各插黄旗,大书"军前公用美酒"。

且说魏延解酒到寨中,见张飞,传说主公赐酒。飞拜受讫,吩咐魏延、雷铜各引一支人马为左右羽翼,只看军中红旗起,便各进兵;教将酒摆列于帐下,令军士大开旗鼓而饮之。有细作报上山来,张郃自来山顶窥望,见张飞坐于帐下饮酒,令二小卒于面前相扑[三]为戏。郃曰:"张飞太欺我也!"传令今夜下山劫飞寨,令蒙头、荡石二寨军皆出劫寨,为左右援。

当夜,张郃乘月色微明,引军从山侧而下,径到寨前,遥望张飞大明灯烛,正在帐中饮酒。张郃当先大喊一声,山头擂鼓为助,直杀入中军。但见张飞端坐不动。张郃骤马到面前,一枪刺倒,原来是个草人,身上披张飞甲,头上带盔,伏于桌上,张郃刺倒。见是草人,急勒马回。帐后连珠炮起,早到寨前,一将当先,拦住去路,睁圆环眼,声若巨雷,乃燕人张益德,挺矛跃马,直取张郃。

---

① 原作"却说张飞在巴西关中"。巴西系郡名,而非具体城名,亦非关隘口,故删"关中"二字。
② 原作"只赶到宕渠山"。"只"应作"直"承上文,"宕渠山"改为"宕渠寨"。
③ 原作"张飞离宕渠山十里下寨"。承上文改。

第一百三十九回 瓦口张飞战张郃

两下牙将各自拒住,两将在火光中战到三五十合。张郃只盼两寨来救。原来被魏延、雷铜二将杀退,就势夺了山路。郃与飞死战百十余合①,山上火起,已被张飞后军夺了寨栅。张郃败走。张飞赶了一程,回守宕渠三寨。张飞报入成都。玄德大喜,方知益德饮酒是计,只要诱张郃下山。

却说张郃退守瓦口关[四],三万军已折了二万,遣人问曹洪求救。洪大怒曰:"汝不听吾言,强要进兵,到折了宕渠紧要隘口。"不肯发兵救应,却使人催督张郃出战。郃心慌,只得定计,分两军离寨去关口前山僻埋伏,吩咐曰:"我诈败,张飞必然赶来,汝等就截住归路。"当日张郃引军前进,正遇雷铜。张郃与雷铜战不数合,张郃败走。雷铜赶来,两军齐出,截断回路。张郃复回,刺雷铜于马下。败军回报张飞,飞自来与张郃挑战。郃又诈败,张飞不赶。郃又回。如此三次。张飞知是计,收军回寨,与魏延商议曰:"张郃用埋伏计杀了雷铜,又要赚吾,何不将计就计?"延曰:"如何?"飞曰:"我明日先引一军,汝却引精兵于后,待伏兵出,汝可分兵击之。用车十余乘,各载柴草,塞住小路,用火烧之。吾乘势擒张郃,与雷铜报仇。"魏延领计。

次日,张飞引兵前进。张郃兵又至,与张飞交锋。战到十合,郃又诈败。张飞引马步军赶来。郃且战且走,引张飞过山谷口,郃将后军为前,复扎住营,与飞又战,指望两处伏兵出,要擒张飞。不想却被魏延精兵到,赶入谷口,将车辆两路截住,放火烧车,山谷草木皆着,烟迷其径,兵不得出。飞来冲郃兵,张郃大败,走上瓦口关,收聚败兵,坚守不出。

却说张飞和魏延连日攻打关隘不下。飞见不济,把军退二十里,却和魏延引数十骑,自来关两边哨探小路。当日忽见男女数人,各背小包,于山僻攀藤附葛而走。飞马上用鞭指与魏延曰:"夺瓦口关,只在这几个百姓身上。"唤步军吩咐:"休要惊恐,好生唤那几个百姓来。"军士连忙唤到马前,飞用好言以安其心,问其何来。百姓告曰:"某等皆汉中居民,今欲回乡,听知大军厮杀,塞闭阆中官道。今过苍溪[五],从梓潼山出桧钤音银川,入汉中还家去。"飞曰:"这条路取瓦口关远近若何?"百姓曰:"从梓潼山小路,却是瓦口关背后。"飞大喜,带百姓入寨中,与了酒食,便与魏延商议曰:"汝可引兵扣关攻打。我亲自引轻骑五百,出梓潼山攻关后,张郃可擒矣。"飞令百姓引路,选轻骑五百,从小路而进。魏延扣关攻打。

却说张郃为救军不到,心中正闷,忽报魏延在关下攻打。张郃披挂,却待下关,急报关后四五路火起,不知何处兵来。郃自领兵来迎,为首旗开,早见张飞。郃大惊,急往小路而走。马不堪行,后面张飞追赶甚急。郃等弃马上山,寻径而逃。比及走脱,随行止有十余人,步行入南郑,见曹洪。洪见张郃止剩下十余人,大怒曰:"吾教汝休去,汝取下文状要去。今日折尽大兵,尚不自死,推转斩之!"时有行军司马使教"留人",来见张郃曰:"吾保汝取葭萌关,将功折罪,若何?"郃曰:"愿往。"众视之。乃太原阳曲[六]②人,姓郭,名淮,字伯济,入见曹洪曰:"'三军易得,一将难求。'张郃虽然有罪,乃魏王深爱者也,不可诛之。可再与五千兵,径取葭萌关,则牵动各处之兵,汉中自安矣。如不成功,二罪俱罚。"曹洪从之,又与兵五千,教张郃取

---

① 原作"郃与死战百十余合"。据叶逢春本,加"飞"字。
② 原作"乃太原阳兴人也"。据《三国志·魏书·郭淮传》改。

葭萌关。郃努力而去。

却说守关将孟达、霍峻,知张郃兵来。霍峻只要坚守;孟达定要迎敌,引兵下关,与张郃交锋,大败而回。霍峻急申文书到成都。玄德闻知,请军师商议。孔明聚众将于堂中,问曰:"今葭萌关紧急,必须阆中取张益德,方可退张郃也。"法正曰:"今益德兵屯瓦口关,镇守阆中,亦是紧要之地,不可取回,帐中诸将内选一人去破张郃。"孔明笑曰:"张郃乃魏之名将,非等闲可及。不着益德,无人可当。"忽一人厉声而出曰:"军师何视人如草芥耳?吾虽不才,愿斩张郃首级。"众皆视之,乃老将黄忠也。孔明曰:"汉升虽勇,争奈老矣,非张郃之对手也。"忠听了,白发倒竖而言曰:"某虽年老,两臂尚开三石之弓,浑身还有千斤之力,何为老耶?"孔明曰:"将军年近七十,如何不老?"忠趋步下堂,取架上大刀,抡动如飞,壁上硬弓,连拽折两张。孔明曰:"将军要去,谁为副将?"忠曰:"老将严颜,我两个同去成功。但有疏虞[七],先纳下这颗白发头。"玄德大喜,即时令黄忠、严颜去与张郃交战。胜负还是如何?

【注释】
[一] 荡石:地名。属宕渠县。在今四川渠县八濛山中。
[二] 阆中:县名。属益州巴西郡。郡治所在地。故城址在今四川阆中。
[三] 相扑:一种角力竞技,近似今之摔跤。
[四] 瓦口关:关隘名。在今四川渠县东。
[五] 苍溪:县名。晋代分阆中县而置。治所在今四川苍溪。
[六] 太原阳曲:今山西阳曲西南。太原,郡名,属并州,治所在晋阳(今山西太原西南)。
[七] 疏虞:疏忽。虞,失误。

第一百四十回　黄忠严颜双建功

　　黄忠与严颜将得，赵云等谏曰："今张郃亲犯葭萌关，军师休为儿戏耳。若葭萌一失，益州危矣！若破张郃，可以取汉中，何故以二老将军当此大势乎？"孔明曰："汝以二人老迈不能成事，吾料汉中必于此二人手内可得。"赵云等各各哂笑而退。

　　却说黄忠、严颜到关上，孟达、霍峻见着二老将来，心中亦笑："孔明如此调度，岂能用人？这般紧要去处，如何只教两个老的来！"随即交割了牌印。黄忠、严颜使两个军人，将两把认旗于关口山上竖立。张郃听知黄忠、严颜到来，心中暗笑。次日，引军搦战。黄忠与严颜曰："你见诸人动静？笑我二人年老①。可建奇功，以服众心。"严颜曰："愿听将军之命。"当日黄忠引军下关②，与张郃对阵。黄忠出马，与张郃答话。郃曰："你许大[一]年纪，犹不识羞，尚欲出战耶？"忠怒曰："竖子欺吾年老！吾手中宝刀不老！"遂拍马向前，与郃决战。二马相交，约战二十余合，忽然背后喊声起，原来是严颜从小路抄在张郃军后，两军夹攻，张郃大败。连夜赶去，张郃兵退八九十里，黄忠、严颜收军入寨，俱各按兵不动。

　　曹洪听知张郃输了一阵，又欲见罪。郭淮又谏曰："今张郃事急，若再问罪，必投西蜀矣。可遣副将相助，就如监临，使不生余外之心。"曹洪从之，即遣夏侯惇之侄夏侯尚，并降将韩玄之弟韩浩，二人引五千兵前来助战。二将即时起行，到张郃寨中，问及军情。郃言老将黄忠甚是英雄，更有严颜为助，不可轻敌。韩浩曰："我在长沙，足知老贼厉害。他和魏延献了城池，害吾亲兄，今既相遇，必当报仇！"遂与夏侯尚引新军离寨前进。原来黄忠连日哨探，已知路径。严颜曰："此去有山，名米仓山[二]③，山中乃是曹操屯兵积柴草之地。此时聚百万粮草，作为久远之用。若取得那个去处，其势可破汉中，曹军自相离散矣④。"忠曰："将军之计，正合吾意，可与吾如此如此。"严颜听黄忠说罢，自引一支军去了。

　　却说黄忠听得夏侯尚、韩浩兵来，遂引军马出营。韩浩在阵前大骂："黄忠无义老贼！"浩拍马挺枪，来取黄忠。夏侯尚便出夹攻。黄忠力战二将，略斗十余合，黄忠败走。二将赶二十余里，夺了黄忠寨。忠又草创一营。次日，夏侯尚、韩浩赶来，忠又出阵，战数合又败走。二将又赶二十余里，夺了黄忠营寨，唤张郃守后寨。郃来前寨谏曰："黄忠连退二日，于中必有诡计。"夏侯尚叱张郃曰："据你如此胆怯，因此失了宕渠⑤！再休多言，看吾二人建功！"张郃羞赧

---

① 原作"笑我年老"。据叶逢春本、刘本《三国》，补"二人"。
② 原作"当日引军下关"。据刘本《三国》，补"黄忠"。
③ 原作"此去有山，名天荡山"。天荡山在定军山东北，米仓山则在定军山东南，黄忠由葭萌关北上，进攻路线应是米仓山——定军山——天荡山。因此，自本回起，原文中的"天荡山"、"米仓山"二地名应对调。
④ 原作"军士自相离散矣"。"军士"所指不明，承上文改为"曹军"。
⑤ 原作"因此失了宕渠山"。宕渠系县名，蒙头、荡石皆属之，故删去"山"字。

而退。次日,二将又战,黄忠又败退二十里。二将迤逦赶上。次日,二将兵出,黄忠望风而走,连败数阵。黄忠退在关上,二将扣关下寨。黄忠坚守不出。孟达暗暗发书申报玄德,说黄忠连输五阵,见今退在关上。玄德慌问孔明,孔明曰:"此乃是老将骄兵之计也。"赵云等未信。玄德差刘封来关上接应黄忠。忠与封相见,问封曰:"此来助阵何意?"封曰:"父亲得知将军数败,故差某来。"忠笑曰:"此老夫骄兵之计。看今夜一阵,可尽复诸营,夺其粮食马匹,此是借寨与彼屯辎重也。今夜留霍峻守关,孟将军搬粮草夺马匹,小将军看吾破敌。"

是夜二更,忠引五千军开关直下。原来二将连日见关上不出,尽皆懈怠,被黄忠破寨直入,人不及披甲,马不及备鞍,二将各自逃命而走,军马自相践踏,死者无数。比及天明,连夺三寨。寨中遗下军器鞍马无数,尽教孟达搬运入关。黄忠催军马随后而进,刘封曰:"军士力困,可以暂歇。"忠曰:"不入虎穴,焉得虎子?"策马先追。士卒相继努力向前。张郃军兵反被自家败兵冲动,背后追兵太急,都扎不住,望后而走,尽弃了许多寨栅。

张郃寻见夏侯尚、韩浩①,议曰:"此米仓山乃粮草之所,更有天荡山[三],亦屯粮之地②,是汉中军士养命之源。倘若疏失,是无汉中也。"夏侯尚曰:"天荡山有吾叔夏侯渊分兵守护,那里正接定军山,不必忧思。米仓山有吾兄夏侯德镇守,我等宜往投之,就依此山。"张郃与二将连夜投米仓山来,见夏侯德说:"黄忠用骄兵之计,诱到关下,军马突出,势不可挡。又被老贼连夜追赶,自相冲击,故弃了许多寨栅。"夏侯德曰:"吾此处屯十万兵,你可引去复取原寨。"郃曰:"只宜坚守,不可妄动。"忽听山前金鼓大震,人报黄忠兵到。夏侯德大笑曰:"老贼不谙兵法,只恃勇耳!"郃曰:"黄忠有谋,非止勇耳!"德曰:"蜀兵远涉前来,连夜疲困,更兼深入战境,此无谋也。"郃曰:"亦不可料敌,且宜坚守。"韩浩曰:"可借精兵三千击之,无不克也。"德分兵与浩下山。黄忠整兵来迎,刘封谏曰:"红日已西沉矣,军皆远来劳困,且宜暂退。"忠大笑曰:"不然。昔日哲人[四]顺时而动,智者见机而发。今蒙天赐奇功,不取是逆天也。"言毕,鼓噪大进。韩浩引兵来战。黄忠挥刀直取韩浩,只一合,斩浩于马下。蜀兵大喊,杀上山来。张郃、夏侯尚急引兵来迎。忽听山后大喊,火光冲天而起,上下通红。夏侯德提兵来救火时,正值老将严颜,手起刀落,斩夏侯德于马下。原来黄忠预先使严颜引军埋伏于山僻去处,只等黄忠军到,却来放火,柴草堆上一齐点着,烈焰飞腾,照耀山峪。严颜既斩夏侯德,从山后杀来。张郃、夏侯尚前后不能相顾,只得弃米仓山,望定军山投奔夏侯渊去讫。

黄忠、严颜守住米仓山,捷音飞报成都见玄德。玄德聚诸将庆喜。法正言曰:"昔日曹操一举而降张鲁,平定汉中,不因此势以图巴、蜀,而留夏侯渊、张郃二将屯守,操遂北还。此非其志不逮[五]而力不足也,必将内有变乱耳。今料渊、郃才略,不胜国之将帅;若举大队之兵,

---

① 原作"到汉水旁,张郃寻见夏侯尚、韩浩"。张郃等退至米仓山,离汉水尚有一段距离,故删去"到汉水旁"。
② 原作"此天荡山乃粮草之所,更接米仓山,亦屯粮之地"。承上文,"天荡山"与"米仓山"对调;两山相距较远,故将"更接"改为"更有"。

第一百四十回　黄忠严颜双建功

主公亲往讨之,则必可克矣。平定之日,广农积谷①,观衅[六]伺隙,上可以倾覆寇敌,尊奖王室;中可以蚕食雍、凉②,广开境土;下可以固守要险,为持久之计③。此盖天与其时,不可失也。"玄德深然之,遂乃传令旨:赵云、张飞为先锋,玄德、孔明起兵十万,择日图汉中;传檄各处,令提备。

时建安二十三年秋七月吉日,玄德大军出葭萌关下营,令人召黄忠、严颜到寨,厚赏二将。玄德曰:"人皆言将军老矣,惟军师独知其能。今果立奇功,世之罕有。今汉中定军山,乃南郑之保障,粮食之会源;若得定军山,阳平一路无其忧矣。汝还敢取定军山否?"黄忠慨然应诺,便要领军前去。孔明止住,言曰:"老将军固自英雄,非夏侯渊之对手也④。渊深通韬略,善晓兵机,曹操倚托为雍、凉之保障⑤:先屯兵于长安而拒马孟起,今又屯兵于汉中。操不令他人守者,为夏侯渊有将才也。今将军虽胜张郃,未可以胜夏侯渊也。吾欲斟量着一人去荆州替回关将军来,方可敌得夏侯渊。"忠奋然答曰:"昔日廉颇年八十,尚食斗米、肉十斤,诸侯畏其勇,不敢侵犯赵境,何况黄忠未及七十乎?军师言吾老矣,我并不用副将,只将本部三千军去,立斩渊首,纳于麾下。"孔明再三不容,黄忠只是要去。孔明曰:"既将军要去,吾定一人为监军同去,若何?"忠应诺,请问是谁,且听下回分解。

【注释】

[一]许大:这样大。
[二]米仓山:山名。在今陕西南郑县南。
[三]天荡山:山名,位于汉中郡沔阳县(今陕西勉县)北,与定军山相望。
[四]哲人:才能识见非凡的人。
[五]逮:及,达到。
[六]观衅:窥伺敌人的间隙,以便乘机进攻。

---

① 原作"广丰积谷"。据《三国志·蜀书·法正传》改。
② 原作"中可以蚕食农桑",不通。据《法正传》改("雍、凉"指雍州和凉州)。
③ 原作"为图操之久计"。据《法正传》改。
④ 原作"老将军故然雄勇,非夏侯渊之本对也"。据黄正甫本改。
⑤ 原作"曹操倚托为西凉之保障"。承上文改。

卷之十五

第一百四十一回　黄忠馘斩夏侯渊

却说孔明吩咐黄忠："你既要去，吾教法正相助你，凡事计议而行。吾亦拨人马来接应。你可小心。"黄忠应允，和法正领本部兵去了。孔明告玄德曰："此老将不着言语激他，虽去不能成全功。他今既已去了，须拨人马前去接应。"玄德曰："然。"孔明唤赵云曰："你可将一支人马，从小路出奇兵接应黄忠。若忠胜，你不必出；倘忠有失，你即去救应。"又遣刘封、孟达领三千兵，于山中险要去处多立旌旗，以为壮兵之虚意，令敌人惊疑。各自领兵去了。又差人往下辨地名授计与马超，令他如此而行。又差严颜往巴西阆中守隘，替张飞、魏延，令飞、延来取汉中，共同三路进兵。

却说张郃与夏侯尚来见夏侯渊，说："米仓山折了夏侯德、韩浩①。今闻刘备亲自领兵来取汉中，可速奏魏王，早发精兵猛将，前来策应。"夏侯渊差人启奏去了。曹洪亦知其消息，星夜差人前到许都，奏知魏王②。曹操闻知蜀兵来取汉中，愕然大惊，急聚文武商议发兵救汉中。长史刘晔奏曰："汉中肥饶，多有生息[一]③，倘有一失，中原震动。王休辞劳苦，可御驾亲征。"操自悔曰："恨当时不用卿言，以致如此！"忙传令旨，起兵四十万，魏王亲征。此时建安二十三年秋七月终，曹操兴兵。九月至长安，兵分三路而进：前部先锋夏侯惇，操自领中军，后军救应使曹休。三军陆续起行。操骑白马，金鞍玉辔；锦衣武士，手执大红罗销金伞盖，左右金瓜银钺，镫棒戈矛，摆天子之銮驾，打日月龙凤旌旗，护驾龙虎官军二万五千，分为五队，每队五千，按青、黄、赤、白、黑五色，旗幡甲马，并依本色，光辉灿烂，极其雄壮。

兵出潼关，操在马上望见山边一簇林木极其茂盛，遂问近侍曰："此乃何处也？"侍臣奏曰："此名蓝田[二]。林木之间，乃蔡邕庄也。"操与蔡邕素善，先时其女蔡琰乃卫仲道之妻④，曾被南匈奴掳去⑤，与左贤王为妻⑥，生二子，作《胡笳十八拍》，流入中原。操怜之，使人持千金入匈奴赎蔡琰⑦。左贤王匈奴官名惧操之势⑧，送蔡琰还汉。操赐金帛，配与董祀为妻。当日到庄前，因想起蔡邕之事，令军马先行，操引近侍百余骑，到庄门前下马。时董祀在任所牧民，止有蔡琰在庄。琰闻操至，忙出迎接。操至堂，琰起居毕，侍立于侧，操偶见壁间悬一碑文图轴，起身观之，问之蔡琰。琰答曰："此乃曹娥之碑也。昔顺帝[三]朝时⑨，会稽上虞[四]有一师巫，名

---

① 原作"天荡山折了夏侯德、韩浩"。承第一四〇回改。
② 原作"差人报与曹洪。洪知其消息，星夜前到许昌，奏知魏王"。叙事不合理。据余本《三国》改。
③ 原作"今有声息"。据叶逢春本、余本《三国》改。
④ 原作"先时其女蔡琰乃卫道玠之妻"。据《后汉书·列女传·董祀妻传》改。
⑤ 原作"曾被北番鞑靼掳去"。元、明时称蒙古为"鞑靼"，用在此处不确。据《董祀妻传》改。
⑥ 原作"与胡人为妻"。据《董祀妻传》改，亦便与下文"左贤王惧操之势"衔接。
⑦ 原作"使人持千金入番取蔡琰"。据《董祀妻传》改。
⑧ 原作"有左贤王惧操之势"。"有"字赘，据叶逢春本删去。
⑨ 原作"昔和帝朝时"。据《后汉书·列女传·曹娥传》改。

曹旰,能婆娑[五]乐神。汉安[六]二年五月五日①,醉舞舟中,堕江而死。其女年十四岁,绕江啼哭,十七日不歇声,跳入波中。后五日,负父之尸,浮于江面。里人葬于江边。至元嘉[七]元年,上虞长度尚奏闻朝廷②,表为孝女。尚令邯郸淳作文,镌音钻碑以记其事。淳年十三岁,文不加点,一笔挥就,立石墓侧。先人闻知去看,时夜黑,以手摸其文而读之,索笔题八字于其背。后人镌石继打,故传于世,是为先人遗迹。"操读八字云:"黄绢幼归,外孙齑臼。"操问琰曰:"汝解此意否?"琰曰:"虽先人所遗之迹,妾亦不知其意。"操回顾众谋士曰:"汝等解否?"众皆低首。于内一人挺身而出,答曰:"某已解其意。"操视之,乃主簿杨修也,见管行军钱粮,兼理赞军机事。操曰:"卿且勿言,容吾思之。"操乘马行三里,忽悟省,笑问修曰:"卿试言之。"修曰:"此隐语也。'黄绢',乃颜色之丝也。色旁搅丝,是'绝'字。'幼妇'者,乃少女也。女旁少字,是'妙'字。'外孙',乃女之子也。女旁子字,是'好'字。'齑臼',乃受五辛[八]之器也。受旁辛字,是'辤'[九]字。总而言之,乃'绝妙好辤'之四字也。此是伯喈赞美邯郸淳之文,乃绝妙好辤也。"操大惊曰:"正合孤意!"此时操恶杨修之才高出于己,而有杀修之意。恐人议论,故佯叹而行。

操率众行至南郑,曹洪接着,备言张郃之事。操曰:"非郃之罪。胜负者,兵家之常理。"洪曰:"即目刘备使黄忠攻打定军山,夏侯渊知王上兵至,固守未曾出战。"操曰:"若不出战,是其懦也。"差人持节到定军山,教夏侯渊进兵。长史刘晔谏曰:"渊性太刚,恐中奸计。"操草手诏与他,依命行之。使命持节到渊营,渊接入。使臣出诏,渊拆视之。诏曰:

诏示夏侯渊知之:凡为将者,当以刚柔相济,不可恃其勇耳。为将固当以勇为本③,行之以智计;若但任勇,则是一愚夫之敌耳。吾今屯大军于南郑,欲观卿之"妙才",勿辱二字可也。渊字妙才,操称此者,谓渊之谋可称二字否?

夏侯渊览毕大喜,重待使命回讫,整率军马,要敌黄忠。后史官王友直,因曹操试武将用谋,而作诗曰:

尽道粗官不足为,粗官必也是男儿。
知兵岂在持戈戟?临阵当专主鼓旗。
应节便能分与合,随麾不觉正为奇。
他年恢复中原后,看取凌烟[一〇]更有谁!

却说夏侯渊与张郃商议,渊曰:"今魏王率大兵屯于南郑,要讨刘备。吾与汝久守此地,岂能建功立业?来日吾出战,务要生擒黄忠。"张郃曰:"不可。黄忠智勇双全④,更兼法正多机。此间山险峻,只宜坚守,久必自退。"渊曰:"若他人建了功劳,吾与汝有何面目而见魏王耶?汝只守山,吾去出战。"渊下令曰:"谁敢出哨诱敌?"夏侯尚进曰:"小将愿往。"渊曰:"汝去出哨,与黄忠交战,只宜输,不宜赢。吾有妙计,如此如此。"尚受令,引三千军离定军山大寨前行。

---

① 原作"五月五日",不标年份,时间模糊。据《曹娥传》,补入"汉安二年"。
② 原作"后上虞令度尚奏闻朝廷"。"后"太笼统,实则相隔八年;县行政长官,万户以上称"令",万户以下称"长"。据《曹娥传》改。
③ 原作"然为将,固当以勇为本"。"然"字赘,删去。
④ 原作"黄忠谋勇"。据黄正甫本改。

第一百四十一回　黄忠䩄斩夏侯渊

却说黄忠与法正引兵屯于定军山口，屡求相战，夏侯渊坚守不出；欲要轻进，又恐山路危险，难以料敌，只得据守。一日，忠与正商议之间，忽有伏路军报曰："山上曹兵下来搦战！"忠听得，就要出战。忽一人奋然而出曰："将军休动钧意。待某引一千军从山小路抄上，将军引兵来战，两下夹攻，曹兵必败。"众视之，乃牙将陈式也。忠大喜，遂令式引兵去了。式将大队人马从山后拥来，呐一声喊，与夏侯尚交兵。尚诈败，式赶去。忠恐陈式中计，急引一军赶来接应。行到关路，被两山上擂木炮石打下，不能前进。式正欲回时，背后夏侯渊出战，生擒陈式。军尽降曹。有败军逃得性命，来见黄忠，说陈式被擒。忠慌与法正商议，正曰："渊为人轻躁，恃勇少谋，可激士卒连营稍进，步步为营，诱渊来战。此乃'反客为主'之计。渊一至，可擒矣。"忠用其谋，将应有之物尽赏三军，欢声满谷，愿效死战。黄忠即日拔寨而进，步步为营，每营住十数日又进。渊知，欲出战，张郃曰："此乃法正'反客为主'之计，不可出战，战则有失。"渊不从郃谏，却令夏侯尚引数千兵出战，直到黄忠寨前。忠上马提刀出迎，与夏侯尚交马，只一合，生擒夏侯尚归寨。余皆败走，回报渊知。渊慌使人到忠寨，说将陈式来换夏侯尚。忠约定来日阵前相换。次日，两军皆到山谷阔处，布成阵势。忠、渊皆乘马立于阵前。答话已毕，各推一人①，并无袍铠，只穿蔽体薄衣，式与尚各奔其寨。尚比及到阵门边，被忠一箭射中后背。尚带箭归寨。渊大怒，骤马径取黄忠。忠正要激渊厮杀，两将交马，战到二十余合。曹营鸣金收兵。渊慌回阵，被忠乘势杀了一阵。渊问拨发官："缘何鸣金？"官曰："某见山凹中有蜀兵旗幡数处，恐是伏兵，故招将军回。"渊信其说。原来孔明令刘封、孟达引三千兵，散于四下里虚作疑兵，因此渊怯，不敢出战。夏侯渊听得，坚守不出。

黄忠逼到定军山下，与法正商议。正以手指之曰："定军山西，巍然有一座高山，四下皆是险道。此山上足可视定军山之虚实。将军若取得此山，定军山只在掌中也。"忠仰见山前稍平，山上有些少人马。是夜二更，忠引军士鸣金击鼓，直杀上山顶。有副将杜袭守把此山②，手下止有数百人③，见忠大队拥上，遂弃山而走。忠遂得了山顶，正与定军山相对。法正曰："等夏侯渊兵至，吾举白旗为号，他来搦战，我却按兵不动；待他退兵无备，吾将白旗一举，将军却下山击之：以逸待劳，反害其主也。来日，渊必到。"忠令半山多设旗鼓，以候兵到。

却说杜袭急逃得来见夏侯渊，说黄忠夺了对山。渊大怒曰："黄忠占了对山，不容我不出战。"张郃谏曰："这夺了对山，乃法正之谋也。将军不可出战，只宜坚守。"渊曰："占了吾对山，观吾虚实，如何不出战？"郃苦谏不听，分太半军围住了对山。渊搦战，从辰骂至午，忠不出战。法正在山上，见曹兵倦怠，锐气已堕，尽皆下马坐息。法正将白旗一招，鼓角齐鸣，喊声大震，黄忠一马当先，骤下山来，犹如天崩地塌之势。夏侯渊措手不及，被黄忠赶到麾盖之下，大喝一声，有如雷吼。渊未及相迎，宝刀初落，连头带背，砍为两段。后史官为䩄斩[一一]夏侯渊，有

---

① 原作"各推人"。承上文，加"一"字。
② 原文此句后有"袭字子绪，颍川定陵人也"。据《三国志·魏书·杜袭传》，袭先为侍中（第一三二回写到），此时为驸马都尉，督汉中军事，远非统领数百人的副将。此处"杜袭"可视为虚构的同名人物。
③ 原作"当时袭止有数百人守山"。承上文改。

诗曰：
> 苍头[一二]临大敌，皓首逞神威。
> 力趁雕弓发，风随雪刃挥。
> 雄声如虎吼，战马似龙飞。
> 馘斩功勋重，开疆展帝畿[一三]。

又诗曰：
> 飞出山前鼓震天，欢声馘斩夏侯渊。
> 一朝夺尽中原气，关将何由效后先？此言关公之功不及黄忠此一阵之高也。

　　黄忠斩了夏侯渊，曹兵大溃，各自逃生。忠乘势去夺定军山，张郃领生力兵来迎。忠与陈式两下夹攻，混杀一阵，张郃大败，奔本寨而走。忽然山旁闪出一彪人马，挡住去路，为首一员大将，后执一面大旗，上书四个字："常山赵云"。未知张郃性命如何，且听下回分解。

【注释】

[一] 生息：出产。
[二] 蓝田：县名。属司隶州京兆尹。治所在今陕西蓝田西。
[三] 顺帝：即刘保（115—144）。东汉皇帝。126—144年在位。
[四] 上虞：县名。属扬州会稽郡。治所在今浙江上虞。
[五] 婆娑：舞蹈。
[六] 汉安：汉顺帝年号（142—144）。
[七] 元嘉：汉桓帝年号（151—153）。
[八] 五辛：五种辛味的菜。通常指葱、薤、韭、蒜、兴渠。
[九] 辤："辞"的异体字。
[一〇] 凌烟：指凌烟阁。封建王朝为表彰功臣而建的高阁，阁中绘功臣像。
[一一] 馘斩：斩，杀死。馘，古代战时割取所杀敌人的左耳，用以计功。
[一二] 苍头：灰白色的头。代指老年人。
[一三] 展帝畿：拓展蜀汉的版图。畿，王都所在的地区。

第一百四十二回　赵子龙汉水大战

却说赵云拦住张郃,大杀一阵。郃进退无门①,引败军夺路望定军山而走。郃见前面一支兵来迎,乃都尉杜袭也。两军并合,袭曰:"今定军山被刘封、孟达夺了。"郃闻知大惊,遂引败兵来到汉水扎营②。杜袭曰:"将军且暂管夏侯妙才③都督印信,以安军心。"令人飞报魏王。操闻渊死,放声大哭,方悟管辂之所言。辂言"三八纵横",乃建安二十四年也;"黄猪遇虎"者,乃岁在己亥正月也;"定军之西"者,乃定军山之西山也④;"伤折一股"者,乃渊与操兄弟之亲情也。操令人寻管辂时,不知何处去了。操深恨黄忠,遂亲统大军,来定军山与夏侯渊报仇,令徐晃作先锋。行到汉水,张郃、杜袭接着曹操。二将奏曰:"今定军山已失,天荡山粮草恐有疏虞,可移于北山寨中屯积⑤,然后进兵。"魏王依允。

却说黄忠将夏侯渊首级,来葭萌关上见玄德献功。玄德大喜,加为征西将军⑥,设宴庆贺。忽牙将张著来报说:"曹操自领大军二十万,来与夏侯渊报仇。目今张郃在天荡山搬运粮草⑦,移于汉水北山脚下。"孔明曰:"今操引大兵至此,恐粮草不敷,故勒兵不进。若得一人,深入其境,一面烧其粮草,一面夺其辎重,先灭操之锐气,此为上计也。"黄忠曰:"老夫愿当此任。"孔明曰:"今曹操举二十万之众至此,必有大将,非比夏侯渊、张郃之兵也。"玄德曰:"夏侯渊虽是总帅,乃一勇夫耳,安及张郃?若斩得张郃,胜斩夏侯渊十倍也。"忠奋然又曰:"吾愿往斩之。"孔明曰:"你可与赵子龙同领一支兵去。凡事计议而行,看谁立功。"忠应允便行。孔明就令张著为副将。云与忠曰:"今操引二十万之众,分屯十数营,今将军在主公前要去夺粮,非小可之事。将军当用何策?"忠曰:"看我先去如何?"云曰:"我先去⑧。"忠曰:"我是主将,你是副将,如何争先?"云曰:"我与你都一般与主公出力,何必计较?我二人拈阄,拈着的先去。"忠依允。当时黄忠拈着先去。云曰:"既然将军先去,某何不相助?可约定时刻,如将军依时而还,某按兵不动;若将军不应时而还,某即破阵救助。"忠曰:"子龙之言是也。"二人约定,各回营中。子龙与部将张翼曰:"今黄汉升约定明日去夺粮草,若午时不回,我去救应。吾营前临汉水,地势危险。我若去时,汝可谨守寨栅,不可轻动。"张翼声诺。

---

① 原句无主语"郃"。承上文加。
② 此句后原有"二将合兵一处",与上文"两军并合"重复,故删。
③ 原作"夏妙才"。据《三国志·魏书·夏侯渊传》,补"侯"字。
④ 原作"'定军之南'者,乃定军山之南山也"。承第一四一回改。
⑤ 原作"某等恐失其利,将米仓山粮草移于北山寨中屯积"。参照余本《三国》改;并承第一四一回,改"米仓山"为"天荡山"(米仓山已被蜀军夺取)。
⑥ 原作"加为征西大将军"。据《三国志·蜀书·黄忠传》,删"大"字。
⑦ 原作"目今张郃在米仓山搬运粮草"。承上文改。
⑧ 原作"我等先去"。据叶逢春本,删去"等"字。

却说黄忠回到营中，与副将张著曰："我斩了夏侯渊，张郃丧胆。吾今日领命去劫粮草，只留五百军守营，你可助吾。今夜三更，尽皆饱食；四更离营，杀到北山脚下，先捉张郃，后劫粮草。"张著依令。当夜黄忠领人马在前，张著在后，偷过汉水，直到北山之下，东方日出，见粮积如山，军士看守。曹军见蜀兵到，尽弃而走。黄忠教马军一齐下马，取柴堆于米粮之上。干柴堆毕，正欲放火，张郃兵到，与忠混战一处。操闻知，遂令徐晃接应。晃领兵前进，将忠困于垓心。张著引三百军走脱，正要回寨，忽一支兵撞出，拦住去路，为首大将乃是文聘；后面曹兵又至，把张著围住。

却说赵云见忠不回，急忙披挂上马，引三千马步兵来与黄忠接应。云与张翼曰："日已平西，黄汉升危矣。汝可坚守营寨，两壁厢多设弓弩，以为准备。"翼连声应诺。子龙挺枪骤马，直杀将来。迎头一将拦路，乃文聘手下将慕容烈，拍马舞刀，来迎子龙。子龙手起一枪，刺于马下。曹兵败走。子龙直杀入重围，又一支兵截住，为首乃牙将焦炳，使三尖刀一口。子龙喝问曰："蜀兵何在？"炳曰："已杀尽矣！"子龙大怒，骤马一枪，刺焦炳于马下，杀散余兵。直至北山之下，见张郃、徐晃两人围住黄忠，军士被困多时。子龙大喊一声，挺枪骤马，杀入重围，左冲右突，如入无人之境。那枪浑身上下，若舞梨花；偏体纷纷，如飘瑞雪。张郃、徐晃心惊胆战，不敢迎敌。子龙救出黄忠，且战且走，所到之处，无人敢阻。操惊，问众将曰："此将何人也？"有识者告曰："此乃常山赵子龙也。"操曰："昔日当阳长阪英雄尚在！"急传令曰："所到之处，不许轻敌。"因此，曹兵只看山上招旗之处，指东围东，指西围西。子龙救了黄忠，引三千军，杀透重围。数内有一人指之曰："东南上围的必是副将张著。"子龙不回本营，遂望东南杀来。所到之处，但见"常山赵云"四字旗号，曾在当阳长阪知其勇者，互相传说，尽皆逃窜。子龙又救了张著。

曹操见子龙东冲西突，所到之处，无敢迎敌，救了黄忠、张著，奋然恨怒，自招呼左右将士，来赶子龙。子龙已杀回本寨。部将张翼接着，望见后面尘起，知是曹兵追来，即与子龙曰："追兵渐近，可令军闭上寨门，上敌楼防护。"子龙喝令："休闭寨门！汝岂不知吾昔日当阳长阪，单枪匹马，杀曹兵八十三万，如觑草芥！吾今有军有将，何以惧哉！"遂拨弓弩手于寨外壕中埋伏，将营内旗枪尽皆倒偃，金鼓不鸣。子龙匹马单枪，立于营门之外。

却说张郃、徐晃领兵追至蜀寨，天色黄昏，见寨中偃旗息鼓，又见赵云匹马单枪，立于营外，寨门大开。二将不敢前进。正疑之间，忽魏王到，见军不动，急教催督向前。众军听令，大喊一声，杀奔营前，见子龙全然不动，曹兵翻身就回。子龙把枪一招，壕中弓弩齐发。比时天色昏黑，又不知蜀兵多少，操先拨回马走。只听得后面喊声大震，鼓角齐鸣，蜀兵赶来。曹兵自相践踏，拥到汉水河边，落水死者不知其数。子龙、黄忠、张著各引兵一支，追杀甚急。操正奔走之间，忽刘封、孟达率二支兵，从定军山杀来①，放火烧粮草。操弃了北山粮草，忙回南郑。徐晃、张郃扎脚不住，亦弃本寨而走。子龙先占了曹寨，黄忠夺了粮草，汉水所得军器无数，差人去报玄德。玄德遂同孔明前来战场观之。至汉水，凭高而望，乃问于云之部将曰："子龙于此地如何厮杀？"其将答曰："曹兵二十万，漫山蔽野杀来。子龙引三千兵直杀透重围，救出黄忠并三千人马；左冲右突，往来厮杀，曹兵散而复合者数次。子龙又杀入重围，救出副将张著

---

① 原作"从米仓山杀来"。承上文改。

第一百四十二回　赵子龙汉水大战

并三百骑，不曾折了一人。回至汉水，匹马单枪，立于营外。操亲驱兵杀至营前，被子龙招弓弩射之。曹兵败走，淹死于汉水者万余人。因此全获奇功。"玄德大喜。看了山前山后险峻之路，欣然与孔明曰："赵子龙浑身都是胆也！"后有诗曰：

　　昔日战长阪，威风犹未减。
　　突阵显英雄，破围施勇敢。
　　鬼哭与神号，天愁并地惨。
　　常山赵子龙，一身都是胆！

又诗曰：

　　钢枪匹马冠三军，前后无双勇绝伦。
　　昔日当阳今汉水，子龙端的[一]胆包身！

又诗曰：

　　长阪坡前血战时，皆言人马似龙飞。
　　今观汉水全无敌，方表将军有虎威。

却说玄德听得如此，心中大喜，说与众将，就号子龙为"虎威将军"，大劳将士，欢宴至晚，忽人来报曰："曹操复遣大军从斜谷[二]小路而进，来取汉水。"玄德笑曰："操此来无能为也。我料必得汉川矣①！"乃率兵于汉水之西，以候曹兵。

且说曹操令徐晃为先锋，再来与蜀兵决战。忽帐前一人出曰："某深知西蜀地利，愿助徐将军同去破敌。"操视之，乃巴西宕渠人也②，姓王，名平，字子均，见充校尉③。操大喜，遂教王平为副先锋，相助徐晃。操屯军于定军山之北。徐晃、王平引军至汉水，晃令前军渡水列阵。平曰："军若渡水，倘要急退，如之奈何？"晃曰："昔日韩信用兵，背水为阵，此按孙子兵法'致之死地而后生'。"平曰："不然。昔者韩信料陈余[三]无谋而用此计，今将军能料赵云、黄忠之意否？"晃曰："汝可引步军拒敌，看我引马军破之。"遂令搭起浮桥，随即过河来战蜀兵。未知胜负如何？

【注释】

[一] 端的：真的，果然。
[二] 斜谷：地名。在今陕西眉县西南，为古褒斜道的北口。
[三] 陈余（？—前204）：秦、汉之间大梁（今河南开封西北）人。秦二世元年（前209）参加陈胜、吴广起义军，旋拥立武臣为赵王，自任大将军。楚汉战争期间，拥赵王歇。汉高祖三年（前206），韩信、张耳破赵，被杀。

---

① 原作"我料必得汉水矣"。据《三国志·蜀书·先主传》改（"汉川"即汉中）。
② 原作"乃巴西岩渠人也"。"岩"系"宕"之形误。据《三国志·蜀书·王平传》改。
③ 原作"见充牙门将军"。据《王平传》改。

第一百四十三回　刘玄德智取汉中

却说徐晃引军渡汉水①，王平谏之不听，遂渡过汉水扎营。黄忠、赵云告玄德曰："某等各引本部兵去迎曹兵。"玄德应允。二人引兵在途，忠与云曰："今徐晃恃勇而来，且休与敌；待日暮锐气挫动，你我分兵两路击之可也。"云曰："然。"各引一军据住寨栅。徐晃引军从辰时搦战，直至申时②，蜀兵不动。晃尽教弓弩手向前，望蜀营射之。忽一人报与黄忠、赵云曰："徐晃令弓弩乱射者，军必退也，可乘时击之。"又一人报曰："曹兵后队果然退动。"蜀营鼓声大震，黄忠引兵左出，赵云引兵右出。两下夹攻，只一阵徐晃大败，军士逼入汉水，死者无数。晃死战得脱，到营大责王平曰："汝见吾军势将危，如何不救？"平曰："我若去救，此寨亦不能保。我曾谏公休去，公不从，以致此败。"晃大怒，欲杀王平。平当夜引本部军，就营中放起火，曹兵大乱，徐晃弃营而走。平渡汉水来投赵云。云引见玄德。平尽献汉水地利。玄德大喜曰："孤仰王子均平之字也陈言良策，吾得汉中无疑矣！"遂命王平为牙门将③，领向导使。

却说徐晃逃回见操，言王平反了，去投刘备。操大怒，亲统大军来夺汉水寨栅。赵云恐孤军难立，还退汉水之西。两军隔水相拒。玄德、孔明来观形势，孔明见汉水上流头有一带土山，可伏千余人。孔明回至营中，唤子龙吩咐："汝可引五百人，皆带鼓角，伏于土山之下；或半夜，或黄昏，只听我营中炮响，汝便一齐发擂，却休出战。炮响一番，鼓擂一番，不要出战。"子龙受了计，自去埋伏。孔明却在高山上暗窥。次日，曹兵搦战，蜀营中尽数伏定④，一人不出，弓弩都不发。曹兵自回。当夜更深，孔明见曹营灯火方息，军士歇定，遂放号炮。子龙听得，令鼓角齐鸣。曹兵惊慌，只疑劫寨，乃至出营，不见一人。方才回营欲歇，号炮又响，鼓角又鸣，呐喊震地，山谷应声。曹兵彻夜不安。一连三夜，如此惊疑。操心怯，拔寨自退三十里，就空阔去处扎营。孔明叹曰："曹操虽知兵法，不知诡计。"遂请玄德亲渡汉水，背水结营⑤。玄德问计，孔明曰："可如此如此。"

曹操见玄德背水下寨，心中稍疑，使人来下战书。孔明批来日决战。次日，两军会于中路五界山前，列成阵势。操出马立于门旗下，两行布列龙凤旌旗，擂鼓三通，唤玄德答话。玄德引刘封、孟达并蜀中诸将而出。操扬鞭大骂曰："刘备忘恩失义、反叛朝廷之贼！"玄德曰："吾乃大汉宗亲，奉诏讨贼。汝僭越天子銮仪，自立为王，非反而何？"操怒，令徐晃出马，来捉玄德。刘封出迎。交战之时，玄德先走入阵。封敌晃不住，拨马便走。操下令："有能捉得刘备者，便为益州之主！"大军呐喊，杀过阵来。蜀兵望汉水而逃，尽弃营寨；马匹军器，丢满道上。

---

① 原作"却说徐晃引军渡汉中"。据上下文，"汉中"当作"汉水"。
② 原作"只至申时"。据文意改。
③ 原作"遂命王平为偏将"。据《三国志·蜀书·王平传》改。
④ 原作"营中尽数伏定"。据上下文，加"蜀"字。
⑤ 原作"背后结营"。"背后"意含混，据下文"背水下寨"改。

曹军争竞取之。操急鸣金收军。众将在马上曰："某等正待捉刘备，王上何故收军①？"操曰："吾见蜀兵背汉水安营，而疑之一也；多弃马匹军器者，疑之二也。可急退军，休取衣物。"操下令曰："妄取一物者立斩！火速退兵！"曹兵方回头时，孔明号旗举起：玄德中军领兵便出，黄忠左边杀来，赵云右边杀来。曹兵大溃而逃。孔明连夜追赶。操传令军回南郑。只见五路火起，原来张飞、魏延得严颜代守阆中，分兵杀来，先得了南郑。操心惊，奔阳平关而走。玄德大兵追至南郑、褒中[一]②。安民已毕，玄德问孔明曰："曹操败速者，何也？"孔明曰："操平生为人多疑，虽能用兵，疑则多败。吾以疑兵胜之。"玄德曰："今操退守阳平关，其势已孤，先生将何策以退之？"孔明曰："某已定了。"便差张飞、魏延分兵两路，去截曹操粮道；令黄忠、赵云分兵两路，去放火烧山。"粮草尽绝，岂能久住乎？"玄德曰："妙哉！"众将各引向导官军去了。

却说曹操退守阳平关，令军哨探，回报言曰："今蜀兵将远近小路尽皆塞断③，砍柴去处尽放火烧绝，不知兵在何处。"操正疑惑之间，又报曰："张飞、魏延来往劫粮，必着大将相助。"操问曰："谁敢敌张飞？"许褚应曰："某愿往。"操令许褚引一千精兵，去阳平关路上护接粮车。当日，部粮官参拜褚曰："若非将军至此，粮又不得到阳平矣。"将车上的酒肉献与许褚，诸将共饮，不觉大醉。褚乘酒兴，催粮车行。押粮官曰："前褒中之地，山势险恶，未可过去。"褚大怒曰："吾有万夫之勇，岂惧他人哉！今夜乘着月色，正好使粮车行走。"许褚当先，横刀纵马，引军前进。二更以后，往褒中路上而来。行过一半，忽山凹里鼓角震天，一支军当住，为首大将乃燕人张益德也，挺矛骤马，直取许褚。褚舞刀来迎。只一合，一矛正中许褚眉心，翻身落马。手下牙将向前急救，退入军中，弓弩乱发。益德不得向前攻敌，只夺了粮草车辆。有诗曰：

　　雄哉益德，锐气如虎！
　　据水断桥，横矛一举。
　　入蜀释严，出褒刺褚。
　　威震曹公，分茅列土！

张益德夺了粮草车辆而回。

却说许褚被刺，众将保回见操。操就令医士疗治金疮，操自提兵来与蜀兵决战雌雄。玄德引军出迎。两军阵圆，玄德令刘封出马。操骂曰："卖履小儿，常使假子拒敌！吾若唤黄须来，'黄须'者，操之子曹彰也。汝假子为骨酱肉泥也！"刘封大怒，挺枪骤马，直取曹操。操令徐晃来迎。封诈败而走。操引兵追赶。蜀兵营中四下炮响，鼓角齐鸣。操惊惧有伏兵，急退军时，曹兵自相践踏，死者极多。回阳平关，方才歇定，蜀兵赶至城下，东门放火，西门呐喊；南门放火，北门擂鼓。操大惧，弃关而走。后面蜀兵追袭。操正走之间，前面张飞引一支军痛杀一阵。魏将保操奔走。赵云引一支兵从背后杀来，黄忠从褒中杀来。操大败，诸将惊慌。操骤马加

---

① 原作"主上何故收军"。承第一四〇、一四一回，改"主上"为"王上"。
② 原作"玄德大兵追至南郑、褒州"。据《后汉书·郡国志》，"褒州"当作"褒中"。
③ 原作"今蜀将远近小路尽皆塞断"。据叶逢春本，加"兵"字。

鞭,方逃至斜谷界口,忽尘头起,一支兵到。操曰:"此军若是伏兵,吾今休矣!"其兵将近,乃操次子曹彰也。

彰字子文。少善骑射,膂力过人,手格猛兽,不避凶险。操常戒之曰:"汝不读书而好汗马,此乃匹夫之勇,何足贵也?"彰曰:"大丈夫学卫青[二]、霍去病,立功沙漠,长驱数十万众,纵横天下,是其志也,何能作博士[三]耶?"操尝问诸子之志,彰曰:"好为将。"操问:"为将何如?"彰曰:"披坚执锐,临难不顾,身先士卒。赏必行,罚必信。"操大笑。建安二十三年①,代郡[四]乌丸反,操令彰引兵五万讨之。临行,操戒之曰:"'居家为父子,受事为君臣'。动有王法,尔可戒之。"彰到代北,身先战阵,胡骑应弦而倒,直杀至桑干[五]地名也,北方皆平;知操在阳平败阵,故来助战。操见彰至,大喜曰:"黄须儿远来,破刘备在即日矣!"诸将曰:"目今势败,何能再胜?"操曰:"吾儿一扫北方,数千里皆平。今幸胜兵之来助,安有不胜之理?"遂勒兵复回。未知胜负如何?

【注释】

[一] 褒中:县名。属益州汉中郡。治所在今陕西汉中西北。
[二] 卫青(?—前106):西汉名将。河东平阳(今山西临汾西南)人,字仲卿。汉武帝卫皇后之弟。曾七次率军出击匈奴,屡获大胜。官至大司马大将军,封长平侯。
[三] 博士:官名。职掌教授经学及典礼事宜。秩比六百石。
[四] 代郡:郡名。属幽州。治所在高柳(今山西阳高)。
[五] 桑干:县名。属幽州代郡。治所在今河北阳原东北。

---

① 原作"二十三年",交代不够明晰,故补年号"建安"。

第一百四十四回　曹孟德忌杀杨修

　　却说曹操见曹彰引兵至，大喜，欲勒兵复来决战，乃于斜谷界口安营。有人报知玄德，玄德问曰："谁敢去战曹彰？"刘封出曰："某愿往。"孟达又说要去。玄德曰："汝二人同去，看谁成功。"各引兵五千来迎。刘封仗玄德之威在先，孟达在后。曹彰出马与封交战，只三合，封大败而回。孟达引兵前进，方欲交锋，只见曹兵大乱。原来马超、吴兰两军杀来，曹兵先自胆落，被三路军冲杀而来。超兵歇养日久，到此耀武扬威，势不可挡。曹兵败走，正值吴兰挡住，彰一戟刺兰于马下。三军混战。操退兵于斜谷界口驻扎，被超侵劫，昼夜不安。刘封惶恐，无面见父，听知孟达建功，深恨结仇。

　　操屯兵日久，欲要进兵，又被马超拒守；张飞、赵云、黄忠不时搦战，正要交锋，又被蜀兵把住要道；欲收兵回长安，又怕蜀兵耻笑①，心中犹豫不定。忽值庖官厨官也进鸡汤，操见碗中有鸡肋，因而有感于怀。正沉吟之间，夏侯惇入帐来禀号令，为夜间之用。操随口曰："鸡肋！鸡肋！"惇传令，众官皆称"鸡肋"。有行军主簿杨修，见传"鸡肋"二字，便教随行军士，各收拾行装，准备归程。有人来夏侯惇帐中报知。惇大惊，遂请杨修问云："公何收拾行装？"修曰："以今夜号令，便可知也。'鸡肋'者，食之无肉，弃之有味。今进不能胜，退恐人笑，在此无益，不如早归。来日魏王必班师矣。故先拴束，庶免临行慌乱。"夏侯惇曰："公知魏王肺腑也。"遂亦收拾行装。寨中诸将，无不准备。当夜，曹操心乱，不能稳睡，遂提钢斧绕寨私行，只见夏侯惇寨内军士，各准备行装。操大惊，急回帐，召惇问其故。惇曰："主簿杨德祖先察王上欲归之意。"操唤杨修问之，修以"鸡肋"之意答之。操大怒。

　　修字德祖，汉太尉杨彪之子，杨赐之孙②。博学广览，目视五行，九流三教，无所不通。建安中，举孝廉，除郎中，操用为仓曹属主簿③。出则参赞军机，总知内外事。修为人恃才放旷，数次干犯[一]，曹操姑恕。操平生为人，虽然用才能之人，心甚忌之，只恐人高如己。昔日尝造花园一所，一年造成，请操观之。操看罢，不言好歹，取笔于门上书一"活"字而去。人皆不晓。修曰："'门'内添'活'字，乃'阔'字也。丞相嫌阔。"于是再促墙围，又请观之。操大喜，问曰："谁知吾意？"一人答曰："杨修也。"操虽面喜，心甚恶之。又一日，塞北送酥一盒，操喜，遂写"一合酥"三字于盒上。操入寝，修入见之，取匙分食。操睡觉，欲食不见。操问之，修答曰："丞相有命，令'一人一口'④，尽食之矣。岂敢违丞相之命？"操虽大喜，而心恶之。操常吩咐左右曰："吾梦中好杀人，睡着时，汝等勿近前。"一日，昼寝于帐中，落被于地，一近侍慌取覆之。

---

① 原作"又怕蜀吴耻笑"。曹操系与蜀军交战，故"蜀吴"应作"蜀兵"。
② 原作"杨震之孙"。承第一一九回改。
③ 原作"操用为署仓曹事主簿"，官名混乱。据《三国志·魏书·陈思王传》注引《典略》改。
④ 原作"令'一人食一口'"。据"合"字形、"食"字赘，删去。

操跃起,拔剑杀之,复上床睡;半晌而起,惊问:"何人杀吾近侍?"众以实对。操痛哭而厚葬之。人皆不识,以为操果是梦中杀人。惟修知之,临丧叹曰:"君乃囊中之锥也!"操闻而恶之。操之第三子曹植,字子建,深惜其才,常邀修谈论,终夜不息,甚是敬之。操与众商议,欲立子建为魏王太子。曹丕知其谋,请朝歌[二]长吴质议事,恐有人见,用盛绢大簏[三]音禄藏吴质入府。修知其事,来告操。操曰:"来日擒之!"早有人报曹丕。丕慌告吴质,质曰:"何必忧患? 明日用大簏装绢,再入以惑之。"次日,修又告知操。操使人搜之,果皆是绢。操因此大疑杨修有害曹丕之心。操一日令曹丕、曹植各出邺城门,却密使人吩咐休放。植先问修,修曰:"世子今奉王命,如有阻挡者斩之。"果然曹丕至门,被挡住自回。植至门,门吏阻之,植怒曰:"吾奉王命,如箭离弦,何人敢挡!欲背反耶?"立斩之。操知次子多能,召而问之。植对曰:"出于胸衿也。"操喜。有人告操曰:"此乃杨修之所教也。"操此时已有杀修之心矣。修尝作答教[四]十余条与植,但操有问,依条答之,其中治国安民之道无不该载焉。操常问子建,其答如流。操心中甚疑。后丕暗买子建左右,偷答教来告曹操。操见了,大怒曰:"匹夫!安敢交媾[五]吾儿,以侮孤耶!"此时杀修之心愈忿矣,惟恐多人议论,故隐忍之。子建带酒,乘操车,出司马门[六]。人皆以为操出,伏道而迎之,至近方知是子建。操闻知,大怒曰:"吾无事不出此门,将已取信于诸侯也;汝今无礼,可杀之!"众官苦劝方止。自此曹操不喜子建,诸君不敢登门。操带修征汉中,于蔡邕庄观碑文时①,亦要杀修,只恐诸将士议论,又复忍之。当时操怒曰:"竖儒!敢乱吾兵耶!"叱刀斧手推出斩之,号令首级于营门外以示其众。修死,年四十五岁②。后史官有诗赞曰:

  聪明杨德祖,世代继簪缨。
  笔下龙蛇走,胸中锦绣成。
  开谈惊四座,捷对冠群英。
  身死因"鸡肋",令人哀怨生!

又诗曰:

  奸雄端的忌聪明,积怨存心恨易生。
  "鸡肋"早知能丧命,争如缄口得三公?

曹操佯怒,欲斩夏侯惇。众官皆告免。操数声喝退。操令来日进兵,出斜谷界口,再复汉中③。忽当道一军摆开,为首大将乃魏延也。操招魏延归降,延恶言大骂。操令庞德战之。二将正斗间,寨内火起,人报马超劫了中后二寨。操掣剑在手曰:"诸将动者斩!"众将努力上前,杀退魏延。延投山僻小路而走。操方回战马超,又令一军敌张飞。操立马于高阜处,看两军各各效力争战。忽一军撞在面前,乃是魏延。延拈弓搭箭,射中曹操。操翻身落马。延弃弓绰刀,骤马上山坡来杀曹操。马后转过一将,大叫:"勿伤吾主!"乃南安狟道人也,姓庞,名德,

---

① 原作"操带修征南汉水观碑时"。承第一四一回改。
② 原作"年三十四岁"。据《后汉书·杨震传》附《杨修传》注引《续汉书》改。
③ 原作"再复中原"。中原已为曹操所据,原文误。据叶逢春本改。

字令明,奋力向前,战退魏延,保操前进。马超兵已退,操归原寨。操带伤,又折却门牙两个,令医士调治,方忆杨修之言,随将修尸将回厚葬;就令班师,却教庞德断后。车乘马匹已备,操卧于毡车之中,左右护卫虎贲军数万人。忽报斜谷两边山上火起,马超伏兵赶来。曹兵连夜奔回长安,锐气堕尽。未知如何,且听下回分解。

【注释】
[一] 干犯:冒犯,冲犯。
[二] 朝歌:县名。属司隶州河内郡。治所在今河南淇县。
[三] 簏:用竹子或柳、藤编成的圆形盛器。
[四] 答教:答对大臣的指示询问的书面文字。
[五] 交媾:交结。
[六] 司马门:汉代皇宫的外门,各置司马守卫,故名。出入司马门必须下车,否则为不敬。

第一百四十五回　刘备进位汉中王

建安二十四年秋七月,魏王曹操退兵至斜谷,欲还许都,又被魏延一箭射中人中[一],因此收军班师。比及三军起行,原来孔明见操避于斜谷,料是弃汉中而走,故差马超等将分兵十数路,不时攻劫。因此操不能久住,遂议回兵。前军才行,两下火起,乃是马超等伏兵断送。操急令将士紧行,三军锐气堕尽,但听得兵声火发,人人丧胆,个个亡魂,只望逃生,安能拒敌,晓夜奔走无停。蜀兵追赶不住,曹军至京兆,方始心安①。

却说玄德命刘封、孟达、王平等,攻取上庸[二]诸郡。申耽等闻操已弃汉中而走,遂皆投降。玄德大喜,就于汉中之地大赏三军。安民已定,玄德愈加爱惜军士。众将皆有推尊玄德为帝之心,未敢擅便,遂告诸葛军师。孔明曰:"吾意已定夺了。"随引法正等入见玄德。孔明曰:"方今汉帝懦弱,曹操专权,天下百姓无主。主公年过半百,威震四海,东除西荡,今得益州、汉中②,可以应天顺人,法尧禅舜[三],即皇帝位,名正言顺,以讨国贼。此合天理,事不宜迟,便请择日。"玄德大惊曰:"军师之言差矣!某虽汉室宗亲,乃臣下之臣;若为此事,乃反汉也。"孔明曰:"非也。方今天下分崩,英雄并起,各霸一方,四海有才德者同声相应,同气相求,舍死忘生而事其主者③,若非为名,即为利也。今主公苟避嫌疑,守义不举,手下之士,大小皆无所望,其心皆懈,不久尽去矣。愿主公熟思之。"玄德曰:"僭居尊位,吾实不为!汝等再宜商议。"诸将一齐言曰:"主公若是推却,三军变矣!"孔明曰:"主公平生以义为本,安肯便称尊号?今有荆、益两州之地④,可暂为汉中王。以正其位,方可用人。"玄德曰:"汝等虽欲尊吾为王,不得天子明诏,是僭称也。"孔明曰:"离乱之时,宜从权变;若守常道,必误大事。"张飞大叫曰:"异姓之人皆欲为君,何况哥哥乃汉朝宗派!若不如此,半世英雄成一梦矣!"孔明曰:"主公可宜从权变,进位汉中王,臣等自作表章申奏天子。"玄德再三推辞不过,又恐军心有变,只得依允。孔明遂命谯周作表,申奏献帝。其表曰:

军师将军臣诸葛亮,荡寇将军、汉寿亭侯臣关羽⑤,征虏将军、新亭侯臣张飞,平西将军、都亭侯臣马超,征西将军臣黄忠,镇远将军臣赖恭⑥,扬武将军臣法正,兴业将军臣李严等一百二十人,上言曰:昔唐尧至圣而四凶[四]在朝,周成仁贤而四国作

---

① 原作"军至京兆,方始心安"。承上文,加"曹"字。
② 原作"今得两川"。承第一二八回,改"两川"为"益州、汉中"。
③ 原作"舍死亡身……"。据叶逢春本改。
④ 原作"今有荆襄、两川之地"。"荆襄"即荆州,"两川"当作"益州、汉中",而汉中原属益州,此处不必单独列出。
⑤ 原作"汉寿亭侯臣关某"。众人皆称名,而关羽独称"关某",不合情理。据《三国志·蜀书·先主传》所引表文改。
⑥ 原作"镇西将军臣赖恭"。据《先主传》改。

第一百四十五回　刘备进位汉中王

难[五]，高后[六]称制而诸吕窃命，孝昭[七]幼冲而上官[八]逆谋，皆凭世宠，借履国权，穷凶极乱，社稷几危。非大舜、周公、朱虚[九]、博陆[一〇]，则不能流放擒讨，安危定倾。伏惟陛下诞姿圣德，统理万邦，而遭厄运不造之艰。董卓首难，荡覆京畿，曹操阶祸，窃执天衡[一一]；皇后太子，鸩杀见害，剥乱天下，残毁民物。令陛下蒙尘忧厄，幽处虚邑。人神无主，遏绝王命，厌昧皇极，欲盗神器。左将军、领司隶校尉、豫荆益三州牧、宜城亭侯刘备，受朝廷爵秩，念在输力，以徇国难。睹其机兆，赫然[一二]愤发，与车骑将军董承同谋诛操，将安国家，克宁旧都。会董承机事不密，令操游魂得遂长恶，残泯海内。臣等每惧王室大有阎乐之祸、小有定安之变，赵高使阎乐杀二世，王莽废孺子婴为定安公。夙夜惴惴[一三]，音费。战栗累思。昔在《虞书》[一四]，敦叙九族，周监二代[一五]，封建同姓，《诗》著其义，历载长久。汉兴之初，割裂疆土，尊王子弟，是以卒折诸吕之难，而成太宗[一六]之基。臣等以备肺腑枝叶，宗子藩翰，心存国家，念在弭乱[一七]。自操破于汉中，海内英雄望风蚁附，而爵号不显，九锡未加，非所以镇卫社稷，光昭万世也。奉辞在外，礼命断绝。昔河西太守梁统[一八]等值汉中兴，限于山河，位同权均，不能相率，咸推窦融以为元帅，卒立效绩，摧破隗嚣[一九]。今社稷之难，急于陇、蜀。操外吞天下，内残群僚，朝廷有萧墙之危[二〇]，而御侮未建，可为寒心。臣等辄依旧典，封备为汉中王，拜大司马，董齐六军①，纠合同盟，扫灭凶逆。以汉中、巴、蜀、广汉、犍为为国，所署置依汉初诸侯王故典。夫权宜之制，苟利社稷，专之可也。然后功成事立②，臣等退伏矫罪，虽死无恨。诚惶诚恐，顿首死罪。臣等不胜瞻天激切屏营之至。

建安二十四年秋七月，筑坛场于沔阳[二一]，音免。方圆九里，分布五方，各设旌旗仪仗，群臣皆依次序排列。许靖、法正请玄德登坛，进冠冕玺绶讫，面南而坐，受文武官员拜贺，为汉中王。子刘禅立为王太子。封许靖为太傅，法正为尚书令。诸葛亮为军师，总督军马一应事务。以关、张、马、黄、赵为五虎大将[二二]，魏延为督汉中镇远将军，领汉中太守③。其余各拟功勋定爵。玄德既为汉中王，遂修表一封，差人赍赴许都进呈。表曰：

臣以具臣[二三]之才，荷上将之任，总督三军，奉辞于外，不能扫除寇难，靖匡王室，久使陛下圣教陵迟，六合[二四]之内，否而未泰[二五]，惟忧反侧，疚音趑如疾首[二六]。曩者董卓，造为乱阶④，自是之后，群凶纵横，残剥海内。赖陛下圣德威灵，人神同应⑤，或忠义奋讨，或上天降罚，暴逆并殪⑥，音壹。以渐冰消。惟独曹操，久未枭除，侵擅国权，恣心极乱。臣昔与车骑将军董承图谋讨操，机事不密，承被陷害。

---

① 原作"以董齐六军"。据《三国志·蜀书·先主传》，删"以"字。
② 原作"然后成功事立"。据《先主传》改。
③ 原作"魏延为汉中太守"。据《三国志·蜀书·魏延传》增补。
④ 原作"伪造乱阶"。据《先主传》改。
⑤ 原作"人臣同应"。与下文"或忠义奋讨，或上天降罚"不完全对应。据《先主传》改。
⑥ 原作"暴逆歼殪"。据《先主传》，改"歼"为"并"。

臣播越失据,忠义不果,遂得使操穷凶极逆,主后戮杀,皇子鸩害。虽纠合同盟,念在奋力;懦弱不武,历年未效。常恐殒没,辜负国恩;寤寐[二七]永叹,夕惕若厉[二八]。今臣群僚以为在昔《虞书》,敦叙九族,庶明励翼[二九],五帝损益,此道不废。周监二代,并建诸姬,实赖晋、郑夹辅之福。高祖龙兴,尊王子弟,大启九国[三〇],卒斩诸吕,以安大宗[三一]。今操恶直丑正,实繁有徒,包藏祸心,篡盗已显。既宗室微弱,帝族无位,斟酌古式,依假权宜[三二],上臣大司马、汉中王。臣伏自三省,受国厚恩,荷任一方,陈力未效,所获已过,不宜复忝高位,以重罪谤。群僚见逼,迫臣以义。臣退惟寇贼不枭,国难未已,宗庙倾危,社稷将坠,成臣忧责碎首之负。若应权通变,以宁靖圣朝,虽赴水火,所不得辞,敢虑常宜,以防后悔。辄顺众议,拜受印玺,以崇国威。仰惟爵号,位高宠厚,俯思报效,忧深责重,惊怖累息,如临于谷。尽力输诚,奖励六师,率齐群义,应天顺时,扑讨凶逆,以宁社稷,以报万一。谨拜章因驿上还所假左将军、宜城亭侯印绶①。谨表上闻,仰干天听。建安二十四年秋七月,大司马、汉中王②臣刘备拜表。"

遣使到许都进表。

曹操听知玄德自立汉中王,遂大骂曰:"织席小儿,安敢如此!吾不能灭汝,誓不回都,除死方止!"即时传下王旨,尽起倾国之兵,赴益州与汉中王共决雌雄③。一人出班谏曰:"王上不可因一时之气怒,使百万生灵屈死于锋刃。小臣有一计,不须动张弓只箭,令刘备在蜀自受其祸。待兵衰力尽,略用一将,兴数万之众,一举而成功也。"众皆大惊,视之,乃河内温县[三三]人也,复姓司马,名懿,字仲达,见为丞相府主簿。操大喜而问之曰:"仲达有何高见?"懿曰:"江东孙权以妹嫁刘备④,今已分离,取回江左,彼此有切齿之恨。王上可差一舌辩之士,赍书去见孙权,陈说刘备过恶,令权兴兵先取荆州;一与关羽相持⑤,刘备必发益州之兵以救荆州。那时王上举兵去取汉川,令刘备首尾不能相救,势必危矣。"

操大喜,即修书令满宠为使,星夜投江东来见孙权。权知满宠到,遂与谋士商议。张昭进曰:"曹操与东吴本无仇⑥,一时听诸葛亮之说词,间谍两家,终年征战不息,生灵遭其涂炭。今满伯宁此来,必有讲和之意,可接待之。"权依其言,令众谋士远接。满宠入城,见吴侯礼毕,权以宾礼待宠。宠起身而言曰:"吴、魏自来无仇,皆因刘备之故。今魏王差某到此⑦,约会破刘,共分疆土,誓不两侵。"权问曰:"以何凭据?"满宠将操书呈上。权拆

---

① 原作"谨拜章表,因驿递上,还所假左将军、宜城亭侯印绶"。据《三国志·蜀书·先主传》改。
② 原作"汉中王、领大司马"。承上文改(官职在前,爵位在后)。
③ 原作"赴两川与汉中王共决雌雄"。承上文,改"两川"为"益州"。
④ 原作"今江东孙权以妹嫁刘备"。"今"字赘,删去。
⑤ 原作"一与关某相持"。司马懿向曹操献计,应直称关羽之名。
⑥ 原作"魏与吴本无仇"。此时魏尚未代汉,故改。
⑦ 原作"今魏主差某到此"。据上文,"魏主"应作"魏王"。

封视之。书曰：

操闻人生世间，列位在至尊之上，而俾异域之臣者，乃王侯之耻也；不论行而结交者，此大丈夫之耻也；祖宗可得之基业，一旦轻属他人者，此家门之耻也。仲谋乃东吴之至尊，而受制于刘备，可耻一也；备乃幽燕小辈，素无行止，天下共知，一旦以贤妹妻之，此乃二耻也；荆襄九郡，公之父兄皆为此土而丧身，何轻如敝屣[三四]，与刘备而不取，此乃三耻也。夫备恃顽赖凶，数有侵侮，轻诺寡信，素怀不仁，先背主而后叛吕布，弃袁绍之义，忘刘表之恩，吞并蜀川，占据汉上，负明公与孤之德，虽樵牧亦切齿也！今遣满宠前来，所有旧怨，一切勿言，可速起英雄之师，索取荆州，上与国家除凶，下雪自己之仇。清平之后，自以江南接连益州，尽属于公；汉中、襄阳，孤当自取。永以为好，誓不相侵。书不尽言。专祈照察。秋八月吉日书。

孙权览毕，设筵相待。满宠歇于馆舍。

权连夜与谋士商议。顾雍曰："虽是说词，其中有理。一面送满宠回，约曹公首尾相击；一面使人过江探关羽动静①，方可行事。"诸葛瑾曰："某闻关羽自到荆州，刘玄德娶与妻室，先生一子，次生一女。其子聪明；其女幼小，未曾适人。某愿一往，与主公世子求亲。若关羽肯许，却与关羽计议，共破曹操；若关羽不肯，然后助曹，却取荆州。凡征战有名，则人心顺矣。"孙权用其言，先送满宠回许都；却遣诸葛瑾为使，投江陵而来。江口人报知云长。云长平生轻傲天下之士，不令手下人迎接。诸葛瑾入城，来见云长。礼毕，云长曰："子瑜此来何意？"瑾曰："某想舍弟久事汉中王，故有此行，求结两家之好：某主人吴侯有一子，甚聪明，吴人皆奇之。某闻将军有一女，特来求亲。两家并无猜疑，并力破曹。此诚美事，请君侯思之。"云长勃然大怒曰："吾虎女，安肯嫁犬子耶！吾不看汝弟之面，立斩汝首！再休多言！"遂唤左右逐出。瑾抱头鼠窜，回见吴侯，不敢隐匿，遂实告之。权大怒曰："何太无礼耶！"便唤张昭等文武官员商议，定取荆州之策。未知如何？

【注释】

[一] 人中：人鼻下唇上之间的凹处。
[二] 上庸：郡名。曹操平定张鲁后，分汉中郡置。治所在上庸县（今湖北竹山县西南）。
[三] 法尧禅舜：效法尧禅让给舜。
[四] 四凶：指不服从舜的四个部族的首领，即浑敦、穷奇、梼杌、饕餮。皆被舜流放。
[五] 四国作难：四国，指周武王之弟管叔、蔡叔、霍叔和商纣王之子武庚。周武王灭商，封武庚为殷君；分封管叔、蔡叔、霍叔以监殷民，称为三监。武王去世，成王年幼，周公旦摄政，

---

① 原作"一面使人过江探关公动静"。东吴诸人议事，应直称关羽之名。

三监不服,与武庚一起叛乱。后被平定。

[六] 高后:即汉高祖刘邦的皇后吕雉(?—前180)。刘邦死后,其子惠帝即位,她独揽大权;惠帝死,遂临朝称制,分封吕氏子侄为王侯。死后,诸吕阴谋作乱,被太尉周勃等平定。

[七] 孝昭:即汉昭帝刘弗陵(前94—前74)。汉武帝少子。即位时,年仅八岁。

[八] 上官:即上官桀(?—前80)。西汉陇西上邽(今甘肃天水市)人。汉武帝临终,任左将军,封安阳侯,与大将军霍光等受遗诏辅佐少主,其孙女为汉昭帝皇后。后与燕王刘旦合谋,欲杀霍光,废昭帝。事发,被族诛。

[九] 朱虚:即刘章(?—前177)。西汉宗室。封朱虚侯。吕后死,他与太尉周勃等共诛诸吕,迎立文帝,因功封城阳王。

[一〇] 博陆:即霍光(?—前68)。霍去病异母弟,字子孟。汉武帝临终,任大司马大将军,封博陆侯,受遗诏辅佐少主。后诛杀上官桀等,专朝政。

[一一] 天衡:帝王的权柄。

[一二] 赫然:愤怒貌。

[一三] 惴惴:恐惧貌。

[一四] 《虞书》:《尚书》的组成部分之一。记载尧、舜、禹的传说事迹。

[一五] 周监二代:周朝借鉴夏、商二代的经验。监,通"鉴"。

[一六] 太宗:汉文帝刘恒(前202—前157)的庙号。

[一七] 弭乱:消除祸乱。

[一八] 梁统:新莽末安定乌氏(今甘肃平凉西北)人,字仲宁。曾任酒泉太守(酒泉郡属河西地区,故书中称"河西太守"),推窦融行河西五郡大将军事。后随窦融归附光武帝,从征隗嚣,封侯。

[一九] 隗嚣(?—33):西汉末天水成纪(今甘肃秦安)人,字季孟。曾割据陇西、天水、武都等郡,自称西州上将军。一度归附刘秀,后复谋割据。因部将降东汉,忧愤而死。

[二〇] 萧墙之危:起于内部的祸患。萧墙,古代宫室内当门的小墙。

[二一] 沔阳:县名。属益州汉中郡。治所在今陕西勉县东。

[二二] 五虎大将:宋元以来小说戏曲中的官称。据《三国志·蜀书·关张马黄赵传》,刘备称汉中王,以关羽为前将军,张飞为右将军,马超为左将军,黄忠为后将军,赵云为翊军将军。

[二三] 具臣:备位充数的臣子。

[二四] 六合:天地四方。泛指天下。

[二五] 否而未泰:动荡不安。否、泰,《周易》中的两个卦名。泰指"天地交而万物通",否指"天地不交而万物不通"。

[二六] 疢如疾首:形容忧伤得病。疢,热病。

[二七] 寤寐:日夜。寤,醒时;寐,睡时。

[二八] 夕惕若厉:兢兢业业。不敢懈怠。

[二九] 庶明励翼：以便激励他们辅翼王朝。
[三〇] 大启九国：西汉初年，高祖刘邦分封兄弟子侄九人为王，即燕、代、齐、赵、梁、楚、吴、淮南、淮阳九国。
[三一] 大宗：封建宗法制度以嫡系长房为大宗。此处指皇室。
[三二] 依假权宜：按照变通的办法。
[三三] 温县：县名。属司隶州河内郡。治所在今河南温县西。
[三四] 敝屣：穿破了的鞋子。

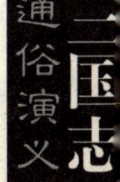

第一百四十六回　关云长威震华夏

孙权与众文武议取荆州，参谋步骘曰："未可。曹操欲篡汉室，所惧者刘备也。今遣使来，令吴兴兵吞蜀，此假祸于吴也。"权曰："孤亦欲取荆州久矣。"骘曰："今操弟曹仁，见屯兵于襄阳、樊城，又无长江之险，旱路正可取荆州，如何不取①，却令主公动兵？只此便见其心也。主公可遣使去许都见操，令曹仁旱路先起兵取荆州，关羽必掣荆州之兵而取樊城矣。若关羽一动，主公可遣一将暗取荆州，一举可得矣。"吴侯大喜，即时遣使过江，直至许都见操，上书陈说此事。操看毕大喜，即遣满宠往樊城助曹仁为参谋官，一同商议动兵；便教东吴使命先回，令领兵水路接应，以取荆州。

却说汉中王令魏延总督军马，守御汉中，遂引百官回成都。差官起盖宫庭，又置馆舍，自成都至白水，共建四百余区馆舍亭邮②。广积粮草，多造军器，以图进取中原。细作人打听曹操结连东吴，欲取荆州，即飞报入蜀。汉中王忙请孔明商议。孔明曰："某已料曹操必有此谋，比及借请东吴起兵。吴地谋士极多，必然教操令樊城曹仁先兴兵矣。"汉中王曰："似此，如之奈何？"孔明曰："可差使命就送官诰与云长，令先起兵取樊城，使曹军胆寒③，自然瓦解矣。"汉中王大喜，随即差前部司马，乃犍为南安[一]人也④，姓费，名诗，字公举为使，赍捧诰命，投江陵而来⑤。

有人报知云长。云长出郭，迎接入城。公廨上礼毕，云长问曰："授某何职⑥？"诗答曰："王上加'五虎大将'之职，将军居其一也。"云长又曰："封哪五虎将？"诗答曰："关、张、马、赵、黄是也。"云长大怒曰："益德吾弟也，孟起世代名家，子龙即吾弟也：位与吾等，可也。黄忠何等之人，与吾同列？大丈夫终不与老兵同列！"遂不肯受印。诗佯笑而言曰："将军差矣。听愚一言：夫立王业者，所用非一人。昔萧何、曹参自幼与高祖是亲旧，陈平、韩信亡命后至⑦，论其班次，韩信为王，最居其上，未闻萧何、曹参以此为怨。今汉中王以一时之功，隆崇于汉升，故加'五虎将'。而汉中王待将军之意，岂与黄汉升同也？况汉中王与将军有结义之恩，如同一体：将军即汉中王，汉中王即将军也，可与同休戚，共祸福，不宜计较官号之高下，爵禄之多寡也。仆一介[二]之使，御音衔命之人，不告于将军而

---

① 原作"如何不敢"，系因"敢""取"形近而误。据叶逢春本改。
② 原作"共建四百余里馆舍亭邮"。"四百余里"不合情理，据《三国志·蜀书·先主传》注引《典略》改（"四百余区"即四百余处）。
③ 原作"使军士胆寒"。"军士"所指不确，据文意，改为"曹军"。
④ 原作"乃犍为安定人也"。据《三国志·蜀书·费诗传》，"安定"应作"南安"。
⑤ 原作"投荆州而来"。"荆州"系州名，而非具体城名，此处实指关羽驻所江陵。
⑥ 原作"封某何爵"。"五虎大将"非爵位，而系官称。
⑦ 原作"陈平、韩信后亡秦命而至"。"亡秦命"不通。据《三国志·蜀书·费诗传》改。

便回,是辱君命也。愿将军熟思之。"云长大悟,乃垂泪再拜曰:"愚之不明,非足下见教,几误大事。"即时受印。

费诗方出王旨,令云长领兵取樊城。云长曰:"吾亦有此心久矣,但未得主命耳。"当时便差蜀将士仁①与糜芳二人为先锋,引一军于江陵城门外屯扎;次日大军同出。二人领命,先去城外点兵。云长设宴管待费诗。饮至二更,忽一军来报城外寨中火起。云长急披挂上马,出城看时,乃是士仁、糜芳饮酒,帐后遗火,烧着火炮,满营撼动,把军器粮草,尽皆烧毁。云长引军救扑,四更方才火灭。云长入城,召士仁、糜芳至帐下,责之曰:"吾令汝二人作先锋,不曾出军,先将许多军器粮草烧毁,火炮打死本部军人。如此误事,要你二人何用!"叱令斩之。司马费诗慌来告曰:"未曾出师,先斩大将,于军不利。可暂免其罪。"云长怒气不息,唤武士各决四十,摘去了先锋印绶,罚糜芳守江陵,士仁守公安。云长痛责之曰:"吾不看费司马面上,立斩于市,以正军法!汝这两颗头且暂寄项上,吾得胜回来之时,汝等稍有差池,二罪俱罚,决不恕饶!"二人满面羞惭,喏喏而退。云长便令廖化作先锋,关平为副将,自总中军,马良、伊籍为参谋,一同征进。其余留在荆州。

比及大军将行之际,当日祭"帅"字旗,关公假寐[三]于帐中②。忽见一猪,其大如牛,浑身黑色,奔入帐中,径咬云长足。云长大怒,急起拔剑斩之,声如裂帛。霎然惊觉,乃是南柯一梦[四]。帐下走卒来报午时。云长左足阴阴疼痛,心中大疑,唤子关平至,言曰:"吾才梦一黑猪,咬吾左足,觉来阴阴疼痛。吾今衰矣。"平对曰:"猪亦有龙象。龙附足,乃升腾之意,父亲不必疑忌。"随聚众官于帐中商议。或言吉祥者,或言不祥者,众论不一。云长曰:"吾大丈夫,年近六旬,死何憾焉!"正言间,蜀使至,拜云长为前将军,假节钺,都督荆州事③。云长受命讫,众官拜庆曰:"此事足见猪龙之瑞也。"因此坦然不疑,遂起兵奔襄阳大路而来。

曹仁正在城中,忽一人报云长自领兵来。仁大惊,欲坚守不出。副将翟元曰:"今魏王令将军约会东吴取荆州,今彼自来,是送死也,何故避之?"仁曰:"然。"便欲出兵。参谋满宠谏曰:"吾素知关羽勇而有谋④,未可轻敌。不如坚守,深为上策。"骁将夏侯存曰:"汝是秀才之言,不晓破敌。岂不闻'水来土掩,将至兵迎'?我军以逸待劳,何足惧乎?"曹仁不听满宠之言,令宠守樊城,自领兵离襄阳,来迎云长。云长知曹兵来,唤关平、廖化二将授计,领兵来迎曹兵。两阵对圆,廖化出马搦战。翟元出迎。二将战不多时,化诈败,拨马便走。元追杀,荆州兵退二十里。翟元乘势追袭,关平、廖化分兵两路夹攻。仁传令夏侯存拒住关平,翟元拒住廖化。次日,关平、廖化又来搦战⑤。夏侯存、翟元出战得胜,追杀二十余里。忽听得背后喊声

———————————

① 原作"傅士仁"。据《三国志·蜀书·关羽传》、《吴书·吴主传》、《吕蒙传》,"傅"为衍字,故删。
② 原作"关公假寝于帐中"。"寝"应作"寐"。
③ 原作"都督荆襄九郡事"。此时南阳、襄阳等郡属曹操,江夏、长沙、桂阳三郡已还孙权,关羽所统仅南郡、零陵、武陵等郡。据《三国志·蜀书·关羽传》改。
④ 原作"吾素知云长勇而有谋"。曹军议事,应直称关羽之名。
⑤ 原句无主语"关平、廖化"。承上文加。

大震,鼓角齐鸣,曹仁急命前军速回。两兵急回,背后关平、廖化杀来,曹兵大乱。曹仁中计,先掣一军,飞奔襄阳。离城数里,前面绣旗展处,一员大将,勒马横刀,拦住去路,乃荆州关云长也。曹仁素知云长谋勇,胆战心惊,不敢交锋,望襄阳斜路而走。云长不赶。夏侯存军至,云长截住去路。存大怒,与云长交锋,只一合,被云长一刀斩于马下。翟元便走,关平赶上斩之。乘势追杀,曹军太半死于襄江之中。曹仁退守樊城。

云长得了襄阳,赏军抚民。有随行司马王甫进曰:"今君侯将军一鼓而下襄阳,曹兵虽然丧胆,愚意论之:今东吴吕蒙屯兵陆口,常有吞并荆州之意;倘若率兵径取荆州,如之奈何?"云长曰:"吾已在心。汝可提调此事,沿江上下,或二十里,或三十里,选择高阜处置烽火台,每台用五十军守之。倘吴兵渡江,夜则明火,昼则举烟,此为一时之号。吾当亲往击之。"王甫又曰:"糜芳、士仁守二隘口,恐不尽心竭力;荆州必须再得一人,以总督之。"云长曰:"吾差荆州治中,武陵人氏,姓潘,名濬,此人总之,有何虑焉?"甫曰:"此人平生多忌而好利,岂有临政而不爱利者乎?可用都督赵累①代之。赵累为人,忠诚廉直。若用此人,万无一失。"云长曰:"吾素知潘濬之为人。既已差定,何必改之?赵累见掌粮料,亦事之重者。汝勿多疑,只与吾筑烽火台去。"王甫拜辞,怏怏而行。云长令关平拘收船只,渡襄江,攻打樊城。

却说曹仁折了二将,退守樊城,来见满宠,惶恐至甚。仁曰:"不听公之言,兵败将亡,失却襄阳,何计可复?"宠曰:"关羽熊虎之将,足智多谋,不可轻敌,只宜坚守。"正言间,人报云长渡江而来,攻打樊城。仁大惊。宠谏曰:"只宜坚守。"阶下首将吕常曰:"某乞兵数千,愿当来军于襄江之内。"宠又谏曰:"不可。"吕常大怒而言曰:"据汝等文官之言,只宜坚守,似此何能立功名于后世乎?岂不闻兵法云:'军半渡可击。'今关羽军半渡襄江,何不击之?若军临城下,将至壕边,深根固蒂,急难摇动矣。常愿领兵死战!"仁乃与兵五千,随吕常出樊城而迎。前面绣旗开处,云长横刀出马。吕常却欲来迎,后面众军见云长神威凛凛,不战而走。吕常喝止不住。云长混杀一阵,曹兵大败,马步军折其太半。败残军奔入樊城,曹仁急差人求救。使命星夜至长安,将书呈上与魏王,言:"关羽破了襄阳,见围樊城,其危至急,望拨大将前来救援。"曹操指班部内一人而言曰:"汝可领兵去解樊城之危。"其将应声而出,众视之,乃泰山巨平人也,姓于,名禁,字文则。禁曰:"某求一将作先锋,领兵同去。"操又问曰:"谁敢作先锋?"一人奋然出曰:"某愿施犬马之劳,生擒关羽②,献于麾下,上报我王宠遇之恩,下救黎民倒悬之急。"操观之大喜。未知此人是谁,下回便见。

【注释】

[一] 南安:县名。属益州犍为郡。治所在今四川乐山。当时另有南安郡,东汉属凉州,三国

---

① 原作"军前都督粮料官赵累"。"军前都督粮料官"名不确。据《三国志·吴书·吴主传》改。
② 原作"生擒关将"。作者叙述可称"关将",曹军议事则应直称关羽之名。

魏属雍州。庞德即南安郡人。
- [二] 一介：一个。含有微贱之意。
- [三] 假寐：和衣而睡，打盹儿。
- [四] 南柯一梦：唐代李公佐作传奇《南柯太守传》，写淳于棼梦入大槐安国当了南柯太守，享尽荣华富贵，醒来发现"大槐安国"即其宅南大槐树下的蚁穴。后以"南柯一梦"指做梦。

第一百四十七回　庞德抬榇战关公

　　一将立于阶下，其人少不务农，长而好勇，智谋不弱于云长；身高八尺，面黑发黄，首不能回顾，衣不能任体[一]；跣足履山谷，猿猱不能比其健；手斫木成器，斧斤[二]何以及其利？临战阵，衣青袍，跨白马，军中号为"白马将军"；使一口截头大刀。乃南安狟道人也，姓庞，名德，字令明。操大喜而言曰："关羽威震华夏①，未逢对手；今遇令明，真劲敌也。"劲，音擎。加于禁为征南将军，加庞德为征南都先锋。操曰："吾深知满伯宁良策过人，故留在彼。然恐兵法未尽其奥妙，吾与汝七军，皆精练之士，《司马法》云：五人为伍，五伍为队。一万二千五百人为一军。七军者，计八万七千五百人也。令汝调用。"于禁拜谢。操与于禁这七军，皆北方强壮之士，衣甲鞍马军器严整。两员领军将校：一名董衡，一名董超②，引各头目参拜于禁。衡曰："今将军提七支重兵，去解樊城之危，期在必胜。今用庞德为先锋，岂不误大事耶？"禁大惊，忙问其故。衡曰："庞德原是马超手下副将，不得已而降魏王③。故主在蜀辅佐刘备④，职居'五虎上将'。况今庞德从兄庞柔⑤，亦在益州为官。今使他为先锋而领大军，是泼油而救火也。将军可启奏魏王，当别易之。"

　　禁闻此语，遂连夜来奏曹操。操自省悟，即唤庞德至阶下，令纳下先锋印。德大惊曰："某正欲与王出力，擒捉关羽，以安华夏，王上何不用某耶？"操曰："孤得卿数载，所用并无猜疑。今日用卿，闻得马超见在益州，汝兄庞柔亦在益州，俱佐刘备。孤纵不疑，奈众口所言，因此不用。"庞德闻之，免冠顿首，流血满面而告曰："某自汉中投降王上⑥，咸感厚恩，恨肝胆涂地，不能补报；今何疑于德也？德昔在故乡时，与兄同居，嫂甚不贤，嫉妒于德，德乘醉提刀杀之。兄庞柔恨入骨髓，誓不相见，已断义矣。故主马超有勇无谋，不能下士，故孤身入蜀。德感王大恩，甚过百倍，安敢萌异志而负王上也？惟愿察之。"操自扶起曰："孤素知卿忠义，前言特以安众人之言耳。卿勿忌惮，可努力建功。孤誓不敢负于卿矣。"

　　德拜辞回家，令匠者造一榇[三]⑦。乃束身之棺材也。次日，请诸友赴席，列榇于堂。众亲友至，见异榇在堂，皆失惊，问曰："将军领兵出师，何用此物？"德举杯与亲友曰："吾受魏王恩重，誓以死报。今去襄阳、樊城战关羽，共决生死，若不斩彼而回，必当孤魂归国矣。故先备榇，誓无空回之理。"众皆堕泪。德把盏毕，唤其妻李氏并男庞会。会方六岁。德与妻子曰："吾义在效

---

①　原作"关将军威震华夏"。此时曹操应直称关羽之名。
②　原作"一名将军董衡，一名部曲董超"。"部曲"系军队编制，而非官职，不能与"将军"对举，二者皆赘，故删。
③　原作"不得已而降魏"。此时魏尚未代汉，曹操名义上仍为汉臣，故改"降魏"为"降魏王"。
④　原作"故主在蜀辅佐汉中王"。曹操方面不承认刘备称王的合法性，不应称之为"汉中王"，而应直称其名。
⑤　原作"庞德亲兄庞柔"。据《三国志·魏书·庞德传》注引《魏略》改。
⑥　原作"主上"。承上文改。
⑦　原作"令匠者造一异榇"。"异"系动词，意为"抬"。"造一异榇"不通，故删"异"字。

第一百四十七回　庞德抬榇战关公

死,今为先锋去战关羽,吾不杀关羽,关羽必杀吾也。我若被他所杀,汝好生看养吾儿。吾儿有异相,长大必与吾报仇雪恨也。"后来会跟邓艾收川,果然尽杀关公子孙,应父之言也。妻子痛哭送别,德令抬榇而行①。手下骁将五百人,问庞德曰:"将军载榇何意?"德曰:"汝众人随我多年,彼各知其心腹。吾今以大事付汝等,汝等休负吾心。吾今去与关羽决一死战,我若被关羽所杀,汝等取吾尸回;我若杀了关羽,汝等急取他尸,吾当自取其首,置于榇内,同献于魏王。"五百将皆昂然而告曰:"将军有失,吾等舍颈血,与将军复仇也!"于是引军前进。后将此言奏知曹操,操大喜曰:"庞德有如此之志;孤何忧焉!"言讫大笑。贾诩在侧,言曰:"王上何喜也?"操曰:"吾喜庞德之壮哉!"诩曰:"王上差矣。血气之勇去斗关羽,他是赤身搏虎之将。俗云'两强而斗,必有一伤',非安边塞之良策也。"操大悟,急令人赶上庞德,传王旨戒曰:"关羽智勇双全之将,切不可用力斗之。可取则取,不可取则谨守,不可急忽。"庞德听罢,只哂笑。众曰:"将军何故哂之?"德曰:"吾料此敌,当挫关羽三十年之声价,王上何故多虑? 三军已发,而有戒慎之言,勿令斗其血气之勇,是弱于军前也。吾心中有吞关羽之意,岂死于等闲耳?"于禁曰:"魏王之言,不可不从。将军自度之。"德奋然趱军,前至樊城,耀武扬威,鸣锣击鼓。

却说关公高坐于中军帐上,忽帐下一人复曰:"探知曹操差于禁为将,领七支精壮兵到来。前部先锋庞德,军中抬一榇,口出不逊之言,誓与君侯决一死战。兵离城三十里之路矣。"关公听知,勃然变色,美髯飘动,大怒而言曰:"天下英雄,闻吾之名,尽皆缩颈而奔。庞德竖子,何敢来藐视吾也!"唤子关平一面攻打樊城,"吾自去斩此匹夫,以雪其谤"。平谏曰:"父亲守三十年之英风,不可因一言之辱而弃泰山之重,与顽石共争高下也。辱子愿代父去战此人。"关公曰:"吾自临战以来,未尝不身先士卒。庞德何等之人也? 焉敢辱吾!"平曰:"儿闻世人有云'螳螂之忿,安当车辙?'况随侯之珠[四],不可弹雀;怒蝇拔剑,徒费神威。量庞德鼠辈,何劳父亲自敌乎?"关公曰:"汝试一往,吾随后便来接应。"关平出帐,提刀上马,领军来迎庞德。两阵对圆,曹营一面皂旗②,上书"南安庞德"四个白字。旗下庞德,青袍银铠,钢刀白马;背后五百军兵紧随,十数员小将肩抬榇而出。平大骂曰:"西羌小军,背主之贼! 何敢辱吾!"庞德马上问曰:"此何人也?"部下一军曰:"此乃关公义子关平也。"德大怒而叫曰:"吾奉魏王旨,来取汝父之首! 汝乃疥癫小儿,吾不杀汝,快换汝父来!"平大怒,纵马舞刀,来取庞德。德横刀来迎。战三十合,不分胜负,两家各歇。

有人报与关公,公大怒,令廖化去攻樊城,公自到军中。关平接着,言说与庞德五百军共战两次,不分胜负。关公自纵马横刀而出,叫曰:"关将在此,庞德何不早来受死!"鼓声大震,庞德出马而言曰:"吾奉天子诏、魏王旨,特来取汝! 恐汝不信,故备榇在此。汝若怕死,可早下马受降!"关公大骂曰:"量汝羌胡一匹夫! 可惜吾青龙刀斩汝鼠贼!"骤马舞刀,直取庞德。德挥刀来迎。二将战有百余合,精神倍长。两军各看得痴呆。曹军恐庞德有失,急令鸣金。关平恐父年老,亦鸣金。二将各退军。庞德归寨,众军曰:"人言关羽英雄,今日方信也。"正言

---

① 原作"令抬异榇而行"。承上文,加主语"德",删去"异"字。
② 原作"魏营一面皂旗"。此时魏尚未代汉,曹操名义上仍为汉臣,故"魏营"宜作"曹营"。

间,于禁至。相见毕,禁曰:"闻将军战关羽百合之上,未得便宜,何不且退军避之?"德曰:"魏王命将军为大将,何其太弱也?吾来日与他共决生死,誓无退避之意!"言讫,须发倒竖。禁不敢阻而回。

却说关公回寨,与关平曰:"庞德刀法惯熟,真吾之敌手也!"平曰:"俗云'初生之犊,不惧于虎'。父亲纵然斩了此人,只是羌胡一小卒耳;倘有疏虞,且以伯父所托江山之重,岂可等闲轻如鸿毛也?"关公大喝曰:"匹夫!吾不杀此贼,何以雪恨?吾意已决,再勿多言!"次日,上马引军前进。庞德亦引军来迎。两阵对圆,二将齐出。关公骂曰:"吾今日与匹夫须决胜负!不可收军!"言讫,二将交锋。斗至五十余合,庞德拨回马,拖刀而走。关公飞马赶来,口中大叫:"鼠贼欲使拖刀计耶?吾岂惧哉!"原来庞德虚作拖刀势,把刀就鞍鞒上挂住,偷拽雕弓,搭上箭。这边关平见父赶去,恐有失,随后也赶来。关平眼乖[五],见庞德拽弓,大叫:"贼将休放冷箭!"关公却抬头看时,弓弦响处,箭早到来。关公躲不及,正中左臂。恰待落马,关平赶到扶住,送父回营。庞德勒马抡刀赶来,未知关公性命如何?

【注释】

[一] 任体:合身。
[二] 斧斤:砍木的工具。斤:斧头。
[三] 椟:棺材。
[四] 随侯之珠:传说随侯见一大蛇受伤,以药敷之,后蛇于江中衔大珠以报之。旧以"随侯之珠"或"随珠"称宝珠。随,一作"隋"。
[五] 眼乖:眼尖。乖,机灵,警觉。

第一百四十八回　关云长水淹七军

却说庞德射中关公左臂，关平救回。德随后赶来，忽听得本营锣声大震。德恐后军有失，急勒回马来。乃是于禁见庞德取胜，恐德成了大功，灭禁威风，却鸣金收军。庞德急回营问之，于禁曰："魏王有戒旨，关羽智勇双全。他虽中将军一箭；我恐有诈，故鸣金收军。"德曰："若不收军，吾已斩了此人也。"禁曰："'紧行无好步'，当缓图之。"德不识于禁之意，懊悔不已，收军下寨。

却说关公归寨，拔了箭，幸得射不深，用金疮药敷之。关公痛恨庞德，与众将曰："誓报一箭之仇！"众将曰："未可轻敌，且将息片时。"次日，人报庞德引军搦战，关公就要出战，众将苦苦劝住。庞德令小军毁骂。关平全然不理，自把住隘口，多拨人马挡住小路，又传令："凡敌军骂战，众将休报知父亲。"庞德领兵搦战十余日，见无人出迎，请于禁商议。德曰："眼见此人箭疮举发，不能动止；搦战不出，如何成功？不若统七军一拥杀入寨中，可解樊城之围。"禁恐庞德成功，只把魏王戒旨相推，不肯动兵。庞德屡要动兵，于禁不允。后移七军转过山口，离樊城北十里，依山下寨。禁领兵截断大路，令德屯兵于谷后，使德不能进兵成功。

却说关平见父箭疮已合，甚是喜悦。忽听得于禁移七军于樊城之北十里下寨，未知其谋，即报与父。关公遂上马，引十数骑上高阜处望之，见樊城城上旗号不整，军士慌乱；又见城北十里，山谷之内屯军；襄江、白河，水势甚急。公看毕地势，却唤向导官问曰："樊城北十里山谷，是何地名？"答曰："罾口川也。"关公大喜曰："于禁被吾擒矣！"将士问曰："君侯何以知之？"关公曰："'鱼'入'罾口'[一]，岂得走乎？"诸将未信。公回本寨。时值八月秋天，骤雨数日，公令人预备船筏，收拾水具。关平问曰："陆地相持，而用水具何也？"公曰："非汝所知也。兵法云必胜有五：一曰'度'，二曰'量'，三曰'数'，四曰'称'，五曰'胜'。'度'者，度地之远近、险易、广狭之形，而安营布阵也；'量'者，酌量彼我之强弱也；'数'者，知用机变之数也；'称'者，称较彼我之胜负也；'胜'者，谓知此乃必胜之道也。今于禁率七军，当屯于广易[二]之地，而却聚于罾口川险狭之处。方今秋雨连绵，数日襄江之水必然泛涨，吾已差人堰住各处水口。吾待水发时，乘高就船，放水一淹，则樊城、罾口川之兵，皆为鱼鳖矣。"关平再拜曰："父亲神机妙算，辱子岂能知也。"

却说魏军屯于罾口川，连日大雨不止，有督将成何，魏将也，姓成，名何。来见于禁曰："今大军屯于川口，地势甚低，虽有土山，离营稍远。目今秋雨连绵，军士艰辛。近有人报说荆州兵移于高阜处，又于汉水口预备船筏；倘江水泛涨，将军安能逃乎？"禁大喝曰："匹夫惑吾军心耶？再有出此言者斩之！"成何羞惭而退，却来见庞德，具言此事。德曰："汝所见者，是也。于将军不肯移兵，吾自移兵屯于他处。"成何曰："明日可作一区处。"

是夜，风雨大作。庞德坐于帐上，只听得万马争奔，征鼙震地。德大惊，急出帐上马看时，四面八方，大水骤至；七军乱窜，随波逐浪者不计其数。于禁、庞德与诸将各登小山避水。山

脚漂流，莫不丧命，平地水深丈余。比及平明，关公及众将皆摇旗鼓噪，乘大舡而来。于禁见四下无路，左右止有五六十人，料不能逃，口称"愿降"。关公令尽去衣甲，拘收入舡，然后来收庞德并董衡、董超、成何。其五百人尚无百十，立在堤上。庞德全无惧怯，奋然前来接战。关公将船四面围定，令军一齐放箭，射死曹兵太半。董衡、董超见势已危急，乃告庞德曰："军士折伤太半，四下无路，不如投降，以免其祸。"庞德大怒曰："吾受魏王恩厚，岂可屈节于人！"言讫，亲斩衡、超，乃厉声而言曰："再说降者斩！"即拈弓搭箭，望关公舡上射之，数个军中箭而死。自平明战至日中，勇力倍增。关公催四面急攻，矢石如雨。德令军士用短兵[三]战之。德回顾成何曰："吾闻'将不怯死以苟免，壮士不毁节而求生'。今日乃我死之日也。汝可努力死战！"成何依令，向前死战，被关公一箭射落水中。众军皆降，止有庞德一人力战。正遇荆州数百军，驾小舟近堤来捉庞德。德提短刀，飞身一跃，早上小舡，立杀数人；麾下伍伯[四]二人亦上舡①，忙使短棹，欲奔樊城来。上流头一将撑一大舡而至，将小舡撞翻，庞德并军士尽落于水中。舡上那员将跳入水中，生擒庞德上舡。军士沉水而死。众视之，擒庞德者，乃关公将周仓也。仓素知水性，又在荆州住了数年，愈加惯熟；又兼力大，因此擒了庞德。于禁所领七军，皆死于水中。其会水者亦无去路，其投降者不下万余。后史官有诗曰：

　　夜半征鼙响震天，襄樊平地作深渊。
　　怪风怒拔汉江水，巨浪齐吞罾口川。
　　八月霖霪飞黑雨，七军偃仰[五]丧黄泉。
　　关公神策谁能及？华夏威名万古传。

又诗曰：

　　开疆施妙略，决水运良谋。
　　功盖三分国，英雄敌万夫。
　　孙权应丧胆，曹操欲迁都。
　　华夏威风震，声名绝代无。

却说关公将七军淹死太半，降者万余，擒了首将，回到高阜去处，升帐而坐。群刀手押过于禁来。禁拜伏于地，乞哀请命。关公曰："汝怎敢抗吾？"禁曰："上命差遣，身不由己。望君侯怜悯，誓以死报。"公绰髯笑曰："吾杀汝，犹狗彘[六]耳，枉污刀斧也！"令人解赴荆州大牢内监候："待吾回，别作区处。"发落去讫，于禁后来转在东吴。吴还魏，魏文帝将于禁一事绘于魏武帝庙内，却令禁往拜之。禁见壁上画关公坐于帐上，禁拜伏于地，庞德立而不跪。禁大惭，因此服毒而死。关公又令押过庞德来。庞德睁眉怒目，立而不跪。关公曰："汝兄见在汉中，故主马超亦事吾兄为将。吾欲招汝为将佐，何不早降，却被吾擒之？"德大骂曰："竖子！何谓降也？吾魏王有带甲百万，威震天下。刘备乃庸才耳，吾岂肯降汝！宁死于刀下，安降无名之将耶！"骂不绝口。公大怒，喝令刀斧手推出斩之。德舒颈受刑。公怜而葬之。有诗赞之曰：

　　威武不能屈，节操不能改。

————————
① 原作"被降军五百人皆上舡"，不合情理。系因作者误解"伍伯"一词所致。据《三国志·魏书·庞德传》改。

生当立金銮，死尚披铁铠。
　　烈烈大丈夫，垂名昭千载。
　　南安庞令明，日月竞光彩。
关公斩了庞德，乘水势未退，复上战舡，引大小将校来攻樊城。

　　却说樊城周围，白浪滔天，水势益盛，城垣渐渐浸塌，男女提土搬砖，填塞不住。曹仁诸将无不丧胆，慌忙来告曹仁曰："今日之危，非力可及。趁着关羽军围未合，可乘舟夜走。虽然失城，尚可全身。"仁从其言，欲备舡只要走。一人慌来谏曰："不可！不可！"众视之，乃山阳昌邑人也，姓满，名宠，字伯宁。仁曰："城将破矣，安能久守乎？"宠曰："山水骤至，岂有长存？不旬日自退矣。关羽虽来攻城，已遣别将在郏下[七]今河南郏县是也。自许以南，百姓扰扰。关羽所以不敢轻进，乃虑吾军袭其后也。今若弃城而去，黄河以南，非国家之有矣。愿将军耐守此城，以为国家之保障。"仁拱手称谢曰："非伯宁之教，则误大事也。"遂骑白马上城，聚众将而发誓曰："吾受国家厚恩，委守此城，但有言弃城而去者，白马为例！"言讫，斩白马于水中。诸将皆曰："愿以死据守！"仁大喜，就城上设弓弩数百，军士昼夜防护，不敢怠意。老幼居民，担土石填塞城垣。旬日之内，水势果退。

　　关公自擒于禁等，威震天下，无不惊骇。忽子关兴前来寨内省亲。公就令兴赍诸官立功文书，赴成都去见汉中王，各求升迁。兴拜辞了父亲，径投成都去讫。

　　却说关公分兵一半，直抵郏下。公自领兵四面攻打樊城。当日关公自到北门，立马扬鞭，指而问曰："汝等鼠辈，不来早降，更待何时？如打破城池，寸草不留！"正言间，曹仁在敌楼上，见关公在麾盖之下，身上止披掩心甲，斜袒绿袍，旁若无人，欲催士卒打城。仁急招五百弓弩手，望麾盖下一齐射之。公急勒回马时，右臂上中一弩箭，翻身落马。未知性命如何？

【注释】
[一] 罾口：鱼网的口。罾，鱼网。
[二] 广易：开阔平坦。
[三] 短兵：刀剑等短兵器。
[四] 伍伯：亦作"五百"。汉代官署侍从小吏，职在导引。
[五] 偃仰：安居貌。
[六] 豯：猪。
[七] 郏下：今河南郏县一带。郏，古邑名，在今河南郏县。

第一百四十九回　关云长刮骨疗毒

却说曹仁见关公落马，即引兵冲出城来，被关平一阵杀回，救父归寨。拔箭，血流不息，右臂青肿，不能动止。关平慌与众将商议曰："父亲若损此臂，安能出敌？不如暂回荆州调理。"司马王甫曰："君言正合吾意。"甫与平入帐，见关公坐于帐上，全无疼痛之意。公问曰："汝等来有何事？"甫告曰："某等因见君侯右臂损伤，恐临敌致怒，冲突不便。众议之，可暂班师回荆州调理。"公大怒曰："吾取樊城，只在目下；取了樊城，拔去后患，却长驱大进，径到许都，剿灭操贼，以安汉室，吾之愿也。岂可因小疮而误大事耶？汝等特来慢吾军心耳！"王甫等羞惭而退。

公叱退众将，终是臂痛。众将见公不肯退兵，疮又不痊，只得四方问访名医。忽一日，有一人从江东驾小舟而来，直至寨中。小校引见关平。平视其人，怪巾异服，臂挽青囊，自言姓名："乃沛国谯人也，姓华，名佗，字元化。闻知君侯乃天下大义之士，今中毒箭，特来医治。"平曰："莫非昔日医东吴周泰者乎？"佗曰："然。"平大喜，请众谋士相见，引入中军。此时关公本是臂疼，恐慢军心，无可消遣，正与马良弈棋。平引佗入帐，拜见父亲。礼毕，赐坐。茶罢，佗请臂视之。公袒下衣袍，伸臂令佗看视。佗曰："此乃弩箭所伤，其中有乌头[一]药毒，直透入骨；若不早治，此臂则无用矣。"公曰："用何物治之？"佗曰："只恐君侯惧耳。"公笑曰："吾视死如归，有何惧哉！"佗曰："当于静处立一标柱，上钉大环，请君侯将臂穿于环中，以绳系之，然后以被蒙其首。吾用尖利之器割开皮肉，直至于骨，刮去药毒，用药敷之，以线缝其口，自然无事。但恐君侯惧耳。"公笑曰："如此容易，何用柱环？"令设酒席相待。

公饮数杯酒毕，一面与马良弈棋，伸臂令佗割之。佗取尖刀在手，令一小校捧一大盆于臂下接血。佗曰："某便下手，君侯勿惊。"公曰："汝割，吾岂比世间之俗子耶？任汝医治！"佗下刀割开皮肉，直至于骨，骨上已青。佗用刀刮之有声，帐上帐下见者，皆掩面失色。公饮酒食肉，谈笑弈棋。须臾，血流盈盆。佗刮尽其毒，敷上药，以线缝之。公大笑而与多官曰："此臂屈伸如故，并无痛矣。"佗曰："某为医一生，未曾见此。君侯真乃天神也！"后史官有诗曰：

治病分为内外科①，世间妙艺苦无多。
神威罕及惟关将，圣手能医说华佗。
骨上肉开应刮毒，盆中血满若流波。
樽前对答犹谈笑，青史英名永不磨。

又赞华佗诗曰：

刮骨便能除箭毒，金针玉刃若通神。
华佗妙手高天下，疑是当年秦越人。秦越人者，春秋时之扁鹊也。

---

① 原作"治病然分内外科"。据黄正甫本改。

第一百四十九回　关云长刮骨疗毒

关公箭疮治毕,欣然而笑,设席饮酒。华佗曰:"君侯贵恙[二],必须爱护,切勿怒气触之。不过百日,平复如旧。"公以金百两酬之。佗曰:"某为君侯乃天下之义士,特来医治,何须赐金?"佗固辞不受,留药一帖,以敷疮口,作辞而去。

却说关公擒了于禁,斩了庞德,威名大震,华夏皆惊,连络不绝,报到许都。曹操大惊,聚文武商议曰:"孤素知关羽智勇盖世,今据荆襄,如虎生翼。况新擒了于禁,斩了庞德,我军锐气堕矣①。倘关羽率兵一至许都,如之奈何?孤欲迁都以避之。"班中一人厉声而谏曰:"不可。"众视之,乃河内温城人也,司马隽之孙,司马防之子,司马朗之弟,复姓司马,名懿,字仲达。操曰:"何为不可?"懿曰:"于禁等被水所淹,非战故也,于国家大计未必有损。今刘备、孙权,外亲内疏,关羽得志,孙权必不喜。可遣使去东吴,陈说利害,令权暗暗起兵,蹑关羽之后,许割江南之地以封孙权,则樊城之围自解。"言未尽,一人出曰:"仲达之言,正是金玉之论。望王上可遣使命往东吴约会便了,何必迁都以动众耶?"操视其人,乃楚国平阿[三]人也,姓蒋,名济,字子通,与司马懿皆为丞相府主簿。操依允,遂不迁都。操忽想起庞德之忠,泪流满面而言曰:"孤知于禁三十年,何期临危反不如庞德也!"司马懿、蒋济劝曰:"王上少虑,可遣使行。"操曰:"虽遣使去会东吴,目今必得一员大将以挡关羽之锐。"言未毕,阶下一人应声而出曰:"某愿一往。"操视之,乃河东杨人也,姓徐,名晃,字公明。操大喜,遂拨精兵五万,令徐晃为将,吕建副之,克日起兵,前至阳陵陂[四]驻扎②,看东南有应,然后大举。

且说曹操遣使来到东吴,见了孙权,说:"割江东、荆州以为封地③,望早进兵以袭关羽之后,而取荆州。"孙权依允,即修书令使回,乃聚文武商议。张昭曰:"近闻关羽擒于禁,斩庞德,威震华夏,操欲迁都以避其锐。今樊城危急,故遣使求救,事定之后,又反覆矣。"权未及发言,人报吕蒙乘小舟离陆口私自回来,有面禀之事。权召入问之,蒙告曰:"今关羽提兵在襄、樊,妄自尊大,以为天下无敌。某因彼远出,欲取荆州;若得荆州,则关羽可擒矣。况关羽君臣矜其诈力[五],所在反覆不定,不可以心腹待也。某今取之,必得也。今若不取,后必为江东之大患也。愿主公可察之。"权曰:"孤欲北取徐州,若何?"蒙曰:"今操远在许都④,抚集幽、冀,未暇东顾。徐土守兵,闻不足言,往自可克。然地势陆通,骁骑所骋,不利水战,纵然一鼓而得,亦用军七八万守之,犹未可保。不如先取荆州,全据长江,别作良图。此为上策。"权曰:"孤欲取荆州,特以试卿耳。子明速与孤图之。孤当随后便起兵也。"蒙曰:"今令来使回报曹操。"

却说吕蒙辞了孙权,回于陆口,哨到江边一带上下,见或二十里,或三十里,沿江高阜处有烽火台。又闻荆州兵整肃,预有准备。蒙大惊,遂回陆口,诈病不出,使人回报吴侯。权见事

---

① 原作"魏兵锐气堕矣"。此时汉献帝尚在位,曹魏尚未建立,曹操不可能称"魏兵"。据叶逢春本改。
② 原作"前至阳陵坡驻扎"。据《三国志·魏书·徐晃传》,"坡"当作"陂"。
③ 原作"割江东、荆襄以为封爵"。据文意改。
④ 原作"今操远在河北,新破诸袁",出自《三国志·吴书·吕蒙传》,系吕蒙代鲁肃之前所说,其时曹操在邺(河北);作者将说话时间移后,而书中已明言曹操在许都,故改"河北"为"许都"。"新破诸袁"与内容不合,删去。

不谐,吕蒙患病,心中忧怏不定。忽一人进言曰:"吕蒙非真病,必然诈也。"权视之,乃吴郡吴县人也,姓陆,名逊,字伯言。吴侯曰:"汝既知其诈,可往视之。"陆逊领命,星夜至陆口寨中,见吕蒙果无病色。逊曰:"某奉吴侯命令,敬探子明贵恙。"蒙曰:"某病躯有失迎待。"逊曰:"昔日吴侯以重任付公,公乘时而不动,空怀郁结,何也?"蒙视陆逊,良久不语。逊又曰:"余有小方,能治将军沉疴[六]①,未审听纳否?"蒙慌起身,屏退左右而问曰:"伯言良方,乞早教之。"逊曰:"子明之志则大矣,子明之疑甚盛乎? 某虽见识浅短②,昨知将军之来,深有意于荆州矣。今推病不出,必疑荆州兵整肃,沿江有烽火台之警耳。予有一计,成就将军之谋,令沿江守吏不能举火,荆州之兵束手归降,可乎?"蒙大惊而谢曰:"伯言之语,诚某心腹之论也,安敢隐匿!诚如是耳。愿请伯言教之。"陆逊曰:"关羽倚恃英雄,自料无敌,必败于人。兵法云:'欺敌者必亡。'其所虑者惟将军也。将军乘此机会,托疾辞职,以陆口与他人。他人卑辞赞美关羽,以骄其心,则尽撤荆州之兵以向樊城。若荆州无备,可用一旅之师,沿江用诈计而行,则荆州在于掌握之中矣。"蒙听毕,大喜而言曰:"真乃吴主之福也! 幸得伯言为辅佐,江东无忧矣!"由是吕蒙托病不起,同逊还建业来见吴侯。孙权问蒙曰:"公体若何?"蒙曰:"某实无病,乃慢兵之计。关羽所虑者,某也。某今辞职,另差人去守陆口,则关羽无复提备矣。乘其不备,于中取事,无有不克。"权曰:"卿离陆口,谁可代此职?"蒙曰:"遍观诸将中,非此人不可代此任。"未知吕蒙所荐何人,下回便见也。

【注释】

[一] 乌头:植物名。有剧毒。
[二] 贵恙:对对方疾病的敬称。恙,疾病。
[三] 楚国平阿:今安徽怀远西。
[四] 阳陵陂:地名。在今湖北襄樊以北。
[五] 矜其诈力:以诈力自负。
[六] 沉疴:久治不愈的病。

---

① 原作"能治将军沉疴之疾"。"沉疴"与"疾"意重复,故删"之疾"。
② 原作"某虽年幼,见识浅短"。陆逊仅比吕蒙小五岁,此时已三十七岁,不应自称"年幼"。

第一百五十回　吕子明智取荆州

却说吴侯与吕蒙曰："陆口之职，昔日周瑜保鲁肃，肃后保卿。今卿须保才德兼全者，以代之可也。"蒙曰："陆逊有王佐之才，堪任此职，别无高明远见之臣也。若用逊前去守之，外观其动静，内察其形便，荆州可取无疑矣。此人内藏韬略，不露于外。若用名誉重者，关羽必有提防，荆州岂能取也？"权大喜，即日拜陆逊为偏将军、右部督①，代蒙守御陆口。逊拜辞曰："某乃无学②，荷蒙大任，恐负所托。"权曰："子明保卿，必不差错。卿毋推辞。"逊拜谢，受了印绶，连夜往陆口来。交割马步水三军已毕，逊遂修书一封，具名马一匹、异锦两端、酒礼等物，遣使赍到樊城来见关公。

公正坐中军帐上将息箭疮，按兵不动。忽一人报说："江东陆口守将吕蒙病危，孙权取回调理。近拜陆逊为将，代吕蒙执事。今逊差人赍书礼，拜见君侯。"关公指来使而言曰："孙权见识浅短，何用孺子为将也？我荆州有泰山之安，吾复何忧。"来使伏于地上，战栗而言曰："陆将军特呈书备礼，一来与君侯作贺，二来两家和好。幸乞笑留。"公拆书观之。书曰：

东吴陆逊谨百拜致书大汉将军麾下：前承观衅而动，以律行师，小举大克，一何巍巍！敌国败绩，利在同盟，闻庆拊节，想遂席卷，共奖王纲。近某不敏，受任来西，延慕光尘，思禀良规。又且于禁等见获，遐迩[一]称羡，以为将军之勋足以长世③，虽昔晋文城濮之师[二]，淮阴拔赵之略[三]，蔑以尚兹[四]。闻徐晃等步骑驻旌，窥望麾葆音保。操猾虏也，忿不思难，恐潜增众，以逞其心。虽云师老[五]，犹有骁悍。且战捷之后，常苦轻敌，古人仗术，军胜弥警，愿将军广为方计，以全独克。仆书生疏迟，忝所不堪，喜邻威德，乐自倾尽，虽未合策，犹可怀也。傥明注仰，有以察之。仆不胜忻仰之至。建安二十四年秋九月，东吴陆逊再拜。

关公看毕大喜，仰面大笑，令左右收了礼物，管待来使。

使回见陆逊曰："关羽欣喜，无复忧江东之意也。"逊大喜，密差人探得关羽果然撤荆州之兵太半，赴樊城听调，只待箭疮痊可，便欲进兵。逊察知备细，即差人星夜报与吴侯。孙权召吕蒙曰："今关公果撤荆州之兵，攻取樊城。今可设计，卿与吾弟孙皎同引大军，左右都督，去取荆州。"皎字叔朗，乃权叔父孙静第三子也④。蒙曰："主公若以某有能，可当独用；若以征虏将军[六]有能，便请独任。岂不记得昔日周瑜、程普为左右都督，共破江陵？虽是决于周瑜，普自恃久与国家为将，因此不睦，几败国事。此目前之戒也。愿主公思之。"孙权大悟，遂拜吕蒙

---

① 原作"即日拜陆逊为偏将军、右都督"。据《三国志·吴书·陆逊传》改。
② 原作"某乃年幼无学"。陆逊仅比孙权小一岁，此时三十七岁，不应自称"年幼"。
③ 原作"以将军之勋足以长世"。据《陆逊传》，补"为"字。
④ 原作"皎字叔明，乃权叔父孙静之次子也"。据《三国志·吴书·宗室传》改。

为大都督，总制江东诸路军马；令孙皎在后接应粮草。蒙拜谢，点兵三万，快舡八十余只，会水者皆穿白衣，扮作商人，却将精兵伏于艨音垢艟舡中。乃深底之舡也。次调韩当、蒋钦、朱然、潘璋、周泰、徐盛、丁奉等七员大将，相继而进。其余皆随吴侯为合后救应。调遣已毕，蒙告吴侯当先遣使去往许都，令曹操进兵以袭其后。使领命去讫。

却说吕蒙预先传报陆逊，后发白衣人驾快舡十余只，往寻阳进发①，昼夜趱行，直抵北岸。江边烽火台上守台军问之，吴人答曰："我等皆是商客，江中阻风，到此一避。"蜀军从之。数人上岸交送财物，因此容泊在江边。约至二更，艨艟中精兵齐出，将烽火台上官军缚倒；一个暗号起，八十余舡精兵俱出，将紧要去处墩台之军捉于舡中，不伤一人。却长驱大进，径取公安②，无人知觉。后人有诗曰：

养子当如孙仲谋，吕蒙谈笑便封侯。
白衣摇橹真奇计，一举荆襄取次休③。

吕蒙与陆逊计议曰④："公安士仁、江陵麋芳⑤，此二处如何收复？"言未毕，一人出曰："不须张弓只箭，某凭三寸拨浪之舌，说士仁来降，可乎？"众视之，乃会稽余姚人也，姓虞，名翻，字

---

① 原作"往浔阳江进发"。寻阳在今湖北黄梅西南；浔阳江则系唐代地名，在今江西九江市北。据《三国志·吴书·吕蒙传》改。

② 原作"径取荆州"。据《三国志·吴书·吴主传》及《吕蒙传》，吕蒙袭取荆州的过程是：奇袭关羽所置江边屯候——取公安——取江陵（江陵既是关羽所统荆州州治，又是南郡郡治）。由于作者对荆州辖境和荆州治所混淆不清，误以为存在单独的"荆州城"，因而写成夜袭烽火台——袭"荆州"——取公安——取南郡，导致情节含糊和地理混乱。据《三国志》及地理，此处"荆州"实即公安。

③ 此诗后原有如下一段文字：
吕蒙在舡中，将沿江墩台所获官军，以厚恩结之，将自己衣食赐与诸官，因此感恩无怨。却说吕蒙召诸官问之曰："取荆州之计，当何如？"答曰："某等感将军不杀之恩，愿献荆州以报盛德。"蒙曰："何以得之？"降官答曰："某等皆在城下虚报声息，赚开城门，纵火为号，唾手可得。"蒙大喜，重加赏赐，就令引领取城。比及半夜，到城下叫门。门吏认得是荆州之兵，开了城门，一阵火起，吴兵齐入。袭荆州已毕，吕蒙便差百余骑，赍榜文于各处张挂安民，晓谕吴兵："如有妄杀一人者，夷其三族；妄取人家财物者，按军法治之。"于是居民皆秋毫无损。次日天明，家家香火迎接。蒙传示曰："但有原任官员吏典，仍还旧职。"却将关公家属别与另宅恩养。
是日大雨，蒙上马引数骑点看四门。忽见一人取民间箬笠以盖铠甲，蒙喝左右执下问之，乃乡人也。蒙曰："吾平生不杀同乡同姓之人，但号令已出，使众军不许妄取民间一物。汝今既犯，虽是同乡，且吾昔日之盟，私也，今日之令，公也，焉可以私之盟而乱公法也？"叱左右拿下斩之。其人泣而告曰："某恐雨湿官铠，故取遮盖，非为私用。乞将军念故乡以怜之。"蒙亦泣曰："吾固知汝为盖官铠，终是不该取民间之财物也。再有何言？速推下斩之，枭首示众！"蒙乃痛哭葬之。荆州之民皆感其德，军中震栗，路不拾遗。后人有诗曰：
一笠覆官铠，犹然遭重刑。
荆州万民心，从此俱安宁。
吕蒙抚民已毕，忽报吴侯至。蒙出郭迎接入衙。权复请潘濬为治中，掌荆州事；监内取于禁出；安民赏军，设宴庆贺。
承校记②，删去"吕蒙在舡中……一阵火起，吴兵齐入"一节，将"袭荆州已毕……安民赏军，设宴庆贺"一节移至第一五一回麋芳投降吕蒙之后。

④ 原作"权与吕蒙、陆逊计议曰"。此时孙权尚未到来（下回写到）。承上文改。

⑤ 原作"独有公安傅士仁、南郡糜芳"。"独有"二字赘，删去；"傅"字衍，删去；"南郡"系郡名，而非具体城名，此处指郡治江陵（麋芳以南郡太守身份驻江陵）；"糜"应作"麋"。

仲翔。吕蒙曰①："以何良策，可使士仁归降也？"翻曰："某自幼与仁契交，若以利害说之，彼必归矣。"蒙就令虞翻领五百军②，径奔公安。

却说士仁听知东吴军至③，望见城头尘起，急令闭了城门，坚守不出。虞翻见城门紧闭，遂写书拴于箭上，射入城中。军士拾得，来见士仁。仁拆封视之。书曰：

　　窃闻明者防祸于未萌，智者避患于将来。知得知失，可谓贤哲；知存知亡，足别吉凶④。大军之行，斥堠[七]不及举火，此非天命也，必有内应也。为将不谙此理，独据孤城而不早降，是欲毁宗灭祀，为天下讥笑也⑤。吕虎威欲径到江陵，断绝陆道，生路一塞⑥，度其地势，将军为在箕舌[八]上耳⑦，奔走不得免焉。窃为故人虑，愿熟思之，毋致后悔。故人虞翻拜书。

士仁览毕，想起关公去日恨说之意，不如早降，即令大开城门，请虞翻入城。二人礼毕，各诉旧情。翻称吴侯宽洪大度，礼贤下士。仁大喜，即日同虞翻赍印绶来降吕蒙⑧。蒙大喜⑨，仍令去守公安。虞翻密与蒙曰⑩："目今关羽未获，久必有变；只可重赏，而使招麋芳归降，深为上策。"蒙召士仁曰⑪："江陵麋芳与卿交厚，卿可招来归降，自当重赏⑫。"士仁慨然领诺，遂引十余骑，径投江陵招安麋芳。还是如何，且听下回分解。

【注释】

[一] 遐迩：远近。

[二] 晋文城濮之师：周襄王十九年（前633），晋文公率军与楚军会战于城濮（今山东鄄城西南），击败楚军。不久，晋文公便成为霸主。

[三] 淮阴拔赵之略：淮阴，指韩信（曾封淮阴侯）。公元前204年，他率军数万攻赵，赵军数倍于汉军。他采取"陷之死地而后生"的战术，背水为阵，率军奋战，并派兵袭占赵军营垒，大获全胜。

---

① 原作"吴侯曰"。承上文改。
② 原作"权就令虞翻领五百军"。承上文，主语改为"蒙"。
③ 原作"却说傅士仁听知荆州有失"。承上文改。
④ 原作"是识吉凶"。据《三国志·吴书·吕蒙传》注引韦昭《吴书》改。
⑤ 原作"为天下之讥笑也"。据《吕蒙传》注引韦昭《吴书》，"之"字衍，删去。
⑥ 原作"荆州已失，生路一塞"。校改依据同④。
⑦ 原作"将军在吾军舌上耳"。校改依据同④。
⑧ 原作"即日同虞翻赍印绶来降吴侯"。承上文，"吴侯"改为"吕蒙"。
⑨ 原作"孙权大喜"。承上文改。
⑩ 原作"吕蒙密与权曰"。承上文改。
⑪ 原作"权召傅士仁曰"。承上文改。
⑫ 原作"孤自当封爵超越于旧也"。承上文改。

［四］蔑以尚兹：没有比这更高的。蔑，无。
［五］师老：军心不振。老，衰。
［六］征虏将军：即孙皎，时任征虏将军。
［七］斥堠：侦察。
［八］箕舌：比喻被吞噬的危险。箕，星名，二十八宿之一，共四星，形似簸箕；下二星称为"舌"。《诗经·小雅·大东》："维南有箕，载翕其舌"，说箕舌张开，如有吞噬。

卷之十六

第一百五十一回　关云长大战徐晃

却说江陵守将糜芳①，闻知东吴孙权令吕蒙等用诡计袭了公安②，正无计可施，忽报公安守将士仁至。芳忙接入城，问其事故。仁曰："吾非不忠，奈势危力困，不能支持。我今已降吴侯矣。"芳曰："吾等累受汉中王厚恩，安忍背之？"仁曰："关羽去日③，痛恨我二人，倘一日得胜而回，必无轻恕也。公细察之。"芳曰："吾弟兄久事汉中王，实难背之。"正犹豫之间，忽报关公使至。接入厅上，使曰："军士缺粮，特来江陵、公安二处取白米十万石，令二将军星夜解去军前交割。迟误一日，杖四十；二日，杖八十；三日，立斩。"芳大惊，回顾士仁曰："今江陵已被东吴阻隔④，此粮怎得过去？"仁大怒，拔剑斩使于阶下。芳大惊曰："公如何斩之？"仁曰："关羽此意，正要斩我二人，安可束手受死也？公今日不如早降东吴，以图生计；若不早降，必被关羽所杀矣。愿公察之！"芳只得投降。正说间，忽报吕蒙引兵围了城池。芳大惊，急同士仁出城投降。蒙大喜，引兵入了江陵城⑤。

袭荆州已毕，吕蒙便差百余骑，赍榜文于各处张挂安民，晓谕吴兵："如有妄杀一人者，夷其三族，妄取人家财物者，按军法治之。"于是居民皆秋毫无损，家家香火迎接。蒙传示曰："但有原任官员吏典，仍还旧职。"却将关公家属另与别宅恩养。

是日大雨，蒙上马引数骑点看四门。忽见一人取民间箬笠[一]以盖铠甲，蒙喝左右执下问之，乃乡人也。蒙曰："吾平生不杀同乡同姓之人，但号令已出，使众军不许妄取民间一物。汝今既犯，虽是同乡，且吾昔日之盟，私也，今日之令，公也，焉可以私己之盟而乱公法也？"叱左右拿下斩之。其人泣而告曰："某恐雨湿官铠，故取遮盖，非为私用。乞将军念故乡以怜之。"蒙亦泣曰："吾固知汝为盖官铠，终是不该取民间之财物也。再有何说？速推下斩之，枭首示众！"蒙乃痛哭葬之。荆州之民皆感其德，军中震栗，路不拾遗。后人有诗曰：

　　一笠覆官铠，犹然遭重刑。
　　荆州万民心，从此俱安宁。

吕蒙抚民已毕，忽报吴侯至。蒙出郭迎接入衙。权复请潘濬为治中，掌荆州事；监内取于禁出；安民赏军，设宴庆贺⑥。

---

　① 原作"南郡守将糜芳"。承第一五〇回改。
　② 原作"吕蒙等用诡计袭了荆州"。承第一五〇回改。
　③ 原作"关公去日"。士仁对关羽不满，当直称其名。
　④ 原作"今荆州已被东吴所取"。东汉三国并无单独的"荆州城"，关羽所统荆州治所即江陵。承第一五〇回改。
　⑤ 原作"蒙大喜，引见吴侯。孙权重赏二人，抚民劳军。南郡居民，无不欣悦"。下文方写孙权来到江陵。承第一五〇回改。
　⑥ 自"袭荆州已毕"至此，原在第一五〇回，今移于此处。其中，"于是居民皆秋毫无损，家家香火迎接"一句，"秋毫无损"后原有"次日天明"四字，承上文删。

却说曹操坐于殿上,忽报吴使至。操召入,使呈上书。操拆视之,乃是令曹兵夹攻关将,"切勿泄漏,使关羽有备也"。操聚文武商议,忽一人出曰:"王上若听孙权勒兵不救,樊城危矣。"操视之,乃济阴定陶人,姓董,名昭,字公仁,言曰:"行军之法,各有所长,勿秘之。今樊城困之至急,引颈盼望救军;若听孙权秘之不发,则樊城早晚危矣。樊城一失,则关羽之势愈大也①,安可图之? 不如令人将书射入城去,令曹子孝不生他意,子孝,曹仁字也。以宽军心;使关羽知之,心持两端,前后不能相顾,恐家有失,必速退兵。却令徐晃乘虚掩杀,可获全功。若秘兵不发,使孙权得志,此非上策也。"操大喜,先差人催徐晃急战;自引大兵,径往洛阳之南摩陂[二]驻扎②,以救曹仁。摩陂,地名也。

却说徐晃正坐于帐上,忽报魏王使至。晃接入问之,使曰:"今魏王引兵已过洛阳,令将军急战关羽,以解樊城之困。"言未毕,忽一人来报:"关平屯兵在偃城[三],廖化屯兵在四冢[四]地名,前后一十二个寨栅,连络不绝。"晃听得这个消息,即差副将徐商、吕建,假执徐晃旗号,去攻偃城③;晃自引精兵五百,循沔水投小路,却取偃城之后。

且说关平闻徐晃自引兵至,遂提本部三千精兵迎敌。两阵对圆,鼓角震天,关平出马与徐商交锋,只三合,徐商大败而走;吕建出战,五六合亦败走。平乘势追杀二十余里。蜀军忽报城中火起。平乃勒兵回救偃城,正撞一支军摆开。徐晃立马在大旗下,高叫曰:"关平贤侄,好不知死! 汝荆州已被东吴所取,犹然在此狂为!"平大怒,纵马轮刀,直取徐晃。战至三十余合,三军喊叫:"偃城中火起!"平不敢恋战,杀条大路,径奔四冢寨来。廖化接着。化曰:"人言荆州已被吕蒙袭了,军心惊慌,如之奈何?"平曰:"军士再言者斩之!"忽流星马到,报说正北第一屯被徐晃领兵攻打。平曰:"若第一屯有失,诸屯岂得安也? 此间皆靠沔水,贼兵必不敢到此。吾与汝去救第一屯。"廖化唤首将曰:"汝等坚守营寨,如有贼到,急便举火。"首将曰:"此寨鹿角十重,虽飞鸟亦不能入,何况贼兵乎!"于是关平、廖化尽起四冢寨精兵,奔至第一屯驻扎。平见曹兵屯于浅山之上,遂与廖化曰:"徐晃屯兵不得地利,今夜可引兵劫寨。"化曰:"将军分兵一半去,某当在此谨守。"

是夜,关平引一支兵杀入曹寨,不见一人。平知中计,火速退时,左边徐商,右边吕建,两下夹攻一阵。平败走,奔至原营,四面皆是曹兵。平同廖化支持不住,弃了第一屯,径投四冢寨来。早望见寨中火起,急到寨前,皆是曹兵旗号。关平等退军,忙奔樊城大路而走。前面一军拦住,为首大将乃徐晃也。蜀兵大惊。平、化二人奋力死战,夺路而走,回到大寨,来见关公曰:"今徐晃夺了偃城等处。又兼曹操自引大军,分十三路来救樊城。多有人言,荆州已被吕蒙袭了。"公大喝曰:"此乃疑军之计,不可听也! 吕蒙病危,孺子陆逊代之,不足为虑!"言未毕,忽报徐晃兵至。公令备马。平谏曰:"父体未痊,不可与敌。"公怒曰:"徐晃与吾故旧,深知彼能;若彼不退,吾先斩之,以警曹将。汝勿犯我!"左右谋士皆劝不住。

---

① 原作"则荆州之势愈大也"。"荆州"意不确(因荆州已分属曹、刘、孙三家),改为"关羽"。
② 原作"径往洛阳之南阳陵陂驻扎"。据《三国志·魏书·武帝纪》改。
③ 原文无"去攻偃城"句,文意有阙。据叶逢春本补。

第一百五十一回　关云长大战徐晃

公遂披挂，提刀上马，奋然而出。曹军见之，无不惊惧。公勒马问曰："徐公明安在？"曹营门旗展处，徐晃出马，背后十员骁将，雁翅摆在两边。晃欠身而言曰："自别君侯，倏忽数载，不想君侯须发苍白。忆昔壮年相从，多蒙教诲，感谢不忘矣！君侯英风震于华夏，天下之士莫不羡服。今幸得一见，不胜欣喜也！"公曰："吾与公明交契甚厚，非比他人，何故数窘[五]吾儿耶①？"晃听毕，绰兵器在手，回顾众将，厉声大叫曰："若取得关云长首级者②，重赏千金！"公惊而言曰："公明何出此言耶？"晃曰："此国家之事，非某之私。"言讫，挥大斧直取关公。公大怒，亦挥刀迎之。战八十余合，公虽武艺高强，终是右臂少力。关平火急鸣金，公拨马回寨。四下里喊声大震，乃是曹仁见魏王救兵到，急引军杀出城来，与徐晃会合，两下夹攻，荆州军大乱。关公上马，引众将急奔襄江，上流头吕常引兵杀来，背后曹兵追至，亦有死于水中者。

公急渡过襄江，来奔襄阳。忽流星马到，报说："荆州已被吕蒙所夺，家眷被掳。"公不敢投襄阳，提兵却奔江陵来③。探马又报："公安士仁已降了东吴也！"公骂犹未息，催粮人到，报说："公安士仁往江陵杀了使命，招糜芳同降东吴了。"公闻言，怒气冲塞，疮口迸裂，昏绝于地。众将救醒，公告司马王甫曰："悔不听足下之言，今果遭此事也！沿江上下，何不举火？"有知者答曰："吕蒙将水手尽穿白衣，扮作客商撑舡，精兵伏于艨艟之中，先擒了守台士卒，因此不得举火。"公跌足叹曰："吾中竖子之谋矣！有何面目而见兄长耶！"都督赵累曰："主公事急矣，可一面差人往成都求救，即从旱路去取荆州。"关公遂差马良、伊籍为使，赍文三道，星夜赴成都求救；一面引兵来取荆州。

却说曹仁得脱重围，抚民赏军，聚集多官商议，便欲起兵追赶关公。参军赵俨④谏曰："孙权乘羽连兵之难，掩制其后，然羽还救，恐我军乘其两疲而击之⑤，故顺辞效，乘衅因变，以观利钝耳。今关羽兵败，孤军荒走，尚可存之以为孙权之害。公若追，未能便得，则孙权改虞于彼，将生患于我也。公熟思之。"仁依谏不追，引众将来见魏王，泣拜请罪。操曰："此乃天数，非汝等之罪也。"令人寻庞德尸首，亲自拜祭，用棺椁载往邺城，卜地葬之。

操重赏三军，到四冢寨遍观徐晃所战之地。操曰："荆州之兵，围堑鹿角十重，徐晃深入其中，全获其功。孤用兵三十余年，不能及也！尝闻古人善用兵者，未有长驱径入敌围者。且樊城之危，过莒、即墨[六]；徐晃之功，逾于孙武、穰苴矣。"众皆叹服。操班师还于摩陂地名驻扎。忽报徐晃兵至。操引数员将出寨迎接，见晃军皆按队伍而行，一动一静并无差乱。操大喜而赞曰："徐公明真有周亚夫[七]之英风矣！"同至摩陂，设宴大会文武庆贺，赏劳三军。操举杯劝徐晃曰："全襄、樊者，乃徐将军之功也。"晃拜谢曰："敌人未灭，安得有功？乞再引军去擒关羽，以献王上。"操大喜。当日筵散，又令徐晃引军来袭关公。未知如何？

---

① 原作"何故数窘于吾儿耶"。"于"字使文意相反，据叶逢春本删。
② 原作"若取得关公首级者"。据《三国志·蜀书·关羽传》注引《蜀记》改。
③ 原作"提兵却奔公安来"。江陵在公安之北，且系荆州首府。关羽从樊城退兵，自应奔江陵。
④ 原作"司马赵俨"。据《三国志·魏书·赵俨传》改。
⑤ 原作"昔日孙权与关公结连，恐我乘其困而击之"，意不通。据《赵俨传》改。

【注释】

［一］箬笠：竹笠。
［二］摩陂：地名。在今河南郏县东南。
［三］偃城：地名。在今湖北襄樊市北。
［四］四冢：地名。在今湖北襄樊市附近。
［五］数窘：屡次困窘。
［六］莒、即墨：战国时齐国的二城。莒在今山东莒县，即墨在今山东平度东南。周赧王三十一年（前284），乐毅率燕、秦等国联军攻齐，下齐七十余城，齐仅有莒、即墨二城。后赖田单击败燕军，收复国土。
［七］周亚夫（？—前143）：西汉名将。开国功臣周勃之子。曾屯兵细柳（今陕西咸阳市西南），军令严整，被汉文帝赞为"真将军"。

第一百五十二回　关云长夜走麦城

却说曹操以徐晃为平南将军，同夏侯尚守襄阳，以遏关公之后。二将辞去。操因荆州未定，就驻兵于摩陂，以候消息。

却说关公在荆州路上，进退不得，与都督赵累曰："目今前有吴兵，后有曹兵，吾在其中，救军不至，如之奈何？"累曰："昔日吕蒙在陆口，时常致书于主公以结盟好，共诛曹贼；今却与操结好，是背盟也。君侯暂驻军于此，可差人赍文与吕蒙，看彼如何对答。"关公从其言，遂修书差使赴江陵来。

却说吕蒙在江陵，传下号令，但系随关公出征将士之家，不许吴兵搅扰，按月给粮，依旧应付；如有患病者，遣医治疗。多官遵令，时时给与，并无缺少。将士之家感其恩惠，安堵不动。忽报关公使至，吕蒙出郭迎接，并马入城。荆州之人闻知使至，填街塞巷，尽皆观看，无不喜悦。使至厅上，蒙以宾礼待之。使呈书与蒙。蒙看毕，而言曰："吕蒙昔日曾与关将军结好；今日之事，乃国家所差，非蒙之罪也。烦使者回报将军，善言致意。"遂设宴相待，以金帛赠之。其将士之家皆来问信，有连名书信者，有口传音信者，皆言家门无恙，衣食不缺。使命宴饮二日，蒙亲送出城。使者回到寨中①，见了关公。公问之，使告曰："吕蒙不允，言非蒙之事，乃国家之命，岂蒙之本心也？江陵城中，君侯宝眷[一]并诸将，家家无恙，供给不少，不必忧念。"公大怒曰："此乃吕蒙之计也！吾生不能杀此贼，死务杀之，以雪吾恨！"喝退使命。众将皆来问信，使者如前所说。众将欣喜，皆无战心。

关公率兵来取荆州，军行之次，人报将士逃回荆州者数多。公加恨吕蒙，遂催军前进。忽然喊声大震，一彪军拦住，为首大将乃九江寿春人也，姓蒋，名钦，字公奕。钦勒马挺枪，大叫曰："关羽何不早降耶？"公大骂曰："吾乃汉将，岂降贼乎？"骂讫，拍马舞刀，直取蒋钦。不三合，钦大败而走。公提兵追杀二十余里。喊声起处，左边山谷中，一彪军出，为首大将乃辽西令支人也，姓韩，名当，字义公，冲杀一阵。右边山谷内喊声又起，一军突出，为首大将乃九江下蔡人也，姓周，名泰，字幼平。三军并合，来战关公。公知深入重地，急撤军回走。行不数里，南山岗上白旗招展，上书"荆州土人[二]"。众叫曰："本地人速来投降！"关公大怒，欲上岗杀之。山崦内两军撞出，左边一员大将乃庐江安丰人也，姓丁，名奉，字承渊；右边一员上将乃琅琊莒县人也，姓徐，名盛，字文向②。前后五路军马，喊声震地，鼓角喧天，将关公围在垓心。手下将士，渐渐消疏。比及天色黄昏，关公遥望四山之上，皆是荆州士兵也，呼兄唤弟，觅子寻爷，喊声不住。军心尽变，皆应声而去。关公转怒，止喝不住，部从止有三百余人。当夜三更，

---

① 原句无主语"使者"。承上文加。
② 原作"字文响"。据《三国志·吴书·徐盛传》改。

正东上喊声连天,乃是关平、廖化分两路兵杀入重围,救出关公。四面招呼荆州之兵同回等语,不曾断绝。此是吕蒙之计。后有诗曰:

势去人离奈若何?休言百万甲兵多。

吕蒙预定招降计,绝胜张良散楚歌[三]。

关平救出父亲,脱了重围。平告曰:"军心杂乱,必得城池暂且屯扎,以待援兵。"关公从之。催促军兵前至麦城[四]。公曰:"此城虽小,足以屯军。"遂入城,分兵谨守四门。公聚将士商议,平曰:"此近上庸,刘封、孟达守把,可速差人求救为上。若得这支军马接济,姑待蜀兵来救,军心自安矣。"正议间,忽报城下吴兵四面围定,水泄不通。公亲自登城观之,见吴兵八面分布,整整齐齐,人马雄壮。公问曰:"谁敢往上庸求救于刘封乎?"廖化应声而出曰:"某愿往。"公曰:"但恐不得透其重围耳。"化曰:"以死不归,何所不至?"公即修书付化,藏于身中,饱食上马,开门出城。正遇吴将丁奉截住,被关平冲杀一阵,奉大败,廖化乘势杀出重围,径投上庸去讫。关平入城,坚守不出。

且说刘封、孟达自取上庸①,有太守申耽率众归降,因此汉中王加刘封为副军将军②,令孟达同守上庸。此时探知关公兵败,二人正议间,忽报廖化至。封令请入问之,化曰:"关公兵败至急,见困于麦城,八面皆是吴兵围绕,水泄不通。望二将军速起上庸之兵,以救其危。倘若延迟,公必陷矣。"封曰:"将军且歇,容某计议。"

化歇讫,封与孟达曰:"今叔父被困,如之奈何?"达曰:"今闻东吴精兵三四十万俱在荆州,数郡已属于吴矣③,止有麦城,乃弹丸之地。又闻曹操亲督大军四五十万,纵横江、汉,势若泰山。量我等山城之兵,以敌两家之强兵,正如驱羊入虎窟耳。"封曰:"吾亦知之。奈关公是吾叔父,安忍坐视而不救乎?"达笑曰:"公以彼为叔,彼以公为草芥耳。昔者汉中王登位之时,欲立后嗣,问于孔明,孔明曰:'此家事也,须问关、张可矣。'王遂致书,遣人往荆州问于关公。彼勃然曰:'立嫡不立庶,古之常理,又何必问于我乎?封乃螟蛉之子,使住山城之远,免遗祸于亲骨肉也。'以此观之,安得不以公为草芥乎?此天下皆知,公何隐耶?"封曰:"君言虽是,将何却之?"达曰:"但言山城初附,民心未定,不敢造次兴兵,恐失所守。"封然之。

次日,请廖化至,言此山城初附之所,未能救解。化大惊,以头叩地曰:"若如此,则关公休矣!"封曰:"一杯之水,安能救舆薪之火乎?将军可速回别求,勿致迟矣。"化大恸告求,刘封、孟达皆托病不出。廖化知事不谐,寻思须告汉中王求救。化遂上马,大骂出城,望成都而去。

却说关公在麦城盼上庸兵到,不见动静,手下止有五六百人,多半带伤;城中无粮,甚是苦楚。公与都督赵累商议曰:"似此危急,如之奈何?"累曰:"只宜坚守。"正议间,忽报城下一人

---

① 原作"上庸关"。上庸系郡名、县名,而非关隘名,故删"关"字。
② 原作"加刘封为副将军"。据《三国志·蜀书·刘封传》,应为"副军将军"。
③ 原作"九郡已属于吴矣"。赤壁之战后,荆州分属曹、刘、孙三家,关羽所统仅南郡、武陵、零陵等郡,故改。

叫，言："休放箭，有话来见君侯。"公令放入问之，乃诸葛瑾也。礼毕，瑾曰："今奉吴侯命，特来劝谕将军：'凡居人世，须识时务。'今以势言之，将军所统数郡①，皆已属孙、曹矣②；止有孤城一区，内无粮草，外无救军，危在旦夕。将军何不从某之言，归顺吴侯，复镇荆州③，可以保全家眷，光显祖宗。愿将军熟思之。"关公正色而言曰："吾乃解县一武夫，蒙吾主以手足待之，安肯背义投敌贼乎？城虽破，但有死而已！为子死孝，为臣死忠。死归冥路[五]，吾何惧哉！玉可碎而不可改其白，竹可焚而不可改其节。大丈夫身可殒，名可垂于竹帛也。汝勿复言，速请出城，吾欲与孙权决一死战也！"瑾曰："吴侯欲与君侯结秦、晋之好，同力破曹，共扶汉室，别无他志。君侯何执迷如是？"言未毕，关平拔剑来斩诸葛瑾。公叱之曰："彼弟孔明在蜀佐汝伯父，今欲杀彼，伤其义矣。"遂令左右逐出诸葛瑾。

瑾满面羞惭，急上马出城，回见吴侯曰："关羽心如铁石，不可说也。"孙权曰："真乃忠臣也！似此鲠直，如之奈何？"言未毕，帐下一人出曰："某请卜其休咎。"众视之，乃汝南细阳人也，姓吕，名范，字子衡。权令卜之。范取蓍草著，音诗。三撰音舌，占成卦象，乃"地水师卦[六]"，更有玄武持应，主敌人远奔。权大喜，乃问吕蒙曰："卦主彼远奔之义，卿以何策擒之？"蒙笑曰："卦象正合某之机也。关羽虽有冲天之翼，飞不出吾之罗网矣！某已算定这条路了，须得此人守之。若非此人，则有失矣。"吴侯问曰："卿用何人？可守何处？"试看吕蒙欲用谁人，去守何处，且听下回分解。

【注释】

[一] 宝眷：对他人家眷的敬称。
[二] 土人：本地人。
[三] 张良散楚歌：公元前202年，汉军包围项羽于垓下（今安徽灵璧东南）。晚上，四面皆楚歌，楚军人心涣散，纷纷逃亡。相传系张良教军士唱楚歌，以动摇楚军士气。
[四] 麦城：古城堡名。在今湖北当阳东南沮、漳两水间。
[五] 冥路：阴间。
[六] 地水师卦："师"系《易经》中的卦名，由坎下坤上组成；坎代表水，坤代表地，故称"地水师卦"。

---

① 原作"将军所统汉上九郡"。承上文改。
② 原作"皆已属吴、魏矣"。承上文改。
③ 原作"复镇荆襄"。此时襄阳属曹操，故"荆襄"当作"荆州"。

第一百五十三回　玉泉山关公显圣

却说吴侯求计于吕蒙，蒙曰："麦城四门皆有大路，吾料关羽兵少，必不从大路而逃①。正北有险峻小路，必从此路而去也。可令朱然引精兵五千，伏于麦城之北二十里；但有敌军至，不可与敌，只可随后掩杀。敌军定无战心，必奔临沮[一]。地名。却令潘璋引精兵五百，伏于临沮山僻小路，可成事矣。其余大路已遣将士把守，惟北门只用弱兵守之，关羽走北门无疑矣。"权又令吕范卜之。范复卜一卦，乃告权曰："此卦中主敌人投西北而走，今夜亥时必然擒矣。"权大喜，遂令朱然、潘璋领两支精兵，各依军令埋伏去讫。

且说关公在麦城，计点马步军兵止有三百余人，粮草缺少。是夜，城外吴兵招唤各军姓名，越城而去者数多。不见救兵到来，心中无计，遂与王甫曰："吾悔昔日不用公言，今遭此危急，将复如何？"甫哭而告曰："今日之事，虽有子牙复生，亦无计可施也。"赵累曰："救兵不至者，乃刘封、孟达按兵不发也。何不弃此孤城，奔入益州，再整兵来收复荆州②，未为晚矣。"公曰："吾亦欲如此。"遂上城观之，见北门外小路，旌旗不整，队伍交杂，乃问曰："此去往北，地势若何？"一人答曰："此去皆是山僻小路，可通益州。"公曰："今夜可走此路。"王甫谏曰："小路有埋伏，可走大路也。"公曰："虽有埋伏，吾何惧哉！"即下令马步官军，严整军装，准备出城。甫痛哭曰："君侯于路，小心保重！某与手下百余人，死据此城；城虽粉碎，身亦不降也。专望君侯速来救援！"

公痛哭而别，与子关平、都督赵累引手下二百余人，开放北门，奋然突出。比及天晚，吴军见之，不敢阻当，四下逃窜。关公横刀前进，行至初更，约走三十余里，只见下凹处，火鼓齐鸣，喊声大震，一彪军出，为首大将乃丹阳故鄣人也，姓朱，名然，字义封，骤马挺枪大叫曰："关羽休走！趁早下马受降！"公大怒，拍马抢刀来战。未及三合，朱然便走。公乘势追杀，忽然一棒鼓响，四下伏兵皆起。公不敢恋战，望临沮小路而走。朱然回兵掩杀，行不动者，折伤五六十人。走不到四五里，前面喊声大震，一彪军出，为首大将乃东郡发干人也。姓潘，名璋，字文珪，骤马舞刀，向火光里杀来。关公怒激，挥刀相迎。战不三合，潘璋败走。公纵马追杀，忽四下喊声大震，伏兵皆起。公不与交战，急回山路而走。背后关平也到，说赵累已死于乱军中。公不胜悲惶，遂令关平断后，公自当先，随行止剩十余人。行至夹石[二]，地名③。两下是山，山边皆芦苇败草丛杂。时五更将尽，正走之间，喊声举处，两下伏兵皆用长钩套杆，一齐并出，先把关公坐下马绊倒。公身离鞍鞯，已被潘璋部将马忠所获。关平听知父已被擒，火速来救。背后潘璋、朱然精兵皆至，四下围

---

① 原作"必不从此路而逃"。"此"指代不明，据上下文改。
② 原作"再整兵来收复汉上"。承上文改。
③ 原作"行至决石"。据《三国志·吴书·潘璋传》改。

第一百五十三回 玉泉山关公显圣

住。平孤身独战力尽,父子皆受执矣。

当夜,吴侯孙权恐不了事,自引诸将直至临沮。时东方已白,闻已擒关公父子,孙权大喜,聚众将于帐中。少时,马忠簇拥关公至前。权曰:"孤久慕将军盛德,欲结秦晋之交,何相弃耶?将军平日自以为天下无敌,今何由被吾所擒也?将军今服于孙权否?"关公骂曰:"碧眼小儿,紫髯鼠辈!听吾一言:吾与刘皇叔义同山海,今日误中奸计,但有死而已,何能服耶!"孙权回顾左右曰:"云长世之豪杰,孤深爱之。孤欲以厚礼宥之,若何?"主簿左咸曰:"昔日曹操得此人时,三日一小宴,五日一大宴,上马一提金,下马一提银,爵汉寿亭侯,赐美女十人:如此恩养,尚留不住。其后五关斩将,曹操怜其才而不忍除之。今日自取其祸,却欲迁都以避其锋。况主公乃仇敌乎?狼子不可养,后必为害。"孙权低首良久而言曰:"斯言是也。"急命推出。是岁十二月初旬①,关公于临沮并其子关平,同时归神。史官有诗赞曰:

壮哉熊虎将,赳赳汉云长。
功绩过韩、耿,声名重马、张。
恩酬曹孟德,死报汉中王。
大义参天地,英风播四方。

又宋贤作诗以挽关公曰:

少年为客离蒲东,济困扶危立大功。
赳赳汉朝熊虎将,巍巍当世美髯公。
时来官渡惊曹操,数尽临沮遇马忠。
大义古今谁可及?令人哀怨泪痕红!

又史官庙赞关平曰:

烈烈三分将,堂堂百战身。
金戈冲杀气,铁马截征尘。
报国忠心壮,随亲孝义淳。
临沮天数尽,父子共归神。

又赞美关公父子之德,仍哭其忠云:

当年父子镇荆襄,吴魏何人敢跳梁?
权欲连和求配偶,操将迁国避锋芒。
子凭胆勇宁三国,父仗神威定八荒[三]。
不意吕蒙施诡计,可怜忠义一时亡。

又赞云长父子忠义诗曰:

天生虎将佐炎刘,父子胡为一旦休?
千载令人思慕处,巍巍功业等伊、周!

---

① 原作"是岁十月中旬"。据《三国志·吴书·吴主传》,"十月"当作"十二月";第一五四回写吕蒙死于十二月初七日,故"中旬"改为"初旬"。

自关公父子归神之后,坐下赤兔马被马忠所获,献与孙权。权就赐与马忠骑坐,刀赐与潘璋。其马数日不食草料而死。

却说王甫在麦城中,骨颤肉惊,乃问周仓曰:"吾夜梦见主公浑身血污,立于其前,急问之,忽然惊觉,不知主公吉凶如何?"正说间,人报吴兵在城下,将关公父子首级招安①。王甫大惊,与周仓登城视之,果然。王甫仰天大叫一声:"君侯英灵知之乎?吾无计可支也!"言讫,坠城而死。周仓自刎而亡。于是麦城尽属东吴。

且说关公一魂不散,悠悠荡荡,乘云而飞。忽至一处,乃南郡当阳县一座山②,名为玉泉山。山上一僧,法名普净,原是汜水关镇国寺长老。是时云游天下,来到此山,见山明水秀,就此结草为庵,每日坐禅参道。止有一小行者[四],时常下山化饭度日。当夜月白风清,正值三更时分,净禅师在庵中坐禅,忽闻空中有人大呼:"还我头来③!"禅师命行者观之,见空中一人,骑赤兔马,提青龙刀,左右随从二将,口中但呼如前言不息。行者回报禅师,禅师知是关公与关平、周仓也。待云头飞至庵前,禅师以手中麈尾[五]击其座曰:"颜良安在?"关公闻言,英魂顿悟,即落云下马,叉手立于庵前曰:"吾师何人?愿求清号。"禅师曰:"昔日汜水关前镇国寺中,曾与君侯相会,今日何不识普净也?"公曰:"某虽愚鲁,愿听清诲[六]。"禅师曰:"昔非今是,一切休论,只以公所行言之:向日白马隘口,颜良并不待与公相斗,忽然刺之,此人于九泉之下,安得而不恨乎?今日吕蒙以诡计害公,安足较也?公何必疑惑于是?"公遂从其言,入庵讲佛法,即拜普净禅师为师。后往往显圣,乡人屡感其应,因此就于山顶上建庙,四时致祭。后《传灯录》记云:

大唐高宗仪凤[七]年间,开封府尉氏县有一秀才,屡举不第,三上万言策,皆不中选,遂乃出家,法名神秀,拜蕲州黄梅山黄梅寺五祖弘忍禅师④为师,学大小乘之法。后云游至玉泉山,坐于怪树之下,见一大蟒,风簇而至。神秀端然不动。次日,于树下得金一藏,就于玉泉山创建道场。因问乡人:"此何庙宇?"乡人答曰:"乃三分时,关公显圣之祠也。"神秀拆毁其祠,忽然阴云四合,见关公提刀跃马于云雾之中,往来驰骤。神秀仰面问之,公具言前事。神秀即破土建寺,遂安享关公为本寺伽蓝[八]。至今古迹尚在。神秀即六祖也。

传曰:

关公在生之时,敬重士大夫,抚恤下人。有互相殴骂者,告于公前,公以酒和之。后人争闹,不忍告理,常曰:"恐犯爷爷也!"时人为此,不忍繁渎焉。故自古迄今,皆称曰"关爷爷"也。张益德平素性躁,虽敬上士,而不恤下人。凡有士卒争斗者,告于

---

① 原作"将君侯父子刀马前来招安"。据叶逢春本改。
② 原作"地名荆门州当阳县一座山"。语不通,且"荆门州"系元代所置,故改。
③ 原作"主人何在"。据叶逢春本、郑本《三国》改。
④ 原作"弘恩禅师"。据《旧唐书·方伎传》改。

第一百五十三回　玉泉山关公显圣

益德前，不问屈直，并皆杀之。后人因此不敢告理，但恐斩之。所以关公为人，民不忍犯；益德为人，民不敢犯：其贵重如此也。后宋朝崇宁[九]年间，关公出现显圣，故封为崇宁真君。因解州[一〇]盐池蚩尤神作耗[一一]，乃公神力破之。后累代加封义勇武安王、崇宁真君。至今显圣，护国佑民。

赞曰：

忆昔将军起解梁①，虎躯九尺有余长。
眼如丹凤朝天柱，眉若卧蚕侵鬓旁。
髯拂乌云吞晓日，面如重枣轻秋霜。
马骑赤兔追电影，刀偃青龙喷雪光。
桃园结义过山岳，世同生死共刘、张。
开基剿灭黄巾寇，勇烈英名播四方。
酒尚温时华雄丧，马恰到处车胄亡。
不降曹公只降汉，一宅分为两院墙。
曾于官渡施神勇，立诛文丑刺颜良。
千里独行世莫比，五关斩将谁敢当？
古城重会表忠节，挝鼓之中斩蔡阳。
华容道上酬恩德，荆州城内镇边疆。
单刀赴会真豪杰，水淹七军妙度量。
操欲迁都避锐气，吴欲求亲宁荆襄。
吕蒙一旦施诡计，白衣摇橹渡关防。
麦城守困军旅散，临沮父子魂渺茫。
玉泉山头夜显圣，解州城内神昭彰。
历代加封赠尊号，崇宁年间朝宋皇。
生作三分熊虎将，死为义勇武安王。

自关公归神之后，孙权尽收荆、襄之兵，将公父子首级招安各处人民②。忽报张昭自建业而来，权召入问之。昭曰："今主公损了关羽父子，江东祸不远矣！昔日，此人与刘、张在桃园结义之时，誓同生死。今刘备已有益州之兵③，更兼诸葛亮之谋，张、黄、马、赵之勇。备若知损关羽父子④，必起倾国之兵，与彼报仇矣。备奋力死敌，东吴何可当也？"权闻之大惊，乃跌足曰："孤失其计较也！似此如之奈何？"昭曰："主公勿忧。某有一计，令西蜀之兵不犯东吴，荆州如磐石之安也。"权问："有何妙计？可速教之，以安家国。"试看张昭道出甚计来，毕竟如何，

---

① 原作"解良"。"良"系"梁"之音误（"解梁"系金代地名，此处为后人题咏，可用）。
② 原作"将公父子信息招安各处人民"。"信息"意含混，据叶逢春本、郑本《三国》，改为"首级"。
③ 原作"今刘备已有两川之兵"。"两川"（西川、东川）之称始于唐代，东汉三国时称"益州"。
④ 原作"备若知损其父子"。承上文，改"其"为"关羽"。

下回便见。

【注释】

［一］临沮：县名。属荆州南郡。治所在今湖北当阳县西北。
［二］夹石：地名。在今湖北安远北。
［三］八荒：八方荒远之地。
［四］行者：佛寺中服杂役而未剃发出家者的通称。
［五］麈尾：拂尘。
［六］清诲：教诲。清，高洁。
［七］仪凤：唐高宗李治年号(676—679)。
［八］伽蓝：本指佛寺。此处指佛寺中的护法神。
［九］崇宁：宋徽宗赵佶年号(1102—1106)。
［一〇］解州：五代所置州名。治所在解县(今山西运城西南解州)。境内有盐池,为著名产盐区。
［一一］作耗：作乱。

第一百五十四回　汉中王痛哭关公

　　却说吴侯求计于张昭,昭曰:"今曹操拥百万之众,虎视华夏,久思得汉上之地矣。刘备急欲报仇,必归命于操。操贪其利,必然纳之。若二处连兵,则东吴有垒卵之危也。不如先遣人将关羽父子首级送与曹操①,明教刘备知是操之所使,必痛恨于操也。待刘、曹相攻②,却看其急慢,然后于中取事。此计可保东吴,亦可图西蜀。如得益州之地,何惧曹操乎?"权从其言,即时设宴,大会诸将,赏犒三军,惟吕蒙点军未至。权曰:"今得荆州,皆吕子明之力也③,如何不至?"使人请之。忽报吕蒙至。权自出迎接,抚其臂曰:"孤久不得荆州,今称心满意,皆子明之功也。"蒙谢曰:"一者乃主公洪福,二者乃诸将虎威,蒙何足挂齿也。"权让蒙上坐,蒙再三推辞,坐于其次。权举杯而言曰:"昔日周郎雄烈盖世,胆量过人,遂破孟德,开拓荆州。拓,音托。后不幸而丧,鲁子敬代之。子敬一见孤时,便有帝王大略,此一快也。后孟德东下,诸人皆劝孤降之,孤与子敬并周郎廓开[一]大计,赤壁鏖兵,全获其功,此二快也。今子明设谋定计,立取荆州,胜如子敬、周郎多矣!"于是吕蒙接酒欲饮,忽然掷杯于地,一把揪住孙权,厉声大骂曰:"碧眼小儿!紫髯鼠辈④!还识吾否?"众将大惊,急来救时,蒙推倒孙权,大步向前,坐于孙权位上,神眉倒竖,双眼圆睁,而言曰:"吾自破黄巾以来,纵横天下三十年矣,被汝奸计图之,吾生不能啖汝之肉,死当追吕贼之魂⑤!吾乃汉寿亭侯关云长也⑥。"权大惊,与大小将士慌拜于地。只见吕蒙七窍鲜血迸流,死于座下。众将见之,且夕悚惧。权将吕蒙尸首具棺椁葬之,赠南郡太守、孱陵侯⑦。孱,音川。其子吕霸袭爵。蒙死年四十二岁。时建安二十四年冬十二月初七日也。后史官评吕蒙曰:

　　　　曹公乘汉相之资,挟天子而扫群桀,新荡荆城,仗威东夏,于时议者莫不疑贰[二]。周瑜、鲁肃建独断之明,出众人之表,实奇才也!吕蒙勇而有谋,断识军计⑧,谲郝普[三],擒关羽⑨,最其妙者。初虽轻果妄杀,终于克己,有国士之量⑩,岂徒武将而已?孙权之论,优劣允当,故载录焉。

　　却说关公显圣追了吕蒙,孙权惧其神威,将木匣盛贮首级⑪,令使星夜送与曹操。此时,操

---

① 原作"将关公父子英灵送与曹操"。承第一五三回改。
② 原作"待蜀、魏相攻"。此时曹操方面尚不应称"魏",故改。
③ 原作"全荆襄者皆吕子明"。据叶逢春本改。
④ 原作"黄须鼠辈"。承第一五三回改。据《三国志·吴书·吴主传》注引《献帝春秋》,历史上的孙权确系"紫髯"。
⑤ 原作"死当以追其吕贼之魂"。"以"、"其"二字赘,删去。
⑥ 原作"吾乃汉寿亭侯关公也"。关羽不应自称"公",据叶逢春本改。
⑦ 原作"潺陵侯"。据《三国志·吴书·吕蒙传》改。
⑧ 原作"吕蒙勇而有断,识军计"。据《三国志·吴书·周瑜鲁肃吕蒙传》篇末《评》改。
⑨ 原作"诱关某"。校改依据同⑧。
⑩ 原文无"有"字。校补依据同⑧。
⑪ 原作"将英灵恭敬,不敢怠慢"。据叶逢春本改。

从摩陂班师回洛阳，忽报东吴差使赍关公首级至①。操大喜曰："关羽已亡②，孤无忧也。"言未毕，阶下一人出曰："此乃东吴移祸之计也。"操视之，乃主簿司马懿也。操问其故，懿曰："昔日刘、关、张在桃园结义之时，誓以同死。今东吴图了关羽，惧其复仇，故将首级献与王上③，使备知是王上所使，不去攻吴，却来攻我④。两家交兵⑤，急难休息，东吴却于中观其动静，或取益州，或取中原，随势而行也。某故知此为移祸之计矣。春秋有'老龟烹不烂，移祸于枯桑'之事，今日正犹此也。"操大惊曰："仲达之言是也，当以何策解之？"懿曰："此事极易。王上可将关羽首级刻以香木之躯⑥，葬以大臣之礼，使人皆知，则刘、张必深恨于孙权，而尽力南征矣。若吴、蜀交锋之际，王上却因其势而击之，如蜀胜则击吴，如吴胜则击蜀。二处若得一处，那一处则不久矣。愿王上思之。"操曰："仲达之见，真神算也。"遂令吴使人。

呈上木匣，操开匣视之，见关公面如平日。操曰："久不得见将军也！"言未讫，则见关公神眉急动，须发皆张，操忽然惊倒。众将急救，良久方醒，吁气一口，乃顾文武曰："关将军真天神也！"吴使又将关公显圣附体骂孙权、追吕蒙一节之事告于操。操愈加惧怕，遂设牲醴祭祀，刻沉香木为躯，以王侯之礼葬于洛阳南门外，令大小官僚送殡。操自拜祭，褒赠荆王，差官看守。已毕，即遣吴使回江东去讫。

却说汉中王自汉中回到成都⑦，孔明奏曰："王上先夫人去世；孙夫人南归，必难再来。人伦之道，不可废也，必纳王妃以正其内。"汉中王从之。孔明复奏曰："刘焉长子刘瑁之妻吴氏，守寡在家。此妇美而且贤，乃吴懿之妹也。懿少亡父母，将妹入蜀，傍刘焉度日。有一相者相吴氏曰：'此女后必大贵，非后则妃也。'因此刘焉有妄想之心，遂娶与长子刘瑁为妻。娶不数月，瑁患心痛而死。其妇寡居，蜀人皆知其贤。某素知大贤，方敢劝王，可纳为妃也。"王曰："刘瑁与吾同宗，于理不可。"法正谏曰："论其亲疏，何异晋文之与子圉[四]乎？"王依允，遂纳为王妃。后在蜀生二子[五]：长子刘永，字公寿；次子刘理，字奉孝。

且说益州民安国富⑧，田禾大成。忽有人自荆州来，言东吴屡屡求亲，关公力阻之。孔明曰："荆州危矣！可使人替关公回。"正商议间，荆州报捷，使命数次而至。忽又报关兴到，具言水淹七军功绩，因此不能动移。忽又探马到来，报说关公全获其功，江边墩台提防甚密，万无一失。众皆喜悦。比及天晚各散。

当夜，玄德自觉浑身肉颤，睡卧不安，起坐内室。秉烛看书，愈觉神思昏迷，乃伏几而卧。

---

① 原作"忽报东吴差使赍关公英灵至"。承上文改。
② 原作"关公已仙"。据叶逢春本、郑本《三国》改。
③ 原作"故将英灵献上"。承上文改。
④ 原作"却来攻魏"。此时曹操名义上仍为汉臣，其部属议事不应自称"魏"，故改为"我"。
⑤ 原作"蜀、魏交兵"。承上文改。
⑥ 原作"将关公英灵刻以香木之躯"。承上文改。
⑦ 原作"自东川回到西川成都"。"东川"应作"汉中"，"西川"应作"益州"，而汉中本属益州，故改。
⑧ 原作"且说东西两川民安国富"。校改依据同⑦。

就室中起冷风一阵,灯灭复明,抬头见一人立于灯下。玄德问曰:"汝是何人,贪夜至吾内室?"其人不答。问之三次,皆不应。玄德疑怪,自起视之,乃是关公于灯影下往来躲避。玄德曰:"兄弟别来无恙?夜深至此,必有大故。吾与汝义同骨肉,因何回避?"关公泣而告曰:"愿兄起兵,当雪弟恨!"言讫,冷风骤起,关公不见。玄德忽然惊觉,乃是一梦,时正三鼓。玄德大疑,急出前殿,使人请孔明圆梦。孔明入内,玄德细言梦警。孔明曰:"乃是王上心思关公,以致此梦,何必多疑?"玄德再三恳问,孔明只以善言解之。

少顷,孔明辞出,至中门外,迎见许靖。靖曰:"某才赴军师府下报一机密,听知军师入宫,特来至此。"孔明曰:"有何机密?"靖曰:"今有一人传报,东吴吕蒙已袭荆州,关公殒矣!某故来报。"孔明曰:"吾夜观天象,见将星已落荆楚之地,预知关公祸已及矣;但恐王上忧虑,未敢言也。今夜王得一梦……(如此如此),吾以善言宽之,恐伤其心故也。"二人正说之间,忽殿内转出一人,扯住孔明衣袖而言曰:"云长已故①,军师因何瞒我②?"孔明视之,乃汉中王也。孔明、许靖伏地奏曰:"适来所言,皆虚疑之事耳,未足深信。愿王上宽怀,勿生远虑。"玄德曰:"孤与云长,誓同生死;彼若有失,孤岂能独生耶!"

孔明、许靖正劝谕之间,忽近侍奏曰:"马良、伊籍至。"玄德召入问之。却才呈上表章,未及拆观,侍臣又奏:"荆州廖化至。"玄德急召入问之。化哭拜于地,细奏前事。玄德大惊曰:"若如此,则吾弟休矣!"孔明奏曰:"刘封、孟达如此无礼,罪不容诛!王上宽心,某亲提一旅之师,去救荆襄之急。"玄德泣而言曰:"孤弟有失,孤岂能独生也!孤来日自提一军,去救孤弟!"玄德一面差人赴阆中报知益德,一面差人会集人马。未及天明,一连数次报,说关公夜走临沮,为吴将潘璋部将马忠所困,义不屈节,父子归神。玄德听罢,大叫一声,昏绝于地。未知汉中王性命如何?

【注释】

[一] 廓开:阐述,阐发。

[二] 疑贰:因猜疑而生异心。

[三] 郝普:字子太,义阳(今河南桐柏东)人。刘备任为零陵太守。建安二十年(215),孙权与刘备争荆州,命吕蒙取长沙、零陵、桂阳三郡,郝普据守。吕蒙诈称刘备被围于汉中,无法来援,普惧而出降。《演义》未写此事。

[四] 晋文之与子圉:晋文,指春秋时晋文公重耳;子圉,即晋怀公,重耳之侄。秦穆公先将其女怀嬴嫁给子圉,后又再嫁给重耳。

[五] 后在蜀生二子:《三国志·蜀书·二主妃子传》未言吴夫人生子,刘永、刘理乃"异母"兄弟。《演义》此处系信笔虚构。

---

① 原作"关公已故"。刘备不应称关羽为"关公",故改。
② 原作"丞相因何瞒我"。此时刘备尚未称帝,诸葛亮未为丞相。承上文改。

第一百五十五回　曹操杀神医华佗①

却说汉中王昏倒于地，众文武急救，半响方醒，扶入内室。进罢药汤，孔明劝曰："王上少忧。'死生有命，富贵在天。'关公平日刚而自矜，今日故遭此祸也。王上且宜保守万金之躯，徐徐报仇。"玄德曰："孤与关、张二弟在桃园结义时，誓同生死。今云长已亡，孤岂能独享富贵乎？若不雪恨，乃负当日之盟也！"言讫，又哭绝于地。众官急救方醒。一日哭绝三五次，众官劝解。玄德三日不进水食，但痛哭而已，泪湿衣襟，斑斑成血。孔明再三谏曰："关公殁于不幸，王上念旧日之盟，理宜报仇；倘若龙体摧残，谁肯尽心竭力，与关公报仇雪恨也？"玄德曰："孤已与东吴誓不共同日月也！"孔明曰："人报东吴恐其报仇，将关公首级献与曹操②，操以王侯之礼祭葬之。"玄德曰："此何意也？"孔明曰："此是东吴移祸于操③。操多人物，已知其心，故操以厚礼葬之，是令王上归怨于吴也。"玄德曰："吾今提兵问罪于吴，以雪此恨！"孔明曰："不可。方今吴欲令我兵侵操，操亦令我兵侵吴：各怀诡计，乘空而图之。王上只宜按兵不动，且与关公发丧。待孙、曹不和④，乘时而伐之可也。"众官齐谏，玄德方进膳。蜀中大小将士尽皆挂孝。玄德亲出南门祭葬，号哭终日，继之以夜。

却说魏王在洛阳，自葬关公后，每夜合眼便见关公。操甚惊惧，乃问文武，众皆答曰："洛阳行宫旧殿多妖，可造新殿居之。"操曰："吾欲起一殿，名建始殿，恨无良工。"贾诩奏曰："洛阳良工，苏越最巧。"操命召越至，令画图样。苏越画成九间大殿，前后廊庑。操视之曰："汝画甚合孤意，但恐无此栋梁之材。"越曰："此去离城三十里，有一潭，名跃龙潭。前有一祠，名跃龙祠。祠旁有一株大梨树，高十余丈，堪作建始殿之梁。"

操大喜，即令人工砍伐。锯解不开，斧砍不入，次日回报与操。操不信，自引数百骑直至跃龙祠下马，仰观其树，亭亭如华盖，直侵云汉[一]，并无曲节。操欲砍之，乡老数人谏曰："未可。此树数百年矣，常有神人居其上，下伏潭中老龙。王若伐之，必生祸也。"操大怒曰："孤平生游历，普天之下，四十余年，自天子以至于庶人，无不惧孤。是何妖神，敢逆孤意！'子不语怪力乱神'[二]，量此一树，有何疑耶！"言讫，拔所佩剑，亲自砍之，铮然有声，血溅满身；再欲砍之，血溅满面，左右衣襟尽赤。操愕然大惊，掷剑上马，回至宫内。是夜二更，操睡卧不安，坐于殿中。忽然怪风骤起，风过处，一人披发仗剑，浑身皂衣，直至面前。操急问之曰："汝是何人？"其人答曰："吾乃梨树之神也。汝盖建始殿，意欲篡

---

① 原作"华陀"。据《三国志・魏书・方技传》改。
② 原作"将关公英灵献与曹操"。承第一五四回改。
③ 原作"此是东吴移祸于魏"。承第一五四回改。
④ 原作"待吴、魏不和"。承上文改。

第一百五十五回 曹操杀神医华佗

逆,却来伐吾神木!吾故知汝数尽,特来杀汝!"操呼:"武士安在?"皂衣人仗剑望操便砍。操大叫一声,忽然惊觉,其人不见。操头脑疼痛,不可忍也,急传王旨,遍求良医,治疗不痊。众官皆忧。

华歆入奏曰:"王上知有神医华佗否?"操曰:"莫非江东医周泰者乎?"歆曰:"然。"操曰:"虽闻其名,未知其才。"歆曰:"华佗,字元化,沛国谯人也。其人妙手,世之罕有:但有患者,或用药,或用针[三],或用灸[四],随手而愈。若患五脏六腑之疾,药不能效者,便以'麻沸散①'饮之,须臾就如醉死,却用尖刀剖开其腹,以药汤洗脏腑,剥肺剜心,其病人略无疼痛;然后以药线缝其口,以药末敷之,或一月,或二十日之间,即平复矣。其神效如此!甘陵相夫人有孕六月,腹痛不安,佗视其脉,曰:'脉中是男胎也,已死多时,何不治疗?'遂以药下,果是男胎,旬日而愈。一日,佗行于道上,见一人呻吟之声。佗曰:'此乃饮食不下之病。'问之果然。佗令取蒜齑汁三升饮之,可愈。其人归家,依法取汁而饮,遂吐蛇一条,长二三尺,其人即能饮食,随将蛇赴佗家致谢。一小儿引患者视之,见数条蛇悬于壁上。又有广陵太守陈登,心中烦懑,面赤不能饮食。佗曰:'胸中有虫数升,欲作内疽,盖为食腥之故。'佗与药饮之,吐虫三升,皆赤头,首尾动摇。登问其故,佗曰:'此乃鱼腥之毒,今日虽可,三年之后,又发必死也。'后陈登果三年而死。又有一人,眉间生一瘤,痒不可当,令佗视之,佗曰:'内有飞物。'人皆笑之。佗以刀割开,一黄雀飞去。又一人在途被犬咬其足趾,随长一块,痒痛不可忍。佗曰:'疼者有针十个,痒者有黑白棋子二枚。'人皆不信。佗以刀割开,果应其言。此华佗真乃扁鹊[五]之神医也!见居金城[六],离此不远。王上何不召之?"

操即差人星夜请华佗入内。操令诊脉,佗曰:"此是王上风涎所患之病也。"操曰:"孤平生患'偏头风',不时举发,五七日不饮食,甚是痛苦,汝何法可治?"佗曰:"此病根在脑袋中,风涎不能出,枉服汤药,不可治疗。某有一法,先饮'麻沸散',然后用利斧砍开脑袋,取出风涎毒,此病可以除,再不发矣。"操大怒曰:"汝欲杀孤耶?"佗曰:"王上曾闻关羽中箭毒,伤其右臂,某刮骨疗毒,自然无忧矣。今王上小可之疾,何多疑焉?"操曰:"臂痛可刮骨,孤脑袋安可比臂也?汝必与关羽情熟,乘此机会,欲与其人复仇耶?"呼左右拿下狱中,拷问其情。贾诩谏曰:"似此良医,世之罕有,未可废也。"操叱之曰:"天下无此鼠辈之无礼!"急令追拷。佗受刑不过,只得屈招谋杀魏王等情。狱中有一禁子,姓吴,人皆称为"吴押狱"。此人每日以酒食供养华佗,佗感其恩,乃告曰:"我今死于非命,恨有《青囊书》[七]未传于世。深感汝恩,无可以报,我修一书,汝可遣一人送与我家,取将《青囊书》来付汝,以继吾神效也。"吴押狱曰:"我若得此医书,弃了此役,医治天下病人,以全先生之德也。"佗即修书付吴押狱,曰:"吾临来时,将《青囊书》与妻藏之矣。"吴押狱辞了华佗,直至金城问佗妻取之。其妻将《青囊书》与了吴押狱。吴押狱回家,将书令妻藏之。旬日之后,操病越加沉重,华佗死于狱中。吴押狱却了差役,回家问妻要书,行医治病。妻曰:"《青囊书》吾已烧毁矣。"夫问其故,妻答曰:"纵然学得与华佗一般神妙,只落得死于狱中,吾因此所以毁之。"吴押狱

---

① 原作"麻肺汤"。据《三国志·魏书·方技传》改。

顿足懊悔，曰："不惟吾不能继此神术，可惜万代不复再见也！"因此《青囊书》不曾传于后世。后人有诗曰：
  神医妙手最为良，传得仙人海上方。
  愚妇焚烧真可恨，后人无复见《青囊》。
又诗曰：
  奸臣曹操苦头风，不信神医有妙功。
  假使华佗将脑劈，尚存身在洛阳宫。此言不信华佗而杀之，以致命尽于此。
  却说魏王自杀华佗之后，病势不退，又忧吴、蜀未知如何。正虑之间，近侍忽奏东吴又遣使至。操令召入。使呈上书，操拆封视之。其书曰：
  孙权久知天命已归王上，伏望早遣大将，剿灭刘备，扫平益州，臣即率群下纳土归降矣。

操观毕大笑，出示群臣曰："是儿欲使吾居炉火上耶！"盖言权逼操反之意。时有侍中陈群、尚书桓阶二人伏地奏曰："汉室自安帝[八]以来，国祚已衰，非止今日。王上功德巍巍，生灵仰望，故孙权在外称臣，此天人之应，异气齐声。王上宜早登帝位①，而即正统，复何疑焉？"操笑曰："吾自事汉三十余年，虽有功德，位至于王，于身足矣，何敢更望于外乎？"夏侯惇谏曰："天下咸知汉祚已尽，异代方起。自古以来，能除万害为百姓所归者，即生民之主也。今王上即戎[九]三十余年，功业著于黎庶，今天下投归，理合顺民应天，复何疑哉！"操曰："'施于有政，是亦为政。'苟天命在孤，孤即周文王矣。"后有诗曰：
  奸雄曹操立功勋，久欲临朝废汉君。
  只恐万年人唾骂，故言吾愿学周文。
司马公[一〇]亦曰：
  操欲篡位久矣，犹畏其名而不敢行，故言愿为周文王也。

操谦辞不允。司马懿曰："今江东孙权既称臣而来归附，王上可以封之，令拒刘备也。"操曰："此理极善。"遂集文武商议封吴之事。未知还是如何？

【注释】
[一] 云汉：云霄。
[二] 子不语怪力乱神：孔子不谈论怪异、暴力、悖乱、神鬼等事。语出《论语·述而》。
[三] 针：中医的一种治疗方法。用针扎刺穴位。
[四] 灸：中医的一种治疗方法。用艾叶等制成艾炷或艾卷，按穴位烧灼。
[五] 扁鹊：战国时名医。原名秦越人。创造切脉医术。

---

① 原作"王上早登大魏皇帝"，语不通。据文意改。

[六]金城:应为"金墉城"。魏明帝时筑。在洛阳西北角。
[七]青囊书:指医书。青囊,药袋。
[八]安帝:即刘祜(94—125)。东汉第六位皇帝。107—125年在位。
[九]即戎:作战。
[一○]司马公:即《资治通鉴》作者司马光。

第一百五十六回　魏太子曹丕秉政

却说曹操闻司马懿所言封孙权一节，遂从之，乃与多官商议，以孙权为骠骑将军，领荆州牧，封南昌侯①，即日遣使往东吴封权。权受爵已毕，随遣使上表谢恩，送于禁还都。

且说曹操病患转加，是夜子时，梦三马同槽。及晓，召贾诩问曰："孤昔夜梦三马同槽，疑马腾、马休、马铁三人，故将马腾全家杀之。今夜复梦之，是何兆耶？"诩奏曰："禄马[一]，乃吉兆也。"众官皆言："禄马尚于曹，王上何必疑焉？"操因此不疑。后来司马懿、司马师、司马昭三人专政吞曹，以应此之梦也。

是日天晚，文武皆散。夜至三更，操觉头目昏眩，起伏于几上而卧，忽闻殿中声如裂帛。操惊问之，忽见伏皇后、董贵人、二皇子②，并国舅董承等二十余人，浑身血污，立于愁云之内，隐隐闻索命之声。操急掣剑望空砍之，忽然一声响亮，震塌殿宇西南一角。近臣将操救出，别宫养病。次日夜间，又闻殿外男女哭声不绝。至晓，操召群臣入，曰："孤在戎马之中三十余年，未尝信怪异之事。今日如此为何？"群臣奏曰："王上当命道士设醮荐新。"操叹曰："圣人有云：'获罪于天，无所祷也。'孤天命将尽，虽日用万金，安能救也？"遂不允设醮。

次日，觉气冲上焦[二]，目不见物，急召夏侯惇入商议。惇至殿门前，忽见伏皇后、董贵人、二皇子、国舅董承等，立在阴云之中。惇大惊昏倒，左右扶出，自此得病。操召都护将军曹洪③、侍中陈群、太中大夫贾诩④、主簿司马懿心腹四人，至卧榻前，嘱以后事。操曰："孤纵横天下三十余年矣，群凶皆灭，止有江东孙权、益州刘备，未曾收复。孤今病危，必然难逃，今以大事嘱汝四人。孤长子曹昂，刘氏所生，不幸早年殁于宛城。今卞氏生四子：丕、彰、植、熊。四子中，孤平生所爱第三子曹植，却又为人虚华，少于诚实，嗜音是酒放肆，因此不立。次子曹彰，勇而无谋。四子曹熊，多病难保。惟长子曹丕，笃厚恭谨，才智兼全，可任大事。汝等宜辅佐之，各怀忠义之心，以图悠久之计，勿得怠慢。"言讫，长叹一声，泪如雨下，气绝而亡。寿六十六岁。时建安二十五年春正月下旬也。后史官有诗曰：

　　雄哉魏太祖，天下扫狼烟。
　　动静皆存智，高低善用贤。
　　长驱百万众，亲注《十三篇》。
　　豪杰同时起，谁人敢赠鞭？

---

① 原作"封孙权为骠骑将军、南昌侯、领荆州牧"。据《三国志·吴书·吴主传》改。
② 原作"二皇太子"，不当，应删去"太"字。
③ 原作"前将军曹洪"。据《三国志·魏书·曹洪传》改。
④ 原作"中大夫贾诩"。据《三国志·魏书·贾诩传》改。

第一百五十六回　魏太子曹丕秉政

又史官拟《曹操行状》云：

操知人善察，难眩以伪[三]；识拔奇才，不拘微贱。随能任使，皆获其用，与敌对阵，意思安闲，如不欲战然，及至决机乘胜①，气势盈溢。勋劳宜赏，不吝千金；无功望施，分毫不与。用法峻急，有犯必戮，或对之流涕，然终无所赦。雅性节俭，不好华丽，故能芟音山刈[四]音易群雄，削平海内。三十余年，手不舍书，昼则讲武，夜则思经，登高必赋，对景必诗，深明音乐。善能骑射，曾在南皮一日射雉六十三头。及造官室器械，无不曲尽其妙。是以遂成大业，开阐洪基也。

晋平阳侯相陈寿②评曹操曰：

汉末，天下大乱，雄豪并起，而袁绍虎视四州，强盛莫敌。太祖运筹演谋，鞭挞宇内，揽音览申、商[五]之法术，该韩、白[六]之奇策③。官方授材，各因其器；矫情任算，不念旧恶。终能总御皇机，克成洪业者，惟其明略最优也④。抑可谓非常之人，超世之杰矣。

宋贤赞曹操功德诗曰：

汉末挺生曹孟德，胸蟠星斗气凌云。
智谋超越数员将，才德惟悭[七]万乘君。
虽秉权衡欺弱主，尚存礼义效周文。
当时若使无公在，未必山河几处分。

前贤又贬曹操诗曰：

杀人虚堕泪，对客强追欢。
遇酒时时饮，兵书夜夜观。
秉圭升玉辇，带剑上金銮。
历数奸雄者，谁如曹阿瞒？

唐太宗祭魏武帝曰：

一将之智有余，万乘之才不足。

宋邺郡太守晁尧臣登铜雀台，有诗叹曰：

堪叹当时曹孟德，欺君罔上忌多才。
昆吾[八]直上金銮殿，蔓草空余铜雀台。
邺土应难遮丑恶，漳河常是助悲哀。
临风感慨还嗟叹，向日奸雄安在哉？

　　却说曹操身亡，文武百官尽皆举哀；一面报与魏太子曹丕，一面报与鄢陵侯曹彰，一面报

---

① 原作"然及决机乘胜"。据《三国志·魏书·武帝纪》注引王沈《魏书》，补"至"字。
② 原作"晋平阳侯陈寿"。据《华阳国志·后贤志·陈寿传》，补"相"字。
③ 原作"讲韩、白之奇策"。据《三国志·魏书·武帝纪》改（该，兼备）。
④ 原作"为其明略最优也"。校改依据同③。

与临菑音之侯曹植,一面报与萧侯曹熊①。各处皆遣使去讫,多官用金棺银椁将操入殓,星夜举灵榇赴邺城而来。

却说曹丕闻知父丧,放声痛哭,众将再三解劝方息,遂率大小官僚出城三十里,伏道迎榇入城,停于偏殿。官僚挂孝拜祭,哀声大震。忽一人挺身而出曰:"请太子哀息,百官暂止,何不且议大事?"众视之,乃司马孚[九]也,见为太子中庶子[一〇]。孚厉声而言曰:"王已晏驾,天下震动,当早立嗣君,以镇万国,何但哭泣也?"群臣曰:"太子宜登宝位,但未得天子诏命,岂敢造次而行之?"忽班部中又一人出曰:"迟已!迟已!"丕视之,乃广陵东阳[一一]人也,姓陈,名矫,字季弼,见为尚书②。矫曰:"王上已薨,太子在侧,若等诏命而分彼此,则社稷危矣!"遂拔剑在手,指官僚怒曰:"敢乱言者,割袍为例!"言讫,一剑割下袍袖。百官悚惧,拥丕至殿。正欲册立,忽报华歆自许都飞马至。众皆大惊,及至问之,歆曰:"今魏王晏驾,天下震动,汝等久食君禄,何不早立太子?"众官应曰:"正欲立之。"歆曰:"吾已于汉帝处索了诏命来矣③。"众皆踊跃称贺。歆于怀中取出诏命开读,令百官跪听。制曰:

魏太子丕:昔皇天授乃显考[一二]以翼我皇家,遂攘除群凶,拓定九州,弘功茂绩,光于宇宙,朕用垂拱负扆[一三]二十有余载。天不愁[一四]遗一老,永保予一人,早世潜神,哀悼伤切。丕奕世宣明,宜秉文武,绍熙前绪。今使使持节御史大夫华歆,奉策诏授丕丞相印绶、魏王玺绂音弗,领冀州牧。方今外有遗虏,退夷未宾,旗鼓犹在边境,干戈不得韬刃,斯乃播扬洪烈,立功垂名之秋也。岂得修谅闇[一五]之礼,究曾、闵[一六]之志哉?其敬服朕命,抑弭忧怀,旁祗厥绪,时亮庶功,以称朕意。呜呼!可不勉欤!建安二十五年春二月日诏。此是华歆自命之言,以绝天下议论,非献帝之本心也。

且说华歆谄事曹操④,故草此诏,威逼献帝降之。帝惧其势,只得听从,故下诏节,封曹丕为魏王、丞相、冀州牧,百官并无敢言其非者。

丕即日登位,受大小官僚拜舞起居。正宴会庆贺之间,忽报鄢陵侯曹彰,自长安领十万大军到来。丕大惊,乃问群臣曰:"孤黄须小弟,平生性刚,深通武艺。今提兵远来,必与孤争王位也。如之奈何?"忽阶下一人应声而出曰:"臣素知鄢陵侯之所行,当以片言折之。"众皆称曰:"非大夫,莫能解此祸也。"不知此人是谁,下回便见。

【注释】

[一] 禄马:预示福兆之马。禄,福。

---

① 原作"萧怀侯曹熊"。"萧"即萧县,系封邑;"怀"则系谥号,死后方加,故此处应删。
② 原作"见为兵部尚书"。东汉三国无"兵部尚书"官名。据《三国志·魏书·陈矫传》改。
③ 原作"吾已于献帝处索了诏命来矣"。"献帝"系谥号,不当用于此处。据《三国志·魏书·文帝纪》,改为"汉帝"。
④ 原作"华歆谄事于魏"。承上文改。

[二] 上焦：中医术语。在胃上口。一般泛指上半身或头部。
[三] 难眩以伪：难以用假象欺骗。
[四] 芟刈：削除。
[五] 申、商：指法家代表人物申不害、商鞅。
[六] 韩、白：指西汉名将韩信和战国时秦国名将白起。
[七] 悭：欠缺。
[八] 昆吾：传说中山石名，可炼铁作剑。后即代指宝剑。
[九] 司马孚：司马懿之弟。字叔达。
[一〇] 太子中庶子：官名。为太子侍从。秩六百石。三国时为第五品。
[一一] 东阳：县名。属徐州广陵郡。治所在今江苏金湖西南。
[一二] 显考：对去世的父亲的美称。
[一三] 负扆：指天子在位。扆，户牖之间的屏风，天子见诸侯时，背扆而坐。
[一四] 憨：愿意。
[一五] 谅闇：指帝王居丧。
[一六] 曾、闵：指孔子的弟子曾子和闵子骞。

第一百五十七回　曹子建七步成章

却说出班奏魏王者,乃河东襄陵[一]人也,姓贾,名逵,字梁道,见为谏议大夫。曹丕大喜,就命贾逵说之。逵出至城下,迎见曹彰。彰问曰:"先王玺绶安在?"逵正色而言曰:"家有长子,国有储君。先王玺绶,非君侯之所有也。问某何意?"彰默然无语。行至宫门前,逵问彰曰:"君侯此来,欲奔丧耶?欲争王位耶?欲为忠孝之人耶?欲为大逆之人耶?"彰曰:"吾来奔丧,并无异心。"逵曰:"既无异心,因何提兵至此,使王上与群臣相疑也?"彰即时叱退左右将士,只身入内,拜见曹丕。兄弟二人相抱哭罢,方始成服[二]。彰将本部军马尽交与曹丕。丕令彰回鄢陵[三]自守,彰拜辞而去。后黄初二年,进爵为公;三年,立为任城王;四年,朝京,殁于旅邸。故后来无事可说,先此说之。

曹丕受了魏王,即传令旨,改建安二十五年为延康[四]元年。以贾诩为太尉,华歆为相国,王朗为御史大夫。大小官僚,尽皆升赏。葬曹操于高陵[五],谥号武王①。华歆奏曰:"鄢陵侯曹彰交割军马,已赴本国去了。所有临菑侯曹植、萧侯曹熊②,此二人坐视不来奔丧,理当问罪。"丕从之,即传令旨,差二使往二处问罪去讫。忽一使回报:"萧侯曹熊惧罪,自缢身死。"丕令厚葬之,后追谥萧怀公③。不一日,又一使回报,说:"临菑侯曹植常与丁仪、丁廙音异酣饮,并不奔丧。臣传王旨时,植端坐不动。丁仪骂曰:'且休胡说!昔日先王在时,欲立吾主为太子,被谗臣贼子所阻;今王丧未及旬日,便问罪于骨肉也?'丁廙又曰:'据吾主聪明冠世,下笔成章,自然有王者之大体,今反不得其位。汝那庙堂之臣,皆是肉眼愚夫,不识圣贤,与禽兽何异也?'植遂大怒,叱武士将臣乱棒打出。"丕闻之大怒,即令许褚领三千虎卫军,火速擒来。

褚领兵飞奔临菑而去。比及到城④,先遇守关偏将,被褚立斩,直入城中,口传令旨,无一人敢当锋锐。径到府堂,只见曹植与丁仪、丁廙等尽皆醉倒,报者不能得见。褚一例缚之,载于车上,仍将大小属官尽行解赴邺城,入见曹丕。丕大怒,即下令旨,将丁仪、丁廙等皆诛之。丁仪字正礼,丁廙字敬礼,沛国人⑤,乃亲兄弟也,当世文章之士。

却说武宣皇后卞氏听得生擒了曹植,心惊胆战,举止失措,急出救时,已将心腹人杀了。曹丕见母出殿,慌请回后宫。卞氏哭曰:"汝弟曹植平生嗜酒放肆,醉后疏狂,盖因胸中之才故也。汝可念同胞共乳之情,怜此一命。吾至九泉,亦瞑目也。"丕曰:"愚儿深爱其才,安肯造次废?此欲逆其性也。母亲勿忧。"卞氏泣泪谢之。

---

① 原作"谥号武祖"。据《三国志·魏书·武帝纪》改。
② 原作"萧怀侯曹熊"。承第一五六回改。
③ 原作"追谥萧怀王"。据《三国志·魏书·曹熊传》,魏文帝黄初二年(221),追封谥曹熊为萧怀公;魏明帝太和三年(229),又追进爵为王。
④ 原作"比及到郡"。临菑系县,而非"郡"。
⑤ 原作"沛郡人"。据《三国志·魏书·王卫二刘傅传》改。

第一百五十七回　曹子建七步成章

丕出偏殿不朝。华歆问曰："适来莫非太后劝王上勿废子建乎？"丕曰："然。"歆曰："子建怀才抱智，终非池中之物也；若不早除，必为后患。"丕曰："已许母矣。"歆曰："人皆言子建出口成章，臣未深信。王上可召入，以才试之。若不能，即杀之；若果能，即贬之，以绝天下文人之口。"丕从之，遂召子建入内。子建惶恐，拜伏请罪。丕曰："汝倚仗文才，安敢无礼？以家法，则兄弟；以国法，则君臣。昔先君在日，汝常恃文章，吾深疑汝必用他人代笔也。吾今令汝七步成章，若果能，则免一死；若不能，则二罪俱罚，决不轻恕也！"子建曰："愿乞题目。"此时殿上悬一水墨画，画着两只牛斗于土墙之下，一牛坠井而亡。丕指而言曰："以此画为题。诗中不许犯二牛斗墙下，一牛坠井死字样。"植行七步，其诗已成。诗曰：

　　两肉齐道行，头上带凹骨。
　　相遇块山下，欻[六]起相搪突。
　　二敌不俱刚，一肉卧井窟。
　　非是力不如，盛气不得泄。块，音归。

曹丕及群臣皆惊。丕又曰："此七步成章，迟也。汝能应声作一首诗否？"子建曰："愿闻题目。"丕曰："吾与汝乃兄弟也，以此为题。"子建听毕，随口占小诗曰：

　　煮豆燃豆萁，豆在釜中泣。
　　本是同根生，相煎何太急！

曹丕闻之，潸然泪下。其母卞氏于殿后曰："兄何逼弟之甚耶？"丕慌忙离座而告曰："国法不可废也。然则孤于天下无所不容，何况骨肉之亲乎？"于是贬子建为安乡侯。子建拜辞，上马而去。后人有诗曰：

　　论地谈天口若开，喷珠噀玉绝尘埃。
　　须知子建文章盛，万古传扬七步才。

又诗赞子建七步才以免其祸。诗曰：

　　五车书记藏心腹，七步才能动鬼神。
　　不是当时能对答，殿前骨肉化为尘！

曹丕自即魏王之后，法令一新，威逼汉帝，甚于其父。

　　却说细作人入成都，报与汉中王。王大惊，即会文武商议曰："曹操已死，曹丕僭称王位，威逼汉帝，尤甚于操贼。东吴孙权，拱手称臣。孤欲先伐东吴，以雪孤弟之仇；次讨中原，以除群党之凶。"言未毕，廖化出班奏曰："昨者送了关公父子之命，实乃刘封、孟达之误。乞先讨此二人可也。"王曰："孤因心事丛杂，几乎忘矣。"便差人召来。孔明谏曰："不可急召。宜缓图之，急则生变矣。可命此二人为郡守①，然后图之，此为上策。"汉中王从之，遂遣使命刘封去守绵竹。有彭羕音样与孟达甚厚，听知此事，急回家作书，遣心腹人报与孟达。其人方出南门外，被马超巡视军捉来见超。超审出此事，即引本部士卒来见彭羕。羕接入，以酒待之。酒至数

---

① 原作"可升此二人为郡守"。刘封时为副军将军，地位高于太守，孟达已为太守，故改"升"为"命"。

巡，超以言挑之曰："昔见汉中王待公甚厚，近日何薄也？"羕乘酒醉指而骂曰："老革荒悖，岂足道也。"老革者，老兵也。超又探曰："某怀怨心久矣。"羕曰："公起本部兵，结连孟达为外合，某引蜀兵为内应，天下不足定也。"超曰："先生言当，来日再议。"超辞了彭羕，即将人、书来见汉中王，细言其事。玄德大怒，遂令捉获彭羕入狱，拷问其情。羕在狱中，悔之无及，遂作书一封，令人送与孔明。孔明拆封视之。其书曰：

仆昔有事于诸侯，以为曹操暴虐，孙权无道，振威暗弱，其惟主公有王霸之器，可与兴业致治，故乃翻然有轻举之志。会公来西，仆因法孝直自衔鬻[七]，音檀御。庞统斟酌其间，遂得诣公于葭萌，抵掌而谈，论治世之务，讲王霸之义，建取益州之策；公亦宿虑明定①，即相然赞，遂举事焉。仆于故州不免凡庸，忧于罪罔，得遭风云激矢之中，求君得君，志行名显，从布衣之中擢为国士，盗窃茂才。分子之厚，谁复过此？裴松之曰："分子之厚者，羕言刘主分儿子之厚恩施于己，故其后语曰'负我慈父，罪有百死'之说也。"羕一朝狂悖，自求菹醢[八]，音海。为不忠不义之鬼乎！先民有言，左手据天下之图，右手刎咽喉，愚夫不为也。况仆颇别菽麦者哉！所以有怨望意者，不自度量，苟以为首兴事业，而有投江阳[九]之论，不解主公之意，意卒感激，颇以被酒，倪音脱失"老"语。此仆之下愚薄虑所致，主公实未老也。且夫立业，岂在老少，西伯九十，宁有衰志，负我慈父，罪有百死。至于内外之言，欲使孟起立功北州，戮力主公，共讨曹操耳，宁敢有他志耶？孟起说之是也，但不分别其间，痛人心耳。昔每与庞统共相誓约，庶托足下末踪②，尽心于主公之业，追名古人，载勋竹帛。统不幸而死。仆败以取祸，自我堕之③，将复谁怨！足下，当世伊、吕也，宜善与主公计事，济其大猷[一〇]。天明地察，神祇有灵，复何言哉！实使足下明仆本心耳。行矣努力，自爱，自爱！彭羕顿首拜具。

孔明看毕，抚掌大笑，即入殿前，启奏汉中王。玄德问曰："此人若何？"孔明曰："狂士也，久必生祸。"玄德即令狱内将彭羕诛之。

羕死后，有人报与孟达。达大惊，举止失措。忽使命至，调刘封回守绵竹去讫。孟达慌请上庸太守申耽、西城太守申仪④商议。耽曰："某有一计，使汉中王不能加害于公也。"达大喜。未知申耽献出甚计来，且听下回分解。

【注释】

[一] 襄陵：县名。属司隶州河东郡。治所在今山西襄汾东北。

① 原作"公亦相虑明定"。据《三国志·蜀书·彭羕传》改。
② 原作"庶托足下未踪"。据《彭羕传》，"未"当作"末"。
③ 原作"自我惰之"。据《彭羕传》改。
④ 原作"上庸都尉申耽、申仪"。据《三国志·蜀书·刘封传》改。

[二] 成服：旧时丧礼，大殓之后，亲属按照与死者关系的亲疏穿上不同的丧服，叫做"成服"。
[三] 鄢陵：县名。属豫州颍川郡。治所在今河南鄢陵西北。
[四] 延康：汉献帝年号(220)。
[五] 高陵：曹操陵墓名。在邺城西。
[六] 歘：忽然。
[七] 衒鬻：卖弄自己的才能。
[八] 菹醢：古代酷刑。把人剁成肉酱。
[九] 投江阳：刘备定益州后，任命彭羕为治中从事，后左迁为江阳太守。
[一〇] 大猷：远大的谋略。

第一百五十八回　汉中王怒杀刘封

却说孟达问申耽曰："当用何策，以避其祸？"耽曰："吾弟兄欲投魏王①，立心久矣。公可作一表，辞了汉中王，投魏王曹丕，不必重用。续后，吾二人亦去降也。"达猛然省悟，即写表一通，付与来使；当晚引五十余骑，投魏王去了②。使命持表回成都，来奏汉中王，呈上表章，细言孟达投魏王之事。玄德大怒，览其表曰：

> 臣达伏惟殿下将建伊、吕之业，追桓、文之功，大事草创，假势吴、楚，是以有为之士深睹归趣。臣委质[一]以来，愆戾[二]山积；臣犹自知③，况于君乎！今王朝以兴，英俊鳞集[三]，臣内无辅佐之器，外无将领之才，列次功臣，诚自愧也。臣闻范蠡识微，浮于五湖；舅犯[四]谢罪，逡巡于河上。夫际会之间，请命乞身。何则？欲洁去就[五]之分也。况臣卑鄙，无元功巨勋，自系于时，窃慕前贤，早思远耻。昔申生至孝，见疑于亲；子胥至忠，见诛于君；蒙恬拓境，而被大刑；乐毅破齐，而遭谗佞。臣每读其书，未尝不慷慨流涕，而亲当其事，益以伤绝。何者？荆州覆败，大臣失节，百无一还。惟臣寻事，自致房陵[六]、上庸，而复乞身，自放于外。伏想殿下，圣恩感悟，愍臣之心，悼臣之举。臣诚小人，不能始终，知而为之，敢谓非罪！臣每闻"交绝无恶声，去臣无怨辞"。臣过奉教于君子，愿君王勉之。臣不胜惶恐之至。

玄德看毕，大怒曰："匹夫叛吾，安敢以文辞相戏耶！"遂与孔明曰："汝即起兵擒此背国贼来！"孔明曰："未可。但就遣刘封进兵，令二虎相并。刘封或有功，或败绩，必归成都，就而除之，可绝两害。"玄德从之，遂遣使到绵竹，入见刘封。封领父命，奋然率兵来擒孟达不题。

且说曹丕聚众文武议事，忽近臣奏曰："蜀孟达来降。"丕召入问曰："汝此来，莫非诈降乎？"达曰："臣为不救关羽之危，汉中王欲杀臣，因此归降，别无他意。"曹丕尚未准信，忽报刘封引五万兵来取襄阳，单搦孟达厮杀。丕曰："汝既是真心，可去襄阳取刘封首级前来，孤方准信。"达曰："臣以利害说之，不必动兵，令刘封亦来降也。"丕大喜，遂加孟达为散骑常侍、建武将军、平阳亭侯，领新城[七]太守，去守襄阳、樊城。原来夏侯尚、徐晃预先在此，一同收取上庸诸郡。孟达到了襄阳，与二将礼毕，探得刘封离城五十里下寨。达即修书一封，遣舌辩之士赍赴蜀寨，入见刘封。封拆开视之。书曰：

> 达致书于副军将军麾下：伏闻古之人有言："疏不间亲，新不加旧。"此谓上明下直，谗慝[八]不行也。若乃权君谮主，贤父慈亲，犹有忠臣蹈功以罹祸，孝子抱仁以陷

---

① 原作"吾弟兄亦欲投魏"。"亦"字赘，删去；此时曹丕名义上仍为汉臣，故"魏"当作"魏王"。

② 此句后原有"刘封听知，急追不上，自回守上庸。上文明言已"调刘封回守绵竹"，下文又写刘备遣使到绵竹命刘封讨孟达，故此句应删。

③ 原作"臣犹在知"。据《三国志·蜀书·刘封传》注引《魏略》改。

难、种、商、白起、孝己、伯奇,皆其类也。其所以然,非骨肉好离,亲亲乐患也。或有恩移爱易,亦有谗间其间,虽忠臣不能移之于君,孝子不能变之于父者也。势利所加,改亲为仇,况非亲亲乎?故申生、卫伋、御寇、楚建禀受形之气,当嗣立之正,而犹如此。今足下与汉中王,道路之人耳,亲非骨血而据势权,义非君臣而处上位,征则有偏任之威,居则有副军之号,远近相闻也。自立阿斗为太子以来,有识之人相为寒心。如使申生从子舆之言,必为太伯;卫伋听其弟之谋,无彰父之讥也。且小白[九]出奔,入而为霸;重耳逾垣,足以克复。自古有之,非独今也。夫智贵免祸,明尚凤达,仆察汉中王虑定于内,疑生于外矣。虑定则心固,疑生则心惧,乱祸之兴作,未曾不由废立之间也。私怨人情,不能不见,恐左右必有以间于汉中王矣。然则疑成怨闻,其发若践机耳。今足下在远,尚可假息一时;若大军遂进,足下失据而还,窃相为危之。昔微子去殷,智果别族,违难背祸,犹皆如斯。今足下弃父母而为人后,非礼也;知祸将至而留之,非智也;见正不从而疑之,非义也。自号为大丈夫,为此三者,何所贵乎?以足下之才,弃身来东,继嗣罗侯,不为背亲也;北面事君,以正纲纪,非为弃旧也;怨不致乱,以免危亡,非为徒行也。加陛下新受禅命,虚心侧席,以德怀远,若足下翻然内向,非但与仆为伦,受三百户封,继统罗国而已,当更剖符大邦,为始封之君。陛下大军,金鼓以震,当转都宛、邓;若二敌不平,军无还期①。足下宜因此时②,早定良计。《易》有"利见大人",《诗》有"自求多福",行矣③。足下勉之,无使狐突闭门不出,宜早决焉。达再拜,年月日书。

刘封看毕,大怒曰:"此贼误吾叔侄之义,又间吾父子之亲,使吾为不忠不孝之人也!"遂扯了书,斩其使。

次日,引军前来搦战。孟达知得扯书斩使,勃然大怒,亦领军出迎。两阵对圆,封立马于门旗下,以刀指达而骂曰:"背国反贼,安敢阵前使间谍之计也!"孟达亦骂曰:"汝死已临头上,自执迷不省,与禽兽何异耶?"封大怒,拍马抡刀,直奔孟达。战不三合,达大败而走,封乘势追杀二十余里。忽然一声喊处,伏兵尽起,左边一军冲出,为首大将乃夏侯尚;右边一军冲出,为首大将乃徐晃也。三军夹攻,封大败而走,连夜奔回上庸,背后曹兵不分星夜赶来。及至刘封到城下叫门时,城上乱箭射下,申耽在敌楼上叫曰:"吾已降了魏王也④!"封大怒,欲要攻城,背后夏侯尚、孟达两军杀来。封立脚不住,只得奔西城而来⑤,见城上尽插魏旗,申仪在敌楼上将旗一展,城后一彪军出,旗上书"右将军徐晃"。封抵敌不住,慌奔益州而走。晃乘势追杀。

刘封部下只落百余骑,到了成都,入见汉中王,哭拜于地,细奏其事。玄德怒曰:"辱子!

---

① 原作"君无还期"。据《三国志·蜀书·刘封传》改。
② 原作"足下因宜此时"。据《刘封传》改。
③ 原作"《诗》有'自求多福'矣"。据《刘封传》增补。
④ 原作"吾已降了魏也"。承上文改。
⑤ 原作"只得奔房陵而来"。房陵在襄阳与上庸之间,刘封不可能由上庸折回房陵;西城则在上庸之西,且申仪本为西城太守。

有何面目敢见吾也?"封对曰:"叔父之难,非逆儿不救,乃孟达之阻也。"玄德转怒曰:"汝须食人食、穿人衣,非土木之人,安可听谗贼所阻也!"封泣而告曰:"一时被伊以利害说之,致获大罪。"玄德犹豫未决。忽孔明入,玄德问曰:"辱子如此,何法治之?"孔明附耳低言曰:"此子极其刚强,今日不除,后必生祸于子孙耳。"玄德遂令左右推出斩之。又问随封将士,众皆将孟达说封之事,及刘封扯书斩使之事,一一奏称;又将扯毁的书信,呈与玄德。玄德看毕,急回心曰:"吾儿虽然刚强,有此忠义之心也,凛然可爱。"便叫留人之时,早已斩讫,献首级于阶前。玄德恸哭曰:"孤一时造次,废股肱矣!"孔明曰:"若欲嗣主久远之计,杀之何足惜也。作事业者,岂可生儿女之情耶?"玄德曰:"纵使他日杀孤之子,孤不忍今日废忠义之人也。"文武闻之,无不下泪。武士奏曰:"刘封临死,但云'悔不听孟子度之言,果有此危矣'!"玄德泣曰:"吾儿至九泉之下,必痛恨于孤矣。"汉中王因思想关公,更惜刘封,致染成病,不能兴兵报仇雪恨。时建安二十五年,改延康元年,夏六月也。

却说魏王曹丕自即王位,将文武官僚尽皆升赏,遂统甲兵三十万,南巡沛国谯县,大飨先茔[一〇]。乡中父老,扬尘遮道,奉觞进酒,效汉高祖还沛[一一]之意。是年七月内,闻大将军夏侯惇病危,丕即还邺城。时惇已卒,丕挂孝送殡于东门外,以厚礼葬之。

八月间,报称石邑县[一二]凤凰来仪,临菑城麒麟出现,黄龙现于邺城。丕手下百官商议曰:"今上天垂象,乃魏当代汉也。可安排受禅之礼,令汉帝将天下让与魏王。"时有侍中刘廙,字恭嗣,乃南阳安众人也;侍中辛毗,字佐治,乃颍川阳翟人也;侍中刘晔,字子扬①,乃淮南成德人也;尚书令桓阶,字伯绪,乃长沙临湘人也;尚书陈矫②,字季弼,乃广陵东阳人也;尚书陈群③,字长文,乃颍川许昌人也:这一班文武官僚,四十余人,皆来见太尉贾诩、相国华歆、御史大夫王朗,共言此事。贾诩笑曰:"公等所见,正合吾机。"当日,华歆引文武多官来奏汉献帝,禅位与魏王曹丕。未知如何?

【注释】

[一] 委质:归顺。

[二] 愆戾:过失。

[三] 鳞集:如游鱼群集。鳞,鱼的代称。

[四] 舅犯:即狐偃,字子犯。春秋时晋国公子重耳(晋文公)的舅父,故称舅犯。曾随重耳流亡在外十九年。重耳回国即位,将渡黄河时,他担心重耳忘其功而记其过,向重耳辞别,

---

① 原作"字子旸"。据《三国志·魏书·刘晔传》改。
② 原作"尚书令陈矫"。据《三国志·魏书·陈矫传》,删去"令"字。
③ 原作"尚书令陈群"。据《三国志·魏书·陈群传》,删去"令"字。

被挽留。后为晋国六卿之一。
- [五] 去就：去留。
- [六] 房陵：郡名。东汉末分汉中郡置。治所在今湖北房县。
- [七] 新城：郡名。曹丕合房陵、上庸、西城三郡置。治所在房陵(今湖北房县)。
- [八] 谗慝：谗邪之言。慝，邪恶。
- [九] 小白：齐桓公名小白。
- [一○] 先茔：祖先的坟墓。
- [一一] 汉高祖还沛：汉高祖刘邦称帝后，回到故乡沛(今江苏沛县)，与父老宴饮。
- [一二] 石邑县：县名。属冀州常山郡。治所在今河北石家庄市西南。
- [一三] 受禅：接受禅让。禅，禅让，本系传说中尧、舜时推举部落联盟领袖的方式，后指把帝位让给"贤者"，实为改朝换代的形式。

第一百五十九回　废献帝曹丕篡汉

却说贾诩、华歆、王朗同中郎将李伏、太史丞许芝，引文武官僚，直入内殿，来见献帝。华歆奏曰："伏睹魏王自登宝位以来，布德四方，仁及万物，越古超今，虽唐、虞[一]无以过此。群臣会议，言汉祚已终，伏望陛下效尧、舜之道，以山川社稷禅与魏王，上合天心，下合民意，则陛下安闲无忧矣！祖宗幸甚！生灵幸甚！臣等议定，故乃奏知。"帝大惊，半晌无言，觑百官而哭曰："朕想高祖提三尺剑，平秦灭楚，而创天下，世统相传，四百年矣。朕虽不才，又无过恶，安忍将祖宗大业等闲弃了？汝百官再从公计议。"华歆引李伏、许芝近前奏曰："陛下若不信，可问此二人。"李伏奏曰："自魏王即位以来，麒麟降生，凤凰来仪，黄龙出现，嘉禾瑞草，甘露下降。此是上天垂象，魏当代汉也。"许芝又奏曰："臣等职掌司天，夜观乾象，见炎汉气数已终，陛下帝星隐匿不明；魏国乾象，极天际地，言之难尽。更兼上应图谶[二]，其谶曰：'鬼在边，委相连；当代汉，无可言。言在东，午在西；两日并光上下移。'以此论之，陛下可早禅位。'鬼在边，委相连'，乃'魏'字也；'言在东，午在西'，乃'许'字也；'两日并光上下移'，乃'昌'字也。此是魏在许昌，应受汉禅也。愿陛下察之。"帝曰："祥瑞图谶，皆虚谬之事，奈何以虚诞之事，而舍万世不朽之基业乎？"华歆又曰："陛下差矣。昔日，三皇、五帝以德相让，无德让有德也。三皇次后，各传子孙。至于桀、纣无道，天下伐之。春秋强霸，各相吞并，有福者居之，后并入秦，方归于汉也。'天下者，非一人之天下，乃天下人之天下也。'非陛下祖公公传继天下，宜早退之，不可久疑，迟则生变矣。"王朗又奏曰："自古以来，有兴必有废，有盛必有衰，岂有不亡之道？安有不败之家？陛下汉朝相传四百余年，气运已极，不可自执迷而惹祸也。"帝大哭，入后殿而去。百官哂笑而退。

次日，官僚又集于大殿，令宦官入请献帝。帝怯惧，不敢出。曹皇后曰："今百官请陛下设朝问政，何相推也？"帝泣曰："汝兄欲篡汉室，故令百官相逼，朕故不出。"曹氏大怒曰："汝言吾兄为篡国之贼，汝高祖只是丰沛一嗜酒匹夫，无籍小辈，尚且劫夺秦朝天下。吾父扫清海内，吾兄累有大功，有何不可为帝？汝即位三十余年，若不得吾父兄，汝为齑粉矣！"言讫，便要上车出外。帝大惊，慌更衣出前殿。华歆出班奏曰："陛下依臣之言，免遭大祸。"帝痛哭曰："卿等皆食汉禄久矣，中间多有汉朝功臣子孙，何无一人与朕分忧也？"歆曰："陛下之意，不以天下禅于魏，旦夕萧墙有祸，非臣等不忠于陛下也。"帝曰："谁敢以弑朕耶？"歆曰："天下之人，皆知陛下无人君之福，以致四海大乱。若非魏王在朝，弑陛下者，塞满公庭矣！陛下尚不知恩以报其德，直欲令天下人共伐陛下也？"帝曰："昔日桀、纣无道，残暴生灵，故惹天下人伐之。朕自即位以来，三十余年，兢兢业业，未尝敢行半点非礼之事，天下之人，谁忍伐之？"歆大怒，厉声而言曰："陛下无德无福，而居大位，甚于残暴之君也！"帝大惊，拂袖而起。王朗以目视华歆，歆纵步向前，扯住龙袍，变色而言曰："许与不许，从与不从，早发一言！"帝战栗不能答。

忽曹洪、曹休二人带剑上殿,厉声问曰:"尚符玺郎中①安在?"班部中一人出曰:"尚符玺郎中在此!"洪拔剑索要玉玺,尚符玺郎中祖弼叱之曰:"玉玺乃天子之宝,安能善与汝哉?"洪喝武士捉出斩之,祖弼大骂不绝而死。

帝体战不息。只见阶下披甲持戈数百余人,皆是魏兵。帝乃流涕出血,叹曰:"祖宗天下,何期今日废之!朕死于九泉之下,有何面目而见先帝乎!"泣告群臣曰:"朕愿将天下禅与魏王,幸留残喘,以终天年。"贾诩曰:"臣等安有负陛下也?陛下可急降诏,以安众心。"帝哭声不绝,乃令桓阶、陈群草禅国之诏,令华歆赍捧诏玺,引百官直至魏王宫献纳。于是曹丕欣然而喜,开读诏曰:

> 朕在位三十二年,遭天下荡覆,幸赖祖宗之灵,危而复存。然今仰瞻天文,俯察民心,炎精[三]之数既终,行运[四]在乎曹氏。是以前王[五]既树神武之迹,今王[六]又光耀明德以应其期②,是历数昭明,信可知矣。夫大道之行,天下为公,选贤与能,故唐尧不私于厥子,而名播于无穷,朕羡而慕焉。朕今追踵尧典,禅位与丞相魏王。毋得辞焉。

曹丕听毕,便欲受之。司马懿谏曰:"王上不可轻也。虽然诏玺已至,可上表谦辞,以绝天下人之谤也。"丕遂从之,急令王朗作表,赍回玺绶,虚辞谦让。

王朗等入内奏帝。其表曰:

> 臣丕顿首受诏。伏惟陛下以垂世之诏,禅无功之臣,使臣闻知,肝胆摧裂,不知所措。窃以尧逊大位于贤,巢、由[七]避迹,后世称之。臣才鲜德薄,安敢奉命?请于盛世别求大贤,以礼让之,则免万年之议论也。臣谨纳还玺绶,待死阙下。臣不胜惶怖战栗之至!谨表。

献帝览毕,甚是惊疑,回顾群臣曰:"魏王谦逊,如之奈何?"华歆奏曰:"陛下欲学唐尧乎?"帝曰:"何谓也?"歆曰:"昔唐尧有二女,长曰娥皇,次曰女英。为禅位于舜,舜坚辞不受,遂以二女妻之,后世称为大圣之德。今陛下亦有二公主,何不效唐尧以妻魏王乎?"

帝不得已,遂复令桓阶草诏,令行御史大夫事太常张音③持节奉玺,并载二公主径入魏王宫。曹丕开读诏曰:

> 咨尔魏王,上书谦让。朕窃为汉道凌迟,为日已久;幸赖武王曹操也德膺符运,奋扬神武,芟夷凶暴,清定区夏。今王曹丕也缵承前绪,至德光昭,声教被四海,仁风扇鬼区,天之历数,实在尔躬[八]。昔虞舜有大功二十,而放勋[九]禅以天下;大禹有疏导之绩,而重华[一〇]禅以帝位。汉承尧运,有传圣之义,加顺灵祇,绍天明命,釐降二女,以嫔于魏。使行御史大夫事太常张音④,持节奉皇帝玺绶,王其永君万国,敬御天

---

① 原作"符宝郎"。据《后汉书·百官志》改。
② 原作"今王久光耀明德以应其期"。据《三国志·魏书·文帝纪》注引《汉纪》,"久"当作"又"。
③ 原作"高庙使张音"。汉代无"高庙使"官职。据《三国志·魏书·文帝纪》注引《献帝传》改。
④ 原作"使行御史大夫张音"。校补依据同③。

威①，允执其中[一一]，天禄永终，敬之哉！时延康元年冬十月乙卯诏。"

曹丕欣喜，暗与贾诩曰："虽二次有诏，孤但恐天下不能除篡逆之名也。"诩曰："此事极易，可再命张音赍回玺绶，却教华歆令汉帝筑一台，名'受禅台'，择吉日良辰，集大小公卿、四夷八方之人，尽到台下，令天子亲捧玺绶，禅天下与王，可以绝智者之口也。"丕大喜，即令张音捧回玺绶，仍作表谦辞。

音回奏献帝。帝问群臣曰："魏王无意，卿等若何？"华歆奏曰："陛下可筑一台，名曰'受禅台'，集公卿庶民，明白禅位，则陛下子子孙孙，必蒙魏恩矣。"汉帝从之，乃遣太常院官卜地于繁阳[一二]地名，筑起三层高台，择于十月庚午日寅时。

当时，献帝请魏王曹丕登台，受禅台下集大小官僚四百余员，御林虎贲禁军三十余万，并匈奴单于化外之人。帝亲捧玉玺奉曹丕，丕受之。台下群臣跪听读册曰：

咨尔魏王：昔者唐尧禅位于虞舜，舜亦以命禹，天命不于常，惟归有德。汉道陵迟，世失其序，降及朕躬，大乱兹昏，郡群肆逆，宇内颠覆。赖武王神武，拯兹难于四方，惟清区夏，以保绥我宗庙，岂予一人获乂，俾九服[一三]实受其赐。今王钦承前绪，光于乃德，恢文、武之大业，昭尔考之弘烈。皇灵降瑞，人神告征；诞惟亮采，师锡朕命。金[一四]曰：尔度克协于虞舜，用率我唐典，敬逊尔位。於戏！天之历数在尔躬，允执其中，天禄永终；君其祇顺大礼，飨兹万国，以肃承天命。

读册已毕，魏王曹丕即受八般大礼，登了帝位。贾诩引大小官僚朝于台下。改延康元年为黄初[一五]元年，国号大魏。丕传圣旨，普赦天下罪犯。谥父曹操为太祖武皇帝②。华歆奏曰："天无二日，民无二主。既已交割天下，可令刘氏安置何地。"言讫，扶献帝跪于台下听旨。贾诩奏曰："可以封为公卿，即日便行。"丕遂封帝为山阳公。华歆按剑指帝，厉声而言曰："立一帝，废一帝，古之常礼！今上仁慈，不忍加害，封汝为山阳公。今日便行，非宣召，不许入朝！"献帝含泪拜谢，上马而去。台下军民、夷狄、大小人等见之，伤感不已。丕与群臣曰："舜、禹之事，朕知之矣！"群臣皆呼万岁三声。后人观此受禅台，有诗叹曰：

鸢鸥貜音角鼠腥狐臊，鬼吹野火烧蓬蒿。
此台名禅人不禅，斯地虽高道不高。
黄土一堆真可耻，虚在巍巍半空里。
坏却唐、虞揖让风，奸臣贼子从此起！

又诗曰：

两汉经营四百年，小平津畔[一六]独潸然。
黄初不解唐、虞意，筑土成台教晋宣[一七]。

又宋贤有诗曰：

垒土曾营受禅台，欺凌汉帝若婴孩。

---

① 原作"永为人君，万国敬仰天威"。校改依据同619页校记③。
② 原作"谥父曹操为太祖武德皇帝"。据《三国志·魏书·文帝纪》，删去"德"字。

谁知天意无私曲,不久依然换主来!

又讽刺曹丕诗曰:

曹丕强霸夺乾坤,积恶遭殃及子孙。

受禅高台犹自湿,谁知司马又称尊!

又诗曰:

当年曹氏强吞刘,自谓儿孙乐万秋。

受禅层台司马上,山阳还得似陈留。后晋武帝司马炎废魏主曹奂为陈留王,乃天报也。

汉献帝望山阳而去,百官请曹丕答谢天地。丕方下拜,忽然台前起一阵怪风,飞沙走石,急如骤雨,对面不见;台上灯烛,尽皆吹灭。丕惊倒于台上,百官急来救之。未知曹丕性命如何?

【注释】

[一] 唐、虞:即尧、舜。尧为陶唐氏,史称唐尧;舜为有虞氏,史称虞舜。
[二] 图谶:两汉宣扬符命占验的书。多为隐语或预言,可作多种解释,便于穿凿附会。
[三] 炎精:与"炎刘"义近,代指汉朝。
[四] 行运:天命。
[五] 前王:指曹操。
[六] 今王:指曹丕。
[七] 巢、由:巢,即巢父,古代隐士,相传尧要把君位让给他,他不受;由,即许由,古代隐士,相传尧要把君位让给他,他也不受,逃到箕山下。
[八] 尔躬:你本人。
[九] 放勋:尧之名。
[一〇] 重华:舜之名。
[一一] 允执其中:不偏不倚。语出《尚书·大禹谟》。
[一二] 繁阳:地名。属豫州颍川郡颍阴县。后改为繁昌县。故址在今河南许昌西南。
[一三] 九服:京畿以外的九等地区,即侯服、甸服、男服、采服、卫服、蛮服、夷服、镇服、藩服。后泛指藩属。
[一四] 佥:都,皆。
[一五] 黄初:魏文帝曹丕年号(220—226)。
[一六] 小平津:古津渡名。在今河南孟津东北。为古代黄河重要渡口。
[一七] 晋宣:指司马懿。其孙司马炎代魏称帝,建立晋朝后,追尊他为宣帝。

第一百六十回　汉中王成都称帝

却说众文武救得曹丕下台,半响方醒。侍臣扶入宫中,数日不能设朝。后病稍可,改华歆为司徒,王朗为司空①,大小官僚,一一升赏。其惊疾未痊,却排车驾,自许昌幸于洛阳,大建宫室。

早有人到了成都,说曹丕废了汉帝,自立为大魏皇帝,于洛阳盖造宫殿,调练人马;又传闻汉帝被害②。汉中王闻知大惊,水食少进,每日痛哭,令百官挂孝,遥望许昌,哭而祭之,谥曰"孝愍皇帝"。玄德因此忧虑,致染成疾,不能理事,政务皆托与孔明。

次年辛丑春三月,有襄阳人,姓张,名嘉,乃襄江渔翁也。嘉夜间捕鱼,忽见水底起一道红光,上冲碧汉。嘉举网捕之,乃得一玉玺。只见金光灿烂,瑞气盘旋,上篆八字云:"受命于天,既寿永昌。"嘉大喜,素知汉中王仁德布于天下,遂密入成都,到孔明府献之。孔明欣然而喜,重赏张嘉,即请太傅许靖、劝学从事谯周③等大小公卿商议。谯周曰:"近有祥风庆云,从空中旋下,成都西北角有黄气数十丈,冲霄而起;帝星现于毕、胃、昴之分,煌煌如月:此所应汉中王当即帝位,以继汉统。今得玉玺,乃天赐也,更复何疑焉?"

于是孔明与许靖引大小官僚来谏汉中王即位,上表曰:

臣亮等言:近者曹丕篡弒,湮灭汉室,窃据神器[一],劫迫忠良,酷烈无道,人鬼仇毒,咸思刘氏。今上无天子,海内惶惶,靡所式仰[二]。群下前后上书者八百余人,咸称述符瑞,图谶明征。闻黄龙现于武阳赤水,九日乃去。《孝经援神契》曰"德至渊泉[三]则黄龙现",龙者④,君之象也。《易·乾》九五"飞龙在天",大王当龙升,登帝位也⑤。近有襄阳张嘉特献玉玺:玺潜汉水,伏于渊泉,晖景烛耀,灵光彻天。夫汉者,高祖本所起定天下之国号也,大王袭先帝轨迹,亦兴于汉中也。今天子玉玺神光先现,玺出襄阳,汉水之末,明大王承其下流,授与大王以天子之位,瑞命符应,非人力所致。昔周有赤乌白鱼之瑞⑥,咸曰休哉。二祖受命,《图》、《书》先著,以为征验⑦。今上天告祥,群儒英俊,并进《河》、《洛》,孔子谶、记,咸悉具至。伏惟⑧大王出自孝景

---

① 原作"将华歆封为司徒,王朗封为司空"。据《三国志·魏书·文帝纪》及《华歆传》、《王朗传》改。
② 原文无"又传闻汉帝被害",则下文"挂孝"、"谥"均无前提。据《三国志·蜀书·先主传》补。
③ 原作"光禄大夫谯周"。据《三国志·蜀书·先主传》改。
④ 原作"德至渊泉则黄龙现者"。据《先主传》改。
⑤ 原作"大王当龙登帝位也"。据《先主传》改。
⑥ 原作"昔日有赤乌白鱼之瑞"。据《先主传》改。
⑦ 原作"以为征应"。据《先主传》改。
⑧ 原作"伏为"。据《先主传》改(惟,想)。

第一百六十回　汉中王成都称帝

皇帝中山靖王之胄,本支百世,乾祇降祚,圣姿硕茂,神武在躬,仁覆积德,爱人好士,是以四海归心焉。考省《灵图》,启发纬、谶,神明之表,名讳昭著。宜即帝位,以缵二祖,绍嗣昭穆[四],则天下幸甚。

　　汉中王览毕,大惊曰:"卿等欲陷孤为不忠不孝之人耶?"孔明奏曰:"非也。曹丕篡子尚且自立,何况王上乃汉室之苗裔乎?"汉中王勃然变色曰:"孤岂效逆贼之所为也!"拂袖而起,入于后宫。众官皆散。

　　三日后,孔明又引多官入朝。汉中王出,众皆拜伏于前。许靖奏曰:"今汉天子已被曹丕所弑,王上不即帝位而兴师讨逆,是不忠不孝也。今益州之民皆欲王上为君,与汉帝雪恨。今若不行,是失民望矣。愿王上察之。"汉中王曰:"孤虽是景帝之孙,实乃涿郡一村夫,于普天之下,率土之滨,并不曾有半分德泽以布万民。今立为帝,是篡弑也!孤愿其死,不为不忠不孝之人。卿等勿令孤作万载之骂名!"孔明苦谏数次,汉中王坚执不从。孔明设计与多官曰如此如此。孔明托疾不出。

　　汉中王闻知孔明病笃,乃亲到府中,直入卧榻边,问曰:"军师所感何疾?"孔明答曰:"忧心如焚,命不久矣!"汉中王曰:"军师所忧,何也?"连问数次,孔明托病重,瞑目不答。汉中王再三请问,孔明喟然叹曰:"臣自出茅庐之中,得遇主公,相随至今,言听计从。幸主公有益州之地,不负臣夙昔之言也。今王上①所有文武官僚数百余员,皆欲王上为君,共图爵禄,光显祖宗;不想主公坚执不肯,多官皆有怨心,不久必尽散矣。若文武皆散,吴、魏来攻,益州休也!臣安得不忧乎?"汉中王曰:"吾非推阻,恐天下人议论也。"孔明曰:"古人云:'名不正,则言不顺;言不顺,则事不成。'今主公名正言顺,有何不可?岂不闻'天与弗取,反受其祸'?"汉中王曰:"待军师病可,行之未迟。"孔明将屏风一击,外面文武皆入,拜伏于地曰:"王上既允,便请择日,以受大礼。"汉中王视之,乃是太傅许靖、安汉将军糜竺、青衣侯向举、阳泉侯刘豹、太常赖恭、光禄勋黄柱、少府王谋、偏将军张裔、黄权、大司马属殷纯、益州别驾从事赵莋、治中从事杨洪、从事祭酒何宗、议曹从事杜琼、劝学从事张爽、尹默、谯周②,昭文将军伊籍③、从事祭酒秦宓④。汉中王曰:"陷孤受万代骂名,皆卿等也!"孔明奋然而起曰:"大事就已,便可筑台。"即时送汉中王还宫。

　　孔明便差博士许慈、议郎孟光⑤掌礼,筑台于成都武担[五]之南。在成都西北乾位也。大礼既毕,多官整仗銮驾,迎请汉中王登坛,致祭天地。谯周在坛上高声朗读祭文曰:

---

①　原作"主上"。承上文改。
②　自"太常赖恭"至"谯周",原作"别驾从事赵莋、治中从事杨洪、议曹从事杜琼、劝学从事张爽、太常卿赖恭、光禄卿黄权、祭酒何宗、学士尹默、司业谯周、大司马殷纯、偏将军张裔、少府王谋"。其中有的人名错讹(如"光禄卿黄权"应为"光禄勋黄柱"、"王谌"应为"王谋"),有的官职错讹(如"大司马属"误为"大司马"),有的职官非东汉三国所有(如"学士司业"),且顺序混乱。据《先主传》改。
③　原作"昭文博士伊籍"。据《三国志·蜀书·伊籍传》改。
④　原作"从事郎中秦宓"。据《三国志·蜀书·秦宓传》改。
⑤　原作"谏议郎孟光"。据《先主传》、《孟光传》改。

维建安二十六年四月丙午①，皇帝备敢用玄牡[六]，昭告皇天上帝、后土神祇：汉有天下，历数无疆。曩者王莽篡盗，光武皇帝震怒致诛，社稷复存。今曹操阻兵残忍，戮杀主后，滔天灭夏，罔顾天显。操子丕，载其凶逆，窃据神器；群下将士以为社稷堕废，备宜修之，嗣武[七]二祖，躬行天罚。备惟否德②，惧忝帝位，询于庶民，外及蛮夷君长，佥曰"天命不可以不答，祖业不可以久替，四海不可以无主"。率土式望[八]，在备一人。备畏天明命，又惧汉祚将湮于地③，谨择元日，与百僚登坛，以受皇帝玺绶。修燔瘗[九]，音异。告类于天神，惟神飨祚于汉家，永绥[一〇]四海！

汉中王受了玉玺，捧于坛上，四面让之，曰："备无才德，请于有才德者受之。"孔明奏曰："主上平定四海，功德昭于天下，况是大汉宗派，宜即正位。更已告祭天神，何复让焉？"于是文武多官，皆呼万岁。拜舞礼毕，改元章武[一一]元年，国号汉，史称蜀汉④。立吴氏为皇后，长子刘禅为太子；次子刘永为鲁王，三子刘理为梁王。以诸葛亮为丞相，许靖为司徒。大小官僚，一一升赏。大赦天下，益州军民，无不欣跃。

次日设朝，文武官僚拜毕，列为两班。先主[一二]降诏曰："朕自桃园与关、张结义，誓同生死。今不幸二弟云长被东吴孙权所害，此仇誓不共天地同日月也！今朕已即帝位，皆赖卿等扶持，若不与云长报仇，是负当时之盟也。朕今起倾国之兵，剪伐东吴，生擒逆贼，以祭云长，方雪此恨，是朕之愿也！"言未毕，班内闪一人奋然而出，伏于阶下，谏曰："不可！不可！"先主视之，乃虎威将军赵子龙也。未知所谏若何，且听下回分解。

【注释】

[一] 神器：指帝位。

[二] 靡所式仰：无所瞻仰。靡，无。

[三] 渊泉：深泉。

[四] 昭穆：古代宗庙制度，始祖庙居中，以下皆父为昭，子为穆；左为昭，右为穆。此处即代指宗庙。

[五] 武担：山丘名。在今四川成都市北较场内。

[六] 玄牡：祭祀用的黑公畜。

[七] 嗣武：继承。武，继承。

[八] 率土式望：全国百姓都在盼望。

---

① 原作"维建安二十六年四月丙午朔，越二十日丁巳"。据《二十史朔闰表》，是年四月丙午非朔日，而系初六，故删"朔"字；"越二十日丁巳"不见于《先主传》，亦与历法不合，故删。

② 原作"备虽无德"，与下句不合。据《先主传》改。

③ 原作"又惧汉室将湮于地"。据《先主传》改（祚，皇位，国统）。

④ 原作"国号大蜀"，既与史不合，亦不合情理。据叶逢春本改。

[九] 燔瘗：祭天地之礼。
[一〇] 绥：安抚。
[一一] 章武：汉昭烈帝刘备年号(221—223)。
[一二] 先主：陈寿《三国志·蜀书》对刘备的称呼，与"后主"相对，并非庙号、谥号。《演义》写到刘备称帝之后，即称之为"先主"。

卷之十七

第一百六十一回　范强张达刺张飞

却说先主欲起兵东征，赵云谏曰："国贼曹操非比孙权也，宜先灭其魏，则吴自服矣。今曹丕谋篡汉帝，神人共怒。陛下可早图关中，屯兵渭河上流，以讨凶逆；关东义士必裹粮策马，以迎王师也。若舍魏而伐吴，兵势一交，岂能解焉？愿陛下察之。"先主曰："孙权害了朕弟，又兼糜芳、士仁、潘璋、马忠皆有切齿之仇，恨欲食其肉而灭其族，方雪朕之愿也！卿何阻耶？"云又曰："天下者，重也；冤仇者，轻也。乞陛下详之。"先主答曰："朕不与弟报仇，虽有万里江山，何足为贵？朕意已决，卿勿复言。"遂不听赵云之谏，即发使往五溪[一]蛮夷，各借番兵五万，共相策应；一面差使往阆中，迁张飞为车骑将军，领司隶校尉，封西乡侯①。使命拜辞，赍诏而去。

却说张飞自守阆中②，闻知关公被东吴所害，旦夕号泣，血湿衣襟。诸将但以酒解之。飞若醉，怒气愈加，帐上帐下但有犯者，即以鞭挞之，多有鞭死者。每醉，望东切齿睁目③，怒恨甚急；酒醉醒时，放声痛哭，悲伤不已。忽闻使至，慌忙接入，开诏读之。诏曰：

> 朕承天序，嗣奉洪业，除残靖乱，未烛厥理。今寇虏作害，民被荼毒，思汉之士，延颈鹤望[二]。朕用悒然[三]，坐不安席，食不甘味，整军诰誓，将行天罚。以君忠毅，侔踪召虎[四]，名宣遐迩，故特显命，高墉进爵，兼司于京[五]。其诞将天威，柔服以德，伐叛以刑，称朕意焉。《诗》不云乎，"匪疚匪棘，王国来极。肇敏戎功，用锡尔祉。"可不勉欤！章武元年五月日诏。

张飞受爵，望北拜毕，以酒待使。飞曰："吾兄之仇，重如山岳；庙堂之臣，何不早奏兴兵？"使答曰："多有劝先灭魏而后伐吴者。"飞怒曰："是何言也！昔日吾在桃园结义之时，誓同生死；今不幸二兄④半途而逝，吾安得独享富贵耶？吾当面见天子，愿为前部先锋，挂孝伐吴，生擒逆贼，祭祀二兄，表其前盟，吾之愿称也。"言讫，就同使命望成都而来。

却说先主每日自下教场操演军马，克日兴师。于是公卿来丞相府下同人见孔明，曰："今天子初临大位，亲统军伍，非所以重社稷也。丞相秉钧衡[六]之职，当以谏之。"孔明曰："吾苦谏数次不听，今日汝等随吾入教场谏之。"于是孔明引百官来奏先主曰："臣闻'千金之子，坐不垂堂[七]'。陛下禀上圣之资，传祖宗之统，初登宝位，不思以德服人，为一时之忿，自统大军，历山川之险、江河之危，亲冒矢石，非所以重宗庙也。陛下若坚意复仇，可命一上将统军伐之，不亦可乎？"先主见孔明苦谏，心中稍回，乃曰："朕且罢兵，别图良策。"

銮驾将起，忽报张飞到来。先主急请见之，免具朝服。飞至演武厅，拜伏于地，抱先主足

---

① 原作"封西乡侯，兼阆州牧"。据《三国志·蜀书·张飞传》，删去"兼阆州牧"。
② 原作"自守阆州"。"阆州"系唐代所置地名，东汉三国时名"阆中"。
③ 原作"望南切齿睁目"。张飞在阆中，怒恨孙权应是"望东"。
④ 原作"关公"，不合张飞口吻。据下文改。

而哭。先主抚飞背,亦哭。飞曰:"陛下今日为君,早忘了桃园之誓!二兄之仇,如何不报?"先主曰:"多官谏阻,未敢轻举。"飞曰:"他人皆乐富贵,岂知昔日之盟?若陛下不去,臣舍一丈之躯,与二兄报仇!若不能报时,臣奋死不见陛下也!"先主曰:"朕与兄弟同往。"飞曰:"昔日之盟,愿同生死,天下皆知。陛下休教人耻笑也。"先主曰:"卿提本部兵,自阆中而出;朕统精兵,会于江州,共伐东吴,以雪其恨!"飞曰:"安敢有误片时也。"先主曰:"朕素知卿酒后恃勇,鞭挞士卒,此为祸之道也。今后务宜宽容,不可如前。"飞拜辞而去。

次日,先主整兵要行,从事祭酒秦宓①出班奏曰:"陛下此行固为关公报仇,臣窃惟不可。陛下舍万乘之躯而成小义,古人所不取也。且关公轻贤傲士,刚而自矜,以致丧命,非天亡之也。愿陛下思之。"先主怒曰:"云长与朕,犹一体也②。大义尚在,岂可忘耶?"宓伏地不起,曰:"陛下不从,必有大败。但可惜新创之业,又属他人矣!"先主大怒曰:"朕欲兴兵,你出此不利之言!"叱武士推出斩之。宓面不改色,回顾先主而笑曰:"臣死无恨,免见蜀民之涂炭也!"文武官僚皆出奏曰:"宓乃良臣,愿圣上仁慈。"先主曰:"暂且囚下,待朕报仇回时斩之。"

却说孔明闻知,即上表谏之,以救秦宓。表曰:

臣亮等窃以吴贼逞郑武[八]之心,致荆州覆亡之祸,损将星于牛斗,折天柱于楚地。此情哀痛,将兴问罪之师;廊庙[九]同谋,悉起发忿之议。皆以为迁汉鼎[一〇]者,罪由曹贼;隔刘祚者,过非孙权。盖谓魏贼若枭除,则吴寇自然宾服。愿陛下纳秦宓金玉之言,抑下庄[一一]刺虎之勇,以养士卒之力,别作良图,则社稷幸甚!天下幸甚!

先主看毕,掷表于地曰:"朕意已决,再谏者插剑为令!"遂命丞相诸葛亮保太子,守益州;骠骑将军马超并弟马岱,助镇北将军魏延共守汉中,以当魏兵;虎威将军赵云为后应,兼督粮草;黄权、程畿为参谋;马良、陈震掌理文书;黄忠为前部先锋;冯习、张南为副将,傅彤③、张翼为中军护尉;赵融、廖化④为合后。蜀将数百员,分为门部,并五溪蛮夷等处兵,共七十五万,前后调遣,择定章武元年七月上旬出师。

却说张飞回到阆中,令军士尽执白旗,挂孝伐吴,与二兄报仇,克日兴兵。忽帐下两员末将,乃范强、张达也,入帐告曰:"所有战船白旗白袍,一时无措,须得宽限方可。"飞大怒曰:"吾要报仇,恨不得明日就到逆贼之境!汝安敢违吾将令?"叱武士缚于树上,各鞭背四十,以手指之曰:"来日俱要完备!若违了吾令,即杀汝二人以示众军!"二人胸膛震破,满口出血,回到船中商议。范强曰:"今日受了刑责,着我等如何办得?其人性暴若火,倘来日不完,你我皆被杀矣!"张达曰:"比如他杀我,不如我杀他!"强曰:"争奈不得近前。"达曰:"我两个若不当死,则他醉于床上;若当死,则他不醉。"二人议毕,令人探之。

---

① 原作"学士秦宓"。东汉三国无"学士"官职。据《三国志·蜀书·秦宓传》改。
② 原作"关公与朕,犹一体也"。刘备不应称关羽为"关公"。承第一五四回改。
③ 原作"傅彤",系因"彤""肜"形近而误。据《三国志·蜀书·杨戏传》附《季汉辅臣赞》改。
④ 原作"廖淳"。据《三国志·蜀书·邓张宗杨传》,廖化"本名淳"。

第一百六十一回 范强张达刺张飞

当日飞在帐中，神思昏乱，动止非常，乃问部曲诸将曰："吾今日心惊肉颤，坐卧不安，如之何也？"部曲答曰："此是君侯思念关公，以致如此。"飞令人将酒来，与部曲同饮，不觉大醉，卧于帐中。范、张二贼探知消息，各藏短刀，夜至初更，密入帐中，诈言有人欲禀机密大事，直至床前。飞鼻息如雷。二贼下手，将飞杀之，藏其首级而出，便下船来，引数十人投东吴去了。飞亡年五十五岁。有庙赞诗曰：

　　豹头环眼大，燕颔虎髭鬐①。
　　长阪桥头断，曹公铁马还。
　　英雄过孟起，恩义释严颜。
　　西蜀人瞻仰②，功名重剑关[一二]。

宋贤有赞美张车骑云：

　　安喜曾闻鞭督邮，黄巾扫尽动诸侯。
　　虎牢关下人钦敬，长阪坡中水逆流。
　　义释严颜安蜀境，武欺张郃震中州[一三]。
　　将军更缓须臾死，吴、魏山河总属刘。

又诗曰：

　　瞋目横矛叱曹兵，解令先主得全身。
　　不知肘腋[一四]能生变，谩说英雄敌万人。

又诗曰：

　　予观汉末张车骑，枪马端能敌万夫。
　　盖为平生鞭士卒，致令小辈害身躯。

又评关公、益德曰：

　　关公、张飞皆称万人之敌，为世虎臣。公报效曹公，飞义释严颜，并有国士之风。然公刚而自矜，飞暴而无恩，以短取败，理数之常也。

又赞曰：

　　关、张赳赳，出身匡世。扶翼携上，雄壮虎烈。
　　藩屏左右，翻飞电发。济于艰难，赞主洪业。
　　侔迹韩、耿，齐声双德。交待无礼，并致奸慝[一五]。
　　悼惟轻虑，陨身匡国。

却说军中听知范强、张达害了张飞，起兵追之不及。部将吴班先发丧章奏知天子，然后令长子张苞具棺椁盛贮。苞令弟张绍守阆中，自来报先主③。

---

① 原作"燕项虎髭鬐"。据第一回，"项"当作"颔"。
② 原作"大钦仰"。据叶逢春本改。
③ 原作"令弟张绍守阆中，苞自来报先主"。为免歧义，主语"苞"提前。

却说先主于章武元年七月丙子日出师①,大小官僚皆随孔明送十里方回。是夜,先主心惊肉颤,寝卧不安,出帐仰观天文,见西北一星,其大如斗,忽然坠地。先主大疑,连夜令人求问孔明。孔明回奏曰:"合损一上将。三日之内,必有惊报。"先主因此按兵不动。忽侍臣奏曰:"阆中张车骑部将都督吴班,差人赍丧表至。"先主顿足曰:"噫!朕弟丧矣!"及至览毕,果然如此。先主放声痛哭,遥望祭之。次日,人报一队军马撮风而至。先主出营观之。良久,见一员小将,白袍银铠,滚鞍下马,伏地而哭,乃张苞也。苞曰:"范强、张达杀了臣父,将首级投吴去矣!"先主哀哭至甚,饮食少用。群臣苦谏曰:"陛下欲与关公报仇,何自摧残龙体?"先主方才进膳,遂与张苞曰:"卿与吴班敢引本部军作先锋,与卿父报仇否?"苞曰:"为父为国,万死不辞!"先主正欲遣苞起兵,又报一彪军皆穿素缟,风拥而至。先主惊疑,遂令侍臣看之。未知是谁,且听下回分解。

【注释】

[一] 五溪:为武陵郡雄溪、樠溪、酉溪、沅溪、辰溪的合称。五溪均为沅水支流,在今湖南西部。

[二] 鹤望:仰头盼望。

[三] 怛然:悲伤貌。

[四] 召虎:即召穆公。召公奭的后代。西周大臣。曾率军战胜淮夷。

[五] 兼司于京:指兼领司隶校尉,负责督察百官。

[六] 钧衡:比喻执掌国政,指宰相之职。

[七] 千金之子,坐不垂堂:富贵人家的子弟不坐在屋檐下,以免瓦落伤身。垂堂,临近屋檐处。

[八] 郑武:即郑武公。春秋时郑国国君。名掘突。

[九] 廊庙:义同"庙堂",指朝廷。

[一〇] 迁汉鼎:篡夺汉朝政权。夏、商、周三代以九鼎为传国之宝,故称改朝换代为"迁鼎"。

[一一] 卞庄:即卞庄子。春秋时鲁国卞邑大夫,以勇力闻名。相传曾刺死双虎。

[一二] 剑关:即剑门关。在今四川剑阁县北三十公里的大剑山。为古剑阁道上重要关隘。

[一三] 中州:指黄河流域。当时为曹魏统治的中心地区。

[一四] 肘腋:比喻切近的地方,身边。

[一五] 奸慝:邪恶的行为。亦指邪恶的人。

---

① 原作"于章武元年七月丙寅日出师"。据《二十史朔闰表》,章武元年七月无丙寅日,故改。

第一百六十二回　刘先主兴兵伐吴

却说侍臣引一小将军，白袍银铠，入营伏地而哭。先主视之，乃关公次子关兴也。先主见了关兴，想起关公，放声大哭。众官奏曰："'龙泪落地，亢旱三年。'陛下以社稷为重，不可自弃。"先主曰："朕想布衣之中，与关、张结义之时，誓同生死。今朕已为天子，欲与二弟共享富贵，不幸俱亡，死于非命。眼前见此二侄，心虽铁石，安能止痛泪乎？"言讫又哭，昏绝数次。众官曰："二小将军且退，容圣上将息龙体。"侍臣奏曰："陛下年过六旬，若太忧愁，恐无所益。"先主曰："二弟俱亡，朕独在世，乃负当日之盟也！"言讫，以头顿地而哭。

多官商议曰："今天子如此烦恼，以何解劝？"马良曰："今主上初登宝位，见统七十余万大军，征进江南，终日为关、张号哭，其兆不利。"陈震曰："吾闻成都青城山〔一〕西有一隐者，姓李，名意其①。世人传说此老乃汉文帝时人也，至今三百余岁，上通天文，下察地理，中知人之生死吉凶，乃当世之神仙也。何不奏知天子，可用厚币安车，祈迎此老，试问吉凶，胜如吾等之谏也。"众官皆曰："此言极善。"遂入奏先主，具言李意其之事。先主从之，即遣使命赍诏，就令陈震同去。

震星夜到了本处，令乡人引入山谷深处，遥望仙庄，清云隐隐，瑞气非凡。忽见一小童来迎，曰："来者莫非陈孝起乎？"震大惊曰："仙童安知吾姓字耶？"童子曰："吾师昨者有言，今日必有大汉皇帝②诏命至，使者必陈孝起。"震曰："人言真神仙也，信不诬矣。"震愈加敬奉，拜伏于庄外。李意其请入，震曰："天子急欲见仙翁一面。"李意其推老不行。震曰："若仙翁不去，则某亦无归路矣。"再三哀请，李意其方行。

震先令使臣飞报入营。先主即引百官出营五里迎之，见李意其鹤发红颜，碧眼方瞳，灼灼有光，身如古柏之状。先主请入营中，礼毕，李意其曰："老夫乃荒山村叟，无学无术，何劳主上敬焉？"先主曰："朕起身与关、张结生死之交，共领戎马三十余年矣。众皆以朕为中山靖王之后，遂立为帝。今者，二弟被害，仇在东吴，故统大军，会合蛮夷诸酋长，一同伐吴，未见吉凶。久闻仙翁通晓兴废休咎之因，特请至此。望仙翁一决。"李意其曰："此乃天数，非老夫所知也。"先主再三求问，意其乃索纸笔。先主亲奉之。意其乃画兵马器械四十余张，画毕便以手一一扯碎。又画一大人仰卧于地上，旁边一人掘土埋之，上写一大"白"字，遂稽首〔二〕而去。先主大不喜，言曰："此狂士也！何必信之。"即以火焚之，便催前进。

张苞入，奏曰："吴班军马已至，小臣乞为先锋。"先主乃壮其志，取印与张苞。苞方欲挂印，又一少年将奋然而出曰："留下印与我！偏你有报仇之心，我便无报仇之意耶？"先主视之，乃关公次子关兴也。兴拜泣曰："臣父兄已被东吴所害，臣愿舍无用之躯，上报父兄之仇，下雪

---

① 原作"姓李，名意"。据《三国志·蜀书·先主传》注引《神仙传》，补"其"字。
② 原作"大蜀皇帝"。承第一六〇回改。

自己之耻,望陛下乞赐先锋之职。"苞曰:"我父仇人见在东吴,如何不擒之?我已奉诏命矣。"兴曰:"你有何能,敢当此任?"苞曰:"我自幼习学武业,箭无空发。"先主曰:"朕正要观贤侄施设,以定优劣。"苞令军于二百步之外立一面旗,旗上有红心。苞拈弓取箭,连射三箭,皆中红心。众皆称善。兴挽弓在手曰:"射中红心,何足为奇。"正言间,忽值头上一行雁过,兴指之曰:"吾射这飞雁第三只。"言讫,那只雁应弦而落。文武官僚,齐声喝彩。苞大怒,飞身上马,手挺父所使丈八点钢矛,马上大叫曰:"你敢与吾比试武艺否?"兴亦上马,绰家传大砍刀,纵马而出曰:"偏你能使枪!吾岂不能使刀!"

二将方欲交锋,先主大喝曰:"二子休得无礼!来听约束!"兴、苞二人慌忙下马,各弃兵器,拜伏请罪。先主曰:"朕自涿郡与卿等父亲结异姓之交,甚如骨肉,未尝有半点差错。今日你二人乃昆仲之分,当念父丧,凶吉相救,患难扶持,庶不负其亲情也。何故因一言之忿,自家相拼?乃失其大义也!父丧未远,而犹如此,何况日后乎?"苞、兴二人悔罪再拜。先主问曰:"卿等谁人年长?"苞曰:"臣长关兴一岁。"先主命兴拜苞为兄。二人就帐上折箭为誓,永相救护。先主下诏曰:"吴班为先锋,朕自为收后。令关兴、张苞领三千精锐兵护驾。"传令已毕,水陆并进,船骑双行,军势浩荡,纵横杀奔东吴而来①。

却说范强、张达二贼,将张飞首级投献吴侯,细告前事。孙权听罢,收了二人,乃与百官曰:"今刘玄德即了帝位,统精兵七十余万,御驾亲征,势若泰山,如之奈何?"百官尽皆失色,面目相看,并不敢言。诸葛瑾出曰:"某食君侯之禄久矣。无可报效,愿舍残生去见蜀主,以利害说之,使两国相和,同发兵去问曹丕篡逆之罪,令江南之民免遭涂炭也。"权大喜,即遣诸葛瑾为使,来说先主罢兵。未知如何,且听下回分解。

【注释】

[一] 青城山:山名。在今四川都江堰市。系道教名山。
[二] 稽首:古时一种跪拜礼。叩头至地。是九拜中最恭敬的一种。

---

① 原作"纵横杀奔吴国而来"。此时孙权尚未称帝,不应称"吴国"("东吴"可视为地名)。

第一百六十三回　吴臣赵咨说曹丕

　　章武元年秋八月，先主起大军至夔关[一]，驾屯白帝城。前队军马已出巫峡[二]①，近臣奏曰："吴诸葛瑾至。"先主传旨："休教放入。"黄权奏曰："瑾弟在蜀为相，必有事而来，陛下何故绝之？当召入，看其言，可从，则从之；如不可，则遣之。就借彼口说与孙权，令知问罪有名也。"先主从之，召瑾入城。瑾拜伏于地。先主曰："子瑜远来，必有事故也？"瑾曰："臣弟久事陛下，臣故托弟不避斧钺之诛，特来奏荆州之事也。近者关公居于江北，吴侯数次求亲不得。更兼吕蒙与关公不睦，屡被关公辱骂吴侯，因此积怨，一也。后关公取襄阳，曹操再三以天子为由，遣使吴侯，命将令袭荆州，吴侯深不肯许。吕蒙朦胧启于吴侯，却擅自兴兵，误成大事。吴侯因吕蒙仇害关公，悔之不及，此乃吕蒙之过，非吴侯之事也。今吕蒙已死，冤仇已息。孙夫人久慕陛下，恨不能见面。今吴侯令臣为使，愿交割荆州，仍还其降将，送归夫人，永结盟好，共灭曹丕，以正篡逆之罪，未审圣意若何？"先主怒曰："彼害了云长，是废朕之股肱也，今日敢以巧言令色而来说乎！"瑾曰："臣请以轻重大小之事，与陛下论之。陛下乃汉朝皇叔，今汉帝已被曹丕篡逆，却不报之，而为异姓之亲，自率大军，涉山川之险，来决雌雄，是舍大义而就小义也。中原乃海内之地，两都皆大汉创业之方，陛下不取，而但争荆州，是弃重而取轻也。天下皆知陛下即位，必兴汉室，恢复山河，今却为一将之忿，而屈万乘之君，是失其较量也。陛下察之。"先主大怒曰："杀吾弟之仇，不共天地同日月也！若要朕罢兵，除死而休！不看丞相之分，先斩汝首！今且容忍放回汝去，与孙权说知：洗颈就戮！朕削平江南，方雪万分之一也！"诸葛瑾见先主不可说，自回江南。

　　却说张昭入见孙权曰："诸葛子瑜知蜀兵势大，故推作使而去，必降玄德矣。"权曰："不然。孤与子瑜有生死不易之盟，子瑜不负于孤，孤不负于子瑜也。昔日子瑜在柴桑时，孔明来吴，孤语子瑜曰：'卿与孔明同产，何不留之？'子瑜曰：'弟已事玄德，义无二心。弟必不肯留吴，犹瑾之不往。'其言足贯神明。岂肯今日降蜀？孤见子瑜可与深交，非外言可间也。"正言间，忽报诸葛瑾回。权曰："孤言若何？"张昭满面羞惭②。瑾见孙权，言先主不肯通和之事。权大惊，曰："若如此，则江南危矣！"言未毕，阶下一人进曰："某有一计，可解此危。"权视之，乃中大夫赵咨也。权曰："德度咨字有何良策？"咨曰："主公可作一表，某愿为使，赴许都去见魏帝曹丕，陈说利害，使袭汉中，则蜀兵自然回矣。"权曰："此计最善。卿此去，休失了东吴气象[三]。"咨曰："若有些小所失，即投江而死，安有面目而见江南之人物乎！"权大喜，即写表称臣，并送还于禁等，令赵咨为使。

---

① 原作"已出川口"。据《三国志·吴书·陆逊传》改。
② 原作"张昭等满面羞惭"。上文仅写到张昭一人，故删"等"字。

星夜到了洛阳①，先见太尉贾诩等并大小官僚。次日早朝，贾诩出班奏曰："东吴遣中大夫赵咨上表。"魏帝笑曰："此欲解蜀兵也。"令放入，拜伏于丹墀，百官称贺。丕览表已毕，遂问咨曰："吴侯乃何等之主也？"咨奏曰："乃聪明仁智雄略之主也。"丕大笑。咨问曰："陛下何笑也？"丕曰："朕笑卿过奖太甚也！"咨曰："陛下听臣以解之。"丕曰："卿言合理，朕即准其表也。"咨曰："纳鲁肃于凡品[四]，是其聪也；拔吕蒙于行阵，是其明也；获于禁而不害，是其仁也；取荆州兵不血刃，是其智也；据三州[五]虎视于天下②，是其雄也；屈身于陛下，是其略也。以此论之，岂不为聪明仁智雄略之主也？"丕又问曰："吴侯颇知学乎？"咨曰："吴侯浮江万艘，带甲百万，任贤使能，志存经略，少有余闲，博览书传历代史籍，借采奇异③，不效书生寻章摘句而已。"丕曰："朕欲伐吴，可乎？"咨曰："大国有征伐之兵，小国有备御之固④。"丕曰："吴难魏乎？"难者，惧怕也。咨曰："带甲百万，江、汉为池[六]，何难之有？"丕又曰："东吴如大夫者，有几人？"咨曰："聪明特达[七]者，八九十人；如臣之辈，车载斗量，不可胜数。"丕叹曰："'使于四方，不辱君命，可谓士矣！'卿可以当之耳。"于是魏帝即时降诏，命太常卿邢贞捧册，封孙权为吴王，加九锡。赵咨谢恩出城。

侍中刘晔⑤谏曰："今孙权惧蜀兵之势，故来请降，以畏敌人之势耳。以臣之愚见，蜀、吴交兵，乃天亡也。陛下可遣上将，提数万之兵渡江袭之。蜀攻其外，吾攻其内，吴国之亡，不出旬日也。吴亡，则蜀岂能久存乎？愿陛下察之。"丕曰："孙权既以礼服朕，朕若攻之，乃失信于天下也。朕初登大位，此等诈谋，不可用之。"刘晔又曰："孙权虽有雄才，乃残汉骠骑将军、南昌侯耳⑥。官轻则势微，江南之民有畏中原之心，不可加以王位；若加以王位，则去陛下一阶[八]耳，礼秩衣冠俱相乱也。今陛下信其诈降，加其王位，赐其九锡，乃与虎添翼也。孙权若退蜀兵之后，外尽礼以事中国，而内无诚心，即渐怠慢，故使陛下生怒。陛下若兴兵伐之，孙权必普告江南之民，曰：'孤事中国，不失臣下之礼。今无故起兵而来，必掳我人民，掠我金帛，欲得江南子女而为妾婢矣。'吴民信其言，上下同心，而战加十倍也。今陛下若不乘危除之，后必有悔。"丕曰："不然。朕不助吴，亦不扶蜀。朕居正统，安若泰山，特看吴、蜀交兵，若灭了一国，只有一国，那时除之，有何难也？朕已决定，卿勿复言。"刘晔羞惭而退。后人有诗曰：

　　天数相关岂远图，圣明原有百灵扶。
　　曹丕当日听刘晔，安得江南地属吴？

魏帝不从刘晔所谏，命太常卿邢贞同赵咨捧执册锡，径回东吴。

---

① 原作"星夜到了许都"。曹魏以洛阳为京师，许昌为五都之一，但非皇帝常驻之处。
② 原作"据三江虎视于天下"。据《三国志·吴书·吴主传》改。
③ 原作"乃丰采奇异之人"。据《三国志·吴书·吴主传》注引韦昭《吴书》改。
④ 原作"小国有御备之固"。校改依据同③。
⑤ 原作"大夫刘晔"。据《三国志·魏书·刘晔传》改。
⑥ 原作"乃残汉骠骑将军、南昌侯之职耳"。据《刘晔传》注引《傅子》，删去"之职"二字（南昌侯非"职"，而系"爵"）。

第一百六十三回　吴臣赵咨说曹丕

却说孙权集聚多官，商议解蜀兵之事，忽报："魏帝封主公为王，宜当远接。"顾雍谏曰："主公只宜自称上将军、九州伯[九]①，不当受魏帝封爵。"权曰："当日沛公受项羽封为汉中王，盖宜时也，何故推之？"遂率百官出城迎接。邢贞自恃上国天使，不行下车，端坐车上，斜视吴国人物。张昭大怒，向前叫曰："汝虽是上国天使，安敢妄自尊大，以为江南无智勇之人物乎？以为江南无方寸之斧刃乎？"邢贞慌忙下车，与孙权相见，并车入城。忽车后一人放声哭曰："吾等不能奋身舍命，与主公并魏吞蜀，令主公受人封爵，岂不辱乎？"言讫，滚下马来，以头撞地而哭。邢贞闻之，叹曰："江东有如此之士，终非久在人之下乎！"贞问之，乃偏将军徐盛也。贞遂不敢轻待。

却说孙权受了封爵，众文武官僚拜贺已毕，命收拾美玉明珠、犀角玳瑁、翡翠孔雀、斗鸭鸣鸡山雉等件，遣人赍进谢恩。张昭谏曰："贡献之物，莫非人情。"权笑曰："利足以结人心。今贡献之物，皆瓦石之类耳，何足惜哉！"众官叹服。

却说蜀帝先主自白帝城逐回诸葛瑾之后，便令军士歇马半月，以养锐气。细作人来奏先主曰："东吴求救于魏，魏不发兵，止封孙权为吴王。"先主大喜，即传旨进兵。随有蛮王沙摩柯引番兵数万，前来助战；又有洞溪汉将杜路、刘宁二支兵到。水陆并进，声势震天。水路军已出巫口[一〇]，旱路军已到秭音子归。地名。

却说吴王孙权虽登了王位，奈魏帝不肯接应，乃问文武曰："蜀兵势大，当复如何？"众皆默然。权曰："前有周郎，后有鲁肃、吕蒙继之。今吕蒙已亡，无人与孤分忧也。"言未毕，忽班部中一少年将奋然而出，伏地奏曰："王上养军千日，用在一朝。王上待臣等官僚以国士之礼，今闻蜀兵已至，皆缄口结舌，是何理也？臣虽年幼，颇习兵书。愿乞数万之兵，以破蜀兵而擒刘备，上报王上之恩，下救生灵之苦。"权大喜。未知是谁，且听下回分解。

【注释】

[一] 夔关：即夔门。在今重庆奉节白帝城下。
[二] 巫峡：长江三峡之一。因巫山而得名。西起今重庆巫山县大宁河口，东至今湖北巴东县官渡口。
[三] 气象：气派。
[四] 凡品：指平民。
[五] 三州：指孙权当时据有的荆州、扬州、交州。

---

① 原作"主公只宜自称上将军、九州伯之位"。"之位"二字有碍文义，据《三国志·吴书·吴主传》注引《江表传》删去。

〔六〕池：护城河。
〔七〕特达：特出。
〔八〕一阶：一个等级。
〔九〕九州伯：九州之长。九州，指全中国。
〔一○〕巫口：巫峡之口。

第一百六十四回　关兴斩将救张苞

出班奏者乃吴人也，姓孙，名桓，字叔武。桓父孙河，字伯海，本姓俞氏。孙策爱之，待如亲弟，赐姓孙氏，因此亦系吴王宗族。河生四子，桓居其三①，弓马熟娴，智勇过人，常从吴王征讨，屡立奇功，官授安东中郎将②。时年二十五岁。当时孙桓奏曰："臣身边有大将二员，乃李异、谢旌。论此二将，有万夫不当之勇。乞数万之众，即擒刘备矣。"权曰："孤侄虽勇，争奈年幼，必得一人相助，为上将可也。"忽又一人出曰："臣愿与小将军同擒刘备。"众视之，乃朱治外甥，官拜昭武将军③，丹阳故鄣人也，姓朱，名然，字义封。权大喜，遂点水陆军五万，以孙桓为左都督，朱然为右都督，即日起兵。前哨探得蜀兵已至宜都下寨，朱然引二万五千水军，于大江之中结营；孙桓引二万五千马军，宜都界口下寨。前后分作三营，以拒蜀兵。

却说蜀将吴班领前部先锋之印，自出巫口以来④，所到之处，望风而降，兵不曾血刃，将不用施谋，军势洋洋，直到宜都。探知孙桓引兵在彼下寨，即差人回报⑤。冯习、张南二人未敢擅便，飞奏大汉皇帝。时先主已到秭归，闻奏孙桓为将，在宜都界口拒敌，先主勃然大怒曰："量此辈小儿，安敢与朕相敌耶！"帐下关兴奏曰："既孙权令此子为将，安劳陛下遣大将也，臣愿讨之。"先主曰："贤侄去走一遭，朕欲观其壮气。"兴拜辞欲行，张苞奏曰："既安国兴字前去讨贼，臣愿同行。"先主曰："更得贤侄相助，甚妙。此去敬谨，不可造次。倘有疏虞，堕蜀军之锐气也。"

苞、兴二人拜辞先主，径到军前见了先锋，同起大兵，漫山蔽野，分布阵势，鼓角喧天。孙桓听知蜀兵大至，遂拔三寨之兵，分布阵势。两阵对圆，桓领李异、谢旌立马于门旗之下，见蜀营中拥出二员大将，皆银盔银甲，白马白旗：上首张苞，挺丈八点钢矛；下首关兴，横青龙偃月刀。苞大骂曰："孙桓竖子！死待临头，怎敢抗拒天兵耶！"桓亦骂曰："量汝刘备乃贩履织席小辈，焉敢妄称帝号！汝父已作无头之鬼；安敢引兵到此，自送命耳！"苞大怒，挺枪而出。孙桓欲迎，背后谢旌骤马而出曰："不劳主公动意，看吾擒之。"旌拍马挺枪与苞战有三十余合，旌抵敌不住，拨马望本阵而走。苞乘虚赶来。李异见谢旌败了，慌忙拍马抡蘸金斧来迎。二将就阵前战二十余合，不分胜负。吴军中一将谭雄⑥，见苞英勇，李异不能胜，却放一冷箭，正射中苞马胸膛，那马负痛奔回本阵。及到门旗边，那马打个前失，气绝而死，连人带马倒在地上。李异见马倒了，急向前抢起大斧，望张苞脑袋便砍。忽一道红光闪处，李异头已落地。原来关

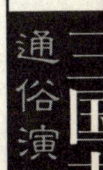

---

① 原作"桓乃长子"。据《三国志·吴书·宗室传》注引韦昭《吴书》改。
② 原作"官授武卫都尉"。据《三国志·吴书·宗室传》改。
③ 原作"官封虎威将军"。据《三国志·吴书·朱然传》改。
④ 原作"自出川以来"。承第一六三回改。
⑤ 原作"即差人回报先锋"。上文明言吴班为先锋，此处与之矛盾，故删去"先锋"二字。冯习、张南身份见下文。
⑥ 原作"潭雄"。据叶逢春本改。

兴见张苞马回，却待接应，忽然人马皆倒，李异赶上抡斧欲砍，被兴举刀斩之，救了张苞，乘势掩杀，飞奔而来。

孙桓见折了李异，忿怒愈加。次日，又引军来。张苞、关兴齐出。兴立马于阵前，单搦孙桓交锋。桓大怒，拍马挥刀，与关兴战三十余合，不分胜负。张苞挺矛夹攻，桓大败回阵。二小将追杀入营。蜀军大督冯习、前部张南①驱兵掩杀。苞奋勇当先，杀入吴军，正遇谢旌。旌举止失措，被苞一矛刺于马下，却左冲右突，如入无人之境。吴军四散奔走。蜀将冯习等得胜收兵，只不见关兴。张苞大惊曰："安国有失，吾命亦不存矣！"言讫，绰枪上马，寻不数里，只见关兴左手提刀，右手活挟一将。苞问曰："此是何人？"兴笑而答曰："吾在乱军中，正遇仇人，故生擒而来。"苞视之，乃是夜来放冷箭射中马的吴将谭雄也。苞大喜，同回本营，斩首沥血，祭了死马，遂写表差人赴先主处报捷去了。

却说孙桓折了李异、谢旌并谭雄等许多将士，去了羽翼，力穷势孤，不能抵敌，即差人求救于吴去了。

却说蜀军前部张南②与冯习曰："目今孙桓兵败将亡，正可乘虚掩杀，劫了营寨，拔去原根，使东吴堕失锐气，不敢拒敌矣。"习曰："孙桓虽然折了许多将士，朱然水军见今结营江上，未曾损折。今日若去劫寨，倘水军上岸，断其归路，我军必自乱矣。"南曰："此事至易，可教关兴、张苞各引五千军，伏于山谷中，如朱然不来则休；倘或来时，左右两军齐出夹攻，必然杀败矣。"吴班曰："不如先使小卒诈作降兵，却将劫寨事告与朱然；然见火起，必定来救，却令伏兵击之，则大事就矣。"冯习等遂用其计，却教关兴、张苞先引兵伏定，乃令小卒行计。

却说朱然听知孙桓折兵损将，正欲来救，忽伏路军引几个小卒上船。然问之，小卒曰："我等皆是冯习帐下士卒，因赏罚不明，特来投降，就报机密。"然曰："有何事也？"小卒曰："今晚冯习乘虚要劫孙将军营寨，必定放火也。"朱然听毕，即使人报知孙桓。报事人方行半途，被关兴杀了。然就欲引兵去救，忽一将出曰："小卒之言，未可深信。倘有疏虞，水陆二军尽皆休矣。将军只宜稳守水寨，某愿替将军一行。"然视之，乃部将崔禹也，遂令崔禹引一万军而行。是夜，冯习、张南、吴班分兵三路，直杀入孙桓寨中③。四面火起，吴兵大乱，寻路奔走。

且说崔禹正行之间，忽见火起，急催兵前进。刚才转过山来，忽山谷中鼓声大震，左边关兴，右边张苞，两路夹攻，吴兵进退不能。崔禹大惊，方欲奔走，正遇张苞，交马只一合，被苞生擒而回。此时东吴水陆二军一齐皆休。朱然听知危急，将船往下水退五六十里。孙桓引败兵逃走，桓问曰："前去何处城坚粮广？"军士答曰："此去正北夷陵城，可以屯兵。"桓急催军，方至夷陵，后面冯习、张南引兵追至，四面围定。关兴、张苞等，解崔禹到秭归来奏先主。先主大喜，传旨就将崔禹斩之，大赏三军。自此威风震动，江南诸将无不胆寒。

---

① 原作"蜀将先锋张南、冯习"。据《三国志·吴书·陆逊传》改。
② 原作"先锋张南"。承上文改。
③ 原作"直杀入吴寨"。承上文改。

第一百六十四回　关兴斩将救张苞

却说孙桓令人求救于吴王，吴王大惊，即召文武商议曰："今孙桓受困于夷陵，朱然大败于江中，蜀兵势大，如之奈何？"张昭奏曰："今诸将虽有归世者，此时程普、黄盖、蒋钦皆已病亡。尚还有十余人，何虑于刘备耳？可命韩当为正将，周泰为副将，潘璋为先锋，凌统为合后，甘宁为救应使，起兵十万拒之，何碍？"权依所奏，即命诸将速行。此时甘宁已患痢疾，不得已而率之。

却说先主于巫峡、建平[一]起，直接夷陵界分七百余里①，结连四十余寨，见关兴、张苞屡立大功，命近臣以御酒赏劳。先主喟然叹曰："昔日从朕诸将，皆老迈无用矣；复有二侄如此英勇，朕何虑孙权乎！"正言间，忽报韩当、周泰领兵来到。先主便欲遣将，近臣奏曰："老将黄忠，引五六人投东吴去了。"先主笑曰："黄汉升非反叛之人也。因朕失口，误言老者皆无用，此人必不服老，故奋力而去相持矣。"即召关兴、张苞曰："黄汉升此去，必然有失。贤侄休辞劳困，可去相助。略有微功，便可令回，勿使有失。"二小将拜辞先主，奋然上马，引本部军来助黄忠。未知如何，且听下回分解。

【注释】

[一] 建平：郡名。孙权所置。属荆州。治所在巫县（今重庆巫山北）。

---

① 原作"七十余里"。据《三国志·魏书·文帝纪》及《演义》下文改。

第一百六十五回　刘先主猇亭大战 猇,音枭。

却说后将军黄忠①,于章武二年春正月,随先主伐吴,忽闻先主所言老将皆无用,激起英雄之气,即提刀上马,引亲随五六人径到夷陵营中。冯习、张南接入,问曰:"老将军此来,必有故也?"忠曰:"吾自长沙跟天子到今,多负勤劳,未尝有亏于吾。吾今年虽七旬有余,尚食肉十斤,臂开二石之弓,能乘千里之马,何为老矣?昨日主上言道吾等老而无用,故来此处与东吴交锋,看吾斩将,老也不老!"

正言间,忽报吴兵前部已到,哨马临营。忠奋然而起,出帐上马。冯习等劝曰:"老将军且休轻进。"忠不听,纵马而去。冯习令吴班领兵助战。忠在吴军阵前,勒马横刀,单搦先锋潘璋交战。璋引兵来迎。璋首将史迹欺忠年老,挺枪来战,斗不三合,被忠一刀斩于马下。潘璋大怒,挥关公使的青龙刀来战黄忠。交马数合,不分胜负。忠奋力恶战,璋料敌不过,拨马便走。忠乘虚追杀,吴班领兵助战,全胜而回。路逢关兴、张苞,兴曰:"我等奉圣旨,教来助老将军。既已立了功,速请回营。"忠不听。

次日,潘璋又来搦战,兴、苞二人要与助战,忠不从;吴班要与助战,忠亦不从,却自引五千兵出迎。战不数合,璋拖刀便走。忠纵马追之,厉声大叫曰:"吾与关公报仇!休得走也!"追至三十余里,四面喊声大震,伏兵齐出:右边周泰,左边韩当,前有潘璋,后有凌统,把黄忠困在垓心。忽然狂风大起,忠心慌,急退时,山坡上马忠引一军出。黄忠被困,不能抵当,被马忠一箭射中肩窝,险些儿落马。吴兵见忠中箭力危,却一齐来攻。后面喊声大起,两路军杀来,吴兵溃散,救出黄忠,乃是关兴、张苞也。二小将保送黄忠径到御前营中。忠年老血衰,箭疮痛苦,命在旦夕。先主御驾自来看视,抚其臂曰:"令老将军中伤,朕之过矣!"忠曰:"臣乃一武夫耳,幸遇陛下。臣今年七十有五,寿亦足矣。望陛下善保龙体,以图中原!"言讫,不省人事。是夜殒于御营。史官有庙赞诗曰:

　　老将说黄忠,收川立大功。
　　重披金锁甲,双挽铁胎弓[一]。
　　胆斩惊曹操,流芳镇蜀中。
　　临亡头似雪,犹自显威风。

赞曰:

　　将军敦壮,摧锋登难;立功立事,于时之干。

先主见黄忠气绝,哀伤不已。具棺椁,敕葬于成都。先主叹曰:"五虎大将,已亡三人,朕尚不能复仇,深可痛哉!"先主引御林军直至猇亭[二],大会诸将,水陆俱进。水路令黄权领兵,先主自率大军从旱路进发。马良等皆谏,不听。时章武二年二月中旬,先主分兵八路,来取

---

① 原作"虎威后将军黄忠"。据《三国志·蜀书·黄忠传》,删去"虎威"二字。

猇亭。

韩当、周泰听知御驾来征，自引兵出迎。两阵对圆，韩当、周泰出马，只见蜀营门旗开处，先主自出，黄罗销金伞盖，左右白旄黄钺，金银旌节，前后围绕。韩当大叫曰："陛下今为蜀主，何自轻出？倘有疏虞，悔之何及！"先主遥指骂曰："汝等吴狗，伤朕手足，誓不同天地、共日月也！若还早降，免其死罪！"韩当回顾众将曰："谁敢冲突蜀兵乎？"言未尽，首将夏恂挺枪出马。先主背后张苞挺丈八矛，纵马而出，大喝一声，直取夏恂。恂见苞声若巨雷，天生豪杰，杀气冲天，心中惊惧，恰待要走，周泰弟周平见恂抵敌不住，平挥刀骤马而来。关兴见了，跃马提刀来迎。张苞大喝一声，一矛刺夏恂于马下。周平大惊，措手不及，被关兴一刀斩之。二小将便取韩、周，韩、周慌退入阵。先主见之，叹曰："虎父无犬子也！"用御鞭一指，蜀兵掩杀将来，吴兵大败。那八路兵势若泰山，杀得那吴军尸横遍野，血流成河。

却说甘宁正在船中染病，听知蜀兵大至，火急上马时，一彪蛮兵骤至，人皆披发跣足，或使弓弩长枪，傍牌刀斧。为首乃是胡王沙摩柯，生得面如噀血，碧眼突出，使一个铁蒺藜骨朵[三]，腰带两张弓，威风抖擞。甘宁见其势大，不敢交锋，拨马而走，被沙摩柯一箭射中宁项，带箭而走，到于峡口[四]①，坐在大树之下而死。树上群鸦数百，以绕其尸。吴王葬之，立庙祭祀。至今富池口有甘宁庙，往来客商祭祀极灵。有神鸦送客一程，乃是神人感应也。后人有庙赞诗曰：

巴郡甘兴霸，长江锦幔舟。
关公不敢渡，曹操镇常[五]忧。
劫寨将轻骑，驱兵饮巨瓯[六]。
神鸦灵显圣，香火永千秋！

却说先主全获大功，遂得猇亭。吴兵各自四散逃走。先主收兵，诸将上功，只不见关兴。先主慌令张苞等四面跟寻。

原来关兴杀入吴阵，正遇仇人潘璋，骤马赶来。璋大惊，奔入山谷内，不知所往。兴寻思只在山里，往来寻觅不见。看看天晚，迷踪失路。幸得星月有光，追至山僻之间，时有二更，到一庄上，下马击门。忽一老夫出而问之，兴曰："吾是战将，失迷到此，求一饭充饥。"老夫引入，兴见一神堂，内点着明灯，中间绘画关公神像。兴哭而拜之。老夫问曰："将军如何哭也？"兴曰："此吾父也。"老夫便拜。兴问曰："何故供养吾父？"老夫答曰："此间皆是尊神地方。在生之日，家家侍奉，何况今日为神乎？老夫只望蜀兵早早报仇。今将军到此，百姓有福矣。"置酒食待之，卸鞍喂马。

约有三更以后，忽门外又一人击户，老夫出而问之，乃吴将潘璋，亦来投宿。恰入草堂，关兴见之，按剑在手，大喝曰："反贼休走！"璋回身便出。忽门外一人，面如重枣，丹凤眼，卧蚕眉，飘三缕美髯，绿袍金铠，按剑而入。璋见是关公显圣，便大叫一声，神魂惊散，转身回时，被兴一剑斩之，取心沥血，到神堂祭祀。兴得了父亲的青龙偃月刀，却将潘璋首级拴于马项之下，辞了老夫，就骑了潘璋的马，望本营而来。于是老夫将璋尸首拖出烧埋。

---

① 原作"到于富池口"。富池口在今湖北阳新县东，距夷陵近千里。据地理改。

关兴行无数里，忽听得人言马嘶，一彪军来到，为首将乃潘璋部将马忠也。忠见兴杀了主将潘璋，将首级拴于马项之下，青龙刀又被兴得了。忠见之，勃然大怒，纵马来取关兴。兴见马忠是害父仇人，气冲牛斗，举青龙刀望忠便砍。忠闪过，败走。部下三百军叫曰："将军休走！我等并力击之！"马忠拨回马来，众军一声喊起，将关兴围在垓心。兴力孤，不能展转。忽见西北上一彪军杀来，乃是张苞跟寻关兴也。马忠见得救兵到来，慌忙自退。关兴、张苞一处赶来。赶不数里，前面糜芳、士仁引兵来寻马忠。两军相合，混战一处。背后凌统又引一军来到。苞、兴二人兵少，慌忙撤退，回至猇亭，来见先主，献上首级，具言此事。先主惊异，赏犒三军。

却说马忠回见韩当、周泰，收聚败兵，各分头守把。军士中伤者不计其数。马忠带糜芳、士仁于江渚屯扎。当夜三更，军士皆哭声不止。糜芳暗听之，众军言曰："我等皆是荆州之兵，被吕蒙诡计，送了主公性命。今刘皇帝御驾亲征，东吴早晚休矣。所恨者，糜芳、士仁也。我等何不杀此二贼，去献天子？功劳不小也。"众言曰："不要性急，等个空儿，便就下手。"糜芳听毕大惊，遂与士仁商议曰："军心变动，我二人性命难保。蜀主①所恨者，马忠也。何不杀了他，将首级去献蜀主，告称我等不得已而降之。今知御驾前来，特地诣营请罪。"仁曰："不可。去必有祸。"芳曰："蜀主宽仁厚德，目今阿斗太子是我外甥，蜀主但念我国戚之情，必不肯加害。"二人计较已定，先备了马。三更入帐刺杀马忠，将首级割了，二人带数十骑，径投猇亭而来。伏路军人先引见张南、冯习，具说其事。

次日，到御营中来见先主，献上马忠首级，哭告于前曰："臣等实无反心，被吕蒙诡计，称言关公已亡，赚开城门，臣等不得已而降之。今闻圣驾前来，特杀此贼，以雪陛下之恨。臣等伏候请罪。"先主大怒曰："朕自离成都许多时，你两个如何不来请罪？今日势危，故来巧言令色，欲全身！朕若饶你，至九泉之下，有何面目而见云长乎！"言讫，令关兴在御营中设关公灵位。先主亲捧马忠首级，诣前祭祀，哀伤甚切；又令关兴将糜芳、士仁剥去衣服，跪于灵前，亲自用刀剐之，以祭关公。忽张苞上帐，哭拜于地曰："二伯父仇人皆已诛戮，臣父冤抑，何日报之？"先主曰："贤侄勿忧。朕当扫平江南，杀尽吴狗，务擒二贼，与你亲自醢之，以祭你父。你父英灵知朕心也！"苞泣谢而退。

此时，先主威声大振，江南之人尽皆胆裂，日夜号哭。韩当、周泰大惊，急奏吴王，具言糜芳、士仁杀了马忠，去归蜀帝，亦被醢之。孙权心怯，遂聚文武商议。步骘奏曰："蜀主所恨者②，乃吕蒙、潘璋、马忠、糜芳、士仁也。废关羽皆此数人，今尽亡矣。独有范强、张达二人，乃刺张飞之辈，见在东吴。何不擒此二人，并飞首级，遣使送还，及交与荆州，送归夫人，上表求和，再会前情，共图灭魏，平分天下，有何不可？若如此行之，则蜀兵自退矣。"权从其言，遂具沉香木匣，盛贮飞首；叱武士擒下范强、张达，囚于槛车之内；令程秉为使，赍国书，望猇亭

---

① 原作"刘先主"。"先主"系后人追述蜀汉史事的称呼，以区别于"后主"；当时魏、吴或直称刘备之名，或称其为"蜀主"。

② 原作"先主所恨者"。承上文改。

而来。

却说先主欲发兵前进,忽近臣奏曰:"东吴遣使送张车骑之首,并囚范强、张达二贼至矣。"先主两手加额[七]曰:"此天之所赐,亦由三弟之灵也!"即令张苞设飞灵位,先主自祭。见飞首在匣中,面不改色,先主哀伤甚切。张苞自仗利刀,将范强、张达万剐凌迟,祭父之灵。后人有诗曰:

范强、张达是仇人,更有糜芳并士仁①。
天理昭然还受报,猇亭分剐祭灵神。

先主令张苞剐了范、张二贼,祭了张飞,怒气不息,定要灭吴。马良奏曰:"仇人尽戮,其恨可雪矣。吴大夫程秉到此,欲得荆州,再进夫人,永结亲情之好,共图灭魏,以分天下,伏候圣旨。"先主大怒曰:"朕切齿仇人,乃孙权也!今若与和,负二弟当日之盟也!今先灭吴,次却收魏,一统天下,效光武之中兴,是所愿也。朕欲斩来使,以绝吴情。"多官苦告方免。程秉抱头鼠窜,回奏吴王曰:"蜀主不从讲和②,誓欲灭吴伐魏,恢复汉室。众臣皆谏,坚执不听。"权大惊,举手失措。忽阶下一人奏曰:"见有擎天之柱,如何不用耶?"众视之,乃阚泽也。权曰:"德润足知其才,乃是何人也?"当日阚泽举荐之人未知是谁,且听下回分解。

【注释】

[一] 铁胎弓:弓的一种。以铁附于弓背之内,使弓坚劲。
[二] 猇亭:地名。属东吴荆州宜都郡夷道县。在今湖北宜都北。
[三] 铁蒺藜骨朵:古代兵器。用铁或硬木做棒,一端为长圆形,叫做骨朵;棒头上附以铁刺、铁钉,则叫铁蒺藜骨朵。
[四] 峡口:地名。即西陵峡口。在今湖北宜昌西。
[五] 镇常:经常。镇,常。
[六] 瓯:小盒。常用来盛酒。
[七] 两手加额:把双手放在额部,表示庆幸。

① 原作"更有糜芳傅士仁"。"傅"为衍字,删去,酌补"并"字。
② 原作"蜀不从讲和"。据上下文,"蜀"当作"蜀主"。

第一百六十六回　陆逊定计破蜀兵

却说阚泽奏曰:"昔日东吴大事,全在周郎;次后鲁子敬代之;子敬亡后,决于吕子明。今子明虽丧,见有陆伯言在于荆州。此人名虽儒生,足有雄才大略。以臣论之,不在周郎之下。前破关羽,皆伯言之谋也。王上若能用之,破蜀必矣。如其有失,臣请先纳其头。"权曰:"非德润之言,孤几误大事也!"即令去召陆逊。张昭奏曰:"陆逊乃一书生耳,非刘备之敌手也!切不可用之。"顾雍亦曰:"陆逊才疏德薄①,恐诸公不服;若不服,则生祸乱,必误于大王也。"步骘亦曰:"逊只可在于别郡听使令而已;若托以大事,非其宜也。"阚泽大呼曰:"若不用陆伯言,则东吴休矣!臣愿将全家以保之!"权曰:"孤亦知陆伯言乃奇才也,孤当托之。"泽曰:"大王若不付以重任,其才不能尽展也。"权曰:"然。"

于是召陆逊至。逊本名陆议,后改名逊,字伯言,乃吴郡吴人也。汉城门校尉陆纡音迂之孙,九江都尉陆骏之子。身长八尺,面如美玉,体似凝酥,官拜右护军、镇西将军②。逊参拜吴王。权曰:"今蜀兵临境,孤命卿总督军马,以破刘备,如何?"逊曰:"江东文武,皆大王故旧之臣;臣望轻无才③,安能制之?"权曰:"阚德润以全家保卿去破刘备,孤亦素知其才。今拜卿为大都督,卿勿推辞。"逊曰:"倘文武不服,如何?"权取所佩剑与之,曰:"如有不听号令者,先斩后奏。"逊曰:"臣受恩久矣,故不敢辞。大王来日当聚多官以赐之。"阚泽奏曰:"古之命将,必当筑台会众,捧白旄黄钺、印绶兵符,嘱云:'阃之内,寡人主之;阃之外,将军制之[一]。'然后名正言顺,事必成矣。大王宜遵此理,择日筑坛,拜伯言为大都督,假节钺,则众人自然服矣。"权从之,命人连夜筑坛完备,大会百官,请陆逊登坛,拜为大都督,假节④,赐以宝剑印绶,令掌东吴诸路军马⑤。吴王嘱之曰:"'阃之内,孤主之;阃之外,将军制之。'先斩后奏。"

逊领命下坛,令徐盛、丁奉为护卫,即日起行。比及陆逊出师,早调诸路军马,水陆并进。有文书先到于边庭,具言此事。韩当、周泰大惊曰:"主上如何以书生总兵也⑥?"不时逊至,众皆不服。逊升帐议事,只得参贺。逊曰:"王上命吾为大将,以破蜀兵。军有常法,公等各宜遵守。违者王法无亲,勿令自悔。"众皆默然。周泰曰:"目今安东中郎将孙桓⑦,乃主上小侄,见困于夷陵城中,内无粮草,外无救兵。请都督早施良策,救出孙桓,以安主上之心也。吾料此

---

① 原作"陆逊年幼,才疏德薄"。陆逊是年已四十岁,不应称其"年幼",故删此二字。
② 原作"官领镇西将军"。据《三国志·吴书·陆逊传》增补。
③ 原作"臣年幼无才"。承①酌改。
④ 原作"拜为大都督,假节,右护军镇西将军,进封娄侯"。陆逊此前已为右护军、镇西将军(上文写到),封娄侯,故删。
⑤ 原作"令掌六郡八十一州兼荆、楚诸路军马"。"六郡八十一州兼荆、楚"概念混乱,故改。
⑥ 原作"主上如何以小书生总兵也"。承上文,删"小"字。
⑦ 原作"安东将军孙桓"。据《三国志·吴书·宗室传》及第一六四回改。

行非都督,大众不能解之。"逊曰:"吾素知孙安东深得军心,必能坚守,不必救之。待吾破蜀毕,彼自出矣。"众皆暗笑而退。韩当与周泰曰:"命此孺子为将,东吴休矣!公见彼所行乎?"泰曰:"吾故以言试之,早无一计,安能破蜀也?"

次日,陆逊传下号令,请诸将各处关防牢守隘口,不许轻敌。众皆笑其懦,不依坚守。次日,陆逊升帐,唤诸将曰:"吾钦承王命,总督诸军,昨已三令五申,令汝等各处坚守,俱不遵吾令,何也?"韩当曰:"吾自从破虏将军平定江南,经数百战矣。其诸将,或从讨逆将军,或从当今大王,皆是披坚执锐[二],出生入死之士也。今主上命汝为大都督,令退蜀兵,可早定计,调拨军马,分头征战,以图大事。今却令坚守,以待天自杀贼,乃无谋之甚也。吾非贪生怕死之人,使我等堕其锐气,是何理也?"言讫,帐下诸将皆应声而言曰:"韩将军之言是也。吾等情愿决一死战!"陆逊听毕,掣剑在手,而言曰:"刘备威震天下,曹操尚且惧怕,今入东吴境内,实非容易之敌也。汝等诸将皆荷国恩,当相和顺,共破蜀兵,以报王上。吾今自有妙算,非汝等所能知也。汝等各不相顺而违军令,是何道理?仆虽一介书生,今蒙王上托以重任者,以吾有尺寸可取[三],能忍辱负重故也。汝各守隘口,牢把险要,不许妄动。如违令者皆斩!各宜退去,再勿复言。"众皆愤恨而去。

却说先主自猇亭摆布军马,直至巫峡①,接连七百里,前后四十营寨,夜则火光耀天,昼则旌旗蔽日。忽然细作人报说:"东吴用陆逊为大都督,总制军马。逊令诸将各守险要不出。"先主问曰:"陆逊何等之人也?"马良奏曰:"逊乃江东一书生,聪睿多才②,深有谋略。前袭荆州者,皆此人之诡计也。"先主大怒曰:"竖子之谋,损朕二弟,何不早说也?"便要进兵。马良谏曰:"陆逊之才,不亚周郎,未可轻敌也。"先主曰:"朕用兵老矣,今反不如一黄口孺子耶?尔勿多疑,看朕擒之!"先主亲领前军,攻打诸处关津隘口。

韩当见先主兵来,差人报知陆逊。逊恐韩当妄动,急飞马而来,正见韩当立马于山上,遥望蜀兵漫山遍野而来,军中隐隐有黄罗盖伞。当欲奋勇下山击之,忽逊至,并马而观,知是先主。当指之曰:"军中必有蜀主也,吾欲击之。"逊曰:"刘备举兵东下,连胜十余阵,锐气正盛。可宜乘高守险,不可轻出,出则不利。损吴大利,非小故也。今但奖励将士,广布守御之策,以观其变。今彼驰骋于平原旷野之间,正得其志;其求战不得,必移屯于山林树木间。此时吾当用其计也。将军宜忍风火之性,以图安国之计也。"韩当面虽应允,心中只是不服。

却说先主使前队搦战,辱骂百端。逊令塞耳休听,不许出迎,遂亲自遍历诸关隘口,抚慰将士,皆令坚守。先主见吴军不出,在御营中心焦不悦。马良奏曰:"陆逊虽是书生,深有谋略。今陛下提兵远来,攻战自春历夏,彼之不出,必待我军之变也。愿陛下详之。"先主曰:"彼有何谋?但怯敌耳。向者[四]数败,今安敢再出!"大督冯习③奏曰:"即目炎天,军屯于赤火之中,取水稍远,深为不便。"先主命各营皆移于山林茂盛之地,近溪傍涧,待过夏到秋,并力进

---

① 原作"直至川口"。承上文改。
② 原作"年幼多才"。"年幼"不当,见前。参照《三国志·吴书·陆逊传》改。
③ 原作"先锋冯习"。承第一六四回改。

兵。冯习遂传圣旨,令诸寨皆移于林木阴密之处。马良奏曰:"若军一动,倘吴兵骤至,如之奈何?"先主曰:"朕令吴班引万余弱兵,近吴寨于平地屯驻。朕亲选八千精兵,伏于山谷之中。若陆逊知朕移营,必出攻击,却令吴班诈败。逊若追赶,朕引兵突出,断其归路,擒此孺子,江南一鼓而下矣。"文武皆贺曰:"陛下神机,陆逊安能及也!"

马良曰:"近闻诸葛丞相在汉中点看各处隘口,恐魏兵入寇。陛下何不将各营移居之地,画成图本,问于丞相,可乎?"先主曰:"朕素知兵法,又何问之?"良曰:"'兼听则明,偏听则蔽。'圣人之言也。"先主曰:"卿可自去各营,画成四至八道图本[五],亲去汉中去问丞相。如有不便,可急来报知。"马良领命而去。于是蜀兵移于林木阴密处所避暑。

早有细作报知韩当、周泰。韩、周二人听得此事,来见陆逊,曰:"目今蜀兵四十余营,皆移于山林密处,依溪傍涧,以就其水。都督可乘虚击之。"逊听其言,即起兵来击。未知胜负如何,且听下回分解。

【注释】

[一] 阃之外,将军制之:京城之外,都由将军控制指挥。阃,城门的门槛;阃外,指京城以外的全部疆土。

[二] 披坚执锐:身披坚甲,手执锐利兵器。指参加战斗。

[三] 尺寸可取:有一点长处。此系自谦之辞。

[四] 向者:先前。

[五] 四至八道图本:画有通往四面八方道路和各点距离的图册。四至,四面所到达的地界。

第一百六十七回　先主夜走白帝城

　　章武二年夏六月，天气亢炎无雨。韩当、周泰探知先主传旨，令蜀军移营以避暑就凉，急来报知陆逊。逊大喜，遂引兵先来观看动静，只见平地一屯，不及万余，太半皆是老弱之众，中军大书"先锋吴班"旗号。周泰曰："吾视此等之兵，如儿戏耳。"言讫，乃与陆逊曰："吾愿同韩将军分两路兵击之，如其不胜者斩。"逊观看良久，以鞭指之曰："隐隐前面山谷中，杀气冲日而出，其下必有伏兵也。故平地设吴班之兵，乃诱敌耳。诸公切不可出。只三日之内，山谷中之兵必然出矣。"众将听毕，皆以为懦，各守隘口去讫。
　　次日，吴班引军到关前搦战，耀武扬威大叫，辱骂不绝；多有解衣卸甲，赤身裸体，或睡或坐。徐盛、丁奉入帐来请陆逊曰："蜀兵欺辱至甚，某等愿出击之！"逊笑曰："汝等但知血气之勇耳，岂知孙、吴玄妙处？汝等后日必见其诈也。"徐盛曰："三日移营已定，安能击之乎①？"逊曰："吾正欲令彼移营也。"诸将哂笑而退。过三日后，会诸将于关上看之，见吴班兵退去。逊指之曰："杀气起矣！刘备必从山谷中出也。"言讫，只见八千精兵皆全装贯束，护先主而过。吴兵见之，尽皆胆裂。逊曰："吾之不听[一]诸公击班者，正所为此计也。今伏兵已出，旬日之内，将破蜀矣。"诸将皆曰："破蜀当在初，今入五六百里，相守经七八月，其诸要害皆已固守，击之必无利矣。"逊曰："诸公不知兵法。备乃世之枭雄，更多思虑，其兵始集，法度精专。今守之久矣，不得我便，兵疲意沮②，计不复生，犄角[二]此寇，正在今日。"诸将方才叹服。后人有诗曰：

　　　　坐帐谈兵按《六韬》[三]，安排香饵钓鲸鳌。
　　　　三分自是多英俊，又显江南陆逊高。

　　却说陆逊已决了破蜀之策，遂修笺遣使奏于吴王。笺曰：

　　　　窃以夷陵要害之地，乃国家之关防也，虽为易得，亦复易失；若一失之，非徒损一郡之地，荆州可忧矣③。臣今日争之，必令事谐。刘备干冒天常，不守窟穴，而自送死。臣虽不才，凭奉威灵，以顺讨逆，破敌在于即今。寻备前后行军④，多败少成，不足为忧。臣初疑水陆俱进，今弃船就步，处处结营，察其布置，必无良策。伏愿至尊高枕无忧，指日报胜捷也！臣陆逊百拜。

　　吴王览毕，大喜曰："江东复有此异人，孤何忧哉！诸将皆上书，尽言其懦，孤独不信。今观斯言，真妙论也。"于是大起吴兵来接应。

_____

① 原作"安能击之矣"。"矣"字与全句语气不合，故改为"乎"。
② 原作"兵疲意阻"。据《三国志·吴书·陆逊传》改。
③ 原作"非损一郡之地，则荆州可忧矣"，意不确（"一郡"指宜都郡，本属荆州）。据《陆逊传》改。
④ 原作"论备于前后"，意含混。据《陆逊传》改。

却说先主于猇亭尽驱水军顺流而下,沿江屯扎水寨,深入吴境。黄权谏曰:"水军沿江而下,进则容易,退则实难。臣愿为前驱,以当其寇。陛下宜在后阵,此则万无一失也。"先主曰:"既吴贼胆落,朕长驱大进,有何碍乎?今迁延岁月,何日成功耶?"众官苦谏,先主不从,遂分兵两路,命黄权督江北之兵,以防魏寇;先主自督江南诸军,夹江分头结营,以图进取。

细作探知,连夜报入洛阳来①。近臣入内奏知魏主曰:"今蜀兵树栅连营,纵横七百余里,分四十余屯,皆傍山林下寨。今黄权督兵在江北岸,每日出哨百余里,不知何意。"魏主闻之,仰面笑曰:"刘备死限至矣!"群臣请问其故,魏主曰:"刘备不晓兵法也②!岂有七百里营寨而可拒敌乎?包原隰音洗险阻屯兵[四]者,此兵法之大忌也。刘备必遭东吴陆逊之手,朕故知其死也。旬日之内,必消息至矣。"群臣犹未信,皆请拨兵备之。魏主曰:"陆逊若胜,必尽举吴兵去取益州矣。吴兵远去,国中空虚,朕虚托以兵助战,令三路一齐进兵,东吴唾手而可取也。"众贺曰:"神妙之算!"魏主下旨,命曹仁督一军出濡须,曹休督一军取洞口[五],曹真督一军出南郡:"三路军马会合期,暗袭东吴。朕后自来接应。"调遣已定。

不说魏兵袭吴。且说马良至汉中见孔明,呈上图本而言曰:"今移营夹江,横占七百里,下四十余屯,皆依溪傍涧、林木茂盛之处。陛下令良将图本来与丞相看之。"孔明观讫,拍案叫苦曰:"是何人教主上如此下寨?可斩此人!"马良曰:"皆主上自为,非他人之谋。"孔明叹曰:"汉朝气数休矣!"良问其故,孔明曰:"包原隰险阻而结雷,此兵家之大忌。倘或举火,何以解之?又岂有连营七百里而可以拒敌乎?祸不远矣!陆逊拒守不出,正为此也。汝当速去,以谏天子,改屯诸营,不可如此。若迟缓③,则难以救应。"良曰:"倘吴兵取胜,如之奈何?"孔明曰:"陆逊不敢来追也,成都无虞。"良曰:"逊何故不追?"孔明曰:"恐魏兵袭之。主上若有失,当投白帝城避之。吾入蜀时,已伏下十万兵在鱼复浦[六]也。陆逊若来,吾必擒之。"良大惊曰:"某于鱼复浦往来数次,未尝见一卒,丞相何故诈也?"孔明曰:"后来必见,不劳多问。"马良求了表章,火速投御营前来。孔明复回成都,令军救应。

却说陆逊见蜀兵懈怠,不复提防,升帐聚大小将士听令,曰:"吾自受命以来,未尝出战;今观蜀兵,足知动静。今欲先取江南岸一营,谁敢去取?"言未尽,韩当、周泰、凌统等应声而言曰:"某等愿往。"逊教皆退不用,独唤阶前末将淳于丹曰:"吾与汝五千军,去取江南第四营,蜀将傅彤所守。今晚就要成功。吾自提兵救应。"淳于丹引兵去了。又唤徐盛、丁奉曰:"汝等各领兵三千,屯于寨外五里。如淳于丹败回,有兵赶来,当以救之,却不可赶去。"二将受令,引军去了。

却说淳于丹领军,黄昏时分而进,到蜀寨前,时已三更之后。丹令鼓噪而入。蜀营内一彪

---

① 原作"连夜报入许都来"。承第一六三回改。
② 原作"刘玄德不晓兵法也"。曹丕以刘备为敌,应直称其名。
③ 原作"若遥远",意含混。据上下文改。

第一百六十七回　先主夜走白帝城

军出，为首蜀将傅彤，挺枪出马，直取淳于丹。丹敌不住，拨马而走。忽然喊声大震，一彪军拦住去路，为首大将赵融。丹夺路而走，折军太半。正走之间，山后一彪蛮兵拦住，为首番王沙摩柯。丹死战得脱，止剩百余骑败残兵而逃，背后三路军赶来。比及离营五里，吴将徐盛、丁奉二人两下杀来，蜀兵退去，救了淳于丹回营。

丹带箭入见陆逊请罪。逊曰："非汝之过也，吾欲试敌人之虚实耳。破蜀之法，吾自晓矣。"徐盛、丁奉曰："蜀兵势大，难以破之。似此论之，空杀兵耳。"逊笑曰："吾这计策，但瞒不过诸葛亮耳。天幸此人不在，使吾成大功也！"遂集大小将士听令，使朱然于水路进兵，来日午后东南风大作，用船装载茅草，依计而行；韩当引一军攻江北岸，周泰引一军攻江南岸，每人手执茅草一束，内藏硫黄焰硝，各带火种，各执枪刀，一齐而上。但到蜀营，顺风举火，蜀兵四十屯，只烧二十屯，每间一屯而烧一屯也。各军预带干粮，不许暂退，昼夜追袭，只擒了刘备方止。众将听了军令，各受计而去。

却说先主正在御营寻思破吴之计，忽见帐前中军旗幡，无风自倒。先主问程畿曰："此为何兆？"畿曰："今夜莫非吴兵劫营也？"先主曰："昨夜杀尽，安敢再来？"畿曰："倘是陆逊试敌耳。"先主不信。忽报说："山上远远望见吴兵，尽沿山望东去了。"先主曰："此是疑兵，皆令休动。"命关兴、张苞各引五百骑出巡。黄昏时分，关兴回奏曰："江北营中火起。"先主教再探去。张苞亦回奏曰："南边营内火起。"先主听毕，令关兴亲往江北，张苞亲往江南，各看虚实："倘吴兵到时，可急回报。"二将领命去了。

初更时分，东南风骤起，只见御营左屯火发；方欲救时，御营右屯火起。风紧火急，树木皆着，喊声大震。两屯军马，齐出奔杂，御营中御林军自相践踏，死者无数。后面吴兵杀到，又不知多少军马。先主急上马去，奔大督冯习营时，习营中火光连天而起。江南、江北，照耀如同白日。冯习引数骑奔走，去救张南去了。徐盛引军来追先主①。

却说先主见火遍起，往西奔走，为首一军拦住，是吴将丁奉；急欲回时，后面徐盛追至，两下夹攻。先主大惊，四面无路。忽然喊声大震，一彪军杀入重围，乃是张苞，救了先主，引御林军奔走。正行之间，前面一军又到，张苞出迎，乃是蜀将傅彤，合兵一处而行。背后吴兵追至。先主前到一山，名为马鞍山[七]。张苞、傅彤请先主上得山时，山下喊声又起，乃是陆逊大队人马，早将马鞍山围住。先主在山上，令张苞、傅彤死据山口。先主遥望遍野火光不绝，死尸重叠，塞江而下。

次日，吴兵愈加，四下放火烧山，军士乱窜，先主惊慌。忽然火光中一将，引数骑杀上山来，先主视之，乃是关兴。兴伏地请曰："四下火光逼近，不可久停。陛下速奔白帝城，再收军马可也。"先主曰："谁敢断后？"傅彤奏曰："臣愿以死当之！"

当日黄昏，关兴在前，张苞在后，留傅彤断后，保着先主杀下山来。吴兵见先主奔走，皆要争功，各引大军遮天盖地往西追赶。先主令军士尽脱袍铠，塞道而焚，以断后军。正行之间，

---

① 原作"正逢吴将徐盛军到，围住冯习，乱箭射死。徐盛引军来追先主"。第一六八回又写冯习奔往夷陵，与张南"死于乱军之中"，与此处明显矛盾，是为本书一大疏漏。据黄正甫本改。

喊声大震,吴将朱然引一军从江岸上杀来,截住去路。先主叫曰:"朕死于此处矣!"关兴、张苞骤马冲突,被乱箭射回,各带重伤,不能杀出。背后喊声又起,陆逊引大军从山谷中杀来。先主正慌急之间,只见前面喊声大震,朱然军纷纷落涧,滚滚投岩,一彪军杀入,前来救驾。先主听知,大喜曰:"朕复生矣!"毕竟是谁,且听下回分解。

【注释】

［一］不听:不让。

［二］犄角:夹击敌人。捕鹿时,拉住腿叫"犄",抓住角叫"角"。

［三］《六韬》:中国古代著名兵书。相传为吕望(姜尚)作,实际成书于战国晚期至秦汉之间。全书分文韬、武韬、龙韬、虎韬、豹韬、犬韬六卷,共六十篇。

［四］包原隰险阻屯兵:在地形复杂的大片地方驻扎军队。原,高平之地;隰,低湿之处。

［五］洞口:地名。在今安徽和县西南临长江处。

［六］鱼复浦:鱼复县的江边。鱼复,县名,属益州巴东郡,郡治所在地,故城址在今重庆奉节东。刘备自夷陵败退至此后,改名永安。

［七］马鞍山:山名。在今湖北宜昌西北,长江北岸。

第一百六十八回　八阵图石伏陆逊

　　救驾者,乃常山真定人也,姓赵,名云,字子龙,官授翊军将军①。此时赵云在蜀中江州,听知吴、蜀交兵,遂引军出。忽见东南一带火光冲天,云心惊,远远探视,不想先主遭困,云奋勇冲杀而来。陆逊闻是子龙,令军退去。云正杀之间,偶遇朱然,一枪刺然于马下,杀散吴兵,救出先主,望白帝城而走。先主曰:"朕今得脱矣,手下将士如何?"云曰:"敌军在后,不可久迟。陛下且入白帝城歇息,臣再引兵复来救之。"此时先主仅存百余人入白帝城。后人赞陆逊诗曰:

　　　　陆逊运良筹,能分吴国忧。
　　　　挥毫关将堕,焚铠蜀王羞。
　　　　功业昭千载,声名播九州。
　　　　至今巫峡地,草木尚添愁。

又诗曰:

　　　　持矛举火破连营,玄德穷奔白帝城。
　　　　一旦威名惊蜀魏,吴王宁不敬书生。

　　却说傅彤断后,被吴兵八面围住。丁奉大叫曰:"蜀将死者无数,降者极多!汝主刘备已被擒捉,解将去了!今汝力穷势孤,何不早降?"傅彤叱之曰:"吾乃汉将,安肯降吴狗乎!"言讫,忿怒越加,挺矛纵马,率蜀军奋力恶战,不下百余合,往来冲突,不能得脱。彤长叹曰:"吾今休矣!"言讫,口中吐血,死于吴军之中。后人赞傅彤诗曰:

　　　　夷陵吴蜀大交兵,陆逊施谋用火焚。
　　　　至死犹然骂"吴狗",傅彤真乃汉将军。

　　蜀益州从事祭酒程畿②,匹马奔到江边,教蜀水军赴敌。时有吴兵随后骤至,水军四散。畿部下将叫曰:"程祭酒快上马走罢!吴兵至矣!"畿怒曰:"吾自从主上出军,未尝赴敌而逃!"言未毕,吴兵骤至。四下无路,畿拔剑自刎。后人有诗赞曰:

　　　　江阳[一]刚烈,立节明君。
　　　　兵合遇寇,不屈其身。
　　　　单夫只役,陨命于军。

　　时有蜀军前部张南久围夷陵城,忽冯习到,言蜀兵败,遂引军来救先主,孙桓方才得脱。冯、张二将③正行之间,前面吴兵杀来,背后孙桓从夷陵城杀出,两下夹攻。冯习、张南奋力冲

---

　① 原作"官授虎威将军"。"虎威将军"系称号,而非实际官职。据《三国志·蜀书·赵云传》改。
　② 原作"蜀祭酒程畿"。据《三国志·蜀书·杨戏传》附《季汉辅臣赞》增补。
　③ 原作"张、冯二将"。冯习地位高于张南,故改。

突,不能得脱,死于乱军之中。后人有诗赞曰:

　　休元轻寇,捐躯致害。

　　文进奋身,同此颠沛。

　　患生一人,至于弘大。休元,乃冯习之字。文进,乃张南之字。

时有蛮王沙摩柯,匹马奔走,正逢周泰,交战十合,被泰斩之。蜀将杜路、刘宁,尽皆降吴。蜀营一应粮草器仗,寸尺不存。蜀军将士①,降者无数。赵云恐车驾有失,引本部军保护入白帝城。

却说陆逊大获全功,引得胜之兵,直往西追袭。前离夔关不远,逊在马上看见前面临山傍江,一阵杀气冲天而起,遂勒马回顾众将曰:"前面必有埋伏,三军不可进矣。"即倒退十余里,于地势空阔去处摆成阵势,以御敌军;即差哨马前去探视。回报曰:"无军屯在此。"逊不信,遂下马登高望之,杀气复起。逊再令人仔细观之。回报曰:"一骑之迹也无。"逊见日将西沉,杀气越加,心中犹豫,又令人探之。回报曰:"江边止有乱石八九十堆,并无人马。"逊大疑,寻土人问之。须臾,引数十人到。逊问曰:"乱石作堆者,何也?"土人曰:"此石乃诸葛丞相入蜀之时,驱兵到此,取石排成阵势,乃于沙滩之上常常有气如云,从内而起。此处地名渔复浦也。"

陆逊听罢,上马引数十骑来看石阵,立马于山坡之上,但见四面八方,皆有门有户。逊笑曰:"此乃惑军之术也,有何益焉!"遂引从骑下山坡来,直入石阵观看。部将曰:"日暮矣,请都督早回。"逊方要出阵,忽然狂风大作,飞砂走石,遮天盖地,但见怪石嵯峨,槎枒似剑;横沙立土,重叠如墙;江声浪涌,有如剑鼓之声。逊大惊曰:"吾中诸葛亮之计也!"急欲回时,无路可出。正惊疑之间,忽见一老人立于马前,笑曰:"将军欲出此阵乎?"逊曰:"愿老者引出之。"老人策杖徐徐而行,径出石阵,并无所碍,送至山坡之上。逊问曰:"老者何人也?"老人答曰:"老夫乃黄承彦也。昔小婿诸葛孔明入蜀之时,于此布下石阵,名'八阵图'[二]。反复八门,按遁甲休、生、伤、杜、景、死、惊、开。每日每时,变化无穷,可比十万之精兵也。临去之时,曾吩咐老夫道:'后有东吴大将迷于阵中,莫引而出之。'老夫隐于此山,专学道义。却才在于山岩之上,忽见将军从'死门'而入,料想不识此阵,必然迷矣。老夫不忍,特自'生门'引出也。"逊曰:"公曾学否?"黄承彦曰:"变化无穷,不能学也。"逊慌忙下马,拜谢而回。左右问曰:"此人何不杀之?"陆逊曰:"此仁者之人也。"后人赞"八阵图"诗曰:

　　孔明施妙用,布阵向沙堤。

　　未许桓温[三]识,先教陆逊迷。

　　江声喧鼓角,山气吐云霓。

　　庙貌今犹在,应须万古题。

宋贤晁尧臣有《赋八阵图》诗曰:

　　怪石成堆抵万军,孔明布阵在江滨。

---

① 原作"蜀将川兵"。承上文改。

　　　　四头八尾分形势，三略六韬惊鬼神。
　　　　天地风云生变化，鸟蛇龙虎按经纶。
　　　　历观自古行兵者，妙策如公有几人。
杜工部[四]《赞八阵图》诗曰：
　　　　功盖三分国，名成"八阵图"。江流石不转，遗恨欲吞吴。
　　陆逊叹曰："诸葛孔明真'卧龙'也，吾不及之！"于是下令，便教班师还吴。左右曰："刘备兵败势穷，困守一城，正好乘势而击之。今见石阵而退，何也？"逊曰："吾非惧石阵而退兵也。吾料魏主曹丕奸诈多出，与父无异，今知我胜，必然追袭。若深入益州，急难退矣。吾恐彼乘虚而袭我根本，故勒兵回。"遂令一将断后，逊率大军而回。退兵未及二日，三处人来飞报："魏兵曹仁出濡须，曹休出洞口，曹真出南郡：三路军马数十万，星夜至境，未知何意。"逊笑曰："不出吾之所料也。吾已令兵拒之，不足忧也。"诸将拜伏曰："都督真神机妙算也。"未知如何，且听下回分解。

【注释】
[一] 江阳：程畿曾任江阳太守，故以此代称。
[二] 八阵图：诸葛亮创造的一套阵法。唐宋以来附会颇多，《演义》所写更带神秘色彩。
[三] 桓温(312—373)：东晋大将。字元子，谯国龙亢(今安徽怀远西)人。曾任荆州刺史，于
　　　永和二年(346)率军入蜀，次年灭成汉。
[四] 杜工部：即唐代大诗人杜甫(712—770)。曾为检校工部员外郎，故世称杜工部。

第一百六十九回　白帝城先主托孤

　　章武二年夏六月，东吴陆逊大破蜀兵于猇亭、夷陵之地。先主在马鞍山陈兵自守。逊四面火攻。先主夜奔白帝城，焚铠断后，径到白帝城，赵云引兵据守。忽然马良至，见大军已败，懊悔不及，将孔明之言奏知先主。先主叹曰："朕早听丞相之言，不致今日之败！朕有何面目回成都而见群臣耶？"就白帝城驻扎，将馆驿改为永安宫。先主听知冯习、张南、傅彤、程畿、沙摩柯等，皆殁于王事，伤感不已。又近臣奏曰："黄权引江北之兵，降魏去了。陛下可将彼家属送有司[一]问罪。"先主叹曰："黄权被吴兵隔断在江北岸，欲归无路，不得已而降魏①；朕负于权，权不负于朕也。何必问罪于家属哉？权之妻子，仍给禄米以养之。"

　　却说黄权引兵降魏，诸将引见魏主曹丕。丕曰："卿今降朕，欲追慕于陈、韩也？"权泣而奏曰："臣受蜀帝之恩，殊遇甚厚，令臣督诸军于江北，被陆逊绝断。臣降吴不可，归蜀无路，却来归降于陛下。败军之将，免死为幸，安敢追慕于古人也！"丕大喜，遂拜黄权为镇南将军。权坚辞不受。忽近臣奏曰："有细作人自蜀中来，说蜀主将黄权家属尽皆诛戮。"权曰："臣与蜀主推诚相信，足知臣之本心，必不肯杀臣之家小也。"丕然之，遂问贾诩曰："朕欲一统天下，先取蜀乎？先取吴乎？"诩曰："刘备雄才，更兼诸葛亮善能治国；东吴孙权识虚实②，陆逊见兵势，屯兵于险要③，隔江泛湖，皆难卒谋。以臣观之，诸将之内，皆无刘备、孙权之对手。虽以陛下天威临之④，亦未见万全之势也。只可持守，以待二国之变。"丕曰："朕已遣三路大兵伐吴，安有不胜之理？"侍中刘晔⑤谏曰："近东吴陆逊新破蜀兵七十万，上下齐心，更有江湖之阻，不可仓卒制也。陆逊多谋，必有准备，未可伐之。"丕曰："卿前者劝朕伐吴，今又阻之，何也？"晔曰："时有不同之故。昔东吴屡败于蜀，其势顿挫，可以击之；今大获全功，锐气有百倍，将何以攻之？"丕曰："朕意已决，卿勿复言。"遂引御林军来与三路兵接应。晔又奏曰："东吴已有准备，今吴将吕范，引兵拒住曹休；诸葛瑾引兵在南郡，拒住曹真；朱桓引兵挡住濡须，以拒曹仁。此三路兵俱未利，陛下若去，必无益矣。"丕不从而去。

　　却说吴将朱桓，字休穆，吴郡人也，时年四十六岁⑥，极有胆勇，吴王甚爱之。督军于濡须，听知曹仁引大军去取羡溪[二]，桓尽发军守把羡溪去了，止留五千骑守城。忽一人报说曹仁令大将常雕同诸葛虔、王双，引五万精兵飞奔濡须城来。众军皆有惧色。桓按剑而言曰："凡两

---

① 原作"不得已而降之"。"之"所指不确，故改。
② 原作"东吴孙权不识虚实"，与文意相反。据《三国志·魏书·贾诩传》，删去"不"字。
③ 原作"陆逊见屯兵于险要"。据《贾诩传》增补。
④ 原作"虽然陛下天威临之"。据《贾诩传》，改"然"为"以"。
⑤ 原作"尚书刘晔"。据《三国志·魏书·刘晔传》改。
⑥ 原作"时年二十七岁"。据《三国志·吴书·朱桓传》推算而改。

第一百六十九回　白帝城先主托孤

军相战,胜负在将不在兵。兵多兵寡,汝等何惧哉?兵法云:'客兵倍而主兵半者,主兵尚能胜于客兵。'此言兵皆在于平川旷野之地也。吾观曹仁非智勇之将,况从千里步路而来。吾与汝等坐占高城,南临大江,北背山险,以逸待劳,为主制客,此乃百战百胜之势也。虽曹丕自来,吾何惧哉!"于是朱桓传令,教军偃旗息鼓,只作无人守把之意。

　　却说魏将先锋常雕,领精兵来取濡须城。离城不远,城上一声炮响,旌旗齐竖,朱桓横刀飞马,直取常雕。战不三合,被桓一刀斩常雕于马下。吴兵乘势冲杀一阵,魏兵大败,死者无数。朱桓大胜,得了旌旗许多。

　　且说曹仁随后领兵到来,却被吴兵从羡溪杀出。曹仁大败而退,回见魏主,细奏大败之事。曹丕大惊。正议之间,探马又报:"曹真、夏侯尚围了南郡,被陆逊内伏、诸葛瑾外伏精兵,内外夹攻,因此大败而退。"言未毕,忽探马又报:"曹休领兵亦被吕范杀败。"丕听知三路兵败,乃喟然叹曰:"朕不听贾诩、刘晔之言,果有此败!"时值夏间,大疫流行,马步军十死六七,遂引军回洛阳。吴、魏自此不和。

　　却说先主在永安宫染病不起,欲回成都又因面羞,渐渐沉重。至章武三年夏四月,先主自知病入四肢,又哭关、张二弟,其病愈深,两目微昏,厌见侍从之人。是夜,叱退左右,独卧于龙榻之上。忽然阴风飕飕而起,将烛吹摇,灭而复明,只见灯影之下,二人侍立。先主怒曰:"朕心绪不宁,教尔等且退,何意又来故恼朕耶?"叱之不退。先主自携玉麈斧起而观之,上首乃云长,下首乃益德也。先主大惊,曰:"二弟原来尚在?"云长曰:"臣非阳人,乃阴鬼也。盖为平生不失信义,玉帝皆敕命为神,哥哥将与兄弟聚会也。"先主扯定大哭。忽然惊觉,二弟不见,即唤从人观之,时正三更。先主叹曰:"朕不久于尘世矣!"遂差使命往成都请丞相诸葛孔明、尚书令李严等,星夜来永安宫,托以大事。孔明等闻召,星夜而来。时有先主次子鲁王刘永、梁王刘理听知召至,与孔明来永安宫见帝。太子刘禅守成都。

　　却说孔明到永安宫,见先主病危,慌忙拜伏于龙榻之下。先主传旨,乃请孔明坐于龙榻之上。近臣扶起先主,抚其臂曰:"朕自得丞相,成其帝业;何期智术浅陋,不纳丞相之言,自取其败,羞回成都与丞相相见。今日病已危笃,不得不请丞相托以大事也。"言讫,泪流满面。孔明亦涕泣曰:"愿陛下善保龙体,以副天下之望!"先主以目遍观,只见马良弟马谡音速在前,先主皆令且退。先主命孔明复坐,而问曰:"丞相观马谡之才何如?"孔明答曰:"此人乃当世之英杰也。"先主曰:"不然。朕视其人,言过其实,不可大用。丞相可深察之。"先主盼咐了,又唤诸臣入,乃索纸笔写罢遗诏,递与孔明而叹曰:"朕不读书,粗知大略。圣人云:'鸟之将死,其鸣也哀;人之将死,其言也善。'朕本待与卿等同灭曹贼,共扶汉室,不幸与卿等中道而别也。"言讫,又与孔明曰:"烦丞相将诏可就付与刘禅,勿以为常言也。凡事宜教之!"孔明等泣拜于地曰:"愿陛下将息龙体,臣等尽施犬马之劳,以报陛下知遇之恩也。"先主请起孔明,一手掩泪,一手执其手曰:"朕今死矣,有心腹一言以告之!"孔明曰:"愿陛下勿隐,臣当拱听。"先主泣曰:"君才胜曹丕十倍,必安国而成大事。若嗣子可辅,则辅之;如其不才,君可自为成都之主。"孔明听毕,汗流遍体,手足失措,泣拜于地曰:"臣安敢不竭股肱之力也?愿效忠贞之节,继之以

死!"言讫,以头叩地,两目流血。先主又请孔明坐于榻上。先主唤子鲁王刘永、梁王刘理近前,吩咐曰:"尔等皆记朕言:朕亡之后,尔兄弟三人皆以父事丞相。稍有怠慢,天人共诛尔等不孝之子!"先主又与孔明曰:"丞相请坐,朕儿拜以为父。"二王拜毕,孔明曰:"臣以肝脑涂地,安能补报知遇之恩也!"先主与李严等多官曰:"朕已托孤于丞相,令嗣子以父事之。卿等官僚勿可怠慢,以负朕望耳。"先主又与赵云曰:"朕与卿于患难之中,相从以今,不想于此地分别。卿可想朕之故交,早晚看觑[三]幼子,勿负朕言。"云泣拜于地曰:"臣愿效犬马之劳,以扶社稷!"先主又与多官曰:"朕不能一一吩嘱,皆乞保爱。"言毕,驾崩。时圣寿六十三岁,章武三年夏四月二十四日也。

后晋平阳侯相陈寿①史评曰:

先主之弘毅[四]宽厚,知人待士,盖有高祖之风,英雄之器焉②。及其举国托孤于诸葛亮,而心神无贰,诚君臣之至公,古今之盛轨[五]也。机权[六]干略,不逮魏武,是以基宇亦狭。然折而不挠,终不为下者,抑揆[七]彼之量必不容己,非唯竞利,且以避害云尔。

又赞曰:

皇帝遗植,爱滋八方。
别自中山,灵精是钟。
顺期挺生,杰起龙骧。
始于燕代,伯豫君荆[八]。
吴越凭赖③,望风请盟。
挟巴跨蜀,庸汉[九]以并。
乾坤复秩,宗祀惟宁。
蹑基履迹,播德芳声。
华夏思美,西伯其音。
开庆来世,历载攸兴。

又历年图曰:

昭烈以败亡之余,羁旅汉南,而能屈体英杰,要结同志,摧沮劲敌,因败为功,颠沛之际,不忘德义,美矣!刘璋昧弱,侮而兼之,遂奄有巴、蜀,君临一隅。安乐公[一〇]材虽下中,然委任贤相,抗衡中国,及姜、黄用事,而面缚为虏,宜矣!

又宋贤有诗曰:

涿郡生英杰,飘然迥不群。
慈仁安万姓,情义动三军。

---

① 原作"晋平阳侯陈寿"。据《华阳国志·后贤志》,补"相"字。
② 原作"英雄之气焉"。据《三国志·蜀书·先主传》改。
③ 原作"吴越凭刺"。据《三国志·蜀书·杨戏传》附《季汉辅臣赞》改。

第一百六十九回　白帝城先主托孤

　　创业心尤重，求贤礼至勤。
　　唐、虞堪比论，大度圣明君。

又胡竹窗赞美先主诗曰：

　　日暮乾坤易动摇，中山原有旧根苗。
　　规模尽可绍光武，道德真堪比帝尧。
　　势若苍龙离碧海，形如丹凤上青霄。
　　老天若更留玄德，未许曹丕篡汉朝。

又宇文景昭作成都尹，谒先主之庙，有赞曰：

　　燕南圣君，心存忠信。
　　扫荡烟尘，亲冒血刃。
　　义逊荆州，抚安蜀郡。
　　情动关、张，德崇尧、舜。
　　继汉华夷，代天休运。
　　昭烈英风，赞之难尽。

又徐雪庭观史，见托孤一事，有诗赞曰：

　　大厦将倾一木扶，非公孰可托遗孤？
　　奇才真与伊、周并，洪量能超管、乐谟。
　　十倍曹丕人罕及，七擒孟获古应无。
　　天心故把英雄殁，未得中原命已殂。

又后人过白帝城永安宫有感诗曰：

　　三顾情勤两意投，托孤堪可继成周[一一]。
　　至今白帝城边过，一度思君一泪流！

　　先主驾崩，文武官僚哀痛至甚。孔明等奉梓宫[一二]还成都。后主刘禅出城迎接灵柩，安于正殿之内。后主哀恸祭祀，下官亦举哀毕，开读遗诏。诏曰：

　　朕初得病疾，但下痢耳，后转生杂病，殆不自济。朕闻"人年五十，不称夭寿"。今年六十有余，死复何恨！但以卿兄弟为念耳。勉之，勉之！勿以恶小而为之，勿以善小而不为。惟贤惟德，可以服人。卿父德薄，不足效也。卿与丞相从事，事之如父，勿怠！勿忘！卿兄弟更求闻达。至嘱！至嘱！

群臣读诏已毕，孔明乃上言于后主曰：

　　伏惟大行皇帝迈仁树德，覆焘音道无疆，昊天不吊，寝疾弥留[一三]，今月二十四日奄忽升遐[一四]，臣妾号咷，若丧考妣。乃顾遗诏，事惟大宗，动容损益；百僚发哀，满三日除服，到葬期复如礼；其郡国太守、相、都尉、县令长，三日便除服。臣亮亲受敕戒，震畏神灵，不敢有违。臣请宣下奉行。

孔明曰："国不可一日无君，请立嗣君以承汉统。"乃立刘禅即大汉皇帝位，改章武三年为建兴[一五]元年。禅字公嗣,时年十七岁。封诸葛丞相为武乡侯①,领益州牧。后八月,葬先主于惠陵[一六],谥曰昭烈皇帝。尊吴皇后为皇太后,入养老宫。谥甘夫人为昭烈皇后。大赦天下。

却说魏军探知此事,火速报入中原。近臣奏知魏主,曹丕大喜曰:"刘备已亡,朕无忧矣。何不乘其国中无主,起兵伐之?"贾诩谏曰:"刘备虽亡,必托于诸葛亮矣。备善能用人,亮必倾心竭力,扶持幼主。陛下不可仓卒伐之。"正言间,忽一人从班部中奋然而出,大笑曰:"不乘此时进兵,更待何时?"众视之,乃河内温人也,复姓司马,名懿,字仲达,见为尚书右仆射②。丕大喜,遂问计于懿。未知如何,且听下回分解。

【注释】
[一] 有司:主管官吏。
[二] 姜溪:地名。在今安徽芜湖西北,长江西岸。
[三] 看觑:看顾,照料。
[四] 弘毅:抱负远大,意志坚强。
[五] 盛轨:美好的楷模。轨,规范,楷模。
[六] 机权:机谋权变。
[七] 揆:揣度,估量。
[八] 伯豫君荆:指刘备先后任豫州牧、荆州牧。
[九] 庸汉:指上庸、汉中。
[一〇] 安乐公:指刘禅,蜀亡降魏后,封安乐公(见第二三八回)。
[一一] 成周:本指西周的东都洛邑。此处即指西周,用周武王死后,周公旦辅成王典故。
[一二] 梓宫:皇帝的棺。
[一三] 弥留:本指久病不愈,后亦指病重将死。此处用本义。
[一四] 升遐:旧指帝王去世。
[一五] 建兴:蜀汉后主刘禅年号(223—237)。
[一六] 惠陵:刘备的陵墓。在今四川成都武侯祠内。

---

① 原作"加诸葛丞相为武乡侯"。据《三国志·蜀书·诸葛亮传》,改"加"为"封"。
② 原作"见为兵部尚书"。东汉三国无"兵部尚书"官职。据《晋书·宣帝纪》改。

第一百七十回　曹丕五路下益州①

却说魏主曹丕欲起兵收蜀，乃问司马懿曰："朕欲收蜀，当用何策？"懿曰："若只起中国之兵，急难取胜。须用内外夹攻，令诸葛亮首尾不能救应，虽有神机妙策，不能施展矣。欲成大事，必起五路大兵，可成大事矣！"丕曰："何为五路？"懿曰："可修国书一封，差使往鲜卑国[一]②，见国王轲比能[二]，送以金帛，以赂其心，令起兵十万③，先从旱路取西平关[三]攻蜀。此一路也。又可修国书差使赍官诰赏赐，直入南蛮之地，见蛮王孟获，令起蛮兵十万攻打益州、永昌、牂牁、音藏哥。越巂④四郡[四]，以击益州之南。此二路也。又可差使入吴，分析前事，许割地为邻，令孙权起兵十万，由峡口入蜀，径取涪城⑤。此三路也。又可差使令降将孟达，起上庸兵十万，西攻汉中。此四路也。然后命大将军曹真为大都督，提兵十万，由京兆径出阳平关取益州。此五路也。以大军五十万，五路进之，诸葛亮便有吕望之才，安能当之？"丕大喜，乃密遣能言官四员为使，前去四路起兵；然后命曹真为大都督，领兵十万，径取阳平关。此时张辽等一班旧战将，皆封列侯，俱在冀、徐、青、合肥、并等处，据守关津隘口，把截城池，将养老年，不能一一开说。

却说蜀汉后主刘禅⑥，自即位以来，旧臣官僚俱各升赏，多有病亡者，不能细说。凡一应朝廷选法[五]、钱粮、器用、词讼等事，皆从诸葛丞相裁处。

却说后主未立皇后，孔明与群臣上言曰："亡故车骑将军张益德长女甚是贤德，年十七岁，可纳为正宫皇后。"后主即纳之。后来此女夭亡，又纳次女为后，皆飞之女也。

时建兴元年秋八月，忽近臣奏有祸事。后主问其故，近臣曰："今曹丕调五路大军来取益州，第一路乃鲜卑王轲比能，起兵十万⑦，犯西平关；第二路乃蛮王孟获，起蛮兵十万，犯益州四郡；第三路乃吴王孙权，起精兵十万，取峡口入蜀；第四路乃反将孟达，起上庸兵十万，犯汉中；第五路曹真为大都督，起兵十万，取阳平关：此五路军马，甚是厉害。欲先报知丞相，丞相不知为何，数日不出视事。"后主听罢大惊，汗流浃背，即差人宣孔明入朝。使命去了半日方回，报说："丞相府下人言，丞相染病不出。"后主转慌，又命黄门侍郎董允、谏议大夫杜琼，去丞相卧

---

① 原作"曹丕五路下西川"。"西川"系唐以后地名，承前文，改为"益州"。
② 原作"辽东鲜卑国"。轲比能所部不在辽东郡，故删"辽东"二字。
③ 原作"令起辽西羌胡番兵十万"，语意混乱："辽西"方位不合，"羌胡"与"鲜卑"并非一族，"番"则系古时对外族的通称，均删去。
④ 原作"越寓"，系因"寓"、"巂"形近而误。据《三国志·蜀书·后主传》及《华阳国志·南中志》改。
⑤ 原作"攻两川峡口，由险峻隘口径取涪城"。当时有两个峡口：一在今湖北宜昌东，已在孙权辖区；另一在今四川乐山东，北上即达成都，而不必"取涪城"。故改。
⑥ 原作"大蜀后主刘禅"。"大蜀"误，按史籍习称，改为"蜀汉"。
⑦ 原作"番王轲比能，起羌胡兵十万"。承上文改。

榻前告此大事。董、杜二人径到丞相府前,皆不得入。杜琼曰:"先帝托孤于丞相,今主上初登宝位,被曹丕五路兵犯境,军情至急,丞相何故托病不出?"少顷,左右曰:"丞相稍可,明早出都堂议事。"董、杜二人叹息而回。

次日,多官又来丞相府前伺候,从早到晚,又不见出。多官各出怨言而回。次日早朝,杜琼出班奏曰:"请陛下圣驾,亲往丞相府问计。"后主年幼,恐丞相见怪,即引多官入养老宫,启奏皇太后。太后听知大惊,曰:"丞相何故如此?有负先君委托之意也!吾当自往。"董允奏曰:"娘娘未可行也。臣料丞相必有高见。且待主上先往。如其不然,却请娘娘于太庙中,召丞相问之未迟。"太后依奏。

是日,后主车驾至相府,门吏见驾到,慌忙拜伏于地而迎。后主问曰:"丞相在何处?"门吏奏曰:"不知在何处。只有丞相钧旨,教挡住百官,勿得辄入。"后主乃下车步行,独进第三重门,见孔明独倚竹杖,在小池边观鱼。后主在后立久,乃徐徐而言曰:"丞相安乐否?"孔明回顾,见是后主,慌忙弃杖,拜伏于地而奏曰:"臣该万死!"后主亦答礼,而言曰:"今五路兵犯境甚急,相父父,音甫,犹'尚父'、'仲父'、'亚父'之类。缘何不肯出府视事?"孔明大笑,扶后主入内室坐定。后主惊慌未安。孔明曰:"五路兵至,臣安得不知?臣非观鱼,有所思也。"后主曰:"如之奈何?"孔明曰:"鲜卑轲比能①、南蛮孟获、反将孟达并曹真:此四路兵,臣已皆退了也。止有东吴孙权这一路兵,臣亦已有计了,但遣一能言之人为使,未得其人,故熟思之。陛下何必忧乎?"后主听罢大惊,曰:"相父劳神也!果有鬼神不测之机!愿闻相父退兵之策。"孔明曰:"先君以陛下付托与臣,臣安敢旦夕怠慢。成都百官各司乃职,皆不晓兵法之妙。令鬼神不测,此为机也,安敢泄漏于人?老臣先知鲜卑国王轲比能②,引兵犯西平关。臣料马超积祖西州人氏③,素得羌胡之心,羌胡以超为神威天将军。臣已先遣一人星夜持飞檄,令马超紧守西平关,伏四路奇兵,每日交换,以兵抗之。鲜卑兵顺④,则以金帛礼物遣之;逆,则以兵抗之。此一路不必忧矣。次又南蛮孟获,兵犯四郡。臣亦已飞檄,遣魏文长延字领一军左出右入,右出左入,为疑兵之计。蛮兵失其地利,惟凭勇力,其心多疑,若见疑兵,必不敢进。此二路又不足忧矣。又知孟达引兵出汉中。达颇知《诗》、《书》之义,与李严曾结生死之交。昨臣回成都,留李严守永安宫即白帝城也。臣作一书,只做李严亲笔,令人送与孟达;达若见了,便不来犯境,心中主张不定,必然推病不出,以慢军心。此三路又不足忧矣。又知曹真引兵犯阳平关。此地险峻,可以保守。臣已调赵子龙引一军守把关隘,并不出战,曹真若见我兵不出,不久自退矣。此四路之兵俱不足忧也。臣尚恐不能全保,又密调关兴、张苞二将,各引兵三万为左右五路救应,却使屯兵于中央,随处紧要,便当救之。因此,兵机并不曾经由成都,故无一人知其消息也。只有东吴这一路兵,未必便动:如见四路兵胜,蜀中危急,必来攻之;若四处不济,安肯动也?臣

---

① 原作"羌胡轲比能"。承上文改。
② 原作"西番国王轲比能"。承上文改。
③ 原作"马超积祖西川人氏"。马超自祖父马肃起,世居凉州(当时又称"西州")。原文因"州""川"形近而误。
④ 原作"羌胡兵顺"。承上文改。

料孙权想曹丕出兵三路之怨①,必不肯从其言。虽然如此,须用一舌辩之士,径往东吴以利害说之,则先利东吴;其四路之兵,何足忧乎?但未得说吴之人,臣故思之。何劳陛下圣驾来临?"后主曰:"太后亦欲来见相父。今朕闻相父之言,如梦初觉,复何忧哉!"

孔明与后主共饮数杯,送后主出府。多官皆环立于门外,见后主欣然,面有喜色。后主别了孔明,上御车回朝。众皆疑惑不定。孔明见多官中一人仰天而笑,面有喜色。孔明视之,乃义阳新野人也,姓邓,名芝,字伯苗,见在蜀中为尚书②,汉司徒邓禹之后③。孔明暗令人留住邓芝。多官皆散,孔明教请芝到书院中,闲叙半日。孔明问曰:"今蜀、魏、吴鼎分三国,我主乃大汉也④,欲讨伐二国,一统中兴,当先伐何国?"邓芝答曰:"以愚意论之,魏虽汉贼,其势甚大,急难摇动,当徐徐讨之。今主上初登宝位,民心未安,当与东吴连合,结为唇齿,一洗先君旧怨⑤。此乃长久之计也,未审丞相钧意若何?"孔明大笑曰:"吾思久矣,争奈未得其人。今日方得也!"芝问曰:"丞相欲其人何为?"孔明答曰:"不辱君命,可谓士也。以此观之,独伯苗可矣,余皆不可,吾故笑也。"芝曰:"愚才疏智浅,恐负丞相大用。"孔明:"吾来日奏知天子,便请伯苗投东吴一行,切勿推辞。"芝曰:"愚愿往。"至次日,孔明奏准后主,差邓芝去说东吴。芝拜辞,望东吴而来。未知如何,且听下回分解。

【注释】

[一] 鲜卑国:古代小说对鲜卑族的俗称。东汉三国时期,鲜卑族占据了大漠南北广大地区,但未建立王国;其各部首领称"大人",不叫"国王"。

[二] 轲比能(?—235):鲜卑首领。魏文帝时,受封为"附义王"。后时附时叛。魏明帝青龙三年(235),被幽州刺史王雄遣人刺杀。

[三] 西平关:《演义》虚构的关隘名。

[四] 益州、永昌、牂牁、越嶲四郡:系益州南部的四郡,三国时统称"南中",相当于今四川省大渡河以南和云南、贵州两省。益州郡治所在滇池(今云南晋宁东),永昌郡治所在不韦县(今云南保山东北),牂牁郡治所在故且兰(今贵州黄平西南),越嶲郡治所在邛都(今四川西昌)。

[五] 选法:选拔官吏之法。

---

① 原作"曹丕出兵三次之怨"。承第一六九回,改"三次"为"三路"。
② 原作"见在蜀中为户部尚书"。东汉三国无"户部尚书"官名。据《三国志·蜀书·邓芝传》改。
③ 原作"汉司马邓瑀之后"。据《邓芝传》改。
④ 原作"蜀主乃大汉也"。诸葛亮不应称刘禅为"蜀主",而应称"我主"。
⑤ 原作"一洗先君旧愿"。"愿"系"怨"之音误。

卷之十八

第一百七十一回　难张温秦宓论天

　　却说东吴陆逊自退魏兵之后，吴王拜逊为辅国将军，领荆州牧，改封江陵侯①。自此兵权皆归于逊。
　　却说张昭、顾雍启奏吴王，令改元。权从之，遂改为黄武[一]元年。因魏号黄初，蜀号章武，于二号中各取一字，故号曰黄武。是年，魏主曹丕欲起五路兵击蜀，遣使入吴。此时吴王正聚文武，忽近臣奏说：“魏遣使至。”权召入，使命陈说：“蜀前使人求救，朕一时不明，故发兵应之；今已大悔，欲起四路兵收蜀，尔可接应。若得蜀土，各分一半。”
　　权闻言，不能决，乃问于张昭、顾雍等。昭答曰：“今陆伯言极有高见，可请问之。”权即召陆逊至。逊奏曰：“曹丕坐镇中原，急不可图；今若不从②，必为仇矣。臣料魏、吴，皆无诸葛亮之谋。今且勉强应允，整军预备，只探听四路如何。若四路兵胜，蜀中危急，诸葛亮首尾不能救，主上则发兵以应之，先取成都，深为上策。如四路兵败，别作商议。”权从之，乃与使命曰：“军需未办，择日起军。”使拜辞而去。权令人探得鲜卑兵出西平关③，见了马超，不战自退；南蛮孟获起兵攻四郡，皆被魏延用疑兵计杀退，回洞[二]去了；上庸孟达兵至半路，忽然染病不能行；曹真兵出阳平关，赵子龙拒住各处险道，果然"一将守关，万夫莫逾"，曹真屯兵于斜谷道，不能取胜而回。孙权听毕，乃与文武曰："陆伯言真神算也。孤若妄动，又结怨于西蜀矣。"
　　忽报西蜀遣邓芝为使入国。张昭进曰："此又是诸葛亮退兵之计，故遣邓芝为说客也。"权曰："当何以答之？"昭曰："先于殿前立一大鼎，贮油数百斤，下用炭烧。待其油沸，可选身长面大武士一千人，各执刀在手，从宫门前直摆至殿上，却唤芝入见。休等此人开言下说词，责以郦食其说齐故事，效此例必烹之，看其人如何对答。"
　　权从其言，遂立油鼎，命武士列于左右④，各执军器，召入邓芝。芝整衣冠而入。行至宫门前，只见两行武士，威风凛凛，各持钢刀大斧，长戟短剑，直列至殿上。芝晓其意，并无惧色，昂然而行。至殿前，又见鼎镬内热油正沸。左右武士以目视之，芝但微微而笑。近臣引至帘前，邓芝长揖不拜。权令卷起珠帘，大喝曰："尔乃何等匹夫！不拜何也？"芝昂然而答曰："上国天使，不拜小邦之主。"权大怒曰："汝不自料，欲掉三寸之舌，效郦生而说齐也。尔便是随何再出，陆贾重生，亦不能动孤万分之一也！尔可速入油鼎！"芝大笑曰："人皆言东吴多贤，谁想惧一儒也！"权转怒曰："孤何惧尔一匹夫耶？"芝曰："既不惧邓伯苗，何愁来说汝也？"权曰："尔欲效诸葛亮作说客，来说孤绝魏向蜀，是否？"芝曰："吾乃蜀中一儒生，特为吴国利害而来。何故

---

① 原作"吴王拜逊为辅国将军、江陵侯，领荆州牧"。据《三国志·吴书·陆逊传》改（逊先已封娄侯，故此处为"改封"）。
② 原作"今君不从"。陆逊不应称孙权为"君"。据文意改。
③ 原作"西番兵出西平关"。承上文改。
④ 原作"命武士以列于左右"。"以"字赘，删去。

陈兵设鼎,以拒一使?见其局量[三]之不容物也!"

权被芝一说,叱退左右武士,命上殿赐坐而问曰:"吴、魏之利害,若何?吴、蜀之便益,若何?先生勿惜剖露。"芝曰:"大王欲与蜀和,欲与魏和?"权曰:"孤正欲与蜀主讲和,但恐幼主不能以全始终,被魏所欺耳。"芝曰:"大王乃命世之英贤,诸葛亮亦乃当世之豪杰;蜀有山川之险阻,吴有三江之固守:若二国连和,共为唇齿,进则可以兼并天下,退则可以鼎足而立。今大王若委曲称臣于魏,魏必望其朝觐,求东宫太子以为内侍;若不从时,则奉诏伐之,蜀亦顺流而进取。如此,则江南之地,不复有于大王也。若大王以愚言为不然,且细思之。愚将就死于大王之前,以绝说客之名也。"言讫,撩衣下殿,望油鼎中便跳。权急命止之,请入后殿,以上宾待之。权曰:"先生之言,正合孤意。欲与蜀主连和,先生肯主之乎?"芝曰:"今早欲烹小臣,乃大王也;今欲使小臣,亦乃大王。大王犹自孤疑未定,安能取信于天下乎?"权曰:"今孤心下不明,愿先生教之。"

于是吴王留邓芝过了旬日,权集多官问曰:"孤掌三州之地①,反不如西蜀偏僻之处也。蜀有邓芝,不辱其主;吴并无一人入蜀,以达孤意。"众皆默然。忽一人出班而奏曰:"臣愿为使。"众视之,乃吴郡吴人也,姓张,名温,字惠恕,见为中郎将。权问之,张温奏曰:"臣虽不才,愿以片言入蜀,共结永远之好。"权曰:"恐卿到蜀见诸葛亮,不能通孤之微意也。"温曰:"大王何故自失其志?孔明固当世之人杰,臣亦当世之人杰。圣人云:'舜,人也;我,亦人也。'臣何畏彼哉?大舜尚犹可效,何况今人耳!"权大喜,重赏张温,同邓芝入蜀,来见孔明,共议连和之事。

却说孔明自邓芝去后,来奏后主曰:"邓芝去久,必干成事矣。吴地多贤,定有人来答礼也。陛下当以礼貌敬之,令彼回吴,以通盟好。吴若通和,魏必不敢加兵于蜀矣。吴、魏宁靖,臣当征南,削平蛮夷之地,然后图魏。魏灭,则东吴亦不能久存,足可以展故旧之大统也。"后主谢之。

忽报东吴遣张温与邓芝入蜀达礼。后主聚文武于丹墀,令邓芝引张温入。温自以得志,昂然上殿,见后主施礼。后主赐绣墩[四],坐于殿左,设御宴待之。后主但敬重而已。宴罢,百官送张温到馆舍。次日,孔明设宴相待。张温心中自以蜀中无我等之对手,故不惧。孔明亦甚敬重。酒至半酣,孔明曰:"先君在日,与吴不睦,今已晏驾[五]。主上年幼,深慕吴王,不能见面。望大夫回国时以善言回奏,蜀、吴永远结好,乃并力破魏,作万年之计也。"温见孔明谈笑自若,甚有傲忽之意。

次日,后主赐金帛与张温,孔明等各以异锦玩器送之,设宴于城南邮亭[六]之上,多官皆送于此。孔明殷勤劝酒。正饮之间,忽一人乘醉而入。张温便有怒色,其人昂然长揖,入席就坐。温不然,乃问孔明:"此何人也?"孔明答曰:"姓秦,名宓,字子敕,益州学士也②。"温笑曰:

---

① 原作"孤掌江南八十一州,更有荆楚之地"。据《三国志·吴书·吴主传》改。参见第一六三回。

② 原作"现为益州学士也"。东汉三国无"学士"官名。据《三国志·蜀书·秦宓传》,宓当时任长水校尉;诸葛亮称其为"益州学士",意为"益州学识渊博之士"。

"名称学士,未知胸中曾学事乎?"宓正色而言曰:"蜀中五尺小童,尚皆就学,何况于我乎!"温曰:"且说汝何所学?"宓对曰:"上至天文,下至地理,三教九流,诸子百家,无所不通;古今兴废,圣贤经传,无所不览。汝问我学,何相藐乎?"温笑曰:"汝既出大言,吾且问汝天文之事。天有头乎?"宓对曰:"有头。"温曰:"头在何方?"宓曰:"在西方。《诗》云:'乃眷西顾。'以此推之,头在西方也。"温又问:"天有耳乎?"宓答曰:"天处高而听卑。《诗》云:'鹤鸣九皋,声闻于天。'无耳何能听之?"温又问:"天有足乎?"宓答曰:"有足。《诗》云:'天步艰难。'无足何能步之?"温又问:"天有姓乎?"宓答曰:"岂得无姓!"温曰:"何姓?"宓答曰:"姓刘。"温曰:"何以知之?"宓曰:"天子姓刘,故以知之。"温又问曰:"日生于东乎?"宓对曰:"虽生于东,而没于西。"此时秦宓语言清朗,答问如流,满坐皆惊。张温无语,宓却问曰:"先生东吴名士,既以天之一事下问,必能明天之理也。昔混沌既分,阴阳剖判,轻清者上浮而为天;重浊者下凝而为地。至共工氏战败[七],头触不周山,天柱折,地维缺;天倾西北,地陷东南。天既轻清而上浮,又何倾其西北乎?轻清之外,还是何物?愿先生教之。"张温似醉如痴,无言可答,乃避席而谢孔明曰:"不意蜀中多出俊杰。恰闻讲论,使仆顿开茅塞也。"孔明恐温羞愧,故以善言解之曰:"席间问难,皆戏谈耳。足下深知安邦定国之道,何在唇齿之戏哉!"温拜谢。孔明又令邓芝入吴答礼,就与张温同行。张、邓二人拜辞孔明,望东吴而来。

却说吴王见张温入蜀未还,乃聚文武商议。忽近臣奏曰:"蜀遣邓芝同张温入国答礼。"权召入。张温拜于殿前,备称后主、孔明之德,愿求永结盟好,特教邓尚书又来答礼。权大喜,乃设宴待之。权问邓芝曰:"若吴、蜀二国同心灭魏,得天下太平,二主分治①,岂不乐乎?"芝乃应声答曰:"'天无二日,民无二王。'如灭魏之后,大王未识天命所归何人也。但为君者,各修其德;为臣者,各尽其忠。则战争方兴②,未可以为乐也。"权大笑曰:"君乃诚实之士也。蜀中有如此之人,孤安敢妄侵地土也!愿求永结盟好。"权厚赠邓芝还蜀。自此吴、蜀通和。

却说魏国细作人探知此事,火速报入中原。魏主曹丕听知,大怒曰:"吴、蜀连和,必有图中原之心也。不若朕先伐之!"于是大集文武,商议起兵伐吴。未知胜负如何,且听下回分解。

【注释】

[一] 黄武:吴王孙权年号(222—229)。

[二] 洞:古代西南少数民族的村社组织。旧时用作对少数民族聚居区的泛称。

[三] 局量:器量。

[四] 绣墩:铺有锦缎的坐具。

---

① 原作"得天下太半,二主平共分治"。"太半"系"太平"之形误,"平共"赘。据《三国志·蜀书·邓芝传》改。

② 原作"然战争方兴"。"然"与上文脱榫,据《邓芝传》,改为"则"。

〔五〕晏驾：称帝王死亡的讳辞。
〔六〕邮亭：古代供传递文书的人和旅客歇宿的馆舍。
〔七〕共工氏战败：共工，古代神话中的水神。据《淮南子·天文训》，共工曾与颛顼争为帝，战败，怒而头触不周山，以致"天柱折，地维绝。天倾西北，故日月星辰移焉；地不满东南，故水潦尘埃归焉"。

第一百七十二回　泛龙舟魏主伐吴

却说魏主曹丕欲伐东吴，乃会文武。此时大司马曹仁、太尉贾诩已亡，丕皆厚葬之。使多官上殿，问曰："近日孙权与蜀连和，往来甚密，必生异心。朕欲先伐吴，后破蜀，尔诸大臣有何高见？"侍中辛毗出班奏曰："天下新定，土阔民稀，而欲用兵，未见其利。今日之计，莫若养兵屯田，十年足食足兵，然后用之，则蜀、吴方可破也。"丕大怒曰："此儒生迂阔之论也！今蜀、吴连和，早晚必来侵境，何暇等待十年也！"即传旨，当日起兵伐吴。司马懿奏曰："吴有长江之险，非船只不可渡。陛下必御驾亲征，可选大小战船，从蔡、颖〔一〕而入淮，取寿春，至广陵，渡江口，径取京城①，此为上策。"丕从之。于是日夜并工，造龙舟一只，长二十余丈，可容二千余人，收拾战船三千余只。魏黄初五年秋八月，会聚大小将士，令曹真为前部将，令张辽、张郃、文聘、徐晃等为大将先行，许褚、吕虔为中军护卫，曹休等为合后，刘晔、蒋济为参谋官。前后水陆军马三十余万，克日起兵。以司马懿为尚书右仆射②，留在许昌，凡国政大事，并皆听懿决断。

不说魏兵起程。却说东吴细作探知此事，报入吴国，近臣慌奏吴王曰："今魏主曹丕，亲自乘驾龙舟，提水陆大军三十余万，从蔡、颖出淮，必取广陵渡江，来下江南，甚为厉害。"孙权听知大惊，即聚文武商议。顾雍出班奏曰："今主上既与西蜀连和，可修国书一封，与诸葛丞相，令起兵出汉中，以分其势。又速遣一大将，屯兵京城以拒之。"权曰："非陆伯言，不可当此大任。"雍曰："陆伯言镇守荆州，挡北之大势，非可动也。若取陆伯言至此，倘夏侯尚等军马突出，荆州危矣。"权曰："孤非不知，奈眼前无替力之人。"言未尽，一人从班部中应声而出曰："大王何待群臣之薄也？臣虽不才，愿统一军以挡魏兵。若曹丕亲渡大江，臣必生擒于殿下；若不渡江，亦杀魏兵太半，令魏军不敢正视东吴矣。若不应其言，甘灭九族！"权视之，乃琅琊莒县人也，姓徐，名盛，字文向③。权大喜曰："如得卿守江南一带，孤何忧哉！"遂拜徐盛为安东将军，都督建业、京城军马④。

盛谢恩领命，即会建业诸将听令。众皆一一应诺。内一人昂然不语，盛视之，乃吴王侄孙韶也。韶字公礼，官授扬威将军，曾在广陵守御，极有胆勇⑤。当时见徐盛传令教众官军多置器械，多设旌旗，以为守护江岸之计，韶甚不然，乃挺身出问曰："今日大王以重任委托将军，欲破曹兵以擒曹丕，将军何不早发军马渡江，于淮南之地迎战，直待曹丕兵至江岸矣？彼军若至江岸，须惊动江南之百姓也。"盛曰："曹丕势大，更有名将为先锋，不可渡江迎敌。吾值待彼船

---

① 原作"径取南徐"。承第一〇六回改。
② 原作"封司马懿为尚书仆射"。据《晋书·宣帝纪》改。
③ 原作"字文响"。据《三国志·吴书·徐盛传》改。
④ 原作"总镇都督建业、南徐军马"。"总镇"赘，删去；"南徐"应作"京城"。
⑤ 原作"年幼极有胆勇"。据《三国志·吴书·宗室传》推算，孙韶时年三十七岁，故"年幼"应删。

皆集于北岸，吾自有计破之。"韶曰："吾手下自有三千军马，更兼深知广陵路势，吾愿自去江北与曹丕决一死战。如不胜时，当斩其首！"盛不从，韶坚执要行；盛只是不肯，韶再三要去。盛曰："汝今不从，吾安能制诸将乎？"叱武士推出斩之。那群刀斧手拥孙韶出辕门之外，立起皂旗。武士料得有人来救，未敢下手。韶部将见之，飞报吴王；权听知，急上马来救。徐盛又令人催促，要献首级。武士便欲下手，权忽然骤至，喝散刀斧手，救了孙韶。韶哭奏曰："臣往年在广陵，深知地利；不就那里与曹丕厮杀，直待他下了长江，东吴指日休矣！"权径入营来。徐盛迎接上帐，奏曰："大王命臣为都督，提兵拒魏；今扬威将军孙韶不遵军法，违令当斩，大王何故赦之？"权曰："韶倚血气之壮，误犯军令，万希宽恕。"盛曰："法非臣之所立也，亦非大王之所立也，乃国家之典刑。若以亲而免之，以仇而杀之，公论何在耶？"权曰："此子若是宗室，任将军处治，孤岂敢救？奈是孙伯海之亲侄也，少亡其父，依傍伯海养之。本姓俞氏，孤兄甚爱，乃赐姓孙。于孤颇有劳绩。今若杀之，负兄义矣，又绝灭俞门之后也！"盛曰："且看大王龙颜，寄下死罪。"权令孙韶拜谢。韶昂然不拜。盛问曰："今番服也不服？"韶厉声而言曰："据吾之料，只是引军去破曹丕，便死也不服汝之见识！"徐盛变色。权叱退孙韶，回顾徐盛曰："便无此子，何损于吴？今后再休用之。"言讫自回。

　　是夜，人报徐盛，说孙韶引本部三千精兵，潜地过江去了。盛恐有失，于吴王面上不好看，因此令丁奉引三千兵渡江接应。盛以密计付奉，如此如此。丁奉受计①，引兵而去。

　　却说魏主乃驾龙舟至广陵，前部曹真已列于大江之岸请令。曹丕问曰："江岸有兵多少？"真曰："隔江远望，并不见一人，亦无旌旗营寨。"丕曰："必是诡计也，朕自观其虚实。"于是大开江道，放龙舟直至大江，泊舟于北岸；建龙凤日月五色旌旗，仪鸾簇拥，光耀射目，中央打一把方心曲柄黄罗伞盖。丕在舟端坐，遥望江南，不见一人，回顾刘晔、蒋济曰："可渡江否？"晔奏曰："兵法有云：'实实虚虚，鬼神莫测。'未可渡江。彼见大军至，如何不作准备？今陛下未可造次，且待三五日，看其动静，然后发先锋渡江以探之。"丕曰："卿之所言，正合朕意。"

　　是日天晚，宿于江中。当夜月黑，军士皆执灯火，明耀天地，恰如白昼；遥望江南，并不见半点儿灯光，所以众军皆以为无人之境。至三更时分，丕闻得江中消息，唤近臣问之，内一人答曰："多有闻陛下天兵来到，望风逃窜，并无一人矣。"丕暗笑。及至天晓，大雾迷漫，对面不见。须臾风起，雾散云收，望见江南一带皆是连城：城楼上枪刀耀日，遍城尽插旌旗号带。丕见之大惊。顷刻数次人报："自京城沿江一带直至石头城，一连数百里城郭，舟车绵绵不绝，一夜成就。"原来徐盛束缚芦苇为人，尽穿青衣，执旌旗，立于假城疑楼之上。因此魏兵见城上许多人马，如何不胆寒？丕见之而叹曰："魏虽有武士千群，无所用之！江南人物如此，未可图也！"

　　正惊讶之间，忽然狂风大作，白浪滔天，江水溅湿龙袍，大船将覆。曹真慌令文聘撑小舟急来救驾。龙舟上人立站不住。文聘跳上龙舟，负丕下得小舟，奔入河港。忽流星马报道："赵云引兵出阳平关，径取长安。"丕听得，大惊失色，便教回军，各自奔走。背后吴兵追至，丕

---

① 原作"丁奉授计"。据上文，"授"当作"受"。

第一百七十二回　泛龙舟魏主伐吴

传旨教尽弃御用之物。龙舟将次入淮,忽然鼓角齐鸣,喊声大震,刺斜里一彪军杀到,为首吴将乃孙韶也。魏兵不能抵挡,折其太半,淹死者无数。诸将奋死救出魏主。魏主渡淮河,行不三十里,淮河中一带芦苇,预灌鱼油,尽皆火着,顺风而下,风势甚急,火焰漫空,绝[二]住龙舟。丕大惊,急下小舟傍岸时,龙舟上早已火着。丕慌忙上马,岸上一彪军杀到,为首吴将乃丁奉也。张辽急拍马来迎,被奉一箭射中其腰,却得徐晃救了,同保魏主而走,折军太半。背后孙韶、丁奉,夺到马匹车仗,船只器械不计其数。魏兵大败而回许都。此时吴将徐盛全获大功,吴王重加赏赐,不在话下。张辽回到许昌而亡,曹丕厚葬之。

却说赵云引兵杀出阳平关之次,忽报丞相有文书到,说益州耆帅[三]雍闿,结连蛮王孟获,起十万蛮兵,侵掠四郡,因此宣云回军,令马超坚守阳平关,丞相欲自南征。赵云听得,急收兵而回。魏主曹丕闻知蜀兵退去,犹自坚守,怎敢轻动。此时孔明在成都整饬[四]军马,亲自南征。未知胜负如何,且听下回分解。

【注释】

[一] 蔡、颍:蔡河和颍水。蔡河,即古沙水,古狼汤渠,自今河南开封以下称蔡河,东南流,至今安徽怀远南注入淮河;颍水,即颍河,源于今河南登封县嵩山西南,东南流,系淮河最大支流。

[二] 绝:截。

[三] 耆帅:强横的将帅。

[四] 整饬:整顿。

第一百七十三回　孔明兴兵征孟获

却说建兴三年春，诸葛丞相在于成都，事无大小，皆是亲自从公决断。益州之民，忻乐太平，夜不闭户，路不拾遗。幸是连年大熟[一]，老幼皆鼓腹[二]讴歌，凡遇差徭门户工役，争先愿行早办，因此军需马匹，器械衣甲应用之物，无不完备；米满仓廒，财盈府库。

是年，益州飞报："蛮王孟获，大起蛮兵十万，犯境侵掠。益州郡太守雍闿[三]①，乃汉朝雍齿之后，先祖曾为什方侯，今结连孟获造反。"又说："牂音臧。牁音歌。郡太守朱褒、音包。越巂音吮郡太守高定[四]，二人献了城池。止有永昌郡太守王伉[五]，音亢。不曾肯反。见今雍闿、朱褒、高定三人部下人马，皆与孟获为向导官，攻打永昌郡。今王伉幸与功曹吕凯，会集百姓，死守不韦[六]城②，其危甚急。"孔明乃入朝奏知后主曰："臣观南蛮诸洞，实乃国家之后患也。今雍闿等结连孟获背反，臣当自领大军前去征讨，特奏陛下知之。"后主曰："东有孙权，北有曹丕，甚是厉害。今相父弃朕而去征蛮，倘吴、魏兴兵，如之奈何？"孔明曰："臣已有良策。目今东吴和会已定，便有异心，须有李严在白帝城，此人可当陆逊也。魏主曹丕③新败，锐气已丧，必不敢远图；便有异心，须有马超守把汉中诸处隘口，何必忧也？臣又留关兴、张苞等分两军为救应使，保陛下万无一失。今臣先去扫荡蛮方，以绝后患，然后北伐以图中原，报先帝三顾之恩，托孤之重任也。"后主曰："朕今年幼无才，不堪领其大事，请相父自斟酌而行之。"言未毕，班部内一人出曰："不可！不可！"众视之，乃南阳人也，姓王，名连，字文仪，见为屯骑校尉④。孔明问之，连谏曰："南方不毛之地[七]，瘴疫[八]之乡。丞相秉钧衡之重任，而自远征，非所宜也。且雍闿等乃疥癣之疾，丞相只可遣将讨之，必然成功也。"孔明曰："南蛮之地离国甚远，人多不习王化，收伏甚难，吾当亲去征之。可刚可柔，别有纵故，非可容易[九]托于人也。"王连再三谏劝，孔明不从。

是日，孔明辞了后主，自出师南征，令零陵郡人蒋琬，字公琰，为参军；用江夏鄳县人⑤，姓费，名祎，字文伟，为长史；用董厥、樊建二人为掾史；令赵云、魏延为大将，总督军马；用巴西宕渠人⑥，姓王，名平，字子均，为副将；用犍为武阳人，姓张，名翼，字伯恭，为副将。外有蜀将数

---

① 原作"所有建宁太守雍闿"。"所有"二字赘，删去；据《三国志·蜀书·后主传》，诸葛亮平定南方后，始改益州郡为建宁郡。
② 原作"死守此城"。永昌系郡名，而非具体城名，此处实指郡治不韦县。
③ 原作"大魏曹丕"。诸葛亮不应称"大魏"，故改。
④ 原作"见为谏议大夫"。据《三国志·蜀书·王连传》改。
⑤ 原作"江夏鄳县人"。据《三国志·蜀书·费祎传》改。
⑥ 原作"巴西岩渠人"。据《三国志·蜀书·王平传》改。

十员,不及一一载名。共起甲兵五十万①,前往益州郡起发②。大队人马,各依队伍而行。饥餐渴饮,夜住晓行;所经之处,秋毫无犯。

却说雍闿听知孔明自统大军而来,即与高定等三人商议,分兵三路迎之:高定取中路,雍闿在左,朱褒在右。各引兵五六万。于是高定起兵,前部先锋乃永昌永寿[一〇]人也③,姓鄂,名焕,身长九尺,面貌丑恶,使方天戟,有万夫不挡之勇,领本部兵离了大寨,来迎蜀兵。

却说孔明领大军已到益州界分。前部先锋魏延,副将张翼、王平,才入界口,正遇鄂焕军马。两阵对圆,魏延出马,大骂曰:"反贼早早受降!"鄂焕拍马与延交锋,战不数合,延诈败而走,焕随后赶来。走不数里,喊声大震,张翼、王平两路军杀出,绝其后路。延复回,三员将并力拒战,生擒鄂焕,解到大寨,入见孔明。孔明令去其缚,以酒食待之。焕感恩难尽。孔明问曰:"汝是何人部将也?"焕曰:"某是高定部将。"孔明曰:"吾知高定乃忠义之士,今被雍闿之说,以致如此。吾今放汝回去,令高太守早早归降,免遭大祸。"鄂焕拜谢而去,回见高定,说孔明之德。定听毕,亦感激不已。忽然雍闿入寨。礼毕,闿曰:"如何得鄂焕回也?"定曰:"诸葛亮以义放之。"闿曰:"此乃诸葛亮反间之计,令兄与弟不和,故施其谋也。"定半信不信,心中犹豫。忽报蜀将魏延搦战。雍闿自引三万兵出迎。两阵相对,魏延出马,大骂雍闿曰:"忘恩背义反国之贼!何不早降?"闿大怒,拍马交锋。如何抵敌?拨马便走。延率兵大进,追杀二十余里。次日,雍闿又引兵来迎。孔明一连三日不出。至第四日,雍闿、高定分兵两路来取蜀寨。

却说孔明令魏延等两路伺候,果然雍闿、高定两路兵来,被伏兵杀伤太半,生擒者无数,都解到大寨来。雍闿的人因在一边,高定的人因在一边,却令军士谣说:"但是高定的人免死,雍闿的人尽杀。"众军听知,皆记此言。少时,孔明令取雍闿的人到帐前,问曰:"汝等皆是何人部从?"众伪曰:"高定部下人也。"孔明教皆免其死,与酒食赏劳,令人送出界口,纵放回归。孔明又唤高定的人问之,众皆告曰:"我等皆是高定部下军也。"孔明曰:"既是高定的人,都入中军,以酒食待之。"却扬言曰:"雍闿今日使人投降,要献汝主并朱褒首级,以为功劳,吾甚不忍。汝等既是高定部下军,吾放汝等回去,再不可背反;若再擒来,决不轻恕。"

众皆拜谢而去,回到本寨,入见高定,说知此事。定乃密遣人去雍闿寨中探听,却有一般放回的人言说孔明之德,因此雍闿部军多有归顺高定之心。虽然如此,高定心中不稳,又令一人来孔明寨中探其虚实,被伏路军捉来见孔明。孔明故意认做雍闿的人,唤入帐中问曰:"汝

---

① 原作"共起两川甲兵五十万"。"两川"当作"益州",此处不必要,删去。
② 原作"前往益州起发"。益州下辖益州郡,此处指后者。历史上诸葛亮南征的大致路线是:(1)建兴三年三月,由成都至僰道(今四川宜宾西南);(2)然后,分马忠率东路军攻牂牁郡,命驻平夷(今贵州毕节)的李恢为中路军攻益州郡,诸葛亮亲率西路军入越巂郡;(3)此时,雍闿、孟获已进入越巂郡,因与高定部内讧,雍闿被杀,孟获退走,诸葛亮大败高定,斩之;(4)五月,诸葛亮渡过泸水,进入益州郡,屡擒孟获;(5)是年秋,蜀军会师于滇池。《演义》写"七擒孟获",地理误差较大,情节亦多虚构。
③ 原作"乃永昌永平人也"。永昌郡下无永平县,只有永寿县,故改。

元帅既约下献高定、朱褒二人首级，因何误了日期？汝这厮不精细，如何做得细作！"便说此言，重赏了毕，修密书一封，约定日期下手："今汝回去，见雍闿说此事，休失落了书。成功之后，教汝做官。"细作拜谢而去，回见高定，说雍闿如此如此。定看书已毕，大怒曰："吾以真心相待，汝反欲害吾归蜀，情理难容！"便唤鄂焕商议。焕曰："孔明乃仁者之人，背之不祥。我等谋反作恶，乃雍闿之故也。今若不杀此人，必生后患！"定曰："怎能够下手？"焕曰："可空设一席，令人去请雍闿。此人若无异心，坦然而来；若有异心，疑而不来。我主可攻其内，某于寨后小路伏之；雍闿若来，某必斩之。"高定从其言，作席请之。

闿果然疑前日放回军之言，惧而不来。是夜，高定引本部将士杀投雍闿寨中。原来有孔明放回免死的人，皆想高定之德，乘时助战。雍闿军不战自乱。闿上马望山路而走。行不二里，鼓声响处，一彪军出，为首者乃高定部将也，姓鄂，名焕，挺方天戟，骤马当先。雍闿措手不及，被焕一戟刺于马下，就枭其首级。闿部下军士皆降高定。定引两部军来降孔明，献雍闿首级于帐下。孔明高坐于帐上，喝令左右推转高定，斩首报来。定曰："某感丞相大恩，今将雍闿首级来降，何故斩也？"孔明大笑曰："此来乃是诈降，其首亦非雍闿之首也。吾用兵半生，多用诡计，汝安敢瞒吾耶！"定曰："若丞相所言合理，某死无悔。何以知吾诈降也？"孔明于匣内取出一缄，与高定看毕，言曰："朱褒已自使人来降，说你与雍闿结生死之交，岂肯一旦便杀此人来降？未可深信。吾故知汝乃诈降也。"定叫屈曰："朱褒乃反间之计也。丞相切不可信！"孔明曰："吾亦难凭一面之词。汝若与朱褒面会，方表真伪。"定曰："不须丞相心疑，乞引本部兵去擒朱褒来见丞相，若何？"孔明曰："若如此，吾疑心息也。"

高定即引部将鄂焕并本部兵杀奔朱褒营来。比及离寨约有十里，山后一彪军到，乃朱褒也。褒见高定军来，慌忙与高定答话。定大骂曰："汝如何写书与诸葛丞相处，使反间之计害吾耶？"褒目瞪痴呆，不能回答。忽然鄂焕于马后转过，一戟刺朱褒于马下。定厉声而言曰："如不顺者，皆戮之！"于是众军一齐拜降。定引两部军来见孔明，献朱褒首级于帐下。孔明大笑曰："吾故使汝杀此二贼，以表忠心。"遂命高定为益州太守，总摄三郡，令鄂焕为牙将。

却说永昌太守王伉出城迎接孔明。孔明入城，礼毕，问曰："谁与公守此城，以保无虞也？"王伉曰："某今日得此郡无危者，皆赖永昌不韦人，姓吕，名凯，字季平。皆是此人之力也。"孔明遂请吕凯至。凯入见，礼毕，孔明曰："久闻公乃永昌高士，多亏公保守此城。今平蛮方，公有何高见？乞教之。"凯曰："某有一言，敢告丞相，一鼓而可平蛮夷。"孔明问计，未知如何，且听下回分解。

【注释】

[一]大熟：丰收。

[二]鼓腹：吃饱了肚子。

[三]益州郡太守雍闿：历史上的雍闿本为益州郡豪强，后背叛蜀汉，被孙权任为永昌太守。

《演义》所写系虚构。

[四] 越巂郡太守高定：历史上的高定（一作"高定元"）本系越巂"叟帅"（"叟"系汉代三国对西南部分少数民族的称呼），后称王以叛。《演义》所写系虚构。

[五] 永昌郡太守王伉：王伉此时实为郡丞（当时无太守）；南中平定后，始升任太守。

[六] 不韦：县名。系益州永昌郡治所。故城址在今云南保山东北。

[七] 不毛之地：不长庄稼的地方。形容土地荒凉贫瘠。

[八] 瘴疫：瘴气瘟疫。瘴，旧指南方山林间湿热蒸郁使人致病的气。

[九] 容易：轻易，随便。

[一〇] 永寿：县名。属益州永昌郡。治所在今云南耿马傣族佤族自治县境内。

第一百七十四回　诸葛亮一擒孟获

却说吕凯遂取一图,呈与孔明曰:"自历仕以来,知蛮夷欲反久矣。故差人入南蛮之境,于路察看可屯兵下寨之处,及战乱截杀之场,画成一图,名曰'平蛮指掌图',以待后贤。今遇明公,不敢秘藏,谨以献之。"孔明观毕大喜,就用吕凯为行军教授,兼向导使。

于是孔明提兵大进,深入南蛮之境。正行军之次,忽报天子有使命至。孔明令请入中军,但见一人素冠白衣而进,乃襄阳宜城人也,姓马,名谡,字幼常。为兄马良新亡,因此挂孝。孔明问之,谡答曰:"今传主上敕命,赐众军酒帛。"孔明观诏已毕,依命一一俵散。众军欣喜而受。讫,遂留马谡在帐叙话。孔明见谡高谈阔论,甚是爱之,愈加敬重,乃问曰:"吾奉天子明诏,削平蛮夷;久闻幼常高见,乞赐教之。"谡曰:"愚有片言,望丞相纳之:蛮夷恃其地远山险①,不服中国[一]久矣;虽今日便破之,明日又复反矣。丞相大军到彼,必然平复也。但班师之日,必用北伐曹丕;蛮兵若知内虚,其反亦速矣。若尽诛戮蛮夷种类,非仁人之心,又不可仓卒除也。夫用兵之道:'攻心为上,攻城为下;心战为上,兵战为下。'愿丞相但服其心,足以服蛮夷矣。"孔明叹曰:"幼常足知吾肺腑也!公之所言,正合吾意!"于是孔明遂令马谡为参军,即统大兵前进。

却说蛮王孟获,听知孔明将雍闿等以智破之,乃聚三洞元帅商议:第一洞乃金环三结元帅,第二洞乃董荼奴元帅,第三洞乃阿会喃元帅:此是三洞之主,各有蛮兵五六万,皆听孟获调用。却说三洞元帅入见孟获,获曰:"今诸葛丞相领大军来伐我等,侵我境界,不得不并力敌之。汝三人何不先往擒来?"金环三结元帅应声要去,董荼奴、阿会喃二元帅亦要前去:三人互相争先。获曰:"汝三人既要都去,可分兵三路而进。如得胜者,便为洞主。"金环三结取中路,董荼奴取左路,阿会喃取右路。各引五万蛮兵,依令而行。

却说孔明在寨中正分拨之间,忽哨马飞报来,说三洞元帅分兵三路到来。孔明听毕,即唤赵云至,不曾吩咐;又唤魏延至,又不吩咐;却唤马忠、王平皆至。孔明嘱曰:"今蛮兵三路而来,吾欲令子龙、文长去,此二人不识地理,未敢用之。王平可往左路迎敌,马忠可往右路迎敌。吾却使子龙、文长随后接应。今日整顿军马,来日平明进发。"二人听令而去。又唤张嶷、张翼吩咐曰:"汝二人同领一军,往中路迎敌。今日整典军马,来日与王平、马忠约会而进。吾欲令子龙、文长去取,奈二人不识地理,未敢用之。"张嶷、张翼听令去了。

赵云、魏延见孔明不用,各有愠色。孔明曰:"吾非不用汝二人,但因中年,恐被蛮夷所算,失其锐气也。"赵云曰:"倘我等识地理,若何?"孔明曰:"汝二人只宜小心,休得妄动也。"云请魏延到自己寨内,商议曰:"吾二人为先锋,却说不识地理而不肯用。今用此后辈,吾等岂不羞

---

① 原作"且蛮夷之地,恃其地远山险"。"且"字无着落,删去;"之地"有碍文意,亦删。

乎?"延曰:"吾二人就如今上马亲去探之,捉住土人,便教引进,以敌蛮兵,大事可成也。"云从之,遂上马径取中路而来。行不数里,远望见尘头起处,二人纵马上山坡看时,果见数骑蛮兵先来探听。二人两路冲出,蛮兵见了,大惊而走。赵云、魏延各生擒几人,回到本寨,以酒食待之,却细问其路。蛮兵深感其德,乃告曰:"前面是金环三结元帅大寨,正在山口。寨边东西两路,却通五溪洞[二]元帅董荼奴并诸洞使阿会喃各寨之后。"赵云、魏延听知此话,遂点精兵五千,教擒来蛮兵引路。比及起军,时已二更,月明星朗,浩浩而行。刚到金环三结大寨之时,约有四更,蛮兵方起造饭,准备天明厮杀。赵云、魏延两路杀入,蛮兵大乱。云直杀入中军,正逢金环三结元帅,交马只一合,云一枪刺于马下,就枭其首级。余军溃散。魏延便分兵一半,望东路抄董荼奴寨来;赵云分兵一半,望西路抄阿会喃寨来。比及杀到蛮兵大寨之时,天已平明。

先说魏延杀奔董荼奴寨来,董荼奴听知寨后有军杀至,便引兵出寨拒敌。忽然寨前门一声喊处,蛮兵大乱。原来王平军马早已到了。两下夹攻,蛮兵大败。董荼奴夺路走脱,魏延追赶不上。

却说赵云引兵杀到阿会喃寨后之时,马忠已杀至寨前。两下夹攻,蛮兵大败①,阿会喃乘乱走脱。各自收军,回见孔明。孔明问曰:"三洞蛮兵,走了两洞之主,金环三结元帅首级安在?"赵云将首级献功。众皆言曰:"董荼奴、阿会喃皆弃马越岭而去,因此赶他不上。"孔明大笑曰:"二人吾已擒下了。"赵、魏二人并诸将皆不信。无片时,张嶷解董荼奴到,张翼押阿会喃到。众皆惊讶。孔明曰:"吾观吕凯图本,已知他各人下的寨子,故以言激子龙、文长之锐气,教深入重地,先破金环三结。子龙、文长却分兵左右寨后抄出,以王平、马忠应之。非子龙、文长,不可当此任也。吾料董荼奴、阿会喃必从便径往山路而走,故遣张嶷、张翼以伏兵待之,吾故擒矣。"诸将皆拜伏曰:"丞相机算,鬼神莫测!"

孔明令押过董荼奴、阿会喃至帐下,尽去其缚,以酒食衣服赐之,令各自归洞,勿得助恶。二人泣拜,各投小路而去。孔明与诸将曰:"来日孟获必然亲自引兵厮杀,就此可擒矣。"唤赵云、魏延至,付与计策,各引五千兵分两路而去;又唤张嶷、张翼受计,各引三千兵去了;又唤王平独引一军,受计而去。孔明分拨已毕,坐于帐上待之。

却说蛮王孟获在帐中正坐,忽哨马报来,说三洞元帅俱被孔明捉将去了,部下之兵各自溃散。获大怒,遂起蛮兵迤逦进发,正遇王平军马。两阵对圆,王平出马,横刀望之:只见门旗开处,数百蛮夷骑将两翼摆开。中间孟获出马,头顶嵌宝紫金冠,身披璎珞红锦袍,腰系碾玉狮子带,脚穿鹰嘴抹绿靴,骑一匹卷毛赤兔马,悬两口松纹厢宝剑,昂然观望,回顾左右蛮将曰:"人人每每来说诸葛亮善能用兵,善分队伍,吾尚信之;今观此阵,旌旗杂乱,队伍交错,刀枪器械,无一可能胜吾者,始知前日之言谬也。早知如此,吾反多时矣。谁敢去擒蜀将,以振军威?"言未尽,一将应声而出,名唤忙牙长,使一口截头大刀,骑一匹黄骠马,来取王平。二将交

---

① 原作"蛮王大败"。据上下文改。

锋,战不数合,王平便走。孟获驱兵大进,迤逦追赶。平且战且走,约退二十余里。正追杀之间,忽然喊声大起,左有张嶷,右有张翼,两路兵杀出,截断归路。王平引兵杀回。三路夹攻,蛮兵大败。孟获引手下将死战得脱,望锦带山[三]而逃。背后三路兵追杀将来。获正奔走之间,前面喊声大震,一彪军拦住,为首大将乃常山赵子龙也。获见了大惊,慌忙奔锦带山小路而走。子龙冲杀一阵,蛮兵大败,生擒者无数。

且说孟获止与数十骑奔入山谷之中,背后追兵至近,前面路狭,马不能行,尽皆弃了马匹,爬山越岭而逃。忽然山谷中一声鼓响,乃是魏延,受了孔明计策,引五百步军伏于此处,把孟获并手下将士尽皆擒了,并不曾走了一人,都解到大寨来见孔明。

却说孔明早已杀牛宰马,设宴在寨,却教帐中摆开七重围子手[四],刀枪剑戟,灿若雪霜;又执御赐黄金钺斧,曲柄伞盖,前后羽葆鼓吹,左右排开御林军,布列得十分严整,各各抖擞精神。孔明端坐于帐上,只见蛮兵纷纷攘攘,解到无数。孔明唤南蛮将士到帐中,尽去其缚而言曰:"汝等皆是好百姓,不幸被孟获所拘,今受惊吓。吾想汝等父母妻子兄弟,必倚门而望;若听知阵败,定然割肚牵肠,眼中流血也。吾今尽放汝等回去,以安各人父母兄弟妻子之心。"言讫,皆以酒食待之,又赐酒肉米粮而归。蛮兵深感其恩,泣拜而去。

孔明却唤武士押过孟获来。不移时,前推后拥,缚至帐前。获跪于地下。孔明曰:"先帝待汝不薄,汝何敢背反也?"获曰:"益州之地,皆是他人所占地土,汝主倚强夺之,自称为帝。吾世居此处,汝等无礼,侵我境内郡县①,何为反耶?"孔明曰:"吾已擒汝,汝心下肯服否?"获曰:"锦带山僻道路窄狭,误遭汝手,如何服耶?"孔明曰:"汝既不服,吾放汝,若何?"获曰:"汝若放回吾去,再整军马,共决雌雄;若能再擒,吾心方服也。"孔明笑曰:"放汝回去。"即令去其缚,与衣服穿了,又赐酒肉食之。临行又与了鞍马,差人送出路径,望本寨而去。未知再来交战若何,且听下回分解。

【注释】

[一] 中国:指汉族中央王朝。此处指蜀汉朝廷。
[二] 五溪洞:《演义》虚构的地名。
[三] 锦带山:《演义》虚构的地名。
[四] 围子手:"围宿军"的俗称。元代早期,皇城尚未筑立围墙,朝会时以军士围护,称"围宿军"。

---

① 原作"侵我境内州郡"。南中诸郡皆属益州,故"州郡"不当,应作"郡县"。

第一百七十五回　诸葛亮二擒孟获

却说孔明放了孟获望本寨而去，众将犹豫，却上帐问曰："孟获乃南蛮渠魁[一]，今幸得擒了，南方便定；丞相何故放之，以长其恶也？"孔明大笑曰："吾擒此人，如囊中取物耳。直须降伏其心，自然平矣。汝等试看，孟获不久自被蛮兵捉至矣。"诸将听知，皆哂笑未信。

却说蛮王孟获行至泸水[二]，地名。正遇着手下败残蛮兵，皆来找寻。众兵见获，且惊且喜，拜伏问曰："大王如何能够回来？"获曰："蜀人监我在帐中，被我杀死十余人，乘夜黑而走。正行间，逢着一哨马军，亦被我杀之，夺了此马，因此得脱。"众皆大喜，拥孟获渡了泸水，下住寨栅，会集各洞酋长，招聚原放回的蛮兵，相继而到约有十万余骑。此时董荼奴、阿会喃已在洞中。孟获使人去请。二人惧怕，只得也引溪洞兵来。获传令曰："吾已知诸葛亮之计矣，不可与战，战则中他诡计也。彼蜀兵来此，受遥远之劳，况即目天炎，彼兵岂能久住乎？吾等有此泸水之险，将船筏尽拘在南岸一带，皆筑土城，深沟高垒，不可与他相敌，看诸葛亮如何施谋。"众酋长皆从其计，于是尽拘船筏于南岸一带，筑起土城；有依山傍崖之地，高竖敌楼，楼上多设弓弩炮石，准备久处之计。粮草柴薪，皆是各洞供运。因此孟获以为万全之策，坦然不疑。

却说孔明提兵大进，前军已至泸水，一骑军飞来报说："泸水之内，并无船筏；又兼水势甚急，南岸一带筑起土城，皆是蛮兵。"此时天热，正值五月之间，南方之地，分外炎酷，军马衣甲，皆穿不得。孔明自至泸水边观毕，回到本寨，聚诸将至帐中，传令曰："今孟获兵屯泸水之南，深沟高垒，以拒我兵。吾既提兵至此，如何空回？汝等各各引兵，依山傍林，拣阴凉之地，与吾将息人马。"乃遣吕凯提调。凯就离泸水百里，拣得林木茂盛之处，分做四个寨子，内外皆搭草棚，遮盖马匹，将士乘凉，以避暑气。已毕，参军蒋琬看了，回问孔明曰："某今番点看吕凯所造之寨甚不好，正犯昔日先帝败于东吴之地势矣。倘蛮兵偷渡泸水，前来劫寨，若用火攻之，如何解也？"孔明笑曰："非汝所知也，吾自有妙算矣。"蒋琬等皆不晓其意。

忽报蜀中差马岱解暑药并粮米到。孔明令入。参拜已毕，一面将米药分派四寨①。孔明问曰："汝将带多少军来？"马岱曰："有三千军。"孔明曰："吾军累战疲困，欲用汝军，未知肯向前否？"岱曰："皆是朝廷军马，何分彼我？丞相要用，虽死不辞。某正欲报先帝之恩，恨无门路耳。"孔明曰："今孟获拒住泸水，无路可渡。吾欲先断其粮道，令彼军自乱。"岱曰："如何断得？"孔明笑曰："离此一百五十里，泸水下流沙口[三]，地名。此处水慢，堪可扎筏渡之。汝提本部三千兵径渡之，直入蛮洞，先断其粮道，然后会合董荼奴、阿会喃两个洞主，令使内变。此为头功。"

马岱欣然去了，领兵前到沙口，驱兵渡水；因见水浅，太半不下筏，只裸衣而过，半渡皆倒，

---

① 原作"将米药分派三寨"。上文明言蜀兵"分做四个寨子"，据改。

急救傍岸，口鼻出血而死。马岱见之大惊，连夜回告孔明，言说如此如此，折军五六百人。孔明随唤向导土人问之，土人对曰："目今炎天，毒聚泸水，日间盛热，毒气正发，有人渡水，必中其毒；或饮此水，其人必死。若要渡时，须待夜静水冷，毒气不起，饱食渡过，自然无事矣。"孔明叹曰："土人之言极妙！必知径路也。"遂令引路，又选精壮军五六百与了马岱，来到泸水沙口，扎起木筏，半夜渡水，果然无事。岱将孔明图本，领着三千壮兵①，令土人引路，径取蛮洞运粮总路口夹山峪[四]而来。地名。两下是山，中间一条路，止容一人一马而过。马岱占了夹山峪，分拨军士，立起寨栅。此时蛮洞不知，正解粮到，被岱前后截住，夺粮百余车。蛮人报入孟获大寨中来。

此时孟获只专饮酒，每日番歌蛮乐，不理军务，乃与众酋长曰："吾若与诸葛亮对敌，必中奸计。今靠此泸水之险，深沟高垒以待之，蜀人受不过酷热，必然走矣。但退走时，吾当与汝随后击之，此可以擒诸葛亮也。"言讫，呵呵大笑。忽然班内一酋长曰："沙口水浅，倘是蜀兵透漏来，深为厉害，可以分军守把。"获笑曰："汝是本处土人，如何不知？吾正要蜀兵来渡此水，渡则必死于水中，又何疑焉？"酋长又曰："倘有土人说与夜渡之法，当复如何？"获曰："吾境内之人，安肯向境外之人耶？蜀兵因渡此水而死，谁敢再渡？汝等不必多疑。"正言之间，忽报蜀兵不知多少，暗渡泸水，绝断了夹山粮道，打着"平北将军马岱"旗号。获笑曰："量此小辈，何足道哉！"即遣副将忙牙长引三千兵，投夹山峪来。

马岱望见蛮兵已到，遂将三千军摆在山前。两阵对圆，忙牙长出马与马岱交锋，只一合，被岱一刀斩于马下。蛮兵大败走回，来见孟获，细言其事。获唤诸将问曰："谁敢去敌马岱？"言未毕，董荼奴出曰："某愿往。"孟获大喜，遂与三千兵而去。获又恐有人再渡泸水，即遣阿会喃引二千兵去守把沙口。

却说董荼奴引蛮兵到了夹山峪下寨，马岱引军来迎。部内军有认得是董荼奴，说与马岱，如此如此。岱纵马向前大骂曰："无义背恩之徒！吾丞相饶汝性命，今又背反，岂不自羞！"董荼奴满面惭愧，无言可答，不战而退。马岱掩杀一阵而回。董荼奴来见孟获曰："马岱英雄，抵敌不住。"获大怒曰："吾自知汝原受诸葛亮之恩，今故不战而退，正是卖阵之计！推出斩了！"诸多酋长再三哀告，方才免死，叱武士打讫一百大棍，放归本寨。诸多酋长皆来告董荼奴曰："我等虽居蛮方，未尝敢犯中国，中国亦不曾侵我。今因孟获势力相逼，不得已而造反。我等皆想孔明神机莫测，曹操、孙权犹自惧之，何况我等蛮夷乎？孔明更有活我等性命之恩，无可为报。今欲舍一死命，以杀孟获，去投孔明，以免洞中百姓涂炭之苦，亦可以保全妻子。"董荼奴曰："未知汝等心下若何？"内有原蒙孔明放回的人，一齐同声应曰："愿往！"于是董荼奴手执钢刀，引百余人直奔大寨而来。此时孟获大醉于帐中，各人提刀而入。未知孟获性命如何②，且听下回分解。

---

① 原作"领着一千壮兵"。据上下文改。
② 原句无主语"孟获"。承上文加。

【注释】

[一] 渠魁：大头子。
[二] 泸水：古水名。即今金沙江。
[三] 沙口：《演义》虚构的地名。
[四] 夹山峪：《演义》虚构的地名。

第一百七十六回　诸葛亮三擒孟获

是日孟获大醉，卧于帐中。董荼奴引众人持刀而入，帐下有两员将侍立。董荼奴以刀指曰："汝等亦受诸葛丞相活命之恩，宜当报效。"二将言曰："不须将军下手，某等生擒孟获去献丞相，也显我等之功。"董荼奴从之，一齐入帐，将孟获执缚已定，押到泸水边，驾船直过北岸，先使人报知孔明。

却说孔明已有细作探知此事，于是密传号令，教各寨将士整捆军器，方教为首酋长解孟获入来，其余皆回本寨听候。此时董荼奴先入中军见孔明，细说其事。孔明听了，随即一一赏劳了毕，却用好言抚慰，遂遣董荼奴引众酋长去了，然后令刀斧手推孟获入。孔明笑曰："汝前者有言：'但再擒得，便肯降服。'汝今日如何？"获曰："此非汝之能也，乃吾手下之人自相残害，以致如此，因此吾心又不服矣！"孔明曰："吾今再放汝去，若何？"获笑曰："吾虽蛮夷之人，颇知兵法；若丞相端的肯放吾回洞中，吾当率兵以决胜负。若丞相再能擒吾，吾那时倾心吐胆归降，并不敢改疑也。"孔明曰："再番生擒，如又不服，必无轻恕。"令左右去其绳索，将孟获放起，仍前以好酒食待之，列坐于帐上。孔明曰："吾自出茅庐，战无不胜，攻无不取，用兵命将，井井有条。汝蛮夷之人，何为不服？"获默然不答。

孔明酒后，唤孟获同上马，出寨看视诸营寨栅所屯粮草，所积军器。各寨军兵，擐甲披袍，各执器械，精神抖擞，左右侍立。孔明指与孟获曰："汝不降吾，真愚人也。吾有如此之精兵，如此之猛将，许多粮草，许多兵器，汝安能胜吾哉？汝若早降，吾当奏闻天子，令汝不失王位，子子孙孙，永镇蛮邦。如此之贵，意下若何？"获曰："某虽肯降，争奈洞中之人未肯心顺。若丞相肯放回去，就当招安本部人马，同心合胆，方可归降。"孔明欣然，又请孟获回到大寨。饮酒至晚，获辞去。孔明亲自送至泸水边，以船送获归寨，孔明自回。

是夜，孟获来到本寨，教心腹数百人先伏刀斧手于帐下，欲要谋杀董荼奴、阿会喃等这一班儿蛮将。使命到董荼奴、阿会喃寨中，只推孔明有使命至，将二人赚到大寨帐下，一声炮响，尽皆杀之，弃尸于涧。孟获随即遣亲信之人守把隘口，自引军出了夹山峪，要与马岱交战，并不见一人；及问土人，皆言昨夜尽搬粮草，复渡泸水，自归大寨去了。获再回洞中去取亲弟孟优，吩咐曰："如今诸葛亮之虚实，吾已尽知矣，汝可去如此如此。"

孟优领了兄计，引百余蛮兵搬载金珠宝贝、象牙犀角之类，渡了泸水，径投孔明大寨而来。方才过了河时，前面鼓角齐鸣，一彪军摆开，为首大将乃扶风茂陵人也，姓马，名岱，官授平北将军。孟优大惊。岱问了来情，迎在外厢，差人来报孔明。孔明正在帐中与马谡、吕凯、蒋琬、费祎等共议平蛮之事，忽帐下一人报称孟获差弟孟优来进宝贝。孔明回顾马谡曰："汝知之否？"谡曰："不敢明言。容某写毕，以呈丞相，看合钧意否？"孔明从之。马谡写讫，呈与孔明。孔明看毕，抚掌大笑曰："擒孟获之计，吾已差派下也。汝之所见，正与吾同。"先唤赵云入，向耳畔如此如此吩咐；又唤魏延入，亦低言吩咐；又唤王平、马忠入，亦密密的吩咐。

第一百七十六回　诸葛亮三擒孟获

　　各人受了计策,皆依令而去,方召孟优入。优再拜于帐下曰:"家兄孟获感丞相活命之恩,无可奉献,辄具金珠等宝若干,权为赏军之资。续后别有进贡天子礼物。"孔明曰:"汝兄今在何处?"优曰:"为感丞相大恩,径往银坑山[一]中收拾宝物去了,少时便回来也。"孔明问曰:"汝带了多少人来?"优曰:"不敢多带,只是随行百余人,皆运货物。"孔明尽教入帐看时,皆是青眼黑面,黄发紫须,耳带金环,髡头[二]跣足,身长力大之士;就令随席而坐,却教诸将劝酒。孔明与孟优等谈笑而饮。

　　却说孟获在帐中专望回音。正虑之间,忽报有二人回了。唤入问之,说称:"诸葛亮受了礼物,欣然而喜,将随行之人皆唤入帐中,杀牛宰马,设宴相待。二大王令某报知大王,今夜二更,里应外合,以成大事。"孟获听知甚喜,即点起三万蛮兵,分为三队。获唤各洞酋长吩咐曰:"各军尽带火具。今晚到了蜀寨时,放火为号。吾当自取中军,以擒诸葛亮。"诸多蛮将受了计策,黄昏左侧,各渡泸水而去。于是孟获带引心腹蛮将百余人以为护伴,径往孔明大寨而来,于路并无一军阻当。前至寨门,获率众将骤马而入,乃是空寨,并不见一人。获撞入中军,只见帐中灯烛荧煌,孟优并蛮兵①尽皆醉倒。原来孟优被孔明说了,却教马谡、吕凯为管使,令乐人扮做杂剧[三],殷勤劝酒,酒内下药,尽皆昏倒,浑如醉死之人。孟获入帐问之,内有醒者,但指口而已。获知是中计,急救了兄弟并一干人,却待奔回中队之时,前面喊声大震,火光骤起,蛮兵各自逃窜。一彪军杀到,乃是蜀将王平。获大惊,急奔左队时,火光冲天,蛮兵乱窜。一彪军杀到,为首蜀将乃是魏延。获慌忙奔右队而来,只见火光又起,蛮兵乱窜。又一彪军杀到,为首蜀将乃是赵云。三路军大杀在一处,四下无路。孟获大惊,弃了军士,望泸水匹马而逃。正见泸水上数十个蛮兵,驾一小舟,获慌令近岸。人马方才下船,一声号起,将孟获执缚已毕。原来马岱受了孔明计策,引本部骁将扮作蛮兵,撑船在此。擒了孟获。

　　于是孔明招安蛮兵,降者无数。孔明一一抚慰,并不加害,就教救灭了余火。忽报马岱擒孟获至,赵云擒孟优至,魏延、马忠、王平等擒诸洞酋长至。孔明传令,尽教解入帐下。多官无不惊讶。少时,刀斧手拥孟获到帐下,孔明笑曰:"汝先令汝弟以礼诈降,如何瞒得过吾耶!今番又被吾以计擒之,汝可服否?"孟获曰:"此乃吾弟贪口腹之物,误中汝毒,尽皆麻倒,因此失了大事。吾若自来,弟以兵应之,必然成功矣!此是天败,非吾之不能也,如何肯服!"孔明曰:"今已三次,吾以仁义待之,如何不服?"孟获低头无语。孔明笑曰:"吾再放汝回去。"孟获曰:"丞相若肯放我兄弟回去,收拾家下亲丁,和丞相大战一场,那时擒得,方才死心塌地而降。"孔明曰:"再若擒住,必不轻恕。汝可小心在意,勤攻韬略之书,再整亲信之士,早用良策,勿生后悔。"遂令武士去其绳索,放起孟获、孟优并各洞酋长,一时皆放。孟获等拜谢去了。蜀兵已渡泸水。孟获等过了泸水,只见岸口陈兵列将,旗帜纷纷。获到营前,马岱高坐,以剑指之曰:"再番拿住,必无疏放!"孟获到了自己寨时,赵云早已袭了此寨,布列兵马。云坐于大旗之下,按剑而言曰:"丞相如此相待,休忘大恩!"获喏喏连声而去。将出界口山坡,魏延引一千精兵摆在山坡上。延在军前勒马提刀,厉声而言曰:"今已深入巢穴,夺汝险要;汝尚自愚迷,抗拒

---

①　原作"番奴"。承上文改。

大军！这回拿住，碎尸万段，决不轻饶！"孟获等抱头鼠窜，望本洞而去。众将来迎孔明。孔明已渡泸水。后胡曾先生有诗赞曰：

　　五月驱兵入不毛，月明泸水瘴烟高。
　　誓将雄略酬三顾，岂惮征蛮七纵劳。

　　却说孔明渡了泸水，下寨已毕，大赏三军，聚众将于帐下，曰："前者三番擒捉孟获，吾皆以义纵之，是吾先以恩结其心，听其自乱；后令遍观各营虚实，欲令孟获来劫也。吾知孟获颇晓兵法，惟以军马粮草炫耀，实令孟获看吾破绽也。孟获知之，必用火攻，果然孟获犹恐不稳，故令弟诈降。吾擒而不杀，诚欲服其心也，不欲灭其类焉。马幼常之见，与吾相同。吾今故告汝等。勿得辞劳，可用心报国。"众将拜伏曰："丞相智、仁、勇三者足备，虽子牙、张良皆不及也。"孔明曰："吾今安敢以望于古人耶？皆赖汝等之力，共成功业耳。"帐下诸将听得孔明如此之言，尽皆喜悦。

　　却说孟获受了三擒之气，忿怒归到银坑洞中，即差心腹人赍金珠宝贝，往八番九十三甸[四]等处并蛮夷部落，借使牌刀獠丁[五]军犍数十万，克日齐备。各洞人马云堆雾拥，俱听孟获调用。伏路远近哨马探知其事，来报孔明。孔明正在帐中议事，忽十余人上帐报曰："今孟获调九十三甸并各洞蛮兵壮丁皆来迎敌。"孔明笑曰："吾正欲令蛮兵皆至，见吾之能也。"遂上小车而行。未知胜负如何，且听下回分解。

【注释】
[一] 银坑山：《演义》虚构的地名。
[二] 鬅头：同"蓬头"，头发散乱。
[三] 乐人扮做杂剧：艺人演戏。杂剧，古代戏曲形式，出现于晚唐，兴盛于元代。东汉三国时的戏称"俳"或"百戏"。
[四] 八番九十三甸：元代贵州、云南的部族和地区名。此处泛指蜀汉南方各少数民族部落。
[五] 獠丁：古代对少数民族士兵的蔑称。

第一百七十七回　诸葛亮四擒孟获

却说孔明自驾小车,引数百骑前来探路。前有一河,名曰叶榆水[一]①,水势虽慢,并无一只船筏。孔明令伐木为筏而渡,其木到水皆沉。孔明遂问吕凯,凯曰:"闻知叶榆水上流有一山,其山多竹,大者数围。可令人伐之,于河上先搭起竹桥,其军可渡。"孔明即调三万人入山,伐竹数十万根,顺水放下,于水面狭处搭起竹桥,阔十余丈。乃调大军于河北岸,一字儿下寨,便以河为壕堑,以浮桥为门,叠土为城;过桥南岸,一字下三个大营,以待蛮兵。

却说孟获引数十万蛮兵,恨怒而来。将近叶榆水,孟获在前部,引一万刀牌獠丁,直扣前寨搦战。孔明头戴纶巾,身披鹤氅,手执羽扇,乘驷马车,左右诸将簇拥而来。孔明见孟获身穿犀皮甲,头顶朱红盔,左手挽牌,右手执刀,骑赤毛牛,口中辱骂;手下万余洞丁,各舞刀牌,欲来冲突。孔明急令退回本寨,四面紧闭,不许出战。蛮兵裸衣赤身,直到寨门前叫骂。诸将大怒,皆来禀孔明曰:"某等情愿出寨,决一死战!"孔明不许。众将又曰:"中国之士非不能战,今被蛮兵如此耻辱,安能忍焉?"孔明止曰:"蛮夷之人,不遵王化,今此一来,狂恶正盛,不可迎也。且宜坚守数日,待其猖獗少懈,吾自有妙计破之。"

于是蜀兵坚守数日。孔明在高阜处探之,窥见蛮兵懈怠,即聚众将曰:"汝等敢出战否?"众将欣然要出。孔明先唤赵云、魏延入帐,向耳畔低言吩咐,如此如此。二人受了计策先退。却唤王平、马忠入帐,受计去了。又唤马岱,吩咐曰:"吾今弃此三寨,退过河北;吾军一退,汝可便拆浮桥移于下流,却渡赵云、魏延军马过河来接应。"岱受计而去。又唤张翼曰:"吾军退去,寨中多设灯火,令孟获知之,必来追赶,汝却断后。"张翼受计而退。孔明传毕,众军退去,寨中多设灯火。蛮兵望见,不敢冲突。

次日平明,孟获引大队蛮兵径到蜀寨之时,只见三个大寨皆无人马,于内弃下粮草车仗数百余辆。孟优曰:"诸葛亮弃寨而去,莫非有计否?"孟获曰:"吾料诸葛亮今弃辎重而去,必然国中有紧急之事也。若非吴侵,必然魏伐。故虚张灯火,以为疑兵,弃车仗而去也,可速追之!"于是孟获自驱前部,直到叶榆水边,望见河北岸上,寨中旗帜整齐如故,灿若云锦;沿河一带,又设锦城。蛮兵哨见,皆不敢进。获与优曰:"诸葛亮心多,惧吾追赶,就河北岸少住,不二三日必走矣。"遂将蛮兵屯于河岸,使人去山上砍竹为筏,以备渡河;却将敢战之兵,皆移于寨前面,却不知蜀兵早入自己之境。

是日,狂风大起,四壁厢火明鼓响,蜀兵杀到。蛮兵獠丁,自相冲突。孟获大惊,急引宗族洞丁杀开条路,径奔旧寨。忽一彪军从寨中杀出,乃是赵云。获慌回叶榆水,望山僻处走。又一彪军杀出,乃是马岱。孟获只剩得数十个败残军,望山谷中而逃,见南、北、西三处尘头火

---

① 原作"名曰西洱河"。"西洱河"系后代名称,东汉三国时名叶榆水。叶榆水在永昌郡境内,历史上诸葛亮渡过泸水后,即进入益州郡与孟获交战,未至叶榆水。《演义》所写,系出虚构。

光,因此不敢前进,只得望东奔走。方才转过山口,见一大林之前,数十从人拥一辆小车;车上端坐孔明,头戴纶巾,身披鹤氅,手摇羽扇,呵呵大笑曰:"蛮王孟获!天败至此,吾已等候多时也!"获大怒,回顾左右曰:"吾遭此人诡计,受辱三次,今幸得这里相遇!汝等可奋力前去,连人带车,砍为粉碎!"数骑蛮兵,威生十倍。孟获当先呐喊,抢到大林之前,踏了陷坑,孟获等一齐塌到陷坑之中。只见大林之内,转出魏延,引数百军来,一个个拖出,用索缚定。

孔明先到寨中,教招安蛮兵并诸洞酋长洞丁。此时太半皆回本乡去了,除死伤外,其余尽皆归降。孔明以酒肉相待,以好言抚恤,尽令放回。蛮兵皆感叹而去。少时,张翼解孟优至,乃是张翼受了孔明计策断后,小路擒之。孔明诲之曰:"汝兄愚迷,汝当谏之。今被吾擒了四番,有何面目而见人耶?"孟优羞惭满面,伏地告求免死。孔明曰:"吾杀汝不在今日。吾且饶汝性命,劝谕汝兄。"遂令武士去其绳索,放起孟优。优泣拜而去。

不时,魏延解孟获至,孔明大怒曰:"匹夫!今番又被吾擒之,有何理说?"获曰:"吾今误中诡计,死不瞑目!"孔明叱武士推出斩之。获全无惧色,回顾孔明曰:"若敢再放吾回去,必然报四番之恨!"孔明大笑,令左右去其缚,赐酒压惊,就坐于帐中。孔明问曰:"吾今四次以礼相待,汝尚然不服,何也?"获曰:"吾虽是化外[二]之人,不似丞相专施诡计,吾何服也!"孔明曰:"吾再放汝去,复能战乎?"获曰:"丞相若再拿住吾,吾那时倾心降服,尽献本洞之物,南军誓不反乱也。"孔明令马送获。

获拜别,欣然而去,于路聚得诸洞壮丁数千人,望南迤逦而行。早望见尘头起处,一队兵到,乃是兄弟孟优,重整残兵,来与兄报仇。弟兄二人抱头相哭,诉说前事。优曰:"兄长兴兵累败,蜀兵屡胜,难以抵当,只可就山险洞中退避不出。蜀兵受不过暑气,自然退矣。"获问曰:"有何处可避?"优曰:"此去西南有一洞,名曰'秃龙洞'。洞主朵思大王与弟甚厚,可投之。"于是孟获先教孟优到秃龙洞,见了朵思大王,朵思慌引洞兵出迎。孟获入洞,礼毕,酋长进酒食食之。获曰:"诸葛亮如此之辱,特来投托,以安愚躯。"朵思曰:"大王宽心。若蜀兵到来,令他一人一骑不得还乡,与诸葛亮皆死于此处!"获大喜,遂求计于朵思。未知朵思有何妙策以破蜀兵,且听下回分解。

【注释】

[一] 叶榆水:古水名。源出今云南剑川南罢谷山,南流积潴而成叶榆泽(今洱海),又东南入今漾濞江。今名西洱河,亦称洱水,在今云南洱源、大理以东。

[二] 化外:统治者政令教化达不到的地方。

第一百七十八回　诸葛亮五擒孟获

却说孟获问朵思大王曰："洞主有何高见,望乞教之。"朵思曰："此洞中止有两条大路:东北上一条路就是大王所来之路,地势平坦,土厚水甜,人马可行;若以木石垒断洞口,虽有百万之众,不能进也。西北上有一条路,山险岭恶,道路窄狭,其中虽有小路,多藏毒蛇恶蝎,黄昏时分,烟瘴大起,直至巳、午时方收,惟未、申、酉三时可以往来;水不可饮,人马难行。此处更有四个毒泉:一曰'哑泉',其水颇甜,正在当道,人若饮之则不能言,不过旬日必死。二曰'灭泉',此水与汤[一]无异,人若沐浴,则皮肉皆烂,见骨必死。三曰'黑泉',其水微清,人若溅之在身,则手足皆黑而死。四曰'柔泉',其水如冰,人若饮之,咽喉则无暖气,身躯软弱如绵而死。此处虫鸟皆无,惟有汉伏波将军马援曾到,虽古今英雄不曾至此。今垒断东北大路,令大王稳居敝洞,若蜀兵见东路截断,必从西路而入。于路无水,若见此四泉之水,定然饮也,虽百万之众,皆无归矣。何用刀兵耶!"孟获听知大喜,以手加额而谢天曰:"今日方有容身之地矣!"又大笑,望北指之曰:"任诸葛亮神机妙策,到此难以施设!其四泉之水,足可以报败兵之恨也!"自此孟获、孟优终日与朵思大王筵宴。

却说孔明连日不见孟获兵出,遂传号令,教大军离叶榆水望南进发。此时正当六月炎天,热不可当。后司马温公咏南方苦热诗曰:
　　山泽欲焦枯,火光覆太虚。
　　不知天地外,暑气更何如!
又有诗曰:
　　赤帝[二]施权柄,阴云不敢生。
　　云蒸孤鹤喘,海热巨鳌惊。
　　忍舍溪边坐,慵抛竹里行。
　　如何沙塞客,摆甲复长征!
孔明统领大军,正行之际,忽哨马飞来报说:"孟获退在秃龙洞中不出,将洞口要路垒断,内有兵守之。山恶岭峻,不能前进。"孔明请吕凯问之,凯曰:"某曾闻此洞有条路,实不知详细。"蒋琬言曰:"今四擒蛮王,既已丧胆,安敢再出?即目天色盛热,军马疲乏,征之无益,不如班师回国。"孔明曰:"据汝之心,正中孟获之计也。军若一退,彼必乘势追袭。吾既到此,安有复回之理?但再言者斩之。"孔明教王平领数百军为前部;却令新降蛮兵引路,寻西北小径而入。前到一泉,人马皆渴,争饮此水。王平探有此路,回报孔明。比及到大寨之时,皆不能言,但指口而已。

孔明大惊,知是中毒,遂乃自驾小车,引数十人前来看时,见一潭清水深不见底,水气凛凛,军不敢试。孔明下车,登高望之,四壁峰岭,鸟雀不闻,心中大疑。忽望见远远山冈之上有一古庙,孔明攀藤附葛而到,见一石屋之中,一将军端坐。旁有石碑,孔明视之,乃汉伏波将军

马援之庙:因平蛮夷到此,土人立庙祀之。孔明再拜曰:"亮受先帝托孤之重,承今上圣旨①,到此平蛮,以服其心;复吞吴、魏,以安汉室。今军士不识地理,误饮毒水,不能出声,万望尊神念汉朝大事之重,通灵显圣,护之!佑之!"

祈祷已毕,出庙寻土人问之。隐隐望见对山一老叟扶杖而来,形容甚异。孔明请老叟入庙,礼毕,对坐于石上。孔明问曰:"丈者高姓?"老叟下拜。孔明曰:"丈者何人也?"老叟曰:"老夫久居此处,久闻大国丞相隆名[三],幸得拜见。蛮夷征徒[四],多蒙丞相活命,皆感恩不浅。"孔明问泉水之故,老叟答曰:"军所饮水乃'哑泉'之水也,饮之难言,数日而死。此地西南有'灭泉',沸如热汤,人若浴之,皮骨肉尽脱而死;正南有'黑泉',人若溅之在身,手足皆黑而死;东南有'柔泉',其水至冷,人若饮之,咽喉无暖气而死。敝处有此四泉,毒气所聚,无药可治。又烟瘴甚起,惟未、申、酉三个时可以往来;余者时辰,皆瘴气密布,人若触之,不久而死。"孔明曰:"如此,则蛮夷不可平矣。蛮夷不平,安能复吞吴、魏也?吴、魏不吞,岂得再兴汉室乎?有负先帝托孤之重,不如死于此处!"言讫,便要投崖觅死。老叟止之曰:"丞相不可如此。老夫指引一处,足可以解之。"孔明曰:"老丈有何高见,千乞教之。"老叟曰:"此去正西数里,有一山谷,入内行二十里,有一溪,名曰'万安溪[五]'。溪上有一高士,号为'万安隐者'。此人不出溪有数十余年矣。草庵后有一泉,名'安乐泉'。人若中毒,则汲其水饮之,自然无事也。有人或生疥癞,或感瘴气,于'万安溪'内浴之,自然无事也。更兼庵前有一等草,名曰'薤音解叶芸香'。人若口含一叶,则瘴气不染也。丞相可速往求之。"孔明拜谢,问曰:"承丈者如此活命之德,刻感不胜。愿闻高姓?"老叟入庙曰:"吾乃本处山神,奉伏波将军之命,特来指引。"言讫,喝开庙后石壁而入。孔明惊讶不已,再拜庙神,寻旧路上车,回到大寨。

次日,孔明备信香[六]礼物,引王平及众哑军连夜望山神所言去处,迤逦而进。入山谷小径,约行二十余里,但见长松大柏,茂竹奇花,环绕一庄。篱落之中,有数间茅屋,闻得馨香喷鼻。孔明大喜,到庄前扣户。有一小童出。孔明欲通姓名,早有一人,竹冠草履,白袍皂绦,碧眼黄发,欣然出曰:"来者莫非汉丞相否?"孔明笑曰:"高士何以知之?"隐者曰:"久闻丞相大纛南征,安得不知也?"遂邀孔明入草堂。礼毕,分宾主坐定。孔明告曰:"亮受昭烈皇帝托孤之重,承今上圣旨,领大军至此,欲伏蛮夷以归王化。今不期孟获潜入洞中,故深入其境以讨之,军士误饮'哑泉'之水。夜来蒙伏波将军显圣,言高士有药泉可以治之。望高士矜念[七]亮乃汉代臣僚,及征夫涂炭,赐神水以救残生,阴功莫大也!"隐者曰:"量老夫山野废人,何劳丞相枉驾。此泉就在庵后,教来饮之。"

于是童子引王平等一起哑军来到溪边,汲水饮之,随即吐出恶涎,便能言语。童子又引众军到"万安溪"中沐浴,皆与"薤叶芸香"嚼之。隐者于庵中进柏子茶、松花菜以待孔明。隐者告曰:"此间蛮洞多毒蛇恶蝎,柳花飘入溪泉之间,水不可饮;但掘地为井,汲水饮之,方可。"孔明求"薤叶芸香"。隐者令众军尽意采取,各人口含一叶,自然瘴气不侵。孔明拜求隐者姓名,隐者笑曰:"某乃孟获之兄孟节是也。"孔明愕然。隐者又曰:"丞相休疑,容伸片言。昔者,一

---

① 原作"承后主圣旨"。诸葛亮不应称刘禅为"后主",而应称"今上"(封建时代臣民称当世皇帝为"今上")。

第一百七十八回 诸葛亮五擒孟获

父母所生三人:长即某孟节,次孟获,又次孟优。父母皆亡。二弟强恶,不归王化。某屡谏不从,故乃更名改姓,隐居于此。今辱弟造反,又劳丞相深入不毛之地,如此生受,孟节合该万死,故先于丞相之前请罪。"孔明叹曰:"方信盗跖、下惠[八]之事,世代还有也!"遂与孟节曰:"吾申奏天子,立公为王,可乎?"节曰:"为嫌功名而逃于此,岂复有贪富贵之意也!"孔明乃具金帛赠之。孟节坚辞不受。孔明嗟叹不已,拜别而回。后有诗曰:

　　高士功名去不还,武侯曾此破诸蛮。

"灵泉"犹自居民汲,时有寒烟锁旧山。至今云南各处皆以此水为药宝,以治诸病。

孔明回到大寨之中,掘地取水,令军士掘下二十余丈,不得其水,军心惊慌。凡掘十余处,皆是如此。孔明夜半焚香告天曰:"臣亮不才,仰承大汉之福,受命平蛮。今途中乏水,军马枯渴,倘上天不绝于大汉,赐与甘泉;若气运已终,臣亮等愿死于此处!"是夜祝罢,平明视之,皆得满井甘泉。此时军马安然,遂由小径直入秃龙洞中下寨。

蛮兵探知,来报孟获曰:"蜀兵不染瘴疫之气,又无枯渴之患,诸泉皆不应[九]。"朵思洞主闻知不信,自引部将来高山上望之,只见蜀兵安然无事,大桶小担搬运水浆,饮马造饭。朵思见之,毛发耸然,回与孟获曰:"此乃神兵也!"获曰:"吾兄弟二人与蜀兵决一死战,就殒于军前,安肯束手受缚!"朵思曰:"若大王兵败,吾妻子亦休矣。当杀牛宰马,大赏洞丁,不避水火,直入蜀寨,必得全胜。"获起身称谢,于是大赏蛮兵。

正欲起程,忽一人报道:"洞后迤西银冶洞二十一洞主杨锋,引三万兵来助战。"孟获大喜曰:"邻兵助我,我兵必胜矣!"即与朵思出洞迎接。杨锋引兵入曰:"吾有精兵三万,皆披铁甲,能飞山越岭,足可以敌蜀兵百万;我有五子,皆武艺足备,愿助大王。"锋令五子入拜,皆彪躯虎体,威风抖擞。孟获大喜,遂设席相待。杨锋父子酒至半酣,锋曰:"军中少乐,吾随军有蛮姑,善舞刀牌,以助一笑。"获欣然从之。须臾,数十蛮姑,皆披发跣足,从帐外舞跳而入。群蛮拍手,以歌和之①。杨锋令二子把盏。二子举杯诣孟获、孟优前,各欲饮酒,锋大喝一声,二子早将孟获、孟优执下座来。朵思大王却待要走,已被杨锋擒了。蛮姑横截于帐上,谁敢近前。获曰:"'兔死狐悲,物伤其类。'吾与汝皆是各洞之主,往日无冤,何故害耶?"锋曰:"吾兄弟子侄皆感诸葛丞相活命之恩,无可以报。今汝反叛,何不擒献!"于是各洞蛮兵皆自走回本乡。

杨锋将孟获、孟优、朵思等解赴孔明寨来。孔明早已设备多时。孔明端坐帐上,忽报杨锋等解孟获等至。孔明令进来。少时,杨锋等拜于帐下,曰:"某等子侄皆感丞相恩德,故擒孟获等呈献。"孔明重赏而退,然后驱孟获入。孔明笑曰:"汝今番心下服乎?"获曰:"非汝之能,乃吾洞中之人自相残害,以致如此。要杀便杀,只是不服!"孔明曰:"汝赚吾入无水之地,更以'哑泉'、'灭泉'、'黑泉'、'柔泉'如此之毒,吾军无恙,岂非天意乎?汝何故如此执迷?"获又曰:"吾祖居银坑山中,有三江之险,重关之固。汝若就彼擒之,吾当子子孙孙,倾心事之。"孔明曰:"吾再放汝回去,重整兵马,与吾共决胜负。如那时擒住,汝再不服,当灭九族。"叱左右去其缚,放起孟获。获再拜而去。孔明又将孟优并朵思大王皆释其缚,赐酒食压惊。二人悚

---

① 原作"以歌贺之"。据文意改。

惧，不敢正视。孔明曰："孟获背反，不干汝二人之事。"席罢，却令鞍马送之。二人拜别而去。未知孟获整兵胜负如何，且听下回分解。

【注释】
［一］汤：热水。
［二］赤帝：即炎帝，传说为"南方火德之帝"。
［三］隆名：高名，大名。
［四］征徒：出征的士兵。
［五］万安溪：《演义》虚构的水名。
［六］信香：敬神佛用的香。
［七］矜念：怜悯，同情。
［八］盗跖、下惠：跖和柳下惠。二人系春秋时人，旧时传说为两兄弟，跖为"大盗"，柳下惠则被视为"贤人"。
［九］不应：不发生效力。

第一百七十九回　诸葛亮六擒孟获

却说孔明放了孟获等，将杨锋父子六人皆封官爵，重赏洞兵。杨锋等拜谢而去。于是孟获等回到本洞。洞外有三江，乃是泸水、甘南水[一]、西城水[二]。三路水会合，故为三江。其洞北近平坦三百余里，多产万物。洞西二百里，有盐井。西南二百里，直抵泸、甘。正南三百里，乃是梁都河。一名伪州。洞中有山，环抱其洞。山上出银矿，故名为银坑山。山中置宫殿楼台，以为蛮王之巢穴。其中建一祖庙，名曰"家鬼"。四时杀牛宰马享祭，名为"卜鬼"。每年常以蜀人并外乡人祭之，即与采生之类相同。若人患病，不肯服药，只祷师巫，名为"药鬼"。其处无刑法，但犯罪则斩。有女长大，却于溪中沐浴，男女自相混淆，任其自配，父母不禁，名为"学艺"。年岁雨水均调，则种稻谷；倘若不熟，杀蛇为羹，煮象为饭。每方隅之中，上户号曰"洞主"，其次曰"酋长"。每月初一、十五两日，皆在三江城[三]中买卖，博易货物。其地如此。

于是孟获在洞中，聚集宗党千余人，饮宴于宫中，皆不用坐榻，俱席地而已。前面摆列金银器皿。孟获曰："吾受辱于蜀兵五次，已欲誓愿报之。汝等有何高见？"言未毕，一人应曰："某屡闻大王受诸葛亮之辱，心常恨怒。欲得报仇，若以兵法，必然难退；须得此人，方可敌也。"众视之，乃孟获妻弟，见为八番部长，名曰"带来洞主"。获大喜，问曰："其人如何取胜？"带来洞主曰："此去西南八纳洞，洞主乃木鹿大王，深通法术：出则骑象，如逢大阵，能呼风唤雨，便有虎豹豺狼、毒蛇恶蝎跟随此人冲突。手下更有二万神兵，甚是英勇。所到之处，束手而降。大王可修书具礼，某亲往求之。此人若允，何惧蜀兵也？"获欣然，令国舅赍书礼而去。却令朵思大王守把三江城，以为前面屏障。

却说孔明提兵直至三江城，遥望见此城三面傍江，一面通旱，即遣魏延、赵云同领一军，于旱路打战。军到城下时，城上弓弩齐发。原来洞中之人多习弓弩，一弩能发十矢；箭头上皆用毒药，但有中箭者，皮肉皆烂，见五脏而死。赵云、魏延不能取胜，回见孔明，言药箭之事，因此不敢攻城。孔明自乘小车，到军前看了虚实，回到寨中，令军退数里下寨。蛮兵望见蜀兵远退，皆大笑作贺，只疑蜀兵惧怯而退，因此夜间安心稳睡，不去哨探。

却说孔明闭寨不出，一连五日，并无号令。黄昏左侧，忽然微风遍起，孔明传令曰："每军要衣襟一幅，限一更时分应点。无者斩之。"诸将皆不知其意。众军依令预备。初更时分又传令曰："每军衣襟一幅，包土一包。无者斩之。"众军亦不知其意，只得依令包土预备。孔明又传令曰："诸军包土俱在三江城下交割，先到者重赏。"于是众军皆包净土飞奔城下。孔明令积土为蹬道[四]，先上城为头功，因此蜀兵十余万，并降兵万余，将所包之土一齐弃于城下，作二十余处，接连城上。一声暗号，蜀兵皆到城上。蛮兵急放弩时，太半早被执下，余者弃城而走。朵思大王死于乱军之中。蜀将督军分路剿杀。孔明取了三江城，所得珍宝，皆赏三军。

于是败残蛮兵逃回，来见孟获，言说朵思大王身死，失了三江城。获大惊，正虑之间，人报蜀兵已渡江，见在本洞中下寨。孟获甚是慌张。忽然屏风后一人出而大笑，曰："既为男子，何

无智也？我虽是一妇人,愿与你出战,可乎？"获视之,乃妻祝融夫人也。夫人世居南蛮,能使飞刀,百发百中,乃祝融氏之后。孟获如死方苏,即起身称谢。夫人欣然上马,引宗党猛将数百员,生力洞兵五万,出银坑宫阙,来与蜀兵对敌。方才转过洞口,一彪军拦住,为首蜀将乃是张嶷。蛮兵见之,却早两路摆开。祝融夫人披发跣足,身着绛衣,背插五口飞刀,手执丈八长标[五],坐下卷毛赤兔马。张嶷见之,暗暗称奇。二人骤马交锋,战不数合,夫人拨马便走。张嶷赶去,空中一把飞刀落下。嶷急用手隔,正中左臂,翻身落马。蛮兵一声喊处,将张嶷执缚去了。马忠听得张嶷被擒,急出救时,早被蛮兵困住。望见祝融夫人挺标勒马而立,忠忿怒向前去战,坐下马绊倒,亦被擒了。都解入洞中,来见孟获。获大喜,设席庆贺。夫人叱刀斧手推出斩之,获止曰:"诸葛亮放吾五次,今番若杀彼将,是不义也。天下之人,岂不笑乎？且囚在洞中,羞辱其人,待擒住诸葛亮,杀之未迟。"夫人从其言,笑饮作乐。

却说败残兵来见孔明,告知其事。孔明即唤马岱受计,又唤赵云、魏延受计,各人领命引军而去。次日,蛮兵报入洞中,说赵云搦战。祝融夫人即上马出迎。二人战不数合,云拨马便走。夫人恐有埋伏,勒兵而回。魏延引军搦战,夫人纵马相迎。正交锋紧急,延诈败逃走,夫人不赶而去。次日,赵云又引军来搦战,夫人领洞兵出迎。二人战不数合,云诈败而走。夫人按标不赶,欲收兵回洞时,魏延引军齐声辱骂。夫人急挺标来取魏延,延拨马便走。夫人忿怒赶来,延骤马奔入山僻小路。忽然背后一声响亮,延回头视之,夫人仰鞍落马,乃是马岱埋伏在此,用绊马索绊倒。就里擒缚,解投大寨而来。蛮将洞兵皆来救时,赵云一阵杀散。孔明端坐于帐上,马岱解祝融夫人到。孔明急令武士去其缚,请在别帐赐酒食压惊,遣使入洞,欲送夫人换二将。

使命入洞,与孟获答话已毕。获大喜,即放出张嶷、马忠,还了孔明。孔明遂送夫人入洞。孟获接入,甚是惊慌。正忧虑之间,忽报八纳洞主到来。孟获出洞迎接,见其人骑着白象,身穿金珠璎珞,腰悬两口大刀,军中有一班喂养虎豹豺狼之士,拥簇而入。获再拜哀告,诉说此事。木鹿大王许以报仇。获大喜,设宴相待。

次日,木鹿大王引本洞兵,带猛兽而出。赵云、魏延听知蛮兵出,遂将军马布成阵势。二将并辔立于阵前,视之,只见蛮兵旗帜器械皆别:人多不穿衣甲,尽裸身赤体,面目丑陋,身带四把尖刀;军中不鸣鼓角,但筛金[六]为号。木鹿大王腰挂两把宝刀,手执蒂钟[七],身骑白象,从大旗中而出。赵云见之,乃与魏延曰:"我等上阵一生,未尝见如此人物,安得不惊也？"二人正沈吟之际,只见木鹿大王口中不知念甚咒语,手摇蒂钟。忽然狂风大作,飞沙走石,如同骤雨;呜呜闻画角之声,只见虎豹豺狼、毒蛇猛兽乘风而出,张牙舞爪,冲将过来。蜀兵如何抵挡,退后便走。蛮兵随后追杀,直赶到三江界路方回。

赵云、魏延收聚败兵,来孔明帐前请罪,细说此事。孔明笑曰:"非汝二人败阵。吾自出茅庐之时,先知南蛮有驱虎豹之法。吾在蜀中已办下破此阵之物也:随军有二十辆车,俱封记在此。今日且用一半,留下一半后有别用。"遂令左右取了十辆红油柜车到帐下,留十辆黑油柜车在后。众皆不知其意,是日,孔明将柜打开,皆是木刻彩画巨兽,俱用五色绒线为衣毛,钢铁为牙爪,今之"狮子"也。一个可容十人。孔明选了精壮军士一千余人,领了一百口,内装烟火之药,藏在军中。

第一百七十九回　诸葛亮六擒孟获

次日，孔明驱兵大进，布于洞口。蛮兵探知，入洞报与蛮王。木鹿大王自为无敌，即与孟获引洞兵而出。孔明纶巾羽扇，身衣道袍，端坐于车上。孟获指之曰："车上坐的便是诸葛亮！若擒住此人，大事定矣！"木鹿大王口中念咒，手摇蒂钟；腰间宝刀掣出，要斩孔明。顷刻之间，狂风大起，猛兽突出。孔明将羽扇一摇，其风便回本阵中去了。蜀阵中假兽拥出。蛮洞真兽见蜀阵巨兽口吐火焰，鼻出黑烟，身摇铜铃，张牙舞爪而来，不敢前进，皆奔回本洞去了，反将蛮兵冲倒无数。孔明驱兵大进，鼓角齐鸣，望前追杀。木鹿大王死于乱军之中。洞内孟获宗党，皆弃宫阙，爬山越岭①而走。孔明大军占了银坑洞，洞中有许多去处。

次日，孔明正要分兵缉擒孟获，忽然一人上殿，报说："蛮王孟获妻弟带来洞主，因劝孟获归降，获不从，今将孟获并祝融夫人及宗党数百人，尽皆擒来，献与丞相，希图王爵。"孔明听知，即唤张嶷、马忠，向耳畔如此如此吩咐。二将受了计，引二千精壮军，伏于两廊。孔明却令守门将俱放进来，不许阻挡。带来洞主引刀斧手，解孟获等数百人拜于殿下。孔明大喝一声曰："与吾擒下！"两廊壮兵齐出，二人捉一人，尽执缚已定。孔明大笑曰："量汝些小诡计，如何瞒得过我也！汝见二次俱是本洞人擒汝来降，吾不加害；汝只道吾深信，故来诈降，欲就洞中杀吾！吾今识破，又被擒矣！"令人去搜身上，果然各带利刀。孔明问孟获曰："汝原说在汝家擒住，方始心服。今日如何？"获曰："此是我等自来送死，非汝之能也。吾心未服。"孔明曰："吾擒汝六番，尚然不服，欲待何时耶？"获曰："若第七次擒住，吾方倾心归服，誓不反矣。"孔明曰："巢穴已破，有何虑哉！"叱武士尽去其缚，乃指孟获曰："这番擒住，再若支吾[八]，必不轻恕！"孟获等抱头鼠窜而去。

却说败残蛮兵有千余人，太半中伤，荡荡而逃，正遇蛮王孟获。获收了败兵，心中稍喜，却与带来洞主商议曰："吾今洞府已被蜀兵所占，今投何地安身？"带来洞主曰："止有一国可以破蜀。"获欣然大喜曰："何处可去？望乞教之。"带来洞主所举之国，未知如何？

【注释】

[一] 甘南水：《演义》虚构的水名。
[二] 西城水：《演义》虚构的水名。
[三] 三江城：《演义》虚构的城名。
[四] 蹬道：有阶级可上的坡道。
[五] 长标：标枪。
[六] 筛金：敲锣。筛，敲击。
[七] 蒂钟：带把的小钟（古代钟一般悬挂于架上）。
[八] 支吾：用含混的言语搪塞。

---

① 原作"扒山越岭"。据叶逢春本改。

第一百八十回　诸葛亮七擒孟获

却说带来洞主与孟获曰："此去东南七百里有一国,名乌戈国[一]。国主兀突骨,身长丈二,不食五谷,以生蛇恶兽为饭;身有鳞甲,刀箭不能侵。手下有等军,谓之'藤甲军'。其军至矮者九尺,面目丑恶,见者皆惊。洞中有一等藤,生于山涧之内,盘于石壁之上,国人采取,浸于油中,半年方取晒之;晒干复浸,凡十余遍,却才穿成铠甲。前胸并后背各用一片,两臂两片,又做成大裙五片,共为一副,穿在身上,渡江不沉,经水不湿,甚是轻巧,刀箭皆不能入,因此号为'藤甲军'。若得此兵,擒诸葛亮如利刀破竹也。"孟获大喜,遂投乌戈国来见兀突骨。其洞无宇舍,皆居土穴之内。孟获入洞,再拜哀告前事。兀突骨曰:"吾起本洞之兵,与汝报仇。"获欣然拜谢。于是兀突骨唤两个为首领兵俘长:一名土安,一名奚泥,起三万兵,皆穿藤甲,离乌戈国望东北而来。行至一江,名桃花水[二],两岸有桃树,历年落叶于水中。若别国人饮之尽死,惟乌戈国人饮之,倍添精神。兀突骨兵至桃叶渡口下寨,以待蜀兵。

却说孔明令蛮人哨探孟获消息,回报曰:"孟获请乌戈国主引三万藤甲军,见屯于桃叶渡口。孟获又在各番集聚蛮兵,并力拒战。"孔明听说,提兵大进,直至桃叶渡口,隔岸望见蛮兵不类人形,甚是丑恶;又闻土人言说即日桃叶正落,水不可饮。孔明退五里下寨,留魏延守寨。

次日,乌戈国主引一彪藤甲军过河来,金鼓大震。魏延引兵出迎。蛮兵卷地而至。蜀兵以弩箭射到藤甲之上,皆不能透,俱落于地;刀砍枪刺,亦不能入。蛮兵皆使利刀钢叉,蜀兵如何抵挡,尽皆败走。蛮兵不赶而回。魏延复回,赶到桃叶渡口,只见蛮兵带甲渡水而去;内有困乏者,将甲脱下,放在水面,却坐其上而渡之。魏延急回大寨来禀孔明,细言其事。孔明请吕凯并土人问之。凯曰:"某素闻蛮兵之后有一乌戈国,极无人伦者也。更有藤甲护身,急切难伤。亦有桃叶恶水,本国人饮之反添精神,别乡人饮之即死。倘蛮兵败,过河不用船筏,连甲下水渡之。如此顽皮[三]之类,纵使全胜,有何益焉?不如班师早回。"孔明大笑曰:"吾非容易到此,岂可善弃而去之?是无始终,不智之人也。吾明日自有平蛮之策。"于是又令赵云助魏延守寨,且休轻出。

次日,孔明令土人引路,自乘小车到桃叶渡口北岸山僻去处,遍观地理。山险岭峻之处,车不能行,孔明弃车步行。忽到一山,望见一谷,形如长蛇,皆光峭石壁,并无树木,中间一条大路。孔明问土人曰:"此谷何名?"土人答曰:"此处名为盘蛇谷,出谷则三江城大路,谷前名塔郎甸。"孔明大喜曰:"此乃天赐吾成功于此也!"遂回旧路,上车归寨,唤马岱吩咐曰:"与汝黑柜车十辆,须用竹竿千条,柜内之物,如此如此。可将本部兵去把住盘蛇谷,两头依法而行。与汝半月限,一切完备。至期如此施设。倘有走漏,定按军法治之。"马岱受计而去。又唤赵云吩咐曰:"汝去盘蛇谷后,三江大路口如此守把。所用之物,克日完备。"赵云受计而去。又唤魏延吩咐曰:"汝可引本部兵去桃叶渡口下寨。如蛮兵渡水来敌,汝便弃了寨,望白旗处而走。以今日为始,限半个月,须要连输十五阵,弃七个寨栅,只望白旗处便是脱身之所。若输十四阵,也休见我。"魏延领命,心中不乐,怏怏而去。孔明又唤张翼另引一军,依所指之处,筑立寨栅去了;却令张嶷、马忠引本洞所降蛮兵千人,如此行之。孔明笑曰:"今番一战,须要全功。"各人欣然而去。

却说孟获与乌戈国王兀突骨曰:"诸葛亮多有巧计,凡到之处,只是埋伏。今后交战,吩咐三军,但见山谷之中林木多处,切不可轻进。"兀突骨曰:"大王说的是也。吾已知道中国人多行诡计,今后依此言行之:吾在前面厮杀,汝在背后教道。"获再拜谢之。忽报蜀兵在桃叶渡口北岸立起营寨。兀突骨即差二俘长引藤甲军渡了河,来与蜀兵交战。不数合,魏延败走。蛮兵恐有伏兵,不赶自回。次日,魏延又去立了营寨。蛮兵哨得,又引众军渡过河来战。延出迎之。不数合,延败走。蛮兵追杀十余里,见四下并无动静,便在蜀寨中屯住。次日,二俘长请兀突骨到寨,说知此事。兀突骨即引兵大进,将魏延追杀一阵。蜀兵皆弃甲抛戈而走①。只见前有白旗,延引败兵急奔到白旗处,早有一寨,就寨中屯住。兀突骨驱兵追至,魏延引兵弃寨而走。蛮兵得了蜀寨,望前追杀。魏延回兵交战,不三合又败,只看白旗处而走,果有一寨,延就寨屯住。次日,蛮兵又至。延略战又走,蛮兵占了蜀寨。

此时魏延且战且走,已败十五阵,连弃七个营寨。蛮兵大进追杀。兀突骨自在军前破敌,于路但见林木茂盛之处,便不敢进,却使人远望,果见树阴之中,旌旗招展。兀突骨请孟获观之,乃大笑曰:"诸葛亮今番被吾识破!大王连日胜了十五阵,夺了七个营寨,我兵屡胜,彼兵屡败!今蜀兵望风而走,已离桃叶渡口三百余里。蜀兵已是胆破,诸葛亮已是计穷。此这一进,大事定矣!"兀突骨大喜,只道蛮兵得胜,不以蜀兵为念,自在军前催督,令孟获引各洞番兵常离五七十里,但逢着蜀兵,即便追杀。第十六日,魏延引败残兵,来与乌戈国藤甲军对阵。兀突骨骑象当先,头戴日月狼须帽,身披金珠璎珞,两肋下露出生鳞甲,眼目中微有光芒,手指魏延大骂。延拨马便走,后面蛮兵大进。魏延引军转过了盘蛇谷,望白旗处而走。兀突骨统引兵众,随后追杀。兀突骨望见山上并无草木,料无埋伏,放心追杀。赶到谷中,遇见数十辆黑油柜车。蛮兵报曰:"此是蜀兵运粮道路,因大王兵至,撇下此车而走。"兀突骨大喜,催兵追赶。蛮兵争竞取之。将出谷口,不见蜀兵,只见山上横木乱石滚下,垒断谷口。兀突骨令兵开路而进,忽见前面大车小辆,装载干柴,尽皆火起。兀突骨大惊,慌忙退兵,听得后军大喊,报说谷口已被干柴垒断,车中原来皆是火药,一齐烧着。兀突骨见无草木,心不大慌,犹令寻路而走。只见山上两边乱丢火把,火把到处,地内药线皆着,就地飞出铁炮。满谷中火光乱舞,但逢藤甲,无有不着;无铁炮之处,粮草之车尽皆爆开,内有硫黄焰硝引火之物,那火光往来飞舞,将兀突骨并三万藤甲军,烧得互相拥抱,死于盘蛇谷中。孔明在山上望下看时,只见蛮兵被火烧得伸拳舒腿,大半被铁炮打得头脸粉碎,皆死于谷中,臭不可闻。孔明泣泪而叹曰:"吾虽有功,必损寿矣!"这国之人,不曾走了一个。左右将士,无不凄怆。

却说蛮王孟获在寨中,正望蛮兵回报。忽然千余人欢笑拜于寨前,言说:"乌戈国兵与蜀兵大战,将诸葛亮围在盘蛇谷中了也,来请大王接应。我等皆是本洞之人,不得已而降之。今

---

① 原作"蜀兵皆弃盔甲执戈而走"。据叶逢春本改。

知大王前到,特来助战。"孟获大喜,即引宗党并所聚夷人①,连夜上马,就令蛮兵引路。方到盘蛇谷时,只见火光甚起,臭气难闻。获知中计,急退兵时,左边张嶷,右边马忠,两路军杀出。获欲拨兵抵敌,一声喊起,蛮兵中太半皆是蜀兵,将蛮王宗党并集聚的夷人,尽皆擒了。孟获匹马杀出重围,望山径而走,正遇一辆小车,端坐一人,纶巾羽扇,身衣道袍,乃是孔明。孔明大喝一声,曰:"反奴孟获!今番如何?"获急回马便走,一员将引五百军拦住,乃是马岱。孟获措手不及,被马岱生擒,执缚已定。此时王平、张翼引一军赶到蛮寨中,将祝融夫人并一应老小皆活捉而来。

却说孔明归到寨中,升帐而坐。孔明与众将曰:"吾今此计,不得已而用之,大损阴德也!吾料敌人必算吾于林木多处埋伏,吾却空设旌旗,实无兵马,彼果疑也。吾令魏文长连输十五阵者,坚其心也。心坚,必放心而追矣。吾见盘蛇谷止一条路,两壁厢皆是光石,下面沙土,故知天助也。因此方令马岱引军尽伐树木,使彼不疑。前车上黑柜内皆是预先造下的,名为'地雷',一炮中藏九炮,三十步埋之,中用竹竿通节以引药线,皆埋于地土之内;才一发动,山损石裂。吾又令赵子龙预备草车,乃引火之物,山上安设滚木乱石。却令魏延赚兀突骨并藤甲军入谷,放出魏延,即断其路,随后焚之。吾闻'利于水必不利于火也'。藤甲虽刀箭不能入,乃油浸之物,见火必着。蛮兵如此顽皮,非火攻,安能胜?故一火而焚矣。使乌戈国之人不留种类者,是吾身之大罪也!"众将拜伏曰:"丞相天机,神鬼莫测也!"

孔明令押过孟获来。孟获跪于帐下。孔明令去其缚,教且在别帐与酒食压惊。孔明唤管酒食官至坐榻前,如此如此,吩咐而去。

孟获与祝融夫人并孟优、带来洞主、一切宗党,在别帐饮酒。忽一人与孟获曰:"丞相面羞,不欲与公相见,故令我等放公回去,再招人马来决胜负。公今日可速去之。"获垂泪言曰:"七擒七纵,自古未尝有也!吾虽化外之人,颇知礼义,直如此无羞耻也?"遂同兄弟妻子宗党人等,皆匍匐跪于帐下,肉袒[四]谢罪曰:"丞相天威也!南人不复反矣!"孔明曰:"公今服乎?"获泣而谢曰:"某子子孙孙皆感覆载生成[五]之恩,安得不服也!"孔明请孟获上帐,设宴庆贺,就令永为洞主,所占之地尽皆退还。孟获宗党及诸蛮兵无不感戴,皆欣然跳跃而庆之。后人有诗以赞孔明曰:

> 羽扇纶巾拥碧幢[六],亲提士马出南方。
> 瘴烟罩地经泸水,火日飞天守战场。
> 三顾深恩酬汉主,七擒妙策制蛮王。
> 至今溪洞传威德,为选高原立庙堂。

宋贤丘玉林有诗曰:

> 当年诸葛自南征,不减孙、吴善用兵。
> 七纵功臣皆仰德,三分谁敢与齐名?
> 蛮云堆里旌旗展,瘴雨声中鼓角鸣。

---

① 原作"番人"。东汉三国多称西南少数民族为"夷",故改。

妙用鬼神应莫测,远夷今古拜先生!

于是孔明将洞中一切事理,皆委孟获照旧掌管。获拜谢而去。长史费祎入谏曰:"今丞相亲提士马,深入不毛,收复蛮夷。目今蛮夷既已归服,何不张官置吏,与孟获一同守之?"孔明曰:"如此,三不易也:留外人则当留兵,兵无所食,一不易也;蛮夷折伤,父母死亡,留外人而不留兵,必成祸患,二不易也;蛮夷屡有废杀之罪,自有嫌疑,留外人终不相信,三不易也。今吾不留人,不留兵,不运粮,自然安矣。"众官尽皆服之。此时蛮夷皆感孔明之恩德,乃与孔明立生祠[七],四时享祭,呼之为"慈父";皆运珍珠金宝、丹漆药材、耕牛战马拜送孔明,以资军用。后有进贡天子礼物,终身不反。南方已定,皆是孔明之功。

却说孔明犒军已毕,班师回蜀,孔明便令魏延引本部兵为前锋。延引兵方至泸水,忽然阴云四合,水面上一阵狂风骤起,飞沙走石,军不能进。延退兵回报孔明。孔明遂请孟获问之。未知如何,且听下回分解。

【注释】

[一] 乌戈国:《演义》虚构的国名。
[二] 桃花水:《演义》虚构的水名。
[三] 顽皮:顽劣。
[四] 肉袒:把上衣脱掉一部分,露出身体,表示谢罪。
[五] 覆载生成:使活命生存。覆载,本指天地养育及包容万物,此处形容恩重如天地。
[六] 幢:车帘。
[七] 立生祠:为活着的人修建祠堂。祠堂本用于祭祀祖先或先贤,立生祠则表示特别尊崇。

卷之十九

第一百八十一回　孔明秋夜祭泸水

却说孔明平定蛮邦，班师回国。时值九月秋天，蛮王孟获率引大小洞主、酋长及诸部蛮夷，皆罗拜相送。前军至泸水，忽阴雾黑云四下布合，狂风沙石从水面而起。兵不能进，回报孔明。孔明遂问孟获，获曰："此水原有猖神作祸，往来者必须祭之。"孔明曰："用何物祭享？"获曰："旧时国中因猖神作祸，用七七四十九颗人头并黑牛白羊以祭之，自然风恬浪静，方才渡之，更兼连年丰稔[一]。"孔明曰："吾今事已平定，安忍又杀生灵耶？吾不为之。"遂自到泸水岸边，果见阴风大起，波涛汹涌，人马皆惊，亦不能渡。孔明甚疑，即寻土人问之。不时，老少数十余人皆来告说："自丞相经过之后，夜夜只听得水边鬼哭神嚎，自黄昏直至天晓，哀声不绝。瘴烟之内，阴鬼无数。因此作祸，无人敢渡。"孔明曰："此乃吾之积恶也。旧时马岱引蜀兵数百，皆死于水中；更兼杀死蛮兵数多，尽弃于水中：狂魂怨鬼，不能解释[二]，以致如此。吾今晚自当祭之。"老人曰："须依旧例，可杀四十九颗人头以祭之，则怨鬼自散也。"孔明曰："吾班师回国，安可妄杀一人？吾自有主见。"唤行厨宰杀牛马，和面为剂，塑成人头，内以牛羊等肉代之，名曰"馒头[三]"。传至今日。出《事物纪原》。当夜于泸水岸上设祭。亮金冠鹤氅，亲自临祭，令董厥读祭文。其文曰：

维大汉建兴三年秋九月日，丞相、领益州牧、武乡侯诸葛亮①，谨陈祭仪[四]，享于故殁王事冢中将校、本土神祇及蛮夷亡者阴魂曰：昨自远方侵境，异俗起兵，纵蛮尾[五]以兴妖，恣狼心而逞乱。我大汉皇帝②，威胜五霸，明继三皇，定乾坤于战场之中，立社稷于干戈之内；一自蛮夷罔穷天道，来叩皇风。吾奏君王，请三军暂别龙驾；诸公祖饯[六]，弃六亲远辞家国。于是问罪南蛮，莫不逢山开路，息浪为桥。大举貔貅，将除蝼蚁；大军云集，狂寇冰消；才闻破竹之声，便是失猿[七]之势。但士卒儿郎，尽是九州豪杰；将校官僚，皆为四海英雄：习武从戎，投明事主，莫不同伸三令，共展七擒；齐坚奉国之诚，并是忠君之志。何期汝等偶失兵机，缘落奸计；或流矢所中，魄掩泉台[八]；或枪剑所伤，魂归长夜。志坚忠孝，命终于刀斧之前；正直奉公，骸弃于尘埃之内。生则有勇，死且成名。今则凯歌欲还，献俘将及。汝等英灵尚在，所祷必闻：随我旌旗，逐我部曲，同回上国，各认本家，受骨肉之烝尝，领妻子之祭祀；莫作他乡之鬼，徒为异国之魂；当念亲姻泣哭于朝昏，子女嚎啕于旦暮。吾奏皇帝，使汝等各家尽沾恩露，年年请给衣粮，月月不绝俸禄，用兹酬答，以慰汝心。父子传孙，名题蜀史。今则聊表丹诚[九]，陈其祭祀，各领酒食，共享一餐；依此灵幡，随我归国！呜呼，哀哉！伏惟尚飨。

---

① 原作"武乡侯、领益州牧、丞相诸葛亮"。按古人称官、爵的惯例改。
② 原作"且我大蜀皇帝"。"且"字赘，删去；蜀汉正式国号为"汉"，应自称"大汉"。

董厥读毕文,孔明放声大哭,痛切不已,情动三军,无不下泪;蛮貊之人,尽皆大恸。只见愁云怨雾之中,隐隐有数千鬼魂,皆随风而散。于是孔明令左右将祭物尽弃于泸水之中。

次日,孔明引大军俱到泸水南岸,但见云收雾散,风静波平。因此蜀兵尽渡了泸水,果然"鞭敲金镫,人唱凯歌"。行到永昌之时,孔明留王伉、吕凯以守四郡;吩咐孟获勤政驭下,善抚居民,勿失农务,便回蛮邦。孟获拜别而去。

孔明引大军而回成都。后主整排銮驾,出郭三十里迎接。探知丞相至近,后主遂下辇,立于道旁,候孔明如事父。孔明慌忙下车,伏道而言曰:"臣不能速平蛮方,使主上怀忧,臣之罪也。"后主扶起孔明,并车而回,大设太平筵会,重赏三军。蛮邦进贡来者二百余处,皆厚待之,重赏护送,各还本国。孔明奏准后主,将殁于王事者之家,一一重赏。西蜀之地,年丰岁稔;人心欢悦,万物咸宁。

却说魏主曹丕在位七年,乃黄初七年,即蜀之建兴四年也。丕先纳夫人甄氏,极有颜色,乃中山无极人也,上蔡[一〇]令甄逸之女,自三岁失父。建安中,袁绍知其美,娶与中子袁熙为妇。熙出镇幽州;丕父曹操打破邺城,丕见甄氏之美,遂纳为妻。后生一子,名睿,字元仲,自幼聪明,丕甚爱之。后丕又纳安平广宗人郭永之女为贵嫔①。此女极美,其父曰:"吾女乃女中之王也。"故号为"女王"。自从丕纳为贵嫔后,因甄夫人失宠,郭贵嫔欲谋正宫,却与幸臣张韬商议。时丕有疾,郭贵嫔令张韬刻一桐木偶人,上书丕年命,贵嫔却呈于丕,言:"适于甄氏位下掘得此物,系魇镇[一一]陛下也。"丕见之大怒,不究其真假,将甄夫人勒死于冷宫,遂立郭贵嫔为后。因无出[一二],养曹睿为己子。虽甚爱之,不立为嗣。时睿年一十五岁,弓马熟娴。当年春二月,丕带睿出猎,行于山坞之间,赶出子母二鹿。丕一箭射倒母鹿。丕回视小鹿,见卧于曹睿马下。丕大呼曰:"吾儿何不射之?"睿在马上泣告曰:"陛下已射其母,臣安忍复杀其子也。"丕闻之,掷弓于地,曰:"吾儿真乃仁德之主也!"遂立睿为齐公,后进封平原王②。

夏五月,丕感伤寒,百家医治不可,乃召中军大将军曹真、镇军大将军陈群、抚军大将军司马懿。此三人乃掌国家重大之事,皆入寝宫。丕唤曹睿至,乃与曹真等曰:"今朕病已沉重,多是不痊。此子年幼,卿等三人可以辅之,勿负朕心。"三人皆告曰:"陛下何故出此言也?臣等愿竭力以事陛下千秋万岁。"丕曰:"今年许昌城门无故自崩,乃不祥之兆,朕故知其死也。"忽征东大将军曹休入宫问安。丕曰:"卿等四人皆国家柱石之臣也,今已在此,朕有何虑耶?"言讫,堕泪而崩。时年四十岁,殁于洛阳宫嘉福殿。在位七年。后晋平阳侯相陈寿评曰:

  魏文帝天资文藻,下笔成章;博闻强识,才艺兼该③。若加之旷大之度,励以公平之诚,迈志存道,克广德心,则古之贤主,何远之有哉!

又史官孙盛评曰:

---

 ① 原作"贵妃"。"贵妃"之名始于南朝宋。据《三国志·魏书·后妃传》改。
 ② 原作"后改为平原王"。由公到王系提高一个等级,故"改为"应作"进封"。
 ③ 原作"才艺兼修"。据《三国志·魏书·文帝纪》改。

魏王处莫重之哀[一三]，而设享燕之乐；居贻厥[一四]之始，而堕王化之基。及至受禅，显纳二女[一五]，忘其至恤，以诬先圣之典，将何以终？

于是曹真、陈群、司马懿、曹休四人，一面举哀，一面立曹睿为大魏皇帝。谥父丕为文皇帝，谥母甄氏为文昭皇后。以钟繇为太傅，曹真为大将军，曹休为大司马，华歆为太尉，王朗为司徒，陈群为司空，司马懿为骠骑大将军。其余文武官僚，各各封赠。大赦天下。时雍、凉二州无官守把，于是司马懿上表，乞守雍凉等处①。曹睿从之，遂命懿都督雍、凉等处兵马。懿领诏去讫。

却说细作人飞报入蜀，来见孔明。孔明大惊曰："曹丕已死，孺子曹睿即位，余皆不足挂意；但有河内温人司马懿，此人乃世之英雄，今总督雍、凉兵马，倘训练成时，必为蜀中之大患。不如先起兵伐之，芟除此人，以绝后患。"参军马谡曰："今丞相平蛮方回，军士疲劳②，只宜存恤，岂可复远征耶？要除司马懿不难，某有一计，不劳丞相张弓只箭，使司马懿自死于曹睿之手，未审丞相钧意允否？"孔明闻之，遂问其计。试看马谡道出甚计来，果然司马懿性命如何，且听下回分解。

【注释】

[一] 丰稔：丰收。稔，庄稼成熟。
[二] 解释：消除。
[三] 馒头：即今之"包子"。
[四] 祭仪：祭祀的礼品。
[五] 虿尾：比喻邪恶。虿，蝎类毒虫。
[六] 祖饯：设宴送行。祖，古代出行时祭祀路神，引申为送行。
[七] 失猿：比喻阵亡。
[八] 泉台：义同"泉下"，即黄泉之下，地下。
[九] 丹诚：丹心，赤诚。
[一〇] 上蔡：县名。属豫州汝南郡。治所在今河南上蔡西南。
[一一] 魇镇：一种巫术，用诅咒来加害别人。
[一二] 无出：没有生育。
[一三] 处莫重之哀：指曹丕处在其父曹操的丧期。
[一四] 贻厥：代指子孙。贻，遗留给；厥，其。
[一五] 显纳二女：公然纳汉献帝二女为妃（见第一五九回）。

---

① 原作"乞守西凉等处"。"西凉"系宋以后地名。据上下文改。
② 原作"军马疲敝"。据叶逢春本改。

第一百八十二回　孔明初上出师表

却说孔明问于马谡曰："有何妙计，能使司马懿自死于曹睿之手？愿详言之。"于是马谡献计曰："司马懿虽是魏朝大臣，而曹睿平素疑之。何不密遣人往洛阳、邺城等处，布散流言，说此人欲反；却作司马懿告示天下榜文，遍贴诸处，使曹睿心疑，必然杀此人也。"孔明大喜而从之，即遣人密行此计去了。

却说邺城门上贴下告示，守门者揭了来奏曹睿。睿观之，大惊失色。其文曰：

骠骑大将军总领雍、凉等处兵马事司马懿，谨以信义布告天下：昔太祖武皇帝创立皇基，本欲立浚仪王子建①为社稷主，不幸奸谗交集，岁久潜龙[一]。今皇孙曹睿素无德行，妄自居尊，有负太祖之遗意。今吾应天顺人，以慰万民之望，克日兴师到关，皆早归命新君；如不顺者，当灭九族！先此告闻，想宜知悉②。

曹睿大疑，急问群臣。太尉华歆奏曰③："司马懿上表乞守雍、凉，正为此也。先时太祖武皇帝尝与臣曰：'司马懿鹰视狼顾[二]，不可付之兵权，久必为国家之大祸也。'今日反情已萌，可速诛之。"言未尽，王朗又奏曰："司马懿深明天文，熟谙韬略，善晓兵机，常有一匡天下之心；今若不除，久必成王莽之患也。"曹睿降旨，便欲兴兵御驾亲征。忽班部中大将军曹真出而奏曰："不可。昔文帝托孤于臣等四人，是知司马懿无异志也；今无故加兵，乃逼之反耳。况蜀、吴未除，多是奸细行间谍之计，使君臣自乱，彼却乘虚而击也。陛下未可深信。"睿曰："司马懿若变，悔之何及！"真又曰："如陛下心自不稳，可仿汉高祖游云梦之计[三]。陛下幸安邑，安邑，地名也。司马懿必然来迎，可观其动静，就车前擒之可也。"睿从之，遂命曹真监国，即引御林军十万，径到安邑。

此时司马懿果然不知，欲令天子看其兵势威严，乃整兵马，率甲士数万而迎。近臣奏曰："司马懿果率生力甲士十余万，前来抗拒，实有反心矣。"睿慌命曹休先领精兵迎之。司马懿见兵来到，只疑车驾亲幸，乃伏道而迎。曹休出曰："仲达受先帝托孤之重，何故反耶？"懿大惊失色，汗流遍体，乃问其故。休备细言之。懿曰："此是吴、蜀奸谋间谍之计也！使我君臣自相残害，彼却乘此虚势而袭之矣。某当自见天子！"懿急退了军，直至睿车前，俯伏泣奏曰："臣受先帝托孤之重，安有异心？此必吴、蜀之诈计也。臣乞总此兵者，实欲先破蜀，后伐吴，以报先帝与陛下耳！"睿持疑未决。华歆奏曰："不可付之兵权，可黜罢回乡。此汉文帝以报周勃[四]也。"睿依此言，将司马懿削去官职，命曹休总督雍、凉兵马。司马懿贬回乡里，魏主曹睿驾回

---

① 原作"陈思王子建"。据《三国志·魏书·曹植传》，植此时为浚仪王，后改封陈王，"思"则为死后所加的谥号。
② 原作"相宜知悉"。据叶逢春本改。
③ 原作"太尉华歆等奏曰"。"等"字衍，据黄正甫本删去。

洛阳。

却说细作探知此事，报入蜀中。孔明闻之，大喜曰："吾欲伐魏久矣，奈有司马懿总雍、凉之众。今既中计而贬之，吾有何忧耳！"次日，后主早朝，大会官僚，孔明出班，上《出师表》一道。表曰：

先帝创业未半而中道崩殂，今天下三分，益州疲弊，此诚危急存亡之秋也。然侍卫之臣，不懈于内；忠志之士，忘身于外者，盖追先帝之殊遇[五]，欲报之于陛下也。诚宜开张圣听[六]①，以光先帝遗德，恢弘志士之气，不宜妄自菲薄，引喻失义[七]，以塞忠谏之路也。宫中府中[八]，俱为一体，陟罚臧否[九]，不宜异同。若有作奸犯科②及为忠善者，宜付有司，论其刑赏，以昭陛下平明之理③，不宜偏私，使内外异法也。侍中、侍郎郭攸之、费祎、董允等，此皆良实，志虑忠纯，是以先帝简拔以遗陛下。愚以为宫中之事，事无大小，悉以咨之，然后施行，必能裨补阙漏[一〇]，有所广益。将军向宠，性行淑均，晓畅军事，试用于昔日，先帝称之曰"能"，是以众议举宠为督。愚以为营中之事，悉以咨之④，必能使行阵和睦[一一]，优劣得所。亲贤臣，远小人，此先汉所以兴隆也；亲小人，远贤臣，此后汉所以倾颓也。先帝在时，每与臣论此事，未尝不叹息痛恨于桓、灵也。侍中、尚书、长史、参军，此悉贞亮死节[一二]之臣也。陛下亲之信之，则汉室之隆，可计日而待也。

臣本布衣，躬耕南阳，苟全性命于乱世，不求闻达于诸侯。先帝不以臣卑鄙[一三]，猥自枉屈[一四]，三顾臣于草庐之中，谘臣以当世之事，由是感激，遂许先帝以驱驰⑤。后值倾覆，受任于败军之际，奉命于危难之间，尔来二十有一年矣。先帝知臣谨慎，故临崩寄臣以大事也。受命以来，夙夜忧叹⑥，恐付托不效，以伤先帝之明，故五月渡泸，深入不毛。今南方已定，兵甲已足，当奖率三军，北定中原，庶竭驽钝，攘除奸凶，以复兴汉室，还于旧都。此臣所以报先帝，而忠陛下之职分也。

至于斟酌损益，进尽忠言，则攸之、祎、允之任也。愿陛下托臣以讨贼兴复之效，不效，则治臣之罪，以告先帝之灵。若无兴德之言，则责攸之、祎、允等之慢，以彰其咎[一五]⑦。陛下亦宜自谋，以谘诹[一六]善道，察纳雅言，深追先帝遗诏。臣不胜受恩感激！今当远离，临表涕泣，不知所言⑧。谨表。

---

① 原作"诚宜开张圣德"。据《三国志·蜀书·诸葛亮传》改。
② 原作"若有奸诈犯科"。据《诸葛亮传》改。
③ 原作"以昭陛下平明之治"。据《诸葛亮传》改。
④ 原作"愚以为营中之事，事无大小，悉以咨之"。据《诸葛亮传》，删去"事无大小"四字。
⑤ 原文无"遂"字。据《诸葛亮传》补。
⑥ 原作"夙夜忧虑"。据《诸葛亮传》改。
⑦ 原作"责攸之、祎、允等之咎，以彰其慢"。据《诸葛亮传》，补"若无兴德之言，则"，"咎"、"慢"二字互换。
⑧ 原作"不知所云"。据《诸葛亮传》改。

后主览表而言曰："相父征蛮,远涉艰难,方始回都,坐未安席;今又欲北征,恐劳神思也。"孔明曰："臣受先帝托孤之重,夙夜未尝有怠。今日平蛮回国,一载有余矣,军马已锐,器械已足,粮草之类尽皆完备,不就此时讨逆,恢复中原,更待何日耶?"忽班部中太史谯周出奏曰："臣夜观天象,北方旺气正盛,星曜倍明,未可图也。"乃顾孔明曰："丞相深明天文,何故强为也?"孔明曰："天道之理,变易不常,岂可拘执此? 吾今且驻军马于汉中,观其动静而行之。"谯周等谏之不从。于是孔明乃留郭攸之、董允、费祎等为侍中,总摄宫中之事;又留向宠为大将,总督御林军马,蒋琬为参军,张裔为长史,掌丞相府事;又留杜琼、杜微为谏议大夫;杨洪为蜀郡太守①;孟光为屯骑校尉,来敏为虎贲中郎将②;尹默、李譔为博士;郤正、费诗为秘书,谯周为太史:内外文武官僚二百余员,同理蜀中之事。

孔明受诏兴兵,克复中原,重兴汉室。孔明暂归府内,唤诸将听令:督前部③,镇北将军、领丞相司马、凉州刺史、都亭侯魏延;前军都督,领扶风太守张翼;裨将军王平;后军领兵使,安汉将军、领建宁太守李恢;副将,定远将军、领汉中太守吕乂④;兼管运粮左军领兵使,平北将军、陈仓侯马岱;副将,飞卫将军廖化;右军领兵使,奋威将军、博阳亭侯马忠;抚戎将军,关内侯张嶷;行中军师,车骑将军、都乡侯刘琰⑤;中监军,扬武将军邓芝;中参军,安远将军马谡;前将军,都亭侯袁綝;左将军,高阳乡侯吴懿⑥;右将军,玄乡侯高翔⑦;后将军,安乐亭侯吴班⑧;领长史,绥军将军杨仪;前监军,征南将军刘巴⑨;前护军,偏将军、汉成亭侯许允⑩;左护军,笃信中郎将丁咸;右护军,偏将军刘敏;中典军,讨虏将军上官雝⑪;行参军,昭武中郎将胡济;行参军,建义将军阎晏⑫;行参军,偏将军爨习;行参军,裨将军杜义,武略中郎将杜祺,绥戎都尉盛勃⑬;从事,武略中郎将樊岐;典军书记樊建;丞相令史董厥;帐前左护卫使,龙骧将军关兴;右护卫使,虎翼将军张苞。孔明受诏为平北大都督、丞相、领益州牧、武乡侯⑭。于是孔明分拨已毕,又檄李严等守巫口,以拒东吴。选定建兴五年春三月丙卯日出师⑮。

---

① 原作"杜琼为谏议大夫;杜微、杨洪为尚书"。据《三国志·蜀书·杜微传》《杨洪传》改。
② 原作"孟光、来敏为祭酒"。据《三国志·蜀书·孟光传》《来敏传》改。
③ 原作"前督部"。据《三国志·蜀书·魏延传》改。
④ 原作"吕义"。据《三国志·蜀书·吕乂传》改。
⑤ 原作"车骑大将军、都乡侯刘琰"。据《三国志·蜀书·李严传》注引诸葛亮上书,删"大"字。
⑥ 原作"高阳侯吴懿"。校改依据同⑤。
⑦ 原作"玄都侯高翔"。校改依据同⑤。
⑧ 原作"安乐侯吴班"。校改依据同⑤。
⑨ 原作"前将军,征南将军刘巴"。两个官衔抵触,且与上文"前将军袁綝"矛盾。校改依据同⑤。
⑩ 原作"汉城亭侯许允"。校改依据同⑤。
⑪ 原作"后护军,典军中郎将官雝"。校改依据同⑤。
⑫ 原作"谏议将军阎晏"。校改依据同⑤。
⑬ 原作"绥戎都尉盛教"。校改依据同⑤。
⑭ 原作"孔明受诏封为平北大都督、丞相、武乡侯、领益州牧、知内外事诸葛亮",文句不通。据文意,删去"封"、"知内外事诸葛亮";并据古代惯例,调整官、爵顺序。
⑮ 原作"选定建兴五年春三月丙寅日出师"。据《二十史朔闰表》,建兴五年三月无丙寅日,酌改。

忽帐下一老将厉声而进曰："我虽年迈，尚有廉颇之勇，马援之雄。此二古人皆不服老，何故不用我耶？"众视之，乃常山赵子龙也。孔明曰："吾自平蛮回都，马孟起因病身故，予甚惜之，以为折其右臂也。今将军年纪已高，但恐稍有参差，动摇一世之英名，减却西蜀之锐气也。"子龙厉声曰："吾自随先帝以来，临阵不退，遇敌则先。大丈夫得死于疆场者，幸也，吾何恨焉？愿为前部先锋！"孔明再三苦劝不从。子龙曰："如不教我为先锋，就撞死于阶下！"孔明曰："将军既要为先锋，须得一人同去。"言未尽，一人应曰："某虽不才，愿与老将军先引一军，前锋破敌。"孔明视之，乃义阳新野人也，见为中监军、扬武将军，姓邓，名芝，字伯苗。孔明大喜，即拨精兵五千，副将十员，随赵子龙、邓芝为先锋去讫。

孔明出师，后主百官送于北门外十里。孔明辞了后主而去，旌旗蔽野，戈甲如霜，沿道之民，箪食壶浆以迎王师。孔明率大军，望汉中迤逦进发。

却说边庭探知此事，报入中原。是日，魏主曹睿设朝，近臣奏曰："边官报道，诸葛亮率领大兵三十余万，出屯汉中，令赵云、邓芝为前部先锋，引兵入境，其机至急。"睿大惊，慌问群臣曰："谁可为将，以退蜀兵？"忽一人应声而出曰："臣父死于汉中，切齿之仇，未尝得报。今蜀兵侵境，臣愿引本部猛将，乞陛下赐关西之兵，上为国家效力，下报父亲之仇，臣万死而不恨也！"众视之，乃安西将军、假节、驸马、夏侯渊之子夏侯楙也①。楙，音茂。楙字子林，自幼过房与夏侯惇为子，后夏侯渊被黄忠斩之，魏武帝曹操怜之，以女清河公主招楙为驸马，因此朝中钦敬。虽掌兵权，性急悭吝，未曾临阵。此时曹睿即命夏侯楙为大都督，调关西诸路军马，前去迎敌。忽一人谏曰："不可。"众视之，乃司徒王朗也。朗奏曰："夏侯驸马素不曾经战，今付以大任，非其宜也。更兼诸葛亮足智多谋，深通韬略，不可与敌也。"夏侯楙叱之曰："司徒莫非结连诸葛亮，欲为内应耶？吾自幼从父学习韬略，深通兵法，汝何欺吾年幼也？吾若不生擒诸葛亮，誓不回见天子！"王朗等皆不敢言。夏侯楙辞了魏主，星夜到长安，调关西诸路军马二十余万，来敌孔明。未知胜负如何？

【注释】

[一] 潜龙：比喻有大德的人尚未得时，像潜伏着的龙。

[二] 鹰视狼顾：鹰视，视物如鹰；狼顾，像狼一样，身子不动，头可转向背后看。比喻人阴险狼毒。

[三] 汉高祖游云梦之计：汉高祖刘邦因有人上书告楚王韩信谋反，便用陈平之计，假装巡游云梦，诱骗韩信迎接，趁机抓住韩信，贬为淮阴侯。

---

① 原作"乃安西镇东将军、侍中尚书、驸马都尉、假节夏侯渊之子夏侯楙也"，对人物身份叙述混乱。参照《三国志·魏书·夏侯惇传》注引《魏略》改（史书未言夏侯楙系夏侯渊之子）。

[四] 汉文帝以报周勃：公元前180年，吕后死，太尉周勃与陈平等合谋诛灭诸吕，迎立代王刘恒为帝，是为汉文帝。文帝始以周勃为右丞相，不久迫其去职。后因有人上书告周勃谋反，竟将勃下狱，经太后出面干预，终赦之。

[五] 殊遇：特殊的礼遇。

[六] 开张圣听：扩大君主的听闻，即广泛听取臣下的意见。

[七] 引喻失义：言谈不符合大义。

[八] 宫中府中：宫中，皇宫中的侍臣；府中，丞相府的官吏。

[九] 陟罚臧否：赏罚褒贬。陟，提升；臧，赞扬；否，贬斥。

[一〇] 裨补阙漏：弥补缺陷。裨，补益；阙，通"缺"。

[一一] 行阵和睦：军队和睦。

[一二] 贞亮死节：坚贞忠诚，能以死报国。

[一三] 卑鄙：卑微而鄙俗。

[一四] 猥自枉屈：降低身份，屈驾相访。猥，辱。

[一五] 以彰其咎：用以公开他们的过失。

[一六] 谘诹：咨询，询问。

第一百八十三回　赵子龙大破魏兵

建兴五年夏四月,孔明率兵前至沔阳,经过马超坟墓,乃令弟马岱挂孝。孔明亲自祭之。蜀人杨戏[一]作赞曰:

　　骠骑奋起,连横合纵。
　　首事三秦[二],保据河、潼。
　　宗计于朝,或异或同。
　　敌以乘衅[三]①,家破军亡。
　　乖道反德,托凤攀龙。

又史官作马孟起庙赞曰:

　　西川马孟起,名誉震关中。
　　信、布齐夸勇,关、张可并雄。
　　渭桥施大战②,安蜀奏全功。
　　曹操闻风惧,流芳播远戎。

孔明祭毕,回到寨中,商议进兵。忽远哨马报:"魏主曹睿遣驸马夏侯楙,调关中诸路军马,前来拒敌。"忽魏延上帐献策曰:"夏侯楙乃膏粱子弟[四],懦弱无谋。可赐精兵五千,直取路出褒中③,循秦岭以东,当子午谷而投北,十日之中,可到长安。夏侯楙若闻某骤至,必然弃城而走矣。横音光门邸阁所弃粮草,足可为用也④。比魏军合聚东方,尚需二十余日。丞相大驱士马,自斜谷而进,必足以达⑤。若如此行之,则咸阳以西,一举而可定矣。此万全之计也!"孔明笑曰:"此非万全之计也。汝欺中原无好人物,倘有人进言者,于山僻中以军截之,非令五千人受害,亦大伤其锐气也。决不可用之。"魏延又曰:"丞相从大路进发,彼必尽起关中之兵,于路迎敌,则徒废生灵,何日而得中原也?"孔明曰:"吾从陇右取平坦大路,依法进兵,岂不胜耶?"遂不用魏延之计,即差人令赵云进兵。

却说夏侯楙在长安聚集诸路军马。时有凉州大将韩德,善使开山大斧,有万夫不当之勇,引西羌诸路兵八万到来,见了夏侯楙。楙重赏了毕,就遣韩德为先锋。德有四子,皆精通武艺,弓马过人:长子韩瑛,次子韩瑶,三子韩琼,四子韩琪,真乃雄伟之士!韩德带四子并西羌兵八万,取路而来。前至凤鸣山,正遇蜀兵。两阵对圆,韩德出马,四子列于两边。德厉声大

---

① 原作"敌以成垒"。据《三国志・蜀书・杨戏传》附《季汉辅臣赞》改。
② 原作"渭桥施六战"。《演义》中并无"渭桥六战"之事。据第一一八回改。
③ 原作"直取路出襄州"。据《三国志・蜀书・魏延传》注引《魏略》改。
④ 原作"必然弃城,望横门邸阁而走矣。所弃粮草,足可为用也"。据《三国志・蜀书・魏延传》注引《魏略》改。
⑤ 原作"某却从东方而来,丞相可大驱士马,自斜谷而进"。校改依据同④。

骂曰："反国之贼，安敢侵吾境界耶！"赵子龙大怒，挺枪纵马，单搠韩德交战。长子韩瑛，跃马挺枪来迎，战不三合，被子龙一枪刺死于马下。次子韩瑶见之大怒，纵马挥刀，来取子龙。子龙施逞旧日虎威，抖擞精神，相迎韩瑶。瑶抵敌不住。三子韩琼见了愤怒，急挺方天戟，骤马前来夹攻。子龙全然不惧，枪法不乱。四子韩琪见二兄战子龙不下，也驰马抡两口日月刀而来，围住子龙。子龙在中央，独战三将。少时，韩琪中枪落马，魏阵中一将救去。子龙拖枪便走。韩琼按戟，急取弓箭射之，连放三箭，皆被子龙用枪拨了。琼大怒，仍绰方天戟，纵马赶来，却被子龙一箭射中面门，落马而死。韩瑶急骤马赶到，举刀便砍子龙。子龙拖放不迭，弓枪皆弃，闪过宝刀，生擒韩瑶归阵；复纵马取枪，杀过阵来。韩德见四子皆丧于子龙之手，肝胆皆裂，先走入阵去了。凉州兵素知子龙之名，又见英雄尚在，谁敢交锋？子龙马到处，大喝一声，阵开两下，纷纷乱走，阵阵倒退，却被子龙匹马单枪，往来冲突，如入无人之境。后人有诗赞曰：

　　忆昔常山赵子龙，年登六十建奇功①。
　　独诛四将来冲阵，犹似当阳救主雄。

邓芝见子龙大胜，率蜀兵掩杀，凉州兵大败而走。韩德险被子龙擒住，乃弃甲步行而逃。子龙、邓芝收军回寨。芝贺曰："某见将军如此英雄，不想寿已六旬，精神尚在。今日阵前独胜四将，世之罕有也！"子龙曰："丞相以吾年迈，不欲取用，吾故以此功表之。"遂差人解韩瑶申报捷书，以达孔明。

　　却说韩德引败军回见夏侯楙，哭告其事。楙自统兵来迎子龙。忽探马报入蜀寨，说夏侯楙自引兵到。子龙乃上马绰枪，引千余军，就凤鸣山前列成阵势。当日夏侯楙戴金盔，披金甲，坐下雪白马，手提大砍刀，立在门旗之下。见子龙跃马挺枪，往来驰骋，楙欲自战。后面韩德言曰："杀吾四子之仇，如何不报！"纵马抡开山大斧，直取子龙。子龙忿怒，挺枪来迎，战不三合，一枪刺韩德死于马下，急纵马直取夏侯楙。楙慌闪入本阵。邓芝驱兵掩杀。魏兵又折一阵。退十余里下寨。楙连夜与众将商议曰："吾久闻赵云之名，未尝见面；今日年老，英雄尚在，方信当阳长阪之事。似此无人可敌，如之奈何？"参军程武乃程昱之子进言曰："某料赵云有勇无谋之辈，不足虑哉。来日都督再引兵出，先伏两军于左右；都督临阵先退，诱赵云到伏兵处；都督却登山指挥，四面军马重叠围住，足可擒矣。"楙从其言，遂遣神武将军董禧引三万兵伏于左，征西将军薛则引三万兵伏于右。二人领兵埋伏去了。

　　次日，夏侯楙复整金鼓旗幡，率兵而进。子龙、邓芝出迎。芝在马上与子龙曰："昨夜子龙杀了韩德，魏兵不敢战，大败而去；今日此来，必有诈也。老将军可防之。"子龙曰："量此乳臭小儿，何足道哉！吾今日必然擒之！"只见魏军中旗帜之下，夏侯楙与诸将搦战。子龙愤怒，便跃马而出。魏将偏将军潘遂出迎，战不三合，遂拨马便走。子龙赶去，魏阵中八员将一齐来迎。放过夏侯楙先走，八将却败奔走。子龙乘势追杀，邓芝亦提兵掩杀。子龙深入重地，四面喊声大震。芝急收军回时，左有董禧，右有薛则，两路兵杀到。因芝兵少，不能救解，将子龙困

---

① 原作"年登七十建奇功"。赵云年龄小于刘、关、张，此时应为六十左右（诸葛亮此时四十八岁）。

第一百八十三回　赵子龙大破魏兵

在垓心。子龙东冲西突,魏军越厚。此时,子龙手下止有千余人,杀到山坡之下。只见楸在山上指挥三军,子龙投东则望东指,旁边执法官把旗望东指,军马就望东围,因此攻打不透。子龙引兵杀上山来,忽半山中擂木炮石打将下来,不能上山。山上弩箭如雨,蜀兵伤折太半。子龙从辰时杀至酉时,不得脱走。子龙正在垓心,下马少歇,待月明冲突。却才卸甲少困,月光方出,忽四下火光冲天,鼓声大震,矢石如雨,魏兵杀到,皆叫曰:"赵云早降!"子龙急上马迎敌。四面军马渐渐逼近,八方弩箭交射甚急,人马皆不能向前。子龙仰天叹曰:"吾不服老,死于此地矣!"忽东北角上喊声大起,魏兵纷纷乱窜,一彪军杀到,为首大将素袍银铠,使丈八点钢矛,提一颗人头。子龙视之,乃虎翼将军张苞也。苞见了子龙,言曰:"丞相恐老将军有失,特遣某引五千兵接应。闻知老将军被困,故杀透重围,正遇魏将薛则拦路,被某杀之。"子龙大喜,即与张苞杀出西北角来。只见魏兵弃戈奔走,一彪军从外呐喊杀入,为首大将坐下赤兔马,提偃月青龙刀,手挽人头。子龙视之,乃龙骧将军关兴也。兴与子龙曰:"奉丞相之命,恐老将军有失,特引五千兵前来接应。却才阵上逢着魏将董禧,被吾一刀斩之,枭首在此。丞相随后便到也。"子龙曰:"二将军已建奇功,何不就今日擒住夏侯楙,以定大事也?"张苞闻言,遂引兵去了。兴曰:"我也干功去矣。"关兴也引兵去了。子龙回顾左右曰:"他两个是吾子侄之辈,尚且干功去了;吾乃国家上将,朝廷旧臣,反不如此小儿也。吾当舍老命以报先帝之恩!"此时子龙引兵捉夏侯楙。当夜三路兵到,未知夏侯楙性命如何?

【注释】

[一] 杨戏:蜀汉犍为武阳(今四川彭山县东)人,字文然。曾任建宁太守、梓潼太守、射声校尉。延熙四年(241)著《季汉辅臣赞》。

[二] 三秦:指战国时秦国故地,即关中。秦朝灭亡后,项羽把秦故地分为三,封秦降将章邯、司马欣、董翳为王,故称。

[三] 乘衅:乘隙,利用矛盾。

[四] 膏粱子弟:富贵人家的子弟。膏,脂肪;粱,精美的饭食。

第一百八十四回　诸葛亮智取三郡

却说子龙与关兴、张苞三路兵，大破魏军一阵。邓芝引兵接应，杀得尸横遍野，血流成河。夏侯楙乃无谋之人，更兼未曾经战，见军大乱，遂引帐下骁将百余人，望南安郡而走。众军因见无主，尽皆逃窜。兴、苞二将听知夏侯楙望南安去了，连夜赶来。楙走入狟道城中①，令紧闭城门，驱兵守御。兴、苞赶到，一声炮响，将城围了。子龙随后也到。三面攻打。少时，邓芝亦引兵到。一连围了十日，攻打不下。忽报丞相留后军驻于沔阳，左军屯于阳平，右军屯于石马②，丞相自引中军来到。子龙、邓芝、关兴、张苞皆来拜见孔明，说连日攻城不下。

孔明曰："待吾自观之。"遂乘四轮小车到城边周回看了一遍，回寨升帐而坐。众将环立听令。孔明曰："此城壕深墙峻③，不易攻也。吾正事不在此城。汝等如是久守，倘魏兵分道而出，却取汉中，于吾军无益矣。"邓芝曰："夏侯楙乃魏之驸马，若擒此人，胜斩百将。今困于此，岂可弃之而去耶？"孔明曰："吾自有计矣，但未知此处接连何郡？"左右告曰："东连天水郡④，北抵安定郡。"孔明曰："二处太守是何人也？"答曰："天水太守马遵，安定太守崔谅。"孔明大喜，乃唤魏延受计，如此如此；又唤关兴、张苞受计，如此如此；又唤心腹二人受计，如此行之。各将领命，引兵而去。孔明却在狟道城外⑤，令军运柴草堆于城下，口称"烧城"。魏兵闻知，皆大笑不惧。

却说安定太守崔谅，在临泾城中闻知蜀兵围了狟道⑥，困住夏侯楙，十分慌惧，即点军马将有四千，守住城池。忽见一匹马飞到，其人自正南而来，口称有机密事。崔谅唤入问之，答曰："某是夏侯都督帐下心腹将裴绪，今奉都督将令，特来求救于安定、天水二郡。即目狟道其危甚急，每日城上纵火为号，专望二郡救兵，并不见到，复差某杀出重围，特来报急，可星夜起兵为外应。都督若见二郡兵到，却开城门接应也。"谅曰："有都督文书否？"绪贴肉取出，汗已湿透，略教一视，急令手下换了乏马，便出城望天水而去。不二日，又有报马到："天水太守已起兵救援狟道去了，早早接应。"崔谅与府官商议，多官曰："若不去救了狟道，则送了夏侯驸马，皆我两郡之罪也！只得救之。"谅即点本部人马，离城而去，止留文官守城。

且说崔谅提兵向狟道大路而进，遥望见火光冲天，催兵星夜进发。离狟道尚有五十余里，

---

① 原作"楙走入城中"。南安系郡名，而非具体城名。此处指郡治狟道（今甘肃陇西东南）。
② 原作"右军屯于石城"。据《三国志·蜀书·后主传》改。
③ 原作"此郡壕深城峻"，意不通。承①改。
④ 原作"西连天水郡"，方位颠倒。据地理改。
⑤ 原作"孔明却在南安城外"。承①改（当时另有南安县，属益州犍为郡，治所在今四川乐山）。
⑥ 原作"在城中闻知蜀兵围了南安"。安定系郡名，而非具体城名，此处实指郡治临泾（今甘肃镇原南）；"南安"承前改为"狟道"。

第一百八十四回　诸葛亮智取三郡

忽然前后喊声大震,谅慌问左右,不时哨马报道:"前面关兴截住去路,背后张苞杀来!"安定之兵,四下逃窜。谅大惊,乃领手下百余人,往小路死战得脱,奔回临泾。方到城壕边,城上乱箭射将下来,蜀将魏延在城上叫曰:"吾已取了城也,何不早降?"乃是魏延扮作安定军,寅夜赚开城门,蜀兵尽入,因此得了安定。

崔谅慌投天水郡来,行不到一程,前面一彪军摆开,大旗之下,一人纶巾羽扇,道袍鹤氅,端坐于车上。谅视之,乃是孔明,急拨回马走。关兴、张苞两路追到,只叫"早降"。崔谅见得四面皆是蜀兵,不得已而降之,同归大寨。孔明以上宾相待。孔明曰:"南安太守与足下厚否?"谅曰:"此人乃杨阜之族弟杨陵也,与某邻郡,交契甚厚。"孔明曰:"今欲望足下入城说杨陵擒夏侯楙,可乎?"谅曰:"丞相若令某去,可暂退军马,容某入城说之。"孔明从其言,即时传令,教四面军各退二十里下寨。

崔谅匹马到城边,唤开城门①。入到府中,与杨陵礼毕,细言其事。陵曰:"我等受魏主大恩,安忍背之?可将计就计而行。"遂引崔谅到夏侯楙处,亦告其事。楙曰:"当用何计?"杨陵曰:"只推献城门,某赚蜀兵入,却就城中杀之。"崔谅依计行之,来见孔明,说:"杨陵献城门,放大军入城,以擒夏侯楙。杨陵本欲自捉,因手下勇士不多,未敢动也。"孔明曰:"此事至易。今有足下原降兵百余人,于内暗藏蜀将,可作安定军马,带入城去,先伏夏侯楙府下;却才与杨陵说,待半夜之时,献开城门,里应外合。"崔谅暗思:"若不带蜀将去,犹恐生疑。且待他入城,就里先斩,待举火为号,献开城门,孔明必先入也。那时一齐杀之。"因此应允。孔明嘱曰:"吾遣亲信将关兴、张苞随足下先去,只推救军,杀入城中,以安夏侯楙之心。但举火,吾当亲入城去以擒之。"

时值黄昏,关兴、张苞披挂上马,各执兵器,杂在安定军中,随崔谅来到狙道城下。杨陵在城上,撑起悬空板,倚定护心木栏杆,问曰:"何处军也?"崔谅曰:"安定救军来到。"谅先射一号箭上城,箭上带着密书曰:"今诸葛亮先遣二将伏于城中,要里应外合;且不可惊动,恐泄了计策,待入府中图之。"杨陵将书来见夏侯楙,细言其事。楙曰:"既然诸葛亮中计,必先入城安民,可伏兵斩之。今先赚得二将,亦除两害。"遂教刀斧手百余人,伏于府中:"如二将随崔太守入府,待下了马,闭其门而斩之;却于城上举火,赚诸葛亮入,伏兵齐出,一鼓而休也。"此时安排了毕,杨陵回到城上,言曰:"既是安定军马,可放入城。"关兴跟崔谅先行,张苞在后。杨陵下城,在门旁迎接。兴手起刀落,斩杨陵于门下。崔谅大惊,急拨马奔到吊桥边。张苞大喝曰:"贼子休走!汝等诡计,如何瞒得丞相耶!丞相大军便到,先遣吾二人来赚城门!"言罢,一枪刺崔谅于马下。关兴早到城上,放起火来。四面蜀兵齐入。夏侯楙措手不及,开南门并力杀出。一彪军拦住,为首大将乃是王平。交马一合,生擒夏侯楙于马上。余皆杀死。

孔明入狙道,招谕军民,秋毫无犯。众将各各献功。孔明将夏侯楙囚于车中。邓芝问曰:"丞相何故知崔谅诈也?"孔明曰:"吾已知此人无降心,故使入城,以试真伪。彼果尽情告与夏侯楙,欲将计就计而行。吾见来情,足知诈也,复使二将同去,以稳其心。此人若有真心,必然

---

① 原作"开城门"。据黄正甫本,加"唤"字。

阻当；便欣然同去者，恐吾疑也。他意中度[一]二将同去，赚入城内杀之何迟？又令吾军有托，放心而进也。吾已暗嘱二将，就城门下图之。城内必无准备，吾军随后便到：此出其不意也。"众将拜服。孔明曰："赚崔谅者，吾使心腹人诈作魏将裴绪也。吾令去赚天水郡，至今未到，可乘时取之。若得三郡，其威大震矣。"又曰："吾留吴懿守南安，刘琰守安定，替出魏延军马去取天水郡。"

却说天水郡太守马遵，听知夏侯楙困在狙道城中，乃聚一郡武将文臣商议。时有功曹梁绪、主簿尹赏、主记梁虔等曰："夏侯驸马乃金枝玉叶，倘有疏虞，则甘坐视之罪也。太守何不尽起本部兵以救之？"马遵正疑兵少，未敢造次，忽报夏侯驸马令心腹将裴绪到。绪入府，取公文付马遵。遵视之，说："都督求两郡之兵，星夜救应。"与安定所言皆同。遵令馆舍暂歇，一面教行文书，起各郡之兵，一同救应。次日，又有报马到，称说："安定兵已先去了，教太守火急前来会合。"马遵正欲起兵，忽一人自外大笑而入曰："太守中诸葛亮之计矣！"众视之，乃天水冀人也，姓姜，名维，字伯约。父名冏音景，昔日曾为天水郡功曹，因羌戎乱，殁于王事。维自幼博览群书，爱习孙武之学，长好武艺，无所不通。奉母至孝，郡人敬之。后为中郎，就参本郡军事①。当日姜维乃与马遵曰："近闻诸葛亮杀败夏侯驸马，困于狙道，水泄不通，焉得有人自重围之中而出也？又裴绪乃无名下将②，多不曾见，况安定报马又无公文。以此察之，此人乃蜀将诈称魏将也。赚得太守出城，料城中无兵，必然暗伏一军于左近[二]，乘虚而取冀城也③。"遵顿悟曰："非伯约之言，则误中奸计矣！似此，如之奈何？"维曰："何难之有！"遵曰："若先捉此人斩之，闭门坚守，恐又是真，有失大事。"维笑曰："太守放心。某有一计，足可擒诸葛亮，亦可解狙道之围也。"马遵遂求其计。未知如何，且听下回分解。

【注释】
[一] 度：估计。
[二] 左近：附近。

① 原作"后为中郎将，就参本部军事"。中郎将品秩远高于中郎，据《三国志·蜀书·姜维传》改；"部"系"郡"之形误。
② 原作"又闻裴绪乃无名下将"。"闻"字有碍文义，删去。
③ 原作"乘虚而取天水也"。据上文，此处实指天水郡治冀城。

第一百八十五回　孔明以智伏姜维

却说姜维献计与马遵曰："此城后必有伏兵①，某愿请五千军伏于要路。太守先遣来人回报，随后发兵出城，不可远去，止行三十里便回。但看火起为号，前后夹攻，伏兵可胜也。如诸葛亮自在此处，必被某所擒矣。"遵用其计，遂令来人回报："天水兵出城矣，只留梁绪、尹赏守城。"果是孔明遣赵子龙引一军埋伏于山僻之中，只待人马离城，那时下手。细作回报，言说："天水太守马遵，起兵出城，只留文官守城。"子龙大喜，又令人报与张翼、高翔于路截杀马遵。此二处兵皆孔明埋伏之将也。

却说赵子龙引五千兵，径投冀城下②，分兵四路而进。子龙在壕边高叫曰："吾乃常山赵子龙也！汝知中计，早献城池，免遭诛戮！"城上梁绪大笑曰："汝中吾姜伯约之计，尚然不知耶？"子龙恰待攻城，忽然喊声大震，四面火光冲天。当先一员少年将，挺枪勒马而言曰："汝见天水姜伯约乎？"子龙视之，乃姜维也。子龙跃马挺枪，直取姜维。战不数合，维精神倍长。子龙大惊，暗思："谁想此处有这般人物！"正战斗之间，两路军夹攻将来，乃是马遵、梁虔。子龙首尾不能相顾，大败亏输。子龙冲开路，引败兵奔走。姜维赶来。张翼、高翔两路军杀出，接应子龙，姜维因此方回。子龙归到大寨，见孔明，说中了姜维之计。孔明惊问曰："何等之人，识吾玄机[一]也？"忽有南安人告曰："姜维，字伯约，乃天水冀人也。事母至孝，文武双全，智勇足备，真当世之英雄也。"子龙又夸奖姜维曰："此人极好枪法，与他人大不同也。"孔明曰："吾今欲取天水，甚轻易之，不想有此人耶！"遂起大军前来。

却说姜维回见马遵，遵曰："事定之后，当重加保汝。"维曰："赵云败去，诸葛亮必自来也③。某料诸葛亮必疑我军在城中，可将本部军马分为四支：某引一军伏于城东，如彼兵到则截之；太守与梁虔、尹赏各引一军，城外伏之；梁绪率百姓在城上守御。"于是姜维分拨已定。

却说孔明因虑姜维，自为前部，望天水郡进发。将到冀城边④，孔明传令曰："凡攻城池，以初到之日，激励三军，鼓噪直上；若候日久，急难破矣。汝等诸将，当激励三军，不可失此机会。"于是大军径到城下，因见城上旗帜整齐，不敢轻攻。候至半夜，忽然四下火光冲天，喊声震地，正不知何处兵来。只见城上亦鼓噪呐喊相应，蜀兵乱窜。孔明急上马，有关兴、张苞二将保护，杀出重围。回头看时，正东上军马，一带火光，势若长蛇。孔明曰："兵不在多，似此人之调遣，真将才也！"遂令关兴探视，回报曰："此姜维兵也。"孔明嗟叹不已，折了一阵，收兵归

---

① 原作"此郡后必有伏兵"。承第一八四回改。
② 原作"径投天水郡城下"。天水系郡名，而非具体城名，此处指郡治冀县（冀城）。
③ 原作"孔明必自来也"。作为敌军，应直称诸葛亮之名。
④ 原作"将到城边"。承上文，加"冀"字。

寨,思之良久,乃顾左右曰:"量一姜维,尚不能胜,安得破魏耶?"遂唤安定人问曰:"姜维之母,见在何处?"答曰:"见居新阳[二]县①。"孔明唤魏延吩咐曰:"汝可引一军,虚张声势,诈取新阳县。若姜维到时,可放入城。"又问:"此地何处紧要?"安定人曰:"天水钱粮,皆在上邽音圭;若打破上邽,则粮道自绝矣。"孔明大喜,教赵子龙引一军去攻上邽。孔明离城三十里,早有人报入冀城②,说蜀兵分为三路:一军守此城③,一军取上邽,一军攻新阳城。姜维闻之,哀告马遵曰:"愚母见在新阳城,倘母有失,非人子之孝也。某乞一军,就救此城,就保老母。"马遵从之,遂教姜维引三千军,去新阳城保母;梁虔引三千军,去保上邽。

却说姜维引三千人马至新阳城,前面一军摆开,为首蜀将乃魏延也。二将交锋数合,延诈败奔走,维杀过山隘来,入城闭门,率兵守护,拜见老母,并不出战。赵子龙亦放过梁虔入上邽城去了。孔明乃令人往南安郡,却取夏侯楙至帐下。孔明曰:"汝惧死乎?"楙慌拜伏乞命。孔明曰:"目今天水姜维见守新阳城,使人持书来说:'但得驸马在,我愿归降。'吾今饶汝性命,汝肯招安姜维否?"楙曰:"情愿招安。"孔明乃与衣服鞍马,不令人跟随,独自放之。

楙得脱出寨,欲寻路而走,奈不知径路。正行之间,逢数人奔走,楙曰:"汝等是何处之人也?"答曰:"我等皆是新阳县百姓。今被姜维献了城池,归降蜀兵,蜀将魏延纵人放火劫财,我等因此弃家奔走,投上邽去也。"楙又问:"今守冀城是谁?"土民曰:"冀城中,马太守也。"楙听之,纵马而行,又见百姓携男抱女远来,所说皆同。楙至冀城下叫门,城上人认得是夏侯楙,慌忙开门迎接。马遵惊拜而问,楙细言姜维之事,又将百姓所言说了。遵叹曰:"不想姜伯约反投于蜀矣!"梁绪曰:"彼意欲救都督,故以此言虚降。"楙曰:"今维已降,何为虚也?"正踌躇之间,时值初更,蜀兵又来攻城,火光中见姜维在城下,挺枪勒马,大叫曰:"请夏侯都督答话!"夏侯楙与马遵等皆到城上,见姜维耀武扬威,大叫曰:"我为都督而降,都督何别前言耶?"楙曰:"汝受魏恩,何故降蜀? 有何言别也?"维应曰:"汝写书教我降蜀,何出此言?汝要脱身,却将我陷了!我今降蜀,已加为上将,安有还魏之理?"言讫,驱兵打城,至晓方退。夜间装姜维者,乃孔明之计,因火光之中,难辨真伪。

孔明却引兵来攻新阳城。城中粮少,军食不敷。姜维在城上见西蜀之军大车小辆,搬运粮草入魏延寨中去了。维引三千兵出城劫粮。蜀兵尽弃了粮草,寻路而走。姜维夺得粮车,欲要入城,忽然一彪军拦住,为首将乃张翼也。二将交锋,战不数合,王平引一军又到,两下夹攻。维力穷抵敌不住,夺路归城,城上早插蜀兵旗号,已被魏延袭了。维杀条路奔冀城,手下尚有十余骑,正遇张苞杀了一阵。维此时止剩得匹马单枪,来到冀城下叫门。城上军见是姜维,慌报马遵。遵曰:"此是姜维来赚我城门也。"令城上乱箭射下。姜维回顾蜀兵至近,遂飞奔上邽城来。城上梁虔见是姜维在城下,虔大骂曰:"反国之贼!安敢来赚我城池耶?吾已知

---

① 原作"见居冀县"。此时姜维即随马遵在天水郡治冀县,若姜维母亦在冀县,则以下情节无从发生。作者把天水郡治与冀县视为两地,造成一连串错误。据地理酌改。
② 原作"早有人报入天水郡"。承上文改。
③ 原作"一军守此郡"。承上文改。

汝降蜀矣！"遂乱箭射之。姜维不能分说，仰天长叹，两眼流泪，便拨马望长安而走。行不数里，前至一派大树茂林之处，一声喊起，数千军拥出，为首蜀将关兴截住去路。维人困马乏，不能抵挡，勒回马便走。忽然一辆小车从山坡中转出，其人头戴纶巾，身披鹤氅，手摇羽扇，端坐于上，乃孔明也。孔明唤姜维曰："伯约，此时何为不降？"维寻思良久，前有孔明，后有关兴，又无出路，只得降之，遂下马而降。孔明慌忙下车而迎，相叙甚爱。维不胜感激。孔明曰："吾自出茅庐以来，遍求贤者，愿尽传授平生之学，恨未得其人。今遇伯约，吾愿足矣！当尽授之，汝宜倾心而报国也！"维大喜拜谢。

孔明遂同姜维归寨，升帐商议取冀县、上邽之计。维曰："冀城中，尹赏、梁绪与某至厚，当写密书二封射入城中，不问应与不应，自然乱矣。"孔明从之。姜维写了二封密书，拴在箭上，纵马直至城下，射入城中。小校拾得，呈与马遵。遵大疑，与夏侯楙商议曰："梁绪、尹赏与姜维结连，欲为内应，都督宜早决之。可杀梁绪、尹赏，以除内变之祸。"赏知此消息，乃与梁绪曰："不如纳城降蜀，以图进用。"是夜，夏侯楙数次使人请梁、尹二人说话。二人被屈迫事急，遂披挂上马，各执兵器，引本部军来杀夏侯楙、马遵，一面令人大开城门降蜀。因此夏侯楙、马遵引数百人出西门，弃城投羌胡而去①。

梁绪、尹赏迎接孔明入城。安民已毕，孔明问取上邽之策。梁绪曰："此城乃某之亲弟梁虔守之，愿招来降。"孔明大喜。绪当日到上邽，唤梁虔出城来降孔明。孔明重加宴赏，就令梁绪为天水太守，尹赏为冀城令，梁虔为上邽令。孔明分拨已毕，整兵进发。诸将问曰："丞相何不去擒夏侯楙也？"孔明曰："吾放夏侯楙，如放一鸭耳。今得伯约，得一凤也！自古云：'千兵易得，一将难求。'正谓此也。吾观伯约行兵用计，与吾相同，故喜爱无限。今已得三郡②，可图大事矣！"于是孔明引大军出祁山，来取长安。未知胜负如何？

【注释】

［一］玄机：玄奥之理。此处指妙计。
［二］新阳：县名。属曹魏雍州天水郡。治所在今甘肃秦安西南。

---

① 原作"投羌胡城而去"。"羌胡"指羌人聚居区，而非具体城名。据黄正甫本，删去"城"字。
② 原作"今已得三城"。据叶逢春本改（"三郡"指南安、安定、天水）。

第一百八十六回　孔明祁山破曹真

蜀汉建兴五年冬①，诸葛丞相平定天水、南安、安定三郡②，威声大震，远近州郡望风归降。于是孔明整顿军马，调遣兵卒，尽提汉中之兵前出祁山。兵临渭水之西，细作报入洛阳。

此时，魏主曹睿太和[一]元年，升殿设朝。近臣奏曰："夏侯驸马已失三郡，逃窜往投羌胡去了。今蜀兵已到祁山，前军临渭水之西，早乞发兵破敌，免遭侵境之祸也。"睿大惊，乃问群臣曰："谁可为朕以退蜀兵耶？"司徒王朗出班奏曰："臣观先帝每用大将军曹子丹真字，所到必克。今陛下何不拜为大都督以退蜀兵也？"睿准奏，乃宣曹真，曰："先帝托孤与卿，今蜀兵入寇中原，卿安忍坐视乎？"真奏曰："臣才疏智浅，不称其职。"王朗曰："将军乃社稷之臣，不可固辞也。老臣虽驽钝[二]，愿随将军上边。"真又奏曰："臣受大恩，安敢少辞。乞一人为副将。"睿曰："卿自举之。"真乃保太原阳曲人，姓郭，名淮，字伯济，官拜雍州刺史，封射阳亭侯③。睿从之。遂拜曹真为大都督，赐节钺；命郭淮为副都督，王朗为军师。朗字景兴，东海郯人也。自汉献帝时，举孝廉入仕。此时年七十六岁。睿乃选拨东西二京军马二十万与曹真。真命宗弟曹遵为先锋，官拜宣武将军[三]；又命荡寇将军朱赞为副先锋。当年十一月出师，魏主曹睿亲自送于西门之外方回。

曹真引大军来到长安，过渭水之西下寨。真与王朗、郭淮共议退兵之策。朗曰："来日可严整队伍，大展旗幡。老夫自出，只用一席话，敢教诸葛亮拱手而降之，彼不战自退也。"真大喜，是夜传令：来日四更造饭，天明务要队伍整齐，人马威仪，旌旗鼓角，各按次序。当时使人先下战书。次日，两军相迎，列成阵势于祁山之前。蜀军远见魏兵甚是雄壮，与夏侯楙之兵大不同。

三通鼓角已罢，司徒王朗乘马而出。上首乃是大都督曹真，下首乃副都督郭淮，两个先锋压住阵角。探子马出军前，大叫曰："请对阵主将答话！"蜀兵门旗开处，关兴、张苞分左右而出，立马于两边。次后一队队骁将分列；门旗影下，中央一辆四轮车，端坐一人，纶巾羽扇，素衣皂绦。众视之，乃是孔明。孔明举目，见魏阵前三个麾盖，乃问阵前护卫曰："此是何人也？"护卫曰："旗上大书姓名，中央白髯老者，乃军师、司徒王朗也；上首乃大都督曹真；下首乃副都督郭淮。"孔明曰："王朗必下说词也！"遂教推车于阵外，令护车小校传曰："休放冷箭！汉丞相与王司徒会话。"王朗纵马出曰："吾有一言，明公请听。"孔明于车上拱手，王朗在马上欠身

---

① 原作"大蜀建兴五年冬"。承前改。
② 此句后原有"及冀城、上邽等处"。冀城、上邽均属天水郡，故删。
③ 原作"官封射亭侯，领雍州刺史"。据《三国志·魏书·郭淮传》，"射亭侯"当作"射阳亭侯"，且非"官"，而系"爵"，官、爵顺序亦据惯例调整。

答礼。朗曰:"久闻公之大名,今幸一会。公既知天命,识时务,何故兴无名之兵也?"孔明曰:"吾奉诏讨贼,何为无名耶?"朗曰:"天数有变,神器更易,而归于有德之人,此定然之理也。曩自桓、灵以来,天下争横,人人称霸。黄巾纵横于巨鹿,张邈问罪于陈留,袁术建号于寿春,袁绍称雄于邺土①,刘表占据荆州,吕布虎吞天下,盗贼蜂起,奸雄鹰扬,社稷有垒卵之危,生灵有倒悬之急。我太祖武皇帝扫清六合,席卷八荒,万里倾心。四方仰德,非权势而取之,实乃天命之所归也。世祖文帝,神文圣武,以膺[四]大统,应天合人,法尧禅舜,而处中国以临万邦,岂非天心人意乎?今公蕴大才,抱大器[五],自欲比于管、乐,何不仿伊尹、周公,故强欲逆天理、背人情而行事耶?岂不闻古人云:'顺天者昌,逆天者亡。'今我大魏带甲百万,良将三千,量腐草之萤光,怎及天心之皓月?公可倒戈卸甲,以礼来降,不失封侯之位。则国安民乐,岂不美哉!"蜀兵闻言,叹之不已,皆以为有理。

孔明默然不语。蜀阵上参军马谡自思曰:"昔季布[六]骂汉高祖,曾破汉兵。今王朗用此计也!"只见孔明在车上大笑曰:"吾以汝为汉朝大老元臣,必有高论,岂期出此言也!吾有一言,诸军静听:昔日桓、灵微弱,汉统陵替;国乱岁凶,四方扰攘。段珪才斩于平津,董卓又生于朝野;天方剿戮,四寇[七]又兴,迁劫汉帝于间阎之间,残暴生民于沟壑之内。因庙堂之上,朽木为官;殿陛之间,禽兽食禄!狼心狗幸之辈,滚滚[八]当道;奴颜婢膝之徒,纷纷秉政!以致社稷丘墟[九],生灵涂炭。吾素知汝所行:世居东海之滨,初举孝廉入仕,理合匡君辅国,安汉兴刘,何期反助逆贼,同情篡位!罪恶深重,天地不容!倾国之人,欲食其肉!今日幸吾尚在,乃天意不绝炎汉也!吾奉诏讨贼,仗义兴师。汝既为谄谀之臣,只可潜身缩首,苟图衣食,安敢在于军伍之前,妄称天数耶?皓首匹夫!苍髯老贼!当咫尺归于九泉之下,有何面目而见二十四帝乎?老贼速退!可教反臣与吾决胜负!"王朗听罢,大叫一声,气死于马下。后人有诗赞孔明曰:

  兵马出西秦,雄才敌万人。
  轻摇三寸舌,骂死老贼臣。

孔明以扇指曹真曰:"吾不逼汝,汝可整顿军马,来日决战。"言讫回车。于是两军皆退。

曹真将王朗尸首,用棺木盛贮,送回长安去了。副都督郭淮曰:"诸葛亮料吾军中治丧,今夜必来劫寨。可分兵四路:两路兵从山僻小径,乘虚去劫蜀寨;两路兵伏于本寨外,左右击之。"曹真大喜曰:"此计与吾相合。"遂传令,唤曹遵、朱赞两个先锋吩咐曰:"汝二人各引一万军,抄出祁山之后,但见蜀兵望吾寨而来,汝便进兵去劫蜀寨。如蜀兵不动,便撤兵回,不可轻进。"二人受计,引兵而去。真与淮曰:"我两个各引一支大军,伏于寨外,寨中虚堆柴草,只留数人。如蜀兵到,放火为号。"诸将皆分左右,各自准备去了。

却说孔明归帐,先唤赵子龙、魏延听令。孔明曰:"汝二人各引本部兵去劫魏寨。"魏延进曰:"曹真深明兵法,必料我乘丧劫寨,他岂不提防也?"孔明笑曰:"吾正要他知吾去劫寨也。彼必有伏兵在祁山之后,待蜀兵过去,却来袭吾寨;故令汝二人前去,过山脚后路,远下营寨。

---

① 原作"袁绍称王于邺土"。《演义》中并无袁绍称王的情节(历史上更无此事)。参照毛本《三国》改。

汝看火起为号，却分兵于两下：魏延拒住山口；子龙引兵杀回，必遇魏兵也，容魏将走回，汝乘势攻之，彼必自相掩杀，可全胜也。"二将受计，引兵而去①。又唤关兴、张苞，吩咐曰："汝二人各引一军，伏于祁山之要路，放过魏兵，却从彼来路杀奔魏寨而去。"二人受计，引兵去了。又令马岱、王平、张翼、张嶷四将伏于寨外四面，以击魏兵。孔明乃虚立寨栅，居中堆起柴草，以备火号。孔明乃引诸将退于寨后，以观动静。

却说魏先锋曹遵、朱赞黄昏离寨，迤逦前进。二更左侧，遥望山前隐隐有军行动。曹遵自思曰："郭都督神机妙算，料知蜀兵矣。"遂催兵急进。到蜀寨之时，将及三更。早望见寨栅，曹遵先杀入寨。只见空寨，并无一人，料知中计，便撤军回。寨中火起。朱赞兵到，自相掩杀，人马大乱。正杀之间，曹遵与朱赞交马，方知自相践踏。及合兵时，忽喊声大震，四面王平、马岱、张翼、张嶷杀到。曹、朱二人引心腹军百余骑，望大路奔走。忽然鼓角齐鸣，一彪军截住去路，为首蜀将乃常山赵子龙也。子龙叫曰："贼将哪去？早早受死！"曹、朱二人夺路而走。忽然喊声又起，一彪军杀到，为首蜀将乃是魏延。曹、朱大败，杀奔魏寨之时，看寨军只道蜀兵劫寨，慌忙放起号火。左边曹真，右边郭淮，二人杀至，自相掩杀。后面三路蜀兵杀到，中央魏延，左边关兴，右边张苞，大杀一阵。魏兵败走十余里，将士死者极多。孔明全获大功，方始收兵回寨。

却说曹真与郭淮商议曰："今魏兵势孤，蜀兵势大，将何策以退之？"淮曰："胜负乃兵家之常事，不足为弱也。某有一计，使蜀兵首尾不能相顾，定然自走矣！"曹真问计。未知如何，且听下回分解。

【注释】

[一] 太和：魏明帝曹睿年号（227—233）。
[二] 驽钝：才智平庸。
[三] 宣武将军：《演义》虚构的将军名称。
[四] 膺：承受，接受。
[五] 大器：能担当重任的才干。
[六] 季布：秦末汉初人。曾为项羽部将，数次使刘邦陷入困境。刘邦称帝后，以千金悬赏缉拿。后获赦，拜为郎中。
[七] 四寇：指董卓余党李傕、郭汜、樊稠、张济。
[八] 滚滚：同"衮衮"。连续不断貌，形容众多。
[九] 丘墟：废墟。此处作动词，意为"变成废墟"。

---

① 原作"二将引兵，受计而去"。据文意，调整词序。

第一百八十七回　孔明大破铁车兵

于是郭淮与曹真曰："西羌远夷，自太祖武皇帝时连年入贡；世祖文皇帝朝，甚以恩惠之。我等且宜据住险阻，蜀兵求战不出；可密遣人从小路直入羌胡求救，许以和亲，羌胡必起兵袭其后。吾却以正兵击之，岂不胜哉？"真从之。即遣人赴羌胡去了①。

却说西羌国王彻里吉，自曹操时年年入贡，手下有一文一武：文乃雅丹丞相，足智多谋；武乃越吉元帅，青眼黄髯，身长一丈，使一柄长铁锤，重一百斤，有万夫不当之勇。此时，魏使赍金珠并书到国，先来见雅丹丞相，送了礼物。雅丹引见国王，曰："中原魏国差人赍书礼来求救兵，着与蜀兵交战。"彻里吉曰："书上怎生说？"雅丹曰："中国许以和亲，要退兵寇，理合依准。"国王曰："可与元帅商议。"雅丹丞相遂请越吉元帅商议，说知此事。越吉允之，即起羌胡兵二十五万，皆惯使弓弩、枪刀、铁蒺藜、流星锤等器；又有战车，其车用铁叶裹钉，装载粮食军器什物，或用骆驼驾之，或用骡马驾之，一歇行数千里不乏。因此号为"铁车兵"。遂辞了国王，二人领兵，直扣西平关。守关蜀将韩祯，急差人赍文报知孔明。

孔明听知，乃问众将曰："谁敢去退羌胡之兵也？"忽然两个素铠将应曰："某等愿往。"众视之，乃左护卫使、龙骧将军关兴，右护卫使、虎翼将军张苞也。孔明曰："汝二人要去，奈路途不熟。"遂唤马岱曰："汝素知羌胡之性，久居彼处，可作向导。"便起精兵五万，与兴、苞二人同去。如此行之。

兴、苞等引兵起程。行不数日，早遇番兵。关兴先引百余骑登山看时，只见番兵把铁车首尾相连，随处结寨；车上遍排兵器，就似城池一般。兴观之良久，无破敌之策，回寨与张苞、马岱商议。苞曰："未知番兵虚实，来日见阵便可知也。"次早分兵三路：关兴在中，张苞在左，马岱在右，三路兵齐进。忽见皂雕旗漫山蔽野，当先尽是军马，马军丛中，越吉元帅手挽铁锤，腰悬宝雕弓，骑如龙马，奋勇而来。兴招三路兵径进。忽见番兵分在两边，中央放出铁车，如潮水之急，弓弩一齐骤发。蜀兵大败，马岱、张苞两军先退；关兴一军被番兵一裹，直围入西北角上去了。

兴在垓心，左冲右突，不能得脱；铁车密围，就如城池。蜀兵你我不能相顾，兴望山谷中寻路而走。看看天晚，但见一簇皂旗风拥而来，一员番将手提铁锤，大叫曰："小将休走！吾乃越吉元帅是也！"关兴急走，前面正遇断涧，只得回马来战越吉。兴终是胆寒，抵敌不住，望涧中而逃。马跳得一步，被越吉赶到，一铁锤打来。兴急闪过，正中马胯。那马望涧中便倒，兴落于水中。忽听得一声响处，背后越吉连人带马，平白的倒将下来。兴就水中挣起看时，只见岸上一员大将，杀退番兵。兴提刀待砍越吉，越吉跃水而逃。兴得了这马，牵到岸上，整顿鞍辔，绰刀上马，只见那员将，尚在前面追杀番兵。兴自思良久："救我性命乃是何人？当与见之。"

① 原作"即遣人赴羌胡城去了"。承第一八五回，删"城"字。

遂拍马赶来。看看至近,只见云雾之中,隐隐有一大将,面如重枣,眉若卧蚕,绿袍金铠,提青龙刀,骑赤兔马,手绰美髯,分明认得是父亲关公。兴大惊,却欲问之,忽见关公以手望东南指之曰:"吾儿可往东南速去。吾当护汝归寨!"言讫,一阵风过,已失所言之处。

兴望东南而走。行至半夜,忽见一彪军到,为首大将乃是张苞。苞问曰:"汝曾见二伯父否?"兴曰:"你如何得知?"苞曰:"吾被铁车兵追急,忽见二伯父自空中而下,惊退番兵,以手指之曰:'汝从这条路去,可救吾儿。'言讫不见。因此找寻至此。"关兴细言其事,二人同归大寨。马岱迎入。岱曰:"此军无计可退,我当守寨。你二将军可求丞相计策,退此番兵。"于是马岱退兵山谷内下寨;兴、苞星夜来见孔明,说知此事。

孔明急引姜维、张翼,又带三万兵,同兴、苞来到马岱寨中歇定。次日,孔明上马,登高望之,见铁车连络不绝,人马纵横,往来驰骋。孔明观毕,回寨与众将曰:"量此小阵,何难破之。"乃唤马岱、张翼,曰如此如此。二人受计,引兵而去。又唤姜维曰:"汝知破铁车之法否?"维曰:"羌胡之人,惟恃拙勇而已,岂知子牙之术乎?"孔明叹曰:"汝深知吾意也。吾令关兴、张苞作伏路诱敌之兵。连日彤云密布,朔风不止①,吾计可施矣。汝但看红旗为号,可以避之。"

于是姜维连日引兵搦战,番兵来迎,蜀兵便退。番兵随后追杀,直赶到寨内,不见一军,惟插旌旗。番兵疑之,不进而退。此时冬十二月天气,果然大雪忽降。姜维又引兵来战,越吉元帅大怒,急引铁车兵来迎。姜维不战而走。番兵赶到寨前,姜维已从寨后而出。番兵在外观之,四面皆立旌旗,寨中有鼓琴之声,回报越吉元帅。越吉心疑,乃与雅丹丞相商议。雅丹曰:"此是诸葛亮诡计,虚设疑兵,可以攻之。"越吉遂引兵到蜀寨前,正见孔明携琴上车,引数十骑,望后寨而去。番兵抢了寨栅,直赶过山口,但见小车隐隐转过林树去了。雅丹丞相与越吉元帅曰:"这等之兵,虽有埋伏,不足惧之!"遂起大兵追赶,又见姜维兵在雪地之中。越吉大怒,催兵飞奔追赶,更兼山路平坦,又被雪漫旷野,一望并无军马。正赶之间,忽报蜀兵自山后而出。雅丹曰:"纵有些小伏兵,何足惧之!"忽听得前面鼓角齐鸣,喊声大震,番兵径往前奔。忽然山崩地陷,番兵俱落于坑中;背后铁车正行得紧溜,急难收救,拥并而来,自相践踏。后面番兵急要回时,左边关兴,右边张苞,两军万弩齐发;背后姜维、马岱、张翼三路兵杀到。铁车兵大乱。越吉元帅望后面山谷中而逃,正逢关兴。交马只一合,被兴举起青龙刀,大喝一声,斩越吉于马下。雅丹丞相早被马岱活捉,解到大寨来。番兵各自逃去。

孔明升帐,马岱押过雅丹来。孔明叱武士去其缚,赐酒食压惊,用好言抚慰。孔明唤雅丹丞相曰:"吾主乃大汉皇帝,命吾讨贼,尔如何听反臣之语而作乱也?吾国与尔乃邻邦,永结盟好,勿听反言。尔若从之,将旧日通和之意伤坏矣。"雅丹深感其德。孔明遂将所获番兵尽皆赏劳,同雅丹俱放回国。众皆拜谢而去。孔明将越吉元帅首级,用木匣盛之。设宴会赏已毕,引三军连夜投祁山大寨而来,一面差人赍表奏报捷音。

却说曹真连日望羌胡消息,忽有伏路军来报说,蜀兵拔寨起程。郭淮大喜,乃与曹真曰:

---

① 原作"连日若彤云密布,朔风不止"。据下文,删去"若"字。

第一百八十七回　孔明大破铁车兵

"此是羌胡兵攻击太急,因此退去也。"遂分两路追赶。前面蜀兵乱走,魏兵随后追袭。先锋曹遵正赶之间,忽然鼓声大震,一彪军闪出,为首大将乃督前部、镇北将军、领丞相司马、凉州刺史、都亭侯魏延,大叫曰:"反贼休走!"曹遵大惊,拍马交锋,不三合,被魏延一刀斩于马下。副先锋朱赞引兵追赶,忽然喊声大震,一彪军闪出,为首大将乃中护军、征南将军、永昌亭侯常山赵云也①。朱赞措手不及,被子龙一枪刺死于马下。曹真、郭淮见两路先锋有失,欲收兵回,背后喊声大震,鼓角齐鸣,乃是关兴、张苞两路军杀出,将曹真、郭淮围住,痛杀一阵。真、淮二人引败兵夺路走脱,蜀兵全胜,直赶到渭水②,夺了魏寨。曹真折了两个先锋,哀伤不已,只得写表申朝,乞拨援兵。

却说魏主曹睿设朝,近臣奏曰:"大都督曹真数败于蜀,折了两个先锋,羌胡兵又折了无数,其危甚急。今都督上表求救,请陛下裁处。"睿大惊,乃问文武曰:"退军之策,如何施也?"华歆奏曰:"须是陛下御驾亲征,大会诸侯,人皆用命,方可退也。陛下若不亲征,则长安有失,关中危矣!"太傅钟繇奏曰:"凡为将者,知过于人,则能制人。孙子云:'知彼知己,百战百胜。'臣量曹子丹虽久用兵,非诸葛亮之对手也。臣以全家良贱保举一人,足可退诸葛亮之师。未知圣意准否?"睿曰:"卿乃大老元臣,有何贤士可退蜀兵?当早召来,与朕分忧。"未知钟繇保举何人,下回便见。

---

① 原作"乃中护军、征南将军、封永昌亭侯常山赵云也"。"封"字赘,删去。
② 原作"只追到渭水"。据黄正甫本改。

第一百八十八回　司马懿智擒孟达

于是太傅钟繇奏曰："向者诸葛亮欲兴师犯境，但惧其人，故散流言，令陛下去其柱石之臣，果然陛下中计，方长驱大进也。今若复用其人，则诸葛亮自然退矣。"魏主曹睿问之，繇曰："此人乃骠骑大将军司马懿也。"睿长叹曰："朕到今心中犹悔。非卿所言，无以发明[一]也。仲达见在何地？"繇曰："近闻仲达在宛城闲住。"睿即降诏，遣使持节，仍复司马懿官职，加为平西都督，就起南阳诸路军马，前赴长安。睿御驾亲征，克日到彼聚会。使命星夜投宛城去了。

却说孔明自出师以来，屡获全功，料长安指日而得，心中甚喜。正在祁山寨中会众议事，忽报永安宫镇守李严令子李丰来见。孔明只道东吴兵犯境，心甚惊疑，唤入帐中问之。丰曰："特来报喜。"孔明曰："有何喜也？"丰曰："昔日孟达降魏，乃不得已降之。彼时曹丕甚爱，每称将相之才，时以骏马衣服、玩器金珠而赐之，曾同辇出入，群臣无不惊讶；任为散骑常侍，领新城太守，镇守上庸、西城等处①，委以西南之任，如此重用。自丕死后，曹睿即位，甚不相好，绝其所赐，朝中多人嫉妒，孟达日夜不安，常与诸将曰：'我本是蜀将，势逼于此。'今屡差心腹人持书来见家父，教早晚代禀丞相：前者五路下蜀之时，曾有此意，丞相亦知。今在新城，听知丞相伐魏，欲起新城、西城、上庸三处军马，就彼处举事，径取洛阳；丞相却取长安，两京可定矣。今某引来人并屡次书信呈上。"孔明大喜，厚赏李丰等。忽细作人报说："魏主曹睿，一面驾幸长安；一面诏司马懿复职，加为平西都督，起本处之兵，于长安聚会。"孔明听毕，顿手跌足，不知所措。参军马谡问曰："量曹睿何足为道？若得来长安，就而擒之，丞相何故惊也？"孔明曰："吾岂惧曹睿耶？平生所患者，独司马懿一人而已。今孟达欲举大事，若司马懿得此大权，事必败矣！达非司马懿之敌手，必被所擒。孟达若死，中原不易得也！"马谡曰："何不急修书，令孟达提防？"孔明从之，即修书，令来人星夜回报孟达。

却说孟达在新城，专望心腹人回报。不时，心腹人到来，将孔明回书呈上。孟达拆封视之。书曰：

　　近得书，足知公忠义之心，不忘故旧，吾甚为喜慰。公若成此大事，则汉朝中兴第一之功也。然极宜甚密，不可容易托人。虽兄弟妻子，亦难保也。慎之！戒之！近闻曹睿复诏司马懿起宛、洛之兵，若闻公举大事，彼必先至矣。当万全提备，勿视为等闲人耳。吾犹惧之，公请详察。

孟达览毕，大笑曰："人言孔明心多，今观此事，足可知矣！"心腹人告曰："主公可修回书以安丞相之心，不可如常慢也。"达从之，又具回书，令心腹人星夜来答孔明。

---

①　原作"镇守上庸、金城等处"。上庸属曹魏荆州，金城属曹魏凉州，相距甚远。据《三国志·蜀书·刘封传》改（曹魏将西城郡改为魏兴郡）。

孔明唤入帐中，其人呈上回书。孔明拆封视之。书曰：

适承钧教，安敢少怠。窃谓司马懿之事，达以为必不惧也。宛城离洛阳约八百里①，至房陵一千二百里②。若司马懿闻达举事，须表奏魏主，往复则一月间之事也。达城池已固，诸将亦与三军皆在深险之地，司马懿便来，达何惧哉？丞相可宽怀，惟听报捷！谨复。

孔明看毕，掷之于地而顿足曰："孟达必死于司马懿之手矣！"马谡问曰："何谓也？"孔明曰："兵法云：'攻其无备，出其不意。'岂容孟达料在一月之期也？既曹睿已委司马懿，逢寇即除，何待奏闻乎？若知孟达反，不须十日，兵必到矣，安能措手[二]耶？"众将皆服。孔明急令来人回报曰："若未举事，切莫教同事者知之；知则必丧命矣。"其人拜辞，归新城去了。

却说司马懿在宛城闲住，闻知魏兵屡败于蜀，乃仰天长叹数声。懿有长子司马师，字子元；次子司马昭，字子上③。此二子素有大志，饱看兵书，此时侍立于侧，见懿长叹，乃问曰："父亲何为长叹也？"懿曰："汝辈岂知大事耶？"司马师曰："莫非叹魏主不用乎？"司马昭笑曰："早晚必来宣父亲也。"懿大惊曰："不意吾家又出麒麟儿矣！"言未尽，忽然天使持节至。懿听诏毕，遂调宛城诸路军马起行。忽报有一人来告机密事。懿唤入密室问之，其人告曰："某乃西城太守申仪④家人也。近有新城太守孟达，请上庸太守申耽并某主公商议。达曰：'吾等乃大汉人也，昨因时势所逼，不得已而降之。魏文帝时，相待甚厚；当今魏主以吾等为外邦人物，视之如草芥，待之如粪土。今诸葛丞相奉命出师，兵至祁山，先败夏侯楙，又败曹真，杀得魏兵亡魂丧胆。今天水、南安、安定三郡俱已归顺，势如劈竹，长安在旦夕休矣！吾等合从天道，就此举事，径袭洛阳，其功莫大！汝等从否？'申耽、申仪皆惧其势，勉强应允。达修补城池，聚集军马，早晚必反⑤。申家兄弟诚恐连累，先令某来首；孟达心腹人李辅并达外甥邓贤，随状出首。望都督早提兵来，自有内应也。"司马懿听毕，以手加额曰："此乃皇上齐天之洪福也。今诸葛亮兵在祁山，杀得内外人皆胆落。今天子不得已而幸长安，若旦夕不用吾时，孟达一举，两京休矣。此贼必通谋诸葛亮也。吾先破之，诸葛亮定然心寒，自退兵矣。"长子司马师曰："父亲可急写表申奏天子？"懿笑曰："若等圣旨，往复一月之期，则孟达事已成矣。彼若把住险要，吾虽有百万之众，急难破也。"即传令教人马起程，一日要行二日之路，如有怠慢者斩之。懿又令参军梁几⑥赍诏，星夜往新城，教孟达等准备征进，使彼不疑。梁几先行，懿随后发兵。行了二日，山坡下转出一军，乃是右将军徐晃。晃下马见懿，说："天子驾到长安以退蜀兵，今都督何往？"懿低声言曰："今孟达造反，吾去擒耳。"晃曰："某愿为先锋。"懿大喜，合兵一处：前部徐

---

① 原作"宛城离洛阳约八百里"。据《晋书·宣帝纪》，"洛城"应为"洛阳"。
② 原作"至新城一千二百里"。新城系郡名，而非具体城名。此处指郡治房陵（今湖北房县）。
③ 原作"字子尚"。据《晋书·文帝纪》改。
④ 原作"金城太守申仪"。承上文改。
⑤ 原作"各自修补城池，聚集军马，早晚必反"。据上下文，删去"各自"。加主语"达"。
⑥ 原作"参军梁畿"，系因"畿"与"幾"（"几"的繁体）形近而误。据《三国志·魏书·明帝纪》注引《魏略》改。

晃,后军二子,懿在中军。又行了二日,前军哨马报捉住孟达心腹人,搜出孔明回书,来见司马懿。懿曰:"吾不杀汝,汝从头细说。"其人只得将孔明、孟达往复之事,一一告说了毕。懿看罢孔明回书,自惊曰:"世间能者,所见相同。吾机先被孔明识之矣!幸得天子有福,获此消息,则孟达无计也!"遂感叹不已,星夜倍道催趱军行。

却说孟达在新城约下西城太守申仪、上庸太守申耽,克日举事。耽、仪二人每日调练军马,只待魏兵到日,以为内应;却报孟达,言军器粮草俱未完备,不敢约期起事。达信之。忽报参军梁几来到。孟达迎入城中,几传司马懿将令曰:"司马都督今奉天子诏命,起诸路军马,以退蜀兵。太守可集本部军马,听候调遣。"达问曰:"都督何日起程?"几曰:"以此时约之,离宛城望长安去了。"达暗喜曰:"吾大事成矣!"遂设宴待了梁几,送出城外,即报申耽、申仪知道:"明日举事,换上大汉旗号,发诸路军马径袭洛阳。"忽报城外尘土冲天,不知何处兵来。孟达自登城视之,只见一彪军打着"右将军徐晃"旗号,飞奔城下。达大惊,急扯起吊桥。徐晃坐下马收拾不住,直来到壕边,高叫曰:"反贼孟达,早早受降!"达大怒,急开弓射之,正中徐晃头额。魏将救去。城上乱箭射下,魏兵方退。孟达恰待开门追赶。四面旌旗蔽日,司马懿兵到。达仰天长叹曰:"果不出孔明之所料也!"于是闭门坚守。

却说徐晃被孟达射中头额,众军救到寨中,取了箭头,令医调治,当晚而死。时年五十九岁,魏太和二年春正月也。后史官有诗赞曰:

　　　　降明权成厚,争津定策高。
　　　　扬名攻不备,陷敌战当鏖。
　　　　欲房平襄、汉,还屯振节旄。
　　　　功逾孙子右,魏武过情褒。

司马懿令人扶柩还洛阳迁葬。

次日,孟达登城视之,只见魏兵四面围得铁桶相似。达行坐不安,惊疑未定,忽见两路兵自外杀来,旗上大书"申耽"、"申仪"名字。孟达见是救军到,慌引本部军大开城门杀出。耽、仪大叫曰:"反贼休走!早早受降!"两路攻来。达见事变,拨马望城中便走。城上乱箭射下,乃是李辅、邓贤献了城池。二人大骂曰:"吾等已献了城池也!"达取路而走,申耽赶来。达人困马乏,措手不及,被申耽一枪刺于马下,众军枭其首级。余军皆降。李辅、邓贤大开城门,迎接司马懿入城。抚民劳军已毕,遂遣人奏知魏主曹睿。睿大喜,教将孟达首级,去洛阳城市碎剐示众①;加申耽、申仪官职,就随司马懿征进;命李辅、邓贤守新城、上庸。

却说司马懿引兵到长安城外下寨。懿入城来见魏主。睿大喜曰:"朕一时不明,误中反间之计也。卿闲居许久,朕悔之无及。今达造反,非卿等制之,两京休矣!"懿奏曰:"臣闻申仪密告反情,意欲表奏陛下,恐往复迟滞,故不待圣旨,星夜而去。八日已到房陵②。孟达措手不及,被臣斩之。若待奏闻,则中诸葛亮之计也。"言罢,将孔明回孟达密书奉上。睿看毕,大喜

---

① 原作"睿大喜曰:'教将孟达首级……'"。据文意,删去"曰"字。
② 原作"八日已到新城"。承上文改。

曰:"卿之学识至于孙、吴矣!"赐金钺斧一对,后遇机密重事,不必奏闻,便宜行事。就令司马懿出关破蜀。懿奏曰:"臣举一大将,可为先锋。"睿曰:"卿举何人?"懿曰:"此将乃河间鄚人也,姓张,名郃,字隽乂,见为左将军①。"睿笑曰:"朕正欲用之。"遂命张郃为前部先锋,即日起行。司马懿引兵离长安来破蜀兵,未知胜负如何?

【注释】
[一] 发明:发现,明白。
[二] 措手:应付,对付。

---

① 原作"此将乃河间鄚人也,姓张,名郃,字隽乂,见为右将军"。据《三国志·魏书·张郃传》改。

第一百八十九回　司马懿智取街亭

却说魏主曹睿驾居长安,一边拨五万军,命二人领之,以助曹真:一人乃颍川阳翟人也,姓辛,名毗,字佐治,为军师;一人乃涿郡容城[一]人也,姓孙,名礼,字德达,为护军。二人奉诏而去。

于是司马懿引二十万军出关下寨,请先锋张郃至帐下曰:"吾平生知汝忠勇,故在天子前保举,以退蜀兵,非同小可。诸葛亮乃当世之英雄,用兵如神,天下之人无不惧之。见屯兵于祁山,声势甚大,不作准备者,欺曹子丹无谋也。他不知吾来。吾今先算下地理有十余处,皆峻险僻静之路。诸葛亮平素谨慎仔细,不肯造次行事。他却不知吾境内地理;若是吾用兵,先从子午谷径取长安,早得多时矣。他非无谋,只怕有失,不肯弄险,必然军出斜谷,来取郿城[二]也;若取郿城,必分兵两路,一军取箕谷[三]矣。此二处,吾发檄文令子丹拒守郿城,若兵来不可出战;令孙礼、辛毗截住箕谷道口,若兵来则出奇兵击之。此万全之计也。"郃曰:"将军之兵欲往何处去也?"懿曰:"吾素知秦岭之西有一条路,地名街亭[四];旁有一城,名列柳城[五];此二处皆是汉中之咽喉,诸葛亮欺子丹无备,定从此处进也。吾与汝径取街亭,望阳平关不远矣。诸葛亮若知吾断其街亭要路,绝其粮道,则陇西一境不能安守,必然连夜奔回汉中去也。彼若回动,吾以奇兵于小路击之,可全胜矣;若不归时,吾却将诸处小路尽皆垒断,俱以兵守之。一月无粮,蜀兵皆饥饿死也,诸葛亮必被吾所擒矣!"张郃大悟,乃拜伏于地曰:"都督神算也!"懿曰:"虽然如此,诸葛亮不比孟达。汝为先锋,勿轻进;当传与诸将,循山四路,远远哨探,如无伏兵,方可前进。若是怠慢,必中诸葛亮之计也。"张郃受计,引军而行。司马懿遣人持檄文来见曹真,真乃依计行之。

却说孔明在祁山寨中,与诸将曰:"吾料孟达必死于司马懿之手矣。使人探视去了,至今未回。"忽报新城打细人到来。孔明唤入问之,细作告曰:"司马懿倍道而行,八日到房陵。孟达措手不及,又被申耽、申仪、李辅、邓贤为内应,孟达被乱军所杀①。今司马懿撤兵到长安,见了魏主,同张郃引兵出关,来拒丞相之师也。"孔明大惊曰:"孟达作事不密,死之当然。今司马懿出关,必取街亭,断吾咽喉之路也。谁可去守?"言未尽,参军马谡曰:"某愿往。"孔明曰:"街亭虽然小可之地,干系有泰山之重,倘街亭有失,吾大军皆休矣。汝虽深通谋略,此地奈无城郭,又无险阻,所守极难。"谡曰:"某自幼历学到今,岂不知兵法也?量一街亭,不能守之,要某何用耶?"孔明曰:"街亭正北,吾之咽喉;若咽喉断绝,吾岂能生也?街亭一失,蜀兵休矣!况司马懿非等闲之辈;更有先锋张郃之勇,智谋过人,乃魏之名将也,恐汝不能敌之。"谡曰:"休道司马懿、张郃,便是曹睿亲来,有何惧哉!若有差失,乞斩全家!"孔明曰:"军中无戏言。"谡

---

① 原作"孟达被乱军中所杀"。据黄正甫本,删去"中"字。

曰:"愿责军令状!"孔明从之。谡遂写了军令状呈上。孔明曰:"吾与汝二万五千精兵,再拨一员上将相助你去。"即唤王平,吩咐曰:"吾素知汝平生谨慎,故托汝去。汝可小心谨守此地。下寨当要道之处,使贼兵急切①不能偷过也。如安了营寨,便画四至八道地理图本将来。凡事商议停当而行,不可轻易[六]。如所守无危,则是取长安第一之功也。戒之!戒之!"二人拜辞,引兵而去。

孔明寻思,恐二人有失,又唤高翔曰:"街亭东北上有一城,名列柳城,乃山僻小路,此可以屯军。与汝一万兵,去此城屯扎。但街亭危,可引兵救之。"高翔引兵而去。孔明又思高翔非张郃之对手,必得一员大将,屯兵于街亭之后②,足可防之,遂唤魏延曰:"汝可引本部兵,去街亭之后屯扎。待兵来,汝可应之。"延曰:"某为前部,理合当先破敌,万死不辞,何故置某于安闲之处耶?"孔明曰:"今汝接应街亭,当阳平冲要道路,总守汉中咽喉。此乃大都督之任也,何为安闲乎?汝勿以等闲视之,失吾大事。前锋破敌者,乃偏裨之将耳。汝宜小心,以代吾权!"魏延大喜,引兵而去。孔明恰才心安,乃唤赵云、邓芝,吩咐曰:"今司马懿出兵,与旧日不同。汝二人各引一军,出箕谷以为疑兵,如逢魏兵,或战,或不战,以惊其心。吾自统大军,由斜谷径取郿城;若得郿城,长安可破矣。"二人受命而去。孔明令姜维作先锋,兵出斜谷。

却说马谡、王平兵至街亭,看了地势,马谡笑曰:"丞相何故多心也?量此山僻之处,魏兵如何敢来!"王平曰:"虽然魏兵不敢来,可就此五路总口[七]下寨;却令军士伐木为栅,以图久计。"谡曰:"当道岂是下寨之地也?此处侧边一山,四面皆不相连,且树木极广,此乃天赐之险也。可就此山上屯军。"平曰:"参军差矣。若屯军当道,筑起城垣,贼兵总[八]有十万,不能过也。今若弃此要路,屯兵于山上,倘魏兵骤至,四面围定,将何策保之?"谡大笑曰:"汝真女子之见!兵法云:'凭高视下,势如劈竹。'若魏兵到来,吾教他片甲不归也!"平曰:"吾屡随丞相经阵,每到之处,丞相尽意指教。今观此山,乃绝地也,若魏兵断其汲水之道,军不战自乱矣。"谡曰:"汝莫乱道!孙子云:'置之死地而后生。'若魏兵绝吾汲水之道,是自取死耳;吾军岂不死战?以一可当百也。吾素读兵书,深通谋略,丞相诸事尚问于吾,汝何等之人,安敢阻耶?"平曰:"若参军欲在山上下寨,可分兵五千与吾,自于山下寨一小寨,为掎角之势。倘魏兵至,可以应之。"王平屡次苦谏,马谡坚执不从。忽然山中居民,成队飞奔而来,报说魏兵到了。王平辞去。马谡曰:"汝既不听吾令,与汝五千兵。待吾破了魏兵,到丞相面前,须分不得功也。"王平引兵,离山十里下寨,画成图本,星夜差人去禀孔明,说马谡自于山上下寨。又闻高翔屯军于列柳城,魏延屯军于中路,马谡并无惧怯之意。

却说司马懿在城中,令次子司马昭去探前路,又令先锋张郃引马步军前去哨探,若街亭有

---

① 原作"急且"。据文意改。
② 原作"屯兵于街亭之右"。据下文改。

兵守御，即按兵不行①。司马昭回见父曰："街亭有兵守把。"懿叹曰："诸葛亮真乃神人，吾不如也！"昭笑曰："父亲何故自堕志气耶？愚男料街亭易取。"懿问曰："汝安敢出此言也？"昭曰："男与小卒亲自哨见，当道并无寨栅，路旁有一军，皆屯于山上，故知可破也。"懿大喜曰："若兵果在山上，乃天意使吾成功矣！"遂更换衣服，引十余骑，自来视之。是夜，天晴月朗，直至山下，周回巡哨了一遍方回。马谡在山上见之，大笑曰："彼若有命，不来围山！"传令与诸将："倘兵来，只看山顶上红旗招动，即四面皆下。"

却说司马懿回到寨中，使人打听是何将引兵守街亭。一人报曰："乃马良之弟马谡也。"懿笑曰："此乃庸才耳！诸葛亮虽有才智，不识人物。此辈为将，何事不误！"又唤张郃问曰："街亭左右别有军否？"郃曰："离山十里，有王平安营。"懿曰："汝可引一军，挡住王平来路。吾令申耽、申仪引两路兵围山，先断了他汲水道路，蜀兵自乱矣；却乘虚击之，街亭可取也。"当夜调度已定。

次日天明，张郃引兵先往背后去了。司马懿大驱军马一拥而进，喊声起处，把山四面围定，但有汲水道路，皆以精兵围之。马谡在山上看时，只见魏兵漫山遍野，旌旗队伍甚是严整。蜀兵见之，皆丧其胆，不敢下山。马谡将红旗招动，军将皆你我相推，无一人敢动。谡大怒，自杀二将。众军惊惧，只得努力下山来冲魏兵。魏兵端然不动，蜀兵又退上山去。马谡见事不谐，教军谨守寨门，只等外应。

却说王平见魏兵到，引军杀来，正遇张郃。战有数十余合，平力穷势孤，复退去。魏兵自辰时困至戌时，山上无水，军不得食，寨中大乱。马谡禁止不住。攘到半夜时分，山南蜀兵大开寨门，下山降魏，尽被杀之。司马懿令人于沿山放火，蜀军惊慌②。马谡料守不住，驱兵杀下山西。懿放条大路，让过马谡。背后张郃引兵追来。赶到三十余里，前面鼓角齐鸣，一彪军出，放过马谡，拦住张郃，视之，乃前督部、镇北将军、都亭侯魏延也。延挥刀骤马，直取张郃。郃回军便走。延驱兵赶来，复夺街亭。赶到五十余里，一声喊起，两边伏兵齐出：左边司马懿，右边司马昭，却抄在魏延背后，把延困在垓心。张郃复来，三路兵合在一处，要擒魏延。未知延之性命如何？

【注释】
［一］容城：县名。属幽州涿郡。治所在今河北容城北。
［二］郿城：即郿县。属司隶州扶风郡。治所在今陕西眉县东。
［三］箕谷：地名。在今陕西汉中褒城镇北。
［四］街亭：地名。在今甘肃庄浪县东南。

① 此句后原有"小卒依令探了一遍，回说街亭有军守把，皆屯于山上"。与下文内容重复，而有碍文势，故删。
② 原作"军士惊慌"。为免混淆，"军士"宜作"蜀军"。

〔五〕列柳城：城堡名。在街亭附近。
〔六〕轻易：疏忽，大意。
〔七〕五路总口：道路的枢纽部位，通向东、南、西、北、中五路。
〔八〕总：通"纵"，虽然，即使。
〔九〕不谐：不妙。

第一百九十回　孔明智退司马懿

却说魏延被魏兵困在垓心，左冲右突，不得脱身，兵折太半。正危急之间，忽然喊声大至，一彪军杀入，乃是神将军王平也①。延大喜曰："吾得生矣！"二将合兵一处，大杀一阵，魏兵方退。二将慌忙奔回寨时，营中皆是魏兵旌旗，寨中申耽、申仪杀出。魏延、王平径奔列柳城，来投高翔。此时高翔闻知街亭已失，尽起列柳城之兵前来救应，正遇延、平二人，言说已失了三处②，如何去见丞相。高翔曰："不如今晚去劫魏寨，再复街亭。"当时三人在山坡下商议已定。天色将晚，兵分三路。

却说魏延引兵至街亭，不见一人，心中大疑，未敢轻进，且伏在路口等候。忽见高翔兵到，二人共说魏兵不知在何处，正没理会，又不见王平兵来。忽然一声炮响，火光冲天，鼓声震地，魏兵齐出，把魏延、高翔围在垓心。二人往来冲突，不得脱身。忽听得山坡后喊声若雷，一彪军杀入，乃是王平，救了高、魏二人，径奔列柳城来。比及奔到城下时，城边早有一军杀到，旗上大书"魏都督郭淮"字样。原来郭淮与曹真商议，恐司马懿得了全功，乃分淮来取街亭；闻知司马懿、张郃成了此功，遂引兵径扑列柳城来，正遇三将。但是蜀兵皆从魏兵内杀出来，中伤者太半，如何战得生力军？因此又被郭淮大杀一阵。魏延恐阳平关有失，慌与王平、高翔望阳平关来。

却说郭淮收了军马，乃与左右曰："吾虽不得街亭，却取了列柳城，亦是大功也。"引兵径到城下叫门，只见城上一声炮响，旗帜皆竖，当头一面大旗，上书"平西都督骠骑大将军司马懿"。懿撑起悬空板，倚定护心木栏杆，大笑曰："郭伯济来何迟也？"淮大惊曰："吾今又下出仲达之手矣！"遂入城。相见已毕，懿曰："今街亭已得，诸葛亮必走矣。公可速与子丹星夜追之。"郭淮从其言，出城而去。懿唤张郃曰："子丹、伯济，恐吾全获大功，故取此地城池。吾非独欲成功，乃侥幸而已。吾料魏延、王平、马谡、高翔等辈，必去死据阳平关也。吾若去取此关，诸葛亮必随后掩杀中其计耳。兵法云：'归师莫掩[一]，穷寇休追。'若追，必死敌手。吾今却从小路抄蜀兵之后，尽夺其辎重。汝可从小路抄箕谷退兵。吾自引兵挡祁山之兵③。若彼败走，不可相拒，只宜中途截住，马匹辎重，可尽得也。"张郃受计，引兵一半去了。懿下令："径取中道④，必至西县[二]⑤；虽然山僻小县，乃是蜀兵屯粮之所，即南安、天水、安定三郡总路。若得此城，三郡再可复矣。"于是司马懿留申仪、申耽守列柳城，自领大军取三路而进。

---

① 原作"乃是牙门将、神将军王平也"。牙门将、神将军系先后担任的官职，故删去"牙门将"。
② 原作"言说已折了三处"。据文意，改"折"为"失"。
③ 原作"吾自引兵挡斜谷之兵"。上文既云诸葛亮率蜀军主力在祁山，司马懿当自进击"祁山之兵"。
④ 原作"径取斜谷中道"。斜谷在西县以东数百里，魏军由街亭到西县，无须经过斜谷。
⑤ 原作"西城"。西城（或"西城县"）属曹魏荆州魏兴郡（原西城郡），西县则属曹魏雍州天水郡，距祁山不远。此处应作"西县"。

第一百九十回　孔明智退司马懿

却说孔明自令马谡等守街亭去后,犹豫不定。忽报王平使人赍图本至。孔明唤入,左右呈上图本。孔明就文几上拆开视之。孔明看毕,拍案大惊曰:"马谡真匹夫,坑陷吾军,早晚必有长平之祸也!"昔日、赵括、白起之事,长平折军四十万。急欲差人去换马谡回还。长史杨仪问曰:"丞相何大惊乎?"孔明曰:"吾观此图本,失却要路,占山为寨。倘魏兵大至,四面围合,断其汲水道路,不须二日,军自乱矣。若街亭有失,吾等何归也?"仪曰:"某虽不才,愿替马幼常回。"孔明将安营之法,一一吩咐与杨仪。恰待要行,忽报马到来,说街亭、列柳城尽皆失了。孔明跌足长叹曰:"大事去矣!吾之过也!"急唤关兴、张苞,吩咐曰:"汝二人各引三千精兵,投武城山小路而行①。如遇魏兵,不可大击,只鼓噪呐喊,为疑兵惊之。彼自走矣,亦不可追之。待军退尽,便投阳平去。"又令张翼先去引军修理阁道②,以备走路。又传令教大军暗暗收拾行装,以备起程。又令马岱、姜维断后,先伏于山谷中,待诸军退尽,方始收兵。又令马忠引兵去搦曹真厮杀。又差心腹人,分头报与天水、南安、安定三郡官吏军民,皆入汉中。

孔明分拨已定,先引五千精兵,去西县③,连夜催并各处兵皆归汉中。此时孔明正在西县搬运粮草,忽然十余次飞报马到,说司马懿引大军十五万,望西县蜂拥而来④。孔明身边别无大将,止有一班儿文官;所引五千军,已分了一半先运粮草去讫,只有二千五百军在城中。众官听得这般声息,尽皆失色。孔明登城望之,果然尘土冲天,两路分兵望西县而来。只见西县之分,雨土纷纷,红日昏暗,遂传令:"将旌旗尽皆隐匿,诸军各守城铺[三]⑤。如有妄行出入及高言大语者斩之。大开四门,每一门用二十军士,扮作百姓,洒扫街道。如魏兵到时,不可擅动,吾自有计。"孔明乃披鹤氅,戴华阳巾,引二小童携琴一张,于城上敌楼前凭栏而坐,焚香操琴。

却说司马懿前军到城下,见了如此模样,皆不敢进,急报与司马懿。懿笑而不信,遂止住三军,自飞马远远望之:正见孔明坐于城楼之上,笑容可掬,焚香操琴;左有一童手捧宝剑,右有一童手执麈尾;城门内外有二十余百姓,低头洒扫,傍若无人。懿看毕大疑,便到中军,教后军作前军,前军作后军,望北山路而退。次子司马昭笑曰:"莫非诸葛亮无军,故作此态?父亲何太持疑而退兵也?"懿曰:"亮平生谨慎,不曾弄险。今大开城门,必有埋伏。我兵若进,中其计也!汝辈岂知?可宜速退。"因此两路兵尽皆退去。孔明见魏兵远去,抚掌而笑。众官无不骇然,乃请问孔明曰:"司马懿乃魏之名将,今统十五万精兵到此,见了丞相,便速退去,何也?"孔明曰:"此人料吾平生谨慎,必不弄险;见如此规模,疑有伏兵,故退去。吾非行险,盖因不得已而用之。此人必引兵投山北小路而去也。吾已令兴、苞二人在彼等候。"众皆惊服曰:"丞相之机,神鬼莫测!若以某等之心,必弃城而走矣。"孔明曰:"吾兵止有二千五百,若弃城而走,

---

① 原作"投武功山小路而行"。武功山在郿县以东,距西县甚远。据地理,宜作"武城山"。
② 原作"又令张翼先去引军修理剑阁"。剑阁在汉中西南,蜀军撤回汉中,无须经过剑阁。
③ 原作"退去西城县"。据上文,"西城县"当作"西县";因其位于祁山东北,故"退"字应删。
④ 原作"望西城风拥而来"。"西城"当作"西县","风拥"当作"蜂拥"。
⑤ 原作"遂传令,教'将旌旗尽皆隐匿……'"据文意,删去"教"字,使成直接引语。

必不能远遁,皆被司马懿所擒也。"言讫,拍手大笑曰:"吾若是司马懿,必有别论矣。"遂下令,教西县百姓,尽随军入汉中,"司马懿不久复来也"。于是孔明遂离西县,望汉中而走。天水、南安、安定三郡官吏军民,陆续而来。

却说司马懿望武城山小路而走,忽然山坡后鼓声震地,喊杀连天。懿回顾二子曰:"吾若不走,必中诸葛亮之计矣!"只见大路上一军杀来,旗上大书"右护卫使虎翼将军张苞"。魏兵皆弃甲抛戈而逃。行不到一程,山谷中喊声震地,鼓角喧天,前面一杆大旗,上书"左护卫使龙骧将军关兴"。山谷应声,不知蜀兵多少;更兼魏军心中惊疑,不敢久停,只得尽弃辎重而去。兴、苞二人皆遵将令,不敢追袭,多得军器粮草而归。当时司马懿见山谷中皆有蜀兵,不敢出大路,遂回街亭。

此时曹真听知孔明退兵,急引军追赶。山背后喊声震地,鼓角喧天,蜀兵漫野而来,为首大将乃是姜维、马岱。真大惊,急退军时,先锋陈造早被马岱斩之。真引兵鼠窜而还。蜀兵连夜皆奔回汉中。

却说赵云、邓芝伏兵于箕谷道中,听得孔明传令回军,二人商议曰:"魏兵知吾军退,必来追也。吾先引一军伏于其后,公却引军打吾旗号,徐徐而退。吾一步步自有护送也。"

却说郭淮提兵再回箕谷道中,乃唤先锋苏颙吩咐曰:"蜀将赵云,世之英雄,非等闲之辈,汝可小心提防。彼军若退,必有计也。"苏颙欣然曰:"都督若肯接应,某当生擒赵云。"遂引前部三千兵,径奔箕谷。看看赶上蜀兵,只见山坡后闪出红旗白字,上书"常山赵云"。苏颙急收兵退走。行不到数里,忽喊声大震,一彪军撞出,为首大将,挺枪跃马,大喝曰:"汝见赵子龙否?"苏颙大惊曰:"这里又有赵云!吾不能生矣!"措手不及,被子龙一枪刺死于马下。余军溃散。子龙迤逦前进,背后又一军到,乃郭淮部将万政也,来与苏颙报仇。子龙见魏兵追急,乃勒马挺枪,立于路口,待来将交锋。蜀兵约行三十余里,魏兵尚然不到,万政认得是子龙,不敢前进。子龙等得天色黄昏,方才拨回马缓缓而进。郭淮兵到,万政言子龙英雄如旧,因此不敢近前。淮传令,教军急赶。政领数百骑壮士赶来。行至一大林,忽听得背后大喝一声曰:"赵子龙在此!"惊得魏兵落马者百余人,余者皆越岭而去。万政勉强来敌,被子龙一箭射中盔缨,惊跌于涧中。子龙以枪指之曰:"吾饶汝性命回去!快教郭淮赶来!"万政脱命而回。子龙护送车仗人马,望汉中而去,沿途并无失遗。曹真、郭淮复夺三郡,以为己功。

却说司马懿分兵而进。此时蜀兵尽回汉中去了。懿引一军复到西县,因问遗下居民及山僻隐者,皆言孔明止有二千五百军在城中,又无武将,只有几个文官,别无埋伏。武城山土民告曰:"关兴、张苞各引三千军转山呐喊,鼓噪惊追,又无别军,并不敢厮杀。"懿悔之不及,仰天叹曰:"吾不如孔明也!"遂安抚了诸处军民,引兵径回长安,朝见魏主。睿曰:"今日复得陇西诸郡,皆卿之功也。"懿奏曰:"今蜀兵见在汉中,未尽剿灭,臣乞天下之兵并力收蜀,以报陛下。"睿大喜,令懿即便兴师。忽班内一人出而奏曰:"臣有一计,以献陛下,足可定蜀、吴也。"未知献计者何人,且听下回分解。

【注释】

[一] 掩：进袭，掩击。
[二] 西县：县名，属曹魏雍州天水郡。治所在今甘肃天水与礼县之间。
[三] 城铺：城上的岗棚。

卷之二十

第一百九十一回　孔明挥泪斩马谡

却说献计者，乃中书令孙资也①。魏主曹睿问曰："卿言若何？"资奏曰："昔太祖武皇帝收张鲁之时，危而后济，常对群臣曰：'南郑之地，直为天狱[一]②。'中斜谷道为五百里石穴，非用武之地也。今若尽起天下之兵，则东吴又入寇矣。愿陛下深虑之。不如以见在之兵，分命大将据住险要，以镇边疆，则百姓可安也。不过数年，中国日盛，吴、蜀二国必自相残害，那时图之，岂不胜哉？乞陛下圣鉴。"睿大悟，乃问司马懿曰："此论若何？"懿奏曰："此乃公论易安之理也。"睿从之，命懿分拨诸将守把险要，留郭淮、张郃守长安，大赏三军，驾回洛阳。

却说孔明回到汉中，计点将士，只少赵云、邓芝，心中甚忧，乃令关兴、张苞，各引一军接应。二人正欲起身，忽报赵云、邓芝到来，并不曾折一人一骑，辎重等器亦无失遗。孔明大喜，亲引诸将出迎。子龙慌忙下马，伏地而言曰："败兵之将，何劳丞相远接？"孔明自觉羞惭，急扶起子龙，执手而言曰："是吾不识贤愚，以致如此！各处兵将败损，惟子龙不折一人一骑，何也？"邓芝告曰："子龙独自断后，某引兵任意先行。子龙斩将立功，惊迫敌人，因此军资什物不曾遗弃，岂有失军也？"孔明称贺曰："真将军也！"遂归本寨，取库内金五十斤以赠子龙，又取绢一万匹以赏诸军。子龙辞曰："三军无尺寸之功，某等俱各有罪；若蒙反受其赏，乃丞相赏罚不明也。且请寄库，候与冬赐与诸军未迟。"孔明叹曰："先帝在日，常称子龙之德。今果如此，言不谬也。"乃倍加钦敬。

忽报马谡、王平、魏延、高翔来见。孔明先唤王平入帐，责之曰："吾令汝同马谡守街亭，汝何不谏之？"平曰："某再三相劝，要在当道筑土城，安营守把。参军大怒，责令无礼，某因此自引五千军离山十里下寨。魏兵骤至，把山四面围合，铁桶相似。某来冲杀十余次，皆不能入。次日土崩瓦解，降者无数。某孤军难立，故投魏延求救，半途又被魏兵困在山谷之中。某奋死杀出，比及归寨，早被魏兵占了。同投列柳城时，路逢高翔，遂分兵三路去劫魏寨，指望克复街亭。某见街亭并无伏路军，以此心疑，登高望之，只见魏延、高翔被魏兵围住。某又杀入重围，救出二将，就同参军并在一处。某恐失却阳平关，因此急来回守。非某之不谏也。丞相不信，可问各部将校，便见某虚实矣。"孔明喝退，又唤马谡入帐。

谡自缚跪于帐前。孔明变色曰："汝自幼饱读兵书，熟谙战策。吾屡次叮咛告戒，以街亭是吾根本。汝以全家之命，领此重任，今复如何？"谡告曰："某因魏兵势大，不能抵挡，以致如此。"孔明曰："乱道！汝若听王平之言，岂有此祸？今败军丧师，失地陷城，皆汝之过也！若不明正其罪，军律难逃。汝今正犯军法，休得怨吾。汝之家小，吾按月给与俸禄，汝不必挂心。"

---

① 原作"乃尚书孙资也"。据《三国志·魏书·刘放传》附《孙资传》改。
② 原作"直为天岳"。据《刘放传》注引《孙资别传》改。

叱左右推出斩之。谡泣曰："丞相视某如子，某以丞相如父。某之死罪实已难逃，愿丞相思舜帝当日殛鲧用禹之义①，鲧乃禹之父也。舜废之，而用禹治水，后传位与禹。谡引此告之。使某虽死，无恨于黄壤之下也。"言讫大哭。孔明挥泪曰："吾共汝义同兄弟，汝之子即吾之子，吾安忍不用之？汝速正军法，勿多牵挂也！"左右推出马谡于辕门之外，三军感叹不已。忽参军蒋琬自成都至，正见武士欲斩马谡，琬大惊，高叫："留人！"入见孔明曰："昔楚杀得臣而文公喜[二]。昔楚成暗弱，而杀得益之臣，晋文公闻而喜之。今天下未定，而戮智谋之臣，岂不可惜乎？"孔明流涕而答曰："昔孙武能制胜于天下者，用法明也。今四海分争，干戈交接，若复废法，何以讨贼耶？合当斩之！"须臾，武士献首级于阶下。

孔明大恸不已。蒋琬问曰："今幼常得罪，既正军法，丞相何故痛哭耶？"孔明曰："吾非为马谡而痛。谡与吾义同父子，今违令斩之，又何悔焉？吾想先帝在白帝城临危之时，曾嘱吾曰：'马谡言过其实，不可大用。'今果应此言。乃恨己之不明，追思先帝之言，因此大痛也！"大小将士无不流泪。马谡亡年三十九岁。时建兴六年夏五月也。后人有诗曰：

　　失守街亭罪不轻，堪嗟马谡枉谈兵。
　　辕门斩首严军法，拭泪犹思先帝明。

又诗曰：

　　赏罚分明可告军，赏无仇恨罚无亲。
　　街亭败失堪诛戮，洒泪成行劝后人。

却说孔明斩了马谡，将首级遍示各营已毕，用线缝在尸首上，具棺葬之，自修祭文享祀；将谡家小用好意抚恤，按月给与俸禄。于是孔明自作表文，令蒋琬申奏后主，自贬丞相之职。琬回成都，入见后主，进上孔明表章。后主拆视之。表曰：

　　臣以弱才②，叨窃非据[三]，亲秉旄钺，以励三军。不能训章明法，临事而惧[四]，至有街亭违命之阙，箕谷不戒之失。咎皆在臣，授任无方。臣明不知人，恤事多暗[五]。《春秋》责帅③，臣职是当。请自贬三等④，以督厥咎[六]。臣不胜惭愧，俯伏待命！

后主览毕而言曰："胜负乃兵家之常事，丞相乃国之大老元臣，岂可轻易出此言也！"遂遣使下诏，宜当旧职。侍中费祎奏曰："臣闻治国者，必以奉法为重；法若不行，何以服人耶？丞相败绩，自行贬降，正其宜也。若复原职，何以激劝群下乎？"后主从之，贬孔明为右将军，行丞相事，照旧总督军马；就命费祎赍诏，径到汉中。

孔明受诏，贬降讫。祎恐孔明羞赧，乃贺曰："蜀中之民皆知丞相拔西县入蜀，深以为喜。"

---

① 原作"愿丞相思舜帝当日乃殛鲧用禹之义"。"乃"字衍，删去。
② 原作"臣本庸才"。据《三国志·蜀书·诸葛亮传》改。
③ 原作"《春秋》责师"。据《诸葛亮传》改。
④ 原文无"请"字。据《诸葛亮传》补。

孔明变色曰："是何言也！普天之下，莫非汉民，国家威力未举，使百姓困于豺狼之口。一夫有死，吾之罪也，汝此称贺，岂不指吾而骂耶？"袆心实为愧，又曰："近闻丞相又得姜维，天子甚喜。"孔明又怒曰："兵败师还，不曾取得寸土，此吾之大罪也。量得一姜维，于魏何损？西县之民，安能补街亭丧失之事乎？汝以此言，非为贺吾，乃谄佞也。"袆惶恐辞去。次日，又与孔明曰："丞相见统雄师数十万，再可伐魏乎？"孔明曰："昔大军屯于祁山、箕谷之时，我兵多如贼兵，而不能破贼，反遭贼兵所破：此病不在兵之多少，皆在主将耳。今欲减兵省将，明罚思过，须要计较变通之道于将来；若不能然者，虽兵多何用！自今以后，诸人有忠虑于国者①，但勤攻吾之阙，责吾之短，则事可定，贼可死，功可翘足而待[七]矣。"费袆诸将皆拜称其德。后人有诗赞曰：

　　责人之心堪责己，恕己之心好恕人。
　　当年诸葛求闻过，便是曾参[八]自省身。

自费袆回成都，孔明在汉中惜军爱民，励兵讲武，置造攻城渡水之器，聚积粮草，预备舡筏，以为后图。细作探知，报入洛阳，魏主曹睿闻知大惊，即会文武，欲起大军来取益州。未知如何？

【注释】

[一] 天狱：天然的牢狱。比喻地形极为险恶。
[二] 楚杀得臣而文公喜：春秋时期，晋、楚发生城濮之战，楚军战败，主将成得臣（子玉）回国后，被迫自杀。晋文公得知，十分高兴。
[三] 叨窃非据：占着不应该据有的职位。叨，谦词。
[四] 临事而惧：遇到事情有所戒惧。形容办事谨慎。
[五] 恓事多暗：考虑事情常常不明。恓，虑。
[六] 以督厥咎：以责罚其过失。厥，其。
[七] 翘足而待：抬起脚来等待。形容短时间内即可成功。
[八] 曾参：即孔子的学生曾子。字子舆。曾说："吾日三省吾身：为人谋而不忠乎？与朋友交而不信乎？传不习乎？"（《论语·学而篇》）

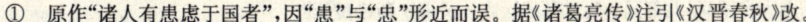

① 原作"诸人有患虑于国者"，因"患"与"忠"形近而误。据《诸葛亮传》注引《汉晋春秋》改。

第一百九十二回　陆逊石亭破曹休

此时蜀汉建兴六年,乃魏太和二年夏五月也。曹睿诏司马懿曰①:"特与卿商议收蜀之策。"懿曰:"蜀未可攻也。方今天道亢炎[一],兵必不出;若我军深入其地,彼守其险要,安可攻之?"睿曰:"倘蜀兵再来入寇,如之奈何?"懿曰:"臣已算定,今番诸葛亮必效韩信,暗度陈仓道矣。臣已先委下一人在陈仓道口,筑起城池以守之,必万无一失也。此人身长九尺,猿臂善射,深有谋略,忠义凛然。若诸葛亮入寇,此人足可当之。若从他道暗进,则惧有陈仓之城,必不敢深入也。"睿大喜,问曰:"此何人也?"懿奏曰:"乃太原人,姓郝,名昭②,字伯道也,见为杂号将军,镇守河西数十余年,民皆钦仰。诸葛亮见有此人,必不敢进矣。"睿从之,加郝昭为镇西将军,命守把陈仓道口,遣使持诏去讫。

忽报扬州大司马、都督曹休③上表,说东吴鄱阳[二]太守周鲂,字子鱼,乃吴郡阳羡[三]人也,密遣人陈言七事,说:"东吴可破,乞早发兵以取之,后定江南,勿误幸甚!"睿就御案上展开,与司马懿同观已毕,懿奏曰:"此言极有理,吴当灭矣!臣愿引一军以助曹休。"睿大喜,欲令起兵,忽班部中一人进曰:"吴人之言,反复不一,未可深信,必是诱兵之诡计也。"众视之,乃河东襄陵人也,姓贾,名逵,字梁道,官授建威将军,多从太祖武皇帝征进,深通谋略。懿问曰:"梁道知东吴虚实耶?"逵曰:"吾在边庭,素知孙权在武昌[四],西从江夏,东取庐江,时常入寇。周鲂乃智谋之士,必不肯降。吾故知其诈也。"懿曰:"此言亦不可不听,机会亦不可错失。梁道当与吾同助曹休。"遂奏准魏主,令三路进兵。曹休引大军径取皖城;贾逵引前将军满宠、东莞[五]太守胡质,径取西阳[六]④,直向东关[七];司马懿引本部军径取江陵。赏军已毕,望东吴进发。

却说吴王孙权在武昌⑤,会集多官商议曰:"今有鄱阳太守密表,告称曹休总督扬州兵马,有入寇之意。今太守诈施诡计,暗陈七事,引诱魏兵深入重地,可设伏兵擒之,则绝吴之难矣。今魏兵分三路而来,诸卿有何高见?"顾雍进曰:"此大任非陆伯言不敢当也。"权大喜,乃召陆逊,拜为大都督⑥,统御林大兵,摄行王事;授以白旄黄钺,文武百官皆听约束。权亲自与逊执鞭。逊领命谢恩毕,乃保二人为左右都督,分兵以迎三道。权从之,命吴郡吴人,姓朱,名桓,

---

① 原作"睿诏司马懿曰"。因系回首,故加"曹"字。
② 原作"姓霍,名昭"。据《三国志·魏书·明帝纪》注引《魏略》改。
③ 原作"扬州司马大都督曹休"。官称混乱。据《三国志·魏书·曹休传》改。
④ 原作"径取阳城"。阳城在今河南登封东南,距东关甚远,且方位不合。据《三国志·魏书·贾逵传》改。
⑤ 原作"吴王孙权在武昌东关"。武昌在今湖北鄂州,东关在今安徽含山,相距甚远,不能拉在一起。据《三国志·吴书·吴主传》,删去"东关"。
⑥ 原作"封为辅国大将军、平北都元帅"。据《三国志·吴书·陆逊传》改。

字休穆,为左都督、奋武将军、嘉兴侯①;又命吴郡钱塘人,姓全,名琮,字子璜,为右都督、绥南将军、钱塘侯。各领军马,权自送之。

于是陆逊总率东吴之众七十余万②。逊令左都督朱桓在左,右都督全琮在右,逊自居中,三路进兵。朱桓曰:"曹休以金枝玉叶之贵而得大任,非智勇之良将也。今听周鲂诱言,深入重地,元帅若用兵击之,曹休必败矣。败后必走两条路:一为夹石[八],地名。一为挂车[九]③。地名。此二条路皆山僻小径也,险峻极多。某愿与全琮各引一军伏于山险,先以柴木大石塞断其路,彼众可降,曹休可擒矣。若擒了曹休,便长驱直进,唾手而得寿春,则诸路可图也。此乃扫荡天下之策,请元帅察之。"逊曰:"吾自有妙用,汝勿狂图。"因是朱桓怀不平而退。逊令诸葛瑾等拒守江陵,以敌司马懿。诸路皆已调拨停当。

却说曹休兵临皖城,周鲂来迎,径到曹休帐下。休问曰:"近得足下之书,所陈七事,深为有理,奏闻天子,故起大军三路进发。若得江东之地,足下之功不小,则吾之位可得矣。屡有人言足下多谋,诚恐于中不实。吾未深信,足下料必不为此事也。"周鲂大哭,急掣从人所佩剑欲自刎④。休急止之。鲂仗剑而言曰:"吾所陈七事,恨不得吐出肝心。今反生疑,必有吴人使间谍之计也! 若听其间谍,吾必死矣。吾之忠心,惟天可表!"言讫,又欲自刎。曹休大惊,慌忙抱住曰:"吾戏言耳! 足下何自害耶?"鲂乃用剑割发掷于地曰:"吾以忠心待公,公以吾为戏。吾割父母所遗之发,以表真诚也!"曹休深信之,设宴相待。席罢,周鲂辞去。

忽报建威将军贾逵来见。休令入帐,问之曰:"汝此来为何?"逵曰:"某料东吴兵必尽屯于皖城。都督不可轻进,待某两下夹攻,贼兵可破矣。"休怒曰:"汝欲夺吾功耶?"逵曰:"又闻周鲂截发为誓,此乃诈也。昔要离断臂,刺杀庆忌[一〇]。此未可深信也。"休大怒曰:"吾正欲进兵,汝何故出此言,以慢军心耶? 汝要兵进东关,以干头功,却瞒吾之能也!"叱左右推出斩之。众将告曰:"未及进兵,先斩大将,于军不利也。且乞暂免。"休从之,将贾逵兵留在营调用,自引一军来取东关。

此时周鲂听知贾逵削去兵权,暗喜曰:"曹休若用贾逵之计,则东吴败矣! 今一处进兵,乃天使吾成功也!"即遣人密到皖城今之浔阳是也,报知陆逊。逊唤诸将听令,曰:"前面石亭[一一],虽是山路,足可埋伏。早先去占石亭阔处,布成阵势,以待魏兵。"遂令徐盛为先锋,引兵前进。

却说曹休命周鲂引军而进,正行间,休问曰:"前至何处?"鲂曰:"前面乃石亭也,堪以屯兵。"休从之,遂率大军并车仗等器,尽赴石亭驻扎。次日,哨马报道:"面前有吴兵不知多少,据住山口。"休大惊曰:"周鲂言无准备,何为有兵邪?"急寻鲂问之,人报曰:"周鲂引数十人,不知何处去了。"休大悔曰:"吾中此贼之奸计也! 虽然如此,有何惧哉!"遂令大将张普为先锋,

---

① 原作"冠带奋武将军、嘉兴侯"。"冠带"二字衍,删去。
② 原作"于是陆逊总率江南八十一州并荆湖之众七十余万"。"江南八十一州"误,"荆湖"系宋代地名,故改。
③ 原作"左乃夹石,右乃桂车"。"桂车"应作"挂车";从吴、魏两军所处方位看,夹石、挂车难分左右。
④ 原作"急掣从人所佩剑欲刎"。据叶逢春本,加"自"字。

引数千兵来与吴兵交战。两阵对圆,普出马骂曰:"贼将早降!"徐盛出马相迎。战不数合,普不能抵,勒马收兵,回见曹休,言徐盛勇不可挡。休曰:"吾当以奇兵胜之。"就令张普引二万军伏于石亭之南,又令薛乔引二万军伏于石亭之北,"明日辰时,吾引一千兵搦战,却佯输诈败,诱到此山之前,放炮为号,三路夹攻,徐盛可擒矣。"二将受计,当晚各引二万军埋伏去了。

却说陆逊唤朱桓、全琮,吩咐曰:"汝二人各引三万军,从石亭山路抄到曹休寨后,放火为号;吾亲率大军,从中路而进,可擒曹休也。"当日黄昏,二人受计,引兵而进。是夜二更,朱桓一军正抄到魏寨后,迎着张普伏兵。普不知是吴兵,径来问时,被朱桓一刀斩于马下。魏兵便走。桓令后军放火。

再说全琮一支军抄到魏寨后时,正撞在薛乔怀内,就那里大杀一阵。薛乔败走,魏兵大势奔回本寨。后面朱桓、全琮两路杀来,曹休寨中大乱,自相冲击。休慌上马,望夹石道奔走。徐盛引大队军马,从正路杀来。魏兵死者不可胜数,降者万余,逃命者尽弃衣甲。曹休在夹石道中奋力奔走,忽见一彪军从小路挺出,为首大将乃建威将军贾逵也。休惊慌少息。逵接着曹休并败残兵。休自愧曰:"吾不用公言,果遭此败。幸得足下之兵在此,可退后军也。"逵曰:"都督可速出此道,若被吴兵以木石塞断,我等皆危矣!"于是曹休骤马而去,贾逵断后。逵于林木茂盛之间及险峻小径之处,多设旌旗以为疑兵。不时后面徐盛赶到,见山坡下闪出旗角,疑有埋伏,不敢追赶,收兵而回。因此救了曹休。司马懿听知休败,亦引兵退去。

却说陆逊正望捷音,须臾,徐盛、朱桓、全琮皆到,所得车仗牛马驴骡、军资器械不计其数,降兵数万余人。逊大喜,即同太守周鲂并诸将班师还吴。吴王孙权,领文武官僚出武昌城迎接,以御盖覆逊而入,以上品珍宝赐之。诸将尽皆升赏。权见周鲂无发,慰劳曰:"卿断发成此大事,功名当书于竹帛。"即封周鲂为关内侯,大设筵会,劳军庆贺。陆逊奏曰:"今曹休大败,魏已丧胆;可修国书,遣使入蜀,教诸葛亮进兵攻之。"权从其言,遂遣使赍书入蜀去了。未知孔明再来伐魏,胜负如何?

【注释】

[一] 亢炎:炎热。亢,极度。
[二] 鄱阳:郡名。属东吴扬州。治所在鄱阳县(今江西波阳)。
[三] 阳羡:县名。属东吴扬州吴郡。治所在今江苏宜兴。
[四] 武昌:县名。孙权改鄂县置,曾都于此。故城址在今湖北鄂州。
[五] 东莞:郡名。属曹魏徐州。治所在今山东沂水东北。
[六] 西阳:县名。属曹魏豫州弋阳郡。治所在今河南光山西南。
[七] 东关:关隘名。故址在今安徽含山县西南濡须山上。系吴、魏间的要冲。
[八] 夹石:地名。在今安徽桐城北。
[九] 挂车:地名。在今安徽桐城西南。

[一〇] 要离断臂,刺杀庆忌:春秋末期,吴国公子光刺杀吴王僚,自立为王(即阖闾),复命要离刺杀吴王僚之子庆忌。要离砍断自己一只手臂,诈称为公子光所砍,取得庆忌信任;后乘其不备,杀之。

[一一] 石亭:地名。在今安徽潜山东北。

第一百九十三回　孔明再上出师表

时蜀汉建兴六年秋九月，魏都督曹休被陆逊大破于石亭，车仗马匹、军资器械并皆罄尽。休惶恐太甚，连夜奔走，因此气忧成病，到洛阳发背而死。贾逵面奏魏主。睿大痛不已，敕厚葬之。须臾，司马懿引兵而还。众将接入，问曰："曹都督兵败，即元帅之干系，何故急回耶？"懿曰："吾料诸葛亮知吾兵败，必乘虚来取长安也。倘陇西紧急，何人救之？吾故回耳。"众皆以为怯惧，哂笑而退。

却说东吴使命将请兵伐魏之书，并大破曹休之事，细奏后主，一者显自己威风，二者通和会之好。后主大喜，令人持书去汉中报与孔明，说曹休兵败而死。此时孔明兵强马壮，粮草丰足，所用之物，一切完备，正要出师。听知此事，欣然而喜，即设宴大会诸将，计议出师。忽一阵大风自东北角上而起，把庭前松树吹折。众皆大惊。孔明袖传一课，曰："此风主损一大将也。"诸将未信。正饮酒之间，忽报镇军将军赵云①之长子赵统、次子赵广，二人来见丞相。孔明大惊，掷杯于地曰："子龙休矣！"二子入见，拜哭曰："某父昨夜三更，病重而死。"众皆痛哭。孔明跌足而哭曰："今岁不想丧了许多将佐。今日子龙又死，乃国家损一栋梁，吾去一臂也！"孔明哭罢，遂令二子入成都面君。后主听言，放声大哭，曰："朕昔幼时，非子龙必死于乱军之中矣！"即下诏厚葬，追赠大将军，谥顺平侯②，敕葬于成都锦屏山之东。建立庙堂，四时享祭，命太常致祭。诏曰：

> 云昔从先帝，功绩既著。朕以幼冲，涉途艰难③，赖恃忠顺，济于危险。夫谥所以叙元勋也，经营天下，遵奉法度。当阳之役，义贯金石。忠以卫上，君念其赏；礼以厚下，臣忘其死④。死者有知，足以不朽⑤；生者感恩，足以殒身。谨按谥法，柔贤慈惠曰"顺"，执事有班曰"平"，故特赐大将军、顺平侯。主者施行。

后史官有庙赞曰：

> 救主功勋大，兴邦名誉彰。
> 扁舟飞汉水，匹马向当阳。
> 义胆深包体，忠心并日光。
> 留芳青史上，应是与天长。

又诗曰：

---

① 原作"镇南将军赵云"。据《三国志·蜀书·赵云传》改。
② 原作"谥封大将军、顺平侯"。死后授官为"追赠"（追赠赵云大将军系虚构）。
③ 原作"涉途艰险"。据《赵云传》注引《赵云别传》改。
④ 原作"臣志其死"。据《赵云别传》改。
⑤ 原作"足以不溺"。据《赵云别传》改。

匹马单枪敢独行,摧锋破敌任纵横。
皆称飞虎一身胆,不负英雄千古名。
黑发当阳扶幼主,白头箕谷保残兵。
忠心到底无移改,谥法还应得"顺平"。

又诗曰:

一马能将万骑冲,西除东挡剿群凶。
鏖兵恶战全忠者,惟有常山赵子龙!

却说后主将子龙祭葬已毕,以赵统为虎贲中郎,以赵广为牙门将,就命守坟。二人谢辞去了。忽近臣奏曰:"诸葛丞相将军马分拨已定,乃令杨仪再上《出师表》[一]。"后主就御案上拆封视之。表曰:

先帝虑汉、贼不两立,王业不偏安,故托臣以讨贼也。以先帝之明,量臣之才,故[二]知臣伐贼,才弱敌强也;然不伐贼,王业亦亡,惟坐而待亡,孰与伐之?是故托臣而弗疑也。臣受命之日,寝不安席,食不甘味,思惟北征,宜先入南,故五月渡泸,深入不毛,并日而食[三]。臣非不自惜也,顾王业不得偏全于蜀都①,故冒危难以奉先帝之遗意也②,而议者谓为非计[四]③。今贼适疲于西,又务于东,兵法乘劳,此进趋之时也。谨陈其事如左[五]:

高帝明并日月,谋臣渊深[六],然涉险被创,危然后安。今陛下未及高帝,谋臣不如良、平,而欲以长策取胜,坐定天下,此臣之未解一也。刘繇、王朗,各据州郡,论安言计,动引圣人,群疑满腹,众难塞胸;今岁不战,明年不征,使孙策坐大[七],遂并江东,此臣之未解二也。曹操智计,殊绝于人,其用兵也,仿佛孙、吴,然困于南阳,险于乌巢,危于祁连[八],逼于黎阳,几败北山,殆死潼关,然后伪定一时耳;况臣才弱,而欲以不危而定之,此臣之未解三也。曹操五攻昌霸不下,四越巢湖不成,任用李服而李服图之,委任夏侯而夏侯败亡,先帝每称操为能,犹有此失;况臣驽下,何能必胜?此臣之未解四也。自臣到汉中,中间期年耳,然丧赵云、阳群、马玉、阎芝、丁立、白寿、刘郃、邓铜等,及曲长屯将七十余人,突将无前,賨音丛、叟、青羌[九],散骑武骑一千余人,此皆数十年之内,所纠合四方之精锐,非一州之所有;若复数年,则损三分之二也,当何以图敌?此臣之未解五也。今民穷兵疲,而事不可息,事不可息,则住与行[一〇],劳费正等④;而不及今图之⑤,欲以一州之地,与贼持久,此臣之未解六也。

――――――

① 原作"顾王业不可得偏安于蜀都"。据《三国志·蜀书·诸葛亮传》注引《后出师表》改。
② 原文无"也"字。据《后出师表》补。
③ 原作"而议者谓非计"。据《后出师表》,补"为"字。
④ 原文缺"事不可息"四字。据《后出师表》补。
⑤ 原作"而不及早图之"。据《后出师表》改。

夫难平者，事也。昔先帝败军于楚[一一]，当此时，曹操拊手，谓天下已定。然后先帝东连吴、越，西取巴、蜀，举兵北征，夏侯授首，此操之失计而汉事将成也。然后吴更违盟，关将毁败，秭归蹉跌[一二]，曹丕称帝。凡事如是，难可逆见[一三]。臣鞠躬尽力，死而后已；至于成败利钝，非臣之明所能逆睹也。谨表以闻，仰于圣断。
　　建兴六年冬十一月日，臣诸葛亮上表①。
后人有诗赞曰：
　　　　出师前后表，情切意尤深。
　　　　观者不垂泪，应无忠义心。
后主览毕甚喜，即敕令孔明出师。孔明受命，起三十万精兵，引大小将士，令魏延总督前部先锋，径奔陈仓道口而来。

　　早有细作报入洛阳。司马懿奏知魏主，大会文武商议。大将军曹真出班奏曰："臣昨守陇西，功微罪大，羞愧至深，未有竭力摅忠。摅，音书。臣近得一员大将，使六十斤大刀，骑千里征骠马，开两石铁胎弓，暗藏三个流星锤，百发百中，有万夫不当之勇，乃陇西狄道[一四]人也，姓王，名双，字子全。臣保此人为先锋，乞赐三军，必擒诸葛亮矣。"睿大喜，便召王双上殿，视之，身长九尺，面黑睛黄，熊腰虎背。睿笑曰："朕得此大将，有何虑耳！"遂赐锦袍金甲，命为虎威将军、前部大先锋；曹真为大都督。真谢恩出朝，遂引十五万精兵，会合郭淮、张郃，分道守把隘口。

　　却说蜀兵行至陈仓，见有城池，急回告孔明，说："陈仓口筑起一城，内有大将郝昭守之，深沟高垒，遍排鹿角，十分严整；不如弃了此城，径趋祁山②。"孔明曰："陈仓西北是街亭③，如不得此城，难以进兵；如得此城，尽将城中之物赏军。切不可稽迟！"魏延遂引兵径到城下，四面攻之。连日不能破，复来告孔明，说城难打。孔明大怒，要杀魏延。忽帐下一人告曰："某虽无才，随丞相多年，未尝报效；愿去陈仓城中，说郝昭来降，不用张弓只箭。"众视之，乃部曲靳详也④。孔明大喜曰："汝用何言说之？"详曰："郝昭与某同乡，自幼契交，乃太原人氏⑤。某流落益州，久不相见。某今到彼，以利害说之，必来降矣！"孔明即令行之。靳详骤马径到城下，叫曰："郝伯道，故人靳详来见。"城上人报知郝昭。昭令开门放入，登城相见。昭问曰："故人因何到此？"详曰："吾在西蜀孔明帐下为参赞军机，待以上宾之礼。特来见公，看吾之面，开门投降。"昭勃然变色，起身而言曰："诸葛亮乃我国仇敌之人也！吾事魏，汝事蜀，各事其主，昔时

---

① 原作"丞相诸葛亮上表"。诸葛亮自贬后，尚未复职，不可能自称"丞相"，故改。
② 原作"不如弃了此城，从太白领（按：应作'岭'）马道而出祁山甚便"。太白岭在陈仓东南，祁山在陈仓之西，若弃陈仓往祁山，无须经过太白岭。
③ 原作"陈仓正北是街亭"。据地理改。
④ 原作"乃部曲鄞祥也"。据《三国志·魏书·明帝纪》注引《魏略》改。
⑤ 原作"乃陇西人氏"。据《明帝纪》注引《魏略》改（第一九二回已明言郝昭"乃太原人"）。

为昆仲,今日为仇敌!汝再不必多言,便请出城!"详再欲开言,郝昭已出敌楼去了。魏军急催上马,赶出城外。详回头视之,见郝昭倚定护心木栏杆。详勒马,以鞭指之曰:"伯道贤弟,何太情薄耶?"昭曰:"魏国法度,兄所知也。吾受国恩,有不可言者,但有死而已。兄不必下说词。早回见诸葛亮,教快来攻城,吾不惧之。"详回告孔明曰:"郝昭未等某开言而阻之。"孔明曰:"汝可再去见他,以利害说之。"详又到城下,勒马高叫曰:"伯道贤弟,听吾忠言,汝乃一孤小城池,怎拒数十万之众?今不早降,岂不愚乎?倘城破身亡,有何益也?今贤弟执迷,不顺大汉,却屈膝而事奸魏,乃不知天命、不辨清浊耳!愿伯道思之。"靳昭大怒,拈弓搭箭,指靳详而喝:"吾前言已定,汝不必再言!早早速退!吾不射汝!"靳详回见孔明,具言靳昭如此如此。孔明大怒曰:"匹夫无礼太甚!安敢欺吾无攻城之具也!吾已一切完备,俱在军中。吾自去攻之!"遂传令三军齐力进发。试看郝昭如何抵当,下回便见。

【注释】

[一] 再上《出师表》:通常称此表为《后出师表》。《三国志·蜀书·诸葛亮传》及《诸葛亮集》均不载,首见于吴人张俨《默记》,并为裴松之注引。对其真伪,学术界有争议,《演义》作者则径采入书中。

[二] 故:此处意为"本来"。

[三] 并日而食:两天的饭合在一天吃。形容极为辛劳忙碌。

[四] 非计:考虑不当。

[五] 如左:如下。古人直行书写,故以右为上,以左为下。

[六] 渊深:深谋远虑。

[七] 坐大:安然而日趋强大。

[八] 祁连:山名。在今甘肃省西部和青海省东北部。

[九] 賨、叟、青羌:皆为西南地区少数民族。賨人即巴人;青羌系羌人的一支,因服饰尚青色,故称。

[一〇] 住与行:住守与出征。

[一一] 先帝败军于楚:指刘备在当阳长阪为曹操所败。当阳属荆州,春秋战国时期属楚国。

[一二] 秭归蹉跌:指刘备在夷陵之战中惨败。刘备攻吴和败退时均曾驻秭归。

[一三] 逆见:预见。

[一四] 狄道:县名。属曹魏雍州陇西郡。治所在今甘肃临洮。

第一百九十四回　诸葛亮二出祁山

却说孔明唤土人问曰:"陈仓城中,有多少人马?"土人告曰:"虽不知的数[一],约有三千人。"孔明大笑曰:"量此小小城池,满城皆是人马,安能及我哉!休等他救兵到,火急攻之!"于是军中装数百乘云梯,每一乘上可立十数人,周围用木板遮护,下以轮推之,每一面云梯百乘。蜀军各抱短梯软索①,只候中军摇鼓,四面一齐上城。郝昭在城上望见蜀军装起云梯,四面而来,即令三千军各执火箭,分在四面,待云梯近城,一齐射之。

且说孔明在中军,量城中无备,大遣云梯而进,令三军鼓噪呐喊相助。云梯车上载着连珠炮、九霄炮、碗口铳[二]、一窝蜂[三]、大将军[四]各色火炮②,齐举打城,犹如天塌地陷,山崩海沸,唬得那城内军民,亡魂丧胆。四面云梯皆至城边,不期城上火箭齐发,梯上尽是火着,蜀军烧死数多。城上矢石如雨,蜀兵皆退。孔明大怒曰:"汝烧吾云梯,吾却用'冲车[五]'之法!"孔明连夜安排下"冲车"。次日,四面鼓噪呐喊而进。郝昭急命运石凿眼,用葛绳穿定飞打,其车皆折。孔明又取井阑百丈,以射城中;又令人运土填壕。郝昭又于城中筑起重墙以御之。孔明见打不透,教廖化引三千锹镢军,从夜间掘地道,暗入城去。郝昭又于城中掘重壕横截之,因此地道军又不得入。昼夜相攻二十余日,无计可破。孔明正在营中忧闷,忽报东边救兵到了,旗上书"魏先锋大将王双"。孔明问曰:"谁可迎之?"魏延出曰:"某愿往。"孔明曰:"汝乃先锋大将,未可轻去。"又问:"谁敢迎之?"蜀将谢雄应声而出。孔明与三千兵去了。孔明曰:"谢雄去了,谁敢再去?"蜀将龚起应声要去。孔明亦与三千兵去了。孔明把人马退二十里下寨,恐城内郝昭冲兵出。

却说谢雄正遇王双,战不三合,被双一刀斩之。蜀兵败走,双随后赶来。龚起接着,交马只三合,亦被王双斩之。败兵回报孔明。孔明大惊,忙令廖化、王平、张嶷三人出迎。两阵对圆,张嶷出马,王平、廖化压住阵角。蜀兵已到陈仓城下,郝昭引三千兵,开门以应之。王双、张嶷二将交马,大战数合,不分胜负。双诈败便走,嶷随后赶来。王平见张嶷中计,忙叫:"休赶!"嶷急回马时,王双流星早到,正中其背。嶷伏于鞍上,双便赶来。王平、廖化截住,救了张嶷回阵。王双驱兵大杀一场,蜀兵折伤甚多。嶷吐血数口,回见孔明,说:"王双英雄无敌;如今选二万兵,就陈仓城外下寨,大小车辆装载木植,四围立起排栅,筑起重城,深挖壕堑,守御甚严。"孔明见折二将,张嶷又被打伤,即唤姜维曰:"陈仓道口这条路不可行之,别求何策?"维曰:"陈仓城池坚固,郝昭守御甚密,又得王双相助,实不可取。不若令一大将依山傍水,下寨固守;再令良将守把要道,以防街亭之攻;却统大军去袭祁山,某却……(如此如此)用计,可捉

---

① 原作"城上军乱箭射之,下面蜀军各抱短梯软索"。"城上军乱箭射之"与上下文不合,删去;"下面"二字随之删去。
② 原文"大将军"后有"吕公车"。但"吕公车"系一种多层的车,外覆生牛皮,用于爬城、撞城,并非火炮。故删。

曹真也。"孔明曰："若此,则大事可成矣!"即令王平、李恢引二支兵,守街亭小路;魏延引一军,守陈仓谷口;马岱为先锋,关兴、张苞为前后救应使,从小径望斜谷进发。

却说曹真因前番被司马懿夺了功劳,因此到郿城①,分调郭淮、孙礼东西守把;又听得陈仓告急,已令王双去救。闻知王双斩将立功,大喜,乃令中护军大将费耀,权摄前部总督,诸将守把各处隘口。忽报山谷中捉得细作来见。曹真升帐,谋士战将列于两边,真令押入,跪于帐前。其人告曰:"小人不是奸细,有机密事来见都督,误被伏路军捉来,乞退左右。"真乃教去其缚,左右暂退。其人曰:"小人乃姜伯约心腹人也,蒙本官遣送密书。"真大喜曰:"此书安在?"其人于贴肉衣内取出呈上②。真拆视之。书曰:

天水郡姜维百拜,书呈大都督曹麾下:某念世食魏禄,忝守边城;叨窃厚恩,无门补报。昨日误遭诸葛亮之计,陷身于颠崖之中,思念老母,度日如年!今幸蜀兵东出③,诸葛亮甚不相疑,愿都督听纳忠言,亲提大兵而来。如遇敌人,可以诈败;某却在后举火为号,先烧彼之粮草,都督大兵却翻身掩之,则诸葛亮可擒也。非谓立功报国,实欲赎其前非。倘蒙照察,速赐来命。

曹真看毕,大喜曰:"天使吾成功也!"遂重赏来人,便令回报,依期会合。

真唤费耀商议曰,今姜维暗献密书,令吾如此如此。耀曰:"诸葛亮多谋,姜维计广,善能用人,恐其中有诈。"真曰:"若维母不在天水,吾亦不信。今伊母见在魏境,安肯久事蜀乎?"耀曰:"都督不可轻去,只守定本寨。某愿引一军,接应姜维,如是成功,尽归都督;倘有奸诈,某自支当[六]。"真大喜曰:"足见忠心矣!"遂从之。

费耀即引五万兵,望斜谷而进。行了两三程,屯下军马,令人哨探。当日申时分,回报:"斜谷道中,有蜀兵来也。"耀忙催兵前进。蜀兵未及交战先退,耀亦引兵退之。蜀兵又来。两军方欲对阵,蜀兵又退。如此者三次,俄延于次日申时分。魏军一日一夜不曾敢歇,只恐蜀兵攻击;欲屯军造饭,忽然四面喊声大震,鼓角齐鸣,蜀兵漫山遍野而来。门旗开处,闪出一辆四轮车,孔明端坐于中,令人请魏军主将答话。费耀纵马提刀而出,遥见孔明,心中暗喜,回顾左右曰:"如蜀兵掩至,便退后走;若见山后火起,却回身杀去,自有兵来相应。"众皆知令,耀乃横刀大呼曰:"前者败将,今何敢又来!"孔明曰:"请汝曹真答话。"耀骂曰:"曹都督乃金枝玉叶,安肯与反贼相见耶!"孔明怒,把羽扇一招,左有马岱,右有张嶷,两路兵冲出,魏兵便退。行不到三十里,望见蜀兵背后火起,喊声不绝,费耀只道号火,便回身杀来。蜀兵齐退。耀提刀在前,只望喊处追赶。将次近火,山路中鼓角喧天,喊声震地,两军杀出:左有关兴,右有张苞。山上矢石如雨,往下射来。魏兵大败。费耀知是中计,急退军望山谷中而走,人困马乏。背后

---

① 原作"因此到洛阳"。洛阳距前线甚远,且一九三回已写曹真辞曹睿,"到洛阳"不通。参照《三国志·魏书·曹真传》改。
② 原作"其人于贴肉取出呈上"。据叶逢春本,加"衣内"二字。
③ 原作"今幸蜀兵西出"。承上文改。

兴、苞生力军赶来，魏兵自相践踏及落涧身死者，不知其数。耀逃命而走，正过山坡口，一支军闪出，为首一员上将，乃是姜维也。耀大骂曰："不忠不孝之贼！吾不幸误中汝之奸计也！"维笑曰："吾欲捉曹真，误赚汝矣！速下马受降！"耀纵马夺路，望山谷中而走。忽然拥出一辆小车，车上举火，塞了谷口，背后追兵又至。耀自刎身死，余者尽降。孔明连夜驱兵直出祁山前下寨，收住军马，重赏姜维。维曰："某恨不得立杀曹真耳！"孔明亦曰："可惜大计小用也！"

　　却说曹真听知折了费耀，悔之不及，遂与郭淮商议退兵之策。于是孙礼同辛毗计议停当，星夜具表申奏魏主，言蜀兵又出祁山，曹真损兵折将，其危甚急。睿大惊，即召司马懿入内，曰："曹真损兵折将，蜀兵又出祁山，卿有何策退之？"懿曰："臣已有退诸葛亮之计。不须魏军扬威耀武，蜀兵自然走矣。"睿大喜。未知其计如何？

【注释】

［一］的数：确切数目。

［二］碗口铳：一种小型火炮，发射实心铅弹。出现于元末，明初已普遍用于作战。

［三］一窝蜂：一种小型火炮。因其可装小弹一百枚，故名。大约出现于明初。

［四］大将军：明初以来对大型火炮的称呼。有多种名目。

［五］冲车：一种攻城用的战车。外覆牛皮或金属皮，内配破坏城墙、城门用的各种武器和撞木，士卒藏于其中，靠近城后即可破坏城墙。

［六］支当：应付。

第一百九十五回　孔明遗计斩王双

却说司马懿奏曰："臣尝奏陛下,言诸葛亮必出陈仓,故以郝昭守之,今果然应矣。若从陈仓入寇,运粮甚便,幸有郝昭、王双守把,必不敢从此路运粮。其余小路,搬运艰难,不易到也。臣算蜀兵所费行粮止有一月,若粮尽必走矣。蜀兵利在急战,魏兵只宜久守。陛下可使人持诏,令子丹坚守诸路关隘,不要出战。不须一月,蜀兵自走,却乘虚而击之,诸葛亮可擒也。"睿欣然曰："卿既有先见之明,何不自引一军以袭之?"懿曰："臣非惜身重命,实欲存下此兵,以防东吴陆逊耳。吴王不久必僭称尊号;如称尊号,恐陛下伐之,定然先入寇矣,臣故待之。陛下免忧。"正言间,忽近臣奏曰："曹都督奏报军情。"懿奏曰："陛下可速令人叮咛告戒子丹,凡追赶蜀兵,观其虚实,不可轻入重地,以中诸葛亮之奸计。"睿即时下诏,遣太常卿韩暨持节告戒曹真："切不可战,务在谨守;只待蜀兵退去,方许击之。"司马懿送韩暨于城外,嘱之曰："吾以此功让与子丹;汝见子丹,休言是吾所陈之意,只道天子降诏,教保守为上。追赶之人,大要仔细,勿遣性急气躁者追之。"暨辞去。

却说曹真正升帐议事,忽报天子遣太常卿韩暨持节诏至。真忙出寨接入。受诏已毕,真退与郭淮、孙礼计议韩暨之言。淮笑曰："此乃司马仲达之见也。"真曰："此见若何?"淮曰："此言深识诸葛亮用兵之法也。久后破蜀兵者,必仲达矣。"真又问曰："倘蜀兵不退,又何论耶?"淮曰："可密令人去,教王双引兵于小路巡哨,自然粮不敢运。待一月终,粮可尽绝,蜀兵自走矣。乘势追之,有何不胜也?"孙礼曰："某去祁山虚装做运粮兵,车上尽装干柴茅草,以硫黄焰硝灌之,却教人虚报陇西运粮到。若蜀人无粮,必然来抢。待入其中,却放火烧车,外以伏兵应之,可取胜矣。"真喜曰："此计大妙!"即令孙礼引兵望祁山西行计,又遣人教王双引兵于小路上行计。郭淮引兵提调箕谷、街亭,令诸路军马守把险要。真又令张辽之子、偏将军张虎为先锋,乐进之子乐綝音申为副先锋。此二人同守头营①,如得将令,方许出战追击。

却说孔明在祁山寨中,每日令人搦战,魏兵坚守不出。孔明唤姜维等商议曰："魏兵坚守不出,是料吾军中无粮也。今陈仓转运不通,其余小路盘涉[一]艰难,吾算随军粮草,不敷一月用度,如此奈何?"正踌躇之间,忽报陇西魏兵运粮数千车于祁山之西,运粮官乃涿郡容城人也,姓孙,名礼,字德达。孔明曰："其人若何?"有魏人告曰："此人曾随魏王出猎于大石山[二],忽惊起一猛虎,直奔御前,孙礼下马拔剑斩之,从此用为上将②。乃曹真心腹之人也。"孔明笑曰："此是魏将料吾乏粮,故用此计。车上装载者,必是茅草引火之物也。吾平生专用火攻,彼焉能用火哉?彼若知吾军去劫粮车,必来劫吾寨矣。可将计就计而行,大事岂不成哉!"遂唤

---

① 原作"此二人同守大寨"。据叶逢春本改(大寨由曹真把守)。
② 原作"从此封为上将军"。三国时无"上将军"官职,称"封"亦不当。据文意改(历史上的孙礼此时任尚书)。

马岱,吩咐曰:"汝引三千兵,径到魏军屯粮之所,不可入其营,但于上风头放火。若烧着车仗,魏兵必来围之。"再令马忠、张嶷,各引五千兵在外围住,内外夹攻:"破魏兵必矣。"三人受计去了。又唤关兴、张苞,吩咐曰:"魏兵头营接连四通之路,今晚若西山火起,魏兵必来劫吾营也。汝二人却伏于魏寨左右,只等他兵出寨,汝二人便可劫之。"又唤吴班、吴懿,吩咐曰:"汝二人各引一军伏于营外,如魏兵到,可截断归路。"孔明分拨已毕,自在祁山上凭西而坐。

却说魏军探知蜀兵要来劫粮,慌忙报与孙礼。礼令人飞报曹真。真遣人去头营吩咐张虎、乐綝:"看今夜山西火起,蜀兵必来救应。可以出军……(如此如此)。"二将受计,令人登楼专看号火。

却说孙礼把军伏于山西,只待蜀兵。是夜二更,马岱引三千兵而来,人皆衔枚,马尽勒口,径到山西,见许多车仗,重重叠叠,攒绕[三]成营,车上遍插旌旗。忽然西南风起,岱令头军径去营南放火,车仗尽着,火光冲天。孙礼只道蜀兵到寨内,必是魏军放起号火,急引兵一齐掩至。背后鼓角喧天,两路军杀来,乃是马忠、张嶷,把魏军围在垓心。孙礼大惊,又听得魏军中喊声起,一彪军从火光里杀来,乃是马岱也。内外夹攻,魏兵大败。火紧风急,人马乱窜,死者无数。孙礼引中伤军,突烟冒火而走。

却说张虎在营中,望见火光,又不知魏兵胜负,只顾大开寨门,与乐綝尽引人马,杀奔蜀寨来,不见一人,急收军回。吴班、吴懿两路军杀出,断其归路。张、乐二将急冲出重围,奔回寨时,土城之上,箭如飞蝗,却被关兴、张苞取了营寨。魏兵大败,皆投曹真寨来。方欲入寨,忽见一彪败军飞奔而来,乃是孙礼,遂入寨见真,各言中计之事。真听知,谨守大寨。

却说蜀将皆胜,回见孔明。孔明令人密授计与魏延,教拔寨齐起。杨仪曰:"今已大胜,挫尽魏兵锐气,何故收军也?"孔明曰:"吾退师者,乃料魏人不知吾病也。吾病乃无粮耳,利在速战。今彼坚守,吾病兴矣,可以退兵。魏人暂时而败,中原必有添益。若以轻骑袭吾粮道,那时要归不能矣。今乘魏兵新败,不敢正视,吾兵便可退去,曹真料吾必不走也。吾所忧者,但魏延一军,在陈仓道口拒住王双,急不能脱身。吾已令人授以密计,教斩王双,使魏人不敢追也。只令后队先行。"当夜,孔明只留金鼓手在寨中打更,分明提铃喝号。凡事皆备,一夜兵已退尽,只落空营。

却说曹真正在帐中忧闷,忽报有一彪军到。真令人哨探,乃是左将军张郃也。郃下马入帐,与真曰:"某奉圣旨,特来听调。"真曰:"曾别仲达否?"郃曰:"仲达特令某来也。方才路闻孙将军计不成,都督哨探否?"真曰:"新败以来,未曾敢进。"郃曰:"仲达吩咐云:'魏军胜,蜀兵必不肯去;若魏兵败,蜀兵必去矣。'此乃兵家之玄机,不可不察也。"真未信,令人探之,果是虚营,只插着数十面旗,兵已去了二日也。真急令郃追之。

且说魏延受了密计,当夜二更,拔寨急回汉中。早有细作报与王双。双大驱士马,并力追赶。追到二十余里,看看赶上,见魏延旗号在前,双大叫曰:"魏延休走!"蜀兵更不回头,双拍马赶来。背后魏军叫曰:"将军休赶!背后魏延仍在城外下寨,营中放起火了①。"双便勒回马

---

① 原作"城中放起火了"。据下文,魏延所烧乃王双之"营",而非"城"(陈仓)。

时,只见一片火起,忙令退军。行到山坡左侧,忽一骑马从林中骤出,大喝曰:"魏延在此!"王双大惊,措手不及,被延一刀砍于马下。魏兵疑有埋伏,四散逃走。延手下止有三十骑人马,望汉中缓缓而回。后史官有诗赞曰:

　　孔明妙算胜孙、庞[四],破魏吞吴定蜀邦。
　　进退行兵神莫测,陈仓道口斩王双。

原来魏延受了孔明密计,先教存下三十骑伏于王双营边,只待王双起兵赶时,却去他营中放火;双若回寨,可作提防,延因此斩之。

却说魏延引兵回到汉中,见了孔明,交割了人马。孔明设宴大会,不在话下。

且说张郃追蜀兵不上,回到寨中,忽有陈仓城郝昭差人申报,言斩了王双。曹真闻之,伤感不已,因此忧成病疾,遂回洛阳,命郭淮、孙礼、张郃守长安诸道。

却说吴王孙权设朝,忽有细作人报说:"诸葛丞相出师两次,魏都督曹真兵损将亡。"群臣大喜,皆劝吴王兴师伐魏,以图中原。未知还是如何?

【注释】
［一］盘涉:迂回跋涉。
［二］大石山:山名。在今河南洛阳市东南。
［三］攒绕:聚集环绕。
［四］孙、庞:孙膑和庞涓。孙膑为战国中期著名军事家,曾任齐国军师,著有《孙膑兵法》;庞涓为魏国大将,在马陵之战中大败,愤愧自杀。

第一百九十六回　诸葛亮三出祁山

　　却说东吴众官皆劝吴王伐魏，权犹豫未决。张昭奏曰："近闻武昌东山，凤凰来仪；大江之中，黄龙屡现。主公德配唐、虞，明及文、武，可即皇帝位，然后兴兵未晚矣。"多官皆应曰："子布之言是也。"遂选定夏四月丙申日①，筑坛于武昌南郊。是日，群臣请权登坛，即皇帝位，乃告祝曰：

　　　　皇帝臣孙权敢用玄牡昭告于皇皇后帝[一]：汉享国二十有四世，历年四百三十有四，行气数终，禄祚运尽，普天弛绝，率土分崩。孽臣曹丕遂夺神器，丕子睿继世作慝[二]②，淫名乱制。臣权生于东南，遭值期运，承乾秉戎[三]，志在平世，奏辞行罚，举足为民。群臣将相，州郡百城，执事之人，咸以为天意已去于汉，汉氏已绝祀于天，皇帝位虚，郊祀无主。休征嘉瑞，前后杂沓[四]，历数在躬，不得不受。权畏天命，不敢不从，谨择元日，登坛燎祭，即皇帝位。惟尔有神享之，左右有吴，永终天禄。

　　是日祭毕，大赦江东，改黄武八年为黄龙[五]元年。谥父破虏将军孙坚为武烈皇帝，母吴氏为武烈皇后，兄讨逆将军孙策为长沙桓王。立子孙登为皇太子。命诸葛瑾之长子诸葛恪为太子左辅，张昭之次子张休为太子右弼。

　　恪字元逊，身长七尺六寸，少须眉，折颊广额，大声清高，极聪明，善应对。权甚爱之。年六岁时，忽值东吴筵会，权见诸葛瑾面长，乃戏之，令人牵一驴来，用白粉笔书其面曰："诸葛子瑜。"众皆大笑。恪跪而言，乞借粉笔，再添二字："诸葛子瑜之驴"。满座之人，无不惊讶。权大喜，遂将驴赐之。又一日，大宴官僚，权命恪把盏。巡至张昭面前，昭不饮，曰："此非养老之礼也。"权与恪曰："汝能教子布饮乎？"恪应之，便与昭曰："昔师尚父③年九十，秉旄仗钺，犹未告老。今临阵之日，张先生在后；饮酒之日，先生在前：何谓不养老④？"昭无言可答，只得饮之。恪应对如流，权因此爱之，故命辅太子。昭佐吴主，位列三公之上。权以顾雍为丞相，以陆逊为上大将军⑤，辅太子守武昌。权复还建业即金陵郡。群臣共议伐魏之策。张昭奏曰："陛下初登宝位，未可动兵，只宜修文偃武，增设学校，以安民心。遣使入蜀，与蜀同盟，共分天下，缓缓图之。"

　　权从其言，即令使命，星夜入蜀，来见后主。礼毕，细奏此事。后主闻知，遂与群臣商议。

---

　　① 原作"遂选定夏四月丙寅日"。据《三国志·吴书·吴主传》改（此月无丙寅日）。
　　② 原作"继作世慝"。据《吴主传》注引《吴录》改。
　　③ 原作"司马尚父"。据《史记·齐太公世家》改（师尚父，即姜尚）。
　　④ 原作"今日大宴，但临阵之日，张先生在后；饮酒之日，张先生在前，今日推辞，何谓不养老？"语句缠杂。据《三国志·吴书·诸葛恪传》删改。
　　⑤ 原作"封陆逊为上将军"。据《三国志·吴书·陆逊传》改。

第一百九十六回 诸葛亮三出祁山

蒋琬奏曰："可令人问于丞相。"后主即令陈震径到汉中见孔明,言曰:"东吴孙权即了帝位,命人入蜀,与蜀同盟,平分天下。"孔明曰:"可令人赍礼物入吴作贺,乞遣陆逊兴师,要分其势,魏朝必命司马懿拒之。懿若南拒东吴,我再出祁山,长安可图也。若得长安,乘势伐魏,此万全之计也。"遂令卫尉陈震①,将名马玉带、金珠宝贝入吴作贺。震径到东吴,见了吴主,呈上国书。权大喜,设宴相待,打发回蜀。权传旨,令陆逊虚做起兵之声,遥与西蜀为势。逊受命,曰:"此乃孔明惧司马懿之谋也。既然同盟,不得不从。"回顾左右曰:"教吴兵且养锐气,待孔明攻魏至急,吾却乘虚,好取中原也。"即时下令,教荆、扬各处都要训练人马②,择日兴师。陆逊之意,欲魏、蜀相吞,尽力伐之。

却说陈震回到汉中,报知孔明。孔明尚忧陈仓不可轻进,先令人去探。回报说:"陈仓城中,郝昭病重。"孔明曰:"大事成矣。"遂唤魏延、姜维,吩咐曰:"汝二人领五千兵,星夜直奔陈仓城下,如见火起,并力取城。"二人俱未深信,又来告曰:"何日可行?"孔明曰:"三日都要完备,不须辞我便行。"二人受计去了。又唤关兴、张苞至,附耳低言,吩咐曰如此如此。二人受了密计而去。

却说郝昭病重,慌报张郃。郃急上表,差人来替郝昭。郭淮听知郝昭病重,乃与张郃商议曰:"郝昭与我至厚,今病重,你可速去替他。我自写表申奏朝廷,别行定夺。"张郃恐陈仓有失,引三千兵急来替郝昭。此时郝昭病深,当夜正呻吟之间,忽报蜀兵到城下了。昭令人上城守把。时各门上火起,城中大乱。昭听知,遂惊死。蜀兵一拥入城。

却说魏延、姜维到了城下看时,并不见一面旗号,又无打更之人。二人惊疑,不敢攻城。忽然城上一声炮响,四面旗帜齐竖。二人大惊,勒马视之,见一人纶巾羽扇,鹤氅道袍,城上大叫曰:"汝二人来的迟了!"二人视之,乃孔明也。二人慌忙下马,拜伏于地曰:"军师真神计也!"孔明令放入城,言曰:"吾常忧陈仓城未能取之,乃使人打细报来,说陈仓郝昭病重,汝等已知。吾令汝三日内领兵取之,此乃稳众人之心也。吾却令关兴、张苞只推点军,暗出汉中。是吾藏于军中,星夜倍道径到城下,使彼不能调兵也。吾早有细作在城内,放火呐喊相助,令魏兵惊惧不定,兵无主将,自然乱矣。吾故取之。兵法云:'出其不意,攻其无备。'正谓此也。今郝昭已亡,吾甚怜之。令伊妻小扶灵柩回魏,以表其忠。"魏延、姜维拜曰:"丞相用兵如神,仁德极厚,某等何忧哉!"孔明曰:"汝二人且莫卸甲,可引兵去袭散关。把关之人若知兵到,必自走矣。"

魏延、姜维受令,引兵径到散关。把关之人果然尽走。二人上关,方欲卸甲,遥见关外尘头大起,魏兵到来。维曰:"丞相神算也!"二人登楼观之,乃魏将张郃也。二人叹曰:"丞相令我等引兵先取此关,把关之人闻是蜀兵,必早走矣;若去迟,魏兵到也。今果如此!可令兵守住险道。"延即引兵拒之。张郃见蜀兵把住要路,遂令退军。延随后赶来催杀一阵,魏兵死者

---

① 原作"太尉陈震"。据《三国志·蜀书·诸葛亮传》注引《汉晋春秋》及《陈震传》改。
② 原作"教荆、襄各处都要训练人马"。此时襄阳属魏国,"荆、襄"误。"荆、扬"指荆州和扬州。

无数,张郃大败远去。延回到关上,令人报知孔明。孔明先自领兵出陈仓,取了建威[六]①地名。后面蜀兵陆续进发。后主又命大将陈式来助。孔明驱大兵复出祁山,安下营寨。孔明聚众言曰:"吾二次出祁山,不得其利,今又到此。吾料魏人必依旧战之地,与吾相敌。彼意疑我取雍[七]、郿二处,必以兵拒之。吾观阴平[八]、武都[九]二郡,与汉连接,若得此二郡②,亦可分魏兵之势。何人敢取之?"姜维曰:"某愿往之。"王平亦应曰:"某愿往。"孔明大喜,遂令姜维引兵一万取武都,王平引兵一万取阴平。二人引兵去了。

再说张郃回到长安,来见郭淮、孙礼,说:"陈仓已失,郝昭已亡,散关亦被蜀兵夺了。今诸葛亮复出祁山,分道进兵。"淮大惊曰:"若如此,必取雍、郿二城矣!"遂令张郃守长安,令孙礼保雍城。淮自引兵星夜来拒郿城,再上表入洛阳告急。

却说魏主曹睿设朝,近臣奏曰:"陈仓城已失,郝昭已亡,诸葛亮又出祁山,散关亦被蜀兵夺了。"睿大惊。忽一人又奏曰:"近得满宠等表文,说东吴孙权僭称帝号,与蜀同盟。今遣陆逊在武昌训练人马,听候调用,只在朝夕,必入寇矣。"睿闻知两处危急,举止失措,甚是惊慌。此时曹真病未痊可,即召司马懿商议曰:"两下危急,可先退何处?"懿奏曰:"以臣愚意所料,东吴必不举兵。"睿曰:"卿何以知之?"懿曰:"先孙权独据江东,心满意足,再无远图之心;次后陆逊复得荆州时,权自谓太过分矣。今称帝号,民心未安,何敢妄动?蜀之诸葛亮常思报刘备之恩③,复猇亭之仇,终欲吞吴,非不为也,盖力不及耳;又诚恐中原从旱路兴兵伐之,故暂与东吴同盟也。今诸葛亮又出祁山,惧东吴乘虚而击,故遣人作贺求吴,假作兴兵之势,以分中国之兵。吴欲吞魏,恐蜀袭吴,因此不敢兴兵,却坐观成败。今吴兴兵,乃虚诈之计,实不举也。蜀兴兵,乃诚实之情,欲克中原也。臣故知东吴不发兵矣。"睿叹曰:"卿真乃大将之才也!"遂拜懿为大都督,总摄陇西诸路军马,令近臣取曹真的总兵将印来。懿奏曰:"臣自去取之。"遂辞帝出朝,径到真府下,先令人入府报知,懿方入见真。问病毕,懿曰:"东吴、西蜀会合,兴兵入寇,今诸葛亮又出祁山下寨,明公知之乎?"真惊讶曰:"吾家下知吾病重,故不使吾闻之。似此国家危急,何不拜仲达为都督,以退蜀兵耶?"懿曰:"某才薄智浅,不称其职。"真曰:"取印与仲达。"懿曰:"都督少虑。某愿助一臂之力,只不敢受此印也。"再三推辞,坚执不受。真跃起身曰:"如仲达不领此任,中国必危矣!吾当扶病见帝以保之。"言讫,复卧于床上。懿曰:"天子已有命旨,某不敢受。"真大喜曰:"仲达今领此任,以退蜀兵。再有征伐,吾当努力自去矣。"懿见真再三让印,遂受之。入内辞了魏主,引兵往长安来,与孔明斗智。未知胜负如何?

---

① 原作"孔明先自领兵出陈仓斜谷,取了建威"。斜谷在陈仓东南,建威在陈仓西南,由陈仓取建威,无须经过斜谷。

② 原作"若得此二城"。上文明言阴平、武都为"二郡"。"二城"误。

③ 原作"蜀之孔明常思报先主之恩"。司马懿在曹睿面前,应直称诸葛亮、刘备之名。

【注释】

[一] 皇皇后帝：伟大的上帝。
[二] 作愿：作恶。
[三] 承乾秉戎：奉承天命，统率军队。
[四] 杂沓：众多貌。
[五] 黄龙：吴主孙权年号(229—231)。
[六] 建威：镇戍名。在今甘肃西和县北。
[七] 雍：县名(即"雍城")。属曹魏雍州扶风郡。治所在今陕西凤翔南。
[八] 阴平：郡名。治所在阴平县(今甘肃文县西北)。
[九] 武都：郡名。治所在下辨(今甘肃成县西北)。

第一百九十七回　孔明智败司马懿

蜀建兴七年夏四月,孔明兵在祁山,分作三寨,专候魏兵。

却说司马懿引兵径到长安,张郃接见,备言前事。懿令郃为先锋,戴陵为副将,引十万兵到祁山,于渭水之南下寨。郭淮、孙礼入寨参见。懿问曰:"汝等曾与蜀兵对敌否?"二人答曰:"未也。"懿曰:"蜀兵千里而来,利在速战;今来此不战,必有谋也。陇西诸路,曾有信息否?"淮曰:"已有细作探得各郡十分用心,日夜提防,并无一事。只有武都、阴平二郡①,未曾回报。"懿曰:"吾自差人与诸葛亮交战。汝二人急从小路去救此二郡,却掩在蜀兵之后,彼必自乱矣。"二人受计,引兵五万,从陇右小路来救武都、阴平,就袭蜀兵之后。行了数日,郭淮在马上与孙礼曰:"仲达与诸葛亮如何?"礼曰:"诸葛亮胜仲达多矣。"淮曰:"诸葛亮虽然胜之,此一计,足显仲达有过人之智也。蜀兵如正攻两郡②,我等从后抄到,彼等岂不自乱乎?"二人正言间,忽哨马报来,说:"阴平已被王平打破了,武都已被姜维打破了,前离蜀兵不远。"礼曰:"蜀兵既已打破了城池,如何陈兵于外?必有诈也。不如速退。"郭淮从之。欲传令教军退时,忽然一声炮响,山背后闪出一彪军马来,旗上大书"汉丞相诸葛亮"。中央一辆四轮车,孔明端坐于上,左有关兴,右有张苞。二人见之大惊。孔明大笑曰:"郭淮、孙礼,休得走也!司马懿之计,安能瞒得过吾?他每日令人在前交战,却教汝等袭吾军后。武都、阴平吾已取了。汝二人不早受降,欲驱兵与吾决战耶?"郭淮、孙礼听毕大慌。忽然背后喊声大震,两路军杀来,乃是王平、姜维。兴、苞二将引军前面杀来。两下夹攻,魏兵大败,各各弃盔抛甲,赤身逃走。郭、孙二人弃马爬山而去。张苞望见,骤马赶来,连人带马跌入涧内。后军急忙救起,头已跌破。孔明令人送回成都养病。

却说郭、孙二人走脱,回见司马懿曰:"武都、阴平二郡已失。诸葛亮伏于要路,前后攻杀,因此大败,弃马步行,方得逃回。"懿曰:"非汝等之罪,孔明智在吾先。可再引兵守把雍、郿二城,切勿出战。吾自有破敌之策。"郭、孙二人拜辞而去。懿又唤张郃、戴陵,吩咐曰:"今诸葛亮得了武都、阴平,必自抚百姓,以安民心,不在营中矣。汝二人各引一万精兵,今夜起身,抄在蜀兵营后,各一齐奋勇杀将过来;吾却引兵在前布阵,只待蜀兵势乱,吾大驱士马攻杀进去:如此两下并力,可夺蜀兵之营寨也。若得此地山势,破诸营有何难哉?彼兵安能稳立乎?"二人受计,引兵而去。戴陵在左,张郃在右,各取小路进发,深入蜀兵之后。三更时分,来到大路,两军相遇,合兵一处,却从蜀兵后杀来。行不到三十里,前军不行,张、戴二人自纵马视之,只见数百辆草车,横截去路。郃曰:"此必有准备也,可取路而回。"才传退军,只见满山火光齐明,鼓角大震,伏兵四下皆出,把陵、郃二人围住。孔明在山上大叫曰:"戴陵、张郃听吾之言:

---

① 原作"只有武都、阴平此二城"。承第一九六回改。
② 原作"蜀兵如正攻西郡",因"西"与"两"形近而误。据叶逢春本改。

司马懿料吾往武都、阴平抚民不在,故令汝二人来劫吾寨,却中吾之计也。汝二人乃手下之辈,吾不杀害,何不下马早降?"郃大怒,指孔明而骂曰:"汝乃山野村夫,侵吾大国境界,如何敢发此言!吾若捉住汝时,碎尸万段!"言讫,纵马挺枪,要上山来取孔明。山上矢石如雨。郃不能上山,乃拍马舞枪冲出重围,无人敢挡。蜀兵困戴陵在垓心。郃杀出旧路,不见戴陵,即奋勇翻身又杀入重围,救出戴陵而回。孔明在山上见郃在万军之中,往来冲突,英勇倍加,乃与左右曰:"尝闻张益德大战张郃,人皆惊惧。吾今日见之,方知其勇。若留下此人,他日必为蜀中之害矣,吾当除之;若不除之,吾心中又添一病也。"遂收军还营。

却说司马懿引兵布成阵势,只待蜀兵乱动,一齐攻之。忽见张郃、戴陵独行而来,二人羞惭告曰,诸葛亮先在彼寨后山上如此防备,因此大败而归。懿大惊曰:"诸葛亮真乃神人也!不如且退。"即传令,教大军尽回本寨,坚守不出。

且说孔明大胜,所得器械马匹,不计其数,乃引大军回寨。每日令魏延搦战,魏兵不出。将半月不曾交兵。孔明正在帐中思虑,忽报天子使命捧诏至。孔明接入,焚香礼毕,开诏读之,曰:

> 街亭之役,咎由马谡,而君引愆[一],深自贬抑,重[二]违君意,听顺所守。前年耀师,馘斩王双;今岁爰[三]征,郭淮遁走;降集氐[四]、羌,兴复二郡:威镇凶暴,功勋显然。方今天下骚扰,元恶未枭,君受大任,干国之重,而久自抑损,非所以光扬洪烈矣。今复君丞相,君其勿辞!建兴七年夏六月日诏。

孔明听诏毕,乃与侍中费祎曰:"吾国事未成,安可复丞相之职也?"坚辞不受。祎曰:"若丞相不受此职,冷淡了将士之心也。"祎再三奉劝,孔明方受之。祎拜辞而回。

孔明思量退司马懿之策已定,遂聚诸将吩咐,教各处俱拔寨而起。早有细作报与司马懿,说孔明拔寨退了。懿曰:"诸葛亮必有大谋也,不可轻动。"张郃曰:"必然粮尽兵危,要回汉中,如何不追?"懿曰:"吾料诸葛亮上年大收,今年麦熟,粮草丰足,虽然转运艰难,亦可支吾半载,彼安肯便走也?彼见吾连日不战,故作此计以诱之,可令人远远哨探。"军士探知,回报说:"诸葛亮离此三十里下寨。"懿曰:"吾料诸葛亮必不走也。且坚守寨栅,不可轻进。"住了旬日,绝无音信,并不见蜀将来战。懿令人探知,回报说:"蜀兵又起营去了。"懿未信,乃更换衣服,杂在军中,亲自来看,果见蜀兵又退三十里下寨。懿回,与张郃曰:"此乃诸葛亮之计也。"又住了旬日,令人哨探,回报说:"诸葛亮又退三十里下寨。"郃曰:"诸葛亮用缓兵之计,渐退入汉中也,都督何故怀疑而不追之?今若不进兵,我等皆被天下人之耻笑矣!郃愿决一战,以退蜀兵,上报朝廷!"懿曰:"诸葛亮诡计极多,倘有一失,丧我军之锐气也。决不可轻进。"郃曰:"不劳都督亲去,某乞一军以追之,败则当正军法。"懿曰:"既众将要去,可分兵两支:汝引一支先去,在前奋力死战;吾在后应之,以防伏兵。此乃首尾相应之计也。汝明日先引兵到半途驻扎,后日交战,使兵力不乏。"遂分兵已毕。次日,张郃、戴陵引副将数十员,精兵三万,依令而进,到半路下寨。司马懿留下许多军马守寨,只引五千精兵随后进发。

原来孔明密令人哨见魏兵到半路而歇。是夜,孔明唤众将商议曰:"今魏兵来追,必然死战;汝等可一当十,吾以伏兵截其后:非智勇之将,不可当也。魏兵必分为两支,司马懿必随后

而来,防吾伏兵。若懿至,伏兵正在当中,须要大战。此两支兵,若非大将,不可当也。"孔明言罢,以目视魏延,延低头不语。忽王平出曰:"某愿当之。"孔明曰:"若有失,如何?"平曰:"杀身报国。有失献首!"孔明长叹曰:"王平乃汉之忠臣,肯舍身亲冒矢石,真良将之才也!虽然如此,奈魏兵两支,前后而来,断吾伏兵在中;平总然智勇,只可当得一头,岂能分身两处?须再得一将,方可行之。争奈军中再无舍死当先之人,教吾大计不成矣!"言未毕,一将出曰:"某愿往之!"众视之,乃前军都督、扶风太守张翼也。孔明曰:"张郃乃魏之名将,有万夫不当之勇,汝非敌手也。"翼曰:"若有失事,愿献首于帐下!"孔明曰:"汝既敢去,可与王平各引一万精兵伏于山谷中,只待魏兵赶上,任他过尽,汝等却引伏兵截其后队。若司马懿随后赶来,却分兵两头,张翼引一军挡住后队,王平引一军截其前队。两军须要死战。吾自有别计助之。"二将受计,引兵而去。孔明又唤姜维、廖化,吩咐曰:"与汝二人一个锦囊收受,各引三千精兵,偃旗息鼓,伏于前山之上。如见魏兵围定王平、张翼,十分危急,不可去救,只开锦囊看之,自有解危之策。"二人受计,引兵而去。孔明令吴班、吴懿、马忠、张嶷四将,附耳吩咐曰:"如来日魏兵到,锐气正盛,不可便迎,且退且走。只看关兴引兵来掠阵之时,汝等便回军赶杀,吾自有兵接应。"四将受计,引兵而去。又唤关兴吩咐曰:"汝引五千精兵伏于山谷中,只看山上红旗展动,却引兵杀出。"兴受计,引兵而去。

却说张郃、戴陵引兵如猛风骤雨而来。蜀兵呐喊相击。郃视之,乃右军领兵使、奋威将军、博阳亭侯马忠,抚戎将军、关内侯张嶷,左将军、高阳乡侯吴懿,安乐亭侯吴班,此四员大将也。张郃大怒,驱兵追杀。蜀兵且战且走。郃兵追赶到二十余里,时正值六月,天气甚是亢炎,人马受热,汗如泼水,只得追杀。走到五十里之上,魏兵尽皆气喘。孔明在山上把红旗一招,关兴引兵杀出。马忠等四将一齐引兵掩杀回来。张郃、戴陵死战不退。忽然喊声大震,两路军杀来,乃神将军王平,前军都督、领扶风太守张翼也:各奋勇杀出,截其后路。郃大叫众将曰:"汝等到此,不即死战,更待何时!"魏兵奋力冲突,不得脱身。忽然背后鼓角喧天,一彪军杀到,乃魏都督司马懿也。懿指挥众将,将平、翼二将围在中间。翼大声言曰:"丞相真乃神人也!计已算定,必有良谋。吾等当决一死战!"即分兵两路:平引一军截住张郃、戴陵,翼引一军来挡司马懿。两头死战,叫杀连天。姜维、廖化在山上窥见魏兵势大,蜀兵力危,渐渐抵当不住。维与化曰:"如此危急,可开锦囊看计。"二人拆开视之,大骇不已。毕竟怎的解围,其计还是如何?

【注释】

[一] 引愆:自己承担犯错误的责任。愆,过失。

[二] 重:难。

[三] 爰:乃,于是。

[四] 氐:古族名。分布在今陕西、甘肃、四川等省。

第一百九十八回　仲达兴兵寇汉中

却说姜维、廖化二将，观锦囊之计云："若司马懿兵来，围得王平、张翼至急，汝二人可分兵两支，径袭司马懿之营。懿若知之，恐大寨有失①，必然急退。汝等乘乱攻之，营虽不得，可全胜矣。"二人即分兵两路，径往司马懿营中去了。

原来司马懿亦恐中孔明之计，沿途不绝令人传报。懿正催战之间，忽流星马飞报，言蜀兵两路径取大寨去了。懿大惊失色，乃与众将曰："吾料诸葛亮有计，汝等不信，勉强来追，却误了大事也！"遂提大兵而回，军心惶惶乱走。张翼随后掩杀，魏兵大败。张郃、戴陵见势孤穷，亦望山僻小路而走，蜀兵大胜。背后关兴引兵接应诸路。司马懿大败一阵，奔入寨时，蜀兵已自去了。懿收聚败兵，责骂诸将曰："汝等不知兵法，只凭血气之勇，强欲出战，致有此败。今后切不许妄动！再有不遵，决正军法！"众皆羞惭而退。魏国无名将死者极多，史上不复录记。

却说孔明收得胜军马入寨，所得军器马匹及降兵无数，又欲起兵进取。忽报有人自成都而来，说："张苞破伤风身故，敕葬于锦屏山。"后主后封苞弟张绍为侍中。孔明听知，放声大哭，口中吐血，昏绝于地。众皆救醒。孔明自此得病，卧床不起。诸将无不感激。旬日之后，孔明唤樊建等入帐，吩咐曰："吾自觉昏沉，不能理事，汝等切勿走泄。司马懿若知，必来攻也。不如且回汉中养病，再作良图。"遂传号令与各营，教当夜暗暗拔寨皆回汉中。孔明去了五日，懿方得知，乃长叹曰："诸葛亮真有神出鬼没之计，吾不能及也！"于是司马懿留诸将在寨中，分兵守把各处隘口。懿自回洛阳。

却说孔明将大军屯于汉中，自回成都养病。文武官僚出城迎接，送入丞相府中，后主御驾自来问病，命御医调治，日渐痊可。

建兴八年秋七月，魏都督曹真病可，乃上表说："蜀兵数次侵界，屡犯中原，若不剿除，必为后害。今时值秋凉，人马安闲，正当征伐。臣愿与仲达同领大军，径入汉中，殄灭[一]奸党，以清边境。"此时司马懿安置荆襄未回。魏主大喜，即遣使持圣旨星夜召懿回朝。次日，睿升偏殿，有侍中刘晔在侧。睿问曰："子丹劝朕伐蜀，若何？"晔奏曰："大将军之言是也。今若不剿除，后必为大患。陛下不劳多疑，便可行之。"睿点头。晔出内回家，有数十个大臣相探，皆曰："近闻天子与公计议兴兵伐蜀，此事如何？"晔应曰："无此事也。蜀有山川之险，非易图之也，空费军马之劳也。今天子心已惮矣，若强动军马，与国无益。"众官皆默然而出。杨暨笑曰："昨闻刘晔劝天子伐蜀，今日如何又说不伐也？"即入内奏曰："陛下何不兴兵早早伐蜀？"睿曰："卿书生，焉知兵法？"暨曰："刘晔乃先帝时谋臣也，臣昨日闻奏可伐，臣故知之。"睿恐晔有计，

---

① 原作"恐长安有失"。长安距魏、蜀两军交战处甚远，原文不合情理。据上下文改。

乃变言而笑曰:"刘晔未曾教朕伐蜀也。"暨又曰:"刘晔与众官言不可伐蜀,臣故疑之,特来奏闻。"睿即召刘晔入内,问曰:"卿劝朕伐蜀,今又言不可,何也?"晔奏曰:"谁人言?"睿曰杨暨来奏,如此如此。晔曰:"臣细详之,蜀不可伐。"睿大笑。少时,杨暨出内,晔奏曰:"臣只道陛下饱看兵书,原来陛下实不知也。昨日臣劝陛下伐蜀,乃大谋密事,常恐梦寐之中泄漏此机,以益[二]臣罪,岂敢向外人谈论?兵者,诡道也,事未发,切宜密之。臣见众官所问,故反言耳。陛下如何与杨暨言是非也?"睿大悟,乃曰:"卿之言,诚金玉也!"因此愈加敬重。

旬日内,司马懿回朝,参见魏主。睿将曹真表奏之事,逐一言之。懿奏曰:"臣去荆襄探视一遍,亦有此意。东吴果不动兵,今日可乘此去伐蜀也。"睿即拜曹真为大司马、征西大都督,司马懿为大将军、征西副都督,刘晔为军师。三人拜辞魏主,引四十万大兵,前行至长安,径来取汉中①。其余郭淮、孙礼等,各取路而行。

汉中人报入成都。此时孔明病好多时,每日操练人马,习学八阵之法,尽皆精熟,欲来征北;听得这个消息,遂唤张嶷、王平,吩咐曰:"汝二人先引一千兵去守陈仓古道,以挡魏兵。吾却提大军便来接应。"二人告曰:"丞相误了大事也!人报魏兵四十万,诈称八十万,真、懿二人同领而来,势如泰山,如何只与一千兵去守隘口?倘魏兵大至,将何策以拒之?"孔明曰:"吾欲多与,恐士卒辛苦也。"嶷、平面目相看,皆不敢去。孔明曰:"若有疏失,非汝等之罪也。不必多言,可以疾去。"二人又哀告曰:"丞相欲杀某二人,就此杀之,只不敢去也。"孔明笑曰:"何其愚也?吾令汝等此去,必有主见:吾昨夜仰观天文,见毕宿躔于太阴之分[三],此月内必有大雨淋漓。魏兵虽有四十万,安敢深入山险之地?因此不用多军,只恐受害。吾将大军屯于汉中,安居一月,待魏兵退,天必晴朗,那时以大兵掩之:吾以安逸之兵,掩杀苦劳之卒。吾有十万之兵,何惧魏兵四十万也?"嶷、平听毕大喜,拜辞而去。孔明随统大军出汉中,传令教各处隘口预备干柴草料细粮,俱够一月人马支用,以防秋雨。将大军宽限一月,先给衣食,伺候出征。

却说王平、张嶷引一千兵径到陈仓古道,拣选高阜处搭起窝铺[四],以防连阴。

却说曹真、司马懿同领大军,径到陈仓城内,不见一间房屋,寻土人问之,皆言孔明回时放火烧毁。真便要往陈仓路进发,懿曰:"不可轻进。我夜看天文,见毕宿躔于太阴之分,此月内必有大雨;若深入重地,常胜则可,倘有疏虞,人马受苦,要退难矣。且宜城中搭起窝铺驻扎可也。"真令人伐木搭之。未及半月,天雨大降,急若盆倾,淋漓不住。陈仓城外,平地水深三尺,军器尽湿,人不得睡,昼夜不安。大雨连降三十日,马无草料,死者无数;人乏饭食,病亡极多;生者怨声不绝。传入洛阳,魏主设坛,祈晴不应。文武大臣皆入内,上疏启奏。太尉华歆上疏曰:

兵乱以来,过逾二纪[五]。大魏承天受命,陛下以圣德当成、康[六]之隆,宜弘一代之治,绍三王[七]之迹。虽有二贼负险延命,苟圣化日跻,远人怀德,将襁负而至。夫兵不得已而用之。故戢而时动。臣诚愿陛下先留心于治道,以征伐为后事。且千里运粮,非用兵之利;越险深入,无独克之功。如闻今年征役,颇失农桑之业。为国

---

① 原作"径奔剑阁来取汉中"。剑阁在汉中西南约三百里,魏军攻汉中,不会经过剑阁。

第一百九十八回　仲达兴兵寇汉中

者以民为基，民以衣食为本①。使中国无饥寒之患，百姓无离土之心，则天下幸甚，二贼之衅，可坐而待也。臣备位宰相，老病日笃，犬马之命将尽，恐不复奉望銮盖，不敢不竭臣子之怀，唯陛下裁察！谨疏。

魏主览毕，以手报曰：

君深虑国计，朕甚嘉之。贼凭恃山川，二祖[八]劳于前世，犹不克平，朕岂敢自多[九]，谓必灭之哉！诸将以为不一探取，无由自弊，是以观兵以窥其衅。若天时未至，周武还师，乃前事之鉴，朕敬不忘所戒。

少府杨阜②上疏曰：

昔文王有赤乌之符，而犹日昃不暇食；武王白鱼入舟，君臣变色。而动得吉瑞，犹尚忧惧，况有灾异而不战悚者哉？今吴、蜀未平，而天屡降变，陛下宜深有以专精应答，侧席而坐，思示远以德，绥迩以俭。间者诸军始进，便有天雨之患，稽阁[一〇]音艾山险，以积日矣。转运之劳，担负之苦，所费以多，若有不继，必违本图。《传》云："见可而进，知难而退，军之善政也。"徒使六军困于山谷之间，进无所略，退又不得，非主兵之道也。武王还师，殷卒以亡，知天期也。今年凶民饥，宜发明诏，损膳减服，技巧珍玩之物，皆可罢之。昔邵信臣[一一]为少府于无事之日，而奏罢浮食；今者军用不足③，益宜节度。谨疏。

散骑常侍王肃④上疏曰：

前志有之："千里馈粮，士有饥色；樵苏后爨，师不宿饱[一二]。"此谓平途之行军者也。又况于深入险阻，凿路而前，则其为劳，必相百也。今又加之以霖雨，山坂峻滑，众逼而不展，粮悬而不继，实行军者之大忌也。闻曹真发已逾月，而行裁半谷[一三]，治道功夫，战士悉作。是贼偏得以逸而待劳，此乃兵家之所惮也。言之前代，则武王伐纣，出关而复还[一四]；论之近事，则武、文征权[一五]，临江而不济：岂非所谓顺天知时，通于权变者哉？兆民⑤知圣上以水雨艰剧之故，休而息之，后日有衅，乘而用之，则所谓"悦以犯难，民忘其死"[一六]者矣。谨疏。

魏主览毕，遂纳群臣之谏，即下诏遣使召曹真、司马懿回朝。

却说曹真与司马懿商议曰："今连阴三十日，军无战心，各有思归之意，倘偶然行动，如何禁止？"懿曰："不如且回。"真曰："倘诸葛亮追来，怎生退之？"懿曰："先伏两军断后，方可回矣。"二人正言间，忽使命来召真、懿。二人遂将后队作前队，前队作后队，徐徐而退。

却说孔明计算一月秋雨将尽，天尚未晴，乃自提一军屯于城固[一七]地名，又传令教大军会

---

① 原句无主语"民"。据《三国志·魏书·华歆传》加。
② 原作"城门校尉、监少府、臣杨阜"。"城门校尉"系杨阜前任官职，"臣"系臣民对皇帝的自称，均应删去。
③ 原作"今者用军不足"。据《三国志·魏书·杨阜传》改。
④ 原作"散骑黄门侍郎臣王肃"。据《三国志·魏书·王朗传》附《王肃传》改。
⑤ 原作"城民"。据《王肃传》改。

于赤阪[一八]地名驻扎①。孔明升帐,聚众将而言曰:"吾料魏兵必走也,曹睿必下诏来取曹真、司马懿兵回。吾若追之,彼必有准备矣。不如任他远去,再作良图。"忽王平令人报来,说魏兵已回。孔明唤来人吩咐曰:"汝传与王平,不可追袭,吾自有破魏兵之策。"其人拜辞而去。未知孔明怎生破魏,端的胜负如何?

【注释】

[一] 殄灭:歼灭,消灭。
[二] 益:增加。
[三] 毕宿躔于太阴之分:毕星运行到月亮的分界。古人认为是下雨的征兆。毕,二十八宿之一;太阴,月亮。
[四] 窝铺:临时搭盖的草棚。
[五] 二纪:二十四年。一纪为十二年。
[六] 成、康:周成王和周康王。成、康之世,被认为是西周的盛世。
[七] 三王:指夏禹、商汤和周文王。
[八] 二祖:指曹操、曹丕。
[九] 自多:自以为是。多,推重。
[一〇] 稽阂:阻滞,阻碍。
[一一] 邵信臣:西汉九江(治今安徽寿县)人,字翁卿。曾任南阳太守、少府等职。
[一二] 樵苏后爨,师不宿饱:现打柴草,然后做饭,士卒就不能吃饱饭睡觉。爨,烧火做饭。
[一三] 半谷:斜谷的一半。
[一四] 武王伐纣,出关而复还:周武王欲伐纣,兵至盟津(即孟津),诸侯不期而会者八百,皆云纣可伐。武王认为时机尚不成熟,即回师。两年后,再度出兵,终于灭商。
[一五] 武、文征权:武帝(曹操)和文帝(曹丕)征伐孙权。
[一六] 悦以犯难,民忘其死:高高兴兴去冒险,人们会忘记死的威胁。
[一七] 城固:县名。属益州汉中郡。治所在今陕西城固县东。
[一八] 赤阪:地名。在今陕西洋县境,汉水北岸。

---

① 原作"又传令教大军会于赤坡驻扎"。据《三国志·蜀书·后主传》,"赤坡"当作"赤阪"。

第一百九十九回　诸葛亮四出祁山

却说众将听知孔明不追魏兵，乃入帐告曰："今魏兵久值大雨，不能存住，因此回去，某等好乘势追之，无有不胜。丞相如何不肯追也？"孔明曰："司马懿善能用兵，今此之去，必有埋伏。吾若追之，正中其计也。不如从他远去，吾却分兵径出斜谷而取祁山[一]，使魏人不提防也。"众将曰："取长安之地，别有路途，丞相只取祁山，何也？"孔明曰："祁山乃长安之首也，陇西诸郡倘有兵来，必经由此地；更兼前临渭滨①，左出右入，可以伏兵，乃用武之所。吾故先取此地，得其利也。"众将皆拜服。孔明令魏延、张嶷、杜琼、陈式出骆谷[二]②，马岱、王平、张翼、马忠出斜谷，会于祁山，先到者为头功。各受令引兵而去。孔明自统大军随后进发，令关兴、廖化为先锋，即日而行。

却说曹真、司马懿二人在后监督人马，令一军入陈仓古道探视，回报说蜀兵不来。又行了旬日，后面埋伏众将皆回，说蜀兵全无音耗。真曰："连绵秋雨，栈道断绝，蜀人岂知吾等退兵耶？"懿曰："蜀兵随后而出矣。"真曰："何以知之？"懿曰："连日晴明，蜀兵不赶者，料吾有伏兵也，故纵我兵远去，待过尽入关时，却夺祁山矣。"真不信。懿又曰："子丹如何不信？吾观孔明必从两谷而来。吾与子丹各守一谷口，十日为期。若无蜀兵来，吾面涂红粉，身穿女衣，来营中伏罪。"真曰："若有蜀兵来，吾愿将天子所赐玉带一条、御马一匹与你。"即分兵两路：真引兵屯于斜谷口③，懿引一军屯于骆谷口④。

各下寨已毕。懿先令一支兵伏于山谷中，其余军马各于要路下营。懿更衣换马，杂在数十骑之内，遍视各营。忽到一营，有一偏将仰天而怨曰："大雨淋了许多时，不肯回去；今又在这里住扎，强要赌赛，却不苦了官军！"懿听知，归到本寨，聚诸将皆到帐下，挨[三]出抱怨的那员将来。懿叱之曰："朝廷'养军千日，用在一时'，汝安敢出怨言以丧军心耶？"其人不招。懿唤出同伴之人对证，果服其罪。懿曰："吾非赌赛，欲胜蜀兵耳，令汝各人有功回朝。汝妄出怨言，自取罪戾[四]！"言讫，令武士推出斩之。须臾，献首于帐下。众皆悚然。懿曰："汝等诸将，皆要尽心以防蜀兵；听吾中军炮响，四面皆进。"众将受令而退。

却说魏延、张嶷、杜琼、陈式四将，引二万兵取骆谷而进。正行之间，忽报参谋邓芝到来。

---

① 原作"前临渭滨，后靠斜谷"。斜谷在祁山以东数百里，作者却误以为二者紧邻，由此造成一系列错误。
② 原作"魏延、张嶷、杜琼、陈式出箕谷"。箕谷在南郑（汉中郡治）以北不远，蜀军由赤阪北上，不可能经箕谷。据地理酌改。
③ 原作"真引兵屯于祁山之西斜谷口"，方位大误（参见①），故删"祁山之西"四字。
④ 原作"懿引一军屯于祁山之东箕谷口"。"箕谷"当作"骆谷"，比斜谷距祁山更远，故改（历史上司马懿系由西城攻蜀，由陈仓退兵本属虚构）。

四将勒兵不进,而问其故。芝曰:"丞相有令,如出骆谷口,提防魏兵埋伏,不可轻进。"陈式曰:"丞相用兵何疑耶?只可倍道而进,曹真、司马懿必然擒矣。吾料魏兵久遭大雨,衣甲皆毁,只可掩杀,不可从容。今魏兵久受劳苦,皆是思归,岂肯恋战?丞相先令吾等会于祁山,今却教休进,此号令不明也。"芝曰:"丞相计无不中,谋无不成,汝等安敢如此?"式笑曰:"丞相若能计谋,不致街亭之失!"魏延想起孔明向日退军之时,教他守武都、阴平,全无功次,亦笑曰:"丞相若听吾言,径出子午谷,此时休说长安,连洛阳皆得矣!今执定要出祁山,有何益也?既已令进兵,今又教休进。"式曰:"吾自有吾部下五千兵,径出骆谷,先到祁山下寨,看丞相羞也不羞!"芝再三阻当,不肯教行。是夜,魏延欲与孔明争气,将言语激着陈式。式自引五千兵出骆谷,不见一人,式笑曰:"人说丞相有通神谋略,吾今见之矣!"邓芝听知陈式去远,只得飞报孔明。

却说陈式引兵行不数里,忽听得一声炮响,四面伏兵皆出。式急退时,魏兵塞满谷口,围得铁桶相似。式左冲右突,不能得脱。只听得喊声大震,一彪军杀入,乃是魏延,救了陈式,回到谷中,五千兵止剩了四五百带伤人马。背后魏兵赶来,却得张嶷、杜琼接应,魏兵方退。魏延拒住险要,下寨已定,方信孔明先见如神。延、式二人,懊悔不及。

且说邓芝回见孔明,言魏延、陈武如此无礼。孔明笑曰:"魏延素有反相,吾知彼常有不平之意,吾怜其勇烈而重之。吾昔与先帝言,久后必生患害。今已显露,可以除之。"正言间,忽流星马报到,说陈式折了四千五百军,止有五百带伤人马屯在谷中。孔明令邓芝再来骆谷抚慰陈式,提防生变。孔明曰:"吾料司马懿必在骆谷口,曹真必在斜谷口,以防蜀兵。吾速取之。今先令两军抄在他二寨之后,真、懿必走也。"邓芝拜辞而去。孔明急唤马岱、王平,吩咐曰:"斜谷若有魏兵守把,汝二人引本部军越山岭,夜行昼伏,速出谷口之左①,举火为号。"又唤马忠、张翼,吩咐曰:"汝等亦从山僻小路,昼伏夜行,径出谷口之右②,举火为号,与王平等共劫曹真营寨。吾却从谷中而出,共三面攻之,魏兵可破也。"兵分两路,各引五千兵去了。孔明又唤关兴、廖化,吩咐曰如此如此。二人受了密计,引兵而去。

却说孔明诸处发兵,倍道而进。正行间,又唤吴班、吴懿授与密计,亦引兵先行。

却说曹真心中不信蜀兵来,以此怠慢,纵令军士歇息,只等十日无事,要羞司马懿。不觉守了七日,忽有人报谷中有些小蜀兵出来。真令副将秦良引五千兵哨探,不许纵令蜀兵近界。良偃旗息鼓,引兵而去。真又下令曰:"十日之内,不见动静,才是吾赢!"诸将听令,各守险要。

且说秦良引兵方到谷口,见蜀兵退去。良急引兵赶来,行到五六十里,不见蜀兵,心下疑惑,教军士下马歇息。忽了哨军报说:"有蜀兵埋伏。"良出帐看时,只见山中尘土大起,急上马令军士提防。不一时,四壁厢喊声大震,乃是吴班、吴懿引兵抄在背后,前面关兴、廖化引兵杀来。左右是山,皆无走路,山上蜀兵大叫:"下马投降者免死!"魏兵太半降之。秦良死战,被廖化一刀斩之。死者无数,尽弃于沟壑。孔明把降兵拘于后军,却将魏兵衣甲与蜀兵五千人穿

---

① 原作"速出祁山之左",方位误。曹真既屯兵于斜谷口,马岱、王平自应出"谷口"之左。
② 原作"径出祁山之右"。参见①。

了,扮作魏兵,令关兴、廖化、吴班、吴懿四将引着,径奔曹真寨来。先令报马入寨说:"只有些小蜀兵,尽赶去了。"真大喜。忽有人告曰:"某乃司马都督心腹人。今都督用埋伏计,杀了蜀兵四千五百首级,上告都督,休将赌赛为念,务要用意提备。"真曰:"吾这里并无一个蜀兵。"其人回去了。忽又报秦良引兵回来了。真亲自迎看,果是秦良之兵。比及到寨,人报背后两把火起。真急回到寨后看时,关兴、廖化、吴班、吴懿四将,挥示蜀兵就营前杀将进来;马岱、王平从后面杀来;马忠、张翼亦引兵杀到。魏军措手不及,各自逃生,哪有一人肯抵。众将保着曹真望东而走,背后蜀兵赶来。真急奔走之间,忽然喊声大震,一彪军杀到。真胆战心惊,近前视之,乃司马懿也。懿大战一场,蜀兵方退。真才得脱,羞愧无门。懿曰:"诸葛亮夺了祁山地势,吾等不可久居此处,宜去渭滨安营,再作良图。"真曰:"仲达何以知吾遭此败也?"懿曰:"见来人回报,言子丹说并无一个蜀兵。吾料诸葛亮暗来劫寨,因此而知,故来接应也。今果中计。切莫言赌赛之事,只同心报国。"曹真甚是惶恐,无地可入,气成病疾,卧床不起。兵屯渭滨,懿恐军心有乱,不敢教真引兵。

却说孔明大驱士马,复出祁山。劳军已毕,魏延军屯骆谷,孔明亦召到寨中。魏延、张嶷、杜琼、陈式入帐,拜伏请罪。孔明问曰:"是谁失陷了军来?"延曰:"陈式不听号令,潜入谷口,以此大败。"式曰:"此事亦魏延教我行来。"孔明大怒曰:"他倒救你,你反攀他!将令已违,不必巧说!"即叱武士推出斩之,悬首帐前,以示诸将。后陈式之子陈寿为晋平阳侯相,编《三国志》,将魏为正统,言孔明入寇中原。孔明斩了陈式,省令诸将,忽有细作报说:"曹真卧病不起,见在营中治疗。"孔明大喜曰:"吾只用片纸,敢教曹真即死!"未知有甚言词,且听下回分解。

【注释】

[一] 出斜谷而取祁山:斜谷在祁山以东数百里,蜀军出斜谷,即进入魏国雍州扶风郡郿国境内,可东取长安;若出祁山,则无须经过斜谷。《演义》为组成"六出祁山"情节系列,遂作如此叙述。
[二] 骆谷:山谷名。北口在今陕西周至县西南,南口在今陕西洋县北。谷长四百余里。是古代由关中穿越秦岭,进入汉中的要道之一。
[三] 挨:推。
[四] 罪戾:罪过。戾,罪。

第二百回　孔明祁山布八阵

　　建兴八年秋八月,孔明屯兵于祁山,听知曹真因与司马懿赌赛,不想兵败,羞惭成病。孔明乃与诸将曰:"若曹真病轻,必便回长安。今魏兵不退,必为病重,故留于军中,以安众人之心也。吾写下一书,教秦良的降兵持与曹真,真若见之,必气死矣。"遂唤降兵至帐下而问曰:"汝等皆是魏军,中原多有父母妻子,不宜久居蜀中。今放汝等回家,若何?"众军泣泪拜谢。内有百余人不愿去,皆留于军中;愿去者千余人。孔明曰:"曹子丹与吾有约,可以达之。吾有一书,汝交割与子丹,他日必有大功也。"魏军回到本寨,见了司马懿,各言其事。懿笑曰:"此乃诸葛亮结我军心也。"遂传令,教运粮草,再不调用。内有曹真帐下人,将孔明书呈上。真扶病而起,拆封视之。书曰:

　　　　汉丞相、武乡侯诸葛亮,致书于大司马曹子丹之前:窃谓夫为将者,日就月将,能去能就,能柔能刚,能进能退,能弱能强。不动如山岳,难测如阴阳,无穷如天地,充实如太仓,浩渺如四海,眩耀如三光[一]。预知天文之旱涝,先识地理之平康,察阵势之期会,揣敌人之短长。嗟尔无学后辈,上逆穹苍,助篡国之反贼,称帝号于洛阳。走残兵于斜谷,遭霖雨于陈仓,水陆困乏,人马猖狂[二]。抛盈郊野之戈甲,撒弃满道之刀枪。都督心崩而胆裂,将军鼠窜而狼忙!无颜见关中之父老,何面归相府之庙堂!史官秉笔而记录,百姓众口而传扬:仲达闻阵而惕惕[三],子丹望风而遑遑!吾军兵强而马壮,大将虎奋以龙骧①;扫秦川为平壤,荡魏国作丘荒!天书既下,速来归降!

曹真看毕,恨气塞胸,至晚死于军中。

　　司马懿用兵车装载,差人送赴洛阳迁葬。魏主闻知曹真已死,即下诏催司马懿出战。懿提大军来搦孔明交战,隔日先下战书。

　　孔明与诸将曰:"曹真必死矣。"遂批回"来日交战",使者去了。孔明当夜唤姜维,授与密计,如此行之;又唤关兴,吩咐如此如此。次日,孔明尽起祁山之兵,前到渭滨:一边是河,一边是山,中间平川旷野,好片战场!两军相近,以弓弩射住阵角,各排开鼓角。三通鼓响已毕,魏军中门旗开处,司马懿出马,众将随后而出。只见孔明端坐于四轮车上,手摇羽扇。懿责之曰:"吾主上法尧禅舜,相传二帝,坐镇中原,容汝蜀、吴二国者,乃吾主宽慈仁厚,恐伤百姓也。汝乃南阳一耕夫,不识天数,强要相侵,理宜殄灭!如省心改过,悉宜早回,各守疆界,以成鼎足之势,免致生灵涂炭,汝等皆得全生也!"孔明笑曰:"吾受先帝托孤之重,安可不倾心竭力以讨贼乎!汝曹氏不久为汉所灭。汝祖父皆为汉臣,世食汉禄,不思报效,反助篡逆,何为不诛耶?"懿羞惭而言曰:"吾与汝决一雌雄,汝休出奇兵!汝若能胜之,吾誓不为大将!汝若败时,

---

① 原作"大将军虎奋以龙骧"。"军"字衍,据叶逢春本删去。

早归故里，吾并不加害。"孔明曰："汝欲斗将耶？欲斗兵耶？欲斗阵法耶？"懿曰："先斗阵法。"孔明曰："汝先布阵我看。"懿回入中军帐下，手执黄旗招展，左右军动，排成一阵，复上马出阵，问曰："汝识吾阵否？"孔明笑曰："吾军中末将亦能布之。此乃'混元一气阵'也。"懿曰："汝布一阵我看。"孔明回车入阵，把羽扇一摇，众兵变成一阵，复乘车出阵，而问曰："汝识吾阵否？"懿曰："量此'八卦阵'，如何不识也！"孔明曰："是便是了，汝敢打吾阵否？"懿曰："既然识之，如何不敢打耶！"孔明曰："汝只管打来。"

司马懿回到本阵中，唤戴陵、张虎、乐綝三将，吩咐曰："今诸葛亮所布之阵有'八门'，按休、生、伤、杜、景、死、惊、开，此'八门'也。生、景、开三门吉，休、伤、杜、死、惊五门凶。正东乃'生门'，可打；西南乃'景门'，可打；正北乃'开门'，可打。汝三人可从'生门'打入，往'景门'杀出，复从'开门'打入：此阵可破，蜀兵可退矣。汝等休辱了志气。"三人受令，张虎在前，戴陵在中，乐綝在后，各引三十骑，径从"生门"打入。两军呐喊相助。

且说张虎杀入蜀阵，只见阵如连城，冲突不出。虎慌引三十骑转过阵脚，往西南冲去。戴陵、乐綝引着六十骑精兵，在蜀阵中冲突不出，皆被蜀兵射住。只见重重叠叠，都有门户，哪里分东西南北！三将不能相顾，只管乱撞，但见愁云漠漠，惨雾蒙蒙。喊声起处，魏兵一个个皆被缚了，送到中军。孔明坐于帐上，只见张虎、戴陵、乐綝并九十个军，皆缚在帐下。左右告曰："此辈乃打阵之人也。"孔明曰："吾纵然捉得汝等，何足为奇！吾放汝等回去，说与司马懿，教他再读兵书，重观战策，那时再决雌雄，未为迟也。汝等性命既饶，当留下军器战马。"三人连声应诺。遂将众人衣服盔甲脱了，令左右去其缚，以墨涂面放出。九十三人步行回本阵去了。

司马懿见之，受这一场羞辱，遂大怒，回顾诸将曰："如此久战不胜，有何面目回见中原大臣耶！"即指挥三军，奋死掠阵。懿自拔剑在手，引百余骁将，催督冲杀。两军恰才相会，忽然阵后鼓角齐鸣，喊声大震，一彪军从西北上杀来①。懿分后军当之，乃是关兴也。懿复催军厮杀，忽然魏兵大乱，只见姜维引一支军悄悄的杀来。蜀兵三路夹攻。懿大惊，急退军时，蜀兵周围杀到。懿引军望北死力突出②，魏兵十伤六七。司马懿退在渭水南岸③下寨，坚守不出。

孔明收了得胜之兵，回到祁山。此时永安城李严差都尉苟安，解送粮米至军中交割。苟安好酒，于路怠慢，到此违限十日。安告曰："因丞相与魏兵交战，某恐有失粮饷，不敢早行。"孔明大怒曰："吾军中专以粮为大事，误了三日，该徒罪[四]；五日，该处斩！今误了十日，有何理说？"令左右推出斩之。长史杨仪谏曰："苟安乃李严所用之人，又兼钱粮多出于益州，若杀此人，再后无人敢送也。"孔明纳谏，遂叱武士去其缚，杖八十放之。苟安被责，心中怀恨，连夜引亲随人五六骑，径奔魏寨投降。懿唤入，苟安拜告前事。懿曰："虽然如此，诸葛亮多谋④，以

---

① 原作"一彪军从西南上杀来"。渭滨在北，祁山在南；故魏军在北，蜀军在南。关兴抄到魏军之后，应是"西北"，而非"西南"。
② 原作"懿引军望南死力突出"。按两军位置，司马懿突围，只能是"望北"。
③ 原作"渭滨南岸"，不通。据文意改。
④ 原作"况孔明多谋"。"况"字与全句语气不合，删去；"孔明"当作"诸葛亮"。

此难信。汝若与国家干一件大功,吾那时奏准天子,保汝为上将。"安曰:"但有甚事,即当效力。"懿曰:"汝若回成都,布散流言,说诸葛亮有怨上之意,早晚欲称为帝;若蜀主召回诸葛亮①,即是汝之功矣。"苟安允之,径还成都,见了宦官,佯布流言,说孔明自倚大功,早晚必篡国也。宦官闻知,大惊失色,即入内奏帝,细言前事。后主惊讶曰:"似此,如之奈何?"宦官曰:"可诏还成都,削去兵权,免生叛逆。"后主下诏,宣孔明班师回朝。蒋琬出班奏曰:"丞相自出师以来,屡效大功,何故宣回?"后主曰:"朕有机密事,不睹面,不可言之。"即遣使持节诏出内。

却说孔明在帐中正商议破魏之策,忽报有天子诏命到来。孔明接入,焚香礼毕,开诏读罢,仰天叹曰:"主上年幼,更有佞臣拨制!吾正好建功,何故取回也?如不从之,是欺主矣;若从之而退兵,祁山再难得也!"姜维问曰:"若大军速退,司马懿必乘势掩杀,当复如何?"孔明曰:"吾今退军,可分五路而退。今日先退此营,假如营内一千兵,却掘二千灶,明日掘三千灶,后日掘四千灶。每日退军,添灶而行。"杨仪曰:"昔孙膑捉庞涓,用'添兵减灶'之法[五]而取胜。今丞相退兵,何故添灶也?"孔明曰:"司马懿善能用兵,知吾兵退,必然追赶;心中疑吾有伏兵,定于旧营内数灶,见每日增灶,兵又不知退与不退,将校持疑而不敢追。吾徐徐退去,自无损兵之患。"遂传令退兵。

却说司马懿料苟安行计停当,只待蜀兵退时一齐掩杀。正踌躇之间,忽报蜀寨空虚,人马退去了。懿曰:"诸葛亮多谋,岂肯于胜处而退去也?"不敢轻进,遂自引百余骑壮士,往蜀营中踏看,教军士数灶已毕,回到本寨。次日,又教军士赶到那个营内,查数明白,回报说:"这营内之灶,以三分又增一分。"司马懿与诸将曰:"吾料诸葛亮多谋,今果每日添兵增灶②。吾若追之,必遭庞涓马陵之患矣;不如且退,再作良图。"众皆服之。于是司马懿回军不追。因此孔明不折一人,望成都而去。次后川口土人来报司马懿,说孔明退军之时,未见添兵,只见增灶。懿悔之不及,仰天长叹曰:"昔日西回者,无异今日。诸葛亮退兵,反增其灶,效虞诩之法[六],瞒过吾也!诸葛亮谋略,吾不如之!"遂引大军而回洛阳。孔明到了成都,朝见后主。未知还是如何,再看下回分解。

【注释】

[一] 三光:指日、月、星。

[二] 猖狂:同"猖獗",覆败。

[三] 惕惕:忧惧。

---

① 原作"若后主召回孔明"。"后主"系后人对刘禅的称呼,与"先主"相对,司马懿应称刘禅为"蜀主","孔明"当作"诸葛亮"。

② 原作"今果效孙子减灶之法,每日添兵增灶,使不疑也"。文意淆乱,与上文不合,故改。

[四] 徒罪：应处徒刑之罪。徒刑，拘禁罚使劳作。
[五] 添兵减灶之法：战国时，魏国大将庞涓率十万大军迎击齐军，齐军军师孙膑故意示弱退兵，逐日减灶。庞涓以为齐军士气低落，逃亡过半，仅率轻骑兼程追击，在马陵陷入齐军埋伏，兵败自杀。
[六] 虞诩之法：虞诩系东汉将领，曾率兵攻羌人，受阻于陈仓、崤谷。他用逐日增灶之法，使羌兵以为汉军增多，不敢紧追，后打败羌兵。

卷之二十一

第二百一回 诸葛亮五出祁山

却说诸葛孔明用"减兵添灶"之法,退兵到汉中。司马懿恐有伏兵,不敢追之,亦收兵回洛阳去了①,因此蜀兵无折一人。

孔明大赏三军已毕,回至成都,入见后主,奏曰:"老臣出了祁山,欲取长安,忽承陛下诏回,有何大事?"后主曰:"朕久不见丞相之面,心甚思慕,故诏回还,余无他事。"孔明曰:"此非陛下本心,必有乱臣贼臣有篡逆之意也。"后主无言可对。孔明曰:"若内有奸邪,臣安能讨贼乎?"后主曰:"皆宦官所言,取丞相回还。今日朕茅塞方开,悔之不及矣!"孔明遂唤众宦官问之,方知是苟安也,急令人捕之,已投魏国去了。孔明将妄奏的宦官杀之,余皆废出宫外;又深责蒋琬、费祎曰:"奸臣于天子前害吾,汝等何不谏之?"二人告曰:"此言实不知之。"孔明遂拜辞后主,复到汉中,一面持檄文令李严应付粮草,仍运赴军前。孔明又议出师,杨仪曰:"前者兴兵,军士多有怨心,不如分为两班,以三个月为期。且如二十万之兵,只领十万出祁山,住了三个月,却教这十万替回,循环相转,如日落月生,月没日出之状。若此则蜀兵不乏也②,然后徐徐而进,中原可图矣。此乃重大之事,非一朝一夕之故,丞相若从,可为长久之计也。"孔明笑曰:"汝言正合吾意。"即分兵两班,限一百日为期,循环相转,违三日者,杖五十;五日者,杖一百;十日者,处死。

时建兴九年春二月上旬日,孔明引一半人马出师。魏太和五年,魏主曹睿升殿,近臣奏曰:"边庭告急,西蜀诸葛亮又寇中原。"睿急召司马懿曰:"边庭又报诸葛亮入寇。卿每向关外御敌,未能剿除,今日如之奈何?"懿奏曰:"今子丹已亡,臣等竭力剿寇以报陛下;若不剿除,臣当万死!"睿大喜,设宴待之。次日,又报蜀兵寇急。睿即排銮驾,送司马懿出城。懿辞帝,径到长安,大会诸路人马,计议破蜀兵之策。大先锋张郃曰:"吾愿引一军,去守雍、郿,以拒蜀兵,如有差失者立斩。"懿阻之曰:"吾遍观众将,独公一人,可以当先破敌;若守雍、郿,非大将之任也。吾与公立志报国,公肯为大先锋否?"郃大喜曰:"吾素怀忠义,欲尽心报国,惜乎未遇其主。今都督肯委重职,虽万死不辞!"懿曰:"天子尽情托吾,吾欲倚公同立大事,故委重职也。"郃喜曰:"惟命是从!"于是司马懿令张郃为大先锋,总督六军;又令郭淮守陇西诸郡,其余众将各分道而进。

却说孔明率大军望祁山进发,前部先锋王平、张嶷径由散关而来③。司马懿正提兵出关,张郃回问曰:"今诸葛亮长驱大进,再出祁山,当复如何?"懿曰:"此人定来割陇西小麦,以资军

---

① 原作"亦收兵回长安去了"。据第二〇〇回及下文改。
② 原作"若此则蜀兵不能乏也"。"能"字衍,删去。
③ 原作"径出陈仓,过剑关,由散关望斜谷而来",方位混乱。剑关在汉中西南,诸葛亮由汉中往祁山,无须"过剑关";陈仓在散关东北,斜谷在散关、陈仓东南,由散关西赴祁山,更无须"出陈仓"、"望斜谷"。

粮。汝可结营以守祁山,吾与郭淮巡略天水诸郡,以防蜀兵割麦也。"说毕,留兵四万,令郃守祁山。懿引大军望陇西而去。

此时蜀兵尽出祁山,安营了毕。随后孔明亦到,见渭滨有魏军提备,乃与诸将曰:"此必是司马懿也。即目营中乏粮,李严处催并去久,未见运到。吾料陇上麦熟,吾密引兵割之,只留王平、张嶷、吴懿、吴班四将,守祁山之营。"孔明遂自引魏延、姜维等诸将,前至卤城①[一]。此城县令②素知孔明,慌忙大开城门而降。孔明问曰:"此时何处麦熟?"县令告曰:"陇上麦熟,惟上面最盛。"孔明留张翼、马忠守卤城,自引诸将并大小三军,望陇上而来。前军回报,说司马懿引兵在此。孔明惊曰:"此人算知吾来割麦也!"即沐浴更衣,令军士推过一般三辆四轮车来,车上皆要一样装饰。此车乃孔明在蜀中预先造的。孔明令姜维引一千军护车,五百军擂鼓,伏在上邽音圭之后;马岱在左,魏延在右,各引一千军护车,五百军擂鼓。每一辆车,用二十四人,皂衣跣足,披头持剑,在左右推车。一人在前,执着七星皂幡,如此行之。三人各受计,引兵推车而去。孔明又令三万军皆执镰刀驮绳,伺候割麦。却选二十四个精壮之士,各穿皂衣,披发跣足,仗剑簇拥四轮车,为推车使者;令关兴结束做天篷[二]模样,手执七星皂幡,步行在车前。孔明端坐于上,望魏营而来。

那哨探军见之大惊,又不知是人是鬼,火急报知司马懿。懿自出营视之,只见孔明簪冠鹤氅,手摇羽扇,端坐于四轮车上;左右二十四人推车,皆披发仗剑;前面一人,手执皂幡,隐隐似天神之状。懿怒曰:"这个又是孔明作怪也!"遂拨二千人马,吩咐曰:"汝等疾去,连人带车,尽都捉来!"魏兵一齐追之。孔明见魏兵赶来,便教回车,径往蜀营,缓缓而行。魏兵皆骤马赶来,但见阴风习习,冷雾漫漫。尽力赶了一程,追之不上,各人大惊,都勒住马言曰:"奇怪!奇怪!我等赶了三十里,只见在前,追之不上,如之何也?"孔明见兵不来追赶,又令推车过来,朝着魏兵歇下。魏兵犹豫了良久,又放马赶来。孔明便回车,慢慢而行。魏兵又赶了二十里,只见在前,不曾赶上,尽皆痴呆。孔明又教回车,朝着魏兵,推车倒行。司马懿在后赶来,传令曰:"孔明善会'八门遁甲',能驱六丁六甲[三]之神,亦能呼风唤雨,袖褪乾坤。此乃六甲天书内'缩地'之法也。众军不可追之!"懿急收兵退时,左势下战鼓大震,一彪军杀来。懿令兵拒之,只见蜀兵队里二十四人,披发仗剑,皂衣跣足,拥出一辆四轮车,车上端坐孔明,纶巾鹤氅,手摇羽扇。懿大惊曰:"方才那个车上坐着孔明,赶了五十里,如何这里又有孔明?怪哉!"言未毕,右势下战鼓又震,又一彪军杀来。只见军中推出一辆四轮车,车上亦有孔明,左右亦有二十四个皂衣人,披发仗剑,拥车而来。懿心中大疑,回顾诸将曰:"此必是神兵也!"众军心下大乱,魏兵因此不敢交战,自行奔走。正行之间,忽然鼓声大震,又一彪军杀来。懿举目视之,又见一辆四轮车,孔明端坐于上,左右前后推车使者同前一般。魏军无不骇然,太半皆要逃命。司马懿又不知是人是鬼,又不知多少蜀兵,十分惊惧,因此引兵奔入上邽,闭门不出。此时孔明早令三万精兵,将陇上小麦割尽,运赴卤城打晒去了。

---

① 原作"前至卤城"。据《三国志·蜀书·诸葛亮传》注引《汉晋春秋》改。
② 原作"此城太守"。卤城系县,其长官为令。

第二百一回　诸葛亮五出祁山

司马懿在上邽城中，三日不敢出城。后见蜀兵退去，方敢令军出哨，在路捉一人来见懿。懿问之，其人告曰："某乃割麦之人，因走失马匹，被捉前来。"懿曰："前日何等之兵耶？"答曰："三路伏兵，皆不是诸葛丞相，乃姜维、马岱、魏延也。每一路只有一千军护车，五百军擂鼓，只是先来诱阵的车上乃诸葛也。"懿仰天叹曰："诸葛亮有神出鬼没之机也！"忽报副都督郭淮入见。懿接入礼毕，淮曰："吾闻蜀兵不多，见在卤城打麦，可以击之。"懿细言前事。淮笑曰："只瞒过一时，今已识破，何足道哉！吾引一军攻其后，公引一军攻其前，卤城可破，诸葛亮可捉矣！"懿从之，遂分兵两路而来。

却说孔明引军在卤城打麦，忽唤诸将听令曰："今夜司马懿必来攻城。吾料卤城东西麦田之内，足可伏兵，谁人敢去？"姜维、魏延、马忠、马岱四将出曰："某等愿往。"孔明大喜，乃与姜维、魏延曰："汝二人各引五千兵，伏在东南、西北两处。"又唤马岱、马忠曰："汝二人亦引五千兵，伏在东北、西南两处。只听炮响，四角一齐杀来。"四将受计，引兵去了。孔明自引百余人，各带火炮出城，伏在麦田之内。

却说司马懿引兵径到卤城下，日已昏黑，乃与众将曰："若白日进兵，城中必有准备；今晚攻之，必不防也。城低濠浅，可以攻打。"遂屯兵于城外。一更时分，郭淮亦引兵到。两下约定齐来，围得如铁桶相似。懿、淮二人传令攻城，城上万弩皆发，矢石如雨，魏军不敢前进。忽然魏军中信炮连声，三军大慌，又不知何处兵来。淮令人往麦田内搜时，四角上火光冲天，喊声大震，四路蜀兵一齐杀到。卤城四门大开，城内兵杀出，里应外合，大杀了一阵，杀得那尸横遍野，血流成渠。司马懿急引败兵，奋死突出重围，占住了山头。郭淮亦引败兵，奔到山后扎住。孔明入城，令四将于四角下安营。郭淮来告司马懿曰："今与蜀兵相持许久，无策可退。目下又被杀了一阵，伤折三千余人。若不早图，日后难退。"懿曰："当复何如？"淮曰："可发檄文，调雍、凉各处人马，并力剿杀。吾引一军袭剑阁，截蜀兵之归路①，诸葛亮自然慌矣，那时大事可成也。"懿从之，即发檄文，调到雍、凉诸郡兵马。大将孙礼入见司马懿，懿就令孙礼约会郭淮去袭剑阁。

却说孔明在卤城，相拒日久，不见魏兵出战，乃令魏延、姜维入城听令曰："今魏兵守住山险，不与交战，一者料吾麦尽无粮；二者令兵取袭剑阁，断吾粮道也。汝二人各引一万兵，先去守其险要，若魏兵见有准备，自然退矣。"延、维二人，引兵而去。长史杨仪②入帐告曰："向日丞相令大兵一百日一换，今已限足，汉中兵已出川口，前路公文已到，只待会兵交换。见存八万兵，内四万限是该换也。"孔明曰："既前有令，便教速行。"众军听令，欲收拾起程，忽报孙礼引雍、凉诸处人马二十万来助战③，司马懿引军来攻卤城。蜀兵思家，无不惊骇。杨仪入告孔明曰："魏兵来之甚急，丞相可将换班军且留下退敌，待来兵到营，方许换之。"孔明曰："不可。吾

---

① 原作"截其蜀兵之归路"。"其"字衍，删去。
② 原作"长使杨仪"。承前改。
③ 原作"忽报孙礼引雍、凉诸处人马二十万来助战，去袭剑阁"。"去袭剑阁"与下文不合，删去。

用兵命将，以信为本。吾纵取胜，失信于人矣！蜀兵应去者，皆准备回家，其父母妻子①，倚门数日而盼；吾今便有大难，决不留他，则全其信耳。"即传令，教应去之兵，当日便行。众军听知，无不叹服，皆大呼曰："丞相如此施恩于众，我等愿且不回，各舍一命，以杀魏兵，报丞相大恩，虽万死不辞！"孔明曰："汝等该还家之人，岂可留于此乎？"众军皆要出战，不愿回家。孔明喜曰："汝等既要与吾出战，可出城安营，待魏兵到，不待他歇定喘息，急急攻之。此乃'以逸待劳'之法也。"那四万兵，各执兵器，欢喜出城，列阵而俟。未知胜负如何，且听下回分解。

【注释】

［一］卤城：即西县。属曹魏雍州天水郡。治所在今甘肃天水西南。
［二］天蓬：即天蓬元帅，古代神话传说中的天神。
［三］六丁六甲：道教神名。六丁，即丁卯、丁巳、丁未、丁酉、丁亥、丁丑，为阴神；六甲，即甲子、甲戌、甲申、甲午、甲辰、甲寅，为阳神。

---

① 原作"其他父母妻子"。"他"字衍，删去。

第二百二回　木门道弩射张郃

却说孔明以信义激励三军,众皆感德,奋死报之。蜀兵正切齿而待,雍、凉人马倍道而来①,走得人困马乏,方欲下营歇息,被蜀兵一拥而来,人强马壮,将勇兵骁,以一当十,杀得那雍、凉兵尸横遍野,血流成河,余皆逃走。孔明出城,收聚得胜之兵,入城赏劳。忽报永安李严有书告急。孔明大惊,拆封视之。书云:

　　近闻东吴令人入洛阳,与魏连和;魏令吴取蜀,幸吴未曾起兵。今严哨知消息,伏望丞相深谋远虑,早施良图。切勿怠忽!

孔明甚是惊疑,乃聚诸将曰:"东吴陆逊兴兵寇蜀,谁敢敌之?吾须索[一]速回也。"即传令,教"祁山大寨人马,且退回益州,司马懿知吾军在此,必不追也"。

却说王平、张嶷、吴懿、吴班,分兵两路,徐徐退入益州去了。

却说张郃见蜀兵退去,恐有计策,不敢追之,乃引兵来卤城见司马懿曰:"今蜀兵退去,不知何意?"懿曰:"诸葛亮诡计甚多,岂可相拒?不如坚守,待他粮尽,自然退矣。"郃曰:"都督何故惧蜀兵如猛虎耶?惹天下之人耻笑也!"懿曰:"兵法云:'善战不如善守。'诸葛亮粮少,利在速战。吾坚守不出,彼若粮尽,自然变矣。"大将魏平出曰:"蜀兵拔祁山之营,必归去矣,可以攻之。"懿坚执不从。

却说孔明知祁山兵回,遂唤杨仪、马忠入帐,授以密计曰:"汝二人先引一万弓弩手,去木门道[二]两下埋伏②;若魏兵追到,听吾炮响,急滚下木石,截其去路,两头一齐射之。"二人引兵去了。又唤魏延、关兴引兵断后。城上四面遍插旌旗,城内乱堆柴草,虚放烟火。于是蜀兵尽望木门道而去。魏营巡哨军来报司马懿曰:"蜀兵已退去了,不知城中有多少兵。"懿自来视之,见城上插旗,城中烟起。懿笑曰:"此乃空城也。"令人探之,果是空城。懿大喜曰:"诸葛亮此去,必有东吴消息也,谁敢追之?"大先锋张郃曰:"吾愿往之。"懿阻曰:"公性急躁,不可去耳。"郃曰:"都督出关之时,命吾为大先锋之职。今日正是立大功之际,却不用吾,何也?"懿曰:"兵法云③:'归师莫掩,穷寇勿追。'今蜀兵急退,险阻处必有埋伏,须十分仔细,方可追之。"郃曰:"吾已知之,不必挂虑。"懿曰:"公只要去,休要后悔。"郃曰:"大丈夫舍身报国,虽万死无恨!"懿曰:"不若另委别将追之?"郃曰:"何谓也?"懿曰:"公性烈如火,不能忍耐,恐中诸葛亮之计。公今若去,悔之不及矣!"郃大声曰:"孝当竭力,忠则尽命,有何悔乎!"懿曰:"公既坚执

---

① 原作"西凉人马倍道而来"。承上文改。
② 原作"去剑阁木门道两下埋伏"。剑阁在木门道以南数百里,作者却以为二者相邻,因而致误。据《三国志·魏书·张郃传》,删去"剑阁"二字。
③ 原作"今合兵法云"。"今合"二字赘,删去。

要去,可引五千兵先行,教贾嗣、魏平同引二万马步兵后行,以防埋伏。吾却引三千兵续来策应。"

却说张郃引兵火速赶来,行到三十余里,忽然背后一声喊处,树林内闪一彪军出,为首大将提刀勒马,大叫曰:"贼将引兵哪里去?"郃回马视之,乃魏延也。郃大怒,拍马交锋。不十合,延诈败而走。郃追赶三十余里,勒住马,四下视之,全无伏兵,又策马追之。方转过山坡,忽喊声大起,一彪军拥出,为首大将乃关兴也。兴横刀勒马大叫曰:"张郃休赶!有吾在此!"郃就拍马交锋。不十合,兴拨马便走。郃随后追之。赶到一密林,郃心中疑有伏兵,令人哨探,并无埋伏,放心又赶。不想魏延抄在前面,与郃又战十余合,延又败走。郃奋怒追来,又被关兴抄在前面,截住去路。郃大怒,拍马交锋,战有十合,蜀兵尽弃什物缎匹等件,塞满道路。魏军皆下马争取。延、兴二将轮流交战,张郃舍死追赶。看看天晚,郃赶到木门道口,魏兵各取财物,皆无战心。魏延拨回马,大骂曰:"汝乃逆贼!吾乃汉之名将!吾不与汝相拒,汝只顾赶,今与汝决一死战!"郃十分大怒,挺枪骤马,直取魏延。延挥刀而迎。战不十合,延尽弃衣甲头盔兵器,披发引败兵望木门道中而走。张郃杀得性起,又见魏延不顾盔甲兵器,大败而逃,郃奋恨赶来。正赶之间,忽然一声炮响,背后魏军叫曰:"张将军休要追赶!他已去得远了!"郃生性暴急,只管追之。此时天色昏黑,又一声炮响,山上火光冲天,大石乱柴滚将下来,阻其去路。郃大惊曰:"误中计矣!"急回马时,背后早被木石塞满了归路,中间只有一段空地,两边皆是峭壁,郃进退无路。忽一通梆子响罢,两下万弩齐发,将张郃并百余个部将,皆射死于木门道中。后史官有诗曰:

诸葛施谋暗学孙,山藏万弩似云屯。
马陵当日庞涓死,张郃今朝丧木门。

又诗曰:

伏弩齐飞万点星,木门道上射英雄。
至今魏卒残魂魄,犹怯军师旧姓名。

却说张郃已死,随后魏兵追到,见塞其道路,已知张郃中计。众军勒回马急退时,只听得山头上大叫曰:"诸葛丞相在此!"众军仰视,只见孔明立于火光之中,以羽扇指众军而言曰:"吾今日围猎,欲射其'马',误中一'獐'。'獐'与'张'同。'马'者,司马懿。'獐'者,即张郃也。借言之。汝各人安心而去,上复仲达,早晚必受吾所擒矣。"魏兵回见司马懿,细告前事。懿悲伤不已,仰天叹曰:"张隽乂身死,吾之过也!"乃收兵回洛阳。魏主闻知,大哭不绝,多官再三劝解,方才休息。睿曰:"西蜀未平,良将先殁,如之奈何?"群臣泣奏曰:"张郃乃栋梁之材,今日已亡、国家栋梁折矣!"忽卫尉辛毗①叱之曰:"是何言也!昔建安年间,皆言:'天下不可无武皇帝也②。'及至升遐[三],传位文皇帝,时又曰:'不可一日无文皇帝也。'及至文皇帝晏驾,今日陛下

---

① 原作"谏议大夫辛毗"。据《三国志·魏书·辛毗传》改。
② 原作"天下不可无武祖也"。据《辛毗传》注引《魏略》改。

龙兴,国中文武如雨,岂少一张郃乎?"多官默然无语。睿曰:"辛卿之言是也①。"因此令人去木门道取张郃尸,厚葬之。

却说孔明入汉中,欲归成都见后主,早有李严安奏后主曰:"军士粮草已办不乏,丞相回师,必顺魏也。"后主即命尚书费祎入汉中见孔明,细言军旅之事。孔明大惊曰:"李严发书告急,说东吴陆逊兴兵寇蜀,因此回师矣。"费祎曰:"李严奏称军粮已办,丞相无故回师,必有顺曹之意,天子因此命某来问耳。"孔明大怒,令人访察,乃是李严因军粮不足,怕丞相见罪,故发书取回,却又奏天子以粮草丰足遮饰。孔明大怒曰:"匹夫为己之过,废国家大事也!"令人召至,欲斩之。费祎劝曰:"丞相念昔日同受托孤之恩,且恕此罪!若杀之,天下人言丞相不容也。今留之亦难,只可贬为庶民。"孔明从之。费祎即写表章赴成都,入朝来奏后主。近臣接表,展于龙案之上。后主览其表曰:

尚书臣费祎②等诚惶诚恐,稽首顿首,谨表!

李平既为大臣,李平即李严,先名"严",后改为"平"。受恩过量,不思忠报,横造无端[四],危耻不办,迷罔上下,论狱弃科[五],导人为奸,情狭志狂③,若无天地。自度奸露,嫌心遂生,闻军临至,西向④托疾还沮[六]、漳;军临至沮,复还江阳,平参军狐忠⑤勤谏乃止。今篡贼未灭⑥,社稷多难,国事惟和,可以克捷,不可包含,以危大业。可将本人削去官职,徙为庶人,以杜内外奸党之路!宜急施行。谨表以闻。

后主览毕,勃然大怒,叱武士将严推去市曹,斩首号令。丞相留府长史蒋琬⑦出班奏曰:"李严乃先帝托孤之臣,未可斩之,当依表施行可也。"后主从之,遂即谪为庶人,徙于梓潼郡闲住。李严辞朝而去。后李严闻孔明身亡,挂孝出城迎接灵柩,大哭而死。

孔明回到成都,用李严子李丰为长史⑧,积草屯粮,讲文论武,整治军器,存恤[七]将士,三年然后出征。益州人民军士,皆敬仰孔明恩德,事之如天地父母。不觉三年,吴、魏并无侵犯。是年,乃建兴十三年春二月,孔明入朝奏曰:"臣今存恤军士,已经三年,粮草丰足,军器完备,人马强壮,可以伐魏,以报先帝知遇之恩。今番若不扫清奸党,恢复中原,誓不见陛下也!"后主曰:"方今已成鼎足之势,吴、魏不曾入寇,相父何不安享太平?"孔明曰:"臣今恤兵三载,梦寐之间,未尝不设伐魏之策。实欲竭力尽忠,与陛下克复中原,重兴汉室,为一统之基。"言未

---

① 原作"辛谏议之言是也"。承上文改。
② 原作"吏部尚书臣费祎"。三国时无"吏部尚书"官名。承上文,删去"吏部"二字(费祎任尚书系艺术虚构)。
③ 原作"狭情志狂"。据《三国志·蜀书·李严传》注引诸葛亮公文上尚书改。
④ 原作"西响"。校改依据同③。
⑤ 原作"平参军孤忠"。校改依据同③。
⑥ 原作"篡逆未灭"。校改依据同③。
⑦ 原作"参军蒋琬"。据《三国志·蜀书·蒋琬传》改(长史为丞相属官之首,位在参军之上)。
⑧ 原作"用李严子李丰并刘琰等为长史"。刘琰时为车骑将军(第一八二回已写到),地位远在丞相长史之上,故改。

毕,一人出曰:"不可伐魏也。"众视之,乃巴西西充国人也①,姓谯,名周,字允南。未知有甚高见?毕竟如何?

【注释】

[一] 须索:必须。
[二] 木门道:地名。地属曹魏雍州天水郡西县。在今甘肃礼县东北。
[三] 升遐:指帝王死去。
[四] 横造无端:无中生有地制造事端。
[五] 论狱弃科:处理刑狱不按法律办事。科,法律条文。
[六] 沮:县名。属益州武都郡。治所在今陕西略阳东。
[七] 存恤:慰问,抚恤。

---

① 原作"乃巴西充国人也"。据《三国志·蜀书·谯周传》,补"西"字。

第二百三回 诸葛亮六出祁山

却说谯周官居太史,深明天文地理之事,见孔明又欲出师,乃奏后主曰:"臣今职掌司天台,但有祸福,不可不奏。近有群鸟数万,自南飞来,皆投于汉水而死,此大不利也。今夜臣仰观天象,见奎星躔于太白之分,乃盛气在北,不利伐魏。况成都人人皆闻柏树夜哭。有此数事,不祥之兆,丞相只宜守旧,决不可妄动也。"孔明曰:"吾受先帝托孤之重,当竭力讨贼,岂可以风云虚谬之兆,而废国家之大事耶?"孔明即设太牢,祭先帝之庙,涕泣拜告曰:"臣诸葛亮五出祁山[一],未得寸土,负罪非轻!今臣复统全师,再出祁山[二],誓竭力尽心,剿灭汉贼,恢复中原,惟死而已!"当日祭毕,拜辞后主,后主与百官送孔明于城外。

孔明到汉中,聚集人马,唤诸将于阶下,商议出师之策。忽报关兴病亡。孔明放声大哭,昏于地上。众将救起,半晌苏醒,再三劝解。孔明长叹曰:"可怜忠义之士,天不肯与寿也!"乃令魏延、姜维作先锋,李恢先运粮草于斜谷道口伺候。孔明引蜀兵三十四万,分五路而进,皆出祁山取齐。

却说魏主设朝,因旧岁有青龙自摩陂井内而起①,故改为青龙[三]元年。此时乃青龙二年春二月也。近臣奏曰:"边官飞报,说蜀兵三十四万,分五路复出祁山。"魏主曹睿闻之,大惊失色,急召司马懿至,曰:"蜀兵三年不曾入寇,今诸葛亮又出祁山,如之奈何?"懿奏曰:"臣夜观天象,见中原旺气正盛,奎星犯于太白②,大不利于益州。今诸葛亮负才智,逆天道,又来入寇,乃自觅死也。臣赖陛下洪福,愿保四人同去,必破蜀兵。"睿曰:"卿举来,朕察之。"懿曰:"夏侯渊有四子:长曰夏侯霸,字仲权;次曰夏侯威,字季权;三曰夏侯惠,字稚权③;四曰夏侯和,字义权。霸、威二人,弓马熟娴,武艺精通;惠、和二人,深知韬略,善晓兵机。此四人常欲与父报仇,未遂其志。臣保夏侯霸、夏侯威作左右先锋,夏侯惠、夏侯和为行军司马,共赞兵机,以退蜀兵。"睿曰:"向者夏侯楙驸马共陷了许多人马④,见今羞惭不还。此四人乃与楙同否?"懿回奏曰:"此四人大不同也。"睿从之,命司马懿为大都督,凡用将士,量才委之。发敕调两京及山东、山西、河南、河北、陇右各处兵马,皆听懿提调委用。懿受命辞朝出城,睿嘱曰:"卿径到渭滨下寨,但坚守为上,以挫其锋⑤。若蜀兵不得志,必诈退引诱,卿勿与战⑥。待彼粮尽,掳掠不获,必自走也。乘虚攻之,则取胜不难,亦免军马疲劳。此长久良计,卿勿怠慢也。"懿顿首

---

① 原作"有青龙自摩坡井内而起"。据《三国志·魏书·明帝纪》,"摩坡"当作"摩陂"。
② 原作"彗星犯于太白"。承上文改。
③ 原作"三曰夏侯惠,字雅权",因"雅"与"稚"形近而误。据《三国志·魏书·夏侯渊传》注引《文章叙录》改。
④ 原作"共议军机,陷了许多人马"。"共议军机"与《演义》内容不合,据叶逢春本删去。
⑤ 原作"专挫其锋"。参照《三国志·魏书·明帝纪》改。
⑥ 原作"卿勿退之",意不通。参照《明帝纪》改。

拜辞，受命而去。魏主同多官入朝。

却说司马懿到长安，聚集军马四十余万，皆来渭滨下寨已毕，又拨五万军伐木，于渭水上搭起九座浮桥，先锋夏侯霸、夏侯威过了渭水，创建头营；又于大营之后东原地名筑起一城，以防不虞。懿正与诸官商议，忽报郭淮、孙礼入见。懿迎入，礼毕，淮曰："今蜀兵见在祁山，又来水口，倘蜀兵跨渭登原，接连北山，阻绝陇道，摇荡民夷，非国家之利也。"懿曰："公言是也。二公可就总督陇西军马，据北原[四]下寨，深沟高垒，按兵休动，只待彼兵粮尽，方可攻之。"郭淮、孙礼引兵至北原下寨了毕。

却说孔明复出祁山，下五个大寨，按左、右、中、前、后，自斜谷直至剑阁，一连下十四个大寨，分屯军马，以为久计。每日令人巡哨。忽人报曰："郭淮、孙礼引陇西之兵，于北原下寨。"孔明唤诸将曰："魏兵于北原安营者，惧吾取此路，阻其陇西之兵也。吾今虚攻北原，却暗取渭滨。"遂先令人扎木筏百余只，上载草把，选惯熟水手五千人驾之："黉夜只攻北原，司马懿必起兵去救。彼若少败，把后军先渡过岸去，然后把前军却下筏，休要上岸，顺水取浮桥，放火烧断，以攻其后。吾自引一军，去取前营之门。若得渭水之南，势如泰山矣。"诸将遵令，一一行之。

早有巡哨军报知司马懿。懿唤众将曰："诸葛亮如此施设，其中有计也：以取北原为名，顺水来烧浮桥，乱吾后①，却攻吾前也。"即传令与夏侯霸、夏侯威曰："若听得北原发喊，便提兵于渭水南山之中，待蜀兵至，可击之。"又令张虎、乐綝音申引二千弓弩手，伏于渭水浮桥北岸："若蜀兵乘木筏顺水而来，休令近桥，可一齐射之。"又传令与郭淮、孙礼曰："诸葛亮来北原暗渡渭水，汝新立之营，人马不多，可尽伏于半路。若蜀兵于午后渡水，黄昏时分必来攻汝，汝诈败而走。蜀兵必追，汝等皆以弓弩射之。吾水陆并进。若蜀兵大至，只看吾指挥而击之。"各处下令已毕，又令二子司马师、司马昭，引兵救应前营去了。懿自引一军来救北原。

却说孔明令魏延、马岱引兵渡渭水，攻北原；令吴班、吴懿引兵上木筏，烧浮桥；令王平、张嶷为前队，姜维、马忠作中队，廖化、张翼作后队：兵分三路，去攻渭南旱营②。是日午时，人马离大寨，尽渡渭水，缓缓列成阵势而行。魏延在前，马岱在后，往北原进发。吴班、吴懿把住渭水口，准备去烧浮桥。

却说魏延将近北原，天已黄昏，孙礼哨见，便弃营而走。魏延知有准备，急退军时，四下喊声大震，左有司马懿，右有郭淮，两路兵杀来，蜀兵大败。魏延、马岱奋力杀出，蜀兵太半死于水中，余者奔逃无路。幸得吴懿引兵杀来，救了败兵，过了岸拒住。吴班分一半兵撑筏，顺水来烧浮桥，却被张虎、乐綝在岸上乱箭射住。吴班中箭死于水中，余军跳水逃生，木筏尽被魏兵所夺。此时王平、张嶷不知北原兵败，只奔到魏营，天已二更，只听得喊声大震。王平与张嶷曰："军马攻打北原，未知胜负。渭南之寨，见在面前，如何不见魏兵巡哨？莫非司马懿知道了，先作准备也？我等且看浮桥火起，方可进兵。"二人勒住军马，忽背后一骑马飞报曰："丞相

---

① 原作"乱其吾后"。"其"字有碍文义，删去。
② 原作"去攻渭水旱营"。据上下文改。

第二百三回　诸葛亮六出祁山

教军马急回。北原兵、浮桥兵俱失了。"王平、张嶷大惊,急退兵时,原来魏兵抄在背后,一声炮响,火光冲天,魏兵一齐杀来。王平、张嶷引兵相迎,两军大战一场。平、嶷二人奋力杀出,蜀兵折伤太半。

孔明回到祁山大寨,收聚败兵,约折万余,心中忧闷。长史杨仪告曰:"魏延口出怨言,说丞相看他如粪土,时常欺慢,故令渭水厮杀,心中怀怨。方有此失。"孔明叱之曰:"吾自有主意,汝休出逸言也!"仪惶恐而退。忽报费祎自成都来见丞相。孔明唤入。费祎礼毕,孔明曰:"吾有一书,正欲烦你去东吴一会,你肯去否?"祎曰:"丞相之命,岂敢违也?"孔明写书,付费祎去了。

祎持书径到建业,入见吴主孙权,呈上孔明之书。权拆封视之。书曰:

汉丞相、武乡侯臣诸葛亮顿首再拜,致书于东吴皇帝陛下:汉室不幸,王纲失纪;曹贼篡逆,蔓延及今。皆思剿灭,未遂同盟。亮受昭烈皇帝寄托之重,敢不竭力尽忠。今大兵已会于祁山,狂寇将亡于渭水。伏望陛下,以念同盟之义,命将北征,共取中原,平分天下。书不尽言,万希圣明垂察!

吴主览毕大喜,乃召费祎曰:"朕久欲兴兵,未得会合丞相。即目得丞相相会,朕自己亲征,入居巢湖口①,取魏合肥新城[五];再令陆逊、诸葛瑾等屯兵于江夏、沔口[六],取襄阳;孙韶②、张承等兵出广陵,取淮阴等处③:三处一齐进兵,共军马三十万,克日兴师。"费祎顿首拜谢曰:"诚如此言,则中原目下可破矣!"吴主遂设宴待之。吴主问曰:"丞相军前,善识兵机,当先破敌,用谁?"祎答曰:"独魏延为首也。"吴主又问曰:"记建功劳,兼管粮草,用谁?"祎答曰:"长史杨仪也。"吴主笑曰:"朕虽未见此二人,久知其行,真乃小辈耳,于国何益?若一朝无孔明,必为两人取败矣!卿等于君前,何不深议也?"祎曰:"陛下之言是也。臣今归去,严加计之。"

遂拜辞吴主,回到祁山,见了孔明。孔明问曰:"吴主其意允否?"费祎曰:"吴主起三十万兵,三路御驾亲征。"孔明又问曰:"别有言否?"费祎将论魏延、杨仪之事告之。孔明叹曰:"真聪明之主也!此二人吾非不知,为惜其智勇,不忍杀之。"祎曰:"丞相早宜区处。"孔明曰:"已定夺下了。"祎拜辞,回成都去了。

忽报魏将郑文背反来降。孔明唤入问之,郑文曰:"某乃魏之偏将。近与秦朗同领兵马,听司马懿调用。不料懿徇私偏向,将秦朗加为前将军,视文如草芥,待文如粪土,又行陷害,因此十分亏负,故来投丞相麾下。愿为军前一卒④,执鞭补报。"言未毕,人报秦朗单搦郑文交战。孔明曰:"此人武艺比汝若何?"文曰:"某当立斩之。"孔明曰:"汝若先杀秦朗,吾不疑也,必当重用。"郑文欣然上马,要与秦朗交战。孔明出营视之,只见秦朗挺枪大骂曰:"反贼!盗吾战马来此,早早还吾!"言讫,直取郑文。文舞刀相迎,只一合,斩秦朗于马下。魏军各自逃走。

---

① 原作"入居巢门"。据《三国志·魏书·明帝纪》改(居巢湖即今安徽巢湖)。
② 原作"孙昭"。据《三国志·吴书·吴主传》改。
③ 原作"取淮阳等处"。淮阳此时已改为陈郡,在曹魏腹地,距广陵甚远。据《资治通鉴》卷七二青龙二年,应为"淮阴"(系曹魏徐州广陵郡治所)。
④ 原作"愿为车前一卒"。"车前"当作"军前"。

郑文提秦朗首级入营。孔明曰:"汝再去剥将死尸衣服来。"文就纳下首级,复出营来剥衣服。孔明又来看毕,回到帐中坐定,唤郑文至,勃然大怒,叱左右:"推出斩之!"郑文曰:"小将无罪,何故如此?"孔明曰:"吾自幼识秦朗,安敢欺我?"文拜告曰:"此乃秦朗之弟秦明也。"孔明笑曰:"司马懿令汝诈降,于中取事,以图功劳,是否?汝若不实告,吾必斩之!"郑文只得从实招成,泣告免死。孔明略施小计,就此而行,要捉司马懿。未知如何,且听下回分解。

【注释】

[一] 五出祁山:据史籍,建兴十二年(234)之前,诸葛亮与魏国共进行五次战争。其中四次北伐:建兴六年春出祁山,建兴六年冬围陈仓,建兴七年春攻取武都、阴平,建兴九年春再攻祁山;另一次属防御,即建兴八年秋,曹真、司马懿等攻汉中,遇雨而退。《演义》所写,颇多虚构。

[二] 再出祁山:历史上诸葛亮此次北伐,系由斜谷出兵,据五丈原,未到祁山。《演义》为组成"六出祁山"情节系列,将出斜谷与到祁山拉在一起,造成若干漏洞。

[三] 青龙:魏明帝曹睿年号(233—237)。

[四] 北原:地名。属曹魏雍州扶风郡郿县。在今陕西岐山南,渭水北岸。

[五] 合肥新城:在合肥旧城(今安徽合肥市)西北。系曹魏扬州淮南郡治所。

[六] 沔口:即夏口。汉水又称沔水,入长江处即沔口。在今湖北汉口。

第二百四回　孔明造木牛流马

却说郑文泣告免死，孔明曰："汝既求生，可修书一封，教司马懿自来劫营，吾便饶汝性命。若捉住司马懿，便是汝之功也，吾当重用。"郑文只得写书，呈与孔明。孔明令监下郑文。樊建问曰："丞相怎知此人诈降？"孔明笑曰："观其动静可知也。司马懿不轻用人，若加秦朗为前将军，必武艺高强；与郑文交马只一合，被文斩之，必不是秦朗。故以诈言探之，果然如此。"众皆拜服曰："丞相真神人也！"

孔明选一舌辩军士，附耳吩咐，如此如此。其人持书径到魏寨，人报知司马懿。懿唤入，接上书，拆封看毕，懿问曰："汝何人也？"其人答曰："某乃中原人，因荒乱，流落蜀中。郑文乃某亲戚，见今诸葛亮因郑文有功，用为先锋。今郑文因与某有亲，故特来下书，明日一更时分，举火为号，万望都督提兵劫寨，郑文在内应之。都督切勿有误。若有迟慢，事不成矣！"司马懿反复诘审，果然是实，即赐酒食，欣然吩咐曰："本日为期，若大事成了，必重用汝。"其人拜别，回到本寨，告知孔明。孔明遂即仗剑步罡，祷祝已毕，唤王平、张嶷，吩咐如此如此；又唤马忠、马岱，吩咐如此如此；又唤魏延、姜维，吩咐如此如此。各人引兵而去。孔明坐于高山之上。

却说司马懿欲引二子提大兵来劫蜀寨，长子司马师止之曰："父亲何故据片纸而入重地也？倘有疏虞，如之奈何？不如令别将先去，父亲接应可矣。"懿从之，遂令秦朗引一万兵，去劫蜀寨。懿自引兵接应。

是日，天已初更，风清月朗；忽然阴云四合，黑气漫空，对面不见。懿大喜曰："天使吾成功也！"人尽衔枚，马皆勒口，大驱士卒进发。于是秦朗引一万兵，直杀入蜀寨，并不见一人。朗知中计，急退兵时，四下火把齐明，喊声大举，鼓角喧天，火炮震地，左有王平、张嶷，右有马岱、马忠，两路兵杀来。秦朗死战，不能得出。背后司马懿只见蜀寨火光冲天，喊声不绝，又不知胜负，只顾催兵接应。懿引兵正望火光中杀来，忽然喊声大震，左有魏延，右有姜维，两路杀出。魏兵大败，十伤八九，相持不住，尽皆奔走。此时秦朗所引一万之兵，皆死于锋刃之下。蜀兵围得铁桶一般，其箭如骤雨，因此秦朗不能逃，亦死于乱军之中。山头上鸣金，蜀兵皆归大寨，天复晴明。孔明坐于帐上，斩了郑文，再议取渭南之计。此时司马懿奔入本寨，人报初更时阴云暗黑，乃孔明用遁甲之法，后来收兵已了，天复晴明，乃孔明驱六丁六甲，扫荡浮云，所以如此。懿叹曰："真神人也！"即令诸将加谨防备。

却说孔明令兵每日搦战，魏兵只是不出。孔明自上小车，来祁山前渭水东西，踏看地理。忽到一处，其山如葫芦之状，入谷口视之，可容千余人；两山又合一谷，可容四五百人；背后两山环抱，只可通一人一骑而行。孔明看了一遍，心中大喜，乃问向导官曰："此处何名也？"答曰："地名上方谷[一]，又名葫芦谷。"孔明回到帐中，唤马岱附耳，授与密计，如此行之。即令一千五百人：五百人守谷口，一千人在内做工。孔明又嘱马岱曰："此等人不许放出，其余人不许

放入。吾亲自不时点视,擒司马懿只在此计之中。如若漏了消息,决斩汝首!"马岱受计而去,依法置造。孔明每日往来指示,不觉十余日。

孔明看了,回到营内,长史杨仪入帐告曰:"即今粮米皆在剑阁,人夫牛马,搬运不便。虽日行夜住,费力甚难。总然易到,不敷支用,如之奈何?"孔明笑曰:"吾已筹策多时也。前者所积木植[二],并益州收买下的木植,教人置造木牛流马,搬运粮草,甚是便益。牛马皆不用水食[三],可以昼夜转运不绝也。"众皆拜曰:"自伏羲[四]治世,相传至今,未闻有木牛流马之事,请丞相教之。"孔明曰:"吾已令人依法置造,未曾完足。吾暂将'木牛流马'之法,尺寸方圆,长短阔狭,开写明白,汝等视之。"诸将环立视之。造"木牛"法曰:

方腹曲头,一脚四足①,头入领中,舌著于腹。

载多而行少,独行者数十里,群行者二十里。曲者为牛头,双者为牛脚,横者为牛领,转者为牛足,覆者为牛背,方者为牛腹,垂者为牛舌,曲者为牛肋,刻者为牛齿,立者为牛角,细者为牛鞅,摄者为牛鞦轴。牛仰双辕,人行六尺,牛行四步。每牛载十人所食一月之粮,人不大劳,牛不饮食也。

造"流马"法云:

肋长三尺五寸,广三寸,厚二寸二分,左右同。前轴孔分墨去头四寸,径中二寸。前脚孔分墨二寸,去前轴孔四寸五分,广一寸。前杠孔去前脚孔分墨二寸七分,孔长二寸,广一寸。后轴孔去前杠分墨一尺五分,大小与前同。后脚孔分墨去后轴孔三寸五分,大小与前同。后杠孔去后脚孔分墨二寸七分,后载克去后杠孔分墨四寸五分。前杠长一尺八寸,广二寸,厚一寸五分。后杠与等板方囊二枚,厚八分,长二尺七寸,高一尺六寸五分,广一尺六寸,每枚受米二斛三斗。从上杠孔去肋下七寸,前后同。上杠孔去下杠孔分墨一尺三寸,孔长一寸五分,广七分,八孔同。前后四脚,广二寸,厚一寸五分。形制如象,靬音靬长四寸,径面四寸三分。孔径中三脚杠,长二尺一寸,广一寸五分,厚一寸四分,同杠耳。

却说众将看了一遍,皆拜伏曰:"丞相真神人也!汉室将复兴矣!"人言孔明妻黄氏善会此法,故孔明学之。未知是否?

不过半月之间,木牛流马皆造完备,宛然如活者一般,上山下岭,各尽其便。大军见之,无不欣喜。孔明令右将军、玄乡侯高翔,引一千兵驾木牛流马,自剑阁直抵祁山大寨,往来搬运粮草,供给蜀兵用度。因此大兵皆要出战,以报孔明之德。后人有诗赞曰:

六出祁山用计谋,军粮递运到西州。
剑关险峻驱流马,斜谷崎岖驾木牛。
心地玲珑人莫测,性天广大鬼难筹。
谁能继此神仙术?古往今来赞武侯。

却说司马懿正忧闷至急之间,忽巡哨军报说:"蜀兵营内,诸葛亮新造木牛流马,转运粮

---

① 原作"方腹曲胫,一股四足"。据《三国志·蜀书·诸葛亮传》注引《诸葛亮集》改。

第二百四回　孔明造木牛流马

草,人不太劳,牛马不食。"懿大惊曰:"吾坚守者,只为敌人粮草不能接应之故。今用此法,必为久远之计,不思退矣。"急唤张虎、乐綝,吩咐曰:"汝二人各引五百兵,从斜谷小路抄出,待蜀兵驱过木牛流马,任他过尽,一齐喊叫擂鼓,杀将出来,不可多抢,只抢三五匹便回。"二人听令,各引五百军,扮作蜀兵,夜间偷过小路,伏在谷中,果见高翔引兵驱木牛流马而来。将次过尽,两边一齐鼓噪杀出。蜀兵措手不及,弃了六七匹,尽往祁山大寨而去。张虎、乐綝不敢多带,每人止驱二匹,弃了粮草,星夜而回。与司马懿看了,果然进退如活的一般。懿喜曰:"汝既会用此法,吾何不用之?"便令巧匠百余人,当面拆开,懿吩咐曰:"吾效诸葛亮造此木牛流马,汝等可依尺寸长短、厚薄阔狭之法置造。敢有违式者,决斩!"不及半月,造成二千木牛流马,与孔明一样法则,亦能进退。就令镇远将军岑威,引一千兵驱驾木牛流马,去陇西搬运军粮,往来不绝。

却说高翔回见孔明,说魏兵抢木牛流马各二匹去了。孔明笑曰:"吾正要他抢去。今虽抢去几个木牛流马,不为失事,吾不久使得许多军中资助也。"诸将问曰:"丞相何以知之?"孔明曰:"司马懿见了,必然效吾造之,那时又有计策。"不数日,人报说魏人也会造木牛流马,往陇西搬运粮草。孔明大喜曰:"不出吾之所料也!"便教王平吩咐曰:"汝引一千兵,扮作魏人,星夜偷过北原,只推巡粮军,径到运粮之所,将护粮之人尽皆杀散,却驱木牛流马而回,径奔过北原来。此处必有魏兵追之,汝便将木牛流马口内舌头扭转过来,就不能动,所运军粮,尽皆弃走。背后魏兵赶到,牵拽不动,扛抬不去。吾再有兵到,汝却扭回舌头来,长驱大行。魏兵必疑为怪,不敢追也!"王平受计,引兵而去。孔明又唤张嶷吩咐曰:"汝引五百兵,扮作六甲六丁神兵,鬼头兽面,将五彩涂之,甲子甲寅模样,种种怪异之相;一手执锦绣旗幡,一手仗巨阙[五]宝剑;身挂葫芦,内藏烟火之物,伏于山旁。待木牛流马到时,放起烟火,一齐拥出,护送而来。魏人若见,必疑是神鬼,不敢追之。此乃神师之计也。"张嶷受计,引兵而去。又唤魏延、姜维,吩咐曰:"汝二人同引一万兵,去北原寨口接木牛流马,以防交战。"又唤廖化、张翼,吩咐曰:"汝二人引五千兵,去断司马懿来路。"又唤马忠、马岱,吩咐曰:"汝二人引三千兵,去渭南搦战。"各人遵令而去。

却说魏将岑威引军驱驾木牛流马,装载粮米,正行之间,忽报前面有兵巡粮。岑威令人哨探,果是魏军,遂放心进发。两军合在一处。忽然喊声大起,蜀兵就本队里杀将起来,乃蜀讨寇将军王平也①。魏军措手不及,被蜀兵杀死太半。岑威引败兵抵敌,被王平一刀斩之。余皆溃散。王平引兵,尽驱木牛流马而回。败军飞奔报入北原寨内。郭淮听知军粮被劫,火速引兵来救。王平令兵扭转木牛流马舌头,皆弃于道上,且战且走。郭淮令驱赶木牛流马之时,皆不能动。淮心中疑惑,正无奈何,忽然鼓角喧天,喊声震地,两路兵杀来,乃是魏延、姜维也。平复引兵杀回。三路夹攻,郭淮大败而走,蜀兵方回。淮扎住败军,又只见烟云突起,忽一队神兵拥出,个个执幡仗剑,怪异之像,驱驾木牛流马如风拥而去。郭淮大惊曰:"此必神助也!"因此心疑不赶。

---

① 原作"乃蜀将牙门将、裨将军王平也"。据《三国志·蜀书·王平传》改。

却说司马懿闻知北原兵败,自引兵来救。方到半路,忽一声炮响,两路兵从险峻处杀出,鼓喊震天,乃是前军都督、领扶风太守张翼,副将乃飞卫将军廖化也。司马懿大惊失色。未及交锋,魏兵当不住,被蜀兵杀死太半,余皆各自逃窜。司马懿匹马而走,被廖化骤马赶来,看看赶上。未知懿性命如何,且听下回分解。

【注释】

[一] 上方谷:三国时无此地名("火烧上方谷"本系虚构)。今陕西岐山五丈原高店镇,有地名上方谷。

[二] 木植:木料。

[三] 水食:饮水食草。

[四] 伏羲:古代神话中人类的始祖。传曾教民结网捕鱼,创制八卦。

[五] 巨阙:春秋时越王勾践的宝剑。后用作宝剑的通称。

第二百五回　孔明火烧木栅寨

却说司马懿被张翼、廖化一阵杀败，匹马单枪，遥望密林中奔走。张翼收住军马，廖化拍马赶来。马尾相接，懿绕树而转。化一刀砍去，正砍在树上；及拔出刀时，司马懿早走出林外。廖化随后赶出，不知去向，但见金盔落在林边。化取盔挑在马上，望东赶来，全无踪迹。原来司马懿将金盔落于林东，却往西走去了，所以廖化赶不着。化出了谷口，遇见姜维，同回大寨来见孔明。张嶷早驱木牛流马到寨，交割已毕，获粮万余石。廖化献上金盔，立为头功。魏延心中不悦，口出怨言。孔明只推不知。

却说司马懿逃回本寨，心中甚恼。忽使命赍诏至，言东吴三路入寇，令懿等坚守勿失。懿受命已毕，深沟高垒，坚守不出。

于是孔明令蜀兵与魏人相杂种田：军一分，民二分，并不侵犯，如扰害者，斩首示众。魏民受恩，安心乐业。司马懿正在帐中忧闷，长子司马师入帐告曰："蜀兵劫去许多粮米，又令蜀兵相杂，屯田于渭滨，以为长久之计；军士不许扰害，违者诛之。似此国家大患，何日得除？父亲何不与诸葛亮约日大战，以决雌雄？"懿曰："吾非不如诸葛亮，奈无计也。"师曰："有智使智，无智使力。父今统百万之众，何惧此人耶？"忽报魏延将金盔前来搦战，百般辱骂，只要都督出马。懿笑曰："圣人有云：'小不忍则乱大谋。'但坚守为上。"诸将依令不出。魏延辱骂良久方回。

却说马岱造成木栅，来告孔明曰："某营中已掘深堑，多积干柴，将引火之物灌入其中；周围山上虚搭窝铺，皆是柴草，内外皆伏地雷。目今月余，正值炎天，此计可施也。"孔明附耳嘱之曰："可将葫芦谷后路塞断，暗伏兵于谷中。若司马懿追到，任意入谷，但见人马塞满了道路，便将地雷干柴一齐放起火来，乃是汝之功也。若见蜀兵与魏兵交战者，昼举七星号带于谷口，夜设七盏明灯于山上，此乃引魏兵入谷之号也。吾素知汝忠义，故委此大任，切勿有失。"马岱受计，引兵而去。孔明又唤魏延，密嘱曰："汝引五百兵去魏寨搦战，诱引司马懿交锋，不可取胜，只诈败，望渭东走去。懿必追赶，汝却望七星旗处而入，夜则望七盏灯处而走，便入于山谷内，吾自有捉司马懿之计。"魏延引兵受计而去。孔明又唤高翔，吩咐曰："汝将木牛流马，或以二十为一群，或以五十为一群，装载米粮，于山路往来行走。如魏兵抢去，便是汝之功也。"高翔将木牛流马驱驾，如计施行去了。孔明将祁山兵一一调去，只作屯田之故："你我皆不相接，如别兵来战，只诈败而勿胜；若司马懿自来，方并力只攻渭南，断其归路。"孔明分拨已毕，自引一军近上方谷下营。

且说夏侯惠、夏侯和来大寨告司马懿曰："今蜀兵四散结营，各处屯田，以为久计。若不趁时除之，纵彼安居日久，深根固蒂，难以动摇。"懿曰："只怕是诸葛亮之计。"二人又曰："若都督

如此设疑，生民[一]何日太平耶？我二人自当努力，不劳都督费心矣。"懿曰："且教汝二兄分头出战可也。"遂令夏侯霸、夏侯威，各引五千兵去讫。懿坐待回音。

却说夏侯霸、夏侯威分兵两路，正行之间，忽见蜀兵驱木牛流马而来。两下一齐呐喊杀将过去，蜀兵大败奔走，抢到木牛流马五六十匹，金鼓旗幡不计其数，俱令人解报司马懿知道。次日又劫到人马百余，亦解赴大寨来。懿审其虚实，魏兵告曰："诸葛亮只料我兵坚守不出，尽将蜀兵四散屯田，以为久计也。"懿即将蜀兵尽皆放去。夏侯和问曰："抢来蜀人，不杀放之，何也？"懿曰："量此些小之兵，又非大将，杀之无益。放回本寨，令说魏将宽仁厚德，释彼战心，效吕蒙取荆州之计。今后再有抢到蜀人，当用好言抚慰，仍重赏有功之人。"诸将听令而去。

却说孔明令高翔虚作运粮，屯于上方谷内，既入还出，人莫知之。夏侯霸、夏侯威每日取胜，约有十余日。因是司马懿见蜀兵屡败，心中欢喜。忽报擒到蜀兵一百余人。懿唤至帐下，问曰："诸葛亮今在何处？"众皆告曰："每日运粮屯在上方谷内。诸葛丞相不在祁山，来上方谷山西十里下营安住。"懿备细问了，将各人赐酒食，犒劳已毕，尽皆放了。当日天晚，司马懿唤众将吩咐曰："今诸葛亮不在祁山，自引一军在上方谷安营。汝等明日一齐并力共取祁山寨，吾自去接应。"各人受令而退。长子司马师曰："父欲攻其后者，何也？"懿曰："祁山乃蜀人之根本也，若见我兵攻之，各营必尽来救矣。我却取上方谷，烧其粮草，蜀人首尾不接，必大败走也。"二子服曰："父之言是也。"懿即令张虎、乐綝，吩咐曰："汝二人各引五千兵在后救应，军中设下火把。"

却说孔明正在山上，遥望见魏兵或三千一行，或五千一行，队伍纷纷，前后顾盼，料必来取祁山大寨，便令众将勒兵等候："若司马懿自来，便劫魏寨，夺了渭南。"众将收拾已毕。

却说魏兵皆奔祁山寨来，蜀兵四下一齐呐喊，虚作救应之势。司马懿看见蜀兵去救祁山寨栅，心中大喜，乃引二子并中军护卫精兵，杀奔上方谷来。

且说魏延只盼司马懿到来，忽一支兵杀到，延纵马视之，乃司马懿也。懿大喝曰："魏延休走！"延舞刀相迎。战不十合，延拨回马走，懿随后赶来。延只望七星旗处而走。懿见魏延一人，军马又少，放心追赶。懿却分兵三支：司马师在左，司马昭在右，懿自居中，一齐攻杀将来。延遥见谷口内有七星号带飘扬，乃引五百兵皆退入谷中去了。懿追到谷口，先令人哨探，回报曰："谷内并无伏兵，山上皆是草房。"懿曰："此必是屯粮之所。"遂大驱士卒皆入谷中。懿忽见草房中尽是干柴，前面魏延勒马横刀而立。懿大骇，乃与二子曰："倘有蜀兵断其谷口，如之奈何？"急退兵时，只听得喊声大震，山上火把一齐丢将下来，烧断谷口。懿大惊失措，将兵敛在一处。山上火箭射下，地雷一齐突出，草房内干柴皆着。魏延望后谷中而走，只见谷口垒断，仰天长叹曰："吾今休矣！"司马懿见火光甚急，乃下马抱二子大哭曰："吾父子断死于此处矣！"正哭之间，忽然狂风大作，黑雾漫空，一声霹雳响处，骤雨盆倾，满谷之火，尽皆浇灭；地雷不响，火器无功。滂沱大雨，自申时直下至酉时①，平地水深三尺。司马懿喜曰："不就此时杀出，更待何时！"即引败兵奋力杀出。马岱军少，不敢追之。忽一彪军杀到，退了马岱，复来接应司

---

① 原作"自申时只下至酉时"。"只"当作"直"。

马懿。众视之,乃张虎、乐綝也,遂合兵一处,同归渭南大寨。此时大寨已被蜀兵夺了,郭淮、孙礼正在浮桥上与蜀兵交战。司马懿引兵冲杀过桥来,蜀兵退去。懿烧断浮桥,据住北岸。

且说魏兵在祁山攻打蜀寨,听知魏兵大败,失了渭南大寨,军心大慌;火急退时,四面蜀兵杀到,魏兵大败,十伤八九,死者无数,生者奔过渭北逃生。

却说孔明望见司马懿被魏延诱入谷时,不胜欣喜。马岱一齐放火,将欲尽情[二]烧死。忽天降大雨,火不能着,人报走了司马懿。孔明闻知,仰天长叹曰:"谋事在人,成事在天!"后人有诗赞孔明这八个字曰:

烈火万堆藏木栅,片时司马命难全。
忽然大雨滂沱下,谋事须人成在天!

又诗曰:

丞相安排烈火烧,滂沱大雨降青霄。
孔明妙计如成就,争得山河属晋朝!

却说孔明收兵,回到渭南大寨,安营已毕,魏延告曰:"马岱将葫芦谷后口垒断,若非天降大雨,延同五百军皆烧死谷内!"此乃孔明欲将司马懿、魏延皆要烧死,不想天降大雨,二人得生。后孔明死时,遗计与马岱,将延斩之。孔明大怒,唤马岱深责曰:"文长乃吾之大将,吾当初授计时,只教烧司马懿,如何将文长也困于谷中?幸朝廷福大,天降骤雨,方才保全;倘有疏虞,又失吾右臂也。"大叱:"武士!推出斩首回报!"未知马岱性命毕竟若何?

【注释】

[一] 生民:人民。
[二] 尽情:尽数,全部。

第二百六回　孔明秋夜祭北斗

却说众将见孔明怒斩马岱，皆拜于帐下，再三哀告，孔明方免，令左右将马岱剥去衣甲，杖背四十，削去平北将军、陈仓侯官爵①，贬为散军[一]。马岱责毕，回到旧寨，孔明密令樊建来谕曰："丞相素知将军忠义，故令行此密计，如此如此。他日成功，当为第一。可只推是杨仪教如此行之，以解魏延之仇。"岱受计已毕，甚是欣喜，次日强行来见魏延，请罪曰："非岱敢如此，乃是长史杨仪之谋也。"延大恨杨仪，即时来告孔明曰："延愿求马岱为部下裨将。"孔明不允。再三告求，孔明方从。

却说司马懿在渭北寨内，传令曰："渭南寨栅今已失了。诸将再言出战者斩之。"各听将令，据守不出。忽有郭淮来告曰："近日诸葛亮引兵巡哨，必欲择地安营也。"懿曰："诸葛亮若出武功[二]地名，依山而东，吾等皆危矣！真为可忧。若出渭南，西止五丈原[三]，可保无事矣。"令人探之，回报曰："孔明果上五丈原矣。"司马懿以手加额曰："乃大魏皇帝之洪福也！"遂令诸将坚守以待，孔明久必自变。

却说孔明自引一军屯于五丈原，屡屡令人搦战，魏兵不出。孔明乃取巾帼音国，妇人之丧冠也。并妇人素缟之服，修书一封，盛于大盒之内，遣人径送到魏寨。诸将不敢隐蔽，直引入见了司马懿②。懿对众拆开视之，内有巾帼妇人之衣并书一封。懿拆封视之。书曰：

　　汉丞相、武乡侯诸葛亮，尝闻管子有云："礼义廉耻，国之四维；四维不张，国乃灭亡！"窃惟司马仲达既为大将，统领中原之众，不思披坚执锐以决雌雄，则甘分窟守土巢而畏刀避箭，与寡妇又何异哉！今遣人送巾帼素衣，如不出战，可再拜而受之。倘有丈夫之胸襟，早与批回，依期赴敌。

司马懿看毕，心中大怒，乃佯笑曰："视我为妇人耶？吾且受之！"令人重待来使。懿问曰："孔明寝食及事烦简若何？"使者曰："丞相夙兴夜寐[四]，罚二十已上者，皆亲览焉。所啖之食，不过数升。"懿告众将曰："孔明食少事烦，岂能久乎？"

使者回到五丈原，见了孔明，说："司马懿受了巾帼衣服，看书已毕，只问寝食事物，并不言及军旅之事。某如此应对，彼言：'食少事烦，岂能久乎？'"孔明叹曰："彼深知我也。"主簿杨颙谏曰："某见丞相常时自校簿书。且为治有体，上下不可相侵。请为丞相以治家之事譬之：凡治家之道，必使奴执耕，婢典爨[五]音窜，鸡司晨，犬吠盗，牛负重，马涉远，私业无旷[六]，所求皆足，其家主从容自在，高枕饮食而已。忽一旦将身亲其役，形疲神困，终无一成。岂其智之不如奴婢鸡犬哉？失为家主之法也。是故古人称'坐而论道，谓之王公；作而行之，谓之士大

---

① 原作"削去平北将军、陈仓侯官职"。平北将军系"官"，陈仓侯则系"爵"。
② 原作"直须引入见了司马懿"。"须"字衍，删去。

夫'。昔丙吉[七]不问横道死人，而忧牛喘；陈平不知钱谷数[八]，云'自有主者也'。今丞相自理细事，汗流终日，岂不劳乎？司马懿之语，诚然肺腑也。"孔明泣曰："吾非不知。但受先帝托孤之重，惟恐他人不似吾尽心也。"众皆垂泪。孔明自觉神思不宁，诸将因此未敢进兵。

却说魏将皆知孔明以巾帼大辱司马懿，懿受之不战。众将因此入帐告曰："我等乃大国名将，安忍受小邦之辱耶？愿请出战，以决雌雄！"懿笑曰："吾非不敢出战，而甘心受辱也。奈天子明诏，令坚守勿动；今若轻出，乃违天子之命矣。"众皆昂然不忿。懿曰："汝等既要出战，待吾奏知天子，速求赴敌。若天子准吾出战，那时各建功名，未为晚矣。"众皆允之。懿急写表章，遣使直至合肥军前，奏闻魏主曹睿。睿急拆表览之。其表曰：

　　臣司马懿谨表：臣才薄任重，深蒙眷委，令臣坚守不战以待其敝。今者，蜀臣诸葛亮轻臣如奴隶，待臣如妇人，遗以巾帼，耻辱至甚！臣先奏达圣聪，旦夕将效死一战，以报先帝之大恩，陛下之重禄。臣不胜激切祈恳之至！

魏主览毕，乃与多官曰："朕教且休出战，今何故上表求战耶？"卫尉辛毗奏曰："司马懿本无战心，必因孔明耻辱，众将抗拒之故也。虚上表，望陛下制之。"魏主曹睿听知如此，遂令辛毗持节径到渭北寨内制之。

司马懿接诏入帐，受命已毕。辛毗传诏曰："再有敢言出战者，以违制论之。"众皆倾服。懿暗与辛毗曰："公足知我心腹。"就令士民布散流言，说魏天子命辛毗持节到营，令司马懿坚守勿出。

于是典军书记樊建、丞相主簿董厥①听知此事，来告孔明。孔明笑曰："此乃司马懿安三军之法也。"姜维曰："丞相何以知之？"孔明曰："彼本无出战之心，所以固请战者，以示武于众将耳。岂不闻'将在外，君命有所不受'。安有千里而请战乎？此乃司马懿耻辱不过，又因将士忿拒，故散此言也。"众皆拜曰："丞相有万里之明见也！"

忽报费祎到。孔明急召入问之，祎再拜言曰："魏主曹睿闻东吴三路进兵，乃自引大兵径到合肥，令满宠、田豫、刘劭②分兵三路迎之，被满宠设计，尽焚东吴粮草及战具器物。吴兵多病。陆逊上表与吴主，约会一齐攻之，不意持表人至中途被魏兵所获，因此机会泄漏，吴兵大败而回。"孔明听知，长叹一声，昏倒地上。众皆急救，半响方苏而言曰："吾心神昏乱，旧疾忽发，寿死必不远矣！"是夜，孔明遂扶病出帐，仰观天文，大慌失色，入帐乃与姜维曰："吾命在旦夕矣！"维乃泣曰："丞相何故出此言也？"孔明曰："吾见三台星[九]中，客星倍明，主星幽隐，相辅列曜以变其色，足知吾命矣！"维曰："昔闻能禳者，惟丞相善为之，今何不祈禳也？"孔明曰："吾习此术年久，未知天意若何。汝可引甲兵七七四十九人，各执皂旗，身穿皂衣，环绕帐外，吾自于帐中祈禳北斗。七日内，如灯不灭，吾寿则增一纪矣；如主灯灭，吾必然死也。一应闲杂人等，休教放入。"

---

① 原作"丞相令董厥"。三国时无"丞相令"官职。据《三国志·蜀书·诸葛亮传》，董厥曾任丞相令史，此时为主簿。

② 原作"刘昭"。据《三国志·魏书·刘劭传》改。

姜维得令，凡用之物，只令二小童搬运。时值八月半间，是夜银河耿耿，秋露零零，旌旗不动，刁斗[一〇]无声。姜维在帐外引四十九人守护。孔明自于帐中设香花祭物，中布七盏大灯，顺布四十九盏小灯，内安本命灯一盏于地上。孔明拜伏于地曰："亮生于乱世，隐于农迹，承先帝三顾之恩，托幼主孤身之重，因此尽竭犬马之劳，统领貔貅之众，六出祁山，誓以讨贼。不期将星欲坠①，阳寿将终。谨以静夜，昭告于皇天后土、北极元辰：伏望天慈，俯垂鉴察！"祝告已毕，乃读青词[一一]曰：

　　伏以周公代姬氏之厄[一二]，翌日乃瘳②；孔子值匡人之围[一三]，自乐不死。臣亮受托之重，报国之诚：开创蜀邦，欲平魏寇，率大兵于渭水，会众将于祁山。何期旧疾缠身，阳寿欲尽，谨书尺素[一四]，上告穹苍：伏望天慈，曲赐臣算[一五]，上达先帝之恩德，下救生民之倒悬。非敢妄祈，实由恳切。下情不胜屏营[一六]之至。

孔明祝毕，俯伏待旦。次日，扶病理事，吐血不止，醒而复昏，昏而复醒。日则计议伐魏，夜则步罡踏斗[一七]。

却说司马懿夜间仰观天文，忽大惊，乃唤夏侯霸曰："我见将星失位，诸葛亮必然有病，不久便死矣。汝可引一千兵去五丈原哨探，若蜀人攘乱不战者，必有病；若奋然突出者，则无事矣。"霸听令，引兵而去。

却说孔明在帐中乃祭祀到第六夜了，见主灯明灿，心中暗喜。姜维入帐，正见孔明披发仗剑，踏罡步斗，压镇将星。忽听得寨外呐喊，欲令人问时，魏延入帐报曰："魏兵至矣！"延脚步走急，将主灯扑灭。孔明弃剑而叹曰："'死生有命，富贵在天。'主灯已灭，吾岂能存乎？不可得而禳也！"姜维大怒，急拔剑望魏延便砍。未知延性命如何，且听下回分解。

【注释】

[一] 散军：没有职务的军士。
[二] 武功：县名。属曹魏雍州扶风郡。治所在今陕西武功县西。
[三] 五丈原：地名。属曹魏雍州扶风郡郿县。在今陕西岐山南，渭水南岸，与北原隔水相对，在祁山以东数百里。
[四] 夙兴夜寐：起早睡晚。
[五] 典爨：专管烧火做饭。
[六] 旷：荒废。
[七] 丙吉：西汉宣帝时丞相。一年春天出行，路见因争斗而死伤的人，视而不问；看见牛喘，却很关心。有人讥讽他，他说：百姓争斗而伤，自有主管官吏过问；而天未热时，牛喘，会

---

① 原作"不忆将星欲坠"。据叶逢春本改。
② 原作"昱日乃瘳"。据《尚书·金縢篇》改。

影响年成，这正是丞相职责所在。
- [八] 陈平不知钱谷数：陈平，西汉文帝时丞相。文帝问他刑狱案件多少，收入钱粮多少，他答道："这些可问主管部门。丞相的职责是管理群臣，帮助天子总理政务。"
- [九] 三台星：星官名。共六星。
- [一〇] 刁斗：古代军用铜锅，有柄，可容一斗。白天煮饭，夜间敲击巡更。
- [一一] 青词：道士斋醮，上奏天神的表章。因用硃笔写在青藤纸上，故称。
- [一二] 周公代姬氏之厄：周武王患病，周公祷告先王，愿以身代之。第二天，武王的病就好了。
- [一三] 孔子值匡人之围：孔子周游经过匡（今河南睢县西），匡人因曾遭阳货掠杀，而孔子貌似阳货，乃拘禁孔子。孔子说："天之未丧斯文也，匡人其如予何！"
- [一四] 尺素：书信的代称。古代用一尺宽的素绢书写，故称。此处指祝告的表文。
- [一五] 曲赐臣算：曲意照顾，赐予我更长的寿命。
- [一六] 屏营：惶惧貌。
- [一七] 步罡踏斗：又作"踏罡步斗"。指道教法师祭拜星斗时行走的步伐。罡，北斗星。

第二百七回　孔明秋风五丈原

却说姜维拔剑在手,欲斩魏延。孔明急止之曰:"是吾天命已绝,非文长之过也。"维方免之。于是孔明吐血数口,卧于床上,乃与魏延曰:"此是司马懿料吾有病,故令人来探虚实也。汝可急出。"魏延遂上马,引兵出寨时,夏侯霸见了魏延,慌忙引兵而退。延奋赶二十余里方回。

孔明乃与姜维曰:"吾本欲竭忠尽力,恢复中原,重兴汉室。奈天意如此,吾旦夕将亡矣!吾平生所学,已著于书,共二十四篇,计十万四千一百一十二字,内有八务、七戒、六恐、五惧之法。吾遍观诸将,无人可授,独将军可授之。切勿泄漏!"维哭拜而受。孔明又曰:"吾有'连弩'[一]之法,不曾用得。汝后必用,以铁折叠烧打而成,铁矢长八寸,一弩可发十矢,皆画成图本,汝可如法造之。"维再拜而受。孔明又曰:"蜀中诸道皆不必多忧,惟阴平之地,切要仔细。虽然险峻,久必有失。"后邓艾取蜀,自此处而失也。又唤长史杨仪入帐,授与一锦囊,便吩咐曰:"久后魏延必反,若反时方开之,那时自有斩延之将也。"此日孔明一一调度已毕,人事不省,至晚方苏,病加沉重。是夜昏绝数番。孔明连夜表奏后主。后主急遣尚书仆射李福,星夜径到五丈原,入见孔明问安。孔明令坐,而言曰:"吾不幸中道而亡,虚废国家大事,得罪于天下也。吾死后,自有遗表上奏天子,你公卿大夫皆依旧制而行,不可改易;吾所用之人,不可废之。马岱忠义,后当重用。吾兵法皆授与姜维,他日能守西蜀也。"李福辞去。

孔明强支病体,令左右扶上小车,出寨遍视各营,自觉秋风吹面,彻骨生凉。孔明泪流满面,长叹曰:"吾再不能临阵讨贼矣!悠悠苍天,曷我其极!"叹息良久。回到帐中,病转沉重,乃唤杨仪曰:"王平、廖化、张嶷、张翼、吴懿等,皆忠义,久经争战,多负勤劳,堪可委用。吾死之后,凡事皆依旧法而行。可缓缓退兵。汝乃深通谋略之人,不必多嘱。姜伯约智勇足备,可以断后。魏延后日反时,汝只依前付锦囊行之。"杨仪泣拜而领谢。孔明令取文房四宝[二],于卧榻上写遗表,以奏后主。其表曰:

丞相、武乡侯臣诸葛亮稽首顿首谨表:伏闻生死有常,难逃定数;死之将至,愿尽愚忠。念臣赋性愚拙,时遭艰难,分符拥节[三],专掌钧衡,兴师北伐,未获成功;何期病在膏肓,命垂旦夕!伏愿陛下清心寡欲,薄己爱民;遵孝道于先君,布仁义于寰海;提拔幽隐[四],以进贤良;屏除奸谗,以厚风俗。臣家成都,有桑八百株,薄田十五顷,子弟衣食,自有余饶。至于臣在外任,别无调度,随身衣食,悉仰于官,不别治生[五],以长尺寸。若臣死之日,不使内有余帛,外有赢财,以负先帝、陛下也。臣亮临楮不胜涕泣,激切祈恳之至。

孔明写毕,吩咐杨仪曰:"吾死之后,不可发丧。若司马懿来追,将吾先时木雕成吾之原身,安于车上,以青纱蒙之,勿令人见。汝可一顺一逆,布成长蛇之阵,回旗返鼓。若魏兵追来,令人马不许错乱,却将吾原身推出,令大小将士左右而列。懿若见之,必急走矣。待魏兵退去,方可发丧。丧车上可作一龛[六],坐于车上,用米七粒,少用水放于口中;足下安明灯一盏,置柩于毡车之内；军中安静如常，切勿举哀；则将星不坠矣。吾阴魂自起镇之。先令后寨先行，然后一营一营，缓缓而退。汝等文武皆尽心报国，不可负职也。"杨仪听令，曰："丞相少虑，仪并不敢有违丞相之言也。"

是夜，孔明令人扶出，仰观北斗，遥指之曰："此吾之将星也。"众视之，只见其色煌煌欲坠。孔明以剑指之，口中念咒。咒毕，急回帐中，不醒人事。忽李福又到，见孔明昏绝，口不能言，乃大哭曰："我误国家大事也！"须臾，孔明复醒，开目视之，见李福立于榻前。孔明曰："公此一来，必是天子问谁可任大事。蒋公琰可矣。"福曰："公琰倘不在，谁可继之？"孔明曰："费文伟可以继之。"福欲又问，孔明不答而逝。时建兴十二年秋八月二十三日也，寿五十四岁。后晋史官陈寿评之曰：

诸葛亮之为相国也，抚百姓，示仪轨[七]；约官职，从权制；开诚心，布公道。尽忠益时者，虽仇必赏；犯法怠慢者，虽亲必罚；服罪输情者，虽重必释；游辞巧饰者，虽轻必戮。善无微而不赏，恶无纤而不贬。庶事精练，物理其本；循名责实[八]，虚伪不齿。终于邦域之内，咸畏而爱之。刑政虽峻而无怨者，以其用心平而劝戒明也。可谓识治之良才，管、萧[九]之亚匹矣！

蜀人杨戏赞曰：

忠武英高①，献策江滨。攀吴连蜀，权我世真。

受遗阿衡[一〇]，整武齐文。敷陈德教，理物移风。

贤愚竞心②，佥忘其身③。诞静邦内④，四裔[一一]以绥。

屡临敌庭，实耀其威。研精大国，恨于未夷。

唐贤元微之作孔明庙赞曰：

拨乱扶危主，殷勤受托孤。英才过管、乐，妙策胜孙、吴。凛凛《出师表》，堂堂"八阵图"。如公全盛德，应叹古今无！

白乐天言先主能用孔明诗曰：

先生晦迹卧山林，三顾哪逢圣主寻。

鱼到南阳方得水，龙飞天汉便为霖。

托孤既尽殷勤礼，报国还倾忠义心。

前后出师遗表在，令人一览泪沾襟。

宋程伊川挽孔明诗曰：

六出雄师度剑关，运谋设策笑谈间。

巍巍功业盖三国，凛凛威风镇八番。

---

① 原作"忠臣英高"。据《三国志·蜀书·杨戏传》附《季汉辅臣赞》改（诸葛亮谥"忠武侯"）。
② 原作"贤愚兢心"。校改依据同①。
③ 原作"金亡其事"。校改依据同①。
④ 原作"诞静邦外"。校改依据同①。

羽扇纶巾扶社稷，忠肝义胆展江山。
壮怀未遂身先丧，提起令人血泪斑。

后宋尚书姚伯善吊孔明古风曰：

火精秒暮当桓、灵，妖氛蔽日豺狼横。
操虽汉相实汉贼，逼胁万乘迁神京。
二袁、刘表、孙破虏，坐视王室扬旗旌。
豫州哀愍世无主，殷勤三顾茅庐行。
先生感激弃未耜，坐间谈论诛鲲鲸。
运谋东吴破赤壁，长剑西指烟尘清。
托孤泣涕请继死，愿效忠贞竭股肱。
祁山六出世罕比，折冲不用施刀兵。
中兴功业耀神武，灭伏鼠盗潜无踪。
苍天何事绝炎汉？半夜耿耿长星倾。
可怜豪俊志不遂，哽咽忿气空填胸！

宋陈兰石先生叹孔明诗曰：

亘古英雄世莫俦，匡君功业并伊、周。
出师未必摧梁木，始觉天心已厌刘。

宋楚菊山先生赞孔明诗曰：

七星坛上东风急，五丈原头秋月明。
先生不是无才调[一二]，天意俄然欲变更。

宋参政叶士龙①赞孔明诗曰：

退莫追兮进莫攻，来如风雨去无踪。
神机妙略谁能测？果是人间一卧龙！

胡曾先生诗曰：

蜀相西驱十万来，秋风原下久徘徊。
长星不为英雄住，夜半流光落九垓。

后史官朱黼论孔明曰：

孔明高卧南阳，自比管、乐，时人莫之许也。余窃论之，孔明王者之佐，伊尹之俦也。管、乐之比，特主乎拨乱继绝之志，一时自寓之言耳，奚足以知孔明哉？夫孔明之于伊尹，所遇虽异，处心则同，要未可以差殊观也。夫躬耕有莘，而乐尧、舜之道；躬耕南阳，而吟《梁父》：同一隐晦也。聘币三往而后起，枉驾三顾而后从：同一出处也。一夫不被则有纳沟之耻，汉室未复则为一己之责：同是自任也。伊尹往来汤、桀之间，二国不以为间；就桀而复伐之，天下不以为叛；相太甲而复放之，复太甲而终相

---

① 原作"宋参政叶士能"。据郑本《三国》改。

之，天下不以为专。孔明兄弟分仕三国，国人不以为二，劝昭烈伐刘璋而迄取之，后世不以为贪；昭烈令辅后帝，且曰"苟不可辅，公自取之"，孔明不以为嫌；专国一十二年，后帝不以为逼：果何修而得此哉？孟子曰："伊尹耕于有莘之野，非其道也，非其义也，禄之天下，弗顾也；系马千驷，弗视也。"岂非其素所不屑者，足以取信于人哉？方孔明萧然[一三]草庐之中，资衣食于耒耜之业，拥膝长啸，不求闻达，顾岂有一毫富贵之念？迫之而起，要为天下大义，拨乱继绝耳，其肯以天下动其心乎？其肯以负其主以利其家乎？其肯为不义以利其身乎？

初，蜀长水校尉廖立，自谓才名宜为诸葛之副，尝以职位游散，怏怏怨谤无已。于是孔明废立为民，徙之汶山[一四]。及闻孔明亡而垂泣曰："吾终为左衽[一五]矣！"李平闻之，亦大哭病死。平常冀亮复收已，得自补复，策后人不能，故也。后史官习凿齿论廖立、李平曰：

> 昔管仲夺伯氏骈邑三百，没齿[一六]而无怨言，圣人以为难。诸葛亮之使廖立垂泪，李严即李平也致死，岂徒无怨言而已哉？夫水至平而邪者取法，镜至明而丑者无怨①，水镜之所以能穷物而无怨者，以其无私也。水镜无私，犹以免谤，况大人君子怀乐生之心，流矜恕之德，法行于不可不用，刑加乎自犯之罪，爵之而非私，诛之而不怨②，天下有不服者乎？

后南轩张氏赞孔明曰：

> 维忠武侯，识其大者。仗义履仁，卓然不舍。
> 方卧南阳，若将终身。三顾而起，时哉屈伸。
> 难平者事，不昧者几？大纲既得，万目乃随。
> 我奉天讨，不震不竦。惟一其心，而以时动。
> 噫侯此心，万世不泯！遗像有严，瞻者起敬。

晋永兴[一七]年间，镇南将军刘弘至隆中，观孔明故宅，立碑以表其闾，命太傅掾犍为李兴撰文。其文曰：

> 天子命我，于沔之阳，听鼓鼙而永思，庶先哲之遗光，登隆山以远望，式诸葛之故乡。盖神物应机，大器无方，通人靡滞，大德不常。故谷风发而驺虞啸[一八]，云雷升而潜鳞骧；挚解褐于三聘[一九]，尼得招而褰裳[二〇]，管豹变于受命[二一]，贡感激以回庄[二二]，异徐生[二三]之摘宝，释卧龙于深藏，伟刘氏之倾盖，嘉吾子之周行[二四]。夫有知己之主，则有竭命之良，固所以三分我汉鼎③，跨带我边荒，抗衡我北面，驰骋我魏疆者也。英哉吾子，独含天灵。岂神之祇，岂人之精？何思之深，何德之清！异世通梦，恨不同生。推子八阵，不在孙、吴；木牛之奇，则非殷模[二五]；神弩之功，一何微

---

① 原作"鉴至明而丑者亡怨"。据《三国志·蜀书·李严传》注改。
② 原作"诛之而不怒"。校改依据同①。
③ 原作"三分我九鼎"。据《三国志·蜀书·诸葛亮传》注引《蜀记》改。

妙①；千井齐甃，又何秘要！昔在颠、天[二六]，有名无迹，孰若吾侪，良筹妙画？臧文[二七]既没，以言见称，又未若子，言行并征。夷吾[二八]反坫，乐毅不终，奚比于尔，明哲守冲。临终受寄，让过许由，负扆莅事，民言不流。刑中于郑，教关于鲁，蜀民知耻②，河、渭安堵③。非皋则伊[二九]，宁比管、晏，岂徒圣宣[三〇]，慷慨屡叹！昔尔之隐，卜惟此宅，仁智所处，能无规廓。日居月诸[三一]，时殒其夕，谁能不殁，贵有遗格。惟子之勋，移风来世，咏歌余典，懦夫将厉。逖哉邈矣，厥规卓矣，凡若吾子，难可究已。畴昔之乖，万里殊途；今我来思，觏尔故墟。汉高归魂于丰、沛④，太公五世而反周[三二]，想魍魉[三三]以仿佛，冀影响之有余。魂而有灵，岂有识诸！

后尹直赞孔明曰：

炎祚告终，仅遗余烬。卧龙南阳，起应三聘。
首陈经济[三四]，区画素定。曰彼魏、吴，孰如同姓？
师行仁义，兵列八阵。流马木牛，人力莫竞。
七纵七擒，式示权劲。历事两朝，心殚力尽。
《出师》二表，伊训[三五]说命。大星陨营，天胡弗愁？
百世景仰，惟忠惟正。

是夜，天愁地惨，月色无光，孔明奄然[三六]归天。姜维、杨仪皆依孔明旧制而行，不敢妄动纤毫，遂依遗法成殓，置于车上，用龛盖之，令三百心腹人守护，即传密令，教魏延断后，杨仪次之，各处营寨，一一退去。

却说司马懿夜观天文，见一大星赤色，光芒有角，自东北方流于西南方，坠于蜀营之分，三投再起，投大起小，隐隐有声。懿大惊曰："今诸葛孔明死矣！"即刻传示各营，懿遂亲引铁骑，当先追赶。未知如何，且听下回分解。

【注释】

[一] 连弩：可以连续射出矢的弩。制作方法不详。
[二] 文房四宝：纸、墨、笔、砚四种文具的统称。
[三] 分符拥节：执掌兵权。符节，将帅统兵的凭证。
[四] 幽隐：隐居的贤士。
[五] 治生：谋生计，谋取生财之道。

---

① 原作"一何奇妙"。据《三国志·蜀书·诸葛亮传》注引《蜀记》改。
② 原作"蜀氏之耻"。校改依据同①。
③ 原作"何谓安堵"。校改依据同①。
④ 原作"汉高归魏于丰、沛"。校改依据同①。

［六］龛：供奉神佛像的石室或柜子。
［七］仪轨：法度规范。
［八］循名责实：要求名实相符。责，求。
［九］管、萧：管仲和萧何。
［一〇］阿衡：商代官名，伊尹任之。引申为辅导帝王，主持国政。
［一一］四裔：四方边远之地。
［一二］才调：才情。
［一三］萧然：冷清寂寞。
［一四］汶山：郡名。属益州。治所在绵虒（今四川汶川西南）。
［一五］左衽：指少数民族。衽，衣襟。
［一六］没齿：一辈子。
［一七］永兴：西晋惠帝司马衷年号（304—306）。
［一八］谷风发而驺虞啸：谷风，东风；驺虞，传说中的"义兽"，"不食生物，有至信之德则应之"。
［一九］挚解褐于三聘：挚，伊尹的名；解褐，脱去粗布衣，比喻出仕；三聘，汤曾三次礼聘伊尹。
［二〇］尼得招而褰裳：指孔子被季康子迎请归鲁。尼，孔子字仲尼；褰裳，出自《诗经·郑风·褰裳》，指揭起衣裳（渡河）。
［二一］管豹变于受命：管仲受命辅佐齐桓公。豹变，比喻上升为显贵。
［二二］贡感激以回庄：贡，西汉大臣贡禹，曾因年老上书，请归故里，被元帝挽留，后任御史大夫。庄，故乡。
［二三］徐生：指徐庶。
［二四］周行：大道。
［二五］般：公输般（即鲁班），春秋、战国之际巧匠。
［二六］颠、夭：太颠、闳夭，西周初大夫。
［二七］臧文：即臧文仲，春秋时鲁国大夫，有贤名。
［二八］夷吾：管仲字夷吾。
［二九］非皋则伊：皋，皋陶，曾被舜任为掌管刑法的官，后被禹选为继承人，因早死，未继位；伊，伊尹。
［三〇］圣宣：即孔子。孔子曾被汉平帝追谥为"褒成宣尼公"。
［三一］日居月诸：指光阴流逝。
［三二］太公五世而反周：姜太公（吕尚）受封于齐，死葬于周，子孙五世之后，乃葬于齐。
［三三］魍魉：古代传说中山川里的精怪。
［三四］经济：经世济民，治理国家。
［三五］伊训：《尚书》篇名。传为伊尹所作。内容为训诫太甲继承商汤事业。
［三六］奄然：忽然。

第二百八回　死诸葛走生仲达

却说司马懿知孔明身死，急起大兵追之。方出寨门，忽然自省，乃与二子曰："孔明善会六丁六甲遁法，今见吾久不出战，故以此术诈死，诱我追之。今若追赶，必中计矣！"因此复回，遂令夏侯霸暗引轻骑，望五丈原山僻哨探消息去了。

却说魏延在本寨，夜作一梦，梦见头上生二角，醒来甚疑，坐而待旦。忽报占梦赵直①到，延请入，问之曰："久知足下深明《易》理，吾夜梦头生二角，烦足下决其吉凶也。"直答曰："此乃大吉之兆也。麒麟头上有角，苍龙头上有角，乃变化升腾之象。将军所到之处，不战而获全功也。"延大喜曰："如应公言，自当重谢。"赵直辞延出寨，行不十里，正遇司马费祎②。祎问之，直告曰："适到魏延营中，延梦头生二角，令我圆之。本非吉兆，但恐见怪，故以麒麟苍龙之事而解也。"祎曰："公何以知之？"直曰："'角'之一字，'刀'下'用'也。今头上用'刀'，其凶甚矣。"祎曰："君勿泄漏，惟你我知之。"直别去。祎到魏延寨中，令左右退去，乃告曰："昨夜三更，丞相辞世去了。临亡时，再三叮咛传示，令将军断后，以当司马懿，缓缓而退，不可发丧。兵符在此，可起兵也。"延曰："何人理丞相之大事耶？"祎曰："丞相一切事务，尽托与杨仪，用兵秘法口诀，皆授与姜维。此兵符乃杨仪之令也。"延大怒曰："丞相虽亡，吾今见在。杨仪乃府下之人，焉能任此大事？只可扶柩入蜀，择地迁葬。吾自率大兵攻之，必要成功。岂可因丞相一人，而废国家大事？"祎曰："丞相遗令教且暂退，不可泄漏。将军何故欲自战也？"延愈加大怒曰："丞相当时若听吾计，取长安久矣！向者杨仪欲烧吾于葫芦谷内，幸得天祐，降下大雨，因此火灭，方保全生，至今尚未雪恨。吾官见任前军师、征西大将军，封南郑侯③，安肯与长史杨仪断后耶！"祎曰："将军之言是也。杨仪只是一长史而已，如何总制我等？宁死不受辱矣！"延曰："公可助吾。吾自教诸寨不动，以图进取。"祎曰："愿从公之命。"延曰："公若果有此心，当同金盟状。"祎欣然押写讫。延设席相待。祎曰："虽然如此，不可轻动，令敌人之耻笑也。待吾自见杨仪，以利害说之，令彼退与兵权，只扶柩入蜀。仪乃文字之人，必然从矣。"延听其言。

祎遂辞了魏延，上马径到大寨，见杨仪细言其事。仪曰："无事。丞相临亡之时，吩咐曰：'魏延勇烈，敌人皆惧，因此不忍害之。'吾教他断后，本知不服，故以兵符探其心。今果应丞相之言。当令姜伯约断后，按丞相法度而行，缓缓而退。"于是姜维断后，杨仪领兵扶柩先行，二人掌管内外之事。

却说魏延见费祎去久不来，心中疑惑，乃唤马岱商议。岱曰："某见费祎出得辕门外，纵马

---

① 原作"行军司马赵直"。据《三国志·蜀书·魏延传》改（"占梦"系军中专门解梦之人）。
② 原作"尚书费祎"。据《魏延传》改。
③ 原作"吾官见任前军征西大将军、南郑侯"。据《魏延传》改（南郑侯非"官"，而系"爵"）。

第二百八回　死诸葛走生仲达

加鞭而去。其人之言必是诈也。"延就令马岱引十余骑去探消息,回报曰:"后军乃是姜维总督,前军太半已退入谷中去了。"延大怒曰:"竖儒安敢戏吾耶!吾必杀之!"即拔寨引兵尽望南行。

却说夏侯霸引兵到五丈原看时,不见一人,遂回报司马懿。懿问虚实,霸曰:"蜀兵车仗尽已去了,只有姜维断后。魏延寨中并无一人,远远望见投山僻小路去了。其余诸寨人马尽皆退去。"懿听毕,跌足曰:"诸葛亮死矣!可火急调兵追赶!"诸将问曰:"都督何以知之?"懿曰:"五脏皆损,岂能生乎?"遂起兵引二子赶来。夏侯霸曰:"都督不可轻追,当令偏将掩杀可也。"懿曰:"他人不知法则。"遂自引兵一齐杀奔五丈原来。魏兵鼓噪摇旗,杀入寨时,果无一人。懿回顾二子曰:"汝急催后军赶来,吾自引兵前进。"司马师、司马昭在后催督大兵,懿自引兵追到山脚下,见蜀兵不远,乃奋力赶来。忽然山后一声炮响,鼓角喧天,喊声震地。懿大惊失色,只见蜀兵旗号皆返,树林中影影飘出中军大旗,上书一行大字,题曰"大汉丞相诸葛武侯"。懿定睛看时,见中央十数员上将,拥出一辆四轮车来,车上端坐孔明,纶巾羽扇,鹤氅皂绦。车前一将,全副披挂,勒马挺枪,大叫曰:"反贼司马懿!早早受降!丞相在此!"懿视之,乃天水人也,姓姜,名维,字伯约。懿大惊曰:"诸葛亮尚在!吾轻入重地,中其计矣!"回马便走。魏兵魂飞魄散,弃甲抛戈,丢盔撇戟,各逃性命,你我不能相顾,互相践踏,死者无数。司马懿纵马奔走五十余里,背后两员将赶上,扯住马嚼环而言曰:"都督勿惊。蜀兵去远了!"懿喘息半晌,神色方定,视之,乃夏侯霸、夏侯惠也。二将曰:"蜀兵退去,必留断后兵也,可再起兵追之。"懿不敢决,乃徐徐按辔,与霸、惠二人寻小路,遂引败兵而归本寨。

懿令众将各引兵四散哨探。乡民奔告曰:"蜀兵退入谷中之时,哀声震地,军中扬起白旗丧幡,孔明果然死矣!止留姜维断后,只有一千兵。"来报司马懿。懿曰:"鼓声大震,何意也?"乡民曰:"乃是蜀兵返旗摇鼓而退。车上孔明乃木雕者。"懿叹曰:"吾能料其生,不能料其死也!"因此蜀中人谚曰:"死诸葛走生仲达。"后人有诗曰:

　　高垒深沟可料生,不能料死勒追兵。
　　返旗鸣鼓先奔走,司马应知诸葛能。

又诗曰:

　　长星半夜落天枢[一],奔走犹疑亮未殂。
　　关外至今人冷笑,不知司马愧何如?

却说司马懿问了的实,遂又令众将引兵在前追赶,懿随后而来。赶到伏兵之所,见树林中虚设孔明旗号,懿安心追之。赶到赤岸坡[二],懿见蜀兵去远,乃与众将曰:"今蜀兵远去,追之何益?不如回师。"众将曰:"倘蜀兵复来,如之奈何?"懿曰:"今诸葛亮已亡,再无人敢领此职,我等皆高枕无忧矣!"遂班师而回。一路上见孔明安营下寨之所,前后左右,整整有条,懿叹曰:"此天下之奇才也!"众将观之,无不骇然。后人有诗曰:

　　长蛇盘曲转山排,万叠屯云次第开。
　　诸葛军营藏造化,故令司马叹奇才。

于是司马懿兵回长安,分调众将各守隘口,懿自回洛阳面君去了。

却说姜维排作长蛇阵,缓缓退入栈阁道口[三],有人报说:"司马懿追至赤岸坡回去了。"因此杨仪更衣,发丧举哀,哭声震天。蜀兵皆撞跌[四]而哭,太半不食,死者无数。杨仪遂令随处葬埋。后人有诗曰:

　　武侯魂已升天去,军士号啕血泪流。
　　因念从前恩德重,甘心不食丧荒丘!

却说蜀兵前队正回到栈阁口边,忽见前面火光冲天,喊声震地,伏兵拦路。众将惊曰:"谁想此处有伏兵耶?焉能去之!"即来报知杨仪。未知如何,且听下回分解。

【注释】
　[一]天枢:星名。北斗第一星。
　[二]赤岸坡:即赤岸。在今陕西留坝县北。
　[三]栈阁道口:即褒斜栈道口。褒斜道为栈道,又称阁道;南口称褒,北口称斜。
　[四]撞跌:撞头跺脚,表示十分悲痛。

第二百九回　武侯遗计斩魏延

却说杨仪听知此事，忙令人哨探，回报曰："烧栈道者，乃是魏延。"仪大惊曰："丞相在日，料此人久后必反，今果然如此！今断其归路，如之奈何？"费祎曰："此人必先捏奏天子，诬我等造反，故烧断栈道也。我等亦当表奏天子，陈魏延之反情，然后图之。"姜维曰："此间有一小径，名槎山[一]，虽然崎岖险峻，可以抄出栈道之后。"众皆从之，一面写表飞奏去讫，一面将人马望槎山小道进发。凡遇乡民，佯言"讨贼"。于是先令二使去讫，随后费祎又来。

却说后主在成都寝食不安，动止不宁，夜作一梦，梦见成都锦屏山崩倒；遂大惊觉，坐而待旦，集众文武入朝圆梦。有谯周奏曰："臣昨夜仰观天文，见一星赤色，光芒有角，自东北而落于西南，主丞相有大凶之事。今陛下梦山崩者，正谓此兆者也。"后主愈加惊怖，复问周曰："李福因何久不回也？"忽报李福至。后主急召入问之，福顿首泣奏曰："臣到五丈原营中时，丞相已不省人事，众将正伏地而哭。丞相复苏，须臾开目，见臣在侧，未曾臣言，便先问曰：'天子令你来问后事也？蒋公琰可托。'臣又问之，丞相曰：'费文伟可也。'臣再问时，丞相不答，瞑目而亡。臣不敢稽迟[二]，故星夜而来。"后主听知，大哭曰："天丧我也！"哭倒于龙床之上。侍臣扶入后宫。吴太后闻知，亦放声大哭不已。内外文武，如丧考妣[三]。军民无不哀恸。后主连日涕泣，饮食顿减，不能设朝。忽报征西大将军、南郑侯魏延，表奏杨仪劫夺丞相灵柩，举众造反。群臣大骇，入宫启奏后主。此时吴太后亦在宫中。后主听知，大惊无措，倒在龙榻之上，不能起身。吴太后坐于榻前。近臣读魏延表曰：

> 杨仪自总兵权，率众造反，劫丞相灵柩，欲引敌人入境。臣先烧断栈道，以兵守御，然后讨之。

后主曰："魏延乃英雄之将，足可拒杨仪等众，何故烧其栈道也？"吴太后曰："尝闻先帝有言，说孔明能识魏延脑后有反骨，每欲斩之。为因怜其勇烈，亦未得便也。今奏杨仪等造反，内有不明。杨仪乃文字之人，丞相委以长史之任，如何敢反？今日若听此一面之词，杨仪等必投魏矣。此事当深虑远议可也。"

文武官员正商议间，忽报丞相长史杨仪①紧急表奏。近臣拆表读曰：

> 丞相长史、绥军将军臣杨仪②诚惶诚恐，顿首谨表：丞相临终，将大事委于臣，照依旧制，不可变更，使魏延断后，姜维次之。今魏延不遵丞相遗令，自提本部人马摈越，先入汉中，即日放火烧断栈道，劫丞相灵车，逆从魏寇，阻其归路！意在火速，具表以闻。

众官听毕，默然无语。太后曰："卿等所见若何？"蒋琬奏曰："臣非敢为一己之私，愿从公议。

---

① 原作"长史杨仪"。三公及常设将军均有长史，此处应说明所属。
② 原作"长史、绥将军臣杨仪"。据《三国志·蜀书·杨仪传》改。

杨仪为人虽然禀性多急,不能容物,至于筹度粮草,参赞军机,与丞相办事多时;今丞相临终,委以大事,非背义之人也。魏延自恃功高,常有不平之心,口出怨言久矣;今见杨仪总兵,心中不服,又挟私仇,故烧栈道,断其归路,又诬奏而害之。臣愿将全家良贱,敢保杨仪不反,实不敢保魏延。"董允亦奏曰:"杨仪虽有市井之志,实不敢反背朝廷。魏延虽有功劳,常有怨丞相之意,本欲反投归魏,又见杨仪总制兵马,故烧栈道,以断归路,虚上表以杀害,反逆之心可见矣。"多官一齐奏曰:"二公之言是也。"于是文武及近侍官只保杨仪,不保魏延。后主曰:"若魏延果反,何人挡之?"蒋琬又奏曰:"丞相素疑此人,必遗计与杨仪。若杨仪无才,安能退入谷口?延必中计矣。陛下宽心。"不多时,忽奏魏延又有表至,告称杨仪背反。后主正览表间,杨仪表又到,具奏魏延反情。二人接连各陈是非。忽报费祎又到,细奏魏延反情。群臣皆奏曰:"本是魏延之罪,实非杨仪之罪也。"后主曰:"若如此,且令董允假节释劝,用好言抚慰。"允拜辞后主而去。

却说魏延烧断栈道,兵屯于南谷[四],把住隘口,自以为久计,不意杨仪、姜维星夜引兵抄在南谷之后①。仪恐汉中有失,却教先锋王平②引三千兵,依孔明所遗密计而行。仪同姜维等引兵扶柩望汉中而来。

且说王平引兵径到南谷之后,擂鼓呐喊。有人来报魏延,说杨仪令先锋王平,引兵自槎山小路抄来搦战。延大怒,急披挂上马提刀,引兵来迎。两阵对圆,王平出马,大骂曰:"反贼魏延安在?"延亦骂曰:"汝等助杨仪造反,何敢骂我耶!"平叱之曰:"丞相近亡,身尚未冷,汝辈焉敢反邪!"乃扬鞭指蜀兵曰:"汝等军士皆是益州之人,蜀中有父母妻子、兄弟亲朋,可念丞相之恩,休助反贼,各回家乡,听候赏赐。"众军闻知,大喊一声,自去太半。延大怒,挥刀纵马,直取王平。平挥刀来迎③。战有数合,平诈败而走,延随后赶来。弓弩齐发,延却复回。延见众兵溃散,转怒,赶上杀了数人。只有马岱三百兵不动。延与岱曰:"吾平生有眼如盲,不识好人。旧日随吾战将皆弃吾而去,惟公在此。吾杀了杨仪,先雪此恨,后取益州,易如反掌,与公同享富贵,生死休离寸步。"马岱大声而言曰:"吾恨诸葛亮不肯大用,今遇明公,愿尽心竭力以图进取!"延大喜,遂与马岱追杀王平。平引兵飞奔而走。魏延与马岱商议曰:"我等投魏若何?"岱笑曰:"将军之言,不智甚也。"延曰:"目下兵少粮缺,安能济事乎?"岱曰:"大丈夫武艺过人,不自霸业,何故区区屈膝于他人之下哉?吾观将军,智勇足备,益州之士,谁敢敌乎?吾愿同将军先取汉中,若此处得之,民足可为兵,粮足可为食,益州唾手而可得也。将军又何疑焉?"延曰:"公言是也。"遂同马岱引兵直取南郑。

却说姜维在南郑城上,见魏延、马岱耀武扬威,蜂拥而来。维令拽起吊桥。延、岱二人大叫:"早降!"维令从人请杨仪商议曰:"魏延勇猛,又有马岱相助,虽然军少,难以退也。"仪曰:"丞相临终,遗与一锦囊,嘱之曰:'若魏延反时,临城扣敌,对阵之时,方可开拆,便有斩延之计

---

① 原作"不忆杨仪、姜维星夜引兵抄在南谷之后"。"不忆"应作"不意"。
② 原作"先锋何平"。据《三国志·蜀书·王平传》,平"本养外家何氏,后复姓王"。故"何平"即王平。
③ 原作"平挺枪来迎"。在《演义》中,王平所用兵器为刀。

也。'今果如此,当可视之。"仪遂取出锦囊,拆封看时,题曰:"待与魏延对敌,马上方许拆开。"维喜曰:"既丞相有戒约,长史当收执。吾先引兵出城,列成阵,公便可来。"姜维披挂上马,绰枪在手,引三千军,开了城门,一齐冲出,鼓声大震,排成阵势。维挺枪纵马,立于门旗下,高声大骂曰:"反贼魏延!丞相不曾亏你,今日如何背反耶?"延横刀勒马而言曰:"伯约,不干你事,只教杨仪来!"杨仪在门旗影内,拆开锦囊视之,如此如此。仪大喜,轻骑而出,立马于阵前,手指魏延,欣然而笑曰:"丞相在日,知汝久后必反,教吾提备,今果应之。汝敢在马上连叫三声'谁敢杀我',便是大丈夫,吾就献汉中城池与汝。"延大笑曰:"杨仪匹夫听着!若孔明在日,吾却惧他三分;他今已死,天下谁敢敌吾也?休道连叫三声,便叫三万声,有何伤哉!"遂提刀按辔,于马上大叫曰:"谁敢杀我?"言未毕,脑后忽一人厉声而应曰:"吾敢杀汝!"手起刀落,斩魏延于马下。众皆骇然。斩魏延者,乃马岱也。原来孔明火烧木栅寨时,实欲将司马懿、魏延皆要烧死,故与魏延五百军为引诱之兵;不想天降大雨,其计不成,却诈归罪于杨仪,又痛责马岱,授以密计,只待口中之言,便斩魏延。延因此不疑,乃求岱为部将,见孔明已亡,遂与岱同反,到南郑城下。杨仪读罢锦囊,已知伏下马岱在内,故依计而行,果然应之。后人有诗曰:

  诸葛先明识魏延,已知久后反西川。
  故留马岱常监守,计应登时斩魏延。

马岱斩了魏延,大小蜀兵尽归马岱。杨仪下令,将魏延三族尽皆诛之,遂具表星夜奏闻后主。后主降旨曰:"既已名正其罪,仍念前功①,赐棺椁葬之。"然后召一班出征文武官员,赴成都面君。杨仪等扶柩到成都,后主引文武官僚,尽皆挂孝,出城二十余里迎接。后主放声大哭。上至公卿大夫,下及山林百姓,男女老幼,无不恸哭,哀声震地,闻于四远。后主扶柩入城,成都居民各家门首,尽皆设祭拜哭。停柩于丞相府中。其子诸葛瞻,字思远,守孝候葬。

后主还朝,杨仪自缚请罪。后主教近臣去其缚曰:"若非卿能效丞相所行,灵柩何由得归?魏延如何得灭?大事保全,皆卿之功也。"遂加杨仪为中军师。马岱有忠义之功,就任魏延之爵。仪呈上孔明遗表。后主览毕大哭,乃连日不能设朝,欲卜地迁葬。费祎入奏曰:"丞相临终,命葬于定军山为墓,不用墙垣砖石,亦不用一切祭物。"后主从之。择本年十月吉日,后主亲送灵柩,至定军山迁葬。文武官僚,军民百姓,尽皆挂孝,拜哭而祭。哀声大举,震动天地。后主降诏致祭,谥号忠武侯。诏曰:

  惟君体资文武,明睿笃诚,受遗托孤,匡辅朕躬,继绝兴微,志存靖乱;爰整六师,无岁不征,神武赫然,威镇八荒,将建殊功于季汉,参伊、周之巨勋②。如何不吊,事临垂克,遘疾殒丧!朕用伤悼,肝心若裂。夫崇德序功,纪行命谥③,所以光昭将来④,刊载不朽。今使使持节、左中郎将杜琼,赠君丞相、武乡侯印绶,谥君为忠武侯。魂

---

① 原作"仍加前功",义不通。参照毛本《三国》改。
② 原作"参周、伊之巨勋"。据《三国志·蜀书·诸葛亮传》改。
③ 原作"朕纪行命谥"。"朕"字衍,删去。
④ 原作"所以光照将来"。据《诸葛亮传》改。

而有灵,嘉兹宠荣。呜呼哀哉!呜呼哀哉!

后主率文武迁葬已毕,令建庙于沔阳,四时享祭。后杜工部见庙前大柏树,乃三国时所种,有感而作诗[五]曰:

> 丞相祠堂[六]何处寻?锦官城[七]外柏森森。
> 映阶碧草自春色,隔叶黄鹂空好音。
> 三顾频烦天下计,两朝开济[八]老臣心。
> 出师未捷身先死,长使英雄泪满襟①!

又诗曰:

> 长星昨夜坠前营,讣报先生此日倾。
> 虎帐[九]不闻施号令,麟台[一〇]惟显著勋名。
> 空余门下三千客,辜负胸中十万兵。
> 好看绿阴清昼里,于今无复雅歌声②。

朱子曰:

> 子房用智之过,有微近谲处[一一]。小者如蹑足[一二]之类,其大则挟汉以为韩[一三],而终身不以语人也。若武侯,即名义俱正,无所隐匿,其为汉复仇之志,如青天白日,人人得而知之,有补于天下后世,非子房比也。盖为武侯之所为则难,而子房投间乘隙,得为即为,故其就之为易耳。顷见延平李先生,亦言孔明不若子房之从容,而子房不若武侯之正大也。

苏东坡作《武侯庙记》曰:

> 密如鬼神,疾若风雷。进不可挡,退不可追。昼不可攻,夜不可袭。多不可敌,少不可欺。前后应会,左右指挥。移五行之性,变四时之令。人也?神也?仙也?吾不知之,真卧龙也!

又赞曰③:

> 忠武英高,献策江滨。攀吴连蜀,权我世真。
> 受遗阿衡,整武齐文。敷陈德教,理物移风。
> 贤愚竞心,金忘其身。诞静邦内,四裔以绥。
> 屡临敌庭,实耀其威。研精大国,恨于未夷。

却说后主回到成都,忽近臣奏曰:"边庭飞报,东吴全琮④引兵数万,屯于巴丘⑤,未知何

---

① 原作"常使英雄泪满襟"。据《全唐诗》卷二二六改。
② 原作"于今无复迓歌声"。"迓"当作"雅"。
③ 此"赞"即第二〇七回的"蜀人杨戏赞",故应删去。
④ 原作"东吴全综"。据《三国志·吴书·全琮传》改。
⑤ 原作"屯于巴丘界口"。据《三国志·蜀书·宗预传》,删去"界口"二字。

第二百九回 武侯遗计斩魏延

意。"后主大惊曰："丞相新亡，东吴若负盟侵界①，如之奈何？"蒋琬奏曰："臣保王平、张嶷亦引兵数万，屯于永定，以防不虞。陛下再命一人去东吴报丧，以揣其心。"后主曰："须得一舌辩之士可也。谁人敢去？"言未毕，一人应声而言曰："微臣愿往。"未知是谁，下回便见。

【注释】

[一] 槎山：《三国志·蜀书·魏延传》写魏延烧绝阁道后，"（杨）仪等槎山通道，昼夜兼行"。其中"槎山"本意为"砍伐山上树木"。此处虚构为山名。

[二] 稽迟：滞留。

[三] 考妣：父母死后的称谓。

[四] 南谷：地名。即褒谷。在今陕西汉中北。

[五] 有感而作诗：此处叙述有误。本诗题为《蜀相》，据诗句，明系作于成都。

[六] 丞相祠堂：祭祀诸葛亮的祠堂。故址在今四川成都市南郊。

[七] 锦官城：蜀汉时管理织锦之官驻成都少城，称锦官城。后用作成都的代称。亦称"锦城"。

[八] 两朝开济：指诸葛亮辅佐刘备开基创业，又辅佐刘禅应付危局。

[九] 虎帐：军帐。

[一〇] 麟台：麒麟阁的别称。

[一一] 谲：诡诈。

[一二] 蹑足：指韩信平定齐地后，欲称假（暂代）齐王，遣使报刘邦；刘邦正盼韩信救援，怒骂之。张良暗中踩刘邦的脚，提醒刘邦笼络韩信，刘邦乃立韩信为齐王。

[一三] 挟汉以为韩：利用汉来为恢复韩国谋取好处。

---

① 原作"东吴负盟侵界"。巴丘在今湖南岳阳，并非在吴蜀边界，故加"若"字。

第二百十回　魏拆长安承露盘①

　　却说欲去东吴为使者,乃南阳安众人也,姓宗,名预,字德艳,音燿。官任参军、右中郎将。后主大喜。预奏曰:"臣虽不才,愿往东吴为使。"蒋琬亦奏曰:"须得此人方可。"后主准奏,即命宗预往东吴为使去了。

　　却说宗预星夜径到金陵[一],入见吴主孙权。礼毕,只见左右人皆着素衣。权作色而言曰:"吴、蜀已为一家,卿主何故增白帝之守也②?"预曰:"臣以为东益巴丘之戍③,西增白帝之守,皆事势宜然,俱不足以相问也。"权大喜而笑曰:"蜀人此等,真俊杰耳,不亚于邓芝。"乃唤宗预曰:"朕闻丞相新亡,日每流涕,宗族官僚尽皆挂孝。朕恐魏人乘丧取蜀,故增巴丘守兵万人,以为救援,别无他意也。"预顿首拜谢。权曰:"朕既许以同盟,安有背义之理?"预曰:"天子因丞相新亡,特命臣赴陛下前报丧也。"权取金鈚箭一支,折之为誓曰:"朕,吴国之君,若负前盟,绝灭子孙!"又命使赍香帛奠仪,入蜀致祭。

　　宗预拜别吴主,径还成都,入见后主,礼毕奏曰:"吴主因丞相新亡,亦自流涕,令诸葛瑾合家挂孝。恐魏人乘虚而入,故设巴丘之守。两国通好,以后并无违誓。"后主大喜,重赏宗预,厚待吴使去讫。遂依孔明遗言,加蒋琬为大将军,录尚书事④;加费祎为尚书令,同理政事⑤;加吴懿为车骑将军,假节,督汉中;姜维为辅汉将军、平襄侯,总督诸处人马,同吴懿出屯汉中,以防魏兵。其余将校,各有封赏。

　　杨仪见不委用,口出怨言曰:"昔日丞相新亡之时,我若将全师投魏,不致如此受寂寞也。"近臣闻知,奏与后主。后主急召蒋琬等商议。费祎出班奏曰:"向者,杨仪于丞相前屡潜祎魏延,因此逼反,人皆知之。"后主大怒,即将杨仪下狱勘问,招成,欲斩之。蒋琬奏曰:"仪虽有罪,但日前随丞相曾立功劳,未可斩之,当废为庶民。"后主从之,遂贬杨仪赴汉嘉郡[二]为民⑥。仪羞惭至甚,自刎而死。自此益州太平。姜维屯积粮草以为二十年之计,乃蜀汉建兴十三年也。

　　却说魏主曹睿,时青龙三年,蜀、吴二国皆不兴兵,以司马懿为太尉,总督军马,安镇诸边。

---

①　原作"魏折长安承露盘"。据书中内容,"折"当作"拆"。
②　原作"卿主何故西增白帝之守也"。据《三国志·蜀书·宗预传》,删"西"字(此处"东"代东吴,"西"代蜀汉)。
③　原作"东益巴丘之戒"。据《宗预传》改。
④　原作"加蒋琬为丞相、大将军,录尚书事"。据《三国志·蜀书·蒋琬传》,诸葛亮卒后,琬始为尚书令,继迁大将军,后进大司马,未任丞相。
⑤　原作"加费祎为尚书令,同理丞相事"。承④改。
⑥　原作"遂贬杨仪赴汉中嘉郡为民"。据《三国志·蜀书·杨仪传》,"中"字衍,删去。

懿拜谢而回洛阳去讫。魏主在许昌,大兴土木,建盖宫殿,三年已完;又来洛阳盖造昭阳殿①、太极殿,又筑总章观,俱高十丈;又立崇华殿、青霄阁、凤凰楼、九龙池,命博士马钧监造,不拘财力,但要极其华丽,皆以金玉装饰,雕梁画栋,碧瓦金砖,重重锦绣,件件鲜明,生辉耀日。选天下巧匠三万余人,民夫三十余万,不分昼夜而造。遇有不便者,公卿大夫负土搬砖起造。人民号泣,怨声不绝。司徒军议掾董寻②上表谏曰:

  伏自建安以来,野战死亡,或门殚户尽[三],虽有存者,遗孤老弱。若今宫室狭小,当广大之,犹宜随时,不妨农务,况作无益之物耳。其昭阳殿、太极殿、总章观、崇华殿、青霄阁、凤凰楼、九龙池,此皆圣明之所不兴也,其功三倍于殿宇。陛下既尊群臣,显以冠冕,被以文绣[四],载以华舆[五],所以异于小人。今陛下使以穿方举土,面目垢黑,沾体涂足,衣冠于鸟③,毁国之光,以崇无益,甚非谓[六]也。孔子曰:"君使臣以礼,臣事君以忠。"无忠无礼,国何以立?臣知言出必死,而自比于牛之一毛,生既无益,死亦何损④?秉笔流涕,心与世辞。臣有八子,臣死之后,累陛下矣!将奏沐浴,以待命终。

魏主览毕,大怒曰:"董寻不怕死耶⑤!"左右奏曰:"于法当斩之。"曹睿曰:"朕见此人素有忠义,今且废为庶人。再有妄言者,枭首示众!"遂将董寻贬为民,乃召马钧问曰:"朕所建高台峻阁,欲与神仙往来,以求长生不老之方。"钧奏曰:"陛下曾闻汉武帝所建柏梁台[七]乎?"睿曰:"朕未知其详,卿试言之。"钧曰:"汉朝二十四代,惟武帝享国最久,眉寿[八]极高,服天上日精月华之气也。于长安宫中建一台,名曰'柏梁台';上立铜人,手捧一盘,名曰'承露盘',接三更时分北斗所降沉音亢瀣音解之水[九],其名曰'天浆',又曰'甘露'。用美玉为屑,调和服之,自然返老还童,而无百病矣。"

睿大喜,即命马钧引一万人星夜径到长安,令人夫搭起木架,周围上柏梁台去。先拆铜人,不移时间,用五千人连绳引索,旋环而上。马钧下令,教人先拆了铜人金盘。多人并力拆下铜人来,只见铜人潸然泪下。众皆大惊。忽然台边一阵狂风起处,飞砂走石,急若骤雨,一声响亮,就如天崩地裂,闻之四远。其台高二十丈,铜柱圆十围,即时倾折,压死千余人。钧尽皆将尸焚之,独取铜人并金盘回洛阳,入见魏主,献上铜仙人、承露盘,细奏其事。魏主问曰:"铜柱安在?"钧奏曰:"约重百万斤,不能易至。"睿令人打碎铜柱,运来洛阳,又铸两个铜人,号为"翁仲"[一〇],列于司马门外;又铸铜龙凤两个:龙高四丈,凤高三丈余,立在殿前。又于上林苑中,栽种奇花异木,蓄养俊禽灵兽。又选美女千余人为宫娥。少府杨阜⑥上表谏曰:

  臣闻尧尚茅茨[一一],而万国安其居;禹卑宫室[一二],而天下乐其业;及至殷、周,

---

① 原作"又来洛阳盖造朝阳殿"。据《三国志·魏书·明帝纪》改。
② 原作"司徒董寻"。据《明帝纪》注引《魏略》改(司徒系三公之一,第一品;司徒军议掾则系司徒属官,第七品)。
③ 原作"衣冠于鸟,沾体涂足"。据《明帝纪》注引《魏略》,调整语序。
④ 原作"死何有损"。据《明帝纪》注引《魏略》改。
⑤ 原作"司徒董寻不怕死也"。据《明帝纪》注引《魏略》改。
⑥ 原作"少傅杨阜"。据《三国志·魏书·杨阜传》改。

或堂崇三尺，度以九筵[一三]耳。古之圣帝明王，未有极宫室之高丽①，以凋弊百姓之财力者也。桀作璇室、象廊，纣为倾宫、鹿台，以丧其社稷；楚灵[一四]以筑章华而身受其祸；秦始皇作阿房[一五]而殃及其子，天下叛之，二世而灭。夫不度万民之力，以从耳目之欲，未有不亡者也。陛下当以尧、舜、禹、汤、文、武为法则，夏桀、殷纣、楚灵、秦皇为深诫。高高在上，实监后德。慎守天位，以承祖考，巍巍大业，犹恐失之。不夙夜敬止，允恭恤民，而乃自暇自逸[一六]，惟宫台是侈是饰②，必有颠覆危亡之祸。《易》曰："丰其屋，蔀部剖其家，窥其户，阒音觅其无人。"王者以天下为家，言丰屋之祸，至于家无人也。方今二虏合纵，谋危宗庙，十万之军，东西奔赴，边境无一日之娱；农夫废业，民有饥色。陛下不以为忧，而营作宫室，无有已时。使国亡而臣可以独存，又不言也；君作元首，臣为股肱，存亡一体，得失同之。《孝经》云："天子有诤臣[一七]七人③，虽无道不失其天下。"臣虽驽怯，敢忘诤臣之义？言不切至，不足以感寤陛下④。陛下不察臣言，恐皇祖烈考之祚，将坠于地。使臣身死有补万一，则死之日犹生之年也。谨叩棺沐浴，伏俟重诛。谨具表以闻。

魏主曹睿看讫大怒，扯碎表章，叱武士推出内门之外，欲上辇幸上林苑。

忽一人披头散发，身挂纸钱，跪于辇前。睿视之，乃太子舍人，沛国人，姓张，名茂，字彦林。茂手擎表章而谏。睿下辇，复坐于殿上，开表视之。其表曰：

　　臣伏见诏书，诸士女嫁非士者，一切录夺，以配战士⑤。陛下，天之子也⑥；百姓吏民，亦陛下之子也。今夺彼以与此，亦无以异于夺兄之妻妻弟也，于父母之恩偏矣。又诏书听得以生口年纪颜色与妻相当者自代⑦，故富者则倾家尽产，贫者举假贷贳，贵买生口以赎其妻；县官以配士为名而实内之掖庭，其丑恶乃出与士⑧。得妇者未必喜，而失妻者必有忧，或穷或愁，皆不得志⑨。夫君有天下而不得万姓之欢心者，鲜不危殆。且军旅在外数十万人⑩，一日之费非但千金，举天下之赋以奉此役，犹将不给；况复有掖庭非员无录之女，椒房母后之家，赏赐横兴⑪，内外交引，其费半军。昔汉武帝好神仙，信方士，掘地为海，封土为山，赖是时天下为一，莫敢与争者耳。自

---

① 原作"未有宫室之高丽"。据《杨阜传》，补"极"字。
② 原作"惟宫台是侈是饬"。据《杨阜传》改。
③ 原作"天子有诤臣十人"。据《杨阜传》改。
④ 原作"不足以感陛下"。据《杨阜传》，补"寤"字。
⑤ 原文无此句，则下文"夺彼以与此……"无所由来。据《明帝纪》注引《魏略》改。
⑥ 原作"臣闻陛下，天之子也"。据《明帝纪》注引《魏略》，删去"臣闻"二字。
⑦ 原文无"听"字，据《明帝纪》注引《魏略》补。
⑧ 原作"其丑恶乃出与士"。据《明帝纪》注引《魏略》，补"者"字。
⑨ 原作"皆不忘"。据《明帝纪》注引《魏略》改。
⑩ 原作"且军旅在外数万人"。据《明帝纪》注引《魏略》，补"十"字。
⑪ 原作"赏赐横与"。系因"与"之繁体"與"与"兴"之繁体"興"形近而误。据《明帝纪》注引《魏略》改。

第二百十回　魏拆长安承露盘

汉末衰乱以来，四五十载①，马不舍鞍，人不释甲，每一交战，血流遍野，疮痍号哭之声，于今未已。犹有强寇在边，图危魏室。陛下不兢兢业业②，念崇节约，而乃奢靡是务，中尚方作玩弄之物，后园建承露之盘，快耳目之观，然亦足以骋寇仇之心矣。惜乎！舍尧、舜之节俭，而为汉武之侈事③，臣窃为陛下不取也。愿陛下沛然下诏，万机之事有无益而有损者悉除去之，以所除无益之费，厚赐将士父母妻子之饥寒者④，问民之疾而除其所恶，实仓廪，缮甲兵，恪恭以临天下。诚如是，则吴贼面缚，蜀虏舆榇，不待诛以自伏，太平之路可计日而待也。陛下可无劳神思于海表⑤，军师高枕⑥，战士备员。今群公皆缄口结舌，臣不敢不上瞽言[一九]，以尽人臣之职也。臣年五十，常恐至死无以报国，是以投躯殁身，冒昧圣听，伏惟陛下开天地之明，察肝胆之谏。沐浴候诛，谨表以闻。

却说魏主曹睿览毕表文，勃然大怒曰："张茂只是一太子舍人⑦，敢出狂言来讥朕耶？"叱武士推出斩之。茂厉声大骂曰："无道昏君！早晚必为虏矣！"言讫斩之。须臾，献首于殿下。睿令遍示多官已毕，乃召马钧催造高台铜仙人、承露盘；又于丹墀内铸一大油鼎，日日以火熬油，但有谏者烹之。因此文武官僚并无一人敢言，皆至司马懿府中细言其事。懿曰："魏室已尽矣！切莫谏也！"多官因此各散。

却说魏主曹睿将青龙五年改为景初[二○]元年，有皇后毛氏，乃河内人也，先年睿为平原王时，出入同辇，及即帝位，宠为后妃；太和元年，立为皇后；后睿因宠郭夫人，将毛后目不正视。郭夫人极有颜色，聪慧，睿甚敬之，日每取乐，月余不出宫闱。是岁春三月，上林苑中百花争放，睿同郭夫人到御花园中赏玩，于花萼楼上饮酒。郭夫人问曰："何不请毛皇后同乐？"睿曰："若彼在，朕涓滴之水不能下咽喉也。"遂令宫娥四壁守把，不令毛皇后知道。

却说毛皇后见睿一月余日不入正宫，是日引十余个宫人，闲来翠花楼上消遣，只听得乐声嘹亮，乃问曰："何处动乐？"一宫官启曰："乃圣上与郭夫人于御花园中赏花饮酒。"毛皇后闻之，心中烦恼不已，遂回宫安歇。次日，毛皇后引宫官乘小车出宫游戏，正迎见魏主于曲廊之间，乃笑曰："陛下昨日赏玩北园，其乐不浅也！"睿大怒，叱宫官即将毛皇后绞死，遂捉昨日侍奉之人到，一齐杀之，乃立郭夫人为皇后。

却说郭皇后一日与睿饮酒，乃问杀宫娥之故。睿曰："朕令左右不许教毛氏知之，毛氏知之，必因此辈泄漏，朕故尽皆杀矣。"

时景初二年春正月，有长安飞报紧急军情，乃幽州刺史毌丘俭上表，报称辽东公孙渊举众

---

① 原作"四十五载"。据《明帝纪》注引《魏略》改。
② 原作"战战业业"。校改依据同①。
③ 原作"而为汉武帝之侈事"。据《明帝纪》注引《魏略》，删"帝"字。
④ 原作"为万机之父母，恤妻子之饥寒"，义不通。校改依据同①。
⑤ 原作"陛下何劳神思于海表"。校改依据同①。
⑥ 原作"军旅高枕"。校改依据同①。
⑦ 原作"张华只是一中书令"。承上文改（中书令为皇帝近臣）。

造反,自称号为燕王,改元绍汉元年,建造宫殿,设立官职,见今兴兵入寇,摇动北方。睿闻知大惊,即聚文武官僚商议起兵退公孙渊之策。未知何人敢领此重任破敌?毕竟如何,且听下回分解。

【注释】

［一］金陵:即东吴都城建业(今江苏南京)。战国时称金陵。

［二］汉嘉郡:郡名。属益州。治所在汉嘉县(今四川名山县北)。

［三］门殚户尽:全家死绝。殚,尽。

［四］文绣:用绣有花纹的锦帛做的衣服。

［五］华舆:华美的车。

［六］非谓,没有意义。

［七］柏梁台:汉代台名。武帝元鼎二年(前115)春修建。在长安城中北阙内。

［八］眉寿:长寿。

［九］沆瀣之水:夜间由雾气凝结而成的水,即露水。

［一〇］翁仲:传说秦朝人阮翁仲身长一丈三尺,秦始皇命他出征匈奴,死后为之铸铜像于咸阳。后称铸刻高大的铜像、石像为"翁仲"。

［一一］尚茅茨:以茅屋为上。

［一二］卑宫室:使宫室低矮。

［一三］筵:长度单位。一筵为九尺。

［一四］楚灵:即楚灵王,春秋后期楚国国君。曾筑章华台,备极奢侈。后因众叛亲离而死。

［一五］阿房:秦代宫殿名。始建于秦始皇三十五年(前212),因规模宏大,秦亡时尚未竣工,旋被项羽焚毁。

［一六］自暇自逸:自己贪图闲逸享乐。

［一七］诤臣:直言谏诤之臣。

［一八］掖庭:皇宫中的旁舍,系宫嫔所居之处。

［一九］瞽言:瞎说。

［二〇］景初:魏明帝曹睿年号(237—239)。

卷之二十二

第二百十一回　司马懿破公孙渊

　　却说幽州刺史毌丘俭，表称公孙渊造反，自号为燕王，改元绍汉元年，兴兵入寇。渊乃辽东公孙度之孙，公孙康之子也。建安十二年，曹操赶袁尚，未到辽东，康斩袁尚首献操，操遂封康为襄平侯。然后康故。康有二子：长曰晃，次曰渊。二子皆幼，康弟公孙恭继职。曹丕时拜恭为车骑将军，封平郭侯①。后太和二年，渊长大，文武兼备，性刚强，好厮杀，复夺其位。曹睿拜渊为扬烈将军、辽东太守。后孙权遣张弥、许晏赍金玉珍宝，封渊为燕王。渊惧中原，乃斩张、许二人，送首与魏。睿加渊为大司马，封乐浪公。一向渊心不足，与众商议，自号为燕王，改元绍汉元年。有副将贾范谏曰："主公未可如此。中原以爵加封，不为卑贱。今若背反，实为不祥。又兼司马仲达善能用兵，诸葛武侯尚且不得取胜，何况主公乎？"渊大怒，叱左右缚了贾范。即时有参军伦直②谏曰："贾范之言是也。圣人云：'祸福将至，善，必先知之；不善，必先知之。'国中屡见怪异之事，主公岂不察乎？近有犬戴巾帻，身披红衣，上屋宇作人行，一不祥也。城南乡民造饭，饭甑之中，有一小儿蒸死于内，二不祥也。襄平北市中，忽陷一地穴，涌出一块肉，周围数尺，有头有面，有眼有耳，有口有鼻，却无手足；往来之人，刀箭不能伤，亦不知何物。卜者占之曰：'有形不成，有口无声；国家亡灭，故现其形。'有此三者，皆不祥之兆也。孔子云：'国家将兴，必有祯祥；国家将亡，必有妖孽。'主公当避凶就吉；今若背反，必丧身矣！"公孙渊勃然大怒，叱武士绑贾范、伦直斩于市曹。急令大将军卑衍为元帅，杨祚为先锋，起辽兵十五万，抢掠乡村，杀人放火。

　　因此边官报知魏主曹睿。睿闻知大惊，急召太尉司马懿入朝计议曰："公孙渊背反，如之奈何？"懿奏曰："臣部下马步军四万，足可破此贼矣。"睿曰："卿兵少路远，恐难收复。"懿曰："兵不在多，设奇用智，渊必破矣。臣托陛下之洪福，渊乃唾手而擒，陛下何足虑哉？"睿曰："卿料公孙渊将何策御之？"懿曰："弃城预走，为上计也；守辽东拒大军，其为次也；坐守襄平而不动身，其为下计，必被臣所擒也。"睿曰："三者，卿料渊当用何计③？"懿曰："能料彼我，必能胜也。公孙渊乃愚浊匹夫，岂肯弃城而走？必然先拒辽东，后守襄平，安得逃出臣之度也？"睿曰："此去往复几时？"懿曰："四千里之地，往百日，攻百日，还百日，休息六十日，如此一年足矣。"睿曰："倘吴、蜀入寇，如之奈何？"懿曰："臣已定下守御之策，陛下勿得忧也。"睿大喜，即命司马懿兴师，征讨公孙渊。懿辞朝出城，引原领战将并本部军马而去。

　　却说魏先锋胡遵，引前部兵到辽东界下寨，人报知公孙渊。渊令卑衍、杨祚分兵八万，屯于辽燧[一]，音坠，地名。围堑二十余里，环绕鹿角，甚是严密。胡遵令人飞报司马懿。懿笑曰：

---

①　原作"封恭为车骑将军、襄平侯"。据《三国志·魏书·公孙度传》改。
②　原作"参军伦直"。据《晋书·宣帝纪》改。
③　原作"卿当用何计"，义不通。承上文改。

"此势不与交战，正欲老[二]吾兵也。若攻之，正堕其计。辽东贼众太半在此，其巢空虚。吾等可弃此处，只奔襄平，贼必往救，却于中途破之，必获全功矣。"众皆从之，遂勒兵从小路，大张旌旗，转山南迤逦而去。

却说卑衍与杨祚商议曰："若魏兵来攻，休与交战，弓弩炮石，未可妄发。今魏兵千里而来，人多粮少，难以久住，粮尽必自退；待退动时，却出奇兵击之，司马懿一鼓而可擒也。昔日司马于渭南坚守，孔明乃死；今日正与此理相同。我等与孔明复仇，岂不美哉？"言未毕，忽报魏兵往南去了。卑衍大惊曰："彼知吾襄平军少，去袭老营也。若襄平有失，我等守此处无益矣。"遂拔寨随后而来。

却说司马懿暗留千余人，扮作士民，哨探消息。忽见辽兵赶来，飞报司马懿。懿笑曰："彼知吾取襄平，拔寨赶来，中吾计矣！"乃令夏侯霸、夏侯威各引一军，伏于辽水[三]之滨①："如辽兵到，两下齐出。"二人受计正行，果遇卑衍、杨祚追至辽水。忽然一声炮响，两边鼓噪摇旗，魏兵杀出，左有夏侯霸，右有夏侯威，一齐杀来。卑、杨二人大惊，又不知背后多少魏兵，只得望前奔走。前面又被司马懿引兵杀回。三路夹攻，辽兵大败，死者无数，降者甚多。卑、杨二人死战得脱，引败兵奔走，前至首山[四]，正逢公孙渊兵到，合兵一处，又来与魏兵交战。卑衍出马辱骂曰："魏贼休使诡计②！汝敢决战否？"夏侯霸纵马挥刀来迎。二人战有数合，夏侯霸一刀斩卑衍于马下，辽兵大乱，霸引兵掩杀将来。公孙渊引败兵奔入襄平城去，闭门坚守不出。魏兵四面围合。

时值秋雨连绵，一月不止，平地水深三尺，运粮船自辽河口直至襄平城下。魏军皆在水中，军心惊疑。左都督裴景入帐告曰："雨水不住，营中泥泞，军不可停，欲移于前面山上。"懿大怒曰："我岂不知泥泞！捉公孙渊在迩，安肯移营也？切不许惑我军心。再要移营者斩之！"裴景喏喏而退。少顷，都督令史张静③又来告曰："军士怯水，乞怜移了营寨。"懿大怒曰："吾军令已发，推出斩之！"枭首于辕门上。因此军心安静。

懿令南寨人马暂退二十里下寨，纵城内军民出城樵采柴薪，牧放牛马。有司马陈珪问曰："先前太尉攻上庸之时，兵分八路并进，八日皆至城下，遂生擒孟达而成大功。今带甲四万，数千里而来，不令攻打城池，任教秋雨霖漓，又纵贼众樵牧。实不知太尉主何意也，愿乞教之。"懿大笑曰："你虽为司马，不知兵法。昔日孟达粮多兵少，粮够一年；我军有四倍，粮不足一月。以一月之粮而敌一年之粮，安能长久也？以四倍之兵而敌一倍之兵，岂不获胜也？不可不速战。吾故奋死相争，方才胜矣。今辽兵多，我兵少，贼饥我饱，何必攻之？任彼自走，待走动而擒之，无有不胜。我今放开一道，不绝彼之樵采，不掠彼之牛马，是容彼自走也，那时取胜，有何难哉？兵法云：'兵者，诡道也；战者，逆德也。善因事变。'贼粮已尽，单恃水势，未肯束手归

---

① 原作"伏于济水之滨"。方位误。据《晋书·宣帝纪》改。
② 原作"汉贼休使诡计"。司马懿所统乃魏军，卑衍应称之为"魏贼"。
③ 原作"右都督仇连"。据《晋书·宣帝纪》改。

第二百十一回 司马懿破公孙渊

降①。吾故作无能之事,以安贼心。今若取小利相击,贼必死战矣。吾料彼粮草将尽,不过旬日,天必晴明;待天若晴时,并力攻之,城池可破,渊贼可擒矣。"众将皆拜曰:"此神武之算也!"于是司马懿遣人赴洛阳催粮。

却说魏主曹睿设朝,群臣奏曰:"近者秋雨连绵,一月不止,人马疲劳,可召回司马懿罢兵。"睿曰:"司马太尉善能用兵,临危制变[五],多有良谋,捉公孙渊计日而待。卿等何必忧也?"因此只运粮草,星夜而来。

却说司马懿在寨中,数日内果然天晴。是夜,懿出帐外仰观天文,忽见一星,其大如斗,流光长数丈,自首山东北坠于襄平东南。各营将士皆骇然曰:"此何吉凶也?"懿见之大喜,乃聚将士曰:"五日之后,落星处必斩公孙渊矣。来日汝等并力攻城。"众将得令。

懿次日清晨引兵四面围合,筑土山,掘地道,立炮架,装云梯,日夜攻打不息,箭如急雨,射入城去。公孙渊在城中粮尽,皆宰马为食,人人抱怨,各无守心,欲斩渊首,献城归降。渊闻之,忧惊甚急,慌令相国王建、御史大夫柳甫往魏寨陈说投降。二人自城上系下,来告司马懿曰:"请太尉退二十里,我君自来投降。"懿大怒曰:"汝安敢轻视吾耶!"叱武士推出斩之,将首级付从人捎回,就令持檄文一道回见公孙渊。渊拆视之。檄曰:

魏太尉司马懿②檄下公孙渊:昔楚、郑列国③,而郑伯犹肉袒牵羊迎之。孤乃天子上公,而建、甫等欲孤解围退舍,岂得无礼耶! 二人老耄,传言失指,已被吾斩之。

若意有未已,可便遣年少有明决者来。稍有稽迟,悉皆诛戮,故檄。

公孙渊看毕大惊,乃与文武计议。有侍中卫演出曰:"臣愿往之。"渊盼咐曰如此如此。

演受命径到魏寨。司马懿升帐,聚多将列于两边。演膝行肘步,入寨跪于帐下,告曰:"愿太尉息雷霆之怒,罢虎狼之威,容开城门,克日先送世子公孙修为质当,然后君臣自缚来降。"懿曰:"军事大要有五④,能战当战,不能战当守,不能守当走,不能走当降,不能降当死耳! 汝等若不降当死,不必送子为质当,可洗颈待诛!"叱卫演回报公孙渊。演抱头鼠窜而去,回见公孙渊,告说了一遍。渊大惊,乃与公孙修密议停当,选下一千人马,是夜二更时分,开了南门,往东南而走。渊见无人,心中暗喜。行不到十里,忽听得山上一声炮响,鼓角齐鸣,一支兵拦住,中央乃司马懿也;左有司马师,右有司马昭,二人大叫曰:"反贼公孙渊休走!"渊大惊,急拨回马,寻路欲走。早有胡遵兵到,左有夏侯霸、夏侯威,右有张虎、乐綝。渊举止失措,魏兵三路夹攻,四面围得铁桶相似。公孙渊父子下马,自缚受降。司马懿在马上指魏将言曰:"吾前夜丙寅日,见那星落于此处,今夜壬申日应矣。"众将以手加额曰:"太尉真神机也!"懿传令斩之,公孙渊父子对面受戮。司马懿勒兵,急来攻取襄平。毕竟如何,且听下回分解。

---

① 原作"未肯束首而降"。据叶逢春本改。
② 原作"魏征西大都督、太尉司马公"。"征西大都督"系临时官号,此处应删;司马懿在檄文中自称,或只称姓,或称姓名,不应自称"司马公"。
③ 原作"窃谓楚、郑列国"。据《晋书·宣帝纪》改。
④ 原作"军士大要有五"。据《晋书·宣帝纪》改。

【注释】

［一］辽隧：县名。属曹魏幽州辽东郡。治所在今辽宁鞍山市西。

［二］老：使士气衰落。

［三］辽水：即辽河。发源于今内蒙古，在今辽宁营口流入辽东湾。

［四］首山：地名。在曹魏幽州辽东郡襄平县(今辽宁辽阳市)西南。

［五］临危制变：面对危难，采取果断的应变措施。

第二百十二回　司马懿谋杀曹爽

却说司马懿来取襄平,未及到城下,此时先锋胡遵早已引兵入城。人民焚香拜投,魏兵尽皆入城。懿坐于衙上,将公孙渊宗族并同谋官僚人等,俱杀之,计首级七十余颗。出榜安民。人告懿曰:"贾范、纶直苦谏公孙渊不可反叛,被渊皆杀之。"懿遂封其墓而显荣其子孙。就将库内财物赏劳大军,班师回洛阳①。

却说魏主曹睿在洛阳殿中②,夜至三更,忽然一阵阴风而入,吹灭灯光,只见毛皇后引十数个宫人哭至榻前索命。睿因此得病,甚是沉重,命中书监刘放、中书令孙资,掌机密事务③。睿嘱之曰:"凡有一切事务,二卿休误。"二人出内,睿召武帝子燕王曹宇为大将军,佐太子曹芳摄政。宇为人恭俭温和,未肯领此大任,坚辞曰:"臣才薄,不能当此重职也。"睿召刘放、孙资曰:"朕皇叔不肯任之,当复如何?"二人曰:"燕王自知无才,不敢承命。"睿曰:"宗族之内,何人可以?"二人久得曹真之惠,乃保奏曰:"惟曹子丹之子曹爽可也。"睿从之。二人又奏曰④:"若用曹爽,当遣燕王归还本处,然后才可行之。"睿曰:"传朕旨意,教他去罢。"刘放曰:"须得陛下手诏。"睿曰:"朕不能写矣。"放近御榻前,强执睿手写毕,遂赍出,大言曰:"有天子手诏,免燕王等之官⑤,归还本土,限即日出国就行;若无诏,不许入朝。"燕王涕泣而去。遂立曹爽为大将军,总摄朝政。

魏主曹睿病渐危急,令使持节召司马懿还朝。懿戎装受命,径到洛阳⑥,入见魏主。睿曰:"朕忍死待卿,今日得见,死无恨矣!"懿顿首奏曰:"臣在途中,闻陛下圣体不安,恨不能肋生两翼,飞行至阙,省视陛下。今日幸睹龙颜,臣愿殒身补报!"睿宣郭皇后,太子齐王曹芳,大将军曹爽,中书监刘放、中书令孙资等,皆至御榻之前。睿执司马懿之手曰:"昔日刘玄德在白帝城病危,以幼主刘禅托孤与诸葛孔明,孔明因此竭尽忠诚,至死方休。朕幼子曹芳,年方八岁,不堪理掌社稷。幸太尉及宗兄元勋旧臣,效伊尹、周公,协力相辅,则宗庙生灵之幸甚也!"且说曹芳在于御榻之前,曹睿唤芳曰:"仲达与朕一般,尔日后重敬之。"遂命懿携芳近前。芳乃抱懿颈不放。睿曰:"太尉记之,不可误也!"言讫,潸然泪下。懿顿首涕泣。众皆伤感。魏主昏沉,口不能言,只以手指太子,须臾而卒。在位十三年,寿三十六岁,时景初三年春正月下旬

---

① 原作"班师回洛阳住扎"。"住扎"二字赘,删去。
② 原作"魏主曹睿在许昌殿中"。曹睿崩于嘉福殿,在洛阳,故改。
③ 原作"宣侍中光禄大夫刘放、孙资,掌枢密院一切事务"。据《三国志·魏书·刘放传》,此时刘放为中书监,孙资为中书令,掌机密(枢密院始于五代)。
④ 原作"一人又奏曰"。承上文改。
⑤ 原作"免燕王等之爵"。据《三国志·魏书·明帝纪》注引《汉晋春秋》改。
⑥ 原作"径到许昌"。承上文改。

也。晋史官陈寿评曰：

　　　　明帝沉毅断识①，任心而行，盖有君人之至概焉②。于时百姓凋弊，四海分崩，不先聿修显祖，阐拓洪基，而遽追秦皇、汉武，宫馆是营，格之远猷，其殆疾乎！

后孙盛论曰：

　　　　闻之长老，魏明帝沉毅好断，优礼大臣，开容善直，虽犯颜极谏，无所摧戮，其君人之量③，如此之伟也。然不思建德垂风，不固维城之基，至使大权偏据，社稷无卫，悲夫！

　　却说魏主曹睿卒于嘉福殿，司马懿、曹爽扶太子齐王曹芳即皇帝时，时年八岁。芳字兰卿，乃睿乞养之子，秘在宫中，无人知之。于是曹芳谥父为明帝，葬于高平陵[一]；尊郭皇后为皇太后；改元正始[二]元年。此时司马懿与曹爽辅政。

　　爽尊懿如父，一应大事必先启知。爽字昭伯，自幼出入宫中。明帝见爽谨慎，甚是爱敬，故托以大事，乃骨肉之亲也。爽门下有客五百人，内五人皆是浮华之人，明帝在日，皆不用④。爽初秉政，此五人复来辅助⑤。那五人：一人姓何，名晏，字平叔，南阳人也；一人姓邓，名飏，字玄茂，亦南阳人也，乃邓禹之后；一人姓李，名胜，字公昭，亦南阳人；一人姓丁，名谧，字彦靖，乃沛国人也；一人姓毕，名轨，字昭先，乃东平人也。又有大司农桓范，字元则等数人。此辈皆以谄谀事爽，因此各人并得荣贵。于是何晏来告爽曰："主公大权，不可委托外人。若仍前委托，必成祸矣。"爽曰："司马公与吾同受先帝托孤之命，安忍废乎？"晏曰："昔日先公与仲达同破蜀兵之时，屡受此人之气，因而致死。主公如何不察也？"爽忽然省悟，遂与多官计议停当，入奏魏主曹芳曰："司马懿功高德重，可加为太傅。"芳年幼无主张，皆出曹爽之心，遂加司马懿为太傅，兵权皆归于爽。爽命弟曹羲为中领军，曹训为武卫将军，曹彦为散骑常侍侍讲；三弟各引三千御林军，任其出入禁宫。又用何晏、邓飏、丁谧为尚书，毕轨为司隶校尉，李胜为河南尹；此五人日夜与爽干事。天下奇士投于曹爽门下者，不计其数。司马懿知其党逆，乃推病不出，二子亦皆退职闲住。

　　却说曹爽日每与何晏等饮酒作乐，凡用衣服器皿，与朝廷无异。各处进贡玩好奇珍之物，先取上等者入己，然后方许进宫。佳人美女，充满府院。有黄门张当，谄佞事爽，私选先帝侍妾七八人，送入爽府中答应；又送善歌舞良家子女三四十人，为家乐。又诈传圣旨，刷选美女，任意送入府中；又建重楼画阁；又造金玉器皿，用巧匠千万人昼夜工作。

　　却说何晏与邓飏曰："先帝时有一人，深明《易》理，乃神卜管辂也。"飏曰："吾夜间得一梦，正欲求卜。"遂召管辂至。晏令坐。飏曰："我连日夜间，常梦青蝇数十个，落在鼻上，请公卜之。"何晏亦曰："据我人物，可做三公否？"辂曰："元、恺辅舜[三]，宣慈惠和；周公佐周，坐而待

---

① 原作"明帝沉毅"。据《明帝纪》，补"断识"二字。
② 原作"盖有人君之志概焉"。据《明帝纪》改。
③ 原作"而其人君之量"。据《明帝纪》注改。
④ 原作"爽皆不用"。据《三国志·魏书·曹爽传》，删去"爽"字。
⑤ 原作"此人复来辅助"。据上下文，加"五"字。

旦,故能流光六合,万国咸宁。此乃履道休祥,非卜筮之所明也。今二公身居侯位,职重山岳,名若雷霆,怀德者鲜,畏威者众,殆非小心翼翼多福之仁。又鼻者艮,此天中[四]之山,高而不危,所以长守贵也。今青蝇臭恶而集之焉。位峻者颠,轻豪者亡,不可不思害盈之数,盛衰之期。是故山在地中曰谦,雷在天中曰壮;谦则裒多益寡[五],壮则非礼不履①。未有损己而不光大,行非而不伤败。愿二公上追文王六爻之旨,下思尼父象象之义,然后三公可至,青蝇可驱也。"邓飏勃然大怒曰:"此老生常谈也!"辂曰:"老生者见不生,常谈者见不谈也。"遂拂袖而去。二人大笑曰:"真狂客也!"辂到家与舅言之,舅大惊责怪曰:"何、邓二人威权甚重,天下之人谁不惧之?汝安敢出此言也!"辂曰:"吾与死人说话,何足惧之!"舅曰:"汝何以知?"辂曰:"邓飏行步,筋不束骨,脉不制肉,起立倾倚,若无手足,此为'鬼躁'之相。何晏视候[六],魂不守宅,血不华色,精爽烟浮,容若槁木,此为'鬼幽'之相。二人皆非遐福之相也,早晚粉骨碎身,累及三族,何足畏也!"其舅大骂辂为狂子而去。

却说曹爽与何晏、邓飏每日饮酒,心中烦绪,常出畋猎。其弟曹羲谏曰:"今兄每日作乐,以威势加于天下,非长久之计也。又出外畋猎,倘被人谋害,悔之何及?"爽叱之曰:"兵权在吾手中,谁敢造意耶?"羲泣泪而退。司农桓范亦谏,不听。何晏曰:"今司马仲达推病不出,主公何不思之?"爽笑曰:"量此老夫,何足道哉!"此时魏幼主曹芳,改正始十年为嘉平[七]元年,除李胜为荆州刺史。

却说曹爽一向专权,久不会仲达,未知其病虚实,遂令李胜来拜辞仲达,就探消息。胜径到太傅府下,早有门吏报入。司马懿与二子曰:"此乃曹爽使来打听吾之病也。"懿就去冠散发,上床拥被而坐;又令二婢扶策,方请李胜入府。胜在床前拜曰:"一向不见太傅,谁想如此?今天子命为荆州刺史,特来拜辞。"懿佯答曰:"并州近胡,好为之备。"胜曰:"除荆州刺史,非'并州'也。"懿笑曰:"你方从并州来?"胜曰:"乃汉上荆州耳。"懿大笑曰:"你从荆州来也?"胜曰:"太傅如何病得这等了?"左右曰:"主公耳聋。"胜曰:"乞纸笔一用。"左右取纸笔付胜。胜写毕,呈上。懿看之,笑曰:"吾病得耳聋了。此去荆州建功,可以保重,保重!"言讫,以手指口。侍婢进汤,懿将口就之,汤流满襟。胜佯哭曰:"众言太傅旧风举发,果然如此!"懿作哽噎之声曰:"吾今衰老病笃,死在旦夕矣!二子不肖,请君教之。君若见大将军,千万看觑二子!"言讫,倒在床上,声嘶气涩。李胜拜辞仲达,回见曹爽,细言其事。爽大喜曰:"此老夫即今只有余气也,形色已离,乃泉下之人,不足虑哉!"

却说司马懿见李胜去了,遂起身与二子曰:"李胜此去,回报消息,曹爽等辈再不疑忌我矣。只待他出城畋猎之时,方可图之。"于是曹爽请魏主曹芳去谒高平陵,祭祀明帝坟墓。大小官僚皆随驾出城。爽引三弟并心腹人何晏等,及御林军护驾正行,司农桓范扣马谏曰:"主公总万机,典禁兵②,不宜兄弟皆出。倘有奸细之人闭其城门,当如之何?"爽以鞭指而叱之曰:

---

① 原作"壮者非礼不履"。据《三国志·魏书·方技传》,"者"应作"则"。
② 原作"主公总万机典禁之兵"。据《曹爽传》注引《世语》,"之"字衍,删去。

"谁敢如此？再勿乱言！"当日，司马懿见爽出城，心中大喜，即起旧日手下破敌之人，并家将千余人，引二子上马，径来谋杀曹爽。未知性命胜败毕竟如何？

【注释】

［一］高平陵：陵墓名。在今河南洛阳市东南。
［二］正始：魏主曹芳年号(240—249)。
［三］元、恺辅舜：传说高辛氏有才子八人，称为"八元"；高阳氏有才子八人，称为"八恺"。他们共同辅佐舜，把政事处理得很好。
［四］天中：相书指鼻子所在部位。
［五］衰多益寡：多接受别人的意见，弥补自己的不足。衰，聚集。
［六］视候：观看东西。
［七］嘉平：魏主曹芳年号(249—254)。

第二百十三回　司马懿父子秉政

　　却说司马懿见曹爽同弟曹羲、曹训、曹彦，并心腹何晏、邓飏、丁谧、毕轨、李胜等一班牙爪，及御林军尽随幼主曹芳出城，谒明帝墓，就去畋猎。懿闻之大喜，即到省中[一]，令司徒高柔，假以节钺行大将军事，先据曹爽营；又令太仆王观行中领军事，据曹羲营。懿引旧官入宫，奏郭太后，言爽专背先帝托孤之恩，奸雄乱国，可以废之。郭太后大惊曰："天子在外，如之奈何？"懿曰："臣有奏天子之表，诛奸臣之计。太后勿忧。"太后惧怕，只得从之。懿曰："今日扫除国贼，生灵幸甚矣！"急令太尉蒋济、尚书令司马孚，一同写表，遣黄门赍出城外，径至帝前申奏。懿自引大兵，据武库。早有人报知曹爽家。其妻刘氏急出厅前，唤守府官军问曰："今主公在外，仲达起兵何意？"有帐下督严世①曰："夫人勿惊，我去问之。"乃引弓弩手数十人，登楼望时，正见司马懿引兵过府前。世令人一齐射之，懿不得过。忽一般将孙谦在后止之曰："不可射之。此天下之事，未能知也！"连止三次，世方不射。须臾，司马昭护父司马懿而过②，把定武库；懿引兵出城屯于洛河[二]，守住浮桥。

　　且说曹爽手下司马鲁芝见城中事变，来与参军辛敞辛毗之子商议曰："今仲达如此变乱，主公在外，不知当复何如？"敞曰："可引本部兵出城去见天子。"芝曰："然。"辛敞入后堂，见其姐辛宪英。宪英曰："汝有何事，慌速如此？"敞告曰："天子在外，太傅起兵出城，闭了城门，必夺天下也。"宪英曰："司马公非夺天下也，乃杀曹将军耳。"敞惊曰："此事未知如何？"宪英曰："曹将军非司马公之对手，必然败矣。"敞又曰："今鲁司马教我同去，未知可去否？"宪英曰："别人有事，尚且救之，何况汝之主人乎？不宜久停，便可出城助之。"辛敞从其言，乃与鲁司马引十数骑，斩关夺门而去。人急报司马懿。懿恐桓范亦走，急令人召之。

　　却说桓范与子商议，子曰："车驾在外，不如南出。"范曰："然。"乃上马至平昌门，城门已闭，把门将乃桓范旧吏司蕃也。范袖中取出一竹版，曰："太后有诏，可即开门。"司蕃曰："请诏验之。"范叱之曰："汝是吾故吏，何敢如此！"蕃只得开门放之。范出得城外，唤司蕃曰："太傅造反，汝可速随吾去，却才假诏也。"蕃大惊，急纵步追之不上而回。人报知司马懿，懿大惊曰："'智囊'往矣！如之奈何？"蒋济曰："'驽马恋栈豆[三]'，必不能用也。"懿曰："然。"又召许允、陈泰曰："汝可去见曹爽，说太傅别无他事，只是削汝兄弟兵权而已。"许、陈二人去了。又召殿中校尉尹大目至，令蒋济作书，与目持去见爽。懿吩咐曰："知汝与曹爽契厚，可领此任。汝见曹爽，说吾与蒋济指洛水为誓，只因兵权之事，别无他故。"尹大目依令而去。

　　却说曹爽正飞鹰走犬之际，忽报城内有变，太傅有表。爽大惊，几乎落马。黄门官捧表，跪于天子之前。爽接表拆封，令近臣读之。其表曰：

---

① 原作"守门将潘举"。据《晋书·宣帝纪》改。
② 原作"司马昭护父司马懿而过时"。"时"字衍，删去。

太傅臣司马懿①，诚惶诚恐，顿首谨表：臣昔从辽东还，先帝诏陛下与秦王及臣等秦王乃曹询也升御床，把臣臂，深以后事为念。臣言："二祖亦嘱臣以后事②，此自陛下所见，无所忧苦；万一有不如意，臣当以死奉明诏③。"黄门令董箕并才人侍疾等，皆所闻知④。今大将军曹爽背弃顾命，败乱国典；内则僭拟，外专威权；破坏诸营，尽据禁兵；群官要职，皆置所亲，殿中宿卫、历世旧人皆复斥出，欲置新人以树私计，根据槃互，纵恣日甚。外既如此，又以黄门张当为都监，专共交关；看察至尊，候伺神器⑤；离间二宫[四]，伤害骨肉。天下汹汹[五]，人皆危惧。陛下但为寄坐⑥，岂得久安？此非先帝诏陛下及臣升御床之本意也。臣虽朽迈，敢忘往言？昔赵高极意，秦氏[六]以灭；吕、霍早断[七]，汉祚永世。此乃陛下之大鉴，臣受命之时也。太尉臣济、尚书令臣孚等，皆以爽为有无君之心，兄弟不宜典兵宿卫，奏永宁宫[八]。皇太后令，敕臣如奏施行。臣辄敕主者及黄门令，罢爽、羲、训吏兵，以侯就第，不得逗留以稽[九]车驾；敢有稽留，便以军法从事。臣辄力疾[一〇]将兵屯于洛水浮桥，伺察非常。谨表上闻，伏于圣听。

魏幼主曹芳听毕，乃与曹爽曰："太傅之言是也，卿如何裁处？"爽手足失措，回顾二弟曰："如之奈何？"曹羲曰："劣弟亦曾谏兄，兄执迷不听，致有今日之祸。司马懿谲诈无比，诸葛亮尚不能及，何况我兄弟乎？不如自缚见之，以免一死。"

　　言未毕，忽参军辛敞、司马鲁芝到。爽急问之，二人告曰："城中把得铁桶相似，太傅引兵屯于洛水浮桥，只为将军权重，别无他事。"正言间，司农桓范骤马而至。范与爽曰："大事已变，将军何不请天子幸许都，调外兵以讨司马懿耶？"爽曰："吾等全家皆在城中，岂可投他处而求援也？"范曰："主公自幼读书，岂不知世事兴废乎？今主公宅舍，金碧交辉，倘落他人之手，再欲贫贱，安能复得者也？且匹夫持质一人，尚欲望活，今主公与天子相随，号令天下，谁敢不应？何故反投死地也？"爽听之，不能决断，但涕泣而已。范又曰："主公别营，近在阙南；洛阳典农[一一]，治在城外。若一呼之，即来赴役。今去许都，不过中宿[一二]⑦，城中别库，兵甲足资⑧；军中所忧者惟粮草而已，而大司农之印，某将在此⑨。主公何不急行也？迟则休矣！"爽曰："多官勿太催逼，待吾细细思之。"少顷，侍中许允、尚书陈泰[一三]至⑩。二人告曰："太傅只

---

① 原作"征西大都督、太傅臣司马懿"。"征西大都督"系临时官号，此处应删。
② 原作"太祖、高祖亦嘱臣以后事"。据《三国志·魏书·曹爽传》改（"高祖"指魏文帝曹丕）。
③ 原作"臣当死以奉明诏"。据《曹爽传》改。
④ 原作"皆所闻之"。据《曹爽传》改。
⑤ 原作"伺候神器"。据《曹爽传》改。
⑥ 原作"且陛下但为寄坐"。据《曹爽传》，"且"字衍，删去。
⑦ 原作"今去许都，不过半宿"。据《曹爽传》注引《魏略》改。
⑧ 原作"城中粮草，足用几载"，与下句"军中所忧者惟粮草而已"矛盾。据《曹爽传》注引《魏略》改。
⑨ 原作"大司马之印，某将在此"，不合情理（此时无人任大司马，即使有，其印也不会由桓范掌管）。据《曹爽传》注引《魏略》改（桓范任大司农，其印随身携带）。
⑩ 原作"尚书令陈泰至"。据《曹爽传》，删"令"字。

为将军权重,要削去兵权,别无他事。将军可早归城,惟免官而已。"爽默然不语。又只见殿中校尉尹大目到,爽方问曰:"祸事急缓若何?"尹大目与爽契厚,乃告曰:"太傅指洛水为誓,并无他意。只因将军威权太重。有蒋太尉书在此。将军可削去兵权,早回府第①。若不如此,何日安宁也?"爽方信之,以为良言。桓范又告曰:"事极矣,休听外言而就死地也!"

是夜,曹爽不能施设,乃拔剑在手,嗟叹寻思;自黄昏直流泪到晓②,兄弟三人决疑不定。桓范又入帐催之曰:"主公思虑一昼夜,何为不能决乎?"爽掷剑而叹曰:"我不起兵,愿不作官,只作富家翁足矣!"范听了,大哭出帐曰:"曹子丹佳人也,汝兄弟三人,真豚犊[一四]耳!何期今日坐汝等灭族乎③!"痛哭不已。许允、陈泰令爽先纳印绶与司马懿。爽令将印送去。主簿杨综扯住印绶而哭曰:"主公今日舍兵权自缚去降,不免东市受斩也!"爽叱之曰:"太傅必不肯失信负我!"于是曹爽将印绶与陈、许二人,先赍与司马懿。多官见无将印,尽皆四散。爽手下只有数骑官僚。到浮桥时,懿传令,教曹爽兄弟三人且回私宅,余者发监,听候敕旨。爽等入城时,并无一人侍从。桓范至浮桥边,懿在马上以鞭指之曰:"桓大夫何故如此?"范低头不语,惭愧入城。懿曰:"天子明诏,复吾旧职矣!"桓范并不回顾。于是司马懿请驾拔营入洛阳已毕。

却说曹爽兄弟三人回家之后,懿用大锁锁门,令居民八百人绕护其宅,起四座高楼以望之。爽心中忧闷,挽弹弓于后园中打雀,忽听得楼上小民唱曰:"故大将军东南行!"爽与弟言之,弟曰:"此乃戏语,不足道哉。目今乏粮,兄可作书以上太傅,求些度用。"爽从之,遂作书一封,递出,令守门人持与太傅。懿拆封视之。书曰:

  贱子曹爽百拜书奉太傅尊前:窃念爽哀惶恐怖,无状招祸,分受屠灭④。前遣家人迎粮,于今未返,数日乏粮⑤,万望宽洪,当烦见饷,以继旦夕。

司马懿览毕,遂遣人送粮,仍答书一封,运至曹爽府内。爽得其贿,欣然而喜。爽拆封视之。其书曰:

  初不知乏粮,甚怀踧踖[一五]。二音促蹙。今致米一百斛,并肉脯、盐豉、大豆⑥,幸乞笑留。

曹爽大喜曰:"司马公本无杀我之心也!"遂不为疑。

原来司马懿先将黄门张当捉下狱中问罪。当曰:"非我一人,更有何晏、邓飏、李胜、毕轨、丁谧等五人同谋篡逆。"懿取了张当供词,却捉何晏等勘问明白,皆称三月间欲反。懿用长枷钉了。有司蕃告称:"桓范矫诏出城,口称太傅谋反。"懿曰:"诬人反情,抵罪反坐!"亦将桓范

---

① 原作"早回相府"。曹爽非"相",故改。
② 原作"自黄昏只流泪到晓"。据文意改。
③ 原作"曹子丹鬼怪之人也,汝兄弟三人,真豚犊耳!何期今日灭其族乎"。据《曹爽传》注引《魏氏春秋》改("坐汝等灭族",因为你们而灭族)。
④ 原作"合受屠灭"。据《曹爽传》注引《魏末传》改。
⑤ 原作"数月乏粮"。据《曹爽传》注引《魏末传》改。
⑥ 原作"今致米一百斛,并肉脯、盐豉、大豆相送"。"相送"二字衍,删去。

等皆下狱,然后押曹爽兄弟三人并一干人犯,皆斩于市曹,灭其三族,其家产财物尽抄没入库①。后人有诗曰:

> 驽马但能思栈豆,不图千里去程途。
> 可怜曹爽愚兄弟,同把山河付晋都。

又诗曰:

> 曹爽浑如井底蛙,痴心恣意享荣华。
> 不知身死钢刀下,犹自贪图作富家。

却说司马懿斩了曹爽等辈,太尉蒋济曰:"尚有鲁芝、辛敞斩关夺门而出,杨综夺印不与,皆可斩之。"懿曰:"彼各为其主,乃忠义之臣也。"遂复各人旧职。辛敞叹曰:"吾若不问于姐,失其大义矣!"后史官有诗赞辛宪英曰:

> 为臣事主当存义,赴难持危合尽忠。
> 辛氏宪英曾劝弟,故令千载播高风。

司马懿饶了辛敞等,仍出榜晓谕:"但有曹爽门下一应人等,尽皆免死。有官者照旧复职。军民各安家业。"因此内外安然,皆无谣语。何、邓二人死于非命,果应管辂之言。后人有诗赞管辂曰:

> 传得圣贤真妙诀,平原管辂相通神。
> "鬼幽""鬼躁"分何、邓,未丧先知是死人。

却说魏主曹芳以司马懿为丞相,加九锡。懿谦辞不受。芳不准辞,令父子三人同领国事,二子各受重权。司马懿谢恩回家。懿忽然想起:"曹爽全家虽诛,尚有夏侯玄[一六]守备雍州等处,系爽亲族,倘思骨肉之情,骤然作乱,如何提备?必当处置。"即下诏遣使,往雍州取征西将军夏侯玄②赴洛阳议事。玄乃曹爽外弟。此时夏侯霸正在雍州守把隘口,听知司马懿取夏侯玄玄乃霸之侄,霸大骇惊惧,心中忧疑,慌引兵三千出城哨探。未知其意如何,且听下回分解。

【注释】

[一] 省中:宫禁之中。
[二] 洛河:又名洛水。发源于今陕西,东北流,经洛阳城南,与伊水汇合后,在今河南巩县入黄河。
[三] 驽马恋栈豆:劣马贪恋马棚里的饲料。比喻庸人目光短浅,只贪图眼前小利。
[四] 二宫:代指魏主曹芳和郭太后。

---

① 此句后原有"容其女还家"。既无史实根据,又与上文"灭其三族"矛盾,故删(毛本《三国》叙及夏侯令女之事,但夏侯令女并非曹爽之女)。
② 原作"征西大将军夏侯玄"。据《三国志·魏书·夏侯玄传》,"大"字衍,删去。

［五］汹汹：喧扰不安。
［六］秦氏：指秦王朝。
［七］吕、霍早断：吕，吕后宗族，吕后死，诸吕欲作乱，被太尉周勃等平定；霍，霍光家族，光卒，其妻毒杀许皇后，事发，其子霍禹等谋反，被族诛。
［八］永宁宫：郭太后所居之宫。亦代指郭太后。
［九］稽：留止，延迟。
［一〇］力疾：竭力支撑病体。
［一一］典农："典农中郎将"、"典农校尉"的省称。掌管屯田事宜，兼理民政，职权如太守。
［一二］中宿：隔宿，第二天。
［一三］陈泰：陈群之子。字玄伯。此时任尚书。
［一四］豚犊：比喻无能之人。豚，小猪；犊，小牛。
［一五］踧踖：侷促不安的样子。
［一六］夏侯玄：夏侯尚之子。字太初。时任征西将军，假节，都督雍、凉州诸军事。

第二百十四回　姜维大战牛头山—犯中原

却说司马懿灭了曹爽等众，出榜晓谕朝中官员及洛阳人民知道，说曹爽专权谋反，因此戮之，众皆安心无疑。司马懿只忧曹氏、夏侯氏这两支宗党，日夜不安，令人取征西将军夏侯玄赴洛阳议事。玄叔夏侯霸听知大惊，引本部三千兵造反。有镇守雍州刺史郭淮，听知霸反，即率本部兵来与夏侯霸交战。淮出马大骂曰："汝既是大魏皇族，天子又不曾亏汝，安敢背反耶？"霸亦骂曰："吾祖父于国家多建勤劳，今司马懿何等匹夫，灭吾侄曹爽①等弟兄，夷其三族；却乃父子三人掌握朝纲，又来取吾，必有逆心篡位。吾今仗义讨贼，汝赶来，何也？"淮大怒，挺枪骤马，直取夏侯霸。霸挥刀纵马而迎。战不十合，淮败走，霸随后赶来。忽听得后军呐喊，霸急回马时，陈泰引兵杀到。郭淮复回，两路夹攻。霸大败而走，折兵太半，寻思无计，遂投汉中来降后主。

有人报与姜维。维心不信，令人体访[一]得实，方教入城。拜见已毕，霸哭告前事。维曰："昔日微子去周，成万古之名。汝若匡扶汉室，有何不可？"遂设宴相待。维就席问曰："今司马懿父子掌握重权，复有征战之志乎？"霸曰："老贼父子始立家业，岂肯征战耶？虽他父子无有征伐之心，但朝中新出二人②，若领兵马，实吴、蜀之大患耳。"维曰："何人也？"霸告曰："一人见为秘书郎，乃颍川长社人也，姓钟，名会，字士季，太傅钟繇之子。蒋济一见，便称奇才，非常人也。司马懿与之谈论，亦称王佐之才。又一人，见为南安太守③，乃义阳人也，姓邓，名艾，字士载。幼年失父，素有大志。但见高山大泽，辄窥度指画，何处可以屯兵，何处可以积粮，何处可以进兵，何处可以埋伏。人皆笑之。后司马懿见而奇之，遂用他在身边，共度军机。此二人久后进兵，深可畏也。将军当以记之。"维笑曰："量此孺子何足道哉！"霸曰："某忠言耳，将军勿疑。"

于是姜维引夏侯霸至成都，入见后主已毕，维奏曰："司马懿谋杀曹爽，又来赚夏侯霸，霸因此投降。目今司马懿父子专权，曹芳懦弱，国势渐危。臣在汉中历有年矣，粮足支用数年，人强马壮，军器皆整。臣正欲奏请陛下以图进取，幸夏侯霸归降，可作向导官。臣愿领王师，效丞相之志，克复中原，重兴汉室，虽万死不辞也。"大将军费祎曰④："近者，蒋琬、董允皆相继而亡，蜀中缺官。伯约且宜藏器待时，以候天命。"维曰："不然。人生处世，如白驹过隙[二]，似此迁延日月，何时恢复中原也？"祎又曰："孙子云：'知己知彼，百战百胜。'我等皆不如丞相多矣；丞相尚不能恢复中原，何况我等耶？不如保国治民，谨守社稷，勿望侥幸以决成败也。如

---

① 原作"吾兄曹爽"。夏侯霸与曹真同辈，应称曹爽为"侄"。
② 原作"但朝中新出二人，正在妙龄之际"。此时钟会二十五岁，可称"妙龄"；邓艾则已五十三岁。作者以为二人年龄相近，因而致误。
③ 原作"见为掾史"。据《三国志·魏书·邓艾传》改。
④ 原作"尚书令费祎谏曰"。据《三国志·蜀书·后主传》、《费祎传》改(此时姜维任卫将军，位在费祎之下)。

一举不成,悔之何及?"维又曰:"吾世居陇上,深知羌胡之心及西方风俗。吾今若往,外结羌胡,内招庶民,虽未能克复中原,自陇以西,可断而有也。"后主曰:"卿既欲伐魏,可尽忠竭力,勿堕锐气以负朕命也。"

于是姜维领敕辞朝,同夏侯霸径到汉中,计议起兵。维曰:"可遣使先去羌胡处通盟,然后出西平,近雍州。先筑二城于麴山[三]之下,令兵守之,以为掎角之势。我等尽发粮草于川口,依丞相旧制,次第进兵。"霸曰:"山路崎岖,进则亦难,退则不易,可缓缓行之。"是年秋八月,军需钱粮一应完备,先差蜀将句安、李歆句,音钩,乃句芷之后。二人,同引一万五千兵往麴山之前连筑二城:句安守东城,李歆守西城。

早有细作报与征西将军郭淮①。淮一面令赴洛阳申报;一面遣陈泰②引雍州兵五万,战将数十员,来与蜀兵交战。句安、李歆各筑起一城,见魏兵到来,各引一军出迎。陈泰分头混战。陈泰兵多将广,句、李二人兵寡将孤,不能抵敌,退入城中。泰令兵围之,又以兵断其汉中运粮道路。句安、李歆城中粮草欠少。郭淮自引兵亦到,看了地势,欣然而喜,回到帐中,乃与陈泰计议曰:"此城山势高阜,必然少水,须出城取水。若断其上流,蜀兵皆渴死。"泰曰:"然。"淮遂令军士掘土,堰断上流。城中果然无水。李歆引兵出城取水,雍州兵围之甚急。歆死战不能出,又败入城去。军士枯渴。安与歆曰:"姜都督之兵至今未到,不知何故?"歆曰:"我舍一命,杀出城求救,何如?"安曰:"善。"李歆遂引数十骑,开了城门,杀将出来。雍州兵四面围合。歆奋死冲突,方才得脱,只落得独自一人,身带重伤,余皆没于乱军之中。是夜北风大起,阴云布合,天降大雪,因此城内蜀兵分粮聚雪,以度目月。

却说李歆撞出重围,从西山小路行了两日,正迎姜维人马。歆下马伏地告维曰:"麴山二城皆被魏兵围困,绝其粮道,断其泉水。幸得天降大雪,因此化雪度日,甚是危急。"维曰:"吾非来迟,为聚羌胡之兵未到,因此误了。"遂令人送李歆入蜀养病。维问夏侯霸,霸曰③:"若等羌胡兵到,麴山二城尽皆陷矣。吾料雍州兵必尽来围困麴山,又断粮道,临洮城定然空虚④。将军可引兵径往牛头山[四],抄在临洮之后⑤,郭淮、陈泰必回救之,此围自解矣,乃困魏救汉之法也。魏兵两头不能救应,则雍州可得耳。"维喜曰:"此计最善!"于是姜维引兵望牛头山而去。

却说陈泰见李歆杀出阵去了,乃与郭淮曰:"蜀兵大队在后,不来救者,为羌胡之兵来迟也。若羌胡兵齐备到来,必径取雍州也。今李歆若告急于姜维,维料吾大兵皆在麴山,必抄牛头山袭吾之后也。将军可引一军,去取白水⑥,断绝蜀兵粮道。吾兵分一半,径出牛头山击之。

---

① 原作"雍州刺史郭淮"。据《三国志·魏书·郭淮传》改。
② 原作"副将陈泰"。据《三国志·魏书·陈泰传》改。
③ 原作"维问夏侯霸曰"。下文则系夏侯霸所言,故加一"霸"字。
④ 原作"雍州之城定然空虚"。"雍州之城"当指雍州治所长安,在麴山以东近千里,牛头山则在麴山西南,方位不合。据地理改。
⑤ 原作"抄在雍州之后"。承上文改。
⑥ 原作"去取洮水"。洮水在牛头山之北,距蜀军粮道尚远。据《陈泰传》改。

彼若知粮道已断，必然自走矣。"郭淮从之，遂引一军暗取白水。陈泰引一军径往牛头山来。

　　却说姜维兵至牛头山，忽听得前军发喊，报说魏兵截其去路。维慌忙自到军前视之。陈泰大喝曰："汝欲袭吾州，吾已等候多时矣！"维大怒，挺枪纵马，直取陈泰。泰挥刀而迎。战不三合，泰败走，维挥兵掩杀。雍州兵退回，占住山头。维收兵就牛头山下寨。维每日令兵搦战，不分胜负。是夜，夏侯霸与姜维曰："此处只可一时过兵，不是久停之所也。连日交战，不分胜负，此乃诱兵之计耳，必有异谋。不如暂退，再作良图。"正言之间，忽报郭淮引一军取白水，断其粮道。维大惊曰："军中无粮，安得生也！"慌令夏侯霸先退，维自断后，缓缓而退。陈泰已自知了，分兵五路赶来。维独拒五路总口，战住魏兵。泰勒兵上山，矢石如雨。维急退到白水之时，郭淮引兵杀来。维引兵往来冲突。魏兵阻其去路，密如铁桶。维奋死杀出，折兵太半，飞奔上阳平关来。前面又一军杀到，为首一员大将，纵马横刀而出。那人生得圆面大耳，方口厚唇，左目上生一肉瘤，瘤上生数十根黑毛，乃司马懿长子卫将军司马师①也。维大怒曰："孺子安敢阻吾归路耶②！"拍马挺枪，直来刺师。师挥刀相迎。只三合，杀败司马师，维脱身径奔阳平关来。城上人开门，放入姜维。司马师又来抢关，两边伏弩齐发，一弩发十矢，皆是铁箭，箭头上皆有毒药，乃是武侯所传之法也。未知司马师性命如何，且听下回分解。

【注释】

［一］体访：仔细察访。
［二］白驹过隙：比喻时间过得很快。白驹，白色骏马，喻指太阳。
［三］鞠山：山名。地处曹魏陇西郡与南安郡交界处。在今甘肃岷县东南。
［四］牛头山：山名。地属曹魏雍州陇西郡临洮县，与蜀汉交界。在今甘肃岷县南。

---

① 原作"骠骑将军司马师"。据《晋书·景帝纪》改。
② 原作"懦子安敢阻吾归路耶"。"懦"系"孺"之形误。

第二百十五回　战徐塘吴魏交兵

　　原来姜维取雍州之时，郭淮飞报入朝，魏主与司马懿商议停当，懿遣长子司马师引兵五万，前来雍州助战。师听知郭淮敌退蜀兵，料蜀兵势弱①，就来半路击之。直赶到阳平关②，却被姜维用武侯所传连弩法，于两边暗伏连弩百余张，一弩发十矢，皆是药箭。师正引兵追之，两边弩箭齐发，前军连人带马射死不知其数。司马师于乱军之中逃命而回。

　　于是麴山城中，蜀将句安见援兵不至，乃开门降魏。姜维折兵数万，回汉中讫，收聚军马，托疾不出。司马师折兵极多，自还洛阳，管理朝政。至嘉平三年秋八月，司马懿染病至重，遂唤二子至榻前，嘱曰："吾事魏历年，官授太傅，人臣之位极矣。人皆以吾有异志，吾何敢焉。吾死之后，汝二人善事主人，勿生他意，负我清名。但有违者，乃大不孝之人也！"言讫而逝。后人有诗曰：

　　　　开言崇圣典，用武若通神。
　　　　三国英雄士，四朝经济臣。
　　　　屯兵驱虎豹，养子得麒麟。
　　　　诸葛常谈羡，能回天地春！

于是司马懿身亡，长子司马师、次子司马昭，二人申奏魏主曹芳。芳以师为大将军，总领尚书机密大事；以昭都督淮北诸军事③。

　　却说吴主孙权，先有太子孙登，乃徐夫人所生，于吴赤乌[一]四年身亡。即蜀汉延熙四年也。遂立第三子孙和④为太子，乃琅琊王夫人所生。因与全公主[二]不睦，被公主谮之，权废了和，忧气而死。又立少子孙亮⑤为太子，乃潘夫人所生。此时丞相陆逊已亡，一应大小事务皆归于诸葛恪。太元[三]元年秋八月初一日⑥，忽起大风，江海涌涛，平地水深八尺。吴主先陵所种松柏，尽皆拔起，直飞来建业城南门外，倒卓[四]于道上。吴主权因此受惊成疾。次年四月内，权愈加沉重，乃以诸葛恪为太傅、吕岱为大司马，一同召入榻前，嘱以后事。嘱讫而薨。在位二十四年，寿七十一岁，乃蜀汉延熙[五]十五年也。后晋史官平阳侯相陈寿评曰：

　　　　孙权屈身忍辱，任才尚计，有句践之奇，英人之杰矣。故能自擅江表，成鼎峙之

---

① 原作"师料蜀兵势弱"。主语"师"承前省。
② 原作"只赶到阳平关"。据文意改。
③ 原作"封昭为骠骑上将军"。据《晋书·文帝纪》改。
④ 原作"次子孙和"。据《三国志·吴书·吴主五子传》改。
⑤ 原作"三子孙亮"。据《三国志·吴书·三嗣主传》改。
⑥ 原作"太和元年秋八月初一日"。据《三国志·吴书·吴主传》改。

业①。然性多嫌忌,果于杀戮,曁臻末年,弥以滋甚。至于谗说殄行,胤嗣[六]废毙,岂所谓贻厥孙谋以燕翼子者哉?其后叶[七]凌迟②,遂致覆国,未必不由此也。

后人又诗曰:

　　　　紫髯碧眼号英雄,能使臣僚肯尽心。
　　　　二十四年兴大业,龙盘凤踞在江东。

却说诸葛恪秉政,立孙亮为帝,大赦天下,改元建兴[八]元年③;谥权曰大皇帝,葬于蒋陵[九]。早有细作探知其事,报入洛阳。司马师闻知孙权已死,遂议起兵伐吴。尚书傅嘏音古谏曰:"吴为寇几六十年矣④,君臣相保,吉凶同济。兼有长江之险,先帝屡次征伐,皆不遂意。不如各守边疆,惜军爱民,此为上策。"师曰:"天道三十年一变,岂得常为鼎峙乎?吾欲伐吴,立心久矣。今乘孙权新亡,孙亮幼弱,正欲伐之。"令征南大将军王昶引兵十万攻南郡,征东将军胡遵引兵十万攻东兴[一〇],镇南将军毌丘俭⑤引兵十万攻武昌:三路进发。又遣弟司马昭为大都督,总领三路军马。

是年冬十月,司马昭兵至东吴边界,屯住人马,乃唤王昶、胡遵、毌丘俭到帐中计议曰:"东吴最紧要之处,惟东兴也⑥。今他筑起大堤,左右又筑两城,以防巢湖后面攻击,诸公多要仔细。"遂与王昶、毌丘俭曰:"你二人各领十万兵,列左右,且未可进发。待吾取了东兴⑦,那时一齐进兵未迟。"昶、俭二人,受令而去。昭遂令胡遵、诸葛诞二人为先锋,同领三路兵前去:"先搭浮桥,取东兴大堤。若夺得左右二城,便是大功。"遵、诞二人,领兵来搭浮桥。

却说太傅诸葛恪听知魏兵三路而来,遂唤诸将曰:"今边关三路飞报,说司马昭为大都督,先令胡遵自取东兴,搭起浮桥,见屯兵于堤上,攻打二城。又令王昶攻南郡,见勒兵于界首下寨。又令毌丘俭攻武昌,亦在界首下寨。如此之危,诸公有何策?先救何处?"平北将军丁奉曰:"东吴紧要处所尽在东兴,若东兴有失,南郡、武昌危矣。彼必并力取东兴。此二路皆看消息何如,便乘势进兵也。"恪曰:"此妙论也!正合吾意。汝就引三千水军从江中去,吾后令吕据[一一]、唐咨、留赞⑧各引一万马步兵,分三路而来接应。但听得连珠炮响,一齐进兵。吾自引大军后至。"丁奉得令,即引三千水兵,分作三十只船,正遇北风,连夜顺风,望东兴而来。

却说胡遵、诸葛诞渡过浮桥,屯军于堤上,差桓嘉[一二]、韩综[一三]攻打二城。左城中乃吴将全端⑨守之,右城中乃吴将留略⑩守之。此二城高峻坚固,急切攻打不下。全、留二人见魏

---

① 原作"故自能专擅江表,以成鼎峙之业"。据《吴主传》改。
② 原作"其后枝叶凌迟"。"枝"字衍,删去。
③ 原作"改元大兴元年"。据《三国志·吴书·三嗣主传》改。
④ 原作"吴为寇六十余年矣"。据《三国志·魏书·傅嘏传》改(几,将近,几乎)。
⑤ 原作"镇南都督毌丘俭"。据《三国志·魏书·三少帝纪》、《毌丘俭传》改。
⑥ 原作"惟东兴郡也"。当时无"东兴郡"。据《三国志·吴书·诸葛恪传》改("东兴"指东兴堤)。
⑦ 原作"待吾取了东兴郡"。承上文,删"郡"字。
⑧ 原作"刘纂"。据《三国志·吴书·诸葛恪传》改。
⑨ 原作"全怿"。据《三嗣主传》改(全端系全琮从子)。
⑩ 原作"刘略"。据《三嗣主传》改。

兵势大,不敢出战,死守城池。

却说胡遵、诸葛诞在徐塘[一四]地名下寨,天降大雪,甚是严寒。二人设席高会,诸将环立。忽报水上有三十只战船来到。遵出寨视之,见船将次傍岸,每船上只有百人。遂还帐中,与诸葛诞曰:"不过三千人耳,何足道哉!"只令部将哨探,二人仍前饮酒。

却说丁奉将船一字儿抛在水中,乃与部将曰:"大丈夫立功名,取富贵,正在今日!"遂令众军脱去衣甲,卸了头盔,不用长枪大戟,止带短刀。魏兵见之大笑,更不准备。忽然连珠炮响,丁奉拨船近岸,奉扯刀当先,一跃上岸。众军皆拔短刀,随奉砍入寨来,魏兵措手不及。韩综急拔帐前大戟迎之,奉抢入怀内,一刀斩之。桓嘉从左边转出,绰枪刺丁奉,被奉挟住枪杆。嘉弃枪而走,奉一刀飞去,正中右肩,砍倒在地。奉赶上,就以枪刺之。三千吴兵在魏寨中左冲右突,砍到中军。胡遵、诸葛诞早上马夺路而走。魏兵齐奔上浮桥欲过,浮桥摧裂,落水死者无数。车仗马匹,军器数万,皆被吴兵所获。司马昭、王昶、毌丘俭听知东兴兵败,亦勒兵而退。

却说诸葛恪引兵至东兴,收兵赏劳了毕,乃聚诸将曰:"司马昭兵败北归,正好乘胜恢复中原,以成一统大业!"遂传令进兵,一面遣使持书入蜀,求姜维进兵,攻其北面,许以平分天下。恪随起大兵二十万,来伐中原。临行时,忽然见一道白气从地而起,遮断三军,并皆不见。诸葛恪惊堕下马,众将急救。未知吉凶,且听下回分解。

【注释】

[一] 赤乌:吴主孙权年号(238—251)。

[二] 全公主:孙权之女,名鲁班。因嫁与全琮为妻,故称"全公主"。

[三] 太元:吴主孙权年号(251—252)。

[四] 倒卓:倒立。卓,直立。

[五] 延熙:蜀汉后主刘禅年号(238—257)。

[六] 胤嗣:后嗣。

[七] 后叶:后代。叶,世。

[八] 建兴:吴主孙亮年号(252—253)。

[九] 蒋陵:陵墓名。在今江苏南京市钟山南麓。

[一〇] 东兴:即东兴堤。在巢湖口濡须水旁。左右筑两城,为东吴前哨阵地。故址在今安徽巢县与无为县之间。

[一一] 吕据:吕范之子。字世议。时任东吴右将军。

[一二] 桓嘉:桓阶之子。时任曹魏乐安太守。

[一三] 韩综:吴国大将韩当之子。黄武六年(227)降魏,任将军,封广阳侯。

[一四] 徐塘:地名。在东兴堤附近。

第二百十六回　孙峻谋杀诸葛恪

却说众将救起诸葛恪，扶在马上。恪问其故，有中散大夫蒋延告曰："此气乃白虹也，主丧兵之兆。太傅只可回朝，不宜伐魏。"恪大怒曰："汝安敢出不利之言，慢吾军心！"叱武士斩之。众皆告免，遂贬蒋延为庶民，仍催兵前进。丁奉曰："魏以新城为诸路隘口，若先取得此城，司马师破胆矣。"恪大喜，即催兵直打新城。守城牙门将军张特，见吴兵大至，闭门坚守。恪令兵四面围之。早有流星马报入洛阳，说司马昭三路兵败而走，吴兵见今乘势入寇。司马师自责曰："非他人之罪，乃吾之过也。如何挡之？"主簿虞松曰："今诸葛恪围困新城，急切攻打不下，且未可与战。吴兵远来，人多粮少，待粮尽自走也。可令毌丘俭引兵拒住，任他搦战，只不与交锋。不过数月，军马懈怠，自然思归，那时击之，必全胜矣。还当提防蜀兵又出。"师曰："然。"遂令司马昭引一军助郭淮，防姜维入寇；毌丘俭、胡遵拒住吴兵。

却说诸葛恪连月攻打新城不下，立斩数将，众皆奋力登城，攻打东北角，城将待陷。张特在城中定一计，乃令舌辩之士一人到吴寨，见了诸葛恪。恪怒曰："如何不早降？"其人告曰："魏主王法太重，若遇困城，守城将坚守一百日，若无救兵至，出城降者，家族不坐罪。今已九十余日，望乞再容数日，某主将尽率军民来降。今先具花名呈上。"恪遂深信之，收了军马，遂不攻城。原来张特用缓兵之计，哄退吴兵，即时拆城中房屋，于破城处修补完备。次日，张特登城大骂曰："吾城中尚有半年之粮，岂肯降吴耶？尽战无妨！"恪大怒，掣刀催兵打城。城上乱箭射下，恪额上正中一箭，翻身落马。诸将救恪还寨，金疮举发。军士皆无战心；又因天气亢炎，人皆饮污水，病者无数。恪金疮稍可，自起欲催兵攻城。营吏告曰："人皆有病，安能战乎？"恪怒叱退："再说病者斩之！"众军皆知，各逃无数。人报恪曰："都尉蔡林自引一军，投魏去了。"恪大惊，自乘马遍视各营，人皆果然黄肿，死者无数，遂传令勒兵还吴。早有细作报知毌丘俭。俭尽起大兵，随后掩杀。吴兵大败而归。恪甚羞惭，托金疮病不入朝见，只还私宅。吴主孙亮自幸问安，文武官僚皆来拜见。恪恐多官议论，先搜求众官过失①，轻则发遣边方，重则斩首示众。于是内外官僚无不悚惧。又令心腹将张约、朱恩管御林兵，以为牙爪。

却说孙峻字子远，乃孙坚弟孙静曾孙，孙恭之子也。权甚爱之，命掌御林军马。闻知诸葛恪令张约、朱恩二人掌御林军马，峻心中大怒。忽报太常卿滕胤入见。峻接入礼毕，胤曰："诸葛恪权柄太重，杀害公卿，将有不仁之心。何不早图之？"峻曰："我知之矣！可奏闻天子。"于是孙峻、滕胤入奏吴主孙亮。亮曰："朕见此人，甚是恐怖，寝食不安，欲制之，未得其便。今卿等果有忠义，当密图之。孙子远既掌内兵，可以图也。"胤曰："陛下设席请恪，壁中暗伏武士，掷杯为令，就席间杀之，以绝后患。"亮从之。

---

① 原作"先将心腹官员过失"，不合情理。参照毛本《三国》改。

第二百十六回　孙峻谋杀诸葛恪

却说诸葛恪自淮南回宅,心神恍惚,动止弗安。忽一日,步行至中堂,见一人披麻挂孝而入。恪急叱问之,其人大惊无措。恪令拿下拷问,其人告曰:"某乃孝子也,新丧父亲,入城请僧追荐;初见是寺院而入,却不想是太傅之府,却怎生来到此处也?"恪大怒,捉守门军问之。军士告曰:"某等数十人,皆持戈戟把门,安敢一刻有离,并不见一人入来。"恪大疑,皆斩之。是夜,恪睡卧不安,忽听得正堂中声响如同霹雳。恪自出视之,见中梁折为两段,阴风习习,悲切啾啾,但见孝子与数十人,各提头索命。恪惊倒在地,良久方苏。次日盥沐盥漱,闻水血臭。恪叱侍婢换水,连换数盆,皆臭无异。恪大怒,立斩侍婢,又令取衣穿。侍婢进衣,亦有血臭,连换数次,其臭无异。

恪惆怅不已,忽报有使至,宣太傅赴宴。恪令安排车仗,方欲出府,有黄犬衔恪衣报,嘤嘤作声,如哭之状。恪曰:"犬不欲我入朝乎?"遂坐。少时又起,犬又衔衣。如此者三次。恪怒曰:"犬戏吾也!"令左右逐出,遂乘车出府。车前一道白虹,自地而起,如白练冲天而去。恪问左右曰:"莫非不祥?"从者曰:"吉庆之兆也,主公勿疑。"恪至宫门,一人拜迎于地,曰:"太傅若尊体欠安①,且请回府。"恪视之,乃武卫将军孙峻也。此是峻见恪有疑色,用其言稳之。恪不疑。恪曰:"吾自见天子。"又行到数十步,见心腹将张约忽进车前密告曰:"今日宫中设宴,未知好歹,主公不可入也。"恪心中大疑,遂令回车。回不到十数步,滕胤乘马至。胤忙下马,近车前曰:"太傅何故便回?"恪曰:"吾忽然腹痛,不可见天子。"胤曰:"朝廷为太傅军回,不曾面叙,敬请赴宴议事。太傅虽感贵恙,可勉强见之。"

恪从其言,同胤入后殿。吴主孙亮接入,礼毕曰:"朕久不见卿,欲议一密事也。"恪奏曰:"何事?"亮曰:"且饮几杯。"遂令孙峻把盏。恪心疑,推托曰:"病躯未可,不能饮酒。"峻曰:"太傅府中常服药酒,饮之可乎?"恪曰:"此酒可也。"峻令恪心腹人即取恪自制药酒到,恪方才放心饮之。酒过数巡,吴主孙亮托事先出。峻下殿脱了长服,着短衣,内披环甲,手提利刃,上殿大呼曰:"天子有诏,诛逆贼!"诸葛恪大惊,掷杯于地,欲拔剑迎之,头已落地。张约见峻斩恪,挥刀转来迎之。峻闪过时,刀尖伤其左指。峻转身一刀,砍中张约右臂。武士一齐拥出,砍倒张约,剁为肉泥。朱恩欲走,亦被杀之。峻大声而言曰:"诸葛恪吾已奉诏斩之,并不管汝等官军之事!"于是恪手下之人皆安心不惧。峻令薰扫血地,复请天子宴饮,令人用芦席包恪尸首,又用篾束之,用小车载出,弃于城南门外石子冈乱冢坑内。今为乱葬坑也。

却说诸葛恪妻正在房中,心神恍惚,动止不宁。忽一婢女入房,恪妻问曰:"汝遍身如何血臭?"其婢反目切齿,飞身跳跃,头撞屋梁,口中大叫曰:"吾乃诸葛恪也!被奸贼孙峻谋害!"恪合家老幼,惊惶号哭,闻于四远。不时军马忽至,将恪合家缚于市曹斩之,夷其三族。恪未死之先,江南小儿谣言曰:"诸葛恪,芦苇单衣篾钩落,于何相求成子阁②。"成子阁者,石子冈也。建业南有长陵,名曰石子冈,葬者依焉。钩落者,校饰革带,世谓之"钩落带"。恪果以芦席裹其身而篾束其腰,投于此冈矣。恪死于吴建兴二年冬十月也。昔日诸葛瑾在时,见恪聪明尽显于外,叹曰:"此子非保家之主

---

① 原作"太傅尊体欠安"。据《三国志·吴书·诸葛恪传》,补"若"字。
② 原作"于河相救成子阁"。据《诸葛恪传》改("于何相求",在哪儿寻找)。

也。"果然应之。又有魏光禄大夫张缉曾对司马师曰:"诸葛恪不久死!"师问其故,缉曰:"威震其主,功盖一国,何能久乎?"亦中其言。后人有诗曰:

　　堪笑当年诸葛恪,聪明好杀弄朝纲。
　　不祥屡现心无悟,席卷投尸石子冈!

又评曰:

　　诸葛恪才气干略,邦人所称,然骄且吝,周公无观,况在于恪?矜己凌人,能无败乎①?若躬行所与陆逊及弟融之书②,则悔吝不至,何尤祸之有哉?滕胤厉修士操,遵蹈规矩,而孙峻之时犹保其贵,必危之理也。峻、綝凶竖盈溢,固无足论者③。濮阳兴[一]身居宰辅,虑不经国,协张布[二]之邪,纳万彧[三]之说,诛夷宜哉。

却说孙峻杀了诸葛恪,吴主孙亮以峻为丞相、大将军,封富春侯,总督中外诸军事。自此权柄尽归于孙峻矣。

却说姜维在成都,接得诸葛恪书④,遂入朝奏准后主,复起大兵伐魏。早有细作报知司马师。未知胜负如何,且听下回分解。

【注释】

[一] 濮阳兴(? —264):吴国大臣。字子元,陈留(治今河南开封东南)人。吴主孙休时,官至丞相。吴永安七年(264),孙休卒,他听从万彧之议,迎立孙皓为帝,不久被杀(见第二三九回)。

[二] 张布(? —264):吴国大臣。吴主孙休即位,任左将军,与丁奉密谋诛灭孙綝。孙休卒,与濮阳兴迎立孙皓为帝,不久被杀(见第二三九回)。

[三] 万彧(? —272):吴国大臣。曾任乌程令,与孙皓相善;后任左典军。吴主孙休卒,太子孙𩅦年幼,他主张迎立孙皓为帝,丞相濮阳兴从之。孙皓即位,官至右丞相。后被杀(见第二三九回)。

---

① 原作"况矜己凌人,能无败乎"。据《三国志·吴书·诸葛滕二孙濮阳传》篇末《评》增补。
② 原作"所与陆逊及弟融书"。校改依据同①。
③ 原作"固无足论"。校改依据同①。
④ 原作"闻诸葛恪讣音",既不合情理,时间亦不吻合(诸葛恪死于253年冬10月,姜维则于是年夏出兵攻魏)。参照毛本《三国》改,以与第二一五回诸葛恪约姜维出兵照应。

第二百十七回　姜维计困司马昭二犯中原

蜀汉延熙十六年夏①，卫将军姜维②起兵二十万，令廖化、张翼为左右先锋，夏侯霸为参谋，张嶷为都转运粮使，又出阳平关伐魏。维与霸商议曰："向取临洮，不克而还③，今若再出，必有准备。公有何高见？先取何处为本也？"霸曰："陇上诸郡，只有南安钱粮最广。若先取之，足可为本。向者不克而还，盖因羌胡兵不至。今可先遣人会合羌胡于陇右，然后进兵出石营[一]地名，从董亭[二]地名直取狟道④。"维喜曰："公言甚妙，正合吾意。"遂遣郤正为使，赍金珠蜀锦，入羌胡结好羌王，令先进兵于陇右。羌王迷当王名得了礼物，又念先主之恩，武侯之德，遂从姜维之请，起兵五万，令羌胡将俄何烧戈羌胡名将为大先锋，杀奔南安来。

却说魏车骑将军郭淮⑤，飞奏到洛阳。司马师因弟司马昭新从淮南败回，未敢教去。时有辅国将军徐质出曰："愿往。"师昔知徐质英雄过人，心中大喜，即令徐质为先锋。又令司马昭为大都督，领兵来陇西，与郭淮退蜀兵。

却说姜维引兵正过董亭，遇见魏兵，两军列成阵势。魏兵呐喊一声，徐质出马，使开山大斧。蜀阵中廖化出迎，战不数合，化拖刀败回。张翼纵马挺枪而迎，战不数合，又败入阵。徐质驱兵掩杀，蜀兵大败，退三十余里下寨。司马昭亦收兵回。

姜维与夏侯霸商议曰："徐质何等人也？"霸曰："乃司马昭手下一勇夫耳！"维曰："公以何策擒之？"霸曰："来日出战，再诈败而走，却用埋伏之计，必然胜矣。"维曰："昭乃仲达之子，岂不知兵法？若地势掩映，必不肯追。吾见魏兵屡次断吾粮道，今却用此计诱之，可斩徐质矣。"遂唤廖化，吩咐如此如此；又唤张翼，吩咐如此如此。二人受计，领兵去了。维、霸二人自引兵，于路撒下铁蒺藜，寨外多竖鹿角，示以久计。

徐质连日引兵搦战，蜀兵不出。人报知司马昭，说蜀兵在铁笼山[三]后大用木牛流马，搬运粮草，以为久计，只待羌胡策应。昭唤徐质曰："昔日全胜者，乃断彼粮道也。今蜀兵在铁笼山后运粮，汝今夜引五千精兵断其粮道，蜀兵自退矣。"当日初更，徐质引兵望铁笼山而来，果见百余蜀兵驱驾百余头木牛流马，装载粮草而来。徐质当先拦住，一声喊起，魏兵掩杀过去。蜀兵尽弃粮草而走。质分兵一半，押送粮草回寨，自引一半兵追来。追不到十里，前面车仗横截去路。质令军士下马，拆开车仗，忽两边火起。质复上马而回，后面山僻窄狭处亦有车仗，火光迸起。质等冒烟突火而走。忽一声炮响，两路兵杀出，左乃廖化，右乃张翼，大杀一阵，魏兵大败。徐质奋死，只身而走，人困马乏。正奔走之间，前面一支兵杀到，质视之，乃蜀汉卫将

---

① 原作"蜀汉延熙十六年秋"。据《三国志·蜀书·后主传》、《姜维传》改。
② 原作"蜀将军姜维"。据《后主传》、《姜维传》改。
③ 原作"向取雍州，不克而还"。承第二一四回改（临洮属陇西郡，与此次出兵之南安郡均属雍州）。
④ 原作"从董亭直取南安"。南安系郡名，而非具体城名，此处指郡治狟道（石营、董亭均属南安）。
⑤ 原作"魏左将军郭淮"。据《三国志·魏书·郭淮传》，淮任征西将军前，曾任左将军，此时已升任车骑将军。

军姜维也。质大惊无措,被维一枪刺倒马。徐质落地,被众军乱刀砍死。质所分一半押粮兵,亦被夏侯霸所擒,人皆降之。

霸将魏兵衣甲,令蜀兵穿了①,马就令骑坐,张打魏兵旗号,从小路径奔回魏寨来。魏兵见本部兵回,开门放入,蜀兵就寨中杀起。司马昭大惊,急上马走时,前面廖化杀来。昭不能前进,急退时,姜维引兵从小路杀到。昭四下无路,只得上铁笼山据守②。原来此山只有一条路,四下皆险峻难上;其山止有一泉,只够百余人饮之。此时司马昭手下有六千余人,见山上泉水不敷,又被姜维绝其路口。昭见无水,人马枯渴,仰天长叹曰:"吾死于此地矣!"主簿王韬曰:"昔者耿公受困,拜井而得甘泉。将军可效之。"昭从其言,遂上山顶泉边,再拜而祝曰:"今昭奉天子明诏,命退蜀兵,不想误中奸计,退上此山,以候救兵。今随行军士虽些小人,各稍带粮米,奈何人马缺水为饮。若昭合死,令泉水枯竭,昭自当刎颈,教部兵尽降。如寿禄未终,愿苍天早赐甘泉,以活众命!"于是司马昭祝毕,泉水涌出,取之不竭,因此人马不死。

却说姜维在山下困定,乃唤土人问之。土人告曰:"此山惟有一泉,止容百人饮之,人多则泉水不敷。"维曰:"昔日丞相不曾捉住司马懿,吾深为恨。今司马昭必被吾所擒矣!"

却说郭淮听知司马昭困于铁笼山上,欲提兵来救。陈泰曰:"姜维会合羌胡兵,欲先取南安。今羌胡兵已到,将军若撤兵去救,羌胡兵必乘虚袭其后也。可先令人诈降羌胡,于中取事。先退了此兵,方可去救司马将军也。"郭淮从之,遂就令陈泰引五千兵,径到羌胡寨内,解甲而入,泣拜曰:"郭淮妄自尊大,常有杀泰之心,故来投降,共扶汉室。"羌王迷当曰:"你来投降,有何功劳?"泰曰:"郭淮军中,大小虚实,俱皆知之。只今夜间,愿引一军前去劫寨,便是功劳。如兵到魏寨,自有内应。"迷当大喜,遂令饿何烧戈引兵五千,同陈泰来劫魏寨。饿何烧戈教陈泰兵在后,却教泰引羌胡兵为前部,是夜二更,径到魏寨。寨门大开,陈泰一骑马先入。饿何烧戈骤马挺枪入寨之时,只叫得一声苦,连人带马跌入陷坑里去。陈泰从后面杀来,郭淮从左边杀来,羌胡兵大乱,自相践踏,死者无数,生者尽降。饿何烧戈自刎而死。郭淮、陈泰引兵径杀入羌胡寨中。迷当大王急出帐上马时,被魏军擒之,来见郭淮。淮慌下马,亲去其缚,用好言抚慰曰:"朝廷知汝忠义,欲并力灭寇,今何故助蜀人耶?"迷当惭愧伏罪。淮令迷当招安羌胡兵回,重加赏赐,死者葬埋。淮说迷当曰:"公若肯为前部,去解铁笼山之围,退了蜀兵,吾奏准天子,自有厚赠。"迷当从之,遂引羌胡兵在前,魏兵在后,径奔铁笼山来。时值三更,先令人报知姜维。维大喜,教请入相见。

却说魏兵多半杂在羌胡部内,行到蜀寨前,维令大兵皆在寨外屯住。迷当引百余人到中军帐前,维、霸二人出迎。魏将不等迷当开言,就从背后杀将起来。维大惊,急上马飞奔而走。羌、魏之兵一齐杀入,蜀兵四纷五落,各自逃生。姜维手无器械,腰间止有一副弓箭,走得慌忙,箭皆落了,只有空壶。维望山中而走,背后郭淮引兵赶来。淮见姜维手无寸铁,乃骤马挺枪追之。看看至近,维虚拽弓弦,连响数次。淮躲几番,不见箭到,知维无箭,乃挂住枪,拈弓

---

① 原作"霸将魏兵衣甲马匹,令蜀兵穿了"。"马匹"二字衍,删去。
② 原作"只待上铁笼山据守"。据文意改。

搭箭射之。维急闪过,顺手接了那支箭,就扣在弓弦上,待淮追近,望面门上尽力射去。淮应弦落马。维回马来杀郭淮。未知郭淮性命如何,且听下回分解。

【注释】
[一] 石营:地名。属曹魏雍州南安郡新兴县。在今甘肃礼县西北。
[二] 董亭:地名。属曹魏雍州南安郡新兴县。位于石营以北。在今甘肃武山西南。
[三] 铁笼山:山名。在今甘肃礼县南。

第二百十八回　司马师废主立君

却说姜维射中郭淮,翻身落马,维勒回马来杀淮时,魏军骤至。维下手不及,止掣得淮枪而去。魏兵不敢来追,急救淮归寨,拔出箭头,血流不止而死。司马昭下山引兵追赶,半途而回。姜维折了许多人马,一路上收扎不住,自回汉中。虽然兵败,却射死郭淮,杀死徐质,挫动魏国之威,将功补罪。

却说司马昭犒劳羌胡兵,回本土去了。昭班师还洛阳,与兄司马师纵横朝廷之上,大臣莫敢不服。魏主曹芳但见师上殿,战栗不已,如针刺背。一日,芳设朝,见师带剑上殿,芳慌下榻迎之。师笑曰:"岂有君迎臣之礼也?请陛下稳便,臣听奏事。"须臾,群臣奏数件事,尽皆是司马师剖断。不时朝退,师昂然下殿,乘车出内,前遮后拥,不下数千军马。

芳退到后殿,顾左右止有三人:乃中书令李丰,太常夏侯玄,光禄大夫张缉。缉乃张皇后之父,魏主曹芳皇丈也。芳叱退近侍,同三人至密室商议。芳执缉手而哭曰:"朕先帝在日,司马太傅懿也安敢如此?司马师今视朕如小儿,觑百官如草芥,社稷早晚必归此人矣!"言讫大恸。李丰奏曰:"陛下勿忧。臣虽不才,天下颇有声名。以陛下之明诏,聚四方之英雄,以剿此贼。"夏侯玄奏曰:"臣叔夏侯霸①非反,因惧司马师弟兄而投西蜀。今若剿除此贼,臣叔必回也。臣乃国家旧戚,安敢坐视奸贼也?"芳曰:"但恐不能耳。"三人皆痛哭而奏曰:"臣等愿舍三族以报陛下!"芳脱下龙凤汗衫,咬破指尖,写了血诏,授与张缉,乃嘱曰:"朕武祖皇帝诛董承,盖为此也。卿等甚是忠义,勿泄于外!"丰曰:"陛下何故出此不利之言?臣等非董承之辈,司马师安能比武祖也?陛下勿疑。"

三人辞出,至东华门左侧,正见司马师带剑而来,从者数百人,皆持兵器。三人立于道旁。师问曰:"汝三人何故出迟?"李丰曰:"圣上在内庭看书,我三人侍读。"师又曰:"所看何书?"丰曰:"乃夏、商、周三代之书。"师曰:"上见此书,问何故事?"丰曰:"天子所问伊尹扶汤、周公摄政之事。我等皆奏曰:'今司马大将军即伊尹、周公也。'"师冷笑曰:"汝等岂将吾比伊尹、周公耶?其心实猜吾为王莽、董卓耳!"三人皆曰:"我等乃将军门下之人,安敢如此?"师怒曰:"汝等乃口谀[一]之辈!适间与天子在密室中所哭何事?"三人应曰:"实无此状,将军勿疑。"师叱之曰:"汝三人泪眼尚红,如何诈说?"夏侯玄知事有泄,乃忿然大骂曰:"吾所哭者,为汝挟天子以令诸侯,视人如草芥,威震其主耳!"师大怒,喝武士来捉夏侯玄。玄揎拳裸袖,径击司马师。拳未及到面,一人手举处,铁锤打倒夏侯玄。师叱搜之,于张缉身上搜出一龙凤汗衫,上有血字。左右呈与司马师。师视之,乃是密诏。师看其诏曰:

司马师弟兄共持大权,将图篡逆。所行诏制,皆非朕意。望各部官兵将士,同仗

---
① 原作"臣兄夏侯霸"。承第二一四回改。

忠义,讨灭无端,匡扶社稷,天下幸甚!

司马师看毕,勃然大怒曰:"原来汝等谋吾三族耶!吾以忠义之心待人,反招此祸!"遂令将三人腰斩于市,尽夷三族,家私散与御林军。李丰、夏侯玄骂不绝口,比临东市中,牙齿尽被打落,各人含糊数骂而亡。

师直入后宫。魏主曹芳正与张皇后商议此事。皇后曰:"但内庭耳目颇多,倘事泄漏,必累妾矣!"遂相抱而哭。忽见师入,皇后惊倒在榻下。师按剑与芳曰:"臣父立陛下为君,不在周公之下。臣今事陛下,亦与伊尹何别乎?今反以恩为仇,以功为过,视臣如王莽、董卓之辈,何也?"芳曰:"朕无此心。"师袖中取出汗衫,掷之于地,曰:"此谁人作耶?"芳魂飞天外,魄散九霄,战栗而答曰:"皆他人之所逼也。朕岂敢有此心耳?"师曰:"妄诬大臣造反者,当加何罪?"芳默然无语。师再三逼迫,芳跪告曰:"理合抵罪反坐,望大将军恕之!"师曰:"陛下请起,国法未可就废也。"芳曰:"其人安在?"师曰:"三人已斩!"乃指张皇后曰:"此是张缉之女,理当除之!"叱左右捉出。芳大哭而告。师拂袖出内曰:"此辈害吾,岂得免之?无毒不丈夫也!"不时,张皇后在东华门内,被司马师用白练绞死。魏主曹芳大恸不已。师尽灭其三族①。此乃曹操之报应也。后人有诗曰:

　　当年献帝正君臣,伏后哀哉尽灭门。
　　司马今朝依此例,天教还报在儿孙。

又诗曰:

　　奸臣篡国最堪伤,离别君王伏后亡。
　　天理昭然施报应,故令张氏亦遭殃。

次日,司马师大会群臣,曰:"今主上荒淫无道,亵近[二]娼优,听信谗言,闭塞贤路:其罪甚如汉之昌邑,不能主天下。吾谨按伊尹、霍光之法,别立新君,以保社稷,以安天下,如何?"众皆应曰:"大将军行大圣伊、霍之事,所谓'应天顺人',谁敢违命耶?"师大喜,遂同多官入永宁宫,奏闻太后。太后曰:"大将军废主,欲立何人为君也?"师曰:"臣观彭城王曹据[三]聪明仁孝,可以为天下之主。"太后曰:"彭城王乃老身之叔也,今若立为君,我何以当之?今有高贵乡公曹髦,乃文皇帝之孙,此人温恭克让,可以立之。卿等大臣从长计议。"一人奏曰:"太后之言是也。便可召之。"众视之,乃司马师宗叔司马孚也。孚极忠义。师遂遣使往元城[四],召高贵乡公去了。遂请太后升太极殿,召芳责之曰:"汝荒淫无度,亵近娼优,不可承天下,当纳下玺绶,复齐王之爵,目下起程,非宣召不许入朝。"芳泣拜太后,纳了国宝,乘王车大哭而去。只有数员忠义之臣,含泪而送。

次日,人报高贵乡公已到。公名髦,字彦士,乃文帝之孙,东海定王霖之子也。文武官僚即备銮驾,于南掖门外拜迎。髦忙来答礼。兼太常王肃②曰:"主上不当答礼。"髦曰:"吾亦人臣也,安敢不答礼乎?"文武扶髦上辇入宫,髦辞曰:"太后召命,不知为何,吾安敢乘辇而入

---

① 原作"师尽灭三族"。承上文,加"其"字。
② 原作"太尉王肃"。此时太尉系司马孚。据《三国志·魏书·王朗传》附《王肃传》改(王肃本职为河南尹)。

耶?"遂步行至太极殿东堂。司马师迎着,髦先下拜,师急扶起。问候已毕,引见太后。太后曰:"吾见汝年幼时,有帝王之相,欲以御宝授之,今果然应矣。汝可为天下之主,当恭俭节用,布德施仁,勿辱先帝也。"髦再三坚辞。师令文武请髦出太极殿,是日遂立为新君,改嘉平六年为正元[五]元年,大赦天下。假大将军司马师黄钺,入朝不趋,奏事不名,带剑上殿。文武百官,各有封赐。

时正元二年,有细作飞报,说镇东将军毌丘俭、扬州刺使文钦,以废主为名,兴兵造反,前来讨罪。司马师闻知大惊。未知如何,且听下回分解。

【注释】

[一] 口谀:虚言奉承。
[二] 亵近:亲近。
[三] 曹据:曹操之子,为环夫人所生。系燕王曹宇同母兄。
[四] 元城:县名。属曹魏冀州阳平郡。治所在今河北大名东。
[五] 正元:魏主曹髦年号(254—256)。

第二百十九回　文鸯单骑退雄兵

正元二年正月间,扬州都督、镇东将军、领淮南军马毌丘俭,字仲闻,河东闻喜[一]人也。俭听知司马师废了曹芳,立曹髦为君,心中大恨,无计可施。有长子毌丘甸曰:"父亲官居方面[二],司马师废主专权,国家颠覆,有垒卵之危,安可晏然[三]自守?将受四海生灵之唾骂矣。"俭曰①:"吾儿之言是也。"遂请刺史文钦。钦乃曹爽门下客。钦见俭请,即来拜谒。俭邀入后堂,礼毕,俭坐间流泪不止。钦问其故,俭曰:"司马师专权废主,天地反覆,安得不伤心乎?"钦曰:"都督镇守方面,若肯仗义讨贼,钦当舍死相助。钦中子文俶②,小字阿鸯,马上使鞭枪,有万夫不当之勇,常欲杀司马师兄弟,与曹爽报仇。今可起兵急去,不可迟也!"俭大喜,即时遂酾音类酒为誓。二人诈称有太后密诏③,聚淮南大小官兵将士,皆入寿春城,立一坛于西,宰白马歃血为盟,宣言:"司马师大逆,今奉太后密诏,令尽起淮南军马,仗义讨贼。"众皆悦服。摘老弱之兵守寿春。俭提兵六万,屯于项城[四]。文钦引兵二万,在外为游兵,往来接应。俭移檄文去诸郡,令起大兵。

却说司马师左眼肉瘤,不时疼痒,乃命医官看视,用刀割之,以药封闭,连日不出。忽有淮南告急,师请王肃求计④。肃曰:"昔关羽有向北争之心,孙权令吕蒙袭取荆州,抚恤将士家属,因此关羽军势瓦解。今淮南将士家属皆在中原,可急抚恤,再断其归路,必有土崩之势矣。"师曰:"公言极善。但吾新割肉瘤,不能自往。若命他人,心又不稳。"时中书侍郎钟会在侧,言曰:"淮楚兵强,其锋甚锐,若遣人领兵去退,多是不利。倘有疏虞,则大事废矣。"师蹶然[五]而起曰:"非吾自往,不可破贼!"遂留弟司马昭守备洛阳,总摄朝政。

师拜辞魏主,乘软舆,带病东行。令镇南将军诸葛诞⑤,总督豫州诸军,从安风津[六]取寿春;又令征东将军胡遵,领青州诸军,出谯、宋[七]之地,绝其归路⑥。师领大军,屯于汝阳⑦,聚文武于帐下商议。光禄勋郑袤曰:"毌丘俭好谋而不达世情,文钦有勇而无计策。今大军出其不意,江、淮之卒锐气正盛,不可轻敌,只宜深沟高垒,以挫其锐。此亚夫之长策[八]也。"监军王基曰:"不可。淮南之反,非军思乱也,皆因毌丘俭势力所逼,不得已而从之,可火速攻击。若大军一至,必然瓦解矣。"师曰:"此言甚妙。"遂进兵于濦水[九]之上,中军屯于濦桥。基曰:

---

① 原作"俭大喜曰"。"大喜"与上文不协,删去。
② 原作"钦中子文淑"。据《三国志·魏书·毌丘俭传》注引《魏氏春秋》改。
③ 原作"二人诈称有太后矫诏"。"矫诏"不当,据下文,应作"密诏"。
④ 原作"却说司马师左眼肉瘤,不时疼痒,乃请太尉(按:应作'河南尹')王肃计议军机。师肉瘤痛甚,医官看视,用刀割之,以药封闭,连日不出。忽有淮南告急,师请王肃求计"。语句缠夹,故改。
⑤ 原作"镇东将军诸葛诞"。据《三国志·魏书·毌丘俭传》、《诸葛诞传》改。
⑥ 此句后原有"又遣荆州刺史、监军王基,领前部兵先取镇南之地"。据《毌丘俭传》,"镇南之地"应作"南顿",但下文方写司马师命王基取南顿,故此句应删。
⑦ 原作"师领大军,屯于襄阳"。据《毌丘俭传》改(襄阳在项县西南数百里,方位不合)。

"南顿[一〇]极好屯兵,可星夜取之。若迟,则毌丘俭必至矣。"师遂令王基引前部兵,来南顿城下寨。

却说毌丘俭在项城,闻知司马师自来,乃聚众商议。先锋葛雍曰:"南顿之地,依山傍水,极好屯兵。若魏兵先占,难以驱遣①。可速取之!"俭曰:"然。"遂起兵投南顿来。正行之间,前面流星马报:"南顿已有人马下寨。"俭不信,自到军前视之,果见旌旗遍野,营寨整齐。俭回到军中,无计可破。忽一人报曰:"东吴孙峻,提兵渡江,袭寿春来了。"俭大惊曰:"寿春若失,吾归何处!"是夜,退兵回项城。

司马师见毌丘俭军退,聚多官曰:"当用何策?"尚书傅嘏曰:"今俭兵速退,忧吴人袭寿春也;必回项城,分兵守之。将军可令一军取乐嘉城[一一],一军取项城,一军取寿春城,则淮南之卒自然瓦解。兖州刺史邓艾,其人足智多谋,若领兵径取乐嘉,更以重兵应之,破逆贼不难矣。"师从之,急遣使持檄文,教邓艾起兖州之兵,来破乐嘉城。师后引兵,到彼会合。

却说毌丘俭在项城,不时差人在乐嘉城哨探,只恐有兵来。忽文钦到,俭以此事告知。钦曰:"都督勿忧。我与拙子文鸯只消五千兵,敢保乐嘉城,以退奸雄也。"俭大喜。

钦遂就领兵五千,同子文鸯投乐嘉来。前军回说:"乐嘉城西,皆是魏兵,约有数万。遥望中军,白旄黄钺,皂盖朱幡,簇拥虎帐,内竖一面锦绣'帅'字黄旗,必是司马师也。安立营寨,尚未完备。"文鸯年方十八,身长八尺,悬鞭立于父侧,闻知此语,乃告父曰:"趁彼营寨未成,可分兵两路,左右击之,可全胜也。"钦大喜曰:"何时可去?"鸯曰:"今夜黄昏,父亲引二千五百兵,从城南杀来;儿引二千五百兵,从城北杀来:三更时分,要在魏寨会合。"钦从之,当晚分兵两路。

且说文鸯全装贯带,腰悬钢鞭,绰枪上马,遥望魏寨而进。是夜,司马师兵到乐嘉城,等邓艾未至,就此处下寨。师为眼上新割肉瘤,疮口疼痛,卧于帐中,令数百甲士环立绕护。三更时分,忽然寨内喊声大震,人马乱动。师急问之,人报曰:"一军从寨北斩围直入,为首一将,勇不可挡!"师大惊,心如烈火,眼珠从疮口内迸出,血流遍地,痛不可忍;又恐乱军心,口咬被头而忍,被皆咬烂,乃传令曰:"敢有乱者斩之!"原来文鸯军马先到,一拥而进,在魏寨中左冲右突,到处径过,人莫敢挡;有相拒者,枪搠鞭打,死者无数。鸯只望父亲到为外应,并不见到,数番杀至中军,皆被弓弩射回。文鸯在寨中杀到天明,只听得北边鼓角喧天,鸯回顾从者曰:"父亲不在南面为应,却从北至,何也?"鸯纵马看时,只见一军,行如猛风,为首一将乃义阳棘阳[一二]人也,姓邓,名艾,字士载,跃马横刀,大呼曰:"反将休走!"鸯大怒,挺枪迎之。战有四五十合,不分胜负。正斗之间,魏兵大进,前后夹攻。鸯部下之兵,各自逃散,只鸯单骑冲开魏兵,望南而走。背后数百员魏将,抖擞神威,骤马追来。将至乐嘉桥,看看追上,鸯忽然勒回马,大喝一声,冲入魏将队中来,钢鞭起处,魏将纷纷落马,各各倒退。鸯又缓缓而行。魏将又聚在一处,惊讶曰:"此一人尚敢退我等之众,可再追之!"遂并力复来追赶。文鸯行到乐嘉桥边,见魏将又来追赶,鸯大怒曰:"鼠辈何故不惜命也!"提鞭骤马,杀入魏将丛中,鞭起处,数人

---

① 原作"难以起遣"。据文意改。

第二百十九回　文鸯单骑退雄兵

落马,鸯乃缓辔而去。魏将连追四五番,皆被文鸯杀退。后人有诗曰:

昔日当阳喝断桥,张飞从此显英豪。

乐嘉城外应无敌①,又见文鸯胆气高。

却说文钦被山路崎岖,迷入谷中,行了半夜,比及寻路而出,天色已晓。又不知文鸯人马所向,只见魏兵取胜,钦不战而退。魏兵乘势追杀,钦引兵望寿春而走。

时有尹大目,乃曹爽心腹,与文钦契厚。爽被司马懿谋杀,故事司马师。钦出仕淮南。尹大目见师眼珠突出,不能动止,常有杀师报爽之心,乃入帐告师曰:"文钦本无反心,实乃明公心腹。今被毌丘俭逼迫,以致如此。某去说之,必然来降。"师从之。大目顶盔贯甲,乘快马来赶文钦,看看追上,乃高叫曰:"文刺史见尹大目么?"钦回头视之,大目除了盔,放于鞍前,以鞭指之曰:"君侯何不忍耐数日耶?"此是大目知师将亡,故来留钦。钦不解其意,乃厉声而骂曰:"汝乃先帝之臣,不思报本,反助司马师作恶,废主害民,不怕天耶? 天不祐汝等不忠不义之贼!"骂讫,便欲开弓射之。大目大哭而回曰:"世事败矣!尚自努力!"文钦收聚人马,奔寿春时,被诸葛诞引兵取了;钦复回项城时,胡遵、王基、邓艾三路兵皆到。钦见势危,遂投东吴孙峻去了。

却说毌丘俭在项城内,听知寿春已失,文钦势败,城外三路兵到,俭遂尽撤城中之兵出战。正与邓艾相遇,俭令葛雍出马,与艾交锋。不一合,被艾一刀斩之,就突入中军,来捉毌丘俭。未知性命如何,且听下回分解。

【注释】

[一] 闻喜:县名。属曹魏司州河东郡。今属山西。

[二] 官居方面:担任总揽一个地区军政大权的官。

[三] 晏然:安闲自得的样子。

[四] 项城:即项县。属曹魏豫州汝南郡。治所在今河南沈丘。

[五] 蹶然:急遽貌。

[六] 安风津:古渡口名。在淮水北岸,南渡可至安风县。故址在今安徽颍上县南。

[七] 谯、宋:谯县、宋县。均属曹魏豫州谯郡。宋县治所在今安徽界首县东北。

[八] 亚夫之长策:汉景帝前三年(前154),吴、楚等七国发动叛乱,朝廷以周亚夫为太尉,率兵平叛。亚夫坚壁固守,命轻骑断绝叛军粮道。叛军饥困退却,亚夫率精兵追击,大破之。

[九] 澺水:河流名。颍水支流。在今河南周口市汇入颍水。

[一〇] 南顿:县名。属曹魏豫州汝南郡。位于项县西北。治所在今河南项城西。

[一一] 乐嘉城:城堡名。属曹魏豫州汝南郡南顿县。故址在今河南商水县东南。

[一二] 棘阳:县名。属曹魏荆州义阳郡(后并入南阳郡)。治所在今河南新野东北。

---

① 原作"乐嘉城内应无敌"。据上文,交战在乐嘉城外进行,故改。

第二百二十回　姜维洮西败魏兵 三犯中原

却说邓艾斩了葛雍，引兵杀过阵来。毌丘俭死战相拒，江、淮之兵大败。胡遵、王基引兵四面夹攻。毌丘俭抵敌不住，引十数骑夺路而走。前至慎县[一]城下，县令宋白开门，遂设席待之。俭大醉，被宋白令人杀之，将头献与魏兵。于是淮南平定。

司马师卧病不起，唤诸葛诞入帐，赠印绶金帛，加为镇东大将军，都督扬州①。诞拜谢出帐。吴兵亦退。师班得胜之兵而还许昌，目痛不止，每夜只见李丰、张缉、夏侯玄三人索命。师心神恍惚，料命在旦夕，遂令人往洛阳取司马昭到。昭哭拜于榻下，师嘱之曰："吾今权柄如挑千斤之担，虽欲卸肩，不可得也。汝当谨之！戒之！大事切不可轻托他人，自取灭族之祸耳！"言讫，以印绶付之，泪流如雨。昭急欲问时，师大叫一声，眼睛迸血而死。时正元二年二月也。于是司马昭掌了大权，然后发丧。魏主曹髦闻知司马师已亡，遣使持诏到许昌。诏曰：

东南未定，暂留司马昭屯军许昌，以为外应。

昭心中犹疑未决。钟会曰："人心未定，不可屯此。万一朝廷有变，悔何及也！"昭从之，即起兵还，屯洛水之南。

髦知昭来洛水屯兵，大惊曰："必有别故，如之奈何？"河南尹王肃②曰："昭见领大军，未蒙封赏，陛下可封赏以安之。"髦遂命王肃持诏，以司马昭为大将军，录尚书事。昭入朝谢恩毕。自此中外大小事情，皆归于昭。

却说西蜀细作哨知此事，报入成都。姜维奏后主曰："司马师病目而亡，司马昭自专大权。臣屡败于司马昭，昭知臣无能。臣请兴师，恢复中原，以图大业，如不成功，当治臣罪。"后主从之，遂命姜维兴师伐魏。

维自到汉中，整顿军马。征西大将军张翼曰："吾蜀地浅狭，钱粮鲜薄，不宜久远征伐，空劳民力。不如据险守分，恤军爱民，此乃保国之计也。"维曰："不然。昔日丞相未出茅庐之时，已定三分天下，然后鼎足势成，尚且六出祁山以图中原，恢复汉室；不幸半途而丧，以致功业未成。非不欲也，实力未及耳！今吾既受丞相遗命，当尽忠报国，以继其志，虽至死而无恨也。今司马师新亡，司马昭创立未稳，若不伐之，更待何时？"翼默然而退。维遂起精兵五万，前来伐魏。夏侯霸曰："可将轻骑先出枹音孚罕音谦，若得洮西南安，则诸郡可定。"张翼曰："向者不克而还，皆因军出甚迟。兵法云：'攻其无备，出其不意。'今若火速进兵，使魏人不能提防，必然全胜矣。"

于是姜维引兵五万，径取枹罕[二]。兵过洮西，守边军士报知雍州刺史王经，一面告知征

---

① 原作"加为征东大将军，都督提调扬州诸路军马"。据《三国志·魏书·诸葛诞传》改。
② 原作"太尉王肃"。据《三国志·魏书·王朗传》附《王肃传》改（王肃系司马昭之岳父）。

第二百二十回　姜维洮西败魏兵

西将军陈泰。王经先起马步兵七万来迎。两军相遇，阵角射住。姜维曰："吾自掌中军，张翼在左，夏侯霸在右。交锋之际，吾兵倒退，汝两军分两路而进，容魏兵径进，吾军复回。此韩信破赵之谋也。"此时蜀阵背洮水[三]布列，姜维出马，搦魏将答话。王经引四员牙将，出而问曰①："魏与吴、蜀已成鼎足之势，汝屡入寇，此真不识时务也。"维曰："司马师无故废主，邻邦理宜问罪，何况是仇敌之国也。敢死战者出马！"经回顾诸将曰："蜀兵背水为阵，败则没于水矣。姜维骁勇，汝四将可战之。彼若退动，便可追击。"四将左右而出，来战姜维。维战数合，拨马望本阵中便走。王经大驱士卒，一齐赶来。维引兵望洮水而走。张翼、夏侯霸左右两军，掠边杀入魏兵之后。维将近水，大呼将士曰："事急矣！诸将何不效力！"众将一齐杀回，魏兵大败。翼、霸二人从后杀来，把魏兵围在垓心。维奋武扬威，杀入魏军之中，左冲右突，杀死无数牙将。魏兵大乱，自相践踏，死者太半，逼入洮水者无数，斩首万级，垒尸数里。王经引败兵百骑，奋力杀出，径望狄道城[四]而走，奔入城中，闭门保守。姜维大获全功，犒军已毕，便欲进兵攻打狄道城。张翼谏曰："将军功绩已成，威声大震，可以止之。今若前进，倘有蹉跌，此功名皆废矣。正所谓'画蛇添足'也。"维曰："不然。向者兵败，尚欲进取，纵横中原。今日洮水一战，魏人胆裂，吾料狄道唾手可得。汝勿自堕其志也！"张翼再三谏劝，维不从，遂勒兵来取狄道城。

却说雍州征西将军陈泰，正欲起兵与王经报兵败之仇，忽长水校尉、行安西将军邓艾②引兵到。泰接着，礼毕，艾曰："今奉大将军之命，特来助将军破敌人耳。某不谙军事③，乞见教一二。"泰乃聚雍、凉诸将商议曰："今姜维困狄道城，公等有何高见？"参谋楚彝曰："王刺史兵败于洮水，蜀人大胜，今若敌斗，必不能胜；不如据险保守，待蜀人自乱，方可攻之。此司马公万全之计也。"邓艾冷笑不言。陈泰曰："公言虽善，但时有不同，势有不等故也。今姜维引兵深入重地，正欲与我兵交锋原野，以求一战之利。王经当深沟高垒，避其锐气。今乃与战，使称其意。若姜维以得胜之威，进兵东向，据栎阳，取积谷之所，招羌胡之众，东争关、陇，传檄四郡，此吾兵之大患也④。若如此，则宜守之。今彼不知此道，却围狄道城，其城垣高地峻，急且难攻，安能便得？空劳兵费力矣。故知姜维无谋之士也！吾今乘高附峻，临其项领⑤，然后进兵击之，蜀兵必大败也。此所谓'客主不同，时势有异'焉。"艾大喜，起身拜曰："将军之谋，洞贯邓艾肺腑，真妙算也！"遂先拨二十队之兵，每队五十人，尽带旌旗鼓角烽火之类，日伏夜行，去狄道城东南高山深谷之中埋伏，为暗兵之势；只待兵来，一齐鸣鼓吹角为应，夜则举火放炮以惊之。魏兵埋伏已毕，专候蜀兵到来。于是陈泰、邓艾各引二万兵，相继而进。

---

① 原作"王经引十员牙将出而问曰"。据下文改。
② 原作"兖州刺史、安西将军邓艾"。据《三国志·魏书·三少帝纪》、《邓艾传》改（"行"，暂代）。
③ 原作"某年幼，不谙军事"。此时邓艾已五十九岁，故删"年幼"。作者以为邓艾与钟会年龄相近，故一再出错。
④ 原作"似当深沟高垒，避其锐气。若与决战，使称其意，固不可也。然吾料姜维，今洮水得胜，必进东南，据洛阳，取积谷之所，招羌胡之众，东争关、陇，传檄四郡，此吾兵之大患耳"。语意混乱，自相矛盾。据《三国志·魏书·陈泰传》改。
⑤ 原作"陈兵于项岭"。据《陈泰传》改（"项领"，头颈，比喻要害之地）。

却说姜维围住狄道城,令兵八面攻打,连攻数日不下,心中郁闷,无计可施。是日黄昏时分,忽三五次流星马飞报,说:"有两路兵来,旗上明书大字,一路是征西将军陈泰,一路是行安西将军邓艾①。"维大惊曰:"向者夏侯将军言邓艾若领兵,难以伐魏。今日果然领兵而来,如之奈何?"遂请夏侯霸商议此事。霸曰:"邓艾自幼深明兵法,善晓地利。今领兵到,休容立得脚稳,便可击之。"维于是留张翼攻城,命夏侯霸引兵迎陈泰,维自引兵来迎邓艾。当夜二更,两军齐起。

且说姜维引军来迎魏兵,行不到五里,忽然东南一声炮响,鼓角震地,火光冲天。维纵马看时,只见周围皆是魏军旗号。维大惊曰:"中邓艾之计矣!"急传令,教夏侯霸、张翼各弃狄道而退。于是蜀兵皆退②。维自断后,只听得背后鼓声不绝。维退入安故之时③,方知火鼓二十余处,皆虚设也;再欲提兵回,军已归心似箭。维亦收心而还,不曾折兵。

且说后主见姜维有洮西大功,乃降诏,拜维大将军,遂驻兵于钟题[五]地名。维受了大将军之职,上表谢恩已毕,再议出师伐魏之策。未知胜负如何,且听下回分解。

【注释】

［一］慎县:县名。属曹魏豫州汝南郡。治所在今安徽颍上县西北。
［二］枹罕:地名。属曹魏雍州陇西郡狄道县。在今甘肃和政县西北。
［三］洮水:河流名。发源于今青海、甘肃交界处的西倾山北麓。流经甘肃,至永靖汇入黄河。
［四］狄道城:即狄道县。属曹魏雍州陇西郡。治所在今甘肃临洮。
［五］钟题:一作"钟提"。镇戍名。在今甘肃临洮南。

---

① 原作"安东将军邓艾"。承上文改。
② 原作"于是蜀兵皆退于汉中"。下文明言姜维退驻钟题(《三国志·蜀书·姜维传》同),而汉中在钟题东南约千里之遥,原文方位大误。故删"于汉中"三字。
③ 原作"维退入剑阁之时"。剑阁在汉中西南,亦距钟题千里,蜀兵不可能退至剑阁再到钟题。据地理改(安故在狄道与钟题之间)。

卷之二十三

第二百二十一回　邓艾段谷破姜维 四犯中原

却说姜维退兵屯于钟题，魏兵屯于狄道城外。王经迎接陈泰、邓艾入城，拜谢解围之事，设宴相待，大赏三军。泰将邓艾之功，申奏魏主曹髦。髦与司马昭计议，以艾为安西将军，假节，领护东羌校尉，同泰屯兵于雍、凉等处。艾申表谢恩已毕，泰设席与艾作贺曰："姜维夜遁，气力已竭，再不出矣。"艾曰："王经败于洮西，非小失也：折军损将，仓廪空虚，百姓流离，几致危亡！姜维虽夜遁，不曾损兵折将，他日安肯不出乎？吾料蜀兵必出有五。"泰曰："何谓蜀兵必出有五也？"艾曰："蜀兵虽退，终有乘胜之势；吾兵终有弱败之实，其必出一也。蜀兵皆是诸葛亮教演精锐之兵，队伍容易调遣，兼人马整齐，将士雄烈；吾将不时更换，军又训练不熟，甲仗未完，所事不备，其必出二也。蜀人多以舡行；吾军皆在旱地，劳逸不同，其必出三也。狄道、陇西、祁山、南安四处皆是守战之地，不知蜀人来攻何处，或声东击西，或指南攻北，吾兵必须分头守把；蜀兵一处而来，以一分敌四分，其必出四也。若蜀兵自南安、陇西，而可取羌胡之谷为食；若出祁山，熟麦千顷为之悬饵，蜀人以此图之，其必出五也。姜维乃诸葛亮弟子，有谋者也，必然又出矣。"泰以手加额曰："朝廷有福，又出此异人，蜀兵不足虑哉！"于是陈泰与邓艾结为至交①。艾遂将雍、凉等处之兵，每日操练；各处隘口，皆立营寨，以防不测。泰见艾事事有法，甚是敬爱。

却说姜维驻钟题，大设筵宴，会集诸将，商议伐魏之事。一人谏曰："将军屡出，未获全功。今日洮西之捷，魏人既已服威名，何故又欲出也？万一不利，蜀人怨矣。"维视之，乃义阳人也，姓樊，名建，字长元，时为尚书仆射②。维曰："汝等只知魏国地宽人广，急不可得，却不知攻魏者有五。吾军有此五胜，故汝等不能知也。"众问之，维答曰："彼有洮西一败，挫尽锐气；吾兵虽退③，不曾损伤，今若进兵，一可胜也。吾兵船载而进，不致劳困；彼兵皆从旱地来迎，二可胜也。吾兵久经训练之众；彼皆乌合之徒，不曾有法度，三可胜也。彼军须各守备，军力分开；吾兵一处而去，彼安能救之？四可胜也。吾兵自出祁山，掠抄秋谷为食，五可胜也。不就此时伐魏，更待何日耶？"夏侯霸曰："邓艾机谋深远④，近拜为安西将军之职，必于各处准备，非同往日矣。"维厉声曰："彼丈夫也，我丈夫也，吾何畏彼哉！汝等休长他人锐气，灭自己威风。吾意已决，必先取祁山⑤。"众谏不从。

维自领前部，令众将随后而进。于是蜀兵尽离钟题，杀奔祁山来。前哨马回报说："祁山

---

① 原作"于是陈泰与邓艾结为忘年之交"。此时邓艾已六十岁，陈泰年龄与之相近，不应称"忘年之交"。
② 原作"旧为武侯帐前令史，与董厥为正副"。据《三国志·蜀书·诸葛亮传》附《樊建传》改。
③ 原作"吾兵虽迫"。承上文改。
④ 原作"邓艾年纪虽幼，机谋深远"。承上文改。
⑤ 原作"必先取陇西"。此时姜维在钟题，已在陇西境内，原文不通。据下文改。

连络下九个寨栅,皆是魏兵。"维不深信,乃自引数骑,凭高望之,果见祁山九寨,势如长蛇,首尾相顾。维回顾左右曰:"夏侯霸之言,信不诬矣。此寨止吾师诸葛丞相能之。今观邓艾所为,不在吾师之下也。"遂回本寨,唤诸将曰:"魏人准备,必知吾来矣。吾料邓艾必在此间。汝可虚张吾之旗号,据此谷口下寨,每日令百余骑出哨,一回换一番衣甲旗号,按青、黄、赤、白、黑五方旗帜相换,示兵之多也。吾却提大兵,偷出董亭,径袭南安去也。"遂令鲍素屯兵于祁山谷口,维尽率大兵而来。

却说邓艾知蜀兵出祁山,早与陈泰下寨准备,见蜀兵连日不来搦战,一日五番哨马出寨,或十里、十五里而回。艾凭高望毕,慌入帐与陈泰曰:"姜维不在此间,必取董亭袭南安去了。出寨哨马只是这几匹,更换衣甲,往来哨探骤跃,其马皆困乏,主将必无能者。将军可引一军攻之,必然取胜。若打破寨栅,便引兵袭董亭之路,先断姜维之后,蜀兵之势必崩矣。吾当先引一军,去救南安。有一条路径取武城山[一],若先占此山头,姜维必取上邽。上邽有一谷,名曰段谷[二],地狭山险,正好埋伏。彼来争武城山时,吾先伏两军于段谷,破维必矣。"泰曰:"吾守雍州六七年①,未尝如此明察地理。公之所言,真神算也!公可速去,吾自攻此处寨栅。"于是邓艾引数万军,星夜倍道而行,径到武城山。下寨已毕,蜀兵未到,即令帐前司马师纂与子邓忠,各引五千兵,先去段谷埋伏,如此如此而行。二人受计而去。艾令偃旗息鼓,以待蜀兵。

却说姜维引兵从董亭望南安而来。维在马上,乃问夏侯霸曰:"此去南安,可有备否?先取何处,可为主乎?"霸曰:"近南安有一山,名武城山,若先得了,可夺南安之势。只恐邓艾多谋,必先提备。"维曰:"魏人只知吾取祁山,众皆聚于彼处矣。"遂促兵前进。至武城山,前军欲登山时,忽然山上一声炮响,喊声大震,鼓角齐鸣,旌旗遍竖,皆是魏兵。中央风飘起一面黄旗,大书"邓艾"字样。蜀兵大惊。山上数十路精兵杀下,势不可挡,蜀兵大败。维急率中军人马去救之时,魏兵已退。维暗思曰:"吾深得武侯传授,天下无敌,不想中原亦有此人。吾与邓艾誓不两立!"次日,又整兵来武城山搦邓艾出战,山上魏兵并不下来。维令军士辱骂,至晚欲退,山上鼓角齐鸣,蜀兵复回,魏兵又不下来;欲上山冲杀,山上炮石甚严,不能得进。守至三更欲回,山上鼓角又鸣。维移兵下山屯扎。比及令军搬运木石,方欲竖立为寨,山上鼓角又鸣,魏兵骤至。蜀兵大乱,自相践踏,退回旧寨。次日,姜维令军士运粮草车仗,至武城山穿连排定,欲立起寨栅,以为屯兵之计。是夜二更,邓艾令五百人,各执火把,分两路下山,烧着车仗,以兵应之。两军混杀了一夜,营寨又立不成。维复引兵退,再与夏侯霸商议曰:"南安未得,不如先取上邽。盖上邽乃天水屯粮之所也,若得上邽,天水自危矣②。"遂留霸屯于武城山。

维尽引精兵猛将,沿山渡渭水之东,径取上邽。行了一宿,将及天明,见山势狭峻,道路崎岖,乃问向导官曰:"此处何名耶?"答曰:"段谷。"维惊曰:"有何美哉!"段谷与"断谷"音同。因此自忖:"倘于此地断绝粮草,如之奈何?"正踌躇未决,忽前军来报:"山后有尘土而起,必有伏兵。"

---

① 原作"吾守陇西二三十年"。据《三国志·魏书·陈泰传》,泰于嘉平初任雍州刺史,至此时最多七年(陇西郡属雍州)。

② 原作"盖上邽乃南安屯粮之所也,若得上邽,南安自危矣"。上邽属天水郡,故改。

维令退兵之时,师纂、邓忠两军杀出。维且战且走。前面喊声大震,邓艾引兵杀到,三路夹攻,蜀兵大败,弃甲抛戈,丢旗撇鼓,各逃性命者,不可胜数。后得夏侯霸引兵杀到,魏兵方退,救了姜维。维欲往祁山再出,霸曰:"祁山寨已被陈泰打破,鲍素阵亡,全寨人马皆退回汉中去了。"维不敢取董亭,急投山僻小路而回寨中。后面邓艾追急,维令诸军前进,自为断后。蜀兵三分已退去二分,只维一军在后。正行之际,忽然山路中一军突出,乃是魏将陈泰也。魏兵一声喊处,将维困在垓心。维人困马乏,左冲右突,不能得出。未知姜维性命如何,且听下回分解。

【注释】

[一] 武城山:山名。地属曹魏雍州南安郡新兴县。在今甘肃武山县西南。

[二] 段谷:山谷名。位于曹魏雍州天水郡上邽县东南。在今甘肃天水市东南。

第二百二十二回　司马昭破诸葛诞

却说姜维被陈泰困住，如铁桶相似，维死战不能脱。

且说荡寇将军张嶷，听知姜维受困，引数百骑杀入重围，来救姜维。维见嶷杀到，遂乘势杀出。嶷收拾军马断后，被魏兵乱箭射死。维得脱重围，复回汉中，因感张嶷忠勇，殁于王事，乃赠其子孙。因此蜀中将士多有阵亡者①，皆归罪于姜维。维照武侯街亭旧例，乃上表自贬为后将军，行大将军事。镇西大将军胡济等，因会定取上邽，不至，亦贬一级。

却说邓艾见蜀兵退尽，乃与陈泰设宴相贺，大赏三军。泰表奏邓艾之功。此时魏主曹髦改正元三年为甘露[一]元年，司马昭遣使持节捧诏，加邓艾官爵，赐印绶。诏曰：

逆贼姜维连年狡黠，民夷骚动，西土不宁。卿筹划有方，忠勇奋发，斩将十数，馘首千计；国威震于巴、蜀，武声扬于江、岷。今以卿为镇西将军，都督陇右诸军事；进封邓侯，分五百户封卿之子邓忠为亭侯②。甘露元年秋九月日诏。

加封邓艾之后，司马昭自为天下兵马大都督，出入常令三千铁甲骁将前后簇拥，以为护卫；一应事务，不奏朝廷，就于其府裁处③。自此，有篡位之心，只恐南北人心未顺。有一心腹人，姓贾，名充，字公闾，乃故建威将军贾逵之子，为昭府下长史。充语昭曰："今主公掌握大柄，四方人心必然未安，且宜暗访。"昭曰："吾正欲如此。汝可与吾东行，推慰劳出征军士为名，以探消息。慎之！慎之！"

贾充拜辞司马昭，径到淮南，入见征东大将军诸葛诞④。诞字公休，乃琅琊阳都人⑤，武侯之族弟也，诸葛丰之后。因武侯在蜀为相，因此不得重用。后武侯身亡，诞在魏历任重职，封高平侯，都督扬州⑥。贾充慰劳三军已毕，诞设宴待之。酒至半酣，充以言挑曰："近来洛阳诸贤，见主上懦弱⑦，不堪为君。大将军三辈辅国，功德弥天，可以禅代魏国。未审钧意若何？"诞大怒曰："汝乃贾豫州之子，世食魏禄，安敢出此乱言也！"充急应曰："某具他人之言，特告明公耳。"诞曰："朝廷有难，吾当以死报之，安忍使匹夫犯上耶！"充默然。

次日辞归，乃见司马昭，细言其事。昭大怒曰："鼠辈安敢如此！"充曰："诞在淮南，深得人

---

① 原作"多于阵亡者"。据文意改。
② 原作"进封卿之子邓忠为亭侯，乃赐黄金五十两"。据《三国志·魏书·邓艾传》改。
③ 原作"就于相府裁处"。此时司马昭尚未为相国，故"相府"改为"其府"。
④ 原作"镇东大将军诸葛诞"。据《三国志·魏书·诸葛诞传》，诞前为镇东大将军，此时已为征东大将军（"征东"位在"镇东"之上）。
⑤ 原作"乃琅琊南阳人"。据《诸葛诞传》改。
⑥ 原作"总摄两淮军马"。据《诸葛诞传》改。
⑦ 原作"见魏主懦弱"。魏早已称帝，贾充应称魏主为"天子"或"主上"（当面则称"陛下"）。

心,今若使人召之,必然不来,随即必反,为祸乃小;若不召之,其反虽迟①,为祸甚大,不如早早召之。"昭曰:"若匹夫果反,吾当自讨之。"昭遂暗发密书与扬州刺史乐綝,然后遣使征诞为司空。

诞得了诏书,已知是贾充告变,遂捉下使命拷问。使告曰:"想是乐刺史知之。"诞曰:"他如何知之?"使曰:"早有人送密诏去矣。"诞大怒,叱左右斩了来使,弃于后园,即时设宴,大会心腹将校约七百余人。酒巡数次,诞曰:"前者所造衣袍铠甲、旌旗器械,以击盗贼。今天子取吾为司空,此物又无用矣。汝等可披挂,随吾出城,游戏旦夕便回。"众皆应曰:"愿从尊命。"各人遂皆全副披挂上马,随诞投州城而来②。将至南门,城门已闭,吊桥拽起。诞勒马停刀言曰:"吾早晚回洛阳,暂出游戏,何为闭门?汝欲反耶?"城上无一人答言。诞引兵转至东门,其门亦闭。诞大怒曰:"乐綝匹夫,安敢如此!"遂令武士打城。手下十余骁将,下马渡濠,飞身上城,杀散军士,大开城门。于是诸葛诞引兵入城,乘风放火,杀至綝家。綝慌上楼避之。诞提剑上楼,大喝曰:"汝父在日,受魏国大恩,不思报效,反欲顺司马昭耶?"綝未及言,被诞一剑斩之,将首级以木匣盛之,令人赍表并首级赴洛阳。表曰:

> 臣诞受国重任,统兵在东。扬州刺史乐綝专诈,说臣与吴交通,又言被诏当代臣位,无状[二]日久。臣奉国命,以死自立,终无异端。愆綝不忠,辄将步骑七百人,以今月六日讨綝,即日斩获,函头驿马传送。若圣朝明臣,臣即魏臣;不明臣,臣即吴臣。不胜发愤有日,谨拜表陈愚③,悲感泣血,哽咽断绝,不知所如,乞朝廷察臣至诚。
> 谨表以闻。

且说诸葛诞上表已毕,仍回寿春,大聚两淮屯田户口十余万,并扬州新附降兵四万余人,积草屯粮,足用一年;又令长史吴纲,送子诸葛靓音净入吴为质求救。

此时东吴丞相孙峻病亡,立从弟孙綝辅政④。綝字子通,为人强暴,杀大司马滕胤,将军吕据、王惇等,因此权柄皆归于綝。吴主孙亮虽然聪明,无可奈何。于是吴纲将诸葛靓至石头城,入拜孙綝。綝问其故,纲曰:"诸葛诞乃蜀汉诸葛武侯之族弟也,今不得已,故屈膝事魏。近被司马昭侵欺侮慢,特来归降。诚恐无凭,专送亲子诸葛靓为质。伏望临危相救,平定之后,永为臣下。"綝大喜,加赏吴纲,便遣大将全怿[三]、全端为主将,王祚为合后,朱异[四]、唐咨为先锋,文钦为向导引进,大起吴兵七万,分三路而来接应。吴纲回寿春报知诸葛诞。诞大喜,遂陈兵准备。

却说使命将乐綝首级并表文到洛阳,见了司马昭,昭大怒,就欲自讨。长史贾充曰:"主公承父兄之基业,恩德未及四海,今弃天子而去,若一朝有变,悔之何及!不如奏请太后及天子一同出征,可保无虞。此万全之计也。"昭大喜曰:"此言正合吾意。"遂入奏太后曰:"诸葛诞谋

---

① 原作"民反虽迟"。据文意改。
② 原作"随诞出城,投扬州而来"。诸葛诞都督扬州,驻寿春;乐綝任扬州刺史,亦驻寿春,原文不通,故改("州城"指寿春城中刺史所居小城)。
③ 原作"不胜发愤,即日谨拜表陈愚"。据《诸葛诞传》注引《魏末传》改。
④ 原作"立从弟孙琳辅政"。据《三国志·吴书·孙綝传》改。

反,臣与文武官僚计议停当,请太后同天子御驾亲征,以继先帝之遗意。"太后畏惧,遂从之。次日,昭请魏主曹髦起程。髦曰:"大将军都督天下军马,任从调遣,何必朕自行也?"昭曰:"不然。昔日武祖纵横四海,文帝、明帝有包括宇宙之志,并吞八荒之心,凡遇大敌,必须自行。陛下正宜追配先君,扫清故孽[五],何自畏也?"髦惧威权,只得从之。昭遂下诏,尽起两都之兵二十六万,命镇南将军王基①为正先锋,安东将军陈骞为副先锋,监军石苞为左军,兖州刺史州泰②为右军,护车驾大进南征,浩浩荡荡,杀奔淮南而来。

　　东吴先锋朱异引兵迎敌。两军对圆,魏军中王基出马,朱异来迎。战不三合,朱异败走。唐咨出迎,又战不三合,亦大败而走。王基驱兵掩杀,吴兵大败,退五十里下寨,报入寿春城中。诸葛诞自引本部锐兵,会合文钦并钦二子文鸯、文虎,雄兵数万,来退司马昭。未知胜负如何?

【注释】

[一] 甘露:魏主曹髦年号(256—260)。
[二] 无状:无礼。
[三] 全怿:吴国大将全琮之子。
[四] 朱异:吴国大将朱桓之子,字季文。
[五] 故孽:宿敌。

---

① 原作"征南将军王基"。据《诸葛诞传》改。
② 原作"兖州刺史周泰"。据《诸葛诞传》改。

第二百二十三回　忠义士于诠死节

却说司马昭听知诸葛诞会合吴兵以决胜负，唤谋士二人商议。一人是散骑常侍裴秀①，一人是给事黄门侍郎钟会。昭求破敌之策。钟会曰："吴兵会合诸葛诞者，实图利也，以利诱之，必胜矣。"昭曰："此言甚妙。"遂令石苞、州泰先引两军于石头山[一]埋伏，王基、陈骞精兵在后，却令偏将成倅引兵数万先去诱敌。又令陈俊引车仗牛马驴骡，装载赏军之物，四面聚积于阵后。

是日，诸葛诞令吴将朱异在左，文钦在右。只见魏阵中人马不整，诞更不答话，乃大驱士马径进。成倅引兵退走，诞掩杀过来。忽然一声炮响，两路兵杀来：左有石苞，右有州泰。诞大惊，急欲退时，王基、陈骞大率精兵杀到。淮南兵大败。司马昭亦引兵接应。诞引败兵奔入寿春，闭门坚守。昭令兵四面困定，并力攻城。

此时吴兵退于安丰[二]。魏主车驾驻于项城。钟会谏曰："今诸葛诞虽败入城，粮草尚多，更有吴兵见屯安丰以为掎角之势。今四面攻围，缓则坚守不出，急则必然死战。倘吴兵到来夹攻，吾军无益。不如只三面攻之，留南门大路，容贼自走；走则击之，可全胜也。今吴兵必然带粮不多，我引轻骑抄在其后，可不战而自破矣。"司马昭曰："吾得子房也！"遂令王基撤退南面之兵，只留三面兵，筑起土城，以为久计。原来淮水泛溢，土城一冲便倒，寿春城上军士望之，大笑不止。

却说吴兵屯于安丰，孙綝唤朱异等入堂，责之曰："量一寿春城不能救，安可并吞中原？如再不胜必斩！"朱异回本寨商议，牙将于诠曰："城中军士其心不一，我等可分一半精兵入城。将军攻其外，我等在内杀出，却令诸葛诞引兵守城，此为上策。"异从之。有全怿、全端等皆愿入城。诠遂同怿、端会合文钦军马，引兵一万入寿春。此时魏兵不得将令，未敢轻敌，任吴兵入城，乃报知司马昭。昭令王基、陈骞引五千精兵，伏于吴兵来路："若朱异来救寿春，不可与敌，只截其后，吴兵必自乱矣。"王、陈二人引兵伏定。朱异果然自引马步军来。正行之间，背后喊声大震，忽两军杀到：左有王基，右有陈骞。吴兵大败，各自逃命。异大惊无措，不敢回安丰，直奔到居巢②，见了孙綝，言说此败之因。綝大怒曰："屡败之将，要汝何用！"叱武士推出斩之。于是武士拥朱异斩于镬里[三]。地名。綝又责唐咨等曰："若不得城，勿来见我！"此时孙綝自回建业。

全端从子全祎③惧罪降魏，司马昭加祎为偏将军。唐咨兵退回上船。钟会与昭曰："今孙

---
① 原作"散骑长史裴秀"。据《晋书·裴秀传》改。
② 原作"只奔到江边"。"只"当作"直"；"江边"所指不明，据下文改。
③ 原作"全端子全祎"。据《三国志·吴书·三嗣主传》，全祎系全琮长子全绪之子，则为全端从子。

綝退去,外无救军,城可围矣。"昭从之,遂催兵攻围。全祎感昭恩德,乃修家书与叔全端、全怿①,言孙綝不仁,再若无功,尽诛老小,以书射入城中。端、怿得祎书②,遂引数千人开门降魏。魏兵欲入城去,被诸葛诞自至,魏兵乘高放箭,射入城中,城上矢石如雨,内外死者不计其数,尸横遍野,血流成渠。连打数日方息。诸葛诞在城内忧闷,忽蒋班、焦彝二将③进言曰:"城中粮少兵多,不能久守,可率吴、楚之众,与魏兵决一死战。今守此城,欲待天自杀敌人耳!"诞大怒曰:"吾欲守,汝欲战,莫非有异心乎?再言必斩!"二人出而仰天长叹曰:"诞将亡矣!我等不如早降,免此一死!"是夜二更时分,蒋、焦二人逾城降魏,司马昭重加用之。因此城中虽有敢战之士,不敢言战。

魏兵四面筑起土城,以防淮水。诞在城中只望水泛,冲倒土城,驱兵击之。自秋至冬,并无霖雨,淮水不泛。看看粮尽,文钦在小城内与二子坚守,见军士渐渐饿倒,只得来告诞曰:"粮皆尽绝,军士饿损,不如将北方之兵尽放出城以省其食,只与吴兵固守,可保长久。"诞大怒曰:"汝教我尽去北军,欲谋我耶?"叱左右推文钦斩之。欲擒二子,事已泄漏,文鸯、文虎却将点兵,诞兵已到。鸯、虎二人各拔短刀,立杀数十人,飞身上城,一跃而下,越濠赴魏寨投降。司马昭恨文鸯昔日单骑退兵之仇,欲令斩之。钟会谏曰:"文钦之罪合诛,二子亦当灭族。今钦已亡,二子无路来降,且城未破,若杀降将,是坚城内人之心也。"昭允之,遂召文鸯、文虎入帐,以好言抚慰,赐骏马锦衣,加为偏将军,封关内侯。二子拜谢上马,绕城大叫曰:"我二人蒙大将军赦其反逆之罪,赠以爵禄,汝等何不早降!"城内人饥困日久,众皆计议曰:"文鸯乃司马氏大仇之人,尚且重用,何况我等也!"三千人结义了毕,欲出投降。诸葛诞大怒,日夜自来巡城,以杀为威。

钟会知城中皆变,入帐与昭曰:"时已至矣!城可攻矣!"昭大喜,遂激三军四面云集,一齐攻打。北门守将曾宣献门,放魏兵入城。诞知魏兵已入,慌引麾下数百人,自城中小路突出,至吊桥边正撞着胡奋[四],手起刀落,斩诞于马下。数百人欲自逃生,皆被乱箭射死。魏将王基引兵杀到西门,正遇吴将于诠。基大喝曰:"何不早降也!"诠大怒曰:"大丈夫受命为主,以兵救难,既不能救,又降他人,乃禽兽之类也!"以手拽盔掷于地曰:"人生在世,得死于战场者,幸也!"急挥刀死战三十余合,人困马乏,独力难加,魏兵四面攻之,于诠被乱军所杀。史官有诗赞曰:

司马当年围寿春,降兵无数拜车尘。
东吴虽有英雄士,谁及于诠肯杀身!

司马昭入城中,将诸葛诞老小尽皆斩之,夷其三族。武士推过诞帐下数百人来。昭曰:"汝等可降否?"众皆大叫曰:"愿与诸葛公同死,决不降汝!乞早杀之!"昭大怒,叱武士尽缚于城外,逐一问曰:"降者免死!"并无一人言降。随斩一人,再问亦然。数百人一一研问,直杀至

---

① 原作"乃修家书与父全端、叔全怿"。承上文改。
② 原作"怿得祎书"。据《三国志·魏书·三少帝纪》,并承上文"乃修家书与叔全端、全怿",补"端"字。
③ 原作"蒋班、焦彝二谋士"。据《诸葛诞传》,蒋、焦二人乃诞部下"将军"。

第二百二十三回　忠义士于诠死节

尽,并无一人言降。昭深加叹息不已,遂令埋之。后史官有诗叹曰:

忠臣至死无移改,诸葛公休帐下兵。
《薤露》[五]歌声应未断,遗踪直欲继田横！公休,诞字也。

吴兵皆降于魏。裴秀告司马昭曰:"吴兵老小尽在东南江、淮之地,今若留他,久必为变,不如坑之!"钟会谏曰:"否。古之用兵者,全国为上[六],戮其元恶而已。若尽坑之,是不仁也,不如放归江南,以显中国之宽大耳。"昭曰:"此妙论也。"遂将吴兵尽皆放归本国。唐咨、王祚因惧孙綝,不敢回国,亦来降魏。昭皆重用,令分布三河[七]之地。淮南已平,正欲退兵,忽报西蜀姜维引兵来取长城[八],邀截粮草。昭大惊,慌与多官计议退兵之策。未知如何?

【注释】
[一] 石头山:虚构的地名。
[二] 安丰:郡名。属曹魏豫州。治所在安风(今安徽霍丘西南)。
[三] 镬里:地名。属曹魏扬州庐江郡居巢县。在今安徽巢县北。
[四] 胡奋:魏国将领胡遵之子,字玄威。时任大将军司马。
[五] 《薤露》:乐府《相和曲》名。系挽歌,为出殡时挽柩人所唱。薤露,形容人命短促,如同薤叶上的露水,转瞬即干。
[六] 全国为上:完整地使敌国屈服是上策。语出《孙子兵法·谋攻篇》。
[七] 三河:指河南尹、河东郡、河内郡。河南尹为魏都洛阳所在地,河东、河内亦靠近京师。
[八] 长城:镇戍名。在今陕西周至县西南。

第二百二十四回　姜维长城战邓艾五犯中原

蜀汉延熙二十年①，姜维在汉中，选蜀将两员，每日操练人马。一将乃蒋舒也，一将乃傅佥[一]也，并为心腹人。维问夏侯霸曰："公尝言'邓艾不可轻之②'，尚未深信。及屡见其能，方知公之言不谬也，但恨未识面耳。"霸曰："其人身长七尺，阔面大耳，方颐大口。但言语塞涩[二]，时人呼为'邓吃'也。"维曰："吾平生不服天下之人，屡中此人之计，誓必报恨以雪前耻也！"忽报淮南诸葛诞起兵讨司马昭，东吴孙綝助之。昭大起两都之兵，将皇太后并魏主一同出征去了。维大喜曰："吾今番大事济矣！"遂表奏后主，愿兴兵伐魏。中散大夫谯周听知，叹曰："蜀兵连年出征，伤者数多，深有怨心。姜伯约不识时务，欲背天行事也！朝廷近来溺于酒色，信从中贵[三]黄皓，不理国事，只图欢乐；伯约屡欲征伐，不恤军士，国将危矣！吾何忍哉？"乃作《仇国论》一篇，寄与姜维。维拆封视之。论曰：

或问："古往能以弱胜强者乎？"伏愚子答曰："有之。"高贤卿曰："以何术以胜之？"伏愚子答曰："处大国无患者，恒多慢；处小国有忧者，恒思善。多慢则生乱，思善则生治，理之常也。故周文王养民，以少取多；越句践恤众，以弱毙强，此其术也。"贤卿又曰："囊者楚强汉弱，相与战争，无日宁息，然项羽与汉约分鸿沟[四]为界，各欲归息民；张良以为民志既定，则难动也，寻帅追羽，终毙项氏，岂必由文王、句践之事乎？"伏愚子笑曰："贤卿止知其一，不知其二也。昔商、周之际，王侯世尊，君臣久固，民习所专；深恨者难拔，据固者难迁。当此之时，虽有汉祖，安能仗剑鞭马以取天下乎？当秦罢侯置守[五]之后，民疲秦役，天下土崩，或岁改主，或月易公，鸟惊兽骇，莫知所从，于是豪强并争，狼分虎裂，疾搏者获多，迟后者见吞。方今之始，皆传国易世矣，既非秦末鼎沸之时，实有六国并据之势，故可为文王，难为汉祖。夫民疲劳③，则骚扰之兆生；上慢下暴，则瓦解之形起。谚曰：'射幸数跌，不如审发[六]。'是故智者不为小利以移目，不为己意以改步，时可而后动，数合而后举，故汤、武之师不再战而克，诚重民劳而度时审也④。如遂极武黩征，土崩势生，不幸遇难，虽有智者将不能谋之矣。若乃奇变纵横，出入无间，冲波截辙，超谷越山，不由舟楫而渡盟津者，此伏愚之所不及也。

姜维视毕，大怒曰："此腐儒之论也！"于是碎裂其文。遂提蜀兵来取中原，乃问傅佥曰："以公度之，可出何地？"佥曰："魏屯粮草，皆在长城。今可径取骆谷，度沈岭[七]，直到长城，先烧粮

---

① 原作"蜀汉延熙二十年，改为景耀元年"。据《三国志·蜀书·后主传》，延熙二十一年始改为景耀元年。
② 原作"邓艾虽小儿，不可轻之"。承前改。
③ 原作"夫民之疲劳"。据《三国志·蜀书·谯周传》，删去"之"字。
④ 原作"诚重劳民而度时审也"。据《谯周传》，改词序。

草,然后直取秦川,中原可得矣。"维曰:"公之见,与吾暗合也。"即提兵径取骆谷,度沈岭,望长城而来。

却说长城镇守将军司马望[八],乃司马昭之族兄也。城内粮草多,人马少。望听得蜀兵到,急唤首将王真、李鹏曰:"'水来土掩,兵来将迎。'今蜀兵大至,当何策而退之?"二人告曰:"某等愿决一死战!主公何太怯也?"于是司马望引兵出城二十里下寨。次日,蜀兵来到,望引二将出阵。姜维出马,指望而言曰:"今司马昭迁主于军中,必有李傕、郭汜之意也。吾今奉朝廷明命,前来问罪,汝当早降。若是愚迷,全家受戮!"望大声而答曰:"汝等无礼,数犯上国,如不早退,令汝片甲不回!"言讫,令王真出马。蜀阵中傅佥出迎。战不十合,佥卖个破绽,王真便挺枪来刺。傅佥闪过,活挟王真于马上,便回本阵。李鹏大怒,纵马抡刀来救。佥故意放慢,等李鹏将近,努十分力,掷真于地,暗掣四棱简在手。鹏赶上举刀待砍,傅佥偷身回顾,向李鹏面门只一简,打得眼珠迸出,死于马下。王真被蜀军乱枪刺死。姜维驱兵大进,司马望弃寨入城,闭门不出。维下令曰:"军士今夜且歇一宿,以养锐气。来日须要入城。"次日平明,蜀兵争先大进,一拥至城下,用火箭火炮打入城中。城上草屋一派烧着,魏兵自乱。维又令人取干柴堆满城下,一齐放火,烈焰冲天。城已将陷,魏兵在城内嚎啕痛哭,声闻四野。

正攻打之间,忽然背后喊声大震。维勒兵回看之时,只见魏兵鼓噪摇旗,浩浩而来。维遂令后队为前锋,自立于门旗下候之。两阵对圆,魏阵中一小将,全装贯带,挺枪纵马而出,约年二十余岁,面如傅粉,唇似抹朱,厉声大叫曰:"认得邓将军乎?"维自思曰:"不知此是邓艾何人①?"挺枪纵马来迎。二人抖擞精神,战到三四十合,不分胜负。那小将军枪法无半点放闲。维心中暗忖:"不用此计,安能胜乎?"便拨马望左边山路中而走。那小将骤马追之。维挂住了钢枪,暗取雕弓羽箭射之。那小将眼乖,早已见了,听得弓弦响处,把身望前一倒,放过羽箭。维回头看时,小将已到,挺枪来刺。维一闪,那枪从肋旁过,被维挟住。那小将弃枪,望本阵而走。维嗟叹曰:"可惜!可惜!"再拨马赶来。追至阵门前,一将提刀而出曰:"姜维匹夫,勿赶吾儿!邓艾在此!"维大惊。原来那小将乃邓艾之子邓忠也。维暗暗称奇,欲战邓艾,又恐马乏,乃虚意指艾曰:"吾今日识汝父子也。各且收兵,来日决战。"艾见战场不可,乃就机曰:"既然如此,暗算者非丈夫也。"遂两军皆退。邓艾据渭水下寨,姜维跨两山安营。艾见了蜀兵地理,乃作书与司马望曰:"我等切不可战,只宜固守。待关中兵至时,蜀兵粮草皆尽,三面攻之,无不胜也。今遣长子邓忠相助守城。"一面差人于司马昭处求救。

却说姜维令人来邓艾寨中下战书,约日大战,艾虚心应之。至日五更,维令三军造饭,平明布阵等候。艾营中掩旗息鼓,却如无人之状。维至晚方回。次日又令人下战书,责以失期之罪。艾以酒食待使,答曰:"微身小疾,有误相持,明日会战。"次日,维又引兵来战,艾仍前不出。如此五六番。傅佥与维曰:"此必有谋也,可宜防之。"维曰:"必捱关中兵到,三面击也。吾今特令人驰书与东吴孙綝,并力攻之,平分天下。"正欲遣使,忽报司马昭打破寿春,杀了诸

---

① 原作"此是邓艾矣"。此时邓艾已六十一岁,姜维与之作战数次,尚以其为二十余岁青年,太不合情理,故酌改。

葛诞，夷其三族，吴兵皆降。昭班师回洛阳，便欲引兵来救长城也。维大惊曰："今番伐魏，又成画饼矣！不如且回。"未知姜伯约退兵之策，端的还是如何？

【注释】
[一] 傅佥：蜀汉将领傅彤之子。
[二] 謇涩：迟钝，不顺利。此处指邓艾口吃。
[三] 中贵：即"中贵人"。有权势的宦官。
[四] 鸿沟：古运河名。故道自今河南荥阳北引黄河水，东流经今中牟、开封北，折而向南，至淮阳东南入颍水。
[五] 罢侯置守：秦始皇统一天下后，废除分封制，罢诸侯王；分全国为三十六郡，各置太守。
[六] 射幸数跌，不如审发：与其射箭多次落靶，不如发射时慎重一些，以求命中。
[七] 沈岭：山名。位于骆谷北口（今陕西周至县西南）附近，长城之南。
[八] 司马望：司马孚之子，字子初。时任征西将军，都督雍、凉诸军事。

第二百二十五回　孙綝废吴主孙亮①

却说姜维恐大势兵到，先将军器车仗，一应军需，步兵先退，然后将马军断后。细作报知邓艾。艾笑曰："姜维知大将军兵到，故先退去。不必追之，追则中彼之计也。"乃令人暗哨，回报："果然骆谷道狭之处，堆积柴草，准备要烧我追兵。"众皆骇然，乃称艾曰："将军明如神也！"遂遣使赍表奏闻。于是司马昭大喜，加赏邓艾。

却说东吴大将军孙綝，听知全端、唐咨、王祚等降魏，勃然大怒，将各人家眷，尽皆斩之。吴主孙亮见綝杀罚太甚，心中怯然。一日出西苑，因食生梅，令黄门官名也于中藏取蜜煎梅食之。中藏，乃内府之库也。须臾取至，开见蜜内鼠粪数块，召藏吏责之曰："尔欠严敬矣。"藏吏，库官也。藏吏叩头奏曰："臣封闭甚严，安有鼠粪？"亮曰："黄门曾问尔求蜜食否？"藏吏奏曰："数日前屡求蜜食，臣实不敢与之。"亮指黄门曰："此是卿所为也。"黄门不服。侍中刁玄、张邠二人奏曰："黄门与藏吏言语不同，请付狱吏推问。"亮曰："此事易知耳，何必勘问。若粪原在蜜中，则内外皆湿；若新在蜜中，则内燥外湿。"剖之，果然内燥。黄门服罪。亮之聪明，大抵如此。虽然如日月之明，但被孙綝把持，不能主张。綝令弟威远将军孙据，入苍龙[一]宿卫，武卫将军孙恩、偏将军孙干、长水校尉孙闿。分屯诸营。孙綝筑太府于朱雀桥[二]南，托病不出。

却说吴主孙亮闷坐，有黄门侍郎全纪在侧。纪乃皇丈全尚之子也。纪为国舅，忠心事亮。此时孙亮泣而告曰："孙綝妄杀大臣，掌握朝纲，视朕如无物。今不图之，必为后患。朕密告卿，卿可只今点起禁兵，与将军刘丞各把城门，朕自出以杀孙綝。此事切不可令卿母知之。卿母乃綝之姊也，倘若泄漏，误朕非轻。"纪奏曰："陛下先草诏与臣。临行事之时，臣持讨诏，使綝手下之人皆不敢妄动。"亮从之，即时写诏付纪。纪受密诏，归家告父全尚知之。尚为太常，听知此事，乃告妻曰："三日内杀孙綝矣。"妻曰："杀之是也。"口虽应之，却密令人持书报知孙綝。

綝大怒，当夜便唤兄弟四人，点起大兵，先围大内[三]；遂将全尚、刘丞等家，亦皆围住。比及平明，吴主孙亮听得宫门外金鼓大震，内侍入奏曰："孙綝引兵围了内苑。"亮大怒，指全后骂曰："汝父兄误我大事矣！"乃拔剑欲出，曰："朕乃大皇帝之嫡子②，谁敢不从也？朕在位五年，无害于人，有何愧哉！"全后与侍中近臣及乳母，皆牵其衣而哭，不放亮出。孙綝先将全尚、刘丞等杀之，然后召文武于朝内，下令曰："少帝荒淫久病，昏乱无道，不可以奉宗庙，必当废之。汝诸文武敢有不从者，必有反意！"众皆畏惧而应曰："愿从将军之令。"忽一人出曰："汝无伊尹、霍光之才，安敢废聪明之主耶！"众视之，乃尚书桓彝[四]也。彝指孙綝大骂曰："吾宁死，不

---

① 原作"孙琳废吴主孙休"。据《三国志·吴书·三嗣主传》及《演义》上下文改。
② 原作"朕乃皇帝之嫡子"。据《三国志·吴书·孙綝传》注引《江表传》，补"大"字（"大皇帝"，孙权谥号）。

从贼臣之命！"綝大怒，自拔剑斩之，即入内指吴主孙亮骂曰："无道昏君！本当诛戮以谢天下！看先帝之面，废汝为会稽王，吾自选有德行者立之！"叱中书郎李崇夺其玺绶①，令邓程收之。亮大哭而去。文武官僚无不堕泪，军民人等悲切不已。后史官有诗叹曰：

  魏朝新见废曹芳，吴国孙綝效霍光。
  无父无君真可叹，五常绝灭坏三纲！

时孙亮年十六岁②。

  孙綝遣宗正孙楷、中书郎董朝，往会稽迎请琅琊王孙休为君③。休字子烈，乃孙权第六子也，在会稽夜梦乘龙上天④，回顾不见龙尾，失惊而觉。次日，孙楷、董朝至，拜请回都，初疑二人，见所言有理，乃行。至曲阿[五]，有一老人，自称姓干，名休，叩头言曰："事久必变，天下喁喁，音颙。延颈，踵喁喁然，望想之意。愿陛下速行。"休谢之。行至布塞亭[六]，孙恩将车驾来迎。休不敢乘辇，乃坐小车而入。百官拜迎道旁，休慌忙下车答礼。孙綝出令扶起，请入大殿，升御座即天子位。休再三谦让，方受传国玉玺。文武官僚朝贺已毕，大赦天下，改元永安[七]元年；以孙綝为丞相、荆州牧；多官各有封赏；又封兄之子孙晧为乌程侯。綝一门五侯，皆典禁兵，权倾人主，凡有所请，并不敢违。此时吴主孙休恐其内变，将綝数加封赐，以安其心。

  冬十二月，休命左将军张布散牛酒于大臣之家，布先送入綝府。綝大醉，见牛酒列于前，乃斜卧与布曰："吾初废少主时，人皆劝吾为君。吾彼贤而立之，无我时，你只是琅琊王耳。今将吾如等闲待之，吾早晚教你看！"言讫，恨声不已。布回宫密奏孙休。休大惧，日夜不安。数日后，孙綝因光禄勋孟宗求出屯武昌，休许之，拨与中营所管精兵一万五千，又将武库内军器加倍与之⑤。当有将军魏邈、武卫士施朔二人密奏吴主孙休，曰："綝调兵在外，武库内军器搬得罄尽，奸心已变，早晚必举事矣。"休大惊，急召张布计议。布奏曰："可请老将军丁奉议之。"休召奉入内，赐坐，乃诉其事。奉奏曰："陛下勿忧。臣有一计，与国除害。"休曰："有何妙计？"奉曰："来朝腊日[八]，只推大会群臣，赚綝赴宴，臣自有调遣。陛下可降手诏付臣，以便行事。"休遂写诏与奉。奉同魏邈、施朔掌外事，张布掌内事。

  是夜，狂风大作，飞沙走石，将老树连根拔起。天明风定，使者来请孙綝赴会。孙綝方起床，平地如人推倒，心中不悦。使者十余人簇拥入内，家人止之曰："一夜狂风不息，今早又无故惊倒，此会不可赴之。"再三阻当。綝曰："吾弟兄共典禁兵，谁敢近身！倘有变动，于府中放火为号。"嘱讫，升车入内。吴主孙休忙下御座迎之，请綝高座。酒巡一次，众惊曰："营外望有

---

① 原作"叱中郎李崇夺其印绶"。据《孙綝传》，"中郎"应作"中书郎"；皇帝之印称"玺"。
② 原作"时孙亮年十七岁"。据《三嗣主传》改。
③ 原作"往虎林迎请琅琊王孙休为君"。据《三嗣主传》，孙休初居虎林，后徙丹阳，复徙会稽（其封地琅琊属魏国，遥领而已）。
④ 原作"在虎林夜梦乘龙上天"。承上文改。
⑤ 原作"孙綝遣中书郎孟宗，拨与中营所管精兵一万五千，出屯武昌；又将武库内军器加倍与之"。据《三嗣主传》，孟宗时为光禄勋；据《孙綝传》，綝"因（通过）孟宗求出屯武昌"，而非遣孟宗出屯（因此，当孙綝被诛时，孟宗未受牵连）。

第二百二十五回 孙綝废吴主孙亮

火起！"便欲行。休止之曰："丞相稳便，外兵自多，何足惧哉？"言未毕，左将军张布拔剑在手，引武士三十余人抢上殿来，口中厉声而言曰："有诏擒反贼孙綝！余皆尽散！"綝急欲走时，早被武士擒下。綝叩头奏曰："愿徙交州，乞归田里。"休叱之曰："尔何不徙滕胤、吕据耶？"綝又泣曰："臣愿没为官奴①。"休叱之曰："尔何不罚滕胤、吕据为官奴乎？可推下斩之！"于是张布牵孙綝下殿东斩讫。从者皆不敢动。布宣诏曰："罪在孙綝一人，余皆复还旧职。"众皆拜谢。布乃请休升武凤楼。丁奉、魏邈、施朔等，皆擒孙綝兄弟至，休命尽斩于市。宗党死者数百人，夷其三族，余党胁从者皆赦之。命军士掘开孙峻坟墓，戮其尸首。将被害诸葛恪、滕胤、吕据等家，重建坟墓，以表其忠。其带累流远[九]者，皆诏还。史官有诗叹曰：

　　孙峻、孙綝作大臣，挟权倚势害平人。
　　世间报应难逃免，不在儿孙在己身。

于是吴主孙休将出力功臣，各皆封赏，驰书报入成都。后主刘禅遣使回贺，相待吴使薛珝[一〇]回讫。吴主孙休乃问薛珝曰："卿往西蜀，观其得失若何？"珝奏曰："近日中常侍黄皓等用事，公卿多阿附之。主暗而不知其过，臣下容身以求免死。入其朝，不闻直言；经其野，民皆菜色。臣闻'燕雀处堂②，子母相乐'，自以为安也，突决栋焚，而燕雀怡然不知祸之将及，其是之谓乎！今蜀中景色，视之如此也！"休仰天叹曰："若诸葛武侯在时，安容如此乎！"又写国书，教人赍入成都，说司马昭视魏主曹髦如小儿，旦夕必有变也。姜维听得此信，欣然设席，再议出师伐魏。未知如何？

【注释】

[一] 苍龙：指苍龙门，吴国首都建业皇宫的东门。苍龙（青龙），古代神话中的东方之神。
[二] 朱雀桥：古浮桥名。在吴国首都建业朱雀门外，故名。故址在今江苏南京市镇淮桥稍东，跨秦淮河上。
[三] 大内：皇帝宫殿。
[四] 桓彝：长沙临湘（今湖南长沙）人。桓阶之弟。
[五] 曲阿：县名。此时改名云阳。治所在今江苏丹阳。
[六] 布塞亭：地名。在今江苏句容县。
[七] 永安：吴主孙休年号（258—264）。
[八] 腊日：阴历十二月祭神的日子。
[九] 流远：流放到僻远之地。
[一〇] 薛珝：薛综之子。时任五官中郎将。

---

① 原作"臣愿徙为官奴"。"徙"字义不通，据《孙綝传》，改为"没"。
② 原作"燕鹊处堂"。据《三国志·吴书·薛综传》注引《汉晋春秋》改。

第二百二十六回　姜维祁山战邓艾 六犯中原

蜀汉景耀[一]元年冬，大将军姜维复选廖化、张翼为先锋，王含、蒋斌[二]为左军，蒋舒、傅佥为右军，胡济为合后，维自总中军，共起蜀兵二十万，拜辞后主，径到汉中。

此时后主幸中贵黄皓用事，日夜在宫中饮酒作乐。皓选美女以悦之，后主因此不理政事。时有刘琰妻胡氏极有颜色，因入宫见皇后，皇后留在宫中，一月乃出。琰疑妻与后主私通，唤帐下五百将妻绑缚，以履底挞其面数十下①，几死复苏。后以此事告发，后主大怒，令有司官定罪，议拟：卒非挞妻之人，面非受履之地②，合宜弃市[三]。于是斩刘琰于市。自此命妇[四]不许入朝。

却说姜维同夏侯霸共掌中军，维曰："前者屡次未得成功，深为惭愧。今魏国臣强君弱，可乘时图之。当取何地？"霸曰："祁山虽有些准备之卒，乃用武之地，堪可进兵，故丞相六出祁山，因他处不可出也。"维曰："今番往祁山决一大战，以分雌雄！"遂令三军并望祁山进发，至谷口下寨。

此时邓艾在祁山寨中整点陇右之兵，忽流星马到，报说蜀兵见下三寨于谷口。艾听知，遂登高看了，回寨升帐，大喜曰："不出吾之所料也！"原来邓艾先度了地脉[五]，故留蜀兵下寨之地。地中自祁山寨直至蜀寨，早挖了地道，待蜀兵至时，于中取事。此时姜维至谷口，分作三寨，地道正在左寨之中，此乃王含、蒋斌之寨。右寨是蒋舒、傅佥屯扎。初到之日，方才安排鹿角寨栅，四门未立。魏寨中邓艾唤子邓忠，同师纂各引一军为左右冲击；却唤副将郑伦引五百掘子军，于当夜二更，径从地道直至左营，于帐后地下拥出。王含、蒋斌立营未了，恐魏兵劫寨，不敢解甲而寝。但闻中军大乱，急绰兵器上得马时，寨外邓忠引兵杀到。内外夹攻，王、蒋二将奋死抵不住，弃寨而走。

却说姜维在帐中听得左寨大喊，忽报有内应外合之兵，蜀军溃散，维忙上马，立于中军帐前，只见众军四面布合。维乃传令曰："如有妄动者斩之！便有兵到营边，休要问他，即以弓弩射之！"又传示右营亦如此。果然魏兵十余次冲击，皆被射回。只冲杀到天明，魏兵不敢杀入。邓艾收兵回寨，乃叹曰："姜维深得武侯传授也。兵不致乱，难以退之。"次日，王含、蒋斌收聚败兵，伏于大寨前请罪。维曰："非汝等之罪，乃吾不明地脉之故也。"又拨军马令二将安营讫，却将伤死身尸填于地道之中，以土掩之。令人下战书，单搦邓艾来日交锋。艾欣然应之。

次日，两军列于祁山之前，维按武侯"八阵"之法，依天、地、风、云、鸟、蛇、龙、虎之形，分布已定，待邓艾出马。艾见维布八阵，艾亦布之，左右前后门户一般。维持枪纵马大叫曰："请邓

---

①　原作"唤帐下军五百列于前，将妻绑缚，令每军以履底挞其面数十下"，不合情理，系作者误解史书所致。据《三国志·蜀书·刘琰传》改（"五百"即"伍伯"，见第一四八回注[四]）。
②　原作"面非受刑之地"。据《刘琰传》改。

第二百二十六回　姜维祁山战邓艾

将军答话！"只见门旗开处，邓艾立马于阵前。维曰："汝效吾排八阵，汝能变阵否？"艾笑曰："汝只道此阵汝师傅能布，天下人岂不会布也？吾既能布，岂不知变法？"艾便入阵，令执法官把旗左右招展，变成八八六十四个门户。艾复出阵前曰："吾之变法若何？"维曰："虽然不差，汝敢与吾八阵相围么？"艾曰："有何不敢。"于是，两军各依队伍而进。艾在中军调遣。初时两军冲突，变法不曾错动，只见两军左右躲闪。忽然姜维到中间把旗一招，遂变成"长蛇卷地阵"，将邓艾困在垓心，四面八方喊声大震。艾不知其阵，心下大惊，但见周围皆是蜀兵，渐渐逼近。艾引众将冲突不出，只听得外面众叫曰："邓艾早降！勿得延迟！"艾仰天长叹曰："我一时自逞其能，不想中姜维之计矣！"

忽然西北角上一彪兵杀入，艾见是魏兵，遂乘势杀出。救邓艾者，乃司马望也。比及救出邓艾之时，祁山九寨皆被蜀兵所夺。艾引败兵，退于渭水南下寨。艾与望曰："公何以知此阵法而救出我也？"望曰："吾幼年游学于荆州①，曾与崔州平、石广元为友，讲论此阵。今日姜维所变者，乃'长蛇卷地'之阵势也。若他处击之，不能破。吾见其头在西北，故从西北击之，自破矣。"艾拜谢曰："我虽学得阵法，实不知此变也。公既知此法，复夺祁山寨栅，如何？"望曰："我之所学，瞒不过姜维。此人武艺精熟，深得武侯兵法。来日我于阵上与他斗阵法，你却引一军暗袭祁山之后。两下混战，可夺旧寨也。"于是使人下战书，搦姜维来日斗阵法。

维批回去讫，乃与众将曰："吾受武侯所传密书，此阵变通共三百六十五样，按周天度数，再无其外矣。今搦吾斗阵法，乃'班门弄斧'耳！中间必有诈谋也，汝等可知之乎？"廖化曰："来日阵前再看。"维曰："然。"即令张翼、廖化，引一万兵去山后埋伏。次日，姜维尽拔九寨之兵，分布于祁山之前。此时邓艾令郑伦为先锋，暗领一军去袭山后。却说司马望引兵离了渭南，径到祁山之前，布成阵势。望出马与维答话。维曰："汝搦吾斗阵法，汝布之。"望布成了"八阵"。维笑曰："此乃吾师所布'八阵'之法也。汝今窃学而布之！"望曰："汝师亦窃他人者！吾所受者真本也。"维问曰："此阵凡有几变？"望大笑曰："吾既能布之，岂不会变？此阵有九九八十一变。"维暗笑曰："汝试变之。"望入阵，连变了数番，复出阵曰："汝识吾变法乎？"维曰："汝乃井底之蛙，安知玄奥哉？吾阵法按周天三百六十五度，有三百六十五变。"望自知有此变法，实不曾学全，乃勉强折辩曰："吾不信，汝试变之。"维曰："汝教邓艾出来，吾布之。"望曰："邓将军自有良谋，不好阵法。"维大笑曰："汝赚吾在此布阵，却教邓艾袭吾山后，是否？"望大惊，却欲进兵混战，被维以鞭梢一指，两翼兵先出，杀得那魏兵弃盔抛甲，撇戟丢戈，大败而散，各逃性命。

此时邓艾催督先锋郑伦来袭山后。伦方转过山角，忽然一声炮响，鼓角喧天，伏兵杀出，为首大将乃廖化也。二人未及答话，两马初交，廖化手起刀落，斩郑伦于马下。邓艾大惊，急勒兵退时，张翼引一军杀到。两下夹攻，魏兵大溃。

艾舍命突出，身被四箭，奔到渭南寨时，司马望亦引败兵到来。二人商议退兵之策。望曰："近日蜀主刘禅宠幸中贵黄皓，日夜以酒色为乐。可用间谍之计，使刘禅诏回姜维，此围可

---

①　原作"吾幼年游学于荆南"。"荆南"系唐代方镇名，此处应称"荆州"。

解。"艾问众谋士曰:"谁可入蜀中交通黄皓耶?"言未毕,一人应曰:"某愿往之。"艾视之,乃襄阳党均也。艾大喜,即令党均赍金宝玩好,径入成都,结连黄皓,布散流言,说姜维怨望天子,不久要弃兵投魏。于是成都人人所说皆同。黄皓奏知后主,即遣人星夜诏姜维回朝。

却说姜维连日搦战,邓艾坚守不出。维心中甚疑。忽使命至,宣维入朝,然后退兵。维不知何事,只得还朝,随后退兵于汉中。邓艾、司马望料知姜维中计,遂拔渭南之兵,随后掩杀。未知如何,且听下回分解。

【注释】
［一］景耀:蜀汉后主刘禅年号(258—263)。
［二］蒋斌:蒋琬之子。时任绥武将军。
［三］弃市:指在闹市执行死刑,并将尸体暴露街头。
［四］命妇:受有封号的妇女。
［五］地脉:地的脉络。

第二百二十七回　司马昭弑杀曹髦

却说姜维临行，吩咐廖化、张翼曰："汝二人坚守祁山大寨，待使命至，便班师回汉中。"廖化曰："此必中间谍之计矣。孙子云：'将在外，君命有所不受。'今虽有诏，未可动也。"张翼曰："蜀人为大将军连年动兵，皆有怨望，民心一变，安能长久？不如乘此得胜之时，收回人马，暂息锐气，以安民心，再作良图。"化曰："倘魏兵随后追杀，则将如之何？"翼曰："先令各军依法而退，我与公二人断后，以拒魏兵。"化从之，遂令大兵先退，化与翼断后。

却说邓艾引兵追赶，只见前面蜀兵旗帜整齐，人马徐徐而进。艾叹曰："姜维深得武侯之法也！"因此不敢追赶，遂勒兵回祁山寨去了。

且说姜维至成都，入见后主。后主曰："朕为卿在边庭，久不还师，恐劳军士，故诏卿回朝，别无他意。"维曰："臣已得祁山之寨，正欲收功，不期半途而废。此必中邓艾之计矣。臣再出师伐魏，恢复中原，上报圣主之恩，下继武侯之志。"后主默然。黄皓自此恨妒姜维。姜维整兵未足。

却说党均回到祁山寨中，报知此事。邓艾与司马望曰："君臣不足，必然内变。"就令党均入洛阳报知司马昭。昭大喜，已有图蜀之心，乃唤中护军贾充曰："吾今伐蜀，如何？"充曰："未可。"昭曰："何谓？"充曰："今天子疑主公久矣，若一旦轻出，蜀未能伐也。旧年黄龙两见于宁陵[一]井中，群臣表贺，以为祥瑞。天子曰：'非祥瑞也。'多官伏问之，天子曰：'其龙上不在天，下不在田，屈于井中①，乃幽困之兆也。'遂自作《潜龙诗》一首。诗中之意，深疑主公也。其诗曰：

'伤哉龙受困，不能跃深渊。

上不飞天汉，下不见于田。

蟠居[二]于井底，鳅鳝舞其前。

藏牙伏爪甲，嗟我亦如然！'"

司马昭闻之大怒，与左右曰："此人欲效曹芳也！"时有成倅、成济兄弟二人立于阶下。昭指贾充曰："倘有事变，只在汝身上。"充应曰："主公放心，自有调遣。"昭唤倅、济二人吩咐曰："曹髦之首，只在汝兄弟手内。"各人应诺而退。

时魏甘露五年夏四月，司马昭带剑上殿，髦以目视之。昭叱之曰："视吾何为？"髦默然无语。群臣皆大呼曰："大将军功德巍巍，合为晋公，加九锡。"髦低头不答。昭厉声而言曰："吾父兄三人于魏有大功德，今为晋公，莫非不容乎？"髦战栗而言曰："谁敢不从耶？"昭曰："《潜龙》之诗，视吾等如鳅鳝，是何礼也？"髦不能答，挥汗如雨。昭冷笑下殿，多官凛然。髦归后宫，痛哭终夜。次日，召侍中王沈、音沉。尚书王经、散骑常侍王业三人，入后宫计议。髦哭曰："司马昭篡逆之心，天下人尽知也。朕不能坐受废辱，故请卿等同心讨之。"王经奏曰："不可。

---

① 原作"屋于井中"。据《三国志·魏书·三少帝纪》注引《汉晋春秋》改。

昔春秋时，鲁昭公不忍季氏[三]，败走失国，为天下笑①。今重权已归司马氏之门，为日久矣，内外公卿及四方之士，不顾逆顺之理，皆为之致死，非一人也。且陛下禁兵寡弱，非用命之人。今若不能隐忍，是欲除疾而疾愈深；疾若深，则为祸不小矣。陛下不可造次！"髦怀中取黄素诏，掷之于地，曰："'是可忍也，孰不可忍也！'朕意已决，便死何惧？况不必死乎②！"于是曹髦入告太后。王沈与王业曰："事已急矣。空自求诛三族，当往司马公府下出首③，以免一死。"二人乃与王经曰："虽有智慧，不如乘势，出首免死可也。"经大怒曰："主忧臣辱，天下至理，安敢以求生而害于仁乎？吾愿杀身以成仁耳！"王沈、王业见经不从，急报司马昭去了。

　　少顷，魏主曹髦出内，令黄门从官焦伯④，聚集殿中宿卫苍头官僮三百余人，噪鼓而出。髦仗剑升辇，叱左右径出南阙[四]。王经伏于辇前大哭而谏曰："今陛下领数百人伐昭，是驱羊入虎口耳，空死无益。臣非惜命，实见事不可行也！"髦曰："吾军已行，卿勿阻当。"遂望云龙门[五]而来⑤。遇见贾充披戴盔甲，左有成倅，右有成济，引数千铁甲禁兵，鼓噪而入。髦仗剑大喝曰："吾乃天子也。汝等突入宫庭，欲弑君耶？"此时禁兵面面相觑，皆不敢动。充唤济曰："司马公⑥养你何用？正为今日之事也。若事一败，汝等全家皆灭矣！"成济绰戟在手，回顾贾充曰："当杀耶？当缚耶？"充曰："司马公有令，只要死的！"成济拈戟直奔辇前。髦大喝曰："匹夫无礼乎！"言未讫，被一戟刺中前胸，撞出辇来。济大呼曰："奉司马公之命，弑无道昏君！"再一戟，刃从两背上透出，死于辇旁。焦伯挺枪来迎，被成济一戟刺死于辇旁。众皆逃走。王经随后赶来，大骂贾充曰："逆贼！安敢弑君耶？"充大怒，叱左右缚定，报知司马昭。昭入内，见髦已死，乃佯作大惊之状，以头撞辇而哭，令人报知大臣。时有太傅司马孚入内，见髦尸首，枕尸于股[六]，痛哭曰⑦："弑陛下者，臣之罪也！"昭曰："国不可一日无君。"遂将髦尸用棺椁盛贮，停于偏殿之内。髦亡年二十岁⑧。昭议立新君。王业曰："武帝之孙，燕王曹宇之子，见居安次县[七]，封为常道乡公，可立为君。"昭从之，即发车驾往迎。昭会大臣议弑君之事，独有尚书仆射陈泰不至。昭令舅尚书荀颢[八]召之，泰闻大哭不已，曰："世之论者以泰比舅，今舅实不如泰也⑨。"使命催逼，泰遂披重孝而入，哭拜于灵前。昭亦佯哭而问曰："公以此事何法处之？"泰曰："独斩贾充，略可以谢天地耳。"昭沉吟良久，又问曰："再思其次。"泰曰："惟有进于此⑩，不知其次。"昭曰："成济大逆不道，弑其仁主，可推出剐之，夷其三族。"济大骂昭曰："非吾之罪，乃贾充传汝之命，令吾弑主！"昭令

---

① 原作"为天下之耻笑"。据《三国志·魏书·三少帝纪》注引《汉晋春秋》改。
② 原作"况不死乎"。校改依据同①（"不必死"，不一定死）。
③ 原作"当往晋公府下出首"。此时司马昭尚未封晋公，故改。
④ 原作"护卫焦伯"。据《三少帝纪》注引《魏氏春秋》改。
⑤ 原作"遂望龙门而来"。据《三少帝纪》注引《魏氏春秋》，补"云"字。
⑥ 原作"司马晋公"。承上文，删"晋"字。
⑦ 原作"抱股痛哭曰"。据《晋书·宗室传》改。
⑧ 原句无主语"髦"。承上文加。
⑨ 原作"泰闻大哭不已。世人论者以泰比舅，今舅实不如泰也"。据《三国志·魏书·陈泰传》注引《晋纪》改补。
⑩ 原作"惟止如此"。据《陈泰传》注引《晋纪》改。

先割其舌。济至死叫屈不绝。兄成倅亦斩于市①,尽夷三族。后来史官有诗叹之曰:

> 假意投身强哭尸,公然弑主待推谁?
> 欲诛成济瞒天下,天下人人已尽知!

又诗曰:

> 司马当年命贾充,弑君南阙赭袍红。
> 却将成济夷三族,欲使军民耳尽聋!

司马昭入奏太后曰:"逆主曹髦欲兴兵弑娘娘,杀大臣,已被成济弑之。臣亦灭成济。请娘娘降诏,以安众心。"太后惧昭威势,任意写了诏旨②,及斩王经全家,以慰其心。王经正在廷尉厅下,忽见缚母至,经叩头大哭曰:"不孝辱子累及慈母矣!"母大笑曰:"人谁不死?正恐不得其死耳!以此弃命,何恨之有!"次日,王经全家皆押赴东市,其母神色不变,回顾经曰:"吾儿今日得死矣,勿怯之!"此时王经子母大笑受刑。故吏向雄痛哭不已,满市老小无不垂泪。后史官有诗赞王经子母曰:

> 汉初夸伏剑[九],汉末见王经。
> 真烈心无异,坚刚志更清。
> 节如泰、华[一〇]重,命似鸿毛轻。
> 母子声名在,应同天地倾。

却说司马昭斩了王经子母,安抚人心已毕。时有太傅司马孚,将曹髦以王礼葬之。旬日间,常道乡公至,贾充乃劝司马昭就魏国正统。未知如何?

【注释】

[一] 宁陵:县名。属曹魏豫州梁国。治所在今河南宁陵东南。

[二] 蟠居:盘曲而伏。

[三] 鲁昭公不忍季氏:鲁昭公,春秋后期鲁国国君。当时国政被大夫季孙氏(省称"季氏")操纵,鲁昭公不满,派兵攻打季氏,结果失败,出奔齐国。

[四] 南阙:皇宫的南门。阙,宫殿前的台形建筑物,常用作宫门的代称。

[五] 云龙门:曹魏皇宫的外门。

[六] 枕尸于股:把死者的头枕在自己的腿上。系古代臣下对横遭杀害的君主表示哀痛尽礼的做法。

[七] 安次县:县名。属曹魏幽州燕国。治所在今河北安次西北。

[八] 荀𫖮:字景倩。荀彧之子,陈群内弟。

[九] 伏剑:指伏剑自尽的王陵之母。见第七三回注[一]。

[一〇] 泰、华:泰山和华山。

---

① 原作"弟成倅亦斩于市"。据《三少帝纪》,成倅为兄,成济为弟。

② 原作"任意写了矫诏"。据文意改。

第二百二十八回　姜伯约弃车大战 七犯中原

却说司马昭因贾充劝就魏国正统之事，昭与充曰："昔文王三分天下有其二，以服事殷，故圣人称为至德。魏武帝不肯受禅于汉，犹吾之不肯受禅于魏也。"于是贾充等听毕，已知昭留意于子司马炎之身矣。当年六月甲寅日，司马昭立常道乡公璜为君，改元景元[一]元年。璜改名奂，字景明①，乃武帝曹操之孙，燕王曹宇之子也。奂以昭为丞相，封晋公，赐钱千万②，绢万匹。其文武多官，各有封赠。

早有细作报入蜀中。姜维听知司马昭杀了曹髦，立起曹奂为君，乃大喜曰："吾今日伐魏，又有名矣③！"遂发国书入吴，令问司马昭弑君之罪；却上表于后主，起兵十五万，车乘数千辆，皆置板箱于上。令廖化、张翼为先锋：化取子午谷，翼取骆谷；维自取斜谷，皆要出长安之前取齐。于是三路兵并起，杀奔扶风、京兆而来④。

此时邓艾在祁山寨中训练人马，忽报蜀兵三路风拥杀出⑤。艾遂聚诸将计议。忽一人出曰："吾有一计，不可言之，见写在此，敢退蜀兵。"艾视之，乃参军王瓘也。艾展开计策观讫，大喜曰："此计虽妙，只恐瞒不过姜维。"瓘曰："愿舍一命，以报司马公之恩。"艾曰："汝心志若坚，必然成功。"遂拨五千兵与王瓘。

瓘连夜从斜谷迎来，正撞蜀兵前队哨马。瓘叫曰："我是魏国降兵，可报与主帅知会。"哨军报知姜维，维令拦住余兵，只教为首将来见。瓘拜伏于地曰："某乃王经之侄王瓘也。近者司马昭弑君，又将叔父一门皆戮，某在边邦，得免此祸。幸大将军兴师问罪，特引本部兵五千来降。愿从调遣，以为末将，剿除奸党，上报国王之恩，下伸叔父之恨。"维大喜，遂加重赐。维与瓘曰："汝既诚心来降，吾何不诚心相待？吾军中所患者，不过粮耳。今有粮车数千，见在川口，汝可运赴郿城。吾只今去取郿城也⑥。"瓘心大喜，以为中计，欣然领诺要行。姜维曰："汝去运粮，不必用五千人，吾先有推车人了，只要押途而已。但引三千人去足可，留下二千人引路，以打郿城⑦。"瓘恐维疑惑，乃引三千兵去了。维令傅佥引二千魏兵随征听用。

忽报夏侯霸到。霸谏曰："都督何故准信王瓘之言也？我在魏虽不深知备细，未闻王瓘是

---

① 原作"璜改名曹奂，字景召"。据《三国志·魏书·三少帝纪》改。
② 原作"赐钱十万"。据《三少帝纪》改。
③ 原作"吾今日伐魏，方有名矣"，不合情理。参照毛本《三国》，改"方"为"又"。
④ 原作"皆要出祁山之前取齐。于是三路兵并起，杀奔祁山而来"。斜谷在祁山以东数百里，斜谷之东近百里为骆谷，再往东百余里为子午谷。蜀兵三道并出，只能前往郿县——武功——槐里——长安一线（分属曹魏雍州扶风郡、京兆郡），战略目标则为长安。
⑤ 原作"忽报蜀兵三路风拥杀到"。承上文，改"杀到"为"杀出"。
⑥ 原作"汝可运赴祁山。吾只今去取祁山寨也"。承上文改。
⑦ 原作"留下二千人引路，以打祁山"。承上文改。

王经之侄。其中多诈,特请察焉。"维大笑曰:"王瓘我非不识也。我已知其诈,故分其兵势,将计就计而行。"霸曰:"公试言之。"维曰:"司马昭奸雄过于曹操,既杀王经,夷其三族,安肯存亲侄于关外领兵也?故知其诈矣。今仲权国舅之见,与我暗合。"仲权,霸之表字也。昔日张翼德于乱军中获一女,乃霸之从妹也。后长成,翼德宠之,生二女,皆配后主刘禅为后,霸因此降蜀。后主呼为国舅,满朝文武甚是敬之。霸乃倾心事蜀,只欲恢复中原也。时姜维不出斜谷,却令人于路暗伏,以防王瓘奸细。不旬日,果然伏军捉得王瓘回报邓艾下书人来见。维问了情节,搜出私书。书云:

　　姜维已交割与我粮车押送。望邓将军连夜进兵,与姜维交战①,瓘从小路运粮车途归大寨,蜀兵自败矣。约于某处,何日可令人来迎接。

维将下书人杀之,却将书中之意改作"八月十五日,望邓将军自率大兵,于斜谷外坛山谷[二]中接应粮草车辆;可先与姜维恋住交锋,免生外意"。一面令人扮作魏军下密书;一面令人将见在粮车数百辆,卸了粮米,装载干柴茅草、硫黄焰硝,用青布罩之,令傅佥引二千原降魏兵执打运粮旗号。维与霸各引一军,去山谷中埋伏。却令蒋舒出斜谷,廖化、张翼俱各进兵②。

却说邓艾得了王瓘书信,欣悦不尽,急写回书,令来人再回。乃与司马望引一军,轮换来谷口搦战。蜀兵每日迎敌,未敢取胜。至八月十五日,邓艾引五万精兵径望坛山谷中来,远远使人凭高眺探,只见无数粮车接连不断,从山凹中而出。艾勒马望之,果然皆是魏军。艾手下副将言曰:"天已昏暮,可速接出谷口。"艾曰:"前面山势掩映,倘有伏兵,急难退步,只可在此等候。"正言间,忽两骑马骤至,报曰:"王将军因将粮草过界,背后人马赶来,望早救应。"艾不知是计,急催兵前进。时值初更,只听得山后喊动。东方月上,皎如白日,艾不顾车仗,只道王瓘在山后厮杀,径奔过山后时,忽报树林后有一彪军摆开。艾大惊,只见傅佥纵马大叫曰:"邓艾匹夫!已中吾主将之计,何不早早下马受死!"艾闻知,勒回马便走。车上火尽着,那火便是号火。两势下蜀兵尽出,杀得魏兵七断八续,但闻四面山上只叫"拿住邓艾的,千金赏,万户侯!"唬得邓艾弃甲丢盔,撇了坐下马,杂在步军之中,爬山越岭而逃。于是姜维、夏侯霸只望马上为首的径来擒捉,不想邓艾步行走脱。维令得胜兵去接王瓘粮车。

时有不能回祁山寨的魏军来报王瓘曰:"事已泄漏,兵势已败,不知邓将军性命如何。"瓘大惊,令人哨探。回报三路兵围杀将来,背后又有尘土大起,四下无路。瓘叱左右放火烧车,于是尽烧粮草车辆,火光突起,烈焰烧空。瓘大叫曰:"事已急矣!汝等三军可宜死战!"乃提兵望南杀出③,一应车辆尽皆烧着。背后姜维三路追赶。维只道王瓘舍命撞回魏国,不想杀回汉中旧路而去。瓘因兵少,只恐追兵赶上,遂将栈道并各关隘尽皆烧毁。姜维不追魏兵者,恐汉中有失,遂提兵连夜投小路来追杀王瓘,瓘被四面蜀兵攻急,乃投黑龙江[三]而死。余兵尽被姜维坑之。

维虽然胜了邓艾,却折了许多粮车,又毁了栈道。维遂还汉中。邓艾引败兵逃回祁山寨

---

① 原作"与姜维恋战"。据叶逢春本改。
② 原作"却令蒋舒出斜谷,廖化、张翼俱各进兵,来取祁山"。承上文,删"来取祁山"四字。
③ 原作"乃提兵望西杀出"。据上下文改。

内,上表请罪,自贬其职。此时司马昭见艾素有大功,不忍贬之,复加厚赐。艾将所赐财物,尽分给被害将士之家。昭恐蜀兵又出,遂添兵五万与艾守御。姜维连夜修了栈道,又议出师。未知胜负如何,且听下回分解。

【注释】

［一］景元:魏主曹奂年号(260—264)。

［二］坛山谷:《演义》虚构的地名,意指其谷形如酒坛。"坛"同"罎"("坛"的繁体)。

［三］黑龙江:即褒水。发源于今陕西太白县,南流,至今汉中汇入汉水。

第二百二十九回　姜伯约洮阳大战 八犯中原

却说蜀汉景耀五年，冬十月，大将军姜维差人连夜修了栈道，大小车辆装载军粮，又于汉中水路调拨舡只，所用器物俱已完备，上表奏闻后主曰："臣屡出战，未成大功，颇已挫动魏人心胆。今养兵日久，不战则懒，懒则致病。况今军思效死，将思用命，臣如不胜，当受死罪。"此时后主酒色昏迷，不能决论。谯周出班奏曰："臣夜观天文，见西蜀分野，将星暗而不明。今大将军又欲出师，此行甚是不利。陛下可降诏止之。"后主曰："且看此行若何。果然有失，却当阻之。"谯周再三谏劝，后主不从。周乃归家，叹息不已。周子问曰："父亲有何事也？"周曰："君王溺于酒色，不理朝政；臣下强欲立名，妄损军马，西蜀祸将至矣！"其子告曰："父亲既有先见之明，何不投魏乎？"周叱之曰："吾受先帝托孤之命，知遇之恩，不能补报万一。纵然国亡家破，当以尽命报本，安忍行不忠不义之事耶！"遂托病不出。

却说姜维临行，乃问廖化曰："吾今出师，誓欲恢复中原，当先取何处？"化曰："大将军连年征伐，军民不宁；兼魏有邓艾，足智多谋，非等闲之辈。将军强欲行难为之事，此化所以未敢专也。"维勃然大怒曰："昔丞相六出祁山，亦为国也。吾今八次伐魏，非为一己之私耳。今议先取洮阳[一]，地名。如逆吾意者斩！"遂留廖化守汉中，自同诸将提兵二十万，径取洮阳而来。

早有川口人报入祁山寨中。此时邓艾正与司马望谈兵，闻知此信，遂令人哨探。回报曰："蜀兵尽从洮阳而出。"司马望曰："姜维多计，莫非虚取洮阳而实取祁山乎？"邓艾曰："今姜维实出洮阳也。"望曰："公何以知之？"艾曰："向者姜维屡出吾有粮之地；今洮阳无粮，维必料吾只守祁山，不守洮阳，故径取洮阳。如得此城，屯粮积草，结连羌胡，以图久计耳。"望曰："若此，如之奈何？"艾曰："可尽撤此处之兵，分为两路，去救洮阳。离洮阳二十五里有侯和小城①，侯和，地名。乃洮阳咽喉之路。公引一军伏于洮阳，偃旗息鼓，大开四门，如此如此行之。我却引一军伏侯和，必捉姜维、夏侯霸也。"二人各提兵埋伏去了。

却说姜维与夏侯霸望洮阳进兵之间，霸问维曰："今将军取无粮空城，有何用也？"维曰："吾七番出师，皆取有粮之地、利战之所，魏人探揣知吾意矣。吾料洮阳空城，魏人不作准备，今却一鼓而取，乃攻其无备也。若得洮阳，深沟高垒，先运汉中粮草尽屯于内，然后外结羌胡，水陆转运，以为久计。此番不胜，真可羞耳！"霸曰："此妙论也。我当为前部，公为后应。"于是夏侯霸先提一军径到洮阳，见城上并无一杆旌旗，四门大开。霸心下疑惑，未敢入城，乃回顾诸将曰："此莫非计乎？"副将应曰："眼见得是空城，只有些小百姓，听知大将军兵到，尽弃城而走。"霸未信，自纵马于城南视之，只见城后老小无数，皆望西北而逃。霸大喜曰："此空城耳！"遂当先杀入。方到瓮城边，忽然一声炮响，城上鼓角齐鸣，旌旗遍竖，拽起吊桥。霸大惊曰："误中计矣！"慌欲退时，城上矢石如雨。可怜夏侯霸同五百军，皆死于城下，身上乱箭如柴。

---

①　原作"离洮阳二十五里有侯河小城"。据《三国志·魏书·邓艾传》、《蜀书·姜维传》，"侯河"应作"侯和"。

其余蜀兵尽皆溃散。

司马望于城内大驱士马,从东、西、北三门杀出,蜀兵大败而逃。随后姜维引接应兵到,杀退司马望,就傍城下寨。是夜二更,邓艾自侯和城内暗引一军,潜地杀入蜀寨。蜀兵大乱,维禁止不住。城上锣鼓喧天,司马望引军杀出。两下夹攻,蜀兵大败而走。维左冲右突,死战得脱,退二十余里,收聚败兵,下寨已毕。蜀军听知夏侯霸阵亡,心中摇动。维欲退不能,遂与众将曰:"胜负乃兵家之常事,今虽损兵折将,不足为忧。目下魏兵俱在此处,成败之事,只在一战,汝等始终勿改。如有言退者立斩!"张翼进言曰:"魏兵皆在此处,祁山必然空虚。将军整兵与邓艾交锋,攻打洮阳、侯和。某引一军取祁山,取了祁山九寨,便驱兵向长安,使邓艾不能走。"维从之,即令张翼引后军取祁山去了。

维次日引兵到侯和搦邓艾交战,艾引一军出迎。两阵对圆,二人交锋数十余合,不分胜负,各回本阵,收兵退去。次日,姜维又引兵搦战,邓艾按兵不出。连搦三日,姜维令军辱骂。邓艾在侯和城内寻思曰:"蜀人被吾大杀了一阵,全然不退,连日反来搦战,必分兵去袭祁山寨也。守寨将师纂兵少智寡,必然败矣。吾当亲往救之。"乃唤子邓忠吩咐曰:"汝用心守把此处,任他搦战,切勿轻出。吾今夜引兵去祁山救应。"是夜二更,姜维正在寨中设计,忽听得寨外喊声震地,鼓角喧天,人报邓艾引三千精兵夜战。诸将欲出,维止之曰:"勿得妄动。"

且说邓艾引兵至蜀寨前哨探了一遍,乘势去救祁山,邓忠入城。此时姜维唤诸将曰:"邓艾虚作夜战之势,必然去救祁山寨矣。"乃唤傅佥吩咐曰:"汝守此寨,勿轻与敌。"于是姜维亦引三千兵来助张翼。

翼正到祁山攻打,守寨将师纂兵少,支持不住。看看待破,忽然邓艾兵至,冲杀了一阵,蜀兵大败,把张翼隔在山那边,绝了归路。正慌忙之间,忽听得喊声大震,鼓角齐鸣,只见魏兵纷纷倒退。左右报曰:"大将军姜伯约杀到!"翼大喜,驱兵相应,两下夹攻。邓艾折了一阵,急退上祁山寨不出。姜维令蜀兵四下攻围。

却说后主在成都,听信黄皓之言,又溺于酒色,日夜宴饮,不理朝政,内外官员皆投于黄皓门下。时右大将军阎宇①,身无寸功,只因倚傍黄皓,遂得重职;听知姜维被困,乃说皓来奏后主曰:"今姜维屡战无功,可命阎宇代之。"后主允其言,急遣使赍诏,宣姜维班师还朝。维在祁山正攻打寨栅,忽一日三道诏至,宣维班师还朝。维只得遵命,先令洮阳兵退,次后维与张翼徐徐而退。艾一夜只听得鼓角喧天,不知何意。平明只落空寨,人报蜀兵尽退。艾疑有计,不敢追袭。

姜维径到汉中,歇住了人马,自与使命入成都回见后主。后主一连十日不朝。维心中疑惑。是日至东华门,遇见秘书郎郤正,维问曰:"天子诏维班师,公可知乎?"正笑曰:"大将军何

---

① 原作"右将军阎宇"。据《姜维传》改。

自不知耶？黄皓欲与阎宇立功，奏闻朝廷，发诏取回。今闻邓艾善能用兵，因此寝其事[二]矣。"维大怒，直入宫中来杀黄皓。未知性命如何，且听下回分解。

【注释】
[一] 洮阳：镇戍名。故址在今甘肃临潭。
[二] 寝其事：把这事放下。寝，停止。

第二百三十回　姜维避祸屯田计 九犯中原[一]

于是，郤正见姜维欲杀黄皓，急止之曰："大将军位居极品，承继武侯之职，何故造次？若天子万一不容，必为反臣耳。"维谢曰："先生训诲是也。"遂同回。

次日，后主与黄皓在后园饮宴，维引数人径入。早有人报知黄皓，皓急避于湖山之侧。维至亭下，拜了后主，泣泪而奏曰："臣困邓艾于祁山，陛下连诏三次，召臣回朝，未审圣意如何？"后主默然无语。维又奏曰："黄皓奸巧专权，乃灵帝时十常侍也。陛下远则鉴于赵高，近则审于张让。陛下早将此人杀之，天下自然清平，中原方可恢复矣。"后主笑曰："黄皓乃趋走小臣耳，纵使专权，亦足如何？昔者董允常切齿恨皓，朕常怪之。卿何足介意？"维叩头奏曰："陛下今日不杀黄皓，祸不远也。"后主曰："'爱之欲其生，恶之欲其死。'卿何不容一宦官耶？"后主遂令近侍于湖山之侧，唤出黄皓至亭下，命拜姜维伏罪。皓哭拜维曰："某早晚趋侍圣上而已，并不敢犯国政。明公休听外人一面虚词，欲杀某也。乞明公怜之！"于是黄皓叩头流涕。

维羞惭而出，来见郤正，备言此事。正曰："将军祸不远矣。将军若危，国家随灭！"维曰："先生以何策，可保国安身也？"正曰："将近陇西有一去处，名为沓音塔中，此地极其肥壮。足下何不效武侯屯田之计也？可奏知天子，前去沓中[二]屯田，一者，得麦熟以助军食；二者，可以尽图陇右诸郡；三者，魏国不敢正视汉中；四者，将军在外掌握兵权，人不能图之；五者，足以避其祸乱也：此乃保国安身之法，可早行之。"维大喜，遂出席拜谢曰："先生金玉之言也。"次日，姜维奏后主，求沓中屯田，效武侯之事。后主从之。

维遂还汉中，聚诸将曰："吾屡出师，因粮不足，未能成功。今吾提兵八万，往沓中种麦，以为屯田，后图进取。因汝等久战劳苦，把关生受，不如敛兵聚谷，退守汉中二城。魏兵千里运粮，经涉山岭，自然疲乏，疲乏必自退矣。吾却引兵自后击之，无有不服。"遂命胡济屯汉寿城[三]，王含守乐城[四]，蒋斌守汉城[五]，蒋舒、傅佥同守阳安关[六]①。维分拨已毕，自引兵八万，来沓中种麦，以为久计。

却说邓艾听知姜维在沓中屯田，于路下四十余营，连络不绝，如长蛇之势。艾遂令细作相了地形，画成图本，写表一道，入洛阳奏知魏主曹奂。晋公司马昭见之，大怒曰："姜维屡犯中原②，不能剿除，是吾心腹之患也！"贾充曰："姜维深得诸葛亮传授，急难退之。须得一智勇之将，以刺此人，可免动兵之劳也。"昭曰："然。吾亦欲如此，奈无其人也，故使恣意。"从事中郎荀勖音旭应言曰："明公为天下之主宰，宜仗义以伐无道。今蜀主刘禅溺于酒色，惟用黄皓专

---

① 原作"蒋舒、傅佥同守关隘"。"关隘"太笼统，与上文不协。据《三国志·蜀书·姜维传》改（阳安关又名"关城"，作者或刻写者误为"关隘"）。

② 原作"姜维九犯中原"。姜维并无第九次北伐之举，故改"九"为"屡"。参见注[一]。

第二百三十回　姜维避祸屯田计

政,大臣皆有惑乱之意。今姜维在沓中屯田者,乃为此也。若令大将伐之,无有不胜,何故求刺客而除害? 非所以行于四海也。"昭大喜曰:"此言最善。吾欲伐蜀,谁可为将?"荀勖荐曰:"邓艾乃世之良才,更得钟会为副将,大事无不成矣。"昭大喜曰:"此言正合吾意。"乃召钟会入,而言曰:"吾欲令汝为大将,去伐东吴,可乎?"会答曰:"主公之意本不伐吴,而实欲伐蜀也。"昭笑曰:"子诚然识我心也。既然如此高明,肯效力乎?"会曰:"某料主公欲去伐蜀,已画图本在此。"昭展开视之,但见伐蜀之法,于路安营下寨之处,屯粮积草之乡,自何而进,从何而退,一一皆有法度。昭看了大喜曰:"真良将也! 可与邓艾收蜀,若何?"会曰:"愿竭忠诚以报主公。奈蜀川道广,非一路可进,当与邓艾分兵各进可也。"昭遂拜钟会为镇西将军,假节,都督关中诸军事①。昭即时差人持节,令邓艾为征西将军,都督关外陇上,使约期伐蜀。

次日,司马昭于朝中计议此事,文武官僚皆面面相觑,人人变色,俱不肯伐蜀。忽一人出曰:"姜维屡犯中原②,折伤多少魏兵,只今守御尚自未保,何况深入山川险危之地,自取祸乱也? 切不可行之!"昭视之,乃将军邓敦也③。昭勃然大怒曰:"吾与国家除害,正欲兴仁义之师,伐无道之主,汝安敢逆吾意耶!"叱武士牵出斩之。须臾,呈邓敦首级于阶下。众官失色。昭曰:"汝诸文武,勿生惊疑。吾自征东[七]定夺以来,息歇六年,治兵缮甲,皆已完备,欲伐吴、蜀久矣。今日论之:吴地广阔,况兼下湿,攻之稍难。不如先定蜀④。三年之后,乘顺流之势,水陆并进,此'灭虢取虞'之道也。吾料西蜀将士,守成都者八九万,守边境者不过四五万,姜维屯田者不过六七万。今吾已令邓艾引关外陇右之兵十余万,绊姜维于沓中,使姜维不能东顾;遣钟会引关中精兵二三十万,直指骆谷,出其空虚之地,以袭汉中⑤。今蜀主刘禅昏暗,边城外破,士女内震,其亡可知也。"众曰:"然!"

却说钟会受了镇西将军,起兵伐蜀。会恐有泄机谋,却以伐吴为名,乃令青、兖、豫、荆、扬五处各造大船;又遣唐咨于傍海之处⑥,拘集海船。司马昭不知其意,遂召钟会问之曰:"子从旱路收蜀,何用造船耶?"会曰:"蜀若闻我兵大进,必求救于东吴也。故先布声势,作伐吴之状,吴必不敢妄动矣。一年之内,蜀已破,船已成,而伐吴岂不顺乎?"昭大喜,选日出师。此时景元四年秋七月初三日,钟会出师。司马昭送之于城外十里方回。有西曹掾邵悌曰:"乞退左右,敢伸一言。"昭乃屏退左右。悌曰:"今主公遣钟会领十万兵伐蜀,愚料会志大心高,若专独权,恐有不然。何不使人同领其职?"昭大笑曰:"吾岂不知耶?"悌曰:"主公既知,何使其独权无疑也?"司马昭言无数句,以释其疑心。未知其言若何,且听下回分解。

---

① 原作"都督关中人马,调遣青、徐、兖、豫、荆、扬等处"。据《三国志·魏书·钟会传》改。
② 原作"姜维九犯中原"。承上文改。
③ 原作"乃前军邓敦也"。据《晋书·文帝纪》改。
④ 原作"不如先定其蜀"。据《晋书·文帝纪》,"其"字衍,删去。
⑤ 原作"直抵骆谷三路空虚之地,以袭汉中"。据《晋书·文帝纪》改。
⑥ 原作"又遣唐咨于登莱等州傍海之处"。登州、莱州均为隋唐地名,其地三国时属青州东莱郡。此处宜删。

【注释】

［一］九犯中原：据《演义》所写，姜维第八次北伐退兵后，仅在沓中屯田，并未第九次出兵攻魏（历史上的姜维亦不曾第九次北伐）。故"九伐中原"或"九犯中原"之说不当。

［二］沓中：地名。属蜀汉益州阴平郡阴平县。在今甘肃舟曲县西北。

［三］汉寿城：即汉寿县。亦即东汉时的葭萌县。属蜀汉益州梓潼郡。治所在今四川广元西南。

［四］乐城：即城固。故址在今陕西城固东。

［五］汉城：即沔阳。故址在今陕西勉县东。

［六］阳安关：又名关城、关头。即北宋以后的阳平关。在今陕西宁强县西北。

［七］征东：指魏甘露二年(257)司马昭亲率大军攻诸葛诞(见第二二二～二二三回)。

卷之二十四

第二百三十一回 钟会率兵取汉中①

却说司马昭与西曹掾邵悌曰："诸葛武侯六出祁山,折我许多将士。姜维屡犯中原,使我百姓不安,将士怯然。我见钟会之策,正合我肺腑,今日伐蜀,如反掌耳。汝众人之意,皆言蜀未可伐。夫人心怯则智勇竭②,若使强战,必败之道也。今众人心怯,惟有钟会独建伐蜀之策,是心不怯,故遣伐蜀,蜀必灭矣。蜀灭之后,降者无非蜀人也。凡'败军之将,不可以言勇;亡国之大夫,不可以图存',盖心胆已破之故也。若蜀一破,民心恐惧,不敢再反;将士各自思归③,谁肯顺彼也?若有异心,自取灭族。此言,则吾与汝知之,切不可泄漏耳。"邵悌拜曰:"真高明远大之见也!"

却说钟会下寨已毕,升帐大集诸将听令。时有监军卫瓘[一],护军胡烈[二],大将田续、庞会、田章、爰彭、音衡、丘建④、夏侯咸、王买、皇甫闿、句安等手下将八十余员。会曰:"必须一大将为先锋,逢山开路,遇水叠桥。谁敢当之?"一人应言曰:"某愿往。"会视之,乃虎将许褚之子许仪也。众皆曰:"非此人不可为先锋。"会唤许仪曰:"汝乃虎体猿班之将,父子有名,今众将亦皆保汝。汝可挂先锋印,领五千马军,一千步军,径取汉中。兵分三路:汝可领右路出斜谷,中军出骆谷,左军出子午谷⑤。此皆崎岖山险之地,当令军填平道路,修理桥梁,凿山破石,勿使阻碍。军有违者,必依军法。"许仪受命,领兵而进。钟会随后提十万余众,星夜起程。

却说邓艾在陇西,既受伐蜀之诏,一面令司马望往遏羌胡,又遣雍州刺史诸葛绪、天水太守王颀、陇西太守牵弘、金城[三]太守杨欣,各调本部兵前来听令。比及军马云集,邓艾夜作一梦,梦见登一高山,望汉中,忽于脚下迸出一泉,水势上涌。须臾惊觉,浑身汗流。遂坐而待旦,乃召殄虏护军爰邵⑥问之。邵素明《周易》。邵入帐拜毕,艾备言其事。邵答曰:"按《周易》云:'山上有水曰《蹇》。'《蹇卦》者:'利西南,不利东北。'孔子云:'《蹇》利西南,往有功也;不利东北,其道穷也。'将军此行,必然克蜀,成其大功也,但可惜蹇滞[四]不能还。"艾闻知,怏然不乐。后艾果中姜维之计,杀死于绵竹县矣。是日天暮,钟会檄文至,合艾起兵,绊住姜维,同约于汉中取齐。艾遂遣雍州刺史诸葛绪,引兵一万五千,先断姜维归路⑦;次遣天水太守王颀,引兵一万五千,从左攻沓中,陇西太守牵弘,引兵一万五千,从右攻沓中;又遣金城太守杨欣,引兵一万

---

① 原作"钟会邓艾取汉中"。邓艾奉命牵制姜维,并未参与攻取汉中之役,故改。
② 原作"汝众人之意,皆言蜀未可伐,人心乃怯。人心怯则智勇竭"。据《三国志·魏书·钟会传》改。
③ 原作"将士各有思归"。据《钟会传》改。
④ 原作"丘健"。据《钟会传》改。
⑤ 原作"汝可一路出斜谷,左军出骆谷,右军出子午谷"。"三谷"自西向东的顺序为:斜谷,骆谷,子午谷。钟会从关中南下,则右为斜谷,中为骆谷,左为子午谷。
⑥ 原作"殄虏护卫缓邵"。据《三国志·魏书·邓艾传》改。
⑦ 原作"乃先断姜维归路"。"乃"字衍,删去。

五千,前于甘松[五]地名,邀姜维于后。艾自引兵三万,往来接应。

却说钟会出师之时,有百官送出城外,旌旗蔽日,铠甲凝霜,人强马壮,威风凛然。乡民无不称羡,惟有相国参军刘寔,微笑不已。太尉王祥见寔冷笑,就马上握其手而问曰:"钟、邓二人,此去可平蜀乎?"寔曰:"破蜀必矣,但恐皆不得还都耳。"王祥问其故,刘寔但笑而不答。祥以为狂言,遂不复问,只举杯送钟会去讫。

早有细作入沓中,报知姜维。维即写表申奏后主:

  请降诏,遣左车骑将军张翼①,领兵守护阳安关;右车骑将军廖化,领兵守把阴平桥[六]。这二处极为紧要,若失二处,汉中不保。又入吴求救。臣自提沓中之兵,一面拒敌。

表到成都,时后主景耀六年②,又改为炎兴[七]元年。后主览表已毕,惊倒在地,半响方苏,召黄皓问曰:"今魏国遣钟会、邓艾,大起人马,分道而来,如之奈何?"皓奏曰:"此乃姜维欲立功名,故申其表也。陛下宽心,勿生疑虑。臣闻城中有一师婆,供养一神,能知吉凶,可召来问之。"后主从其言,于后殿陈设香花纸烛,享祭礼物,令黄皓用小车请入宫中,坐于龙床之上。后主焚香再拜以告此事。师婆忽然披发跣足,就殿上跳跃千百遍,盘旋于案上。皓曰:"此神人降矣。陛下可退左右,亲祷之。"后主尽退左右侍臣,乃再拜祝之。师婆大叫曰:"吾乃益州土神也。陛下欣乐太平,何为求问他事?魏国数年之后,亦归陛下矣,安敢正视蜀中乎?陛下切勿疑之。"言讫,昏倒于地,半响方醒。后主因此大喜,不信姜维之表,赐师婆金百两,锦百匹,及珍珠等宝。师婆受讫出内。后主每日只在宫中饮宴欢乐。此时姜维屡申告急表文,皆被黄皓隐匿,因此误了大事。

先说钟会大军,迤逦望汉中进发。前军先锋许仪,要立头功,先望西而入。前至南郑道口,有一山,名曰南郑关,过即汉中矣。仪回顾众将曰:"关上不问多少人马,只飞骤抢过可也。"于是守关将卢逊,只有一军守之。关前有一木桥,桥下是大涧。当日听知魏兵齐来抢关,逊急令军士装起武侯所遗连弩:其弩一张发十矢。比及预备方了,许仪兵齐来抢关。忽然梆子响处,矢石如雨。仪急退时,早射倒数十骑。魏兵大败。

仪回报钟会。会不信,自提帐下甲士百余骑,径来视之,果然弩箭一齐射下。会拨马便回,关上卢逊引五百军杀将下来。会拍马过桥,桥上土塌,陷住马蹄,争些儿掀下马来。马挣不起,会步行跑下桥时,卢逊赶上一枪刺来,被魏兵中荀颢回身一箭,射卢逊落马。钟会大呼曰:"乘势抢关!"此时蜀兵五百人在关前,因此关上不敢放箭,被钟会杀散,夺了山关。便保荀颢为护军,以全副鞍马铠甲赐之。

会唤许仪至帐下,责之曰:"汝为先锋,吾屡下令,教逢山开路,遇水叠桥,专一修理桥梁道路以行吾军。吾方才到桥上,陷住马蹄,几乎坠涧。若非荀颢,吾已被蜀人杀矣。汝既违军

---

① 原作"乃遣左车骑将军张翼"。"乃"字衍,删去。
② 原作"时后主景耀五年"。据《三国志·蜀书·后主传》改。

令,当按军法①!"叱武士斩之。诸将泣告曰:"其父有功于朝廷,名重于当世,望都督恕之。待诣甘松邀姜维之后,有功赎罪,无功诛之。"会大怒曰:"吾若犯于司马公之手,肯恕吾乎?"遂令斩首示众。诸将无不骇然。会下令催兵杀入,人心终是不安。

此时蜀将王含守乐城,蒋斌守汉城,见魏兵势大,不敢出战,乃闭门自守。每城只有五千人马。会令前将军李辅②围乐城,护军荀颛围汉城。会调拨已毕,乃与众将曰:"兵贵神速,不可少停。"即时掣兵来取阳安关。守关将蒋舒、傅佥商议设计。舒曰:"近闻魏兵二十余万而来,势不可当,不如守之为上。"佥曰:"不然。魏兵远来,必然疲困,虽多何益。我等若不下关战时,汉、乐二城休矣。"蒋舒沉吟未决。忽报大队魏兵已至关前,蒋、傅二人上马视之。钟会扬鞭大叫曰:"吾今统十万之众至此,若早早出降,各依品级升用。如执迷不降,吾打破关隘,玉石俱焚!"傅佥大怒,令蒋舒把关,佥自引三千兵杀下关来。钟会便走,魏兵尽退。佥乘势追之,魏兵复合。佥欲退入关时,关上已竖起魏家旗号,不容近关,只见蒋舒叫曰:"吾已降了魏也。汝可随吾投拜!"佥勃然大怒,厉声而骂曰:"忘恩背义之贼!有何面目以见天下人耶?"关上矢石如雨,佥翻身倒回,四下魏兵大合。未知傅佥性命如何,且听下回分解。

【注释】

[一] 卫瓘(220—291):卫觊之子。字伯玉。晋武帝时官至司空。

[二] 胡烈:胡遵之子,胡奋之弟。字玄武。

[三] 金城:郡名。属曹魏凉州。治所在榆中(今甘肃兰州市东)。

[四] 蹇滞:困顿不顺利。

[五] 甘松:镇戍名。故址在今甘肃迭部东南。

[六] 阴平桥:古桥名。在阴平县(今甘肃文县)东南,跨白水。

[七] 炎兴:蜀汉后主刘禅年号(仅263一年)。

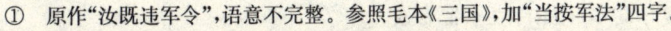

① 原作"汝既违军令",语意不完整。参照毛本《三国》,加"当按军法"四字。
② 原作"前军李辅"。据《三国志·魏书·钟会传》改。

第二百三十二回　姜维大战剑门关

　　却说傅佥被魏兵围在垓心，左冲右突，往来死战，不能得脱，所领蜀兵，十伤八九。佥乃仰天祝祷先主，曰："臣力竭矣。愿为蜀鬼！"言讫，复拍马冲杀。魏兵四面攻击，只叫傅佥早降。佥愈加忿怒，抖擞精神，望外而杀，身被数枪，血盈袍铠，坐下马倒，佥自刎而死。余者尽降。

　　于是钟会得了阳安关。关内所积粮草军器极多，会见之大悦，遂犒三军。是夜，魏兵宿于阳安城中，忽闻东北上喊声大震①。会慌忙出帐视之，绝无动静。是夜，军不敢睡，天明无事。会心中甚疑，一日不敢动兵。当夜，三军不敢解甲。夜至三更，东北上喊声又起，会大惊。向晓，使人探之。回报曰："远哨十余里，并无一人。"连三五夜，皆如此喊声不绝。是夜，又从东北上呐喊。钟会惊疑不定，次日自引数百骑，俱全装贯带，望东北巡来。前至一山，只见杀气四面突起，愁云布合，雾锁山头。会勒马回顾向导官曰："此何山也？"向导官曰："此乃定军山也。昔日夏侯渊殁于此处。"会闻之，怅然不乐，遂勒马而回。转过山坡，忽然狂风大作，背后数千骑突出，随风杀来。会大惊，引众骑纵马而走。诸将坠马者，不计其数。及奔到阳安关时，不曾折了一人一骑，只跌损面目，失了头盔。皆言曰："但见阴云中人马杀来，比及近身，却不伤一人，只是一旋风而已。"会问降将蒋舒曰："定军山有神庙乎？"舒曰："并无神庙，惟有诸葛武侯之墓。"会惊讶曰："此必武侯显圣也。吾当亲祭之！"

　　次日，钟会备祭礼，宰太牢，自到武侯坟前再拜祭之。其文曰：

　　　　维大魏景元四年秋八月，镇西将军钟会，致祭于故汉丞相、诸葛忠武侯②之灵曰："惟帝王之传纪兮，有盛有衰；得将相之扶持兮，以安以危。昔先生之隐居兮，遁世无闻；遇昭烈之三顾兮，欲平四夷。向先帝之托孤兮，继之以死；出祁山而耀武兮，神鬼莫知；屯雄师于五丈原兮，长星忽坠；此天意已绝于刘氏兮，大数难移。今后主荒迷于酒色兮，朝纲顿废；诚社稷崩摧兮，月盈则亏。天子命予为大将兮，保民全国；先生照耀乎肝胆兮，决不敢诒。谨拜陈辞于墓下兮，愿垂听纳；三军肃恐而仰慕圣德兮，无不伤悲。望息神威于风云兮，以符天命；安清气于山岳兮，以顺天时。呜呼！尚飨！"

　　钟会祭祀毕，狂风自息，愁云四散。忽然清风习习，细雨纷纷，一阵过后，天色晴朗。魏兵大喜，皆弃甲丢盔，拜谢回营。

　　是夜，钟会在帐中伏几而寝，忽然杀气凛凛，只见一人，纶巾羽扇，深衣鹤氅，素履皂绦，面如冠玉，唇若抹朱，眉聚江山之秀，胸藏天地之机，身长八尺，飘飘然当世之神仙也。其人步行上帐，会起身迎之曰："公何人耶？"其人曰："今早重承将军见顾，吾有片言可伸：虽然汉祚已

---

① 原作"忽闻西南上喊声大震"。定军山在阳安关东北，故改。
② 原作"诸葛武忠侯"。据《三国志·蜀书·诸葛亮传》改。

衰,天命如是,益州生灵,大罹兵革,肝脑涂地,诚可怜也。汝入境之后,不可妄害生灵,当以严加禁治。"言讫,拂袖而去。会欲赶上问之,踏空惊觉,乃是一梦,遂唤诸将问时,方知是武侯之灵也。钟会虽然仕魏,未识武侯形容。于是钟会传令,前军立白旗,上书"保国安民"四字,凡到之处,如妄杀一人者偿命。因此汉中人民,皆出城拜迎。会抚慰人民,赏劳三军。自此所到之处,军民安堵,秋毫无犯。

却说姜维在沓中,听知魏兵大至,星夜报知廖化、张翼、董厥,提兵接应。维分兵列将以待之。忽报魏兵至矣,维引兵迎之。魏阵中为首大将乃天水太守王颀也。颀出马大骂曰:"吾今大兵百万,上将千员,分二十路而进,已到成都。汝乃无端匹夫,不思早降,犹自抗衡,欲待枭首耶?"维大怒,挺枪纵马,直取王颀。二人战未三合,王颀大败而走。姜维驱兵追杀,到二十里上,只听得金鼓齐鸣,一支人马摆开,旗上大书"陇西太守牵弘"。维笑曰:"此等匹夫,非吾敌手!"遂催兵追之。又赶到十里,鼓声大震,一支兵截住去路,旗上大书"征西将军邓艾"六字。两军混战,蜀兵人困马乏,强与生力军交战,威风已挫。维抖擞精神,与艾战十余合,不分胜负。后面锣鼓又鸣,维急退时,后军报说:"甘松诸寨,尽被金城太守杨欣烧毁,却引兵杀来。"维令副将虚立旗号,与邓艾相拒。

维自撤后军,来救甘松,火焰未绝,正遇杨欣。欣不敢交战,望山路而走。维随后赶来。将至山岩下,岩上木石如雨,维不能前进。比及回到半路,蜀兵被邓艾杀败,大兵尽回,将姜维困住。维引众骑杀出重围,奔入大寨守之,以待救军。忽流星马到,报说:"钟会打破阳安关,守将蒋舒归降,傅佥战死,汉中已属魏矣。乐城守将王含、汉城守将蒋斌,知汉中已失,亦开门而降。胡济抵敌不住,逃回成都求救去了。"维大惊,即传令拔寨尽起。

是夜兵至彊川口[一]①,前面一军摆开,为首魏将乃是金城太守杨欣。维大怒,纵马交锋,不一合,杨欣败走。维拈弓射之,连放三箭皆不中。维转怒,自折其弓,拈枪赶来,战马前失,将维跌在地上。杨欣拨回马,来杀姜维。维跃起身,一枪刺去,正中杨欣马胸。背后魏兵骤至,救欣去了。维骑上从马,欲待追时,忽报后面邓艾兵到了。维首尾不能相顾,遂收兵要夺汉中。远哨马报说:"雍州刺史诸葛绪②,已断了归路。"维乃据山险下寨。魏兵屯于阴平桥头。维进退无路,长叹曰:"天丧我也!"副将宁随曰:"魏兵虽断阴平桥头,雍州必然兵少。将军若从孔函谷[二]地名径取雍州,诸葛绪必撤阴平之兵以救雍州,将军却引兵回过桥头,飞奔剑门关守之,则汉中可复矣。"

维从之,即发兵入孔函谷,诈取雍州。细作报知诸葛绪,绪大惊曰:"雍州是吾合守之地,倘有疏失,朝廷必然问罪。"急撤大兵,从南路去救雍州,只留些小兵守桥头。姜维入北道,约行三十里,料魏兵已起行,乃勒回兵,后队作前锋,径到桥头,果然魏兵大队已去,只有些小兵把桥,被维一阵杀散,尽烧其寨栅。诸葛绪听知桥头火起,复引兵回时,姜维已过了半日,因此

———————
① 原作"是夜兵至疆川口"。据《三国志·魏书·邓艾传》,"疆"当作"彊"("强"的异体字)。
② 原作"雍州史诸葛绪"。据《邓艾传》补"刺"字。

不敢追之。

却说姜维引兵过了桥头,正行之间,前面一军来到,乃左车骑将军张翼①也。维问之,翼曰:"黄皓听信师巫之言,不肯发兵。翼闻汉中已危,自起兵来时,阳安关已被钟会所取。今闻将军受困,特来解之。"遂合兵一处,前赴白水关。又一军到,乃右车骑将军廖化②,亦言黄皓之事,同合兵一处。化曰:"今四面受敌,粮道不通,不如退守剑阁,再作良图。"维迟疑未决,忽报钟会、邓艾,分兵十余路杀来。维欲与翼、化分兵迎之。化曰:"白水地狭路多,非争战之所,不如且退去救剑阁可也。若剑阁一失,是绝路也。"维从之,遂引兵来投剑阁。关前一棒鼓响,喊声起处,旌旗遍竖,大兵突起,队伍整齐,器械鲜明,人强马壮。未知何处之兵,下回便见分晓。

【注释】

[一] 彊川口:地名。彊水之口。在今甘肃文县西北。彊,"强"的异体字。

[二] 孔函谷:河谷名。傍白水。在今甘肃舟曲东南。

---

① 原作"左将军张翼"。据《三国志·蜀书·姜维传》、《张翼传》改。
② 原作"右将军廖化"。据《姜维传》、《廖化传》改。

第二百三十三回　凿山岭邓艾袭蜀①

却说辅国大将军董厥②，听知魏兵十余路入境，慌引二万兵守住剑阁。只见尘头向关前而来，疑是魏兵，将次到时，一棒号鼓响罢，暗伏兵尽出，把住关口。董厥自临军前视之，乃姜维、廖化、张翼也。厥大喜，接入关上，礼毕，哭诉后主黄皓之事。维曰："公勿忧虑。若有维在，必不容魏来吞蜀也。且守剑阁，养成锐气，并力一战，敌人可退矣。"厥曰："此关虽然可守，争奈成都无人；倘彼一袭，成都瓦解矣。"维曰："成都山危峻险，非易取之地，不必忧耳。"正言间，忽报诸葛绪领兵杀至关下。维大怒，急引五千精兵杀下关来，直撞入魏阵中，左冲右突，杀得诸葛绪大败而走，退数十里下寨。魏军死者无数。蜀兵抢了许多马匹器械，维收兵回关。

却说钟会离剑阁二十里下寨，诸葛绪自来伏罪。会怒曰："吾令汝守把阴平桥头，以断姜维归路，如何失也？今又不待吾令，擅自进兵，以致此败，有何理说乎？"绪曰："姜维诡计多端，诈取雍州。绪恐雍州有失，引兵去救，走脱此人；因此赶至关下，又中其计矣。"会大怒，叱令斩之。监军卫瓘曰："绪虽有罪，乃邓征西所督之人，不争将军杀之，恐伤和气。"会曰："吾奉天子明诏、晋公钧命，特来伐蜀，便是邓艾有罪，亦当斩之！"众皆力告。乃将诸葛绪用槛车载赴洛阳，任晋公断之；随将绪所领之兵，收在部下调遣。

人报与邓艾，艾大怒曰："吾与汝官品一般，吾尚久征边疆，于国多劳，汝安敢妄自尊大耶！"子邓忠谏曰："圣人云：'小不忍则乱大谋。'父亲建功至此，一旦不自和睦，必误国家大事矣。"艾曰："吾儿之言是也。"钟、邓二人，自此结冤。

于是邓艾虽然忍之，心中尚怒，乃引数十骑来见钟会。会听知，乃问左右："艾引多少军来？"左右答曰："只有十余骑。"会自此疑之。会令帐上帐下，列武士数百人。艾下马，会远接。入帐礼毕，艾见帐下兵士，各不敢妄动，甚有威仪。艾心中不安，乃以言挑之曰："将军得了汉中，乃朝廷之大幸也，蜀人胆碎矣，可定策早取剑阁。"会曰："将军明见若何③？"艾再三推称无能。会坚执求问，艾答曰："以愚意，可引一军从阴平取小路，经汉德阳亭[一]趋涪城，出剑阁西一百里，用奇兵冲其腹心④，径取成都，姜维必撤兵往救，将军乘虚就取剑阁，长驱大进，全功必获矣。"会大喜曰："既将军如此高明，可引兵去。吾在此专候捷音。"二人设席相别。

会入帐，与诸将曰："多人只道邓艾有能，今日观之，乃庸才耳！"众皆闻言，遂问其故。会曰："阴平小路，皆高山峻岭，安能进兵也？若蜀将但以百余人守其险要，断其归路，此辈皆饿死矣。吾只以正道而行，何愁蜀地不能破乎？"遂置云梯炮架，只打剑阁。

---

① 原作"凿山岭邓艾袭川"。承前文，"川"字改为"蜀"。
② 原作"辅国大将董厥"。据《三国志·蜀书·后主传》、《姜维传》改。
③ 原作"请将军明见若何"。"请"字衍，删去。
④ 原作"出汉中德阳亭，却袭剑阁。阁西一百里用奇兵冲之"，语意错乱。据《三国志·魏书·邓艾传》改。

却说邓艾出辕门上马，回顾从者曰："钟会待吾若何？"从者曰："将军与钟会一般官爵，将军又是先辈，何相轻耳？"艾笑曰："彼倚功恃强也。"回到本寨，师纂、邓忠一般将士接问曰："今日与钟镇西有何高论？"艾曰："吾以实心告之，彼以庸才视吾①。彼今得汉中，以为莫大之功。若非吾在沓中，绊住姜维，彼安能成功耶？吾今取了成都，胜取汉中矣！"当夜下令，尽拔寨望阴平小路进发，离剑阁数百里下寨。有人报与钟会，说："邓艾要去取成都。"会笑艾不智。

却说邓艾修书，遣使驰报司马昭，定要取成都，以立大功。其书曰：

窃见蜀寇失其汉中，还守剑阁，宜遂乘之。今遣精兵，从阴平由邪径经汉德阳亭趋涪，出剑阁西百里，去成都三百余里，奇兵冲其心腹。剑阁之守必还赴涪，则会方轨而进；若剑阁之兵不还，则应涪城之兵寡矣。军志有之曰："攻其无备，出其不意。"今掩其空虚，破之必矣。谨此上闻，伏希照察。

邓艾发了密书，乃聚诸将曰："吾今乘虚去取成都，与汝等立功名于万世，汝等肯从乎？"诸将应曰："愿遵钧令，万死不辞！"

艾先令子邓忠，引五千精兵，不穿衣甲，各执斧凿器具，凡遇峻危之处，凿山开路，搭造桥阁，以便军行。艾选军三万，各带干粮绳索进发。约行百余里，选下三千兵，就彼扎寨。又行百余里，又选三千兵下寨。是年十月，自阴平进兵，至于颠崖峻谷之中，凡二十余日，行七百余里，皆是无人之地，虽有些小人家，已逃窜而去。魏兵沿途下了数寨②，只剩下二千人马。前至一岭，名摩天岭[二]，马不堪行，艾步行上岭，正见邓忠与开路壮士尽皆哭泣。艾问其故，忠告曰："此岭西皆是峻壁颠崖，不能开也，虚费前劳，因此哭泣。"艾曰："吾军行了七百余里，选退二万八千，只有二千到此。今幸过此便是江油[三]矣，江油，地名。虽死何虑哉？"乃唤诸军曰："汝等非是吾军也，乃吾弟兄耳，若得成功，富贵共之。"众皆应曰："愿从将军之命。"艾令先将军器撺将下去。艾取毡衫自裹其身，先滚下去。首将有毡衫者，裹身滚下；无毡衫者，各用绳索束腰，攀木挂树，鱼贯而下。邓艾、邓忠并二千军，及开山壮士，皆度了摩天岭。方才整顿衣甲器械而行，忽见道旁有一石碣，上刻"丞相诸葛武侯亲题"。其文云："二火初兴，有人越此。二士争衡，不久自死。""二火初兴"者，乃蜀炎兴元年也。"有人越此"者，已知邓艾自此过也。"二士争衡"者，艾字士载，会字士季。"不久自死"者，艾、会果死于蜀矣。艾观讫大惊，慌忙再拜其碣曰："武侯真神人也！艾不能以师事之，痛哉！惜哉！"遂遣人立武侯庙于山下。后人有诗曰：

当年邓艾袭西川，曾把阴平石径穿。
越岭雄兵齐贯索，临岩大将自披毡。
五丁[四]破路应难及，三国论功合让先。
汉祚将终须换主，直饶山向上摩天！

又诗曰：

阴平峻岭与天齐，猿鹤飞腾尚怯危。

---

① 原作"彼以庸才视也"。承上文，"视也"改为"视吾"。
② 原作"魏兵沿途下了数十寨"。按每行百余里下寨，每寨留三千人计，只能有"数寨"。

邓艾裹毡从此下,分明诸葛已先知。

却说邓艾暗度阴平,引兵行时,又见一个大空寨。左右告曰:"近闻武侯在日,曾拨一千兵守此险隘,后主废之。"艾深感不已,乃与众人曰:"我等有来路而无归路矣!前江油城中,粮食足备,汝等前进则活,后退则死,须当并力攻。"众皆应曰:"愿死战而已!"于是邓艾步行,引二千余人,星夜倍道来抢江油城。未知毕竟如何?

【注释】

[一] 汉德阳亭:一作"德阳亭"。即东汉德阳旧县。因东汉末德阳县移至今四川遂宁东南,旧县乃废为亭。在今四川江油东北雁门坝。

[二] 摩天岭:山名。在今四川、甘肃交界处,东西走向。主峰在今四川平武北。

[三] 江油:镇戍名。在今四川平武东南南坝。

[四] 五丁:古代神话传说中的五个力士。传说秦惠王欲伐蜀而不识道路,乃造五只石牛,以金置其尾下,言牛能粪金。蜀王负力信以为真,命五丁把石牛拉回国,为秦开了通蜀之路,是为石牛道。

第二百三十四回　诸葛瞻大战邓艾

蜀炎兴元年冬十一月，邓艾深入阴平山谷七百余里，径取江油。

却说江油守将马邈，听知汉中已失①，虽然准备，只是提防大路；又仗着姜维全师守住剑阁，遂将军情不以为重。当日操练人马回家，与妻李氏拥炉饮酒。其妻问曰："屡闻边情甚急，将军全无忧色，何也？"邈曰："大事自有姜伯约掌握，干我何事？"其妻又曰："虽然如此，将军所守城池，不为不重。"邈曰："天子听信黄皓之言，溺于酒色，吾料祸不远矣。魏兵若到，降之为上，何必虑耶？"其妻大怒，唾邈面曰："汝为男子，先怀不忠之心，国家虚养汝多时，吾今亦无面目共汝为夫妇！"马邈羞惭无语。忽人报曰："魏将邓艾不知从何而来，引二千余人，一拥而入城矣！"邈大惊，慌出降艾，拜伏于公堂之下，乃泣告曰："有心归降日久。今幸得见，乞将军恕罪，愿招城中居民、本部人马，并皆降之。"艾遂收江油军民于部下调遣，乃加马邈为向导官。忽报邈夫人自缢身死。艾问其故，邈以实告之。艾感其贤，令厚礼葬毕，亲往祭之。魏人闻知，无不嗟叹。后人有诗叹曰：

　　后主昏迷汉祚颠，天差邓艾取西川。
　　可怜巴蜀多名将，不及江油李氏贤。

邓艾取了江油，遂接阴平小路诸军，皆到江油取齐，径来克涪城。此时城内官吏军民，疑是天降，尽皆降之。

蜀人飞报入成都。后主闻知，召黄皓问之。皓奏曰："此诈传耳。神人必不肯误陛下。"后主又宣师婆问时，不知何处去了。远近告急表文，一似雪片；往来使者，连络不绝。后主设朝计议，多官面面相觑，并无一言。郤正出班奏曰："事已急矣，陛下可宣武侯之子计议。"原来武侯之子诸葛瞻，字思远，自幼聪明，配后主女，为骑都尉②。后袭父武乡侯之爵。景耀四年，迁行都护、卫将军③。时为黄皓用事，故托病不出。于是后主闻郤正之言，乃与多官曰："非令先④之荐，则寡人忘矣。"即时连发三诏，召瞻至殿下。后主泣诉曰："邓艾兵已屯涪城，成都危矣。卿看先帝之面，救寡人之命！"瞻亦泣奏曰："臣父子蒙先帝厚恩、陛下殊遇，肝胆涂地，不能补报。愿陛下尽发成都之兵，与臣领去，决一死战。"后主稍安，即拨成都见在兵七万与瞻。瞻留一万兵守成都，辞了后主，整顿军马。尚书郎黄崇⑤黄权之子言曰："将军休待兵足，可宜速去；若稍迟慢，倘魏兵一度绵竹，平坦之地，难以迎敌。若不先去涪城，据住险要，极难退矣。"

---

① 原作"听知东川有失"。"东川"应作"汉中"。
② 原作"为驸马都尉"。据《三国志·蜀书·诸葛亮传》附《诸葛瞻传》改。
③ 原作"行军护卫将军"。校改依据同②。
④ 原作"令光"。据《三国志·蜀书·郤正传》改。
⑤ 原作"尚书令黄崇"。据《三国志·蜀书·黄权传》改。

第二百三十四回　诸葛瞻大战邓艾

瞻叱之曰："吾受先人遗书，岂不知用兵之道？汝勿多言！"崇出而叹曰："国家颠危，此人亦难保矣！"瞻齐备了人马，乃唤诸将曰："谁敢为先锋耶？"言未讫，一少年将出曰："父亲既掌大权，儿愿为先锋。"众视之，乃瞻长子诸葛尚也。尚时年一十九岁，博览兵书，多习武艺。瞻大喜，遂命尚为先锋。是日，大军离了城，来迎魏兵。

却说邓艾求马邈地里图，邈呈上。艾视之，涪城至成都，三百六十里山川道路，阔狭险峻，一一写画分明。艾看毕，大惊曰："若只守涪城，倘被蜀人据住前山，何能成功耶？如迁延日久，姜维兵到，吾与钟会垫背矣。"速唤师纂并子邓忠曰："汝等可引一军，星夜径去绵竹，以拒蜀兵。吾随后便至。切不可怠慢。若纵他先据了险要，决斩汝首！"

师、邓二人引兵将至绵竹，早遇蜀兵。两军各布成阵。师、邓二人勒马于门旗下，只见蜀兵列成八阵。三通鼓罢，门旗两分，数十员将簇拥一辆四轮车，车上端坐一人，纶巾羽扇，鹤氅方裾。前一小将，挺枪纵马而出。车旁展开一面黄旗，上书"汉丞相诸葛武侯"。唬得师、邓二人汗流遍身，回顾首将曰："原来诸葛亮尚在，我等休矣！"急勒兵回时，蜀兵掩杀将来，魏兵大败而走。蜀兵掩杀到二十余里，遇见邓艾援兵接应。两家各收兵退。

艾升帐而坐，唤师纂、邓忠责之曰："汝二人不战而退，何也？"忠曰："但见蜀阵中诸葛孔明领兵，因此怯然而还，以致大败。"艾怒曰："纵使诸葛亮更生，安可退也？汝等见假伪者就退，以致败亡，当速斩之！"众皆苦劝，艾方息怒。令人哨探，回说乃孔明之子诸葛瞻为大将，瞻之子诸葛尚为先锋。艾大喜曰："无名下将，便可破之！"师纂曰："未知虚实，不可速行。"艾怒曰："存亡之分，只此一举，有何疑虑耶？汝二人再不取胜，决然斩之！"师、邓二人又引一万兵来战。诸葛尚匹马单枪，抖擞精神，战退二人。诸葛瞻指挥两掖兵冲出，直撞入魏阵中，左冲右突，往来杀有数十番。魏兵大败，死者不计其数。师纂、邓忠中伤而逃。瞻驱士马随后掩杀二十余里，扎营相拒。师纂、邓忠回见邓艾，艾见二人伤重，未曾怪责。艾与众将商议曰："蜀有诸葛瞻，善继父业，两番杀吾万余人马，今若不速破，后必为祸也。"监军丘本曰："何不作一书以诱之？"艾从其言，遂作书一封，遣使送入蜀寨。守门将引至帐下，呈上其书。瞻拆封视之。书曰：

　　征西将军邓艾，致书行都护、卫将军诸葛思远麾下：窃观近代贤才，未得如公之尊父也。昔自出茅庐，一言已分三国，扫平荆、益，遂成王霸，古今鲜有及者。后六出祁山，非其智力不足，乃天数耳。今后主昏弱，王道已终，艾奉天子之命，重兵伐蜀，已皆得其地矣。止有成都危在旦夕，公何不应天顺人，仗义来归？表公为琅琊王，以光耀祖宗，决不虚言。幸垂照鉴。

诸葛瞻看毕，疑之未决。其子诸葛尚在侧，问曰："父亲有意降魏乎？"瞻叱之曰："吾为何而降耶？"尚曰："儿见父亲有三顾之意，容魏使入寨，与之相见，一也；得其书而审来意，二也；见封琅琊王而不怒，三也。"瞻扯碎其书，曰："吾不及吾子也！"叱武士立斩其使，令从者持首回营，见了邓艾。

艾大怒，即欲出战。丘本谏曰："将军不可轻出，可用奇兵，方能胜也。"艾从之，遂令天水

太守王颀、陇西太守牵弘,伏两军于后,艾自引兵而来。此时诸葛瞻正欲出战,忽报邓艾自引兵到。瞻大怒,即引兵出,径杀入魏阵中。邓艾败走,瞻阵后掩杀将来。忽两下伏兵杀出,蜀兵大败,退入绵竹今雒城。艾令围之。于是魏兵一声喊罢,将绵竹围得铁桶相似。

诸葛瞻在城中,无计可施。尚书张遵[一]张飞之孙言曰:"将军何不发使于东吴求救耶?"瞻遂令彭和赍书杀出,往东吴求救去了。瞻与众将曰:"久守非良图。"遂留子诸葛尚与张遵守城,瞻自披挂上马,引三军大开三门杀出。邓艾见兵出,便撤军退。瞻奋力追杀,忽然一声炮响,四面兵合,把瞻困在垓心。瞻引兵左冲右突,杀死数百人。艾令众军放箭射之,蜀兵四散,瞻中箭落马而死。其子诸葛尚在城上,见父死于军中,勃然大怒,急披挂上马。张遵谏曰:"小将军勿得轻出。"尚叹曰:"吾父子荷国重恩,只因不早斩黄皓,使败国殄民,用生何为耶!"遂策马杀出,死于阵上。后人有诗赞瞻父子。诗曰:

　　苍天有意绝炎刘,汉室江山至此休。
　　诸葛子孙皆效死,成都卿相尽添愁。
　　智谋虽不扶危主,忠义真堪继武侯。
　　古往今来多少泪,行人哀怨哭坟丘。瞻亡年三十七岁,尚亡年一十九岁。

邓艾怜其忠,父子合葬,乘虚攻打绵竹。张遵、黄崇、李球[二]球乃李恢弟之子三人,各引一军杀出。蜀兵寡,魏兵重,三人死战不脱,力穷势孤而亡。艾因此得了绵竹。劳军已毕,遂来取成都。未知如何?

【注释】
[一] 张遵:张飞之孙,张苞之子。
[二] 李球:李恢之侄。时任羽林右部督。

第二百三十五回　蜀后主舆榇出降

却说彭和至东吴，见吴主孙休，呈上诸葛瞻求救之书。休即与丞相濮阳兴计议。兴奏曰："吴、蜀既已同盟，合往救之。"休命大将军丁奉，督兵回寿春；又命孙异[一]引兵会合丁封[二]①，俱向沔中救应。兵已发，彭和方回。

却说后主在成都，听知邓艾取了绵竹，诸葛瞻父子已亡，急召文武商议。近臣奏曰："城外百姓，扶老携幼，哭声大震，各逃生命。"后主大惊，忽哨马报到，说魏兵将近城下。多官议曰："军微将寡，难以迎敌，不如早弃成都，奔南中七郡[三]，险峻可以自守。就借蛮兵，再来克复未迟。"后主便欲南奔，光禄大夫谯周谏曰："不可。南蛮久反之人，平昔无惠，今若投之，必遭大祸。"文武又奏曰："蜀、吴既已同盟，今事急矣，可以投之。"周又谏曰："自古以来，无寄他国为天子者。臣料魏能吞吴，吴不能吞魏。若称臣于吴，则辱一也；若吴被魏所吞，陛下再称臣于魏，是两番之辱矣。"群臣曰："今邓艾已不远，恐不受降，如之何？"周曰②："今吴未宾，势不得不受，不得不礼③。若陛下降魏，魏不裂土封之，臣请诣京师以争之。"乃上疏曰：

光禄大夫臣谯周，窃惟陛下以北兵深入，有欲适南之计，臣愚以为不安。何者？南方远夷之地，平常无供为，犹数反叛，自丞相亮以兵威逼之，穷乃幸从。后供官赋，取以给兵，以为愁怨，此患国之人也。今以穷迫，欲往依恃，恐必复反，一也。北兵之来，非但取蜀而已，若奔南方，必因人势衰，及时赴追，二也。若到南方，外当拒敌，内供服御，费用张广，他无所取，耗损诸夷必甚，甚必速叛，三也。昔王郎[四]以邯郸僭号，时世祖在信都，畏逼于郎，欲弃还关中。邳肜[五]谏曰："明公西还，则邯郸城民不肯捐父母④，背城主，而千里送公，其亡叛可立也。"世祖从之，遂破邯郸。今北兵至，陛下南行，诚恐邳肜之言复信于今，四也。愿陛下早为之图，可获爵土；若遂适南，势穷乃服，其祸必深。《易》云："亢之为言，知得而不知丧，知存而不知亡；知得失存亡而不失其正者，其惟圣人乎！"言圣人知命而不苟必也。故尧、舜以子不善，知天有授，而求授人；子虽不肖，祸尚未萌，而迎授与人⑤，况祸已至乎！故微子以殷王之昆[六]，面缚衔璧而归武王，岂所乐哉，不得已也。

后主从谯周之谏，欲出降时，忽御屏风后转出一人，厉声而骂曰："偷生腐儒，岂可妄议大事！自古安有降天子哉？当斩此贼！臣请出战！"后主视之，乃第五子，北地王刘谌也。后主

----

① 原作"又命孙异引兵会合丁奉"，与上下文不合。据《三国志·吴书·三嗣主传》改。
② 原文无"群臣曰……周曰"数语，则下文"势不得不受，不得不礼"难解。据《三国志·蜀书·谯周传》补。
③ 原作"礼不得不屈"。据《谯周传》改。
④ 原作"不肯损父母"。据《谯周传》改。
⑤ 原作"而遂授与人"。据《谯周传》改。

生七子：长子刘璿，次子刘瑶，三子刘琮，四子刘瓒，五子即北地王刘谌，六子刘恂，七子刘璩。七子惟谌自幼聪明，英气过人，余皆柔善。后主与谌曰："今大臣皆议可降，汝独仗血气之勇，欲令满城流血耶？"谌曰："昔先帝在日，谯周未尝干预政事。今妄议大事，辄敢乱言，甚非理也。臣窃料成都之兵尚有数万，姜维全师皆在剑阁，若知魏兵犯阙，必来救应：内外夹攻，可获大功。岂可听腐儒之言，轻废先帝之基业乎？"后主叱之曰："汝小儿岂识天时也！"谌叩哭曰："若理穷力屈，祸败必及，便当父子君臣背城一战，同死社稷，以见先帝可也。奈何降乎！"后主不听，令近臣拖下殿阶。谌踊跃大哭曰："吾祖公公非容易创立基业，今一旦弃之，吾宁死不辱也！"后主令推出宫门，遂令谯周作降书，遣侍中张绍①、驸马都尉邓良同周赍玉玺来雒城②请降。

时邓艾每日令数百铁骑来成都哨探，见立了降旗，艾大喜。不时，张绍等至，艾令人迎入。三人拜伏于阶下，呈上降款玉玺。艾拆降款看之。款曰：

　　降臣刘禅谨致书于征西将军麾下：窃闻"杯勺之水，终归江湖；燕雀之徒，必栖梁栋"。念禅等限分江、汉，遇值深远，阶缘蜀土③，斗绝一隅，干运犯冒，渐苒历载，遂与京畿攸隔万里。每惟黄初中，文皇帝命虎牙将军鲜于辅[七]，宣温密之诏，申三好之恩，开示门户，大义炳然，而否德暗弱，窃贪遗绪，俯仰累纪，未率大教。天威既震，人鬼归能之数，怖骇王师，神武所次，敢不革面，顺以从命！辄敕群帅投戈释甲，官府帑藏一无所毁。百姓布野，余粮栖亩，以俟后来之惠，全元元[八]之命。伏惟大魏布德施化，宰辅伊、周，含覆藏疾。谨遣私署[九]侍中张绍、光禄大夫谯周、驸马都尉邓良奉赍玺绶，请命告诚，敬输忠款[一○]，存亡敕赐，惟所裁之。舆榇在近，不复缕陈。乞将军钧察。

邓艾看毕大喜，受下玉玺，重待张绍等。艾作书与三人赍回成都，以安人心。

三人拜辞邓艾，径还成都，入见后主，呈上回书，细言相待之事。后主拆封视之。书曰：

　　邓艾窃谓王纲失道，群英并起，龙战虎争，终归其主，此盖天命去就之道也。自古圣帝，爰逮汉、魏，受命而王者，莫不在乎中土。河出《图》，洛出《书》，圣人则之，以兴洪业，其不由此，未有不颠覆者也。隗嚣凭陇而亡，公孙述据蜀而灭，此皆前世覆车之鉴也。圣上明哲，宰相忠贤，将比隆黄轩[一一]，侔功往代。衔命来征，思闻嘉响④，果烦来使，告以德音，此非人事，岂天启哉！昔微子归周，实为上宾，君子豹变，义存《大易》，来辞谦冲，以礼舆榇，皆前哲归命之典也。全国为上，破国次之，自非通明智达，何以见王者之义乎！相会在即，先此布文。艾再拜。

后主看毕大喜，即遣太仆蒋显[一二]赍敕，令姜维早降；遣尚书郎李虎，送文簿与艾：共户二十

————————

① 原作"遣私署侍中张绍"。"私署"系卑辞，此处为作者叙述，不当用，删去。参见本回注[九]。
② "雒城"后原有小字注："即涪城"。误。雒城即今四川广汉，涪城则为今四川绵阳。
③ 原作"皆缘蜀土"。据《三国志·蜀书·后主传》改。
④ 原作"恩闻嘉响"。据《后主传》注引《蜀记》改。

八万，男女九十四万，带甲将士十万二千，官吏四万，仓粮四十余万，金银二千斤，锦绮丝绢各二十万匹。余物在库，不及其数。择十二月初一日，君臣出降。

此时北地王刘谌闻知，怒气冲天，乃带剑入宫。其妻崔夫人问曰："大王今日颜色异常，何也？"谌曰："魏兵将近，父王已纳降款，明日君臣出降。吾欲先死，以见祖公公，不屈膝于他人也！"崔夫人曰："贤哉！贤哉！得其死矣！妾请先死，王死未迟。"谌曰："汝何死耶？"崔夫人曰："王死事父，妾死事夫，其义皆然。夫死妻亡，何必问焉！"言讫，触柱而死。谌将三子杀之，并割妻头，提于昭烈庙中，伏地而哭曰："臣之肝胆，祖父尽知！羞见基业弃于他人，故先杀妻、子以绝挂念，后将一命报祖！祖如有灵，知孙之心！"大哭一场，眼中流血，自刎而死。蜀人闻知，无不哀痛。后史官有诗赞曰：

君臣甘屈膝，何特少忠良？
可惜西川土，堪嗟北地王！
哭声闻四远，血泪洒千行。
妻、子先诛绝，来朝汉已亡！

萧常论曰：

《春秋》之义，国君死社稷，故曰："君为社稷死，为社稷亡"，言不可弃社稷，苟生独存也。余观谯周之议，窃悲夫汉之所以亡，而周之罪有不容诛者矣。彼曹氏乃国贼，而吾不共戴天之仇也。岂有身为万乘之主，自屈于寇仇，效匹夫贼人之见，忍耻以求活哉？方是时，诸将拥兵在外，尚不下数万，不浃日[一三]可檄召而至；如有不捷，移跸南幸，以待四方勤王之师，魏兵远来，势不久留，吾蹑其后，或能取偿焉。昔高帝几落项籍手者，屡矣，而卒能毙籍者，不以亟败自沮也。且钟、邓之善用兵，孰与项籍？绵竹之败，孰与成皋之跳[一四]？诸葛瞻之死，又孰与太公、吕后之为楚虏？况斯民戴汉之心未已，姜维之诣会，将士愤怒，至拔剑砍石，势虽败而人犹思奋，何独徇一妄书生之言，效匹夫贼人之见，而遽为国家亡灭之举？彼周也，平日议论，已不右汉；事出仓卒，固宜若此，此孔子所谓"一言而丧邦也"欤？使是时，复有一男子若北地王谌者出，力争于朝，指画利害，斩周以衅鼓[一五]；君臣一心，帅励将士，背城一战，尚庶几不亡！悲夫！

后主听知北地王自刎，乃令人葬之。

次日，魏兵大至，后主率太子诸王，及群臣六十余人，面缚舆榇[一六]，出北门十里而降。舆，丧车也；榇，棺具也。其意待诛，不望生耳。邓艾扶起后主，亲解其缚，焚其舆榇，并车入城。于是成都之人，皆以香花而迎。艾拜后主为骠骑将军，太子为奉车都尉，诸王皆为驸马都尉，文武各随高下拜官。请后主还宫，出榜安民，交割仓库。又令太常张峻、益州别驾汝超①，招安各郡军民。又令人说姜维归降。艾闻黄皓奸险，欲捉来斩之。皓用金宝赂其左右，因此得免。是日，汉亡。后史官有诗叹先主创业，后主废业。诗曰：

---

① 原作"益州别驾张绍"。据《后主传》注引《蜀记》改（上文已写到张绍系侍中）。

忆昔楼桑起义兵,纵横万里誓中兴。
　　南阳聘得忠臣出,西蜀方能霸业成。
　　列曜煌煌沉渭水,雄师暗暗度阴平。
　　君臣自缚同舆榇,今古令人忆孔明。
又史官有诗叹后主曰:
　　祈哀请命拜征尘,盖为当时宠乱臣。
　　五十四县王霸业①,等闲抛弃属他人!
评[一七]曰:
　　后主任贤相,则为循理之君;惑阉竖,则为昏暗之后。传曰:"素丝无常,惟所染之",信矣哉②!礼,国君继体,逾年改元,而章武之三年,则革称建兴,考之古义,体理为违③。又国不置史,注记无官④,是以行事多遗,灾异靡书。诸葛亮虽达于为政,凡此之类,犹有未周焉⑤。然经载十二而年名不易,军旅屡兴而赦不妄下,不亦卓乎!自亮殁后,兹制渐亏,优劣著矣⑥。
　　邓艾取了成都,遣人入洛阳报捷去了。

　　却说太仆蒋显到剑阁,入见姜维,传后主敕命,言归降之事。维大惊失语。帐下众将听知,一齐怒怨,咬牙怒目,须发倒竖,拔刀砍石,大呼曰:"吾等死战,何故先降耶!"号哭之声,闻数十里。维见人心归汉,乃以善言抚之曰:"众将勿忧。吾有一计,可复汉室也。"众皆求问。未知如何,且听下回分解。

【注释】
[一] 孙异:吴国宗室。孙韶之子。官至领军将军。
[二] 丁封:丁奉之弟。官至后将军。
[三] 南中七郡:指蜀汉益州南部由庲降都督统领的七郡:越巂、朱提、建宁、牂柯、云南、永昌、兴古。辖境包括今四川南部、云南和贵州大部、广西西北部。
[四] 王郎:西汉末人。曾为卜者。王莽新朝灭亡后,诈称汉成帝之子子舆,割据河北,自立为帝,都邯郸,一度声势颇盛。后被刘秀击灭。

---

① 原作"五十四州王霸业"。承前改。
② 原文无"传曰"、"信矣哉"。据《后主传》补。
③ 原作"体礼为违"。据《后主传》,改"礼"为"理"。
④ 原作"记注无官"。据《后主传》改。
⑤ 原作"犹有未周"。据《后主传》,补"焉"字。
⑥ 原作"优劣昔矣"。据《后主传》改(著,明显)。

[五] 邳肜：当作"邳肜"。东汉开国功臣。字伟君，信都（治今河北冀县）人。刘秀镇抚河北时归降，任和成太守。刘秀兵败，欲西还长安，他谏阻之，助秀击灭王郎。东汉建国，官至太常，封灵寿侯。

[六] 昆：兄。

[七] 鲜于辅：东汉末渔阳（治今北京密云县西南）人。曾任幽州牧刘虞从事。刘虞被公孙瓒俘杀后，举兵与瓒抗衡。后归曹操。曹丕称帝，拜虎牙将军，封县侯。

[八] 元元：庶民，百姓。

[九] 私署：私自任命。此系刘禅求降时自认不合法的卑辞。

[一○] 忠款：忠诚。款，诚恳。

[一一] 黄轩：黄帝，号轩辕氏。

[一二] 蒋显：蒋琬之子，蒋斌之弟。

[一三] 浃日：十天。古代以干支纪日，自甲至癸共为十天。

[一四] 成皋之跳：汉高祖三年（前204），刘邦据战略要地成皋（今河南荥阳汜水镇），被项羽打败，仓皇逃走。跳，通"逃"。

[一五] 衅鼓：以被杀者之血涂抹鼓缝。

[一六] 面缚舆榇：帝王投降的仪式。面缚，双手反绑，面向胜利者；舆榇，车上载着棺材，表示自请受刑。

[一七] 评：即《三国志·蜀书·后主传》篇末的"评"。

第二百三十六回　邓艾钟会大争功

却说姜维与诸将附耳低言，说了计策。此是姜维诈降，于中取事也。维请蒋显问其消息，显曰："邓艾坐据成都，今主上降敕，使各军倒戈卸甲，尽已归附。"维即于剑阁遍竖降旗①，先令人报入钟会寨中，说姜维引张翼、廖化、董厥等来降。会大喜，令人迎接维入帐。会曰："伯约来何迟也？"维正色流涕曰："国家全军在吾，今日至此，犹为速也。"会甚奇之，下座相拜，待为上宾。会顾左右曰："据伯约之才，比之中土名士②，公休、太初[一]等皆不可及也。"维说会曰："闻将军自淮南以来，算无遗策，司马氏之盛，皆将军之力。维甘心事之。如邓士载，决以死战，安肯降耶？"会遂折箭为誓，与维结为兄弟，情爱甚密。此时钟会中了姜维之计，不受维印，仍令照旧领兵。维甚暗喜，遂令蒋显回成都去了。

却说邓艾以师纂领益州刺史，牵弘、王颀等各领诸郡③。又于绵竹筑台，以彰战功，大会蜀中诸官饮宴。艾酒半酣，乃指众官曰："汝等幸遇我，有今日耳。如遭吴汉[二]之徒，皆殄灭矣。"多官起身拜谢。艾又曰："姜维只是一时之雄儿也，勉强与吾相持，故致此穷耳。"众皆称颂邓艾之德，艾甚喜之。忽蒋显至，说姜维自降钟镇西，艾因此痛恨钟会。遂修书，令人赍赴洛阳。晋公司马昭得书，拆封视之。书曰：

> 臣艾窃谓兵有先声而后实者，今因平蜀之势以乘吴，吴人震恐，此席卷之时也。然大举之后，将士疲劳，不可便用④，宜徐缓之；留陇右兵二万，蜀兵二万，煮盐兴冶，为军农要用，并造舟船，预顺流之事。然后发使告以利害，吴必归化，可不征而定也。今宜厚待刘禅以致孙休，安士民以来[三]远人；若便送禅于京都，吴以为流徙，则于向化之心不劝[四]。宜权停留，须来年秋冬，比尔吴亦足平。以今可封禅为扶风王，锡其资财，供其左右。郡有董卓坞为之宫室。爵其子为公卿，食郡内县，以显归命之宠。开广陵、城阳[五]以待吴人，吴人则畏威怀德，望风而从矣。愚见以闻。

司马昭览毕，深疑邓艾有自专之心，乃先降诏封艾。诏曰：

> 艾耀威奋武，深入房庭，斩将搴旗，枭其鲸鲵，使僭号之主⑤稽首系颈，历世逋诛，一朝而平。兵不逾时，战不终日，云彻席卷，荡定巴、蜀。虽白起破强楚[六]，韩信克劲赵，吴汉擒子阳[七]，亚夫灭七国⑥，计功论美，不足比勋也。兹以艾为太尉，增邑二

---

① 原作"维大喜，即于剑阁遍竖降旗"。"大喜"不合情理，删去。
② 原作"真乃中州之名士"。据《三国志·蜀书·姜维传》改。
③ 原作"邓艾封师纂为益州刺史，牵弘、王颀等各领州郡"。据《三国志·魏书·邓艾传》改（益州仅为一州，"各领州郡"不通）。
④ 原作"兵不可便用"。据《邓艾传》，"兵"字衍，删去。
⑤ 原作"使僭号之王"。据《邓艾传》改。
⑥ 原作"亚父灭七国"。据《邓艾传》改（亚夫，即周亚夫）。

第二百三十六回　邓艾钟会大争功

万户。封二子为亭侯,各食邑千户。日下施行。钦此。

邓艾受诏已毕,监军卫瓘取出司马昭手书,与艾曰:"瓘昨日观此书中之事,须当报奏,不可辄行。"艾曰:"'将在外,君命有所不受。'吾计行矣,如何阻当?"遂又作书,就令来使赍赴洛阳。

此时洛阳小儿,谣说邓艾欲反。朝中亦言艾有不遵晋公之命,不受天子之诏,不久反矣。司马昭愈加疑忌。此是姜维布散流言。忽使命回,呈上邓艾之书。昭拆封视之。书曰:

　　艾衔命征行,奉指授之策,元恶既服;至于承制拜假,以安初附,谓合权宜。今蜀举众归命,地尽南海,东接吴会,宜早镇定。若待国命,往复道途,延引[八]日月。《春秋》之义,大夫出疆,有可以安社稷、利国家,专之可也。今吴未宾[九],势与蜀连,不可拘常以失事机。兵法:进不求名,退不避罪。艾虽无古人之节,终不自嫌以损于国也。先此申状,见可施行。谨书。

司马昭看毕大惊,忙与心腹人计议曰:"邓艾倚仗功劳,妄自尊大,任意行事,反在即目矣。如之奈何?"贾充曰:"主公何不封钟会以制之?"昭大喜,遂遣使赍诏,拜会为司徒,就令卫瓘监督两路军马。

钟会接了密诏,拜伏读之。其诏文曰:

　　会所向摧弊,前无强敌,缄制众城,网罗迸逸[一〇]。蜀之豪帅,面缚归命,谋无遗策,举无废功。凡所降诛,动以万计,全胜独克,有征无战[一一]。拓平西夏[一二],方隅清晏。兹以会为司徒,进封县侯,增邑万户。封子二人亭侯,邑各千户。施行。钦此。

钟会受封毕,设席相待。

使命回讫,会请姜维计议曰:"邓艾功在吾之上,又拜太尉之职,吾深恨之。今司马晋公疑艾必反,故令卫瓘为监军,诏吾制之。伯约有何高见?"维曰:"愚闻邓艾出身微贱,幼与农家养犊,长甚贫窘,非名门世禄之子也,不识大体。今侥幸自阴平斜径攀木悬崖,鱼贯而下,方能成功。非出良谋,皆赖国家洪福耳。若非将军与维相拒于剑阁,艾安能成功耶?今欲封后主为扶风王,乃大结蜀人之心,其反情不言而可见矣。晋公疑之,是也。"会深喜之,维暗喜曰:"汉室兴矣。"维又曰:"请退左右,维有一事密告。"会令左右尽退。维袖中取一图与会曰:"昔日武侯出茅庐时,以献先帝,曰:'益州之地,沃野千里,民殷国富,可为霸业。'先帝因此遂创成都矣。今邓艾至此,安得不狂哉?"会大喜,指问山川形势,维一一言之。会称谢曰:"当以何策除之?"维曰:"乘晋公疑忌之际,当急上表,言艾反状,晋公必令将军讨之,一举而可擒矣。"会即遣人赍表进赴洛阳,言邓艾专权,恣意行事,结好蜀人,早晚必反矣。朝中文武皆惊。会又令人于中途截了邓艾表文,按艾笔法,改写傲慢之意,十分悖逆之辞。原来钟会善写诸家字样,因此改之。

却说司马昭见了邓艾表章,大怒,自欲入蜀讨艾。当晚昭回家,其妻王氏[一三]闻知,谏曰:"会见利忘义,好生事端,宠过必乱,不可深信。"昭笑曰:"吾岂不知耶?"次日,先遣人到会军前,令会收艾;又遣贾充引三万兵入斜谷。昭乃请魏主曹奂,驾幸益州收艾。西曹掾邵悌谏

曰:"钟会之兵,多艾六倍,当令会收艾足矣,何必明公自行耶?"昭笑曰:"汝忘了旧日之言也?汝曾道会后必反。吾今此行,非为艾,实为会耳。"悌笑曰:"悌已知之,故相问也。此言切不可泄漏。"昭曰:"吾自以信义待人,人必不负吾也。"此是司马昭奸猾处。遂提大兵起程。于是贾充亦疑会,来告司马昭。昭曰:"如遣汝,亦疑汝耶?吾到长安,自有明白。"此时众官皆称赞昭有海量。早有细作报知钟会,说昭已至长安。会慌请姜维,求问收邓艾之计。未知姜维以何策破艾,下回便见。

【注释】

[一] 公休、太初:指诸葛诞(字公休)、夏侯玄(字太初)。

[二] 吴汉(?—44):东汉开国功臣。字子颜,南阳宛(今河南南阳)人。刘秀称帝,拜大司马,封舞阳侯。建武十一年(35)率军伐蜀,破成都,尽诛公孙述宗族,并纵兵大掠,焚烧宫室,遭到刘秀斥责。

[三] 徕:同"徕",招之使来。

[四] 于向化之心不劝:对于归顺之心起不到鼓励作用。劝,鼓励,提倡。

[五] 城阳:郡名。属曹魏青州。治所在东武(今山东诸城东北)。

[六] 白起破强楚:白起,战国后期秦国名将。公元前279年,率军数万攻楚,长驱直入,于次年攻占楚都郢。

[七] 子阳:公孙述字子阳。

[八] 延引:拖延。

[九] 宾:服从,归顺。

[一〇] 逬逸:四散奔逃。

[一一] 有征无战:只需征讨而不必实战。指兵威强大,可不战而克敌制胜。

[一二] 西夏:中国西部。

[一三] 王氏:名王元姬。王肃之女。嫁司马昭,生司马炎、司马攸等。司马炎即晋武帝。

第二百三十七回　姜维一计害三贤

　　却说姜维与钟会曰："可先令监军卫瓘收艾。艾若杀瓘，反情实矣。将军却起兵讨之，此正道也。"会大喜，遂令卫瓘引数十人，入成都收邓艾。瓘手下人止之曰："此是钟司徒令邓太尉①杀将军，以正反情耳。切不可行。"瓘曰："吾自有计。"遂发檄文二三十道。其檄云：

　　　　奉诏收艾，其余各无所问。若早来归，爵赏如先。敢有不出者，夷其三族。

随备槛车两乘，星夜望成都而来。

　　比及鸡鸣，得见檄文者，皆拜于卫瓘马下。此时邓艾在府中未起，瓘引数十人突入，大呼曰："奉诏收艾父子！"艾大惊，滚下床来。瓘缚于车上。其子邓忠出问曰："为何？"言未毕，亦被捉下，缚于车上。艾手下将一齐赶来抢时，瓘叱之曰："诏书在此，妄动者夷三族！钟司徒大兵便到也！"众望见尘头起处，哨马早到，各弃兵器而走。钟会兵至，会大责曰："养犊小儿，何敢如此！"以马鞭挞其首。姜维亦骂曰："匹夫！何不立功名于万世耶？"艾亦大骂之。会令送赴洛阳。

　　会入成都，尽得邓艾军马，威声大震，乃与姜维曰："吾今日方趁平生之愿矣！"维曰："明公自淮南以来，算无遗策，司马氏之盛，皆公之力。今复定蜀，威德震世，民高其功，主畏其谋，欲以保全，得乎！夫韩信不背汉于扰攘，以见疑于既平；大夫种不从范蠡于五湖[一]，卒伏剑而妄死。彼岂暗主愚臣哉？利害使之然也②。今君大功既立，大德已著，何不法陶朱公[二]泛舟绝迹，登峨嵋之岭，而从赤松子[三]之游乎？"会笑曰："君言远矣。吾年方四旬，正欲立功名于万世，耀祖宗于地下，岂可效陶朱公也？"维曰："其他明公智力所能，无烦于老夫矣。"此乃姜维说钟会反处。会抚掌大笑曰："伯约知吾心也③。"二人自此每日商议用兵之策。维密与后主书曰：

　　　　望陛下忍数日之辱，欲使社稷危而复安，日月幽而复明，再兴汉室矣。

　　钟会正与姜维谋反，忽报晋公司马昭大兵屯于长安，先有书到。会接书。其书之意云：

　　　　吾恐司徒收艾不下，自屯兵于长安。相见在近，以此先报。

会大惊曰："吾兵多艾数倍，晋公知吾独能办之。今自引兵来，是疑忌也。"遂与姜维计议。维曰："君疑臣必死，岂不见邓艾乎？"会曰："吾意决矣！事成，则得天下；不成，则退西蜀，亦不失作刘备也。"维曰："近闻郭太后新亡，可作太后有遗诏，教伐司马昭，以正弑君之罪。据明公之才，可席卷中原也。"会曰："伯约当作先锋，富贵同享之。"维曰："愿效犬马微劳。但恐诸将不

---

①　原作"邓征西"。此时邓艾已拜太尉，不应再称"邓征西"。
②　原作"卒伏剑而妄殒徒。岂暗主愚臣哉？利害之使然也"。语有不通。据《三国志·蜀书·姜维传》注引《汉晋春秋》改。
③　原作"伯约知吾心耶"。"耶"字与语气不合，改为"也"。

服耳。"会曰："来日上元令节[四]，于故宫[五]大张灯火，请诸将饮宴。如不从者，尽杀之。"维暗喜。

次日，会、维二人请诸将宴饮。至三更，会执杯大哭。诸将惊问其故，会曰："郭太后临亡有遗诏在此，为司马昭南阙弑君，大逆无道，早晚欲篡大魏天下，命吾讨之。汝等各自签名，共成此事。"众皆大惊，面面相觑。会拔剑出鞘曰："违令者斩！"众将只得从之。画字已毕，会困诸将于宫中，严兵守之。维曰："我见诸将不服，不如坑之。"会曰："吾已令宫中掘一坑，置棒数千，如不从者，打死填之。"

时有心腹将丘建在侧，建乃护军胡烈手下旧人也。烈送建事会。建听知此事，密告烈曰："钟司徒掘下大坑，又取白棒数千，但有不允兴兵者，打死填之。"烈大惊，泣告曰："吾儿胡渊领兵在外，安知会怀此心耶？汝可念向日之情，透一消息，虽死无恨。"建曰："恩翁勿忧，某敢为之。"遂出告会曰："主公软监诸将在内，水食不便，可令一人往来传递。"会素纳丘建之言，遂令丘建监临。会吩咐曰："吾以重事托汝，汝勿泄漏。"建曰："主公放心，某自有谨严之法。"建暗令胡烈亲信人入内，烈以密书付其人。其人持书，火速到胡渊营内，细言其事，呈上密书。渊大惊，一时遍示诸营知之。众将大怒，急来渊营商议曰："我等虽死，岂肯从反臣耶？"渊曰："十八日中，可骤入内，如此行之。"时有监军卫瓘，深喜胡渊之谋，即整顿了人马，令丘建传与胡烈。烈报知诸将。

却说钟会请姜维曰："吾夜梦大蛇数千条咬吾，因此惊觉。"维曰："梦龙蛇者，皆吉庆之兆也。"会大喜曰："器仗已备，放诸将若何？"维曰："此辈皆有不服之状，久必为害，不如乘早戮之。"此是姜维先去钟会牙爪，乘虚取事。会从之，欲给铠甲与维，来杀魏将。维忽然一阵心疼，昏倒在地。此是天灭汉室也。左右扶起，维方苏醒①。忽报宫外汹汹，如失火之状。会欲令人探时，喊声大震，四面八方，无限兵到。维曰："此必是诸将作恶，可先斩之。"人报兵已入内。会令闭上殿门，诸将上宫，以瓦击之，互相杀死数十人。宫外四面火起，城上矢石如雨，外兵砍开殿门杀入。会自掣剑，立杀数人。城上乱箭将会射倒，先枭其首。维拔剑下殿，往来冲杀，不幸心疼转加。维仰天大叫曰："吾计不成，乃天命也！"言毕，自刎而死。时年六十三岁②。宫中死者数百人。卫瓘曰："众军各归营所，以待王命。"魏兵互相争剖维腹，其胆大如鸡卵。瓘不能禁止。各军要报仇，尽将姜维、钟会妻、子杀之。

邓艾部下之人，见钟会、姜维已死，遂连夜去追劫邓艾。早有人报知卫瓘。瓘曰："是我捉艾，今若留他，我无葬身之地矣。"护军田续③曰："昔邓艾取江油之时，欲杀续，得众官告免。今日当报此恨！"瓘大喜，遂遗田续引五百兵赶至绵竹，正遇邓艾父子放出槛车，欲还成都。艾只道本部兵到，不作准备，欲待问时，被田续一指，艾父子死于乱军之中。此乃姜维一计害三贤也。后史官有诗曰：

---

① "维方苏醒"四字，原在"无限兵到"句后。据上下文移至此。
② 原作"时年五十九岁"。据《姜维传》推算而改。
③ 原作"田犊"。据《三国志·魏书·邓艾传》改。

第二百三十七回 姜维一计害三贤

> 后主投降献蜀川,天亡安得计谋全?
> 邓艾遭刑钟会丧,姜维一计害三贤。

又史官因邓艾盖世之功,乃有庙赞诗一首曰:

> 自幼能筹画,多谋善用兵。
> 凝眸知地理,仰面识天文。
> 马到山根断,兵来石径分。
> 功成自被害,魂绕汉江云。

又史官有钟会庙赞诗曰:

> 汉时良将后,幼作秘书郎。
> 当世夸英俊,时人号子房。
> 寿春多赞画,蜀郡逞轩昂。
> 不学陶朱法,游魂返故乡。

又史官有姜维庙赞诗曰:

> 凉州夸上土,天水产奇才。
> 曾得高人授,亲传秘诀来。
> 中原曾九犯,爵位显三台。
> 只身扶西蜀,倾危可痛哉。

又史官评钟会、邓艾曰:

> 王凌[六]风节格尚,毌丘俭才识拔干,诸葛诞严毅威重,钟会精练策数,咸以显名,致兹荣任,而皆心大志迂,不虑祸难,变如发机,宗族涂地,岂不谬惑耶!邓艾矫然强壮,立功立事,然暗于防患①,咎败旋至,岂远知乎诸葛恪而不能近自见,此盖古人所谓目论[七]者也。

后裴松之辨姜维曰:

> 盛[八]之讥维,诚为不当。于时钟会大众既造剑阁,维与诸将列营守险,会不得进,已议北还,全蜀之功,几乎立矣。但邓艾诡道旁入,出于其后,诸葛瞻既败,成都自溃。维若回军救内,则会乘其背。当时之势,焉得两济?而责维不能奋节绵竹,拥卫其主,非其理也。会欲尽坑魏将,以举大事,授维重兵,使为前驱②。若令魏将皆死,兵在维手,杀会复汉,不为难矣。夫功成意外,然后为奇,不可以事有差牙,而抑谓不然③。设使田单[九]之计,邂逅不会,复可谓之愚暗哉!

却说姜维、钟会、邓艾已死,张翼等死于乱军之中,师纂被分其尸④。太子刘璿、汉寿亭侯

---

① 原作"暗于防患"。据《三国志·魏书·王毌丘诸葛邓钟传》篇末《评》,补"然"字。
② 原作"使其前驱"。据《姜维传》注改。
③ 原作"而抑之不然"。据《姜维传》注改。
④ 原作"师纂破分其尸"。据《邓艾传》注引《世语》,师纂"与(邓)艾俱死","死之日体无完皮"。故改。

关彝关公之孙。皆战敌,被魏兵所杀。军民大乱,互相践踏,死者不计其数。旬日后,贾充先至,出榜安民,方始宁靖,留卫瓘守成都。此时军民安堵,秋毫无犯,乃迁后主赴洛阳面君。止有尚书令樊建、侍中张绍、光禄大夫谯周、秘书郎郤正、殿中督张通等数人跟随。廖化、董厥皆托病不起,后皆忧死。未知后主迁洛阳若何,且听下回分解。

【注释】

［一］大夫种不从范蠡于五湖:大夫种,即文种,春秋后期越国大夫,与范蠡辅佐越王勾践。灭掉吴国后,范蠡劝文种退隐于五湖,文种不听,后果被勾践逼迫自杀。

［二］陶朱公:范蠡退隐后,游齐国,到陶(今山东定陶西北),改名陶朱公,以经商致富。

［三］赤松子:传说中的仙人,相传为神农时雨师。

［四］上元令节:元宵佳节。上元,古代节日,阴历正月十五,又称"元宵"。令,美,佳。

［五］故宫:蜀汉原有的皇宫。

［六］王凌:魏国大臣。字彦云,太原祁(今山西祁县)人。王允之侄。官至太尉,封南乡侯。嘉平三年(251),谋以楚王曹彪取代魏主曹芳,事败自杀。

［七］目论:人的眼睛能看见毫毛,却看不见自己的睫毛。比喻明于知人而暗于知己。

［八］盛:孙盛。他在所著《晋阳秋》中指责姜维诈降钟会之计,认为维"冀理外之奇举,不亦暗哉"。

［九］田单:战国后期齐国名将。初为齐都小吏。燕军破齐,他率族人退至即墨(今山东平度东南),被推为将,坚守孤城。后遣使诈降,利用燕军懈怠之机,发动突袭,大破燕军,收复失地。

第二百三十八回　司马复夺受禅台

魏景元五年改为咸熙[一]元年，春三月，吴大将军丁奉见蜀已亡，遂收兵还吴。中书丞华核上表与吴主孙休曰："伏惟吴、蜀乃唇齿也，成都失守，社稷倾覆，臣以草茅，窃怀不宁。陛下圣仁，必垂哀悼。臣料司马昭必篡魏吞吴，乞陛下深加防御。"休从其言，遂命陆逊子陆抗为镇军将军，都督西陵[二]①；左将军孙异守京城诸处隘口，以防魏兵。又沿江一带屯兵数百营，命大将军丁奉总之。

却说后主刘禅至洛阳，入内见魏主曹奂，拜伏殿下，时司马昭已自回朝。昭责之曰："汝荒淫无道，废贤失败，理宜诛戮；幸早归降，姑赦之。今封汝为安乐公，赐住宅，月给请受，赐绢万匹，奴婢百人。子刘瑶及群臣樊建、谯周、郤正等，皆封侯爵。"后主谢恩出内。昭因黄皓蠹国害民，令武士押出市曹，凌迟处死。

次日，后主亲诣司马昭府下拜谢。昭设宴款待，先以魏乐舞于前，蜀官感伤，独后主喜之。昭令蜀人扮蜀乐于前，蜀官尽皆堕泪，后主喜笑自若。酒至半酣，昭与诸官曰："人之无情，乃至于此！虽使诸葛亮在，亦不能辅之久全，何况姜维乎？"乃问后主曰："颇思蜀否？"后主曰："此间乐，不思蜀也。"须臾，后主起身更衣，郤正跟至厢下，曰："主公如何答应不思蜀也？倘再问，可泣泪答曰：'先人坟墓，远在岷蜀之地，其心西悲，无日不思。'晋公必放主公回蜀矣。"后主记之，入席。酒将微醉，昭又问曰："颇思蜀否？"后主一一言之，欲哭无泪，乃闭其目。昭曰："此乃郤正之语耶？"后主开目，失惊曰："诚如尊见！"昭及左右皆笑之。昭因此大喜，以后主诚实，再不疑也。

且说朝中大臣因昭收蜀有功，欲立为王。此时魏主曹奂，名为天子，实不能主张，皆由司马氏为之。昭有为王之意，故使大臣以天子为名，遂请封司马昭为晋王，谥父司马懿为宣王，兄司马师为景王。昭妻乃王肃之女，生二子：长曰司马炎，人物魁伟，立发垂地，两手过膝，聪明英武，胆量过人；次曰司马攸，情性温和，恭俭孝悌，昭甚爱之，因司马师无子，过房以继其后。昭常曰："天下者，乃吾兄之天下也②。"于是司马昭受封晋王，欲立司马攸为世子。山涛谏曰："废长立幼，违礼不祥。"贾充、何曾、裴秀皆是昭心腹之人，尽言曰："长子聪明神武，有超世之才，人望既茂，天表如此，非人臣之相也。"昭犹豫未决，太尉王祥、司空荀顗谏曰："前代立少，多有乱国。王上可宜思之。"昭遂立长子司马炎为世子，官带中抚军。大臣又奏曰："今年

---

①　原作"陆抗为镇东大将军，领益州牧，守川"。据《三国志·吴书·陆逊传》附《陆抗传》改。
②　原作"乃吾儿之天下也"。据《晋书·武帝纪》，司马昭"每曰：'此景王(指司马师)之天下也。'"故"吾儿"应作"吾兄"。

襄武县[三]①,日当卓午,天降一人,身长三丈余,脚迹长三尺二寸,白发苍髯,着黄单衣,裹黄巾,拄藜头杖,自称曰:'吾乃民王也。今来报汝,天下换主,立见太平。'如此在市游行三日,忽然不见。似此,乃王上之瑞也。王上可戴十二旒冕冠,建天子旌旗,出警入跸,乘金根车②,备六马,进王妃为王后,世子为太子③。"昭心中暗喜,回到宫中,正欲饮食,忽中风不语。次日病危,太尉王祥、司徒何曾、司空荀颉④及诸大臣,入宫问安。昭不能言,以手指司马炎而死。时八月辛卯日也。何曾曰:"天下大事,皆在晋王。可立太子为晋王,然后祭葬。"是日,司马炎即晋王位,封何曾为晋丞相,司马望为司徒,石苞为骠骑将军,陈骞为车骑将军,谥父为文王。

迁葬已毕,炎召贾充、裴秀入宫,问曰:"曹操曾云:'若天命在吾,吾其为周文王乎。'果有此言否?"充曰:"操世受汉禄,恐人议论篡逆之名,故出此言,乃明教曹丕为天子也。"炎曰:"孤父王比曹操何如?"充曰:"文王辅魏,已历三世,与操不同也。"炎曰:"何为不同?"充曰:"操虽功盖华夏,下民畏其威而不怀其德也。子丕承继大业,差役甚重,东西驱驰,无可宁岁。若宣王、景王、屡建大功,布恩施德,天下归心矣。后文王扶危除暴,功盖万世,始封王号,故不同操耳。"炎曰:"丕尚绍汉统,孤岂不绍魏统耶?"贾充、裴秀二人再拜而奏曰:"王上当法曹丕绍汉故事,复筑禅台,布告天下,以即正位,何不美哉?"

炎大喜,次日带剑入内。此时魏主曹奂连日不曾朝,心神慌惚,举止失措。炎直入后宫,奂慌下御榻而迎之。坐毕,炎问曰:"魏之天下,谁之力也?"奂曰:"皆晋王父祖之赐耳。"炎笑曰:"吾观陛下,文不能论道,武不足经邦,百无一能,何不让才德者主之?"奂大惊,口噤不能言。旁有黄门侍郎张节大喝曰:"晋王之言差矣!昔日,魏武祖皇帝东荡西除,南征北讨,非容易得此天下。今天子有德无罪,何故让与人耶?"炎大怒曰:"此社稷乃大汉之社稷也。曹操倚仗汉相之资,挟天子以令诸侯,自立魏王,篡逆汉室。吾祖父三世辅魏,得天下者,非曹氏之能,实司马氏之功也,四海咸知。吾今日岂不堪绍魏之天下乎?"节又曰:"若此,乃篡国之贼也!"炎大怒曰:"吾与汉家报本,有何不可?"叱武士,将张节乱瓜[四]打死于殿下。奂泣泪跪告。炎起身下殿而去。奂与贾充、裴秀曰:"事将急矣,如之奈何?"充曰:"天数尽矣,陛下不可逆之!当照汉献帝故事,重修受禅台,具大礼,禅位与晋王:上合天心,下顺人情,陛下可保无虞也。"奂从之,遂令贾充筑受禅台。

十二月丙寅日⑤,奂亲捧传国玺,立于台上,大会文武,请晋王司马炎登台,授与大礼。奂下台,具公服,立于班首。炎端坐于台上,贾充、裴秀列于左右,执剑,令曹奂再拜伏地听命。充曰:"自汉建安二十五年,魏受汉禅,已经四十五年矣。今天禄永终,天命在晋。司马氏功德

---

① 原作"当年襄武县"。《三国志·魏书·三少帝纪》记此事是在司马昭死之月(265年8月),并非追述往事,故改"当年"为"今年"。
② 原作"乘金银车"。据《三少帝纪》改。
③ 原作"立世子为太子"。据《三少帝纪》,删"立"字。
④ 原作"司马荀颉"。据《三少帝纪》、《晋书·荀颉传》改(《演义》上文亦作"司空荀颉")。
⑤ 原作"以十二月甲子日"。据《晋书·武帝纪》,"甲子"应作"丙寅";"以"字衍,删去。

第二百三十八回 司马复夺受禅台

弥隆,极天际地,可即皇帝位,以绍魏统。封汝为陈留王,出就金墉城[五]居止①,当日起程,非宣诏不许入京。"奂泣谢而去。太傅司马孚哭拜于奂前曰:"臣死之日,固大魏之纯臣也。"孚乃炎之叔公。炎见孚如此,封为安平王,进拜太宰②。孚不受而退。是日,文武百官再拜于台下,三呼万岁。炎绍魏统。国号大晋,改元为泰始[六]元年③,大赦天下,置立谏官。此时魏亡,人民安堵,秋毫无犯。后史官有诗叹曰:

献帝称臣辇路旁,咸熙又见拜君王。
金墉城外山河旧,受禅台前草木黄。
魏国规模如汉代,陈留踪迹似山阳[七]。
一还一报皆天理,今古令人笑几场。

评曰:

古者以天下为公,惟贤是与。后代世位,立子以适;若适嗣[八]不继,则宜取旁亲明德,若汉之文、宣[九]者,斯不易之常准也。明帝既不能然,情系私爱④,抚养婴孩,传以大器,托付不专⑤,必参支族,终于曹爽诛夷,齐王替位。高贵公才慧凤成,好问尚词,盖亦文帝之风流也;然轻躁忿肆,自蹈大祸⑥。陈留王恭己南面,宰辅统政,仰遵前式,揖逊而禅,遂享大国,作宾于晋,比之山阳,班宠加焉。

晋帝司马炎,追谥祖司马懿为宣帝,伯父司马师为景帝,父司马昭为文帝,立七庙以光祖宗。哪七庙？汉征西将军司马钧,钧生豫章太守司马量,量生颍川太守司马隽,隽生京兆尹司马防,防生宣帝司马懿,懿生景帝司马师、文帝司马昭:是为"七庙"也。大事已定,每日设朝,计议伐吴之策。未知如何,且听下回分解。

【注释】

[一] 咸熙:魏主曹奂年号(264—265)。
[二] 西陵:县名。属东吴荆州宜都郡。治所在今湖北宜昌。
[三] 襄武县:县名。属曹魏雍州陇西郡。为郡治所在地。故城址在今甘肃陇西。
[四] 瓜:即金瓜。古代卫士所持的一种兵仗。棒端作瓜形,以金为饰。
[五] 金墉:古城名。魏明帝时筑。为当时洛阳城(今河南洛阳市东)西北角上一小城。
[六] 泰始:晋武帝司马炎年号(265—274)。

---

① 原作"出就金庸城居止"。据《三国志·魏书·三少帝纪》,"庸"应作"墉"。
② 原作"封为平王太宰"。据《晋书·宗室传》改。
③ 原作"改元为太始元年"。据《晋书·武帝纪》改。
④ 原作"若适嗣不能,然情系私爱",文字缺漏,文意错乱。据《三少帝纪》补改。
⑤ 原作"付托不专"。据《三少帝纪》改。
⑥ 原作"自陷大祸"。据《三少帝纪》改。

[七] 陈留踪迹似山阳：魏元帝曹奂（废后封陈留王）与汉献帝刘协（废后封山阳公）命运相似。
[八] 适嗣：即"嫡嗣"。
[九] 文、宣：文，汉文帝刘恒，汉高祖之子。周勃等诛灭诸吕后，因汉惠帝无嗣，迎立他为帝；宣，汉宣帝刘询，汉武帝卫太子之孙。汉昭帝卒，无嗣，昌邑王刘贺被迎立为帝，旋废，霍光等乃迎立他为帝。

第二百三十九回　羊祜病中荐杜预

吴永安七年，吴主孙休暴病，不能言而死。群臣欲立太子孙雱为君，雱，音弯。左典军万彧曰："雱幼不能专政，不若取乌程侯孙皓立之。"左将军张布①亦曰："皓才识明断，堪为帝王。"于是丞相濮阳兴入奏朱太后。太后曰："吾寡妇人耳，安知社稷之事？卿等斟酌立之可也。"兴遂请皓为君。皓字元宗，大帝孙权太子孙和之子也。当年七月即皇帝位，改元为元兴[一]元年，封太子孙雱为豫章王，加丁奉右大司马②。次年改为甘露[二]元年。皓凶暴日盛，酷溺酒色，大小失望。张布谏之，皓斩首；濮阳兴亦谏，皓杀之。立陆凯[三]、万彧为左右丞相，又改元为宝鼎[四]元年，造昭明宫，大兴土木。文武入山伐木，费用无度。又改元建衡[五]元年。三年后又改凤凰[六]元年。丞相万彧、将军留平[七]、姓留，名平。大司农楼玄，见皓无道，三人苦谏，皆被杀之。前后十余年，杀忠臣四十余人。皓出入，常带铁骑五万。群臣恐怖，莫敢奈何。

却说晋帝司马炎恢弘大度，容纳直言；明达善谋，能断大事。时咸宁[八]二年冬十月也，征南大将军羊祜上表请兵伐吴。炎观表曰：

先帝西平巴蜀，南和吴会，庶几海内得以休息。而吴复背信，使边事更兴。夫期运虽天所授，其功必因人而成，不一大举扫灭，则兵役无时得息也。蜀平之时，天下皆谓吴当并亡，自是以来十有三年矣。夫谋之虽多，决之欲独。凡以险阻得全者，谓势均力敌耳；若轻重不齐，强弱异势，虽有险，不可保也。蜀之为国，非右险也，皆云："一夫荷戟，万夫莫当。"进兵之日，曾无藩篱之限，乘胜席卷，径至成都，汉中诸城，皆鸟栖而不敢出。非无战心，诚力不足相抗也③。及刘禅请降，诸营堡索然俱散。今江、淮之间虽险，不如剑阁；孙皓之暴，过于刘禅；吴人之困，甚于巴蜀。而大晋兵力，盛于往时，不于此际平壹[九]四海，而更阻兵相守，使天下困于征戍，经历盛衰，不可长久也。今若引梁[一〇]、益之兵水陆并下，荆州之众进临江陵，平南豫州，直指夏口，徐、扬、青、兖，并会秣陵，以一隅之吴，挡天下之众，势分形散，所备皆急。巴、汉奇兵出其空虚，一处倾坏，则上下震荡，虽有智者，不能为吴谋矣。吴缘江为国，东西数千里，所敌者大，无有宁息。孙皓恣情任意，与下多忌，将疑于朝，士困于野，无有保世之计，一定之心。平常之日，犹怀去就；兵临之际，必有应者：终不能齐力致死，已可知也。其俗急速，不能持久，弓弩载盾，不如中国，惟有水战，是其所便。一入其境，则长江非复所保，还趋城池，去长入短，非我敌也。官军悬进，悬，音玄。人有致死之

---

① 原作"左将军孙布"。据《三国志·吴书·三嗣主传》改。
② 原作"加丁奉左右大司马"。据《三国志·吴书·丁奉传》，删"左"字。
③ 原作"诚力不以相抗也"。据《晋书·羊祜传》改。

志；吴人内顾，各有离散之心。如此，军不逾时，可克必矣。

司马炎观讫大喜，便令兴师①。贾充、荀勖、冯纨三人皆言未可，炎因此不行。

至咸宁四年，羊祜入朝，奏辞归乡养病。炎问曰："卿有何安邦之策，以教寡人？"祜曰："孙皓暴虐已甚②，于今可不战而克矣。若皓不幸而殁，倘更立贤王，陛下不能得也。"炎赐祜坐于侧而问曰："卿何以知之？"祜曰："孙皓若亡，群臣更立一人为君，施恩布德，深得民心，据长江之阻，陛下虽有百万之众，安可窥乎？"炎大悟曰："卿可提兵一伐，若何？"祜曰："臣年迈多病，不堪领此职。陛下选智勇之士，可也。"炎起身称谢。祜辞炎出内，炎命祜乘王辇归家。是年十一月，羊祜病危，晋帝司马炎车驾幸祜家问安。炎至卧榻前，祜下泪曰："臣万死不能报陛下也！"炎亦泣曰："朕深恨不能用卿伐吴之策。今日谁可继卿之志？"祜曰："臣凡荐人于陛下，便将奏稿焚之，只恐人知也。"炎曰："举善荐贤，乃美事也。卿何不令人知耶？"祜曰："拜官公朝，谢恩私门，臣所不取也。"炎叹曰："此正直大臣也。"祜含泪告曰："臣死矣，不敢不尽愚诚。度支尚书杜预③，堪可重任；若欲伐吴，须当用之。"言讫而亡。司马炎放声大哭，上辇而回宫中。文武多官，无不流泪。后人引管、鲍故事，有诗赞曰：

羊祜病中推杜预，叔牙囚内荐夷吾。
古来四海英雄辈，是个男儿识丈夫。

司马炎垂泪终日，敕葬高阜，赠太傅、巨平侯。即日拜杜预为镇南大将军，都督荆州事。南州[一]百姓闻羊祜身死，罢市而哭。江南守边吴将，亦皆举哀。襄阳人思祜存日，常游于岘山，遂建庙立碑，四时祭之。往来人观其碑文者，无不流涕，故称为"堕泪碑"。后胡曾先生有诗叹曰：

晓日登临感晋臣，古碑零落岘山春。
松间残露频频滴，恰似当初堕泪人。

咸宁五年冬十一月，晋帝降诏，分道伐吴。镇南大将军杜预④引兵十万，出江陵；镇东大将军、琅琊王司马伷[二]音宙，出涂中[三]；安东将军王浑[四]⑤，出江西；建威将军王戎，出武昌；平南将军胡奋，出夏口：各引兵五万⑥。又遣龙骧将军王濬、广武将军唐彬，率巴蜀之卒⑦，浮江东下：水陆兵二十余万，战船数万只。又令贾充为大都督，假黄钺，以冠军将军杨济副之，出屯襄阳，节制诸路人马。充奏曰："臣年耄衰老，不堪元帅之任。"炎曰："卿若不行，朕当自出。"充不得已，辞帝而行。

却说吴主孙皓荒淫无度，凡饮宴，必令群臣大醉；却立黄门郎十人纠弹，若有过失者，或剥

---

① 原作"便令班师"，不合情理。据上下文，应作"兴师"。
② 原句无主语"孙皓"。据上下文加。
③ 原作"右将军杜预"。据《晋书·杜预传》改。
④ 原作"镇南大将军杜预为大都督"。"为大都督"与下文"贾充为大都督"矛盾，据《晋书·武帝纪》删。
⑤ 原作"安东大将军王浑"。据《晋书·武帝纪》、《王浑传》，"大"字衍，删去。
⑥ 原作"各引兵五万，皆听预调遣"。承③，删去"皆听预调遣"。
⑦ 原文无"率巴蜀之卒"。据《晋书·武帝纪》加，使文意显豁。

其面皮,或凿其眼睛,因此中外大怨。忽边庭奏报:"晋兵大势,水陆并进。"皓大惊,急召丞相张悌、司徒何植[一五]、司空滕循①,计议退兵之策。悌奏曰:"可令江陵督伍延②迎敌杜预;乐乡督孙歆③,进兵拒夏口等处军马。臣敢为军师,领丹阳太守沈莹、副军师诸葛靓④,引兵十万,出屯牛渚,接应诸路军马。"皓从之,遂令张悌引兵出城去了。皓退入后宫,有幸臣中常侍岑昏问其故,皓曰:"晋兵大至,诸路已有兵迎之。奈王濬率兵数万,战船无量,顺流而下,其锋甚锐,朕因此忧也。"昏曰:"臣有一计,令王濬之船,尽为粉碎。"皓大喜,遂求其计。未知如何,且听下回分解。

【注释】

[一] 元兴:吴末帝孙皓年号(264—265)。

[二] 甘露:吴末帝孙皓年号(265—266)。

[三] 陆凯:陆逊族子。字敬风。

[四] 宝鼎:吴末帝孙皓年号(266—269)。

[五] 建衡:吴末帝孙皓年号(269—271)。

[六] 凤凰:吴末帝孙皓年号(272—274)。

[七] 留平:吴国将领留赞之子。

[八] 咸宁:晋武帝司马炎年号(275—280)。

[九] 平壹:平定,统一。

[一〇] 梁:州名。魏灭蜀后分益州置。治所在沔阳(今陕西勉县东),晋太康中移治南郑(今陕西汉中)。

[一一] 南州:指荆州。

[一二] 司马伷:司马懿之子。字子将。

[一三] 涂中:指涂水流域,即今滁河流域。在今安徽肥东至江苏南京一带。

[一四] 王浑:王昶之子。字玄冲。

[一五] 何植:孙皓母舅。

---

① 原作"司空滕脩"。据《三国志·吴书·三嗣主传》改。
② 原作"车骑将军伍延为都督,进兵江陵"。据《三嗣主传》删改。
③ 原作"骠骑将军孙歆"。据《三国志·吴书·宗室传》注引《吴历》改。
④ 原作"左将军沈莹、右将军诸葛靓"。据《三嗣主传》改。

第二百四十回　王濬计取石头城

却说中常侍岑昏,奏吴主孙皓曰:"江南多铁,可打连环索百余条,长数百丈,每环重二三十斤,于沿江紧要处横截之。再造铁锥数万,长丈余,置于水中。若晋船乘风而来,逢锥则破。"皓大喜,即发工匠,于江边连夜造成铁索铁锥,设立停当。

却说晋镇南大将军杜预①兵出江陵,唤牙将周旨受计策曰:"汝引水手八百人,乘小船暗渡过江,夜袭乐乡[一],多带旌旗于山林之处立起,日则放炮擂鼓,夜则各处举火。"旨领命去了,夜渡大江,伏于巴山[二]。山名。

次日,杜预领大军,水陆并进。前哨报道:"吴主遣伍延出陆路,陆景[三]出水路,孙歆为先锋:三路迎来。"言未了,孙歆船到。两兵初交,杜预便退。歆引兵上岸,迤逦追时,不到二十里,一声炮响,四面晋兵大至。吴兵急回,杜预乘势掩杀,吴兵死者不计其数。孙歆奔到城边,周旨八百军混杂于中,就城上举火。歆大惊曰:"北来诸军乃飞渡江也!"急欲退时,被周旨大喝一声,斩于马下。陆景在船上,望见江南岸上一片火起,巴山上风飘出一面大旗帜,上书"晋镇南大将军杜预"。陆景大惊,欲上岸逃命时,被晋将张尚马到斩之。伍延见各军皆败,乃弃城奔走,被伏兵捉住,来见杜预。预叱武士斩之,遂得江陵。于是沅、湘[四]一带,直抵广州[五]诸郡,皆望风赍印而降。预令人持节安抚,秋毫无犯。遂攻武昌,武昌亦降。杜预军威大振,遂大会诸将,共议取建业之策。胡奋曰:"百年之寇,未可尽服。方今春水泛涨,难以久住。可候来冬,更为大举。"预曰:"昔乐毅济西一战而并强齐;今兵威既振,如破竹之势,皆迎刃而解,无有著手处也,可乘势而取建业。"金陵是也。遂遣人来会诸将,一齐进兵。

此时龙骧将军王濬,率水兵顺流而下,不可当其锐。人报濬曰:"吴人造铁索,沿江横截;又以铁锥置于水中,如此准备。"濬大笑,遂造大筏数十,方百余步②,上缚草木为人,披甲执杖,立于周围,顺水放下。吴人见之,以为活人,望风先走。暗锥着筏,尽提而去。又差惯熟水手,于筏上先作大炬,长十余丈,大十余围,以麻油灌之,在船前行,但遇铁索,燃炬烧之,须臾皆断。两路从大江而来,所到之处,无不克胜。后胡曾先生有诗曰:

　　王濬戈鋋发上流,武昌洪业土崩秋。
　　思量铁索真儿戏,谁与吴王画此筹?

却说东吴丞相张悌,令丹阳太守沈莹、副军师诸葛靓③,来迎晋兵。二人见晋兵顺流而下,

---

① 原作"晋都督杜预"。据《晋书·武帝纪》、《杜预传》,并承第二三九回改。
② 原作"遂造大筏数十方"。据《晋书·王濬传》增补。
③ 原作"左将军沈莹、右将军诸葛靓"。承第二三九回改。

势不可当,慌忙回报悌曰:"东吴危矣,何不去之?"悌曰:"国家将亡,贤愚共知①。今若君臣皆降,无一人死于国难,不亦辱乎!"靓曰:"存亡自有天数,非公一人可支吾也,何故自取其死?"悌曰:"吾自幼食吴禄,今位至丞相,得其死矣。吾若合死,安可求生,以遗不义之名耶?"诸葛靓大哭而去。张悌与沈莹却欲挥兵抵敌,晋兵一齐围之。周旨、罗尚首先杀入吴营。张悌自奋力搏战,死于乱军之中。沈莹被周旨一刀斩之。

吴兵四面败走,飞报吴主孙皓。皓大惊失语。殿中数百人叩头奏曰:"今日之祸,皆岑昏之罪,请陛下杀之!臣等出城决一死战!"皓曰:"量一中贵,何能病国?"内一人大叫曰:"陛下岂不见蜀之黄皓乎?"孙皓曰:"且将此奴谢百姓②。"众皆入宫中,碎割岑昏,生啖其肉。于是陶濬率御林诸军,沿江迎敌;游击将军张象③,率水兵下江迎敌。不想西北风大作,吴兵旗帜皆不能立,尽倒竖于舟中;兵又不肯下船,四面奔走,只落张象一人。

却说晋将王濬,扬帆而行,过三山[六],舟师曰:"风波甚急,船不能行,且待风势少息行之。"濬大怒,拔剑叱之曰:"吾目下欲取石头城,何言住耶?"遂擂鼓大进。吴将张象引从人请降。濬曰:"若是真降,便为前部立功。"象回到本船,直至石头城下,叫开城门,接入晋兵。人报孙皓,皓欲自刎。中书令胡冲、光禄勋薛莹[七]奏曰:"陛下何不效安乐公刘禅乎?"皓从之,亦备舆榇,自缚,率诸王文武,诣王濬军前归降。濬自扶起,释其缚,烧其舆榇。诸将大喜。濬请皓入军中,以王礼待之。皓将玺绶并图籍皆纳下。于是东吴四州[八],四十三郡,三百一十三县,户五十二万三千④,官吏三万二千,兵二十三万,男女老幼二百三十万,米谷二百八十万斛,舟船五千余只,后宫五千余人,皆归大晋。大事已定,出榜安民,尽封府库仓廪。次日,陶濬兵不战自溃。琅琊王司马伷并王戎大兵皆至,见王濬成了大功,心中欣喜。次日,杜预亦至,大犒三军已毕,开仓库赈济人民。

于是吴人安堵,遂迁吴主孙皓赴洛阳面君。行至洛阳,时太康[九]元年夏五月,皓登殿,稽首以见晋帝。帝赐坐,曰:"朕设此座,待卿久矣。"皓曰:"臣于南方,亦设此座以待陛下。"帝大笑。贾充曰:"闻君在南方,凿人之目,剥人面皮,此何等刑耶?"皓曰:"人臣弑君及奸回[一〇]不忠者,则加此刑。"充默然,甚愧。帝命设筵,劳赏吴之君臣,封皓为归命侯,子孙拜郎中⑤,随降宰辅皆封列侯。丞相张悌阵亡,封其子孙。天下大定。拜王濬为辅国大将军。其余各皆封赏。后史官有诗叹东吴曰:

  忆昔孙坚创业时,东南王气覆江湄。
  龙盘虎踞才安稳,地裂天崩又改移。
  洋子江中沉铁索,石头城上竖降旗。

---

① 原作"贤愚共之"。据《三国志·吴书·三嗣主传》注引《襄阳记》改。
② 原作"且将此人为奴可也"。据《三嗣主传》注引《晋纪》改。
③ 原作"前将军张象"。据《晋书·王濬传》改。
④ 原作"户口五十二万三千"。据《三国志·吴书·三嗣主传》注引《晋阳秋》,"口"字衍,删去("户"指家庭,"口"指人口)。
⑤ 原作"子孙封中郎"。据《三嗣主传》改。

可怜锦片东吴地，一旦翻成晋地基！

后主刘禅亡于晋泰始七年①，魏主曹奂亡于太安[一一]元年②，吴主孙皓亡于太康四年：三主皆善终。自此三国归于晋帝司马炎，为一统之基矣。后人有古风一篇，叹曰：

高祖提剑入咸阳，炎炎红日升扶桑[一二]。
光武龙兴成大统，金乌[一三]飞上天中央。
哀哉献帝绍海宇，红轮西坠咸池[一四]旁。
何进无谋中贵乱，凉州董卓居朝堂。
王允定计诛逆党，李傕、郭汜兴刀枪。
四方盗贼如蚁聚，六合奸雄皆鹰扬。
孙坚、孙策起江左，袁绍、袁术兴河梁。
刘焉父子据巴蜀，刘表军旅屯荆襄。
张修、张鲁霸南郑③，马腾、韩遂守西凉，
陶谦、张绣、公孙瓒，各逞雄才占一方。
曹操专权居相府，牢笼英俊用文武；
威挟天子令诸侯，统领貔貅镇中土。
楼桑玄德本皇孙，义结关、张愿扶主；
东西奔走恨无家，将寡兵微作羁旅。
南阳三顾情何深，卧龙一见分寰宇；
先取荆州后取川，霸业图王在天府。
呜呼三载逝升遐，白帝托孤堪痛楚！
孔明六出祁山前，愿以只手将天补；
何期历数到此终，长星半夜落山坞！
姜维独凭气力高，九犯中原空劬劳。
钟会、邓艾分兵进，汉室江山尽属曹。
丕、睿、芳、髦才及奂，司马又将天下交；
受禅台前云雾起，石头城下无波涛；
陈留归命与安乐，王侯公爵从根苗。
纷纷世事无穷尽，天数茫茫不可逃！
鼎足三分已成梦，一统乾坤归晋朝。

---

① 原作"后主刘禅亡于晋太康七年"。据《三国志·蜀书·后主传》改。
② 原作"魏主曹奂亡于太康元年"。据《三国志·魏书·三少帝纪》注引《魏世谱》改。
③ 原作"张燕、张鲁霸南郑"。据《三国志·魏书·张鲁传》改（张燕系在河北）。

【注释】

[一] 乐乡：地名。属东吴荆州南郡江陵县。在今湖北江陵西，长江南岸。
[二] 巴山：山名。在乐乡之西，长江南岸。
[三] 陆景：陆逊之孙，陆抗之子。字士仁。
[四] 沅、湘：沅水和湘水流域。
[五] 广州：州名。东吴分交州置。治所在番禺(今广州市)。
[六] 三山：山名。三峰相连，故名。在今江苏南京西南，长江东岸。
[七] 薛莹：薛综之子，薛珝之弟。字道言。
[八] 东吴四州：指扬州、荆州、交州、广州。
[九] 太康：晋武帝司马炎年号(280—289)。
[一〇] 奸回：奸恶邪僻。
[一一] 太安：晋惠帝司马衷年号(302—303)。
[一二] 扶桑：传说中的神木。为日出之处。
[一三] 金乌：神话中太阳里的三足乌。用作太阳的别称。
[一四] 咸池：神话地名，为太阳洗浴之处。

后　记

　　从 1981 年秋天开始,《三国演义》成为我研究中国古代小说的头号重点,迄今已经二十六年了。而从 1990 年初起,我在《三国演义》版本的整理研究中辛勤开拓,也已有了十八个年头。

　　十八年来,我整理出版了多种《三国》版本,受到国内外学术界同行的高度评价和广大读者的欢迎。其中,嘉靖壬午本《三国志通俗演义》校注本,是我整理的第三种版本,又是修订后重新出版的第一种版本。

　　今天,当本书即将问世之际,不禁抚今追昔,思绪绵绵。

　　我想起了两位热心的朋友。

　　一位是花山文艺出版社原社长兼总编辑娄熙元先生。1991 年 9 月中旬的一天清早,素未谋面的他突然来到我的书房。原来,他到四川出差,途中看到报纸上介绍我关于重新校理《三国演义》的主张,一到成都便直奔我家,特地约请我为他们整理嘉靖壬午本《三国志通俗演义》。他的热情、豪爽和信任是那样富有感染力,促使我欣然接受了他的邀约。一番晤谈,熙元先生飘然而来,又匆匆而去;我呢,立即投入了紧张的工作。在校注和审稿排印的一年多里,我与熙元先生未通一函,校注本则于 1993 年 5 月顺利出版,并由熙元先生题写书名,真是君子之交,一诺千金! 此后不久,熙元先生便离开了领导岗位,再无音信。十六年来,每当想到这位卓具眼光、热诚守信的出版人,我的心中总会泛起暖意。熙元先生,此刻你在哪里? 早已年逾古稀的你,身体还好吧? 请接受我诚挚的祝福!

　　另一位是本书的责任编辑张衍同志。今年初,我们开始联系,我提出嘉靖壬午本《三国志通俗演义》校注本既有较高的学术价值,又符合广大读者的需要,是典型的"双效益"图书,很值得重新出版。他请示领导后,很快就确定了这个选题。在编辑书稿的过程中,他一直保持着热情、友好、谦逊的态度,从内容的商讨到封面、版式的设计,都十分尊重我的意见。尽管我们仅在今年 7 月见过一面,却一直坦诚相见,每次通过电话或电子邮件商量问题,都相当顺利,令人感到合作的愉悦。我出版过多部著作,遇到过多位好编辑,张衍同志堪称其中最热心、最好合作的几位编辑之一。通过他,我与文汇出版社建立了良好的合作关系。我相信,在未来的岁月里,我们一定能坚持互相理解,互相支持,一定能长期进行愉快而富有成效的合作!

　　我还想起了在科研道路上经历的种种人生况味。学术研究是清苦而艰辛的,一个真正的学者,必须保持淡泊宁静的心境,耐得住寂寞,经得起干扰。这些年来,为了最大限度地集中精力用于科研,我极少出门,极少应酬,没有星期天,没有节假日,午夜 1 点以后就寝早已是家常便饭,还不知度过了多少不眠之夜。"青丝渐消"已成往事,"华发暗生"未有穷期。然而,清苦原为书山学海之常态,艰辛乃是开拓创新之必须。夜伴孤灯,每有思接千载,逸兴遄飞之

后　记

趣;朝迎启明,倍觉踏遍青山,云霞满肩之欢。几度求索,几番拼搏,赢得的是海内外众多的知音!

今年11月初,我国台湾嘉义大学主办小说戏曲研讨会,邀请大陆十位学者参加,年初便寄来邀请函,我也一直准备出席这次盛会。孰料会议临近开幕时,我正在全力以赴地看本书校样,实在无法脱身;尽管东道主一再盛情催促,我也只好满怀遗憾地放弃这次学术交流的良机。类似情况,已有多次。为了自己钟爱的研究事业,这些年放弃的,岂止是几次交流机会?时间有限,放弃实非得已,这里谨再次向宝岛的师友们表示谢意和歉意。今后,只要有机会,我仍将本着"以文会友,以友辅仁"的精神,积极参与学术交流,向海内外同行学习。

在奉赠南开大学朱一玄老先生的诗中,有这样两句:"淡泊处世恼烦少,忠厚为人知己稠。"这既是对朱老先生的衷心赞扬,也是对我的一贯自励。

在《2005岁末寄师友》一诗中,有这样两句:"终岁辛劳满面笑,书山迈越意匆匆。"这反映了我的日常精神状态。

在《拙著〈三国演义新探〉编就志感》一诗中,有这样两句:"公理永存知己在,得失不计且加鞭。"

这,就是我的人生信念!

沈伯俊
二〇〇七年十二月十七日深夜
于锦里诚恒斋